INTRODUCTION À LA MACROÉCONOMIE MODERNE

Michael Parkin Louis Phaneuf
Robin Bade

INTRODUCTION À LA MACROÉCONOMIE MODERNE

ERPI ÉDITIONS DU RENOUVEAU PÉDAGOGIQUE INC.
5757, rue Cypihot, Saint-Laurent (Québec) H4S 1X4
Téléphone : (514) 334-2690 • Télécopieur : (514) 334-4720

CRÉDITS

Coordination éditoriale :	**Jacqueline Leroux**
Traduction :	**Marie-Hélène Courchesne** **Louise Durocher** **Suzanne Geoffrion**
Révision linguistique :	**Johanne La Ferrière** **Jacqueline Leroux**
Correction d'épreuves :	**Johanne La Ferrière** **Pauline Coulombe-Côté**
Infographie :	**Dominique Gagnon** **Philippe Morin**
Couverture :	**Luc Parent Design Visuel Enr.** **Philippe Morin**
Photographies :	**Voir p. I–6**

LES AUTEURS

MICHAEL PARKIN a fait ses études à l'université de Leicester, en Angleterre. Il est maintenant rattaché au département de science économique de l'université Western Ontario. Le professeur Parkin a également occupé divers postes dans les universités de Sheffield, de Leicester, d'Essex et de Manchester. Il a écrit de nombreux articles en macroéconomie, notamment sur le monétarisme et l'économie internationale.

LOUIS PHANEUF est détenteur d'un doctorat en science économique de l'Université Laval. Il est actuellement directeur du Centre de recherche sur les politiques économiques et professeur au département de science économique de l'Université du Québec à Montréal. Il a également enseigné aux universités Laval, Queen's et McGill. Il est l'auteur de plusieurs articles en macroéconomie qui portent notamment sur les effets des contrats de salaire et des rigidités de prix sur le cycle économique.

ROBIN BADE enseigne à l'université Western Ontario. Elle est diplômée en mathématiques et en science économique de l'université du Queensland et a obtenu son doctorat à l'Australian National University. Elle a occupé divers postes à l'école de commerce de l'université d'Édimbourg et aux départements de science économique des universités du Manitoba et de Toronto. Ses recherches ont porté principalement sur les flux de capitaux.

Cet ouvrage est une version française de *MACROECONOMICS – CANADA IN THE GLOBAL ENVIRONMENT* de Michael Parkin et Robin Bade, publiée et vendue à travers le monde avec l'autorisation d'Addison-Wesley Publishing Company, Inc.

Dépôt légal: 3e trimestre 1992
Bibliothèque nationale du Québec
Bibliothèque nationale du Canada
Imprimé au Canada

ISBN 2-7613-0672-4

34567890 ML 9876
2065 ABCD 9

PRÉFACE

En tant que professeurs de science économique, nous voulons aider l'étudiant à mieux comprendre la réalité économique du monde actuel. Et c'est dans cette optique que nous avons rédigé ***Introduction à la macroéconomie moderne***.

À toutes les étapes de la rédaction et de l'élaboration de ce manuel, nous avons tenté de nous mettre à la place de l'étudiant. Souvent, nous nous sommes rappelé les difficultés que nous avons rencontrées au cours de nos propres études en économique. Nous avons également tenu compte des réactions des milliers d'étudiants à qui nous avons eu le plaisir d'enseigner par le passé.

Trois principes fondés sur la connaissance des besoins et des intérêts des étudiants nous ont guidés dans le choix du contenu et de l'organisation des chapitres, ainsi que dans la conception des divers éléments visuels. Selon le premier principe, les étudiants désirent apprendre, mais ils sont souvent dépassés par les exigences auxquelles ils doivent faire face. En conséquence, ils apprécient qu'on leur explique pourquoi on leur demande d'étudier certains sujets. On doit les convaincre de la pertinence des sujets abordés dans le cadre de leurs activités quotidiennes. Selon le deuxième principe, les étudiants veulent, une fois motivés, qu'on leur fournisse des explications claires, logiques et sensées, pour pouvoir saisir les notions enseignées et les mettre en application. Selon le troisième principe, les étudiants semblent s'intéresser davantage au présent et à l'avenir qu'au passé. En effet, ils désirent bien comprendre la science économique moderne et posséder parfaitement les outils les plus récents.

Contenu et organisation

Nous avons rédigé ce manuel en fonction de trois grands objectifs. Premièrement, nous avons voulu présenter à l'étudiant les notions fondamentales ainsi que les principaux outils analytiques de la macroéconomie.

Deuxièmement, nous avons voulu lui montrer comment mettre à profit ces notions et ces outils pour analyser la réalité économique. Le manuel contient de nombreux tableaux et de nombreuses figures retraçant l'évolution de plusieurs phénomènes économiques qui ont marqué le 20e siècle. En plus de se familiariser avec l'histoire économique canadienne et mondiale, l'étudiant découvrira notamment comment peuvent s'expliquer certains épisodes particuliers de l'histoire, comme la Grande Dépression, la récession économique de 1982, etc. Il apprendra également à évaluer les retombées économiques engendrées par les fréquentes hausses du prix de l'énergie et les effets possibles de mesures récentes comme la TPS. En outre, il verra comment les outils d'analyse économique peuvent être utilisés pour entrevoir les bénéfices et les coûts liés à certaines décisions politiques, tel l'Accord de libre-échange entre le Canada et les États-Unis.

Enfin, troisièmement, nous avons voulu initier l'étudiant à la macroéconomie moderne. Par exemple, lorsque nous abordons l'offre agrégée et la question du chômage, nous développons deux explications qui rendent compte des deux principaux courants de recherche en macroéconomie moderne. Cela nous amène à examiner des notions de main-d'œuvre indivisible, de recherche d'emploi, de rigidités des prix, etc. Nous espérons également avoir réussi à introduire la notion des anticipations rationnelles de la façon la plus intuitive et la plus simple possible, et ce dans un modèle macroéconomique complet.

Nous avons toujours voulu insister sur la portée pratique de ces concepts modernes. Là où des sujets donnent matière à controverse, les théories ont été présentées, évaluées et finalement comparées. Ainsi, nous avons essayé de traiter de façon équitable les diverses «écoles», qu'il s'agisse des keynésiens, des monétaristes, des adeptes des anticipations rationnelles et de la théorie du cycle d'origine réelle.

Polyvalence

Deux éléments démontrent la polyvalence de ce manuel. D'une part, certaines sections facultatives ont été prévues; elles sont signalées dans la table des matières par un astérisque (*). On peut laisser de côté ces sections sans craindre de perdre le fil conducteur du chapitre. D'autre part, nous avons tenté de tenir compte de l'application éventuelle de méthodes d'enseignement différentes et avons rédigé certains chapitres de façon qu'ils puissent être étudiés dans l'ordre qui convient à chaque utilisateur.

Ainsi, nous nous sommes longuement interrogés sur la manière de présenter les principaux textes relatifs au modèle de l'offre et de la demande agrégées. L'analyse de la demande et de l'offre agrégées est plus complexe que celle de l'offre et de la demande simples. Pourtant, dans la plupart des manuels, on consacre un chapitre complet au modèle de l'offre et de la demande simples et quelques pages seulement au modèle de l'offre et de la demande agrégées. Pour notre part, nous avons consacré à ce modèle un chapitre entier (chapitre 7), que nous avons voulu de lecture particulièrement facile.

Le chapitre 7 constitue un survol de l'ensemble des notions macroéconomiques. Il peut aussi être vu comme un résumé des composantes individuelles de l'offre et de la demande agrégées et peut être étudié après le chapitre 13.

Nous avons décrit en annexe le modèle *IE-LM*, en nous efforçant de le rendre plus compréhensible qu'à l'accoutumée.

Caractéristiques particulières

Les éléments visuels

Tout économiste digne de ce nom doit exceller dans l'analyse des graphiques ; ceux-ci comptent parmi ses outils les plus précieux. Cependant, bien des étudiants éprouvent des difficultés dans l'acquisition de cette technique élémentaire. Aussi, afin de les aider, avons-nous porté une attention particulière à la présentation des graphiques.

Nous faisons tout d'abord une distinction entre les graphiques qui illustrent des modèles et les graphiques qui exposent des données. Les premiers, présentés sur fond blanc, mettent l'accent sur l'analyse et l'abstraction ; les seconds, présentés sur fond ocre, soulignent les formes, les tendances et les liens visuels. Sur le plan pédagogique, ces caractéristiques sont essentielles et devraient amener les étudiants à différencier ces deux types de graphiques et, de là, à les comprendre.

L'utilisation de certains éléments visuels (voir le graphique) nous permet d'indiquer clairement où se situe l'activité économique. À cette fin, nous avons suivi un code strict concernant le style, la notation et l'emploi de la couleur. Ce code comporte les éléments suivants :

- La couleur rouge désigne les points d'équilibre, les caractéristiques essentielles et les déplacements des courbes.
- Les flèches de couleur indiquent la direction d'un déplacement dans une représentation habituellement statique.

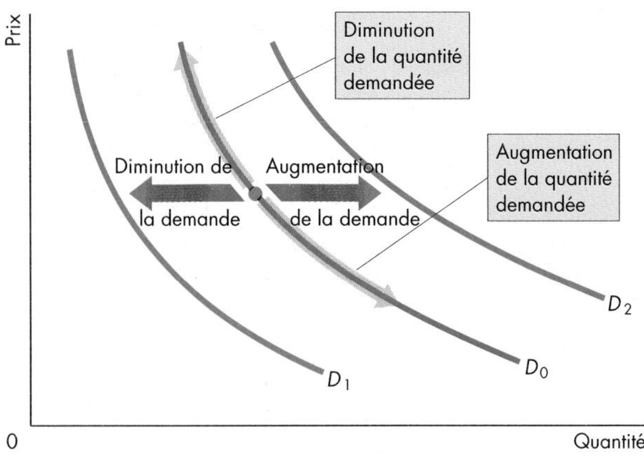

- Dans certaines figures, les graphiques et les tableaux de données qui ont servi à tracer les courbes sont regroupés.
- L'utilisation cohérente de la couleur permet de souligner le contenu des graphiques et de s'y référer dans le texte et les légendes.
- Dans les graphiques, les informations clés sont mises en valeur dans des encadrés.
- Le recours à l'informatique permet d'atteindre une précision maximale dans chaque graphique.

Nous avons élaboré la présentation visuelle en nous souciant continuellement des besoins des étudiants.

- Les figures et les tableaux les plus importants peuvent être facilement repérés puisqu'ils sont accompagnés d'un symbole rouge ; on retrouve une liste de ces figures et tableaux à la fin de chaque chapitre sous la rubrique *Figures et tableaux clés.*
- Les légendes sont très informatives et résument les données essentielles des graphiques ; les étudiants peuvent les parcourir pour avoir un aperçu du chapitre ou pour réviser celui-ci.

Les entrevues

Un des buts importants de ce manuel est de donner aux étudiants la capacité de penser comme des économistes. Pour atteindre ce but, nous avons inclus un ensemble d'entrevues avec des personnes qui ont apporté leur contribution au développement de la science économique ou qui ont participé à l'élaboration et à la mise en œuvre de politiques économiques. Ces entrevues sont insérées au début de chaque partie. Nous témoignons notre reconnaissance aux économistes qui nous ont fait part de leurs idées dans leur champ de spécialisation, qui ont parlé de leur contribution à la science économique et qui ont donné également leur opinion en général ; leurs propos sauront certainement intéresser les étudiants qui s'initient à l'économique.

Étant donné que chaque entrevue porte sur des sujets qui sont présentés dans les chapitres constitutifs de la partie, les étudiants peuvent les considérer comme un survol des aspects qui seront abordés et les lire avant d'entamer l'étude des chapitres. Une lecture plus attentive permettra à l'étudiant de mieux apprécier la discussion. Finalement, l'ensemble des entrevues peut constituer un résumé des sujets économiques d'actualité.

La rubrique *Entre les lignes*

Ce manuel vise également à développer la capacité des étudiants à utiliser la science économique pour analyser les événements qui sont commentés dans les médias. Conscients de ce besoin, nous avons conçu une rubrique qui pourra, nous l'espérons, constituer un modèle efficace. Chaque rubrique *Entre les lignes* contient trois sections. La première section comprend un extrait d'un article tiré d'un journal ou d'une revue. La deuxième section est composée d'un résumé des principaux éléments contenus dans l'article. La troisième section expose l'analyse économique de l'article. Grâce à cette rubrique, les étudiants apprendront à maîtriser les habiletés suivantes: aller au-delà de la simple constatation de la pertinence de la science économique dans la vie moderne, poser des questions judicieuses, évaluer la qualité des informations publiées par les médias et utiliser des modèles économiques afin d'approfondir leur compréhension du monde économique actuel.

La rubrique *L'évolution de nos connaissances*

La rubrique *L'évolution de nos connaissances* a été conçue de manière à faire découvrir aux étudiants la naissance et le développement des idées en économique. Ces idées sont présentées non seulement comme des modèles théoriques, mais également comme des témoins de leur temps.

Les outils pédagogiques

Afin d'assurer que le manuel renforce les connaissances acquises en classe, nous avons prévu les éléments pédagogiques suivants:

- *Les objectifs.* Une liste des objectifs du chapitre permet à l'étudiant de se fixer des buts avant d'en entreprendre l'étude.
- *Les textes d'introduction aux chapitres.* Ces textes soulèvent des questions auxquelles on répond dans le chapitre; ils fournissent également des métaphores ou des illustrations qui incitent à l'analyse.
- *À retenir.* Il s'agit de courts résumés à la fin de chaque section principale.
- *Les mots clés.* Imprimés en caractères gras dans le texte, ces termes constituent la première partie d'une étude en trois volets du vocabulaire économique. Ces termes sont repris à la fin du chapitre avec les pages de référence; ils sont également rassemblés dans un glossaire à la fin du manuel.
- *Les figures et tableaux clés.* Ils sont faciles à repérer, car ils sont accompagnés d'un symbole rouge; une liste des figures et tableaux clés est, en outre, fournie à la fin de chacun des chapitres.
- *Les rubriques de fin de chapitre.* On y trouve un résumé des principales sections, une liste des mots clés avec les pages de référence, une liste des figures et tableaux clés avec les pages de référence, des questions de révision et des problèmes.

Matériel complémentaire

Afin qu'étudiants et enseignants tirent le maximum de profit du manuel, plusieurs documents complémentaires ont été élaborés.

Guide de l'étudiant Ce document est soigneusement coordonné avec le manuel. Chaque chapitre comprend les rubriques suivantes: Survol du chapitre; Objectifs du chapitre; Rappels; Autoévaluation (révision des notions clés; vrai ou faux; questions à choix multiples; questions à réponses brèves; problèmes) et Réponses à l'autoévaluation; Figures et tableaux clés.

Recueil de tests Ce recueil comprend plus de 2000 questions à choix multiples. Pour inciter l'étudiant à utiliser assidûment son guide, certaines des questions du guide ont été reprises dans le recueil de tests.

Ensemble de feuilles d'acétate Tous les graphiques et tableaux clés du manuel sont proposés sous la forme de feuilles d'acétate en couleur regroupées dans des classeurs.

Graphibloc Les graphiques et tableaux clés du manuel sont reproduits sur des blocs de papier quadrillé. N'ayant pas à recopier le contenu des feuilles d'acétate projetées par l'enseignant, l'étudiant peut se concentrer sur le cours.

Remerciements

La réalisation du présent manuel a été un véritable travail d'équipe. Nous tenons d'abord à remercier plusieurs de nos collègues de leur collaboration. D'avoir bien voulu se prêter au jeu des entrevues, nous remercions Gerald Bouey, Pierre Fortin, Janos Kornai, Assar Lindbeck, Robert E. Lucas fils, Judith Maxwell, James Tobin et Paul Volcker. Nous exprimons aussi notre gratitude à Anik Labonté, à Nathalie Moreau et à Suzie Saint-Cerny, qui ont accepté de participer à l'élaboration de certains tableaux et de certaines figures.

Nous voulons également remercier les Éditions du Renouveau Pédagogique Inc. d'avoir rendu ce projet possible. Tout au long de la réalisation de cet ouvrage, nous avons été à même d'apprécier le professionnalisme de l'équipe des Éditions du Renouveau Pédagogique Inc. Nous voulons remercier Jacqueline Leroux, qui s'est révélée être une collaboratrice de tous les instants dans la supervision de la rédaction des divers chapitres du manuel, ainsi que Johanne La Ferrière.

Nous remercions nos universités respectives, l'Université Western Ontario et l'Université du Québec à Montréal, qui ont su créer des conditions favorables à la rédaction du manuel.

Nous voulons enfin remercier Catherine, Richard et Ann Parkin de même que Carole, Julie, Émilie et Matthieu Phaneuf pour leurs encouragements.

Michael Parkin Louis Phaneuf
Robin Bade

Consultants

Les auteurs et les Éditions du Renouveau Pédagogique Inc. tiennent à remercier de leurs commentaires judicieux les personnes suivantes:

Steve Ambler, Université du Québec à Montréal
Germain Belzile, Université du Québec à Montréal
Raymond Bienvenu, Cégep Édouard-Montpetit
Jean-Pierre Boudreault, Cégep Édouard-Montpetit
Jean-Marc Brunet, Cégep Édouard-Montpetit
Mohamed Dioury, Cégep François-Xavier-Garneau
Richard Lemieux, Cégep de Limoilou
Sylvie Lord, Cégep de Maisonneuve
Alain Paquet, Université du Québec à Montréal
Daniel Racette, École des Hautes Études Commerciales
Paul Storer, Université du Québec à Montréal

À Anne

Michael Parkin

À Margot

Louis Phaneuf

SOMMAIRE

TABLE DES MATIÈRES

---

* Chaque chapitre se termine par les quatre rubriques suivantes: Résumé, Points de repère, Questions de révision et Problèmes.

CHAPITRE 6 *L'évaluation de la production et du niveau des prix* 123

CHAPITRE 7 *La demande agrégée et l'offre agrégée* 151

6e PARTIE LA POLITIQUE MACROÉCONOMIQUE

7e PARTIE L'ÉCONOMIE MONDIALE

8e PARTIE LA CROISSANCE, LE DÉVELOPPEMENT ET LES DIVERS SYSTÈMES ÉCONOMIQUES

1re PARTIE

Introduction

ENTREVUE

ASSAR LINDBECK

Assar Lindbeck est titulaire d'une chaire d'économie à l'Institut international d'études économiques, de l'université de Stockholm (Suède), et directeur de cet Institut. Aux États-Unis, il a été professeur invité aux universités Columbia et Yale et à l'université du Michigan. Il est, depuis 1981, président du jury qui choisit chaque année le ou les lauréats du prix Nobel de science économique. Nous avons interrogé le professeur Lindbeck sur la nature de l'économique, sur les perspectives économiques des années 90 et sur le travail des économistes.

«Je me demande parfois si nous ne freinons pas la créativité des jeunes en leur imposant des analyses techniques trop poussées.»

Professeur Lindbeck, qu'est-ce qui vous a incité à devenir économiste?

Mon père étant homme politique dans le Nord de la Suède, je me suis intéressé dès le collège aux sciences politiques. Au bout du troisième semestre, j'ai décidé d'acquérir une formation de base en économique. Le problème, c'est que depuis lors je n'ai jamais cessé d'en apprendre sur l'économie!

Qu'est-ce que l'économique avait pour vous de si captivant?

J'ai découvert que les sciences politiques traitaient principalement de la forme des événements politiques et du processus décisionnel, mais qu'elles escamotaient les conséquences des décisions. Or, c'est justement cela qu'analyse la science économique: les répercussions des décisions politiques sur les familles, sur les entreprises, sur la vie des pays.

Qu'est-ce qui distingue l'économique des sciences politiques ou des autres sciences sociales?

Première particularité: l'économique pose des questions différentes. Elle s'interroge sur l'emploi, sur la production, sur l'allocation des ressources (y compris le travail), sur la répartition des revenus. Deuxièmement, l'économique est parvenue à élaborer un cadre d'analyse général. On n'a pas besoin de recourir à une économique particulière pour discuter de logement, d'agriculture ou d'éducation: les mêmes principes s'appliquent à tous les secteurs. Les autres sciences sociales, au contraire, ont tendance à élaborer une théorie particulière à chaque question ou à chaque domaine: la sociologie de la famille, par exemple, diffère de la sociologie criminelle. Troisièmement, enfin, l'économique peut se contenter d'hypothèses plus circonscrites pour formuler des prédictions relativement valables: si, par exemple, vous m'interrogez sur les facteurs qui déterminent la demande de beurre ou de margarine, je n'aurai pas à philosopher sur les motifs du comportement humain.

Les deux branches traditionnelles de l'économique – la microéconomie et la macroéconomie – partent-elles des mêmes principes?

Il y a eu une discontinuité entre la microéconomie et la macroéconomie. La macroéconomie se fonde sur le principe suivant: dans les grands agrégats – production totale, croissance économique nationale, chômage ou inflation – il se produit des variations systématiques, à la hausse ou à la baisse. Pour simplifier l'analyse, on peut expliquer un agrégat par un autre. Pour rendre compte d'une récession, il n'est donc pas essentiel d'étudier les variations de tous les prix relatifs ou de comprendre dans tous ses détails l'allocation des ressources. Il importe cependant que la description qu'on donne du mouvement des agrégats soit en accord avec les hypothèses microéconomiques qu'on a adoptées quant au comportement des entreprises ou des consommateurs. Milton Friedman, Franco Modigliani, James Tobin et d'autres économistes ont développé cette méthode au cours des années 50; ils voulaient ainsi pallier le manque de fondements microéconomiques qu'ils reprochaient aux généralisations empiriques propres à la macroéconomie de l'époque.

Si vous voulez discuter de « l'économie», vous devez vous servir d'agrégats, car le cerveau humain n'arriverait pas à considérer toutes les variables en même temps. Pour tirer avantage de l'économique, vous devez être en mesure de réfléchir à partir d'un modèle: lire les nouvelles dans un journal ou les écouter à la télévision, puis les traiter mentalement. Pour mettre l'économique au service de la société, l'économiste doit pouvoir tout aussi bien discuter avec des journalistes ou des politiciens qu'expliquer un diagramme à ses étudiants devant un tableau noir. Autrement, faute d'étendre ses horizons, il ne communiquera jamais qu'avec des spécialistes.

Vous êtes président du comité du prix Nobel de science économique. Qu'est-ce qui, selon vous, fait un grand économiste?

Les membres du comité du prix Nobel – et les économistes en général – reconnaissent la valeur de ceux et de celles qui ont influencé intellectuellement la discipline, qu'ils aient ou non formalisé leurs idées en des modèles complets ; ils savent aussi reconnaître la valeur des gens qui ont donné forme à des idées empruntées en partie à d'autres. Très rares, cependant, sont les économistes qui ont à la fois des idées innovatrices et le don (ou l'occasion) d'exprimer celles-ci dans une forme cohérente. Je crois qu'aujourd'hui l'on compte parmi les économistes plus de techniciens que de créateurs. J'ai toujours prôné une formation rigoureuse, mais je me demande parfois si nous ne freinons pas la créativité des jeunes en leur imposant des analyses techniques trop poussées.

Selon vous, quelle sera, en économie, la grande question des années 90?

Permettez-moi de passer d'abord en revue certains événements qui ont mené à la conjoncture actuelle. On considère comme un âge d'or les vingt-cinq années qui ont suivi la Deuxième Guerre mondiale : un commerce international en pleine expansion, un taux de chômage très bas, une croissance économique rapide – bref, une prospérité croissante. Des événements hors du commun ont contribué à cet état de choses : les travailleurs ont pu, notamment, abandonner l'agriculture pour l'industrie, la classe politique a tourné le dos au protectionnisme commercial d'avant-guerre et, après plusieurs années de stagnation, la technologie a fait des bonds en avant. Toutefois, au cours des années 60 et 70, la classe politique a commencé à croire que cette croissance et cette prospérité allaient de soi. Si bien que nous nous sommes mis à gruger la source même de ce succès, compromettant ainsi l'efficacité de nos économies de marché. Dans les années 70, l'Organisation des pays exportateurs de pétrole (l'OPEP) a provoqué la crise du pétrole, et les salaires, du moins en Europe, ont connu une véritable explosion. Pendant ce temps, on a consacré d'extraordinaires efforts à la lutte contre l'inflation, ce qui explique la gravité des récessions des années 70 et 80. Depuis la fin des années 80, nous travaillons à nous remettre des turbulences de la précédente décennie. Le taux de croissance a entrepris une remontée, et le chômage a régressé aux États-Unis et en Angleterre. Que se produit-il ? Il semble bien que nous redonnions enfin au marché la place qui lui revient dans une économie... de marché.

Et que nous réserve l'avenir?

Selon moi, la question clé des années 90 sera de savoir jusqu'où la déréglementation pourra aller sans soulever les protestations des groupements d'intérêts. Bien des gens ressentent directement les effets de la déréglementation. Au sein d'organismes globaux comme la Communauté économique européenne, quel pouvoir tel gouvernement national acceptera-t-il de céder aux forces des marchés internationaux ? Un gouvernement admettra-t-il volontiers son impuissance face à un problème, après avoir en même temps déréglementé son économie intérieure et libéralisé ses relations économiques avec l'extérieur ? Un tel aveu ne le condamnerait-il pas à perdre le pouvoir dès l'élection suivante ?

«Selon moi, la question clé des années 90 sera de savoir jusqu'où la déréglementation pourra aller sans soulever les protestations des groupements d'intérêts.»

«Impossible de faire des prévisions économiques sans prévoir la politique économique.»

En réponse à des questions d'une telle complexité, les économistes peuvent-ils réellement se livrer à une analyse scientifique, dénuée de toute passion?

Interrogé par exemple sur les effets d'une taxe à l'importation du pétrole, l'économiste doit faire une nette distinction entre son analyse objective d'une part et, d'autre part, les opinions qu'il professe sur les effets, bons ou mauvais, d'une telle taxe. Qu'ils soient de tendance libérale ou conservatrice, deux économistes doivent arriver aux mêmes conclusions, s'ils ont tous deux fondé leur analyse sur le même type de modèle économique. Or, ce n'est pas toujours le cas. Pourquoi? Sans doute, dans leur choix, sont-ils inconsciemment influencés par leurs convictions politiques: chacun choisit un modèle qui tende à appuyer telle valeur politique ou telle vision du monde.

Comme toute science, l'économique doit discerner le modèle le plus propice à un jugement pertinent: démarche difficile, mais essentielle pour garder à l'économique son caractère de science positive.

Dans certains de vos écrits, vous avez tenté d'expliquer par une économique positive les choix politiques de certains hommes d'État – ce qu'on appelle la théorie des «choix publics». Quelle importance reconnaissez-vous à ce champ de la recherche économique? Et quels progrès avons-nous réalisés dans la compréhension des prises de décisions politiques?

Il s'agit d'un champ vital de recherche. Impossible de faire des prévisions économiques sans prévoir la politique économique. Impossible, aussi, de prévoir la politique économique sans emprunter ou créer une théorie qui permette de prévoir la réaction des hommes politiques face aux événements économiques à venir. Or, à ce jour, les résultats de ces analyses ne sont guère probants, tant les hommes politiques adoptent naturellement des attitudes complexes, que nous n'arrivons pas encore à expliquer. Par exemple, les décisions qu'ils prennent par souci de garder le pouvoir contredisent souvent le programme politique qu'ils croient suivre. Ces recherches ont surtout permis jusqu'ici de sensibiliser les économistes au fait qu'il est extrêmement difficile de donner des conseils judicieux en matière de politique économique.

Quels principes directeurs vous ont guidé en tant qu'économiste et en tant que citoyen intéressé par la politique économique?

J'aime m'inspirer des problèmes réels de ce monde. Je recherche les situations qui me laissent perplexe et que je ne comprends pas, et je tente d'y trouver une explication plausible. Puis je m'installe à mon bureau et j'essaie de mettre le problème sur papier. Je m'efforce de l'expliquer d'abord en mots de tous les jours, puis en termes techniques avec graphiques et équations à l'appui. Or, mes conclusions diffèrent souvent de mes perspectives initiales.

Quels conseils donneriez-vous à un étudiant, pour son premier cours de principes économiques?

Essayez de comprendre les principes intuitivement, et non de façon machinale. Décortiquez à la lumière du sens commun les exemples que vous fournit le professeur et ceux du manuel. Si vous vous contentez de mémoriser les faits, vous aurez oublié ceux-ci dans deux ans. En revanche, si vous apportez à cette étude toute votre faculté d'intuition, vous en conserverez des connaissances précieuses.

CHAPITRE 1

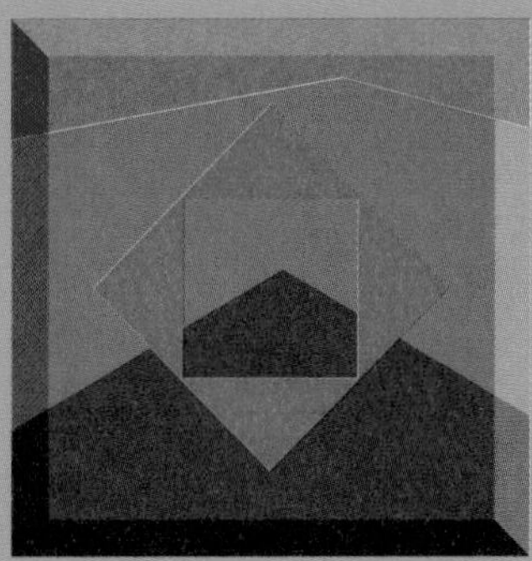

Qu'est-ce que l'économique?

Objectifs du chapitre :

- Cerner le type de questions auxquelles l'économique tente de répondre.
- Expliquer pourquoi ces questions, tout comme l'activité économique elle-même, découlent du phénomène de la rareté.
- Comprendre en quoi ce phénomène de la rareté oblige les gens à faire des choix.
- Définir la notion de coût d'opportunité.
- Définir les fonctions d'une économie et en décrire les composantes.
- Distinguer un énoncé positif d'un énoncé normatif.
- Expliquer ce qu'on entend par une théorie économique et montrer comment on élabore de telles théories par la conception de modèles économiques, qu'on confronte ensuite aux faits.

Sept questions fondamentales

QU'EST-CE QUE L'ÉCONOMIQUE? Le meilleur moyen de répondre à cette question consiste à... s'en poser d'autres. C'est pourquoi, d'entrée de jeu, nous vous proposons l'examen de sept questions fondamentales auxquelles l'économique tente de répondre.

La production, la consommation et le progrès technique

En 1975, pour regarder chez soi un film, il fallait louer un projecteur et un écran, en plus du long métrage. Cela coûtait presque aussi cher que de projeter celui-ci dans une salle de cinéma devant plusieurs centaines de spectateurs: c'était un luxe réservé aux riches. ■ En 1976, les magnétoscopes faisaient leur entrée sur le marché; mais ils coûtaient 2000 $ ou plus (l'équivalent aujourd'hui de 4000 $). Or, on se procure maintenant pour environ 200 $ un magnétoscope de bonne qualité; quant à la cassette-vidéo, on la loue moyennant quelques dollars par jour ou on l'achète pour moins de 30 $. De ce qui était hier un luxe, le progrès technique a fait un bien de consommation courante. ■ Les techniques de pointe transforment nos habitudes de *consommation*: ainsi, en abaissant le prix des magnétoscopes, elles nous permettent de regarder à la maison beaucoup plus de films que nous ne le faisions il y dix ans. ■ Le progrès technique a également une incidence sur nos modes de *production.* Chez les constructeurs d'automobiles, par exemple, on confie désormais aux robots des tâches qui, il y a dix ans encore, étaient réservées aux ouvriers. Dans la plupart des bureaux, l'équipement informatique de traitement de texte a détrôné la traditionnelle machine à écrire. ■ Et que dire de l'omniprésent laser? C'est lui qui, au supermarché, lit sur les étiquettes les prix des marchandises. Il trace sur les cartes de crédit les hologrammes qui en empêchent la contrefaçon. Dans les salles d'opération, il devient, manié par les neurochirurgiens et les ophtalmologistes, un scalpel d'une extrême précision. ■ Tous ces exemples, qui illustrent l'incidence des progrès techniques sur les moyens de production de biens et de services, soulèvent la première de nos sept questions fondamentales:

Comment les individus choisissent-ils les biens et les services qu'ils consomment et les moyens de production qu'ils utilisent? En quoi ces choix sont-ils tributaires des nouvelles découvertes et des nouvelles techniques?

Les salaires et les revenus

Dans une station de sports d'hiver, au coeur des Laurentides, un moniteur explique à ses élèves la technique du chasse-neige. Ce jeune homme de vingt-trois ans, qui n'a même pas terminé ses études secondaires, est payé 14 $ l'heure pour ce travail en apparence agréable et peu stressant.

Dans un cabinet d'avocats de Montréal, une secrétaire du même âge assume de nombreuses responsabilités: traitement du courrier, classement des documents, gestion de l'agenda, comptes rendus des réunions; en général, elle rentre du travail complètement exténuée. Après l'obtention de son diplôme d'études collégiales, elle a suivi des cours du soir en informatique et en traitement de texte. Elle gagne 12 $ l'heure.

Le 9 juillet 1989, Steffi Graf et Martina Navratilova disputent un palpitant match de tennis, au cours d'une finale de Wimbledon. À l'issue d'une joute serrée, la gagnante, Graf, encaisse 33 278 $, et Navratilova ne touche que la moitié de cette somme. On retrouve une situation semblable au sein des grandes entreprises: les membres de la haute direction, qui ne travaillent pas nécessairement plus – souvent moins – que leurs subalternes, reçoivent un salaire beaucoup plus élevé que ceux-ci.

De telles situations soulèvent la deuxième de nos sept questions fondamentales:

Qu'est-ce qui détermine le revenu de chacun? Pourquoi certains individus sont-ils beaucoup mieux rémunérés que d'autres, qui travaillent autant et plus qu'eux?

Le chômage

Au plus creux de la crise économique des années 30, soit de 1929 à 1933, près de un cinquième de la population active était en chômage. Pendant des mois, voire des années, bien des familles n'ont eu de revenu que les maigres allocations du gouvernement ou que les dons d'institutions charitables. Pendant les années 50 et 60, au contraire, le taux de chômage est presque partout resté inférieur à 5 %; dans certains pays, comme le Japon et l'Angleterre, il est même tombé au-dessous des 2 %. Puis, au cours des années 70, on l'a vu augmenter progressivement jusqu'à toucher, au début des années 80, plus de 10 % de la main-d'œuvre canadienne. En 1989, cependant, il avait régressé à 7,7 % pour remonter à plus de 11 % en 1991.

Le chômage frappe inégalement les différentes couches de la population. Lorsque le taux moyen se situe à 5,5 % pour l'ensemble de la main-d'œuvre canadienne, il atteint presque 20 % chez les jeunes de 16 à 19 ans. On constate aussi de larges écarts entre les régions: le chômage est, par exemple, beaucoup plus élevé dans les provinces maritimes que dans le reste du pays.

Ces quelques données sur le chômage soulèvent une troisième question fondamentale de l'économique:

Quelles sont les causes du chômage, et pourquoi celui-ci frappe-t-il certains groupes plus que d'autres?

L'inflation

D'août 1945 à juillet 1946, la Hongrie a connu une hausse moyenne des prix de 20 000 % par mois. En juillet 1946, au sommet de cette inflation galopante, la hausse se chiffrait à 419 000 billions % – c'est-à-dire 419×10^{15} %.

En Bolivie, le coût de la vie a augmenté de 11 750 % en 1985. Cette année-là, à La Paz, le «hamburger» de chez McDonalds, qui coûtait 20 bolivianos le 1er janvier, en coûtait 2370 le 31 décembre. Au Canada, la même année, les prix n'ont augmenté que de 2,9 %. (Ils devaient cependant, à la fin des années 70, enregistrer une hausse annuelle de plus de 10 %.)

Ces données sur l'inflation soulèvent pour les économistes une quatrième question fondamentale:

Pourquoi les prix montent-ils? Pourquoi de telles flambées dans certains pays et à certaines époques, alors que les prix connaissent une relative stabilité en d'autres pays ou en d'autres temps?

L'État

L'État joue un rôle à plusieurs niveaux. Au Canada, le gouvernement fédéral verse des pensions aux personnes âgées et des allocations aux chômeurs. Il transfère d'importantes sommes aux provinces, pour atténuer entre les régions les écarts de niveau de vie. Il entretient également une armée. Le gouvernement fédéral, les gouvernements provinciaux et les autorités municipales se partagent l'administration des forces policières, de la justice, des soins de santé, de l'instruction publique ainsi que des régimes publics de santé. Divers organismes gouvernementaux réglementent la production alimentaire et pharmaceutique, l'énergie nucléaire et l'agriculture.

Les dépenses publiques ont monté en flèche au fil des ans. En 1867, année où fut créée la Confédération canadienne, le gouvernement central percevait, principalement au titre des droits de douane et d'accise, des revenus de 14 millions de dollars – ce qui, en dollars constants, représenterait aujourd'hui 66 $ par habitant, soit moins de 0,01 $ pour chaque dollar gagné. Cent vingt ans plus tard, en 1987, la famille canadienne moyenne versait au fisc l'équivalent de 0,34 $ par dollar gagné. Jusqu'à récemment, les gouvernements fédéral et provinciaux présentaient des budgets équilibrés. Mais, tout au long des années 80, le gouvernement fédéral a dépensé chaque année presque 30 milliards de dollars de plus que ce qu'il encaissait. Ce déficit représente plus de 1000 $ par habitant.

Ce fonctionnement de l'État soulève une cinquième question fondamentale:

Quelles sont, sur la vie économique du pays, les répercussions des impôts et des dépenses publiques? Que se produit-il lorsque l'État est en déficit, comme c'est souvent le cas?

Le commerce international

Dans les années 60, presque tous les véhicules qui sillonnaient les routes canadiennes et étatsuniennes sortaient des usines Ford, General Motors ou Chrysler. Dans les années 80, les sociétés Toyota, Honda, Volkswagen et BMW accaparaient une part considérable du marché nord-américain. Ainsi, 33 % des voitures neuves vendues en Amérique du Nord en 1985 étaient importées, par rapport à 1 % au milieu des années 50. Et l'on peut en dire autant des téléviseurs, des vêtements ou des ordinateurs.

L'État régit le commerce international des automobiles et de bien d'autres produits: il impose, sur les importations, des taxes appelées *tarifs douaniers* et il fixe des contingents, ou quotas, afin de limiter les quantités qui seront importées de certains produits. Il y a quelques années, le gouvernement fédéral a négocié avec les États-Unis une entente importante, qui élimine progressivement la plupart des restrictions sur les échanges entre les deux pays: c'est l'Accord de libre-échange entre les États Unis et le Canada. Notre pays a d'ailleurs entamé des négociations en vue d'un accord trilatéral Canada - États-Unis - Mexique, qui étendrait à toute l'Amérique du Nord le principe du libre-échange.

Voilà posée, par ces données sur le commerce international, une sixième question fondamentale de l'économique:

Quels sont les facteurs qui déterminent la structure et le volume des échanges entre pays? Quels sont, sur le commerce international, les effets des tarifs douaniers et des contingentements?

La richesse et la pauvreté

La baie de Canton, dans le sud-est de la Chine, abrite une petite péninsule rocheuse et un archipel, pratiquement dépourvus de richesses naturelles. Cette terre aride subvient pourtant aux besoins de plus de cinq millions d'habitants qui, sans être très riches, élèvent progressivement leur niveau de vie. On produit là une grande partie des articles de mode et des composants électroniques vendus à travers le monde. C'est Hong-kong.

Dans l'est de l'Afrique, sur la mer Rouge, une terre mille fois plus vaste parvient à peine à faire vivre ses 34 millions d'habitants, soit sept fois seulement la population de Hong-kong. Devant l'extrême misère de ce peuple, des musiciens rock d'Europe et d'Amérique ont organisé en 1985 une spectaculaire collecte de fonds. Ce pays périodiquement acculé à la famine, c'est l'Éthiopie.

Hong-kong et Éthiopie: ces deux exemples, extrêmes dans l'échelle des revenus et des richesses, ne sont pourtant pas exceptionnels. En fait, les deux tiers les plus pauvres de la population mondiale consomment moins du cinquième des biens et des services produits. Les pays à revenus moyens, qui regroupent près du cinquième de la population totale, consomment environ un cinquième de la production. Les autres habitants de la planète, soit moins du cinquième de la population, consomment près des deux tiers de la production et vivent dans des pays à revenus élevés – comme le Canada, les États-Unis, les pays d'Europe de l'Ouest, le Japon, l'Australie et la Nouvelle-Zélande.

Ce bref coup d'oeil sur la répartition des richesses à travers le monde suscite une septième interrogation:

À quoi attribuer les différences de niveau de vie entre les nations? Pourquoi certains pays sont-ils riches, et d'autres pauvres?

Sept questions complexes, aucune réponse simple

Voilà posées sept questions capitales, qui résument à elles seules toutes les préoccupations de la science économique. Elles sont doublement fondamentales: d'abord par leurs énormes répercussions sur les conditions de vie de l'humanité, puis par leur complexité même et par la difficulté d'y apporter quelque réponse simple. Ces questions suscitent de vifs débats, où chacun a son opinion et où foisonnent les soi-disant experts. Pour l'étudiant, débutant ou avancé, le plus difficile est de faire abstraction de ses sentiments et d'aborder l'analyse de ces problèmes avec la rigueur et l'objectivité d'un scientifique.

Au cours de ce chapitre, nous expliquerons comment les économistes tentent de résoudre les problèmes qui se posent à eux. Mais revenons pour l'instant à nos sept questions. Qu'ont-elles en commun? Et en quoi sont-elles des questions proprement économiques?

La rareté

Tout problème économique découle d'un fait simple et incontournable : l'impossibilité où nous sommes de satisfaire tous nos désirs. Nous vivons dans un monde de rareté. L'économiste définit la **rareté** comme une situation où les besoins et les désirs dépassent les ressources dont on dispose pour les satisfaire. Une fillette, qui désire se procurer une cannette de boisson gazeuse à 0,75 $ et une tablette de chocolat à 0,50 $, ne possède qu'un dollar : elle est confrontée à la rareté. Un étudiant est partagé entre le désir d'assister ce soir à une fête et la nécessité de combler son retard dans ses travaux scolaires : lui aussi fait face à la rareté, puisqu'il dispose d'un temps limité. Riche ou pauvre, on en est là. Le gouvernement canadien, malgré son budget de 120 milliards de dollars, n'échappe pas au dilemme de la rareté : le total des dépenses publiques affectées à la défense, à la santé, à l'éducation, à l'assistance sociale et aux autres services excède de beaucoup ses revenus fiscaux.

Nos besoins et nos désirs ne font pas que dépasser les ressources existantes : en fait, ils sont illimités, face à des ressources qui, elles, sont limitées ou finies. Tous, nous souhaitons vivre longtemps et en bonne santé, jouir de l'aisance, du confort et de la sécurité, nous délasser le corps et l'esprit, nous comprendre nous-mêmes, nous sentir en harmonie avec notre milieu naturel et humain.

Mais personne ne réussit à combler tous ces désirs et tous ces besoins ; il subsiste toujours en chacun quelque insatisfaction. Même si bien des Canadiens possèdent tout le confort matériel qu'ils désirent, beaucoup d'autres en sont encore privés. À l'âge atomique, qui donc pourrait s'estimer en complète sécurité ? Et qui donc est maître du temps ? Même les plus riches ne trouvent pas le temps de voyager à leur goût, de prendre les vacances de leurs rêves, de savourer comme ils le voudraient la contemplation des œuvres d'art. Le philosophe le plus profond, le savant le plus érudit déplorent les limites de leur propre savoir.

On pourrait certes concevoir une société où seraient satisfaits tous les besoins de confort matériel et, même, de sécurité. Mais comment imaginer un monde où chacun disposerait du temps, de l'énergie et des ressources nécessaires pour apprécier pleinement les sports, les voyages, les vacances et les arts ? Encore moins un monde où tous bénéficieraient de soins médicaux totalement gratuits et où tout serait mis en œuvre pour protéger les ressources vitales, tels l'atmosphère, les forêts, les rivières et les lacs. Les ressources naturelles et humaines – temps, force physique ou matière grise – et les ressources matérielles créées par l'homme – barrages et autoroutes, immeubles et machines, outillage et équipement – constituent certes un patrimoine immense. Mais il n'est pas sans limite. Or nos besoins et nos désirs, illimités, surpasseront toujours les ressources dont nous disposerons ; ils sont donc destinés à toujours demeurer partiellement insatisfaits.

«Je veux un biscuit. Tu veux un biscuit. Nous voulons <u>tous</u> un biscuit!»

Dessin de Modell; © 1985, The New Yorker Magazine, Inc.

L'activité économique

C'est la confrontation entre des besoins illimités et des ressources limitées qui engendre l'activité économique. L'**activité économique** est l'ensemble des actions que nous entreprenons pour contrer la rareté. En ce sens, l'**économique** étudie la façon d'utiliser au mieux nos ressources limitées pour satisfaire des besoins illimités. Ainsi définie, elle a pour objet d'étude un très large éventail de problèmes, dont font partie, au premier chef, les sept questions fondamentales que nous avons relevées plus haut. Ces questions nous préoccuperaient-elles si nous disposions de ressources intarissables et si nous ne butions jamais sur le phénomène de la rareté ? Non. Voyons pourquoi.

Nul, s'il disposait de ressources illimitées, ne verrait l'utilité de mettre au point des moyens de production plus efficaces. Il n'y aurait aucun intérêt à nous préoccuper de notre emploi du temps ou de l'utilisation des différentes sources d'énergie. Délestés de l'obligation de gagner notre vie, nous ne ferions que ce qui nous plairait. Les biens et les services nécessaires seraient à la portée de chacun, sans effort ni paiement. Plus question de chômage : personne ne travaillerait, si ce n'est par plaisir. La gratuité de tout pour tous abolirait la notion même d'inflation ou de hausse des prix. On ne débattrait plus de l'intervention ou de la non-intervention de l'État dans la vie économique, puisque plus personne n'aurait besoin du soutien de l'État et que celui-ci ne percevrait ni taxes ni impôts. Chacun prélèverait ce qui lui plaît dans le réservoir inépuisable des ressources collectives. L'abondance régnant partout dans le monde, le transport, l'importation ou l'exportation de biens deviendraient superflus, et il n'existerait plus aucun commerce international. L'écart serait enfin comblé entre pays riches et pays pauvres : les uns et les autres seraient infiniment riches et auraient tout ce qu'ils convoitent.

Dans cet univers de science-fiction, marqué par l'abondance, les problèmes économiques seraient inconnus. Car c'est le phénomène universel de la rareté qui est à la source de ces problèmes.

Les choix

Le problème de la rareté, en effet, force à faire des choix. Devant l'impossibilité d'obtenir tout ce qu'on désire, il faut choisir entre les possibilités qui s'offrent. C'est d'ailleurs pourquoi on appelle parfois l'économique la *science des choix*: elle explique les choix qu'on fait, elle prédit en quoi ces choix seront tributaires des circonstances.

Tout choix suppose la comparaison de deux termes: d'un côté, les avantages que présenterait la possession d'une quantité accrue de certains biens et, de l'autre côté, les inconvénients qu'entraînerait la diminution d'autres biens. Cette comparaison, suivie de la décision qui nous permet de tirer le meilleur parti possible des diverses possibilités qui nous sont offertes, s'appelle **optimisation**. Dans le langage de tous les jours, on prête d'ailleurs au verbe *économiser* une signification semblable: économiser, c'est faire le meilleur usage possible des ressources existantes. Ayant effectué un choix optimal, on ne pourra plus, simultanément, *tout* avoir en plus grande quantité. Pour augmenter la quantité qu'on possède d'un bien, il faudra renoncer à une certaine quantité d'un autre bien. En d'autres termes, tout choix comporte un prix à payer. Et quelque décision qu'on prenne, on sait qu'on aurait pu en prendre une autre.

Le coût d'opportunité

Les économistes appellent **coût d'opportunité** le prix à payer chaque fois que, face à des ressources limitées, on doit faire un choix. Le coût d'opportunité d'une décision représente la valeur de la meilleure possibilité à laquelle on renonce par cette décision. Ne pouvant obtenir tout ce qu'on désire, on choisit entre les possibilités qui s'offrent. La décision ainsi prise représente alors un coût: le sacrifice de l'option la plus avantageuse parmi celles qu'on écarte, la possibilité à laquelle on renonce. Le coût d'opportunité se mesure, justement, à cette «valeur de renonciation». Voyons comment apporter à cette mesure la plus grande précision possible; nous recourrons pour cela à des situations de la vie quotidienne.

Supposons que vous deviez vous présenter à un cours à 8:30 lundi matin. Si vous n'y allez pas, vous avez le choix entre deux possibilités: rester au lit une heure de plus ou consacrer cette heure au jogging. Le coût d'opportunité du cours ne peut être à la fois la perte d'une heure de sommeil *et* les bienfaits d'une heure de jogging. Si vous n'envisagez que ces deux seules possibilités dans l'éventualité où vous «sécheriez» le cours, vous devrez déterminer laquelle est la plus pertinente. Pour un joggeur, le coût d'opportunité du cours correspond à une heure d'exercice; pour un grand dormeur, à une heure de sommeil supplémentaire.

Supposons encore que vous ayez l'habitude de dépenser 1,50 $ pour un muffin et un café, au petit déjeuner que vous prenez à la cafétéria avant d'entrer en classe. Si vous ne dépensiez pas 1,50 $ tous les jours pour le petit déjeuner, vous pourriez vous payer chaque semaine une soirée de plus au cinéma. Ce film hebdomadaire auquel vous renoncez, c'est le coût d'opportunité de votre petit déjeuner quotidien. On ne peut cependant pas dire qu'il fait partie du coût d'opportunité de vos études; car, que vous alliez ou non à votre cours, vous dépenseriez chaque jour 1,50 $ pour le petit déjeuner.

Les coûts d'opportunité que vous supportez ne résultent pas toujours de vos propres décisions. Ce sont parfois les décisions des autres qui vous imposent des coûts d'opportunité. Par exemple, incapable de trouver place à bord d'un autobus à l'heure de pointe, vous devez supporter un coût d'attente, imposé pour ainsi dire par ceux qui ont pris avant vous cet autobus.

Chaque choix occasionne un coût d'opportunité. En optant pour une activité, on considère que les avantages qu'elle présente, par comparaison aux autres activités auxquelles on renonce, en valent la peine.

La rareté a donc sur la vie humaine une première conséquence: le coût d'opportunité. Mais elle en entraîne aussi une autre, tout aussi fondamentale: c'est le phénomène de la concurrence.

La concurrence et la coopération

La concurrence Lorsque les besoins excèdent les ressources, il y a conflit entre les besoins, face à l'affectation des ressources disponibles. La **concurrence** est cette lutte pour obtenir la maîtrise de ressources devenues rares. Revenons à l'exemple de l'enfant qui, avec 1 $, veut se procurer une cannette de boisson gazeuse et une tablette de chocolat, d'une valeur totale de 1,25 $: ici, la boisson gazeuse et la tablette de chocolat sont en concurrence pour l'utilisation du même dollar. Il n'en va pas autrement pour l'étudiant dont les travaux scolaires accusent un certain retard: la fête et l'étude se disputent l'utilisation de sa soirée. Au sein du gouvernement, la défense et les services sociaux entrent en concurrence pour l'utilisation de recettes fiscales limitées.

La rareté entraîne également la concurrence entre les personnes et entre les groupes. Chacun, faute de pouvoir s'offrir tout ce qu'il désire, doit rivaliser avec les autres pour obtenir la plus grande part possible des ressources existantes. Pour organiser et restreindre ce type de rivalité, les sociétés humaines ont établi des règles dont l'origine et l'évolution découlent directement du problème de la rareté. Ces règles, d'ailleurs, ne sont pas nécessairement identiques dans toutes les sociétés, même les plus modernes. Par exemple, l'organisation de la vie économique au Canada diffère radicalement de celle que le communisme a fait prévaloir pendant trois quarts de siècle en Union soviétique. Dans le dernier chapitre de ce manuel, nous étudierons ces différences et nous comparerons entre eux divers régimes économiques. Pour le moment, examinons brièvement les règles qui, au Canada, encadrent la concurrence entre les personnes et entre les entreprises.

Dans un régime de libre entreprise, comme celui qui a cours au Canada, chacun possède ce qu'il a acquis par l'échange librement consenti. Les gens peuvent se faire concurrence entre eux, en offrant des échanges plus avantageux : en baissant, par exemple, le prix des produits qu'ils veulent vendre ou en consentant un prix plus élevé pour ceux qu'ils désirent acheter. Mais personne n'a le droit de s'approprier simplement le bien d'autrui.

La coopération La rareté, direz-vous, n'engendre pas automatiquement la concurrence, et la coopération résoudrait de façon plus harmonieuse bien des problèmes économiques. On entend par **coopération** la réalisation d'un travail en commun en vue d'atteindre un même but. Ne pourrait-on pas résoudre les problèmes par la coopération plutôt que par la concurrence ? Suggestion intéressante, certes, car elle déboucherait sur des solutions rationnelles. L'histoire de l'économie offre d'ailleurs bon nombre d'exemples où la coopération a résolu bien des difficultés. Il y a coopération lorsqu'on s'entend sur des règles précises pour atténuer les rivalités et prévenir les conflits. La coopération a sa place dans la plupart des formes d'activité économique : les travailleurs collaborent entre eux sur les chaînes de fabrication ; les membres de la direction coopèrent entre eux dans la conception, la fabrication et la commercialisation de leurs produits ; et, dans une large mesure, les cadres et les travailleurs agissent de conserve.

La coopération, aussi répandue soit-elle, ne résout cependant pas tous les problèmes et n'élimine pas toute concurrence. Car toute coopération repose sur une certaine forme de concurrence préalable : il y a d'abord rivalité dans le recrutement et le choix des meilleurs partenaires. Le mariage – affaire de coopération s'il en est – illustre bien cette situation, puisque les célibataires rivalisent dans la recherche d'un conjoint. Au sein de toute entreprise, même si les travailleurs et la direction coopèrent, la concurrence conserve ses droits : les entreprises se disputent les meilleurs travailleurs, et les travailleurs se disputent les meilleurs emplois. De même, les membres des professions libérales, comme les avocats et les médecins, rivalisent pour s'adjoindre les associés les plus compétents ou les plus prestigieux.

La découverte d'un partenaire avec qui coopérer ne met d'ailleurs pas un terme à la concurrence. Car tel groupe de collaborateurs entre naturellement en concurrence avec d'autres groupes. Par exemple, des avocats travaillant ensemble au sein d'un même cabinet ont pour concurrents d'autres cabinets d'avocats.

À RETENIR

L'économique étudie les activités qui découlent du phénomène de la rareté. La rareté oblige les gens à faire des choix, que les économistes s'efforcent de comprendre. Faire des choix, c'est prendre des décisions optimales et donc évaluer le coût des différentes possibilités. C'est ce qu'on appelle le *coût d'opportunité,* soulignant ainsi le fait que, par telle décision, on renonce à certaines possibilités. La rareté, en plus de mettre les individus devant des choix, est également source de concurrence entre eux.

■ ■ ■

Vous voilà mieux au fait du type de questions auxquelles tentent de répondre les économistes. Et vous savez désormais que, en matière économique, toutes les questions et toutes les activités découlent du phénomène de la rareté. Dans les chapitres qui suivent, nous étudierons l'activité économique en général, de façon à comprendre, en particulier, le fonctionnement d'une économie moderne comme celle du Canada. Mais il nous sera utile, au préalable, de prendre une vue d'ensemble. Au fait, qu'entend-on exactement par «économie»?

L'économie

Qu'est-ce que l'économie ? Comment fonctionne-t-elle ? Pour répondre à ces questions, considérons un sujet plus familier et plus concret : l'avion. Qu'est-ce qu'un avion ? Comment fonctionne-t-il ?

Sans entrer dans les détails à la façon d'un ingénieur en aéronautique, chacun de nous peut apporter quelque élément de réponse. L'un décrira l'avion comme un appareil volant qui transporte des passagers et une cargaison. Un autre, pour en expliquer le fonctionnement, décrira les principaux composants : le fuselage, les ailes et les moteurs, peut-être même les ailerons et le gouvernail, les systèmes de contrôle et de navigation. Un troisième expliquera que, au moment où les moteurs font avancer l'appareil, il se produit, entre les pressions de l'air de part et d'autre des ailes, un brusque écart qui soulève l'appareil. Cet exemple illustre bien quatre principes.

Premièrement, il est difficile de définir une chose sans en expliquer le rôle. Inutile, en effet, de savoir qu'un avion est un appareil, si l'on ne peut expliquer son utilité et son fonctionnement.

Deuxièmement, on arrive mal à expliquer le fonctionnement d'un appareil si l'on ne peut en énumérer les composants, avec descriptions à l'appui. Cela fait, on peut exposer le fonctionnement de chaque composant et les relations qu'il entretient avec les autres.

Troisièmement, il est difficile d'expliquer le fonctionnement d'une chose sans faire abstraction de certains de ses composants. Il faut simplifier, schématiser. Nous nous sommes bien gardés, par exemple, de décrire l'avion dans ses moindres détails : nous n'avons parlé ni du projecteur de films, ni des ceintures de sécurité, ni de la couleur des ailes, estimant ces détails superflus pour notre propos. Nous avons plutôt tenu compte des principaux composants, pour expliquer dans son ensemble le fonctionnement de l'appareil.

Enfin, *quatrièmement,* notre compréhension d'une chose peut se situer à différents niveaux. Sur le fonctionnement de l'avion, nous nous en sommes tenus à une explication superficielle, qui suffisait à notre objectif. Un ingénieur en aéronautique serait allé plus loin. Un spécialiste d'un des composants – moteur, système de navigation, système de contrôle, etc. – aurait, quant à lui, multiplié les détails et les précisions.

Forts de ces quatre constatations, revenons au sujet qui nous occupe : Qu'est-ce qu'une économie ? Comment cela fonctionne-t-il ?

Qu'est-ce qu'une économie?

Fondamentalement, une **économie** est un mécanisme qui permet de répartir des ressources rares en vue d'utilisations concurrentes. Ce mécanisme doit résoudre trois questions essentielles, qu'on peut résumer en autant de mots :

- Quoi ?
- Comment ?
- Pour qui ?

1 *Quoi ?* Quels biens et quels services faut-il produire, et en quelles quantités ? Combien de magnétoscopes fabriquer ? Combien de salles de cinéma construire ? Vaut-il mieux aménager de petits appartements ou de grandes maisons ? Combien doit-on construire de voitures sport ? de familiales ? de camions ?

2 *Comment ?* Quelles méthodes appliquer dans la production des biens et des services ? Dans tel supermarché, vaut-il mieux installer trois caisses enregistreuses avec lecteurs au laser, ou six caisses traditionnelles à enregistrement manuel ? Dans une usine de montage automobile, à qui confier le soudage des pièces : à des ouvriers ou à des robots ? Les fermiers enregistreront-ils à la main les horaires d'alimentation du bétail, le relevé de la production et l'état des stocks ou procéderont-ils par ordinateur ? Comment le Québec doit-il produire l'électricité supplémentaire dont il a besoin : par la construction de barrages hydro-électriques, de centrales nucléaires ou de centrales thermiques classiques ?

3 *Pour qui ?* À l'intention de qui produit-on les biens et les services ? Leur répartition est fondée sur la répartition des revenus et de la richesse. Les travailleurs à salaire élevé et les personnes riches consomment plus de biens et de services que les petits salariés, les pauvres ou les chômeurs. Le niveau de consommation dépend donc des revenus et de la richesse de chacun. Pour reprendre les exemples évoqués plus haut, le moniteur de ski consomme plus que la secrétaire juridique, et les habitants de Hong-kong davantage que les Éthiopiens.

Les composantes d'une économie

Pour bien saisir le fonctionnement d'une économie, il convient d'en repérer les principales composantes et de comprendre les relations qui les unissent. C'est ce qu'illustre la figure 1.1. Les composantes d'une économie relèvent de deux catégories :

- **Les décideurs** : il s'agit de toute personne ou de tout groupe organisé, habilités à effectuer des choix et à prendre des décisions.
- **Les mécanismes de coordination** : ce sont tous les processus qui font en sorte que les choix décidés par une personne ou un groupe de personnes sont compatibles avec les choix des autres.

Les décideurs Parmi les décideurs, on distingue trois groupes :

- Les ménages
- Les entreprises
- Les gouvernements

On appelle **ménage** toute personne vivant seule ou tout groupe de personnes vivant ensemble, et qui agit comme unité de prise de décision. Au sein d'une économie, chaque individu fait partie d'un ménage, ou en constitue un à lui seul. Car le ménage peut se composer d'une seule personne, d'une famille, ou même d'un groupe d'individus sans liens de parenté, comme deux ou trois étudiants partageant un logement.

Une **entreprise** est un organisme qui produit des biens ou des services. On considère comme entreprise tout producteur de biens ou de services, quels que soient sa spécialisation, la taille de son établissement ou le volume de sa production. Les fabricants de cigarettes ou les constructeurs d'automobiles, les établissements bancaires ou les compagnies d'assurance, les exploitations agricoles ou les garderies sont autant d'exemples d'entreprises.

Un **gouvernement** est un organisme qui remplit deux fonctions : d'une part, la fourniture de biens et de services aux ménages et aux entreprises ; d'autre part, la redistribution des revenus et de la richesse entre les citoyens. À titre d'exemples de biens et de services que fournissent les gouvernements, mentionnons le système public de santé, le réseau d'établissements scolaires, les services policiers qui font respecter la loi, les tribunaux qui administrent la justice, l'armée qui a pour mission de défendre le pays, etc.

La figure 1.1 présente les trois groupes de décideurs et montre l'articulation de leurs interventions respectives. Les ménages fournissent aux entreprises et aux gouvernements les **facteurs de production**. Ces facteurs représentent les ressources productives de l'économie. On distingue généralement trois catégories de facteurs :

- Le travail
- La terre
- Le capital

Le **travail** correspond aux activités intellectuelles et manuelles des êtres humains ; la **terre** englobe toutes les ressources naturelles ; le **capital** comprend l'équipement, les bâtiments, l'outillage ainsi que tous les biens destinés à produire de nouveaux biens.

Les ménages vendent ou louent des facteurs de production aux entreprises et aux gouvernements, en contrepartie de quoi ils reçoivent des revenus ; ils reçoivent aussi diverses allocations des gouvernements et payent à ceux-ci des impôts et des taxes. Avec ce qui reste de leurs revenus, les ménages achètent des biens et des services produits par les entreprises.

De leur côté, les entreprises ont recours aux facteurs de production que leur offrent les ménages ; elles déterminent elles-mêmes la nature et la quantité des biens et des services à produire ainsi que les méthodes à utiliser pour les produire. Les entreprises réalisent des recettes en vendant aux ménages et aux gouvernements les biens et les services qu'elles ont ainsi produits. À l'aide de ces recettes, elles payent les facteurs de production fournis par les ménages. Les entreprises entretiennent avec les gouvernements une double relation : elles paient des impôts aux gouvernements et elles obtiennent de ceux-ci diverses formes de subventions.

Les gouvernements décident de la quantité de facteurs de production qu'ils achètent des ménages et de la quantité de biens et de services qu'ils achètent des entreprises. En sens inverse, ils déterminent la quantité de biens et de services qu'ils fournissent aux ménages et aux entreprises, de même que les taux des allocations, subventions et impôts.

Les mécanismes de coordination

Nous voici donc en présence de trois types de décideurs : les ménages, les entreprises et les gouvernements. Or, la figure 1.1 nous rappelle une donnée capitale : les décisions de ces divers agents économiques se heurtent forcément les unes aux autres. Par exemple, les ménages décident de leur spécialisation dans un type de travail et des efforts qu'ils entendent y consacrer, alors que les entreprises déterminent la quantité de travail de divers types dont elles ont besoin pour produire tel ou tel bien ou service. En d'autres termes, les ménages choisissent le type et la quantité de travail qu'ils désirent *vendre*, et les entreprises déterminent le type et la quantité de travail qu'elles comptent *acheter*. De même, sur les marchés de biens et de services, les ménages décident du genre et de la quantité de biens et de services à *acheter*, alors que les entreprises déterminent le type et la quantité à *vendre*. Il faut également prendre en compte les décisions des gouvernements sur les impôts et les taxes, les allocations et les subventions, la fourniture de certains biens ou services. Car ces interventions des gouvernements déterminent les revenus dont les ménages et les entreprises disposent pour dépenser et épargner. Si, par exemple, le gouvernement entretient bien les autoroutes mais laisse à l'abandon le système ferroviaire, les ménages affecteront une plus grande part de leurs revenus à l'achat et à l'entretien de voitures particulières qu'à l'achat de billets de train.

Comment donner cohérence aux millions de décisions prises par les ménages, les entreprises et les gouvernements ? Qu'est-ce qui incite les ménages à offrir le type et la quantité de travail dont les entreprises ont besoin ? Que se produit-il, par exemple, lorsque le nombre de personnes désireuses d'enseigner l'économique excède la demande des universités pour ce poste ? Comment les entreprises déterminent-elles leur production pour offrir aux ménages les biens et les services que ceux-ci demandent ? Que se passe-t-il si les entreprises cherchent à vendre plus de téléviseurs que n'en demandent les ménages ?

Il existe, fondamentalement, deux moyens d'assurer la coordination entre les décisions économiques des individus ou des groupes :

Figure 1.1 Vue d'ensemble d'une économie

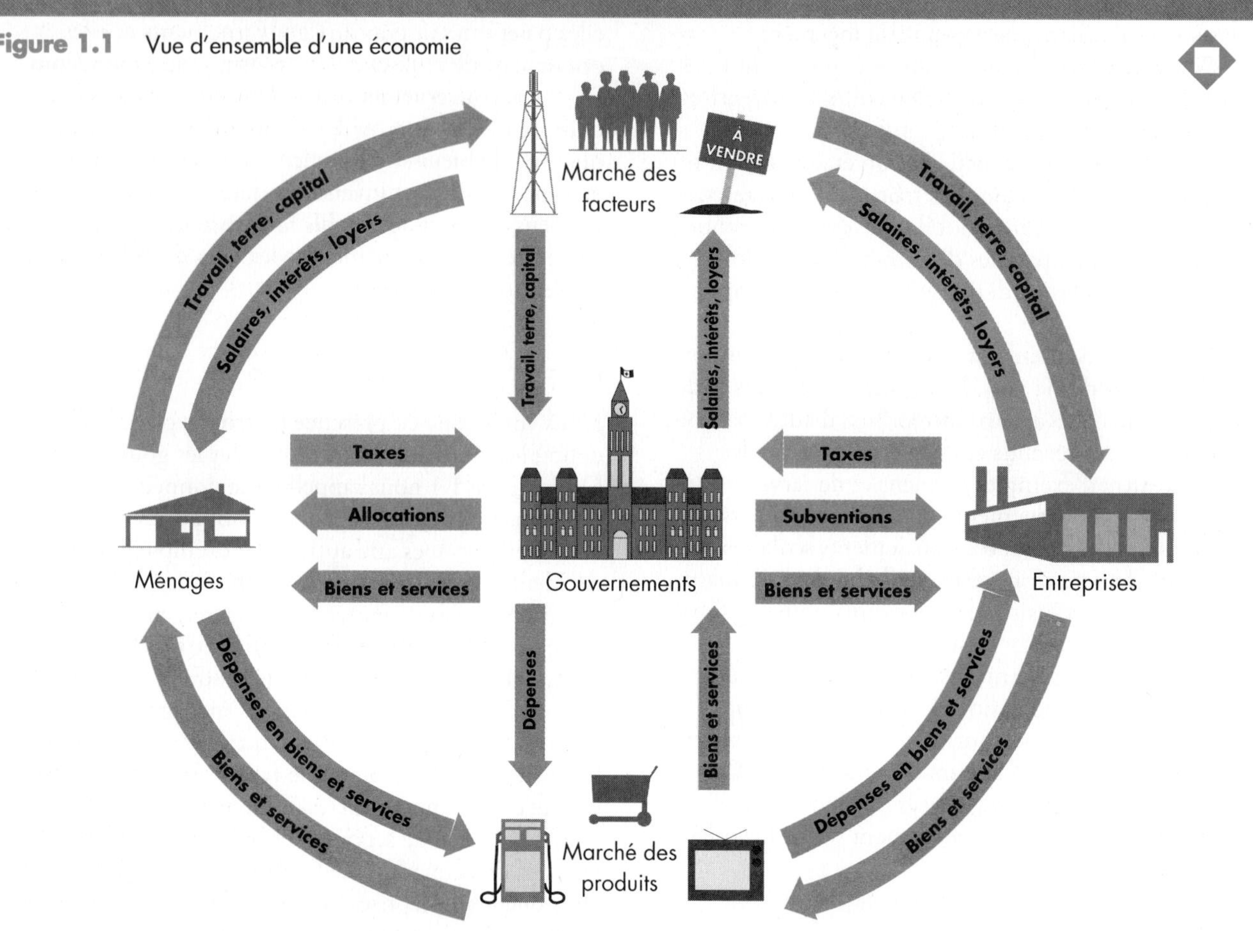

L'économie comprend trois catégories de décideurs : les ménages, les entreprises et les gouvernements. Elle comprend également deux types de marchés : le marché des facteurs et le marché des produits. Chacune des catégories de décideurs crée des flux de deux types : d'une part, elle agit comme fournisseur de capital, de biens ou de services *(flux rouges)* et, d'autre part, elle verse ou reçoit des paiements *(flux verts)*. Les *fournitures* constituent les flux rouges : les ménages offrent des facteurs de production aux entreprises et aux gouvernements, par le biais du marché des facteurs ; les entreprises offrent des biens et des services aux ménages et aux gouvernements, par le biais du marché des produits ; et les gouvernements fournissent des biens et des services directement aux ménages et aux entreprises. Les *paiements* constituent les flux verts : les entreprises et les gouvernements payent des salaires, des intérêts, des loyers et des profits aux ménages, en contrepartie des facteurs de production que ceux-ci fournissent; les ménages et les gouvernements payent aux entreprises les biens et les services qu'ils achètent de ces dernières ; les ménages et les entreprises versent des impôts et des taxes aux gouvernements ; et les gouvernements versent aux ménages et aux entreprises des allocations et des subventions.

- La coordination par directives
- La coordination par le marché

La **coordination par directives** consiste à confier à une autorité centrale – gouvernement ou organisme nanti des pouvoirs voulus – le soin de déterminer, par des directives plus ou moins détaillées, la nature et le volume des biens et des services à produire, la façon de les produire et la clientèle à qui les offrir. Les économies de l'U.R.S.S. et d'autres pays d'Europe de l'Est, qui subissent actuellement de rapides et profonds changements, ont constitué des exemples de cette organisation «verticale» de l'économie, à base d'ordres chiffrés et de directives émanant d'organismes centraux de coordination. Sous de tels régimes, un comité central de planification décide dans une très large mesure *quoi* produire, *comment* le produire et *pour qui* le produire. Dans le dernier chapitre du présent manuel, nous étudierons plus en détail ce type d'économie et le comparerons avec d'autres régimes.

La **coordination par le marché** constitue un mode de coordination «horizontale», où la détermination du *quoi?* du *comment?* et du *pour qui?* repose sur des transactions volontaires entre individus. Dans la langue courante, le mot **marché** désigne le lieu où l'on achète et vend des produits comme le poisson, la viande, les fruits et les légumes. En économique, ce terme prend une signification plus vaste : c'est l'ensemble des dispositions prises en vue de faciliter l'achat et la vente (c'est-à-dire le commerce) de biens, de services ou de facteurs de production.

Prenons par exemple la vente et l'achat de pétrole, c'est-à-dire le marché mondial du pétrole : il s'agit non pas d'un lieu matériel, mais plutôt de l'ensemble des organismes, des acheteurs et des vendeurs, des courtiers et autres agents qui achètent et vendent du pétrole. Le marché joue un rôle de coordination, en ce sens qu'il permet de confronter les plans d'action des différents décideurs, désireux d'acheter et de vendre un certain type de bien. Ce processus n'exige pas de rencontres personnelles entre décideurs : les télécommunications modernes ont remplacé ce contact direct, en permettant aux acheteurs et aux vendeurs de conclure des affaires à distance.

On classe les marchés selon l'objet des transactions qui s'y déroulent. Comme le rappelle la figure 1.1, on distingue deux grandes catégories : le marché des produits et le marché des facteurs. On appelle **marché des produits** le marché où s'échangent les biens et les services ; on appelle **marché des facteurs** le marché où s'échangent des facteurs de production – terre, travail ou capital. Ces marchés coordonnent entre eux les plans des trois types d'intervenants – ménages, entreprises et gouvernements – et assurent ainsi leur compatibilité.

L'économie canadienne s'en remet en grande partie aux mécanismes du marché pour coordonner les décisions des ménages avec celles des entreprises et, inversement, coordonner les décisions des entreprises avec celles des ménages. Elle n'en laisse pas moins, parfois, un rôle considérable aux directives centrales ; ainsi, la disparition graduelle de l'essence au plomb résulte d'une directive gouvernementale (en l'occurrence une réglementation antipollution), et non pas du libre jeu des mécanismes du marché. D'ailleurs, ce marché lui-même évolue à l'intérieur d'un cadre juridique défini par l'État. Dans la plupart des économies modernes, la coordination par directives et la coordination par le marché jouent simultanément un rôle important. On parle alors d'un système mixte : pour coordonner ses activités, une **économie mixte** associe aux mécanismes du marché une certaine forme de régulation centrale.

Certes, l'économie canadienne est mixte ; mais elle repose davantage sur les mécanismes du marché que sur les directives de l'État. Toutefois, les mesures que prend ce dernier influent sur l'allocation des ressources ; à ce titre, elles contribuent à déterminer *quels biens et services* seront produits, *comment* ils le seront et *à l'intention de qui.*

Le mécanisme de la coordination par le marché C'est par le biais des prix que, sur le marché, on coordonne les décisions des individus. Pour comprendre cette notion, pensez au marché des vidéo-clubs de votre quartier et imaginez à ce sujet trois scénarios différents. Supposez d'abord que la quantité de vidéocassettes de location offerte sur ce marché soit inférieure à la quantité demandée : certains consommateurs ne pourront pas louer les films qu'ils voulaient voir. Pour que les choix des vendeurs et ceux des consommateurs deviennent compatibles, il faudra de deux choses l'une : ou bien que les consommateurs louent moins de cassettes, ou bien que les vendeurs augmentent la quantité offerte soit par la création de nouveaux clubs, soit par l'élargissement du stock des clubs existants. C'est précisément ce qu'entraînera une augmentation du prix de location des cassettes (ou du prix de l'abonnement annuel à un club). Une hausse des prix modifiera en effet le comportement des gens : si le prix des cassettes augmente, ils en loueront moins et iront plus souvent au cinéma (ou ils regarderont plus volontiers la télévision); on verra s'élever en même temps la quantité offerte de cassettes de location.

Imaginez maintenant la situation inverse, où les quantités offertes dépassent les quantités demandées ; les prix sont donc trop élevés. Pour attirer de nouveaux clients, les clubs abaisseront le prix de location des cassettes et celui de l'abonnement annuel ; la multiplication des rabais et des soldes poussera également à l'achat les membres déjà inscrits. Cette baisse des prix entraînera à son tour une diminution de l'offre, car certains clubs, devant l'érosion de leur rentabilité, décideront de fermer boutique.

Parfois – troisième scénario – les prix sont bloqués ou gelés. Dans ce cas, il faut certains ajustements pour harmoniser les plans d'action des individus – acheteurs et vendeurs. Durant un gel des prix, ce sont les files d'attente de consommateurs et les ruptures de stock qui agissent comme soupapes de sûreté. Si la quantité demandée par les consommateurs dépasse celle qui est offerte par les entreprises, il se produira l'une des deux situations suivantes : ou bien les entreprises vendront plus qu'elles ne souhaitaient, et leurs stocks diminueront ; ou bien des files d'attente apparaîtront, et seuls pourront s'approvisionner les premiers clients arrivés. Plus la file est longue ou plus le déstockage est important, plus il faudra ajuster les prix pour équilibrer l'offre et la demande.

Nous venons de voir comment le marché lui-même détermine les *quantités* à produire d'un bien. Or, les choses se passent de semblable façon quand il s'agit de déterminer *comment* produire un bien. Par exemple, pour chauffer un immeuble de bureaux, on peut utiliser le gaz, le mazout ou l'électricité, selon la commodité des différents systèmes de chauffage et les prix relatifs des formes d'énergie qu'ils utilisent. Si le combustible utilisé devient très cher, comme ce fut le cas du mazout dans les années 70, on le remplacera par un autre moins coûteux. Ce changement de combustible, provoqué par

Figure 1.2 Les échanges internationaux

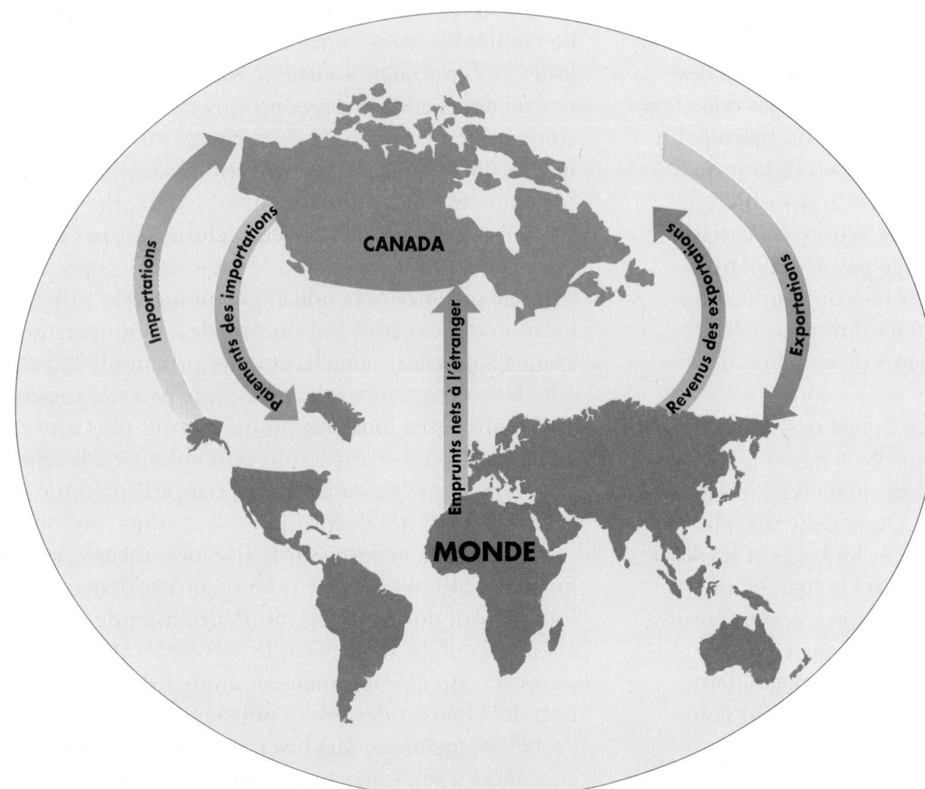

L'économie canadienne exporte des biens et des services, en même temps qu'elle en importe. Ses exportations lui procurent des revenus, tandis que ses importations exigent des déboursés. La différence entre ces deux flux équivaut au montant net des emprunts ou des prêts faits à l'étranger. À la fin des années 80, le Canada était devenu sur les marchés internationaux un emprunteur net plutôt qu'un prêteur net : en effet, ses dépenses annuelles pour l'importation de biens et de services excédaient de 10 milliards de dollars la valeur de ses exportations.

la variation de prix, devient la réponse du marché à la question : « *Comment* produire le plus efficacement ? »

Enfin, les forces du marché nous suggèrent la réponse à la troisième question : « *Pour qui* produit-on ? » La réponse est simple : les compétences, les aptitudes et les ressources rares ont une plus grande valeur de marché que celles qu'on trouve partout ; ceux qui les possèdent obtiendront donc une plus grande part du produit de l'économie que ceux dont les ressources ou les compétences sont plus communément répandues.

Les économies ouvertes et les économies fermées

L'économie représentée dans la figure 1.1 est une **économie fermée**. On appelle ainsi une économie qui n'entretient de liens avec aucune autre ; à la limite, la seule économie qui soit totalement fermée est l'économie mondiale. Le Canada fonctionne en **économie ouverte**, c'est-à-dire que des liens l'unissent à d'autres économies. Au sein d'une telle économie, les entreprises exportent une partie de leur production, plutôt que de se limiter à vendre aux ménages et aux entreprises de leur propre pays ; les entreprises, les ménages et les gouvernements achètent également à l'étranger certains biens et services. La figure 1.2 illustre ce double mouvement d'importation et d'exportation de biens et de services. La valeur totale des exportations d'un pays donné n'est pas nécessairement égale à celle de ses importations ; la différence entre les deux correspond au montant net des prêts ou des emprunts que ce pays fait à l'étranger.

À RETENIR

Une économie est un mécanisme qui permet l'allocation de ressources rares, de façon à déterminer quels biens et quels services produire, en quelles quantités et à l'intention de qui. Dans l'économie canadienne, de type mixte, les mécanismes du marché coordonnent les décisions que prennent les ménages, les entreprises et les gouvernements. Ces décisions subissent l'influence des lois ou des règlements que les gouvernements décrètent en matière d'impôts et de subventions. L'économie canadienne est une économie ouverte qui entretient des relations avec d'autres économies.

■ ■ ■

Nous venons de définir une économie comme nous l'aurions fait d'un avion, c'est-à-dire de façon globale et sans nous préoccuper de détails. Et nous nous apprêtons à approfondir nos connaissances, à la manière d'ingénieurs en aéronautique. De même que ceux-ci doivent d'abord pénétrer les secrets de l'aérodynamique, nous devons commencer par comprendre à fond les principes de fonctionnement de l'économie. À cette démarche, les économistes apportent toute la rigueur et l'objectivité de scientifiques : l'économique est une science.

La science économique

Tout comme les autres sciences humaines (telles la science politique, la sociologie ou la psychologie) et tout comme les sciences physiques ou naturelles (la chimie et la biologie, par exemple), la science économique tente de dégager un ensemble structuré de lois et de principes. À l'instar de toute science, elle se voit assigner une double tâche :

- L'observation et la mesure, rigoureuses et systématiques, des phénomènes
- La mise au point et la formulation de théories susceptibles d'orienter les observations et de les interpréter

Comme toute science, l'économique doit distinguer deux types d'énoncés :

- Les énoncés relatifs à ce qui *est*
- Les énoncés relatifs à ce qui *devrait* être

Ce qui *est* et ce qui *devrait* être

Les énoncés qui se rapportent à ce qui *est* constituent des **énoncés positifs**. Ceux qui se rapportent à ce qui *devrait* être sont des **énoncés normatifs**. Deux exemples fort simples illustreront la différence entre les uns et les autres.

Considérons successivement deux problèmes qui ont fait couler beaucoup d'encre : les pluies acides et l'Accord de libre-échange entre les États Unis et le Canada. Sur l'un et l'autre, on peut poser des questions positives et des questions normatives. Si nous disons «*Est-il possible* de construire et d'exploiter des usines qui ne polluent pas l'atmosphère par des produits chimiques générateurs de pluies acides ?», nous formulons une question positive ; tandis que la question «*Devrait-on* construire de telles usines ?» est normative. De même, au sujet de l'Accord de libre-échange, on peut se demander « *Va-t-il* favoriser ou non le commerce international, *va-t-il* provoquer ou non une baisse des prix ?» (questions positives), ou encore «*Devrions-nous* conclure un tel accord ?» (question normative).

Les sciences – qu'il s'agisse de sciences naturelles ou de sciences humaines – tentent de découvrir, de formuler et de cataloguer des énoncés positifs qui puissent rendre compte des phénomènes observés. C'est pourquoi elles peuvent aplanir des divergences d'opinion sur des questions *positives*, grâce à une observation et à une mesure rigoureuses.

Mais les sciences, y compris la science économique, ne se prononcent pas sur les questions *normatives*, fût-ce sur des points fondamentaux. Cela ne signifie pas que les scientifiques ne reconnaissent pas l'importance de ces questions ou n'ont pas d'opinion à leur sujet ; c'est tout simplement que la possession d'un savoir scientifique ne confère dans ces domaines aucun avantage particulier. La science ne permet en soi aucun jugement de valeur ni ne fournit de règle bien définie pour trancher un différend portant sur une question normative. Parfois, même des gens raisonnables finissent par se disputer et, lorsqu'ils n'arrivent pas à s'entendre, ce sont les institutions politiques ou les institutions judiciaires qui interviennent pour résoudre les conflits : le règlement des disputes normatives se fait à ces niveaux et non pas au niveau scientifique. Certes, les milieux scientifiques participent fréquemment, comme ils en ont le droit, aux débats normatifs dont la vie politique est le théâtre ; mais leurs opinions ressortissent alors au domaine des jugements de valeur et non à la science.

Voyons maintenant comment les économistes tentent de découvrir et de cataloguer les énoncés positifs issus de leurs observations, pour répondre aux sept questions fondamentales que nous nous sommes posées plus haut, et à bien d'autres questions encore.

Observer, mesurer

Il est possible d'observer de façon détaillée les phénomènes économiques et de les mesurer avec précision. On peut, notamment, repérer les ressources humaines et naturelles disponibles et en dresser un inventaire minutieux. Pour chaque catégorie d'emploi, on peut établir une description des titres et qualités requis, le nombre d'heures travaillées et le niveau salarial. On peut encore dresser la liste des biens et des services produits dans une économie, avec le prix de chacun, les stocks qu'on en possède, le niveau de consommation. On peut relever les sommes prêtées ou empruntées, avec leurs taux d'intérêt. On peut répertorier les impôts et les taxes (avec leurs taux respectifs et les recettes qu'en tire chaque palier de gouvernement), ainsi que les divers programmes de subventions gouvernementales (leur nature, leur clientèle et leurs coûts respectifs).

Cette liste, qu'on pourrait allonger encore, donne un aperçu de la diversité des phénomènes qu'un économiste peut décrire grâce à l'observation et à la mesure rigoureuses de l'activité économique.

L'ordinateur permet aujourd'hui de traiter un énorme volume de données sur l'économie. Partout au monde, les organismes gouvernementaux, les services nationaux de statistique, les banques, les conseillers en économie ou en investissement, les chercheurs attachés à des universités recueillent, traitent et emmagasinent une étonnante masse de données sur le comportement de l'économie.

Cependant, le travail des économistes ne se limite pas à l'observation et à la mesure des activités économiques, aussi essentielles que soient ces deux tâches. Décrire un fait est une chose, le comprendre en est une autre. L'énumération des composants d'une montre à affichage numérique ne nous éclaire pas sur le fonctionnement de celle-ci. Pour comprendre le fonctionnement d'un phénomène, il faut en découvrir les lois. La tâche principale des économistes consiste justement à découvrir les lois qui régissent le comportement économique. Comment s'y prennent-ils?

Les théories économiques

Nous pouvons décrire avec force détails les hausses et les baisses du chômage. Mais pouvons-nous expliquer le *pourquoi* de ces fluctuations? Nous constatons bien la chute des prix des magnétoscopes (ou des calculatrices de poche) et la montée en flèche de leurs ventes; mais comment expliquer la modicité de leur prix et la vogue dont ils jouissent? Est-ce la chute des prix qui a relancé les ventes de la calculatrice de poche ou est-ce plutôt la vogue de cet appareil qui, en abaissant les coûts de production, a rendu possible la baisse des prix? À moins que la chute des prix et la hausse des ventes soient imputables à quelque autre facteur... mais lequel?

Pour répondre à de telles questions, il faut concevoir et formuler des théories économiques. Une **théorie économique** est un ensemble d'énoncés positifs qui permet de comprendre et de prévoir les décisions économiques des ménages, des entreprises et des gouvernements. Pour élaborer une théorie économique, on construit un modèle économique, dont on vérifie ensuite le bien-fondé. Mais qu'est-ce qu'un modèle économique?

Les modèles économiques

Nous avons nous-mêmes créé un modèle économique lorsque, tout à l'heure, nous avons voulu répondre à la question «Qu'est-ce qu'une économie, et comment fonctionne-t-elle?» Nous n'avons pas décrit par le menu détail chaque facette de l'économie canadienne. Nous avons schématisé, nous limitant à certaines caractéristiques essentielles qui nous permettaient de comprendre les choix économiques; nous avons délibérément fait abstraction d'une foule de détails. Pour comprendre mieux encore ce que nous entendons par «modèle économique», pensez à des modèles plus courants.

Vous avez certainement déjà vu des modèles réduits de trains, de voitures ou d'avions; même les animaux en peluche, qu'on n'appelle jamais «modèles», en sont pourtant à certains égards. De même, les architectes créent parfois un modèle (ou maquette) du bâtiment qu'ils ont conçu, et les biologistes construisent des modèles de l'ADN (support à double hélice du code génétique).

Un modèle est habituellement plus petit que l'objet qu'il représente. Tel n'est cependant pas toujours le cas: le modèle des composantes d'une cellule, par exemple, est beaucoup plus grand que nature. De toute façon, le modèle n'a pas pour seule caractéristique son échelle de représentation. On remarque par exemple que, tout en ressemblant à l'objet réel, il ne cherche pas à en reproduire tous les détails: il n'est généralement pas composé des mêmes substances et ne fonctionne pas de la même façon. Ainsi, la maquette d'un nouveau gratte-ciel est là pour illustrer l'aspect général de l'immeuble et son insertion dans la trame urbaine; mais chacun sait que ce modèle ne possède ni aménagement ni décoration intérieurs, ni plomberie ni électricité, ni ascenseurs ni climatiseurs.

Tous les modèles dont nous venons de parler (y compris ceux qui ont été conçus pour servir de jouets) évoquent une chose réelle, mais n'en reproduisent pas toutes les caractéristiques: ils font abstraction de beaucoup de détails inutiles ou superflus, retenant seulement ceux qui sont nécessaires au but proposé. Mais attention: le choix des éléments qu'on y a inclus n'a rien d'arbitraire; il découle de décisions conscientes et bien pesées.

Les modèles auxquels nous venons de faire allusion représentent tous des objets matériels, visibles: dans chaque cas, on peut comparer entre eux l'objet réel et le modèle. En fait, ces modèles nous aident à nous représenter concrètement l'objet véritable, ou certaines caractéristiques importantes de celui-ci. Mais il existe des modèles qui ne sont pas matériels; c'est le cas des modèles économiques. Comme les modèles matériels, ils constituent une abstraction, une transposition, une simplification de la réalité. Mais il est impossible, dans leur cas, de comparer l'objet réel au modèle pour décider si la représentation est fidèle.

Un **modèle économique** est en quelque sorte une économie artificielle ou imaginaire. Il constitue une représentation schématique de l'économie ou d'une partie de celle-ci. Un modèle économique comporte deux éléments :

- Des hypothèses
- Des implications

Les **hypothèses** constituent le fondement même du modèle. Elles permettent de faire le partage, parmi les données d'un phénomène, entre ce qui est important et ce dont on peut faire abstraction ; ce sont elles qui définissent les relations de cause à effet entre les phénomènes et nous autorisent ainsi à faire des prédictions.

Les **implications** sont les résultats d'un modèle, ce que celui-ci «produit». La relation entre les hypothèses d'un modèle et ses implications repose sur un procédé de déduction logique.

Construisons, par exemple, un modèle sommaire du trajet qu'un écolier parcourt en se rendant chaque jour de la maison à l'école. Ce modèle comporte trois *hypothèses*:

1 Le cours commence à 08:30.

2 Le voyage en autobus dure trente minutes.

3 Le trajet à pied de l'autobus à l'école prend cinq minutes.

L'*implication* de ce modèle peut alors s'exprimer ainsi : pour arriver à l'école à l'heure, l'écolier doit se trouver à bord de l'autobus à 07:55.

Les hypothèses qu'on retient pour la construction d'un modèle dépendent des buts qu'on poursuit. Par les modèles économiques, on cherche à comprendre comment les individus prennent des décisions lorsqu'ils sont confrontés à la rareté. C'est pourquoi, dans la création d'un tel modèle, on fait abstraction d'une foule de détails de la vie des protagonistes, et l'on se concentre sur les comportements que ceux-ci adoptent face à la rareté ; on ne prend en compte aucun autre facteur. Certes, l'économiste sait fort bien que les gens deviennent amoureux, qu'ils créent entre eux de solides liens d'amitié, qu'ils éprouvent toute la gamme des sentiments : gaieté et sécurité, tristesse et anxiété. Mais l'économiste, dans son étude des comportements économiques, s'estime autorisé à créer des modèles qui laissent de côté bien des aspects de la vie. Il se concentre sur un seul de ces aspects : les besoins et les désirs des gens étant illimités et leurs ressources rares, chacun doit orienter ses choix en vue des meilleurs résultats possibles.

Les hypothèses d'un modèle économique Les modèles économiques se fondent sur quatre hypothèses de base :

1 *Les agents économiques ont des préférences.* Les économistes emploient le terme **préférences** pour désigner les goûts et les aversions des consommateurs ainsi que l'intensité de ces sentiments. On suppose chaque agent économique capable de déterminer pour lui-même si telle situation est meilleure ou pire qu'une autre, ou si elle n'est ni meilleure ni pire. Chacun, par exemple, peut juger si, pour lui, un petit logement au centre de Montréal est plus avantageux qu'un grand logement situé en banlieue – ou moins avantageux, ou équivalent.

2 *Les agents économiques ont à leur disposition une quantité donnée de ressources, ainsi qu'une technologie permettant la transformation de ces ressources en biens et en services.* Les économistes appellent **dotation** l'ensemble des ressources que les gens possèdent ; ils appellent **technologie** l'ensemble des méthodes dont les gens disposent pour transformer en biens et en services cette dotation.

3 *Les agents économiques optimisent.* Les économistes tiennent pour acquis que chaque agent économique a un comportement rationnel et qu'il utilise de façon optimale la dotation et la technologie dont il dispose. Faire un **choix rationnel**, c'est prendre la meilleure des décisions ou opter pour la meilleure des possibilités, parmi toutes celles qui sont offertes. Dans un modèle économique, on tient pour rationnelle toute décision des agents économiques, quelle que soit sa nature et quelque opinion qu'en ait un observateur extérieur.

En fait, chacun effectue ses choix à partir des renseignements qu'il possède. Avec un certain recul ou un supplément d'information, on se rend souvent compte qu'on a fait de mauvais choix ; mais il reste que ceux-ci étaient rationnels puisque, répétons-le, un choix rationnel constitue la meilleure décision qu'une personne puisse prendre en fonction de ses préférences et *des informations qu'elle possède au moment où elle choisit.*

4 *Les actions des divers agents doivent être coordonnées.* La décision d'une personne d'acheter un bien ou un service doit coïncider avec la décision d'une autre de vendre ce bien ou ce service. Le choix qu'un travailleur fait d'un emploi particulier doit correspondre à la décision d'une entreprise d'embaucher quelqu'un pour remplir cet emploi. Cette coordination se fait tantôt par des mécanismes de marché, tantôt par l'entremise de directives émanant d'une autorité supérieure.

Les implications d'un modèle économique Les implications d'un modèle économique constituent les valeurs d'équilibre des prix et des quantités de différents biens et services. On atteint une situation d'**équilibre** quand tous les individus ont optimisé leurs choix (c'est-à-dire que tous ont fait les meilleurs choix possible, compte tenu de leurs préférences et de leurs connaissances, des ressources et des techniques à leur disposition) et quand les décisions des uns sont coordonnées et compatibles avec celles des autres. L'équilibre représente la solution ou le résultat d'un modèle économique.

Le terme d'*équilibre* évoque l'égalité entre des forces opposées. On dira par exemple qu'une balance est en équilibre si l'un de ses plateaux porte exactement un kilogramme de fromage tandis que l'autre porte un poids d'un kilogramme : les deux mesures s'équivalent et se font contrepoids, ce qui a pour effet de maintenir à l'horizontale le fléau de la balance. Une bulle de savon nous offre un autre exemple de situation d'équilibre : la pellicule sphérique formée de savon se tient en suspension dans l'air, grâce à l'équilibre qui s'établit entre la pression de l'air à l'intérieur du globe et celle qui prévaut à l'extérieur de celui-ci.

Cette deuxième analogie tirée de l'univers physique évoque d'ailleurs une autre caractéristique importante de la notion d'équilibre. L'équilibre, en effet, n'est pas forcément statique ; il peut être *dynamique*, c'est-à-dire en mouvement constant. En pressant la bulle ou en l'étirant, vous pouvez modifier sa forme. En fait, cette forme sera déterminée à chaque instant par l'équilibre des forces agissant sur la bulle : non seulement les forces de l'air intérieur et de l'air extérieur, mais aussi la force que vous exercez avec vos doigts.

L'équilibre économique a plusieurs points communs avec notre bulle de savon. D'abord, comme cette dernière, il est en transformation perpétuelle. Chaque individu fait, à tout moment, le meilleur choix possible : non seulement en fonction de ses propres ressources, mais aussi en fonction des actions des autres individus. Mais les circonstances changeantes modifient ces choix. Prenons comme exemple le problème du stationnement automobile aux heures de pointe, dans une ville comme Montréal. Il y a beaucoup plus d'automobilistes cherchant à garer leur véhicule qu'il n'y a de places disponibles. La valeur d'équilibre du nombre de places inoccupées est alors égale à zéro. Malgré tout, les automobilistes réussissent à trouver une place, et le temps qu'ils doivent y mettre est stable : une voiture occupe la place qu'une autre vient à peine de quitter. En reconnaissant dans cette situation un *équilibre*, nous n'affirmons pas que tous les automobilistes peuvent se garer en même temps ; nous disons simplement qu'il y a une valeur d'équilibre pour le temps passé à chercher une place libre. Les automobilistes en quête d'une place ont beau être furieux, cette recherche de places demeure en équilibre.

Il en va un peu de même pour l'équilibre économique : celui-ci ne signifie pas que tous les individus soient satisfaits de leur sort. Néanmoins, chacun a fait le meilleur choix possible, compte tenu de ses préférences, des ressources et des techniques dont il disposait et des actions des autres agents économiques. Il y a équilibre, en ce sens que personne n'a intérêt à modifier ses actions ou son comportement.

« Voici le dernier bulletin de notre service de circulation automobile. Une place de stationnement vient de se libérer rue Sainte-Catherine, entre la rue Drummond et la rue de la Montagne. Oh! Oh! Attention: ne quittez pas notre antenne ! On me remet à l'instant un autre bulletin: cette place vient d'être prise. »

Les modèles microéconomiques et les modèles macroéconomiques

Il existe deux types de modèles économiques : les modèles microéconomiques et les modèles macroéconomiques. La ***micro*économie** est une branche de l'économique qui s'intéresse aux décisions des ménages et des entreprises ; elle étudie aussi le fonctionnement des différents marchés, de même que les répercussions que les impôts et les réglementations gouvernementales entraînent dans la répartition de la main-d'œuvre et dans la distribution des biens et des services.

La ***macro*économie**, au contraire, étudie les phénomènes économiques globaux. Elle s'intéresse aux résultats d'ensemble des décisions que prennent les ménages et les entreprises, et non aux décisions de chaque individu. La macroéconomie analyse en particulier la détermination du niveau global de l'activité économique, c'est-à-dire les problèmes du chômage, du revenu agrégé, des prix moyens et de l'inflation.

Des sept questions fondamentales que nous avons formulées au début du présent chapitre, il en est qui relèvent de la microéconomie ; elles traitent des changements techniques, de la production et de la consommation, des salaires et des revenus. Les problèmes du chômage, de l'inflation et des écarts de richesse entre pays ressortissent, au contraire, à la macroéconomie.

Les modèles, les théories et... la réalité

Certains théoriciens discutent de leur modèle comme s'il s'agissait de la *réalité*. Or, si utile que soit un modèle, on n'est, à aucun égard, autorisé à le confondre avec la réalité.

Un modèle, en effet, constitue une entité abstraite. Il représente une liste d'hypothèses et d'implications. Quand donc les économistes nous disent que les gens se sont tirés d'affaire en faisant les meilleurs choix possible, ils ne nous parlent pas de personnes en chair et en os, mais d'individus fictifs dont ils ont «modélisé» ou schématisé les comportements moyens. Nous ne devrons jamais perdre de vue, au long de notre étude, cet écart entre modèle et réalité.

La théorie économique définit la relation qui existe entre le modèle et le monde réel. Elle essaie d'expliquer et de prédire les comportements véritables des agents économiques, à l'aide de modèles qui prêtent aux individus des choix rationnels et qui représentent comme une situation d'équilibre le résultat de l'interaction entre les décisions de ces individus. Grâce à cette façon de concevoir ses modèles, l'économiste peut expliquer tous les aspects du comportement d'une économie. Mais il doit *vérifier* ses modèles, avant de tenir pour bonne sa théorie.

Pour vérifier un modèle économique, il faut comparer les implications de celui-ci avec les événements qu'on observe dans le monde réel. En d'autres termes, on a recours à un modèle pour prédire ce qui se passera dans la réalité; or les faits, en confirmant ou en infirmant les prédictions issues du modèle, nous fournissent un moyen de vérifier la validité de ce dernier. La figure 1.3 résume le cheminement à suivre dans l'élaboration d'une théorie économique à partir d'un modèle. On conçoit d'abord un modèle; on utilise ensuite les implications de celui-ci pour formuler des prédictions sur les événements réels; puis on confronte ces prédictions avec la réalité. Ces prédictions constituent, avec leur vérification, le fondement même de la théorie. Si les faits contredisent les prédictions, on devra rejeter la théorie pour en adopter une qui soit plus conforme à la réalité, ou bien tenter d'améliorer le modèle en modifiant ses hypothèses. L'étude de l'économique nous aide à améliorer nos modèles, en nous forçant à déceler certains aspects des préférences, des ressources, des technologies ou des mécanismes de coordination que notre modèle initial n'avait pas pris en compte.

L'économique est une science jeune qui, pour l'essentiel, a vu le jour au 18e siècle avec la publication de *Recherche sur la nature et les causes de la richesse des nations*, d'Adam Smith; on lira avec profit, dans le présent chapitre, l'article consacré à cet illustre théoricien. (Voir la rubrique *L'évolution de nos connaissances*, pages 22 et 23.) De nos jours, l'économique est en mesure d'énoncer bon nombre de généralisations fort utiles. Dans plusieurs domaines, pourtant, elle tourne encore en rond à l'intérieur du processus qu'illustre la figure 1.3 : modification des hypothèses, nouvelles déductions logiques, nouvelles prédictions que contredisent les faits. On peut espérer que cette méthode, grâce à l'accumulation progressive de résultats confirmés par les faits, débouche un jour sur une meilleure compréhension des questions fondamentales.

Figure 1.3 L'élaboration d'une théorie

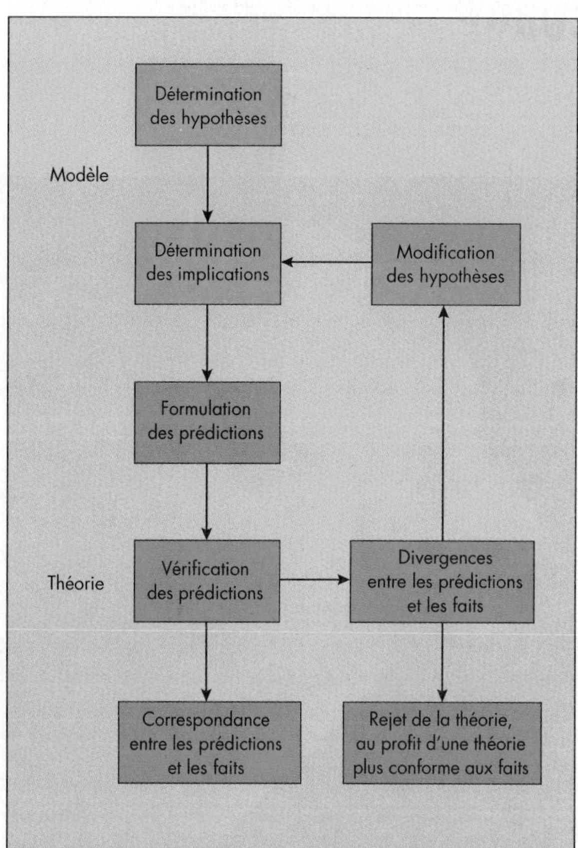

Pour élaborer une théorie économique, on conçoit d'abord un modèle, puis on le vérifie. Un modèle économique est formé d'un ensemble d'hypothèses, ainsi que d'un ensemble d'implications qu'on déduit de ces hypothèses. Les implications du modèle servent à formuler des prédictions sur les phénomènes économiques. Pour vérifier ces prédictions, on les compare aux faits. Si les prédictions ne correspondent pas aux faits, ou bien l'on rejette la théorie pour en élaborer une meilleure à partir d'un autre modèle, ou bien l'on tente d'améliorer le premier modèle par la modification de ses hypothèses. Lorsque les prédictions sont enfin corroborées par les faits, on considère la théorie comme satisfaisante.

Adam Smith et la naissance de la science économique

Adam Smith

L'année même où, dans la lointaine Amérique, les colonies britanniques se révoltaient contre la mère-patrie, un penseur écossais lançait une toute autre révolution. C'est en 1776, en effet, qu'Adam Smith publiait sa monumentale *Recherche sur la nature et les causes de la richesse des nations*, qui faisait accéder l'économique au rang de science. Aujourd'hui encore, après plus de deux siècles, cet ouvrage ne cesse d'être réédité, relu, et réinterprété.

Adam Smith naquit en 1723 à Kirkcaldy, petit village d'Écosse situé près d'Edimbourg; c'est là qu'il passa les quatorze premières années de sa vie. Il mena une existence rangée et studieuse. Dès l'âge de quatorze ans, il s'inscrivit à l'université de Glasgow, où il obtint son diplôme trois ans plus tard; puis il étudia encore six autres années à l'université d'Oxford. À l'âge de 28 ans, il devint professeur de logique à l'université de Glasgow et plus tard professeur de philosophie morale dans le même établissement. Après treize années passées dans cette ville, Adam Smith accepta, auprès d'un riche duc écossais vivant en France, une charge de précepteur qu'il remplit pendant deux ans. Après quoi il reçut du duc une pension annuelle de 300 livres sterling, qui lui assurait pour le reste de ses jours une confortable aisance. (Un tel revenu représentait une somme énorme au 18e siècle, où le salaire moyen était de 30 livres sterling par année.)

Sa subsistance ainsi assurée, Smith consacra les dix années suivantes, soit de 1766 à 1776, à la rédaction de son fameux traité. L'économie britannique vivait ce qu'on a plus tard appelé sa révolution industrielle: de nouvelles techniques faisaient leur apparition dans les fabriques de coton et de laine, dans la sidérurgie et les transports, dans l'agriculture. Le courant intellectuel dominant voulait que la Grande-Bretagne restreigne ses importations bon marché, pour mieux consolider sa réserve d'or et financer par là son industrialisation.

À rebours des thèses protectionnistes, Smith mena une vive lutte en faveur du «libre-échange». Dans *La Richesse des nations*, il soutient que, si chaque individu fait le meilleur choix économique possible, cela mène «comme par une main invisible» au meilleur résultat économique possible pour l'ensemble de la société, même si chacun vise alors l'amélioration de son propre sort sans se soucier des autres. «Pour avoir de quoi manger, écrit Smith, on ne doit compter ni sur la générosité du boucher, ni sur celle du brasseur, ni sur celle du boulanger, mais plutôt sur le souci que chacun d'eux a de ses intérêts personnels.»[1]

C'est dans cette poursuite rationnelle des intérêts de chacun que Smith trouve l'explication de tous les comportements économiques. *La Richesse des nations* s'ouvre donc sur le même thème que le présent manuel, mais Smith le traite beaucoup plus en profondeur, étant le premier à l'aborder de façon systématique. Il explique comment la division du travail, l'échange de biens et l'instauration du système monétaire ont permis une augmentation considérable dans la production des biens et des services. Il applique sa théorie de base à un survol de l'histoire de l'humanité depuis le déclin de l'Empire romain : il explique la naissance et la croissance des villes et des cités, il montre comment la ville et la campagne ont profité du commerce qu'elles entretenaient l'une avec l'autre, il dit pourquoi le commerce international hausse le niveau de vie des pays qui s'y adonnent. La même théorie des intérêts personnels explique, d'après lui, pourquoi l'organisation des universités du 18e siècle, loin de chercher à satisfaire les besoins des étudiants, visait «le bien-être des professeurs». Il recourt à la même théorie pour rendre compte de la prolifération de nouvelles religions.

Plusieurs penseurs, avant Adam Smith, avaient abordé dans leurs écrits certaines questions économiques. Mais l'auteur de *La Richesse des nations* fut le premier à ériger l'économie au rang d'une science.

> «Adam Smith a été le premier à présenter sur la doctrine économique connue jusque-là un exposé d'une telle ampleur et d'une telle rigueur. Après lui, il n'était plus pensable d'avancer quelque théorie économique sans tenir compte de l'état général des connaissances sur la question. Toute science se construit à l'aide des échanges que font entre eux ses praticiens. Après Adam Smith, aucun économiste digne de ce nom ne pouvait faire abstraction de l'œuvre de ce pionnier – pas plus qu'on ne pouvait ignorer celles de Malthus, de Ricardo et de la pléiade d'économistes qui ont marqué la première moitié du 19e siècle.»[2]

C'est donc à Adam Smith que nous avons consacré le premier des articles qui, sous la rubrique *L'évolution de nos connaissances*, jalonnent le présent manuel ; car il est le fondateur incontesté de cette science. Les autres articles de la série vous donneront un aperçu de l'évolution que les différentes branches de l'économique ont connue depuis la publication de *La Richesse des nations*. Puissent-ils vous aider à saisir le cheminement de cette science et – pourquoi pas ? – à devenir un jour l'un de ceux qui enrichiront encore notre connaissance des phénomènes économiques.

---

1 Adam Smith, *An Inquiry into the Nature and Causes of the Wealth of Nations*, édition préparée par Edwin Cannan, avec nouvelle préface de George J. Stigler (Chicago: Chicago University Press, 1976), p. 18.

2 George J. Stigler, «Nobel Lecture: The Process and Progress of Economics», *Journal of Political Economy*, n° 91 (août 1983), pp. 529-545.

Au fur et à mesure que progresse notre cheminement théorique, de nombreux points s'éclaircissent, des liens s'établissent entre ces points, et nos connaissances s'approfondissent. En cela, la démarche de l'économique rejoint celle de toutes les disciplines scientifiques. Comme disait le grand physicien Albert Einstein: «La conception d'une théorie n'a rien de commun avec la démolition d'une vieille grange à la place de laquelle on érigerait un gratte-ciel. C'est plutôt, après l'ascension d'une montagne, la découverte d'horizons plus vastes, la création de nouveaux liens entre notre point de départ et le monde qui l'entoure. Mais notre point de départ est toujours là: il nous apparaît plus petit, perdu dans la perspective plus vaste qui s'offre à nous après les obstacles d'une aventureuse montée.»[1]

■ Dans le deuxième chapitre, nous étudierons quelques-uns des outils que les économistes utilisent pour concevoir des modèles économiques. Puis, dans le chapitre 3, nous créerons notre propre modèle, dont nous nous servirons pour comprendre les phénomènes économiques réels et amorcer une réponse aux questions fondamentales de l'économique.

1 Dans une lettre adressée à *The Listener* (vol. 88, n° 2279, 30 novembre 1972, page 756), Oliver Sacks attribue à Einstein cette citation.

RÉSUMÉ

Sept questions fondamentales

L'économique tente de répondre aux questions complexes qui influent sur notre vie quotidienne. Ces questions portent sur une foule de sujets: (1) la production et la consommation de biens et de services, (2) les salaires et les revenus, (3) le chômage, (4) l'inflation, (5) les dépenses publiques, les impôts et la réglementation, (6) le commerce international et (7) la répartition de la richesse et de la pauvreté, au Canada et à travers le monde. Questions ardues qu'il faut aborder de façon scientifique. *(pp. 6 - 8)*

La rareté

Toutes les questions économiques découlent d'un fait fondamental: la rareté. La rareté vient de ce que les besoins dépassent les ressources existantes, car les besoins des êtres humains sont illimités, tandis que les ressources dont on dispose pour les satisfaire sont limitées.

L'activité économique est constituée de toutes les actions que les gens entreprennent pour contrer la rareté, car la rareté oblige à faire des choix. Prendre une décision optimale, c'est faire le meilleur choix parmi les différentes possibilités qui s'offrent. Pour faire le meilleur choix, on compare les coûts et les avantages des différentes possibilités.

Le coût d'opportunité d'une décision, c'est ce à quoi l'on a dû renoncer en prenant cette décision; le coût d'opportunité d'une action correspond à la plus avantageuse des actions qu'on a dû sacrifier en choisissant celle qu'on a retenue.

La rareté des ressources met en concurrence les uns contre les autres les individus qui veulent accéder à ces ressources. Certes, il peut y avoir entre eux une collaboration à certains niveaux, mais toute activité économique, en définitive, suscite la concurrence entre individus ou entre groupes. *(pp. 9-11)*

L'économie

Une économie est un mécanisme grâce auquel on peut répartir des ressources rares entre des fins concurrentes, en résolvant trois questions que pose la production de biens et de services: *lesquels* produire et en quelles quantités? *comment* les produire? et *à l'intention de qui*?

Les diverses composantes d'une économie relèvent de l'une ou l'autre des deux catégories suivantes: les décideurs et les mécanismes de coordination. Les décideurs économiques comprennent les ménages, les entreprises et les gouvernements. Les ménages décident quelles quantités de leurs facteurs de production ils veulent vendre aux entreprises et aux gouvernements et quels biens et services ils veulent acheter des entreprises. De leur côté, les entreprises décident quels facteurs de production engager et quels biens et services produire. Les gouvernements – fédéral, provinciaux – et les autorités municipales établissent la quantité de facteurs de production qu'ils achètent des ménages et la quantité de biens et de services qu'ils achètent des entreprises; ils déterminent également la quantité de biens et de services qu'ils fournissent aux ménages et aux entreprises, le taux des allocations et des subventions qu'ils versent aux uns et aux autres, et le taux des impôts et des taxes qu'ils en perçoivent.

Entre les décisions que prennent les divers agents d'une économie (ménages, entreprises et gouvernements), il existe deux modes de coordination: la coordination par directives et la coordination par le marché. La coordination de l'économie canadienne repose largement sur les mécanismes du marché; mais les mesures prises par l'État y modifient de façon certaine la répartition des ressources rares. À cet égard, donc, l'économie canadienne est mixte. *(pp. 11-17)*

La science économique

La science économique, tout comme les autres sciences sociales et tout comme les sciences naturelles, cherche à comprendre ce qui *est*, sans se prononcer sur ce qui *devrait* être. Elle cherche à dégager un ensemble de lois. À cette fin, les économistes formulent des théories économiques, à partir de modèles qu'ils conçoivent et qu'ils vérifient. Un modèle économique est une construction abstraite, basée sur des hypothèses dont on déduit des implications par le raisonnement logique. Tout modèle économique présuppose quatre hypothèses clés :

1 Les agents économiques ont des préférences.

2 Les agents économiques disposent d'une quantité donnée de ressources, ainsi que d'une technologie permettant la transformation de ces ressources en biens et services.

3 Les agents économiques optimisent.

4 Les actions des divers agents doivent être coordonnées soit au moyen de directives, soit par les mécanismes du marché.

Les implications d'un modèle économique sont les valeurs d'équilibre des prix et des quantités résultant de la confrontation des meilleurs choix possible de chaque individu, étant donné ses préférences et ses connaissances, les ressources et la technologie dont il disposait, et compte tenu des mécanismes assurant la coordination des décisions individuelles. *(pp. 17-24)*

POINTS DE REPÈRE

Mots clés

Activité économique, 9
Capital, 13
Choix rationnel, 19
Concurrence, 10
Coopération, 11
Coordination par directives, 14
Coordination par le marché, 14
Coût d'opportunité, 10
Décideur, 12
Dotation, 19
Économie, 12
Économie fermée, 16
Économie mixte, 15
Économie ouverte, 16
Économique, 9
Énoncé normatif, 17
Énoncé positif, 17
Entreprise, 13
Équilibre, 19
Facteur de production, 13
Gouvernement, 13
Hypothèse, 19
Implication, 19
Macroéconomie, 20
Main-d'œuvre (*Voir* Travail)
Marché, 14
Marché des facteurs, 15
Marché des produits, 15
Mécanisme de coordination, 12
Ménage, 12
Microéconomie, 20
Modèle économique, 18
Optimisation, 10
Préférence, 19
Rareté, 9
Technologie, 19
Terre, 13
Théorie économique, 18
Travail, 13

Figure clé

Figure 1.1 Vue d'ensemble d'une économie, 14

QUESTIONS DE RÉVISION

1 À l'aide de vos propres exemples, illustrez chacune des sept questions fondamentales de l'économique.

2 Pourquoi le phénomène de la rareté nous force-t-il à faire des choix ?

3 Qu'entend-on par «choix rationnel»? Donnez des exemples de choix rationnels et de choix irrationnels.

4 Pourquoi la rareté nous oblige-t-elle à optimiser nos décisions ?

5 Pourquoi l'optimisation d'une décision exige-t-elle qu'on en évalue les coûts ?

6 Expliquez pourquoi la rareté entraîne la concurrence.

7 Pourquoi la coopération entre les individus ne suffit-elle pas à résoudre les problèmes économiques ?

8 Quels sont les principaux décideurs économiques ?

9 Dressez une liste des décisions économiques prises respectivement par les ménages, par les entreprises et par les gouvernements.

10 Quelle différence y a-t-il entre une coordination par directives et une coordination par le marché ?

11 Faites la distinction entre un énoncé positif et un énoncé normatif, en donnant trois exemples pour chacun des deux types.

12 Quelles sont les quatre hypothèses clés de tout modèle économique ?

13 Expliquez la différence entre un modèle et une théorie.

PROBLÈMES

1 Lesquels des éléments suivants font partie, pour vous, du coût d'opportunité qu'exige la poursuite de vos études ? Si tel élément n'en fait pas partie, expliquez pourquoi.

a) L'argent que vous dépensez pour une coupe de cheveux

b) Les vacances que vous auriez prises si vous étiez sur le marché du travail plutôt qu'aux études

c) Les cassettes et les disques compacts auxquels vous devriez renoncer pour payer vos manuels scolaires

d) L'argent que vous consacrez chaque semaine au déjeuner pris à la cafétéria de l'établissement

e) Le salaire annuel que vous auriez pu gagner en travaillant à plein temps

2 Donnez quelques exemples de coûts d'opportunité que vous avez supportés aujourd'hui.

3 Donnez des exemples de coûts d'opportunité que vous avez dû supporter à cause des actions d'une autre personne. Inversement, citez des exemples de coûts d'opportunité que vos propres actions ont imposés à quelqu'un d'autre.

4 Pour chacun des énoncés qui suivent, indiquez s'il est normatif ou positif :

a) Des loyers peu élevés limitent l'offre de logements.

b) Des taux d'intérêt élevés freinent la demande d'hypothèques et de nouvelles maisons.

c) Les loyers sont trop élevés.

d) Les propriétaires de logements devraient pouvoir fixer librement le taux de leurs loyers.

e) Le gouvernement devrait plafonner les loyers qu'exigent les propriétaires.

5 Vous avez trouvé un emploi dans une entreprise qui fabrique et met en marché des cassettes, des disques ordinaires et des disques compacts. Votre employeur s'apprête à lancer ces produits sur un nouveau marché comptant une population de 20 millions d'habitants. Une enquête révèle que, dans ce marché, 40 % des consommateurs achètent de la musique populaire et 5 % de la musique classique ; mais personne n'achète des deux à la fois. Les amateurs de musique populaire gagnent en moyenne 10 000 $ par année, alors que les amateurs de musique classique gagnent en moyenne 50 000 $. Cette enquête a également décelé la part de leurs revenus que les gens consacrent à l'achat des produits visés : 1 % chez les petits salariés, comparativement à 2 % chez les personnes à revenu élevé. Or, on vous a confié le soin de prévoir le volume annuel de ce marché, d'une part pour la musique populaire et d'autre part pour la musique classique.

Pour répondre à cette question, construisez un modèle économique. Énumérez vos hypothèses et déduisez-en les implications. Portez une attention particulière aux risques d'erreurs que comportent les prédictions tirées de votre modèle. Expliquez l'origine de ces risques d'erreurs.

CHAPITRE 2

Les graphiques – construction et utilisation

Objectifs du chapitre :

- Construire un graphique de série chronologique ainsi qu'un diagramme de dispersion, et les interpréter.
- Faire la distinction entre une relation linéaire et une relation non linéaire, de même qu'entre des relations qui ont un maximum ou un minimum.
- Définir la pente d'une droite, et la calculer.
- Exprimer graphiquement des relations entre plus de deux variables.

Trois formes de mensonges

BENJAMIN DISRAELI, premier ministre de Grande-Bretagne à la fin du 19e siècle, reconnaissait, dit-on, trois formes de mensonges : le mensonge ordinaire, le mensonge grave et... la statistique. Or, le graphique constitue l'un des moyens les plus féconds d'exprimer visuellement des données statistiques. Certes, mal construit, il peut induire en erreur. Mais, correctement tracé, il fournit – n'en déplaise à M. Disraeli – une mine de renseignements et il aide l'observateur à percevoir et à concevoir des relations qui autrement lui resteraient obscures. ■ Chose étonnante, le graphique est une invention plutôt récente : il n'a fait son apparition qu'à la fin du 18e siècle, longtemps après la formulation de concepts mathématiques comme les logarithmes ou le calcul différentiel et intégral. Or aujourd'hui, à l'ère de l'ordinateur personnel et de l'affichage sur écran cathodique, les graphiques ont presque supplanté les mots. Dans nombre de métiers ou de professions, l'aptitude à construire un graphique, et à l'utiliser, est aussi essentielle que la lecture ou l'écriture. ■ Quel usage les économistes font-ils des graphiques ? De quels types de graphiques se servent-ils ? Que révèlent ces graphiques, et que dissimulent-ils ? Quels sont les principaux pièges à éviter pour n'être pas induit en erreur ? ■ Vous avez pris connaissance des sept questions fondamentales exposées dans le chapitre 1. Vous voilà donc conscients de la complexité des problèmes que la science économique cherche à résoudre. Vous pensez avec raison qu'aucun phénomène économique ne tient à une cause unique. Les hauts et les bas de la consommation de crème glacée, par exemple, ne sont imputables ni aux seules variations de la température, ni à la seule instabilité du prix de la crème, mais à la conjonction de ces deux facteurs et, probablement, de plusieurs autres. Comment illustrer en graphiques les relations qui existent entre des variables évoluant simultanément ? Et comment interpréter pareilles relations ?

■ Dans ce chapitre, nous étudierons différents types de graphiques utilisés en économique. Nous apprendrons à les lire et à les construire. ■ Nous verrons des exemples de graphiques utiles et de graphiques trompeurs. Nous apprendrons également à mesurer l'effet d'une variable sur une autre.

Si vous êtes déjà familiarisé avec les diverses méthodes de représentation graphique des données, vous pouvez vous contenter de survoler le chapitre. Cependant, que vous l'approfondissiez ou que vous le parcouriez rapidement, il vous servira de guide pratique ; vous pourrez le consulter à loisir pour comprendre les graphiques que vous rencontrerez au fil de vos études en science économique.

La représentation graphique des données

La technique du graphique permet de visualiser les tendances qui se dégagent des données. Les quantités y sont représentées sous la forme de distances, le long d'échelles. Dans sa forme la plus simple, que nous examinerons d'abord, le graphique comporte une seule variable.

Les graphiques à une seule variable

On trouvera à la figure 2.1 deux exemples de graphiques à une seule variable. Le graphique (a) exprime la température en degrés Celsius (°C) comme s'il s'agissait d'une distance sur une échelle. Sur un axe unique, horizontal, les déplacements de gauche à droite représentent les hausses de température, et les déplacements de droite à gauche représentent les baisses de température. Le point zéro correspond à 0 °C. À droite du zéro, la température est positive alors que, à gauche du zéro, elle est négative.

Dans le graphique (b), l'altitude est mesurée en milliers de mètres au-dessus du niveau de la mer. Le point zéro représente le niveau de la mer. Les chiffres à droite du zéro représentent, en mètres, des points situés au-dessus du niveau de la mer. Les chiffres à gauche du zéro mesurent des profondeurs sous le niveau de la mer. Il n'existe pas de règles précises quant au choix de l'échelle à utiliser : on détermine celle-ci selon l'ensemble des valeurs que peut prendre la variable et selon l'espace dont on dispose pour le faire.

Chacun des graphiques de la figure 2.1 comporte une seule variable, donc une seule échelle. Chaque point de cette échelle représente une température donnée ou une altitude donnée. Ainsi, le point *a* représente une température de 100 °C, soit le point d'ébullition de l'eau ; le point *b* représente une altitude de 6194 m au-dessus du niveau de la mer, soit la hauteur du mont McKinley, la plus haute montagne d'Amérique du Nord.

Les graphiques à une seule variable comme ceux de la figure 2.1 ne sont pas très révélateurs. Un graphique est un outil beaucoup plus puissant lorsqu'il illustre comment deux variables sont reliées entre elles.

Figure 2.1 Graphiques à une seule variable

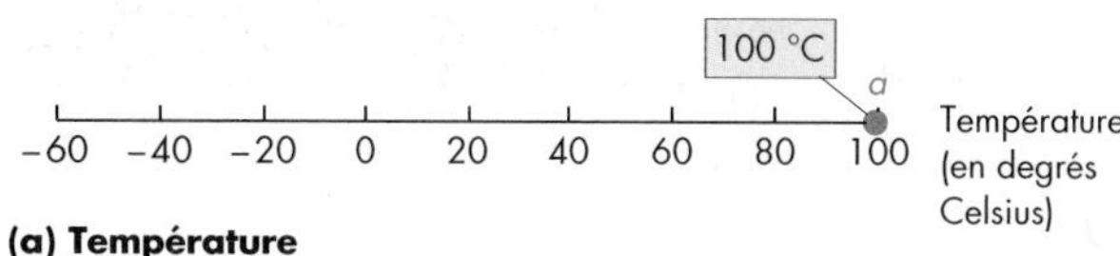

(a) Température

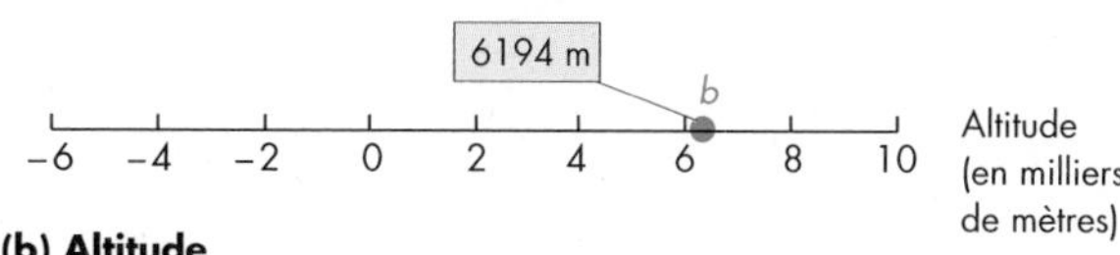

(b) Altitude

Tout graphique comporte une échelle, qui mesure la quantité comme s'il s'agissait d'une distance. Ici, les deux échelles mesurent respectivement la température et l'altitude. Les chiffres à droite du zéro sont positifs; les chiffres à gauche du zéro sont négatifs.

Les graphiques à deux variables

Pour construire un graphique à deux variables, on se sert de deux échelles perpendiculaires. Utilisons les deux mêmes variables que dans la figure 2.1. Nous mesurons la température comme avant, mais nous dressons en position verticale l'échelle de l'altitude. Ainsi, l'altitude est représentée par une échelle verticale, le long de laquelle les déplacements s'effectuent vers le haut ou vers le bas.

On appelle **axes** les deux échelles de la figure 2.2. La ligne verticale est l'**axe des ordonnées**; la ligne horizontale, l'**axe des abscisses.** La lettre *y* apparaît à l'extrémité de l'axe des ordonnées, et la lettre *x* apparaît à l'extrémité de l'axe des abscisses. Chaque axe a un point zéro, qui coïncide avec le point zéro de l'autre axe. Le point zéro commun aux deux axes s'appelle l'**origine**.

Pour construire un graphique à deux variables, nous avons besoin de deux éléments d'information. Par exemple, le mont McKinley culmine à 6194 m, et l'on enregistre à son sommet, un jour donné, une température de -20 °C. Nous pouvons inscrire dans la figure 2.2 cette double information : d'une part, l'altitude de la montagne (6194 m) en ordonnée, d'autre part, la température (-20 °C) en abscisse. Les valeurs des deux variables correspondent au point *c*.

À partir du point *c*, on peut tracer deux lignes pointillées, qu'on appelle les **coordonnées.** Ce sont deux lignes qui, partant d'un point, courent perpendiculairement aux axes d'un graphique. La ligne partant du point *c* vers l'axe horizontal s'appelle l'**ordonnée** (ou coordonnée verticale), parce que sa longueur correspond à la valeur marquée sur l'axe des ordonnées, ou axe vertical. De même, la ligne partant du point *c* vers

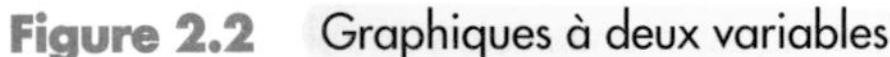

Figure 2.2 Graphiques à deux variables

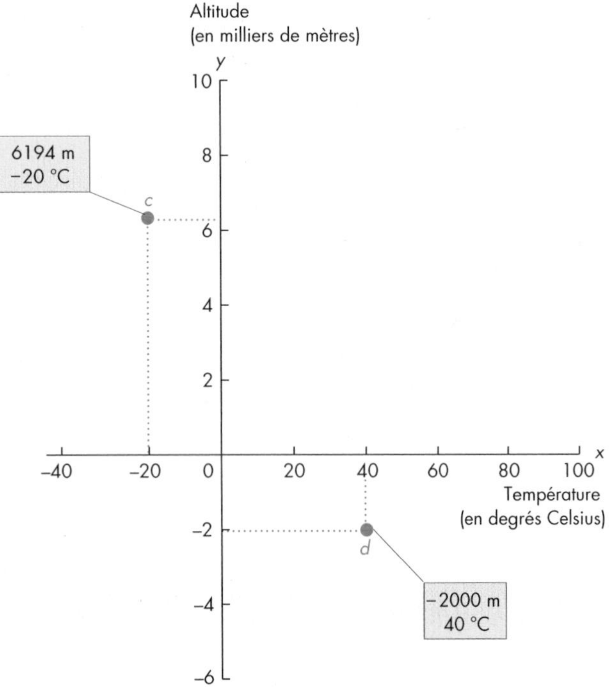

Pour représenter graphiquement la relation entre deux variables, on trace deux axes perpendiculaires. Dans cet exemple, l'altitude est mesurée sur l'axe des ordonnées (*y*), et la température sur l'axe des abscisses (*x*). Le point *c* représente le sommet du mont McKinley situé à 6194 m au-dessus du niveau de la mer (mesuré sur l'axe vertical) à une température de – 20 °C (mesurée sur l'axe horizontal). Le point *d* représente la température de 40 °C, à l'intérieur d'un sous-marin qui explore les profondeurs de l'océan à 2000 m au-dessous du niveau de la mer.

l'axe vertical s'appelle l'**abscisse** (ou coordonnée horizontale), sa longueur correspondant à la valeur marquée sur l'axe des abscisses, ou axe horizontal.

Quittons maintenant le sommet du mont McKinley, avec ses 6194 m d'altitude et sa température de -20 °C. Embarquons-nous sur un sous-marin pour explorer l'océan à une profondeur de 2000 m, par une température accablante de 40 °C. Nous voici au point *d* du graphique : la coordonnée verticale est de -2000 m, et la coordonnée horizontale est de 40 °C. Les économistes utilisent de diverses façons ces graphiques. Voyons deux autres exemples.

Les graphiques de série chronologique

L'une des formes de graphiques les plus connues et les plus révélatrices qu'utilisent les économistes est le **graphique de série chronologique**, ou chronogramme. Il mesure sur l'axe des abscisses le temps (en mois ou en années, par exemple) et, sur l'axe des ordonnées, la ou les variables à étudier.

La figure 2.3 illustre un graphique de série chronologique. Le temps est mesuré en années sur l'axe des abscisses. La variable qui nous intéresse, soit le taux de chômage canadien (ou pourcentage de la main-d'œuvre sans emploi), se trouve sur l'axe des ordonnées. Ce graphique a l'avantage de fournir de façon simple et rapide beaucoup d'informations.

1 Il nous indique le *niveau* du taux de chômage : il nous dit si celui-ci est *élevé* ou *bas*. Lorsque la courbe s'écarte beaucoup de l'axe des abscisses, le taux de chômage est élevé ; lorsqu'elle s'en rapproche, le taux de chômage est bas.

2 Le graphique de série chronologique nous indique aussi le *sens de la variation* du taux de chômage : à la *hausse* ou à la *baisse*. Si la courbe monte, comme au début des années 30, c'est que le taux de chômage est en hausse. Si elle descend, comme au début des années 40, c'est que le taux de chômage est en baisse.

3 Le graphique de série chronologique nous indique enfin la *vitesse de changement* du taux de chômage : il nous dit si le taux de chômage change *rapidement* ou *lentement*. Si la courbe est à pic, le taux de chômage varie rapidement ; si la courbe est aplatie, le taux de chômage change lentement. De 1930 à 1932, par exemple, il s'est accru brusquement ; puis, en 1933, il a continué d'augmenter, mais plus lentement. De même, on l'a vu baisser au cours des années 60 : d'abord rapidement entre 1961 et 1962, puis plus lentement en 1963 et en 1964.

On peut également utiliser le graphique de série chronologique pour décrire une tendance. Une **tendance** est une orientation générale qui caractérise l'évolution d'une variable, dans le sens d'une hausse ou d'une baisse. Ainsi peut-on constater que, du milieu des années 40 au milieu des années 80, à travers les hausses et les baisses qu'a connues le taux de chômage, la tendance générale a été à la hausse.

Les graphiques permettent également de comparer rapidement différentes périodes. Par exemple, il est évident que les années 30 se sont démarquées de toute autre période du 20ᵉ siècle par un taux de chômage exceptionnellement élevé.

C'est ainsi que la figure 2.3 fournit une somme considérable d'informations, et cela en utilisant très peu d'espace.

Comment induire en erreur avec des graphiques de série chronologique Les graphiques de série chronologique, même s'ils fournissent beaucoup d'informations, peuvent parfois induire en erreur.

Figure 2.3 Graphique de série chronologique

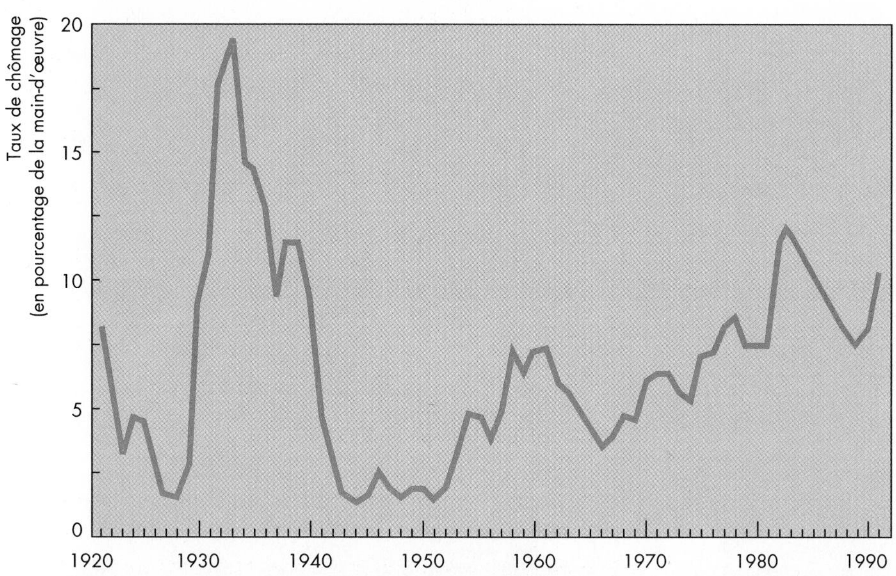

Un graphique de série chronologique indique sur l'axe des ordonnées (axe vertical) l'évolution du niveau d'une variable, par rapport au temps (exprimé en jours, semaines, mois ou années) sur l'axe des abscisses (axe horizontal). Le graphique retrace l'évolution du taux de chômage au Canada, de 1921 à 1991.

Un des pièges les plus courants consiste à placer côte à côte deux graphiques qui ont des échelles différentes. La figure 2.4 nous en offre un exemple. L'information contenue dans la figure 2.3 y est reprise sous une forme différente. Dans le graphique (a) de la figure 2.4, l'axe des ordonnées a été comprimé; dans le graphique (b), il a été étiré. L'examen simultané de ces deux graphiques donne l'impression que le taux de chômage est resté relativement stable de 1920 à 1955, mais qu'il a augmenté considérablement au cours des 36 dernières années.

Personne, pensez-vous, n'oserait tromper délibérément le lecteur de cette façon. Mais l'examen des graphiques publiés dans les journaux et les revues vous apprendra à quel point cette pratique est courante.

Figure 2.4 Graphiques trompeurs: compression et étirement des échelles

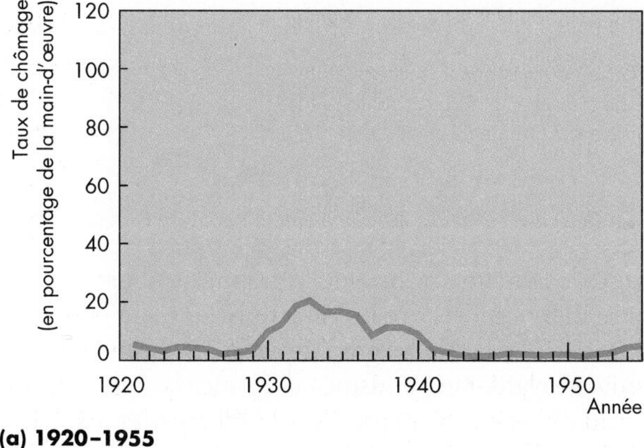

(a) 1920-1955

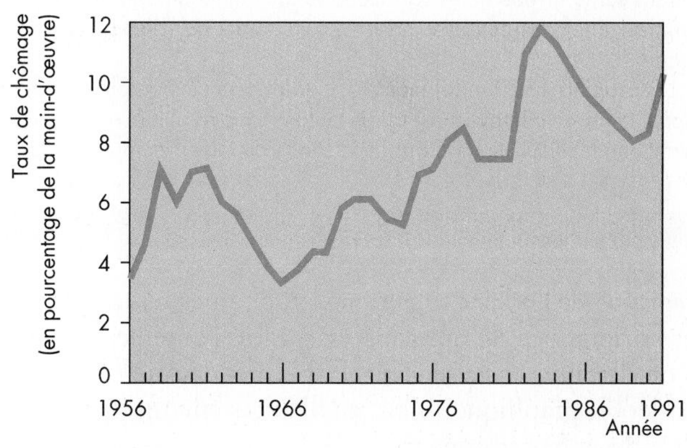

(b) 1956-1991

Les graphiques peuvent induire en erreur lorsque les échelles sont comprimées ou lorsqu'elles sont étirées. Ces deux graphiques contiennent les mêmes données que la figure 2.3, soit le taux de chômage canadien de 1921 à 1991. Dans le graphique (a), l'axe des ordonnées a été comprimé, tandis qu'il a été étiré dans le graphique (b). Pour cette raison, il semble que le taux de chômage ait été bas et stable avant 1955 et que, par la suite, il ait augmenté et ait été très variable. Comparez ces graphiques trompeurs avec la figure 2.3 qui, elle, décrit mieux la réalité.

Figure 2.5 L'omission de l'origine

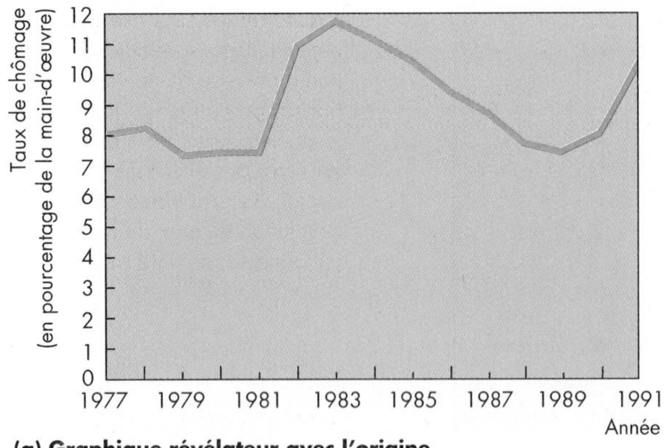

(a) Graphique révélateur avec l'origine

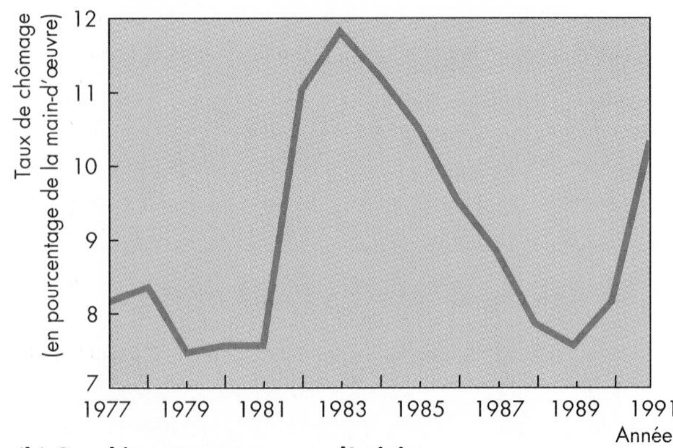

(b) Graphique trompeur sans l'origine

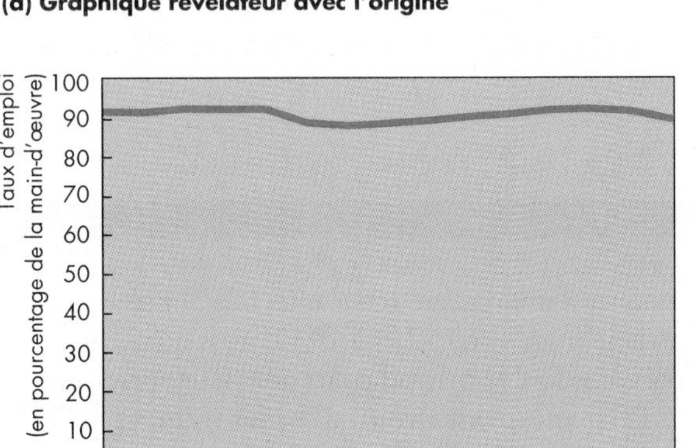

(c) Graphique peu informatif avec l'origine

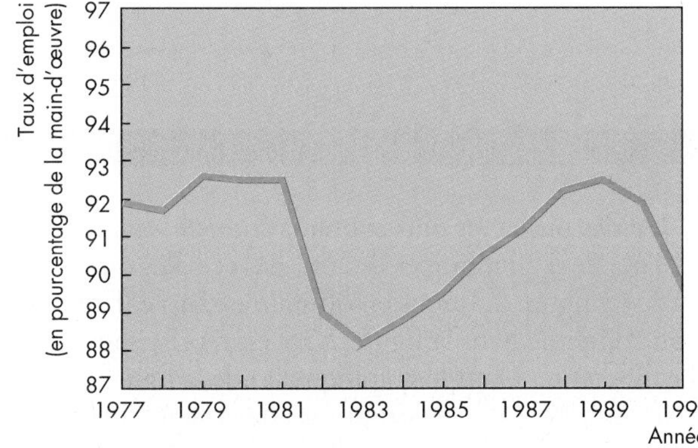

(d) Graphique révélateur sans l'origine

On omet parfois l'origine d'un graphique. Cette pratique peut engendrer des graphiques révélateurs ou trompeurs, selon l'usage qu'on en fait. Les graphiques (a) et (b) montrent le taux de chômage au Canada entre 1977 et 1991; le premier inclut l'origine, contrairement au second. Le graphique (a) fournit beaucoup d'informations sur le niveau et les variations du taux de chômage au cours de cette période. Le graphique (b) exagère l'ampleur des hausses et des baisses et ne donne pas d'information visuelle directe sur le niveau du taux de chômage.

Les graphiques (c) et (d) montrent le taux d'emploi. Le premier possède une origine mais pas le second. Dans ce cas, le graphique avec une origine informe moins et laisse croire à la stabilité du taux d'emploi. Le graphique (d) fournit une meilleure image des fluctuations du taux d'emploi et informe plus que le graphique (c).

L'omission de l'origine Certains graphiques n'incluent pas l'origine. Cette omission est parfois la meilleure façon de faire, en ce sens qu'elle permet de mieux faire «parler» le graphique. Mais, en d'autres circonstances, elle a des effets trompeurs.

La figure 2.5 illustre les effets possibles de l'omission de l'origine. Les graphiques (a) et (b) de la figure montrent tous deux l'évolution du taux de chômage de la période allant de 1977 à 1991. Le graphique (a) inclut l'origine, contrairement au graphique (b). Le graphique (a) rend clairement compte de l'évolution du taux de chômage pendant la période visée. Il peut être utilisé de la même façon que le graphique illustré à la figure 2.3, pour décrire les caractéristiques du chômage entre 1977 et 1991. Le graphique (b) est beaucoup moins révélateur et va jusqu'à déformer la réalité. Il ne fournit aucune information sur le *niveau* du taux de chômage. Il met l'accent sur les hausses et les baisses du taux de chômage, dont il exagère d'ailleurs l'amplitude. En particulier, les hausses vers la fin des années 70 et au début des années 80 y paraissent énormes, comparées à l'image qu'en donne le graphique (a). L'omission de l'origine amplifie considérablement les variations du taux de chômage. Or, les organismes de presse ont souvent recours à cette pratique, dont on trouvera un exemple pages 34 et 35, sous la rubrique *Entre les lignes.*

Les graphiques (c) et (d) de la figure 2.5 illustrent l'évolution du taux d'emploi, c'est-à-dire l'évolution du pourcentage de la main-d'œuvre qui est effectivement employée. Le graphique (c) inclut l'origine, contrairement au graphique (d). Comme vous pouvez le voir, le graphique (c) en dit très peu sur les changements du taux d'emploi. Il laisse croire que le taux d'emploi était assez constant. La caractéristique principale de ce graphique est l'étendue de l'espace vide qu'il contient ou, si l'on veut, la mauvaise utilisation de l'espace disponible. Le graphique (d) regroupe les mêmes données mais sans l'origine. L'échelle débute à 87 %. Ce graphique montre clairement les hausses et les baisses du taux d'emploi, même s'il nous apprend peu de choses sur son *niveau.* Il procure donc essentiellement une bonne image des variations du taux d'emploi.

La décision d'indiquer ou d'omettre l'origine d'un graphique dépend de l'information qu'il doit révéler. Dans la figure 2.5, les graphiques (a) et (d) s'équivalent pour ce qui est de l'information qu'ils révèlent sur les niveaux des taux d'emploi et des taux de chômage, et sur leurs variations respectives. En comparaison, les graphiques (b) et (c) sont peu informatifs.

La comparaison de deux séries chronologiques Le graphique de série chronologique peut parfois servir à comparer deux variables. Supposons par exemple que vous vouliez savoir comment fluctue le solde budgétaire du gouvernement fédéral – son surplus ou son déficit – et comment les fluctuations de ce solde évoluent par rapport aux fluctuations du taux de chômage. Pour y arriver, vous pouvez construire un graphique pour chaque variable et fondre les deux graphiques en un seul, tel que l'illustre la figure 2.6(a). L'échelle du taux de chômage apparaît sur la gauche, et l'échelle du surplus du budget du gouvernement fédéral apparaît sur la droite. La ligne rouge représente le taux de chômage ; la ligne bleue, le surplus du budget. Vous conviendrez facilement qu'il est difficile d'établir, à partir de la figure 2.6(a), la relation entre le taux de chômage et le budget. Le déficit budgétaire semble toutefois avoir tendance à augmenter (la ligne bleue descend) lorsque le taux de chômage augmente (la ligne rouge monte). En d'autres termes, ces deux variables semblent avoir tendance à évoluer dans des directions opposées.

Dans un tel cas, il est souvent plus révélateur de renverser l'échelle d'une des variables et de tracer le graphique de cette variable à l'envers. C'est ce qu'illustre le graphique (b) de la figure 2.6. Le taux de chômage y est représenté exactement comme dans le graphique (a) mais la courbe du budget du gouvernement fédéral y a été inversée. Maintenant, au lieu de mesurer de bas en haut le surplus du budget (un nombre positif) et de haut en bas le déficit (un nombre négatif), nous mesurons de haut en bas le surplus et de bas en haut le déficit. Vous pouvez alors voir clairement la relation qui existe entre ces deux variables. Le déficit du gouvernement fédéral a tendance à s'accroître avec le taux de chômage. Toutefois, il ne s'agit pas d'une relation exacte, et le graphique montre clairement qu'il y a eu des périodes suffisamment longues au cours desquelles le déficit et le taux de chômage ont évolué en sens inverse. On reconnaît ces périodes à l'élargissement de la distance entre les deux lignes.

Qu'ils soient simples (avec une seule variable) ou complexes (avec deux variables), les graphiques de série chronologique nous permettent de suivre l'évolution des variables dans le temps. Mais parfois nous nous intéressons davantage aux relations entre les variables qu'à leur évolution au cours du temps. Pour étudier ces relations, nous utilisons le diagramme de dispersion.

Les diagrammes de dispersion

Un **diagramme de dispersion** est un graphique qui montre les valeurs d'une variable économique associées à celles d'une autre variable. Il mesure l'une de ces variables sur l'axe des abscisses, et l'autre sur l'axe des ordonnées.

La figure 2.7 contient trois diagrammes de dispersion. Le diagramme (a) montre la relation entre la consommation et le revenu. Il mesure en abscisse le revenu familial moyen et en ordonnée la consommation moyenne par famille. Chaque point représente la consommation moyenne et le revenu moyen au Canada de 1968 à 1990. Par exemple, le point 71 indique qu'en 1971 la consommation moyenne était de 5800 $ et le revenu moyen de 10 800 $. La forme que prend l'ensemble des points du diagramme (a) permet de penser que la consommation s'accroît lorsque le revenu augmente.

Dans le diagramme (b), l'axe horizontal montre le pourcentage de ménages qui possèdent un magnétoscope, et l'axe vertical montre le prix moyen de cet appareil. Chaque point représente le prix d'un magnétoscope et le pourcentage de ménages qui en possèdent un au cours d'une année donnée. Par exemple, le point 81 indique qu'en 1981 le prix moyen du magnétoscope était de 600 $ et que 20 % des ménages en possédaient un. La forme qui se dégage de l'ensemble des points contenus dans le diagramme (b) nous apprend que, plus le prix des magnétoscopes baisse, plus le pourcentage des ménages qui en possèdent un est élevé.

Dans le diagramme (c), l'axe des abscisses mesure le taux de chômage au Canada, et l'axe des ordonnées rend compte du taux d'inflation. Chaque point représente le taux de chômage et le taux d'inflation au cours d'une année donnée. Ainsi, le point 82 indique que le

Les graphiques trompeurs

L'industrie hôtelière frappée par le nombre décroissant de buveurs

«La baisse de la consommation d'alcool en Alberta nuit à l'industrie hôtelière, et ce particulièrement dans les régions rurales de la province», signalent des représentants inquiets de la profession.

Selon eux, la baisse des ventes d'alcool en Alberta résulte de divers facteurs, dont les suivants: la diminution du nombre de personnes consommant de l'alcool, le succès des campagnes condamnant l'usage de l'alcool au volant, les lourdes pénalités imposées aux conducteurs arrêtés pour conduite en état d'ébriété, etc.

«C'est accablant. Plusieurs hôtels sont au bord de la faillite», déclarait Randall .Williams, président de l'Association des hôteliers de Calgary, lors d'une entrevue.

L'Association attribue également la baisse des ventes d'alcool à la prolifération des permis d'alcool accordés notamment à de petits cafés-restaurants et à des comptoirs à pizza.

Selon Mme Susan Costello, présidente de l'Association de l'industrie de la restauration et des services alimentaires de l'Alberta, les restaurants et les commerces d'alimentation sont ébranlés par l'effondrement des ventes.

«Nous avons observé une baisse constante des ventes au cours des deux dernières années. Ceux dont le chiffre d'affaires dépend principalement de la vente d'alcool ont subi les effets d'une baisse de la consommation variant entre 5 et 15 %», signalait Mme Costello.

«À cause de la chute vertigineuse des ventes d'alcool, jusqu'à 70 % des hôtels en Alberta, pour la plupart de petites entreprises familiales exploitées en régions rurales, font faillite ou parviennent tout juste à survivre», expliquait M. Williams.

Selon Jim Hansen, vice-président de l'Association des hôteliers de l'Alberta, 106 hôtels ont été placés sous séquestre entre 1983 et 1988 en raison de la chute des ventes d'alcool. Comptant plus de 400 membres, cette association représente 70 % de tous les hôtels de la province. Quant à lui, M. Williams estime que les ventes d'alcool, incluant la vente de spiritueux, de vin et de bière, comptent maintenant pour environ 25 % des revenus totaux des hôtels. Il y a 10 ou 15 ans, elles comptaient pour environ 35 ou 40 %.

Pour les petits hôtels de campagne, d'après M. Hansen, les revenus découlant de la consommation d'alcool représentent jusqu'à 75 % de leurs revenus totaux.

La régie des alcools de l'Alberta affirme que les ventes d'alcool se sont élevées à 213,5 millions de litres en 1988, soit le niveau le plus faible depuis 1984, année où les ventes se chiffraient à 221,5 millions de litres d'alcool. Ces statistiques comprennent les ventes relatives à toutes les marques de bières, de vins et de spiritueux.

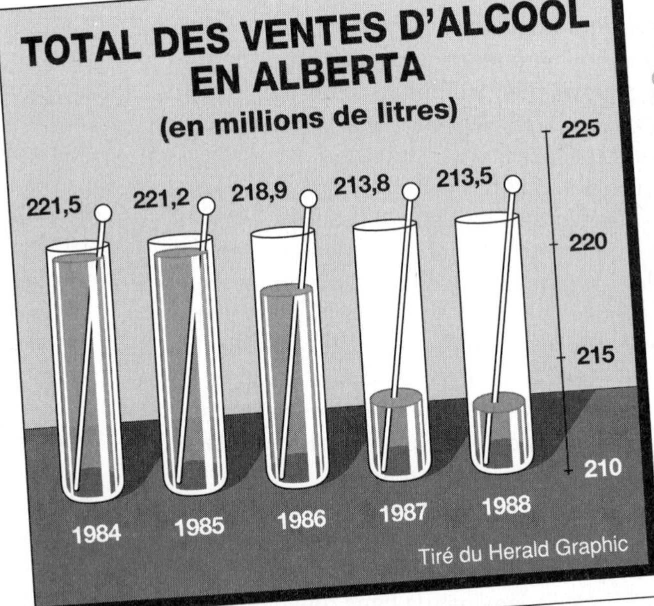

The Calgary Herald
16 janvier 1990
Par Claudia Catteano

Les faits en bref

- Entre 1984 et 1988, les ventes d'alcool en Alberta ont chuté de 221,5 à 213,5 millions de litres.
- Dans le graphique de la page 34, les ventes en 1984 sont représentées par un verre rempli à capacité, comparativement à un verre rempli au tiers en 1988.
- En raison de la chute des ventes d'alcool :
  - 106 hôtels de l'Alberta ont fermé leur porte entre 1983 et 1988 (selon Jim Hansen, Association des hôteliers de l'Alberta);
  - près de 70 % des hôtels de l'Alberta font faillite ou arrivent à peine à survivre (selon Randall Williams, Association des hôteliers de Calgary).
- La chute des ventes d'alcool est attribuable aux facteurs suivants :
  - Les gens consomment moins d'alcool.
  - Les campagnes contre l'alcool au volant portent fruit.
  - Les pénalités imposées aux conducteurs arrêtés pour conduite en état d'ébriété sont plus lourdes.

Analyse

- La figure (a) comprend deux graphiques qui illustrent deux façons de voir la chute des ventes d'alcool en Alberta.
- Dans le graphique (i), la chute des ventes est en apparence moins prononcée que dans le graphique (ii), lequel est semblable au graphique qui accompagne l'article de journal.
- En fait, les deux graphiques illustrent une chute des ventes de 3,6 %. Toutefois, l'omission de l'ordonnée à l'origine donne l'impression qu'il s'agit d'une baisse très importante.
- Le graphique (i) de la figure (b) montre que la valeur totale des ventes d'alcool (en dollars) a grimpé entre 1984 et 1988, mais les taxes ont augmenté encore plus.
- Si les ventes d'alcool n'ont chuté que de 3,6 %, pourquoi se montre-t-on inquiet ? Le graphique (ii) de la figure (b) renferme la réponse.
- Dans le graphique (ii), on a enlevé les effets de l'inflation, ce qui nous permet de comprendre pourquoi plusieurs perçoivent un problème. En raison de la hausse des taxes et de la dépréciation de la valeur de la monnaie, les détaillants d'alcool ont essuyé une baisse de la valeur de leurs ventes après taxes.

(a) Deux façons de voir la chute des ventes d'alcool en Alberta

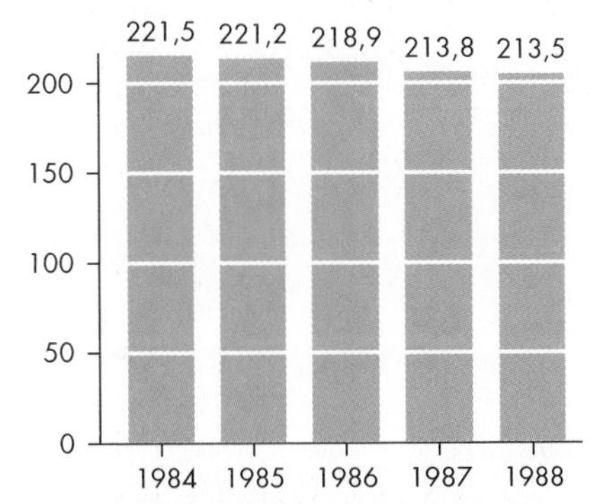

(i) Graphique avec ordonnée à l'origine

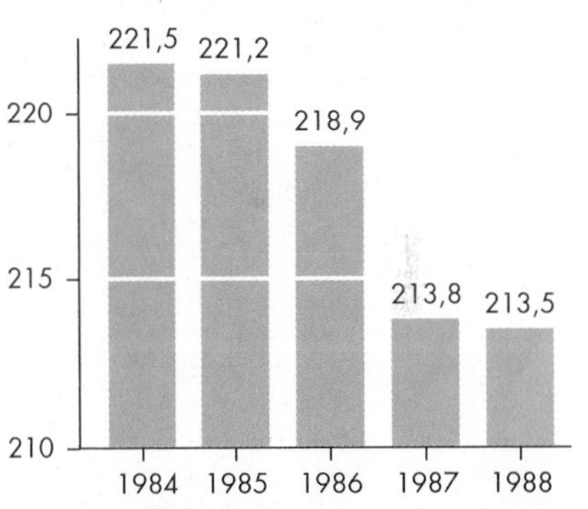

(ii) Graphique sans ordonnée à l'origine

(b) Autre point de vue sur les ventes d'alcool en Alberta

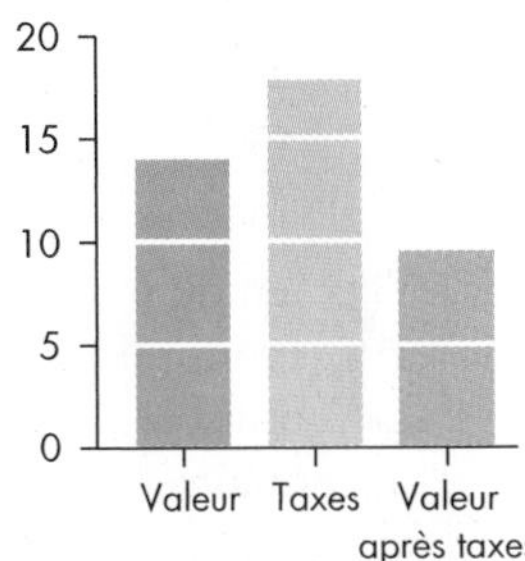

(i) Montants en dollars

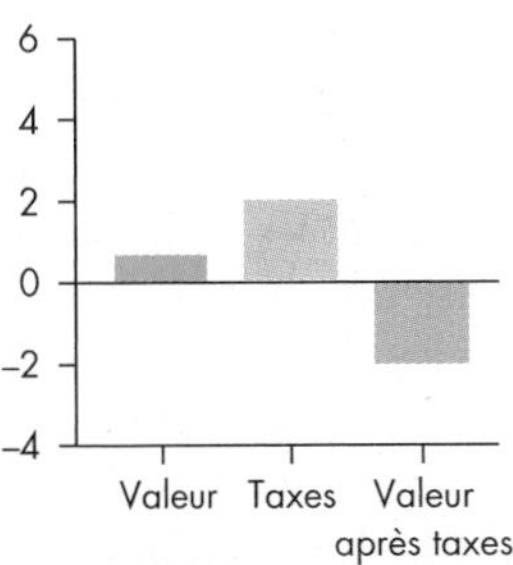

(ii) Après annulation des effets de l'inflation

Figure 2.6 Graphiques de série chronologique et relations entre variables

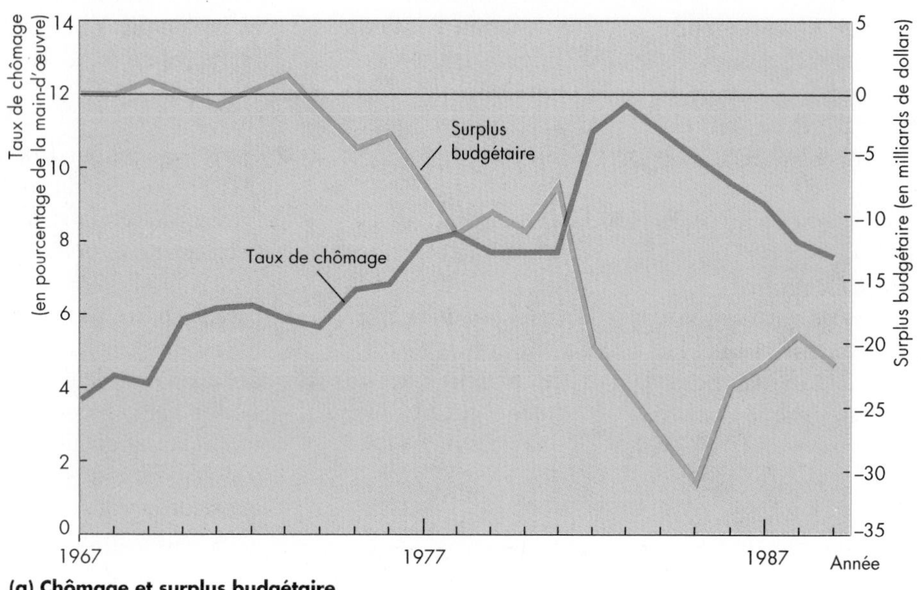

(a) Chômage et surplus budgétaire

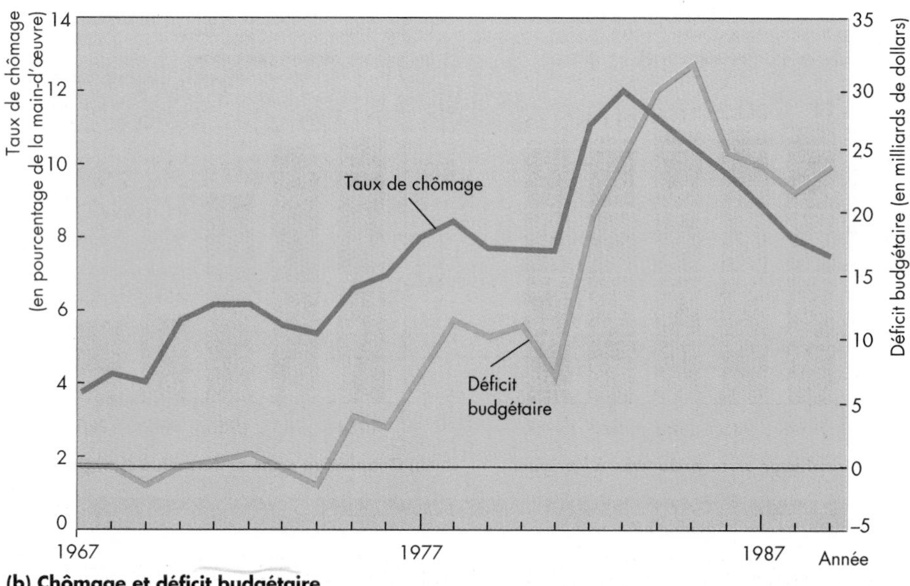

(b) Chômage et déficit budgétaire

On peut se servir d'un graphique de série chronologique pour révéler l'existence de relations entre deux variables. Les deux graphiques ci-contre reproduisent l'évolution du taux de chômage et du solde du budget du gouvernement fédéral depuis 1967.
La courbe du taux de chômage est la même dans les deux graphiques. Dans le graphique (a), le surplus budgétaire est mesuré comme un nombre positif et le déficit budgétaire comme un nombre négatif le long de l'échelle verticale à droite. Il semble que le déficit s'accroît lorsque le taux de chômage augmente. Mais il est difficile d'en dire plus. Dans le graphique (b), l'échelle est inversée : le déficit budgétaire et le surplus budgétaire sont mesurés respectivement comme un nombre positif et comme un nombre négatif le long de l'échelle à droite. La relation entre le déficit budgétaire et le taux de chômage est maintenant plus claire. Le taux de chômage et le déficit budgétaire ont tendance à évoluer dans le même sens.

taux de chômage et le taux d'inflation atteignaient respectivement 11 % et 9 % en 1982. La forme de l'ensemble de points ne révèle aucune relation nette, ni positive ni négative, entre les deux variables.

Jusqu'à maintenant, nous avons appris à utiliser les graphiques pour représenter les données économiques et pour montrer les relations qui peuvent exister entre les variables. Voyons comment les économistes peuvent utiliser les graphiques d'une manière plus abstraite pour construire des modèles économiques et les analyser.

Les graphiques utilisés dans les modèles économiques

Bien qu'il existe plusieurs types de graphiques en économique, ces derniers comportent un certain nombre de points communs qui, lorsqu'on sait les reconnaître, révèlent tout de suite la signification d'un graphique. Il y a des graphiques pour chacune des situations suivantes :

Figure 2.7 Diagrammes de dispersion

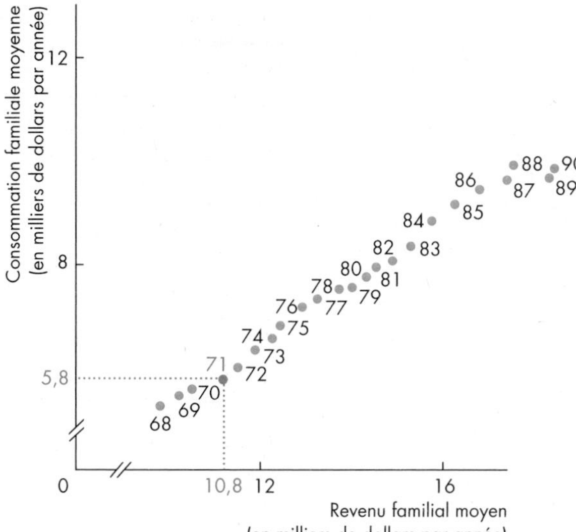

(a) Consommation et revenu

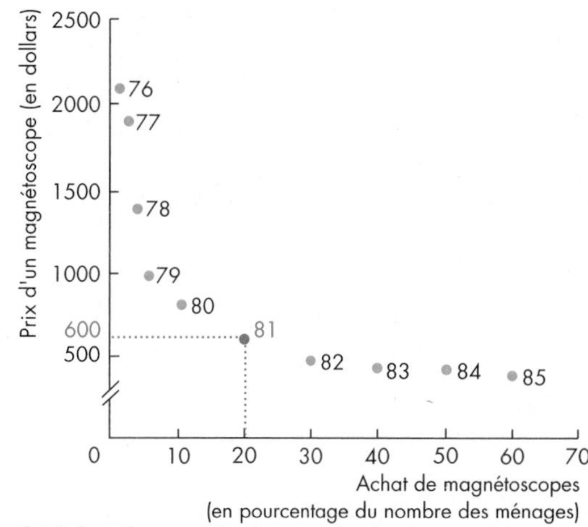

(b) Achat de magnétoscopes et prix

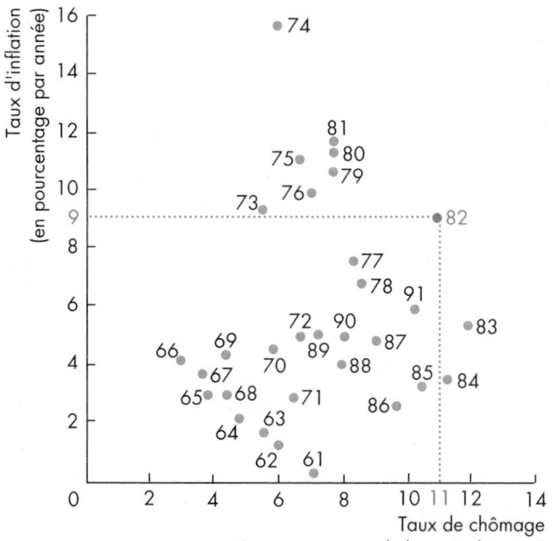

(c) Chômage et inflation

Le diagramme de dispersion montre la relation entre deux variables. Dans les diagrammes de la figure, chaque point représente une observation sur la valeur des deux variables pour une année donnée. Le diagramme (a) montre que la consommation familiale moyenne s'accroît avec le revenu familial moyen. Le diagramme (b) indique que le nombre de magnétoscopes achetés augmente au fur et à mesure que le prix des magnétoscopes baisse. Le diagramme (c) ne révèle pas de relation claire entre le chômage et l'inflation.

- Des variables qui évoluent ensemble dans le même sens.
- Des variables qui évoluent en sens opposé.
- Des relations qui ont un maximum ou un minimum.
- Des variables qui sont indépendantes.

Nous examinerons successivement chacun de ces quatre cas.

Les variables qui évoluent ensemble dans le même sens

Les trois graphiques de la figure 2.8 montrent des exemples de relations entre deux variables qui évoluent ensemble à la hausse comme à la baisse. On qualifie de **positive** la relation entre deux variables qui changent dans le même sens. Une telle relation prend la forme d'une ligne à pente positive.

La figure 2.8(a) illustre la relation entre le nombre de kilomètres parcourus en 5 heures et la vitesse. Le

Figure 2.8 Relations positives

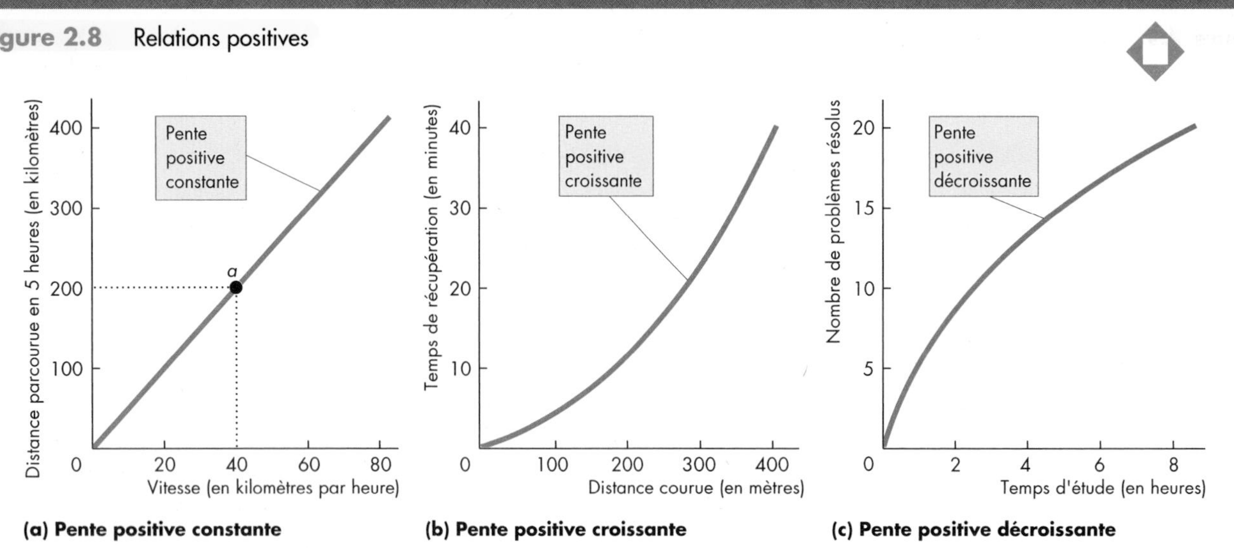

(a) Pente positive constante **(b) Pente positive croissante** **(c) Pente positive décroissante**

Chaque graphique de la figure montre une relation positive entre deux variables. Au fur et à mesure que s'accroît la valeur de la variable mesurée sur l'axe des abscisses, la valeur de la variable mesurée sur l'axe des ordonnées augmente aussi. Le graphique (a) illustre une relation linéaire – une relation dont la pente est constante le long de la courbe. Le graphique (b) montre une relation positive dont la pente devient plus raide comme on se déplace sur la courbe en s'éloignant de l'origine. Il s'agit d'une relation positive à pente croissante. Le graphique (c) montre une relation positive dont la pente s'aplatit comme on s'éloigne de l'origine. On parle alors d'une relation positive à pente décroissante.

point *a*, par exemple, indique que, pour parcourir 200 km en 5 heures, on doit rouler à une vitesse de 40 km/h. En doublant cette vitesse – c'est-à-dire en atteignant 80 km/h – on couvrira dans le même temps une distance de 400 km. La relation entre le nombre de kilomètres parcourus en 5 heures et la vitesse à laquelle on les parcourt est représentée par une ligne droite à pente positive. On qualifie de **linéaire** la relation représentée par une ligne droite. La pente d'une relation linéaire est constante.

La figure 2.8(b) décrit la relation entre la distance parcourue par un sprinter et l'épuisement (l'épuisement étant mesuré par le temps qu'il faut pour que le rythme cardiaque revienne à la normale). Il s'agit aussi d'une relation à pente positive représentée, cette fois, par une ligne courbe dont la pente devient graduellement plus raide.

La figure 2.8(c) présente la relation entre le nombre de problèmes de géométrie qu'un étudiant réussit à résoudre et le nombre d'heures qu'il y consacre. Cette relation prend également la forme d'une ligne courbe à pente positive. Cependant, la pente est d'abord raide avant de s'adoucir par la suite.

Nous venons de voir trois types de lignes à pente positive, une ligne droite et deux lignes courbes. Il est d'usage d'appeler toute ligne dans un graphique, qu'elle soit droite ou incurvée, une **courbe**.

Les variables qui évoluent en sens opposé

La figure 2.9 donne des exemples de relations entre des variables qui évoluent en sens opposé. On qualifie de **négative** la relation entre variables qui changent en sens opposé.

La figure 2.9(a) montre la relation entre le nombre d'heures consacrées au squash et le nombre d'heures consacrées au tennis sur un total de 5 heures disponibles. Le joueur qui consacre une heure de plus au tennis dispose d'une heure de moins pour jouer au squash, et vice versa. Il s'agit d'une relation qui est à la fois négative et linéaire.

La figure 2.9(b) illustre la relation entre le coût par kilomètre parcouru et la longueur d'un trajet. Plus le trajet est long, plus le coût par kilomètre est bas. Mais au fur et à mesure que le trajet s'allonge, le coût

Figure 2.9 Relations négatives

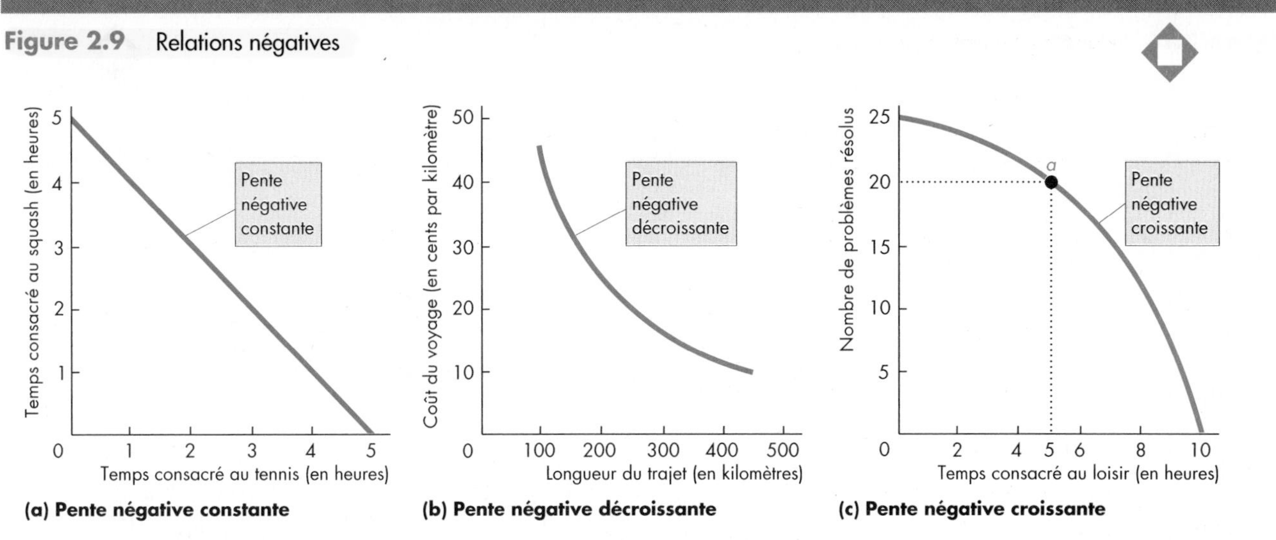

(a) Pente négative constante **(b) Pente négative décroissante** **(c) Pente négative croissante**

Chaque graphique de la figure fait ressortir une relation négative entre deux variables. Le graphique (a) montre une relation linéaire – une relation dont la pente est constante le long de la courbe. Le graphique (b) illustre une relation négative à pente décroissante. La pente de cette relation s'atténue à mesure qu'on se déplace de gauche à droite sur la courbe. Le graphique (c) présente une relation négative à pente croissante. La pente s'accentue à mesure qu'on se déplace de gauche à droite sur la courbe.

par kilomètre diminue à un taux décroissant. Cette relation est représentée par une courbe à pente négative qui est d'abord abrupte lorsque le trajet est court et qui s'aplatit au fur et à mesure que le trajet s'allonge.

La figure 2.9(c), quant à elle, montre la relation entre le nombre d'heures de loisir que prend un étudiant et le nombre de problèmes de géométrie qu'il parvient à résoudre. S'il ne s'accorde aucun loisir, l'étudiant peut résoudre 25 problèmes en 8 heures. S'il prend 5 heures de loisir, le nombre de problèmes résolus baisse à 20 (point *a*). Lorsque l'étudiant consacre plus de 5 heures au loisir, le nombre de problèmes qu'il réussit à résoudre chute beaucoup. Avec 10 heures de loisir par jour, il ne travaille plus du tout à résoudre des problèmes. Il s'agit donc d'une relation négative dont la pente est relativement aplatie tant que le nombre d'heures de loisir est restreint, mais qui s'accentue au fur et à mesure que le nombre d'heures de loisir augmente.

Les relations qui ont un maximum ou un minimum

L'économique analyse comment on peut tirer le meilleur parti de ressources limitées. Il peut s'agir, par exemple, de réaliser le profit le plus élevé possible en cherchant à produire au coût le plus faible possible.

Pour représenter ce processus d'optimisation, les économistes utilisent fréquemment des graphiques qui décrivent des relations ayant un maximum ou un minimum. La figure 2.10 fournit des exemples de relations de ce genre.

La figure 2.10(a) montre la relation qui existe entre le nombre de jours de pluie au cours d'un mois et la récolte de blé. Faute de pluie, le blé ne pousse pas et la récolte est nulle. Jusqu'à 10 jours de pluie par mois, la récolte de blé augmente graduellement. Avec exactement 10 jours de pluie par mois, la récolte atteint un maximum de 20 boisseaux par hectare (point *a*). Toutefois, s'il pleut pendant plus de 10 jours par mois, la production de blé commence à diminuer. À la limite, s'il pleut chaque jour, le blé souffre du manque de soleil et la récolte est pratiquement nulle. Cette relation est d'abord positive, atteint un maximum, puis devient négative.

La figure 2.10(b) illustre un cas inverse, où la relation est d'abord négative, atteint un minimum, et devient ensuite positive. Le coût de l'essence au kilomètre par rapport à la vitesse de parcours en est un bon exemple : à basse vitesse, comme dans un embouteillage, le nombre de kilomètres parcourus au litre est faible et la dépense d'essence au kilomètre est très élevée. À très grande vitesse, la voiture fonctionne au-delà de son taux de rendement optimal : le nombre de kilomè-

Figure 2.10 Points maximum et minimum

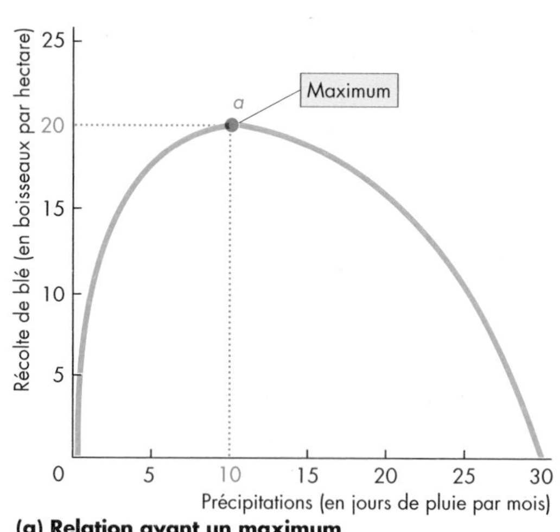

(a) Relation ayant un maximum

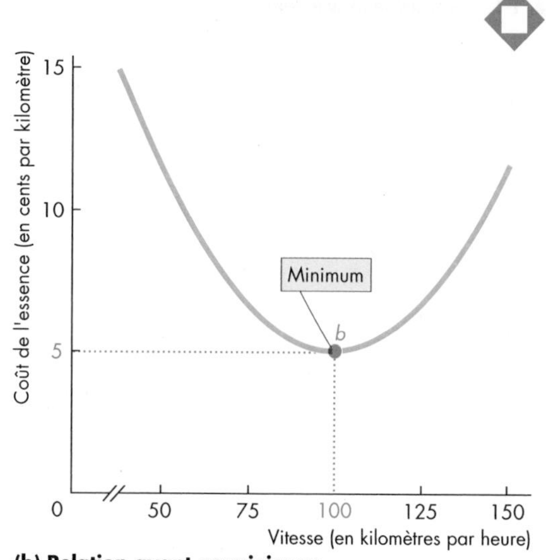

(b) Relation ayant un minimum

Le graphique (a) montre une relation ayant un point maximum, le point *a*. La courbe est d'abord croissante, atteint son sommet, puis décroît. Le graphique (b) montre une relation ayant un point minimum, le point *b*. La courbe décroît jusqu'à son minimum, puis elle croît.

tres parcourus au litre est faible, et la dépense d'essence au kilomètre est élevée. En fait, c'est à une vitesse de 100 km/h que la dépense d'essence au kilomètre est à son minimum (point *b*).

Les variables indépendantes

Il y a bien des situations où une variable est indépendante d'une autre. Quelle que soit la valeur de l'une, l'autre demeure constante. Il arrive parfois que l'on veuille représenter l'indépendance de deux variables à l'aide d'un graphique. La figure 2.11 montre deux façons de le faire. Dans le graphique (a), la note que vous avez obtenue en économique (exprimée ici sur l'axe vertical) est comparée au prix des bananes (sur l'axe horizontal). De toute évidence, votre note (75 % en l'occurrence) ne dépend aucunement du prix des bananes. La ligne droite horizontale confirme ici l'absence de toute relation entre les deux variables. Dans le graphique (b), la production de vin français (mesurée sur l'axe horizontal) est comparée au nombre de jours de pluie par mois (sur l'axe vertical) en Colombie-Britannique. Comme on peut s'y attendre, la production de vin français (15 milliards de litres par an, dans cet exemple) n'est pas touchée par le changement du taux de précipitations en Colombie-Britannique. L'absence de toute relation entre ces deux variables se traduit ici par une ligne droite verticale.

Les figures 2.8 à 2.11 illustrent, au total, dix formes différentes susceptibles de servir dans l'étude de modèles économiques. Lors de la description des graphiques, nous avons parlé de courbes à pente positive et à pente négative, de pentes aplaties et de pentes raides. La notion de pente est très importante. Examinons-la de plus près.

La pente d'une relation

La **pente** d'une relation correspond à la variation de la quantité mesurée sur l'axe des ordonnées (axe vertical), divisée par la variation de la quantité mesurée sur l'axe des abscisses (axe horizontal). On utilise la lettre grecque Δ (prononcer *delta*) pour signifier l'idée de «variation». Le symbole Δy représente alors la variation de la valeur de la variable inscrite sur l'axe des ordonnées, tandis que le symbole Δx représente la variation de la valeur de la variable inscrite sur l'axe des abscisses. La pente de la relation entre les variables x et y s'exprime donc comme suit :

$$\frac{\Delta y}{\Delta x}.$$

Lorsqu'une valeur élevée de Δy est associée à une valeur faible de Δx, le rapport $\Delta y/\Delta x$ est élevé, la pente est forte et la courbe est à pic. Par contre, lorsqu'une valeur faible de Δy est associée à une valeur élevée de Δx,

Figure 2.11 Variables sans relation

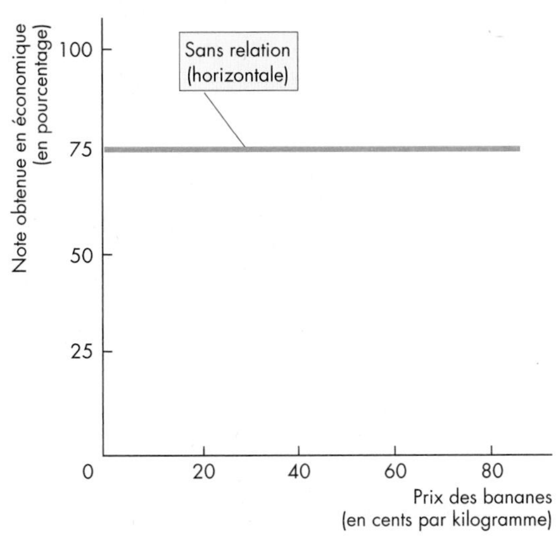

(a) Variables sans relation : ligne horizontale

(b) Variables sans relation : ligne verticale

Cette figure illustre la construction de graphiques comportant deux variables qui n'ont entre elles aucune relation. Dans le graphique (a), la note de 75 % qu'un étudiant obtient en science économique n'a aucun lien avec le prix des bananes, mesuré sur l'axe des abscisses. Dans le graphique (b), les précipitations en Colombie-Britannique n'ont pas d'incidence sur les 15 milliards de litres de vin produits par année en France.

le rapport $\Delta y/\Delta x$ est peu élevé, la pente est faible et la courbe est aplatie. Pour clarifier la notion de pente, livrons-nous à quelques calculs.

Calcul d'une pente

La pente d'une droite La pente d'une droite demeure la même, quel que soit l'endroit sur la ligne où on la calcule. En d'autres termes, la pente d'une droite est constante. Calculons, par exemple, les pentes des lignes contenues dans la figure 2.12. Dans le graphique (a), lorsque x passe de 2 à 6, y passe de 3 à 6. La variation de x est donc égale à +4 ($\Delta x = 4$). Quant à la variation de y, elle est égale à +3 ($\Delta y = 3$). La pente de cette droite est donc la suivante :

$$\frac{\Delta y}{\Delta x} = \frac{3}{4}.$$

Dans le graphique (b), lorsque x passe de 2 à 6, y passe de 6 à 3. La variation de x est égale à +4 ($\Delta x = 4$). La variation de y est égale à -3 ($\Delta y = -3$). La pente de cette droite est alors la suivante :

$$\frac{\Delta y}{\Delta x} = \frac{-3}{4}.$$

Remarquez que les pentes des deux droites sont d'importance égale en valeur absolue, soit ¾. Toutefois, dans le premier cas, la pente est positive tandis que, dans le deuxième, elle est négative.

La pente d'une courbe Le calcul de la pente d'une courbe est plus complexe, car la pente n'est pas constante. Tout dépend de l'endroit sur la ligne où on la calcule. Il y a deux façons de le faire : calculer la pente en un point sur la ligne ou calculer la pente le long d'un arc. Examinons ces deux possibilités.

La pente en un point sur la courbe Pour calculer la pente en un point précis d'une courbe, vous devez tracer une ligne droite ayant la même pente que la courbe en ce point. La figure 2.13 illustre comment effectuer ce calcul. Supposons que vous désiriez calculer la pente de la courbe au point *a*. Placez une règle sur le graphique pour qu'elle touche la courbe au point *a* seulement, puis tirez une ligne droite. Une telle droite porte le nom de *tangente*.

Si la règle touche la courbe au point *a* seulement, la pente de la courbe en ce point doit égaler la pente de la règle elle-même. Si la courbe et la règle n'ont pas la même pente, la ligne longeant la règle coupera la courbe plutôt que de seulement la toucher – ce ne sera pas une tangente.

Figure 2.12 La pente d'une droite

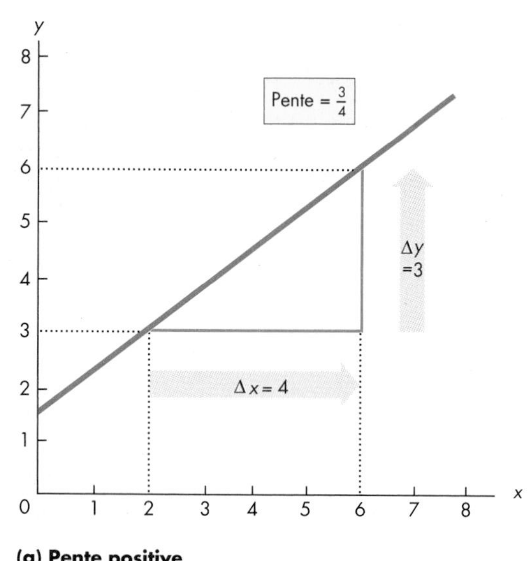

(a) Pente positive

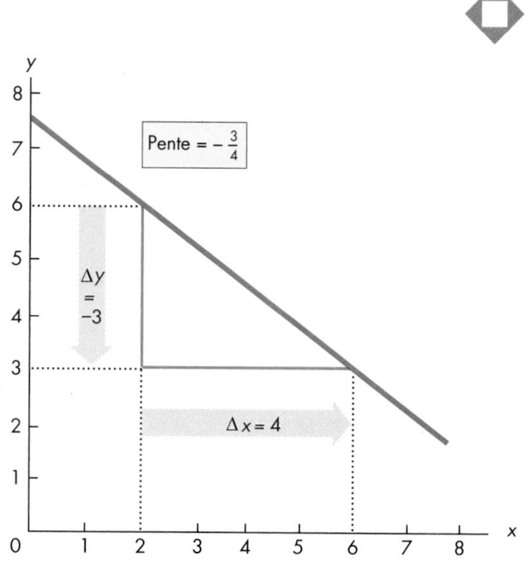

(b) Pente négative

Pour calculer la pente d'une droite, il suffit de diviser la variation de la valeur de y par la variation de la valeur de x. Le graphique (a) montre le calcul d'une pente positive. Les valeurs de x et de y augmentent simultanément. Lorsque x passe de 2 à 6, la variation de x est égale à 4 ($\Delta x = 4$). Ce changement de x est accompagné d'un changement de y, qui passe de 3 à 6 ($\Delta y = 3$). La pente ($\Delta y/\Delta x$) est alors égale à 3/4. Le graphique (b) montre une pente négative. Quand la valeur de x augmente, la valeur de y diminue. Quand x passe de 2 à 6, Δx est égal à 4. Cette variation de x donne lieu à une diminution de y, qui passe de 6 à 3, de sorte que Δy est égal à − 3. La pente ($\Delta y/\Delta x$) est donc égale à − 3/4.

Lorsque vous avez trouvé la droite dont la pente est la même que celle de la courbe au point *a*, vous pouvez connaître la pente de la courbe au point *a* en calculant la pente de la droite. Nous avons vu un peu plus tôt comment calculer la pente d'une droite. Dans le cas présent, au fur et à mesure que x augmente, passant de 0 à 8 ($\Delta x = 8$), y diminue, passant de 6 à 0 ($\Delta y = -6$). La pente de la droite est donc égale à :

$$\frac{\Delta y}{\Delta x} = \frac{-6}{+8} = \frac{-3}{4}.$$

Ainsi, la pente de la courbe au point *a* est égale à -¾.

La pente le long d'un arc Pour calculer la pente d'une courbe le long d'un arc, on trace d'abord une droite entre deux points de la courbe, puis on calcule la pente de la droite. La figure 2.13(b) illustre cette méthode. Dans cette figure, la courbe est la même que dans la figure 2.13(a) mais, plutôt que de calculer la pente au point *a*, nous calculons la pente pour une variation de x de 3 à 5. Lorsque x augmente, passant de 3 à 5, y diminue, passant de 4 à 2 ½. La variation de y est égale à -1 ½ ($\Delta y = -1\frac{1}{2}$). La variation de x est égale à +2 ($\Delta x = 2$). Par conséquent, la pente de la droite est la suivante :

$$\frac{\Delta y}{\Delta x} = \frac{-1\frac{1}{2}}{2} = \frac{-3}{4}.$$

Ce calcul nous donne la pente de la droite entre les points *b* et *c*. Dans cet exemple, la pente le long de l'arc *bc* est identique à la pente de la courbe de la figure 2.13(a) au point *a*. Ce ne sera, cependant, pas toujours le cas, comme vous pourrez le constater en construisant d'autres exemples.

Figure 2.13 La pente d'une courbe

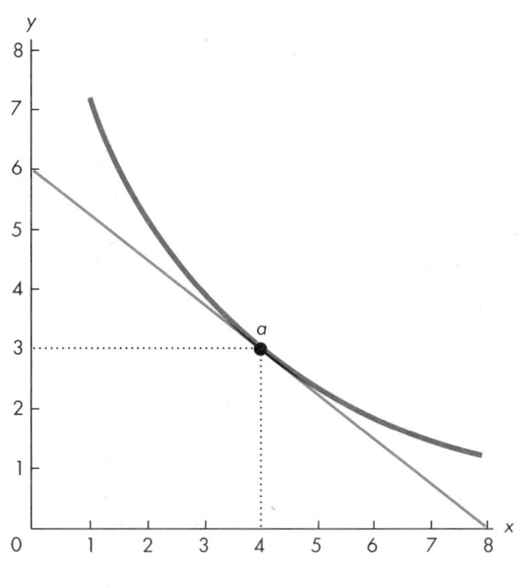

(a) Pente en un point

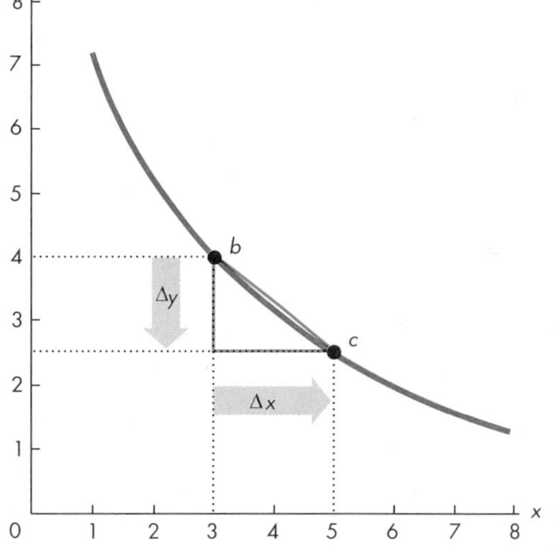

(b) Pente le long d'un arc

La pente d'une courbe peut être calculée soit en un point précis comme dans le graphique (a), soit le long d'un arc, comme dans le graphique (b). Pour calculer la pente en un point, on trouve la pente d'une droite qui touche la courbe en ce point (la tangente de la courbe en ce point). On voit la tangente au point *a*. La pente de cette tangente est obtenue en divisant la variation de *y* par la variation de *x*. Lorsque *x* passe de 0 à 8, Δx est égal à 8. Ce changement de *x* est accompagné d'une diminution de *y*, qui passe de 6 à 0, de sorte que Δy est égal à – 6. Par conséquent, la pente de la droite est égale à $-6/8$, ou $-3/4$.

Pour calculer la pente le long d'un arc, il suffit de tracer une droite qui coupe la courbe en deux points et de calculer ensuite la pente de cette droite. Dans le graphique (b), la droite qui réunit les points *b* et *c* fournit un bon exemple. La pente de la droite *bc* est obtenue en divisant la variation de *y* par la variation de *x*. En se déplaçant de *b* à *c*, *x* augmente de 2 ($\Delta x = 2$) et y diminue de 1 1/2 ($\Delta y = -1\ 1/2$). La pente de la droite *bc* est égale à – 1 1/2 divisé par 2, soit $-3/4$.

La représentation graphique de relations entre plus de deux variables

Nous avons vu qu'on peut représenter graphiquement une seule variable par un point situé sur une ligne droite. Nous avons aussi appris à exprimer la relation entre deux variables par des points dans un graphique à deux dimensions. Mais vous pouvez deviner que, même si les graphiques à deux dimensions sont utiles, la plupart des phénomènes qui risquent de vous intéresser supposent des relations entre plus de deux variables.

On pourrait multiplier les exemples de relations entre plus de deux variables. Par exemple, réfléchissez à la relation entre le prix de la crème glacée, la température extérieure et la quantité consommée de crème glacée. Si la crème glacée coûte cher et qu'il fait froid, les gens en consomment beaucoup moins que si son prix est bas et qu'il fait chaud. Quel que soit le prix de la crème glacée, la quantité consommée varie en fonction de la température et, quelle que soit la température, la consommation varie en fonction du prix.

«Toutes choses étant égales par ailleurs»

La figure 2.14 illustre cette situation. Le tableau indique le nombre de litres de crème glacée qui sera consommée chaque jour, selon la température et le prix de la crème glacée. Comment utiliser tous ces chiffres dans un graphique? Pour exprimer graphiquement une relation entre plus de deux variables, nous étudions ce qui se produit quand toutes les variables sauf deux sont maintenues constantes. Il est d'usage d'appeler cette façon de faire ***ceteris paribus***. Cette locution latine signifie «toutes choses étant égales par ailleurs», ou «tous les autres facteurs étant maintenus constants». Par exemple, dans la figure 2.14(a), vous pouvez voir ce qu'il advient de la consommation de crème glacée lorsque le prix varie et que la température est maintenue constante. La courbe étiquetée *21 °C* exprime la relation entre la consommation de crème glacée et le prix lorsque la température demeure à 21 °C. Les chiffres

Figure 2.14 Représentation graphique d'une relation entre trois variables

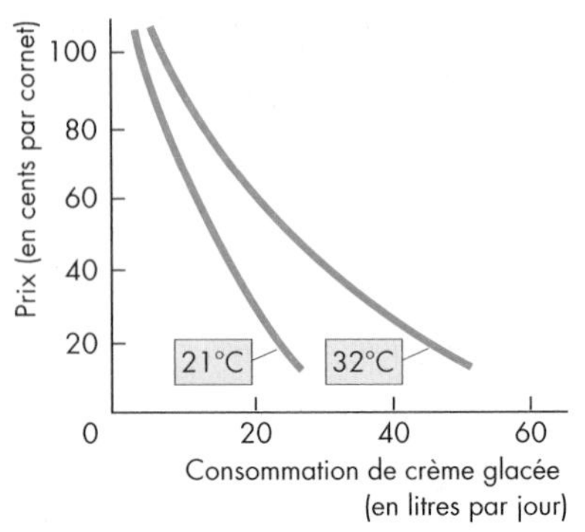

(a) Relation prix–consommation à température donnée

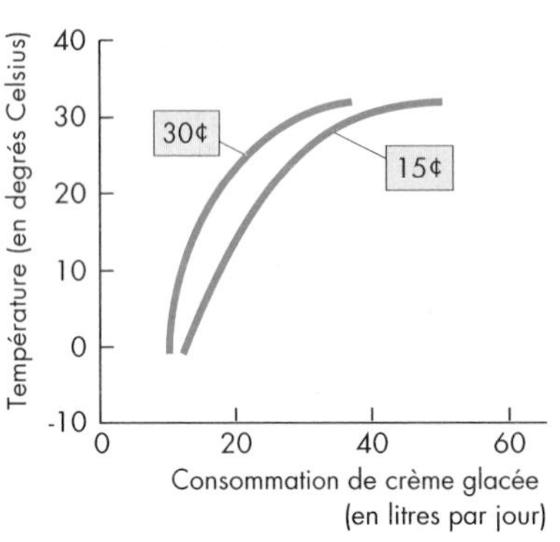

(b) Relation température–consommation à prix donné

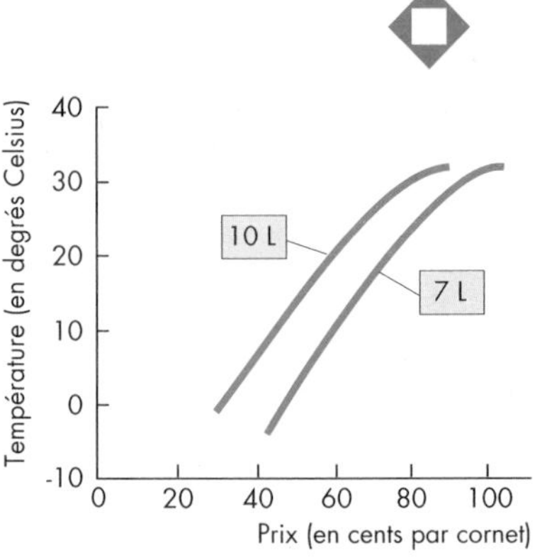

(c) Relation température–prix à consommation donnée

Prix (en cents par cornet)	Consommation de crème glacée (en litres par jour)			
	–1 °C	**10 °C**	**21 °C**	**32 °C**
15	12	18	25	50
30	10	12	18	37
45	7	10	13	27
60	5	7	10	20
75	3	5	7	14
90	2	3	5	10
105	1	2	3	6

La quantité consommée de crème glacée dépend du prix et de la température. Le tableau à gauche contient des chiffres hypothétiques qui indiquent combien de litres de crème glacée sont consommés quotidiennement selon le prix et la température. Par exemple, si le prix de la crème glacée est de 45 ¢ et que la température est de 10 °C, la quantité consommée est de 10 L par jour. Pour représenter graphiquement la relation entre trois variables, il faut garder constante la valeur d'une des variables.

Le graphique (a) représente la relation entre le prix et la consommation de crème glacée lorsque la température est maintenue constante. Dans un cas, on suppose une température de 32 °C et dans l'autre une température de 21 °C.

Le graphique (b) montre la relation entre la température et la consommation de crème glacée, le prix de la crème glacée étant maintenu constant. Dans un cas, on suppose un prix constant de 30 ¢ et dans l'autre un prix de 15 ¢.

Le graphique (c) illustre la relation entre la température et le prix de la crème glacée, la consommation étant maintenue constante. Dans un cas, on suppose une consommation de 10 L et dans l'autre une consommation de 7 L.

qui ont servi à tracer cette courbe ont été tirés de la troisième colonne du tableau appartenant à la figure 2.14. Quant à la courbe étiquetée *32 °C*, elle indique la consommation de crème glacée lorsque le prix varie et que la température est maintenue à 32 °C.

Nous pouvons aussi examiner la relation entre la consommation de crème glacée et la température lorsque le prix de la crème glacée est maintenu constant. C'est ce qu'illustre la figure 2.14(b). La courbe étiquetée *30 ¢* montre comment la consommation de crème glacée varie selon la température lorsque le prix de la crème glacée est gardé constant à 30 ¢. La deuxième courbe de la même figure décrit la relation lorsque le prix de la crème glacée est fixe à 15 ¢. La figure 2.14(c) contient les diverses combinaisons de température et de prix qui produisent un niveau donné de consommation de crème glacée. Une première courbe illustre les combinaisons qui aboutissent à une consommation de 10 L par jour, et une deuxième, les combinaisons qui donnent une consommation de 7 L par jour. La consommation de crème glacée peut être la même si le prix est élevé et qu'il fait chaud que si le prix est bas et qu'il fait froid. Par exemple, 7 L seront consommés qu'il fasse -1 °C et que le cornet coûte 45 ¢ ou qu'il fasse 21 °C et que le cornet coûte 75 ¢.

■ Grâce aux connaissances que vous avez acquises sur les graphiques, vous pouvez aller de l'avant dans l'étude de l'économique. Il n'y a pas, dans la suite de ce manuel, de graphiques qui dépassent en complexité ceux que nous avons vus dans le présent chapitre.

RÉSUMÉ

La représentation graphique des données

On utilise principalement deux types de graphiques pour représenter les données économiques : les graphiques de série chronologique et les diagrammes de dispersion. Un graphique de série chronologique exprime la valeur d'une ou de plusieurs variables économiques sur l'axe vertical (axe des ordonnées), et le temps sur l'axe horizontal (axe des abscisses). Bien construit, le graphique de série chronologique révèle clairement le niveau d'une variable, le sens et la vitesse de ses variations. Il révèle également les tendances. Mais les graphiques peuvent aussi être trompeurs, notamment lorsqu'on étire ou comprime les échelles afin d'exagérer ou d'atténuer les variations.

Un diagramme de dispersion montre la valeur d'une variable économique associée à celle d'une autre. Il révèle s'il y a une relation entre deux variables ou non et, dans le cas où il y en a une, il indique la nature de cette relation. (*pp. 29-36*)

Les graphiques utilisés dans les modèles économiques

Dans les modèles économiques, on utilise les graphiques pour illustrer des relations positives et négatives entre variables, des relations ayant un minimum ou un maximum, et l'absence de relation entre variables. Le chapitre offre des exemples de ces divers types de relations dans les figures 2.8 à 2.11. (*pp. 36-40*)

La pente d'une relation

La pente d'une relation est obtenue en calculant la variation de la valeur de la variable inscrite sur l'axe des ordonnées (axe vertical), divisée par la variation de la valeur de la variable inscrite sur l'axe des abscisses (axe horizontal). La pente est donc donnée par le ratio $\Delta y/\Delta x$. La pente d'une ligne droite est constante, tandis que celle d'une courbe est variable. La pente d'une courbe peut être calculée en évaluant soit la pente de la courbe en un point précis, soit la pente le long d'un arc. (*pp. 40-42*)

La représentation graphique de relations entre plus de deux variables

Pour exprimer graphiquement une relation entre plus de deux variables, il faut maintenir constantes les valeurs de toutes les variables sauf deux. Il s'agit de l'hypothèse *ceteris paribus*, qui signifie «toutes choses étant égales par ailleurs». (*pp. 43-44*)

POINTS DE REPÈRE

Mots clés

Figures clés 

QUESTIONS DE RÉVISION

1 À quoi servent les graphiques?

2 Comment appelle-t-on les deux échelles d'un graphique?

3 Qu'est-ce que l'origine d'un graphique?

4 Qu'est-ce que la coordonnée verticale et la coordonnée horizontale? Qu'est-ce que l'abscisse? Qu'est-ce que l'ordonnée?

5 Qu'est-ce qu'un graphique de série chronologique?

6 Énumérez trois éléments qu'un graphique de série chronologique révèle clairement.

7 Qu'est-ce qu'une tendance?

8 Qu'est-ce qu'un diagramme de dispersion?

9 Construisez des graphiques qui illustrent:

a) Deux variables qui varient ensemble dans le même sens.

b) Deux variables qui varient en sens opposé.

c) Une relation entre deux variables ayant un maximum.

d) Une relation entre deux variables ayant un minimum.

10 Dans la question 9, quelle est la relation positive et quelle est la relation négative?

11 Qu'est-ce que la pente d'une relation?

12 Quelles sont les deux façons de calculer la pente d'une courbe?

13 Comment représente-t-on graphiquement des relations entre plus de deux variables?

PROBLÈMES

1 Le taux d'inflation au Canada a évolué comme suit entre 1977 et 1991:

Année	Taux d'inflation
1977	6,2
1978	6,0
1979	10,0
1980	10,6
1981	10,8
1982	8,7
1983	5,0
1984	3,1
1985	2,9
1986	2,5
1987	4,3
1988	3,4
1989	5,0
1990	4,8
1991	5,6

À partir de ces données, construisez un graphique de série chronologique. Utilisez ensuite le graphique pour répondre aux questions suivantes:

a) En quelle année l'inflation a-t-elle été à son sommet?

b) En quelle année l'inflation a-t-elle été à son plus bas?

c) Au cours de quelles années l'inflation a-t-elle augmenté?

d) Au cours de quelles années l'inflation a-t-elle baissé?

e) En quelle année l'inflation a-t-elle monté le plus rapidement? En quelle année a-t-elle baissé le plus rapidement?

f) En quelle année l'inflation a-t-elle évolué le moins rapidement?

g) Quelles ont été les tendances principales de l'inflation?

2 De 1977 à 1991, les taux d'intérêt sur les bons du Trésor du gouvernement canadien ont évolué comme suit:

Année	Taux d'intérêt
1977	7,4
1978	8,6
1979	11,6
1980	12,8
1981	17,8
1982	13,8
1983	9,3
1984	11,1
1985	9,4
1986	9,0
1987	8,2
1988	9,3
1989	12,1
1990	12,8
1991	8,7

À partir de ces données et de celles du problème 1, construisez un diagramme de dispersion qui montre la relation entre l'inflation et le taux d'intérêt. Utilisez ensuite ce diagramme pour déterminer s'il existe une relation entre l'inflation et le taux d'intérêt et si cette relation est positive ou négative.

3 Utilisez l'information suivante pour construire un graphique qui montrera la relation entre x et y:

x	0	1	2	3	4	5	6	7	8
y	0	1	4	9	16	25	36	49	64

Puis répondez aux questions suivantes:

a) La relation entre x et y est-elle positive ou négative?

b) La pente de la relation augmente-t-elle ou diminue-t-elle lorsque la valeur de x augmente?

4 En utilisant les données du problème 3:

a) Calculez la pente de la relation entre x et y quand x est égal à 4.

b) Calculez la pente le long de l'arc lorsque x passe de 3 à 4.

c) Calculez la pente le long de l'arc lorsque x passe de 4 à 5.

d) Calculez la pente le long de l'arc lorsque x passe de 3 à 5.

e) Que remarquez-vous d'intéressant au sujet des réponses (b), (c) et (d), comparées à la réponse (a)?

5 Calculez la pente de la relation entre x et y, dans les deux cas suivants:

a)

x	0	2	4	6	8	10
y	20	16	12	8	4	0

b)

x	0	2	4	6	8	10
y	0	8	16	24	32	40

6 Construisez un graphique montrant la relation entre x et y:

x	0	1	2	3	4	5	6	7	8	9
y	0	2	4	6	8	10	8	6	4	2

a) La pente est-elle positive ou négative lorsque x est inférieur à 5?

b) La pente est-elle positive ou négative lorsque x est supérieur à 5?

c) Quelle est la pente de la relation lorsque x est égal à 5?

d) y est-il à un maximum ou à un minimum lorsque x est égal à 5?

7 Construisez un graphique montrant la relation entre x et y:

x	0	1	2	3	4	5	6	7	8	9	10
y	10	8	6	4	2	0	2	4	6	8	10

a) La pente est-elle négative ou positive lorsque x est inférieur à 5?

b) La pente est-elle positive ou négative lorsque x est supérieur à 5?

c) Quelle est la pente de la relation lorsque x est égal à 5?

d) y est-il à un maximum ou à un minimum lorsque x est égal à 5?

CHAPITRE 3

La production, la spécialisation et l'échange

Objectifs du chapitre :

- Dire en quoi consiste une courbe des possibilités de production.
- Calculer le coût d'opportunité d'un produit ou d'un service.
- Expliquer les coûts de la croissance économique et du progrès technique.
- Définir la notion d'avantage comparatif.
- Comprendre les motifs qui poussent les individus à se spécialiser et les avantages qu'ils retirent de l'échange.
- Expliquer la fonction des droits de propriété et celle de la monnaie.

Faire plus avec moins

NOS GRANDS-PARENTS auraient peine à imaginer la vie que nous menons aujourd'hui. La médecine arrive à guérir des maladies qui autrefois semaient la terreur. Nous habitons en général des maisons plus confortables et plus spacieuses que celles de jadis. Notre alimentation est plus abondante et nous sommes plus grands de génération en génération. Nos parents s'étonnent de la facilité avec laquelle nous utilisons l'ordinateur. Les fours à micro-ondes, les raquettes de tennis en graphite ou les montres à affichage numérique font désormais partie de notre quotidien. Grâce à la croissance économique, notre richesse dépasse celle de nos parents et de nos grands-parents. ■ Pourtant, ni la croissance économique, ni le progrès technique, ni l'aisance qu'ils procurent n'ont éliminé la rareté. Pourquoi donc? Pourquoi devons-nous encore faire face à des contraintes de coûts, malgré notre niveau de vie incroyablement élevé? N'y a-t-il donc rien de gratuit? ■ Nous vivons dans un monde où tout nous parle d'échange et de spécialisation. Chacun de nous choisit au moins une spécialité – comme le droit, un métier de la construction, le journalisme. Les pays, les provinces et même les villes se spécialisent: l'Alberta et la Saskatchewan dans la culture du blé, l'Île-du-Prince-Édouard dans celle de la pomme de terre, les villes d'Oshawa et de Windsor dans la construction automobile, Montréal et Toronto dans la banque et la finance, et Ottawa dans la fabrication de composants électroniques. La spécialisation a atteint un niveau tel que le travail d'un seul agriculteur suffit à nourrir cent personnes. Aujourd'hui, seulement un Canadien sur cinq travaille dans le secteur manufacturier. Plus de la moitié de la population canadienne est employée à la vente en gros ou au détail, dans les banques ou les autres établissements financiers, dans la fonction publique ou dans quelque autre entreprise de service. ■ Mais pourquoi se spécialiser? En quoi profite-t-on de la spécialisation et de l'échange? Comment le système monétaire et le système de la propriété privée facilitent-ils cette spécialisation et élèvent-ils le niveau de production?

■ Dans le présent chapitre, nous apporterons une première réponse à ces questions, en précisant la notion de rareté et en montrant comment se calcule le coût d'opportunité. Nous verrons que la spécialisation et l'échange naissent des efforts que chacun déploie pour utiliser au mieux les ressources rares: chacun se spécialise dans le domaine où il excelle et où il échange ses produits avec d'autres spécialistes. Enfin, nous verrons en quoi certaines conventions sociales, comme la monnaie et la propriété privée, nous permettent d'utiliser au mieux nos ressources limitées.

La courbe des possibilités de production

Qu'est-ce que la **production**? C'est la transformation de la *terre*, du *travail* et du *capital* en biens et en services. Dans le premier chapitre, nous avons défini les facteurs de production que sont la terre, le travail et le capital. Rappelons brièvement ces notions.

La *terre* englobe tous les dons de la nature, comme l'air, l'eau, la croûte terrestre et les minéraux qu'elle contient. Le *travail* désigne l'activité intellectuelle ou manuelle des êtres humains. Entrent dans cette catégorie la voix du chanteur, la force de l'athlète et son sens de la coordination, l'audace de l'astronaute, l'habileté politique du diplomate. On parle aussi de travail au sujet de ces millions d'hommes et de femmes qui appliquent leurs aptitudes physiques et intellectuelles à la fabrication de produits de toutes sortes : automobiles, boissons gazeuses, colle, papiers peints, arrosoirs, etc. Le *capital* est l'ensemble des biens qu'on produit et qui peuvent servir à la production d'autres biens ou services. Ainsi entendu, le capital comprend, par exemple, l'autoroute Transcanadienne, le Stade olympique de Montréal, les barrages et autres aménagements hydro-électriques, les aéroports et les avions, les chaînes de montage automobile, les manufactures de chemises ou de biscuits. On parle, en particulier, de **capital humain** pour désigner l'ensemble des connaissances et des savoir-faire que les êtres humains ont accumulés à partir de l'instruction et de la formation qu'ils ont reçues.

Les **biens et services** représentent tout ce qu'une population produit. Les *biens* sont d'ordre matériel : une automobile, une cuillère, un magnétoscope ou un pain. Les *services*, au contraire, sont immatériels, en ce sens qu'ils ne constituent pas des objets physiques : une coupe de cheveux, un tour de manège, un appel téléphonique sont des services.

On distingue deux types de biens : les biens de production et les biens de consommation. Les **biens de production** ne sont pas désirés pour eux-mêmes, mais sont utiles indirectement parce qu'ils concourent à la production d'autres biens ou services ; les matières premières et les biens d'équipement (ou biens capitaux) sont des biens de production. Les **biens de consommation**, comme les aliments et les vêtements, sont ceux qui contribuent directement à notre satisfaction. La nature d'un bien peut varier suivant le point de vue qu'on adopte ; par exemple, une automobile peut être un bien de production pour un chauffeur de taxi et un bien de consommation durable pour un ménage. Dans certains contextes, il sera utile de considérer les biens de consommation durables comme des biens capitaux : en effet, comme les biens d'équipement en général, ces biens fournissent un service pendant une période plus ou moins longue et c'est le service en question qui contribue directement à notre satisfaction. Dans ce contexte, on appellera **consommation** le fait d'utiliser des biens et des services.

La somme des biens et services qu'on peut produire est limitée, d'une part, par la rareté des ressources et, d'autre part, par la technologie dont nous disposons pour transformer ces ressources en biens et en services. On mesure ces limitations à l'aide de la **courbe des possibilités de production** (CPP). Celle-ci trace la frontière entre les niveaux de production qu'on peut atteindre et ceux qui demeurent irréalisables. Il est important de bien comprendre les applications concrètes de cette notion. Pour y arriver, nous nous pencherons sur une économie beaucoup plus simple que celle où nous vivons.

Un modèle économique

Plutôt que d'analyser les caractéristiques et les rouages de l'économie réelle, nous concevrons un modèle économique. Ce modèle gardera les caractéristiques nécessaires à la compréhension de la réalité économique, mais il fera abstraction de l'immense complexité de cette réalité. Il simplifiera de trois façons principales la situation réelle :

1 Pour l'instant, nous supposerons que toute chose produite est consommée. Il n'y aura donc ni augmentation ni réduction du stock de capital. (Nous verrons plus loin ce qui se produit lorsque la consommation est inférieure à la production et qu'il y a accroissement de capital.)

2 Dans une économie réelle, on arrive à produire avec des ressources limitées une quantité incalculable de biens et de services ; dans notre modèle, nous ne produirons que deux biens.

3 La population mondiale se chiffre à plus de cinq milliards d'habitants. Dans notre modèle économique, il n'y aura qu'un seul habitant au départ : une femme vivant sur une île déserte, sans contact avec le monde extérieur. Appelons-la Isabelle.

Supposons qu'Isabelle, à partir des ressources de son île, est en mesure de produire deux biens : du maïs et du tissu. Supposons de plus qu'elle n'a aucune réticence à travailler jusqu'à 10 heures par jour, mais qu'elle ne peut dépasser ce nombre d'heures. La quantité de maïs et de tissu qu'elle peut produire dépend du nombre d'heures qu'elle consacre à chacun de ces travaux ; le tableau 3.1 illustre ces possibilités de production pour ce qui est du maïs et du tissu. Quand elle

Tableau 3.1 Les possibilités de production d'Isabelle

Durée du travail (en heures par jour)	Récolte de maïs (en kilogrammes par mois)		Fabrication de tissu (en mètres par mois)
0	0	ou	0
2	6	ou	1
4	11	ou	2
6	15	ou	3
8	18	ou	4
10	20	ou	5

Si elle ne travaille pas, Isabelle ne produira ni maïs ni tissu. Si elle travaille 2 heures par jour à la culture du maïs, elle récoltera 6 kg de maïs par mois. Si elle met le même temps à la fabrication de tissu, elle en produira 1 m mais ne récoltera pas de maïs. Les quatre dernières lignes du tableau montrent les quantités de maïs et de tissu qu'Isabelle peut produire mensuellement en travaillant chaque jour plus longtemps.

ne travaille pas, Isabelle ne produit rien. Moyennant 2 heures de travail par jour, elle récolte 6 kg de maïs par mois. Plus elle y consacre d'heures, plus sa production augmente. On voit cependant diminuer la quantité de maïs que produit chaque heure supplémentaire. Cette baisse de productivité s'explique par le fait qu'Isabelle doit utiliser un sol de moins en moins propice à la culture du maïs : au départ, elle ensemençait une terre fertile et plane ; mais, une fois la surface arable exploitée, elle doit se contenter de collines rocailleuses. La deuxième colonne du tableau 3.1 montre la relation entre la récolte de maïs et les heures consacrées à cette culture.

Pour fabriquer du tissu, Isabelle tond la laine des moutons qui vivent sur l'île. Dans cette activité, toutes les heures de travail d'Isabelle sont également productives : sa production de tissu augmente proportionnellement au nombre d'heures qu'elle passe à tondre et à tisser.

En consacrant tout son temps à la culture du maïs, Isabelle arrive à en produire 20 kg par mois ; mais elle ne produit alors aucun tissu. Inversement, si elle passe tout son temps à la fabrication de tissu, elle en produit 5 m par mois mais n'a plus de temps pour cultiver le maïs. Elle peut aussi partager son temps entre les deux activités, sans toutefois dépasser un total de 10 heures par jour : par exemple 2 heures au maïs et 8 heures au tissu, ou 6 heures à l'un et 4 à l'autre, ou toute autre combinaison qui n'excède pas 10 heures.

Nous avons déjà défini la courbe des possibilités de production comme la limite entre les niveaux de production réalisables et les niveaux non réalisables. À partir des données du tableau 3.1, vous pouvez calculer la courbe des possibilités de production d'Isabelle. À la figure 3.1, le tableau résume ce calcul, tandis que le graphique trace la courbe des possibilités de production. Pour comprendre le graphique, il faut d'abord observer le tableau.

Dans le cas *a*, Isabelle ne s'adonne aucunement à la fabrication de tissu et cultive le maïs 10 heures par jour ; elle produit ainsi 20 kg de maïs par mois, mais pas un seul centimètre de tissu. Dans le cas *b*, elle consacre 2 heures par jour à la fabrication de tissu et 8 heures à la culture du maïs ; au total elle produit mensuellement 18 kg de maïs et 1 m de tissu. On continue ainsi jusqu'au cas *f*, où Isabelle passe chaque jour tout son temps à la fabrication de tissu. Nous avons tracé à partir de ces chiffres la courbe du graphique. Les mètres de tissu apparaissent sur l'axe horizontal, et les kilogrammes de maïs sur l'axe vertical. Les points *a*, *b*, *c*, *d*, *e* et *f* représentent les nombres inscrits sur les lignes correspondantes du tableau.

En fait, Isabelle ne découpe pas forcément son temps en tranches de deux heures. Elle peut, par exemple, s'occuper du maïs pendant 1 heure et 10 minutes et consacrer au tissu le reste de ses heures ouvrables. Les différentes façons dont elle peut aménager ses 10 heures de travail donneront une série de possibilités de production, représentée ici par la ligne qui joint entre eux les points *a*, *b*, *c*, *d*, *e* et *f*. C'est cette ligne qui constitue la courbe des possibilités de production d'Isabelle. La quantité de biens que cette dernière peut produire se situe toujours en un point de la courbe ou à l'intérieur de celle-ci. Tous ces points correspondent à des niveaux de production réalisables. Par contre, tout point situé à l'extérieur de la courbe indique un niveau irréalisable. Pour augmenter sa production, Isabelle serait forcée de dépasser ses 10 heures quotidiennes de travail. Si elle travaille 10 heures par jour à produire du tissu et du maïs, elle peut choisir n'importe quel point de la courbe. Si elle travaille moins de 10 heures par jour, son niveau de production se situe à l'intérieur de la courbe.

La meilleure production possible se situe sur la courbe

Isabelle ne produit pas le maïs et le tissu pour son seul plaisir, mais bien pour se nourrir et se vêtir. Plus elle produit, plus elle peut consommer. Pour l'un et l'autre produit, elle préfère naturellement atteindre un haut niveau de consommation. Elle ne peut toutefois faire mieux que régler sa production (et sa consommation) sur l'un des points situés *sur* la courbe des possibilités de production. Voici pourquoi. Considérez un point *z*, situé à l'intérieur de la zone réalisable. Si sa production

Figure 3.1 La courbe des possibilités de production d'Isabelle

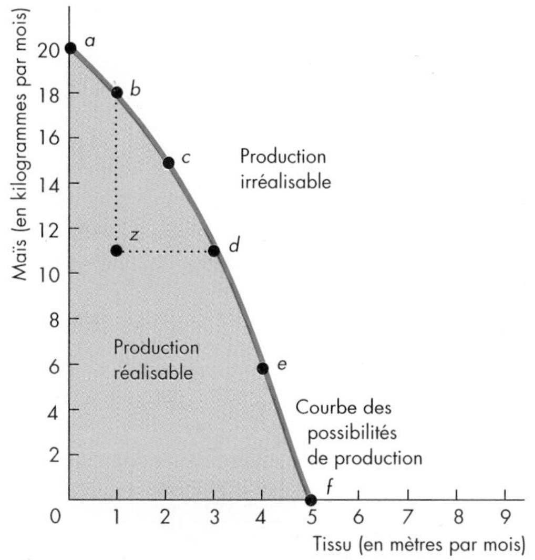

Possibilités	Maïs (en kilogrammes par mois)		Tissu (en mètres par mois)
a	20	et	0
b	18	et	1
c	15	et	2
d	11	et	3
e	6	et	4
f	0	et	5

Le tableau présente six points situés sur la courbe des possibilités de production d'Isabelle. On retrouve sur le graphique les six mêmes points *a, b, c, d, e* et *f*. La ligne qui passe par ces points est la courbe des possibilités de production d'Isabelle; cette courbe sépare les niveaux de production réalisables et ceux qui ne le sont pas. La portion orangée du graphique renferme tous les points où la production est possible: Isabelle peut produire en n'importe quel point situé à l'intérieur de la courbe ou sur la courbe même. Les points situés à l'extérieur de la courbe indiquent, au contraire, un niveau de production irréalisable. Isabelle préfère les points situés sur la courbe à ceux qui sont à l'intérieur de celle-ci. Les points situés entre *b* et *d* (sur la courbe) sont plus avantageux pour elle que le point z (situé à l'intérieur de la courbe), car en ces points elle obtient une plus grande quantité des deux biens.

est au point *z*, Isabelle peut améliorer son rendement en atteignant *b* ou *d* ou n'importe quel point entre *b* et *d*: le point *c*, par exemple. Elle disposera de plus de biens si sa production atteint un point situé sur la courbe plutôt qu'à l'intérieur de celle-ci. En *b*, elle a plus de maïs qu'en *z* et autant de tissu. Inversement, en *d* elle dispose de plus de tissu qu'en *z* et consomme autant de maïs. Enfin, au point *c*, elle peut à la fois consommer plus de maïs qu'en *z* et disposer de plus de tissu. Isabelle ne choisira jamais un point comme *z*, puisque d'autres – comme *b*, *c* et *d* – sont plus avantageux. Autrement dit, un point situé *sur* la courbe correspond toujours à une plus grande production qu'un point situé *à l'intérieur de* la courbe.

Nous avons vu qu'Isabelle entend choisir une production en un certain point de sa courbe de possibilités; mais elle ne sait toujours pas lequel est le plus avantageux. Dans son choix, elle se heurte au problème des coûts d'opportunité. En *c*, par exemple, elle obtiendra moins de tissu qu'en *d*, mais plus de maïs. Si elle opte pour *d*, c'est qu'elle préfère un supplément de tissu à un supplément de maïs. Explorons maintenant la notion de coût d'opportunité et tentons de calculer ce dernier.

Le coût d'opportunité

Le coût d'opportunité représente ce à quoi l'on doit renoncer lorsqu'on fait un choix. Aux yeux d'un dormeur impénitent, le coût d'opportunité d'un cours matinal représente une heure perdue pour le sommeil; aux yeux d'un joggeur, c'est une heure perdue pour l'exercice. La courbe de possibilités de production de la figure 3.1 va nous aider à préciser la notion de coût d'opportunité. Que révèle cette courbe?

L'avantage auquel on renonce

La courbe des possibilités de production qu'illustre la figure 3.1 indique la limite qui, en matière de production mixte maïs-tissu, sépare les combinaisons possibles et les combinaisons impossibles. Puisqu'il n'existe que deux biens, le choix n'est pas difficile. En cultivant plus de maïs, Isabelle produira moins de tissu; en produisant moins de tissu, elle récoltera plus de maïs. Le coût

Figure 3.2 Le coût d'opportunité du tissu pour Isabelle

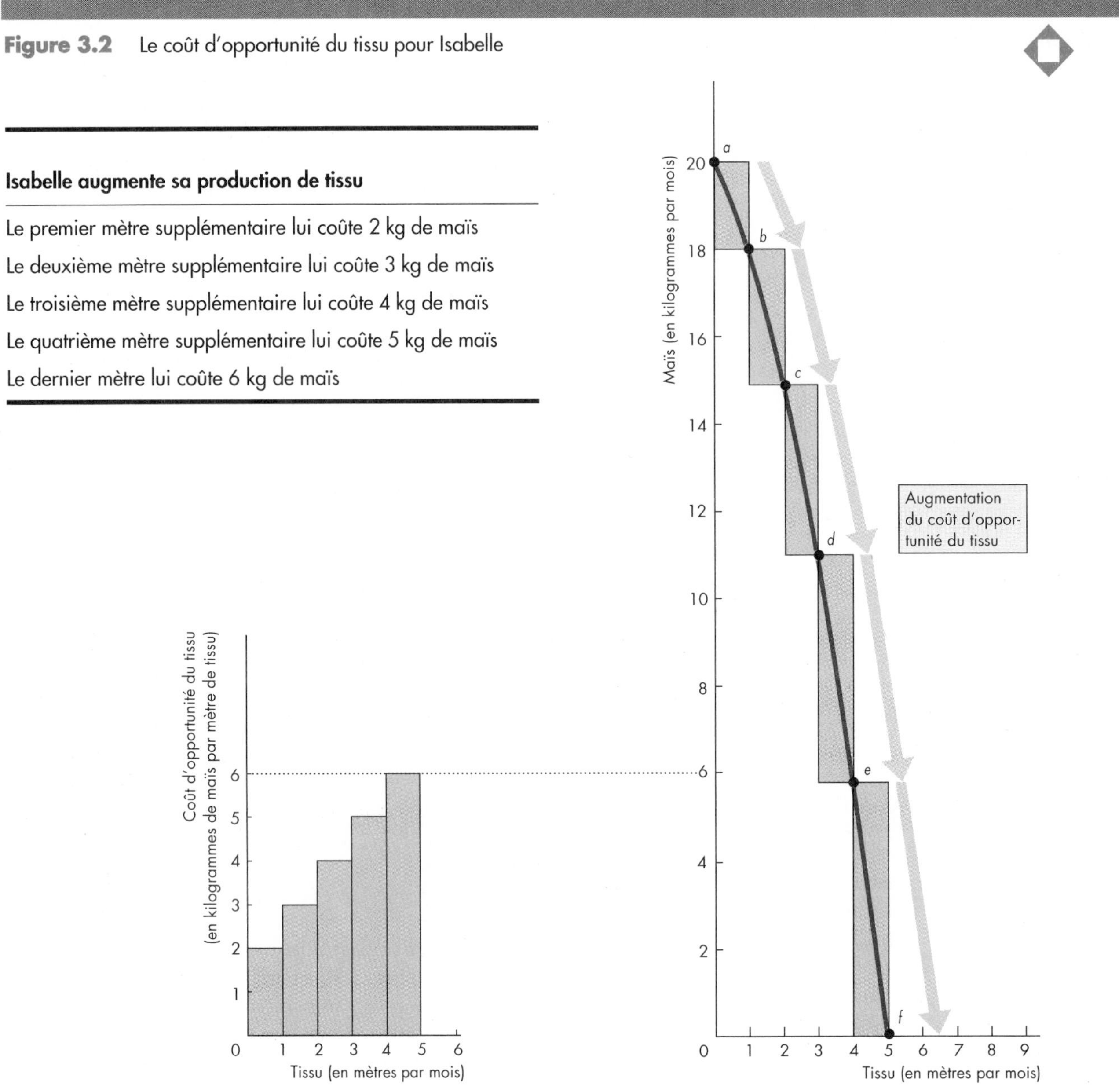

Isabelle augmente sa production de tissu
Le premier mètre supplémentaire lui coûte 2 kg de maïs
Le deuxième mètre supplémentaire lui coûte 3 kg de maïs
Le troisième mètre supplémentaire lui coûte 4 kg de maïs
Le quatrième mètre supplémentaire lui coûte 5 kg de maïs
Le dernier mètre lui coûte 6 kg de maïs

(a) Coût d'opportunité du tissu

(b) Évolution du coût d'opportunité le long de la CPP

Le tableau montre l'évolution du coût d'opportunité du tissu pour Isabelle. Le premier mètre qu'elle produit lui coûte 2 kg de maïs; le deuxième mètre lui coûte 3 kg de maïs, et ainsi de suite. Le coût d'opportunité du tissu augmente avec la production de tissu. Le dernier mètre de tissu produit lui coûte 6 kg de maïs. Le graphique (a) illustre l'augmentation du coût d'opportunité du tissu. Le graphique (b) illustre cette augmentation en la situant sur la courbe des possibilités de production (CPP) d'Isabelle. La courbe est concave par rapport à l'origine.

d'opportunité de la production d'un mètre additionnel de tissu est la quantité de maïs à laquelle Isabelle doit renoncer; de même, le coût d'opportunité de la production d'un kilogramme supplémentaire de maïs est la quantité de tissu qu'elle doit sacrifier. Essayons maintenant de chiffrer ces coûts d'opportunité.

Le calcul du coût d'opportunité

Nous allons calculer ces coûts d'opportunité à l'aide de la courbe des possibilités de production d'Isabelle. Déterminons d'abord la quantité de tissu à laquelle notre insulaire doit renoncer pour obtenir un supplément de maïs, ainsi que la quantité de maïs qu'elle doit sacrifier pour produire plus de tissu.

Quand elle consacre tout son temps à la culture du maïs, Isabelle en récolte 20 kg et ne produit aucun tissu. Si elle décide de produire 1 m de tissu, à quelle quantité de maïs devra-t-elle renoncer ? Vous trouverez la réponse dans le graphique (b) de la figure 3.2 : pour produire 1 m de tissu, Isabelle passe du point *a* au point *b* et sacrifie 2 kg de maïs ; le coût d'opportunité du premier mètre de tissu est donc de 2 kg de maïs. Si Isabelle décide de produire un autre mètre de tissu, de quelle quantité de maïs se privera-t-elle ? La réponse se trouve également à la figure 3.2 : cette fois, Isabelle quitte le point *b* pour le point *c* ; elle doit renoncer à 3 kg de maïs pour produire son deuxième mètre de tissu.

Dans la figure 3.2, le tableau situé en haut à gauche illustre le calcul du coût d'opportunité. Les deux premières lignes du tableau rappellent les coûts d'opportunité que nous venons de calculer. Le tableau présente également les coûts d'opportunité du déplacement entre les points *c* et *d*, *d* et *e*, *e* et *f* – tous situés sur la courbe des possibilités de production que nous avons vue dans la figure 3.1. Pour bien comprendre ce qui se passe, calculez vous-même le coût d'opportunité associé au déplacement de *e* à *f*.

L'augmentation du coût d'opportunité

Comme vous pouvez le constater, le coût d'opportunité varie en fonction de la production. Le premier mètre de tissu coûte 2 kg de maïs, le deuxième mètre coûte 3 kg de maïs, et le dernier mètre 6 kg de maïs. Autrement dit, le coût d'opportunité du tissu augmente de pair avec la production de tissu. Le graphique (a) de la figure 3.2 illustre ce phénomène.

La forme de la courbe

Examinez attentivement, dans la figure 3.1, la courbe des possibilités de production. Quand Isabelle produit beaucoup de maïs et peu de tissu (soit entre les points *a* et *b*), la pente de la courbe est légère. En revanche, lorsqu'Isabelle produit beaucoup de tissu et peu de maïs (soit entre les points *e* et *f*), la pente devient abrupte. L'ensemble de la courbe est arqué vers l'extérieur : elle est concave par rapport à l'origine. Ces caractéristiques reflètent l'augmentation du coût d'opportunité. On voit clairement apparaître, dans la figure 3.2(b), la relation entre l'accroissement du coût d'opportunité et la forme de la courbe des possibilités de production. Du point *a* au point *b*, il suffit de sacrifier un peu de maïs pour obtenir 1 m de tissu : le coût d'opportunité du tissu est bas. Du point *e* au point *f*, il faut sacrifier une grande quantité de maïs pour produire un mètre additionnel de tissu : dans cette zone, le coût d'opportunité du tissu est élevé.

Le principe du coût d'opportunité croissant

Nous venons de calculer le coût d'opportunité du tissu. Mais qu'en est-il de celui du maïs ? Augmente-t-il, lui aussi, parallèlement à la production ? La figure 3.2 répond à la question. En renonçant à 1 m de tissu pour produire plus de maïs, Isabelle passe du point *f* au point *e* et produit 6 kg de maïs. Par conséquent, le coût d'opportunité des six premiers kilogrammes de maïs est de 1 m de tissu. En vous déplaçant du point *e* au point *d*, vous constaterez que les cinq kilogrammes de maïs qui suivent coûtent 1 m de tissu. Il est donc vrai que le coût d'opportunité du maïs s'élève, lui aussi, au fur et à mesure que s'accroît la production.

L'accroissement du coût d'opportunité, qui correspond à la concavité de la courbe des possibilités de production, vient de ce que les ressources rares ne se prêtent pas également bien à toutes les activités. Par exemple, certaines terres de l'île d'Isabelle sont très fertiles, alors que d'autres sont rocailleuses et arides. En revanche, les moutons domestiqués préfèrent vivre sur ces terres pauvres.

Isabelle sème le maïs dans les terres fertiles, tandis qu'elle tond les moutons domestiqués qui paissent dans les régions arides. Elle n'essaie de cultiver ces dernières que si elle souhaite accroître sa production de maïs. Quand elle passe tout son temps à cultiver le maïs, il lui faut ensemencer des terres à faible rendement, peu propices à cette culture. En consacrant quelques heures à la fabrication de tissu et en réduisant d'autant les périodes réservées au maïs, elle ralentit légèrement la production du maïs et augmente considérablement celle du tissu. À l'inverse, si elle passe tout son temps à produire du tissu, un faible ralentissement de la tonte de laine fera monter en flèche la production de maïs.

Les possibilités de production dans l'économie réelle

Certes, l'île d'Isabelle n'a rien de commun avec le monde où nous vivons. Mais il s'en dégage une leçon fondamentale, applicable à nos sociétés actuelles. Dans toute société, en effet, il y a un nombre limité de producteurs, possédant un capital humain bien défini et disposant d'un temps limité pour produire des biens et des services. De même, les ressources naturelles et le capital sont disponibles en quantités limitées. Tout cela impose une limite à la production des biens et des services – une frontière entre les niveaux de production réalisables et ceux qui demeurent inaccessibles. C'est cette limite que représenterait la courbe des possibilités de production de l'économie mondiale. Lorsqu'on augmente la production d'un bien, on doit réduire celle d'un ou de plusieurs autres biens.

Prenons comme exemple le gouvernement fédéral. S'il veut développer un réseau de garderies à travers le pays, il devra réduire ses dépenses dans d'autres domaines, ou alourdir les impôts, ou augmenter ses emprunts. L'accroissement du fardeau fiscal ou de la dette publique forcera certains contribuables à sacrifier une partie de leurs vacances ou à acheter moins de biens ou de services ; pour jouir de meilleurs services de garderie, ils devront renoncer à quelque autre chose. Sur un plan plus modeste, la location d'une cassette vidéo à même un revenu limité supposera, par exemple, que vous renonciez à l'achat d'une pizza, d'une revue ou de telle autre chose dont vous avez envie : une cassette vidéo en plus, c'est quelque chose en moins.

Nous avons vu que, sur l'île d'Isabelle, le coût d'opportunité d'un bien s'accroissait avec la production de ce bien. Il en va de même dans le monde réel : les coûts d'opportunité y augmentent, et pour les mêmes raisons. Songez, par exemple, à deux choses essentielles à notre bien-être : la nourriture et les soins de santé. Pour produire la nourriture avec des ressources limitées, on a recours aux terres les plus fertiles et aux fermiers les plus compétents ; pour dispenser les soins de santé, on fait appel aux meilleurs médecins et l'on construit les hôpitaux sur les terres les moins fertiles. Déplacer les fermiers de leurs bonnes terres et les inviter à se faire infirmiers, ce serait réduire radicalement la production agricole, sans hausser vraiment la production des soins de santé ; on verrait s'élever rapidement le coût d'opportunité de ces soins. Si, à l'inverse, on affectait à l'agriculture les ressources humaines et matérielles destinées aux soins de santé, il s'ensuivrait une grave diminution des soins de santé, parallèlement à une légère hausse de la production agricole. On verrait alors augmenter le coût d'opportunité de cette dernière.

Il s'agit certes là d'un exemple caricatural. Toutefois, les mêmes principes s'appliquent à tous les choix qu'on peut imaginer en économie : entre les fusils et le beurre, entre des refuges pour sans-abri et l'entretien du système routier, entre des émissions de télévision et l'approvisionnement en céréales. On ne peut éluder ni le phénomène de la rareté ni l'existence des coûts d'opportunité. Lorsqu'on veut obtenir en plus grande quantité tel bien ou tel service, on doit se contenter d'une moindre quantité d'un autre bien ou d'un autre service. Et plus on produit d'un bien ou d'un service, plus son coût d'opportunité s'élève.

À RETENIR

La courbe des possibilités de production représente la limite entre ce qui est réalisable et ce qui ne l'est pas. Il existe toujours, sur cette courbe, un point plus avantageux que tous les points situés à l'intérieur. Lorsqu'on passe d'un point à un autre sur la courbe, on sacrifie une quantité donnée d'un bien ou d'un service, pour obtenir une quantité accrue d'un autre bien ou d'un autre service. La courbe est concave par rapport à l'origine, ce qui indique que plus on augmente la production d'un bien, plus le coût d'opportunité de ce bien sera élevé.

■ ■ ■

L'évolution des possibilités de production

Bien sûr, la courbe des possibilités de production marque la limite entre le réalisable et le non-réalisable. Mais cette limite, loin d'être fixe, évolue constamment. Tantôt la courbe se déplace vers l'intérieur, par suite d'une réduction des possibilités de production ; en agriculture, le cas survient lors d'une sécheresse ou dans des conditions climatiques extrêmes. Tantôt la courbe se déplace vers l'extérieur : c'est, par exemple, quand le temps est propice aux récoltes ou qu'on applique de nouvelles méthodes de culture. On découvre ainsi parfois, pour l'exécution d'un travail, un moyen d'une efficacité jamais vue auparavant : cela a pour effet d'accroître nos possibilités de production et, par conséquent, de déplacer la courbe vers l'extérieur.

Nos possibilités de production ont connu, au fil des ans, un développement considérable. Leur expansion soutenue s'appelle **croissance économique.** Grâce à elle, nous pouvons produire énormément plus qu'il y a un siècle – et même plus qu'il y a une décennie. Et, si l'économie maintient ce rythme de croissance, nos possibilités de production seront encore plus grandes à la fin du siècle. Cela signifie-t-il que nous pourrons surmonter le problème de la rareté ?

Les coûts de la croissance

Ainsi donc, avec le temps, on arrive à déplacer vers l'extérieur la courbe des possibilités de production. Mais on ne peut accélérer le rythme de croissance sans en payer le prix. Plus la croissance est rapide, plus il faut se serrer la ceinture en ce qui concerne la consommation immédiate des biens produits. Pour mieux comprendre les coûts de la croissance économique, cherchons d'abord à élucider les facteurs qui permettent cette croissance.

Les deux moteurs de la croissance économique sont l'accumulation de capital et le progrès technique. Par **accumulation de capital**, on entend l'augmentation des quantités de biens d'équipement à notre disposition, c'est-à-dire l'augmentation des stocks de moyens de production. Le **progrès technique** consiste à mettre au point de nouvelles méthodes, plus efficaces, pour la production des biens et services. Grâce à l'accumulation de capital et au progrès technique, nous disposons, par exemple, d'un énorme stock d'automobiles et d'avions. Nous pouvons ainsi effectuer des déplacements qui auraient été impensables à l'époque où le cheval et la voiture étaient les seuls moyens de transport. De même, en remplaçant les câbles par les satellites, nous avons décuplé l'efficacité des communications transcontinentales. Toutefois, l'accumulation de capital et la mise au point de nouvelles techniques sont coûteuses. Pourquoi? Nous le comprendrons mieux si nous revenons à l'économie de la petite île d'Isabelle.

L'accumulation de capital et le progrès technique

Par la figure 3.1, nous savons qu'Isabelle, si elle consacre chaque jour 10 heures de travail à la production de maïs et de tissu, atteint un point donné sur la courbe des possibilités de production. Si sa production correspond à un point de la courbe, il ne lui reste pas de temps pour fabriquer des outils et de l'équipement utiles à la récolte de maïs ou à la confection de tissu. L'an prochain, ses possibilités de production seront les mêmes que cette année: elle ne disposera ni d'un capital accru, ni de techniques améliorées. Pour accroître sa production des années à venir, elle devra accepter de produire cette année moins de maïs et de tissu: elle devra affecter une part de ses ressources soit à la confection d'outils, soit à la mise au point de nouvelles techniques de culture ou de tissage. Le coût d'opportunité de l'accroissement de la production à venir se traduit par une diminution de la consommation immédiate.

La figure 3.3 nous en fournit un exemple plus concret. Le tableau montre les possibilités d'Isabelle, non seulement dans la production de maïs et de tissu, mais aussi dans la confection d'outils. Si notre insulaire consacre tout son temps au maïs et au tissu (ligne *e*), elle ne produit aucun outil. Si elle prend le temps de produire un outil par mois (ligne *d*), elle ne réalise que 90 % de sa capacité de production en maïs et en tissu. En consacrant encore plus de temps à la fabrication d'outils, elle voit décliner de façon encore plus marquée sa production de maïs et de tissu.

Nous donnons, dans la même figure 3.3, une représentation graphique de ce tableau. Chaque point, de *a* à *e*, correspond à une ligne du tableau. Les figures 3.1 et 3.3 présentent d'ailleurs plusieurs similitudes. Chacune de ces figures illustre une courbe de possibilités de production. À la figure 3.3, il s'agit de la limite entre la production d'outils et la production de biens de consommation courante (maïs et tissu). Quand Isabelle se situe au point *e* de la figure 3.3, c'est

Figure 3.3 Les possibilités de production d'Isabelle pour les biens d'équipement et les biens de consommation

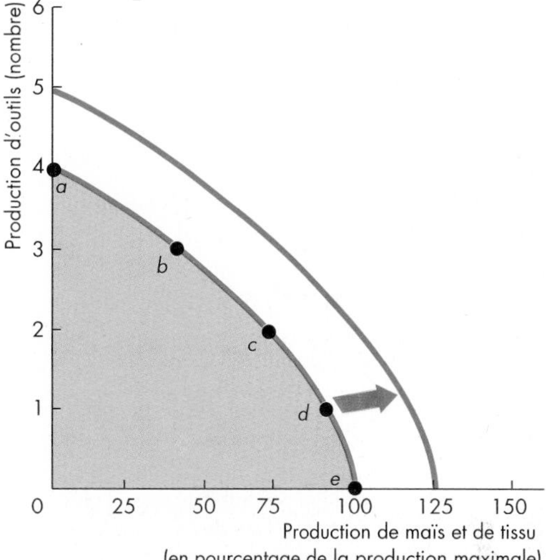

Possibilités	Production d'outils (nombre)	Production de maïs et de tissu (en pourcentage)
a	4	0
b	3	40
c	2	70
d	1	90
e	0	100

Quand elle consacre tout son temps à la production de maïs et de tissu, Isabelle ne peut pas fabriquer d'outils (ligne *e* du tableau). Toutefois, au fur et à mesure qu'elle consacre plus de temps à la fabrication d'outils, sa production de maïs et de tissu décline. Si elle passe tout son temps à la fabrication d'outils (possibilité *a*), elle produit quatre outils, mais ne produit ni maïs ni tissu. Dans le graphique ci-dessus, la courbe *abcde* représente les possibilités de production d'Isabelle en matière d'outils, par rapport à ses possibilités de production de biens de consommation (maïs et tissu). Quand la production se situe au point *e* (aucune fabrication d'outils), la courbe des possibilités demeure stationnaire en *abcde*. Si Isabelle diminue sa production de maïs et de tissu pour fabriquer un outil (point *d*), sa courbe des possibilités de production se déplacera ultérieurement vers l'extérieur, comme le montre le graphique. Plus Isabelle augmente sa production d'outils et diminue celle de maïs et de tissu, plus la courbe des possibilités se déplacera vers l'extérieur. L'augmentation des possibilités de production pour l'avenir a un coût d'opportunité: c'est la baisse de la production actuelle de maïs et de tissu.

Figure 3.4 La croissance économique du Canada et du Japon

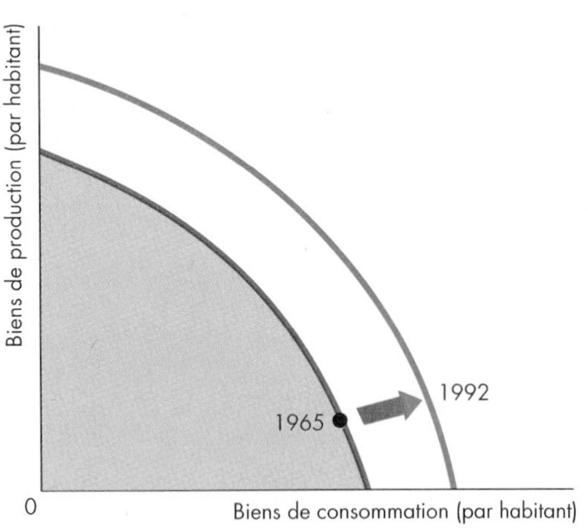

(a) Canada

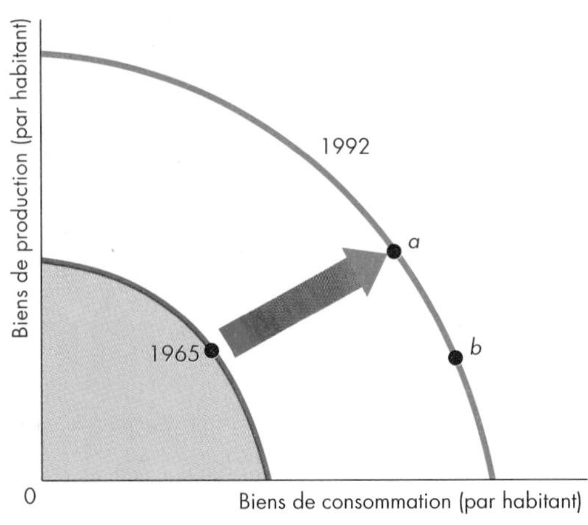

(b) Japon

En 1965, les possibilités de production par habitant étaient plus élevées au Canada (graphique a) qu'au Japon (graphique b). Mais le Japon affectait un tiers de ses ressources à la production de biens d'équipement, tandis que le Canada n'y consacrait qu'un cinquième des siennes. L'augmentation plus rapide des biens d'équipement japonais a eu pour conséquence de déplacer plus rapidement pour le Japon que pour le Canada la courbe des possibilités de production. Donc la courbe du Japon aura rejoint celle du Canada. S'il se situe au point *a* de sa courbe de 1992, le Japon continuera de croître plus vite que le Canada. S'il augmente sa consommation et amène au point *b* sa production de biens de consommation, sa croissance économique ralentira au contraire, jusqu'à rejoindre celle du Canada.

qu'elle ne produit aucun outil; sa production est alors la même qu'à la figure 3.1. Si elle se déplace au point *d*, c'est qu'elle produit un outil par mois. Mais, pour y arriver, elle doit réduire de 10 % sa production de maïs et de tissu; celle-ci plafonne alors à 90 % du niveau normalement atteint pour la même quantité de travail.

En réduisant sa production de maïs et de tissu pour fabriquer des outils, Isabelle accroît ses moyens de production. Elle élargit son stock d'outils, qu'elle peut mettre à profit pour améliorer à l'avenir sa production de maïs et de tissu. Elle peut même se servir de ces outils pour en fabriquer d'autres, de qualité supérieure. On voit alors la courbe de ses possibilités de production se déplacer vers l'extérieur: Isabelle est en pleine croissance économique. Mais l'ampleur de cette évolution dépend du temps consacré à la fabrication d'outils: faute de cela, la courbe reste dans la position *abcde*, qui correspond aux possibilités de production initiales. S'il y a fléchissement de la production de maïs et de tissu au bénéfice de la fabrication d'un outil (point *d*), la courbe se déplace comme l'indique le graphique. Moins Isabelle consacre de temps à la production de maïs et de tissu pour s'adonner à la fabrication d'outils, plus la courbe se déplace vers l'extérieur. Cependant, cette croissance économique n'est pas un effet du hasard: pour la susciter, Isabelle doit fabriquer plus d'outils et renoncer à une partie du maïs et du tissu qu'elle produisait jusque-là. La croissance économique n'abolit pas comme par magie toutes les pénuries du monde!

Retour à la réalité

Les principes que nous avons discernés dans notre exploration de l'île d'Isabelle s'appliquent également à nos sociétés. Si nous employons toutes nos ressources à produire la nourriture, le vêtement, le logement, le loisir et tous les autres biens de consommation, sans en affecter aucune à la recherche, au développement ou à l'accumulation de capital, nous ne préparons pour l'avenir aucun capital nouveau ni aucune amélioration technique; nos moyens de production resteront ce qu'ils sont aujourd'hui. Pour accroître notre potentiel de production, il nous faut freiner la production de biens de consommation immédiate. Les énergies et les ressources que nous dégageons aujourd'hui nous permettront d'accumuler du capital et de concevoir pour demain de nouvelles techniques de production des biens de consommation. En d'autres termes, le coût d'opportunité de la croissance économique est lié à la nécessité de réduire la production des biens de consommation immédiate.

L'expérience récente du Japon et du Canada illustre de façon frappante les conséquences de nos choix sur le rythme de la croissance économique. En 1965, la capacité de production par habitant était, au Canada, largement supérieure à celle du Japon, comme le rappelle la figure 3.4. Le Canada consacrait alors un cinquième de ses ressources à la production de biens d'équipement et les quatre cinquièmes à la production de biens de consommation. Dans le même temps, le Japon affectait un tiers de ses ressources à la production de biens d'équipement et seulement deux tiers à la production de biens de consommation. Or la croissance économique qui a suivi a été beaucoup plus rapide au Japon qu'au Canada. Parce qu'il investissait une plus grande part de ses ressources dans la production de biens d'équipement, le Japon a développé plus vite que le Canada son stock de ces biens ; ses possibilités de production ont, par le fait même, connu une expansion plus rapide. Si bien qu'à l'heure actuelle le Japon a pratiquement rejoint le Canada en ce qui concerne les possibilités de production par habitant. S'il continue de consacrer le tiers de ses ressources à la production de biens d'équipement (jusqu'au point *a* qu'on voit sur sa courbe des possibilités de production pour 1992), le Japon va maintenir un rythme de croissance économique beaucoup plus rapide que le Canada ; la courbe de ses possibilités va se déplacer vers l'extérieur, beaucoup plus que la courbe du Canada. Si, au contraire, le Japon augmente sa production de biens de consommation et réduit sa production de biens d'équipement, il passera au point *b* de sa courbe de possibilités pour 1992 ; son rythme de croissance économique ralentira, au risque de rejoindre celui du Canada.

À RETENIR

La croissance économique est la résultante de deux facteurs : l'accumulation du capital et le progrès technique. Pour faire croître l'économie, il faut réduire la production de biens et de services destinés à la consommation immédiate. On peut alors consacrer de plus amples ressources non seulement à l'accumulation de capital, mais aussi à la recherche et au développement. Ceux-ci débouchent à leur tour sur de nouvelles techniques, moteurs de la croissance économique. On voit que la croissance économique ne tombe pas du ciel ; elle se paie. Son coût d'opportunité correspond à une baisse dans la production des biens de consommation immédiate.

■ ■ ■

Les gains à l'échange

Chaque individu producteur de biens ou de services fait face, dans le contexte qui lui est propre, à des coûts d'opportunité particuliers. De là découle la notion d'avantage comparatif. Une personne détient sur une autre un **avantage comparatif** dans la production d'un bien lorsqu'elle est en mesure de produire ce bien à un coût d'opportunité inférieur.

Chacun de nous peut, théoriquement, produire tous les biens qu'il consomme et se suffire ainsi à lui-même. Mais il peut aussi, au contraire, concentrer ses efforts sur la production d'un ou de quelques biens, puis échanger une partie de ceux-ci contre d'autres biens. Cette concentration s'appelle **spécialisation**. Nous allons voir quels avantages obtient le producteur qui se spécialise dans un produit ou dans un service où il possède un avantage comparatif et qui procède ensuite à des échanges avec d'autres producteurs.

L'avantage comparatif

Revenons à notre modèle d'une économie insulaire. Supposons qu'Isabelle découvre, à proximité de son île, une autre île qui ne compte elle aussi qu'un habitant. Appelons celui-ci Jean. Isabelle et Jean disposent chacun d'un petit bateau, qui leur permet de se déplacer d'une île à l'autre et de transporter leurs biens.

Comme l'île d'Isabelle, celle de Jean se prête à la production de maïs et de tissu. Toutefois, les deux îles diffèrent par la nature de leur sol : Isabelle dispose de plusieurs terres propices à la culture du maïs, mais possède une faible population de moutons ; en revanche, l'île de Jean, peu fertile mais vallonnée, compte une forte population de moutons domestiqués. En raison de ces particularités, la courbe des possibilités de production diffère largement d'une île à l'autre. La figure 3.5 montre les deux courbes : la «CPP d'Isabelle» et la «CPP de Jean».

Chacun des deux insulaires peut assurer son propre approvisionnement en maïs et en tissu. On appelle **autarcie** cette situation où chaque individu ne consomme que ce qu'il produit et où il se suffit à lui-même. Supposons donc autarciques les économies respectives d'Isabelle et de Jean. Isabelle décide de produire et de consommer mensuellement 3 m de tissu et 11 kg de maïs ; de son côté, Jean choisit de produire et de consommer chaque mois 2 m de tissu et 7 kg de maïs. Ces choix sont indiqués sur les deux courbes des possibilités de production, qu'on trouve à la figure 3.5. (Notons qu'Isabelle et Jean auraient pu choisir n'importe quel autre point sur ces courbes.) La production totale de maïs et de tissu est la somme des productions d'Isabelle et de Jean, soit chaque mois 18 kg de maïs et 5 m de tissu. Elle est représentée sur le graphique par le point *n*.

L'avantage comparatif d'Isabelle Dans quelle production Isabelle possède-t-elle un avantage comparatif? L'avantage comparatif est, rappelons-le, la situation de quelqu'un qui peut produire un bien à un coût d'opportunité inférieur à celui auquel une autre personne peut le faire. Isabelle détient un avantage comparatif par rapport à Jean, puisqu'elle peut produire l'un de ses biens à un coût d'opportunité inférieur à celui que Jean doit subir. De quel bien s'agit-il: du maïs ou du tissu?

Nous trouvons la réponse dans les courbes des possibilités de production des deux insulaires, à la figure 3.5. Aux points qui représentent leur production et leur consommation respectives, la courbe d'Isabelle a une pente beaucoup plus accentuée que celle de Jean. Pour produire 1 kg de maïs additionnel, Isabelle sacrifie moins de tissu que Jean ne doit en sacrifier. Pour Isabelle, le coût d'opportunité de 1 kg de maïs est moins élevé que pour Jean. Autrement dit, Isabelle détient un avantage comparatif pour la production de maïs.

L'avantage comparatif de Jean En revanche, Jean possède l'avantage comparatif pour la production de tissu. Au niveau de consommation où se situe Jean, sa courbe de possibilités de production a une pente moins abrupte que celle d'Isabelle. Par conséquent, Jean doit sacrifier moins de maïs qu'Isabelle pour produire un mètre additionnel de tissu. Le coût d'opportunité de Jean pour 1 m de tissu est inférieur à celui d'Isabelle. Jean détient donc un avantage comparatif pour cette production.

Tirer profit de l'échange

Serait-il plus profitable pour Isabelle et Jean de fonctionner autrement qu'en autarcie? Que se produirait-il si chacun d'eux se spécialisait dans la production où il détient l'avantage comparatif, pour ensuite échanger avec l'autre une part de son produit?

Isabelle possède un avantage comparatif pour la production de maïs; en consacrant tout son temps à cette culture, elle peut récolter jusqu'à 20 kg par mois. Jean, de son côté, a un avantage comparatif pour la production de tissu; en s'adonnant exclusivement au tissu, il en produit 9 m par mois. Isabelle et lui, en se spécialisant dans leurs productions respectives, produisent 20 kg de maïs et 9 m de tissu par mois. C'est ce que représente le point *s* de la figure 3.5: les 20 kg de maïs proviennent tous de l'île d'Isabelle, et les 9 m de tissu sont produits uniquement sur l'île de Jean. De toute évidence, la production de maïs et de tissu

Figure 3.5 Les gains à l'échange et à la spécialisation

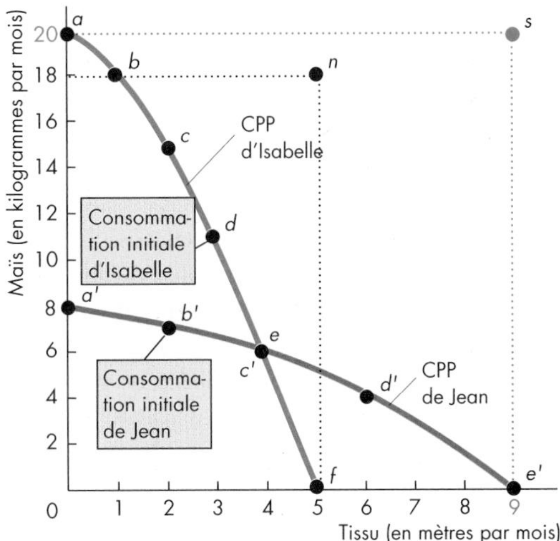

Cette figure illustre les possibilités de production respectives d'Isabelle et de Jean. La consommation initiale de Jean est de 7 kg de maïs et de 2 m de tissu (point *b'*); celle d'Isabelle est de 11 kg de maïs et de 3 m de tissu (point *d*). La somme de leurs productions est représentée par le point *n*. Mais Isabelle et Jean peuvent améliorer leur situation en se spécialisant et en effectuant entre eux des échanges. Pour la production de maïs, Isabelle jouit d'un coût d'opportunité inférieur à celui de Jean; en revanche, Jean bénéficie pour le tissu d'un coût d'opportunité inférieur à celui d'Isabelle. Isabelle jouit donc d'un avantage comparatif pour le maïs. En faisant du maïs sa spécialité, elle peut en produire jusqu'à 20 kg; mais alors elle ne peut plus produire de tissu. Jean, de son côté, détient un avantage comparatif pour le tissu. S'il se spécialise dans cette production, il peut fabriquer 9 m de tissu; mais il ne produira plus de maïs. La production réunie d'Isabelle et de Jean atteindra alors 20 kg de maïs et 9 m de tissu (point *s*). Si Isabelle échange une part de son maïs contre une part du tissu de Jean, et si Jean cède de son tissu contre du maïs d'Isabelle, l'un et l'autre auront plus de maïs et plus de tissu qu'ils n'en avaient quand chacun vivait en autarcie. En échangeant 8 kg de maïs contre 5 m de tissu, chacun disposera désormais d'un supplément des deux produits, soit 1 kg de maïs et 2 m de tissu. Les deux producteurs gagnent donc à se spécialiser et à effectuer des échanges.

représentée par le point *s* dépasse celle du point *n*, où chacun des deux producteurs était autosuffisant. Au point *s*, la production est globalement plus avantageuse qu'au point *n*, puisqu'Isabelle et Jean ont à la fois plus de maïs et plus de tissu.

Mais, pour profiter vraiment de la situation, Isabelle et Jean doivent faire plus que se spécialiser dans les domaines où ils détiennent respectivement un avantage comparatif: ils doivent échanger le fruit de leur labeur. Supposons qu'ils décident d'échanger 5 m de tissu contre 8 kg de maïs. Avant l'échange, Isabelle possédait 20 kg de maïs, et Jean 9 m de tissu. Une fois l'échange effectué, Jean possède pour consommation 8 kg de maïs et 4 m de tissu, tandis qu'Isabelle possède 12 kg de maïs et 5 m de tissu. Chacun d'eux, comparativement à la période où il vivait en autarcie, possède maintenant en plus 1 kg de maïs et 2 m de tissu. Chaque producteur a réalisé un gain évident puisque, pour chacun des deux produits, il a augmenté sa consommation.

Productivité et avantage absolu

La **productivité** est la somme des biens qu'une personne produit durant une unité de temps donnée. Par exemple, la productivité d'Isabelle dans la fabrication de tissu se mesure à la quantité de tissu qu'Isabelle fabrique en une heure de travail. Une personne détient un **avantage absolu** sur une autre lorsque sa productivité dépasse celle de l'autre. Dans notre exemple, ni Isabelle ni Jean ne détient un avantage absolu sur l'autre : Isabelle est plus productive que Jean dans la culture du maïs, tandis que Jean est plus productif qu'Isabelle dans la fabrication de tissu.

On donne souvent à entendre que les individus et les pays qui détiennent un avantage absolu dans la production d'un bien peuvent surpasser les autres dans la production de ce bien. Par exemple, on croit le Canada incapable de concurrencer le Japon parce que les Japonais sont plus productifs que les Canadiens. Mais nous verrons que cette affirmation est fausse. Pour mieux comprendre, revenons à notre modèle insulaire.

Supposons qu'un volcan fasse éruption sur l'île d'Isabelle et force cette dernière à quitter les lieux. Supposons, de plus, que ce désastre ait un heureux dénouement : Isabelle découvre une île beaucoup plus fertile que la première, et chaque heure de travail y produit deux fois plus de maïs et de tissu. Les nouvelles possibilités de production d'Isabelle apparaissent au tableau 3.2. Remarquez qu'Isabelle possède maintenant un avantage absolu dans la production de chaque bien.

Tableau 3.2 Les nouvelles possibilités de production d'Isabelle

Possibilités	Maïs (en kilogrammes par mois)		Tissu (en mètres par mois)
a	40	et	0
b	36	et	2
c	30	et	4
d	22	et	6
e	12	et	8
f	0	et	10

Nous avons établi que l'échange devient avantageux pour autant que chaque producteur se spécialise dans la production du bien dont le coût d'opportunité est le plus bas. Or, les coûts d'opportunité de Jean n'ont pas changé. Mais qu'en est-il des coûts d'opportunité d'Isabelle, maintenant que celle-ci a doublé sa productivité ?

Vous pouvez les calculer de la même façon que dans la figure 3.2. Trouvez d'abord le coût d'opportunité du maïs pour Isabelle. Les douze premiers kilogrammes de maïs qu'elle récolte lui coûtent 2 m de tissu ; le coût d'opportunité d'un kilogramme équivaut donc à 1/6 de mètre de tissu, ce qui correspond à la situation du début. En calculant les coûts d'opportunité d'Isabelle pour chacune des possibilités de production, de *a* à *e*, vous découvrirez qu'ils sont restés inchangés. Quant au coût d'opportunité du tissu, on sait qu'il est l'inverse de celui du maïs. On en conclut que, pour Isabelle, les coûts d'opportunité du tissu demeurent eux aussi inchangés.

Isabelle étant devenue deux fois plus productive qu'auparavant, chaque heure de son travail produit plus. Mais le coût d'opportunité reste le même : pour produire une unité de maïs additionnelle, Isabelle doit renoncer à la même quantité de tissu qu'autrefois. Comme les coûts d'opportunité n'ont changé ni pour elle ni pour Jean, ce dernier conserve toujours un avantage comparatif dans la production de tissu. Si Isabelle se spécialise dans la culture du maïs et Jean dans la fabrication de tissu, l'un et l'autre continueront d'avoir à leur disposition une plus grande quantité de chaque bien.

L'important est de comprendre ceci : une personne qui possède un avantage absolu *ne peut pas* détenir un avantage comparatif dans tous les domaines.

À RETENIR

L'échange entre deux producteurs est profitable dans la mesure où chacun possède un avantage comparatif. Or, à moins que les deux producteurs n'aient les mêmes coûts d'opportunité, chacun possède un avantage comparatif dans une activité donnée. Ce sont les différences entre les coûts d'opportunité qui déterminent l'avantage comparatif et, par conséquent, les gains qu'on peut tirer de l'échange et de la spécialisation. En fait, même une personne qui détient un avantage absolu tirera profit de la spécialisation et de l'échange.

■ ■ ■

Pas dans le 1er examen

L'échange dans le monde réel

Dans le monde réel, il ne s'agit plus seulement d'Isabelle et de Jean. Il y a plutôt des milliards d'individus, qui se spécialisent dans d'innombrables activités différentes et effectuent des échanges entre eux. Ils arrivent à tirer profit de cette spécialisation et de ces échanges, mais cela est plus laborieux que dans notre modèle insulaire. Il faut donc organiser les échanges. C'est pour cela que, avec le temps, on a mis au point des règles de conduite, assorties de mécanismes pour les faire respecter. Parmi ces mécanismes figurent la propriété privée et le système monétaire. Dans l'économie insulaire d'Isabelle et de Jean, il est toujours possible d'échanger directement un bien contre un autre. Dans une économie véritable, cependant, ce type d'échange direct serait extrêmement laborieux. C'est ce qui explique l'intérêt que peut présenter pour une société un moyen d'échange accepté par tous – en d'autres termes: la monnaie. La monnaie est l'intermédiaire grâce auquel on peut acquérir des biens (ou des services): on échange un bien contre la monnaie, et la monnaie contre un bien. Ces deux aspects de l'échange méritent qu'on s'y arrête plus longuement.

Le droit de propriété

Le **droit de propriété** est un ensemble de conventions sociales qui régissent la propriété, son utilisation et sa cession. Par **propriété**, on entend toute valeur qu'on possède. Cela comprend les terrains et les immeubles auxquels, d'ailleurs, le langage courant réserve d'habitude le terme de *propriété*. La notion de propriété englobe aussi les actions et les obligations, les biens durables, les usines et l'équipement. Elle comprend, enfin, la **propriété intellectuelle**, qui est le produit immatériel de l'activité créatrice. Ce type de propriété est protégé de diverses façons: par le droit d'auteur dans le cas des livres, de la musique ou des logiciels; par des brevets pour les inventions de toutes sortes.

Que se produirait-il si le droit de propriété n'existait pas? Comment le monde serait-il organisé?

Un monde sans droit de propriété Si le droit de propriété n'existait pas, n'importe qui pourrait, par la force, s'emparer de tout ce qu'il désire. Et chacun devrait consacrer une grande part de son temps, de ses énergies et de ses ressources à protéger sa production ou ses acquisitions.

Dans un tel monde, personne ne pourrait tirer profit de la spécialisation et de l'échange. On n'aurait même aucun intérêt à se spécialiser dans la production des biens pour lesquels on détient un avantage comparatif. À quoi servirait-il de se spécialiser dans une production et d'échanger son produit contre autre chose? Car n'importe qui pourrait s'approprier le bien des autres sans rien céder du sien. Plus votre production augmenterait, plus vous risqueriez de voir les autres s'en emparer.

C'est justement pour surmonter ces problèmes qu'on a instauré le droit de propriété. Voyons comment celui-ci régit aujourd'hui la vie économique au Canada.

Le droit de propriété dans un régime capitaliste de libre entreprise Le fonctionnement de l'économie canadienne est en grande partie basé sur les principes du capitalisme de libre entreprise. Un régime est dit de **libre entreprise** lorsqu'il permet aux individus de décider de leurs propres activités économiques. Dans le régime économique appelé **capitalisme**, les individus sont libres de posséder les ressources qu'ils utilisent pour la production.

Dans un tel régime, le droit de propriété permet à chacun de posséder ce qu'il a fabriqué, ce qu'il a acquis par l'échange ou ce qu'il a reçu d'autrui. Toute tentative pour s'emparer du bien d'autrui est considérée comme vol, et les punitions dont on frappe ce crime ont pour but d'en dissuader les gens.

Le fait qu'on ne puisse s'emparer du bien d'autrui favorise la recherche d'échanges profitables. Chaque citoyen a alors intérêt à se spécialiser dans la production des biens pour lesquels il a le plus bas coût d'opportunité. Chacun est porté à participer au processus d'échange: à offrir le bien pour lequel il détient un avantage comparatif, en échange des biens que produisent les autres. Et certains citoyens – comme les juges et les policiers – ont pour tâche d'appliquer et de faire respecter le droit de propriété.

Même dans un régime économique fondé, comme le nôtre, sur la propriété privée et l'échange librement consenti, le droit de propriété comporte ses limitations. Examinons deux d'entre elles: d'une part les impôts et les taxes; d'autre part les lois et les règlements.

Les impôts et les taxes De toutes les limitations apportées au droit de propriété, les diverses formes d'impôts et de taxes sont certes la plus importante et la plus répandue. Chacun de nous doit en verser aux gouvernements (fédéral et provincial) et aux autorités municipales. En imposant la propriété des individus ou leurs activités, on freine les efforts qu'ils pourraient déployer dans la production d'autres biens et l'on réduit les bénéfices qu'ils attendent de leur production spécialisée.

Les impôts et les taxes, même s'ils représentent une limitation du droit de propriété, ne sont pas arbitraires pour autant. Car les règlements sont les mêmes pour tous, et chacun peut calculer l'effet de sa propre activité sur les impôts qu'il aura à verser.

Les règlements et les lois D'autres limitations au droit de propriété privée interdisent certaines formes d'échange entre les personnes ou les entreprises. Par exemple, un fabricant de produits pharmaceutiques ne peut lancer un produit sur le marché sans approbation préalable d'un organisme gouvernemental. Le gouvernement contrôle ou interdit la vente de plusieurs produits chimiques. Il interdit également le commerce d'êtres humains ou de leurs organes : la vente d'esclaves ou d'enfants, le commerce d'organes aux fins de greffe, etc.

Toutes ces dispositions limitent certes le droit de propriété privée et la légitimité de l'échange librement consenti. Mais, en général, elles ne freinent gravement ni la spécialisation de la production ni la rentabilité des échanges. On estime le plus souvent que ces lois ou règlements – comme ceux qui interdisent la vente de médicaments dangereux – présentent pour le public des avantages qui dépassent de beaucoup les contraintes imposées aux distributeurs.

Nous venons d'examiner quelques questions relatives au droit de propriété privée. Ce droit constitue l'un des principaux mécanismes dont certaines sociétés se sont dotées pour faciliter non seulement la spécialisation dans la production, mais aussi les échanges entre citoyens. Voyons maintenant un deuxième de ces mécanismes : l'adoption d'un moyen d'échange.

La monnaie

Nous avons vu que, dans un régime économique où le droit de propriété est bien établi, l'échange librement consenti permet aux individus de se spécialiser dans une production donnée et d'échanger avec profit leurs produits contre ceux d'autres producteurs. Dans notre modèle d'économie insulaire, l'échange était très simple, puisqu'il n'y avait que deux producteurs et deux biens produits. Mais qu'en est-il dans le monde réel, où des milliards d'individus échangent entre eux une quantité innombrable de biens issus de leur production spécialisée ?

Le troc Il est possible d'échanger simplement un bien contre un autre : c'est ce qu'on appelle le **troc**. Cependant, ce système ne se prête pas à l'échange de grandes quantités de biens. Supposons que vous possédiez des coqs et que vous désiriez les troquer contre des roses. Vous devez d'abord trouver quelqu'un qui possède des roses et qui ait besoin de coqs. Les économistes appellent cette condition la **double coïncidence des besoins :** une personne (A) veut acheter ce qu'une autre (B) a à vendre, tandis que B veut acheter ce que A veut vendre. Or, une telle situation reste peu fréquente. Faute de trouver un rosiériste désireux de se procurer des coqs, vous devrez vous engager dans une suite de trocs : vous échangerez vos coqs contre des pommes, les pommes contre des oranges, les oranges contre des prunes, les prunes contre des grenades, les grenades contre des ananas et, enfin, les ananas contre des roses.

On recourt encore assez souvent au troc, malgré ce qu'il a de laborieux. Par exemple quand Rod Stewart, vedette britannique du rock, donna en 1986 un concert à Budapest, l'État lui versa une partie de son cachet de 30 000 $ sous forme d'équipement sonore et de câbles électriques, de fabrication hongroise. De même, des coiffeurs de Varsovie, obtiennent leur équipement auprès de perruquiers londoniens, en échange de mèches de cheveux.

Mais il reste que le troc a été supplanté, comme mode d'échange, par un système que nous utilisons maintenant dans la plupart de nos activités commerciales. Il s'agit de l'échange monétaire.

L'échange monétaire À la place du troc, on peut recourir à **l'échange monétaire**, un système dans lequel une marchandise en particulier ou encore des pièces ou des jetons servent d'instrument d'échange. Par **instrument d'échange**, on entend tout ce qui est généralement accepté en contrepartie d'un bien ou d'un service. La **monnaie** est l'instrument d'échange par excellence, puisqu'elle est toujours acceptée en contrepartie de la fourniture d'un bien ou d'un service. Dans un système d'échange monétaire, on échange de la monnaie contre un bien ou un service (le service pouvant être le travail fourni par l'autre), et l'on fournit un bien ou un service (ou son propre travail) en échange de la monnaie. Mais on n'échange directement aucun bien ni aucun service contre un autre bien ou un autre service – ce qui serait du troc. Des métaux comme l'or, l'argent ou le cuivre, généralement certifiés par la frappe de pièces, ont fait pendant longtemps office d'instruments d'échange. Avant cela, les sociétés primitives utilisaient des objets comme les coquillages. Durant la Deuxième Guerre mondiale, dans les camps de concentration allemands, les prisonniers se servaient de cigarettes ; on a d'ailleurs employé le même procédé, plus récemment encore, en Roumanie.

Notons ici qu'il ne faut pas confondre avec le troc cette utilisation de cigarettes comme instrument d'échange. Dans le troc, par exemple, un pomiculteur fournit des pommes en échange des services du mécanicien venu réparer son tracteur ; le mécanicien échange les pommes contre la viande d'un boucher ; le boucher échange les pommes contre un repas qu'il prend dans un restaurant chic ; le maître d'hôtel du restaurant utilise les pommes pour payer les services de son médecin ; et le médecin mange enfin les pommes – si elles sont encore bonnes après tout ce temps ! Dans l'exemple des cigarettes cité plus haut, il ne s'agit pas de troc, et l'on n'assiste pas à une cascade d'échanges de

Les gains à l'échange

En Roumanie, fumer une cigarette Kent, c'est comme «griller» de l'argent

N'allez surtout pas croire que la Roumanie, pays communiste s'il en est un, ne fonctionne pas selon les principes de l'économie de marché. Vous vous tromperiez. On pourrait dire qu'elle applique le *principe de l'économie de marché des cultivateurs*. Voici son fonctionnement.

Dès l'aube, le chant d'un coq en vente au marché central signale le début d'une intense journée de troc. Des pommes peuvent être troquées contre des piments, des choux-fleurs contre des betteraves, des navets contre de l'ail et, finalement, des cigarettes Kent contre un peu n'importe quoi!

«Hé! Monsieur! D'accord pour les Kent», chuchote un jeune cultivateur sortant de son kiosque de fruits et légumes pour rattraper un passant qui venait d'exhiber un paquet de Kent. Il en oublie même la file de clients qui attendent à son kiosque. Qu'importe, ils peuvent bien attendre, ils n'ont que des lei, la monnaie roumaine officielle, alors que l'homme, lui, possède des Kent!

«Vous en vendez?» demande le cultivateur, aussitôt rejoint par quatre collègues. Il présente la paume de sa main gauche et y inscrit le chiffre 25, ce qui signifie 25 lei ou environ 2,20 $ le paquet de Kent. Le détenteur des Kent lui vend deux paquets pour 50 lei, puis s'informe sur le prix de vente des pommes.

«Vous voulez des pommes?» demande le cultivateur. Il sort alors un sac de pommes dissimulé sous une pile. Ce ne sont pas les pommes jaunes destinées aux clients qui payent avec des lei, mais des pommes rouges, spécialement réservées aux clients qui payent avec des Kent.

Selon le principe de l'économie de marché des cultivateurs, le producteur de fruits et légumes échangera peut-être ses Kent pour faire réparer son tracteur. Quant au mécanicien, il échangera peut-être ses Kent contre un morceau de viande chez le boucher. À son tour, le boucher pourra échanger les Kent contre une table dans un restaurant achalandé. Le maître d'hôtel pourra maintenant utiliser les Kent pour payer les services d'un médecin. Finalement, peut-être le médecin se rendra-t-il un jour au marché pour exhiber son paquet de Kent, dans l'espoir d'attirer l'attention. Peut-être qu'un cultivateur viendra alors vers lui en courant et inscrira un chiffre dans la paume de sa main. «L'utilisation des Kent en Roumanie illustre bien la théorie du marché», affirme un diplomate occidental en poste dans ce pays. «Vous connaissez l'étalon-or? Eh bien! voici l'étalon-Kent. Tout le monde ici veut des Kent, et rien que des Kent. Les Winston, Marlboro ou Pall Mall ne font pas l'affaire.»

Vous voulez être un personnage important en Roumanie? Exhibez vos Kent. Vous voulez prendre un taxi? Vous n'avez qu'à mettre votre paquet de Kent bien en vue (l'emballage européen des Kent est doré et on peut le voir de très loin). Vous cherchez à vous débarrasser d'un douanier particulièrement pointilleux? Deux paquets de Kent suffiront. Les Kent vous ouvriront la plupart des portes dans ce pays, y compris celles du monde extérieur.

The Wall Street Journal
3 janvier 1986
Par Roger Thurow

Les faits en bref

- Les Roumains disposent de trois moyens pour acheter et vendre :
  - Le troc – échange de pommes contre des piments, de choux-fleurs contre des betteraves
  - La monnaie officielle – échange de lei contre des biens et services
  - Les cigarettes de marque Kent – échange de paquets de Kent contre des biens et services
- Les gens qui se procurent des biens et services avec des Kent font de meilleures affaires que ceux qui achètent avec des lei. Les cigarettes Kent servent donc d'instrument d'échange.
  - L'homme qui possède des Kent les troque contre les pommes du cultivateur.
  - Le cultivateur paie la réparation de son tracteur avec des Kent.
  - Le mécanicien paie son boucher avec des Kent.
  - Le boucher obtient une place au restaurant avec des Kent.
  - Le maître d'hôtel paie ses frais médicaux avec des Kent.
  - Le médecin échange les Kent contre des pommes, et ainsi de suite.
- Les cigarettes Kent permettent donc aux Roumains d'effectuer plusieurs échanges.

Analyse

- En 1986, la Roumanie est un des pays socialistes d'Europe de l'Est. Les droits de propriété privée sont limités et l'État dirige la vie économique en général. Voici quelques exemples des interventions du gouvernement.
  - Il décide de ce que les gens peuvent produire.
  - Il précise les quantités qui doivent être produites.
  - Il fixe les prix de vente des biens.
- Les Roumains se spécialisent dans la production de biens pour lesquels ils détiennent un avantage comparatif. En vendant leur production au prix fixé par l'État, ils touchent souvent moins que le coût d'opportunité de leur production.

  Pour cette raison, les Roumains tentent d'échapper à l'emprise gouvernementale en pratiquant le troc ou en utilisant des cigarettes Kent comme monnaie. Étant donné que la plupart des Roumains acceptent ces cigarettes comme moyen de paiement, les Kent sont devenues un instrument d'échange, au même titre que l'argent.

Conclusion

- Les Roumains ont créé leur propre contrat social en utilisant les cigarettes Kent comme monnaie. Ce faisant, ils ont atténué les limitations au droit de propriété et surmonté, du moins en partie, l'un des principaux obstacles à la réalisation des gains découlant de la spécialisation et de l'échange.

biens ; les cigarettes servent simplement de monnaie, d'instrument d'échange.

Dans les sociétés modernes, ce sont les gouvernements qui émettent la monnaie, sous forme de papier-monnaie ou de pièces de métal. De son côté, le système bancaire facilite la circulation de la monnaie par le biais des comptes chèques. Grâce à un compte chèques, on peut payer une dette en rédigeant un simple ordre écrit : par cet ordre, ou chèque, le signataire demande à la banque de débiter son compte d'une certaine somme d'argent et de transférer cette somme au compte d'un bénéficiaire. L'expansion des communications électroniques entre les banques permet même, aujourd'hui, les virements de fonds entre deux comptes sans qu'il soit nécessaire d'émettre un chèque.

■ Vous savez maintenant un peu mieux comment les économistes tentent de répondre à certaines questions de base. Le simple fait de la rareté et la notion de coût d'opportunité qui lui est associée nous ont aidés à saisir l'origine de phénomènes économiques fondamentaux : la spécialisation, l'échange, certaines conventions sociales comme le droit de propriété et la monnaie. Voilà qu'une idée toute simple – la rareté et son corollaire, le coût d'opportunité – a fourni réponse à plusieurs de nos questions.

RÉSUMÉ

La courbe des possibilités de production

La courbe des possibilités de production marque la limite entre les niveaux de production réalisables et ceux qui ne le sont pas. Les combinaisons de production possibles sont représentées par tous les points situés *sur* la courbe des possibilités ou *à l'intérieur* de celle-ci ; il est impossible, en revanche, de produire à l'extérieur de cette courbe. Un point sur la courbe offrira toujours de meilleures possibilités de production qu'un point situé à l'intérieur de celle-ci. *(pp. 51-53)*

Le coût d'opportunité

Le coût d'opportunité d'un choix ou d'un bien est ce à quoi l'on doit renoncer en faisant ce choix ou en acquérant ce bien ; c'est le sacrifice que représente le fait de renoncer à l'option la plus avantageuse qui s'offrait à nous par ailleurs. Le coût d'opportunité d'un bien augmente de pair avec la production de ce bien. *(pp. 53-56)*

L'évolution des possibilités de production

La courbe des possibilités de production, bien qu'elle marque la limite entre le réalisable et le non-réalisable, n'est pas nécessairement fixe. Elle se déplace tantôt par l'effet de causes naturelles ou de facteurs imprévus (changement de climat, découverte de nouvelles techniques de production, etc.) et tantôt en fonction des choix que nous faisons. Si nous consacrons aujourd'hui une part de nos ressources à la production de biens d'équipement, à la recherche et au développement, nous pourrons produire dans l'avenir plus de biens et de services. Notre économie croîtra. Mais cette croissance a son prix : c'est son coût d'opportunité. Pour avoir plus tard à notre disposition une plus grande quantité de biens et de services, il nous faut réduire aujourd'hui la consommation que nous en faisons. *(pp. 56-59)*

Les gains à l'échange

Des personnes qui n'ont pas toutes les mêmes coûts d'opportunité ont intérêt à se spécialiser dans des productions différentes et à échanger entre elles leurs produits. Chacune se spécialise dans la production du bien qui représente pour elle le plus bas coût d'opportunité : celui pour lequel elle détient un avantage comparatif. Ces personnes échangent entre elles une partie de leur production respective. Cet échange a pour effet d'augmenter pour chacune d'elles le niveau de consommation. *(pp. 59-61)*

L'échange dans le monde réel

Le droit de propriété et le système d'échange monétaire permettent aux individus de se spécialiser, d'échanger leur travail ou le fruit de leur travail contre de la monnaie, puis d'obtenir des biens en échange de cette monnaie. Ces deux conventions sociales facilitent ainsi la réalisation des gains à l'échange. *(pp. 62-63)*

POINTS DE REPÈRE

Mots clés

Figures clés 

QUESTIONS DE RÉVISION

1 Comment la courbe des possibilités de production reflète-t-elle la rareté?

2 Comment la courbe des possibilités de production reflète-t-elle le coût d'opportunité?

3 Quels facteurs provoquent le déplacement de la courbe des possibilités de production: vers l'extérieur? vers l'intérieur?

4 Expliquez les conséquences de nos choix sur la croissance économique. Quel est le prix de la croissance économique?

5 Pourquoi a-t-on intérêt à se spécialiser et à échanger ses produits avec d'autres producteurs?

6 Quels sont les gains à l'échange de produits ou de services entre individus?

7 D'où vient la nécessité de conventions sociales comme le droit de propriété et la monnaie?

8 Pourquoi l'échange monétaire est-il plus efficace que le troc?

PROBLÈMES

1 Supposez que des changements climatiques provoquent sur l'île d'Isabelle une augmentation de la récolte de maïs. Cette récolte se chiffrera ainsi:

Durée du travail (en heures par jour)	**Quantité de maïs (en kilogrammes par mois)**
0	0
2	60
4	100
6	120
8	130
10	140

Les possibilités de production de tissu restent les mêmes qu'au tableau 3.1.

a) Indiquez cinq points sur la nouvelle courbe des possibilités de production d'Isabelle.

b) Quels sont, pour Isabelle, les coûts d'opportunité du tissu et du maïs? Dressez-en la liste pour les cinq niveaux de production que vous avez indiqués ci-dessus.

c) Comparez le coût d'opportunité du maïs avec celui du tableau de la figure 3.2.

d) Pour Isabelle, le coût d'opportunité du maïs a-t-il augmenté? a-t-il diminué? ou est-il demeuré le même? Expliquez pourquoi.

2 Supposez que les possibilités de production de Jean s'établissent comme suit :

Maïs (en kilogrammes par mois)		**Tissu (en mètres par mois)**
6	et	0,0
5	et	0,5
4	et	1,0
3	et	1,5
2	et	2,0
1	et	2,5
0	et	3,0

Supposez également que les possibilités d'Isabelle soient les suivantes :

Maïs (en kilogrammes par mois)		**Tissu (en mètres par mois)**
3,0	et	0
2,5	et	1
2,0	et	2
1,5	et	3
1,0	et	4
0,5	et	5
0,0	et	6

Trouvez la quantité maximale de maïs et de tissu qu'Isabelle et Jean peuvent produire si chacun d'eux se spécialise dans l'activité pour laquelle il a le coût d'opportunité le plus bas.

3 Supposez qu'Isabelle soit devenue deux fois plus productive qu'elle ne l'était d'après le problème 2. Elle peut maintenant produire les quantités suivantes :

Maïs (en kilogrammes par mois)		**Tissu (en mètres par mois)**
6	et	0
5	et	2
4	et	4
3	et	6
2	et	8
1	et	10
0	et	12

a) Montrez les effets que l'accroissement de la productivité d'Isabelle provoque sur sa courbe des possibilités de production.

b) Ayant doublé sa productivité, Isabelle poura-t-elle encore profiter de sa spécialisation et de ses échanges avec Jean ? Expliquez votre réponse.

c) Jean aura-t-il encore intérêt à effectuer des échanges avec Isabelle ? Expliquez votre réponse.

CHAPITRE 4

L'offre et la demande

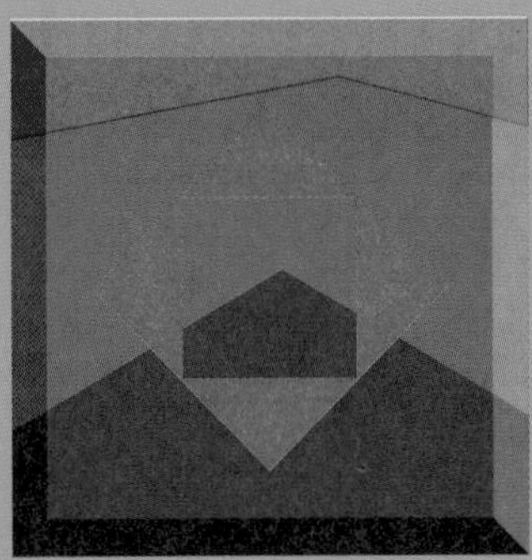

Objectifs du chapitre :

- Expliquer le mécanisme de détermination des prix.
- Expliquer les changements des prix.
- Expliquer comment sont déterminées les quantités achetées et vendues.
- Construire un barème de demande et tracer une courbe de demande.
- Construire un barème d'offre et tracer une courbe d'offre.
- Prévoir les variations des prix à partir du schéma de l'offre et de la demande.

Une balade en montagnes russes

UNE MONTÉE VERTIGINEUSE, UNE CHUTE ABRUPTE, UNE COURSE CAHOTANTE. On croirait une balade en montagnes russes. Détrompez-vous, ce sont là des termes qui sont souvent employés pour décrire l'évolution des prix. ■ On pourrait multiplier les exemples de dégringolades des prix. Vous vous rappelez peut-être le cas de la société Sony en 1979. Ce fabricant mettait sur le marché son «baladeur» de poche: un lecteur de cassettes muni de minuscules écouteurs. Il le baptisait «Walkman» et en fixait le prix à environ 300 $, ce qui en représenterait aujourd'hui plus de 500. Depuis lors, de nombreux fabricants ont copié le Walkman de Sony, si bien qu'on peut aujourd'hui s'en procurer un d'une qualité supérieure à celle du prototype de 1979 pour moins de 10 % du prix initial. Depuis l'arrivée du baladeur sur le marché, les ventes n'ont cessé d'augmenter chaque année. À quoi donc peut-on attribuer la chute continue de son prix ? Pourquoi l'augmentation des ventes n'a-t-elle pas permis, au contraire, de maintenir un prix élevé? ■ La montée en flèche des prix est un autre phénomène courant. Prenons un exemple récent et connu de tous: le loyer des maisons et des appartements, particulièrement dans le centre des grandes villes. L'augmentation considérable des loyers n'a pas dissuadé les gens d'habiter dans le centre des villes. Au contraire, le nombre de ceux qui y logent est légèrement plus élevé qu'avant. Pourquoi cherche-t-on encore à se loger dans le centre des villes, alors que les loyers ont tant augmenté? ■ Les fluctuations de certains prix, de saison en saison ou d'année en année, rappellent les courbes des montagnes russes. C'est ainsi que se comportent, par exemple, le prix du café, celui des fraises et ceux de nombreux produits agricoles. Pourquoi le prix du café varie-t-il, alors que les préférences des consommateurs pour le café changent peu? ■ Si les changements de certains prix sont à l'image des montagnes russes, bon nombre de produits que nous achetons affichent, en revanche, des prix remarquablement stables. Les cassettes audio que nous écoutons à l'aide de nos baladeurs constituent un exemple. Leur prix n'a presque pas varié depuis dix ans, malgré la constante augmentation du nombre de cassettes vendues. Pourquoi l'accroissement des ventes n'a-t-il pas permis aux entreprises de hausser leur prix? Et comment expliquer que nous achetions de plus en plus de cassettes audio, alors que leur prix n'a pas baissé?

■ Pour répondre à ces questions ainsi qu'à d'autres du même genre, nous utiliserons les notions de demande et d'offre. Nous préciserons d'abord les facteurs qui déterminent la demande et l'offre de divers biens et services. Nous découvrirons alors comment l'action conjuguée de l'offre et de la demande détermine le prix de vente. La connaissance de cet outil théorique nous permettra de comprendre plusieurs phénomènes économiques importants qui ont des répercussions sur nos vies. Elle nous aidera même à prévoir l'évolution des prix.

La demande

La **quantité demandée** d'un bien ou d'un service représente la quantité du bien ou du service que les consommateurs envisagent d'acheter à un prix déterminé au cours d'une période donnée. La demande ne correspond pas aux désirs des individus. Les désirs des individus pour les biens et services sont illimités. Combien de fois n'avez-vous pas eu envie de ceci ou de cela, tout en vous disant: «Si seulement je pouvais me le permettre» ou «Si seulement le prix était abordable»? La rareté garantit à coup sûr que beaucoup de nos désirs ne seront jamais satisfaits. La demande, par contre, reflète les choix particuliers que nous avons faits à propos des désirs à satisfaire. Si vous *demandez* quelque chose, c'est que vous avez décidé de l'acheter.

En fait, la quantité demandée ne correspond pas nécessairement à la quantité qu'on achète. La quantité réellement achetée et vendue s'appelle **quantité échangée**. Parfois, la quantité demandée dépasse la quantité des biens disponibles sur le marché. La quantité échangée est alors inférieure à la quantité demandée.

La quantité demandée se calcule sur une période donnée. Par exemple, supposons qu'une personne boive une tasse de café par jour. La quantité de café demandée par cette personne peut être exprimée comme 1 tasse par jour, 7 tasses par semaine, ou encore 365 tasses par année. En l'absence de toute indication de durée, il est impossible de déterminer si la quantité demandée est forte ou faible.

Les facteurs qui influent sur la quantité demandée

La quantité que les consommateurs désirent acheter d'un bien ou d'un service varie selon plusieurs facteurs, dont les plus importants sont les suivants:

- Le prix du bien
- Les prix des autres biens
- Le revenu des consommateurs
- La population
- Les préférences des consommateurs

La théorie de l'offre et de la demande permet de formuler des prédictions relatives aux prix auxquels les biens sont échangés et aux quantités achetées et vendues. Nous étudierons donc en premier lieu la relation entre la quantité demandée d'un bien et son prix. Pour étudier cette relation, nous supposerons que, à l'exception du prix du bien, tous les facteurs susceptibles d'influer sur les intentions d'achat des consommateurs sont constants. Nous pourrons alors nous poser la question: «Comment la quantité demandée d'un bien varie-t-elle avec le prix de ce bien?»

La loi de la demande

La loi de la demande s'exprime comme suit:

Toutes choses étant égales par ailleurs, la quantité demandée d'un bien diminue au fur et à mesure que son prix augmente.

Comment expliquer que l'augmentation du prix entraîne une diminution de la quantité demandée? Cela tient au fait qu'on peut habituellement remplacer un bien par un autre. À mesure que le prix d'un bien augmente, les gens achètent moins de ce bien et se tournent davantage vers un substitut quelconque qui satisfait pratiquement le même besoin.

Prenons comme exemple les cassettes vierges pour magnétophone. Plusieurs autres produits remplissent d'une certaine façon la même fonction qu'elles: les microsillons, les disques compacts, les cassettes préenregistrées, les émissions de radio et de télévision, les concerts, etc. Une cassette est vendue, disons, à un prix de 3 $. Si ce prix passe à 6 $ et que les prix des biens substituts ne changent pas, la quantité demandée de cassettes vierges va diminuer. Les gens achèteront plus de microsillons et de cassettes préenregistrées, mais moins de cassettes vierges. Par contre, si le prix des cassettes vierges baisse à 1 $ alors que les prix des substituts demeurent inchangés, on verra la quantité demandée de cassettes vierges augmenter et la demande de microsillons, de disques compacts et de cassettes préenregistrées diminuer.

Le barème de demande et la courbe de demande

Le **barème de demande** est un tableau qui exprime la quantité demandée en fonction du prix exigé, tous les autres facteurs susceptibles d'influer sur les intentions d'achat des consommateurs (prix des autres biens, revenu, population et préférences) étant maintenus constants.

Le tableau de la figure 4.1 constitue un barème de demande pour les cassettes vierges. On y voit que, quand celles-ci se vendent 1 $ chacune, la quantité demandée est de 9 millions de cassettes par semaine. Si le prix passe à 5 $ l'unité, la quantité demandée tombe à 2 millions de cassettes par semaine. Les autres lignes du tableau montrent les quantités demandées lorsque le prix d'une cassette varie entre 2 $ et 4 $.

Un barème de demande peut être illustré graphiquement en traçant une courbe de demande. Une **courbe de demande** est un graphique qui montre la relation existant entre la quantité demandée d'un bien et son prix ; tous les autres facteurs qui ont un effet sur les intentions d'achat des consommateurs sont maintenus constants. Le graphique de la figure 4.1 représente donc la courbe de demande de cassettes vierges. Il est d'usage de mesurer la quantité demandée en abscisse (c'est-à-dire sur l'axe horizontal) et le prix en ordonnée (axe vertical). Les points *a* à *e*, situés sur la courbe de demande, représentent alors les données qui apparaissent dans le barème de demande. Par exemple, le point *a* montre que la quantité demandée est de 9 millions de cassettes par semaine lorsque le prix est de 1 $ l'unité.

Le terme **demande** évoque la relation globale qui existe entre la quantité demandée d'un bien et son prix. La demande de cassettes vierges est donc décrite à la fois par le barème de demande et par la courbe de demande présentés à la figure 4.1.

Figure 4.1 Le barème de demande et la courbe de demande

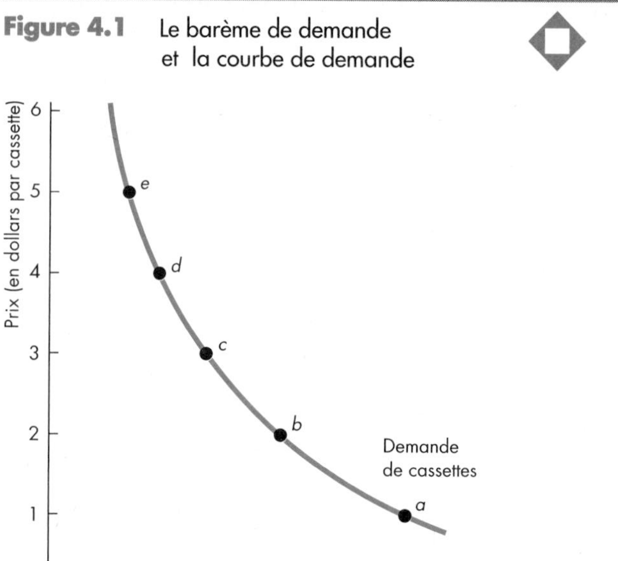

	Prix (en dollars par cassette)	Quantité (en millions de cassettes par semaine)
a	1	9
b	2	6
c	3	4
d	4	3
e	5	2

Le tableau montre un barème de demande. On y trouve la quantité demandée de cassettes pour chaque prix possible, tous les autres facteurs susceptibles d'influer sur les désirs des consommateurs étant maintenus constants. Quand le prix est de 1 $ la cassette, la quantité demandée est de 9 millions de cassettes par semaine; quand le prix passe à 3 $, la quantité demandée chute à 4 millions par semaine. La courbe de demande illustre la relation entre la quantité demandée et le prix, tous les autres facteurs demeurant constants. Cette courbe est à pente négative : à mesure que le prix baisse, la quantité demandée augmente. On peut interpréter cette courbe de deux manières. Premièrement, elle indique la quantité que les gens ont l'intention d'acheter, à un prix donné. Par exemple, si le prix d'une cassette est de 3 $, la quantité demandée est de 4 millions de cassettes par semaine. Deuxièmement, la courbe de demande indique, pour une quantité donnée, le prix maximal que les consommateurs sont prêts à débourser pour la dernière cassette offerte sur le marché. Ainsi, le prix le plus élevé que le consommateur consent à payer pour la six millionième cassette sur le marché est de 2 $.

Ce que le consommateur est prêt à payer

Il est possible d'examiner la courbe de demande d'un bien d'une autre façon. Celle-ci permet de voir le prix le plus élevé que les consommateurs sont prêts à payer pour se procurer la dernière unité de ce bien. Si la quantité disponible du bien est élevée, son prix sera bas ; à l'inverse, si elle est faible, son prix sera élevé. Par exemple, si 9 millions de cassettes sont en vente chaque semaine, les consommateurs seront prêts à payer 1 $ l'unité. Par contre, s'il n'y a que 2 millions de cassettes offertes chaque semaine, les consommateurs seront disposés à débourser jusqu'à 5 $ pour chaque cassette.

Afin de mieux saisir la portée de la courbe de demande, pensez à votre propre consommation de cassettes vierges. Sur une liste des prix unitaires possibles, vous pourriez indiquer le nombre de cassettes que vous seriez prêt à acheter par semaine à chaque prix. Maintenant, si vous appreniez qu'une seule cassette était mise en vente chaque semaine, vous pourriez indiquer combien vous seriez prêt à payer pour l'obtenir. Puis, dans l'éventualité où une deuxième cassette était offerte chaque semaine, vous pourriez décider du prix le plus élevé que vous seriez prêt à payer, et ainsi de suite. De cette manière, vous auriez établi votre propre barème de demande.

L'évolution de la demande

Pour construire un barème de demande et en tracer la courbe, nous avons supposé que, à l'exception du prix du bien, tous les autres facteurs susceptibles d'influer sur les intentions d'achat des consommateurs demeuraient constants. Voyons maintenant quels sont ces autres facteurs et quel effet chacun d'eux peut avoir sur le consommateur.

1. Les prix des autres biens. La quantité de cassettes que les consommateurs désirent acheter ne dépend pas uniquement du prix des cassettes. Elle dépend aussi du prix de certains autres biens. Ces autres biens appartiennent à deux catégories : les substituts et les compléments.

On appelle **substitut**, ou **bien substitut**, un bien qui peut être utilisé à la place d'un autre. Par exemple, vous pouvez prendre l'autobus plutôt que le train ; vous pouvez manger un hamburger plutôt qu'un hot-dog, ou encore une poire plutôt qu'une pomme. Comme nous l'avons vu, les cassettes audio peuvent avoir plusieurs substituts : les microsillons, les disques compacts, les reportages radiophoniques ou télévisés, les cassettes préenregistrées, les concerts, etc. Or, quand le prix d'un produit substitut augmente, les individus consomment moins de ce produit et achètent plus de cassettes. Ainsi, si le prix des microsillons double, on achètera moins de ceux-ci et la demande de cassettes augmentera. Inversement, si le prix d'un des substituts diminue, les gens en consommeront en plus grande quantité et ils achèteront moins de cassettes. Par exemple, en réponse à une baisse du prix des cassettes préenregistrées, on achètera davantage de ces dernières, et la demande de cassettes vierges fléchira.

Quel que soit le prix des cassettes vierges, toute variation du prix d'un des substituts aura des effets. Que le prix des cassettes vierges soit élevé ou bas, un changement du prix d'un des substituts entraînera les ajustements que nous venons de décrire. Cela aura pour effet de modifier l'ensemble du barème de demande des cassettes vierges et de déplacer la courbe de demande.

Un **complément**, ou **bien complémentaire**, est un bien qui est consommé avec un autre. Par exemple, les frites et les hamburgers sont des compléments. Il en va de même des spaghettis et de la sauce à la viande, des chaussures de course et des pantalons de jogging. Les cassettes ont, elles aussi, leurs compléments : les baladeurs, les magnétophones, les lecteurs de cassettes. Si le prix d'un de ces compléments augmente, les gens achèteront moins de cassettes. Si, par exemple, le prix des baladeurs double, les consommateurs en achèteront moins et, par conséquent, il se vendra moins de cassettes. Inversement, quand le prix d'un des biens complémentaires baisse, il se vend plus de cassettes. Par exemple, si le prix des baladeurs baisse de 50 %, il s'en vendra un plus grand nombre, ce qui fera augmenter le nombre de cassettes vendues. La demande de cassettes grimpera.

2. Le revenu des consommateurs. Le revenu des consommateurs a, lui aussi, une incidence sur la demande. Lorsque leurs revenus augmentent, les consommateurs augmentent leur demande de la plupart des biens. Par contre, quand leurs revenus diminuent, ils diminuent leur demande en conséquence.

Une hausse des revenus accroît la demande de la plupart des biens, mais non pas de tous. Les biens pour lesquels la demande s'accroît avec le revenu sont appelés **biens normaux**. Les repas au restaurant, les vêtements, le logement, les objets d'art, les vacances et les divertissements sont des exemples de biens normaux. Par contre, les biens pour lesquels la demande baisse lorsque le revenu augmente sont appelés **biens inférieurs**. On entend par là des produits qui, comme le riz et les pommes de terre, occupent une place importante dans l'alimentation des gens à faible revenu. À mesure que les revenus augmentent, la consommation de ces produits diminue parce qu'on les remplace par des produits plus coûteux comme la viande, les produits laitiers, etc.

3. La population. La demande dépend également de la taille de la population. Plus la population augmente et plus la demande de tous les biens et services s'accroît. Par contre, plus la population est faible et moins la demande de tous les biens et services est forte.

4. Les préférences des consommateurs. Enfin, la demande dépend des préférences des consommateurs. Les *préférences* désignent l'attitude ou les goûts des consommateurs pour les biens et services. Par exemple, un amateur de musique rock achètera davantage de cassettes audio qu'un bourreau de travail, aucunement porté sur la musique. À revenu égal, leur demande de cassettes sera très différente.

Il existe une différence fondamentale entre les préférences et les autres facteurs qui jouent sur la demande. Les préférences ne peuvent être observées directement. On peut toutefois observer le prix d'un bien, ou encore les prix de ses substituts et de ses compléments. On peut aussi observer la taille de la population et le revenu. Mais on ne peut connaître avec exactitude les préférences des individus. Les économistes tiennent pour acquis que les préférences changent lentement, ou pas du tout, et qu'elles sont indépendantes de tous les autres facteurs qui influent sur la demande.

Les divers facteurs qui influent sur la demande ainsi que la direction de leurs effets respectifs sont résumés au tableau 4.1.

Tableau 4.1 La demande de cassettes 

Loi de la demande

La quantité de cassettes demandée...

diminue...	*augmente...*
• si le prix des cassettes augmente.	• si le prix des cassettes diminue.

Modification de la demande

La demande de cassettes...

diminue...	*augmente...*
• Si le prix d'un substitut baisse.	• Si le prix d'un substitut augmente.
• Si le prix d'un complément augmente.	• Si le prix d'un complément diminue.
• Si le revenu diminue.*	• Si le revenu augmente.*
• Si la population diminue.	• Si la population augmente.

* Une cassette est un bien normal.

Mouvement le long de la courbe de demande et déplacement de la courbe

Tout changement d'un des facteurs qui influe sur les intentions d'achat des consommateurs provoque soit un mouvement le long de la courbe de demande, soit un déplacement de la courbe. Examinons chacune de ces deux possibilités.

Mouvement le long de la courbe de demande Si le prix d'un bien varie alors que tous les autres facteurs demeurent constants, la quantité demandée du bien changera. Ce changement se traduit graphiquement par un mouvement le long de la courbe de demande. Par exemple, la figure 4.1 montre que, si le prix d'une cassette passe de 3 $ à 5 $, il y a mouvement le long de la courbe de demande, du point *c* au point *e*.

Déplacement de la courbe de demande Si le prix d'un bien demeure constant, alors qu'un des autres facteurs susceptibles d'influer sur les intentions d'achat des consommateurs varie, il y aura une modification de la demande du bien. Ce changement de la demande s'exprime graphiquement par un déplacement de la courbe de demande. Par exemple, une baisse prononcée du prix des baladeurs, qui constituent un complément aux cassettes, a pour effet d'accroître la demande de cassettes. Nous pouvons représenter cette hausse de la demande de cassettes par un nouveau barème et une nouvelle courbe de demande. À chaque niveau de prix, les consommateurs demandent maintenant une plus grande quantité de cassettes.

Le tableau de la figure 4.2 comprend des données fictives qui permettent d'illustrer le déplacement de la courbe. Ce tableau contient le barème de demande initial ainsi que le nouveau barème résultant de la baisse du prix des baladeurs. Quant au graphique de la figure 4.2, il illustre le déplacement de la courbe de demande. Avec la baisse du prix des baladeurs, la courbe de demande de cassettes se déplace vers la droite.

Modification de la demande et variation de la quantité demandée

À un prix donné, la quantité demandée est représentée par un point sur la courbe de demande. La courbe de demande entière représente la demande. Une **modification de la demande** se traduit par un déplacement de la courbe de demande, tandis qu'une **variation de la quantité demandée** se traduit par un mouvement le long de la courbe de demande.

La figure 4.3 illustre ces distinctions. Si le prix d'un bien baisse et qu'aucun autre facteur ne change, la quantité demandée de ce bien augmente, ce qui occasionne un mouvement vers le bas le long de la courbe de demande D_0. À l'inverse, si le prix augmente et que tous les autres facteurs demeurent constants, la quantité demandée diminue, et il y a un mouvement vers le haut le long de la courbe de demande D_0. Cependant, quand il y a un changement d'un ou de plusieurs des autres facteurs susceptibles d'influer sur les plans d'achat des consommateurs, la courbe de demande se déplace et il y a modification de la demande (à la hausse ou à la baisse). Dans le cas d'un bien normal, une hausse du revenu, de la taille de la population, du prix d'un substitut, ou une baisse du prix d'un complément susciteront un déplacement de la courbe de demande vers la droite (de D_0 en D_2). Il y aura alors hausse de la demande. Inversement, la courbe de demande se déplacera vers la gauche (de D_0 à D_1) s'il y a une diminution du revenu de la population, du prix d'un substitut ou une augmentation du prix d'un complément. Il y aura alors diminution de la demande.

À RETENIR

La quantité demandée d'un bien représente la quantité de ce bien que les consommateurs désirent acheter au cours d'une période donnée et à un prix déterminé. Toutes choses étant égales par ailleurs, la quantité demandée d'un bien augmente quand le prix de celui-ci diminue. On peut représenter la demande par un barème de demande ou par une courbe de demande qui

Figure 4.2 Modification du barème de demande et déplacement de la courbe de demande

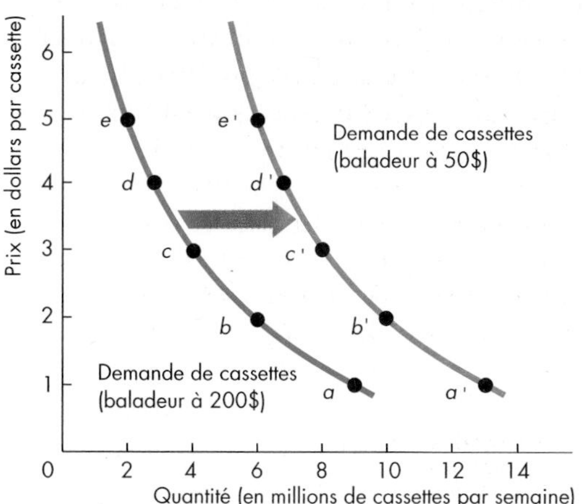

Toute variation d'un des facteurs autres que le prix d'un bien, susceptibles d'influencer les acheteurs, conduit à un nouveau barème de demande et provoque un déplacement de la courbe de demande du bien. Ici, une chute du prix du baladeur (un complément aux cassettes) fait augmenter la demande de cassettes. Ainsi, à 3 $ la cassette (ligne *c* du tableau), la quantité demandée de cassettes est de 4 millions par semaine si le baladeur coûte 200 $, et de 8 millions par semaine s'il coûte 50 $. La courbe de demande de cassettes se déplace vers la droite, suivant le sens de la flèche, et elle correspond alors à la nouvelle courbe rouge.

	Barème de demande initial (baladeur à 200 $)			**Nouveau barème de demande (baladeur à 50 $)**	
	Prix (en dollars par cassette)	**Quantité (en millions de cassettes par semaine)**		**Prix (en dollars par cassette)**	**Quantité (en millions de cassettes par semaine)**
a	1	9	*a'*	1	13
b	2	6	*b'*	2	10
c	3	4	*c'*	3	8
d	4	3	*d'*	4	7
e	5	2	*e'*	5	6

Figure 4.3 Modification de la demande et variation de la quantité demandée

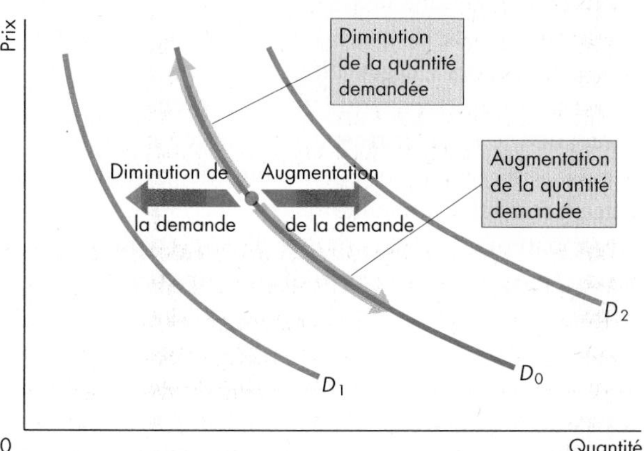

La variation du prix d'un bien entraîne un mouvement le long de la courbe de demande et une *variation de la quantité demandée.* Par exemple, sur la courbe de demande D_0, une hausse du prix provoque une diminution de la quantité demandée, tandis qu'une baisse du prix produit une augmentation de la quantité demandée. Les flèches qui apparaissent sur la courbe de demande D_0 indiquent des mouvements le long de la courbe de demande. Si l'un des autres facteurs susceptibles d'influer sur la demande varie de manière à faire augmenter la quantité que les consommateurs ont l'intention d'acheter, la courbe de demande se déplace vers la droite (de D_0 à D_2) et il y a *augmentation de la demande.* À l'inverse, si l'un de ces facteurs change la demande et a pour effet de réduire la quantité que les consommateurs ont l'intention d'acheter, il y aura déplacement de la courbe de demande vers la gauche (de D_0 à D_1) et *diminution de la demande.*

indique la quantité demandée à chaque niveau de prix. La demande désigne soit la quantité d'un bien que les consommateurs souhaitent acheter à chaque prix, soit le prix le plus élevé qu'ils sont prêts à payer pour se procurer la dernière unité du bien. La demande s'accroît lorsque s'élève le prix d'un substitut, que diminue le prix d'un complément ou qu'augmente la population. À l'inverse, la demande décroît si le prix d'un substitut diminue, si le prix d'un complément augmente ou si la population décroît.

Pour un bien normal, la demande s'accroît si le revenu augmente et décroît s'il baisse. Pour un bien inférieur, la demande diminue si le revenu augmente, et elle augmente si le revenu diminue.

Quand le prix d'un bien varie mais que tous les autres facteurs pouvant influer sur les intentions d'achat des consommateurs demeurent constants, la variation de la quantité demandée du bien est représentée par un mouvement le long de la courbe de demande. Tout changement d'un des autres facteurs provoque un déplacement de la courbe de demande.

■ ■ ■

L'offre

La **quantité offerte** d'un bien représente la quantité que les producteurs ont l'intention de vendre au cours d'une certaine période, compte tenu du prix qui prévaut sur le marché. La quantité offerte n'équivaut pas nécessairement à la quantité qui sera réellement vendue ou échangée. Les consommateurs peuvent contrecarrer les plans de vente des entreprises en achetant moins que la quantité planifiée par les entreprises. Tout comme la quantité demandée, la quantité offerte se calcule sur une période donnée.

Quels facteurs déterminent la quantité offerte?

La quantité offerte d'un bien dépend du nombre d'entreprises qui offrent ce bien et des plans de chacune d'elles. À son tour, la quantité qu'une entreprise inscrit dans ses plans de vente dépend de plusieurs facteurs, dont les suivants:

- Le prix du bien
- Les prix des autres biens
- Les prix des facteurs de production
- La technologie disponible

Puisque la théorie de l'offre et de la demande permet de formuler des prévisions relatives aux prix et aux quantités échangées, nous nous attarderons d'abord sur la relation entre le prix d'un bien et la quantité offerte de ce bien. Aux fins de cette étude, nous supposerons que tous les autres facteurs susceptibles d'influer sur la quantité offerte sont constants. Comment la quantité offerte d'un bien varie-t-elle avec le prix de ce bien? C'est la question à laquelle nous répondrons maintenant.

La loi de l'offre

La loi de l'offre s'exprime comme suit:

Toutes choses étant égales par ailleurs, plus le prix d'un bien est élevé, plus la quantité offerte de ce bien sera élevée.

Comment expliquer que l'augmentation du prix entraîne un accroissement de la quantité offerte? La réponse à cette question repose sur la notion de rentabilité. Dans un contexte où les prix des divers facteurs de production demeurent constants, la hausse du prix d'un bien se traduit par un profit plus élevé pour le producteur. Des profits plus élevés incitent les producteurs à accroître la quantité qu'ils offrent. De plus, ils attirent d'autres producteurs.

Le barème d'offre et la courbe d'offre

Le **barème d'offre** est une liste des quantités offertes selon différents prix, tout autre facteur ayant une incidence sur les plans de vente des entreprises demeurant par ailleurs constant. Préparons un barème d'offre. À cette fin, nous étudierons comment la quantité offerte d'un bien varie en fonction de son prix, en gardant constants les prix des autres biens, les prix des facteurs de production et le degré de développement de la technologie.

Le tableau de la figure 4.4 représente un barème d'offre de cassettes vierges. Nous y voyons la quantité de cassettes offertes à chaque prix. Par exemple, à 1 $ l'unité, aucune cassette n'est offerte. Si le prix unitaire est de 4 $, on constate que 5 millions de cassettes seront offertes chaque semaine.

Le barème d'offre peut être illustré graphiquement en traçant une courbe d'offre. Une **courbe d'offre** est un graphique qui montre la relation entre la quantité offerte d'un bien et le prix de ce bien, toutes choses étant égales par ailleurs. En utilisant les chiffres du tableau, nous pouvons tracer la courbe d'offre de cassettes. Le point *d*, par exemple, montre que la quantité offerte sera de 5 millions de cassettes par semaine si le prix s'établit à 4 $ l'unité.

Figure 4.4 Le barème d'offre et la courbe d'offre

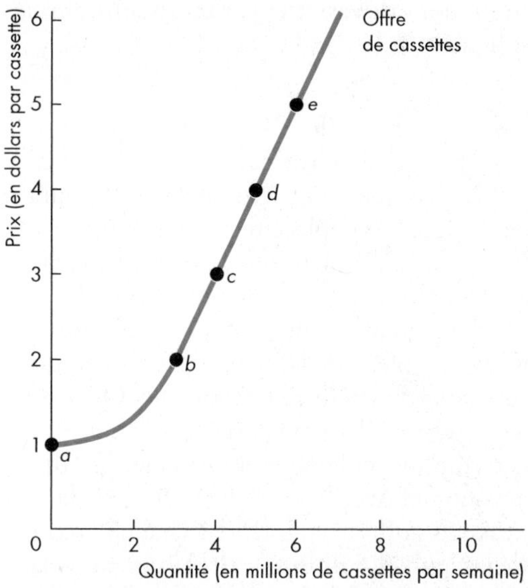

	Prix (en dollars par cassette)	Quantité (en millions de cassettes par semaine)
a	1	0
b	2	3
c	3	4
d	4	5
e	5	6

Ce tableau représente le barème d'offre de cassettes. On y voit par exemple que, quand le prix des cassettes est de 2 $ l'unité, la quantité offerte est de 3 millions par semaine; quand la cassette coûte 5 $, la quantité offerte est de 6 millions par semaine. La courbe d'offre illustre la relation entre la quantité offerte d'un bien et son prix, toutes choses étant égales par ailleurs. La courbe d'offre est généralement à pente positive: le prix et la quantité offerte du bien augmentent simultanément. La courbe d'offre se lit de deux façons. À un prix donné, elle indique d'abord la quantité que les producteurs souhaitent vendre. Ainsi, à 3 $ l'unité, les producteurs ont l'intention de vendre 4 millions de cassettes par semaine. La courbe d'offre donne aussi le prix le plus bas auquel une quantité donnée sera mise en vente. Par exemple, il faudra un prix minimal de 3 $ l'unité pour qu'il y ait une offre de 4 millions de cassettes par semaine.

Le prix de vente minimal

Tout comme la courbe de demande, la courbe d'offre peut s'interpréter de deux façons. Jusqu'ici, nous avons vu dans le barème d'offre et la courbe d'offre une façon de représenter la quantité d'un bien que les entreprises offrent en fonction du prix. Mais on peut aussi voir la courbe d'offre d'un bien comme un moyen d'indiquer le prix minimal auquel peut être offerte la dernière unité du bien. En considérant sous cet angle le barème d'offre, nous pouvons nous demander quel est le prix le plus bas auquel les entreprises sont disposées à offrir une quantité donnée d'un bien. Pour offrir chaque semaine 3 millions de cassettes, les entreprises doivent obtenir un prix de 2 $ l'unité au moins. Pour en offrir chaque semaine 5 millions, elles doivent obtenir au moins 4 $ l'unité.

Modification de l'offre

Le terme **offre** désigne l'ensemble de la relation qui existe entre la quantité offerte d'un bien et son prix. Dans la figure 4.4, nous avons illustré de deux façons l'offre de cassettes: par le barème d'offre et par la courbe d'offre. Pour les préparer, nous avons maintenu constants tous les autres facteurs qui peuvent avoir un effet sur les plans des offreurs. Penchons-nous maintenant sur ces autres facteurs.

1. Les prix des autres biens. Les prix des autres biens peuvent influer sur l'offre d'un bien. Si, par exemple, une même chaîne de montage peut produire des voitures sport ou des berlines, le nombre de berlines produites dépendra du prix de vente des voitures sport et, inversement, le nombre de voitures sport produites sera fonction du prix des berlines. Du point de vue de la production, ce sont des substituts. Toute augmentation du prix d'un *substitut de production* entraîne une diminution de l'offre.

Par ailleurs, du point de vue de la production, deux biens sont des compléments s'ils sont obligatoirement produits ensemble. Il y a plusieurs exemples de *compléments de production*, particulièrement dans l'industrie des produits chimiques. On peut penser aux produits chimiques obtenus à partir du charbon: coke, goudron, nylon et bon nombre d'autres produits de synthèse. Toute augmentation du prix d'un de ces sous-produits provoque un accroissement de l'offre des autres sous-produits.

Les cassettes vierges, si elles n'ont pas de compléments de production évidents, ont en revanche un substitut: les cassettes préenregistrées. Une augmentation du prix des cassettes préenregistrées provoque un fléchissement de l'offre de cassettes vierges.

2. Les prix des facteurs de production. Les prix des facteurs de production qui entrent dans la fabrication d'un bien auront aussi un effet important sur l'offre de ce bien. Ainsi, une hausse des prix de la main-d'œuvre et du capital utilisés dans la production des cassettes auront pour effet de diminuer l'offre de cassettes.

Tableau 4.2 L'offre de cassettes

Loi de l'offre

La quantité de cassettes offerte...

diminue...	*augmente...*
• si le prix des cassettes diminue.	• si le prix des cassettes augmente.

Modification de l'offre

L'offre de cassettes...

diminue...	*augmente...*
• Si le prix d'un substitut de production augmente.	• Si le prix d'un substitut de production baisse.
• Si le prix d'un complément de production diminue.	• Si le prix d'un complément de production augmente.
• Si le prix d'un facteur utilisé dans la fabrication des cassettes augmente.	• Si le prix d'un facteur utilisé dans la fabrication des cassettes diminue.
	• Si des techniques de production plus efficaces sont découvertes.

3. La technologie disponible. En réduisant la quantité utilisée de facteurs de production ainsi que leurs prix, le progrès technique permet aux producteurs d'abaisser leurs coûts de production et d'augmenter leur offre. Par exemple, en mettant au point de nouvelles techniques de fabrication des cassettes, les sociétés Sony et 3M ont largement diminué leurs coûts de production, ce qui a contribué à augmenter l'offre de cassettes.

Les facteurs qui influent sur l'offre sont résumés au tableau 4.2.

Mouvement le long de la courbe d'offre et déplacement de la courbe

Toute variation d'un des facteurs qui influent sur les producteurs provoque soit un mouvement le long de la courbe d'offre, soit un déplacement de cette courbe.

Mouvement le long de la courbe d'offre La variation du prix d'un bien, tous les autres facteurs qui ont une incidence sur les plans de vente des offreurs demeurant constants, produira un mouvement le long de la courbe d'offre. Par exemple, si le prix d'une cassette passe de 3 $ à 5 $, il y aura un mouvement le long de la courbe d'offre du point *c* (4 millions de cassettes par semaine) au point *e* (6 millions de cassettes par semaine), comme le montre la figure 4.4.

Déplacement de la courbe d'offre Si le prix d'un bien reste inchangé mais qu'un autre facteur ayant une incidence sur les plans de vente des offreurs varie, il y aura modification de l'offre et déplacement de la courbe. Comme nous l'avons déjà mentionné, le progrès technique permet de réduire les coûts de production des cassettes et d'en augmenter l'offre, ce qui modifie le barème d'offre. Le tableau de la figure 4.5 contient des données fictives qui illustrent ce phénomène. On y voit deux barèmes d'offre : le barème initial, fondé sur l'«ancienne» technique, et le nouveau barème, issu de la «nouvelle» technique. Avec la nouvelle technique, la quantité de cassettes offerte augmente à chaque prix. Le graphique de la figure 4.5 illustre le déplacement de la courbe d'offre qui en résulte. Les techniques de production s'améliorant, la courbe d'offre de cassettes se déplace vers la droite.

Modification de l'offre et variation de la quantité offerte

Chaque point sur la courbe d'offre représente la quantité offerte à un prix donné. L'ensemble de la courbe d'offre représente l'offre. Une **modification de l'offre** se traduit par un déplacement de la courbe d'offre, tandis qu'une **variation de la quantité offerte** se traduit par un mouvement le long de la courbe d'offre.

La figure 4.6 illustre et résume ces distinctions. Quand le prix d'un bien baisse et qu'aucun autre facteur ne change, il y a diminution de la quantité offerte du bien, ce qui se traduit par un mouvement vers le bas le long de la courbe d'offre O_0. Quand le prix d'un bien augmente, toutes choses étant égales par ailleurs, il se produit une hausse de la quantité offerte, ce qui se traduit par un mouvement vers le haut le long de la courbe d'offre O_0. Si l'un des autres facteurs susceptibles d'influer sur les producteurs varie, la courbe d'offre se déplace et il y a modification de l'offre. Si la courbe d'offre initiale est O_0, un changement technique qui réduit la quantité de facteurs utilisés dans la production d'un bien fera augmenter l'offre et déplacer la courbe d'offre vers la droite (de O_0 à O_2). En revanche, si les coûts de production augmentent, l'offre fléchira et la courbe d'offre se déplacera vers la gauche (de O_0 à O_1).

Figure 4.5 Modifcation du barème d'offre et déplacement de la courbe d'offre

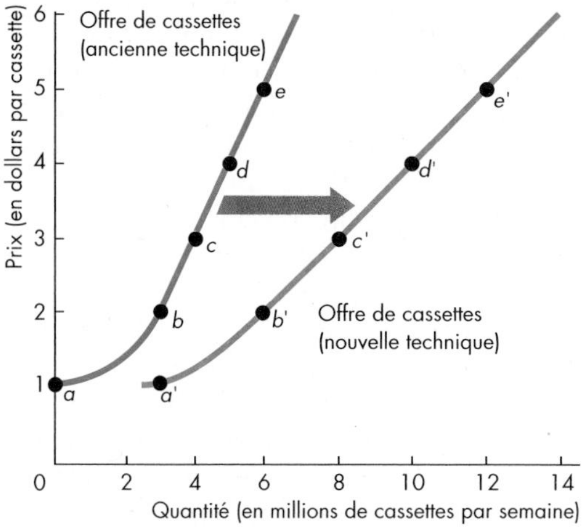

	Ancienne technique			Nouvelle technique	
	Prix (en dollars par cassette)	**Quantité (en millions de cassettes par semaine)**		**Prix (en dollars par cassette)**	**Quantité (en millions de cassettes par semaine)**
a	1	0	*a'*	1	3
b	2	3	*b'*	2	6
c	3	4	*c'*	3	8
d	4	5	*d'*	4	10
e	5	6	*e'*	5	12

Si le prix d'un bien demeure constant alors qu'un autre facteur susceptible d'influer sur l'offre varie, il y aura un nouveau barème d'offre et la courbe d'offre se déplacera. Par exemple, si Sony et 3M mettent au point une technique qui permet de produire les cassettes à des coûts plus bas, le barème d'offre change, comme le montre le tableau. À un prix de 3 $ l'unité, les producteurs planifiaient une vente hebdomadaire de 4 millions de cassettes avec l'ancienne technique; ils planifient maintenant une vente hebdomadaire de 8 millions de cassettes avec la nouvelle technique. Le progrès technique fait augmenter l'offre de cassettes et déplacer la courbe d'offre de cassettes vers la droite.

Figure 4.6 Modification de l'offre et variation de la quantité offerte

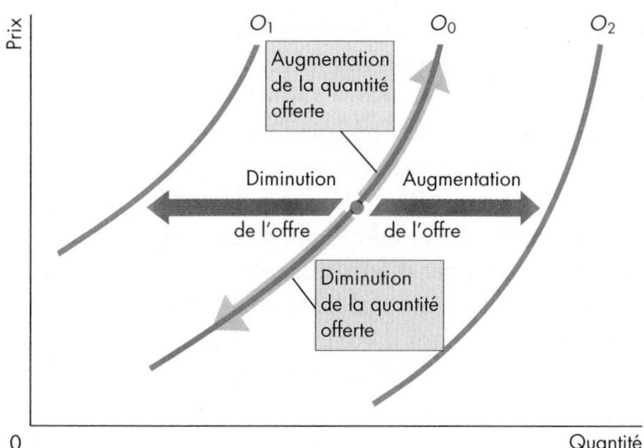

La variation du prix d'un bien entraîne un mouvement le long de la courbe d'offre et une variation de la quantité offerte. Par exemple, sur la courbe d'offre O_0, une hausse du prix provoque un accroissement de la quantité offerte, tandis qu'une baisse du prix provoque une diminution de la quantité offerte. C'est ce que signalent les flèches tracées sur la courbe O_0. Si un autre des facteurs susceptibles d'influer sur l'offre fait augmenter la quantité que les producteurs ont l'intention de vendre, la courbe d'offre se déplace alors vers la droite, de O_0 à O_2, et *l'offre augmente*. À l'inverse, si un de ces facteurs varie de manière à susciter une diminution de la quantité que les producteurs sont disposés à vendre, la courbe d'offre se déplace vers la gauche, de O_0 à O_1, et *l'offre diminue*.

À RETENIR

La quantité offerte d'un bien est la quantité que les producteurs ont l'intention de vendre au cours d'une période donnée à un prix déterminé. La quantité offerte s'accroît avec le prix, toutes choses étant égales par ailleurs. L'offre peut être représentée soit par un barème, soit par une courbe, qui décrivent la relation entre la quantité offerte d'un bien et son prix. L'offre représente la quantité qui sera offerte à chaque niveau de prix possible, ou encore le prix le plus bas auquel les producteurs offriront la dernière unité du bien. L'offre augmente si le prix d'un substitut de production baisse, si le prix d'un complément de production augmente, si le prix des facteurs de production diminue ou si le progrès technique réduit les coûts de production. Lorsque le prix d'un bien varie alors que tous les autres facteurs qui influent sur les plans des producteurs restent constants, il y a variation de la quantité offerte, qui est représentée par un mouvement le long de la courbe d'offre. Toute modification d'un des autres facteurs qui ont une incidence sur les plans des producteurs a pour effet de déplacer la courbe d'offre. Les variations des prix des substituts et des compléments de production, des prix des facteurs de production, ou les améliorations techniques font déplacer la courbe d'offre. On dit alors qu'il y a modification de l'offre.

■ ■ ■

Maintenant que nous sommes familiarisés avec la demande et l'offre, réunissons ces deux concepts et examinons de quelle façon les prix sont déterminés.

La détermination des prix

Nous avons vu que la hausse du prix d'un bien entraîne une réduction de la quantité demandée et une augmentation de la quantité offerte de ce bien. Nous verrons maintenant comment les prix s'ajustent de manière à ce que les quantités demandées et offertes soient égales.

Le rôle régulateur des prix

Le prix d'un bien détermine les quantités demandées et offertes de ce bien. Si le prix est trop élevé, la quantité offerte dépasse la quantité demandée. Inversement, si le prix est trop bas, la quantité demandée excède la quantité offerte. Il existe un seul prix pour lequel la quantité demandée est égale à la quantité offerte. Examinons de quelle façon ce prix est déterminé. Chemin faisant, nous découvrirons que les forces du marché poussent le prix vers le niveau où la quantité demandée est égale à la quantité offerte.

La figure 4.7 réunit le barème et la courbe de demande de la figure 4.1, de même que le barème et la courbe d'offre de la figure 4.4. Nous y remarquons que, si le prix d'une cassette est de 1 $, les consommateurs demandent chaque semaine 9 millions de cassettes, alors qu'aucune cassette n'est produite. La quantité de cassettes demandée par semaine dépasse de 9 millions la quantité offerte. Cette *demande excédentaire*, qui se traduit par une pénurie de cassettes sur le marché, est enregistrée dans la dernière colonne du tableau. Lorsque le prix d'une cassette s'établit à 2 $, l'excédent de demande subsiste toujours, mais celui-ci n'est plus que de 3 millions de cassettes par semaine. Par contre, quand le prix passe à 4 $ la cassette, la quantité offerte excède la quantité demandée. La quantité offerte est de 5 millions de cassettes par semaine et la quantité demandée est de 3 millions. Il y a donc chaque semaine une *offre excédentaire*, ou surplus, de 2 millions de cassettes. En réalité, il n'existe qu'un seul prix où il n'y a ni pénurie ni surplus. Ce prix est de 3 $ par cassette. À ce prix, la quantité demandée correspond exactement à la quantité offerte, soit 4 millions de cassettes par semaine. Ce nombre représente également la quantité échangée de cassettes.

Nous avons illustré, à l'aide du graphique de la figure 4.7, le fonctionnement du marché des cassettes vierges. Ce graphique contient à la fois la courbe de demande de la figure 4.1 et la courbe d'offre de la figure 4.4. Ces deux courbes se croisent en un point qui correspond à un prix de 3 $ par cassette. La quantité échangée est alors de 4 millions de cassettes par semaine. Pour tout prix supérieur à 3 $, la quantité offerte dépasse celle qui est demandée. Il y a donc un surplus de cassettes. Ainsi, lorsque le prix d'une cassette est de 4 $, il y a un surplus de 2 millions de cassettes par semaine, qui est indiqué par la flèche du haut. Par contre, si le prix d'une cassette est inférieur à 3 $, la quantité demandée dépasse la quantité offerte. Ainsi, pour un prix de 2 $ par cassette, on a une pénurie de 3 millions de cassettes par semaine, qui est indiqué par la flèche du bas.

L'équilibre

Dans le chapitre 1, nous avons défini un *équilibre* comme une situation où des forces opposées se compensent réciproquement. Il s'agit d'une situation où chaque personne effectue le meilleur choix possible compte tenu des ressources existantes et des décisions prises par les autres. Il y a donc équilibre lorsque, dans un système, le prix est tel que les forces opposées se compensent. Le **prix d'équilibre** est le prix auquel la quantité demandée est égale à la quantité offerte. Pour comprendre pourquoi il s'agit là d'un équilibre, il nous faut examiner de plus près le comportement des acheteurs et celui des vendeurs. Analysons d'abord celui des acheteurs.

La courbe de demande et la disposition des acheteurs à payer
Supposons que les cassettes vierges se vendent 2 $ chacune. À ce prix, les producteurs inscrivent 3 millions de cassettes par semaine dans leurs plans de vente. Comme les consommateurs ne peuvent obliger les producteurs à offrir plus de cassettes qu'ils ne veulent en vendre, la quantité vendue sera de 3 millions de cassettes. Quel prix maximal les consommateurs sont-ils disposés à payer chaque semaine pour obtenir la dernière cassette ? La réponse se trouve sur la courbe de demande illustrée à la figure 4.7; ils seront prêts à payer 4 $.

Figure 4.7 L'équilibre

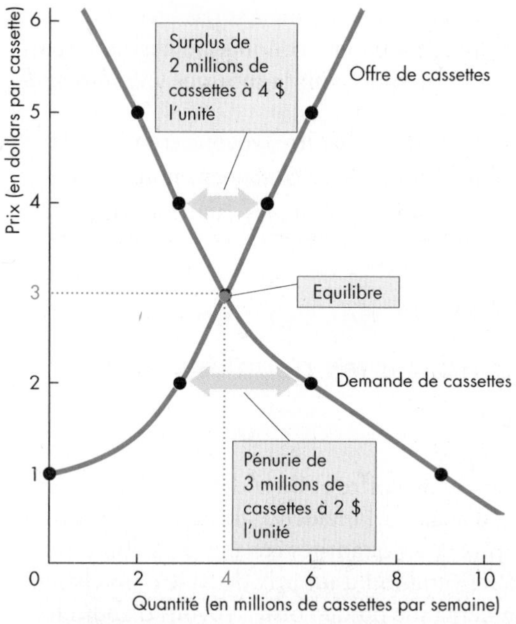

Le tableau contient les quantités demandées et les quantités offertes de cassettes en fonction de leur prix. La dernière colonne indique, pour chaque niveau de prix, s'il y a pénurie ou surplus. (Les quantités précédées du signe – expriment des pénuries, tandis que celles qui sont précédées du signe + représentent des surplus.) Quand le prix unitaire des cassettes est de 2 $, la quantité demandée est de 6 millions par semaine et la quantité offerte de 3 millions. Il y a donc pénurie de 3 millions de cassettes, ce qui exerce une pression à la hausse sur le prix. Quand la cassette se vend 4 $, la quantité demandée est de 3 millions par semaine et la quantité offerte de 5 millions. Il en résulte un surplus de 2 millions de cassettes par semaine, ce qui fait baisser le prix. Quand enfin le prix s'établit à 3 $, la quantité offerte et la quantité demandée sont toutes deux égales à 4 millions de cassettes par semaine : il n'y a ni surplus ni pénurie. Les consommateurs et les producteurs n'ont alors aucun avantage à faire varier le prix. Le prix auquel la quantité demandée est égale à la quantité offerte représente le prix d'équilibre.

Prix (en dollars par cassette)	Quantité demandée (en millions de cassettes par semaine)	Quantité offerte (en millions de cassettes par semaine)	Pénurie (-) ou surplus (+) (en millions de cassettes par semaine)
1	9	0	-9
2	6	3	-3
3	4	4	0
4	3	5	+2
5	2	6	+4

Si le prix est de 2 $ l'unité, la quantité de cassettes demandée sera de 6 millions par semaine, ce qui représente un excédent de 3 millions par rapport à l'offre. Dans une telle situation, le prix ne pourra se maintenir à 2 $. Les consommateurs désirent plus de cassettes que la quantité offerte à ce prix. Ils sont prêts à payer jusqu'à 4 $ la cassette, ce qui fera monter le prix. Si la quantité offerte demeure à 3 millions de cassettes par semaine, le prix grimpera jusqu'à 4 $ l'unité.

En fait, il ne sera pas nécessaire que le prix monte autant puisque la quantité offerte augmentera avec le prix. Le prix d'une cassette passera de 2 $ à 3 $, et la quantité offerte atteindra 4 millions de cassettes par semaine. À 3 $ la cassette, il y a équilibre puisque les acheteurs peuvent se procurer la quantité de cassettes qu'ils désirent et que les producteurs peuvent écouler la quantité inscrite dans leurs plans de vente. Personne, par conséquent, n'a intérêt à faire monter le prix.

La courbe d'offre et le prix de vente minimal Supposons que le prix d'une cassette soit de 4 $ l'unité. La quantité demandée est alors de 3 millions de cassettes par semaine. Comme les producteurs ne peuvent forcer les consommateurs à en acheter plus, la quantité de cassettes achetées chaque semaine est de 3 millions. Pour cette quantité, les producteurs sont disposés à accepter un prix inférieur à 4 $ l'unité. En fait, la courbe d'offre de la figure 4.7 montre que les offreurs sont prêts à céder chaque semaine, au prix de 2 $, la trois millionième cassette. À 4 $ la cassette, ils aimeraient en vendre 5 millions par semaine. Comme les producteurs désirent vendre plus de 3 millions de cassettes par semaine si le prix est de 4 $, et qu'ils sont disposés à céder au prix de 2 $ la trois millionième cassette, ils se disputeront la clientèle pour obtenir une plus grande part du marché. S'ils ne vendent que 3 millions de cassettes par semaine, ils réduiront leur prix jusqu'à 2 $.

En réalité, les producteurs n'ont pas besoin de baisser leur prix jusqu'à 2 $ l'unité, parce que toute réduction de prix entraîne une augmentation de la quantité demandée. Lorsque le prix baisse à 3 $ la cassette, la quantité demandée monte à 4 millions de cassettes par semaine, ce qui représente exactement la quantité que les producteurs souhaitent vendre à ce prix. Lorsque le prix atteint 3 $ la cassette, les producteurs n'ont plus intérêt à le baisser davantage.

La «meilleure affaire» possible pour les acheteurs et les vendeurs Les deux situations que nous venons d'examiner conduisent à des changements de prix. Dans le premier cas, il s'exerce une pression à la hausse sur le prix initial de 2 $. Dans le second cas, le prix initial est de 4 $ et les producteurs se disputent la clientèle, ce qui fait baisser le prix. Dans les deux cas, le prix varie jusqu'à ce qu'il en coûte 3 $ par cassette. À ce prix, la quantité demandée et la quantité offerte de cassettes sont égales, et il n'est avantageux pour personne de proposer un prix différent. Les consommateurs paient ce qu'ils sont disposés à payer pour les dernières unités achetées et les producteurs vendent au prix le plus bas qu'ils puissent accepter. Le prix ainsi atteint sur le marché est le prix d'équilibre : celui où la quantité demandée est égale à la quantité offerte.

À RETENIR

Lorsque les plans des acheteurs et des vendeurs correspondent exactement, c'est-à-dire lorsque la quantité demandée est égale à la quantité offerte, on dit que le prix proposé est un prix d'équilibre. *En dessous* de ce prix d'équilibre, la quantité demandée dépasse la quantité offerte : les acheteurs sont disposés à payer plus cher et les vendeurs exigent un prix plus élevé, de sorte que le prix monte. *Au-dessus* du prix d'équilibre, la quantité offerte excède la quantité demandée : les consommateurs ne consentent qu'à payer un prix plus bas et les producteurs sont eux-mêmes prêts à vendre moins cher, de sorte que le prix baisse. C'est seulement lorsque la quantité demandée et la quantité offerte seront égales qu'il n'y aura plus de pression sur le prix. Au prix d'équilibre, la quantité échangée est égale à la fois à la quantité demandée et à la quantité offerte.

■ ■ ■

La théorie de l'offre et de la demande, que nous venons d'étudier sommairement, constitue l'un des principaux outils de l'analyse économique. Mais il n'en a pas toujours été ainsi. Il y a seulement un siècle, les meilleurs économistes ne maniaient pas bien ces notions qu'un débutant en économique saisit pourtant facilement aujourd'hui. (Voir la rubrique *L'évolution de nos connaissances*, pp. 84-85.)

Pour conclure ce chapitre, voyons comment la théorie de l'offre et de la demande peut nous aider à comprendre et même à prédire les variations de prix.

Les prédictions des variations dans les prix et les quantités échangées

La théorie de l'offre et de la demande nous permet d'analyser l'incidence de divers facteurs sur les prix et les quantités échangées. Selon cette théorie, toute variation d'un prix découle d'un changement de la demande ou de l'offre. Voyons d'abord les effets d'une modification de la demande.

Modification de la demande

Qu'arrive-t-il au prix et à la quantité échangée de cassettes, lorsque la demande de cassettes augmente ? Nous allons répondre à cette question à l'aide d'un exemple précis. Si le prix du baladeur, un complément des cassettes, passe de 200 $ à 50 $, la demande de cassettes augmente, comme nous pouvons le voir au tableau de la figure 4.8. Les trois premières colonnes expriment le barème de demande initial et le nouveau barème. Le tableau contient également le barème d'offre.

Le prix d'équilibre initial était de 3 $ par cassette. À ce prix, la quantité demandée et la quantité offerte étaient de 4 millions de cassettes par semaine. Quand la demande augmente, le prix d'équilibre passe à 5 $ l'unité. À ce prix, 6 millions de cassettes sont échangées chaque semaine. Donc, à la suite d'une hausse de la demande, le prix et la quantité échangée augmentent.

Nous illustrons ces variations à l'aide du graphique de la figure 4.8. On y voit d'abord la demande et l'offre initiales de cassettes. Le prix d'équilibre est alors de 3 $ l'unité, et la quantité échangée est de 4 millions de cassettes par semaine. Au fur et à mesure que la demande s'accroît, la courbe de demande se déplace vers la droite. On voit le prix d'équilibre passer à 5 $ l'unité et la quantité échangée s'élever à 6 millions de cassettes par semaine.

Examinons le cas inverse. À partir d'un prix de 5 $ l'unité et d'une quantité échangée de 6 millions de

Figure 4.8 Les effets d'une modification de la demande

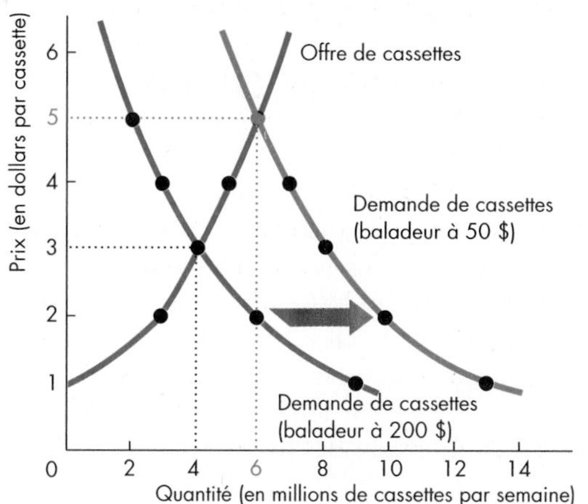

Lorsque le prix d'un baladeur est de 200 $, les quantités de cassettes demandées et échangées sont respectivement de 4 millions par semaine, au prix de 3 $ la cassette. Quand le prix du baladeur chute à 50 $, la quantité de cassettes demandée grimpe à 8 millions par semaine. Si le prix des cassettes se maintient à 3 $, il y aura une pénurie de 4 millions de cassettes par semaine. Les quantités de cassettes demandées et offertes sont égales lorsque le prix est de 5 $ la cassette; la quantité échangée s'établit alors à 6 millions de cassettes par semaine. On voit que l'accroissement de la demande a fait grimper de 2 $ le prix d'équilibre et de 2 millions par semaine la quantité échangée.

Prix (en dollars par cassette)	Quantité demandée (en millions de cassettes par semaine)		Quantité offerte (en millions de cassettes par semaine)
	Baladeur à 200 $	**Baladeur à 50 $**	
1	9	13	0
2	6	10	3
3	4	8	4
4	3	7	5
5	2	6	6

cassettes par semaine, on peut prévoir ce qui se produira si la demande fléchit jusqu'à rejoindre son niveau initial. Une diminution de la demande entraînera une baisse du prix et de la quantité échangée. Nous pouvons donc formuler comme suit nos deux premières propositions théoriques ou prédictions :

- Si la demande s'accroît, le prix et la quantité échangée augmentent.
- Si la demande baisse, le prix et la quantité échangée diminuent.

Reportez-vous aux articles de la rubrique *Entre les lignes*, pages 88 à 91. Ils illustrent le mécanisme de l'offre et de la demande.

Modification de l'offre

Voyons maintenant ce qui se produit lorsque l'offre change. Partons encore une fois d'un prix initial de 3 $ l'unité et d'une quantité échangée de 4 millions de cassettes par semaine. Supposons maintenant que les sociétés Sony et 3M viennent de mettre au point une nouvelle technique qui permet de réduire les coûts de production des cassettes. Cela a pour effet de modifier le barème d'offre et de faire déplacer la courbe d'offre. Le tableau de la figure 4.9 (p. 86) contient le nouveau barème d'offre (celui-là même que nous avions à la figure 4.5). Quel est le nouveau prix d'équilibre et la nouvelle quantité échangée ? La réponse apparaît en rouge dans le tableau de la figure : le prix tombe à 2 $ l'unité et la quantité échangée grimpe à 6 millions de cassettes par semaine. Pour mieux comprendre ce phénomène, on peut vérifier quelles étaient les quantités demandées et offertes à l'ancien prix de 3 $ la cassette, compte tenu du déplacement de l'offre. À ce prix, la quantité offerte serait de 8 millions de cassettes par semaine et il y aurait un surplus de cassettes exerçant une pression à la baisse sur le prix. C'est seulement au prix de 2 $ l'unité que la quantité demandée de cassettes est égale à la quantité offerte.

La loi de l'offre et de la demande : genèse d'une découverte

Antoine-Augustin Cournot

Alfred Marshall

À partir de quoi fixe-t-on le prix d'un bien ou d'un service ? Pourquoi certaines ressources vitales, comme l'eau qu'on boit ou l'air qu'on respire, sont-elles gratuites alors qu'on paie si cher un produit de luxe tel que le diamant ? Pendant des siècles, on a cherché des réponses à ces questions. On les a finalement trouvées grâce à la découverte et à l'affinement des théories de l'offre, de la demande et du prix d'équilibre que nous étudions dans ce chapitre. C'est au cours des années 1890 que ces théories ont été mises au point.

Reportons-nous au début du 19e siècle. On envisage d'investir dans la construction de chemins de fer et, pour orienter les décisions, on fait appel à la théorie des prix qui a cours à l'époque. Les économistes croyaient alors que c'étaient les coûts de production qui déterminaient les prix. On prévoit donc que le prix du transport ferroviaire s'ajustera aux coûts de construction du nouveau réseau et qu'un rendement raisonnable découlera de l'investissement proposé. Ainsi donc, on investit massivement dans ce nouveau mode de transport. Hélas, les taux de rendement s'avèrent nettement inférieurs aux prévisions. Pourquoi ? Où était donc l'erreur ? Ignorant tout des lois de l'offre et de la demande, on ne s'est pas rendu compte qu'une forte augmentation de l'offre des services ferroviaires en ferait chuter les prix et réduirait par le fait même le rendement de la mise de fonds. Retraçons ici les grandes étapes qui ont mené à la théorie de l'offre et de la demande.

Tout commence avec l'ouvrage d'Antoine-Augustin Cournot. Cournot (1801-1877) naît à Dijon, en France. En 1834, il devient professeur de mathématiques à l'université de Lyon. Quatre ans plus tard, il publie un livre intitulé *Recherches sur les principes mathématiques de la théorie des richesses*, dans lequel il formule la loi de la demande. L'exposé de Cournot est remarquablement précis. Toutefois, parce qu'il est écrit dans un langage mathématique alors mal connu des économistes, il n'exercera que beaucoup plus tard une réelle influence.

C'est Arsène-Jules-Émile Juvenal Dupuit (1804-1866) qui, le premier, trace une courbe de demande. Tout comme Cournot, Dupuit est de nationalité française. Il apporte à la science économique une solide contribution, à titre d'ingénieur et à titre de théoricien de l'économie. En 1844, dans un texte intitulé *De la mesure de l'utilité des travaux publics*, il conçoit une courbe de demande, qu'il appelle «courbe de consommation».

Quelques années plus tard et indépendamment des travaux de Dupuit, l'Irlandais Dionysius Lardner (1793-1859) découvre la loi de la demande, dont il fait aussi la première application pratique. Professeur de philosophie à l'université de Londres, Lardner publie en 1850 un livre intitulé *Railway Economy*, dans lequel il trace et utilise une courbe de demande des services de transport.

Fleeming Jenkin (1833-1885), lui aussi professeur de philosophie à l'université de Londres, est le premier à tracer simultanément une courbe de demande et une courbe d'offre, et à appliquer la théorie de l'offre et de la demande pour déterminer un prix. Les deux courbes de Jenkin figurent dans un article de 1870, intitulé *The Graphic Representation of the Laws of Supply and Demand.* Jenkin est également le premier à utiliser les théories de l'offre et de la demande pour prévoir les effets des impôts, dans un article de 1872 intitulé *On the Principles Which Regulate the Incidence of Taxes.*

Bien d'autres chercheurs ont contribué à affiner la théorie de l'offre et de la demande. C'est cependant à Alfred Marshall (1842-1924) qu'on en doit la première formulation complète et approfondie, assez moderne pour être identifiée à celle que nous étudions dans ce chapitre. Professeur d'économie politique à l'université de Cambridge, Marshall publie en 1890 *Principles of Economics,* un monumental traité connu en français sous le titre *Principes d'économie politique*, qui fera autorité pendant presque un demi-siècle. Dans sa préface, l'auteur reconnaît sa dette envers Cournot et affirme que la théorie de l'offre et de la demande constitue un outil d'analyse général, applicable à tous les champs de l'économie.

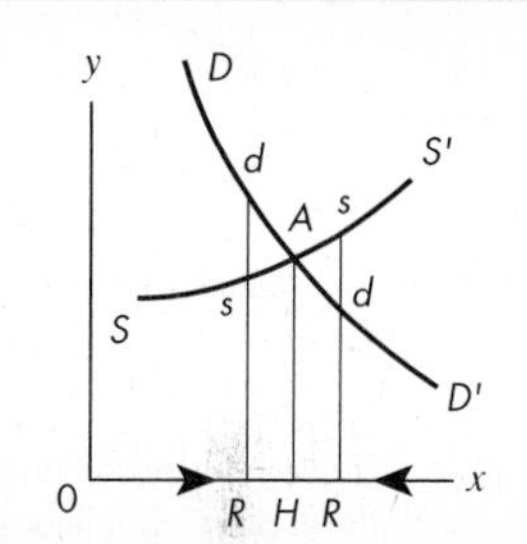

Dans son analyse, Marshall – pourtant très bon mathématicien – ne fait guère appel aux mathématiques ni même aux graphiques. Il relègue à une note en bas de page son exposé sur la détermination du prix d'équilibre et son diagramme de l'offre et de la demande. Nous reproduisons ici ce diagramme; même s'il est beaucoup moins éloquent que celui de la figure 4.7, vous remarquerez combien il s'en rapproche.[1]

1 La courbe DD' est la courbe de demande. La courbe SS' est la courbe d'offre.

Figure 4.9 Les effets d'une modification de l'offre

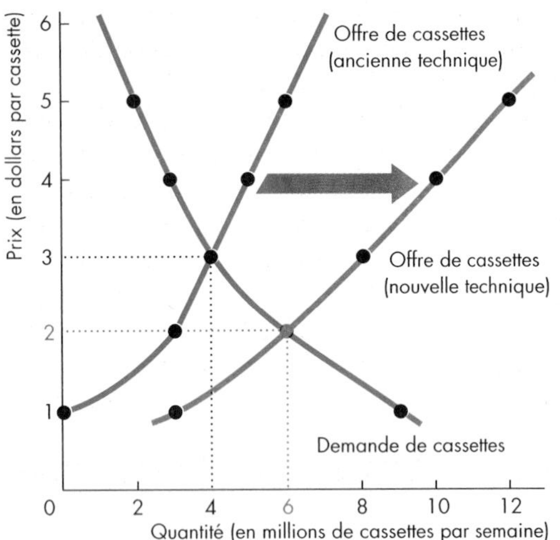

Prix (en dollars par cassette)	Quantité demandée (en millions de cassettes par semaine)	Quantité offerte (en millions de cassettes par semaine)	
		Ancienne technique	Nouvelle technique
1	9	0	3
2	6	3	6
3	4	4	8
4	3	5	10
5	2	6	12

Le recours à une nouvelle technique de production modifie le barème d'offre : à 3 $ la cassette, la quantité de cassettes offerte atteint 8 millions par semaine et dépasse la quantité demandée. Comme on le voit dans le tableau, quand le prix unitaire baisse à 2 $, la quantité demandée devient égale à la quantité offerte, soit 6 millions de cassettes par semaine. Avec l'ancienne technique, la courbe d'offre coupait la courbe de demande à un prix de 3 $ et à une quantité échangée de 4 millions de cassettes par semaine. Grâce à la nouvelle technique, la courbe d'offre se déplace vers la droite. Elle croise la courbe de demande au point qui correspond à un prix de 2 $ et à une quantité échangée de 6 millions de cassettes par semaine. L'augmentation de l'offre a entraîné une baisse de 1 $ du prix des cassettes et une augmentation de 2 millions du volume des ventes.

Le graphique de la figure 4.9 illustre l'effet d'un accroissement de l'offre. On y voit la courbe de demande et la courbe d'offre initiales ainsi que la nouvelle courbe d'offre. Au départ, le prix d'équilibre est de 3 $ l'unité, et la quantité échangée est de 4 millions de cassettes par semaine. L'accroissement de l'offre fait déplacer la courbe d'offre vers la droite. Le nouveau prix d'équilibre se situe maintenant à 2 $ et la quantité échangée à 6 millions de cassettes par semaine.

Encore une fois, on peut considérer l'exemple inverse. À partir d'un prix initial de 2 $ l'unité et d'une quantité échangée de 6 millions de cassettes par semaine, on peut examiner ce qui se produit lorsque la courbe d'offre revient à sa position de départ. On constate que la contraction de l'offre fait monter le prix d'équilibre à 3 $ l'unité et qu'elle fait tomber la quantité échangée à 4 millions de cassettes par semaine. Cette baisse de l'offre pourrait, par exemple, être causée par une augmentation du coût de la main-d'œuvre ou du prix des matières premières. Nous voici maintenant en mesure de formuler deux autres propositions théoriques ou prédictions :

- Si l'offre augmente, la quantité échangée s'accroît et le prix baisse.
- Si l'offre diminue, la quantité échangée baisse et le prix augmente.

On trouvera, sous la rubrique *Entre les lignes* (p. 90) un texte qui explique les effets de l'évolution de la demande et de l'offre sur le marché de l'avoine.

Modifications simultanées de l'offre et de la demande

Dans les exemples précédents, nous avons étudié séparément l'effet d'une modification de la demande et l'effet d'une modification de l'offre. Nous avons pu prévoir les répercussions sur le prix et la quantité échangée. Par contre, si la demande et l'offre varient simultanément, nous ne pourrons pas toujours prévoir les répercussions sur le prix et la quantité échangée. Par exemple, si la demande et l'offre s'accroissent simultanément, nous pouvons prévoir que la quantité échangée augmentera, mais nous ne pouvons savoir à l'avance si le prix baissera ou s'il augmentera. Pour y arriver, il nous faudra connaître l'importance relative des hausses de la demande et de l'offre. Par ailleurs, si la demande augmente alors que l'offre diminue, nous savons que le prix va monter, mais nous ne pouvons pas prévoir dans quel sens évoluera la quantité échangée. Ici encore, il nous faudra connaître l'ampleur relative des modifications de l'offre et de la demande.

Pour illustrer le changement simultané de la demande et de l'offre, reprenons l'exemple du marché des cassettes. Nous avons vu comment l'offre et la demande déterminent le prix et la quantité échangée de cassettes. Nous avons également examiné comment une baisse du prix des baladeurs entraîne une augmentation de la demande de cassettes et, par là, une hausse du prix et de la quantité échangée de cassettes. De la même façon, nous avons remarqué qu'une innovation dans les techniques de production des cassettes engendre une augmentation de l'offre et, par ricochet, une baisse du prix et un accroissement de la quantité échangée de cassettes. Voyons maintenant ce qui se passe lorsque l'offre et la demande varient simultanément — par exemple, lorsqu'il y a à la fois une baisse du prix des baladeurs (augmentation de la demande de cassettes) et une amélioration des techniques de production des cassettes (accroissement de l'offre de cassettes).

Le tableau de la figure 4.10 rassemble les données suivantes : d'une part, les quantités initialement offertes et demandées et, d'autre part, les nouvelles quantités offertes et demandées après la diminution du prix des baladeurs et l'amélioration des techniques de production. Le graphique 4.10 illustre ces mêmes données. Le point d'intersection des courbes d'offre et de demande initiales correspond à un prix de 3 $ par cassette et à une quantité échangée de 4 millions de cassettes par

Figure 4.10 Les effets de modifications simultanées de l'offre et de la demande

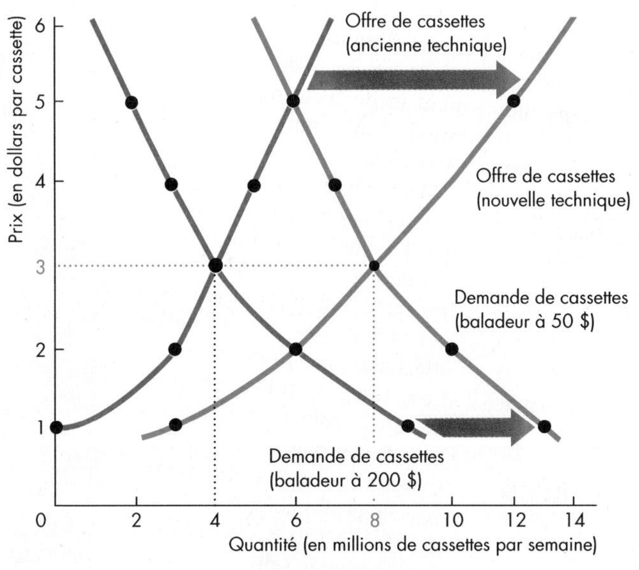

Lorsqu'un baladeur se vend 200 $, le prix d'une cassette est de 3 $ et la quantité échangée est de 4 millions de cassettes par semaine. Une baisse du prix du baladeur fait augmenter la demande de cassettes, tandis que le progrès fait augmenter leur offre. Avec la nouvelle technique, la courbe d'offre coupe la nouvelle courbe de demande à un prix de 3 $. Le prix d'équilibre est le même, mais la quantité échangée est passée à 8 millions de cassettes par semaine. Autrement dit, l'augmentation simultanée de l'offre et de la demande a eu pour effet d'accroître les ventes de cassettes, sans en modifier le prix.

	Quantités initiales (en millions de cassettes par semaine)		**Nouvelles quantités (en millions de cassettes par semaine)**	
Prix (en dollars par cassette)	**Quantité demandée (baladeur à 200 $)**	**Quantité offerte (ancienne technique)**	**Quantité demandée (baladeur à 50 $)**	**Quantité offerte (nouvelle technique)**
1	9	0	13	3
2	6	3	10	6
3	4	4	8	8
4	3	5	7	10
5	2	6	6	12

L'effet d'une hausse temporaire de la demande

Récession ou pas, les Québécois déménagent en grand nombre

Il semble que la récession n'ait pas d'effet important sur la «bougeotte» des Québécois qui, encore cette année, se déplaceront en grand nombre vers de nouveaux domiciles.

Bon an, mal an, environ 150 000 personnes dans le grand Montréal changent d'adresse, par choix ou par nécessité. La moitié de ces déménagements se font l'été, entre juin et juillet, la grande majorité des baux prenant fin le 30 juin.

Cet été, pour tout juin et juillet, période que Bell Canada qualifie de «période d'activités accrues», la société prévoit 158 788 débranchements téléphoniques dans la région du Montréal métropolitain, soit une légère baisse par rapport à l'année dernière (162 068 débranchements).

Sur l'île de Montréal, 101 299 personnes participeront à la valse des camions «bondés». Il s'agit d'une diminution puisqu'en 1990, 103 704 personnes étaient entrées dans la ronde.

Ce ralentissement se répercute également sur tout le territoire desservi par la compagnie de téléphone. Ainsi, 238 673 personnes changeront de foyer entre la mi-juin et la mi-juillet, alors qu'en 1990, la «bougeotte» s'était emparée de 245 571 personnes.

Cette période de pointe représente 37 à 38 p. cent (40 p. cent dans le Montréal métropolitain) de tout le volume annuel de débranchements.

Aussi occupé qu'en 90

À la Conférence des déménageurs de l'Association du camionnage du Québec, Mme Brigitte Lague ne dispose pas de statistiques précises, mais à première vue, dit-elle, «ça s'annonce aussi occupé que l'an dernier».

La valse des déménagements rapportera cette année aux compagnies de déménagement et de location de véhicules une somme d'environ 40 millions.

Tout comme les quelque 50 compagnies de déménagement que l'association représente, elle déplore le très grand nombre de déménageurs au noir qui offrent des taux horaires alléchants, mais rien d'autre... Les taux offerts par les «pirates» sont parfois deux à trois fois moins élevés que les tarifs réguliers d'un déménageur professionnel, qui vont de 85 $ à 120 $ l'heure avec trois hommes selon la date du déménagement.

La Presse
28 juin 1991
par Lisa Binsse

Les faits en bref

- L'article illustre le phénomène bien connu des déménagements de la période de juin et juillet au Québec, la majorité des baux prenant fin le 30 juin. Dans la région de Montréal, près de 50 % des déménagements annuels se font en juin et juillet. Pendant cette période, les déménageurs professionnels majorent leurs prix courants.

Analyse

- En termes économiques, ce phénomène correspond à une hausse de la demande pour les services de déménagement pendant la période de pointe en juin-juillet. Le marché réagit à cette augmentation ponctuelle de la demande par une hausse temporaire des tarifs des déménageurs professionnels.

- Le graphique ci-contre décrit qualitativement la réaction du marché : en période normale (pendant les autres mois de l'année), le prix d'un déménagement standard est P_N et le nombre mensuel de déménagements est Q_N; à cause de la hausse de la demande pendant la période de pointe de juin-juillet, le prix et la quantité d'équilibre augmentent, passant à P_J et à Q_J respectivement.

- L'article laisse entendre que les tarifs des déménageurs professionnels varient en fonction de la date du déménagement au cours de la période de pointe elle-même. Notre graphique aurait donc pu être plus détaillé et distinguer plusieurs courbes de demande; par exemple, on aurait pu représenter séparément la demande pour les services de déménageurs pendant la troisième et la quatrième semaine de juin.

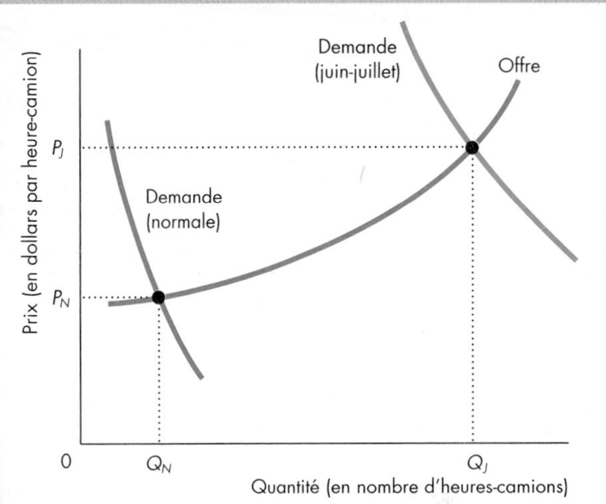

- Plus on s'approche du 30 juin, plus la demande est forte et, par conséquent, plus les tarifs de déménagement seront élevés. En 1992, les tarifs horaires dans la région de Montréal, pour un camion de 8 m avec une équipe de trois hommes, étaient les suivants :

  - jusqu'au 31 mai, 75 $ l'heure
  - du 1er au 21 juin, 90 $ l'heure
  - du 22 au 26 juin, 100 $ l'heure
  - du 27 au 30 juin, 125 $ l'heure
  - 1er juillet, 140 $ l'heure
  - du 2 au 6 juillet, 90 $ l'heure
  - après le 6 juillet, 75 $ l'heure

La demande et l'offre en action

Des rapports sur la santé font monter en flèche la demande d'avoine

Tandis que les producteurs de céréales se réjouissent de la vogue du son d'avoine au petit déjeuner, les agriculteurs sont affligés par la surproduction et les prix trop bas.

À la suite de la parution de rapports révélant que le son d'avoine réduit le taux de cholestérol, lequel est associé aux maladies cardiaques, les ventes de céréales d'avoine et de leurs dérivés ont connu une croissance fulgurante au cours de la dernière année.

Le chiffre d'affaires des produits de l'avoine pour les quatre premiers mois de l'exercice 1990 a augmenté de 25 %. De plus, John Grant, président de Quaker Oats Co. of Canada Ltd., ne prévoit aucun ralentissement de la demande au cours des mois à venir. «Ce n'est pas un caprice de la part des consommateurs. Je crois tout simplement que les consommateurs s'efforcent de mieux se nourrir au petit déjeuner.»

Cal Kelly, chef du service de la commercialisation de l'avoine pour Can-Mar Grain Inc., une entreprise de Régina, estime que la préférence des consommateurs pour les produits de l'avoine deviendra sans doute permanente.

Toutefois, le prix de l'avoine a chuté considérablement en raison des sécheresses et des incendies de l'an dernier. Il est passé de 4 $US à 1,40 $US le boisseau à la chambre de commerce de Chicago. Le prix du boisseau a connu une légère hausse depuis quelques semaines, passant à 1,54 $US.

Il s'agit là d'un dur coup pour les agriculteurs qui, il y a un an, espéraient obtenir un bon prix pour leur récolte à la suite du soudain engouement des Américains pour le son d'avoine.

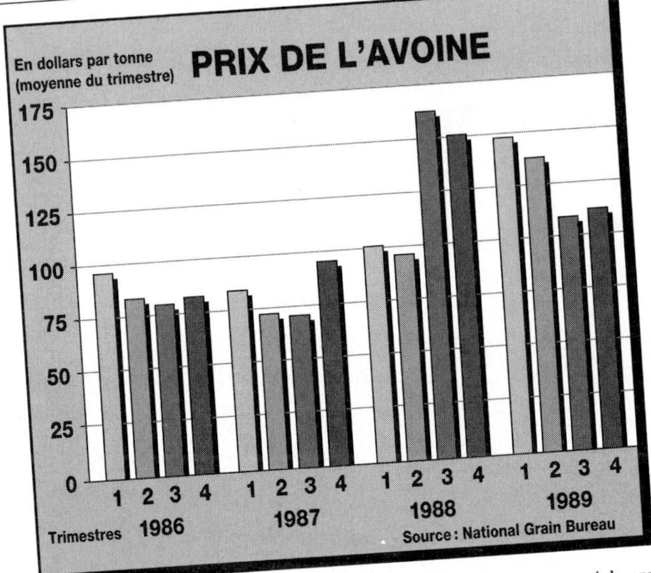

Les agriculteurs américains n'ont pu suffire à la demande excessive d'avoine, car ils ont dû consacrer une grande partie de leurs terres à d'autres types de culture afin de respecter les programmes gouvernementaux destinés à réduire les surplus de production de céréales, principale cause de la chute des prix au cours des années 80.

La situation a empiré en raison, d'une part, de la sécheresse qui a nui au reste de la production et, d'autre part, des mauvaises récoltes en Suède et en Finlande, principaux fournisseurs d'avoine aux États-Unis.

Cette situation critique a incité le Canada à s'emparer d'une large part du marché américain, et les agriculteurs ont augmenté leurs semailles de 14 % au printemps dernier pour répondre à la demande. La production devrait atteindre 3,7 millions de tonnes métriques cette année, comparativement à 3 millions en 1988. Toutefois, un été chaud et un temps pluvieux ont rendu la majorité de la récolte impropre à la mouture.

Entre temps, la Scandinavie a connu une excellente récolte, alors que l'Argentine de même que l'Australie ont fait leur entrée sur le marché américain. De plus, cette forte augmentation de la demande d'avoine n'est pas passée inaperçue auprès des agriculteurs. Ils ont augmenté leur production de 70 %, de sorte qu'elle représente 5,7 millions de tonnes métriques. Évidemment, les prix ont chuté.

The Financial Post
15 janvier 1990
Par John Fox

Les faits en bref

- En 1989, la quantité d'avoine vendue a augmenté tandis que le prix de l'avoine a diminué.
- L'augmentation des ventes est attribuée à une hausse permanente de la demande, qui a fait suite à la publication de rapports révélant que le son d'avoine pouvait réduire les maladies cardiaques.
- En 1988, l'offre d'avoine a baissé à la suite de la mise en œuvre de programmes gouvernementaux incitant les agriculteurs à réduire leur production et des mauvaises récoltes aux États-Unis, en Suède et en Finlande.
- Le prix de l'avoine a augmenté en 1988 (voir la figure de la page précédente).
- En 1989, la production d'avoine a connu une hausse au Canada, en Scandinavie, en Argentine, en Australie et aux États-Unis.
- Au début de l'année 1989, les agriculteurs croyaient que le prix de l'avoine se maintiendrait au même niveau qu'en 1988. Toutefois, le prix a baissé, ce qui a causé une grande déception chez les agriculteurs.

Analyse

- Voici quelques données :

Année	Prix (en dollar par tonne métrique)	Quantité échangée (en millions de tonnes métriques)
1987	80	44
1988	150	38
1989	110	42

- L'article ne fait pas la distinction entre les déplacements des courbes d'offre et de demande et les mouvements le long de ces courbes. Toutefois, pour comprendre ce qui s'est produit, nous devons faire ces distinctions.
- Comme le montre le graphique (a), la courbe de demande d'avoine pour l'année 1987 correspond à la courbe $D_{initiale}$ et la courbe d'offre à la courbe O_{1987}. Le prix de l'avoine était évalué à 80 $ la tonne métrique et la quantité échangée à 44 millions de tonnes métriques.
- En 1988, la demande d'avoine a augmenté de façon *permanente* après la découverte de nouvelles propriétés bénéfiques du son d'avoine. Toutefois, seule une faible partie de la production totale d'avoine est transformée en son d'avoine et autres céréales d'avoine. La majeure partie de cette production sert à la préparation de nourriture pour animaux. De ce fait, l'augmentation de la demande d'avoine s'est révélée modeste. La courbe de demande s'est déplacée en $D_{nouvelle}$.
- En 1988, l'offre d'avoine a chuté. Il s'agissait d'une baisse de nature *temporaire*, qui résultait, d'une part, de la mise en œuvre de programmes gouvernementaux incitant les agriculteurs à réduire leur production et, d'autre part, de mauvaises récoltes dans de nombreuses régions productrices. La courbe d'offre s'est déplacée en O_{1988}.
- Les effets combinés de l'augmentation de la demande et de la diminution de l'offre, comme le montre le graphique (a), se sont traduits par une augmentation du prix de l'avoine qui est passé à 150 $ la tonne métrique et par une diminution de la quantité échangée qui est tombée à 38 millions de tonnes métriques.
- En 1989, la demande est demeurée stable, mais les conditions favorables à la culture et à la récolte ont eu pour effet d'augmenter l'offre. Comme le montre le graphique (b), la courbe d'offre s'est déplacée vers la droite et nous remarquons un mouvement sur la nouvelle courbe de demande : le prix de l'avoine a baissé à 110 $ la tonne métrique et la quantité échangée est passée à 42 millions de tonnes métriques.

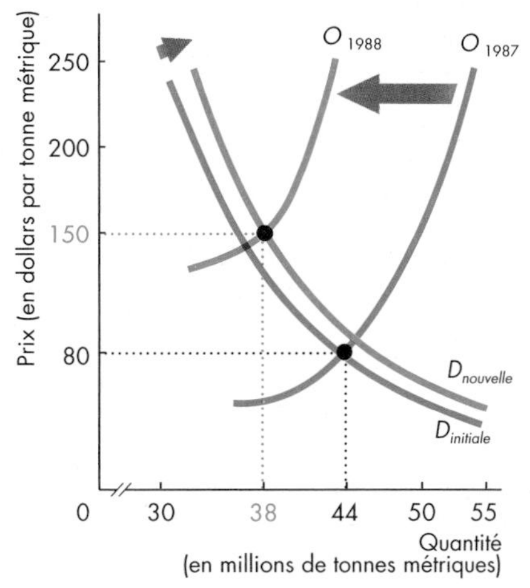

(a) Hausse du prix en 1988

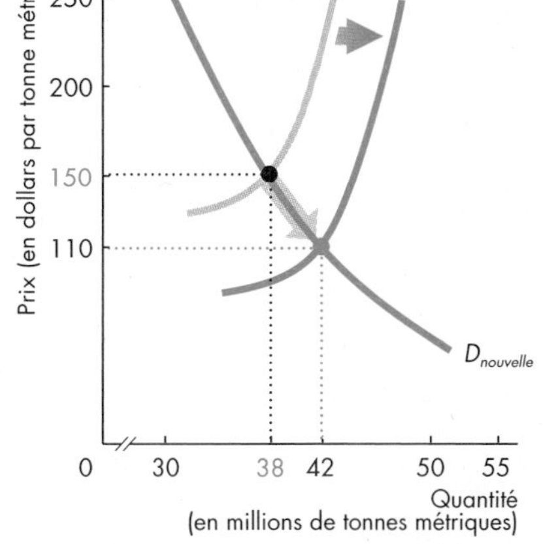

(b) Baisse du prix en 1989

semaine. Les nouvelles courbes de demande et d'offre se croisent en un point qui correspond également à un prix de 3 $ la cassette, mais à une quantité échangée qui est maintenant égale à 8 millions de cassettes par semaine. Dans cet exemple, les augmentations simultanées de l'offre et de la demande sont telles que leurs effets s'annulent : la hausse de prix, provoquée par celle de la demande, contrebalance la baisse de prix, amorcée par l'augmentation de l'offre. Le prix reste le même. Cependant, une augmentation de l'offre *ou* de la demande se traduit par un accroissement de la quantité échangée. Par conséquent, quand l'offre et la demande augmentent simultanément, la quantité échangée s'accroît également. Remarquons toutefois que, si la demande avait augmenté un peu plus que dans l'exemple de la figure, le prix aurait monté. En revanche, si l'offre avait augmenté un peu plus, le prix aurait baissé. Toutefois, la quantité échangée aurait augmenté dans les deux cas.

Baladeurs, logements et... café

Au début de ce chapitre, nous avons parlé des baladeurs, des logements et du café. Pour expliquer les changements qui surviennent dans les prix et les quantités échangées de ces biens, nous faisons encore une fois appel à la théorie de l'offre et de la demande. Voyons la figure 4.11 qui illustre cette analyse.

Considérons d'abord l'exemple des baladeurs, qui apparaît dans le graphique (a)de la figure 4.11. Supposons que la courbe O_0 représente l'offre de baladeurs en 1980, avec la technique de production initiale. La courbe D_0 représente la demande de baladeurs de la même année. La quantité demandée et la quantité

Figure 4.11 Autres exemples de modifications de l'offre et de la demande

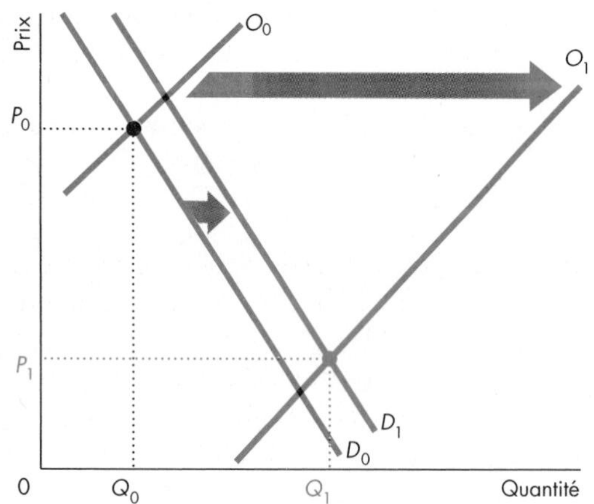

(a) Baladeurs

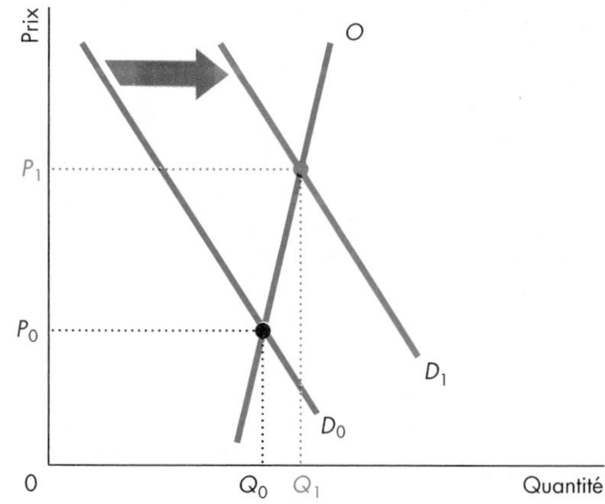

(b) Logements

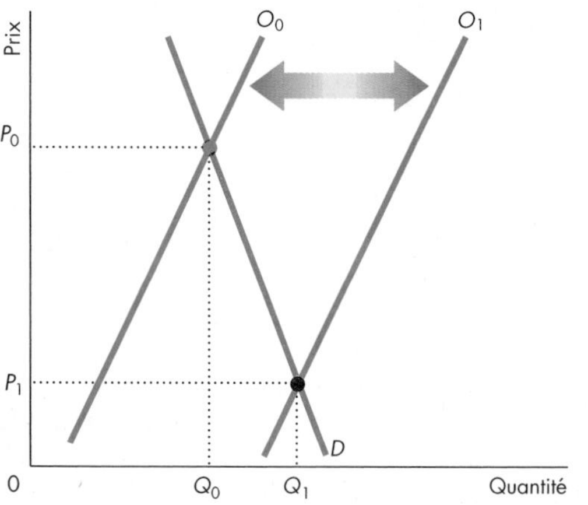

(c) Café

Graphique (a). Une augmentation importante de l'offre de baladeurs, de O_0 à O_1, combinée avec une faible augmentation de la demande, de D_0 à D_1, fait baisser le prix, de P_0 à P_1, et augmenter la quantité échangée, de Q_0 à Q_1.

Graphique (b). L'accroissement de la demande de logements entraîne une hausse considérable du prix, de P_0 à P_1, mais une faible augmentation de la quantité échangée, de Q_0 à Q_1.

Graphique (c). Les variations des conditions atmosphériques et des conditions de croissance font fluctuer l'offre du café, qui passe de O_0 à O_1. Par ricochet, le prix du café passe de P_0 à P_1, et la quantité échangée de Q_0 à Q_1.

offerte en 1980 étaient égales à Q_0, et le prix était de P_0. Le progrès technique et la construction de nouvelles usines ont fait augmenter l'offre, de sorte que la courbe d'offre s'est déplacée de O_0 à O_1. En même temps, la hausse des revenus a fait augmenter la demande des baladeurs, mais dans une proportion moindre que l'accroissement de l'offre. La courbe de demande s'est déplacée de D_0 à D_1. En présence de la nouvelle courbe de demande D_1 et de la nouvelle courbe d'offre O_1, le prix d'équilibre s'établit à P_1 et la quantité échangée à Q_1. La forte augmentation de l'offre, combinée avec la hausse plus faible de la demande, provoque un accroissement de la quantité échangée de baladeurs et une chute importante de leur prix.

Penchons-nous maintenant sur l'exemple, illustré par le graphique (b), des logements situés dans le centre des villes. L'offre de logements s'exprime par la courbe *O*. La courbe d'offre est à forte pente, ce qui révèle l'existence, dans cette zone urbaine, d'une surface limitée de terrain et d'un nombre limité de logements. À mesure que le nombre des jeunes exerçant des professions libérales et le nombre des familles à double revenu s'accroissent, la demande de logements dans le centre des villes augmente considérablement. La courbe de demande se déplace de D_0 à D_1. En conséquence, le prix passe de P_0 à P_1. Quant à la quantité échangée, elle augmente également, mais dans une proportion moindre que le prix.

Jetons enfin un coup d'oeil sur le marché du café, représenté par le graphique (c). La demande de café y est illustrée par la courbe *D*. La courbe d'offre de café fluctue entre O_0 et O_1. Elle correspond à O_1 si les conditions climatiques sont propices à une bonne récolte et à O_0 si elles ne sont pas favorables. Il découle des fluctuations de l'offre que le prix du café varie entre P_0 (prix supérieur) et P_1 (prix inférieur). Quant à la quantité échangée, elle fluctue entre Q_0 et Q_1.

■ La maîtrise de la théorie de l'offre et de la demande vous permettra non seulement d'expliquer les fluctuations du prix et de la quantité échangée d'un bien, mais aussi de prévoir les fluctuations à venir. Vous voudrez sans doute en faire plus : par exemple, prévoir l'ampleur des variations qui suivent les fluctuations de l'offre ou de la demande. Il faut pour cela pouvoir quantifier la relation qui existe entre le prix, la quantité demandée et la quantité offerte. C'est ce que nous verrons dans le prochain chapitre.

RÉSUMÉ

La demande

La quantité demandée d'un bien ou d'un service représente la quantité que les consommateurs envisagent d'acheter à un prix déterminé au cours d'une période donnée. On doit faire la distinction entre les demandes des individus et leurs désirs. Les désirs des individus sont illimités, alors que leurs demandes reflètent les désirs qu'ils ont choisi de satisfaire. La quantité d'un bien que les consommateurs ont l'intention d'acheter dépend de plusieurs facteurs :

- Le prix du bien
- Les prix des autres biens (les substituts et compléments)
- Le revenu des consommateurs
- La population
- Les préférences des consommateurs

Un barème de demande est un tableau montrant la quantité demandée d'un bien à chaque niveau de prix, lorsque demeurent constants tous les autres facteurs susceptibles d'influer sur les intentions d'achat des consommateurs.

Une courbe de demande est un graphique illustrant la relation entre la quantité demandée d'un bien et son prix, toutes choses étant égales par ailleurs. Toute variation du prix d'un bien provoque un mouvement le long de la courbe de demande de ce bien. Il s'agit d'une variation de la quantité demandée. Toute variation d'un facteur, à l'exception du prix du bien, qui influe sur les intentions d'achat des consommateurs se traduit par une modification de la courbe de demande. Il s'agit d'une modification de la demande. *(pp. 71-76)*

L'offre

La quantité offerte d'un bien ou d'un service représente la quantité que les producteurs ont l'intention de vendre au cours d'une période donnée. Elle dépend des facteurs suivants :

- Le prix du bien
- Les prix des autres biens
- Les prix des facteurs de production
- La technologie disponible

Un barème d'offre est une liste de quantités offertes selon différents prix, en supposant que demeurent inchangés tous les autres facteurs qui influent sur les plans de vente des producteurs. La courbe d'offre illustre graphiquement cette relation. Une variation du prix d'un bien entraîne un mouvement le long de la courbe d'offre. Il s'agit d'une variation de la quantité offerte. Les changements des variables autres que le prix ont pour effet de faire déplacer la courbe d'offre. C'est une modification de l'offre. *(pp. 76-80)*

La détermination des prix

Le prix détermine les quantités offertes et demandées. Plus le prix est élevé, plus la quantité offerte est grande et plus la quantité demandée est faible. Quand le prix est élevé, il y a surplus ou excédent de la quantité offerte sur la quantité demandée. Quand il est bas, il y a pénurie ou excédent de la quantité demandée sur la quantité offerte. Il existe un seul prix où la quantité demandée et la quantité offerte sont égales. C'est le prix d'équilibre. À ce prix, les consommateurs n'ont pas intérêt à payer plus cher, et les producteurs n'ont pas intérêt à vendre à un prix plus bas. *(pp. 80-82)*

Les prédictions des variations dans les prix et les quantités échangées

Les changements de l'offre et de la demande provoquent des variations du prix et de la quantité échangée. Ainsi, une augmentation de la demande entraîne une hausse du prix et un accroissement de la quantité échangée. Inversement, une baisse de la demande provoque une diminution du prix et de la quantité échangée. Une augmentation de l'offre donne lieu à un accroissement de la quantité échangée et à une baisse du prix. Une diminution de l'offre fait baisser la quantité échangée et augmenter le prix. *(pp. 82-93)*

POINTS DE REPÈRE

Mots clés

Barème de demande, 71
Barème d'offre, 76
Bien complémentaire (voir *Complément*)
Bien substitut (voir *Substitut*)
Biens inférieurs, 73
Biens normaux, 73
Complément, 73
Courbe de demande, 72
Courbe d'offre, 76
Demande, 72
Modification de la demande, 74
Modification de l'offre, 78
Offre, 77
Prix d'équilibre, 80
Quantité demandée, 71
Quantité échangée, 71
Quantité offerte, 76
Substitut, 73
Variation de la quantité demandée, 74
Variation de la quantité offerte, 78

Figures et tableaux clés 

QUESTIONS DE RÉVISION

1 Qu'est-ce que la quantité demandée d'un bien ou d'un service ?

2 Qu'est-ce que la quantité offerte d'un bien ou d'un service ?

3 Qu'est-ce que la quantité échangée ? Faites la distinction entre la quantité offerte, la quantité demandée et la quantité échangée.

4 Qu'est-ce qui détermine la quantité demandée d'un bien ou d'un service ? Dressez la liste des principaux facteurs et expliquez, pour chacun d'eux, si une hausse fera augmenter ou diminuer la quantité que les consommateurs ont l'intention d'acheter.

5 Qu'est-ce qui détermine la quantité offerte d'un bien ou d'un service ? Dressez la liste des principaux facteurs et expliquez, pour chacun d'eux, si une hausse fera augmenter ou diminuer la quantité que les producteurs ont l'intention de vendre.

6 Énoncez la loi de l'offre et de la demande.

7 La courbe de demande illustre la quantité demandée d'un bien à chaque niveau de prix. Si la quan-

tité disponible d'un bien est constante, que nous révèle la courbe de demande sur le prix que les consommateurs sont prêts à payer pour obtenir cette quantité fixe du bien?

8 La courbe d'offre illustre la quantité offerte d'un bien à chaque niveau de prix. Si les consommateurs sont prêts à acheter seulement une quantité fixe de ce bien, que nous révèle la courbe d'offre sur le prix auquel les producteurs offriront cette quantité fixe du bien?

9 Quelle est la différence entre:

a) une modification de la demande et une variation de la quantité demandée?

b) une modification de l'offre et une variation de la quantité offerte?

10 Pourquoi le prix d'équilibre est-il celui où la quantité demandée est égale à la quantité offerte?

11 Qu'arrive-t-il au prix et à la quantité échangée d'un bien, si:

a) la demande augmente?

b) l'offre augmente?

c) l'offre et la demande augmentent simultanément?

d) la demande diminue?

e) l'offre diminue?

f) l'offre et la demande diminuent simultanément?

PROBLÈMES

1 Supposons que les événements suivants se produisent séparément:

a) Le prix de l'essence est à la hausse.
b) Le prix de l'essence est à la baisse.
c) Les limites de vitesse sont abolies sur les autoroutes.
d) Un moteur consommant du carburant peu coûteux est mis sur le marché.
e) La population a doublé.
f) Le coût de production des voitures a diminué, grâce à la robotisation.
g) Une loi interdisant l'importation de voitures au Canada est promulguée.
h) Les primes d'assurance-automobile augmentent de 100 %.
i) Le réseau routier canadien est considérablement rénové.
j) L'âge minimal pour obtenir un permis de conduire est porté à 19 ans.
k) Une énorme réserve de pétrole de haute qualité est découverte au Mexique.
l) Les pressions de groupes écologiques ont entraîné la fermeture de toutes les centrales nucléaires.
m) Le prix des voitures est à la hausse.
n) Le prix des voitures est à la baisse.
o) La température moyenne en été a augmenté de 5 °C; la température moyenne en hiver a diminué de 5 °C.
p) Toute la production de voitures dans les usines GM est arrêtée.

Indiquez, parmi les événements énumérés dans la colonne de gauche, ceux qui entraînent l'effet suivant:

1 Augmentation de la quantité demandée d'essence
2 Diminution de la quantité demandée d'essence
3 Augmentation de la quantité demandée d'automobiles
4 Diminution de la quantité demandée d'automobiles
5 Augmentation de la quantité offerte d'essence
6 Diminution de la quantité offerte d'essence
7 Augmentation de la quantité offerte de voitures
8 Diminution de la quantité offerte de voitures
9 Augmentation de la demande d'essence
10 Diminution de la demande d'essence
11 Augmentation de la demande de voitures
12 Baisse de la demande de voitures
13 Hausse de l'offre d'essence
14 Baisse de l'offre d'essence
15 Accroissement de l'offre de voitures
16 Baisse de l'offre de voitures
17 Hausse du prix de l'essence
18 Baisse du prix de l'essence
19 Hausse du prix des automobiles
20 Baisse du prix des automobiles
21 Augmentation de la quantité d'essence achetée
22 Diminution de la quantité d'essence achetée
23 Accroissement du nombre de voitures achetées
24 Baisse du nombre de voitures achetées

2 Pour les pastilles à la menthe, le barème d'offre et le barème de demande s'établissent comme suit :

Prix (en cents par paquet)	**Quantité demandée**	**Quantité offerte**
	(en millions de paquets par semaine)	
10	200	0
20	180	30
30	160	60
40	140	90
50	120	120
60	100	140
70	80	160
80	60	170
90	40	180

a) Quel est le prix d'équilibre du paquet de pastilles à la menthe?

b) Combien de paquets de pastilles achète-t-on et vend-on chaque semaine?

Supposons qu'un incendie détruise la moitié des fabriques de pastilles à la menthe, réduisant ainsi de moitié la quantité offerte selon le barème d'offre établi ci-contre.

c) Quel est le nouveau prix d'équilibre du paquet de pastilles?

d) Quelle quantité achète-t-on et vend-on maintenant, chaque semaine?

e) Y a-t-il mouvement le long de la courbe d'offre ou déplacement de la courbe d'offre?

f) Y a-t-il mouvement le long de la courbe de demande ou déplacement de la courbe de demande ?

g) Supposons que les usines incendiées soient reconstruites et qu'elles reprennent progressivement la production de pastilles; qu'arrivera-t-il:

(i) au prix du paquet de pastilles?

(ii) à la quantité échangée?

(iii) à la courbe de demande?

(iv) à la courbe d'offre?

2e PARTIE

Notions de macroéconomie

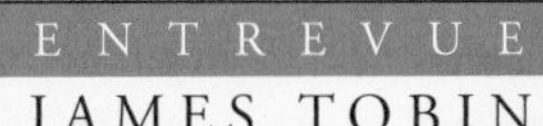

Au cours de sa longue carrière, James Tobin s'est distingué comme spécialiste de la macroéconomie. Il a approfondi le modèle proposé par Keynes, concentrant ses recherches sur la demande de monnaie, la consommation et l'épargne, la politique monétaire et budgétaire et la croissance économique. Pendant la plus grande partie de sa carrière, il a enseigné à l'université Yale. Il a fait partie du Council of Economic Advisers du président John F. Kennedy, un groupe de conseillers économiques. En 1981, le prix Nobel est venu reconnaître l'importante contribution du professeur James Tobin à la science économique. Nous nous entretenons avec lui des défis que doit actuellement relever cette science.

Professeur Tobin, vous étiez jeune garçon à l'époque de la Crise de 1929. Celle-ci vous a-t-elle laissé le souvenir d'une très dure épreuve ?

Pas pour moi-même. Par contre, mon grand-père a perdu son emploi et toute sa fortune lorsque la banque dont il était président s'est trouvée ruinée. Quant à mon père, journaliste à l'université de l'Illinois, il a subi de lourdes pertes ; en

«Aujourd'hui, s'il faut à tout prix me mettre une étiquette, je suis fier – compte tenu des choix qui s'offrent à moi – qu'on me qualifie de keynésien.»

1929, ses créanciers ont saisi l'immeuble de bureaux qu'il avait fait construire. En 1932, ma mère est devenue directrice du bureau local d'aide aux familles. Son travail nous a sensibilisés aux ravages de la Crise. Nous vivions à Champaign, une ville de l'Illinois, desservie par une importante ligne de chemin de fer. Nombreux étaient les pauvres gens qui, venus du Sud, débarquaient à Champaign, à la recherche d'un emploi et d'une vie meilleure.

Quand avez-vous abordé l'étude de l'économique ?

C'était en 1936, pendant ma deuxième année d'études à l'université Harvard. Chaque semaine, nous rencontrions un directeur d'études, avec qui nous discutions de nos lectures et de nos écrits. Mon directeur était en même temps mon professeur d'initiation à l'économique. Il revenait d'une année passée en Angleterre, où il avait beaucoup entendu parler d'un nouveau livre écrit par John Maynard Keynes. Il nous a proposé de le lire. À l'époque, j'étais trop inexpérimenté pour comprendre qu'il était absurde pour un débutant de s'attaquer à la *Théorie générale de l'emploi, de l'intérêt et de la monnaie.* Je m'y suis donc plongé, et mon intérêt pour ce livre et pour la science économique en général s'est développé considérablement.

Habituellement, on voit en vous un macroéconomiste keynésien. Que pensez-vous de cette étiquette ?

Je n'aime pas les étiquettes. J'ai essayé de contribuer au progrès de la science économique, et plus particulièrement à celui de la théorie macroéconomique. J'ai tenté de consolider ce qu'on appelle aujourd'hui les fondements microéconomiques de la macroéconomie. Durant les années 50 et 60, nous espérions voir l'opposition entre les économistes keynésiens et néoclassiques disparaître au profit d'une synthèse des deux courants. Dans mon premier article publié en 1940, j'exprimais mon désaccord avec Keynes au sujet de la relation entre les salaires et l'emploi. J'ai écrit par la suite plusieurs articles assez critiques à l'endroit de la *Théorie générale.* Malheureusement, les vieux débats ont été ravivés et ont même été amplifiés au cours des 20 dernières années, de sorte que l'on est encore loin d'une synthèse. Aujourd'hui, s'il faut à tout prix me mettre une étiquette, je suis fier – compte tenu des choix qui s'offrent à moi – qu'on me qualifie de keynésien.

Selon vous, quelles sont les caractéristiques principales de la controverse qui règne en macroéconomie ? Ce débat est-il demeuré le même au fil des années ou a-t-il évolué ?

Au début, dans les années 30 et 40, nous nous demandions si une économie de marché capitaliste possédait des mécanismes automatiques d'ajustement auxquels on pouvait s'en remettre pour rétablir l'équilibre entre les emplois et les travailleurs, de même qu'entre la production et la capacité, chaque fois qu'un choc de la demande délogeait l'économie du plein emploi. Oui, répondaient les économistes orthodoxes, que Keynes appelait *les classiques.* Non, rétorquait Keynes. Les macroéconomistes classiques d'aujourd'hui vont encore plus loin que leurs prédécesseurs. Ils assurent que l'économie capitaliste se trouve *toujours* en situation d'équilibre de plein emploi et que l'économie, dans son ensemble, fonctionne comme un individu rationnel qui optimise ses décisions. En revanche, les keynésiens croient que l'économie peut s'écarter de l'équilibre de plein emploi et que les interventions de l'État peuvent accélérer le retour de l'économie à cet équilibre.

Puisque d'importants désaccords séparent encore les macroéconomistes, peut-on espérer les voir utiliser des approches communes ? Par exemple, un keynésien peut-il se servir de la

notion des anticipations rationnelles qui a été définie par l'école des nouveaux classiques ?

Depuis longtemps et quelle que soit leur école de pensée, des économistes sérieux ont, jusqu'à un certain point, incorporé les anticipations rationnelles à leurs modèles. Par contre, ils ne poseraient pas comme fondement un équilibre stable et répétitif qui s'appuierait sur des anticipations ne s'accordant pas avec les valeurs réelles des variables. Par exemple, si le taux d'intérêt se maintenait à 2 % année après année, les gens apprendraient sûrement à ne pas agir en fonction d'un hypothétique taux de 4 %. Il est peu probable, selon moi, que des gens d'affaires et des consommateurs ordinaires apprennent à formuler des anticipations rationnelles dans un environnement économique très variable dont les structures sont difficiles à saisir même pour les économètres.

Je crois que les anticipations rationnelles des quantités comme la production et l'emploi peuvent avoir leur place dans les modèles keynésiens. Il s'agit de variables importantes, une fois qu'on a abandonné l'hypothèse d'un équilibre permanent des marchés sur laquelle s'appuie la nouvelle macroéconomie classique.

Bon nombre d'économistes voient dans la performance macroéconomique du début des années 60 une période de prospérité économique marquée par une inflation modérée, un chômage faible et une forte croissance de la production réelle. Cette période a-t-elle marqué le point culminant de la politique macroéconomique, dont nous ne ferions depuis lors que nous éloigner ?

Oui. J'ai sans doute tout intérêt à y croire puisque j'ai moi-même contribué à la mise en place de cette politique en 1961. C'était une époque fascinante, où les économistes et les responsables de la politique économique n'étaient ni aussi divisés ni aussi agressifs qu'à l'heure actuelle. Au début de l'administration Kennedy, le taux de chômage se chiffrait à 7 %, taux que nous considérions, à l'époque, comme inacceptable parce que trop élevé. L'inflation n'était que de 1 ou 2 %, grâce en grande partie aux deux récessions qui avaient marqué l'administration Eisenhower. Nous, les économistes, préconisions une politique budgétaire expansionniste. Nous avons marqué des points, mais il a fallu un certain temps avant de voir le président Kennedy et le Congrès adopter des mesures vigoureuses. Nous avons eu de la veine quand ce qui semblait être une reprise hésitante, avant que nos principes soient bien implantés, s'est avérée en fait n'être que temporaire. Le gouvernement a poursuivi une politique qui balisait les prix et les salaires, invitant le patronat et les travailleurs à s'entendre sur des salaires et des prix non inflationnistes. En 1966, le taux de chômage n'était plus que de 4 %, et l'inflation était toujours aux environs de 2 %.

Toutes ces mesures étaient-elles bonnes? Y a-t-il eu des malchances ?

La guerre du Vietnam a été notre malchance. Allant à l'encontre de l'avis de ses économistes keynésiens, le président Johnson n'a pas ordonné une hausse des impôts pour financer l'intensification de l'effort de guerre en 1966. Son budget a entraîné une surchauffe de l'économie à la fin des années 60. Le taux de chômage a chuté à 3 %, et le taux d'inflation a grimpé à 4 ou 5 %. À cette époque, un taux d'inflation de 5 % était considéré comme élevé, ce qui poussa le président Nixon à réglementer les prix. De nos jours, un taux d'inflation de 5 % fait presque figure de taux zéro. Comme quoi tout est relatif !

«C'était une époque fascinante, où les économistes et les responsables de la politique économique n'étaient ni aussi divisés ni aussi agressifs qu'à l'heure actuelle.»

«Les étudiants en économique qui arrivent à comprendre les identités macroéconomiques en savent déjà plus que la plupart des journalistes et des hommes politiques.»

Qu'avons-nous appris des événements des années 70 ?

Peut-être devrions-nous reconnaître que ces événements étaient exceptionnels. Les prix du pétrole et de l'énergie ont subi deux hausses extraordinaires. Ces fortes augmentations ont fait grimper l'indice général des prix. Mais on n'assiste pas chaque année à une flambée des prix de l'OPEP, de sorte que ces hausses ne devraient pas avoir d'incidence sur les prévisions du taux d'inflation. Il fallait plutôt s'inquiéter de la portée inflationniste des demandes salariales ; les salariés cherchaient à rattraper la perte du pouvoir d'achat due à l'augmentation des prix de l'énergie. Les années 80 nous ont appris que, dans des circonstances normales, l'inflation est moins forte.

Nous venons de vivre sept années de reprise économique. La politique économique y est-elle pour quelque chose ?

J'attribue une note élevée à la «Fed» [Federal Reserve System ou Réserve fédérale des États-Unis] pour sa politique monétaire depuis 1982.

D'octobre 1979 jusqu'en 1982, la «Fed» a mené une politique très monétariste. Il fallait avant tout débarrasser l'économie du taux d'inflation à deux chiffres qu'avait engendré le deuxième choc pétrolier.

La politique monétaire restrictive et la récession ont ramené le taux d'inflation à 5 %. La stratégie a fonctionné plus rapidement que je ne l'avais prévu, mais pas aussi vite que ne l'avaient prédit les plus optimistes. En 1982, le chômage atteignait son niveau le plus élevé depuis la Crise.

Cette année-là, Paul Volcker, alors gouverneur de la «Fed», fit faire volte-face à sa politique et à l'économie. Le monétarisme fut mis de côté par souci du rendement de l'économie. La «Fed» favorisa la reprise, luttant contre le chômage tant qu'il n'y avait pas de nouvelle menace inflationniste à l'horizon. En 1989, le taux de chômage était tombé à 5 %, un taux inférieur à celui que la «Fed» et la plupart des économistes auraient considéré comme non inflationniste dix ans auparavant.

La politique budgétaire des années 80 s'est démarquée radicalement de toutes les autres politiques budgétaires jamais appliquées au pays en temps de paix. La réduction considérable des impôts en 1981 jumelée à la montée des dépenses au titre de la défense nationale ont engendré une série de déficits qui ont fait passer la dette publique fédérale de 25 à 43 % du PIB au cours des huit années de la présidence de Ronald Reagan.

La politique budgétaire de Reagan a fortement stimulé la demande. La «Fed» devait s'inquiéter de la surchauffe de l'économie que cela pouvait entraîner. C'était comme si deux conducteurs se disputaient le volant d'une voiture. Le responsable de la politique fiscale appuyait lourdement sur l'accélérateur, tandis que le responsable de la politique monétaire devait garder le pied sur le frein. Comme je l'ai dit, la «Fed» a fort bien utilisé le frein. Mais l'effet combiné de ces politiques a été désastreux : taux d'intérêt élevés, faible investissement en capital, énormes déficits commerciaux – autant de facteurs qui menacent le niveau de vie des générations futures.

Quels sont les principes économiques que doivent bien maîtriser les étudiants ?

Premièrement, la notion de coût d'opportunité. Il s'agit d'un concept simple mais fécond. Les étudiants peuvent l'apprendre, alors que la plupart des profanes ne le comprennent pas. Deuxièmement, le caractère flexible de l'argent : on peut généralement utiliser l'argent en fonction de ses propres priorités. Troisièmement, les étudiants en économique qui arrivent à comprendre les identités macroéconomiques, comme Y = C + I + G + EN, en savent déjà plus que la plupart des journalistes et des hommes politiques.

CHAPITRE 5

L'inflation, le chômage, les cycles et les déficits

Objectifs du chapitre :

- Définir l'inflation et expliquer ses effets.
- Définir le chômage et en expliquer les avantages et les coûts.
- Définir le produit intérieur brut (PIB).
- Faire la distinction entre le PIB nominal et le PIB réel.
- Expliquer l'importance de la croissance du PIB réel et de ses fluctuations.
- Définir le cycle économique.
- Décrire les fluctuations du chômage, du prix des actions et de l'inflation, au cours du cycle économique.
- Définir le déficit budgétaire et le déficit du compte courant.

La valse des chariots de provisions

POUR REMPLIR UN CHARIOT DE PROVISIONS, il en coûte aujourd'hui une centaine de dollars, comparativement à 60 $ en 1980, à 27 $ en 1970 et à 17 $ en 1950. En fait, au cours des 50 dernières années, il n'y a eu qu'une seule année où les prix n'ont pas augmenté. Il en a été de même pour les salaires. Le salaire horaire moyen, qui s'établissait à 1,04 $ en 1950, est passé à 3,01 $ en 1970 et à 7,17 $ en 1980. Il se chiffre aujourd'hui à plus de 13 $. Face à cette hausse persistante des prix et des salaires, les entreprises ont besoin de plus d'argent pour payer leurs employés et nous avons besoin de plus d'argent pour acheter les biens et services que nous consommons. Cette hausse persistante des prix et des salaires a-t-elle des effets tangibles? Si oui, quels sont-ils? ■ En 1983, un travailleur sur neuf était chômeur et cherchait en vain un emploi, sans compter ceux, jamais recensés, qui de guerre lasse avaient abandonné toute recherche. Le taux de chômage des années 80, pourtant anormalement élevé, est demeuré nettement inférieur à celui des années 30, marquées par la Grande Dépression. En 1933, au plus creux de la Crise, 20 % de la population active était sans emploi. À l'opposé, durant la Seconde Guerre mondiale, le taux de chômage baissait à un peu moins de 2 %. Le chômage fluctue, certes, mais il ne disparaît pas, même si l'on parle souvent de plein emploi. Comment, d'ailleurs, peut-il y avoir plein emploi quand bon nombre d'individus cherchent du travail? Pourquoi donc le chômage subsiste-t-il? Quels en sont les coûts? Présente-t-il au moins quelque avantage? ■ Au creux de la Grande Dépression, la valeur de tous les biens et services produits au Canada se chiffrait à 3,5 milliards de dollars. En 1991, soit 58 ans plus tard, elle était 194 fois plus élevée et atteignait 679 milliards de dollars. Puis, de 1971 à 1991, elle s'est encore accrue de près de 700 %. Dans toute cette croissance de notre production, quel est le pourcentage de croissance réelle? Quelle est la part d'illusion créée par l'inflation? ■ Notre économie ne suit pas une trajectoire stable et facilement prévisible. De 1983 à 1987, par exemple, elle a connu une expansion soutenue: croissance de la production, baisse du chômage, hausse du prix des actions, rythme modéré de l'inflation. Puis ce fut, en octobre 1987, l'effondrement du marché des actions. En une journée, des milliers de personnes ont perdu des millions de dollars. L'économie n'en a pas moins poursuivi sa progression. La production a continué de croître et le chômage est demeuré à peu près constant. Des expansions aussi fortes et prolongées que celles des années 80 sont inhabituelles. Les périodes d'expansion sont d'ordinaire suivies de périodes de contraction, qui peuvent parfois être très sévères comme celle de 1981-1982. Au cours de ces deux années, la production a stagné et le chômage a grimpé. On appelle *cycle économique* cette succession de périodes d'expansion et de contraction. Quelles caractéristiques les cycles économiques ont-ils en commun, et en quoi diffèrent-ils les uns des autres? Est-il normal que, au milieu d'un krach boursier comme celui de 1987, l'économie poursuive son expansion? Un tel effondrement n'annonce-t-il pas parfois une contraction imminente de l'économie? ■ De nos jours, nous entendons beaucoup parler de déficits, et particulièrement de déficits budgétaires des gouvernements. Chaque année depuis 1975, les dépenses du gouvernement canadien ont excédé les impôts perçus. Pour combler l'écart, le gouvernement doit emprunter au pays ou à l'étranger. Quelle est l'ampleur du déficit? Est-il en train de s'alourdir? L'existence d'un déficit est-elle normale? ■ Nous entendons également parler de notre déficit international, c'est-à-dire de la différence entre la valeur des biens et services que le Canada exporte à l'étranger et la valeur de ses achats à l'étranger. Que se passe-t-il lorsque nous achetons davantage au reste du monde que nous ne lui vendons? Comment pouvons-nous combler la différence? Et quelles conséquences cela entraîne-t-il?

■ Toutes ces questions que nous venons de poser relèvent de la **macroéconomie**. On appelle ainsi le domaine de la science économique qui cherche à comprendre les problèmes que représentent la hausse des prix, le chômage élevé, les hauts et les bas de la production, de même que les déficits budgétaires et commerciaux d'un pays. La macroéconomie étudie également les politiques que les gouvernements mettent en œuvre pour résoudre ces problèmes. ■ Nous vivons à une époque où les problèmes macroéconomiques sont aussi fascinants que ceux de n'importe quelle autre période de l'histoire. Chaque jour, les gouvernements du monde entier ont un véritable tour de force à accomplir: concevoir des politiques propres à stabiliser l'économie et les mettre en œuvre. Les chapitres qui suivent vous aideront à mieux comprendre les enjeux des politiques macroéconomiques et les débats politiques dont celles-ci sont l'objet. Pour aborder cette étude, nous parlerons de l'inflation.

L'inflation

L'**inflation** est un changement à la hausse du niveau moyen des prix. On l'oppose à la **déflation**, qui constitue une modification à la baisse du niveau moyen des prix. On dit qu'il y a **stabilité des prix** lorsque le niveau moyen des prix n'est ni en hausse ni en baisse. Il n'y a alors ni inflation ni déflation. Le niveau moyen des prix s'appelle aussi, plus simplement, **niveau des prix**. On le mesure à l'aide d'un **indice des prix**, qui exprime le rapport, en pourcentage, entre le niveau moyen des prix à une période donnée et le niveau moyen des prix à une période antérieure appelée **période de base** ou **période de référence**.

Au Canada, l'utilisation des indices de prix remonte à l'époque de la Confédération. La figure 5.1 illustre l'évolution du niveau des prix, de 1867 à 1991. Les prix étaient environ 17 fois plus élevés en 1991 qu'en 1867, ce qui représente un taux moyen d'augmentation de près de 2,34 % par année. Cette ascension, toutefois, n'a été ni constante ni régulière. À certaines époques, durant la Première Guerre mondiale et la période 1974-1982, par exemple, la hausse des prix a été forte et rapide, le taux d'inflation dépassant parfois 10 % par année. En revanche, il y a eu des années où les prix ont baissé. La Grande Dépression des années 30 constitue la dernière période durant laquelle la baisse des prix a été soutenue. Les prix ont également baissé pendant quelques années au cours du 19e siècle et au début des années 20.

En examinant la figure 5.1, on constate de façon évidente que l'inflation de nature forte et persistante est récente. En effet, durant les 45 premières années de l'histoire du Canada, les prix n'ont guère changé. Ils ont grimpé en flèche durant la Première Guerre mondiale, pour osciller ensuite autour d'un niveau plus ou moins constant jusqu'au début de la Seconde Guerre mondiale. Depuis la fin de celle-ci, les prix ont augmenté chaque année (sauf au début des années 50).

Le taux d'inflation et le niveau des prix

Le **taux d'inflation** est la variation, en pourcentage, du niveau des prix. La formule suivante sert à calculer le taux d'inflation annuel:

Figure 5.1 Le niveau des prix, 1867–1991

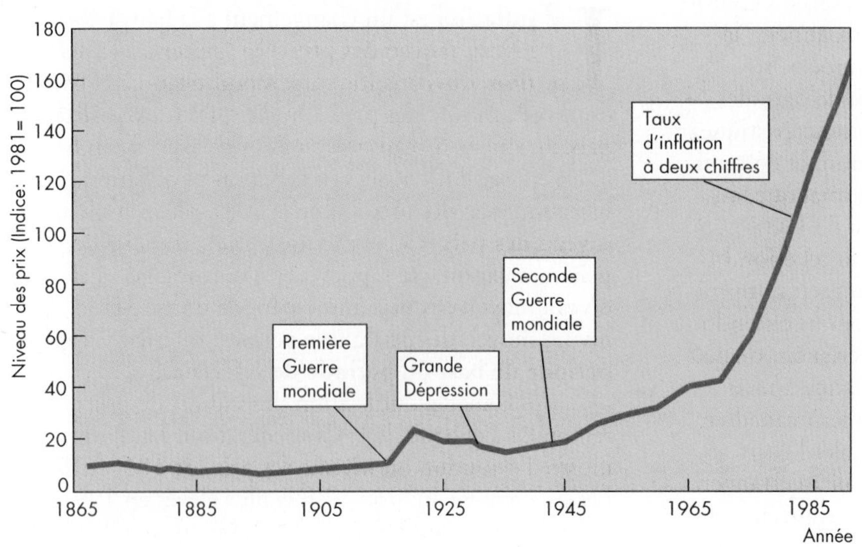

En 1991, les prix étaient en moyenne 17 fois plus élevés qu'en 1867. Lors de certaines périodes, par exemple, durant la Première Guerre mondiale, au cours des années 70 et au début des années 80, les prix ont augmenté rapidement. Par contre, lors d'autres périodes, durant les années 50 par exemple, les hausses de prix ont été plus modérées. À d'autres moments encore, les prix ont baissé; ce fut, par exemple, le cas au cours des années 1870, durant les années qui ont suivi la Première Guerre mondiale, au début des années 20 et lors de la Grande Dépression des années 30.

Sources: 1867-1912 : *Statistiques historiques du Canada*, 2e éd., sous la dir. de F.H. Leacy, Indice général des prix de gros, série K-33 (Ottawa, Statistique Canada et Fédération canadienne des sciences sociales, 1983). 1913-1975 : *Statistiques historiques du Canada*, Indice canadien des prix à la consommation, série K-8. 1976-1991 : Indice des prix à la consommation, *CANSIM*, série D484000. Les données brutes ont été transformées en un indice numérique en base 1981 = 100. Les variations de l'indice des prix de gros (utilisé pour la période 1867-1912) jugées excessives ont été aplanies en utilisant la relation moyenne entre les prix de gros et les prix de vente au détail entre 1913 et 1975.

$$\text{Taux d'inflation} = \frac{\text{Niveau des prix de l'année courante} - \text{Niveau des prix de l'année précédente}}{\text{Niveau des prix de l'année précédente}} \times 100.$$

L'indice des prix à la consommation, ou IPC (que nous verrons plus en détail au chapitre suivant), est un indice de prix communément utilisé pour le calcul du taux d'inflation. Nous l'utiliserons ici, conjointement avec la formule exposée plus haut, pour calculer le taux d'inflation annuel. En 1991, l'IPC était de 167,1, comparativement à 158,3 en 1990. Le taux d'inflation pour l'année 1991 a donc été de :

$$\text{Taux d'inflation} = \frac{167{,}1 - 158{,}3}{158{,}3} \times 100$$

$$= 5{,}6\ \%.$$

L'évolution récente du taux d'inflation

L'économie canadienne a connu, au cours des récentes années, de grandes variations du taux d'inflation. La figure 5.2 illustre l'évolution, entre 1960 et 1991, du taux d'inflation, mesuré à partir de l'IPC.

On y voit que le taux d'inflation était faible et assez stable au début des années 60, se situant entre 1 et 2 % annuellement. Depuis 1984, il est aussi demeuré assez stable, mais à un niveau supérieur à celui du début des années 60. C'est pendant la période de près de 20 ans s'échelonnant du milieu des années 60 au milieu des années 80 qu'ont été enregistrées les variations les plus marquées du taux d'inflation. Entre 1960 et 1980, le taux d'inflation a augmenté considérablement, pour atteindre ensuite un sommet de 13 % en 1981. La figure fait également ressortir des cycles distincts, avec des sommets en 1969, 1974 et 1981 et des creux en 1971, 1976 et 1985.

Depuis 1953, le taux d'inflation a varié, à la hausse et à la baisse, mais le niveau des prix n'a jamais baissé. En effet, si le taux d'inflation a fléchi par moments, le niveau des prix quant à lui a poursuivi sa montée, année après année (figure 5.1). Le niveau des prix ne décroît que lorsque le taux d'inflation est négatif, phénomène qui ne s'est pas produit depuis 1953. Ainsi, même au cours d'une année où le taux d'inflation était bas, comme en 1960, le niveau des prix avait augmenté.

Figure 5.2 L'inflation, 1960 à 1991

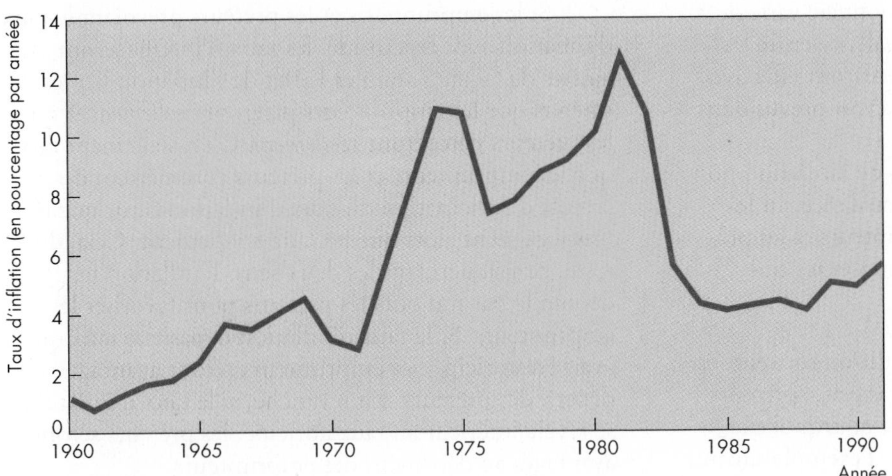

La vie économique moderne du Canada est marquée par une inflation persistante. Le taux d'inflation, relativement bas pendant la première moitié des années 60, s'est ensuite mis à grimper pour atteindre un sommet en 1981. Après 1981, il a chuté de façon spectaculaire. L'évolution du taux d'inflation est caractérisée par des cycles, avec des sommets en 1969, 1974 et 1981, et des creux en 1971, 1976 et 1985.

Source: voir la figure 5.1.

L'inflation et la valeur de la monnaie

En période d'inflation, la monnaie perd de la valeur. La **valeur de la monnaie** est la quantité de biens et services qu'on peut acheter avec une quantité donnée de monnaie. L'inflation fait baisser la valeur de la monnaie dans une économie. Par exemple, avec un montant de 50 $, vous ne pouvez plus aujourd'hui acheter autant de produits d'alimentation que l'année dernière. La valeur de la monnaie baisse proportionnellement au taux d'inflation. Si le taux d'inflation est élevé, comme ce fut le cas en 1981, la monnaie perd très rapidement de sa valeur. S'il est faible, comme en 1961, la valeur de la monnaie diminue lentement.

L'inflation est un phénomène que connaissent tous les pays. Mais les *taux d'inflation* varient d'un pays à l'autre. Lorsqu'au cours d'une longue période les taux d'inflation diffèrent beaucoup entre les pays, il se produit un changement de la valeur des taux de change. Le **taux de change** est le taux auquel un pays échange sa monnaie contre celle d'un autre pays. Par exemple, en 1991, on obtenait 117 yens pour un dollar canadien. Or, dix ans plus tôt, un dollar canadien valait 186 yens. Ainsi donc, depuis 1979, la valeur de notre dollar a chuté par rapport à celle de la devise japonaise. Cela pourrait vouloir dire que la valeur de la monnaie a baissé plus rapidement au Canada qu'au Japon. Nous en apprendrons davantage sur les taux de change au chapitre 18.

L'inflation est-elle un problème?

Est-ce un problème si la monnaie perd de la valeur à un taux qui peut varier d'une année à l'autre? Oui, certes. Mais pourquoi? Pour le comprendre, il faut faire la distinction entre l'inflation anticipée (ou prévue) et l'inflation non anticipée (ou imprévue). La plupart des gens se rendent compte de la hausse des prix et ils ont quelque idée du taux d'inflation. On appelle **taux d'inflation anticipé** le taux d'augmentation prévu du niveau des prix. Toutefois, ces anticipations peuvent se révéler justes ou erronées. Si elles se révèlent exactes, le taux d'inflation réalisé est égal au taux d'inflation anticipé et on peut dire que l'inflation a été anticipée. En d'autres termes, l'**inflation anticipée** est la part du taux d'inflation qui a été correctement prévue. Par contre, la part du taux d'inflation qui n'a pas été prévue est l'**inflation non anticipée**. Il s'agit en fait de la part de l'inflation qui prend les gens par surprise.

Les problèmes engendrés par l'inflation diffèrent selon que le taux d'inflation est anticipé ou non. Examinons d'abord les problèmes causés par l'inflation non anticipée.

Les problèmes causés par l'inflation non anticipée

Le problème que pose l'inflation non anticipée vient de ce qu'elle suscite des changements imprévus de la valeur de la monnaie. La monnaie est l'unité de mesure de la valeur des opérations économiques. Autant les emprunteurs et les prêteurs que les employeurs et les travailleurs se lient par des contrats qui sont exprimés en valeur monétaire. Si la valeur de la monnaie varie de façon imprévue, il n'y aura pas équivalence entre les montants que ces gens paieront et recevront effectivement et les montants à payer et à recevoir prévus dans les contrats qu'ils ont signés.

Étudions de plus près les effets de l'inflation non anticipée et, plus précisément, son incidence sur les ententes intervenues entre les emprunteurs et les prêteurs, de même qu'entre les employeurs et les travailleurs.

Emprunteurs et prêteurs L'inflation, dit-on souvent, est profitable aux emprunteurs mais néfaste aux prêteurs. Pour comprendre cette affirmation et pourquoi elle n'est pas toujours exacte, considérons l'exemple suivant.

Pour acheter une voiture, Lise emprunte à la banque 5000 $, qu'elle convient de rembourser l'année suivante à un taux d'intérêt de 10 % par année. Un an plus tard, c'est donc 5500 $ qu'elle rend à la banque. S'il n'y a pas d'inflation, la quantité de biens et services que Lise peut se procurer avec ses 5000 $ est la même un an plus tard qu'au moment où elle a emprunté. Pour payer les intérêts qui s'élèvent à 500 $, Lise devra se priver de biens et services d'une valeur égale à 500 $. Mais supposons que le taux d'inflation est de 10 %. En recevant 5500 $, la banque reçoit un montant qui représente la même quantité de biens et services que les 5000 $ empruntés par Lise une année plus tôt. Par exemple, avec un taux d'inflation de 10 %, le prix d'une voiture serait passé de 5000 à 5500 $. Quant à Lise, les 500 $ d'intérêt qu'elle verse à la banque ne lui imposent aucun coût d'opportunité. La valeur de la monnaie a diminué au cours de l'année. Les 5000 $ qu'elle a empruntés ne valent plus que 4 500 $ en biens et services. La baisse de la valeur de la monnaie compense exactement l'intérêt que Lise doit verser, de sorte qu'elle se trouve *en fait* à ne pas payer d'intérêt. Lise a donc réalisé un gain aux dépens de la banque.

Mais il n'en est pas toujours ainsi. L'inflation n'est pas toujours profitable aux emprunteurs. Supposons que les gens en général et la banque anticipent un taux d'inflation de 10 %. La dépréciation de la valeur de la monnaie peut alors être contrebalancée en ajustant le taux d'intérêt. Supposons qu'un taux d'intérêt de 10 % en l'absence d'inflation soit jugé raisonnable, le taux d'intérêt sera alors de 20 % si le taux d'inflation anticipé est de 10 %. Quelles seront les conséquences de cette entente? Au bout d'un an, Lise devra verser 6000 $ à la banque, soit 5000 $ en remboursement de la somme empruntée, et 1000 $ en intérêts (20 % de 5000 $). De ces 1000 $ d'intérêt qu'elle doit verser, 500 $ représentent les intérêts véritables; l'autre moitié constitue en fait une compensation pour la dépréciation de la valeur de la monnaie. Le taux d'intérêt *réel* que Lise se trouve à payer est de 10 %. C'est le taux que la banque reçoit *réellement.*

Si les emprunteurs et les prêteurs prévoient le taux d'inflation avec exactitude, les taux d'intérêt seront ajustés de façon à annuler l'effet de l'inflation sur les intérêts que les emprunteurs paieront *réellement* et que les prêteurs percevront *réellement.* C'est seulement lorsque les emprunteurs et les prêteurs commettent des erreurs d'anticipation du taux d'inflation futur que les uns y gagnent alors que les autres y perdent. Cela, du reste, peut jouer dans les deux sens. L'inflation ne dépouille pas toujours les prêteurs pour favoriser les emprunteurs. Si le taux d'inflation dépasse le taux qui avait été anticipé, les emprunteurs seront avantagés aux dépens des prêteurs. En revanche, si le taux d'inflation se révèle inférieur au taux anticipé, les prêteurs seront avantagés au détriment des emprunteurs.

Ce n'est donc pas l'inflation en soi qui procure des gains et fait subir des pertes aux emprunteurs et aux prêteurs, mais les variations *non anticipées* du taux d'inflation. Une *hausse non anticipée* du taux d'inflation *favorise les emprunteurs* aux dépens des prêteurs, tandis qu'une *baisse non anticipée avantage les prêteurs* au détriment des emprunteurs.

Au Canada, à la fin des années 60 et 70, le taux d'inflation a été en hausse, une hausse qui, dans une certaine mesure, n'a pas été anticipée de sorte que les emprunteurs ont réalisé des gains aux dépens des prêteurs. Inversement, dans les années 80, le taux d'inflation a chuté, et une bonne part de cette baisse n'a également pas été anticipée, du moins initialement. Dans ce cas, ce sont les prêteurs qui ont été favorisés. Les mêmes phénomènes se sont produits sur la scène internationale. Ainsi, à la fin des années 70 et au début des années 80, plusieurs pays en voie de développement, comme le Mexique et le Brésil, ont emprunté de fortes sommes d'argent à des taux d'intérêt élevés parce qu'on anticipait le maintien du taux d'inflation à plus de 10 % par année. Ces pays sont aujourd'hui aux prises avec de lourds intérêts à verser sur leurs emprunts, sans pouvoir compter sur les revenus plus élevés qu'ils pourraient espérer retirer du prix plus élevé de leurs exportations.

Employeurs et travailleurs Selon une autre opinion assez répandue, l'inflation contribuerait à redistribuer le revenu entre les employeurs et les travailleurs. Certains estiment que ce sont les travailleurs qui y gagnent aux dépens des employeurs, et d'autres soutiennent le contraire.

En réalité, ce que nous venons de voir au sujet des emprunteurs et des prêteurs s'applique également aux employeurs et aux travailleurs. Si l'inflation augmente de façon imprévue, les salaires qui auront été fixés avec la perspective d'un taux d'inflation plus faible ne seront pas suffisamment élevés. Les profits seront plus élevés que prévu, et le pouvoir d'achat des salariés sera inférieur à celui qui avait été anticipé. Les employeurs feront des gains aux dépens des travailleurs. Inversement, si le taux d'inflation anticipé est supérieur au taux d'inflation réalisé, les salaires seront trop élevés et les profits seront plus faibles que prévu. Le pouvoir d'achat des travailleurs dépassera les prévisions. Ce sont les travailleurs qui y gagneront, au détriment des employeurs.

Au Canada, ces dernières années, les changements non anticipés du taux d'inflation ont occasionné des variations du pouvoir d'achat des travailleurs ou, si l'on veut, de la quantité de biens et services que les travailleurs peuvent se procurer avec le salaire qu'ils gagnent. En 1974, par exemple, alors que le taux d'inflation grimpait à plus de 10 %, le pouvoir d'achat continuait à s'accroître, mais à un rythme nettement inférieur à la normale. En 1976, après une chute abrupte du taux d'inflation, le taux de croissance des salaires a dépassé le taux d'inflation, si bien que les salaires réels ont connu une augmentation anormalement élevée. Quant au sursaut de l'inflation en 1978 et 1979, il a été en grande partie imprévu, de sorte que les salaires n'ont pas suivi l'inflation; il en a donc résulté une baisse du pouvoir d'achat des travailleurs.

Nous venons de voir les problèmes que peut entraîner l'inflation non anticipée. Examinons maintenant les problèmes qui découlent de l'inflation anticipée.

Les problèmes causés par l'inflation anticipée

L'inflation anticipée peut constituer un problème pour deux raisons: premièrement, elle impose un type de coût d'opportunité lié à la détention de la monnaie; deuxièmement, elle encourage les gens à accroître inutilement le volume et la fréquence de leurs transactions. Étudions de plus près ces deux propositions.

Le coût d'opportunité lié à la détention de la monnaie et l'inflation Quelle que soit la forme de vos avoirs monétaires, qu'il s'agisse de billets de banque, de pièces de monnaie que vous gardez dans vos poches ou de dépôts que vous confiez à une banque, l'inflation peut engendrer un coût d'opportunité lié à la détention de la monnaie égal au taux d'inflation. Pour comprendre cela, comparons entre elles deux situations où vous détenez 100 $ en banque.

Dans le premier cas, supposons que le taux d'inflation s'élève à 10 % par année. À la fin de l'année, vous avez toujours 100 $ en banque, mais la valeur des biens et services que cette somme vous permet d'acheter n'est plus que de 90 $. Dans le deuxième cas, supposons qu'il n'y a pas d'inflation. À la fin de l'année, la banque vous débite de 10 $ (soit 10 %) en frais d'administration sur vos dépôts. Vous n'avez plus que 90 $ et, encore une fois, vous ne pouvez acheter que pour 90 $ de biens et services.

De votre point de vue, les deux situations s'équivalent. À la fin de l'année, la valeur des biens et services que vous pouvez vous procurer n'est que de 90 $. Un taux d'inflation de 10 % par année ou des frais d'administration de 10 % sur vos dépôts réduiront la valeur de vos avoirs monétaires du même montant. Le taux d'inflation représente donc le coût d'opportunité lié à la détention de la monnaie. Plus le taux d'inflation augmente, plus ce coût d'opportunité est élevé.

Le volume et la fréquence des transactions Puisque le taux d'inflation équivaut au coût d'opportunité lié à la détention de la monnaie, l'inflation anticipée représente alors le coût d'opportunité anticipé lié à la détention de la monnaie. Le seul moyen de se soustraire à ce coût d'opportunité anticipé est de réduire la quantité de monnaie que l'on détient. Par exemple, si le taux d'inflation est de 10 % par année et que vous gardez en moyenne 100 $ dans vos poches, le coût d'opportunité lié à la détention de la monnaie sera de 10 $ par année. Par contre, si vous ne conservez que 10 $ en moyenne à un taux d'inflation de 10 % par année, le coût d'opportunité sera de 1 $ par année.

Mais il n'est pas facile de changer la quantité de monnaie que l'on détient. Pour y arriver, il faudrait modifier la fréquence de versement des salaires. Supposons, par exemple, que votre salaire soit de 100 $ par semaine. Si vous dépensez la totalité de votre salaire à peu près également au long de la semaine, la quantité de monnaie que vous détenez en moyenne est de 50 $ (vous aviez 100 $ au début de la semaine et rien à la fin de la semaine, pour une moyenne de 50 $). Si vous êtes payé une fois par mois, vous recevez 400 $ le jour de la paye. La quantité de monnaie que vous détenez en moyenne s'établit alors à 200 $. Si, enfin, on vous verse votre salaire chaque jour d'une semaine de travail de cinq jours, vous recevez 20 $ par jour et vous détenez en moyenne 10 $ dans vos poches.

L'ennui est que les opérations financières fréquentes sont moins commodes et plus coûteuses. Or, plus l'inflation anticipée est élevée, plus la fréquence des transactions est élevée. Ce problème causé par l'inflation anticipée n'est certes pas très préoccupant dans un pays comme le Canada où le taux d'inflation n'a jamais été excessivement élevé. Mais il peut être grave lorsque le taux d'inflation devient très élevé. Par exemple, dans des situations d'hyperinflation (situations où le taux de variation des prix dépasse 50 % par mois), le coût d'opportunité lié à la détention de la monnaie devient énorme. Afin de ne pas garder de la monnaie qui perd très rapidement de sa valeur, les gens effectuent leurs transactions à une fréquence incroyable. Les entreprises paient leurs employés jusqu'à deux fois par jour, et ces derniers, aussitôt payés, dépensent leurs salaires avant qu'ils ne perdent trop de valeur. Pour acheter une poignée d'articles d'épicerie, il faut avoir un chariot rempli d'argent. De telles situations sont plutôt rares. Toutefois, des pays comme l'Allemagne et la Pologne ont connu des hyperinflations au cours des années 20. Au restaurant, le prix de la tasse de café pouvait augmenter entre le moment où le client passait sa commande et celui où il recevait l'addition.

L'indexation

Parmi les moyens permettant de se soustraire aux coûts de l'inflation, on préconise parfois l'indexation. L'**indexation** est une technique qui relie au niveau des prix les paiements effectués en vertu d'un contrat. En présence d'indexation, Lise, pour reprendre notre exemple précédent, n'accepterait pas de rembourser par une somme précise, déterminée à l'avance, l'emprunt qu'elle a contracté pour l'achat d'une voiture. Elle négocierait plutôt une formule d'indexation qui permettrait de calculer la somme d'argent à payer au moment du remboursement. Par exemple, avec un prêt indexé, le taux d'intérêt peut être fixé à 3 % par année plus le taux d'inflation annuel. De même, un contrat de salaire pourvu d'une clause d'indexation ne stipule pas la valeur exacte du salaire que recevront les travailleurs durant le contrat. Il spécifie plutôt une formule d'indexation selon laquelle les salaires sont ajustés périodiquement. Le contrat prévoira, par exemple, un salaire horaire de 10 $ pour la première année qui sera, par la suite, ajusté à la hausse d'un pourcentage égal au taux d'inflation annuel.

L'intérêt payé sur les dépôts bancaires peut aussi être rattaché au taux d'inflation afin d'éviter le coût d'opportunité lié à la détention des dépôts. L'indexation peut aussi contribuer à protéger le pouvoir d'achat des pensions. Mentionnons enfin que l'indexation peut aussi servir à limiter les effets de l'inflation sur les emprunts à long terme contractés pour l'achat d'une maison.

Toutefois, le recours à l'indexation n'est pas chose facile parce que, comme nous le verrons au chapitre 6, il n'existe pas de façon unique de mesurer le niveau des prix et, par conséquent, le taux d'inflation sur lequel tous doivent s'entendre. S'ils désirent indexer leurs contrats, les emprunteurs et les prêteurs, de même que les employeurs et les travailleurs, doivent s'entendre sur le choix de l'indice des prix qui servira à calculer le taux d'inflation. De telles ententes sont évidemment difficiles à conclure.

Bien que l'indexation puisse être utile dans certaines situations, elle ne constitue pas l'unique solution au problème des variations de la valeur de la monnaie. La seule façon d'éliminer les coûts de l'inflation serait de maintenir le niveau des prix constant.

Le chômage

À plusieurs moments de son histoire, le Canada a été aux prises avec un grave problème de chômage. Durant l'hiver 1982-1983, par exemple, près de 2 millions de Canadiens étaient à la recherche d'un emploi. Qu'est-ce au juste que le chômage? Comment le mesure-t-on? Comment le taux de chômage a-t-il fluctué au fil des années? Le chômage comporte-t-il quelque avantage? Quels en sont les coûts?

Qu'est-ce que le chômage?

Pour parler de chômage, il faut d'abord parler d'emploi. L'**emploi** est une mesure représentant le nombre de personnes adultes, âgées de 15 ans ou plus, qui ont un travail. Le **chômage** est une mesure représentant le nombre de personnes adultes qui ne sont pas employées et qui cherchent un emploi. Pour être comptée parmi les chômeurs, une personne doit être apte au travail et désireuse de travailler, chercher activement du travail et ne pas avoir d'emploi. Quiconque satisfait à cette définition est compté comme chômeur. La **population active**, ou **main-d'œuvre**, est la somme des personnes qui sont employées et des personnes qui sont en chômage. Le **taux de chômage** représente le pourcentage de chômeurs par rapport à la population active.

Comment mesure-t-on le chômage?

Le taux de chômage au Canada est mesuré chaque mois grâce à l'Enquête sur la population active canadienne. Les résultats de cette enquête apparaissent dans une publication intitulée *La population active*. Ce sont les données de cette enquête qui sont publiées chaque mois dans les médias.

Pour être comptée parmi les chômeurs, une personne doit être disponible, c'est-à-dire prête à travailler, et appartenir à l'une des trois catégories suivantes:

1 Ne pas avoir d'emploi mais avoir activement cherché du travail pendant les quatre semaines qui ont précédé la date de l'enquête.

2 Avoir été temporairement mis à pied 26 semaines ou moins avant la date de l'enquête et être dans l'attente d'un rappel au travail.

3 S'apprêter à occuper un nouvel emploi dans les quatre semaines suivant la date de l'enquête.

Toute personne recensée qui répond à l'un ou l'autre de ces critères est comptée parmi les chômeurs.

Les travailleurs à temps partiel sont comptés parmi les employés.

Le taux de chômage, tel qu'il est établi par l'Enquête sur la population active, peut être trompeur, et ce pour trois raisons. Examinons chacune d'elles.

L'irréalisme des aspirations salariales On ne devrait pas tenir pour chômeur une personne qui n'accepterait de travailler qu'à un salaire beaucoup plus élevé que celui qui lui est offert sur le marché. Une telle personne peut rejeter les offres d'emploi qui lui sont faites dans le but de trouver un emploi dont le salaire correspondrait à ses aspirations salariales trop élevées. Cette personne est apte au travail mais elle n'est pas disponible dans la mesure où elle n'est pas prête à travailler au salaire du marché. Pourtant, elle est officiellement comptée parmi les chômeurs.

Si les données de chômage étaient corrigées de manière à tenir compte des aspirations irréalistes des gens, tant en ce qui concerne le salaire convoité que la nature du travail recherché, le taux de chômage serait plus faible. Il est toutefois difficile d'évaluer l'importance réelle de ce facteur.

Les travailleurs découragés Bon nombre de chômeurs, après une recherche d'emploi sérieuse et prolongée qui n'a produit aucun résultat, se découragent et abandonnent tout espoir de trouver un emploi. Ces **travailleurs découragés** souhaiteraient travailler mais ils ont mis fin à leur recherche d'emploi. Les travailleurs découragés ne sont pas comptés comme chômeurs parce qu'ils n'ont pas cherché activement du travail au cours des quatre semaines qui ont précédé l'Enquête sur la population active. Si le nombre des travailleurs découragés était ajouté à celui des chômeurs, le taux de chômage serait plus élevé.

Les travailleurs à temps partiel Comme nous l'avons déjà mentionné, les travailleurs à temps partiel sont comptés parmi les employés. Pourtant, beaucoup d'entre eux accepteraient un travail à temps plein, ce qu'ils recherchent d'ailleurs activement. Le taux de chômage ne rend pas compte de ce chômage «à temps partiel».

L'évolution du taux de chômage

La figure 5.3 illustre l'évolution du taux de chômage au Canada, de 1926 à 1991. Comme on peut le constater, le taux de chômage a atteint son plus haut niveau durant la Grande Dépression du début des années 30. Au cours de cette période, près de 20 % de la population active était au chômage. Sans avoir eu à traverser des situations aussi catastrophiques que la Grande Dépression, l'économie canadienne n'en a pas moins connu, au cours des dernières années, des taux de chômage élevés. La récession mondiale du début des années 80 en est un exemple. Par contre, il y a aussi eu des périodes où le chômage était faible, notamment pendant la Seconde Guerre mondiale. Pour l'ensemble de la période de 65 ans s'échelonnant de 1926 à 1991, le taux moyen a été d'environ 6,6 %.

Figure 5.3 Le chômage, 1926 à 1991

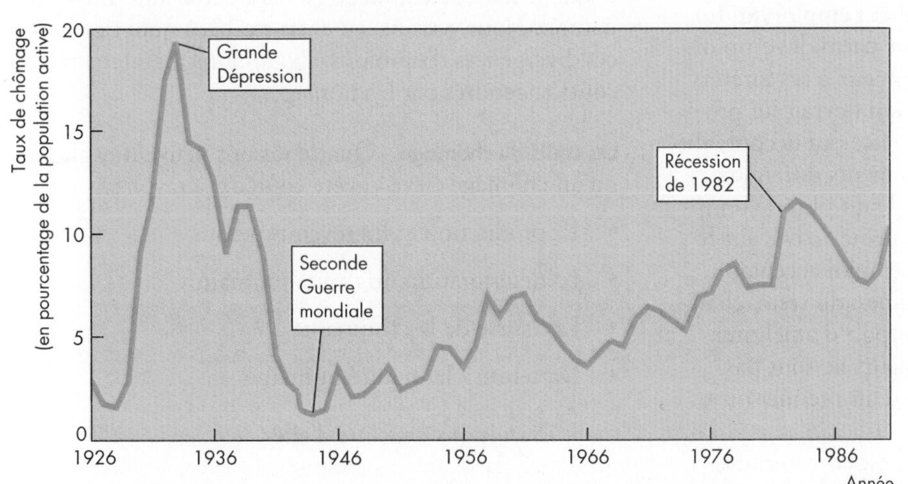

Sources: 1926-1952: *Statistiques historiques du Canada* (voir la figure 5.1), série D-132 exprimée en pourcentage de la série D-127. 1953-1965: *CANSIM*, série D755041. 1966-1991: *CANSIM*, série D767611.

Le chômage est une caractéristique persistante de la vie économique canadienne. Le taux de chômage varie considérablement. À l'époque où il sévissait le plus, c'est-à-dire durant la Grande Dépression, près de 20 % de la population active était en chômage. Plus récemment, au cours de la récession de 1982, le taux de chômage atteignait 11 %. Depuis la fin de la Seconde Guerre mondiale, on a pu observer une tendance à la hausse du taux de chômage.

Les avantages et les coûts du chômage

Le chômage est un sujet complexe. Nous avons tendance à considérer le taux de chômage comme un indicateur de la santé de l'économie canadienne. On le suit avec une attention semblable à celle d'un médecin qui surveille l'évolution de la température d'un patient. Que nous révèle le taux de chômage sur la santé de l'économie? Un taux de chômage élevé est-il le signe d'une économie en mauvaise santé? Le taux de chômage peut-il être trop bas? Commençons à répondre à ces questions, en examinant quels peuvent être les avantages découlant du chômage.

Les avantages du chômage Essayez d'imaginer un monde sans chômage. Quiconque le voudrait aurait un emploi, et ceux qui ne travailleraient pas n'éprouveraient aucun regret ni ne songeraient à chercher un emploi. À peine une personne aurait-elle terminé ses études pour joindre la population active qu'elle accepterait le premier emploi qui se présenterait, bon ou mauvais, intéressant ou non, qu'il corresponde ou non à sa formation. Si, par exemple, une usine de papier de Matane fermait, les travailleurs mis à pied s'empresseraient de s'emparer des premiers emplois disponibles.

Il ne serait pas agréable de vivre et de travailler dans un monde comme celui que nous venons de décrire. Il y aurait peu de concordance entre les types d'emplois disponibles et la formation des travailleurs, de sorte que la productivité de ces derniers serait sans doute assez faible. L'ennui et l'insatisfaction seraient alors généralisés. Le monde réel est cependant bien différent de ce monde fictif. Arrêtons-nous un instant à deux différences.

Premièrement, dans le monde réel, une personne n'accepte pas habituellement le premier emploi venu. Elle prend plutôt le temps de chercher l'emploi qui lui conviendra le mieux: elle sélectionne parmi les emplois disponibles celui qui correspond le mieux à ses intérêts personnels et à ses compétences, et qui devrait lui procurer un revenu satisfaisant. Ce bénéfice qui découle du chômage est à l'origine de comportements différents selon les groupes d'âge. D'un côté, il faut plus de temps aux jeunes, âgés de 15 à 19 ans et à peine arrivés sur le marché du travail, pour trouver un emploi acceptable qu'aux travailleurs plus âgés. Ces jeunes, du reste, changent plus souvent d'emploi, dans l'espoir d'améliorer leur situation. Cependant, les chômeurs ne sont pas seulement des jeunes à la recherche d'un premier ou d'un deuxième emploi.

Deuxièmement, le monde réel est en constante évolution. La production et la consommation changent en fonction des progrès techniques. Des entreprises naissent et d'autres périclitent. Dans ce processus, certains emplois disparaissent alors que d'autres sont créés. En conséquence, quel que soit leur âge, les travailleurs font face au risque de perdre leur emploi mais, en même temps, ils peuvent avoir la possibilité d'en trouver un meilleur. Ce phénomène a vraisemblablement constitué une importante source de chômage au Canada au cours des dernières années. D'une part, il y a eu la création rapide d'emplois dans les secteurs des techniques de pointe comme l'informatique et, d'autre part, la disparition d'emplois dans les secteurs traditionnels comme la construction automobile ou l'aciérie. Tout cela a contribué à ce que la mobilité de la main-d'œuvre soit élevée. Bon nombre de travailleurs se sont déplacés d'un secteur de l'économie à un autre, ou ont même déménagé d'une région à une autre du pays ce qui a engendré du chômage.

Le chômage qui découle de l'activité de recherche d'un premier emploi et de la mobilité de la main-d'œuvre engendrée par les changements techniques est appelé **chômage frictionnel**. Lorsque le seul chômage existant est frictionnel, on dit que l'économie est au **plein emploi.** Le taux de chômage qui subsiste lorsque l'économie fonctionne au plein emploi et que le chômage est entièrement frictionnel est appelé **taux de chômage naturel**.

Les économistes ne s'entendent pas sur la façon de mesurer le chômage frictionnel et le taux de chômage naturel, non plus que sur la distinction entre le chômage frictionnel et les autres types de chômage. Les uns croient que le taux de chômage naturel au Canada est à peu près constant, se situant entre 5 et 6 %. D'autres estiment que le taux de chômage naturel est variable et qu'une grande partie des fluctuations du taux de chômage global représentent en fait des fluctuations du taux naturel. D'autres, enfin, rejettent ces deux points de vue extrêmes. Ils soutiennent que le taux de chômage naturel change graduellement au cours du temps et que le taux de chômage global fluctue autour du taux naturel. Nous verrons, au chapitre 13, à quoi tiennent ces divergences d'opinions. Examinons maintenant les coûts engendrés par le chômage.

Les coûts du chômage Quatre raisons peuvent expliquer qu'un chômage élevé s'avère coûteux, à savoir:

- La production et les revenus perdus
- La détérioration du capital humain
- La hausse de la criminalité
- L'atteinte à la dignité humaine

Examinons chacune d'elles.

La production et les revenus perdus De tous les coûts du chômage, les plus évidents sont peut-être la production et les revenus perdus qui découlent du fait que les chômeurs ne travaillent pas. Or, l'importance de ces coûts dépend de la valeur du taux de chômage naturel. Si ce dernier se situe entre 5 et 6 %, comme certains économistes semblent le croire, les pertes de production que le chômage inflige sont énormes.

L'économiste américain Arthur Okun, ancien conseiller économique du président Lyndon Johnson, a étudié la relation entre le chômage et la production agrégée. Cette relation, connue sous le nom de *loi d'Okun* (voir la rubrique *L'évolution de nos connaissances* au chapitre 13, page 370) peut être énoncée comme suit:

Toutes choses étant égales par ailleurs, une augmentation de 1 % du taux de chômage est accompagnée d'une diminution de 2,5 % de la production de biens et services au pays.

Par exemple, le taux de chômage est passé de 7,5 % en 1981 à 11 % lors de la récession de 1982, ce qui représente une augmentation de 3,5 %. La valeur de la production canadienne a donc diminué de 8,75 %. Puisque, en 1981, 1 % de la production agrégée représentait environ 3,8 milliards de dollars, la baisse de la production canadienne provoquée par la récession de 1982 a été d'environ 31,5 milliards de dollars, si l'on se fie à la *loi d'Okun*. Il est donc facile de comprendre pourquoi les économistes qui croient que le taux de chômage naturel est constant pensent également qu'une période prolongée de chômage élevé entraîne d'importantes pertes de production et de revenus.

À l'opposé, les économistes qui estiment que le taux de chômage naturel est lui-même variable ont tendance à minimiser l'importance des pertes de production et de revenus dues au chômage. Si des changements techniques nombreux étaient à l'origine d'une mobilité anormalement élevée de la main-d'œuvre – ce qui ferait hausser temporairement le taux de chômage –, toute tentative visant à réduire le taux de chômage aurait pour effet d'empêcher cette réaffectation nécessaire de la main-d'œuvre. Les travailleurs doivent pouvoir changer d'emplois, sans quoi le niveau de la production sera inférieur à celui que les techniques nouvelles pourraient permettre d'atteindre.

La détérioration du capital humain Le chômage inflige un deuxième type de coût important, à savoir le dommage permanent causé au chômeur par l'interruption de sa carrière et le ralentissement du développement de son capital humain. Par **capital humain**, on entend la valeur de l'éducation reçue et des compétences acquises. Le capital humain d'une personne équivaut à la somme d'argent qui, si elle était investie au taux d'intérêt moyen, engendrerait un revenu égal à celui que cette personne est en mesure de produire grâce aux compétences qu'elle a acquises. Ces compétences comprennent les connaissances théoriques et pratiques apprises à l'école ou approfondies en cours d'emploi, les habitudes de travail et la capacité de concentration. Or, une longue période de chômage détériore sérieusement la valeur du capital humain d'une personne.

La hausse de la criminalité L'accroissement du taux de chômage provoque habituellement une augmentation du taux de criminalité. Lorsqu'une personne ne peut plus gagner sa vie grâce à un travail légitime, elle peut être incitée à recourir au crime. Un haut taux de criminalité peut donc constituer l'un des coûts du chômage élevé.

L'atteinte à la dignité humaine Une période de chômage prolongée peut nuire à l'estime de soi. Ce type de coût est difficile à mesurer. Toutefois, il peut avoir des répercussions sociales et politiques sérieuses.

Malgré son importance, le chômage n'est pas le seul indicateur de la santé économique d'un pays. Le produit intérieur brut en est un autre.

Le produit intérieur brut

On appelle **produit intérieur brut**, ou **PIB**, la valeur de tous les biens et services finis qui ont été produits dans l'économie au cours d'une année. Les biens et services qu'on achète en vue d'une utilisation finale, et non pour la transformation d'autres biens ou la production d'autres services sont des **biens et services finis**. Les cannettes de boisson gazeuse et les automobiles sont des exemples de biens finis, et les polices d'assurance-automobile et les coupes de cheveux sont des exemples de services finis.

Mais il n'existe pas que des biens et services finis. En effet, certains biens et services entrent dans la production d'autres biens ou services: ce sont les **biens et services intermédiaires**, appelés aussi parfois *intrants* ou *facteurs de production*. Les pare-brise, les batteries ou les boîtes de changement de vitesse qui entrent dans la fabrication des automobiles, ou encore le papier et l'encre que les imprimeurs utilisent pour produire un livre ou un journal sont des exemples de biens intermédiaires. Quant aux services intermédiaires, ce sont, par exemple, les services bancaires et les services d'assurance, auxquels font appel les constructeurs d'automobiles et les imprimeurs. Pour déterminer si un bien ou un service est intermédiaire ou fini, il faut considérer qui l'achète et en vue de quelle utilisation. Le courant électrique qu'un fabricant d'automobiles ou un imprimeur achètent à Hydro-Québec est un bien intermédiaire. Par contre, si le courant électrique sert à éclairer votre appartement, nous parlons alors d'un bien fini.

Le produit intérieur brut ne tient pas compte de la valeur des biens et services intermédiaires, sinon on compterait plus d'une fois le même bien ou service. Lorsqu'un particulier achète une voiture d'un concessionnaire Chrysler, il s'agit d'une transaction finale, et la valeur de la voiture entre dans le calcul du PIB. Toutefois, on ne doit pas tenir compte dans le PIB du montant que le concessionnaire Chrysler a payé au fabricant pour la voiture, ni du montant que Chrysler a payé à ses fournisseurs pour les diverses composantes de la voiture.

Pour mesurer le PIB, il faut pouvoir additionner tous les biens et services *finis* qui ont été produits. Évidemment, il ne suffirait pas d'additionner les unes aux autres les quantités de voitures, de journaux, de kilowatts d'électricité, de coupes de cheveux et de polices d'assurance-automobile. Il faut d'abord calculer la *valeur* monétaire, ou valeur en dollars, de la production de chaque bien ou service fini. Il s'agit de multiplier par le prix la quantité produite de chaque bien ou service fini. En d'autres termes, la production de chaque bien ou service est mesurée par rapport à l'unité de monnaie en usage. Puis on additionne les valeurs monétaires de tous les biens et services produits, pour obtenir la valeur totale de la production, c'est-à-dire le PIB.

Bien sûr, le PIB ainsi évalué en dollars constitue en fait une combinaison de quantités réelles (le nombre de biens et services finis produits) et de quantités nominales ou monétaires (les prix de ces biens et services). En conséquence, toute variation du PIB est une combinaison des variations des prix et des changements dans les quantités produites de biens et services finis. Il importe, pour différentes raisons, de bien faire la distinction entre les variations des prix et les variations des quantités. Pour ce faire, on utilise les concepts de PIB nominal et de PIB réel. Examinons-les.

Le PIB nominal et le PIB réel

Le **PIB nominal** est la valeur de la production des biens et services finis, calculés aux *prix courants*, c'est-à-dire aux prix en vigueur sur le marché. On l'appelle parfois *PIB en dollars courants*. Quant au **PIB réel**, il est la valeur de la production de biens et services finis, calculés aux prix d'une période de référence donnée. On l'appelle aussi *PIB en dollars constants*. Qu'il s'agisse du PIB nominal ou du PIB réel, on se réfère toujours à une période donnée, normalement une année.

La comparaison du PIB réel d'une année à l'autre montre si la quantité produite de biens et services a augmenté ou diminué. On ne pourrait pas obtenir cette information en comparant les PIB nominaux de deux années consécutives. En effet, il se peut que le PIB nominal de 1992 soit supérieur à celui de 1991 à cause d'une hausse des prix et non pas à cause d'une hausse de la production.

La figure 5.4 illustre la distinction entre le PIB réel et le PIB nominal. La surface en rouge représente le PIB réel, alors que la somme de la surface en vert et de la surface en rouge correspond au PIB nominal. La surface en vert constitue la partie inflationniste de l'évolution du PIB nominal. Nous avons supposé que le PIB nominal et le PIB réel étaient égaux en 1970. Cela revient à dire que, dans cette figure, le PIB réel a été calculé en milliards de dollars de 1970. En 1970, le PIB

Figure 5.4 Le produit intérieur brut, 1970–1991

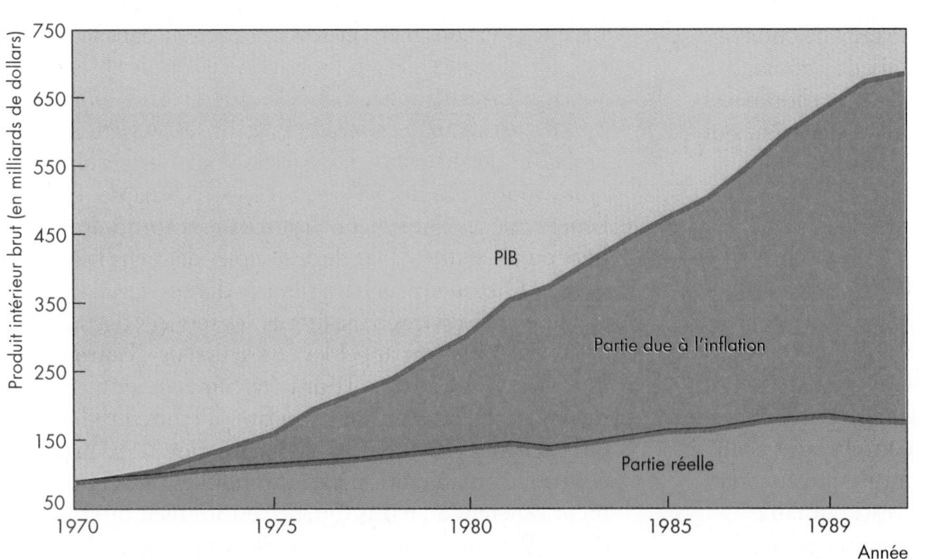

Entre 1970 et 1991, le produit intérieur brut s'est accru de 700 %. Toutefois, une bonne part de cet accroissement est imputable à l'inflation. L'augmentation du PIB réel, c'est-à-dire la part de l'accroissement du PIB nominal attribuable à une augmentation du volume de biens et services produits, s'est accrue elle aussi, mais à un rythme plus modéré. La figure montre l'évolution de la composante réelle et de la composante inflationniste du PIB nominal. On voit que le PIB nominal a augmenté chaque année, mais que le PIB réel a chuté en 1982.

Sources: PIB nominal: *CANSIM*, série D20000. PIB réel: *CANSIM*, série D20031.

nominal se chiffrait à 89 milliards de dollars. En 1991, il avait grimpé à 679 milliards de dollars. Pourtant, seulement une partie de cette augmentation représente véritablement un accroissement des biens et services disponibles, c'est-à-dire une hausse du PIB réel. Remarquez que le PIB nominal a augmenté chaque année et qu'en une occasion, soit en 1982, le PIB réel a baissé.

L'évolution du PIB réel

C'est en 1926 qu'on a commencé à calculer le PIB réel au Canada. La figure 5.5 retrace cette évolution. (À noter que le PIB réel y est évalué en milliards de dollars de 1981.) Deux constatations s'en dégagent. Premièrement, l'évolution du PIB réel a été marquée par une tendance générale à la hausse. Deuxièmement, cette croissance n'a pas été régulière, le PIB réel ayant même baissé en certaines occasions. La plus abrupte de ces baisses s'est produite au début des années 30 lors de la Grande Dépression. Une autre, moins prononcée, a été enregistrée lors de la récession de 1982. En revanche, le PIB réel a connu des périodes de croissance très rapide, pendant la Seconde Guerre notamment.

Examinons une à une les deux caractéristiques générales de l'évolution du PIB réel auxquelles nous avons fait allusion précédemment :

- Le PIB réel tendanciel
- Les fluctuations du PIB réel

Le PIB réel tendanciel Le **PIB réel tendanciel** est une mesure de la tendance générale à la hausse du PIB réel qui ne tient pas compte des fluctuations de celui-ci. La tendance à la hausse du PIB réel provient de trois sources :

- La croissance de la population
- La croissance du stock de capital
- Les progrès de la technologie

Ces trois facteurs ont suscité la tendance générale à la hausse qu'on peut observer dans la figure 5.4. Le PIB réel tendanciel est représenté dans la figure 5.5 par la mince ligne noire qui traverse la ligne bleue retraçant l'évolution effective du PIB réel. Les surfaces en rouge montrent que la valeur effective du PIB réel est inférieure à la valeur tendancielle du PIB réel, alors que les surfaces en bleu montrent le contraire.

Les fluctuations du PIB réel On appelle fluctuations du PIB réel les écarts entre la valeur effective du PIB réel et la valeur tendancielle du PIB réel. Ces écarts ou fluctuations apparaissent dans la figure 5.6. Comme vous pouvez le constater, l'évolution du PIB réel est marquée par des cycles distincts, les plus prononcés étant la Grande Dépression, la récession de 1982 et l'expansion enregistrée au cours de la Seconde Guerre mondiale.

L'importance du PIB réel

La hausse tendancielle du PIB réel constitue la princi-

Figure 5.5 Le PIB réel, 1926–1991

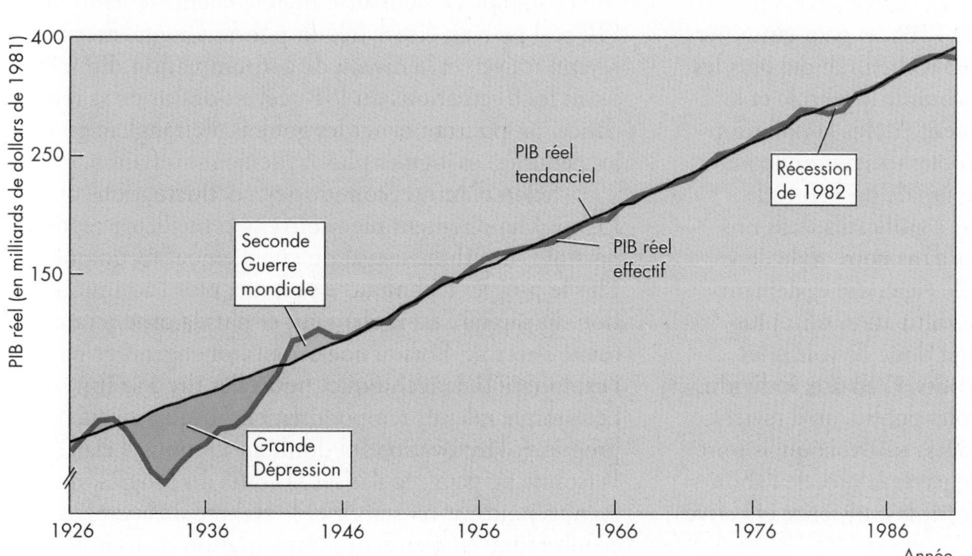

De 1926 à 1991, le PIB réel a enregistré une hausse moyenne de 4,2 % par année. La tendance générale du PIB réel à augmenter est représentée par l'évolution de la valeur tendancielle du PIB réel. La hausse du PIB n'a pas été constante chaque année. Au cours de certaines périodes, durant la Seconde Guerre mondiale notamment, le PIB réel s'est accru très rapidement, dépassant même sa valeur tendancielle (surfaces en bleu). Au cours d'autres périodes, durant la Grande Dépression et lors de la récession de 1982 par exemple, le PIB réel a fléchi et est descendu sous sa valeur tendancielle (surfaces en rouge).

Sources : Statistiques historiques du Canada (voir la figure 5.1), série F-55; et *CANSIM*, série D20031. (La série historique mesure les dépenses nationales brutes.)

Figure 5.6 L'écart du PIB réel par rapport à sa tendance, 1926 –1991

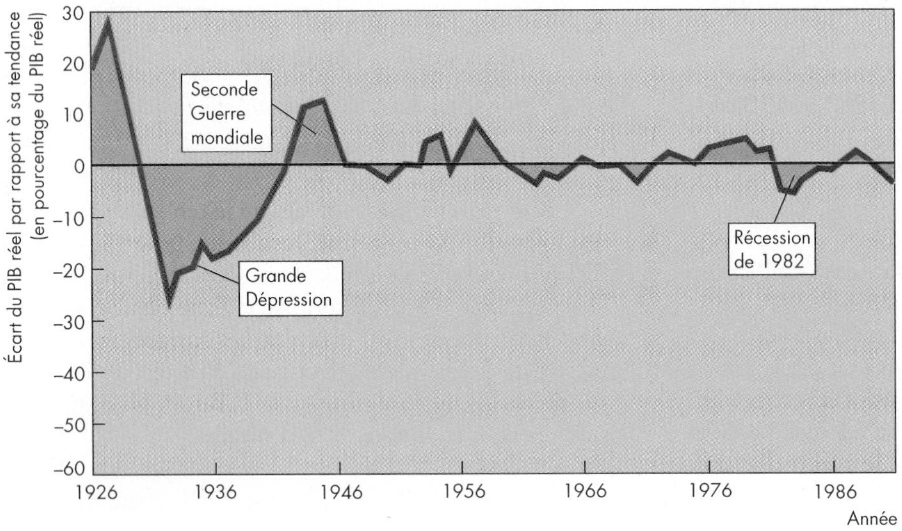

L'écart du PIB réel par rapport à sa tendance montre que l'augmentation du PIB réel n'a pas été régulière. Une expansion rapide du PIB réel, comme celle qui a été enregistrée au cours de la Seconde Guerre mondiale, fait passer le PIB réel au-dessus de sa ligne tendancielle. Par contre, une baisse, comme ce fut le cas de 1929 à 1933 puis, à nouveau, en 1982 et en 1991, le fait passer sous sa ligne tendancielle. Les variations à la hausse et à la baisse de l'écart du PIB réel par rapport à sa tendance décrivent le cours du cycle économique.

Source: voir la figure 5.5.

pale source d'amélioration du niveau de vie à long terme. L'importance de cette évolution détermine dans une bonne mesure le niveau de vie des générations futures. Par exemple, si le PIB réel affichait une tendance à la hausse de 1 % par année, il faudrait 70 ans pour que la valeur du PIB réel double. Par contre, avec une tendance à la hausse de 10 % par année, le PIB réel doublerait en 7 ans seulement. Au Canada, durant les 65 années qui se sont écoulées de 1926 à 1991, le taux moyen de croissance du PIB réel a été de 4,2 % par année, ce qui signifie que le PIB réel a doublé tous les 16 ans environ.

La hausse tendancielle du PIB réel peut entraîner des coûts. Plus la hausse du PIB réel est rapide, plus les ressources non renouvelables, comme le pétrole et le gaz naturel, s'épuisent rapidement et plus la pollution atmosphérique et les autres problèmes environnementaux s'aggravent. La croissance rapide du PIB réel entraîne aussi des changements significatifs dans nos habitudes de consommation et dans notre style de vie professionnelle. Cependant, elle engendre également des bénéfices: les biens de consommation sont plus nombreux et plus variés. Il s'agit donc de voir si les bénéfices l'emportent sur les coûts. C'est aux individus eux-mêmes ainsi qu'aux pouvoirs publics qu'il revient d'évaluer les bénéfices et les coûts; les choix qu'ils font en acceptant ou en refusant de payer le prix de l'abondance et de la variété déterminent la croissance effective du PIB réel.

La croissance du PIB réel, nous l'avons vu, n'est pas régulière. Au cours de certaines années, l'économie a été en pleine expansion, alors qu'à d'autres périodes elle a ralenti considérablement. Les fluctuations du PIB réel sont-elles importantes? C'est là une question difficile sur laquelle les opinions divergent. Certains économistes pensent que ces fluctuations sont coûteuses: lorsque le PIB réel effectif est inférieur au PIB réel tendanciel, il y a perte de production; en revanche, lorsqu'il est supérieur au PIB réel tendanciel, on doit faire face à des goulots d'étranglement et à des pénuries. Quand la valeur effective de la production est inférieure à sa valeur tendancielle, le taux de chômage effectif dépasse le taux de chômage naturel et le stock de capital de l'économie est sous-utilisé. Si le ralentissement du PIB réel pouvait être évité, on pourrait augmenter le revenu moyen et le niveau de consommation. En stabilisant les fluctuations du PIB réel au-dessus de sa tendance, on pourrait éviter les goulets d'étranglement et les pénuries, et juguler plus facilement l'inflation.

Selon d'autres économistes, les fluctuations du PIB réel représentent bien souvent la meilleure réponse possible au rythme inégal du changement technique. Plus le progrès technique est rapide, plus l'accumulation du capital l'est également, et plus la production totale s'accroît. Lorsqu'une expansion engendrée par l'exploitation de techniques nouvelles tire à sa fin, l'économie ralentit temporairement jusqu'à ce que le progrès et l'innovation lui donnent un nouvel élan. Personne ne peut régulariser le cours du progrès, tout au plus pourrait-on stabiliser le rythme de la croissance économique en retardant l'implantation de techniques nouvelles. Cependant, ces retards se solderaient par des pertes irrécupérables.

Quelle que soit leur école de pensée, tous les économistes s'entendent pour reconnaître qu'une dépression profonde et prolongée, comme celle des années 30, entraîne un gaspillage et des souffrances énormes. Leurs divergences de vue portent plutôt sur la façon d'expliquer les fluctuations normales de l'activité économique depuis la fin de la Seconde Guerre mondiale.

Cela nous amène à étudier de façon plus systématique les fluctuations économiques.

Le cycle économique

Un **cycle économique** est constitué de changements à la hausse et à la baisse de l'activité économique. Ces changements de l'activité économique sont périodiques et irréguliers. Ils sont mesurés principalement par les fluctuations du PIB réel, ainsi que par les variations d'autres variables macroéconomiques. Comme nous l'avons vu, le PIB réel peut être divisé en deux composants :

- Le PIB réel tendanciel
- L'écart du PIB réel par rapport à sa tendance

Nous pouvons identifier le cycle économique en calculant l'écart du PIB réel par rapport à sa tendance, cet écart constituant une mesure du rythme inégal de l'activité économique. Le cycle économique n'est pas un phénomène régulier, facile à prévoir ou répétitif comme le mouvement d'un pendule. Il est, dans une bonne mesure, imprévisible.

Le cycle économique comporte quatre phases successives :

- La contraction
- Le creux
- L'expansion
- Le sommet

La figure 5.7 illustre ces quatre phases. Cette figure, qui est en fait un agrandissement d'une partie de la figure 5.6, montre l'écart du PIB réel par rapport à sa tendance pour la période s'échelonnant de 1979 à 1991. Remarquez les quatre phases du cycle. La **contraction** est marquée par un ralentissement du rythme de l'activité économique, comme celui que nous avons connu entre 1988 et 1991. L'**expansion** est constituée d'une accélération du rythme de l'activité économique, comme celle de la période allant de 1983 à 1988. Le **creux** est le point de revirement le plus bas du cycle économique, celui où l'économie passe de la contraction à l'expansion. L'année 1983 constitue un exemple de creux. Par contre, le **sommet** est le point de revirement le plus élevé du cycle économique, là où l'on passe de l'expansion à la contraction. L'année 1988 a été marquée par un sommet.

On parle de récession lorsqu'une contraction devient assez grave. Une **récession** est un revirement à la baisse du niveau de l'activité économique, revirement qui se traduit par une chute du PIB réel au cours de deux trimestres consécutifs. On appelle **dépression**, ou crise, un creux particulièrement profond.

Le chômage et le cycle économique

Le PIB réel n'est pas la seule variable qui fluctue au cours du cycle économique. Les fluctuations du PIB réel sont liées à celles d'un éventail d'autres variables

Figure 5.7 Le cycle économique, 1979–1991

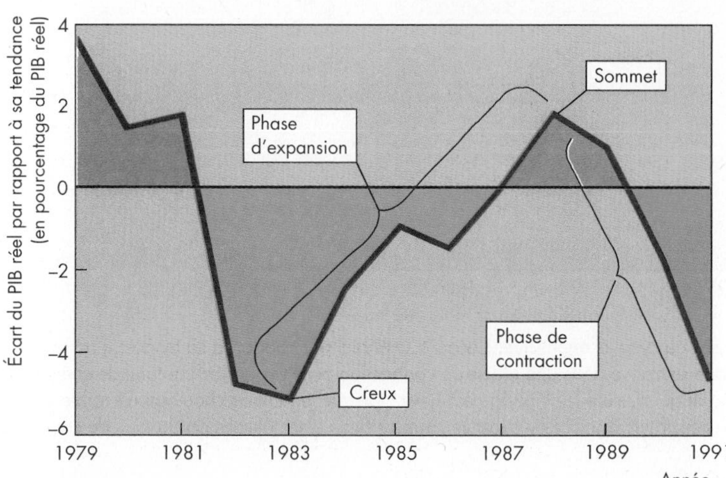

Source : voir la figure 5.5.

Le cycle économique comporte quatre phases : la contraction, le creux, l'expansion et le sommet. On fait ici appel à l'histoire récente pour illustrer ces phases. En 1983, l'économie atteignait un creux pour s'engager ensuite dans une phase d'expansion. Cette expansion a atteint un sommet en 1988. Par la suite, l'économie s'est engagée dans une phase de contraction jusqu'en 1991.

économiques. L'une des plus importantes est le chômage. Durant la phase de contraction du cycle économique, le taux de chômage augmente; durant la phase d'expansion, il diminue. Le taux de chômage est à son plus bas niveau au sommet du cycle; il est à son plus haut niveau quand l'économie se retrouve au creux du cycle. La figure 5.8 exprime graphiquement la relation qui existe entre l'évolution du taux de chômage et les différentes phases du cycle économique.

Les deux courbes de cette figure couvrent la période 1926-1991 au Canada. La courbe bleue représente l'écart du PIB réel par rapport à sa tendance. La courbe rouge retrace l'évolution du taux de chômage. Trois épisodes sont mis en évidence: celui de la Grande Dépression, celui de la Seconde Guerre mondiale et, finalement, celui de la récession de 1982[1]. Pour mieux faire ressortir le rapport qui existe entre le taux de chômage et l'écart du PIB réel par rapport à sa tendance, on a inversé l'échelle qui mesure le taux de chômage. Celui-ci augmente au fur et à mesure qu'on descend le long de l'axe vertical situé sur la droite. Une fois l'échelle inversée, on peut voir que le taux de chômage a une évolution assez semblable à celle de l'écart du PIB réel par rapport à sa tendance.

[1] Quoique la figure 5.7 indique qu'il y a eu une contraction marquée en 1991, cette année ne fut pas à proprement parler une année de récession puisque le PIB réel n'a pas chuté au cours de deux trimestres consécutifs. Par contre, 1990 fut une année de récession, au sens strict du terme. Toutefois la récession de 1990 a été moins forte que celle de 1982.

Le marché boursier et le cycle économique

Nous avons dit que le cycle économique est constitué des changements de l'activité économique, mesurés principalement par les fluctuations de l'écart entre le PIB réel et sa tendance. Nous avons également vu que les fluctuations du chômage suivent d'assez près le cycle économique. Le marché boursier constitue un autre indicateur – peut-être le plus visible – de la situation économique. Chaque soir, les bulletins de nouvelles nous informent sur les activités de la journée aux Bourses de Montréal, de Toronto, de New York et de Tokyo. Les variations du prix des actions, en plus de l'intérêt intrinsèque qu'elles présentent, peuvent être révélatrices de la situation économique future.

Les changements du prix des actions ont-ils quelque rapport avec les fluctuations du PIB réel et du chômage? Une chute des valeurs boursières laisse-t-elle présager une phase de contraction? Une montée, en revanche, annonce-t-elle une phase d'expansion? Afin de répondre à ces questions, penchons-nous sur l'évolution du prix des actions et essayons de voir en quoi elle

Figure 5.8 Le chômage et le cycle économique, 1926–1991

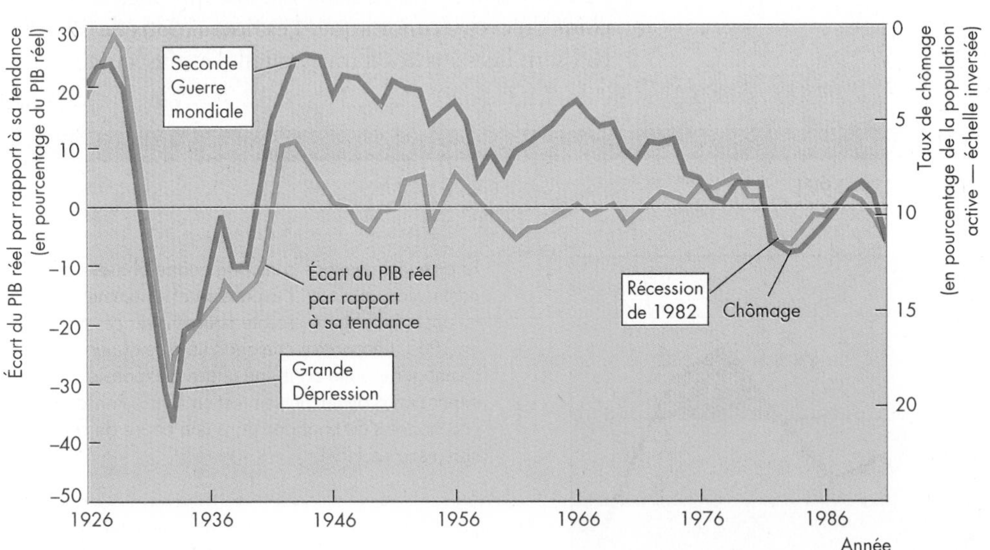

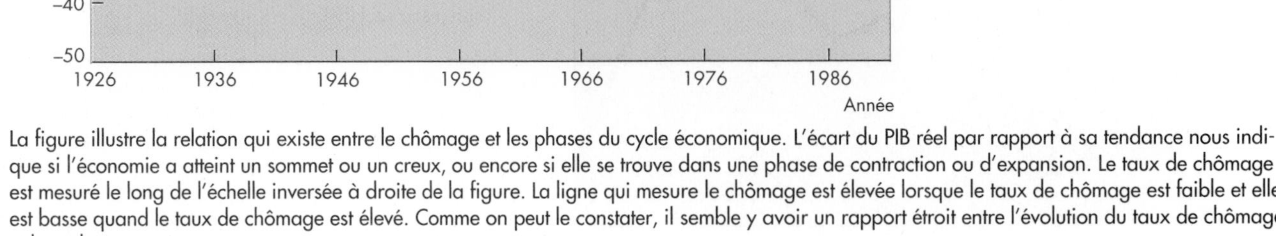
La figure illustre la relation qui existe entre le chômage et les phases du cycle économique. L'écart du PIB réel par rapport à sa tendance nous indique si l'économie a atteint un sommet ou un creux, ou encore si elle se trouve dans une phase de contraction ou d'expansion. Le taux de chômage est mesuré le long de l'échelle inversée à droite de la figure. La ligne qui mesure le chômage est élevée lorsque le taux de chômage est faible et elle est basse quand le taux de chômage est élevé. Comme on peut le constater, il semble y avoir un rapport étroit entre l'évolution du taux de chômage et le cycle économique.

Source: voir les figures 5.3 et 5.6.

se rattache aux expansions et aux contractions de l'activité économique.

Nous retrouvons dans la figure 5.9 la courbe du prix des actions, de 1914 à 1990. L'indice des prix qui y apparaît a été ajusté pour tenir compte des effets de l'inflation. En réalité, le prix des actions a augmenté beaucoup plus à cause de l'inflation que ce que nous pouvons voir dans la figure. Toutefois, la partie purement inflationniste des variations du prix des actions a été supprimée afin de voir quelle a été l'évolution du prix réel des actions. Les fluctuations du prix réel des actions sont très prononcées et elles sont marquées par l'absence de schéma cyclique évident. Deux effondrements boursiers sont mis en évidence, soit ceux de 1929 et de 1987. Le krach de 1929, très abrupt, fut suivi pendant deux ans d'une baisse massive des prix boursiers. Le krach de 1987 a été beaucoup plus modeste, et la chute des prix fut de courte durée. Il y a eu aussi des périodes où la hausse du prix des actions a été rapide, notamment au cours des années qui ont précédé l'effondrement de 1929 ou le mini-krach de 1987.

En quoi les fluctuations du prix des actions sont-elles liées au cycle économique? Les variations du prix des actions survenues durant la Grande Dépression, de même que la reprise qui s'ensuivit, pourraient faire croire que le marché boursier laisse présager l'orientation future de l'économie. Le marché boursier devance un peu les phases de contraction et d'expansion du PIB réel ainsi que les mouvements à la hausse et à la baisse du taux de chômage.

Mais, demanderez-vous, les points de revirement du marché boursier prédisent-ils avec précision les points de revirement de l'économie? La réponse est «non». Au cours de certaines périodes, le marché boursier et le PIB réel ont évolué ensemble, tandis qu'à d'autres moments ils ont évolué en sens opposé. Le mini-krach de 1987, par exemple, est survenu en pleine période d'expansion économique tant au Canada que dans le reste du monde.

Bon nombre de personnes ont établi un parallèle entre les événements d'octobre 1987 et le krach de 1929. En 1930 pourtant, l'économie s'est effondrée, tandis qu'en 1988 elle a continué à croître. Pourquoi ces deux épisodes ont-ils été si différents? La réponse à cette question se trouve dans notre capacité limitée à prévoir les cycles économiques. C'est aussi la raison de l'absence d'une relation étroite entre les fluctuations du prix des actions et le cycle économique. Le prix des actions est déterminé en grande partie par les attentes des gens quant à la rentabilité future des entreprises. La rentabilité future des entreprises dépend à son tour de la situation économique. Par conséquent, le prix des actions est déterminé par les prévisions relatives à la situation économique future. Or, une fois sur deux ces prévisions se révèlent fausses. On peut donc conclure que les variations du prix des actions ne constituent pas un indicateur absolument fiable de la situation économique future.

L'inflation et le cycle économique

Nous avons examiné les fluctuations de certaines variables réelles: le PIB réel, le taux de chômage et le prix réel des actions. Nous avons vu qu'il semble y avoir une

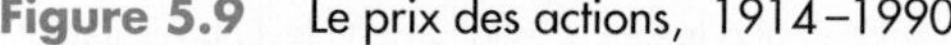

Figure 5.9 Le prix des actions, 1914–1990

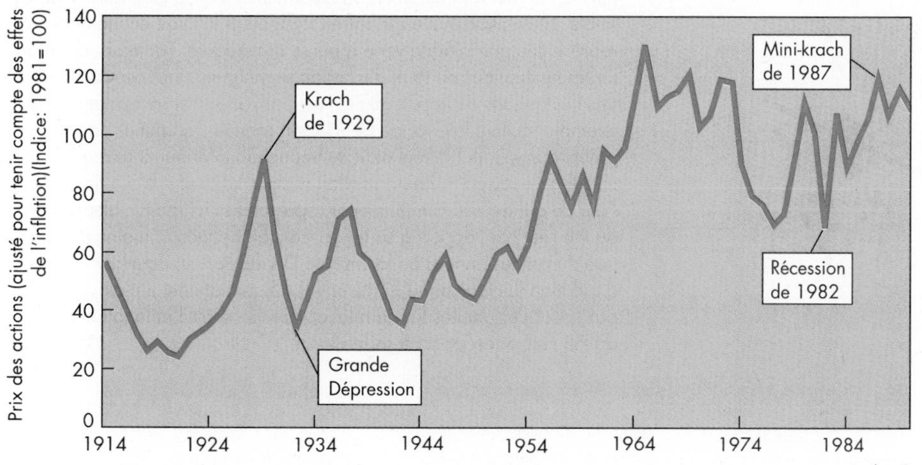

Le prix des actions compte parmi les éléments les plus variables de notre économie. Le prix réel des actions (le prix effectif ajusté pour supprimer les effets des variations de la valeur de la monnaie) a augmenté considérablement à la fin des années 20. Puis, en 1929, est survenu le krach, qui a été suivi par la Grande Dépression. Le prix des actions a entrepris une nouvelle ascension après la Seconde Guerre mondiale, pour atteindre un sommet en 1965. Il a par la suite décliné pour atteindre un creux en 1977. Il a ensuite remonté pendant deux ans, avant de retomber en 1982. Il a ensuite entrepris une remontée pour toucher un nouveau sommet en 1987, avant le mini-krach d'octobre.

Sources: 1914-1955: *Statistiques historiques du Canada* (voir la figure 5.1), série J-494. 1956-1990: *TSE* 300 composite; *CANSIM*, série B4237. L'indice du prix des actions a été divisé par l'indice des prix à la consommation (voir la figure 5.1 pour la source), puis a été ajusté pour être égal à 100 en 1981.

relation systématique entre les fluctuations du PIB réel et celles du taux de chômage. Nous avons aussi constaté qu'il peut parfois y avoir une relation entre l'évolution du prix réel des actions et le cycle économique. Comment l'inflation évolue-t-elle au cours du cycle économique? Les fluctuations du taux d'inflation sont-elles étroitement associées au cycle économique ou sont-elles indépendantes du cycle?

Pour répondre à ces questions, examinons la figure 5.10. Cette figure contient un diagramme de dispersion qui illustre le taux d'inflation, d'une part, et l'écart du PIB réel par rapport à sa tendance, d'autre part. Chaque point couvre une année. La distribution de ces points révèle, dans une certaine mesure, la relation qui s'établit entre le taux de l'inflation et l'écart du PIB réel par rapport à sa tendance. Le diagramme de dispersion fait ressortir deux caractéristiques qui marquent cette relation:

- En général, plus le PIB réel est supérieur à sa tendance, plus le taux d'inflation est élevé; plus le PIB réel est inférieur à sa tendance, plus le taux d'inflation est faible.

- Il y a peu de corrélation entre le taux d'inflation et l'écart du PIB réel par rapport à sa tendance.

La ligne verte illustre la relation moyenne entre l'inflation et le cycle économique. La pente de cette ligne indique dans quelle mesure le taux d'inflation est lié, en moyenne, au cycle économique. Comme nous pouvons le voir, le lien est plutôt faible.

La relation entre l'inflation et le cycle économique semble assez floue puisqu'une bonne partie des variations du taux d'inflation ne coïncident pas avec les phases du cycle économique. Par exemple, lorsque le PIB réel s'est rapproché de sa tendance (c'est-à-dire quand l'écart du PIB réel par rapport à sa tendance a été faible), le taux d'inflation a fluctué entre – 2 % et +14 % par année. Ce sont les années représentées sur le diagramme par les points bleus. Par contre, au cours des années de la Grande Dépression représentées par les points rouges, l'écart du PIB réel par rapport à sa tendance a été fortement négatif. Le taux d'inflation a été également très variable au cours de ces années, passant de – 10 % à + 4 % par année.

Ces deux constatations à propos de la relation entre l'inflation et le cycle économique soulèvent deux questions. Premièrement, pourquoi l'inflation a-t-elle tendance à évoluer dans le même sens que le cycle économique? Et, deuxièmement, pourquoi cette relation est-elle si imprécise? Nous aborderons ces questions dans le chapitre 7, avant de les traiter en profondeur dans les chapitres 10 et 14.

Nous avons examiné ce qu'étaient l'inflation, le chômage, les fluctuations du PIB réel et le cycle économique. Avant de clore le présent chapitre, discutons brièvement de la question des déficits.

Figure 5.10 L'inflation et le cycle économique

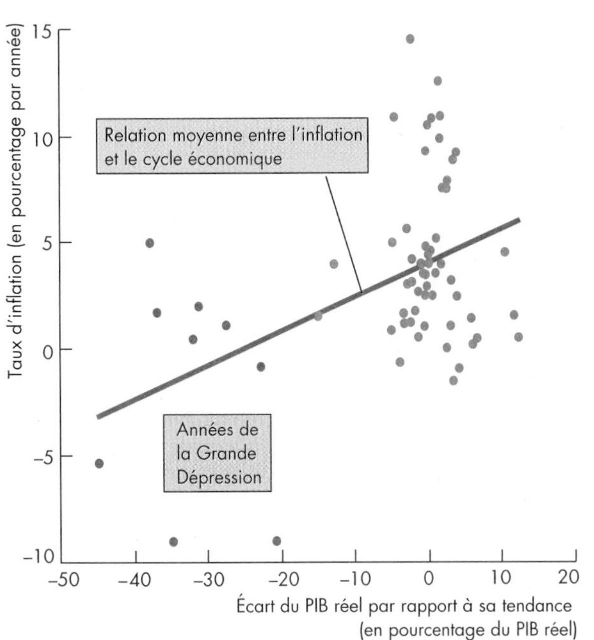

Source: voir les figures 5.1 et 5.5.

En général, la relation entre le taux d'inflation et le cycle économique est modérément positive. En moyenne, plus le PIB réel s'élève au-dessus de sa tendance et plus le taux d'inflation est élevé. Inversement, plus le PIB réel est inférieur à sa tendance et plus le taux d'inflation est faible. La relation moyenne entre l'inflation et le cycle économique est représentée par la ligne verte à pente ascendante. Toutefois, d'importantes fluctuations du taux d'inflation surviennent, indépendamment des fluctuations de l'écart du PIB réel par rapport à sa tendance. Par exemple, durant la Grande Dépression (années indiquées par les points rouges), le PIB réel était de beaucoup inférieur à sa tendance, et pourtant le taux d'inflation oscillait entre – 10 % et + 4 % par année. Pour ce qui est des autres années représentées ici (points bleus), l'écart du PIB réel par rapport à sa tendance était beaucoup moins prononcé que durant les années de la Grande Dépression et, pourtant, le taux d'inflation fluctuait entre – 2 % et + 14 % par année. Il n'existe donc pas, pour ces années-là, de relation précise entre l'inflation et l'écart du PIB réel par rapport à sa tendance.

Le déficit budgétaire et le déficit du compte courant

Si vous dépensez plus que vous ne gagnez, vous aurez à faire face à un déficit. Pour combler ce déficit, il vous faudra soit contracter un emprunt ou vendre certains de vos biens. De la même manière, les gouvernements et les pays peuvent avoir des déficits. Ceux-ci, qu'il s'agisse du déficit budgétaire ou du déficit du compte courant, ont d'ailleurs beaucoup défrayé la chronique récemment.

Le déficit budgétaire

Le **déficit budgétaire** représente la différence entre les dépenses totales du secteur public et ses revenus totaux, ou recettes fiscales. Par **secteur public** de l'économie, on entend les gouvernements fédéral et provinciaux et les autorités municipales. Ceux-ci effectuent des dépenses qui couvrent un large éventail de programmes publics et sociaux et tirent des revenus des impôts et des taxes. Le secteur public enregistre tantôt un surplus de ses recettes sur ses dépenses, et tantôt un déficit. Certaines années, ce déficit est très lourd, comme ce fut le cas en 1975. Les périodes de déficit et de surplus ont alterné. Cependant, depuis 1975, le secteur public a connu un déficit persistant, dont la valeur moyenne s'est établie à plus de 5 % du PIB. Le solde budgétaire du secteur public est lié dans une certaine mesure au cycle économique. Au cours de la phase d'expansion du cycle, les recettes fiscales augmentent rapidement et les dépenses relatives au chômage diminuent. Au cours de cette phase du cycle, le secteur public enregistre habituellement un surplus. Lorsque l'économie traverse une phase de contraction, les recettes fiscales diminuent, les dépenses relatives au chômage augmentent et le budget du secteur public devient habituellement déficitaire. Il est cependant intéressant de constater que le déficit budgétaire canadien a persisté bien que l'économie ait connu de 1983 à 1989 une expansion forte et soutenue.

Dans le chapitre 17, nous étudierons plus en détail la question du déficit budgétaire. Nous discuterons notamment de ses causes et de ses conséquences.

Le déficit du compte courant

La **balance du compte courant** est constituée de la différence entre la valeur des biens et services que le Canada vend à d'autres pays (exportations) et la valeur des biens et services que les Canadiens achètent des étrangers (importations). Si, par exemple, le Canada vend davantage qu'il n'achète, il enregistrera un surplus de son compte courant. S'il achète davantage qu'il ne vend, il enregistrera un déficit. La plupart du temps, depuis 1950, le Canada a enregistré un modeste surplus du compte courant. Mais, depuis quelques années, la balance de son compte courant a été largement déficitaire.

Un pays qui fait face à un déficit du compte courant doit, pour le combler, emprunter à l'étranger. Le déficit du compte courant d'un pays et les emprunts de ce pays au reste du monde sont compensés par un surplus du compte courant dans certains autres pays et par des prêts au reste du monde. Le Japon constitue le partenaire commercial dont la balance du compte courant se démarque le plus de celle du Canada puisque, au cours des dernières années, il a enregistré un surplus grandissant de la balance de son compte courant.

Nous étudierons plus longuement, dans le chapitre 18, les causes et les conséquences des déficits et des surplus des comptes courants d'un pays.

■ Au long de notre étude de la macroéconomie, nous ferons le bilan de nos connaissances sur les causes de l'inflation et des variations de son taux. Nous examinerons également quelles sont les causes du chômage et quels sont les facteurs à l'origine des phases du cycle économique. Nous verrons pourquoi l'évolution du marché boursier peut constituer un bon indicateur de la situation économique future dans certaines circonstances et pas dans d'autres. Nous découvrirons aussi pourquoi l'inflation et le cycle économique semblent parfois être liés. Nous approfondirons, enfin, les questions se rapportant au déficit budgétaire et au déficit du compte courant: leur ampleur, leurs causes et leurs conséquences.

Le prochain chapitre nous en apprendra plus long sur les statistiques utilisées en macroéconomie. Nous verrons notamment comment mesurer le produit intérieur brut, le niveau des prix et l'inflation.

RÉSUMÉ

L'inflation

L'inflation est un changement, à la hausse, du niveau moyen des prix. Pour mesurer le niveau moyen des prix, on calcule un indice des prix. Le taux d'inflation est la variation, en pourcentage, de la valeur de cet indice des prix.

L'inflation est un trait persistant de la vie économique canadienne. Le taux d'inflation fluctue. Au début des années 60, il oscillait entre 1 et 2 % par année. En 1981, il atteignait 13 %. L'inflation a augmenté au cours des années 60 et 70, mais elle a régressé à partir de 1981.

L'inflation pose un problème dans la mesure où elle entraîne une dépréciation de la valeur de la monnaie à un rythme imprévisible. Plus il est difficile de prévoir le taux d'inflation et moins la monnaie est utile comme moyen d'échange. À cause de l'inflation, le recours à la monnaie est particulièrement déconseillé dans le cas d'opérations étalées sur une longue durée, notamment lorsqu'il s'agit d'emprunts et de prêts ainsi que de contrats salariaux. Le taux d'inflation impose un type de coût d'opportunité lié à la détention de la monnaie. (*pp. 103-108*)

Le chômage

Les chômeurs sont les travailleurs adultes (âgés de 15 ans ou plus) qui n'ont pas de travail et qui cherchent activement un emploi. Les employés sont les travailleurs adultes qui détiennent un emploi. La population active, ou main-d'œuvre, désigne la somme des chômeurs et des employés. Le taux de chômage exprime le pourcentage de chômeurs par rapport à la population active. Le chômage est mesuré chaque mois grâce à une enquête réalisée auprès des ménages.

Le chômage a été un problème majeur au Canada au cours de la Grande Dépression des années 30 et il a constitué également un problème sérieux au début des années 80. En moyenne, le taux de chômage a augmenté depuis la fin de la Seconde Guerre mondiale. Au cours des 63 dernières années, le taux de chômage moyen a été de 6,6 %.

Le chômage présente, certes, des avantages. Il donne au chômeur le temps et l'occasion de chercher un emploi qui corresponde mieux à ses compétences et à ses préférences. Il permet aux individus de s'adapter à l'émergence continuelle de nouvelles techniques dans l'économie.

Mais le chômage a ses coûts. Les coûts les plus importants du chômage sont d'abord les pertes de production et de revenus que les entreprises et les individus doivent subir parce que les chômeurs ne travaillent pas. Les coûts du chômage incluent également la détérioration du capital humain et, lorsque la période de chômage se prolonge, une hausse du taux de criminalité, de même que des problèmes psychologiques et sociaux graves pour les chômeurs et les membres de leurs familles. (*pp. 108-111*)

Le produit intérieur brut

Le produit intérieur brut, ou PIB, mesure la production totale du pays. Le PIB représente la valeur monétaire de tous les biens et services finis produits au pays au cours d'une période donnée, un an par exemple. Les variations du PIB sont dues en partie aux changements des prix et en partie aux changements de la quantité produite des biens et services. Afin de départager les effets des prix et ceux des quantités réelles, on doit faire la distinction entre le PIB nominal et le PIB réel. Le PIB nominal est évalué aux prix courants. Le PIB réel est évalué aux prix d'une année de base ou de référence.

Le PIB réel augmente, en moyenne, chaque année. Cette tendance générale à la hausse est appelée plus simplement *tendance du PIB réel*. Le taux de croissance du PIB réel n'est pas constant. Le PIB réel fluctue autour de sa tendance. Les augmentations du PIB réel se traduisent par une hausse du niveau de vie, non sans coûts cependant. Les principaux coûts d'une croissance économique rapide sont l'épuisement des ressources, la pollution de l'environnement et la nécessité de faire face aux changements rapides qui bouleversent le monde du travail tant en ce qui concerne la nature des emplois que leurs emplacements. Il s'agit de peser les avantages et les coûts engendrés par des niveaux de consommation plus élevés. (*pp. 111-115*)

Le cycle économique

Le cycle économique est le changement – périodique et irrégulier, à la hausse et à la baisse – de l'activité économique. Le cycle économique comporte quatre phases : la contraction, le creux, l'expansion et le sommet. On appelle *dépression* un creux particulièrement profond. L'écart du PIB réel par rapport à sa tendance permet de mesurer les fluctuations de l'activité économique, c'est-à-dire le cycle économique.

L'évolution du chômage est liée au cycle économique. Lorsque le PIB réel est supérieur à sa tendance, le taux de chômage est faible ; lorsque le PIB réel est inférieur à sa tendance, le taux de chômage est élevé. Le prix réel des actions évolue parfois comme le cycle. Il arrive qu'une récession économique suive un krach boursier, mais cela n'est pas toujours le cas.

Il n'existe pas de relation simple et bien définie entre le taux d'inflation et le cycle économique. En moyenne, le taux d'inflation est élevé lorsque le PIB réel est supérieur à sa tendance et il est faible dans le cas contraire. Par contre, il arrive que les variations du taux d'inflation n'aient que peu de rapport avec le cycle. Deux types de forces peuvent concourir à engendrer l'inflation : celles qui sont reliées au cycle économique, et celles qui ne le sont pas. (*pp. 115-118*)

Le déficit budgétaire et le déficit du compte courant

Le déficit budgétaire est la différence entre les dépenses totales du secteur public et ses recettes fiscales. Les déficits budgétaires des gouvernements varient, dans une certaine mesure, au cours du cycle économique. Depuis 1975, le secteur public a enregistré de façon continue un déficit dont l'importance a souvent dépassé 5 % de la valeur du PIB.

La balance du compte courant d'un pays représente la différence entre la valeur des biens et services que ce pays vend à d'autres pays et la valeur des biens et services qu'il leur achète. Le Canada affiche normalement un surplus du compte courant. Toutefois, depuis quelques années, il accuse un déficit qui ne cesse d'augmenter. Au déficit du compte courant canadien correspond, de façon symétrique, un surplus du compte courant dans d'autres pays (le Japon par exemple). (*p. 119*)

POINTS DE REPÈRE

Mots clés

Balance du compte courant, 119
Biens et services finis, 111
Biens et services intermédiaires, 111
Capital humain, 111
Chômage, 108
Chômage frictionnel, 110
Contraction, 115
Creux, 115
Cycle économique, 115
Déficit budgétaire, 119
Déflation, 103
Dépression, 115
Emploi, 108
Expansion, 115
Indexation, 108
Indice des prix, 103
Inflation, 103
Inflation anticipée, 105
Inflation non anticipée, 105
Macroéconomie, 103
Main-d'œuvre, 108
Niveau des prix, 103
Période de base ou de référence, 103
PIB ou produit intérieur brut, 111
PIB nominal, 112
PIB réel, 112
PIB réel tendanciel, 113
Plein emploi, 110
Population active, 108
Récession, 115
Secteur public, 119
Sommet, 115
Stabilité des prix, 103
Taux de change, 105
Taux de chômage, 108
Taux de chômage naturel, 110
Taux d'inflation, 103
Taux d'inflation anticipé, 105
Travailleurs découragés, 109
Valeur de la monnaie, 105

Figures clés

QUESTIONS DE RÉVISION

1 Qu'est-ce que l'inflation?

2 Quels sont les coûts engendrés par l'inflation?

3 Quels sont les bénéfices engendrés par l'inflation? Selon vous, les bénéfices l'emportent-ils sur les coûts? Expliquez.

4 Pourquoi l'inflation n'avantage-t-elle pas toujours les emprunteurs aux dépens des prêteurs?

5 Expliquez pourquoi le coût d'opportunité lié à la détention de la monnaie croît avec le taux d'inflation.

6 Définissez le chômage.

7 Comment mesure-t-on le taux de chômage au Canada?

8 Pour quelles raisons le taux de chômage, tel qu'il est mesuré, peut-il surestimer ou sous-estimer le chômage réel? Quels sont les principaux coûts du chômage? Le chômage présente-t-il des avantages? Si oui, lesquels?

9 Qu'est-ce que le cycle économique? Décrivez les quatre phases du cycle économique. Dans quelle phase du cycle économique le Canada se trouvait-il en 1977? en 1982? en 1985? en 1990?

10 Lorsqu'une économie se trouve dans une phase d'expansion, qu'arrive-t-il au taux de chômage? au marché boursier?

11 Comment le taux d'inflation fluctue-t-il au cours du cycle économique?

12 Comparez les fluctuations du taux d'inflation et du taux de chômage au Canada, depuis 1930.

PROBLÈMES

1 À la fin de 1989, l'indice des prix s'établissait à 151. À la fin de 1990, il atteignait 158,3. Calculez le taux d'inflation en 1990.

2 Dans un monde où il n'y aurait pas d'inflation, Jean et Marie seraient prêts à emprunter et à prêter de l'argent à un taux d'intérêt annuel de 2 %. Jean s'attend à ce que le taux d'inflation de l'année prochaine soit de 4 %, alors que Marie prévoit un taux d'inflation de 8 %. Jean et Marie seraient-ils prêts à s'engager par un contrat en vertu duquel l'un emprunterait à l'autre? Justifiez votre réponse.

3 Lucie exploite un commerce de glaces et de sorbets. Elle s'attend pour l'année prochaine à un taux d'inflation de 4 %. Les étudiants qu'elle engage prévoient que le taux d'inflation sera de 2 % seulement. Lucie et ses employés pourront-ils s'entendre dès maintenant sur un taux de salaire pour l'été prochain? Expliquez votre réponse.

4 Recueillez des données sur le chômage au Québec. Si la bibliothèque locale reçoit la publication intitulée *La population active* de Statistique Canada, vous pourrez puiser à cette source. Sinon, il faudra vous y prendre autrement. Comparez l'évolution du chômage au Québec à celle de l'ensemble du Canada. Pourquoi le Québec a-t-il, selon vous, un taux de chômage supérieur ou inférieur au taux canadien moyen?

CHAPITRE 6

L'évaluation de la production et du niveau des prix

Objectifs du chapitre :

- Décrire le flux circulaire des dépenses et des revenus.
- Expliquer pourquoi la dépense agrégée, la valeur de la production et le revenu agrégé sont égaux entre eux.
- Expliquer les trois façons de mesurer le produit intérieur brut (PIB) : par la dépense, par le revenu et par la production.
- Expliquer la méthode de calcul du PIB réel.
- Expliquer la façon de mesurer le coût de la vie à partir de l'indice des prix à la consommation (IPC).
- Établir la différence entre deux façons de mesurer le niveau des prix : par l'indice des prix à la consommation (IPC) et par l'indice implicite du PIB.
- Faire la distinction entre les effets de l'inflation et les effets des variations des prix relatifs.

Lire l'avenir dans une tasse de thé?

TOUS LES TROIS MOIS, Statistique Canada publie une évaluation du produit intérieur brut pour le trimestre précédent ; car le produit intérieur brut, ou PIB, constitue un baromètre de l'économie du pays. Les analystes se ruent sur ces données ; à la manière d'une personne qui prétend lire dans les feuilles d'une tasse de thé, ils cherchent l'explication du passé et la préfiguration de l'avenir. Mais comment les statisticiens des comptes nationaux s'y prennent-ils pour mesurer l'activité économique du pays, et l'exprimer en ce chiffre magique qui a pour nom *PIB*? Et qu'est-ce au juste que ce PIB? ■ Nous avons vu, dans le chapitre précédent, que la croissance du PIB ne suit pas un rythme constant et qu'elle connaît d'occasionnels ralentissements. Nous avons vu comment les hausses et les baisses de l'activité constituent le cycle économique. Cependant, pour déterminer ce cycle, il nous faut discerner, dans la croissance du PIB, la part attribuable à l'augmentation de la production et la part imputable à la hausse des prix. En d'autres termes, nous devons faire la distinction entre le PIB réel et le PIB nominal. Comment isoler les effets de l'inflation pour évaluer la composante réelle du PIB ? ■ L'activité économique est constituée, *en majeure partie*, des transactions qui s'effectuent sur les marchés : achats et ventes de biens, de services et de facteurs de production. Cependant, la vie économique est aussi le théâtre d'autres activités : certaines personnes tirent leur revenu de pratiques illicites et d'autres, tout en s'adonnant à un travail parfaitement légal, tentent de soustraire au fisc et aux diverses réglementations une partie de leur revenu. Sans compter les activités qui, tout en étant productives, demeurent extérieures au marché proprement dit : ainsi, la préparation des repas, la lessive, l'entretien de la pelouse et le lavage de la voiture constituent des activités *domestiques* qui sont productives mais qui ne font pas l'objet d'opérations commerciales. Entrent-elles dans le calcul du PIB ? Sinon, quelle peut être leur valeur, et en quoi leur omission fausse-t-elle le calcul du PIB ? ■ Les économistes, et même les profanes, s'intéressent à l'évolution de l'inflation et suivent de près l'annonce mensuelle, par Statistique Canada, de l'indice des prix à la consommation – ou IPC. Dès la publication de celui-ci, les analystes des journaux et de la télévision échafaudent leurs théories et leurs prévisions. À l'aide de quoi Statistique Canada mesure-t-il l'IPC ? Et avec quelle précision ce dernier reflète-t-il le coût réel de la vie pour les consommateurs ? Si le prix des oranges augmente de 40 % et le prix d'une coupe de cheveux de 4 % seulement, est-ce la hausse du prix des oranges qui cause l'inflation ?

■ Dans le présent chapitre, nous approfondirons deux notions clés en macroéconomie : le PIB et le niveau des prix. Nous verrons comment calculer le PIB et comment mesurer, après les avoir distinguées l'une de l'autre, sa composante inflationniste et sa composante réelle. Finalement, nous aborderons le calcul de l'IPC et son interprétation. Commençons par décrire le flux circulaire des revenus et dépenses.

Le flux circulaire des revenus et dépenses

Le flux circulaire des revenus et dépenses constitue la base conceptuelle à partir de laquelle nous pourrons mesurer la dépense agrégée, le revenu agrégé et la valeur de la production (ou PIB). Pour mieux saisir certaines relations et certaines notions clés, nous partirons d'un modèle économique, ce qui aura l'avantage de simplifier le contexte économique où nous vivons. Il nous sera toujours loisible d'élargir par la suite ce modèle, pour le rendre plus conforme à la réalité.

Le flux circulaire dans un modèle économique

Notre modèle économique ne comporte, par hypothèse, que deux types d'institutions : les ménages et les entreprises.

Les ménages remplissent les fonctions économiques suivantes :

- Ils reçoivent des revenus, en échange des facteurs de production qu'ils fournissent aux entreprises.
- Ils effectuent des dépenses, en achetant les biens et services de consommation que leur offrent les entreprises.
- Ils épargnent une part de leurs revenus.

De leur côté, les entreprises remplissent les fonctions économiques suivantes :

- En contrepartie des facteurs de production que les ménages leur fournissent, elles créent en faveur de ces derniers diverses formes de revenus : les salaires pour le travail effectué, les intérêts sur le capital prêté, les loyers pour l'usage de terrains ou de bâtiments, les profits.
- Elles obtiennent des revenus en vendant aux ménages divers biens et services de consommation.
- Elles obtiennent des revenus en vendant à d'autres entreprises divers biens d'équipement.
- Elles contractent des emprunts, pour financer l'achat de biens d'équipement auprès d'autres entreprises.

Notre modèle économique comprend trois types de marchés :

- Le marché des biens et services
- Le marché des facteurs de production
- Le marché financier

Il existe, dans ce modèle, deux types de flux économiques entre les ménages et les entreprises : les flux *réels* et les flux *monétaires*. En vertu des premiers, les ménages fournissent des objets réels aux entreprises, et vice versa. Le deuxième type de flux est constitué de l'argent qui circule entre les ménages et les entreprises, en échange de ces objets. Regardons de plus près, tour à tour, chacun de ces types de flux.

Des ménages aux entreprises, le flux *réel* consiste en l'offre de services liés aux facteurs de production. Les ménages fournissent divers facteurs de production : la main-d'œuvre, le capital, le terrain, les immeubles. Des entreprises aux ménages, le flux réel est composé des biens et services de consommation : les entreprises produisent par exemple le maïs soufflé, les boissons gazeuses, les films, le chocolat, les fours à micro-ondes, les services de nettoyage, etc. – qu'elles vendent ensuite aux ménages.

En sens inverse des flux d'objets réels, circulent les flux *monétaires*. Ceux-ci représentent les paiements effectués en contrepartie des flux réels que nous venons de décrire. Ce sont en premier lieu les sommes que les entreprises versent aux ménages, à titre de revenus pour les facteurs de production que ceux-ci ont fournis : salaires de la main-d'œuvre, intérêts sur le capital, loyers pour l'utilisation de la propriété foncière, profits. Les sommes que les entreprises versent aux ménages en contrepartie de ces facteurs de production constituent le revenu des ménages. Le **revenu** est la somme d'argent que quelqu'un reçoit en échange des facteurs de production qu'il met à la disposition d'une entreprise.

Les flux monétaires comportent, en deuxième lieu, les flux de dépenses en biens et services. L'un de ces flux est constitué des dépenses que les ménages engagent pour se procurer des biens et services de consommation – qu'il s'agisse de maïs soufflé, de boissons gazeuses, de fours à micro-ondes ou de services de nettoyage. On appelle **dépenses de consommation** l'ensemble des dépenses que les ménages consacrent aux biens et services de consommation.

Mais les entreprises ne vendent pas nécessairement aux ménages la totalité des biens et services qu'elles produisent. Premièrement, elles peuvent conserver en stock une partie de cette production. Si, par exemple, l'usine de General Motors construit 1000 voitures mais ne réussit à en vendre que 950 aux ménages, les 50 voitures invendues iront s'ajouter à ses stocks. Deuxièmement, une partie de la production d'une entreprise peut être vendue à d'autres entreprises en tant que biens d'équipement nouveaux. Le cas d'IBM vendant un ordinateur central à la société General Motors en est un bon exemple. On appelle **investissement** les sommes consacrées à l'achat de biens nouveaux (usines, immeubles, biens d'équipement), ainsi qu'à l'accroissement des stocks.

Nous avons illustré dans la figure 6.1 les flux monétaires que nous venons de décrire. Chacun de ceux-ci est représenté par une flèche de couleur différente. Les flèches bleues marquées de la lettre *Y* représentent le revenu agrégé, c'est-à-dire la somme des revenus que les ménages perçoivent en échange des services rendus par leurs facteurs de production.

Les flèches rouges illustrent les dépenses engagées pour l'achat de biens et services. Elles indiquent deux types de dépenses : d'une part, les dépenses de consommation, effectuées par les ménages auprès des entreprises (flèches rouges, marquées de la lettre *C*); d'autre part, les investissements, constitués des additions aux stocks et des achats de nouveaux biens d'équipement (flèches rouges, marquées de la lettre *I*). Remarquez que les dépenses d'investissement sont représentées ici par un flux qui va des entreprises au marché des biens et qui retourne ensuite aux entreprises. Certaines entreprises, en effet, produisent des biens d'équipement que d'autres entreprises achètent. Si une entreprise ajoute à ses propres stocks un bien qu'elle a produit mais qu'elle n'a pas vendu, on peut voir là une vente qu'elle se fait à elle-même.

Deux autres flux apparaissent dans la figure 6.1; ils sont représentés par des flèches vertes. Ils ne constituent ni des paiements pour les services rendus par les facteurs de production, ni des paiements pour l'achat de biens ou services. Il s'agit plutôt de paiements effectués en échange de services encore à venir : ce sont en réalité des prêts. En effet, les ménages ne dépensent pas nécessairement la totalité de leurs revenus ; ils en épar-

Figure 6.1 Le flux circulaire des revenus et dépenses entre les ménages et les entreprises

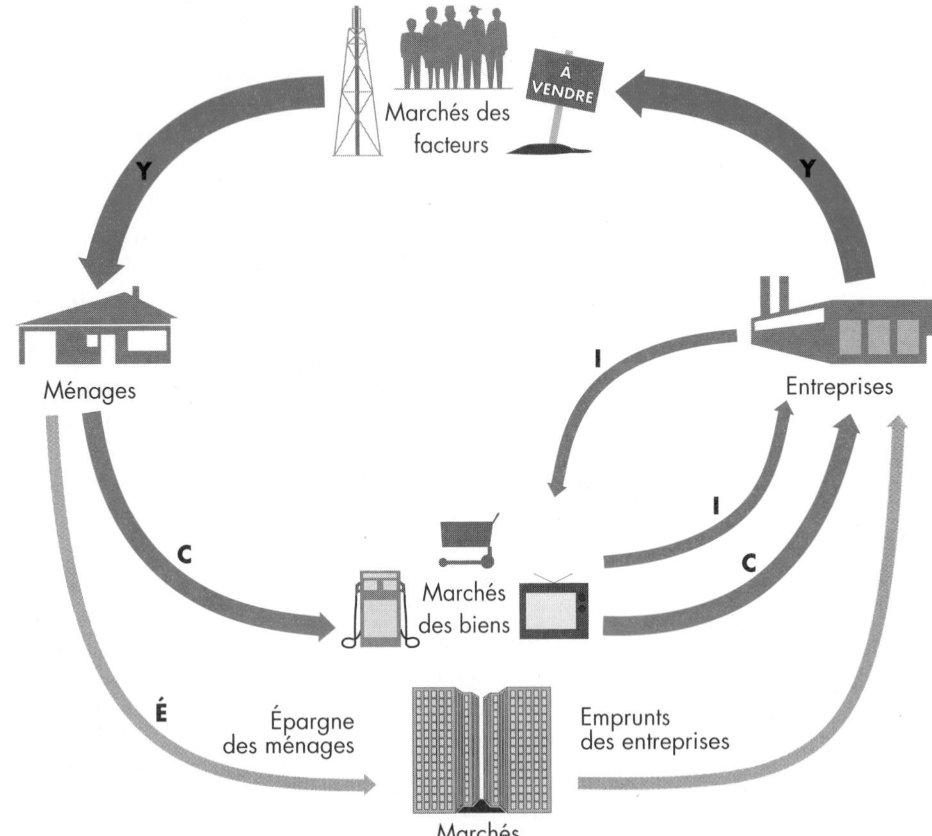

Trois types de flux monétaires sont illustrés ici : les paiements pour facteurs de production (en bleu), les paiements pour biens et services finis (en rouge), les prêts et emprunts (en vert). Les ménages reçoivent des entreprises divers revenus, en contrepartie des facteurs de production qu'ils fournissent. Les ménages achètent des biens et services de consommation auprès des entreprises, et les entreprises achètent des biens d'équipement auprès d'autres entreprises (ou elles se vendent à elles-mêmes des stocks). Les ménages épargnent une partie de leurs revenus, et les entreprises empruntent pour financer leurs achats de biens d'équipement et leurs stocks. Les recettes que les entreprises tirent de la vente de biens et services sont transférées aux ménages sous forme de salaires, d'intérêts, de loyers ou de profits. La dépense agrégée (dépenses de consommation plus dépenses d'investissement) est égale au revenu agrégé. La valeur de la production est, elle aussi, égale à la dépense agrégée et au revenu agrégé.

gnent une partie. Dans notre modèle économique, l'épargne représente la différence entre les revenus des ménages et leurs dépenses de consommation. L'épargne (flèche verte marquée de la lettre *É*) est dirigée vers les marchés financiers. Les entreprises empruntent, sur ces marchés, les fonds nécessaires pour financer l'acquisition de capital nouveau, d'équipement et d'autres biens qu'elles ajoutent à leurs stocks.

Ainsi donc, le diagramme de la figure 6.1 décrit bien l'ensemble des flux monétaires que comporte notre modèle économique. Parmi ces flux, nous ne retiendrons pour le moment que les deux plus importants, soit les paiements effectués en échange de services rendus par les facteurs de production (flèches bleues) et les paiements effectués pour l'achat de biens et services (flèches rouges). Nous allons découvrir que le flux bleu est égal à la somme des deux flux rouges. En d'autres termes, la dépense agrégée et le revenu agrégé sont égaux entre eux. Voyons pourquoi.

L'égalité entre les dépenses et les revenus Pour comprendre la raison de l'égalité entre la dépense agrégée et le revenu agrégé, il nous faut examiner de plus près les transactions des entreprises. Remarquons, tout d'abord, que deux flèches rouges représentent les flux de revenus vers les entreprises : ce sont les dépenses de consommation (C) et les investissements (I). La somme des deux correspond à la dépense agrégée de biens et services finis; nous l'appellerons, de façon plus concise, *dépense agrégée.* L'ensemble des recettes qu'une entreprise tire de la vente de ses produits sert à payer les services rendus par les facteurs de production que cette entreprise utilise; il ne reste, en fait, aucun excédent. Il faut se rappeler, en effet, que les dépenses inhérentes aux facteurs de production comprennent non seulement les salaires des travailleurs, les intérêts sur le capital et les loyers pour l'utilisation de la propriété foncière, mais aussi les profits. Pour le propriétaire de l'entreprise, le profit (ou la perte) est la différence entre les recettes qu'il tire de la vente de ses produits et les paiements qu'il effectue en échange des services liés au travail, au capital et à la propriété foncière. Bien entendu, le propriétaire de l'entreprise est lui aussi considéré comme un ménage; il touche les profits de l'entreprise et doit en absorber les pertes. Par conséquent, le revenu total que chaque entreprise verse aux ménages équivaut à la recette qu'elle tire de la vente de ses biens et services finis.

Comme ce raisonnement s'applique à chacune des entreprises et à l'économie tout entière, on a

$$\text{Revenu agrégé} = \text{Dépense agrégée.}$$

L'égalité entre les dépenses, les revenus et la valeur de la production La valeur de la production correspond à la valeur de tous les biens et services produits par les entreprises. Il existe deux méthodes pour calculer la valeur des biens et services. La première s'appuie sur le coût des facteurs engagés dans la production; la deuxième sur le prix que les acheteurs ont payé pour acquérir les biens et services. Or, nous venons de voir que la dépense agrégée égalait le revenu agrégé : le montant total consacré à l'achat de biens et services équivaut donc au montant total que les entreprises ont payé pour les facteurs de production engagés dans la production des biens et services. Par conséquent, la valeur de la production est égale au revenu agrégé, qui à son tour équivaut à la dépense agrégée. Ce qui nous permet d'établir que :

$$\begin{matrix}\text{Revenu} \\ \text{agrégé}\end{matrix} = \begin{matrix}\text{Dépense} \\ \text{agrégée}\end{matrix} = \begin{matrix}\text{Valeur de la} \\ \text{production (PIB).}\end{matrix}$$

Le secteur gouvernemental et le secteur étranger Dans le modèle économique que nous venons d'examiner, nous nous sommes limités au comportement économique des ménages et des entreprises. Mais, dans une économie réelle, deux autres intervenants contribuent au flux circulaire des revenus et dépenses : ce sont, d'une part, le gouvernement du pays et, d'autre part, l'ensemble des pays étrangers. Leur présence, cependant, ne modifie pas fondamentalement les résultats que nous venons d'obtenir : le revenu agrégé demeure égal à la dépense agrégée et à la valeur de la production, quels que soient le nombre de secteurs pris en compte et la complexité du réseau de flux qu'ils engendrent. Toutefois, il importe d'incorporer à notre modèle le secteur gouvernemental et le secteur étranger, si nous voulons analyser les flux supplémentaires de dépenses et de revenus que ceux-ci créent.

Le gouvernement exerce les fonctions suivantes au sein de l'économie du pays :

- Il perçoit des impôts et des taxes auprès des ménages et des entreprises et il leur verse des prestations et des subventions.
- Il achète des biens et services auprès des entreprises.
- Il emprunte, pour financer l'écart entre ses revenus et ses dépenses.

De leur côté, les pays étrangers jouent un rôle dans l'économie de notre pays :

- Ils achètent des biens et services auprès d'entreprises de notre pays et, inversement, ils tirent des revenus de la vente de biens et services à des entreprises de notre pays.
- Ils prêtent ou empruntent aux ménages et aux entreprises de notre pays.

Figure 6.2 Le flux circulaire des revenus et dépenses, incluant le gouvernement et les pays étrangers

À VENDRE
Marchés des facteurs
Y
Y
Ménages
Entreprises
I
C
C
I
G
EN
Marchés des biens
TN
G
EN
Gouvernement
É
Emprunts du gouvernement
Emprunts étrangers
Épargne des ménages
Emprunts des entreprises
Marchés financiers

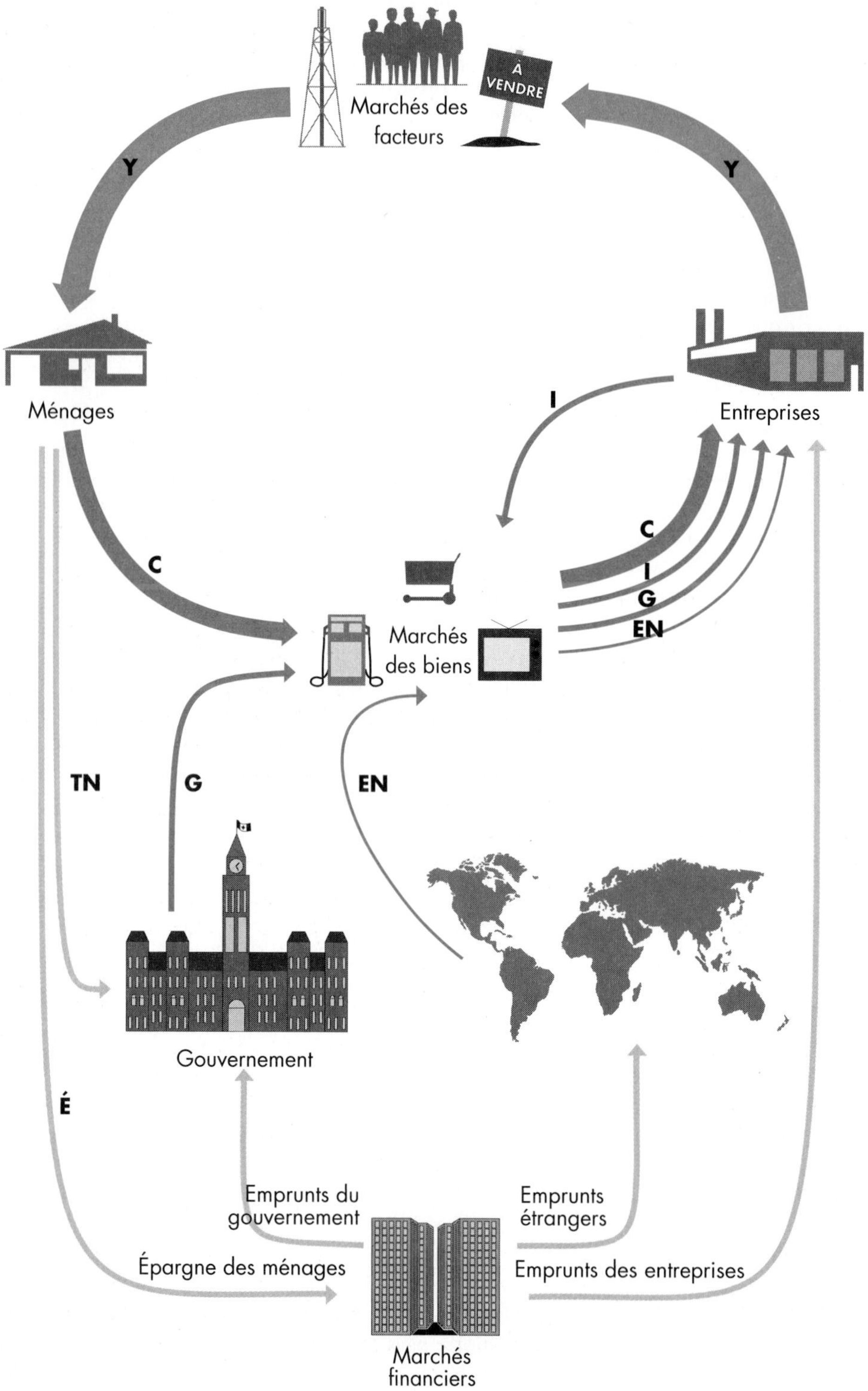

Cette figure illustre trois types de flux monétaires entre les ménages, les entreprises, le gouvernement et les pays étrangers : les paiements pour facteurs de production (en bleu), les dépenses en biens et services finis (en rouge), de même que les emprunts, prêts, impôts et taxes (en vert). Les entreprises paient des revenus aux ménages (*Y*), en échange de facteurs de production. Les ménages font des dépenses de consommation (*C*); les entreprises investissent, en achetant de nouveaux biens d'équipement auprès d'autres entreprises et en accroissant les stocks qu'elles possèdent (*I*); le gouvernement achète des biens et services auprès des entreprises (*G*). Enfin, les biens et services que les pays étrangers achètent aux entreprises canadiennes, moins les biens et services que les entreprises canadiennes achètent à l'étranger, donnent les exportations nettes (*EN*). La somme des dépenses de consommation, des dépenses d'investissement, des achats de biens et services par le gouvernement et des exportations nettes est égale à la dépense agrégée, qui est elle-même égale au revenu agrégé. Les flux tracés en vert représentent respectivement l'épargne des ménages (*É*), le paiement de taxes et d'impôts nets (*TN*), ainsi que les emprunts du gouvernement, des entreprises et des pays étrangers.

Outre les flux qui apparaissent à la figure 6.1, la figure 6.2 illustre les flux additionnels que suscitent les transactions effectuées, d'une part, entre le gouvernement de notre pays et les pays étrangers et, d'autre part, entre les ménages et les entreprises.

Considérons d'abord les flux créés par le gouvernement. Les taxes et impôts nets (*TN*) constituent des flux monétaires *nets* qui vont des ménages vers le gouvernement[1]. Ces flux nets représentent la différence entre les impôts et taxes que les ménages et les entreprises paient *au* gouvernement et les prestations qu'ils reçoivent *de* ce dernier. Les flux monétaires qui vont du gouvernement aux ménages prennent la forme de prestations sociales, qu'on appelle **paiements de transfert**. Il est important de ne pas confondre ces paiements de transfert du gouvernement avec ses achats de biens et services. L'expression «paiements de transfert» nous rappelle qu'il s'agit simplement d'un transfert d'argent – un peu comme dans le cas des impôts, mais cette fois l'argent passe du gouvernement aux ménages. De même, dans la figure 6.2, la flèche verte *TN* nous rappelle que le flux des taxes et impôts nets ne représente ni une somme versée pour l'achat de biens ou services, ni un revenu de facteur, mais un simple transfert net de ressources financières, des ménages vers le gouvernement[2].

Le flux *G* représente les achats de biens et services du gouvernement auprès des entreprises. Ce flux, représenté par une flèche rouge, indique qu'il s'agit de paiements effectués en échange de biens et services: il correspond donc à des dépenses pour le gouvernement, mais à des revenus pour les entreprises.

L'écart entre les dépenses que le gouvernement effectue pour l'achat de biens et services et les revenus qu'il encaisse en impôts et en taxes constitue son solde budgétaire – tantôt surplus, tantôt déficit. Quand il y a déficit, le gouvernement le comble en empruntant sur les marchés financiers. C'est ce que représente la flèche verte qui va des marchés financiers au gouvernement.

Voyons maintenant comment on peut intégrer à notre modèle économique les transactions qu'effectuent les pays étrangers. Le flux rouge marqué *EN* représente les **exportations nettes**, c'est-à-dire la différence entre les exportations de biens et services *vers* le reste du monde et les importations de biens et services *en provenance* du reste du monde. Ce flux monétaire circule des pays étrangers vers les entreprises de notre pays, en échange de biens et services que celles-ci ont produits et exportés. C'est un flux monétaire *net*, en ce sens qu'il représente la différence entre la valeur des biens *vendus* à l'étranger par nos entreprises (nos exportations) et la valeur des biens *achetés* à l'étranger par nos entreprises (nos importations). Si le chiffre de nos exportations excède celui de nos importations, nos exportations nettes (*EN*) ont une valeur positive: il y a donc un flux net *vers* notre économie. Pour financer cet apport net, le reste du monde doit emprunter à notre économie: c'est ce qu'illustre la flèche verte marquée «Emprunts étrangers». Si, au contraire, le montant de nos importations est supérieur à celui de nos exportations, nos exportations nettes (*EN*) prennent une valeur négative, et le flux monétaire va de nos entreprises vers le reste du monde. Notre économie doit alors emprunter à l'étranger. Les pays étrangers prêtent à notre économie par l'entremise des marchés financiers. Ces flux n'apparaissent nulle part dans la figure 6.2; mais il suffirait, pour en rendre compte, d'inverser la direction des flèches des deux flux en question: celle des exportations nettes (*EN*) et celle des «Emprunts étrangers».

Ainsi donc, nous venons d'introduire d'autres éléments du monde réel dans notre modèle économique. Vérifions si la dépense agrégée est toujours égale au revenu agrégé.

Les dépenses sont toujours égales aux revenus Dans cette économie plus complexe, la dépense agrégée égale encore le revenu agrégé, tout comme c'était le cas dans notre premier modèle, où n'intervenaient que les entreprises et les ménages. Pour bien comprendre cette égalité, examinons de plus près deux types de flux monétaires: les sommes que les entreprises reçoivent pour les biens et services qu'elles fournissent (flux rouges) et les paiements qu'elles effectuent en échange des services rendus par les facteurs de production (flux bleu). Cela porte à quatre le nombre de flux représentant les revenus que les entreprises tirent de la vente de biens et services, soit: les dépenses de consommation (*C*), les dépenses d'investissement (*I*), les dépenses gouvernementales, ou publiques, pour l'achat de biens et services (*G*) et les exportations nettes (*EN*). La somme de ces quatre flux est égale à la dépense agrégée de biens et services finis. Comme auparavant, toute somme qu'une entreprise tire de la vente de sa production est versée à titre de revenu à deux groupes de per-

1 Le diagramme ne fait pas état des impôts et taxes que les entreprises paient ni des subventions qu'elles reçoivent. En fait, on peut considérer que les taxes et impôts nets payés par les entreprises le sont en réalité par les ménages propriétaires de ces entreprises. Ainsi, le prélèvement d'un impôt sur les profits de l'entreprise vient simplement réduire le revenu des ménages. Tout se passe comme si les ménages encaissaient tous les profits, puis payaient l'impôt sur ces profits. Cette façon de voir a l'avantage de simplifier la figure 6.2, sans modifier en rien les conclusions qu'on peut en tirer.

2 Les paiements de transfert vont du gouvernement aux ménages. Toutefois, pour l'économie dans son ensemble, les revenus découlant des taxes et des impôts excèdent les paiements de transfert. C'est ce qui explique que la flèche *TN* va des ménages vers le gouvernement.

sonnes: les propriétaires des facteurs de production engagés par l'entreprise et les ménages qui reçoivent une part des profits. Le flux des revenus des facteurs de production (flèche bleue, marquée Y) correspond donc à la somme des flux de dépenses (flèches rouges, marquées C, I, G, EN). On a donc

$$Y = C + I + G + EN.$$

Ainsi donc, comme c'était le cas dans la forme plus simple de notre modèle économique, le revenu agrégé est égal à la dépense agrégée.

La valeur de la production (PIB) est, elle aussi, toujours égale au revenu agrégé et à la dépense agrégée. La raison de cette égalité réside dans le choix que nous avons entre deux moyens de mesurer la valeur de la production: soit par la somme des revenus versés aux facteurs de production, soit par la somme des dépenses effectuées pour acquérir cette production.

Les ménages Dans la même figure 6.2, observons maintenant le rôle des ménages. Un flux est dirigé vers les ménages, tandis que trois autres en proviennent. Le flux orienté vers les ménages est celui du revenu (Y). Les flux émanant des ménages représentent respectivement les dépenses de consommation (C), l'épargne ($É$), et les taxes et impôts nets (TN). On appelle **revenu disponible** la différence entre le revenu et le montant des taxes et impôts nets. On se rappellera, par ailleurs, que les taxes et impôts *nets* représentent la différence entre les revenus totaux des impôts et taxes et les paiements de transfert qui sont versés. Par conséquent, le revenu disponible est égal au revenu, plus les paiements de transfert du gouvernement, moins les taxes et impôts. Quant à l'**épargne**, elle représente la différence entre le revenu disponible et les dépenses de consommation. À partir de cette définition de l'épargne, on voit que le revenu est égal aux dépenses de consommation, plus l'épargne et les taxes et impôts nets. On a donc

$$Y = C + É + TN.$$

Les comptes des revenus et dépenses

À l'aide des opérations illustrées dans le diagramme du flux circulaire, nous pouvons établir deux comptes de revenus et dépenses: l'un pour les entreprises et l'autre pour les ménages. Le tableau 6.1(a) nous montre le compte des revenus et dépenses des *entreprises*. Pour ces dernières, les deux principales sources de revenus sont la vente de biens et services de consommation aux ménages (C) et la vente de biens d'équipement à d'autres entreprises (I). Les entreprises tirent aussi des

Tableau 6.1 Les comptes des revenus et dépenses: les entreprises et les ménages

(a) Les entreprises

Revenus		Dépenses	
Ventes de biens et services de consommation	C	Paiements pour les facteurs de production	Y
Ventes de biens d'équipement	I		
Ventes de biens et services au gouvernement	G		
Ventes de biens et services à l'étranger *moins* achats de biens et services à l'étranger	EN		
Total	Y		Y

(b) Les ménages

Revenus		Dépenses	
Paiements reçus en échange des facteurs de production	Y	Achats de biens et services de consommation	C
		Taxes et impôts payés *moins* paiements de transfert reçus	TN
		Épargne	$É$
Total	Y		Y

Les entreprises (partie a) tirent un revenu des ventes qu'elles font aux ménages (biens et services de consommation, C), à d'autres entreprises (biens d'équipement, I) et au gouvernement (biens et services, G); elles tirent également un revenu de leurs exportations nettes (différence entre la valeur de leurs ventes à l'étranger et la valeur de leurs achats à l'étranger). Les entreprises paient les services des facteurs de production qu'elles engagent (Y). Le montant total des revenus qu'elles paient égale le montant total des revenus qu'elles reçoivent: $Y = C + I + G + EN$.

Les ménages (partie b) tirent un revenu des facteurs de production qu'ils fournissent (Y). Ils achètent des biens et services de consommation auprès des entreprises (C) et ils paient au gouvernement des taxes et impôts nets (impôts et taxes moins paiements de transfert, TN). La portion de revenu que les ménages ne consacrent ni à l'achat de biens de consommation ni au paiement des impôts constitue l'épargne ($É$). La somme des dépenses de consommation, des taxes et impôts nets et de l'épargne est égale au revenu: $Y = C + TN + É$.

revenus de la vente de biens et services à deux autres secteurs: au gouvernement (G) et aux pays étrangers (EN); dans ce dernier cas, il s'agit d'exportations nettes. La somme des diverses sources de revenus des entreprises (soit $C + I + G + EN$) équivaut aux paiements que les entreprises versent aux propriétaires des facteurs de production (Y).

Le tableau 6.1(b) nous montre le compte des revenus et dépenses des *ménages*. Les ménages obtiennent des revenus (Y) en fournissant des facteurs de production, et ils dépensent ces revenus pour acheter des biens de consommation (C). Ils paient aussi des taxes et impôts nets (TN). Comme auparavant, l'épargne ($É$) constitue l'élément qui équilibre le compte des ménages.

Les injections et les fuites Le flux des revenus allant des entreprises aux ménages et le flux des dépenses de consommation émanant des ménages vers les entreprises constituent ensemble le flux circulaire des revenus et dépenses. Les **injections** dans le flux circulaire des revenus et dépenses sont constituées des éléments suivants: les investissements, les achats de biens et services par le gouvernement et les exportations. À l'inverse, on appelle **fuites** hors du flux circulaire des revenus et dépenses les taxes et impôts nets, l'épargne et les importations. Examinons de plus près les injections et les fuites.

À partir du compte des revenus et dépenses des entreprises, nous avons vu que

$$Y = C + I + G + EN.$$

Distinguons les deux composantes des exportations nettes, soit les exportations de biens et services (EX) et les importations (IM). Nous avons alors

$$EN = EX - IM.$$

En combinant les deux dernières équations, nous voyons que

$$Y = C + I + G + EX - IM.$$

Or, à partir du compte des revenus et dépenses des ménages, nous avons également vu que

$$Y = C + É + TN.$$

Étant donné que les membres de gauche de ces deux équations sont identiques, il s'ensuit que

$$C + I + G + EX - IM = C + É + TN$$

ou que

$$I + G + EX - IM = É + TN.$$

En ajoutant IM de part et d'autre de cette dernière équation, on obtient

$$I + G + EX = É + TN + IM.$$

Le membre de gauche de cette équation regroupe les injections dans le flux circulaire des revenus et dépenses, tandis que le membre de droite regroupe les fuites hors de ce flux circulaire. *Les injections dans le flux circulaire sont égales aux fuites hors du flux.* Nous avons maintenant deux outils pour mesurer le PIB: d'une part le flux circulaire des revenus et dépenses, d'autre part les comptes des revenus et dépenses des entreprises et des ménages.

Il nous reste à voir l'usage qu'en font les analystes de Statistique Canada pour mesurer le PIB du pays.

Les comptes des revenus et dépenses du Canada

Pour mesurer le produit intérieur brut du pays, les analystes de Statistique Canada font appel aux notions que nous venons d'étudier. Ils utilisent trois méthodes différentes, mais assez proches l'une de l'autre:

- La méthode des dépenses
- La méthode des revenus des facteurs
- La méthode de la production

Voyons comment utiliser chacune de ces méthodes.

Le calcul du PIB par les dépenses

Selon la **méthode des dépenses**, on mesure le PIB en additionnant entre eux les éléments suivants: les dépenses de consommation (C), les dépenses d'investissement (I), les dépenses gouvernementales de biens et services (G) et les exportations nettes (EN). Cette méthode est illustrée au tableau 6.2, pour l'année 1991. Il subsiste cependant un écart statistique, que nous expliquerons un peu plus loin.

Les *dépenses de consommation* englobent l'ensemble des dépenses consacrées aux biens et services que les entreprises produisent et qu'elles vendent aux ménages. Cela comprend les *biens* (comme le maïs, les boissons gazeuses, les disques, les livres, les revues, etc.), de même que les *services* (comme les assurances, les services bancaires, les conseils juridiques, etc.); mais cela ne comprend pas l'achat d'une maison neuve, qu'on comptabilise dans les dépenses d'investissement.

Par *dépenses d'investissement*, on entend non seulement les dépenses qu'une entreprise engage pour l'achat de biens d'équipement ou celles qu'un ménage fait pour l'achat d'une maison neuve, mais aussi les variations de la valeur des stocks des entreprises. Les **stocks** sont for-

Tableau 6.2 Calcul du PIB par les dépenses

Catégorie	Symbole	Montant en 1991 (en milliards de dollars)	Pourcentage du PIB
Dépenses de consommation	*C*	413	61
Dépenses d'investissement	*I*	117	17
Dépenses gouvernementales en biens et services	*G*	155	23
Exportations nettes	*EN*	− 3	− 0,5
Écart statistique	*ÉS*	− 3	− 0,5
Produit intérieur brut	*Y*	679	100

Pour calculer le PIB par la méthode des dépenses, on additionne entre eux les postes suivants : dépenses de consommation, dépenses d'investissement, dépenses gouvernementales en biens et services, et exportations nettes. En 1991, le PIB du Canada, mesuré selon cette méthode, s'établissait à 679 milliards de dollars. La composante la plus importante de la dépense agrégée était la dépense affectée aux biens et services de consommation, soit 61 % du PIB.

Source : Statistique Canada. *Comptes nationaux des revenus et dépenses.*

més des matières premières, des produits semi-finis et des produits finis qui n'ont pas été vendus et que les entreprises possèdent. Ils constituent une composante essentielle du processus de production. Par exemple, faute de stocks suffisants de *matières premières*, l'entreprise ne pourra pas produire au rythme souhaité. De même, à défaut de stocks de *produits semi-finis*, les pannes et les accidents survenant à une étape quelconque de la production risquent d'interrompre celle-ci à court ou à moyen terme. Enfin, grâce à des stocks suffisants de *biens finis*, l'entreprise peut faire face aux fluctuations des ventes et même à une croissance subite de la demande de ses produits. Les stocks, les usines, les équipements, les bâtiments (y compris les logements) constituent le **stock de capital**. Toute addition au stock de capital est un investissement.

Les *dépenses gouvernementales* correspondent à l'achat de biens et services par les pouvoirs publics, qu'il s'agisse du gouvernement fédéral, provincial ou de la mairie de la plus petite collectivité. Elles comprennent les coûts engendrés par la défense nationale, l'administration de la justice et le maintien de l'ordre public, l'éclairage des rues et l'enlèvement des ordures ménagères, etc. On ne compte cependant pas dans cette catégorie de dépenses les *paiements de transfert*; ceux-ci constituent des transferts d'argent du gouvernement aux ménages, et non des achats de biens ou services.

Les *exportations nettes de biens et services* représentent la différence entre la valeur des exportations d'un pays et celle de ses importations. Si, par exemple, Northern Telecom vend de l'équipement téléphonique à la société Volkswagen, constructeur allemand d'automobiles, la valeur de cet équipement fait partie des exportations canadiennes. À l'inverse, quand vous achetez une nouvelle Mazda RX7, votre dépense s'inscrit dans le montant global des importations du Canada. La différence entre ce que le pays obtient en vendant des biens et services à l'étranger et ce qu'il paie pour les biens et services qu'il se procure à l'étranger représente la valeur de ses exportations nettes.

Le tableau 6.2 illustre l'importance relative des quatre composantes de la dépense agrégée. Comme on peut le voir, ce sont les dépenses de consommation qui, de loin, comptent pour la plus grande part.

L'écart statistique désigne la différence entre les résultats qu'on obtient selon qu'on calcule le PIB par la méthode des dépenses ou par celle des revenus des facteurs. Certes, ces deux méthodes donnent rarement des résultats identiques. Mais l'écart est généralement faible, eu égard à l'ordre de grandeur des agrégats en question.

Le calcul du PIB par les revenus des facteurs

La **méthode des revenus des facteurs** nous permet d'évaluer le PIB par l'addition des revenus que les entreprises paient aux ménages pour les services des facteurs de production qu'elles engagent : salaires, intérêts, loyers et profits. Mais ce calcul ne nous révèle pas la valeur exacte du PIB; il faut y apporter certains ajustements. Voyons lesquels et examinons le fonctionnement de cette méthode.

On distingue dans la comptabilité nationale, ou *Comptes nationaux des revenus et dépenses*, cinq types de revenus des facteurs :

- Les salaires, traitements et autres revenus complémentaires du travail
- Les bénéfices des sociétés avant impôts
- Les intérêts et revenus divers de placements
- Les revenus nets des agriculteurs imputables à la période
- Les revenus nets (loyers compris) des entreprises non agricoles individuelles

Les *salaires, traitements et autres revenus complémentaires du travail* sont composés de tous les paiements que les entreprises effectuent en échange des services de la main-d'œuvre. Ce poste comprend les salaires nets et les traitements – la «paie encaissable» – que les travailleurs reçoivent chaque semaine ou chaque mois, plus les impôts retenus à la source et les avantages sociaux comme l'assurance-chômage et les contributions à une caisse de retraite.

Les *bénéfices des sociétés avant impôts* sont formés des profits totaux réalisés par les sociétés. Certains de ces profits sont versés aux ménages sous forme de dividendes, tandis que d'autres sont retenus par les sociétés sous forme de bénéfices non répartis.

Les *intérêts et revenus divers de placements* représentent le montant total des paiements d'intérêt que les ménages reçoivent pour les prêts qu'ils ont consentis, moins les paiements d'intérêt qu'ils doivent verser pour leurs propres emprunts. Il s'agit d'un poste net, en ce sens que les paiements d'intérêt que les ménages ont à verser sont soustraits des revenus d'intérêt que ces ménages reçoivent. Ce poste inclut, du côté positif, les paiements d'intérêt sur les obligations que les entreprises versent aux ménages et, du côté négatif, les paiements d'intérêt que les ménages doivent verser sur le solde impayé de leurs cartes de crédit.

Quant aux *revenus nets des agriculteurs* et aux *revenus des entreprises non agricoles individuelles*, on peut les additionner pour obtenir les *revenus des propriétaires.* Ces postes combinent les éléments que nous venons de décrire. Le propriétaire qui exploite sa propre entreprise se fournit à lui-même la main-d'œuvre, le capital et parfois le terrain et le bâtiment. Aussi, les statisticiens des comptes nationaux n'ont-ils pas la tâche facile. Ils doivent distinguer les diverses composantes du revenu d'un tel propriétaire : rémunération de la main-d'œuvre, paiements d'intérêt pour l'utilisation du capital, loyer du terrain ou des bâtiments et, enfin, profits de l'entreprise. On inclut également dans les revenus nets des propriétaires les *revenus de location*, soit les sommes déboursées pour l'utilisation des terrains et des autres facteurs de production loués. Il s'agit des paiements effectués pour la location de logements, ainsi que la valeur imputée du logement que le propriétaire habite. (On entend par *valeur imputée du logement* une estimation de ce que le propriétaire d'un logement devrait payer s'il louait celui-ci d'un autre propriétaire. L'intégration de ce poste à la comptabilité nationale permet de mesurer la valeur totale des services du logement, que ceux-ci soient loués ou achetés.)

Le **revenu intérieur net au coût des facteurs** est fait de la somme de tous les revenus des facteurs. Ainsi, en additionnant les unes aux autres les composantes que nous venons d'étudier, nous obtenons la valeur du revenu agrégé. Pour mesurer le PIB par la méthode des revenus des facteurs, nous devons apporter deux ajustements au «revenu intérieur net au coût des facteurs». Voyons en quoi consistent ces ajustements.

Le prix du marché et le coût des facteurs Pour calculer le PIB par la méthode des dépenses, on doit faire la somme des dépenses de *biens et services finis.* On évalue ces dépenses aux prix que les gens paient pour obtenir les biens et services. On appelle **prix du marché**, le prix que les consommateurs paient pour l'acquisition d'un bien ou d'un service.

On peut aussi calculer la valeur d'un bien selon la méthode du coût des facteurs. Par **coût des facteurs**, on entend la somme des coûts de tous les facteurs utilisés dans la production d'un bien ou d'un service. S'il n'y avait pas de gouvernement et si l'économie ne comportait que des transactions entre les ménages et les entreprises, le calcul par le prix du marché et le calcul par le coût des facteurs seraient identiques. Mais les transactions auxquelles participe le gouvernement peuvent produire un écart entre ces deux méthodes de calcul, en raison des taxes indirectes et des subventions.

Les **impôts indirects** sont ceux qui frappent la production ou la vente d'un bien ou d'un service ; ils sont inclus dans le prix que paie l'acheteur final. La taxe fédérale sur les produits et services (TPS), les taxes de vente provinciales, de même que les taxes sur l'alcool, l'essence et le tabac, sont des exemples d'impôts indirects. En imposant de telles taxes, les gouvernements obligent les consommateurs à payer un montant supérieur à celui que les producteurs reçoivent pour les biens et services qu'ils vendent. Ainsi, quand vous achetez une tablette de chocolat, le prix total que vous payez comprend la TPS fédérale et la taxe de vente en vigueur dans la province ou le territoire où vous êtes. Si, par exemple, la TPS fédérale est de 7 % et que la taxe provinciale de vente est de 8 %, vous devrez payer des impôts indirects de 15,6 %, de sorte que, pour une tablette qui se vendrait 1 $ sans taxes, vous devrez débourser 1,16 $. (Dans notre exemple, la seconde taxe – la taxe provinciale en l'occurrence – est calculée sur le prix de vente *augmenté de la TPS*, et non pas sur le prix de vente avant la TPS.) De cette somme, le gouvernement fédéral et le gouvernement provincial récolteront respectivement 0,07 $ et 0,09 $, tandis que le producteur recevra 1 $. La valeur marchande de la tablette de chocolat est de 1,16$. Cependant, le coût des facteurs de production engagés dans la production de cette tablette, y compris le profit du fabricant, est de 1 $.

Les **subventions** sont des paiements qu'un gouvernement verse à des producteurs. On peut fournir comme exemples de subventions les sommes versées aux producteurs de céréales et aux fermes laitières. Tout comme le font les impôts indirects, une subvention provoque un écart entre la valeur d'un bien ou d'un service au prix du marché et sa valeur au coût des facteurs, mais en sens opposé: elle abaisse le prix du marché sous le coût des facteurs, de sorte que les consommateurs paient moins cher pour un bien que ce qu'il en coûte au producteur pour le fabriquer.

Pour évaluer le produit intérieur brut à partir des revenus, il faut ajouter aux revenus totaux des facteurs le montant des impôts indirects et en soustraire celui des subventions. Cet ajustement, cependant, n'est pas suffisant pour obtenir le PIB. Il faut tenir compte d'un autre élément.

Produit intérieur net et produit intérieur brut Si l'on additionne tous les revenus des facteurs de production, qu'on y ajoute les impôts indirects et qu'on en déduit les subventions, on obtient le **produit intérieur net aux prix du marché**. Que signifient ici les termes «brut» et «net»? Quelle est la différence entre «produit intérieur brut» et «produit intérieur net»?

La différence entre ces deux termes s'explique par la dépréciation du capital. La **dépréciation** est la diminution de la valeur du stock de capital, due à l'usure et à l'obsolescence. Nous avons vu plus haut qu'un investissement représente l'achat de biens d'équipement. La dépréciation, au contraire, représente l'usure ou la détérioration de biens d'équipement. Une partie de l'investissement consiste en l'achat de biens d'équipement destinés à remplacer l'équipement usé. Cet investissement n'ajoute rien au stock de capital; il permet seulement de maintenir le stock de capital existant. Le reste de l'investissement constitue des additions au stock de capital: l'achat d'une nouvelle usine, l'acquisition d'équipement et l'augmentation des stocks. L'**investissement brut** est constitué du montant total des investissements: c'est le montant dépensé pour le remplacement du capital déprécié et pour l'addition nette au stock de capital. La différence entre l'investissement brut et la dépréciation est appelée **investissement net**. Il s'agit de l'addition nette au stock de capital. Prenons un exemple concret.

Le 1er janvier 1991, le stock de capital de la société Tricobec consistait en trois machines à tricoter, d'une valeur marchande totale de 7500 $. Cette année-là, l'entreprise fit l'acquisition d'une nouvelle machine d'une valeur de 3000 $. Cependant, au cours de la même année, les anciennes machines se déprécièrent de 1000 $ au total. Au 31 décembre 1991, le stock de machines de Tricobec valait 9500 $. L'achat de la nouvelle machine au prix de 3000 $ représentait l'investissement brut de la société. Quant à son investissement net – c'est-à-dire la différence entre l'investissement brut (3000 $) et la dépréciation (1000 $), il était de 2000 $. Le tableau 6.3 résume ces opérations, de même que la relation entre l'investissement brut, l'investissement net et la dépréciation.

Le produit intérieur brut est égal au produit intérieur net, plus la dépréciation. (L'«amortissement» correspond à la dépréciation, selon la terminologie adoptée par Statistique Canada.) Le montant total des dépenses *inclut* la dépréciation, puisqu'il comprend l'investissement brut. À l'inverse, les revenus totaux des facteurs, augmentés des impôts indirects et réduits du montant des subventions, *excluent* la dépréciation. Dans le calcul de leurs profits, les entreprises tiennent compte de la dépréciation: elles soustraient de leurs profits bruts la diminution estimée de la valeur de leur stock de capital. En conséquence, la somme des revenus des facteurs de production nous donne une mesure du produit intérieur, net de la dépréciation du stock de capital. Pour

Tableau 6.3 Stock de capital, investissement et dépréciation – Le cas (fictif) de la société Tricobec, exercice 1991

Stock de capital au 1er janvier 1991 (valeur des machines à tricoter, propriété de la société en début d'année)		7 500 $
Investissement brut (valeur de la nouvelle machine à tricoter achetée en 1991)	3 000 $	
moins Dépréciation (diminution de la valeur des machines à tricoter au cours de l'année 1991)	1 000	
égale Investissement net en 1991		2 000
Stock de capital au 31 décembre 1991 (valeur des machines à tricoter, propriété de la société, en fin d'année)		9 500 $

Le stock de capital de la société Tricobec, à la fin de l'année 1991, égale le stock de capital qu'elle possédait au début de la même année, augmenté de l'investissement net effectué en cours d'année. L'investissement net correspond à l'investissement brut *moins* la dépréciation. L'investissement brut est constitué de la valeur des nouvelles machines achetées en cours d'année; la dépréciation désigne la baisse, survenue au cours de cette même année, de la valeur totale des machines que possède l'entreprise.

réconcilier entre elles la méthode des dépenses et celle des revenus, nous devons ajouter au produit intérieur net la dépréciation, ou amortissement. Tels sont les calculs que résume le tableau 6.4 . Comme vous pouvez le constater, la méthode des revenus des facteurs et celle des dépenses aboutissent à la même évaluation du PIB. Ce tableau indique également l'importance relative des divers revenus des facteurs. On voit que les salaires, traitements et autres revenus du travail (c'est-à-dire la rémunération des employés) constituent de loin la principale source de revenu des facteurs.

Le calcul du PIB par la production

Le calcul du PIB par la **méthode de la production** consiste à additionner la valeur que chaque entreprise ajoute à l'économie. La **valeur ajoutée** par une entreprise est la différence entre la valeur de sa production et la valeur des intrants, ou facteurs de production, qu'elle achète d'autres entreprises. Pour illustrer concrètement la notion de valeur ajoutée, observons d'étape en étape le cycle de fabrication d'un produit.

Le tableau 6.5 relate la vie – brève mais instructive pour nous – d'une tablette de chocolat. La première étape concerne la production des matières premières qui entrent dans la fabrication d'une tablette de chocolat. Des agriculteurs produisent le lait, le sucre et le cacao, tandis qu'une entreprise hydroélectrique approvisionne l'usine en courant électrique. Supposons, aux fins de notre analyse, que ces producteurs n'achètent, comme facteurs de production, que de la main-d'œuvre, du capital et de la terre. Le chocolatier, quand il achète du lait, du sucre, des fèves de cacao et de l'électricité, paye pour la valeur que les producteurs de ces biens ont ajoutée dans leurs secteurs respectifs de l'économie. Dans l'usine du chocolatier, des machines mélangent le lait, le sucre et le cacao; elles sont actionnées par l'énergie électrique que le chocolatier achète, et manœuvrées par le personnel qu'il engage. Les salaires versés à cette main-d'œuvre représentent une partie de la valeur ajoutée par ce secteur de l'économie.

En vendant ses tablettes de chocolat à un grossiste, le fabricant introduit dans ce secteur de l'économie une nouvelle valeur ajoutée: son profit. De toute évidence, ce profit ne correspond pas totalement aux 0,72 $ que le fabricant perçoit du grossiste, mais plutôt à la différence entre ces 0,72 $ et toutes les dépenses engagées dans la fabrication de la tablette de chocolat. Dans notre exemple, celles-ci s'élèvent à 0,60 $, ce qui signifie que le profit du fabricant est de 0,12 $ (soit 0,72 $ moins 0,60 $). La valeur ajoutée par ce secteur de l'économie équivaut donc à 0,40 $, soit 0,28 $ en salaires pour les travailleurs et 0,12 $ en profit pour le fabricant. Quand, à son tour, le grossiste vend la tablette de chocolat à un détaillant, une valeur supplémentaire de 0,08 $ vient s'ajouter: elle comprend le profit du grossiste ainsi que les paiements que celui-ci doit verser à la main-d'œuvre et aux autres facteurs de production qu'il a engagés. Et quand, enfin, le détaillant vous vend la tablette de chocolat, une valeur de 0,20 $ s'ajoute encore: elle correspond au profit du détaillant et aux coûts des facteurs inhérents à l'exploitation de son commerce.

Si nous additionnons toutes les *valeurs ajoutées* dans les secteurs du lait, du sucre, du cacao, de l'électricité, du chocolat, de la vente en gros et de la vente au détail, nous obtenons un montant de 1 $, soit le prix que vous payez pour une tablette de chocolat. Si nous additionnons maintenant toutes les *sommes reçues et payées* au cours de ce cycle de production, nous arrivons à 3,12 $. Ce dernier total n'a évidemment aucune signification économique; il combine les dépenses en biens et services *intermédiaires* et celles qui se rapportent au produit *fini*.

Tableau 6.4 Calcul du PIB par les revenus des facteurs

Catégorie	Montant en 1991 (en milliards de dollars)	Pourcentage du PIB
Salaires, traitements et autres revenus complémentaires du travail	387	57
Intérêts et revenus divers de placements	55	8
Bénéfices des sociétés avant impôts	32	5
Revenus nets des agriculteurs imputables à la période	4	0,6
Revenus nets des entreprises non agricoles individuelles	38	5
Impôts indirects *moins* subventions	80	12
Dépréciation (amortissement)	80	12
Écart statistique	3	0,4
Produit intérieur brut	679	100

La somme de tous les revenus des facteurs égale le produit intérieur au coût des facteurs. Le produit intérieur brut égale le revenu intérieur net au coût des facteurs, *plus* les impôts indirects, *moins* les subventions, *plus* l'amortissement (ou dépréciation). En 1991, le PIB mesuré selon la méthode des revenus s'établissait à 679 milliards de dollars. La rémunération des employés, ou revenu du travail, constituait le plus important de tous les revenus des facteurs.

Source: Statistique Canada. *Comptes nationaux des revenus et dépenses.*

Tableau 6.5 La valeur ajoutée à une tablette de chocolat au long du cycle de production

Opération	Montant total payé ou reçu (en dollars)	Valeur ajoutée (en dollars)	Secteur économique touché
Achat du lait par le fabricant	0,04	0,04	Lait
Achat du sucre par le fabricant	0,08	0,08	Sucre
Achat des fèves de cacao par le fabricant	0,08	0,08	Cacao
Achat de l'électricité par le fabricant	0,12	0,12	Électricité
Salaires payés par le fabricant	0,28	0,28	Chocolat
Vente de la tablette au grossiste	0,72	0,12	Chocolat
Vente de la tablette au détaillant	0,80	0,08	Vente en gros
Vente de la tablette au consommateur	1,00	0,20	Vente au détail
Total	3,12	1,00	

Pour fabriquer une tablette de chocolat qui sera vendue 1 $, le chocolatier doit se procurer auprès d'autres producteurs du lait, du sucre, du cacao et de l'électricité. La valeur des intrants qui entrent dans la fabrication de la tablette de chocolat fait partie de la production, ou valeur ajoutée, d'un des secteurs économiques qui participent au processus : secteurs du lait, du sucre, du cacao, de l'électricité, du chocolat, de la vente en gros, de la vente au détail. Le chocolatier verse des salaires et il réalise un profit sur la vente qu'il fait au grossiste: salaires et profit qui font dès lors partie de la valeur ajoutée dans le secteur du chocolat. Le grossiste, en vendant la tablette au détaillant, offre un service et ajoute à la tablette une nouvelle valeur. Le détaillant, en vous vendant enfin la tablette, ajoute à celle-ci une valeur supplémentaire sous la forme du service qu'il rend au consommateur. Le total des montants payés et reçus, soit 3,12 $, n'a pas de signification économique: c'est la simple addition de toutes les dépenses effectuées: les unes pour les biens et services intermédiaires, les autres pour le bien fini. La somme de la valeur ajoutée dans les divers secteurs économiques est égale à la dépense que, au bout du compte, le consommateur consent à effectuer pour acquérir la tablette de chocolat.

Les biens finis et les biens intermédiaires Justement, ce cycle de production d'une tablette de chocolat vient à point nommé illustrer une distinction importante entre les dépenses en biens finis et celles qui portent sur les biens intermédiaires. Dans l'évaluation du PIB, nous ne calculons que les dépenses portant sur les *biens finis.* Ainsi, pour poursuivre l'exemple du chocolat, tout ce qu'on a produit et consommé est une tablette de chocolat, dont le prix de vente au détail a été fixé à 1 $. Toutes les autres transactions dont nous avons parlé concernaient l'achat ou la vente de *biens ou services intermédiaires.* Si, en plus des dépenses portant sur les produits finis, nous tenions aussi compte de celles qui concernent les biens et services intermédiaires, nous additionnerions les mêmes montants deux fois (et même plus, s'il y a plusieurs étapes intermédiaires, comme dans notre exemple). Le **double comptage** consiste à additionner entre elles les dépenses qui portent sur les biens intermédiaires et celles qui portent sur les biens finis.

Le lait, le sucre, le cacao et l'électricité sont tous des biens intermédiaires qui servent à la fabrication d'une tablette de chocolat ; c'est cependant cette dernière qui constitue le bien fini. Par contre, chacun des biens intermédiaires que nous venons d'énumérer peut être considéré comme un bien fini lorsqu'on se le procure pour le consommer. En effet, le caractère «intermédiaire» ou «fini» que revêt un bien dépend de l'utilisation qu'on fait de ce bien.

Pour calculer le PIB par la méthode de la production, il faut donc additionner les valeurs ajoutées pour tous les secteurs de l'économie, ce qui donne le produit intérieur brut au coût des facteurs. On ajoute ensuite les impôts indirects et l'on soustrait les subventions.

La dépense agrégée, la production et le revenu

Nous avons étudié les notions de dépense agrégée, de revenu agrégé et de valeur de la production, et nous avons examiné les méthodes dont on se sert pour les calculer. La figure 6.3 illustre les liens qui existent entre ces trois notions. Cette figure offre également une synthèse des notions de comptabilité nationale que nous venons d'étudier. Elle rappelle, enfin, l'ordre de grandeur moyen de chacune des composantes de la dépense agrégée et du revenu agrégé.

Mieux renseignés sur ce que représente le PIB et

Figure 6.3 La dépense agrégée, le revenu agrégé et la production

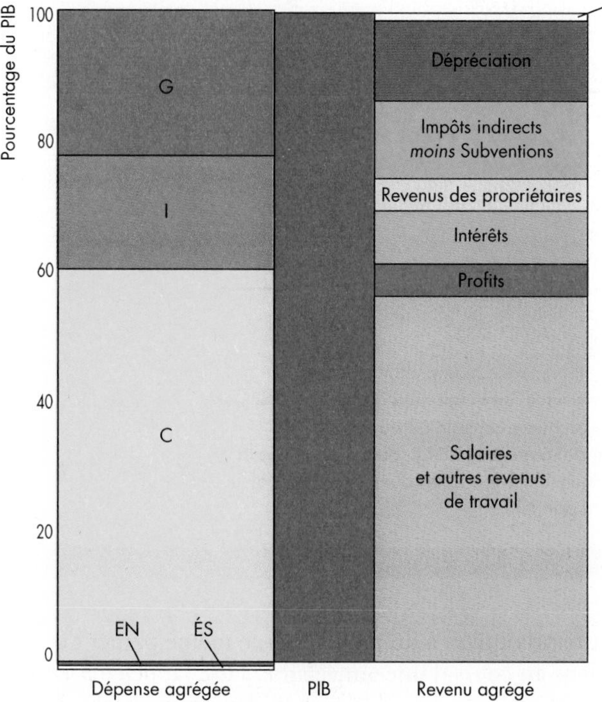

Cette figure met en évidence l'égalité entre la dépense agrégée, le revenu agrégé et la valeur de la production (PIB). Elle montre aussi l'importance relative des principales composantes de la dépense agrégée et du revenu agrégé.

sur les méthodes dont nous disposons pour le calculer, voyons maintenant quelle est son utilité comme mesure de la valeur agrégée de l'activité économique.

Le PIB rend-il compte de toutes les activités de production?

Le produit intérieur brut sert à mesurer la valeur totale de l'activité économique d'un pays. Néanmoins, certaines activités fort productives échappent à cette mesure. Passons en revue les plus importantes d'entre elles.

Les activités illégales ou criminelles

Certaines personnes vivent des revenus qu'elles tirent d'activités illégales ou criminelles. Dans l'économie moderne, les jeux d'argent illicites, la prostitution et le trafic de stupéfiants, par exemple, représentent des activités économiques dont le chiffre d'affaires est considérable, mais que les calculs officiels ne prennent pas en compte. Il est impossible d'évaluer avec exactitude l'ampleur de telles activités, mais on estime généralement qu'elles forment de 1 à 2 % de la valeur du PIB (ce qui, au Canada, représente une valeur de 6 à 12 milliards de dollars).

Le travail au noir

Les activités illégales ne sont pas les seules à échapper à la comptabilité nationale. On appelle **travail au noir** les activités qui, souvent légales, ne sont pas déclarées aux autorités. Leurs auteurs veulent ainsi éviter de payer des impôts sur le fruit de leur travail ou se soustraire à diverses réglementations. Mentionnons, à cet égard, les individus qui ne respectent pas les règlements sur la santé et la sécurité au travail, ceux qui dérogent à la Loi sur le salaire minimum, ceux qui ne perçoivent pas ou ne payent pas la TPS. Maints analystes ont tenté de chiffrer cette «économie souterraine»: leurs approximations, pour le Canada, se situent entre 5 et 15 % du PIB, c'est-à-dire entre 30 et 90 milliards de dollars.

Les activités non commercialisées

À cela s'ajoute un autre volet, fort important, de l'activité économique: les activités productives accomplies chaque jour dans nos maisons. Elles sont toutes parfaitement légales, et nul n'est tenu de les déclarer. Le changement d'une ampoule grillée, la tonte de la pelouse, le lavage d'une voiture, la lessive, le ravalement d'un mur ou d'une porte, l'initiation d'un enfant au jeu de balle: autant d'activités productives, qui ne font l'objet d'aucune opération officielle sur quelque marché que ce soit, et qu'on ne peut comptabiliser dans le PIB.

Les erreurs de mesure constituent-elles un problème?

La réponse à cette question dépend de l'angle sous lequel on envisage la question. Quelles sont, en fait, les raisons de mesurer le PIB? Il y en a trois principales:

- Pouvoir déterminer dans quelle phase du cycle se trouve l'économie.
- Pouvoir comparer le niveau de vie entre les pays.
- Pouvoir comparer le niveau de vie entre diverses périodes.

Pour les questions relatives aux phases du cycle économique, l'omission de certaines données dans le calcul du PIB n'a probablement aucune importance. On peut en effet supposer que les fluctuations enregistrées dans l'activité économique officiellement mesurée correspondent à peu près aux fluctuations des composantes omises. Mais on ne peut en dire autant quand il s'agit de

Tableau 6.6 Calcul d'un indice des prix

Article	Période de référence (1990)			Période courante (1991)	
	Quantité	Prix	Dépense	Prix	Dépense
Films	4	6 $/film	24 $	6,75 $/film	27,00 $
Cannettes de boisson gazeuse	12	0,50 $/cannette	6 $	0,70 $/cannette	8,40 $
Total			30 $		35,40 $

$$\text{Indice des prix pour 1991} = \frac{35{,}40\ \$}{30{,}00\ \$} \times 100 = 118$$

Si l'on veut calculer l'indice des prix pour 1991, on procède en deux étapes. La première consiste à trouver la valeur d'un panier de produits dont le contenu est fixe : d'abord aux prix de la période de référence (1990), puis aux prix de la période courante (1991). La seconde étape consiste à diviser la valeur des biens en 1991 (période courante) par la valeur de ces mêmes biens en 1990 (période de référence) ; puis on multiplie le quotient par 100.

comparer le niveau de vie entre pays ou entre périodes, car alors les facteurs omis peuvent revêtir une grande importance. Ainsi, dans les pays en voie de développement, le travail au noir et les activités non commercialisées représentent, par rapport à l'ensemble de l'économie, une part beaucoup plus grande que dans les pays industrialisés. Il est impossible, par exemple, de faire une comparaison fiable entre le niveau de vie des Nigériens et celui des Canadiens, à moins de suppléer par d'autres données aux lacunes du PIB officiellement mesuré.

On éprouvera la même difficulté à évaluer, à l'aide du PIB, l'évolution du niveau de vie d'un pays au fil des ans. S'il est vrai que le niveau de vie dépend de la valeur de la production, il dépend aussi de bien d'autres facteurs, comme le type de production, les loisirs dont dispose la population, la qualité de l'environnement, l'assurance d'avoir un emploi et un gîte, la sécurité publique, et ainsi de suite. On pourrait arriver à définir une mesure plus large, qui combinerait les divers facteurs du bien-être et du bonheur des humains. Le PIB ferait certes partie de cette mesure, mais il ne saurait, en aucune façon, en constituer la totalité.

Le niveau des prix et l'inflation

Pour mesurer le niveau des prix, on utilise un *indice des prix*. L'indice des prix pour une année (ou une période) donnée correspond au rapport entre le prix qu'on doit payer cette année-là (ou pendant cette période-là) pour acheter un panier de biens et le prix qu'on a dû payer pour le même panier de biens au cours d'une année antérieure (appelée *période de référence* ou *période de base*) – le tout multiplié par 100. Supposons, par exemple, que Paul achète les articles décrits au tableau 6.6, soit quatre films et douze cannettes de boisson gazeuse. En 1990, période de référence, le film coûtait 6 $ et la douzaine de cannettes 6 $ également ; le montant total des emplettes de Paul se chiffrait donc à 30 $. Supposons que, en 1991, le prix des films soit passé à 6,75 $ l'unité et celui des boissons gazeuses à 8,40 $ la douzaine ; Paul a dû payer au total 35,40 $. L'indice des prix pour les emplettes de Paul s'établissait donc, en 1991, à

$$\frac{35{,}40\ \$}{30{,}00\ \$} \times 100 = 118.$$

Remarquez que, si les prix de la période de référence et ceux de la période courante avaient été les mêmes, l'indice des prix aurait été égal à 100.

Au Canada, pour mesurer le niveau des prix, on utilise aujourd'hui deux indices principaux : l'indice des prix à la consommation et l'indice implicite du PIB. L'**indice des prix à la consommation (IPC)** mesure le niveau moyen des prix des biens et services que consomme *habituellement* une famille canadienne vivant en milieu urbain. L'**indice implicite du PIB** sert à mesurer l'indice moyen des prix de *tous* les biens et services qui entrent dans le calcul du PIB. Il sera donc intéressant de voir quelles sont les méthodes utilisées pour calculer ces indices de prix. Pour effectuer cette opération, Statistique Canada doit prendre en compte des millions de données. Quant à nous, il nous suffira de quelques exemples simples pour découvrir les principes sous-jacents à ces calculs.

L'indice des prix à la consommation

L'indice des prix à la consommation mesure le niveau moyen des prix des biens et services qu'un ménage urbain canadien consomme habituellement. Chaque mois, Statistique Canada le calcule et le rend public.

Pour établir cet indice, Statistique Canada choisit d'abord la période de référence. (Celle-ci est changée périodiquement.) On définit ensuite le contenu du panier de biens : environ 490 biens et services différents, que les ménages canadiens vivant en milieu urbain consommaient pendant la période de référence.

Chaque mois, une équipe d'observateurs se rend dans 64 centres urbains situés dans diverses régions du pays, pour y relever les prix des 490 articles choisis. Une fois ces informations recueillies, on évalue ce que coûte, aux prix du marché observés durant le mois de l'enquête, le contenu du panier. Puis, on exprime le résultat en pourcentage de ce que le même panier valait durant la période de référence.

Pour mieux saisir la méthode de calcul de l'IPC, nous recourrons à un exemple concret, que résume le tableau 6.7. Dans notre exemple, l'année de base est 1981.

Supposons qu'il n'y a que trois biens ou services dans le panier du consommateur représentatif : des oranges, des coupes de cheveux et des billets d'autobus. Pour chacun des trois biens ou services, le tableau montre (a) la quantité achetée, (b) le prix payé et (c) la dépense totale effectuée par le consommateur durant la période de référence *et* la période courante. Durant la période de référence, les consommateurs ont acheté en moyenne 200 billets d'autobus à 0,70 $ chacun, soit une dépense de 140 $. On répète ensuite la même opération avec les 5 sacs d'oranges, puis les 6 coupes de cheveux, et l'on arrive ainsi à une dépense totale de 210 $ pour les trois biens ou services.

Pour calculer l'indice des prix de la période en cours, il nous faut connaître les *prix* des biens durant cette période ; ils figurent dans la colonne intitulée «période courante». Les *quantités* achetées de chaque bien sont les mêmes que durant la période de référence. Nous avons donc tout en mains pour calculer la valeur du panier pour la période courante. Puisque le prix des oranges est de 1,20 $ le sac, il suffit de multiplier ce prix par la quantité achetée (5 sacs), pour obtenir une dépense de 6 $. Nous répétons la même opération avec les coupes de cheveux et les billets d'autobus. La dépense totale, pour la période courante, s'élève à 231 $.

Nous pouvons maintenant calculer l'IPC de la période courante. Nous divisons la valeur des biens durant la période courante par la valeur de ces mêmes biens durant la période de référence, puis nous multiplions ce rapport par 100. L'IPC de la période courante

Tableau 6.7 Calcul de l'indice des prix à la consommation

	Période de référence			Période courante	
Article	**Quantité**	**Prix**	**Dépense**	**Prix**	**Dépense**
Oranges	5 sacs	0,80 $/sac	4 $	1,20 $/sac	6 $
Coupes de cheveux	6	11 $/coupe	66 $	12,50 $/coupe	75 $
Billets d'autobus	200	0,70 $/billet	140 $	0,75 $/billet	150 $
Dépense totale			210 $		231 $

$$\text{IPC} = \frac{210}{210} \times 100 = 100 \qquad \text{IPC} = \frac{231}{210} \times 100 = 110$$

Prenons un panier de biens dont le contenu est fixe (ici : 5 sacs d'oranges, 6 coupes de cheveux et 200 billets d'autobus). Il valait 210 $ pendant la période de référence. Mais les prix ont changé et, pour la période courante, le même panier de biens vaut 231 $. L'IPC correspond à la valeur de ce panier pour l'année courante, divisée par la valeur du même panier pour la période de référence, ce rapport étant ensuite multiplié par 100. Pour la période de référence, l'IPC a, par convention, une valeur de 100 ; pour l'année courante, sa valeur s'établit à 110.

est égal à 110; quant à l'IPC de la période de référence, il est, par définition, égal à 100.

L'indice implicite du PIB

L'indice implicite du PIB mesure le niveau moyen des prix de *tous* les biens et services qui entrent dans le calcul du PIB. On le calcule en divisant le PIB nominal par le PIB réel et en multipliant le quotient par 100. Le *PIB nominal* désigne la valeur monétaire de la production. Quant au PIB réel, il mesure le volume réel de la production en multipliant les quantités produites durant la période courante par les prix de la période de référence. Nous nous sommes servis de l'année 1981 comme période de référence pour le calcul du PIB réel. C'est pourquoi le PIB réel d'une période donnée est exprimé «en dollars de 1981».

Le tableau 6.8 rend compte de l'évolution du PIB nominal, du PIB réel et de l'indice implicite du PIB, pour certaines années choisies entre 1969 et 1991. Comme on peut le voir, le PIB nominal a augmenté beaucoup plus que le PIB réel: en deux décennies, le PIB nominal s'est multiplié par 8, tandis que le PIB réel a un peu plus que doublé. Quant à l'indice implicite du PIB, il était 3,8 fois plus élevé en 1991 qu'en 1969.

Nous apprendrons à calculer l'indice implicite du PIB en prenant l'exemple d'une économie fictive. Nous calculerons également le PIB nominal et le PIB réel. Afin de simplifier nos calculs, imaginons une économie où il n'y aurait que trois biens finis: un bien de consommation qui serait les oranges, un bien d'équipement représenté par les ordinateurs, et un bien acheté par le gouvernement, qui serait du ruban adhésif rouge. Nous supposerons qu'il ne se fait aucune exportation. Le tableau 6.9 résume ces calculs.

Commençons par le calcul du PIB nominal; nous utiliserons la méthode des dépenses. Le tableau montre la quantité produite de biens finis, ainsi que les prix de ceux-ci durant la période courante. Pour obtenir la valeur du PIB nominal, il faut d'abord calculer la dépense afférente à chaque bien durant la période courante, et additionner ensuite entre elles les trois catégories de dépenses. Les dépenses de consommation (oranges) totalisent 4452 $, les dépenses d'investissement (ordinateurs) s'élevaient à 10 500 $, et les achats du gouvernement (ruban adhésif) se chiffrent à 1060 $. Le PIB nominal est donc de 16 012 $.

Passons maintenant au calcul du PIB réel. Pour y arriver, nous évaluons les quantités produites durant la période courante, aux prix de la période de référence (prix que montre le tableau). La dépense réelle consacrée aux oranges s'obtient en multipliant 4240 sacs d'oranges à 1 $ le sac, soit une dépense totale de 4240 $. Si nous effectuons la même opération pour les ordinateurs et pour le ruban adhésif, et que nous additionnons ces trois dépenses, nous arrivons à un PIB réel d'une valeur de 15 300 $.

Enfin, si nous voulons établir la valeur de l'indice implicite du PIB pour la période courante, il suffit de diviser le PIB nominal (16 012 $) par le PIB réel (15 300 $) et de multiplier le résultat par 100. Nous obtenons 104,7 comme indice implicite du PIB. Si la période courante et la période de référence ne sont qu'une seule et même période, le PIB nominal sera égal au PIB réel et l'indice implicite du PIB sera égal à 100. L'indice implicite du PIB pour la période de référence équivaudra alors à 100, tout comme l'IPC.

Les statisticiens des comptes nationaux calculent également des indices implicites pour les dépenses de consommation, pour les dépenses d'investissement, pour les achats de biens et services par le gouvernement, ainsi que pour des composantes plus fines du PIB. Nous pouvons faire de même pour les composantes de notre économie fictive, en procédant à peu près comme nous l'avons fait pour l'indice implicite du PIB. Par exemple, l'indice implicite des dépenses de consommation pour la période courante peut s'obtenir en divisant les dépenses de consommation évaluées aux prix de la période courante par les dépenses de consommation évaluées aux prix de la période de référence – et en multipliant ce quotient par 100. Par un calcul semblable,

Tableau 6.8 Le PIB nominal, le PIB réel et l'indice implicite du PIB

Année	PIB nominal (en milliards de dollars)	PIB réel (en milliards de dollars de 1981)	Indice implicite du PIB (1981 = 100)
1969	83	214	38,8
1975	172	283	60,8
1981	356	356	100,0
1991	679	453	150,0

Le PIB nominal mesure la valeur *monétaire* de la production, tandis que le PIB réel évalue le *volume réel* de la production. Le PIB nominal calcule la production aux prix de la période étudiée; le PIB réel calcule la production aux prix de la période de référence. Dans le tableau, la valeur des biens et services produits entre 1969 et 1991 est calculée aux prix de 1981. L'indice implicite du PIB est égal au rapport entre le PIB nominal et le PIB réel, rapport qu'on multiplie ensuite par 100. En 1981, année choisie comme *période de référence*, l'indice implicite du PIB est de 100, par convention. De 1969 à 1991, le PIB nominal s'est multiplié par 8, le PIB réel a doublé et l'indice implicite du PIB est devenu 3,8 fois ce qu'il était.

Source: Statistique Canada. *Comptes nationaux des revenus et dépenses.*

on pourrait obtenir les indices implicites des deux autres composantes du PIB. Dans notre exemple, l'indice implicite des dépenses de consommation et celui des dépenses d'investissement s'établissent tous deux à 105, tandis que l'indice implicite des achats gouvernementaux de biens et services est égal à 100. Ces indices implicites sont utiles, notamment, quand on compare leur évolution avec celle du prix des produits : par exemple, l'indice implicite des oranges et celui des ordinateurs sont passés de 100 à 105 pendant que les prix de ces biens augmentaient de 5 %; de son côté, l'indice implicite du ruban adhésif est demeuré à 100 alors que le prix de ce produit restait fixé à 1 $ le mètre.

L'inflation et les changements de prix relatifs

Le taux d'inflation se mesure, en pourcentage, par la variation de l'indice des prix. Ainsi, dans le cas étudié au tableau 6.7, l'IPC a augmenté de 10 % entre la période de référence et la période courante. Cette variation de l'indice des prix reflète les changements du prix des oranges, de la coupe de cheveux et des billets d'autobus. En réalité, aucun de ces prix n'a augmenté d'exactement 10 %: le prix des oranges a grimpé de 50 %, celui d'une coupe de cheveux a augmenté de 13,6 % et celui du billet d'autobus de 7,1 %. Cet exemple met en évidence une caractéristique du monde actuel : il est rare de voir tous les prix augmenter simultanément du même pourcentage. Lorsque les pourcentages d'augmentation des prix sont différents, il y a changement des prix relatifs. Le **prix relatif** est le rapport entre le prix d'un bien et le prix d'un autre bien. Quand, par exemple, le sac d'oranges coûte 0,80 $ et la coupe de cheveux 11 $, le prix relatif d'une coupe de cheveux équivaut à 13 ¾ sacs d'oranges ; autrement dit, il en coûte 13 ¾ sacs d'oranges pour se payer une coupe de cheveux.

On confond souvent taux d'inflation et changements des prix relatifs. Il s'agit pourtant de deux phénomènes distincts, indépendants l'un de l'autre. Pour

Tableau 6.9 Le PIB nominal, le PIB réel et l'indice implicite du PIB (calcul simplifié)

	Période de référence		Période courante		
Article	**Prix**	**Dépense**	**Quantité**	**Prix**	**Dépense**
Oranges	1 $/sac	4 240 $	4240 sacs	1,05 $/sac	4 452 $
Ordinateurs	2000 $/unité	10 000 $	5	2100 $/unité	10 500 $
Ruban adhésif rouge	1 $/mètre	1 060 $	1060 m	1 $/mètre	1 060 $
	PIB réel	15 300 $		PIB nominal	16 012 $

Indices implicites pour la période courante

Indice implicite du PIB $= \frac{16\,012\ \$}{15\,300\ \$} \times 100 = 104{,}7$

Indice implicite des dépenses de consommation $= \frac{4452\ \$}{4240\ \$} \times 100 = 105{,}0$

Indice implicite des dépenses d'investissement $= \frac{10\,500\ \$}{10\,000\ \$} \times 100 = 105{,}0$

Indice implicite des dépenses publiques en biens et services $= \frac{1060\ \$}{1060\ \$} \times 100 = 100{,}0$

Le tableau décrit une économie fictive, où l'on ne produirait que des oranges, des ordinateurs et du ruban adhésif. Pour la période courante, le PIB nominal s'élève à 16 012 $. Si on évalue aux prix de la période de référence les quantités produites pendant la période courante, on obtient 15 300 $ comme PIB réel. L'indice implicite du PIB pour la période courante est de 104,7, chiffre qu'on a obtenu en divisant le PIB nominal par le PIB réel de cette période, puis en multipliant ce quotient par 100. On a procédé de la même façon pour calculer les indices implicites des composantes du PIB.

saisir clairement la différence entre les deux, prenons un exemple où, pour des changements identiques des prix relatifs, on peut avoir deux taux d'inflation entièrement différents.

Voyons d'abord la façon de calculer les variations qui surviennent dans les prix relatifs. Le changement en pourcentage du prix relatif d'un bien représente la différence entre le changement en pourcentage du prix de ce bien d'une part et, d'autre part, le taux d'inflation. Nous retrouvons dans le tableau 6.10(a) les données que nous avons déjà utilisées dans le tableau 6.7. Nous pouvons voir le prix d'un sac d'oranges passer de 0,80 $ à 1,20 $, soit une augmentation de 50 %. Or, nous avons déjà calculé que les prix avaient augmenté en moyenne de 10 %. Pour calculer, en pourcentage, le changement du prix relatif d'un bien, nous avons vu qu'il faut soustraire, du changement en pourcentage du prix de ce bien, le taux d'inflation. Ainsi, par rapport au taux moyen d'augmentation du prix des biens, le prix des oranges a augmenté de 50 % moins 10 %, c'est-à-dire de 40 %. Le prix des billets d'autobus, lui, a connu, par rapport au prix moyen des autres biens, une baisse relative de 2,9 %. Par définition, le changement moyen des prix relatifs est égal à zéro : pour chaque bien dont le prix relatif augmente de *x* %, les prix relatifs d'autres biens doivent baisser en moyenne de *x* % également.

À la lecture du tableau 6.10(b), on constate que les prix relatifs peuvent changer sans qu'il y ait inflation. En fait, dans les parties (a) et (b), les changements de prix relatifs sont les mêmes, sauf que le taux d'inflation est nul dans la partie (b). Dans ce cas, le prix relatif du sac d'oranges augmente de 40 %, le prix de la coupe de cheveux s'accroît de 3,6 %, et le prix des billets d'autobus baisse de 2,9 %. Si, dans la partie (b), vous calculez la valeur de ces trois articles aux prix de la période courante et aux prix de la période de référence, vous constaterez que les dépenses des consommateurs ont été les mêmes au cours des deux périodes. Il n'y a pas d'inflation, même si les prix relatifs ont changé.

Nous avons examiné deux cas où le prix relatif des oranges augmente de 40 %. Le taux d'inflation s'élevait à 10 % dans le premier cas, alors qu'il était nul dans le second. De toute évidence, ce n'est pas la variation du prix des oranges qui a causé l'inflation. Dans la partie (a), l'augmentation du prix de chaque bien est de 10 % plus forte que dans la partie (b). Même si nous repérions le bien dont le prix relatif a connu l'augmentation la plus forte, cela ne nous expliquerait pas pourquoi l'augmentation des prix a été de 10 % plus élevée dans la partie (a) que dans la partie (b).

Il n'y a aucune relation de cause à effet entre les changements des prix relatifs et le taux d'inflation. Les prix relatifs sont déterminés par l'offre et la demande des divers biens sur les marchés. Le niveau des prix et le taux d'inflation sont déterminés indépendamment des prix *relatifs*. Pour expliquer une augmentation (ou une baisse) du taux d'inflation, il faut expliquer pourquoi les prix de tous les biens augmentent à un rythme différent, et non pourquoi les prix de certains biens augmentent plus vite que les prix d'autres biens. La distinction est essentielle, comme en témoigne la rubrique *Entre les lignes* des pages 144 et 145.

L'indice des prix à la consommation et le coût de la vie

L'indice des prix à la consommation nous permet-il de mesurer le coût de la vie ? Une augmentation de 5 % de l'IPC signifie-t-elle que le coût de la vie s'est accru de 5 % ?

En réalité, toute variation de l'IPC indique, en pourcentage, le changement du prix d'un panier de biens dont le contenu est fixe. Mais, en réalité, l'éventail des biens et services que les consommateurs achètent varie selon les prix relatifs des biens et services et les préférences des consommateurs. Les changements des prix relatifs inciteront les consommateurs à délaisser les biens qui deviennent relativement plus coûteux, pour se tourner vers les biens dont les prix relatifs ont baissé. Si le prix du poulet double alors que celui du bœuf augmente de 5 % seulement, les gens consommeront moins de poulet, devenu trop cher, et achèteront plus de bœuf, devenu relativement moins coûteux. En raison de ces substitutions, l'indice des prix, dont le calcul s'appuie sur un panier de biens dont le contenu est fixe, surestimera les effets d'un changement de prix donné sur le coût de la vie.

Les écarts entre l'IPC et le coût de la vie peuvent également provenir de ce que certains produits disparaissent des marchés et que de nouveaux produits y apparaissent. Supposons, par exemple, que nous voulions comparer les coûts de la vie en 1990 et en 1890. Un indice des prix où figurerait la nourriture pour chevaux ne serait d'aucune utilité. Il s'agissait là d'un prix important dans le coût du transport en 1890 ; mais il n'a plus aujourd'hui aucune importance. En revanche, un indice des prix qui inclurait l'essence ne serait pas plus utile, puisque, il y a un siècle, l'essence ne constituait pas un élément important des dépenses des gens. Du reste, la comparaison des coûts de la vie en 1990 et en 1980 poserait presque autant de problèmes. Ainsi, les disques compacts et les fours à micro-ondes font aujourd'hui partie de notre budget, alors qu'en 1980 ils n'étaient même pas sur le marché.

Les effets de substitution et l'apparition de nouveaux produits rendent imprécise la relation entre l'IPC et le coût de la vie. Pour atténuer les problèmes dus à cette imprécision, Statistique Canada révise périodiquement les pondérations utilisées dans le calcul de l'IPC. Mais l'IPC, même s'il est peu utile pour comparer l'évolution du coût de la vie sur de longues périodes,

Tableau 6.10 Les changements des prix relatifs, avec ou sans inflation

(a) Avec un taux d'inflation de 10 %

Article	Prix de la période de référence	Nouveau prix	Changement en pourcentage du prix	Changement en pourcentage du prix relatif
Oranges	0,80 $	1,20 $	+ 50,0	+ 40,0
Coupe de cheveux	11,00 $	12,50 $	+ 13,6	+ 3,6
Billet d'autobus	0,70 $	0,75 $	+ 7,1	− 2,9

(b) Sans inflation

Article	Prix de la période de référence	Nouveau prix	Changement en pourcentage du prix	Changement en pourcentage du prix relatif
Oranges	0,80 $	1,12 $	+ 40,0	+ 40,0
Coupe de cheveux	11,00 $	11,40 $	+ 3,6	+ 3,6
Billet d'autobus	0,70 $	0,68 $	− 2,9	− 2,9

On appelle *prix relatif* d'un bien le prix de ce bien, divisé par le prix d'un autre. Ce prix relatif change chaque fois que le prix du bien en question varie d'un pourcentage différent de celui d'un autre bien. Par elles-mêmes, les variations des prix relatifs ne causent pas d'inflation; en fait, elles peuvent se produire avec ou sans inflation. L'indice des prix augmente de 10 % dans l'exemple (a), tandis qu'il demeure constant dans l'exemple (b). Pourtant, dans les deux exemples, le prix relatif des oranges augmente de 40 %, celui de la coupe de cheveux augmente de 3,6 %, et celui du billet d'autobus diminue de 2,9 %. On ne peut pas attribuer à la hausse du prix des oranges l'augmentation de l'indice des prix survenue dans l'exemple (a), puisque la même augmentation du prix des oranges n'a pas modifié l'indice des prix dans l'exemple (b).

garde toute son utilité pour le calcul mensuel ou annuel du taux d'inflation.

■ Dans le chapitre 5, nous avons examiné le rendement de l'économie canadienne au cours des dernières années et sur une longue période de l'histoire. Dans le présent chapitre, nous avons étudié diverses méthodes pour mesurer l'activité économique et, en particulier, le niveau moyen des prix et le niveau de la production agrégée. Dans les prochains chapitres, nous étudierons certains modèles macroéconomiques conçus pour expliquer et prévoir l'évolution du PIB réel, du niveau des prix, de l'emploi, du chômage, du marché boursier, ainsi que d'autres phénomènes. Le prochain chapitre commencera par l'étude d'un modèle macroéconomique de l'offre et de la demande: le modèle de la demande et de l'offre *agrégées*.

L'inflation et les prix relatifs

Les prix des aliments et de l'énergie sont responsables de la hausse de l'IPC

Le taux d'inflation a légèrement chuté au Canada entre janvier et février, passant de 5,5 % à 5,4 %. Par contre, l'indice des prix à la consommation était en hausse de 0,6 % par rapport au mois de janvier, et il ne semble pas que l'IPC connaîtra une baisse sensible pendant les prochains mois.

La hausse de l'IPC — ou du prix du panier de biens et services — s'est répartie entre toutes ses composantes en février. Les prix des aliments et de l'énergie ont toutefois enregistré les augmentations les plus marquées.

Si l'on ne tient pas compte du prix des aliments et de l'énergie, l'IPC s'est accru de 5,2 % depuis février 1989, soit le taux de croissance le plus bas depuis avril dernier.

John Clinkard, économiste en chef à la Banque Canadienne Impériale de Commerce, pense que le taux d'inflation continuera à baisser. “L'inflation, a-t-il déclaré, pourrait être inférieure à 5 % en mai ou juin si l'économie ne subit aucun choc d'ici là”.

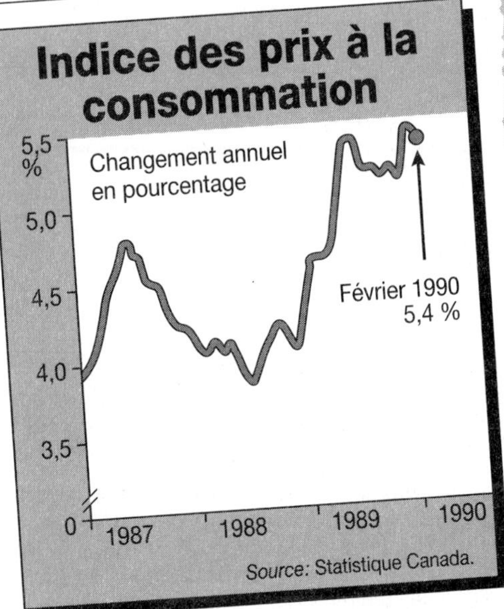

Ces chocs pourraient provenir des budgets provinciaux qui doivent tous être déposés dans les prochains mois. Le gouvernement de l'Île-du-Prince-Édouard a déjà annoncé qu'il augmenterait les taxes sur le tabac, l'essence et les chambres d'hôtel. Si les autres provinces emboîtent le pas, ces hausses de taxes pourraient freiner toute baisse du taux d'inflation dès le début de l'été.

L'année dernière, l'IPC est passé de 4,6 % en avril à 5,4 % en juin, à la suite d'une hausse des taxes de vente décrétée par les gouvernements fédéral et provinciaux.

Selon M. Clinkard, les gouvernements de l'Ontario et de la Colombie-Britannique ne devraient pas annoncer de hausse des taxes parce qu'il y aura bientôt des élections dans ces deux provinces. Terre-Neuve a également déposé un budget qui ne contenait pas de majoration importante des taxes.

L'augmentation de l'IPC en février est due en bonne partie à la hausse du prix des denrées fraîches. Au mois de décembre, les récoltes de fruits et légumes du sud des États-Unis ont souffert du gel, ce qui a fait monter les prix en flèche au mois de janvier. Les pénuries qui ont suivi ont eu un effet sur les prix en février.

Cependant, Harv Bradley, économiste chez Wood Gundy, a affirmé que les pénuries seraient moins prononcées dans les prochains mois, à mesure que les nouvelles récoltes seront ramassées.

Il nous a toutefois averti que les prix d'autres composantes de l'IPC, comme les vêtements, les maisons et les services, pourraient rester élevés jusqu'en mai ou juin. La fin des soldes d'après Noël et des ventes promotionnelles a provoqué une hausse du prix des vêtements de 1,3 % en un mois.

Les coûts de transport ont augmenté de 0,5 % principalement en raison d'une hausse du prix de l'essence, de l'annulation d'une réduction de la taxe sur l'essence en Saskatchewan et d'une majoration des tarifs aériens de haute saison vers les destinations de vacances du Sud.

The financial Post
19 mars 1990
Par Jill Vardy

Les faits en bref

- En février 1990, l'indice canadien des prix à la consommation (IPC) avait augmenté de 0,6 % par rapport à janvier 1990 et de 5,4 % par rapport à février 1989.
- Mis à part les prix des aliments et de l'énergie, l'IPC s'est accru de 5,2 % depuis février 1989.
- L'IPC s'est accru pendant le mois de février 1990 pour les raisons suivantes :
  - Pendant le mois de décembre les récoltes du sud des États-Unis ont souffert du gel, ce qui a entraîné des pénuries. Les répercussions de ces pénuries sur les prix des fruits et légumes frais se faisaient encore sentir en février.
  - La fin des soldes d'après Noël a entraîné une hausse du prix des vêtements.
  - La hausse du prix de l'essence, l'annulation d'une réduction de la taxe sur l'essence en Saskatchewan et la majoration des tarifs aériens de haute saison vers les destinations de vacances du Sud ont entraîné une hausse du prix des transports.
- En 1989, l'inflation est passée de 4,6 % en avril à 5,4 % en juin, à la suite d'une hausse des taxes de vente provinciales et fédérale.

Analyse

- Cet article ne fait pas la distinction entre l'inflation et les changements des prix relatifs. En effet, on peut y lire que l'inflation du mois de février 1990 était due, entre autres, aux mauvaises récoltes, à la fin des soldes d'après Noël et à la hausse du prix de l'essence.
- L'article porte en fait sur deux séries d'événements indépendants :
  - Les changements des prix relatifs
  - L'inflation

Les changements des prix relatifs

- En février 1990, les *prix relatifs* des fruits et légumes, des vêtements et de l'essence ont augmenté, alors que les *prix relatifs* de la plupart des autres biens ont diminué.

Le taux d'inflation

- En février 1990, le taux d'inflation, mesuré par l'IPC, a été légèrement plus bas qu'en janvier 1990.
- Comme vous pouvez maintenant faire la différence entre l'inflation et les changements des prix relatifs (tableau 6.10), vous savez que différentes valeurs du taux d'inflation peuvent aller de pair avec un même changement des prix relatifs. Nous ne pouvons donc pas, simplement à la lumière des changements des prix relatifs, expliquer pourquoi le taux d'inflation a évolué comme il l'a fait.
- On rend souvent compte de l'inflation en examinant d'abord les changements du taux d'inflation et ensuite les composantes de l'indice des prix qui ont le plus varié dans le même sens que le taux d'inflation.
- Supposons, à la place, que le taux d'inflation ait connu un sérieux ralentissement en février. Supposons également que les changements des prix relatifs aient été identiques à ceux qui ont été relevés en février. De quelle manière aurait-on commenté l'accroissement de l'indice des prix à la consommation ? On aurait été obligé de conclure que l'inflation avait diminué en raison d'une réduction du prix des voitures, des maisons et des divertissements.

Conclusion

- Le changement de l'IPC constitue une *moyenne* des variations des prix de *tous* les biens. Puisque les prix relatifs changent continuellement, les prix de certains biens augmenteront rapidement et d'autres, lentement. On peut décrire le changement de l'IPC comme un ensemble de changements de prix individuels.

RÉSUMÉ

Le flux circulaire des revenus et dépenses

Tous les agents économiques – ménages, entreprises, gouvernements, pays étrangers – sont en constante interaction dans le flux circulaire des revenus et dépenses. Les ménages fournissent des facteurs de production aux entreprises et achètent des biens et services des entreprises. Les entreprises, de leur côté, engagent les facteurs de production qu'offrent les ménages et, en échange, leur versent des revenus. Les entreprises vendent des biens et services de consommation aux ménages, et des biens d'équipement à d'autres entreprises. Le gouvernement perçoit des taxes et des impôts auprès des ménages et des entreprises; il verse différentes prestations sociales aux ménages; il achète des biens et services des entreprises. Les étrangers achètent des produits d'entreprises canadiennes et leur vendent des produits étrangers.

Le flux des dépenses de biens et services finis se transforme en revenu pour quelqu'un d'autre. On a donc:

$$\text{Revenu agrégé} = \text{Dépense agrégée.}$$

Les dépenses consacrées aux biens et services finis nous fournissent en même temps une méthode pour évaluer la production de l'économie, ce qui permet de poser la triple identité qui suit:

$$\begin{matrix}\text{Revenu} \\ \text{agrégé}\end{matrix} = \begin{matrix}\text{Dépense} \\ \text{agrégée}\end{matrix} = \begin{matrix}\text{Valeur de la} \\ \text{production (PIB).}\end{matrix}$$

À partir des comptes des entreprises, nous savons que:

$$Y = C + I + G + EX - IM.$$

Et, à partir des comptes des ménages, nous savons que:

$$Y = C + É + TN.$$

La combinaison de ces deux équations donne:

$$I + G + EX = É + TN + IM.$$

Cette équation nous indique que, dans le flux circulaire, les injections (membre de gauche) égalent les fuites (membre de droite). (*pp. 125-131*).

Les comptes des revenus et dépenses du Canada

Puisque la dépense agrégée, le revenu agrégé et la valeur de la production sont égaux, les statisticiens des comptes nationaux peuvent mesurer le PIB à l'aide d'une des trois méthodes suivantes: par les dépenses, par les revenus des facteurs et par la production.

Selon la méthode des dépenses, on mesure le PIB en additionnant les dépenses de consommation, les dépenses d'investissement, les dépenses publiques en biens et services et les exportations nettes.

Selon la méthode des revenus des facteurs, on additionne les revenus payés aux facteurs de production et les profits payés aux propriétaires d'entreprises. Il faut alors ajuster la valeur du PIB au coût des facteurs pour obtenir la valeur du PIB aux prix du marché; pour cela, on ajoute les impôts indirects et on soustrait le montant des subventions. On obtient enfin le PIB en ajoutant encore la dépréciation du capital, ou amortissement.

Selon la méthode de la production, on additionne la valeur que chaque entreprise apporte à l'économie. Lorsqu'on utilise cette méthode, il faut éviter avec soin tout double comptage; il ne faut mesurer que la valeur ajoutée, et non les ventes totales réalisées dans chaque secteur de l'économie. (*pp. 131-137*)

Le PIB rend-il compte de toutes les activités de production?

Certaines activités économiques échappent au calcul du PIB réel: c'est le cas des activités illégales ou criminelles, du travail au noir et des activités non commercialisées. (*pp. 137-139*)

Le niveau des prix et l'inflation

Les deux principaux indices utilisés pour mesurer le niveau des prix et l'inflation sont l'indice des prix à la consommation (IPC) et l'indice implicite du PIB.

L'IPC mesure le niveau moyen des prix des biens et services que consomment généralement les familles canadiennes vivant en milieu urbain. L'IPC est le rapport entre la valeur aux prix courants d'un panier de biens dont le contenu a été choisi et la valeur du même panier calculée aux prix d'une période de référence, ce rapport étant ensuite multiplié par 100.

On calcule l'indice implicite du PIB en divisant le PIB nominal par le PIB réel et en multipliant le quotient par 100. On obtient le PIB nominal en multipliant par les prix de la période courante les quantités produites durant la même période. Dans le calcul du PIB réel, on multiplie les prix de la période de référence par les quantités produites durant la période courante.

Dans l'interprétation des variations de prix, il importe de faire la distinction entre l'inflation et les changements des prix relatifs. Le prix relatif d'un bien exprime le rapport entre le prix de ce bien et le prix d'un autre. Les prix relatifs changent constamment. Pour comprendre les causes de l'inflation, il ne sert à rien de chercher quels prix relatifs ont enregistré les plus grandes variations ; les prix relatifs peuvent changer sans qu'il y ait inflation.

Les fréquents changements des prix relatifs incitent les consommateurs à substituer des produits moins coûteux aux produits dont les prix montent subitement. La disparition de certains produits et l'arrivée de nouveaux produits font de l'IPC une mesure imparfaite du coût de la vie, surtout si une comparaison porte sur une longue période. (*pp. 139-146*)

POINTS DE REPÈRE

Mots clés

Figures et tableaux clés 

QUESTIONS DE RÉVISION

1 Quelles sont les composantes de la dépense agrégée?

2 Quelles sont les composantes du revenu agrégé?

3 Pourquoi le revenu agrégé est-il égal à la dépense agrégée?

4 Pourquoi la valeur de la production (ou PIB) est-elle égale au revenu agrégé?

5 Établissez la distinction entre les dépenses publiques en biens et services et les paiements de transfert.

6 Que représentent les injections dans le flux circulaire des dépenses et des revenus?

7 Que représentent les fuites hors du flux circulaire des dépenses et des revenus?

8 Quelles sont les trois méthodes utilisées par Statistique Canada pour mesurer le PIB?

9 Décrivez le calcul du PIB par la méthode des dépenses.

10 Décrivez le calcul du PIB par la méthode des revenus des facteurs.

11 Décrivez le calcul du PIB par la méthode de la production.

12 Quelle différence y a-t-il entre les dépenses consacrées aux biens finis et celles qui sont consacrées aux biens intermédiaires?

13 Quelles sont les principales activités qui n'entrent pas dans le calcul du PIB?

14 Quels sont les deux principaux indices de prix utilisés pour mesurer le niveau des prix et le taux d'inflation?

15 Comment calcule-t-on l'indice des prix à la consommation?

16 Comment calcule-t-on l'indice implicite du PIB?

17 Qu'est-ce qu'un changement de prix relatif?

18 Comment reconnaître les changements de prix relatifs durant les périodes où les taux d'inflation varient?

PROBLÈMES

1 Dans une économie fictive, on a observé l'an dernier les flux monétaires suivants :

Catégorie	Milliards de dollars
Salaires versés	800
Dépenses de consommation	650
Impôts sur salaires	200
Prestations du gouvernement aux chômeurs, aux personnes malades, aux personnes âgées	50
Profits des entreprises	200
Investissement	250
Impôts sur les profits	50
Dépenses publiques en biens et services	200
Revenus d'exportation	250
Épargne	200
Paiements pour importations	300

a) Calculez le PIB de cette économie.

b) Quelle méthode de calcul avez-vous utilisée ?

c) Le calcul que vous avez effectué en *a* vous permet-il d'évaluer la production aux prix du marché ou au coût des facteurs ? Pourquoi ?

d) Calculez la valeur ajoutée l'an dernier.

e) De quels autres renseignements avez-vous besoin pour calculer le produit intérieur net ?

2 Imaginons une île dont les habitants ne consomment que des pommes, des bananes et du tissu. On prend comme période de référence l'an 1, où le sac de pommes coûtait 2 $, le kilogramme de bananes 3 $, et le mètre de tissu 5 $. Un ménage moyen dépensait cette année-là 40 $ en pommes, 45 $ en bananes et 25 $ en tissu. En l'an 2, les pommes coûtent 3 $ le sac, les bananes 3 $ le kilogramme, et le tissu 8 $ le mètre.

a) Calculez l'indice des prix à la consommation pour l'an 2.

b) Calculez le taux d'inflation entre les années 1 et 2.

3 Commentant l'inflation que vous venez de calculer au problème 2, un journal publié dans l'île fictive affiche la manchette suivante : «La montée en flèche du prix du tissu fait grimper le taux d'inflation.» Écrivez au rédacteur en chef une lettre dans laquelle vous lui expliquez la faiblesse de son raisonnement.

4 L'économie d'un pays a enregistré en 1990 et 1991 les résultats qui suivent :

Année	PIB réel	PIB nominal
1990	1000 milliards de dollars	1200 milliards de dollars
1991	1050 milliards de dollars	1386 milliards de dollars

a) Quel est l'indice implicite du PIB pour l'année 1990 ?

b) Quel est l'indice implicite du PIB pour l'année 1991?

c) Quel est, mesuré par l'indice implicite du PIB, le taux d'inflation entre 1990 et 1991?

CHAPITRE 7

La demande agrégée et l'offre agrégée

Objectifs du chapitre :

- Définir la notion de demande agrégée et en expliquer les déterminants.
- Expliquer quelles sont les sources de la croissance et des fluctuations de la demande agrégée.
- Définir la notion d'offre agrégée et en expliquer les déterminants.
- Expliquer quelles sont les sources de la croissance et des fluctuations de l'offre agregée.
- Définir la notion d'équilibre macroéconomique.
- Prévoir l'effet d'une variation de la demande agregée ou de l'offre agregée sur le PIB réel et sur le niveau des prix.
- Expliquer quels sont les facteurs qui font augmenter le PIB réel.
- Expliquer quelles sont les causes de l'inflation et de ses variations, même explosives, comme celles des années 70.
- Expliquer les causes de la récession de 1982 ainsi que les facteurs qui, par la suite, ont contribué à la reprise.

Qu'est-ce qui fait fructifier notre jardin?

De 1972 à 1992, soit une période de vingt ans, le produit intérieur brut réel du Canada a presque doublé. C'est devenu une coutume : tous les seize ans ou presque, le PIB réel du Canada augmente de près de 100 %. Quelles sont les forces qui contribuent ainsi à la croissance de notre économie ? ■ Toutefois, pendant que le PIB réel augmentait, la valeur de notre dollar diminuait, l'inflation ne cessant de monter. Des biens qu'on payait 100 $ en 1972 coûtent environ 350 $ aujourd'hui. Pour l'essentiel, cette chute de la valeur du dollar s'est produite durant les années 70, alors que le niveau des prix a plus que doublé. Qu'est-ce qui cause l'inflation ? Pourquoi celle-ci persiste-t-elle durant plusieurs décennies ? Et comment expliquer l'explosion de l'inflation qui a marqué les années 70 ? ■ L'économie canadienne ne croît pas à un rythme stable et régulier. Au contraire, elle connaît des hausses et des baisses au cours du cycle économique. Pourquoi la croissance du PIB réel est-elle aussi irrégulière – tantôt rapide, tantôt lente, parfois même négative ? ■ Notre économie traverse depuis quelques années une période de forte turbulence. En 1983, le taux de chômage a grimpé en flèche, jusqu'à un sommet jamais atteint depuis la Crise. Puis il est retombé. Pendant cette même décennie, le PIB réel a beaucoup fluctué lui aussi : il a connu en 1982 une contraction, suivie d'une croissance extrêmement rapide en 1984, puis d'une croissance modérée mais soutenue durant les cinq années qui ont suivi. Comment expliquer des changements aussi rapides ? ■ Notre économie subit parfois de fortes perturbations : la récession mondiale et l'escalade des taux d'intérêt provoquée par la Banque du Canada en 1981 ; la restructuration majeure de notre commerce international par suite de l'adoption de l'Accord de libre-échange entre le Canada et les États-Unis en 1989 ; ou encore l'instauration de la taxe sur les produits et services (TPS) en 1991. Quelles répercussions ces événements ont-ils eu sur les prix et sur la production ?

■ Pour répondre à ces questions, nous avons besoin d'un modèle macroéconomique. Notre première tâche, dans ce chapitre, sera de construire un tel modèle, à partir des principes généraux exposés dans les chapitres 1 à 4. Le modèle macroéconomique que nous étudierons ici fait appel à trois notions clés : la demande agrégée, l'offre agrégée et l'équilibre macroéconomique. Notre deuxième tâche consistera à utiliser ce modèle pour répondre aux questions suivantes : Qu'est-ce qui fait croître notre économie ? Pourquoi l'inflation et les cycles économiques existent-ils ? Quels sont les effets des hausses de taux d'intérêt décrétées par la Banque du Canada? Pourquoi l'économie a-t-elle subi une grave récession en 1982? Et pourquoi a-t-elle connu, jusqu'au milieu des années 80, une croissance si forte et si soutenue?

La demande agrégée

La somme des biens et services – ou quantité agrégée des biens et services – qui sont produits correspond au PIB réel, ou PIB mesuré en dollars constants. Pour mesurer le prix moyen de tous ces biens et services, on utilise l'indice implicite du PIB. Nous allons maintenant construire un modèle qui nous permettra de déterminer la valeur du PIB réel et celle de l'indice implicite du PIB. Ce modèle a pour fondements les notions de demande, d'offre et d'équilibre, que nous avons vues dans le chapitre 4. Cependant, notre analyse ne portera plus sur les cassettes de magnétophone, mais sur le PIB réel; il ne sera plus question du prix des cassettes, mais de l'indice implicite du PIB.

La **quantité agrégée de biens et services demandée** est la somme de plusieurs éléments: les biens de consommation et les services que demandent les ménages, les biens d'investissement que demandent les entreprises, les biens et services que commandent les gouvernements, et les exportations nettes demandées par les clients étrangers. La quantité agrégée de biens et services demandée dépend donc de décisions prises par les ménages, par les entreprises, par les gouvernements et par les étrangers. Lorsque, dans le chapitre 4, nous avons étudié la demande de cassettes, nous avons résumé les intentions d'achat des ménages et des entreprises à l'aide d'un barème de demande et d'une courbe de demande. De même, lorsque nous étudierons les forces qui influent sur la demande agrégée, nous résumerons les décisions des ménages, des entreprises, des gouvernements et des étrangers à l'aide d'un barème de demande agrégée et d'une courbe de demande agrégée.

Un **barème de demande agrégée** est un tableau montrant la quantité de PIB réel demandée pour chaque niveau des prix, en supposant que tous les autres facteurs qui ont une incidence sur les intentions d'achat sont constants. La **courbe de demande agrégée** est une courbe représentant la quantité de PIB réel demandée pour chaque niveau des prix, toutes choses étant égales par ailleurs. La **demande agrégée** désigne la relation entre la quantité de PIB réel demandée et le niveau général des prix.

La figure 7.1 montre une courbe de demande agrégée et un barème de demande agrégée. Chaque ligne du barème correspond à un point de la courbe. Par exemple, la ligne *c* du barème indique que, si l'indice implicite du PIB est de 150, la quantité de PIB réel demandée est de 500 milliards de dollars, selon les prix de 1981. Cette ligne correspond au point *c* de la courbe de demande agrégée.

Figure 7.1 Le barème de demande agrégée et la courbe de demande agrégée

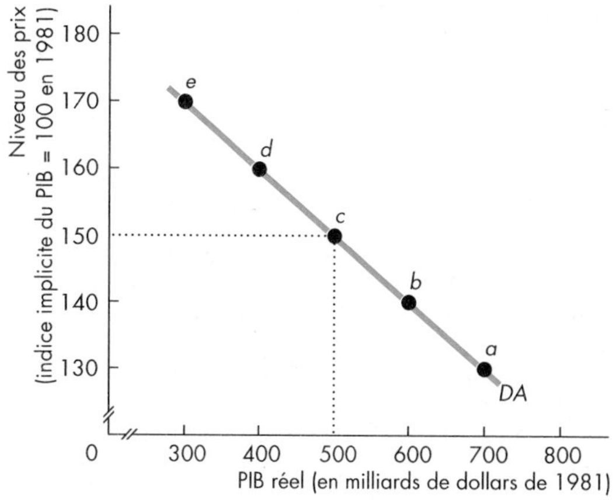

	Niveau des prix (indice implicite du PIB)	PIB réel (en milliards de dollars de 1981)
a	130	700
b	140	600
c	150	500
d	160	400
e	170	300

La courbe de demande agrégée (*DA*) représente la quantité de PIB réel demandée en fonction des divers niveaux des prix, lorsque tous les autres facteurs demeurent constants. La courbe de demande agrégée correspond au barème de demande qui apparaît ici; les points *a* à *e* de la courbe correspondent aux lignes *a* à *e* du barème. Ainsi, lorsque le niveau des prix est de 150, la quantité de PIB réel demandée est de 500 milliards, en dollars de 1981 (point *c* de la figure).

Pour établir un barème de demande agrégée et en tracer la courbe, on fait varier le niveau des prix en supposant que tous les autres facteurs susceptibles d'influer sur la quantité de PIB réel demandée sont constants. L'effet d'une variation du niveau des prix est indiqué par un *mouvement sur la courbe* de demande agrégée. Toute variation d'un des autres facteurs qui ont une incidence sur la quantité de PIB réel demandée modifie le barème de demande agrégée et se traduit, graphiquement, par un *déplacement de la courbe* de demande agrégée. Étudions d'abord les effets d'une variation du niveau des prix sur la quantité de PIB réel demandée.

La pente négative de la courbe de demande agrégée et les données du barème correspondant nous indiquent que, plus le niveau des prix est élevé, plus la quantité demandée de PIB réel est faible. Pourquoi la courbe de demande agrégée a-t-elle une pente négative?

Pourquoi la courbe de demande agrégée a-t-elle une pente négative?

Dans le cas d'un bien particulier, il est facile de comprendre pourquoi la courbe de demande a une pente négative. Si le prix du Coca-Cola augmente, la quantité demandée de cette boisson gazeuse diminue parce que les consommateurs se tournent alors davantage vers d'autres boissons gazeuses – le Pepsi-Cola, par exemple. Il est également facile de comprendre pourquoi la courbe de demande de tout un ensemble de biens et services d'un même type a une pente négative. Si les prix du Coca-Cola, du Pepsi-Cola et des autres boissons gazeuses augmentent, la quantité demandée de boissons gazeuses diminue, parce les consommateurs se tournent alors davantage vers d'autres types de boissons ou de produits. Par contre, il est plus difficile de comprendre pourquoi la courbe de demande de *tous* les biens et services a une pente négative. Si les prix de tous les biens augmentent et que les consommateurs réduisent la quantité qu'ils demandent de *tous* ces biens, vers quoi peuvent-ils alors se tourner? Qu'est-ce que les consommateurs peuvent substituer aux biens ou services qu'ils délaissent?

Il existe trois types de substituts pour les biens et services qui composent le PIB réel. Ce sont:

- La monnaie et les actifs financiers
- Les biens et services futurs
- Les biens et services produits dans d'autres pays

Les gens peuvent faire en sorte d'acheter en moindre quantité les biens et services qui forment le PIB réel et de garder une plus grande quantité de monnaie ou d'actifs financiers. Ils peuvent également décider de réduire leurs achats présents de biens et services, pour les remettre à plus tard. Ils peuvent, enfin, réduire leurs achats de biens et services produits au Canada, pour acheter plus de biens et services produits à l'étranger. Ces décisions dépendent du niveau des prix et, en conséquence, elles expliquent pourquoi la courbe de demande agrégée a une pente négative.

Le niveau des prix peut avoir trois effets distincts sur la quantité de PIB réel demandée:

- Un effet d'encaisses réelles
- Un effet de substitution intertemporelle
- Un effet de substitution internationale

La monnaie et l'effet d'encaisses réelles On appelle **effet d'encaisses réelles** l'effet d'une variation de la quantité de monnaie réelle sur la quantité demandée de PIB réel. La **quantité de monnaie** est la somme des billets de banque et des pièces de monnaie en circulation, augmentée des dépôts confiés par les ménages et les entreprises aux banques ou à d'autres établissements financiers (sociétés de fiducie, etc.). La **monnaie réelle** est une mesure de la quantité de biens que la monnaie permet d'acheter. On calcule la monnaie réelle en divisant la quantité de monnaie exprimée en dollars par le niveau des prix. Supposons, par exemple, que vous avez en poche 20 $ sous forme de billets de banque et de pièces de monnaie, et que vous avez en banque 480 $. La quantité de monnaie que vous possédez est donc de 500 $. Supposons également que le niveau des prix augmente de 25 %: la valeur de la monnaie réelle que vous détenez diminue alors de 25 %. En d'autres termes, avec vos 500 $, vous ne pourrez acheter ce que vous auriez pu acheter avec 375 $ avant l'augmentation du niveau des prix.

Pour comprendre l'effet d'encaisses réelles, voyons comment vos intentions d'achat sont elles-mêmes influencées par la quantité de monnaie réelle que vous détenez. Poussons plus loin notre exemple.

Vous avez 20 $ en poche et 480 $ en banque. Vous possédez également un baladeur et quelques cassettes, qui représentent une valeur de 200 $. Vos actifs totalisent donc 700 $. Vous avez décidé de ne pas changer la composition de vos actifs: vous ne désirez pas réduire votre quantité de monnaie en achetant plus de cassettes ou un meilleur baladeur; vous ne voulez pas non plus augmenter votre pécule en vendant quelques cassettes ou votre baladeur. Vous vous estimez satisfait de la composition actuelle de vos actifs, soit 500 $ en monnaie et 200 $ en équipement musical.

Supposons maintenant que les prix de la plupart des biens et services ainsi que le niveau moyen des prix baissent. Supposons que les prix des cassettes et des baladeurs comptent parmi ceux qui ont baissé. La quantité de monnaie que vous avez vous permet d'acheter plus de biens qu'auparavant, car vous avez plus de monnaie réelle. Par contre, votre équipement musical vaut moins qu'auparavant. Cette variation du niveau des prix a fait augmenter vos avoirs exprimés en monnaie réelle, mais a réduit la valeur de votre équipement musical. Vous décidez donc de modifier les proportions de monnaie et d'équipement musical qui vous satisfaisaient jusqu'ici: vous désirez maintenant plus d'équipement et moins de monnaie. Vous utilisez une partie de votre monnaie réelle additionnelle pour acheter un baladeur de meilleure qualité et pour ajouter quelques cassettes à votre collection. Cependant, les baladeurs et les cassettes font partie des biens qui composent le PIB réel. Ainsi, votre décision de consacrer une partie de votre monnaie réelle additionnelle à l'achat d'équipement musical provoque une augmentation de la quantité de biens et services demandée, et donc une augmentation du PIB réel demandé. Évidemment, si vous êtes la seule personne à agir ainsi, l'effet sur le PIB réel demandé sera minime; l'effet d'encaisses réelles sera faible. Mais, si tout le monde agit comme vous, la quantité agrégée de biens et services demandée sera plus élevée qu'avant. Cette augmentation résulte d'une baisse du niveau des prix.

La pente négative de la courbe de demande agrégée s'explique, premièrement, par l'effet d'encaisses réelles. Une baisse du niveau des prix fait augmenter la quantité de monnaie réelle. Plus la quantité de monnaie réelle est grande, plus la quantité demandée de biens et services est élevée.

L'effet de substitution intertemporelle On appelle **substitution intertemporelle** la substitution de biens à acheter dans le présent en faveur de biens à acheter dans le futur ou, inversement, la substitution de biens qu'on pourrait acheter dans le futur en faveur de biens à acheter dans le présent. La décision d'acheter dès aujourd'hui un nouveau baladeur plutôt que d'attendre à la fin du mois est un exemple de substitution intertemporelle. La décision de la société IBM d'accélérer la construction d'une nouvelle fabrique d'ordinateurs en est un autre exemple. Enfin, votre décision de remettre à plus tard les vacances que vous vous promettiez depuis longtemps constitue un troisième exemple de substitution intertemporelle.

Le niveau des taux d'intérêt a une grande influence sur la substitution intertemporelle. Des taux d'intérêt peu élevés incitent les gens à emprunter davantage et à effectuer tout de suite des achats de biens d'équipement qu'ils prévoyaient faire plus tard: construction d'usines, achats de machines-outils, de maisons, de biens de consommation durables. Inversement, des taux d'intérêt élevés dissuadent les gens d'emprunter de l'argent et les incitent à reporter certaines de leurs dépenses en biens d'équipement.

À leur tour, les taux d'intérêt dépendent de la quantité de monnaie réelle. Or, nous venons de voir que la quantité de monnaie réelle augmente si le niveau des prix diminue. Nous avons également remarqué que, plus les gens possèdent une grande quantité de monnaie réelle, plus la quantité de biens et services qu'ils demandent est élevée. Mais ils ne consacrent pas nécessairement toute leur monnaie réelle additionnelle à l'achat d'autres biens. Ils peuvent en prêter une partie à d'autres personnes, ou encore s'en servir pour réduire leurs propres emprunts. En d'autres termes, une plus grande quantité de monnaie réelle incite les gens à hausser leur offre de prêts et à diminuer leur demande de prêts. Cette augmentation de l'offre de prêts et cette diminution de la demande de prêts entraînent une baisse des taux d'intérêt. À leur tour, des taux d'intérêt plus bas engendrent un effet de substitution intertemporelle: certains projets de dépenses sont ramenés du futur au présent, ce qui occasionne une hausse de la quantité de biens et services demandée.

À l'opposé, une augmentation du niveau des prix fait baisser l'offre de monnaie réelle et a l'effet inverse sur les projets de dépenses des individus. Devant la diminution de la quantité de monnaie réelle, les gens, dans une certaine mesure, révisent à la baisse leurs intentions d'achat (effet d'encaisses réelles), réduisent leur offre de prêts et augmentent leur demande de prêts. En conséquence, les taux d'intérêt augmentent, et certaines dépenses sont reportées du présent au futur (effet de substitution intertemporelle).

La pente négative de la courbe de demande agrégée s'explique donc, deuxièmement, par l'effet de substitution intertemporelle. Une baisse du niveau des prix entraîne les effets suivants:

- Elle augmente la quantité de monnaie réelle.
- Elle accroît l'offre de prêts.
- Elle réduit la demande de prêts.
- Elle fait baisser les taux d'intérêt.
- Elle incite les gens à devancer la date de certaines dépenses projetées et, par conséquent, elle augmente la quantité de biens et services demandée.

Examinons maintenant la troisième raison pour laquelle la courbe de demande agrégée a une pente négative.

L'effet de substitution internationale On appelle **substitution internationale** la substitution de biens produits au pays par des biens produits à l'étranger, ou vice versa. Citons trois exemples de substitution internationale. La décision que vous pourriez prendre d'acheter une voiture construite à Windsor par la société General Motors, plutôt qu'une Toyota fabriquée au Japon. La décision du gouvernement de Grande-Bretagne d'équiper son armée avec des armes fabriquées aux États-Unis plutôt qu'avec des armes de fabrication britannique constituerait un deuxième exemple. Enfin, votre décision de prendre des vacances de ski dans le Wyoming plutôt qu'à Banff ou dans les Laurentides serait un autre exemple de substitution internationale.

Si le niveau des prix baisse au Canada et que tous les autres facteurs demeurent constants, les biens produits ici deviennent moins coûteux que les produits étrangers. Les Canadiens achètent alors plus de biens produits au pays et réduisent leurs importations; les étrangers, quant à eux, achètent plus de biens produits au Canada et moins de biens fabriqués dans leur propre pays. Ainsi, si le niveau des prix canadiens diminue, la quantité demandée de biens et services produits au Canada sera plus élevée. La pente négative de la courbe de demande agrégée s'explique donc, troisièmement, par l'effet de substitution internationale.

À RETENIR

La courbe de demande agrégée illustre les effets d'un changement du niveau des prix – l'indice implicite du PIB – sur la quantité agrégée de biens et services demandée – le PIB réel demandé. L'effet d'une variation du niveau des prix est représenté graphiquement par un *mouvement sur la courbe* de demande agrégée. Toutes choses demeurant égales par ailleurs, plus le niveau des prix est élevé, plus la quantité de PIB réel demandée est faible : la courbe de demande agrégée a une pente négative.

La pente de la courbe de demande agrégée est négative pour trois raisons : la monnaie et les biens sont des substituts (effet d'encaisses réelles); les biens qu'on peut acquérir soit dans le présent, soit dans le futur sont des substituts (effet de substitution intertemporelle); et, finalement, les biens produits au pays et les biens produits à l'étranger sont des substituts (effet de substitution internationale).

Dans le cas d'une baisse du niveau des prix, ces trois effets agissent de la façon suivante :

- Effet d'encaisses réelles. La valeur réelle de la monnaie augmente, de sorte que les gens détiennent moins de monnaie et achètent une plus grande quantité de biens et services.
- Effet de substitution intertemporelle. L'offre de prêts augmente, la demande de prêts diminue, les taux d'intérêt baissent, et les gens achètent une plus grande quantité de biens et services.
- Effet de substitution internationale. Les biens produits au pays deviennent moins coûteux que les biens produits à l'étranger. Cela incite les consommateurs à acheter moins de biens et services importés et plus de biens et services produits au pays.

■ ■ ■

Les changements de la demande agrégée

Nous venons de voir que le PIB réel demandé varie avec le niveau des prix. Les effets d'une variation du niveau des prix sur le PIB réel demandé sont représentés par un mouvement sur la courbe de demande agrégée. Cependant, le barème de demande agrégée et la courbe qui y correspond décrivent l'état de la demande agrégée à un moment déterminé. Or, cette demande ne demeure pas constante ; plusieurs facteurs peuvent causer un changement de la demande agrégée. Quand un de ces facteurs varie, toute la courbe de demande agrégée se déplace. Passons en revue les plus importants de ces facteurs, que résume le tableau 7.1.

1. Les taux d'intérêt. Tous les autres facteurs demeurant constants, une augmentation des taux d'intérêt provoque une diminution de la demande agrégée. Nous venons de voir qu'une variation du niveau des prix, par son effet sur la quantité de monnaie réelle, a une incidence sur le niveau des taux d'intérêt. Une variation des taux d'intérêt causée par une variation du niveau des prix entraîne une variation de la quantité de biens et services demandée. Mais ce changement, comme nous l'avons vu plus haut, est représenté par un mouvement sur la courbe de demande agrégée, et non par un déplacement de cette courbe.

Cependant, les taux d'intérêt peuvent varier sous la pression d'autres facteurs que le niveau des prix.

Tableau 7.1 La demande agrégée

La demande agrégée augmente...

- Si les taux d'intérêt diminuent.
- Si on anticipe une hausse du taux d'inflation.
- Si le taux de change diminue.
- Si on anticipe une hausse des profits.
- Si la quantité de monnaie augmente.
- Si la richesse agrégée augmente.
- Si les dépenses publiques en biens et services augmentent.
- Si les impôts et les taxes diminuent ou si les paiements de transfert augmentent.
- Si les revenus des pays étrangers augmentent.
- Si la population augmente.

La demande agrégée diminue...

- Si les taux d'intérêt augmentent.
- Si le taux d'inflation anticipé diminue.
- Si le taux de change augmente.
- Si les profits anticipés diminuent.
- Si la quantité de monnaie diminue.
- Si la richesse agrégée diminue.
- Si les dépenses publiques en biens et services diminuent.
- Si les impôts et les taxes augmentent ou si les paiements de transfert diminuent.
- Si les revenus des pays étrangers diminuent.
- Si la population diminue.

Les effets de ces divers facteurs sur la demande agrégée se font sentir sur plusieurs périodes et ne sont pas entièrement prévisibles.

Quelle que soit la cause de la variation des taux d'intérêt, le niveau de ceux-ci influe sur la demande agrégée. Chaque fois que les taux d'intérêt changent indépendamment des variations du niveau des prix, la courbe de demande agrégée se déplace. Ces dernières années, par exemple, le gouvernement fédéral a considérablement augmenté sa demande de prêts, afin de combler son déficit. Une telle augmentation de la demande de prêts, toutes choses étant égales par ailleurs, a fait augmenter les taux d'intérêt et a amené les ménages et les entreprises à réviser à la baisse leurs intentions d'achat. Par contre, au cours de la même période, le Canada a vu augmenter fortement l'offre de prêts en provenance du reste du monde, particulièrement du Japon et de l'Europe de l'Ouest. Cette augmentation de l'offre de prêts a permis de maintenir les taux d'intérêt à un niveau raisonnable et a empêché la chute de la demande agrégée.

2. L'inflation anticipée. Une augmentation du taux d'inflation anticipé, tous les autres facteurs demeurant constants, entraîne une augmentation de la demande agrégée. Plus le taux d'inflation anticipé est élevé, plus les prix des biens et services anticipés sont élevés et plus les valeurs anticipées de la monnaie réelle et des autres actifs sont faibles. En conséquence, lorsque les gens prévoient une augmentation du taux d'inflation, ils cherchent à acheter plus de biens et services dans le présent et à réduire la quantité de monnaie et d'autres actifs financiers qu'ils détiennent.

Les anticipations du taux d'inflation ont changé au cours des années 80. Au début de la décennie, les gens prévoyaient que l'inflation se maintiendrait à près de 10 % par année. Mais la profonde récession de 1982 les a forcés à réviser à la baisse ces anticipations. Toutes choses étant égales par ailleurs, cette baisse du taux d'inflation anticipé a engendré une baisse de la demande agrégée.

3. Le taux de change. Nous avons vu qu'une variation du niveau des prix au Canada, lorsque tous les autres facteurs demeurent constants, change les prix de nos biens et services par rapport aux prix des biens et services produits à l'étranger. Mais il existe un autre facteur qui influe sur les prix des biens et services produits au Canada par rapport aux prix des biens étrangers: c'est le *taux de change.* Le taux de change a une incidence sur la demande agrégée, puisqu'il influe à la fois sur les prix que les étrangers doivent payer pour acquérir les biens produits au Canada et sur les prix que nous devons payer pour acheter les produits étrangers.

Supposons que le dollar canadien vaut 125 yens. Vous pouvez alors acheter pour 1000 $ un téléphone cellulaire fait au Japon par la société Fujitsu et valant 125 000 yens. Toutefois, que feriez-vous si vous pouviez acheter pour 900 $ un téléphone cellulaire de la même qualité, fabriqué au Canada par Northern Telecom? Vous achèteriez sûrement le produit canadien.

Mais quel téléphone achèteriez-vous si la valeur du dollar canadien passait à 150 yens et que tous les autres facteurs demeuraient constants? Effectuons le calcul. Si le dollar vaut 150 yens, vous devez payer seulement 833,33 $ pour acheter le téléphone Fujitsu qui vaut 125 000 yens. Puisque l'appareil de Northern Telecom coûte 900 $ et que celui de Fujitsu est maintenant moins cher, vous achèterez l'appareil japonais. La demande de téléphones canadiens diminue à mesure que la valeur du dollar canadien augmente par rapport à la monnaie étrangère. Donc, lorsque la valeur du dollar canadien augmente par rapport à la monnaie étrangère, la demande agrégée diminue.

Au cours des années 80, le taux de change a connu de fortes fluctuations, qui ont fait beaucoup varier la demande agrégée.

4. Les profits anticipés. Une variation des profits anticipés agit sur la demande de capital nouveau de la part des entreprises. Supposons, par exemple, qu'une récente vague d'innovations techniques a accru la productivité. Les entreprises, voulant augmenter leurs profits futurs, se doteront d'équipement nouveau utilisant la technologie la plus récente. Les profits anticipés feront augmenter la demande d'usines et de machines-outils neuves et, par conséquent, la demande agrégée.

Les profits anticipés étaient faibles en 1981, ce qui a fait chuter la demande agrégée. Pendant le reste de la décennie, les anticipations de profits devinrent plus optimistes, ce qui entraîna une hausse soutenue de la demande agrégée.

5. La quantité de monnaie. Un changement de la quantité de monnaie a deux effets sur la demande agrégée:

- L'effet d'encaisses réelles
- L'effet du taux d'intérêt

L'effet d'encaisses réelles La quantité de *monnaie réelle* dans l'économie dépend de la quantité de monnaie et du niveau des prix. La quantité de monnaie réelle peut donc varier, par suite des changements de la quantité de monnaie ou du niveau des prix. Dans les deux cas, on observe un effet d'encaisses réelles. Nous avons déjà décrit cet effet dans le cas d'une variation du niveau des prix: il y a changement de la quantité agrégée de biens et services demandée, ce qui se traduit par un *mouvement sur la courbe* de demande agrégée. Toutefois, lorsque la variation de la quantité de monnaie réelle a pour cause une variation de la quantité de monnaie, il y a changement de la demande agrégée – changement qui se traduit par un *déplacement de la courbe* de demande agrégée.

Pour nous aider à comprendre l'effet que les encaisses réelles exercent sur la demande agrégée, imaginons ce qui arriverait si le gouvernement remplissait de billets de 10 $ fraîchement imprimés tous les hélicoptères de l'armée canadienne et répandait cette manne d'un bout à l'autre du pays. Évidemment, la plupart des gens se précipiteraient, toutes affaires cessantes, pour recueillir leur part de cet argent tout neuf. Ils n'iraient sans doute pas déposer à la banque tout l'argent ainsi recueilli. Ils en dépenseraient une partie, ce qui ferait augmenter la demande de biens et services. En pratique, ce sont les opérations de la Banque du Canada – et non pas les interventions des hélicoptères de l'armée – qui font varier la quantité de monnaie; nous étudierons ces opérations dans le chapitre 11. Mais l'image des hélicoptères larguant des billets de banque nous permet de comprendre comment une augmentation de la quantité de monnaie provoque une hausse de la demande agrégée.

L'effet du taux d'intérêt L'image de la manne d'argent nous aide aussi à comprendre l'effet qu'un changement de la quantité de monnaie exerce sur les taux d'intérêt et sur la demande agrégée. Dans notre exemple, les gens dépensent une partie des billets de 10 $ qu'ils ont recueillis; c'est l'effet d'encaisses réelles. Quant à l'argent non dépensé, la plus grande partie est déposée dans des comptes d'épargne, auprès d'établissements bancaires ou fiduciaires. Pour faire des profits, ces établissements prêtent l'argent de ces dépôts, ce qui accroît l'offre de prêts et fait diminuer les taux d'intérêt. Cette baisse des taux d'intérêt incite les gens à emprunter davantage et, par conséquent, à dépenser plus. On voit alors augmenter les investissements ainsi que les achats de biens de consommation durables.

Les variations des taux d'intérêt causées par les changements de la quantité de monnaie ont été parmi les principales sources de fluctuations de la demande agrégée. Ainsi, au cours des années 70, des augmentations soutenues de la quantité de monnaie ont fait hausser la demande agrégée et ont contribué à l'inflation. Par la suite, cependant, des diminutions du taux de croissance de la quantité de monnaie ont ralenti la croissance de la demande agrégée et contribué à la récession de 1982.

6. La richesse agrégée. Les riches consomment une plus grande quantité de biens et services que les pauvres. Si tout le monde s'enrichit, on voit augmenter la richesse agrégée ainsi que la demande agrégée. Cette source de changement de la demande agrégée exerce une influence régulière à la hausse, au fur et à mesure que la richesse augmente.

7. La demande publique de biens et services. La quantité de biens et services que demandent les gouvernements a un effet direct sur la demande agrégée. En supposant que les impôts et les taxes demeurent constants, plus les gouvernements engagent des travaux de construction d'autoroutes, d'armes, d'écoles, de collèges, d'universités, etc., plus la demande agrégée est élevée.

8. Les impôts et taxes ainsi que les paiements de transfert. Une diminution des impôts et des taxes a pour effet d'augmenter la demande agrégée. Une augmentation des paiements de transfert – sous forme de prestations d'assurance-chômage, d'allocations familiales, de pensions de vieillesse, etc. – provoque le même effet. Ces facteurs contribuent à accroître le revenu *disponible* des ménages. Plus celui-ci est élevé, plus la demande de biens et services est forte. Parce qu'elles font augmenter le revenu disponible, les réductions d'impôts et de taxes et les hausses de paiements de transfert font augmenter la demande agrégée.

Cette source de changement de la demande agrégée a pris de l'importance au cours des trois dernières décennies. Vers la fin des années 60, par exemple, une forte augmentation des paiements du gouvernement dans le cadre de divers programmes sociaux a contribué à faire augmenter la demande agrégée.

9. Les revenus des pays étrangers. Les revenus des pays étrangers ont, eux aussi, un effet marqué sur la demande agrégée des biens et services produits au pays. Par exemple, une augmentation du revenu moyen aux États-Unis, au Japon ou en Allemagne fait hausser la demande des consommateurs américains, japonais ou allemands en ce qui concerne les biens de consommation et les biens d'équipement fabriqués au Canada. Ces sources de changement de la demande agrégée ont exercé une grande influence depuis la fin de la Seconde Guerre mondiale. La croissance économique rapide au Japon, en Europe de l'Ouest et dans certains pays nouvellement industrialisés du Pacifique, comme la Corée et Singapour, a contribué à une augmentation soutenue de la demande de biens et services produits au Canada.

10. La population. L'accroissement de la population entraîne une augmentation de la demande agrégée. Plus il y a de personnes, plus la demande de logements, de vêtements, de nourriture et d'autres biens et services est forte. Or, la population croît au rythme d'environ 1 % par année, provoquant ainsi une pression régulière à la hausse sur la demande agrégée.

Les retards Les effets sur la demande agrégée des divers facteurs examinés plus haut ne se produisent ni instantanément ni d'une manière parfaitement prévisible. Une variation de l'un ou l'autre de ces facteurs produit, sur la demande agrégée, un effet qui dure plusieurs mois. Par exemple, une augmentation de la quantité de monnaie décrétée par la Banque du Canada peut, dans un premier temps, n'avoir aucun effet sur la demande agrégée. Mais peu après, lorsque les gens redistribuent leur richesse, il y a une hausse de l'offre de prêts, et les taux d'intérêt ont tendance à diminuer. Puis, certains ménages et certaines entreprises, en réponse aux taux d'intérêt plus faibles, modifient leurs intentions d'achat de biens de consommation durables et de biens d'équipement. Avec le temps, d'autres les imitent, si bien que la demande agrégée augmente graduellement. Comme on le voit, l'effet total d'un changement de la quantité de monnaie est étalé sur plusieurs mois. Par contre, rien ne nous assure que les effets se produiront chaque fois au même rythme. Les facteurs qui influent sur la demande agrégée agissent avec un retard variable et, jusqu'à un certain point, imprévisible.

Nous venons de passer en revue les divers facteurs qui peuvent influer sur la demande agrégée. Résumons maintenant leurs effets sur la courbe de demande agrégée.

Les déplacements de la courbe de demande agrégée

Graphiquement, on représente un changement de la demande agrégée par un déplacement de la courbe de demande agrégée. La figure 7.2 illustre deux changements. Au départ, la demande agrégée est représentée par la courbe DA_0 (comme dans la figure 7.1). Dans le graphique (a), la demande agrégée augmente ; dans le graphique (b), elle diminue.

Comme nous le voyons dans le graphique (a), la courbe de demande agrégée se déplace vers la droite, de DA_0 à DA_1, en réaction à la hausse d'un des facteurs suivants : profits anticipés, taux d'inflation anticipé, quantité de monnaie, richesse agrégée, dépenses publiques en biens et services, paiements de transfert, revenus des pays étrangers ou population. Une diminution des taux d'intérêt, du taux de change ou des impôts et taxes entraîne également un déplacement de la courbe de demande agrégée vers la droite.

Le graphique (b) montre un déplacement de la courbe de demande agrégée vers la gauche, de DA_0 à DA_2, à la suite de la diminution d'un des facteurs suivants : profits anticipés, taux d'inflation anticipé, quantité de monnaie, richesse agrégée, dépenses publiques en biens et services, paiements de transfert, revenus des pays étrangers ou population. De même, une augmentation des taux d'intérêt, du taux de change ou des impôts et taxes se traduit par un déplacement de la courbe de demande agrégée vers la gauche.

À RETENIR

Une variation du niveau des prix entraîne un changement de la quantité agrégée de biens et services demandée. On illustre graphiquement cette variation par un *mouvement sur la courbe* de demande agrégée. Toute variation d'un des autres facteurs qui ont une

Figure 7.2 Le déplacement de la courbe de demande agrégée

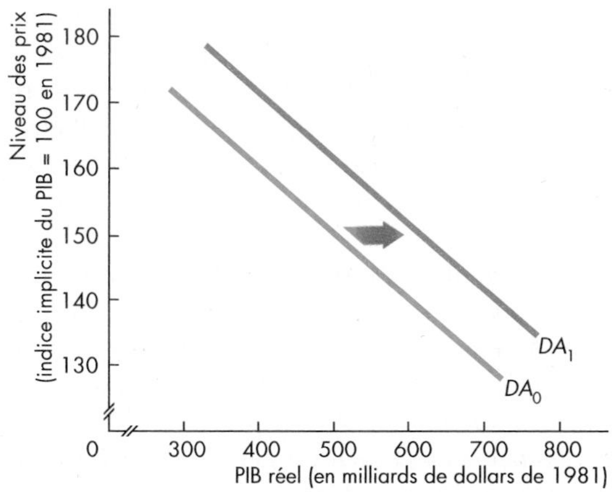

(a) Augmentation de la demande agrégée

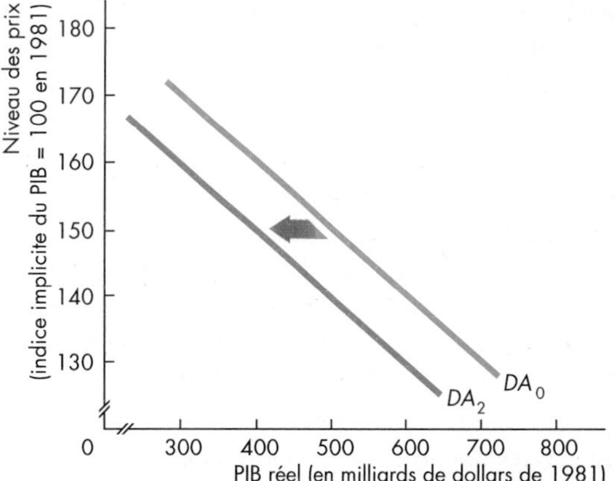

(b) Diminution de la demande agrégée

Les facteurs qui font augmenter la demande agrégée (et qui sont énumérés dans le tableau 7.1) font déplacer la courbe de demande agrégée vers la droite. Ce déplacement est représenté ici, dans le graphique (a), par le passage de DA_0 à DA_1. Les facteurs qui font diminuer la demande agrégée (également énumérés dans le tableau 7.1) font déplacer la courbe de demande agrégée vers la gauche. Ce déplacement est représenté, dans le graphique (b), par le passage de DA_0 à DA_2.

incidence sur la demande agrégée se traduit graphiquement par un *déplacement de la courbe* de demande agrégée. Parmi ces facteurs, on compte:

- Les taux d'intérêt
- L'inflation anticipée
- Le taux de change
- Les profits anticipés
- La quantité de monnaie
- La richesse agrégée
- La demande publique de biens et services
- Les impôts et taxes ainsi que les paiements de transfert
- Les revenus des pays étrangers
- La population

■ ■ ■

L'offre agrégée

La **quantité agrégée de biens et services offerte** représente la somme des quantités de tous les biens et services finis que les entreprises produisent dans l'économie donnée. On la mesure par le produit intérieur brut. Lorsque, dans le chapitre 4, nous avons étudié l'offre de cassettes, nous avons résumé les intentions de vente des entreprises à l'aide d'un barème d'offre et d'une courbe d'offre. De même, dans l'étude des facteurs qui ont une incidence sur l'ensemble des intentions de vente des entreprises, nous résumerons les décisions de ces dernières à l'aide d'un barème d'offre agrégée et d'une courbe d'offre agrégée. Cependant, pour l'étude de l'offre agrégée, nous devons distinguer deux cadres temporels: le long terme et le court terme.

L'offre agrégée à long terme

L'**offre agrégée à long terme** est la relation entre la quantité agrégée de biens et services finis offerte (le PIB réel) et le niveau des prix (l'indice implicite du PIB), quand les prix de tous les facteurs de production se sont ajustés aux changements du niveau des prix, de sorte que les prix *relatifs* des facteurs demeurent inchangés. Les *prix des facteurs* sont les salaires versés aux travailleurs, les loyers payés pour les biens d'équipement et le terrain, et les prix des matières premières utilisées comme intrants. On représente graphiquement l'offre agrégée à long terme par une **courbe d'offre agrégée à long terme.** Cette courbe montre la relation qui existe entre la quantité de PIB réel offerte et le niveau des prix, lorsque les prix de tous les facteurs de production se sont ajustés aux changements du niveau des prix, de sorte que les prix *relatifs* des facteurs demeurent inchangés. La courbe d'offre agrégée à long terme est une droite verticale; dans la figure 7.3, c'est la courbe marquée *OALT.*

Lorsque l'économie se trouve sur la courbe d'offre agrégée à long terme, on constate les faits suivants:

- Chaque entreprise fonctionne à sa capacité optimale de production.
- Il y a plein emploi.

La capacité optimale de production Une entreprise atteint sa capacité optimale de production lorsque le coût de chaque unité produite est à son niveau le plus bas. La capacité optimale de production d'une entreprise est unique. Pour illustrer cette notion, prenons l'exemple d'une chaîne de production d'automobiles. Si General Motors produit en deçà de sa capacité optimale, les coûts fixes d'exploitation de la chaîne de montage, qui sont énormes, seront répartis sur un volume de production réduit, et le coût de production par voiture sera supérieur à ce qu'il aurait pu être. À l'opposé, si General Motors exploite sa chaîne de montage au-delà de sa capacité optimale de production, les coûts fixes seront répartis sur un volume de production plus élevé. Mais, l'usine fonctionnant plus près de ses limites, les pannes d'équipement et les problèmes d'entretien viendront s'ajouter au coût de production de chaque voiture. Il existe pourtant un niveau de production où les gains qu'on a obtenus en répartissant les coûts fixes sur un volume de production plus élevé compensent les coûts engendrés par les goulets d'étranglement et les pannes plus fréquentes. C'est ce niveau qu'on appelle la **capacité optimale de production** d'une entreprise.

Supposons qu'une entreprise obtienne les profits les plus élevés possible et qu'elle ait atteint sa capacité optimale de production. Voyons quel effet une hausse du prix de vente de ses produits aura sur sa production. L'entreprise augmentera-t-elle sa production? Pour répondre à cette question, il nous faut savoir s'il y a augmentation des prix des facteurs de production qu'utilise l'entreprise. Si les prix des facteurs ne changent pas, l'entreprise pourra accroître ses profits en augmentant sa production. Si, au contraire, les prix des facteurs augmentent du même pourcentage que les prix de vente des produits, l'entreprise ne pourra pas faire de profits plus élevés en changeant son niveau de production et elle continuera de fonctionner à sa capacité optimale de production. L'entreprise peut vendre sa production à un prix plus élevé, mais elle doit payer plus cher ses facteurs de production. Les prix des facteurs demeurant les mêmes, sa situation *réelle* n'a donc pas changé.

Lorsque toutes les entreprises de l'économie fonctionnent de cette manière, le niveau de production reste inchangé malgré l'augmentation du niveau des prix, pour autant que les prix des facteurs augmentent en

Figure 7.3 La courbe d'offre agrégée à long terme

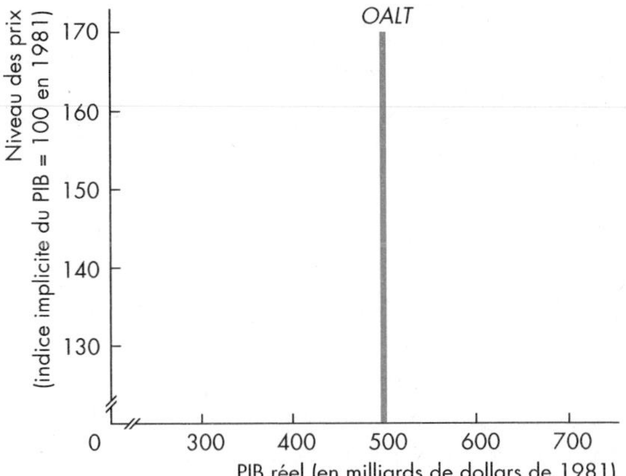

La courbe d'offre agrégée à long terme (*OALT*) représente le niveau de plein emploi du PIB réel; elle est indépendante du niveau des prix. On ne connaît pas avec certitude la position de la courbe d'offre agrégée à long terme, faute de pouvoir mesurer avec exactitude la capacité optimale de production de l'économie et le taux de chômage naturel – deux facteurs dont dépend l'offre agrégée à long terme.

moyenne du même pourcentage que le niveau des prix. L'économie ne fait alors que se déplacer *sur* la courbe d'offre agrégée à long terme. La capacité optimale de production de l'économie est atteinte.

Le plein emploi Lorsque l'économie se déplace sur la courbe d'offre agrégée à long terme, on se trouve en situation de plein emploi. Il y a plein emploi quand la quantité de travail demandée est égale à la quantité de travail offerte. Dans cette situation, le seul chômage qui existe est de nature *frictionnelle.* Il a pour causes la recherche d'emploi de nouveaux arrivés sur le marché du travail et le roulement de la main-d'œuvre à la suite des changements techniques. En situation de plein emploi, le taux de chômage est égal à son taux naturel.

Voyons maintenant pourquoi il y a plein emploi le long de la courbe d'offre agrégée à long terme. Supposons que l'économie fonctionne au plein emploi et que le niveau des prix s'élève. Comment cela modifie-t-il le niveau du chômage? La réponse dépend de l'ajustement des salaires. Si le niveau des prix s'élève alors que les salaires restent constants, les salaires *réels* diminueront. Si les salaires réels baissent, les entreprises chercheront à engager plus de travailleurs et à produire davantage, ce qui aura pour effet de réduire le chômage. Si, au contraire, les salaires varient dans la même proportion que le niveau des prix, les salaires *réels* seront constants. Dans ce cas, le taux de chômage ne changera pas: il se maintiendra à son niveau naturel. Ainsi, lorsque les salaires changent dans la même proportion que le niveau des prix, l'économie se déplace sur sa courbe d'offre agrégée à long terme.

Comment mesure-t-on l'offre agrégée à long terme? Le PIB réel mesure la quantité de biens et services finis qui sont effectivement produits dans l'économie; il ne mesure pas l'offre agrégée à long terme. À l'heure actuelle, nous ne disposons pas d'une méthode sûre pour calculer l'offre agrégée à long terme. Nous pouvons seulement estimer cette offre à l'aide de deux méthodes qui, malheureusement, ne sont pas entièrement fiables:

- L'estimation par la tendance
- L'estimation par la fonction de production

L'estimation par la tendance Pour estimer l'offre agrégée à long terme par la tendance, on calcule une ligne de tendance lisse qui traverse le tracé emprunté par le PIB réel. Dans le chapitre 5, nous avons utilisé une ligne de tendance pour mesurer les écarts du PIB réel par rapport à sa tendance, écarts qui déterminent le cycle économique. On peut cependant calculer diverses lignes de tendance, chacune d'elles fournissant une estimation différente de l'offre agrégée à long terme. Si, par exemple, nous calculons l'offre agrégée à long terme à partir d'une ligne de tendance pour laquelle nous supposons un taux de croissance *constant* de 1926 à 1991, nous trouverons que la valeur effective du PIB réel a été inférieure à l'offre agrégée à long terme durant la majeure partie des années 70 et 80. Par contre, si nous utilisons les calculs de tendance exposés dans le chapitre 5, nous constaterons plutôt que le PIB réel a fluctué par rapport au niveau de l'offre agrégée à long terme pendant ces deux décennies, chutant sous ce niveau en 1982, mais le dépassant pendant l'expansion qui a suivi.

L'estimation par la fonction de production Pour estimer l'offre agrégée à long terme par la méthode de la fonction de production, on part du fait que l'offre agrégée à long terme dépend du stock de biens d'équipement et du plein emploi de la main-d'œuvre. Pour utiliser cette méthode, on doit d'abord estimer le taux de chômage naturel. Or, on ne possède pour cela aucun moyen absolument fiable. On arrive donc à diverses estimations de l'offre agrégée à long terme, selon le taux de chômage naturel sur lequel le calcul s'appuie.

Faute de méthodes précises pour mesurer l'offre agrégée à long terme, on ne connaît pas avec certitude la position de la courbe d'offre agrégée à long terme. On sait que cette courbe est verticale, mais on ne connaît pas sa position exacte. Cette incertitude est à l'origine de désaccords, entre économistes et planificateurs, sur la façon de mener la politique macroéconomique. Nous reviendrons brièvement sur quelques points de cette controverse, dans la suite du présent chapitre et dans les chapitres 13 et 16. Passons, pour l'instant, à l'étude de l'offre agrégée à court terme.

Figure 7.4 Le barème d'offre agrégée et la courbe d'offre agrégée

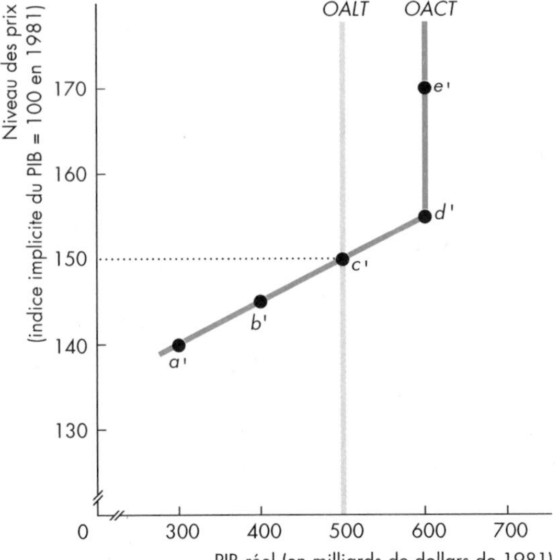

	Niveau des prix (indice implicite du PIB)	PIB réel (en milliards de dollars de 1981)
a'	140	300
b'	145	400
c'	150	500
d'	155	600
e'	170	600

La courbe d'offre agrégée à long terme (*OALT*) est la même que celle de la figure 7.3. La courbe d'offre agrégée à court terme (*OACT*) indique la quantité de PIB réel offerte selon les prix possibles, tous les autres facteurs demeurant constants. La courbe d'offre agrégée à court terme présentée ici correspond au barème ci-dessus. Les points *a'* à *e'* de la courbe correspondent aux lignes *a'* à *e'* du barème. On voit que, pour un niveau des prix de 150, le PIB réel offert est de 500 milliards, en dollars de 1981 (point *c'*).

L'offre agrégée à court terme

L'**offre agrégée à court terme** est la relation entre la quantité agrégée de biens et services finis offerte (le PIB réel) et le niveau des prix (l'indice implicite du PIB), lorsque demeurent constants les prix des facteurs de production – et particulièrement les taux de salaire nominal. Pour représenter l'offre agrégée à court terme, on utilise soit un barème d'offre agrégée à court terme, soit une courbe d'offre agrégée à court terme.

Le **barème d'offre agrégée à court terme** énumère les quantités de PIB réel offertes à chaque niveau des prix – toutes choses étant égales par ailleurs. La **courbe d'offre agrégée à court terme** illustre graphiquement la relation entre la quantité de PIB réel offerte et le niveau des prix, tous les autres facteurs demeurant constants.

La figure 7.4 présente un barème d'offre agrégée à court terme et la courbe d'offre agrégée à court terme correspondante (courbe marquée *OACT*). Chaque ligne du barème correspond à un point de la courbe. Par exemple, la ligne *c'* du barème et le point *c'* de la courbe indiquent tous deux que, si le niveau des prix est de 150 (si l'indice implicite du PIB est égal à 150), la quantité de PIB réel offerte, évaluée selon les prix de 1981, s'établit à 500 milliards. En établissant le barème d'offre agrégée à court terme et en traçant la courbe d'offre correspondante, on tient pour constants *tous* les facteurs susceptibles d'influer sur la quantité de PIB réel offerte, à l'exception du niveau des prix.

Dans la figure 7.4, le barème et la courbe d'offre agrégée à court terme nous indiquent que, plus le niveau des prix est élevé, plus la quantité agrégée de biens et services offerte est grande, jusqu'à ce qu'un certain niveau maximum de production soit atteint. Pourquoi la courbe d'offre agrégée à court terme a-t-elle une pente positive ? Pourquoi devient-elle verticale dès qu'un certain niveau de production est atteint ?

Pour comprendre pourquoi la courbe d'offre agrégée à court terme a une pente positive, examinons comment une entreprise s'ajuste à une augmentation du prix de vente de ses produits, alors que demeurent inchangés les prix de ses facteurs de production. Supposons, par exemple, que le prix des voitures augmente alors que les salaires des ouvriers et les prix des pièces demeurent constants. Dans ce cas, une entreprise comme la société General Motors augmentera sa production et mettra en marché plus de voitures ; elle embauchera plus de travailleurs et augmentera les heures de travail de son personnel. Si, au contraire, le prix des voitures diminue et que les salaires des ouvriers et les prix des pièces restent constants, General Motors ralentira sa production et offrira moins de voitures ; elle mettra à pied des ouvriers et réduira ses achats de pièces.

Ainsi donc, quand les prix des facteurs de production demeurent constants, tout changement du niveau des prix fait varier la quantité agrégée de biens et services offerte, le niveau d'emploi et le taux de chômage. À mesure que le niveau des prix s'élève, on voit la quantité agrégée de biens et services offerte augmenter, le niveau d'emploi s'élever et le taux de chômage baisser.

Pourquoi la courbe d'offre agrégée à court terme

devient-elle verticale à un certain niveau de production ? C'est parce qu'il existe une limite physique à la capacité de production de l'économie. Lorsque l'économie se trouve sur la courbe d'offre agrégée à long terme, le taux de chômage est à son niveau naturel, et chaque entreprise a atteint sa capacité optimale de production. Si les prix de vente des produits augmentent tandis que les prix des facteurs de production demeurent constants, les entreprises hausseront leur production au-dessus de leur capacité optimale. Elles y parviendront en demandant à leurs travailleurs d'effectuer des heures supplémentaires, en embauchant plus de travailleurs et en intensifiant l'exploitation de leurs usines et de leur équipement. Il existe cependant une limite aux heures supplémentaires que les travailleurs sont prêts à effectuer, de sorte qu'il y a aussi une limite à l'abaissement du chômage au-dessous de son taux naturel. Il existe également une limite à l'exploitation des usines et de l'équipement. Ces limites une fois atteintes, la production ne peut plus augmenter, quelle que soit la hausse des prix de vente par rapport aux prix des facteurs de production. C'est en ce point que la courbe d'offre agrégée à court terme devient verticale.

À RETENIR

La courbe d'offre agrégée à long terme représente graphiquement la relation qui existe entre le PIB réel offert et le niveau des prix, lorsque les variations des prix des facteurs de production sont égales aux variations du niveau des prix, les prix *relatifs* des facteurs étant ainsi constants. Le long de la courbe d'offre agrégée à long terme, chaque entreprise atteint sa capacité optimale de production, et l'économie se situe au plein emploi. Ce niveau de PIB réel ne dépend pas du niveau des prix. La courbe d'offre agrégée à long terme est verticale. Sa position indique quel est le niveau du PIB réel lorsque l'économie est au plein emploi. La courbe d'offre agrégée à court terme montre la relation qui existe entre le PIB réel offert et le niveau des prix, toutes choses étant égales par ailleurs. Si les prix des facteurs de production demeurent constants, une augmentation du niveau des prix provoque une augmentation du PIB réel offert. La courbe d'offre agrégée à court terme a une pente positive jusqu'à ce qu'un certain niveau maximal de production soit atteint.

■ ■ ■

Une variation du niveau des prix, lorsque tous les autres facteurs demeurent constants, provoque un mouvement sur la courbe d'offre agrégée à court terme. Par contre, un changement du niveau des prix provoque un mouvement le long de la courbe d'offre agrégée à long terme s'il est accompagné d'un changement des prix des facteurs de production. Chaque entreprise peut ainsi atteindre sa capacité optimale de production. Le chômage est alors égal à son taux naturel. Il existe cependant plusieurs autres facteurs qui exercent une influence sur l'offre de PIB réel. Ces facteurs entraînent des changements de l'offre agrégée et des déplacements de la courbe d'offre agrégée.

Certains de ces facteurs influent à la fois sur l'offre agrégée à court terme et sur l'offre agrégée à long terme ; d'autres influent seulement sur l'offre agrégée à court terme. Étudions ces facteurs, en commençant par ceux qui ont un effet à la fois sur l'offre agrégée à court terme et sur l'offre agrégée à long terme.

Les facteurs qui modifient à la fois l'offre agrégée à court terme et l'offre agrégée à long terme

Le tableau 7.2 énumère les principaux facteurs qui influent à la fois sur l'offre agrégée à court terme et sur l'offre agrégée à long terme. Passons-les en revue.

1. La main-d'œuvre. Plus la main-d'œuvre est nombreuse, plus la quantité de biens et services produite est grande.

2. Le stock de capital. Plus le stock d'usines et d'équipement est considérable, plus la main-d'œuvre est productive et plus la quantité de biens et services produite est grande.

3. Le capital humain. La valeur des compétences acquises par les gens à l'école ou au travail a une incidence importante sur le niveau de l'offre agrégée. Plus la main-d'œuvre est qualifiée et expérimentée, plus l'entreprise possède de capital humain et plus la production est élevée.

4. Les matières premières. La disponibilité des matières premières a également un effet marqué sur la production. La découverte de nouvelles sources de matières premières facilement accessibles contribue à diminuer leur coût et à augmenter la production. L'épuisement des matières premières a l'effet contraire, soit de diminuer la production.

5. Le climat. Le climat a un effet certain sur la production, particulièrement dans le secteur agricole. Un bon niveau de précipitation, d'ensoleillement et de température contribue à l'accroissement de la production. Celle-ci, au contraire, diminue sous l'effet de conditions climatiques peu favorables.

Tableau 7.2 L'offre agrégée

La courbe d'offre agrégée à court terme et la courbe d'offre agrégée à long terme

Se déplacent vers la droite...

- Si la main-d'œuvre augmente.
- Si le stock de capital augmente.
- Si le capital humain augmente.
- Si de nouvelles sources de matières premières sont découvertes.
- Si les conditions climatiques sont favorables.
- Si de nouvelles techniques sont mises au point.
- Si la composition du PIB change lentement.
- Si les facteurs incitatifs sont plus forts.

Se déplacent vers la gauche...

- Si la main-d'œuvre diminue.
- Si le stock de capital diminue.
- Si le capital humain diminue.
- Si les matières premières s'épuisent.
- Si les conditions climatiques sont défavorables.
- Si la composition du PIB change rapidement.
- Si les facteurs incitatifs sont plus faibles.

La courbe d'offre agrégée à court terme peut également

Se déplacer vers le bas...

- Si les salaires diminuent.
- Si les prix des autres facteurs de production diminuent.

Se déplacer vers le haut...

- Si les salaires augmentent.
- Si les prix des autres facteurs de production augmentent.

6. La technologie. Le degré d'avancement de la technologie a un effet important sur l'offre agrégée. L'invention de procédés de production nouveaux et plus efficaces permet aux entreprises de produire plus avec une même quantité de facteurs de production. Ainsi, même quand la population et le stock de capital restent constants, les progrès techniques font augmenter la production et l'offre agrégée.

7. Les changements dans la composition du PIB réel. Lorsque les régions et les secteurs de l'économie se développent au même rythme, la composition du PIB reste stable. Par contre, lorsque certains secteurs connaissent une croissance très rapide alors que d'autres déclinent, la composition du PIB change rapidement. On en a eu un bon exemple dans les années 80, période où les services bancaires et financiers ont connu une croissance explosive alors que le secteur manufacturier connaissait un certain déclin. Tous les autres facteurs demeurant constants, le taux de roulement de la main-d'œuvre sera d'autant plus élevé que la composition de la production change rapidement. En conséquence, la recherche d'emplois s'intensifiera, le taux de chômage naturel augmentera et l'offre agrégée diminuera.

8. Les facteurs incitatifs. Les facteurs qui poussent les gens à agir ou les dissuadent d'agir peuvent avoir une incidence sur l'offre agrégée. Un trop haut niveau d'impôts ou de taxes, par exemple, peut dissuader les gens de travailler; il peut décourager l'épargne et l'accumulation du capital. Les impôts et les taxes trop élevés ont des effets dissuasifs, qui provoquent une diminution de l'offre agrégée. La réglementation sur la sécurité au travail et sur la protection de l'environnement, dans la mesure où elle fait augmenter les coûts de production, peut faire baisser la quantité de biens et services produite et, par conséquent, réduire l'offre agrégée.

Nous venons de voir les principaux facteurs qui agissent en même temps sur l'offre agrégée à court terme et sur l'offre agrégée à long terme. Mais il existe aussi deux facteurs qui exercent une influence considérable sur l'offre agrégée à court terme, sans avoir d'effet sur l'offre agrégée à long terme.

Les facteurs qui ne modifient que l'offre agrégée à court terme

Comme on peut le constater en consultant le tableau 7.2, les facteurs qui influent sur l'offre agrégée à court terme sans avoir d'effet sur l'offre agrégée à long terme sont, d'une part, les salaires et, d'autre part, les prix des autres facteurs de production.

1. Les salaires. Les salaires influent sur l'offre agrégée parce qu'ils ont un effet sur les coûts de production. Plus le niveau des salaires est élevé, plus les coûts auxquels l'entreprise doit faire face sont élevés, et plus la quantité de produits offerte par l'entreprise sera faible, et ce, quels que soient les prix de vente des produits. Ainsi donc, une augmentation des salaires entraîne une diminution de l'offre agrégée à court terme.

2. Les prix des autres facteurs de production. Les prix des autres facteurs de production ont le même effet que les salaires sur l'offre agrégée à court terme. Toute augmentation du prix d'un autre facteur de production – le capital, par exemple – fera augmenter les coûts de production de l'entreprise et fera diminuer le volume de production, quels que soient les prix de vente des produits.

Pourquoi les prix des facteurs de production agissent-ils sur l'offre agrégée à court terme, mais non sur l'offre agrégée à long terme? La réponse se trouve dans la définition même de l'*offre agrégée à long terme*. Rappelons que cette dernière représente la quantité de PIB réel offerte quand toutes les entreprises fonctionnent à leur capacité optimale et que l'économie se trouve au plein emploi. Lorsque la production globale correspond au niveau de l'offre agrégée à long terme, toute variation des prix des facteurs de production s'accompagne d'une variation équivalente du niveau des prix.

Revenons maintenant sur les facteurs qui ont une incidence sur l'offre agrégée, en examinant comment ils font déplacer la courbe d'offre agrégée à long terme et la courbe d'offre agrégée à court terme.

Les déplacements des courbes d'offre agrégée à court et à long terme

Si l'un des facteurs énumérés dans le tableau 7.2 fait augmenter l'offre agrégée à long terme, on verra la courbe d'offre agrégée à long terme et la courbe d'offre agrégée à court terme se déplacer vers la droite. Le déplacement sera le même pour les deux courbes. La figure 7.5 illustre ces déplacements. Au départ, la courbe d'offre agrégée à long terme est en $OALT_0$, et la courbe d'offre agrégée à court terme est en $OACT_0$. Ces deux courbes se coupent en un point où le niveau des prix est égal à 150 et où le PIB réel est de 500 milliards, en dollars de 1981. Une hausse de la capacité de production de l'économie qui fait augmenter le PIB réel de plein emploi à 700 milliards fait déplacer la courbe d'offre agrégée à long terme en $OALT_1$, et la courbe d'offre agrégée à court terme en $OACT_1$. L'offre agrégée à long terme se chiffre maintenant à 700 milliards de dollars.

Remarquez que le niveau des prix où se rencontrent la courbe d'offre agrégée à court terme et la courbe d'offre agrégée à long terme se maintient à 150. Le déplacement vers la droite est le même pour les deux courbes.

La figure 7.6 illustre l'effet d'une variation des prix des facteurs de production. L'offre agrégée à long terme est représentée par la courbe *OALT*, et l'offre agrégée à court terme est représentée initialement par la courbe $OACT_0$. Le niveau des prix où les deux courbes se croisent initialement est de 150; les entreprises sont alors prêtes à offrir pour 500 milliards de dollars de production, évaluée selon les prix de 1981. Supposons maintenant que les prix des facteurs de production augmentent de 20 %. Les entreprises ne continueront à offrir le même niveau de production que si elles peuvent vendre leurs produits à des prix de 20 % plus élevés qu'auparavant. La courbe d'offre agrégée à court terme se déplace alors vers le haut, en $OACT_1$. Cette courbe d'offre $OACT_1$ coupe la courbe *OALT* à un niveau des prix de 180, ce qui représente une augmentation de 20 % par rapport au niveau des prix initial.

Figure 7.5 Les déplacements des courbes d'offre agrégée à court et à long terme

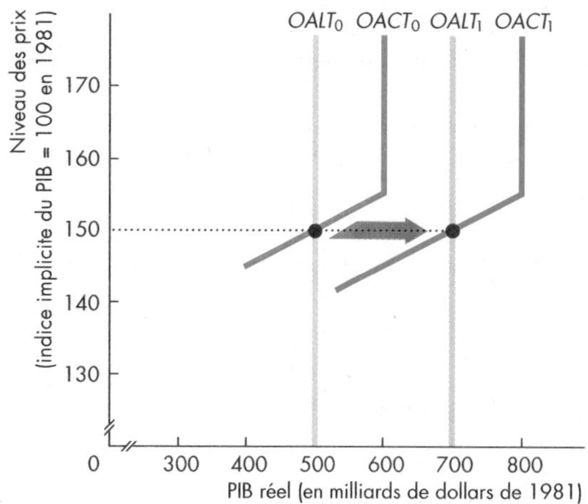

Tous les facteurs énumérés dans le tableau 7.2 et qui font augmenter l'offre agrégée à long terme et l'offre agrégée à court terme font déplacer ces deux courbes vers la droite, dans la même proportion. Ces déplacements sont illustrés ici par le passage de $OALT_0$ à $OALT_1$ et par celui de $OACT_0$ à $OACT_1$. Le déplacement horizontal de l'offre agrégée à court terme est de même ampleur que celui de la courbe d'offre agrégée à long terme. En conséquence, $OACT_1$ croise $OALT_1$ au niveau des prix où se croisent $OACT_0$ et $OALT_0$, soit 150.

Pour chaque niveau du PIB réel, le niveau des prix le long de la courbe $OACT_1$ est de 20 % supérieur au niveau des prix le long de la courbe $OACT_0$.

La façon de mesurer la distance entre deux courbes d'offre agrégée à court terme dépend de la cause du déplacement. Si la variation de l'offre agrégée à court terme découle d'un changement de la capacité de production de l'économie, la distance *horizontale* entre les deux courbes d'offre agrégée à court terme est égale à celle qui sépare les deux courbes d'offre agrégée à long terme; cette distance représente le changement survenu dans la valeur de la production correspondant au plein emploi. Par contre, si la variation de l'offre agrégée à court terme a pour origine un changement des prix des facteurs de production, la distance *verticale* entre la courbe initiale d'offre agrégée à court terme et la nouvelle courbe est alors égale au changement en pourcentage survenu dans les prix des facteurs de production.

À RETENIR

Lorsque les entreprises ont atteint leur capacité optimale de production et qu'on se trouve au plein emploi, l'économie se situe sur la courbe d'offre agrégée à *long* terme, laquelle est verticale. Lorsque le niveau des prix

Figure 7.6 Le déplacement de la courbe d'offre agrégée à court terme: variation des prix des facteurs de production

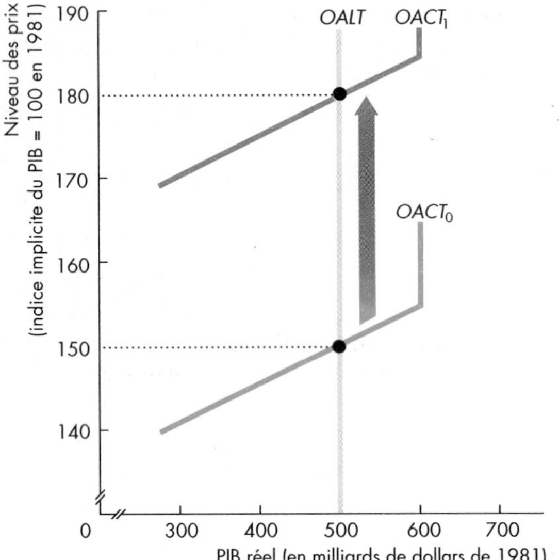

Une variation des prix des facteurs de production fait déplacer la courbe d'offre agrégée à court terme vers le haut, mais n'a aucun effet sur la courbe d'offre agrégée à long terme. Si tous les prix des facteurs augmentent de 20 %, la courbe d'offre agrégée à court terme se déplace de 20 % vers le haut. Si la courbe initiale d'offre agrégée à court terme est en $OACT_0$, la nouvelle courbe d'offre agrégée à court terme sera en $OACT_1$, soit 20 % au-dessus de $OACT_0$. (On remarque que le niveau des prix, à 180, est de 20 % plus élevé que le niveau initial de 150.)

change et que tous les autres éléments demeurent constants (y compris les prix des facteurs de production), il y a mouvement le long de la courbe d'offre agrégée à *court* terme. Tout mouvement sur la courbe d'offre agrégée à court terme entraîne une variation de la quantité agrégée de biens et services offerte. La courbe d'offre agrégée à court terme a une pente positive jusqu'à ce qu'un certain niveau maximum de production soit atteint. Tous les facteurs qui font déplacer la courbe d'offre agrégée à long terme font aussi déplacer la courbe d'offre agrégée à court terme. Une variation des prix des facteurs de production fait déplacer la courbe d'offre agrégée à court terme, mais n'a aucun effet sur la courbe d'offre agrégée à long terme.

■ ■ ■

Passons maintenant à l'étude de l'équilibre macroéconomique.

L'équilibre macroéconomique

Notre but, en construisant le modèle de demande et d'offre agrégées, est de pouvoir calculer les variations du PIB réel et du niveau des prix ainsi que les expliquer. Pour y arriver, nous devons combiner la demande agrégée et l'offre agrégée, puis déterminer l'équilibre macroéconomique. Il y a **équilibre macroéconomique** lorsque la quantité de PIB réel demandée est égale à la quantité de PIB réel offerte. Voyons maintenant de quelle façon on détermine l'équilibre macroéconomique.

La détermination du PIB réel et du niveau des prix

Nous avons vu que la courbe de *demande* agrégée indique la quantité de PIB réel demandée en fonction du niveau des prix, et que la courbe d'*offre* agrégée à court terme indique la quantité de PIB réel offerte en fonction du niveau des prix. Il existe un seul niveau des prix où la quantité demandée est égale à la quantité offerte. À ce niveau, l'équilibre macroéconomique est atteint. Dans la figure 7.7, nous avons un exemple d'un tel équilibre pour un niveau des prix de 150 et un PIB réel de 500 milliards, en dollars de 1981: c'est le point *cc'*.

Pour comprendre pourquoi il s'agit là d'un point d'équilibre, étudions ce qui se passe si le niveau des prix est différent de 150. Supposons, par exemple, qu'il est égal à 170. La quantité de PIB réel demandée est alors de 300 milliards de dollars (point *e*), mais la quantité de PIB réel offerte est de 600 milliards de dollars (point *e'*). Il y a donc une offre excédentaire de PIB réel ou un surplus de biens et services. Incapables de vendre toute leur production, les entreprises acceptent de réduire leurs prix de vente. Elles baissent leurs prix jusqu'à ce que le surplus soit résorbé et que le niveau des prix soit de nouveau égal à 150.

Que se passe-t-il maintenant si le niveau des prix est de 140 ? Dans ce cas, la quantité de PIB réel que les entreprises offrent est de 300 milliards de dollars (point *a'*), et la quantité de PIB réel demandée se chiffre à 600 milliards de dollars (point *b*). Il y a demande excédentaire de PIB réel. Par crainte des pénuries, les entreprises majorent leurs prix jusqu'à ce que la quantité demandée et la quantité offerte soient égales – ce qui, encore une fois, se produit lorsque le niveau des prix est de 150.

L'équilibre macroéconomique et le plein emploi

L'équilibre macroéconomique se produit lorsque la courbe de demande agrégée à court terme et la courbe

Figure 7.7 L'équilibre macroéconomique

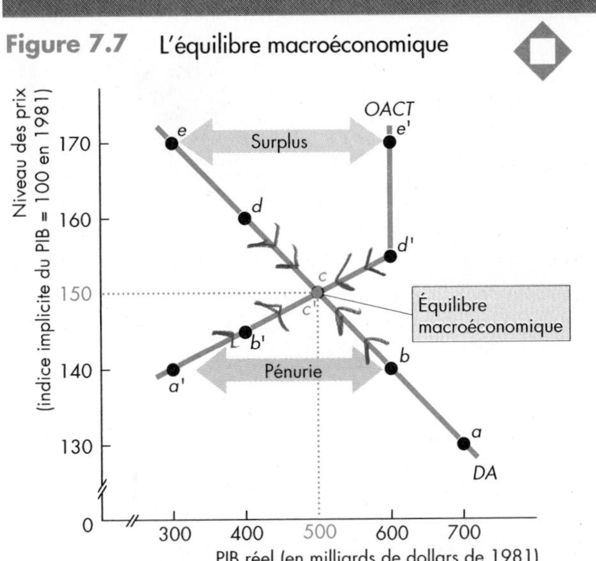

L'équilibre macroéconomique se produit lorsque le PIB réel demandé est égal au PIB réel offert. Ce point d'équilibre se situe à l'intersection de la courbe de demande agrégée (*DA*) et de la courbe d'offre agrégée à court terme (*OACT*) (*cc'*). Quand le niveau des prix dépasse 150 (à 170, par exemple), la quantité de biens et services offerte excède la quantité demandée : il y a surplus, et les prix diminuent. Quand le niveau des prix se situe au-dessous de 150 (à 140, par exemple), la quantité de biens et services demandée excède la quantité offerte : il y a pénurie, et les prix augmentent. C'est seulement lorsque le niveau des prix est de 150 que la quantité de biens et services offerte égale la quantité demandée. C'est ce qu'on appelle le niveau de prix d'équilibre. La quantité de biens et services échangée à ce niveau des prix constitue le niveau d'équilibre du PIB réel, soit 500 milliards en dollars de 1981.

d'offre agrégée à court terme se coupent – c'est-à-dire au niveau des prix où la quantité agrégée de biens et services demandée est égale à la quantité offerte. Cependant, l'équilibre macroéconomique ne correspond pas nécessairement au plein emploi ; il peut se produire au-dessus ou au-dessous du plein emploi. La figure 7.8 illustre les trois types possibles d'équilibre macroéconomique.

Le graphique (a) de la figure 7.8 représente les fluctuations du PIB réel dans une économie fictive, sur une période de cinq années. Au cours de la deuxième année, le PIB réel tombe au-dessous de la capacité optimale de production de l'économie ; il y a donc un écart récessionniste. On parle d'**écart récessionniste** lorsque le PIB réel effectif est inférieur à la capacité optimale de production de l'économie. Pendant la quatrième année, le PIB réel dépasse la capacité optimale de production de l'économie ; il se produit alors un écart inflationniste. Il y a **écart inflationniste** lorsque le PIB réel effectif est supérieur à la capacité optimale de production de l'économie. Durant la troisième année, le PIB réel effectif correspond à la capacité optimale de production de l'économie, et l'économie est au plein emploi.

Les graphiques (b), (c) et (d) de la figure 7.8 illustrent ces trois types d'équilibre macroéconomique. Dans le graphique (b), il y a équilibre de chômage. L'**équilibre de chômage** est une situation où l'équilibre macroéconomique se produit à un niveau de PIB réel inférieur à la capacité optimale de production de l'économie ; on observe alors un écart récessionniste. L'équilibre de chômage illustré dans le graphique (b) se produit lorsque la courbe de demande agrégée DA_0 croise la courbe d'offre agrégée à court terme $OACT_0$, alors que la valeur du PIB réel est de 400 milliards de dollars et le niveau des prix est de 150. Il y a un écart récessionniste de 100 milliards de dollars. En 1982, la situation économique au Canada ressemblait à celle qui est décrite dans ce graphique.

Le graphique (c) de la figure 7.8 illustre un équilibre de plein emploi. L'**équilibre de plein emploi** désigne l'équilibre macroéconomique pour lequel le PIB réel effectif est égal à la capacité optimale de production de l'économie. Dans notre exemple, cet équilibre se produit lorsque la courbe de demande agrégée DA_1 croise la courbe d'offre agrégée à court terme $OACT_1$. Le PIB réel effectif et la capacité optimale de production de l'économie sont alors tous deux de 500 milliards de dollars. Ce graphique décrit assez bien la situation de l'économie canadienne au milieu des années 80.

Enfin, le graphique (d) de la figure 7.8 représente une situation d'équilibre de suremploi. L'**équilibre de suremploi** est une situation où l'équilibre macroéconomique se produit lorsque le PIB réel effectif est supérieur à la capacité optimale de production de l'économie ; il y a alors un écart inflationniste. L'équilibre de suremploi se produit lorsque la courbe de demande agrégée DA_2 coupe la courbe d'offre agrégée à court terme $OACT_2$ à un niveau de PIB réel de 600 milliards de dollars et à un niveau des prix de 150. L'écart inflationniste est alors de 100 milliards de dollars. Cette situation rappelle celle que l'économie canadienne a traversée entre 1987 et 1989.

Comme l'illustre la figure 7.8, l'économie passe d'un type d'équilibre à un autre, selon les variations de la demande agrégée et de l'offre agrégée à court terme. Ces variations provoquent des fluctuations du PIB réel et du niveau des prix.

Pour mieux voir comment ces fluctuations se produisent, étudions d'abord les effets de changements fictifs de la demande agrégée et de l'offre agrégée. Nous utiliserons ensuite la théorie de la demande agrégée et de l'offre agrégée pour expliquer certains événements qui ont marqué l'économie canadienne au cours des dernières années.

Figure 7.8 Trois types d'équilibre macroéconomique

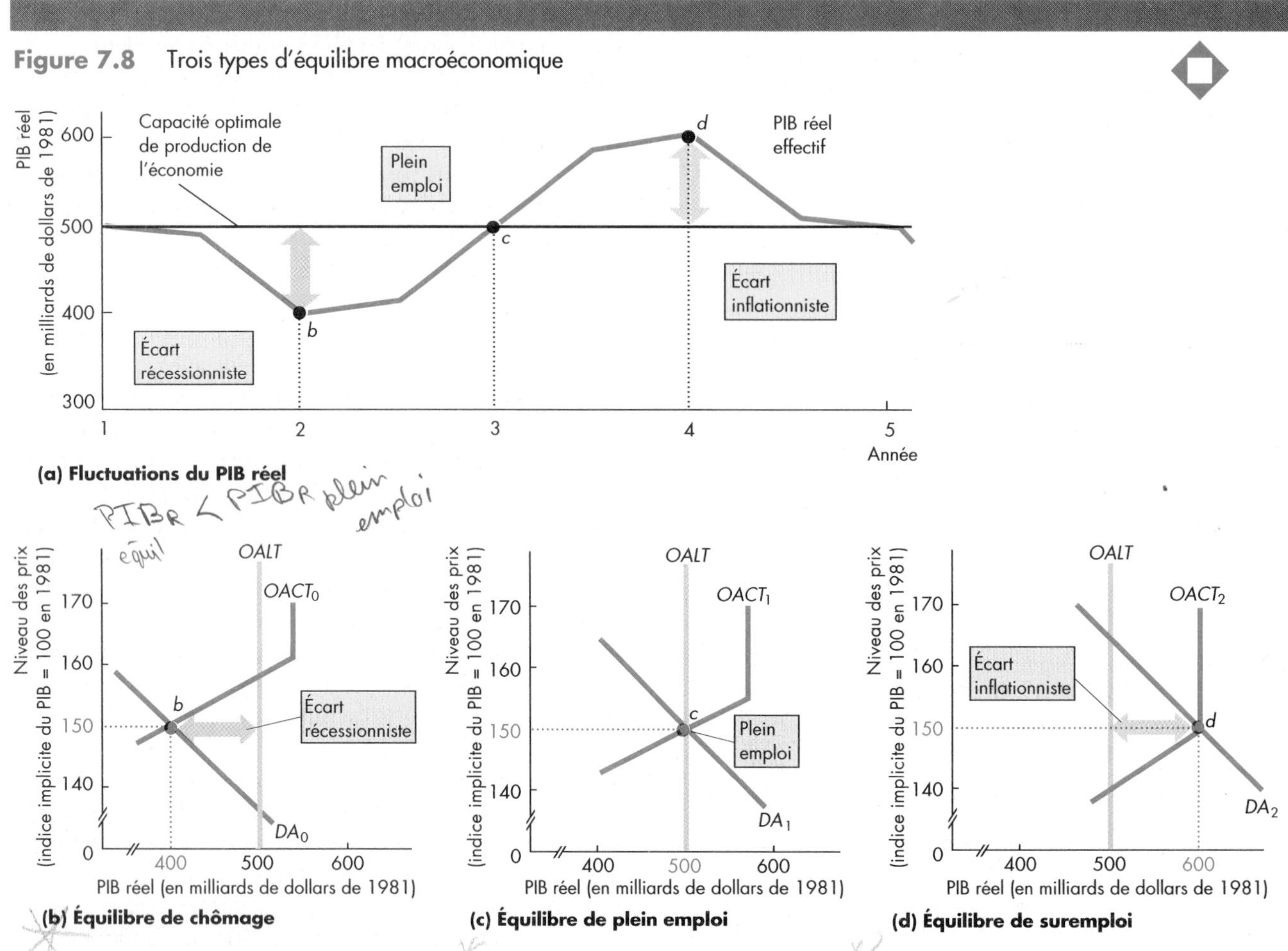

Dans le graphique (a), le PIB réel d'une économie fictive fluctue autour de la capacité optimale de production de l'économie. Quand le PIB réel effectif est inférieur à ce niveau, il se produit un écart récessionniste (année 2, par exemple). Quand le PIB réel dépasse son niveau à capacité, il se produit un écart inflationniste (année 4). Quand le PIB réel est égal à la capacité optimale de production de l'économie, celle-ci se trouve au plein emploi (année 3). La situation de l'année 2 est reprise dans le graphique (b), où la courbe de demande agrégée (DA_0) croise la courbe d'offre agrégée à court terme ($OACT_0$). L'écart entre le point d'intersection et la courbe d'offre agrégée à long terme (*OALT*) représente l'écart récessionniste. La situation de l'année 3 est illustrée dans le graphique (c), où la courbe de demande agrégée (DA_1) croise la courbe d'offre agrégée à court terme ($OACT_1$) sur la courbe d'offre agrégée à long terme (*OALT*). La situation de l'année 4 est représentée dans le graphique (d), où la courbe de demande agrégée (DA_2) croise la courbe d'offre agrégée à court terme ($OACT_2$). L'écart entre ce point d'intersection et la courbe d'offre agrégée à long terme (*OALT*) représente l'écart inflationniste.

Les effets d'un changement de la demande agrégée

Essayons de voir comment le PIB réel et le niveau des prix réagissent à une variation de la demande agrégée. Supposons qu'au départ l'économie soit au plein emploi et que, comme le montre la figure 7.9, le PIB réel soit de 500 milliards de dollars alors que le niveau des prix se situe à 150. L'économie se trouve initialement sur la courbe de demande agrégée DA_0, la courbe d'offre agrégée à court terme $OACT_0$ et la courbe d'offre agrégée à long terme *OALT*.

Supposons maintenant que la Banque du Canada prenne des mesures pour augmenter la quantité de monnaie dans l'économie. Cette augmentation incite les gens à accroître leur demande de biens et services – ce qui a pour effet de faire déplacer la courbe de demande agrégée vers la droite. Dans la figure 7.9, cette courbe se déplace de DA_0 à DA_1. La courbe de demande agrégée DA_1 coupe la courbe d'offre agrégée à court terme $OACT_0$, pour produire un nouvel équilibre. La production s'élève maintenant à 600 milliards de dollars, et le niveau des prix est de 160. L'économie est en situation de suremploi. Le PIB réel est supérieur à la capacité optimale de production de l'économie, et l'on constate un écart inflationniste.

Figure 7.9 L'effet d'un déplacement de la courbe de demande agrégée

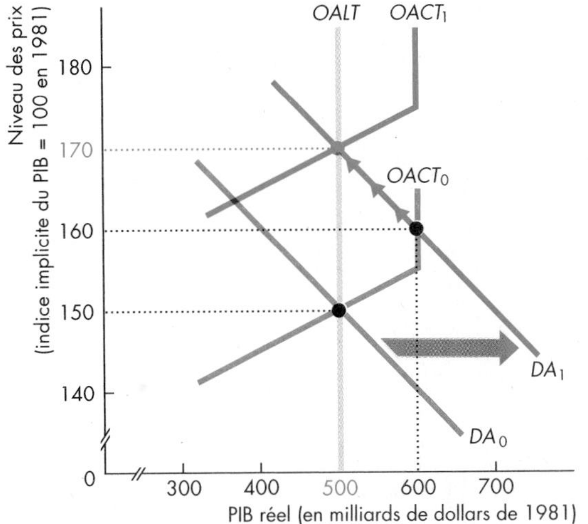

Une augmentation de la demande agrégée fait déplacer la courbe de demande agrégée de DA_0 en DA_1. Le PIB réel passe de 500 à 600 milliards de dollars, et le niveau des prix passe de 150 à 160. Un niveau des prix plus élevé fait monter les salaires et les prix des autres facteurs de production. Ceux-ci, à leur tour, font déplacer la courbe d'offre agrégée à court terme vers le haut. En se déplaçant vers le haut de $OACT_0$ en $OACT_1$, la courbe *OACT* croise la courbe de demande agrégée DA_1 à un niveau des prix supérieur et à un niveau de PIB réel inférieur. Finalement, le niveau des prix grimpe à 170, et le PIB réel retourne au niveau de plein emploi, soit 500 milliards de dollars.

L'augmentation de la demande agrégée a provoqué une hausse des prix de tous les biens et services. Devant cette hausse des prix, les entreprises ont augmenté leur niveau de production. À ce stade, les prix des biens et services ont augmenté, mais les prix des facteurs de production – salaires, etc. – n'ont pas encore changé. (Rappelez-vous que, lorsque l'économie se déplace sur la courbe d'offre agrégée à court terme, les prix des facteurs de production sont constants.)

Mais l'économie ne peut pas se maintenir continuellement au-dessus de l'offre agrégée à long terme et du plein emploi. Pourquoi? Quelles sont les forces qui ramènent l'économie à sa capacité optimale et rétablissent le plein emploi? Premièrement, si le niveau des prix augmente alors que les salaires restent constants, les travailleurs subissent une baisse du pouvoir d'achat de leurs salaires. Pour les entreprises, par ailleurs, le coût réel de la main-d'œuvre baisse. Les travailleurs exigent alors des salaires plus élevés, et les entreprises, désireuses de maintenir leurs niveaux de production et d'emploi, donnent satisfaction à ces demandes. Car, faute d'augmenter les salaires, elles perdraient des employés ou devraient en embaucher de nouveaux, moins productifs. Deuxièmement, face à des prix plus élevés, les détenteurs des autres facteurs de production subissent eux aussi une baisse du pouvoir d'achat de leurs revenus. Ils demandent donc des prix plus élevés pour leurs facteurs de production.

À mesure que les prix des facteurs de production augmentent, la courbe d'offre agrégée à court terme se déplace vers le haut, de $OACT_0$ à $OACT_1$. La hausse des prix des facteurs de production et le déplacement de la courbe *OACT* provoquent une suite de points d'équilibre nouveaux. À chaque point de cette période d'ajustement, la production diminue et le niveau des prix augmente. La hausse des prix des facteurs de production finit par faire déplacer la courbe *OACT* jusqu'en $OACT_1$; la courbe de demande agrégée DA_1 croise alors la courbe $OACT_1$ à l'équilibre de plein emploi. Le niveau des prix est passé à 170, et la production est revenue à son niveau initial. Le taux de chômage est de nouveau égal au taux naturel.

Au cours du processus d'ajustement, l'augmentation des prix des facteurs de production fait augmenter les coûts de production des entreprises. Celles-ci, en conséquence, réduisent la quantité de biens et services qu'elles offrent pour chaque niveau des prix. Une fois l'ajustement terminé, les entreprises produisent exactement la même quantité qu'avant, mais avec des prix et des coûts plus élevés. Le rapport entre le niveau des coûts et celui des prix est resté inchangé.

Nous venons d'étudier les effets d'une augmentation de la demande agrégée. Une diminution de la demande agrégée entraîne des effets semblables, mais en sens opposé. En d'autres termes, lorsque la demande agrégée diminue, le PIB réel baisse au-dessous de la capacité optimale de production de l'économie, et le taux de chômage dépasse le taux naturel. Il se produit alors un écart récessionniste. La baisse du niveau des prix fait augmenter la valeur réelle des salaires et des revenus des autres facteurs; elle fait aussi augmenter les coûts de production des entreprises par rapport aux prix de leur production. Le ralentissement de l'économie entraîne éventuellement une baisse des salaires et des prix des autres facteurs de production de sorte que la courbe d'offre agrégée à court terme se déplace vers le bas, et le plein emploi est rétabli.

Les effets d'un changement de l'offre agrégée à court terme

Examinons, à l'aide de la figure 7.10, les effets d'un changement de l'offre agrégée à court terme sur le PIB réel et sur le niveau des prix. Supposons qu'au départ, comme le montre le graphique (a), l'économie se trouve à l'équilibre de plein emploi. La courbe de demande agrégée est en DA_0, la courbe d'offre agrégée à court terme est en $OACT_0$, et la courbe d'offre agrégée à long

Figure 7.10 L'effet d'un déplacement de la courbe d'offre agrégée à court terme

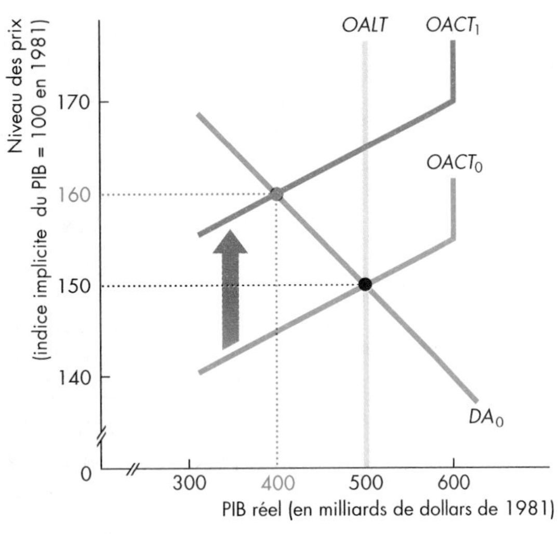

(a) Aucun changement de la demande agrégée

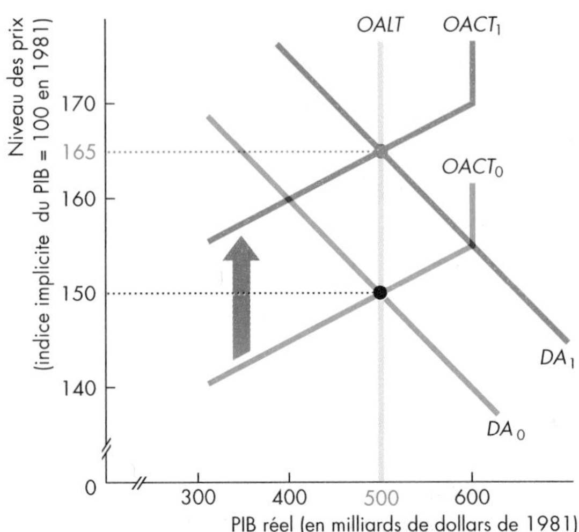

(b) Augmentation de la demande agrégée

Une augmentation du prix d'un des facteurs de production – le pétrole, par exemple – fait déplacer la courbe d'offre agrégée à court terme vers le haut. Ce déplacement est illustré, dans le graphique (a), par le passage de $OACT_0$ à $OACT_1$. Le PIB réel passe de 500 à 400 milliards de dollars, et le niveau des prix passe de 150 à 160. En l'absence d'un changement de la demande agrégée, les prix des facteurs diminuent graduellement, ramenant l'économie à sa position de départ: soit un niveau des prix de 150 et un PIB réel de 500 milliards de dollars. Les prix des facteurs peuvent toutefois prendre un certain temps à baisser; entre-temps, le taux de chômage se maintient au-dessus du taux naturel. Pour rétablir le plein emploi, on peut augmenter la demande agrégée et faire déplacer la courbe de DA_0 en DA_1, comme dans le graphique (b). Ce changement de la demande agrégée ramène le PIB réel à 500 milliards de dollars (soit le niveau de plein emploi), mais porte le niveau des prix à 165.

terme est en *OALT*. La production s'établit à 500 milliards de dollars, et le niveau des prix est de 150.

Supposons maintenant une augmentation du prix d'un facteur de production – une hausse du prix du pétrole, par exemple, comme celle que l'OPEP a décrétée en 1973. Cette hausse du prix du pétrole fait déplacer la courbe d'offre agrégée à court terme en $OACT_1$. Il y a un nouvel équilibre, là où la courbe $OACT_1$ croise la courbe DA_0. Le niveau des prix passe à 160, et le PIB réel baisse à 400 milliards de dollars. L'économie entre dans une période de récession: le PIB réel est au-dessous de la capacité optimale de production de l'économie, et le taux de chômage est au-dessus du taux naturel. Que va-t-il se produire?

Il est possible que la récession se prolonge. En présence d'un taux de chômage élevé, les salaires et les prix des matières premières risquent de baisser. Si c'est le cas, la courbe d'offre agrégée à court terme va se déplacer vers le bas pour revenir en $OACT_0$, et le plein emploi finira par être rétabli. Mais ce processus peut prendre beaucoup de temps.

Il est également possible que le gouvernement intervienne en réduisant les taxes sur le pétrole pour ramener le prix de celui-ci à son niveau initial. Dans ce cas, la courbe d'offre agrégée à court terme retourne en $OACT_0$, et le plein emploi est maintenu. Telle est la politique qui a été mise en œuvre au Canada en 1973-1974, lors de la flambée du prix du pétrole provoquée par l'OPEP.

Le gouvernement peut aussi stimuler la demande agrégée. L'effet de cette politique est illustré dans le graphique (b) de la figure 7.10. Face à une profonde récession, le gouvernement fédéral ou la Banque du Canada peut décider de stimuler la demande agrégée. Pour y arriver, le gouvernement peut diminuer les impôts et les taxes ou augmenter ses achats de biens et services; la Banque du Canada peut, quant à elle, accroître la masse monétaire. Si ces stimulants font déplacer la courbe de demande agrégée en DA_1, le plein emploi est rétabli à un niveau de PIB réel de 500 milliards de dollars. Cependant, le niveau des prix a augmenté davantage – jusqu'à 165 dans notre exemple. De nombreux pays ont appliqué une telle politique et, vers le milieu des années 70, le Canada l'a adoptée pour contrer l'augmentation continuelle du prix du pétrole.

Nous avons étudié la demande agrégée, l'offre agrégée et l'équilibre macroéconomique. Nous avons également analysé les effets des variations de la demande agrégée et de l'offre agrégée sur le PIB réel et sur le niveau des prix. Sous la rubrique *L'évolution de nos connaissances*, aux pages 172 et 173, vous pouvez lire un texte qui retrace l'histoire du modèle d'offre et de demande agrégées. Pour l'instant, mettons à profit nos connaissances toutes fraîches et voyons en quoi elles peuvent nous aider à comprendre le rendement de l'économie canadienne.

Les tendances et les cycles de l'économie canadienne

À l'aide du modèle de demande et d'offre agrégées, nous étudierons certaines tendances récentes et certains cycles qui ont caractérisé l'économie canadienne. Jetons d'abord un coup d'oeil sur la situation économique qui prévalait en 1990.

L'économie canadienne en 1990

En 1990, le PIB réel du Canada, évalué selon les prix de 1981, était de 459 milliards de dollars, et le niveau des prix était de 146. Cette situation est illustrée dans la figure 7.11, à l'aide du modèle de demande et d'offre agrégées. La courbe de demande agrégée (DA_{90}) croise la courbe d'offre agrégée à court terme ($OACT_{90}$) en un point où le niveau des prix est de 146 et où le PIB réel est de 459 milliards de dollars.

Nous ne savons pas avec certitude où se trouvait la courbe d'offre agrégée à long terme en 1990 car, comme nous l'avons expliqué précédemment, il existe plus d'une méthode pour calculer l'offre agrégée à long terme. Dans la figure 7.11, la courbe d'offre agrégée à long terme ($OALT_{90}$) a été tracée à partir de l'*hypothèse* selon laquelle, en 1990, cette offre correspondait à un PIB réel de 466 milliards de dollars. Le PIB réel effectif était donc inférieur à la capacité optimale de production de l'économie, et le taux de chômage était au-dessus du taux naturel.

Ainsi, en 1990, l'économie s'est engagée dans une récession, le PIB réel ayant baissé au cours de quatre trimestres consécutifs. L'écart récessionniste atteignait environ 7 milliards de dollars sans que l'inflation ne ralentisse vraiment.

Pourtant au début de l'année, il n'y avait pas unanimité sur l'imminence d'une récession. Certains, plus optimistes que d'autres, croyaient que la courbe d'offre agrégée à long terme se déplacerait assez rapidement vers la droite pour éviter la récession. Si l'accumulation du capital et les progrès techniques étaient assez forts, la hausse de l'offre agrégée à long terme pourrait, pensait-on, prévenir la récession. Cela ne s'est pas produit. La récession de 1990 n'a toutefois pas été aussi forte que celle de 1982. Comme nous l'avons vu au chapitre 5, l'année 1991 devait être marquée par une très forte contraction économique. Même si cette année fut pire que 1990, on ne peut pas la qualifier d'année de récession au sens strict, puisque le PIB réel n'a pas diminué au cours de deux trimestres consécutifs.

Figure 7.11 La situation de l'économie canadienne en 1990

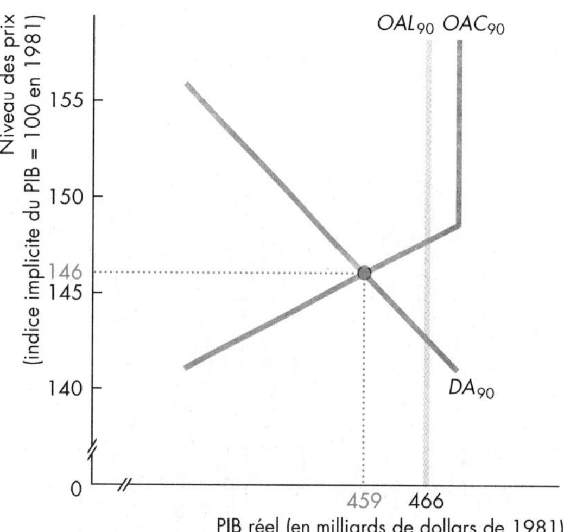

En 1990, l'économie canadienne se situait sur la courbe de demande agrégée DA_{90} et sur la courbe d'offre agrégée $OACT_{90}$. Le niveau des prix était de 146, et le PIB réel de 459 milliards de dollars. La courbe d'offre agrégée à long terme se situait en $OALT_{90}$, et le PIB réel de plein emploi s'établissait à 466 milliards de dollars.

La croissance, l'inflation et les cycles

L'économie est continuellement en mouvement. On peut la comparer à une vidéo-cassette; la figure 7.12 (p.174) correspond alors à un arrêt de l'image. Le doigt sur la touche d'arrêt, repassons la vidéo-cassette pour revoir quelques moments importants de notre histoire économique récente depuis 1969.

La figure 7.12 illustre la situation de l'économie en 1969, lorsque la courbe de demande agrégée DA_{69} coupait la courbe d'offre agrégée à court terme $OACT_{69}$ pour un PIB réel évalué selon les prix de 1981, de 214 milliards de dollars, et un indice implicite du PIB de 39.

En 1991, l'économie a atteint le point marqué par le croisement de la courbe de demande agrégée DA_{91} et de la courbe d'offre agrégée à court terme $OACT_{91}$. Le PIB réel était de 453 milliards de dollars, et l'indice implicite du PIB de 150.

La macroéconomie moderne

Jean-Baptiste Say

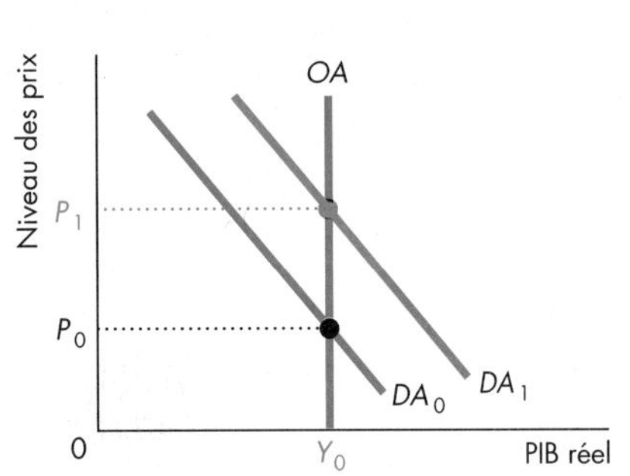

(a) La macroéconomie classique

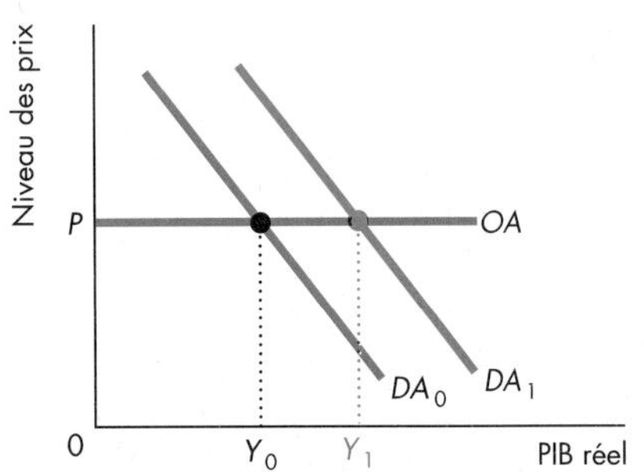

(b) La macroéconomie keynésienne

La macroéconomie est une science qui a vu le jour il y a plus de deux siècles. Jean-Baptiste Say fut l'un de ses pionniers. Né en 1767 à Lyon, en France, Say se fit successivement journaliste, homme d'affaires dans l'industrie du coton, puis professeur d'économie à Paris. Son principal ouvrage, le *Traité d'économie politique* publié en 1803, contient, sur la théorie économique d'Adam Smith, un exposé brillant, à la fois plus systématique et plus concis que ce que Smith lui-même avait pu écrire. Au début du 19e siècle, Say était déjà l'un des économistes les plus réputés en Europe et aux États-Unis, et son *Traité* servait d'ouvrage de référence dans les universités des deux continents.

La contribution la plus marquante de Say à la macroéconomie a été la théorie appelée *loi de Say,* selon laquelle l'offre crée sa propre demande.

Au cours des années qui suivirent la révolution industrielle en Angleterre et sur le continent européen, les théoriciens se demandaient si l'économie pouvait croître indéfiniment ou si elle allait atteindre un point limite, au-delà duquel la demande ne suffirait plus à assurer la vente de tous les biens et services produits.

Say affirmait que la production de biens et services engendrait un revenu suffisant pour permettre d'acheter les biens et services produits: l'offre crée sa propre demande. La loi de Say est devenue la pierre angulaire de ce qu'on appelle aujourd'hui la macroéconomie classique.

La macroéconomie classique

La macroéconomie classique, issue des travaux d'Adam Smith et de Jean-Baptiste Say, a évolué progressivement, pour être finalement supplantée dans les années 30 par la macroéconomie keynésienne. La théorie classique est fondée sur cinq notions clés:

- La demande de travail et l'offre de travail interagissent pour déterminer le niveau des salaires et le niveau de l'emploi.
- Étant donné le niveau d'emploi d'une économie, ses ressources en capital et sa technologie, il n'existe pour cette économie qu'une seule quantité agrégée de PIB réel offerte.
- La demande et l'offre de prêts déterminent les taux d'intérêt ainsi que les niveaux de consommation, d'épargne et d'investissement.

- La quantité agrégée de biens et services offerte engendre un revenu suffisant pour permettre l'achat de ces biens et services, et les ajustements des taux d'intérêt font en sorte que la dépense agrégée égale le revenu agrégé.
- La demande agrégée détermine seulement le niveau des prix. Elle n'a aucun effet sur le PIB réel.

Nous pouvons résumer la théorie macroéconomique classique en un diagramme de demande agrégée et d'offre agrégée, où la courbe d'offre agrégée est verticale: voir le graphique (a). La courbe d'offre agrégée (OA) est verticale, et sa position est déterminée par la technologie et les ressources de l'économie. La courbe de demande agrégée est à pente négative, et sa position est déterminée par la quantité de monnaie. Si la courbe de demande agrégée est en DA_0, le niveau des prix est en P_0. Si la demande agrégée augmente au point de faire déplacer la courbe de demande agrégée en DA_1, le niveau des prix augmente jusqu'à P_2, mais le PIB réel demeure en Y_0. En 1936, la théorie macroéconomique classique fut durement ébranlée par la révolution keynésienne.

La macroéconomie keynésienne

John Maynard Keynes a donné son nom à la macroéconomie keynésienne; on lira à son sujet la rubrique *L'évolution de nos connaissances*, dans le chapitre suivant. La pièce maîtresse de sa théorie macroéconomique est le **principe de la demande effective**, qui se situe à l'opposé de la loi de Say. Selon Keynes, c'est la demande agrégée qui détermine le niveau du PIB réel. Keynes estimait que la loi de Say était fausse et que les mécanismes d'autorégulation de l'économie rencontrent des obstacles qui empêchent l'offre de toujours créer sa propre demande. La quantité de biens et services offerte est déterminée, selon lui, par la demande et non par l'offre de biens. Keynes a conçu un modèle économique qui comporte les points suivants:

- Les salaires ne s'ajustent pas pour maintenir le plein emploi. Les salaires nominaux sont rigides, et il peut y avoir un écart considérable et persistant entre la quantité de travail demandée et la quantité offerte.
- Les taux d'intérêt ne s'ajustent pas pour que l'épargne et l'investissement soient égaux. Lorsque l'épargne excède l'investissement, les dépenses deviennent inférieures aux revenus, et les revenus baissent.

On peut comparer le système keynésien à un modèle d'offre agrégée et de demande agrégée dans lequel la courbe d'offre agrégée serait horizontale, comme celle du graphique (b). Puisque les salaires ne s'ajustent pas pour maintenir l'égalité entre la quantité de travail demandée et la quantité offerte, la quantité des biens produits peut varier librement; elle n'est déterminée ni par les conditions qui prévalent sur le marché du travail, ni par la technique. On peut produire n'importe quelle quantité de biens et services (jusqu'à une certaine limite). Ainsi, la courbe d'offre agrégée est horizontale (jusqu'à ce point limite). Si, dans une telle situation, la demande agrégée augmente et passe de DA_0 à DA_1, le PIB réel passe de Y_0 à Y_1 et le niveau des prix reste inchangé.

La synthèse néo-classique et la macroéconomie moderne

On peut voir dans la macroéconomie moderne une combinaison de la macroéconomie classique et de la macroéconomie keynésienne; c'est ce qu'on a appelé la synthèse néo-classique. Dans cette synthèse, la macroéconomie classique sert à décrire la situation à long terme: celle qu'on atteint lorsque tous les prix des facteurs de production ont eu le temps de s'ajuster proportionnellement aux variations des prix des biens et services finis. La macroéconomie keynésienne permet d'expliquer les ajustements à court terme de l'économie, pendant l'intervalle où les prix des facteurs de production demeurent constants. Dans ce cas, toutefois, la courbe d'offre agrégée n'est pas horizontale comme dans le modèle keynésien extrême qu'on voit dans le graphique (b); elle est plutôt à pente positive comme dans la figure 7.4.

Les macroéconomistes modernes accordent beaucoup d'attention à la distinction entre les barèmes de demande et d'offre agrégées, et entre les quantités demandée et offerte de PIB réel, représentées par des points du barème. Ils accordent une grande importance aux facteurs qui font déplacer la courbe d'offre agrégée à long terme, la courbe d'offre agrégée à court terme et la courbe de demande agrégée. Ils essaient d'expliquer le processus d'ajustement des salaires, des prix et de la production.

Nous aurons l'occasion de déceler ces différents courants de pensée dans le modèle macroéconomique que nous étudierons dans les prochains chapitres.

Figure 7.12 La demande agrégée et l'offre agrégée, de 1969 à 1991

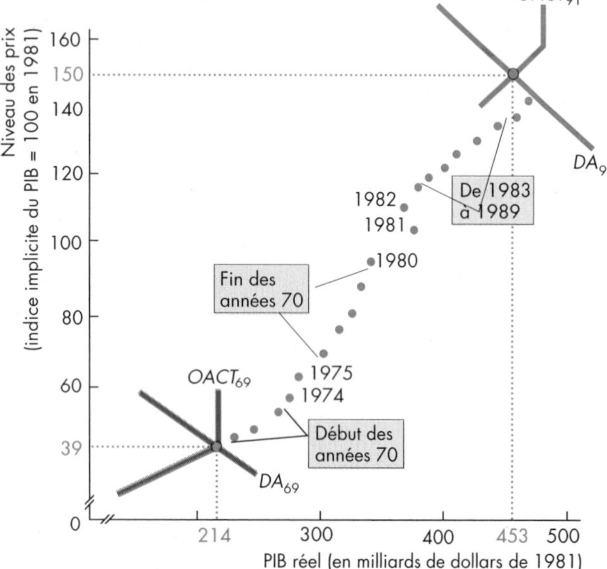

Chaque point indique la valeur de l'indice implicite du PIB et celle du PIB réel pour une année donnée. En 1969, les valeurs de ces deux variables étaient déterminées par l'intersection de la courbe de demande agrégée DA_{69} et de la courbe d'offre agrégée à court terme $OACT_{69}$. Les points sont déterminés par le déplacement graduel des courbes *DA* et *OACT*. Vingt-deux ans plus tard, en 1991, les courbes correspondent à DA_{91} et à $OACT_{91}$. Le PIB réel a augmenté, et le niveau des prix s'est élevé. Mais le PIB réel et l'inflation n'ont pas augmenté progressivement. Au début des années 70, le PIB réel s'est accru rapidement et l'inflation a été modérée. La croissance du PIB réel a fléchi en 1974 et en 1975. Une hausse inusitée des prix (ceux du pétrole en particulier) a causé le ralentissement de 1975. À la fin des années 70, le PIB réel a repris une progression rapide, mais celle-ci a été accompagnée d'une forte inflation. De 1980 à 1982, l'inflation a continué de grimper, tandis que la croissance du PIB réel s'est essoufflée – jusqu'à devenir négative en 1982. Un ralentissement de la croissance des revenus dans le reste du monde, joint aux effets de la politique monétaire de la Banque du Canada, est venu freiner la croissance de la demande agrégée, provoquant ainsi la récession de 1982. La période 1982-1989 a été marquée par une reprise vigoureuse et soutenue. En 1990, l'économie s'est engagée dans une récession. L'inflation, rapide durant les années 70, a été modérée après la récession de 1982.

Les points qui apparaissent dans la figure 7.12 illustrent l'évolution de l'économie, de 1969 à 1991. On peut dégager trois caractéristiques importantes :

- La croissance
- L'inflation
- Les cycles

Pour discerner la croissance, l'inflation et les cycles, il faut comparer chaque année avec la précédente, c'est-à-dire chaque point avec celui qui le précède. Plus le mouvement de gauche à droite est prononcé, plus la croissance du PIB réel est rapide. Plus le déplacement de bas en haut est marqué, plus l'inflation augmente rapidement. Reprenons une à une ces trois caractéristiques.

La croissance Au fil des années, le PIB réel augmente. Cette croissance est due à l'accroissement de la population, à l'accumulation du capital matériel (usines, équipement) et du capital humain, à la découverte de nouvelles ressources et au progrès de la technologie. Tous ces facteurs font déplacer graduellement vers la droite la courbe d'offre agrégée à long terme et la courbe d'offre agrégée à court terme.

L'inflation L'augmentation régulière et soutenue des prix est le résultat d'une augmentation persistante de la demande agrégée. De tous les facteurs qui contribuent à faire déplacer la courbe de demande agrégée, c'est le changement de la quantité de monnaie qui est le plus susceptible d'accroître de façon persistante la demande agrégée.

Les cycles Le rythme de la croissance économique et de l'inflation est irrégulier. Cela vient de ce que ni la croissance de l'offre agrégée ni celle de la demande agrégée ne se produisent à une cadence régulière.

La situation depuis 1969 Examinons l'évolution de la croissance, de l'inflation et des cycles économiques depuis 1969. La figure 7.12 découpe cette période de 20 ans en 5 sous-périodes. Au début des années 70, il y a eu une forte hausse du PIB réel, accompagnée d'une augmentation relativement faible des prix. L'offre agrégée à long terme croissait à un rythme régulier, et la demande agrégée augmentait plus modérément.

Regardons maintenant les années 1974 et 1975. En 1973 et 1974, une suite d'augmentations importantes du prix du pétrole a ralenti l'économie mondiale – et l'économie canadienne en particulier. Le PIB réel a continué sa croissance, mais à un rythme beaucoup plus lent, particulièrement en 1975 ; le taux d'inflation a dépassé 10 %. Ce ralentissement de la croissance et cette accélération de l'inflation avaient pour cause la hausse des prix du pétrole et des autres facteurs de production. Cette hausse a provoqué un déplacement de la courbe d'offre agrégée à court terme vers le haut, déplacement plus considérable que l'augmentation de la demande agrégée. Il s'en est suivi une contraction de l'économie, accompagnée d'une hausse des prix. Le PIB réel est tombé sous le niveau de l'offre agrégée à long terme.

Considérons maintenant la fin des années 70. Ces années-là, la croissance du PIB réel a repris de la vigueur, mais l'inflation est demeurée très élevée.

Examinons une autre sous-période : les années 1980 à 1982. Pendant ces années, l'inflation est restée élevée. La croissance du PIB réel a ralenti, devenant même négative en 1982. Ces années de forte inflation et de ralentissement de la croissance du PIB réel étaient la conséquence d'une bataille entre l'OPEP d'une part et, d'autre part, la Banque du Canada et la Réserve fédérale des États-Unis familièrement appelée la «Fed». L'OPEP, en augmentant le prix du pétrole, déclencha une récession inflationniste. La Banque du Canada et la «Fed» finirent par céder : elles augmentèrent la masse monétaire dans leurs pays respectifs, de façon à ramener l'économie vers le plein emploi. L'OPEP augmenta encore le prix du pétrole, plongeant ainsi la Banque du Canada et la «Fed» dans un nouveau dilemme. Devaient-elles injecter plus de monnaie dans l'économie – ce qui allait faire monter davantage le taux d'inflation? Ou devaient-elles contenir la croissance de la demande agrégée? Gerald Bouey, gouverneur de la Banque du Canada, et Paul Volcker, président de la «Fed», choisirent de mettre un frein à la croissance de la demande agrégée.

On peut voir, dans la figure 7.12, les effets de cette décision. La demande agrégée a augmenté, mais beaucoup trop lentement pour contrebalancer l'effet du déplacement vers le haut de la courbe d'offre agrégée à court terme, provoqué par l'augmentation des salaires et des prix des autres facteurs de production. En conséquence, en 1982, le déplacement de la courbe d'offre agrégée à court terme vers le haut était si important par rapport à la croissance de la demande agrégée que la récession s'est aggravée.

Survolons maintenant la sous-période s'échelonnant de 1983 à 1989. Durant ces années, la hausse modérée des salaires a ralenti les déplacements vers le haut de la courbe d'offre agrégée à court terme. Par ailleurs, l'augmentation soutenue mais régulière de la demande agrégée et de l'offre agrégée à long terme a permis à l'économie de poursuivre sa croissance et de maintenir un taux d'inflation relativement stable. D'une récession marquée par un niveau de production bien inférieur au niveau de l'offre agrégée à long terme, l'économie est passée à une situation plus proche du plein emploi.

Enfin, en 1990, l'économie s'est engagée dans une récession. Le PIB réel a chuté au-dessous du niveau de l'offre agrégée à long terme. Cette récession a été suivie d'une contraction très forte en 1991, le PIB réel chutant de 27 milliards de dollars au-dessous de la capacité optimale de poduction de l'économie.

L'Accord de libre-échange entre le Canada et les États-Unis

L'Accord de libre-échange entre le Canada et les États-Unis est entré en vigueur le 1er janvier 1989. Son but était de réduire les barrières commerciales entre les deux pays. L'abolition des entraves au commerce international, pensait-on, réduirait les prix des produits américains pour les consommateurs canadiens et faciliterait l'accès aux marchés américains pour les entreprises canadiennes. Il serait trop long d'étudier ici tous les effets de cet accord; nous le ferons dans un autre chapitre. Contentons-nous d'évoquer ses conséquences sur le rendement macroéconomique de l'économie canadienne. Quel est l'effet de cet accord sur la production agrégée et sur le niveau des prix? Nul ne détient la réponse à cette question. Certains économistes soulignent que les exportations nettes du Canada ont baissé brusquement en 1989 et ils attribuent cette baisse à l'Accord. D'autres économistes y voient plutôt la conséquence d'un ralentissement de l'économie américaine.

Même s'il est trop tôt pour trancher cette question, nous pouvons tenter d'évaluer les conséquences de chacune de ces possibilités sur la production agrégée et sur le niveau des prix. Si l'Accord a provoqué une baisse des exportations nettes, il a aussi entraîné une diminution de la demande agrégée – qui s'est traduite par un déplacement de la courbe de demande agrégée vers la gauche. Plus tôt dans le présent chapitre, nous avons étudié les effets d'une diminution de la demande agrégée sur le PIB réel et sur le niveau des prix. Lorsque la demande agrégée diminue et que les prix des facteurs demeurent constants, l'économie glisse vers le bas, le long de la courbe d'offre agrégée à court terme. Le PIB réel et le niveau des prix diminuent. Dans une économie où l'inflation est ininterrompue, le niveau des prix ne fléchit pas réellement; c'est plutôt le taux d'inflation qui ralentit. Tels pourraient être, sur la production et sur le niveau des prix, les premiers effets de l'Accord de libre-échange *si* ceux qui attribuent à cet accord la baisse des exportations nettes ont raison. Si, au contraire, la baisse des exportations nettes est imputable à d'autres facteurs que l'Accord, ce dernier n'aura pas eu en 1989 d'effet perceptible sur la production agrégée et sur le niveau des prix.

Interrogeons-nous maintenant sur les effets à plus long terme de l'Accord de libre-échange. À long terme, une telle entente devrait entraîner un accroissement du volume d'échanges entre les deux pays : elle devrait faire augmenter les importations américaines en provenance du Canada et les importations canadiennes en provenance des États-Unis. Il n'y a cependant pas moyen de savoir de quel côté pencheront les exportations nettes. Le résultat le plus probable est que les exportations et les importations augmenteront à peu près dans la même proportion, laissant inchangée la balance commerciale entre les deux pays. À long terme, les effets de l'Accord devraient être négligeables en ce qui concerne la demande agrégée.

Prévoir la situation économique

De sombres prévisions pour l'économie canadienne

Les deux prochaines années seront sans doute des années sombres pour l'économie canadienne. Les taux d'intérêt demeureront élevés et le chômage continuera de monter.

Selon les prévisions économiques trimestrielles du *Financial Post*, le taux préférentiel devrait atteindre 12 % à la fin de l'année, soit une baisse en regard du taux actuel de 14 1/4 %. Cependant, en termes réels, ce taux devrait demeurer élevé, soit environ 7 %, puisque le taux d'inflation devrait passer à environ 5 %.

La croissance économique devrait être de 1 %, comparativement à 2,9 % l'an dernier et le taux de chômage devrait grimper à 8,5 % vers la fin de l'année.

Les perspectives pour 1991 ne sont guère plus prometteuses. Les taux d'intérêt baisseront légèrement, mais pas avant la fin de l'année. Le chômage demeurera à environ 8,5 % et l'économie progressera lentement.

Ce sombre portrait est inévitable, étant donné l'entrée en vigueur de la taxe sur les biens et services le 1er janvier 1991. Cette taxe contribuera à faire augmenter l'inflation, ce qui forcera la Banque du Canada à maintenir des taux d'intérêt élevés pour que l'inflation plus forte ne s'ancre pas dans l'économie par le biais des augmentations de salaire.

Le *Financial Post* prévoit des augmentations de salaire moyennes de 5 % en 1991, en baisse par rapport à 1990 et à 1989 où elles étaient respectivement de 6 et 7,2 %, en supposant que le taux de chômage demeure à 8,5 %. Si le taux de chômage baissait beaucoup, la Banque du Canada devrait probablement hausser les taux d'intérêt.

Avec un peu de chance, l'année 1992 sera meilleure. Si on réussit à contenir les augmentations salariales et l'inflation, il est possible que la croissance économique soit forte, et que le chômage de même que les taux d'intérêt baissent.

Pour que cette prévision se réalise, il faut que le dollar canadien chute à environ 0,80 $US en fin d'année, ce qui devrait mettre un frein à la baisse de la rentabilité et de compétitivité des entreprises canadiennes qu'a entraînée le taux de change élevé.

Certains facteurs clés – la détérioration des échanges et l'incapacité d'Ottawa à réduire sensiblement le déficit – laissent présager une baisse du dollar canadien. Seul l'écart très considérable entre les taux d'intérêt à court terme au Canada et aux États-Unis contribue à garder le dollar canadien si élevé.

Cet écart pourrait s'amenuiser vers le milieu de l'année, car la Banque du Canada pourrait être forcée d'abaisser les taux d'intérêt pour empêcher l'économie de s'enfoncer dans une récession.

Canada en 1989 et en 1990

				CHANGEMENTS EN POURCENTAGE		
					Prévision	
	1989	1990	1991	1989	1990	1991
Produit intérieur brut (en milliards de dollars)	648,5	687,8	740,2	+7,8 %	+6,1 %	+7,6 %
PIB en dollars de 1981 (en milliards de dollars)	460,6	465,2	474,5	+2,9 %	+1 %	+2 %
Demande intérieure (en milliards de dollars)	459,9	466,8	471,5	+4,5 %	+1 ½ %	+1 %
Indice implicite du PIB (1981=100)	140,8	147,8	156,0	+4,8 %	+5 %	+5 ½ %
Indice des prix à la consommation (1981=100)	151,0	158,6	160,0	+5,0 %	+5 %	+6 %
Population active (en millions)	13,50	13,71	13,91	+1,7 %	+1 ½ %	+1 ½ %
Emploi (en millions)	12,49	12,57	12,73	+2,0 %	+¾ %	+1 ¼ %
Chômage (en milliers)	1,017	1,140	1,180	–1 %	+12 %	+4 %
Taux de chômage (%)	7,5	8 ¼ %	8¼			
Indice d'appauvrissement*	12,5	13¼	14¼			
Mises en chantier (en milliers)	215	180	170	–3 %	–16 %	–6 %
Balance commerciale (en milliards de dollars)	+4,7	+7,0	+10,0			
Balance des services et des transferts (en milliards de dollars)	–24,3	–24,0	–25,0			
Solde du compte courant (en milliards de dollars)	–19,7	–17,0	–15,0			
Salaires et traitements par employé (en dollars)	28,528	30,250	31,750	+7,2 %	+6 %	+5 %
Profits des sociétés après impôts (en milliards de dollars)	37,3	35,4	37,2	–15,1 %	–5 %	+5 %
Taux préférentiel en fin d'année sur les prêts bancaires (%)	13½	12	11			
Dollar canadien (en ¢US) en fin d'année	86,3	80	80			

* Somme du taux de chômage et du taux d'inflation

Source: Financial Post Economics Unit.

The Financial Post
24 et 26 mars 1990
Par Catherine Harris

Les faits en bref

- Les prévisions que faisaient le *Financial Post* pour l'économie canadienne en 1990 et en 1991 sont résumées dans le tableau ci-dessous.

Tableau 1	1990	1991
Taux de croissance du PIB réel	+1 %	+2 %
Taux d'inflation	+5 %	+5,5 %
Taux de chômage	8,25 %	8,5 %
Taux de changement des salaires	+6 %	+5 %
Dollar (en dollars américains)	0,80	0,80
Taux préférentiel sur les prêts bancaires	12 %	11 %

- Selon le *Financial Post* :
  - L'entrée en vigueur de la taxe sur les produits et services le 1er janvier 1991 devait faire augmenter l'inflation et forcer la Banque du Canada à maintenir les taux d'intérêt élevés.
  - Une détérioration de la balance commerciale et un déficit fédéral élevé devaient provoquer une baisse du dollar, qui devait passer de 0,84 $US en mars 1990 à 0,80 $US à la fin de 1990.
  - La Banque du Canada devait selon les prévisions réduire les taux d'intérêt pour éviter une récession.

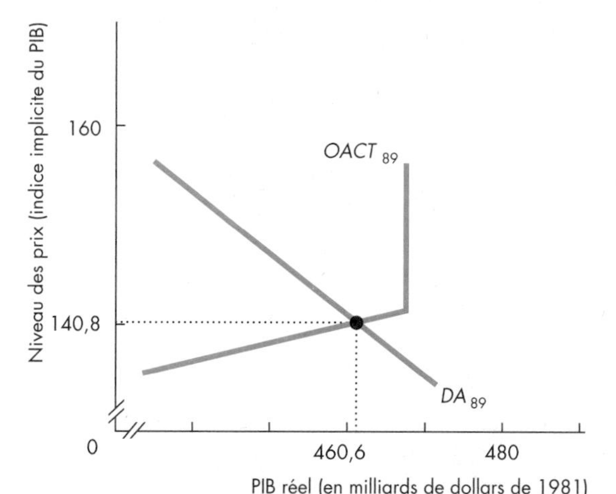

(a) 1989 et 1990

Analyse

- Le *Financial Post* prévoyait une croissance lente du PIB réel et une inflation stable pour le Canada au cours de 1990 et de 1991.
- Pour effectuer ses prévisions à l'époque, le *Financial Post* s'est appuyé sur un modèle économique, calculé par ordinateur. Ce modèle s'appuie sur le modèle de demande et d'offre agrégées, présenté dans le chapitre. Nous pouvons interpréter les prévisions du *Financial Post* à l'aide de ce modèle.
- L'économie de 1989 est illustrée dans le graphique (a). La demande agrégée est représentée par la courbe DA_{89} et l'offre agrégée à court terme par la courbe OAC_{89}. Le point d'intersection de ces courbes indique que le PIB réel s'élevait à 460,6 milliards de dollars et le niveau des prix à 140,8.
- Les prévisions que faisait le *Financial Post* pour 1990 et 1991 peuvent être représentées par les graphiques (b) et (c). La demande agrégée et l'offre agrégée à court terme changent et leurs courbes respectives se déplacent pour les raisons énumérées dans les tableaux 7.1 et 7.2.
- Les principaux facteurs qui devaient influer sur la demande agrégée en 1990 et 1991 étaient :

Tableau 2	1990	1991
Augmentation de la quantité de monnaie	*	*
Augmentation de la richesse agrégée	*	*
Augmentation du revenu étranger	*	*
Croissance démographique	*	*
Diminution de la valeur du dollar canadien	*	*

- Les principaux facteurs qui devaient influer sur l'offre agrégée à court terme en 1990 et 1991 étaient :

Tableau 3	1990	1991
Augmentation des salaires	*	*
Diminution de la valeur du dollar canadien	*	*
Taxes sur les biens et services	*	*
Augmentation de la population active	*	*
Augmentation du stock de capital	*	*
Progrès techniques	*	*

- Les effets prévus de ces facteurs sur les courbes de demande agrégée et d'offre agrégée à court terme, ainsi que sur le PIB réel et le niveau des prix apparaissent dans les graphiques (b) et (c).

■ Pour effectuer des prévisions concernant d'autres variables comme le chômage, les salaires, la valeur du dollar et les taux d'intérêt, il faut élargir le modèle de demande et d'offre agrégées, pour qu'il tienne compte du marché du travail, du taux de change, de la monnaie et des prêts.

■ Avant d'établir des prévisions concernant les salaires, le taux de change et les taux d'intérêt, on doit d'abord déterminer, d'une part, les facteurs qui influent sur la demande et, d'autre part, l'offre sur ces marchés. On doit ensuite estimer la position des courbes de demande et d'offre sur ces marchés.

■ Lorsque l'on établit des prévisions relatives au chômage, on doit tenir compte de la relation entre le chômage et l'écart du PIB réel par rapport à sa tendance qui apparaît à la figure 5.8 (page 116). Puisqu'on s'attendait à ce que le PIB réel s'accroisse lentement en 1990 et en 1991, on prévoyait une certaine augmentation du taux de chômage.

■ Compte tenu des données disponibles en mars 1990, date à laquelle les prévisions du *Financial Post* avaient été établies, on pouvait craindre que les prévisions du *Financial Post* sur l'inflation en 1991 ne soient trop élevées pour les raisons suivantes :

- La taxe sur les biens et services (TPS) ne constitue pas une taxe additionnelle nette ; elle remplace plutôt la taxe fédérale sur les ventes. Donc, on pouvait prévoir que certains prix allaient diminuer alors que d'autres allaient augmenter, mais l'effet véritable sur le niveau des prix allait sans doute être peu considérable.
- La Banque du Canada poursuivait une politique de ralentissement du taux de croissance de la masse monétaire et, en 1991, on pouvait prévoir que cette politique allait donner lieu à un déplacement vers la droite moins marqué de la courbe de demande agrégée que celui qui apparaît au graphique (b).

■ Le premier des facteurs ci-dessus devait faire croître le PIB réel plus rapidement que ne l'avait prévu le *Financial Post* et le deuxième facteur, plus lentement.

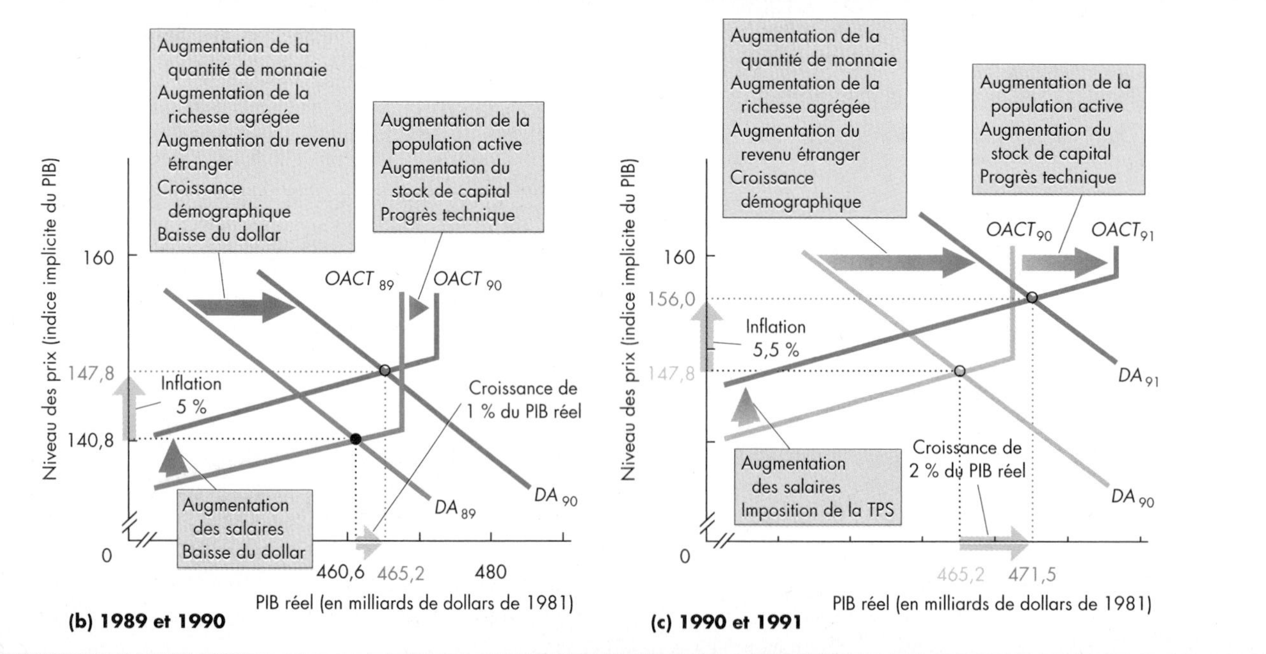

(b) 1989 et 1990

(c) 1990 et 1991

Par contre, l'Accord pourrait avoir des répercussions à long terme sur l'offre agrégée. En encourageant, au Canada et aux États-Unis, la rationalisation de l'activité économique et l'utilisation plus efficace des ressources, l'Accord pourrait contribuer à hausser le niveau de l'offre agrégée à long terme. Il est important de remarquer qu'il s'agit là d'un effet à long terme – et pas nécessairement d'un effet à court terme. Il se peut que, au cours des premières années suivant l'entrée en vigueur de l'Accord, l'offre agrégée ait diminué. Parmi les entreprises canadiennes, certaines fermeront leurs portes par suite de la forte concurrence américaine; d'autres mettront du temps à se réorganiser et à grossir pour pénétrer les marchés américains désormais plus accessibles. Ainsi, l'entrée en vigueur de l'Accord de libre-échange peut, au Canada, faire diminuer l'offre agrégée pendant quelques années, voire même pendant une période relativement longue. C'est à plus long terme que les économistes prévoient une augmentation de l'offre agrégée.

Compte tenu des effets que le libre-échange devrait avoir sur l'offre agrégée et sur la demande agrégée, on peut prévoir que, au début, l'économie canadienne connaîtra un ralentissement du taux de croissance du PIB réel et une augmentation du taux d'inflation. À plus long terme, ces effets devraient être inversés: le taux de croissance du PIB réel devrait augmenter et le taux d'inflation devrait être modéré.

L'analyse que nous venons de faire repose sur l'hypothèse que tous les autres facteurs susceptibles d'influer sur la demande agrégée et sur l'offre agrégée demeurent constants. Les changements de la politique monétaire de la Banque du Canada peuvent avoir, sur la demande agrégée et sur le niveau des prix, un effet qui surpasse celui de l'Accord de libre-échange. Ces changements peuvent subordonner entièrement le taux d'inflation aux mesures décrétées par la Banque plutôt qu'aux conséquences de l'Accord.

La taxe sur les produits et services

Un autre élément important et nouveau de la politique économique canadienne a été l'instauration, en 1991, de la taxe sur les produits et services. La **taxe sur les produits et services** (ou TPS) est une taxe sur la valeur ajoutée, qui frappe presque tous les produits et services, dans tous les secteurs de l'économie (sauf les services médicaux, les services dentaires, les garderies de jour, la plupart des services éducatifs et financiers, ainsi que les loyers résidentiels à long terme). Quels seront les effets de cette taxe sur le PIB réel et sur le niveau des prix? La réponse dépend des recettes supplémentaires que l'instauration de la TPS apportera au gouvernement fédéral. En fait, cette nouvelle taxe en remplace une autre, maintenant abolie: la taxe de vente fédérale. Cette dernière, dont le taux était de 11 %, frappait seulement les produits manufacturés, qui représentent moins de la moitié de tous les biens et services produits. La TPS, elle, frappe tous les biens et services, mais à un taux inférieur à celui de la taxe de vente fédérale. Actuellement, la TPS est établie à 7 % et s'applique à tous les produits et services – à l'exception des exportations, des produits agricoles, des produits de la pêche, de certaines denrées alimentaires, des médicaments délivrés sur ordonnance, ainsi que des appareils médicaux. (On parle alors de biens ou de services «non imposés», ou «taxés à 0 %».) Certes, le gouvernement fédéral peut calculer de façon assez précise les revenus que lui a fait perdre l'abolition de sa taxe de vente; mais il ne peut prévoir avec certitude les recettes de la TPS. Si la TPS rapporte exactement le même revenu que l'ancienne taxe de vente fédérale, la demande agrégée n'en sera pas modifiée. Si la TPS produit des recettes supérieures à celles de l'ancienne taxe de vente fédérale, la demande agrégée diminuera, et la courbe de demande agrégée se déplacera vers la gauche. C'est le scénario le plus probable.

Pour connaître les effets de la TPS sur le PIB réel et sur le niveau des prix, nous devons aussi prévoir ses répercussions sur l'offre agrégée. Le public croit généralement que l'instauration de la TPS aura des effets inflationnistes; on tient pour acquis que l'imposition d'une taxe sur des biens jusque-là non imposés augmente leurs prix. Cette conclusion, cependant, ne tient pas compte des effets de l'abolition de la taxe de vente fédérale. Or, le remplacement de cette taxe par la TPS réduira le montant des taxes sur les produits manufacturés; par conséquent, il fera baisser les prix de ces derniers. Il y aura donc une baisse des prix des produits manufacturés et une augmentation des prix des biens et services qui n'étaient pas taxés avant l'instauration de la TPS. En conséquence, les *prix relatifs* changeront. Les défenseurs de la TPS soutiennent que le remplacement de la taxe de vente fédérale (taxe à taux élevé, frappant une gamme de produits relativement restreinte) par la TPS (taxe à taux plus faible, appliquée à un plus large éventail de biens et services) devrait accroître l'efficacité économique et augmenter la production agrégée de biens et services. Si cette prédiction s'avère juste, la TPS provoquera une augmentation de l'offre agrégée, ce qui fera déplacer vers la droite les courbes d'offre agrégée. Ces effets seront probablement faibles et graduels. Toutefois, dans la mesure où ils se produiront – et toutes choses étant égales par ailleurs –, la TPS provoquera une augmentation du PIB réel et une baisse du niveau des prix. En d'autres mots, ses effets sur l'inflation seraient alors à l'opposé de ce qu'on croit généralement. On peut lire, sous la rubrique *Entre les lignes* des pages 176 à 178, un article qui relie cette question à une autre: les moyens dont nous disposons pour prévoir le taux d'inflation et le taux de croissance du PIB réel au Canada.

En fin de compte, l'incidence réelle de la TPS sur notre économie ne sera connue que dans quelques années. Cependant, les outils d'analyse qui nous serviront alors à évaluer ses effets véritables sont ceux-là même que nous venons d'utiliser pour expliquer ses effets possibles.

■ Le chapitre qui s'achève nous a fourni un modèle pour déterminer le PIB réel et l'indice implicite du PIB, modèle que nous pouvons utiliser pour comprendre la croissance, l'inflation et les cycles que connaît l'économie. L'utilité de ce modèle vient de ce qu'il nous procure une vue d'ensemble sur les tendances générales de l'économie de même que sur les grands cycles de l'inflation et de la production. Toutefois, ce modèle n'est pas assez détaillé. Il ne nous dit pas tout ce que nous devons savoir sur les composantes de la demande agrégée: la consommation, les investissements, les achats publics de biens et services, les exportations et les importations. Il ne nous dit pas quels facteurs déterminent les taux d'intérêt ou les salaires. Il ne nous indique pas directement quels sont les déterminants de l'emploi et du chômage. Dans les chapitres qui suivent, nous examinerons plus en détail ce modèle.

D'une certaine manière, l'étude de la macroéconomie est comparable à l'assemblage des pièces d'un immense casse-tête. Le modèle de demande agrégée et d'offre agrégée nous montre le cadre de l'image, nous donne une idée de sa forme générale et de sa taille. Mais l'image n'est pas encore complète. Un ensemble de pièces nous décrit l'histoire de la demande agrégée, un autre l'histoire de l'offre agrégée. Lorsque nous aurons réuni ces ensembles dans le cadre du modèle que nous venons d'élaborer, l'image sera complète.

RÉSUMÉ

La demande agrégée

La demande agrégée exprime la relation qui existe entre la quantité agrégée de biens et services demandée (ou quantité de PIB réel demandée) et le niveau des prix (ou indice implicite du PIB). La courbe de demande agrégée a une pente négative. Une augmentation du niveau des prix – toutes choses étant égales par ailleurs – entraîne un *mouvement sur la courbe* de demande agrégée, ce qui réduit la quantité de PIB réel demandée. Les facteurs qui modifient la demande agrégée provoquent un *déplacement de la courbe* de demande agrégée. *(pp. 153-160)*

L'offre agrégée

On étudie l'offre agrégée selon deux cadres temporels: le court terme et le long terme.

L'offre agrégée à *long* terme est la relation qui existe entre la quantité agrégée de biens et services offerte (ou quantité de PIB réel offerte) et le niveau des prix (ou indice implicite du PIB), lorsque les prix des facteurs de production changent dans la même proportion que le niveau des prix, que chaque entreprise atteint sa capacité optimale de production et que l'économie se trouve au plein emploi. La courbe d'offre agrégée à long terme est verticale, et l'offre agrégée à long terme est indépendante du niveau des prix.

L'offre agrégée à *court* terme est la relation qui existe entre la quantité agrégée de biens et services offerte (ou PIB réel) et le niveau des prix (ou indice implicite du PIB), lorsque les salaires et les prix des autres facteurs de production demeurent constants. La pente de la courbe d'offre agrégée à court terme est positive. Toutes choses étant égales par ailleurs, plus le niveau des prix est élevé, plus la production que les entreprises comptent vendre est élevée, jusqu'à ce qu'un certain niveau maximal de production soit atteint.

Les facteurs qui ont une incidence sur l'offre agrégée à court terme font déplacer la courbe d'offre agrégée à court terme. Tout facteur qui fait déplacer la courbe d'offre agrégée à long terme fait également déplacer la courbe d'offre agrégée à court terme. Les changements des prix des facteurs de production font déplacer la courbe d'offre agrégée à court terme, mais n'ont aucun effet sur la courbe d'offre agrégée à long terme. *(pp. 160-166)*

L'équilibre macroéconomique

Il y a équilibre macroéconomique quand la quantité de PIB réel demandée est égale à la quantité de PIB réel offerte. L'équilibre macroéconomique se situe au point où se croisent la courbe de demande agrégée et la courbe d'offre agrégée à court terme. Le niveau des prix qui correspond au point d'intersection des deux courbes constitue le prix d'équilibre; le niveau de production à l'équilibre est le PIB réel d'équilibre.

L'équilibre macroéconomique ne se produit pas toujours au plein emploi – en un point de la courbe d'offre agrégée à long terme. Il y a équilibre de chômage lorsque le PIB réel d'équilibre est inférieur au niveau de l'offre agrégée à long terme. Il y a équilibre de suremploi lorsque le PIB réel d'équilibre est supérieur à la capacité optimale de production de l'économie.

Une augmentation de la demande agrégée fait déplacer la courbe de demande agrégée vers la droite; elle fait augmenter à la fois le PIB réel et le niveau des prix. Si le PIB réel augmente au-dessus de son niveau à long terme, les prix des facteurs de production se mettent à augmenter, ce qui entraîne un déplacement, vers le haut, de la courbe d'offre agrégée à court terme. Ce déplacement vers le haut de la courbe d'offre agrégée à court terme fait hausser davantage le niveau des prix, mais fait baisser le PIB réel. Finalement, le PIB réel retourne à son niveau à long terme.

Une augmentation des prix des facteurs de production fait déplacer vers le haut la courbe d'offre agrégée à court terme; elle entraîne une baisse du PIB réel et une hausse du niveau des prix. Si la demande agrégée ne change pas, l'économie demeure en récession jusqu'à ce que les prix des facteurs de production soient revenus à leur niveau initial. Si l'on augmente la demande agrégée en vue de rétablir le plein emploi, le niveau des prix augmentera encore plus. *(pp. 166-170)*

Les tendances et les cycles de l'économie canadienne

La croissance à long terme de l'économie canadienne est le résultat de la croissance démographique, de l'accumulation du capital et des progrès techniques. Au Canada, la persistance de l'inflation s'explique par l'augmentation soutenue de la demande agrégée, elle-même provoquée par l'accroissement de la quantité de monnaie. L'économie canadienne connaît des cycles, qui résultent des déplacements irréguliers de la courbe de demande agrégée et de la courbe d'offre agrégée à court terme.

La hausse spectaculaire du prix du pétrole survenue en 1973 a causé un ralentissement de l'économie et une accélération de l'inflation au milieu des années 70. En 1979, le même phénomène est venu intensifier encore le problème de l'inflation. Durant les années 1980 et 1981, le ralentissement de la croissance de la demande agrégée a conduit à la grave récession de 1982. Celle-ci a provoqué, à son tour, une baisse de la production et du taux d'inflation. Pendant le reste des années 80, des augmentations modérées des prix des facteurs de production, conjuguées aux progrès réguliers de la technologie et à l'accumulation du capital, ont entraîné une expansion soutenue. Cependant, en 1990, l'économie canadienne était frappée par la récession, laquelle a été suivie d'une contraction très forte.

L'Accord de libre-échange entre le Canada et les États-Unis peut avoir une incidence sur le PIB réel et sur le niveau des prix, en jouant sur la demande agrégée et sur l'offre agrégée. Ses effets à long terme sur la demande agrégée seront probablement négligeables. À court terme, il pourrait faire baisser l'offre agrégée, mais, à long terme, il devrait la faire augmenter. Ainsi donc, à court terme, la croissance du PIB réel pourrait ralentir et le taux d'inflation pourrait augmenter, tandis qu'à long terme ces tendances pourraient se renverser, toutes choses demeurant égales par ailleurs.

Quant à la taxe sur les produits et services, son incidence sur le PIB réel et sur le niveau des prix dépendra de ses effets sur la demande agrégée et sur l'offre agrégée. Cette nouvelle taxe, si elle accroît les revenus du gouvernement, provoquera une diminution de la demande agrégée. Si le remplacement de la taxe de vente fédérale par la TPS accroît l'efficacité de l'économie, on verra augmenter l'offre agrégée. La combinaison de ces effets pourrait se traduire, contrairement à l'opinion publique, par une augmentation de la croissance du PIB réel et par un ralentissement de l'inflation. *(pp. 171-180)*

POINTS DE REPÈRE

Mots clés

Barème de demande agrégée, 153
Barème d'offre agrégée à court terme, 162
Capacité optimale de production, 160
Courbe de demande agrégée, 153
Courbe d'offre agrégée à court terme, 162
Courbe d'offre agrégée à long terme, 160
Demande agrégée, 153
Écart inflationniste, 167
Écart récessionniste, 167
Effet d'encaisses réelles, 154
Équilibre de chômage, 167
Équilibre de plein emploi, 167
Équilibre de suremploi, 167
Équilibre macroéconomique, 166
Monnaie réelle, 154
Offre agrégée à court terme, 162
Offre agrégée à long terme, 160
Quantité agrégée de biens et services demandée, 153
Quantité agrégée de biens et services offerte, 160
Quantité de monnaie, 154
Substitution internationale, 155
Substitution intertemporelle, 155
Taxe sur les produits et services, 179

Figures et tableaux clés 

Figure 7.1 Le barème de demande agrégée et la courbe de demande agrégée, 153

QUESTIONS DE RÉVISION

1 Qu'est-ce que la demande agrégée?

2 Quelle différence y a-t-il entre la demande agrégée et la quantité agrégée de biens et services demandée?

3 Énumérez les principaux facteurs qui influent sur la demande agrégée. Divisez-les en deux catégories: ceux qui font augmenter la demande agrégée et ceux qui la font baisser.

4 Parmi les facteurs suivants, lesquels n'ont aucun effet sur la demande agrégée?

a) La quantité de monnaie
b) Les taux d'intérêt
c) Les progrès techniques
d) Le capital humain

5 Qu'est-ce que l'offre agrégée à court terme?

6 Quelle est la différence entre l'offre agrégée à court terme et la quantité agrégée de biens et services offerte?

7 Expliquez la différence entre l'offre agrégée à court terme et l'offre agrégée à long terme.

8 Considérez les situations suivantes:

a) La main-d'œuvre augmente.
b) La technologie progresse.
c) Le taux de salaire nominal augmente.
d) La quantité de monnaie augmente.
e) Les revenus des pays étrangers augmentent.
f) Le taux de change augmente.

Classez ces situations en quatre catégories:

A: Celles qui ont une incidence sur la courbe d'offre agrégée à long terme, mais aucun effet sur la courbe d'offre agrégée à court terme.

B: Celles qui ont une incidence sur la courbe d'offre agrégée à court terme, mais aucun effet sur la courbe d'offre agrégée à long terme.

C: Celles qui ont un effet à la fois sur la courbe d'offre agrégée à court terme et sur la courbe d'offre agrégée à long terme.

D: Celles qui n'ont aucun effet sur la courbe d'offre agrégée à court terme ni sur la courbe d'offre agrégée à long terme.

9 Définissez l'équilibre macroéconomique.

10 Quelle est la différence entre l'équilibre macroéconomique et l'équilibre de plein emploi?

11 Expliquez ce qu'on entend par équilibre de chômage et par équilibre de suremploi.

12 Qu'est-ce qu'un écart récessionniste? un écart inflationniste? Quelles sont les causes de chacun d'eux?

13 Décrivez l'effet d'une augmentation de la quantité de monnaie sur le niveau des prix et sur le PIB réel.

14 Décrivez l'effet d'une hausse du prix du pétrole sur le niveau des prix et sur le PIB réel.

15 Quels sont les principaux facteurs qui, dans l'économie canadienne, provoquent la croissance de l'offre agrégée à long terme?

16 Quels sont les principaux facteurs qui, dans l'économie canadienne, peuvent provoquer une inflation persistante?

17 Pourquoi, au Canada, l'activité économique agrégée est-elle marquée par des cycles?

PROBLÈMES

1 Vous êtes conseiller économique du premier ministre et vous essayez de prévoir la situation économique pour la prochaine année. Vous possédez les prévisions suivantes concernant les courbes *DA*, *OACT* et *OALT*:

Niveau des prix	PIB réel demandé	PIB réel offert à court terme	Offre agrégée à long terme
	(en milliards de dollars de 1981)		
140	550	250	460
150	500	350	460
160	450	450	460
170	400	475	460

Pour l'année courante, le PIB réel est de 460 milliards de dollars, et le niveau des prix est de 150.

Le premier ministre veut des réponses aux questions suivantes:

a) Quelle valeur du PIB réel prévoyez-vous pour la prochaine année?

b) Quel sera le niveau des prix, au cours de la prochaine année?

c) Quel sera le taux d'inflation?

d) Le taux de chômage sera-t-il au-dessus ou au-dessous du taux naturel?

e) Le PIB réel sera-t-il au-dessus ou au-dessous de sa tendance?

Quelle sera la valeur de l'écart?

2 Tracez quelques courbes semblables à celles qu'on trouve dans les figures du présent chapitre; utilisez les données du problème 1 pour répondre aux deux questions suivantes:

a) De quelle façon faut-il modifier la demande agrégée pour atteindre le plein emploi?

b) Quel sera le taux d'inflation si l'on modifie la demande agrégée pour atteindre le plein emploi?

3e PARTIE

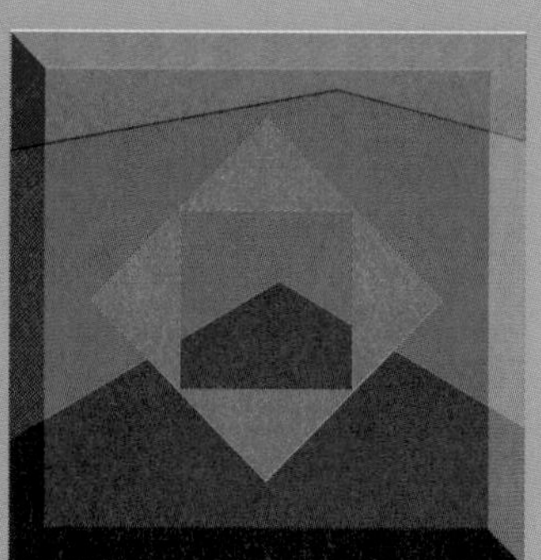

Le marché agrégé des biens et services

ENTREVUE

PAUL VOLCKER

Paul Volcker a été président du Conseil des gouverneurs de la Réserve fédérale ou « Fed » (Federal Reserve System) de 1979 à 1987, période au cours de laquelle sévissait une inflation de 10 % et plus aux États-Unis. Nous avons discuté avec M. Volcker de son expérience à titre de président de banque centrale, de même que de ses prévisions et de ses inquiétudes quant à l'avenir économique.

«L'économique nous apprend que toute décision peut avoir des conséquences à long terme que l'on ne soupçonne pas.»

M. Volcker, qu'est-ce qui vous a d'abord attiré vers l'économique?

J'ai débuté mes études universitaires dès la fin de la Deuxième Guerre mondiale. À l'époque, bon nombre de personnes s'intéressaient à l'économique en raison de ce qu'elles avaient vécu lors de la Crise et de la Guerre. On croyait pouvoir faire mieux que par les années précédentes, et tout le monde s'y mettait avec acharnement. C'est ce que je croyais également et, selon moi, l'économique était la plus précise de toutes les sciences sociales. Je pensais pouvoir combiner ce cadre pratique et logique à des dispositions naturelles pour l'administration publique.

Parmi les principes économiques que l'on vous a enseignés, lesquels vous ont le plus servi au cours de votre carrière?

Certains principes économiques sont immuables. Par exemple, le principe selon lequel «on n'a jamais rien pour rien» sera toujours vrai – quoique, dans le secteur public, certaines des décisions qui y sont prises semblent totalement gratuites!

L'économique nous apprend que toute décision ou initiative peut avoir des conséquences à long terme que l'on ne soupçonne pas. Il est donc impératif d'entreprendre des analyses ou des études préliminaires si l'on ne veut pas que les «effets secondaires» soient plus importants que les conséquences directes. Enfin, la notion d'analyse de la marge, ou des effets incrémentaux, s'avère capitale dans tout ce qui touche à la politique réelle.

Considérez-vous qu'une formation en économique, et donc une solide compréhension des principes économiques, soit obligatoire pour être président de la «Fed»?

Je n'ai jamais comparé les accomplissements d'un président qui a une formation en économique avec ceux d'un président qui a une tout autre formation. Il n'est pas nécessaire qu'un président soit lui-même économiste s'il est entouré d'une bonne équipe de spécialistes. Sans cette équipe, d'ailleurs, il lui serait difficile de remplir ses fonctions.

J'imagine qu'il doit y avoir autant d'opinions sur les mesures que doit prendre la «Fed» qu'il y a d'économistes. Comment ces controverses entre macroéconomistes influent-elles sur le mandat de la «Fed»? Ont-elles un effet sur la mise en œuvre de la politique monétaire?

Oui, je crois qu'elles sont utiles. Les débats techniques internes ne changent pas grand-chose. Cependant, puisque les économistes influencent l'opinion publique à propos de la politique gouvernementale et qu'ils n'arrivent pas à s'entendre, il est difficile d'en arriver à un consensus sur les mesures à adopter. Dans un tel contexte, certains points de vue reflètent une opinion politique. Et la « Fed » doit en tenir compte.

D'ailleurs, en qualité de président du Conseil des gouverneurs, on a une certaine influence, ou du moins le croit-on, sur la nature des consensus entourant les mesures économiques, telles que les perçoit l'opinion publique.

Vers la fin des années 70 et au début des années 80, personne ne s'entendait sur les conséquences des mesures anti-inflationnistes prises par la «Fed», et à cette époque vous étiez président. Lorsque vous avez déclaré la guerre à l'inflation, saviez-vous que vous seriez président durant la plus longue période de paix et de reprise économique de l'histoire des États-Unis?

À l'époque je pensais, et je le pense encore aujourd'hui, que l'inflation était l'ennemi des longues périodes d'expansion. Par ailleurs, la lutte contre l'inflation se révèle toujours plus difficile, plus complexe et plus longue que prévu et, effectivement, je pense avoir sous-estimé la durée pendant laquelle le pays tolérerait des déficits budgétaires intérieurs et des déséquilibres commerciaux extérieurs.

Quels facteurs avez-vous omis?

En partie, je crois que nous avons refusé de reconnaître à quel point le marché international des capitaux était instable. Je n'aurais jamais pu deviner que les États-Unis pouvaient emprunter autant d'argent ou que le Japon serait disposé à prêter de telles sommes, année après année, sans s'inquiéter davantage de la valeur du dollar. Je n'aurais jamais pu prévoir que la chute du dollar serait aussi forte et qu'elle n'allait avoir que très peu d'effets sur les taux d'intérêt et l'inflation. Nous avons été chanceux de ne pas avoir connu un taux d'inflation plus élevé en dépit d'une chute aussi marquée du dollar.

Cette lutte contre l'inflation a-t-elle eu des répercussions plus graves que vous ne le pensiez sur la vie des gens?

C'est probable, il n'est jamais facile de contrer l'inflation. Toutefois, je ne suis pas d'accord avec les gens lorsqu'ils disent que la « Fed » est responsable de la récession du début des années 80 et de toutes les souffrances qui en ont découlé. Selon moi, on devait tôt ou tard vivre des difficultés. C'était une question de temps. Nous pensions qu'elles seraient moindres si nous attaquions l'inflation plus tôt.

L'un de mes prédécesseurs, M. Bill Martin, a décrit le mandat de la « Fed » ainsi : lorsque la fête bat son plein, vous devez faire disparaître l'alcool ; ainsi, vous épargnez les maux de tête à vos invités ou, du moins, vous les rendez moins douloureux.

Si la fête perd de son entrain, reservez-vous de l'alcool?

Je ne reproche pas à la « Fed » d'être trop sévère ou d'avoir mis fin aux périodes d'expansion, alors qu'elles auraient pu se poursuivre indéfiniment. Cependant, j'estime qu'elle s'est montrée parfois trop pressée de reprendre la fête. Lorsqu'on se trouve en période de récession, la « Fed » subit d'énormes pressions. Même après avoir traversé la récession, on a tendance à trop vouloir stimuler l'économie. Toutefois, les effets de certaines mesures mettent du temps à se faire sentir et le temps finit par nous rattraper. On s'apprête à faire la fête de nouveau. C'est d'ailleurs ce que nous avons tenté d'éviter, et nous avons plus ou moins réussi.

Nous avons effleuré le sujet de la dette publique. Croyez-vous que la nécessité, pour le gouvernement, de financer son déficit budgétaire ait modifié les tâches inhérentes à votre mandat de président de la «Fed»?

Je ne crois pas que la « Fed » ait été acculée au financement inflationniste. Avec le recul, on constate que le déficit budgétaire ne nous a pas vraiment empêchés de connaître une période d'expansion record.

«L'inflation est l'ennemi des longues périodes d'expansion.»

«Toute politique économique devrait essentiellement viser à réduire la croissance de la consommation.»

Mais, en évaluant les possibilités qu'une telle expansion dure pendant 7 ans, nous devons tenir compte du niveau relativement bas des investissements, de la faible productivité, de nos emprunts qui nous lient aux pays étrangers et des investissements de ces derniers. Les mesures monétaires ne peuvent à elles seules résoudre ces problèmes. La politique budgétaire peut favoriser une poussée expansionniste, qui doit, par la suite, être freinée par une politique monétaire restrictive, telle une hausse des taux d'intérêt. C'est ainsi que l'économie devient vulnérable et qu'elle dépend de plus en plus des emprunts à l'étranger.

Les relations économiques des États-Unis avec d'autres pays comprennent également l'échange de biens et services. Au cours des dernières années, les États-Unis ont connu une chute importante de leurs exportations nettes. Selon vous, quelle est la cause principale du déficit du commerce extérieur?

Il s'agit d'un déséquilibre interne entre notre capacité de production et notre propension à dépenser. Nos dépenses sont principalement constituées de la consommation privée et publique. Les dépenses d'investissement sont plus ou moins importantes en période d'expansion. Toute politique économique devrait essentiellement viser à réduire la croissance de la consommation. Cependant, on trouve le problème inverse dans d'autres pays, au Japon, par exemple. D'ailleurs, les Japonais s'efforcent actuellement d'ouvrir leurs marchés. Il faut bien avouer que le monde des affaires a un parti pris contre l'ouverture des marchés. En analysant le commerce international, on doit admettre que le marché des États-Unis est de loin le marché le plus ouvert et que leurs partenaires commerciaux sont plus protectionnistes. Comment faire face à ce problème? Nous ne pouvons pas oublier que notre propre politique interne aggrave le déficit du commerce extérieur.

Qu'est-ce qui pourrait nous permettre d'améliorer la situation?

Nous devons restreindre les dépenses internes, et les marchés étrangers doivent s'ouvrir davantage afin que nous puissions augmenter le volume de nos exportations. Bien sûr, l'ouverture des marchés étrangers ne suffirait pas à modifier nos propres dépenses. De plus, notre politique monétaire, telle une hausse des taux d'intérêt, ne nous permettrait pas non plus de modifier nos habitudes en matière de dépenses, de réduire nos dépenses de consommation pour accroître nos dépenses d'investissement. Nous devons donc miser sur notre politique budgétaire. Nous devons hausser les impôts ou réduire les dépenses, ou faire les deux. Mais, à présent, plusieurs choix politiques s'offrent à nous. Quoi qu'il en soit, nous devons prendre des mesures politiques pour freiner les dépenses.

Lorsqu'un étudiant vous demande des conseils sur son orientation professionnelle, que lui suggérez-vous?

Je lui conseille fortement d'envisager une carrière dans la fonction publique. Il existe un grand nombre de postes importants au sein du gouvernement. À qui doit-on demander de résoudre le problème du SIDA par exemple? Au gouvernement. Qui pourra résoudre le problème de la drogue, si c'est possible? C'est le gouvernement. Nous avons besoin de jeunes qui veulent relever des défis et qui reconnaissent tout l'intérêt que peut susciter une carrière dans la fonction publique. Sans leur contribution, notre pays devra faire face à des problèmes très graves.

CHAPITRE 8

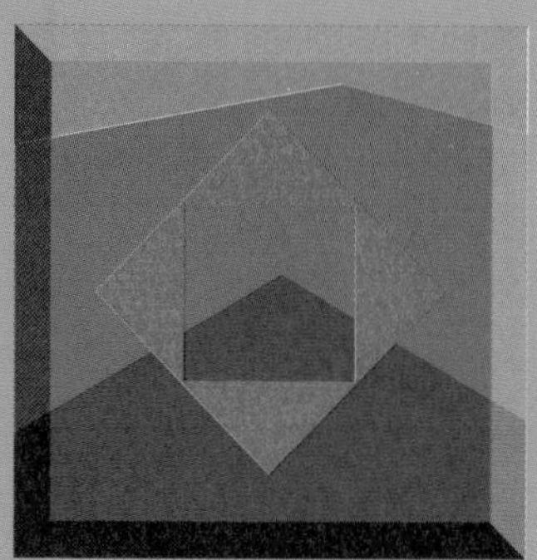

Les décisions relatives aux dépenses

Objectifs du chapitre:

- Décrire l'importance relative des composantes de la dépense agrégée – dépenses de consommation, dépenses d'investissement, dépenses publiques en biens et services et exportations nettes – ainsi que l'ampleur de leurs fluctuations respectives.
- Expliquer comment les gens prennent leurs décisions de consommation et d'épargne.
- Expliquer comment le revenu et la richesse influent sur la consommation et l'épargne.
- Définir et calculer les propensions moyenne et marginale à consommer et à épargner.
- Expliquer la relation qui existe entre les dépenses de consommation et le PIB.
- Expliquer comment les entreprises prennent leurs décisions d'investissement.
- Comprendre pourquoi les investissements connaissent de grandes fluctuations.
- Expliquer comment se prennent les décisions d'exportation et d'importation et comment les exportations nettes sont déterminées.

Craintes et frissons dans les allées de magasins

« LES CONSOMMATEURS CONTINUENT D'ACHETER en dépit de la chute du marché.» Au lendemain du krach d'octobre 1987, la plupart des journaux montréalais arboraient ce type de manchette rassurante. On précisait dans les articles relatant les effets du krach sur la vente au détail que même les biens de luxe – qui selon plusieurs auraient dû être les premiers touchés alors que les acheteurs nerveux surveillent leurs dépenses superflues – ne semblaient pas avoir connu une baisse sévère à la suite du Lundi noir. Toutefois, en décembre 1987, les manchettes des journaux évoquaient les faibles ventes du temps des fêtes et les efforts des commerçants pour attirer les consommateurs. ■ Pourquoi craint-on tant la réaction des consommateurs ? Mis à part quelques fabricants et magasins, qui se soucie vraiment de ce que les consommateurs achètent ou non une grande quantité de cadeaux de Noël ou continuent ou non d'acheter des voitures et des magnétoscopes à la suite d'un krach ? En quoi cela nous touche-t-il ? Quels facteurs poussent les consommateurs à réduire leurs dépenses et à accroître leurs épargnes ? ■ Les dépenses des consommateurs ne sont pas les seuls facteurs qui suscitent des craintes et des espoirs dans une économie. Les grosses dépenses des entreprises (achats d'ordinateurs ou de camions) jouent également un rôle capital dans la santé de l'économie. Le dollar a également une incidence sur l'économie dans la mesure où un raffermissement de sa valeur avantage les voyageurs, les importateurs, les consommateurs et les entreprises ayant des dettes auprès des Américains, mais gruge le portefeuille des exportateurs, dont 80 % des biens sont destinés au marché américain. En quoi les investissements des entreprises et les exportations nous touchent-ils ? Quelle part des dépenses effectuées au pays représentent-ils comparativement aux dépenses des consommateurs ? Les fluctuations des composantes de la dépense agrégée influent-elles sur nos perspectives d'emploi et notre niveau de vie ? ■ Qu'en est-il des dépenses publiques en biens et services ? Quelle part de la dépense agrégée les dépenses publiques occupent-elles ? L'importance relative des dépenses publiques augmente-t-elle ou diminue-t-elle ? Le gouvernement est-il une source d'instabilité de l'économie, dans la mesure où les variations de ses dépenses viennent exacerber les fluctuations des dépenses du secteur privé ? Les fluctuations des dépenses publiques viennent-elles plutôt contrebalancer les fluctuations des dépenses du secteur privé, de sorte que la dépense agrégée est plus stable qu'elle ne le serait sans l'intervention du gouvernement ?

■ Au chapitre 7, nous avons étudié de quelle façon la demande et l'offre agrégées interagissent de manière à déterminer le niveau des prix et le PIB réel. Nous approfondirons la notion de demande agrégée dans le présent chapitre de même que dans les quatre chapitres suivants. ■ Au chapitre 7, nous avons également étudié quelques notions relatives à la courbe de demande agrégée et avons étudié les facteurs qui la font déplacer. Nous avons énuméré les facteurs qui influent sur la demande agrégée, notamment les impôts, les dépenses publiques et la politique monétaire de la Banque du Canada. Nous allons à présent en apprendre davantage sur ces facteurs en examinant leur fonctionnement et en précisant comment certaines politiques peuvent atténuer les fluctuations de la demande agrégée. Nous commencerons par étudier les décisions relatives aux dépenses des gens. ■ Nous avons vu lors de l'étude des comptes nationaux des dépenses et des revenus, au chapitre 6, que chaque dollar dépensé est réparti sous forme de revenu entre un grand nombre d'individus. Les dépenses que nous engageons pour divers achats dans un magasin ont sur l'économie un effet de vagues qui arrosent des millions de personnes. Nous analyserons la composition de ces vagues et nous verrons pourquoi la consommation a un effet notable qui dépasse le cadre des magasins. Nous nous attarderons également sur d'autres composantes de la dépense agrégée, qui sont les dépenses d'investissement, les dépenses publiques en biens et services et les exportations nettes. ■ Nous nous pencherons d'abord sur chacune des composantes de la dépense agrégée puis, au chapitre 9, nous les rassemblerons pour voir comment elles interagissent en vue de déterminer le niveau de la dépense agrégée et le PIB. Lorsque l'étude de ces deux chapitres sera terminée, nous serons en mesure de comprendre comment la demande agrégée est déterminée et pourquoi elle fluctue. ■ Commençons par analyser les composantes de la dépense agrégée.

Les composantes de la dépense agrégée

Les composantes de la dépense agrégée sont les suivantes :

- Les dépenses de consommation
- Les dépenses d'investissement
- Les dépenses publiques en biens et services
- Les exportations nettes (les exportations moins les importations)

Leur importance relative

Quelle est l'importance relative des composantes de la dépense agrégée ? Quelle est la composante la plus importante ? La figure 8.1 fournit des réponses à ces questions pour la période s'échelonnant de 1971 à 1990. Les dépenses de consommation constituent de loin la composante la plus importante de la dépense agrégée. Elles ont représenté près de 60 % de la dépense agrégée au cours de la période. La seconde composante la plus importante, en pourcentage du PIB, sont les dépenses publiques en biens et services. Elles ont constitué plus de 20 % de la dépense agrégée au cours de la période. Viennent ensuite les dépenses d'investissement dont l'importance a varié entre 15 et 20 % du PIB. Enfin, les exportations nettes forment la composante la plus faible et, comme nous pouvons le constater, elles ont fluctué autour de zéro.

L'importance croissante des échanges internationaux Même si les exportations nettes représentent la plus petite composante de la dépense agrégée, les deux éléments qui les composent, soit les exportations et les importations de biens et services, occupent une place importante et croissante dans notre économie. En 1971, les exportations et les importations de biens et services représentaient respectivement un peu plus et un peu moins de 20 %. Ces pourcentages se sont accrus de façon régulière depuis 1971 pour atteindre aujourd'hui plus de 30 %.

Étudions maintenant la variabilité relative des composantes de la dépense agrégée.

Leur variabilité relative

Quelles sont les composantes de la dépense agrégée qui fluctuent le plus ou qui sont les plus variables ? Afin que nous puissions répondre à cette question, la figure 8.2 montre l'évolution des taux de croissance annuels des différentes composantes de la dépense agrégée pour la période s'échelonnant de 1972 à 1990.

Comme en témoigne la figure 8.2, les investissements et les exportations nettes fluctuent beaucoup plus considérablement que les dépenses de consommation et les dépenses publiques en biens et services. Notons que, même si les dépenses de consommation fluctuent beaucoup moins que la somme des dépenses d'investissement et des exportations nettes, les deux variables ont une certaine tendance à se suivre. Notons également que la baisse d'investissements la plus forte enregistrée en 1982 s'est produite au moment où l'économie se trouvait au creux de la plus profonde récession que nous ayons connu depuis la fin de la Seconde Guerre mondiale (récession que nous avons étudiée aux chapitres 5 et 7).

Figure 8.1 Les composantes de la dépense agrégée, de 1971 à 1990

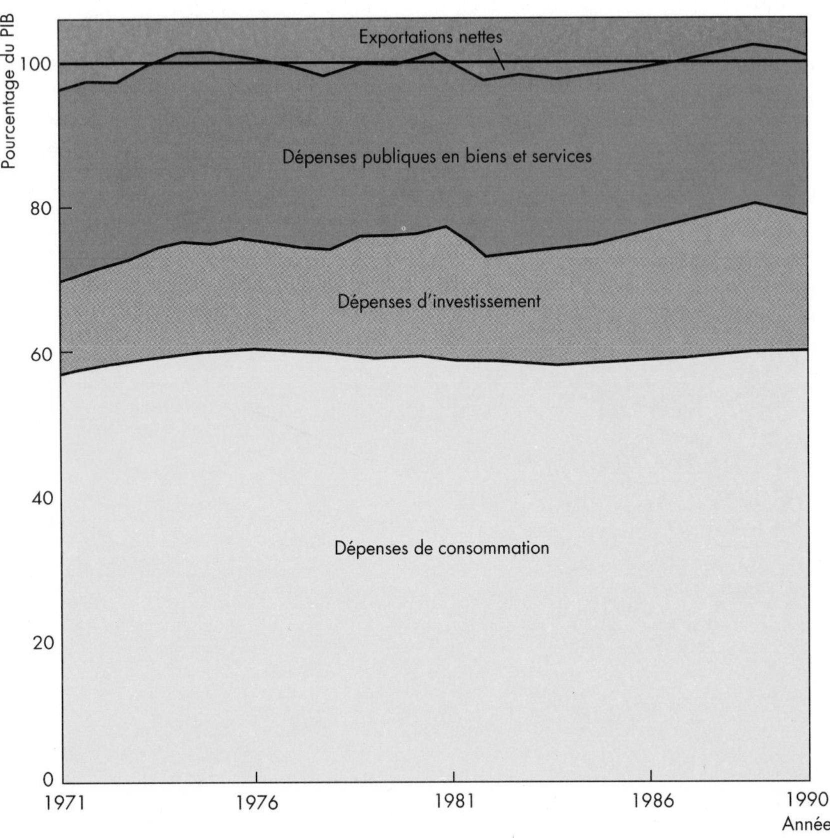

Les dépenses de consommation représentent la principale composante de la dépense agrégée. Elles constituent près de 60 % du PIB. La proportion des dépenses publiques en biens et services par rapport au PIB se situe à un peu plus de 20 %. Les dépenses d'investissement ont varié entre 15 et 20 % du PIB. Les exportations nettes sont la plus petite composante du PIB et ont fluctué autour de zéro.

Source: Statistique Canada. *Comptes nationaux des revenus et dépenses,* 1991.

Le gouvernement exerce-t-il une action stabilisatrice sur l'économie?

Nous pouvons dans une certaine mesure répondre à l'une des questions concernant les dépenses publiques qui ont été posées au début du chapitre. En vue de déterminer si le gouvernement a un effet stabilisateur sur la dépense agrégée, nous pouvons observer, à la figure 8.2, de quelle façon les fluctuations des dépenses publiques en biens et services évoluent par rapport aux fluctuations des investissements et des exportations nettes, lesquels constituent les composantes les plus instables de la dépense agrégée. On peut voir que les fluctuations des dépenses publiques ont tendance à contrebalancer les variations des investissements et des exportations nettes. Il est vrai que les fluctuations des dépenses publiques ont tendance à évoluer en sens opposé des variations des investissements, quoique de façon moins prononcée. Ainsi, les fluctuations des dépenses publiques ne compensent que partiellement les variations des investissements et des exportations nettes.

Les dépenses publiques en biens et services constituent la composante *publique* de la dépense agrégée. Elles sont déterminées par les décisions que prend le gouvernement en fonction des désirs des électeurs. Les dépenses de consommation, les investissements et les exportations nettes sont les composantes *privées* de la dépense agrégée. Elles sont déterminées par les décisions des ménages et des entreprises. Dans les sections qui suivront, nous allons étudier les choix qui déterminent les composantes privées de la dépense agrégée. Nous commencerons par la composante la plus importante, soit les dépenses de consommation.

Figure 8.2 Les fluctuations des composantes de la dépense agrégée, de 1972 à 1990

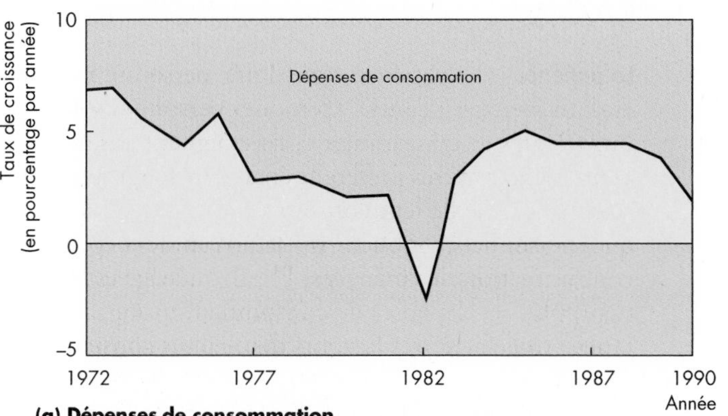

(a) Dépenses de consommation

Taux de croissance (en pourcentage par année)

20

15

10

5

0

−5

−10

−15

Dépenses d'investissement plus exportations nettes

1972 1977 1982 1987 1990

Année

(b) Dépenses d'investissement plus exportations nettes

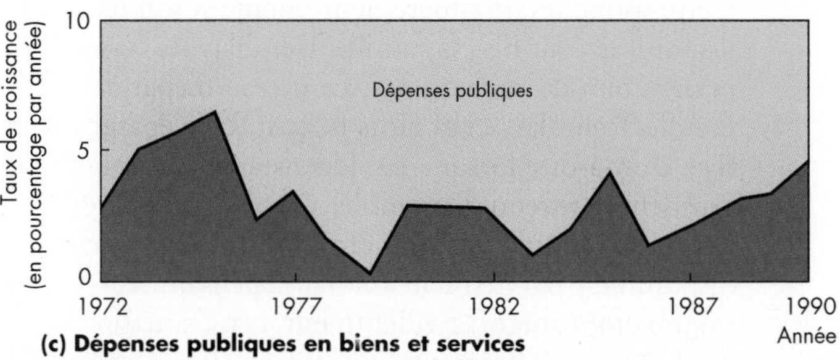

(c) Dépenses publiques en biens et services

Dans ces graphiques, les fluctuations des composantes de la dépense agrégée sont représentées par les taux de croissance de chacune des composantes. La somme des investissements et des exportations nettes représente de loin l'élément le plus variable de la dépense agrégée. Viennent ensuite les dépenses de consommation et les dépenses publiques en biens et services.

Source: Statistique Canada. *Comptes nationaux des revenus et dépenses,* 1991.

Les dépenses de consommation et l'épargne

Les *dépenses de consommation* représentent la valeur des biens et services de consommation qu'achètent les ménages. Il y a cinq principaux facteurs qui ont une incidence sur les dépenses de consommation des ménages. Ce sont les suivants :

- Le revenu disponible
- Le revenu anticipé
- L'âge
- La patience
- Les taux d'intérêt

Le revenu disponible *Le revenu disponible* est la somme des revenus des ménages et des paiements de transfert des gouvernements moins les impôts. Un ménage peut, avec son revenu disponible, soit acheter des biens et services de consommation, soit épargner.

Au fur et à mesure que le revenu disponible des ménages augmente, les dépenses pour la nourriture, les vêtements, le logement, les soins médicaux et la plupart des autres biens et services augmentent elles aussi. En d'autres termes, les dépenses de consommation d'un ménage augmentent avec le revenu disponible.

Le revenu anticipé Dans le même ordre d'idée, plus le revenu anticipé d'un ménage est élevé, plus ses dépenses de consommation courantes le seront également, toutes choses étant égales par ailleurs. Ce qui signifie que, lorsque deux ménages possèdent le même revenu disponible pour l'année courante, c'est le ménage qui a le revenu anticipé le plus élevé qui dépensera une plus grande partie de son revenu disponible courant en biens et services de consommation. Prenons le cas de deux ménages dont le principal soutien de famille occupe un poste de cadre dirigeant dans une grande entreprise. Supposons que l'un d'eux vienne d'obtenir une promotion importante qui augmentera le revenu du ménage de 50 % dans les années à venir. L'autre vient d'apprendre que l'entreprise pour laquelle il travaille a été vendue et qu'il perdra son emploi à la fin de l'année. Le premier ménage achète une nouvelle voiture et prend des vacances onéreuses à l'étranger, ce qui augmente ses dépenses de consommation courantes. Le second ménage vend une des deux voitures qu'il possède et annule ses vacances d'hiver, réduisant ainsi ses dépenses de consommation courantes.

L'âge En moyenne, les ménages qui dépensent la plus grande partie de leur revenu disponible en biens et services de consommation sont des jeunes ménages ayant des enfants en bas âge. Par contre, ceux qui consacrent la plus faible partie de leur revenu disponible en biens et services de consommation sont les personnes âgées et à la retraite.

La patience La patience varie d'une personne à l'autre et d'un ménage à l'autre. Certaines personnes sont impatientes de consommer et ne craignent pas de s'endetter. D'autres préfèrent épargner, reportant à plus tard une partie de leur consommation. Ces caractéristiques personnelles influent sur le niveau des dépenses de consommation des ménages. Plus le ménage est impatient, plus ses dépenses de consommation sont importantes, tous les autres facteurs demeurant constants.

Les taux d'intérêt Des taux d'intérêt élevés entraînent une baisse du niveau des dépenses de consommation dans la mesure où ils rendent les prêts à la consommation plus coûteux et où ils incitent les ménages à épargner davantage et à prêter une partie de leur revenu à d'autres.

Parmi les cinq facteurs qui ont une incidence sur les dépenses de consommation, le plus important est le revenu disponible. Nous allons maintenant étudier de plus près la relation qui existe entre les dépenses de consommation et le revenu disponible.

La fonction de consommation et la fonction d'épargne

La relation entre les dépenses de consommation et le revenu disponible s'appelle **fonction de consommation.** La **fonction d'épargne** désigne la relation entre l'épargne et le revenu disponible. Nous examinerons d'abord les fonctions de consommation et d'épargne d'un ménage fictif. Nous étudierons, par la suite, la fonction de consommation de l'économie canadienne.

La fonction de consommation et la fonction d'épargne d'un ménage indiquent quelles sont les dépenses de consommation et les intentions d'épargne selon le niveau du revenu disponible. À la figure 8.3, nous avons illustré les fonctions de consommation et d'épargne de la famille Tremblay. Deux points méritent d'être soulignés. Premièrement, même si son revenu disponible était nul, la famille Tremblay ne cesserait pas pour autant de consommer. Le niveau d'épargne de la famille Tremblay serait alors négatif. Une épargne négative, c'est-à-dire lorsque les dépenses de consommation excèdent le revenu disponible, s'appelle **désépargne.** Les ménages qui consomment plus que leur revenu disponible y parviennent soit en dépensant leurs actifs, soit en empruntant. Évidemment, cette situation ne peut durer indéfiniment.

Deuxièmement, lorsque le revenu disponible de la famille Tremblay s'accroît, la somme qu'elle a l'intention de dépenser en biens et services de consommation et le montant qu'elle projette d'épargner augmentent également. Puisqu'un ménage peut seulement dépenser ou épargner son revenu disponible, la somme des dépenses de consommation et de l'épargne est toujours égale au revenu disponible. Les intentions de consommation et d'épargne s'harmonisent toujours avec le revenu disponible.

La fonction de consommation La fonction de consommation de la famille Tremblay est illustrée dans le graphique (a) de la figure 8.3. Les deux axes représentent respectivement le revenu disponible et les dépenses de consommation. Dans ce graphique, les points identifiés par les lettres *a* à *f* correspondent aux lignes marquées des mêmes lettres dans le tableau. Par exemple, le point *c* représente un revenu disponible de 20 000 $ et des dépenses de consommation de 18 000 $.

La droite à 45° Le graphique (a) contient également une droite appelée *droite à 45°*. Cette droite qui part de l'origine forme un angle de 45°. Elle réunit les points pour lesquels les dépenses de consommation sont égales au revenu disponible. Lorsque la fonction de consommation se trouve au-dessus de la droite à 45°, les dépenses de consommation sont supérieures au revenu disponible ; lorsque la fonction de consommation se trouve au-dessous de la droite à 45°, les dépenses de consommation sont inférieures au revenu disponible.

Figure 8.3 Les fonctions de consommation et d'épargne de la famille Tremblay

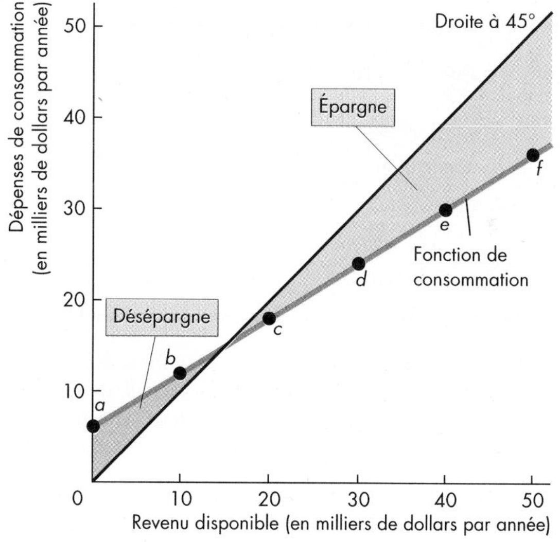

(a) Fonction de consommation

	Revenu disponible	Dépenses de consommation (en milliers de dollars par année)	Épargne
a	0	6	−6
b	10	12	−2
c	20	18	2
d	30	24	6
e	40	30	10
f	50	36	14

Ce tableau indique les intentions de consommation et d'épargne de la famille Tremblay pour divers niveaux du revenu disponible. Le graphique (a) de la figure montre la relation entre les dépenses de consommation et le revenu disponible (la fonction de consommation). Le graphique (b) illustre la relation entre l'épargne et le revenu disponible (la fonction d'épargne). Les points représentés par les lettres *a* à *f* situées sur les courbes de consommation et d'épargne correspondent aux lignes du tableau marquées des mêmes lettres. Le long de la droite à 45° du graphique (a), les dépenses de consommation et le revenu disponible sont égaux. La somme des dépenses de consommation et de l'épargne de la famille Tremblay est égale à son revenu disponible. Lorsque la fonction de consommation se situe au-dessus de la droite à 45°, l'épargne est négative (il y a désépargne) et la fonction d'épargne est au-dessous de l'axe des *x*. Lorsque la fonction de consommation se trouve au-dessous de la droite à 45°, l'épargne est positive et la fonction d'épargne se situe au-dessus de l'axe des *x*. Au point où la fonction de consommation croise la droite à 45°, le revenu disponible est entièrement consacré à la consommation, l'épargne est nulle et la fonction d'épargne coupe l'axe des *x*.

Épargne (en milliers de dollars par année)
20
10
0
−10
Fonction d'épargne
Épargne
Désépargne
a
b
c
d
e
f
10
20
30
40
50
Revenu disponible (en milliers de dollars par année)

(b) Fonction d'épargne

Finalement, au point où la fonction de consommation croise la droite à 45°, les dépenses de consommation sont égales au revenu disponible.

La fonction d'épargne La fonction d'épargne est représentée dans le graphique (b) de la figure 8.3. L'axe des *x* est exactement le même que dans le graphique (a). L'axe des *y* représente l'épargne. Encore une fois, les points *a* à *f* correspondent aux lignes marquées des mêmes lettres dans le tableau.

Il existe une relation entre la fonction de consommation et la fonction d'épargne, relation qui peut être comprise en observant les deux graphiques de la figure. Lorsque la fonction d'épargne se trouve sous l'axe des *x*, la valeur de l'épargne est négative (il y a désépargne) et la fonction de consommation se situe au-dessus de la droite à 45°. Lorsque la fonction d'épargne se trouve au-dessus de l'axe des *x*, la valeur de l'épargne est positive et la fonction de consommation se situe au-dessous de la droite à 45°. Au point où la fonction d'épargne croise l'axe des *x*, l'épargne est nulle; la fonction de consommation croise la droite à 45° et les dépenses de consommation sont égales au revenu disponible. Le niveau du revenu disponible où la fonction d'épargne croise l'axe des *x* est le même que celui où la fonction de consommation croise la droite à 45°.

Les propensions moyennes à consommer et à épargner

La **propension moyenne à consommer** (PMC) désigne le rapport entre les dépenses de consommation et le revenu disponible. La partie (a) du tableau 8.1 indique comment calculer la propension moyenne à consommer pour différents niveaux du revenu disponible. Prenons un exemple. Avec un revenu disponible de 20 000 $, la consommation de la famille Tremblay s'élève à 18 000 $. Sa propension moyenne à consommer correspond à 18 000 $ divisé par 20 000 $, ce qui donne 0,9.

Comme on peut le constater à partir des données du tableau, la propension moyenne à consommer diminue à mesure que le revenu disponible augmente. Si le revenu disponible est de 10 000 $, le ménage consommera plus que son revenu, de sorte que sa propension moyenne à consommer sera supérieure à 1. Cependant, si le revenu disponible est de 50 000 $, le ménage consommera seulement 36 000 $; donc, sa propension moyenne à consommer équivaudra à 36 000 $ divisé par 50 000 $, soit 0,72.

La **propension moyenne à épargner** (PMÉ) représente le rapport entre le montant de l'épargne et le revenu disponible. Elle a également été calculée dans la partie (a) du tableau 8.1. Par exemple, lorsque son revenu disponible égale 20 000 $, la famille Tremblay épargne 2000 $. La propension moyenne à épargner s'obtient en divisant 2000 $ par 20 000 $, ce qui donne 0,1. Lorsque l'épargne est négative, la propension moyenne à épargner est également négative. La propension moyenne à épargner augmente avec le revenu disponible.

Tableau 8.1 Les propensions moyennes et marginales à consommer et à épargner

(a) Propensions moyennes à consommer et à épargner

Revenu disponible (RD)	Dépenses de consommation (C)	Épargne (É)	PMC (C/RD)	PMÉ (É/RD)
(en dollars par année)				
0	6 000	- 6 000	—	—
10 000	12 000	- 2 000	1,20	- 0,20
20 000	18 000	2 000	0,90	0,10
30 000	24 000	6 000	0,80	0,20
40 000	30 000	10 000	0,75	0,25
50 000	36 000	14 000	0,72	0,28

(b) Propensions marginales à consommer et à épargner

Variation du revenu disponible	ΔRD : 10 000
Variation de la consommation	ΔC : 6 000
Variation de l'épargne	ΔÉ : 4 000
Propension marginale à consommer	PmC : ΔC/ΔRD = 0,6
Propension marginale à épargner	PmÉ : ΔÉ/ΔRD = 0,4

La consommation et l'épargne dépendent du revenu disponible. Même si le revenu disponible est nul, une famille doit consommer, de sorte que son épargne est négative; il y a donc désépargne. Une augmentation du revenu disponible entraîne un accroissement de la consommation et de l'épargne. Les propensions moyennes à consommer et à épargner sont calculées dans la partie (a). La propension moyenne à consommer représente le rapport entre la consommation et le revenu disponible; elle baisse à mesure que le revenu disponible augmente. La propension moyenne à épargner est le rapport entre l'épargne et le revenu disponible; elle s'accroît à mesure que le revenu disponible s'élève. La somme de ces deux propensions moyennes est égale à 1. Chaque dollar additionnel (*marginal*) de revenu disponible est soit dépensé, soit épargné.

Dans la partie (b), nous présentons les calculs des propensions marginales à consommer et à épargner. La propension marginale à consommer correspond à la variation de la consommation entraînée par un changement de 1 $ du revenu disponible. La propension marginale à épargner représente la variation de l'épargne qui résulte d'un changement de 1 $ du revenu disponible. La somme des propensions marginales à consommer et à épargner est égale à 1.

Ainsi, à mesure que le revenu disponible augmente, la propension moyenne à consommer diminue et la propension moyenne à épargner s'accroît. De la même manière, au fur et à mesure que le revenu disponible augmente, la part de ce revenu consacrée à l'épargne s'accroît et celle qui est consacrée à la consommation diminue. Cette évolution des propensions moyennes à consommer et à épargner témoigne du fait que les gens qui ont un revenu disponible très bas sont tellement pauvres que leur revenu ne leur permet pas de couvrir leurs dépenses de consommation. En d'autres termes, leurs dépenses de consommation sont supérieures à leur revenu disponible. À mesure que leur revenu disponible augmente, les gens consacrent une part de plus en plus faible de leur revenu aux dépenses de consommation.

La somme des propensions moyennes à consommer et à épargner est égale à 1, étant donné que la consommation et l'épargne englobent tout le revenu disponible. Chaque dollar de revenu disponible est soit dépensé, soit épargné.

Il est possible de vérifier cette somme en partant de l'équation suivante:

$$C + \acute{E} = RD.$$

En divisant les deux membres de l'équation par le revenu disponible, nous obtenons l'équation suivante:

$$(C/RD) + (\acute{E}/RD) = 1.$$

Ici, C/RD représente la *propension moyenne à consommer* et $\acute{E}/RD$ la *propension moyenne à épargner*. Par conséquent:

$$\text{PMC} + \text{PMÉ} = 1.$$

Les propensions marginales à consommer et à épargner

Le dernier dollar de revenu disponible qu'une personne reçoit est appelé *dollar marginal.* Une partie du dollar marginal est consacrée à la consommation et l'autre à l'épargne. Les propensions marginales à consommer et à épargner déterminent la part du dollar marginal qui va respectivement à la consommation et à l'épargne.

La **propension marginale à consommer** (PmC) est la fraction du dernier dollar de revenu disponible consacrée à l'achat de biens et services de consommation. Elle est calculée en divisant la variation des dépenses de consommation par la variation du revenu disponible. La **propension marginale à épargner** (PmÉ) représente la fraction du dernier dollar de revenu disponible consacrée à l'épargne. Elle est calculée en divisant la variation de l'épargne par la variation du revenu disponible.

Le calcul des propensions marginales à consommer et à épargner de la famille Tremblay figure dans la partie (b) du tableau 8.1. Si nous nous reportons à la partie (a) du tableau, nous constatons que le revenu disponible de la famille Tremblay augmente de 10 000 $ d'une ligne à l'autre du tableau. La variation du revenu disponible est donc de 10 000 $. Nous pouvons également constater que, lorsque le revenu disponible augmente de 10 000 $, la consommation s'accroît de 6000 $. La propension marginale à consommer, qu'on calcule en divisant la variation de la consommation par la variation du revenu disponible, est donc de 6000 $ divisé par 10 000 $, soit 0,6. La propension marginale à consommer de la famille Tremblay est constante; elle est la même quel que soit le niveau du revenu disponible. La famille Tremblay dépense 0,60 $ en biens et services de consommation sur un dollar marginal de revenu disponible.

La partie (b) du tableau 8.1 montre aussi comment calculer la propension marginale à épargner. Nous pouvons observer, dans la partie (a), que l'épargne augmente de 4000 $ lorsque le revenu disponible de la famille Tremblay s'accroît de 10 000 $. La propension marginale à épargner, qui représente la variation de l'épargne divisée par la variation du revenu disponible, est alors égale à 4000 $ divisé par 10 000 $, soit 0,4. La propension marginale à épargner de la famille Tremblay est constante; elle est la même quel que soit le niveau du revenu disponible. Du dernier dollar de revenu disponible, la famille Tremblay épargne 0,40 $.

La somme de la propension marginale à consommer et de la propension marginale à épargner est égale à 1. Chaque dollar supplémentaire est dépensé ou épargné. Dans notre exemple, lorsque le revenu disponible augmente de 1 $, la consommation s'accroît de 0,60 $ et l'épargne de 0,40 $.

Les relations entre les propensions marginales et moyennes

Selon les calculs que nous venons d'effectuer, la propension marginale à consommer est inférieure à la propension moyenne. De plus, à mesure que le revenu disponible augmente, la propension moyenne à consommer diminue.

Pour mieux comprendre la relation entre la propension marginale à consommer et la propension moyenne à consommer, utilisons l'exemple de la moyenne au bâton d'un joueur de base-ball. Supposons que Gary Carter se présente au bâton avec une moyenne de 0,300. Toutes ses présences antérieures au bâton ont été prises en compte dans le calcul de sa moyenne. Sa présence courante au bâton ne contribuera à sa marque que de façon marginale. S'il obtient un coup sûr, sa marque marginale sera meilleure que sa moyenne, et celle-ci augmentera. S'il est retiré, sa marque marginale sera pire que sa moyenne, et celle-ci diminuera.

La relation entre les propensions marginales et moyennes est également valable pour l'épargne. La propension marginale à épargner est supérieure à la propension moyenne. En conséquence, à mesure que le revenu disponible augmente, la propension moyenne à épargner s'accroît également.

Nous pouvons comparer l'épargne à un frappeur qui obtient un coup sûr. La propension marginale à épargner est supérieure à la propension moyenne, de sorte que la propension moyenne augmente à mesure que le revenu disponible s'accroît. En d'autres termes, lorsque le joueur frappe un coup sûr, sa marque marginale est supérieure à sa moyenne, et sa moyenne augmente avec le nombre de présences au bâton. Nous pouvons aussi comparer les propensions marginales et moyennes à consommer à un retrait au bâton. La propension marginale à consommer est inférieure à la propension moyenne, ce qui provoque une diminution de la propension moyenne à consommer à mesure que le revenu disponible augmente. Dans ce cas, la marque marginale est inférieure à la moyenne du frappeur, de sorte que la moyenne diminue avec le nombre de présences au bâton.

Les propensions marginales et les pentes La propension marginale à consommer est égale à la pente de la fonction de consommation (voir la figure 8.3). Dans cette figure, la pente de la fonction de consommation est constante et peut être mesurée en divisant la variation de la consommation par la variation du revenu disponible. Par exemple, lorsque le revenu disponible passe de 20 000 $ à 30 000 $, soit une augmentation de 10 000 $, la consommation passe de 18 000 $ à 24 000 $, soit une hausse de 6000 $. La pente de la fonction de consommation correspond à 6000 $ divisé par 10 000 $, ce qui donne 0,6, soit la valeur de la propension marginale à consommer que nous avons calculée au tableau 8.1.

La propension marginale à épargner est égale à la pente de la fonction d'épargne (voir la figure 8.3). Lorsque le revenu disponible augmente de 10 000 $, l'épargne s'accroît de 4000 $. La pente de la fonction d'épargne correspond à 4000 $ divisé par 10 000 $, ce qui donne 0,4, soit la valeur de la propension marginale à épargner que nous avons calculée au tableau 8.1.

Jusqu'à présent, nous avons étudié les décisions de consommation et d'épargne d'un ménage fictif. Nous allons maintenant analyser les dépenses de consommation effectives des ménages canadiens et nous verrons comment les dépenses varient en fonction du revenu disponible.

La fonction de consommation canadienne

Le tableau 8.2 contient des données concernant la fonction de consommation canadienne pour l'année 1982. Chaque ligne représente le revenu disponible et les dépenses de consommation moyennes pour un ensemble de ménages. Le tableau contient six lignes disposées en ordre croissant de revenu disponible.

Les dépenses de consommation au Canada augmentent avec le revenu disponible. Le calcul des propensions marginales et moyennes à consommer peut être effectué en utilisant les données du tableau. Nous allons d'abord calculer la propension moyenne à consommer en divisant les dépenses de consommation par le revenu disponible. On peut constater que les personnes appartenant au groupe dont le revenu disponible est le plus faible dépensent plus que leur revenu disponible ; la propension moyenne à consommer de ce groupe est donc supérieure à 1. Par contre, la propension moyenne à consommer fléchit à mesure que le revenu disponible augmente. Le groupe de personnes dont le revenu est le plus élevé a une propension moyenne à consommer de 0,71.

Pour calculer la propension marginale à consommer, il faut diviser la variation des dépenses de consommation par la variation du revenu disponible. Lorsque le revenu disponible passe du niveau le plus bas à l'avant-dernier niveau, la propension marginale à consommer est égale à 0,84 ; lorsque le revenu disponible augmente jusqu'aux tranches supérieures, la propension marginale à consommer baisse graduellement pour atteindre 0,51 pour le groupe de personnes dont le revenu disponible est le plus élevé. Les Canadiens à faible revenu dépensent plus de 0,90 $ sur chaque dollar additionnel de revenu disponible qu'ils reçoivent, alors que les Canadiens dont le revenu est élevé dépensent à peine plus de 0,50 $ sur chaque dollar additionnel de revenu disponible.

Nous avons vu dans le cas de la famille Tremblay, comme dans l'exemple du frappeur, que, lorsque la propension marginale dépasse la propension moyenne, cette dernière augmente. En revanche, lorsque la propension marginale est sous la propension moyenne, celle-ci diminue. La propension marginale à consommer est inférieure à la propension moyenne à consommer et, à mesure que le revenu disponible augmente, la propension moyenne à consommer diminue.

La figure 8.4 (page 200) est une représentation graphique des données du tableau 8.2. Chaque point (de *a* à *f*) correspond à une ligne du tableau. La courbe qui réunit ces points représente la fonction de consommation canadienne. Elle décrit la relation moyenne entre les dépenses de consommation et le revenu disponible pour diverses catégories de revenu. Il existe une ressemblance entre la fonction de consommation canadienne de la figure 8.4 et celle de la famille Tremblay illustrée dans le graphique (a) de la figure 8.3.

Les déplacements de la fonction de consommation

Rappelons que cinq facteurs influent particulièrement sur les dépenses de consommation des ménages. Le revenu disponible n'est que l'un d'eux. Les autres facteurs sont le revenu anticipé, l'âge, la patience et les

Tableau 8.2 Le revenu disponible et les dépenses de consommation au Canada

Catégorie de revenu	Revenu disponible (en dollars par année)	Dépenses de consommation (en dollars par année)	Propension moyenne à consommer	Propension marginale à consommer
a	6 754	7 454	1,10	
				0,84
b	13 844	13 424	0,97	
				0,75
c	21 446	19 095	0,89	
				0,69
d	28 717	24 139	0,84	
				0,61
e	36 206	28 742	0,79	
				0,51
f	52 230	36 840	0,71	

Les lignes du tableau indiquent le revenu disponible et les dépenses de consommation moyennes de certains groupes de Canadiens dont les revenus sont classés en ordre croissant. Ces données sont utilisées pour calculer les propensions marginale et moyenne à consommer. La propension moyenne à consommer, soit les dépenses de consommation divisées par le revenu disponible, baisse à mesure que le revenu disponible augmente. La propension marginale à consommer, soit la variation de la consommation divisée par la variation du revenu disponible, diminue également lorsque le revenu disponible augmente. La propension marginale à consommer est inférieure à la propension moyenne à consommer.

Source: Statistique Canada. *Les dépenses des familles au Canada*, d'après un sondage effectué en 1982.

taux d'intérêt. Ces quatre facteurs font déplacer la fonction de consommation. Par exemple, une hausse du revenu anticipé entraîne un déplacement de la fonction de consommation vers le haut et une diminution entraîne un déplacement de la fonction de consommation vers le bas. La fonction de consommation se déplacera aussi vers le haut à la suite d'une baisse des taux d'intérêt. Au fil des ans, la fonction de consommation d'une famille se déplace vers le haut, à mesure que le nombre d'enfants augmente et qu'ils vieillissent. La fonction de consommation se déplace ensuite vers le bas, lorsque les enfants quittent la maison et que les parents se rapprochent de la retraite.

Ces facteurs, qui font déplacer la fonction de consommation, peuvent revêtir une grande importance pour chaque ménage mais, dans l'ensemble, leurs effets peuvent ne pas être très significatifs. La fonction de consommation moyenne, qui tient compte de tous les ménages, constitue une relation économique remarquablement stable.

La fonction de consommation agrégée

Jusqu'à maintenant, nous avons étudié la relation entre les dépenses de consommation et le revenu disponible d'un ménage fictif, et décrit la fonction de consommation moyenne pour tous les ménages canadiens. Notre but, en développant la théorie de la fonction de consommation, est d'expliquer comment la dépense agrégée et le PIB réel sont déterminés. Nous allons porter notre attention sur la fonction de consommation agrégée et laisser de côté les ménages à différents niveaux de revenu.

La **fonction de consommation agrégée** désigne la relation entre les dépenses de consommation réelles et le PIB réel. Pour obtenir la fonction de consommation agrégée, il faut d'abord calculer la relation entre les dépenses de consommation réelles et le revenu disponible réel. Nous avons choisi d'illustrer cette relation sur une période de vingt ans, soit de 1969 à 1990 (voir le graphique (a) de la figure 8.5, page 201). Les dépenses de consommation réelles (en dollars de 1981) sont mesurées le long de l'axe des *y* et le revenu disponible réel (également en dollars de 1981) le long de l'axe des *x*. Chaque point bleu représente une combinaison des dépenses de consommation réelles et du revenu disponible réel pour chacune des années comprises entre 1969 et 1990. La droite qui réunit ces points s'appelle **fonction de consommation sous forme de série chronologique**. Cette dernière représente la relation entre les dépenses de consommation réelles et le revenu

Figure 8.4 La fonction de consommation canadienne en 1982

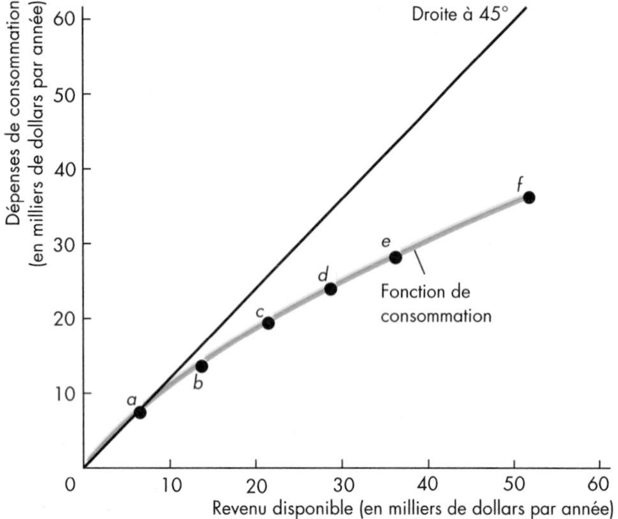

Pour tracer la fonction de consommation, nous avons placé les dépenses de consommation des ménages sur l'axe des *y* et le revenu disponible des ménages sur l'axe des *x*. Les données de base qui ont servi à illustrer ici la fonction de consommation canadienne sont tirées du tableau 8.2. Les points *a* à *f* de la fonction de consommation correspondent aux lignes du tableau marquées des mêmes lettres. Par exemple, les ménages dont les revenus étaient les plus élevés avaient un revenu moyen de 52 230 $ en 1982 et des dépenses de consommation de 36 840 $. Ces données sont représentées par le point *f* de la fonction de consommation dans la figure.

disponible réel, au cours du temps. La pente de la fonction de consommation, et par conséquent la propension marginale à consommer, correspond à 0,9.

Il est important de comprendre pourquoi la fonction de consommation sous forme de série chronologique a une allure différente de la fonction de consommation des ménages individuels étudiée à la figure 8.4. La fonction de consommation des ménages individuels indique de quelle manière les dépenses de consommation varient en fonction du niveau du revenu disponible des ménages au cours d'une année donnée. La fonction de consommation sous forme de série chronologique permet de comprendre comment la dépense de consommation agrégée varie en fonction du revenu disponible agrégé d'une année à l'autre. De même, cette fonction indique la relation, au cours du temps, entre les dépenses de consommation moyennes et le revenu disponible moyen. En faisant la moyenne pour les familles à faible revenu et à revenu élevé, les dépenses de consommation représentent 0,90 $ sur chaque dollar de revenu disponible. Cependant, d'une famille à l'autre, il y a de grandes variations par rapport à cette moyenne, comme en témoigne la fonction de consommation des ménages individuels.

Le graphique (b) de la figure 8.5 montre la fonction de consommation agrégée, c'est-à-dire l'évolution des dépenses de consommation réelles en fonction du PIB réel. Pour pouvoir exprimer les dépenses de consommation en fonction du PIB, nous devons faire le lien entre le revenu disponible et le PIB. Ce lien est implicite dans la définition du revenu disponible. Il faut se rappeler que le revenu disponible est la différence entre le revenu agrégé et les impôts nets (les impôts moins les paiements de transfert). Le revenu agrégé est égal au PIB. Pour établir la relation entre la consommation et le PIB, nous devons connaître l'effet de la variation du PIB sur les impôts nets.

Les impôts nets augmentent à mesure que le PIB s'accroît. Presque tous les impôts que nous payons, les impôts sur le revenu des particuliers et sur le revenu des sociétés de même que les cotisations versées à l'assurance-chômage et au régime de retraite du Canada, augmentent avec le revenu. Les paiements de transfert, comme le supplément de revenu garanti et les prestations d'assurance-chômage, diminuent lorsque les revenus augmentent. Puisque les impôts augmentent et que les paiements de transfert diminuent avec le revenu, les impôts nets s'accroissent lorsque le revenu augmente. D'ailleurs, les impôts nets ont tendance à représenter un pourcentage assez stable du PIB, soit environ 40 %. Si nous versons 40 % du PIB en impôts nets, la différence, soit 60 % du PIB, représente le revenu disponible.

Le tableau de la figure 8.5 montre la relation entre le PIB réel, le revenu disponible et les dépenses de consommation. Nous pouvons constater que le revenu disponible représente 60 % du PIB. Par exemple, si le PIB réel se chiffre à 300 milliards de dollars, le revenu disponible, soit 60 % de ce montant, s'élève à 180 milliards de dollars. Les dépenses de consommation pour divers niveaux de revenu disponible y sont également présentées. Nous avons vu que la propension marginale à consommer était de 0,9. En d'autres termes, pour chaque dollar additionnel de revenu disponible, un montant de 0,90 $ est consacré à la consommation et un montant de 0,10 $ est consacré à l'épargne. Alors, si le revenu disponible est égal à 180 milliards de dollars, les dépenses de consommation représentent 90 % de ce montant, soit 162 milliards de dollars.

La consommation en tant que fonction du PIB réel ou fonction de consommation agrégée est présentée dans le graphique (b) de la figure 8.5. Elle est illustrée par la droite qui traverse les points correspondant aux dépenses de consommation effectives et au PIB réel effectif pour les années 1969 à 1990.

Figure 8.5 La fonction de consommation agrégée

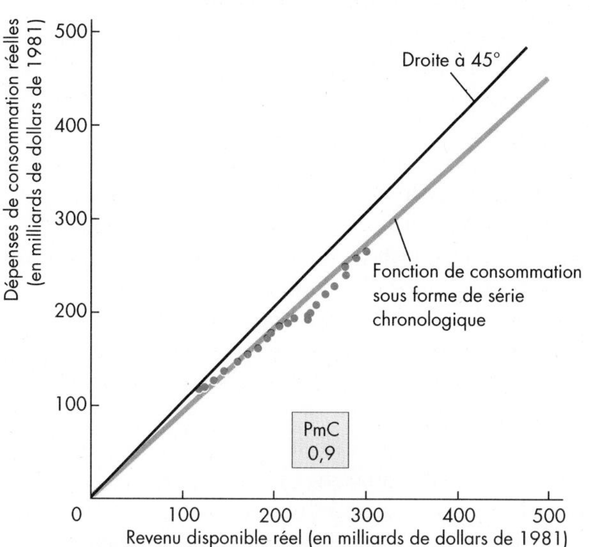

(a) Consommation et revenu disponible

Dépenses de consommation réelles (en milliards de dollars de 1981)

Droite à 45°

Fonction de consommation agrégée

PmC 0,54

PIB réel (en milliards de dollars de 1981)

(b) Consommation et PIB réel

PIB réel (Y)	Revenu disponible ($RD = 0{,}6\ Y$)	Dépenses de consommation ($C = 0{,}9\ RD = 0{,}54\ Y$)
	(en milliards de dollars de 1981)	
100	60	54
200	120	108
300	180	162
400	240	216
500	300	270
600	360	324

Le graphique (a) illustre la fonction de consommation sous forme de série chronologique pour les années comprises entre 1969 et 1990, soit la relation entre les dépenses de consommation réelles et le revenu disponible réel. Chaque point de la figure représente les dépenses de consommation réelles et le revenu disponible réel d'une année donnée. La propension marginale à consommer le revenu disponible est environ de 0,9.

Le graphique (b) présente la fonction de consommation agrégée, soit la relation entre les dépenses de consommation réelles et le PIB réel. Cette fonction de consommation tient compte du fait que les impôts nets s'accroissent lorsque le PIB réel augmente. La propension marginale à consommer le PIB réel est environ de 0,54. Le lien entre la fonction de consommation sous forme de série chronologique et la fonction de consommation agrégée est illustré dans le tableau. Le taux d'imposition est de 40 %, de sorte que le revenu disponible correspond à 0,6 fois le PIB réel. La propension marginale à consommer le revenu disponible est de 0,9. Si nous combinons le taux d'imposition de 40 % avec la propension marginale à consommer le revenu disponible de 0,9, nous obtenons une propension marginale à consommer le PIB réel égale à 0,54.

La position exacte de la fonction de consommation agrégée dépend de la propension marginale à consommer le revenu disponible et de la relation entre le revenu disponible et le PIB.

Puisque les neuf dixièmes (0,9) du revenu disponible sont consacrés à la consommation et que le revenu disponible représente six dixièmes (0,6) du PIB, la fraction du PIB consacrée à la consommation correspond à 0,54 ($0{,}9 \times 0{,}6 = 0{,}54$). L'écart vertical entre la droite à 45° et la fonction de consommation agrégée représente la valeur de l'épargne et le niveau des impôts nets. Plus les impôts nets sont élevés, plus le niveau de la fonction de consommation agrégée est bas, et plus l'écart est important.

L'historique de l'évolution de la théorie de la consommation et de l'épargne est présenté aux pages 202 à 204.

La consommation et l'épargne

Irving Fisher

Vers 1930, les économistes sont arrivés à un consensus au sujet de la détermination de la consommation et de l'épargne. Irving Fisher, de l'université Yale, a joué un rôle central dans l'élaboration de ce consensus en publiant, en 1930, *The Theory of Interest*[1]. À cette époque, les économistes soutenaient que la consommation et l'épargne dépendaient principalement du taux d'intérêt réel. Selon eux, un taux d'intérêt réel élevé devait provoquer une diminution de la consommation et une hausse de l'épargne. Fisher, quant à lui, avait avancé l'idée qu'il fallait inciter les gens à diminuer leurs dépenses en les récompensant avec un taux de rendement élevé. En effet, plus le rendement est élevé, moins les gens ont tendance à consommer et plus ils ont tendance à épargner.

Ce consensus fut ébranlé par John Maynard Keynes, de Cambridge en Angleterre, dans son livre intitulé *La théorie générale de l'emploi, de l'intérêt et de la monnaie*, publié en 1936. L'idée de Keynes était que la consommation et l'épargne ne dépendent pas du taux d'intérêt mais plutôt du niveau de revenu disponible :

John Maynard Keynes

« Étant donc admis que la propension à consommer est une fonction assez stable, l'influence de ses variations propres étant considérée comme secondaire, et que par conséquent le montant de la consommation globale dépend essentiellement du montant du revenu global (les deux quantités étant mesurées en unités de salaire), quelle est la forme normale de cette fonction? La loi psychologique fondamentale, à laquelle nous pouvons faire toute confiance, à la fois *a priori* en raison de notre connaissance de la nature humaine et *a posteriori* en raison des enseignements détaillés de l'expérience, c'est qu'en moyenne et la plupart du temps les hommes tendent à accroître leur consommation à mesure que leur revenu croît, mais non d'une quantité aussi grande que l'accroissement du revenu. En d'autres termes, C_s étant le montant de la consommation et R_s celui du revenu (mesurés tous deux en unités de salaires), ΔC_s est de même signe que ΔR_s, mais d'une grandeur moindre, *i.e.* dC_s/dR_s est positif et inférieur à l'unité[2]. »

Peu de temps avant que Keynes écrive son livre, Colin Clark, travaillant en Angleterre, et Simon Kuznets, de l'université de Chicago, commençèrent à compiler des données sur le revenu national. Ces données ont confirmé la théorie de Keynes de façon remarquable.

Pendant les années 40 et 50, des agences gouvernementales devaient recueillir de nombreuses autres données. Les comptes nationaux officiels sur le revenu devaient fournir des données additionnelles sur la consommation et le revenu, et ce pour chaque année, et même pour chaque trimestre après 1947. On devait aussi rassembler des données transversales sur la consommation et le revenu de groupes d'individus classés selon l'âge, la race et le lieu de résidence. Ces données nouvelles allaient révéler des carences dans la théorie de Keynes. Dès la fin des années 40, il devenait évident que la théorie keynésienne de la fonction de consommation engendrait d'importantes erreurs de prévision. De plus, les données transversales devaient montrer que la proportion du revenu consommé variait de façon systématique avec l'âge, la race et le lieu de résidence.

Cela devait donner naissance à deux nouvelles théories qui ont fait avancer nos connaissances. La première de ces théories, connue sous le nom d'*hypothèse du cycle de vie*, fut élaborée par Franco Modigliani, éminent économiste du Massachusetts Institute of Technology (MIT). Puis, Milton Friedman, qui à l'époque enseignait à l'université de Chicago, mettait au point l'*hypothèse du revenu permanent*. Modigliani a effectué ses recherches conjointement avec un jeune économiste anglais, Richard Brumberg. Leur travail a été publié en 1954[3] et celui de Friedman a été publié trois ans plus tard, soit en 1957, dans un ouvrage intitulé *A Theory of the Consumption Function*[4].

Ces chercheurs ont avancé l'idée que la consommation n'est pas déterminée par le revenu, mais par la richesse. Toutes choses étant égales par ailleurs, plus un individu est riche, plus il consomme. Évidemment, la richesse et le revenu sont reliés, mais pas directement sur une base annuelle. Une personne riche peut avoir un faible revenu au cours d'une année donnée, tandis qu'un individu pauvre peut avoir un revenu élevé au cours d'une année en particulier. Des variations aléatoires du revenu, lorsqu'elles ne sont pas liées à des variations de la richesse, auront peu ou pas d'effet sur la consommation.

Modigliani a particulièrement insisté sur le lien qui existe entre l'âge des individus, le revenu et la richesse. Les jeunes qui ont un emploi stable peuvent recevoir un faible revenu, mais être riches parce que leur revenu futur augmentera. Ces personnes auront donc tendance à consommer une portion importante de leur revenu courant. Les gens dans la quarantaine ont un revenu élevé par rapport à leur richesse. Ils ne consommeront qu'une faible proportion de leur revenu.

La contribution la plus importante de Friedman est d'avoir établi la distinction entre les variations transitoires et permanentes du revenu. Les variations permanentes du revenu ont un fort effet sur la consommation, alors que les variations transitoires ont très peu d'effet. Les idées avancées par Modigliani et Friedman ont permis de résoudre la plupart des paradoxes issus des données transversales et des données chronologiques. Ces deux chercheurs ont reçu le prix Nobel d'économie, en partie grâce aux travaux dont nous venons de parler.

Une révolution en économie, la révolution des anticipations rationnelles, a vu le jour durant les années 60 et s'est accélérée au cours des années 70. Cette révolution a forcé les économistes à modifier leur point de vue sur les théories de la fonction de consommation de Modigliani et de Friedman. Robert Hall, économiste de l'université Stanford, a contribué de façon importante à cette reformulation en 1978[5].

La théorie des anticipations rationnelles de la fonction de consommation proposée par Hall s'appuie sur la même hypothèse de base que les théories de Friedman et de Modigliani: la consommation dépend de la richesse. Et la richesse dépend de tous les revenus futurs. Plus le revenu futur d'une personne sera élevé, en salaire ou en intérêt, plus elle sera riche. Les gens ne savent pas combien ils gagneront dans le futur mais, pour prendre leurs décisions en matière de

Franco Modigliani

Milton Friedman

consommation, ils doivent prévoir quel sera leur revenu futur. En faisant leurs prévisions, les gens utilisent toute l'information qui est disponible. À partir des prévisions de leur richesse, ils formuleront des intentions de consommation qui permettront de répartir, au mieux de leurs connaissances, leur consommation au cours du temps.

Les prévisions ne changeront que si de nouvelles informations deviennent disponibles. Or, on ne sait pas quand ces nouvelles informations seront disponibles. En conséquence, les estimations des gens au sujet de leur richesse changent également de façon imprévue. Puisque les intentions de consommation dépendent aussi de la richesse, elles varieront aussi de façon aléatoire.

Les variations de la consommation, d'une période donnée à l'autre, dépendront des intentions de consommation, telles qu'elles ont été formulées par Modigliani et Friedman, et des changements de ces intentions par suite de l'obtention de nouvelles informations. En conséquence, les variations de la consommation d'une année à l'autre seront aléatoires. La valeur moyenne de la consommation dépendra des intentions de consommation moyennes à long terme, mais ces dernières varieront d'une année à l'autre en fonction des changements de l'information reçue et des prévisions concernant la richesse future. Aucune variable, à l'exception de la consommation courante, ne devrait servir à prévoir la consommation future.

À ce jour, c'est la contribution de Robert Hall qui nous a le plus aidé à comprendre la consommation et l'épargne. Cependant, d'autres découvertes verront le jour. De nouveaux articles sur ce sujet sont publiés tous les mois dans les revues économiques, et certains marqueront probablement l'histoire.

---

1 Irving Fisher, *The Theory of Interest*, New York, Macmillian, 1930.

2 John Maynard Keynes, *Théorie générale de l'emploi, de l'intérêt et de la monnaie*, Paris, Payot, 1977, pp. 113-114.

3 Franco Modigliani et Richard Brumberg, «Utility Analysis of the Consumption Function: An Interpretation of Cross-Section Data», dans *Post-Keynesian Economics*, ed. K. Kurihara, New Brunswick, Rutgers University Press, 1954.

4 Milton Friedman, *A Theory of the Consumption Function*, Princeton, Princeton University Press, 1957.

5 Robert Hall, «Stochastic Implications of the Life-Cycle Permanent Income Hypothesis: Theory and Evidence», *Journal of Political Economy 86*, décembre 1978, pp. 971 à 988.

À RETENIR

La consommation est fonction du revenu disponible. Le revenu disponible, pour sa part, représente un pourcentage stable du PIB. Ainsi, la consommation constitue également une fonction du PIB. Actuellement, au Canada, chaque dollar additionnel de PIB réel produit, en moyenne, 0,54 $ de plus en dépenses de consommation réelles.

■ ■ ■

La section qui suit est consacrée à une autre des principales composantes de la dépense agrégée, soit les dépenses d'investissement.

Les dépenses d'investissement

Les *dépenses d'investissement* sont les dépenses consacrées à l'achat d'une nouvelle usine, d'équipement et de bâtiments, de même qu'à l'accroissement des stocks au cours d'une période donnée. Comme nous l'avons vu à la figure 8.2, cette composante de la demande agrégée est très variable. Quels facteurs déterminent le niveau des investissements et pour quelles raisons les investissements varient-ils autant ? Par exemple, comment la société Olympia et York, empire de la multinationale Reichmann, décide-t-elle du montant à engager dans de nouveaux projets d'urbanisation ? Quels facteurs influencent IBM dans sa décision d'investir dans de nouveaux procédés informatiques ? Comment la société Bell Canada détermine-t-elle le montant des dépenses à engager dans le développement de systèmes de transmission par fibres optiques ? Pourquoi le taux d'investissement des entreprises est-il parfois élevé et parfois faible ?

Les facteurs déterminant l'investissement

Évidemment, les sociétés Olympia et York, IBM, de même que Bell Canada tiennent compte de milliers de facteurs lorsqu'elles prennent leurs décisions d'investissement. Cependant, les quatre principaux facteurs sont les suivants :

- Les taux d'intérêt
- L'inflation anticipée
- Le profit anticipé
- La dépréciation

Les taux d'intérêt Plus les taux d'intérêt sont bas, plus le niveau des investissements est élevé. Pour acquérir des biens d'équipement, les entreprises doivent parfois emprunter ou puiser dans leurs propres fonds ou «bénéfices non répartis». Peu importe la méthode de financement d'un projet d'investissement, le taux d'intérêt fait partie de son *coût d'opportunité*. L'intérêt payé sur l'emprunt représente un coût direct. Cependant, une entreprise pourrait prêter ses bénéfices non répartis à une autre entreprise au taux d'intérêt courant. Or, l'intérêt auquel elle renonce représente le coût d'opportunité de l'affectation des bénéfices non répartis au financement du projet d'investissement. Plus le taux d'intérêt est faible, plus le coût d'opportunité de tout projet d'investissement est bas. Certains projets qui ne sont pas rentables à un taux d'intérêt élevé peuvent le devenir lorsque le taux d'intérêt est faible. Plus le taux d'intérêt est bas, plus le nombre de projets d'investissement rentables est important et plus le niveau des investissements est élevé.

Par exemple, supposons que la société Chrysler envisage de construire une nouvelle chaîne de montage d'automobiles à Windsor, en Ontario, au coût de 100 millions de dollars. On prévoit que cette nouvelle chaîne permettra de fabriquer des automobiles pendant trois ans, puis qu'elle sera détruite pour être remplacée par une autre qui permettra de fabriquer des modèles entièrement nouveaux. Le revenu net anticipé pour chacune des trois années est présenté au tableau 8.3. Le revenu net est la différence entre le revenu total qui résulte de la vente d'automobiles et le coût de production de celles-ci. En calculant le revenu net, on ne doit pas inclure le coût initial de la chaîne de montage ni l'intérêt à payer sur celle-ci. Nous comptons ces coûts séparément. Supposons que, pour construire la chaîne de montage, Chrysler ait l'intention d'emprunter le montant initial de 100 millions de dollars. À la fin de chaque année, Chrysler prévoit payer l'intérêt sur le montant qui reste à payer et utiliser son revenu net pour rembourser la plus grande partie possible de son

Tableau 8.3 Investissement dans une chaîne de montage d'automobiles

Coût de la chaîne de montage		100 000 000 $
Revenu net anticipé :	1re année	40 000 000
	2e année	50 000 000
	3e année	20 000 000

La construction de la chaîne de montage d'automobiles coûte 100 millions de dollars. On s'attend à ce que la chaîne de montage engendre un revenu net de 40 millions de dollars au cours de la première année, de 50 millions de dollars au cours de la deuxième année et de 20 millions de dollars pendant la troisième année. La chaîne sera ensuite démontée pour être remplacée par une autre.

prêt chaque année. Est-il rentable pour Chrysler d'investir 100 millions de dollars dans la construction de cette chaîne de montage ? La réponse dépend du taux d'intérêt.

Dans la partie (a) du tableau 8.4, la rentabilité du projet est calculée en fonction d'un taux d'intérêt annuel de 10 %. La société Chrysler emprunte 100 millions de dollars et, à la fin de la première année, doit payer 10 millions de dollars en intérêts. Elle enregistre un revenu net de 40 millions de dollars et peut donc réduire le montant de son emprunt à 70 millions de dollars. À la fin de la deuxième année, elle doit verser 7 millions de dollars en intérêts (10 % du montant qui reste à payer, soit 70 millions de dollars) et utilise son revenu net de 50 millions de dollars pour réduire le prêt qui reste à payer à 27 millions de dollars. À la fin de la troisième année, Chrysler doit 2,7 millions de dollars en intérêts et 27 millions de dollars impayés sur l'emprunt. Elle doit donc payer 29,7 millions de dollars. Cependant, le revenu net au cours de la troisième année n'est que de 20 millions de dollars, de sorte que Chrysler subit une perte de 9,7 millions de dollars sur ce projet. Chrysler doit donc, à la fin de la troisième année, trouver 9,7 millions de dollars de plus que ce qui lui en aurait coûté si elle avait décidé de ne pas construire la chaîne de montage et de l'exploiter.

Dans la partie (b) du tableau, la rentabilité du projet est calculée en fonction d'un taux d'intérêt annuel de 5 %. Dans ce cas, Chrysler ne paye que 5 millions de dollars en intérêts à la fin de la première année et peut donc réduire la partie impayée de l'emprunt à 65 millions de dollars. Lors de la deuxième année, le paiement des intérêts sur le prêt se chiffre à 3,25 millions de dollars et Chrysler parvient à réduire le prêt qui reste à payer à 18,25 millions de dollars. Au cours de la troisième et dernière année du projet, le montant impayé de l'emprunt et les intérêts s'élèvent à 19,1625 millions de dollars. Cependant, le projet permet à Chrysler d'enregistrer un revenu de 20 millions de dollars au cours de cette année, de sorte que Chrysler fait un profit de 837 500 $ à la fin de ce projet.

Nous avons donc pu voir que le projet d'investir dans une chaîne de montage d'automobiles n'est pas profitable pour Chrysler si le taux d'intérêt annuel est de 10 %; il l'est cependant si le taux d'intérêt est de 5 %. Ainsi, plus le taux d'intérêt est bas et plus le nombre de projets, comme celui que nous venons d'analyser, qui rapportent des bénéfices nets positifs, est élevé. Plus le taux d'intérêt est faible, plus le niveau des investissements est élevé.

Tableau 8.4 Investissement dans une chaîne de montage d'automobiles

(a) Taux d'intérêt annuel de 10 %

	Partie impayée de l'emprunt	Paiement d'intérêt	Montant remboursé
Coût initial	100 000 000 $	–	–
Fin de la 1re année	70 000 000	10 000 000 $	40 000 000 $
Fin de la 2e année	27 000 000	7 000 000	50 000 000
Fin de la 3e année	–	2 700 000	29 700 000

Perte : 9 700 000 $

(b) Taux d'intérêt annuel de 5 %

	Partie impayée de l'emprunt	Paiement d'intérêt	Montant remboursé
Coût initial	100 000 000 $	–	–
Fin de la 1re année	65 000 000	5 000 000 $	40 000 000 $
Fin de la 2e année	18 250 000	3 250 000	50 000 000
Fin de la 3e année	–	912 500	19 162 500

Profit : 837 500 $

Dans la partie (a), la rentabilité du projet est calculée en fonction d'un taux d'intérêt annuel de 10 %. Le flux de revenu net anticipé est insuffisant pour couvrir le montant total des dépenses; il n'est donc pas rentable d'entreprendre le projet. Dans la partie (b), le taux d'intérêt annuel se chiffre à 5 %. Le flux de revenu net anticipé est suffisant pour permettre de rembourser le montant initial emprunté, pour payer les intérêts et faire un petit profit. Dans ce cas, le projet est rentable de sorte qu'il est entrepris. Plus le taux d'intérêt est bas, plus le nombre de projets rentables est élevé.

L'inflation anticipée Plus le taux d'inflation anticipé est élevé, plus le montant des investissements est important. Une hausse du taux d'inflation anticipé engendre une hausse du revenu net anticipé. Plus le revenu net anticipé est élevé par rapport au coût initial d'un projet d'investissement, plus le rendement du projet l'est également.

Dans l'exemple de Chrysler, la construction au cours de l'année de la nouvelle chaîne de montage d'automobiles coûte 100 millions de dollars, quel que soit le taux d'inflation. Mais plus le taux d'inflation est élevé, plus le prix des automobiles grimpe rapidement. Les salaires et autres coûts de production s'accroissent aussi plus rapidement. L'écart entre le prix des automobiles, les salaires et les autres coûts de production augmente au même rythme que le taux d'inflation.

Ainsi, une hausse de l'inflation engendre une hausse du revenu net également, de sorte que, pour un niveau donné des taux d'intérêt, un plus grand nombre de projets d'investissement seront rentables.

L'effet de l'inflation anticipée sur l'investissement est contraire à celui du taux d'intérêt. Ces effets opposés influent de façon importante sur les décisions d'investissement d'une entreprise. L'investissement dépend du taux d'intérêt réel. Le **taux d'intérêt réel** correspond à la différence entre le taux d'intérêt et le taux d'inflation anticipé. En d'autres termes, le taux d'intérêt réel est le taux d'intérêt effectif qui est payé, une fois ajusté de la variation (en pourcentage) de la valeur de la monnaie qu'engendre l'inflation anticipée. Nous comprendrons pourquoi c'est le taux d'intérêt réel qui influe sur l'investissement, en reprenant l'exemple du projet d'investissement de Chrysler.

Nous avons vu que le projet de construction d'une chaîne de montage n'était pas rentable si le taux d'intérêt annuel était de 10 %; par contre, le projet était rentable si le taux d'intérêt était de 5 %. Supposons un taux d'intérêt de 10 %, comme dans la partie (a) du tableau 8.4, et un taux d'inflation anticipé de 5 % par année. En raison de cet accroissement des prix, le revenu net anticipé augmentera aussi de 5 % par année. Grâce au revenu net anticipé additionnel, Chrysler pourra rembourser une plus grande partie de son emprunt chaque année et pourra ainsi réduire ses paiements d'intérêt sur le prêt qui reste à payer. L'effet combiné d'un taux d'intérêt de 10 % et d'un taux d'inflation anticipé de 5 % est presque le même que celui d'un taux d'intérêt de 5 % et d'un taux d'inflation anticipé égal à zéro. Autrement dit, si le taux d'intérêt se chiffre à 10 % et que le taux d'inflation anticipé est de 5 %, le profit enregistré au bout de trois ans sera à peu près le même que si le taux d'intérêt était de 5 % et le taux d'inflation anticipé était nul[1].

Ainsi, bien que l'investissement augmente lorsque les taux d'intérêt baissent et que l'inflation anticipée croît, il est possible de combiner ces deux effets en un seul facteur déterminant l'investissement, soit le taux d'intérêt réel. Plus le taux d'intérêt réel est bas, plus le niveau des investissements est élevé.

Le profit anticipé Plus les prévisions concernant la rentabilité d'un nouvel équipement sont optimistes, plus l'investissement sera élevé. Pour comprendre cela, reprenons, une fois de plus, l'exemple de la chaîne de montage de Chrysler. Pour déterminer la rentabilité du projet de la chaîne de montage, la société Chrysler doit calculer son revenu net anticipé. Pour effectuer ce calcul, elle doit connaître le revenu total anticipé résultant de la vente d'automobiles, celle-ci étant tributaire du prix anticipé des automobiles et de la part du marché que la société prévoit obtenir. Chrysler doit également calculer ses frais d'exploitation anticipés, qui comprennent les salaires des travailleurs sur la chaîne de montage et les coûts des produits qu'elle achète auprès des autres producteurs. Plus le revenu net anticipé est élevé, plus le projet d'investissement est profitable, et plus il est probable que Chrysler s'engagera dans le projet.

La dépréciation La *dépréciation* est la perte de valeur qui découle de l'usure de l'équipement en place. Plus le stock de capital est important et plus il est vieux, plus la quantité de capital qui s'use est grande. Le capital usé est souvent remplacé, mais pas toujours. Plus la quantité de capital qui se déprécie est élevée, plus la somme d'investissement nécessaire pour remplacer ce capital usé est considérable. La somme de l'investissement d'acquisition (les montants dépensés pour des ajouts aux usines, à la machinerie et aux stocks) et de l'investissement de remplacement (les montants dépensés pour le remplacement du capital usé ou déprécié) est appelée *investissement brut.* Les ajouts au stock de capital, soit l'investissement brut moins la dépréciation, sont appelés *investissement net.*

La demande d'investissement

La **demande d'investissement** désigne la relation entre le niveau d'investissement et le taux d'intérêt réel, tous les autres facteurs influant sur le niveau d'investissement demeurant constants. Le **barème de demande d'investissement** donne le montant d'investissement planifié en fonction du niveau du taux d'intérêt réel, tous les autres facteurs qui influent sur l'investissement demeurant constants. La **courbe de demande d'investissement** illustre la relation entre le taux d'intérêt réel et le niveau d'investissement planifié, tous les autres facteurs demeurant constants. Un barème de demande d'investissement et diverses courbes de demande d'investissement sont donnés à la figure 8.6. Le barème de demande d'investissement et la position de la courbe de demande d'investissement dépendent des autres facteurs qui influent sur l'investissement, notamment du profit anticipé et de la dépréciation.

Pour calculer le profit anticipé sur un investissement, une entreprise doit prévoir le mieux possible les événements futurs. Elle doit prévoir le niveau de la demande de ses produits afin d'évaluer le revenu qui découlera de ses ventes. Elle doit également prévoir les progrès techniques et les prix de ses facteurs de production afin de prévoir ses coûts. L'entreprise envisage l'avenir tantôt avec pessimisme, tantôt avec optimisme. Ses prévisions sont pessimistes lorsqu'elle prévoit que les conditions économiques seront en général mauvaises ou que les changements techniques rapides rendront les méthodes actuelles de production désuètes. Ses prévisions sont optimistes lorsqu'elle prévoit traverser une

---

[1] La démonstration de cette proposition se trouve en annexe.

Figure 8.6 Le barème de demande d'investissement et la courbe de demande d'investissement

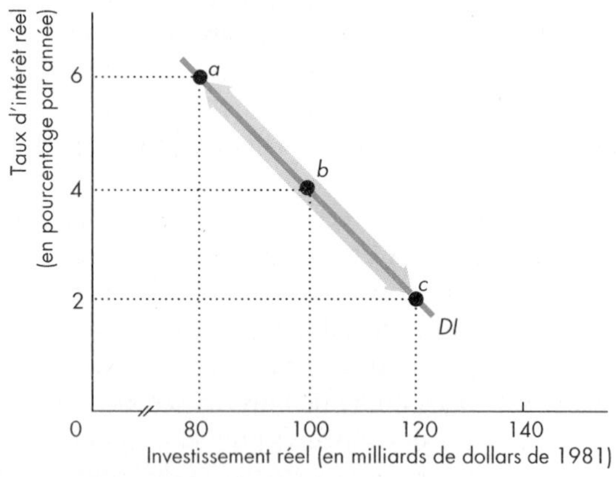

(a) Effet d'une variation du taux d'intérêt réel

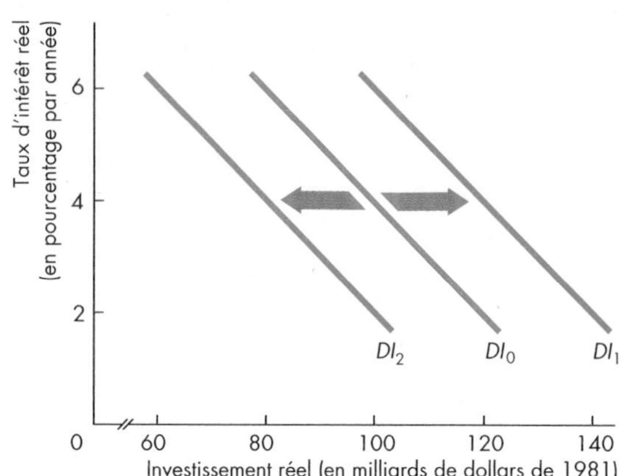

(b) Effet d'un changement des profits anticipés

	Taux d'intérêt réel (en pourcentage annuel)	Investissement réel (en milliards de dollars de 1981)		
		Prévisions pessimistes	Prévisions moyennes	Prévisions optimistes
a	6	60	80	100
b	4	80	100	120
c	2	100	120	140

Le barème de demande d'investissement indique le montant de l'investissement agrégé planifié en fonction du niveau du taux d'intérêt réel et des prévisions de profit. Lorsque les prévisions de profit sont moyennes, et que le taux d'intérêt réel passe de 6 à 2 % par année, l'investissement planifié augmente, passant de 80 à 120 milliards de dollars (voir le graphique a). Lorsque le taux d'intérêt réel passe de 2 à 6 %, il y a un mouvement sur la courbe de demande d'investissement du point *c* au point *a*. Les prévisions de profit influent sur les intentions d'investissement. Lorsque les prévisions de profit sont moyennes, la courbe de demande d'investissement correspond à DI_0 (voir le graphique b). Les changements des prévisions de profit entraînent des déplacements de la courbe de demande d'investissement. Lorsque les prévisions de profit sont optimistes, l'investissement planifié augmente à chaque niveau du taux d'intérêt réel et la courbe de demande d'investissement se déplace vers la droite, en DI_1. Lorsque les prévisions sont pessimistes, l'investissement planifié diminue à chaque niveau du taux d'intérêt réel et la courbe de demande d'investissement se déplace vers la gauche, en DI_2.

période d'expansion ou encore lorsqu'elle peut utiliser une technique de pointe qui ne sera pas dépassée avant un certain temps. À d'autres moments, les entreprises ne sont ni optimistes ni pessimistes. Dans ce cas, leurs prévisions de profit sont moyennes.

Les variations des prévisions de profit des entreprises constituent la principale source de variation de la demande d'investissement. Le barème de demande d'investissement du tableau de la figure 8.6 contient les demandes d'investissement correspondant à trois types de prévisions. Examinons d'abord le cas des prévisions moyennes de profit. Avec un taux d'intérêt réel de 4 % par année, l'investissement est de 100 milliards de dollars. Si le taux d'intérêt réel tombe à 2 % par année, l'investissement s'élève à 120 milliards de dollars. Si le taux d'intérêt réel passe à 6 % par année, l'investissement tombe à 80 milliards de dollars. Le deuxième cas concerne les prévisions optimistes de profit. Ici, l'investissement est plus élevé à chaque niveau du taux d'intérêt que lorsque les prévisions sont moyennes. Dans le troisième cas, les prévisions de profit sont pessimistes ; l'investissement est plus bas à chaque niveau du taux d'intérêt que lorsque les prévisions sont moyennes.

La courbe de demande d'investissement est également présentée à la figure 8.6. Dans le graphique (a), la courbe de demande d'investissement (*DI*) illustre le cas où les prévisions de profit sont moyennes. Une variation du taux d'intérêt réel provoque un mouvement le long de la courbe de demande d'investissement. Ainsi, si le taux d'intérêt réel est de 4 % par année, l'investissement planifié se chiffre à 100 milliards de dollars. Si le taux d'intérêt réel augmente de 2 %, de façon à s'établir à 6 % par année, il y a un mouvement vers le haut le long de la courbe de demande d'investissement (voir la flèche bleue), et l'investissement passe de 100 à 80 milliards de dollars. Si le taux d'intérêt réel tombe à 2 % par année, il y a un mouvement vers le bas le long de la courbe de demande d'investissement (voir la flèche rouge), et l'investissement augmente pour s'établir maintenant à 120 milliards de dollars.

Le graphique (b) de la figure illustre l'effet des prévisions de profit sur la demande d'investissement. Une variation du profit anticipé provoque un déplacement de la courbe de demande d'investissement. La courbe de demande d'investissement DI_0 correspond aux prévisions de profit moyennes. Lorsque les prévisions de profit deviennent optimistes, la courbe de demande d'investissement se déplace vers la droite, de DI_0 à DI_1. Lorsque les prévisions de profit deviennent pessimistes, la courbe de demande d'investissement se déplace vers la gauche, passant de DI_0 à DI_2.

La courbe de demande d'investissement se déplace également lorsqu'il y a un changement de la valeur de l'investissement consacré au remplacement du capital déprécié. Cela provoque un déplacement régulier de la courbe *DI* vers la droite puisqu'il faut remplacer régulièrement le capital désuet.

Il existe une théorie particulière des déplacements de la courbe de demande d'investissement, appelée *principe d'accélération.* La section qui suit est consacrée à ce principe.

Le principe d'accélération

Le **principe d'accélération** est le principe selon lequel les variations du niveau du PIB réel font déplacer la courbe de demande d'investissement. Lorsque le taux de croissance du PIB réel augmente, la courbe de demande d'investissement se déplace vers la droite. Lorsque le taux de croissance du PIB réel chute, la courbe de demande d'investissement se déplace vers la gauche. Ce mécanisme est appelé *accélérateur* pour la raison suivante: lorsqu'il y a *accélération* du taux de croissance du PIB réel, la courbe de demande d'investissement se déplace vers la droite; en revanche, lorsqu'il y a *baisse* du taux de croissance du PIB réel, la courbe de demande d'investissement se déplace vers la gauche. Il est possible d'expliquer le principe d'accélération de deux manières:

- Par l'ajustement du stock de capital
- Par l'incidence du cycle économique sur les prévisions de profit

L'explication du principe d'accélération fondé sur l'ajustement du stock de capital s'appuie sur l'idée qu'il existe une relation stable entre le *niveau* du PIB réel et le *stock* de capital. L'investissement se traduit par une *variation du stock* de capital. Un changement du *niveau* du PIB réel fait varier le stock de capital désiré. Pour modifier le stock de capital, il faut investir. Plus la variation du PIB réel est importante, plus le changement désiré dans le stock est grand et plus le montant des investissements est élevé.

Le principe d'accélération peut s'expliquer également par l'incidence du cycle économique sur les prévisions de profit. Nous avons vu que les profits prévus constituent un facteur déterminant qui influe sur le niveau de la demande d'investissement. Nous avons présenté trois situations possibles concernant les prévisions de profit: les attentes optimistes, pessimistes et moyennes. Les prévisions de profit seront vraisemblablement optimistes si le PIB réel augmente rapidement. Lorsque l'économie connaît une expansion, on peut s'attendre à ce que les ventes augmentent; les profits prévus augmentent donc. Ainsi, une expansion rapide du PIB réel engendre des prévisions de profit optimistes et une demande d'investissement plus forte. À l'inverse, lorsqu'il y a un ralentissement de la croissance du PIB réel ou même une diminution du PIB réel lors d'une récession, les prévisions de profit concernant l'avenir immédiat sont pessimistes et, par conséquent, la demande d'investissement est plus faible. Les variations du PIB réel qui entraînent des changements des prévisions de profit engendrent des fluctuations dans la demande d'investissement.

À RETENIR

L'investissement dépend du taux d'intérêt réel, des prévisions de profit et de l'ampleur du remplacement du capital déprécié. Tous les autres facteurs étant constants par ailleurs, plus le taux d'intérêt réel est faible, plus le niveau d'investissement est élevé. Lorsque les prévisions de profit sont optimistes, la courbe de demande d'investissement se déplace vers la droite; lorsqu'elles sont pessimistes, la courbe se déplace vers la gauche. Le cycle économique influe sur les prévisions de profit. Lorsque l'économie connaît une expansion rapide, les prévisions de profit sont optimistes et la demande d'investissement est élevée. Lorsque l'économie connaît une faible croissance ou même une contraction, les prévisions de profit sont pessimistes et la demande d'investissement est faible. L'investissement qui sert à remplacer le capital déprécié croît régulièrement au fil des années.

■ ■ ■

Nous venons d'étudier la théorie de la demande d'investissement. Nous allons maintenant voir comment cette théorie permet de comprendre les fluctuations de l'investissement dans l'économie canadienne.

La demande d'investissement au Canada

Comme nous l'avons vu à la figure 8.2, l'investissement est l'une des composantes les plus variables de la dépense agrégée. Lors de certaines années, il représente 25 % du PIB et, à d'autres moments, il s'établit à 17 % seulement. Voyons comment il est possible d'expliquer ces fluctuations de l'investissement en s'appuyant sur la théorie de la demande d'investissement.

Observons d'abord le graphique (a) de la figure 8.7, qui représente l'évolution des dépenses d'investissement (en milliards de dollars de 1981) engagées entre 1969 et 1990. L'investissement brut comprend l'investissement net et la dépréciation (le remplacement du capital

Figure 8.7 L'investissement et le taux d'intérêt réel au Canada

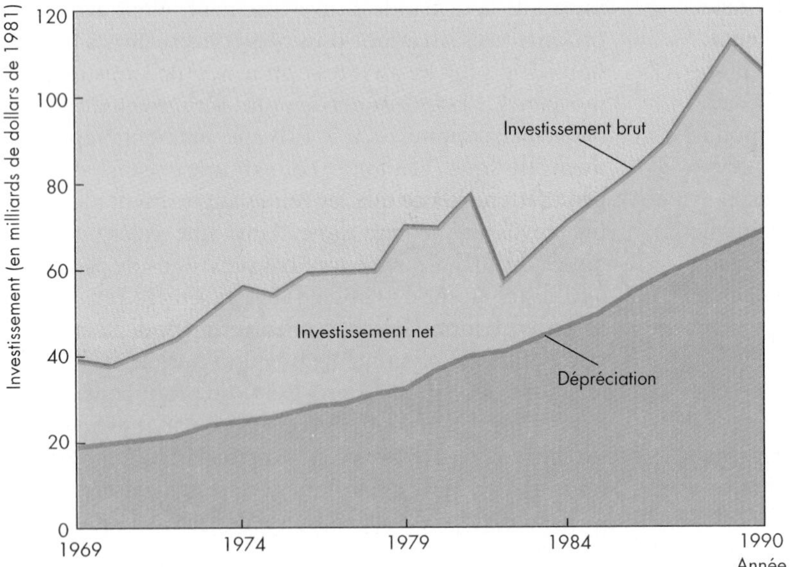

(a) Investissement brut et investissement net

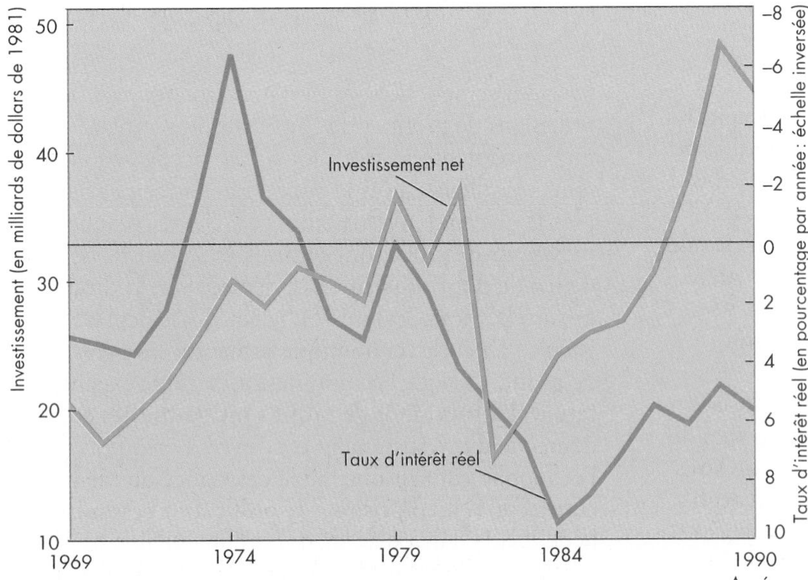

(b) Investissement net et taux d'intérêt réel

Dans le graphique (a), l'investissement brut est partagé en deux parties : les dépenses de remplacement du capital déprécié qui augmentent régulièrement, et l'investissement net qui fluctue.

Dans le graphique (b), l'investissement net varie de pair avec le taux d'intérêt réel. Lorsque le taux d'intérêt réel est élevé (tel qu'il est mesuré sur l'échelle inversée de droite), l'investissement net est faible.

déprécié). On peut constater que la dépréciation et l'investissement brut augmentent régulièrement au fil des années. La dépréciation suit une trajectoire assez stable qui témoigne du fait que le stock de capital s'accroît de façon régulière et assez stable. L'investissement net est la composante de l'investissement qui fluctue le plus. Cette variation est représentée par la zone bleue située entre l'investissement brut et la dépréciation.

Selon la théorie de la demande d'investissement que nous venons d'étudier, les fluctuations de l'investissement découlent des variations du taux d'intérêt réel et des prévisions de profit. Quelle est l'importance relative de ces deux facteurs? Le graphique (b) de la figure 8.7 permet de répondre partiellement à cette question. L'augmentation régulière de l'investissement découlant de la dépréciation y est laissée de côté afin de mettre l'accent sur l'investissement net et le taux d'intérêt réel. Le taux d'intérêt réel, mesuré sur l'échelle de droite, est inversé, c'est-à-dire qu'il augmente du haut vers le bas de l'échelle. Donc, au bas de l'échelle, le taux d'intérêt réel est élevé et, au haut de l'échelle, il est faible.

Il existe une relation perceptible entre l'investissement net et le taux d'intérêt réel, conformément à la théorie de la demande d'investissement. Cependant, certains changements de l'investissement net ne dépendent pas des variations du taux d'intérêt réel. Ces changements sont causés par des fluctuations des prévisions de profit. Nous pouvons voir ces fluctuations à la figure 8.8. Chaque point de cette figure représente la combinaison du taux d'intérêt réel et de l'investissement net pour une année donnée. Les deux courbes de demande d'investissement représentent la relation entre l'investissement net et le taux d'intérêt réel correspondant à différents niveaux de profit prévus. La courbe appelée DI_{opt} représente la courbe de demande d'investissement lorsque les prévisions de profit sont optimistes. L'autre courbe, appelée DI_{pes}, représente la courbe de demande d'investissement lorsque les prévisions de profit sont pessimistes. On peut constater que la plupart des points se situent assez près de l'une ou l'autre de ces courbes.

Figure 8.8 La courbe de demande d'investissement au Canada

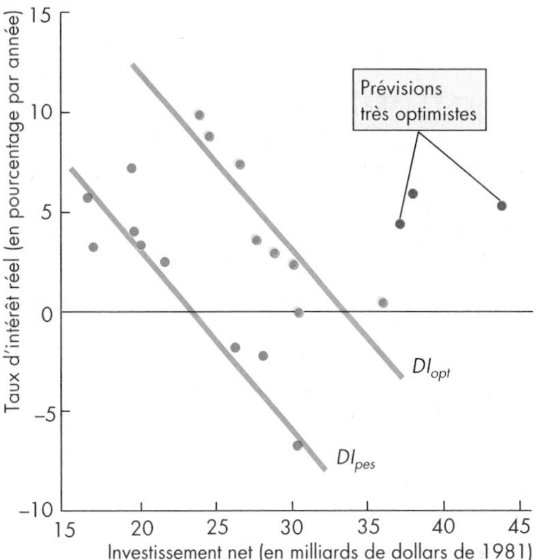

Chaque point représente le niveau d'investissement net et le taux d'intérêt réel pour une année donnée. Lorsque les prévisions de profit sont pessimistes, la courbe de demande d'investissement correspond à la courbe DI_{pes}. Lorsque les prévisions de profit sont optimistes, la courbe de demande d'investissement correspond à la courbe DI_{opt}. Lorsque les prévisions sont très optimistes, comme elles l'ont été à la fin des années 80, la courbe de demande d'investissement se situe à la droite de la courbe DI_{opt}. Pour des prévisions de profit données, une variation du taux d'intérêt réel entraîne un mouvement sur la courbe de demande d'investissement. Lorsque les profits anticipés varient, la courbe de demande d'investissement se déplace.

L'essor des années 80 Vers la fin des années 80, les prévisions de profit étaient très optimistes. Au cours de ces années, l'investissement et le taux d'intérêt réel étaient élevés, et la courbe de demande d'investissement se situait vraisemblablement plus à droite que celles qui paraissent dans la figure 8.8. Pourquoi la demande d'investissement a-t-elle été si soutenue vers la fin des années 80? Les progrès techniques enregistrés dans l'industrie de l'électronique ont probablement favorisé cet essor. La mise au point de la puce électronique à bon marché a permis d'élaborer une grande variété d'applications informatiques dans les secteurs manufacturiers, du transport et de la communication, de même que pour les biens de consommation conçus et mis en marché au cours de la deuxième moitié des années 80. On envisageait également la situation économique des années 90 avec optimisme (se reporter à la rubrique *Entre les lignes* des pages 212 et 213). Cependant, comme nous le savons maintenant, les années 90 ont mal débuté.

Ainsi, suivant la théorie, l'investissement est généralement élevé si le taux d'intérêt réel est bas. La courbe de demande d'investissement a donc une pente négative. Cependant, des fluctuations importantes dans l'investissement se produisent indépendamment des variations du taux d'intérêt réel. La courbe de demande d'investissement peut se déplacer. Par exemple, il y aura déplacement vers la droite pendant les années où les prévisions de profit sont optimistes, et il y aura déplacement vers la gauche au cours des années où les prévisions de profit sont pessimistes.

Les fluctuations du niveau d'investissement ont des effets importants sur l'économie, peu importe

La demande d'investissement

Les intentions d'investissement des entreprises indiquent que l'économie est forte (M. Wilson)

Selon le ministre des Finances, Michael Wilson, les projets d'investissement des entreprises sont plus nombreux que prévu. Cette affirmation confirme donc que l'économie n'est pas au bord de la récession.

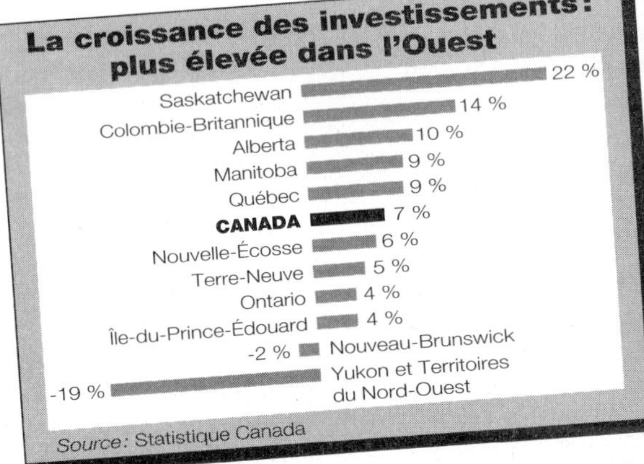

Les intentions d'investissement, publiées hier dans un sondage effectué par Statistique Canada, indiquent que les entreprises et le gouvernement prévoient augmenter en moyenne leurs dépenses d'investissement de 7,4 % en 1990, comparativement à 1989.

On a également appris que les dépenses consacrées aux biens d'équipement devraient augmenter de 10 %, les dépenses destinées à la construction non résidentielle, de 7,5 % et les dépenses destinées à la construction résidentielle, de 5,9 %.

«J'ai toujours affirmé que l'économie n'était pas à bout de souffle, et ces données le prouvent. Ceux qui parlent de récession ne tiennent pas compte de ce qui se produit dans l'économie», déclarait hier M. Wilson.

Il a toutefois admis que les intentions d'investissement révélées par le sondage, lequel a été effectué entre novembre et le début de février, étaient supérieures à celles qui figuraient dans son budget du 20 février.

Le budget ne prévoyait qu'une hausse de 3,9 % de la construction non résidentielle, une augmentation de 4,3 % des achats de biens d'équipement et une baisse de 3 % de la construction résidentielle.

Le budget prévoyait également une croissance générale de l'économie canadienne d'environ 1,3 % cette année et de 3 % en 1991. En 1989, l'économie canadienne a enregistré une croissance de 2,9 %.

Fred Morley, économiste au Conseil économique des provinces de l'Atlantique, a déclaré que chacun devra refaire ses calculs.

M. Morley a ajouté que de nombreux analystes prévoyaient que, en 1990, les investissements des entreprises et les dépenses des consommateurs seraient faibles et que la croissance des exportations serait le moteur principal de l'économie. Cependant, en se fondant sur les données publiées hier, dans la mesure où elles ne seront pas modifiées plus tard dans l'année, on peut affirmer que les investissements des entreprises resteront élevés.

Phillip Cross, directeur de l'analyse courante à Statistique Canada, affirme que la fermeté des investissements est un phénomène qui se produit dans la plupart des pays industrialisés, malgré la hausse des taux d'intérêt.

The Globe and Mail
8 mars 1990
Par Madelaine Droham

Les faits en bref

- Le sondage sur les intentions d'investissement publié par Statistique Canada en mars 1990 indique les hausses suivantes des dépenses d'investissement effectuées par le gouvernement et les entreprises en 1990, comparativement à 1989 :
  - Biens d'équipement, 10 %
  - Construction non résidentielle, 7,5 %
  - Construction résidentielle, 5,9 %
  - Moyenne, 7,4 %
- Selon le ministre des Finances, le fait que les projets d'investissement soient plus nombreux que prévu montre que l'économie est forte et loin d'être au bord de la récession.
- Fred Morley, économiste au Conseil économique des provinces de l'Atlantique, a affirmé que selon de nombreux analystes les dépenses d'investissement allaient être faibles en 1990 et que les prévisions allaient devoir être révisées.
- Phillip Cross, directeur de l'analyse courante à Statistique Canada, a souligné que les investissements étaient fermes dans la plupart des pays industrialisés malgré la hausse des taux d'intérêt.

Analyse

■ Les taux d'intérêt réels payés par les entreprises sur les prêts à long terme utilisés pour financer leurs investissements en 1989 et 1990 étaient les suivants :

	1989	1990
Taux des obligations à long terme des entreprises	10,5	11,5
Taux d'inflation prévu	5,0	5,0
Taux d'intérêt réel	5,5	6,5

■ Le sondage de Statistique Canada sur les investissements révèle les intentions d'*investissement brut* mesurées en *dollars courants.*

■ Le sondage de Statistique Canada devrait avoir, à la fois sur les investissements bruts et sur les *investissements nets* en *dollars constants de 1981*, les conséquences suivantes :

	1989	1990
	(en millions de dollars)	
Investissement brut, en dollars courants	134	144
Investissement brut, en dollars constants	114	120
Investissement net, en dollars constants	49	51

■ Le graphique exprime la relation entre le *taux d'intérêt réel* et l'*investissement net réel* entre 1969 et 1989, de même que la relation entre le *taux d'intérêt réel* et les *investissements planifiés* pour 1990.

■ Les années représentées par des points rouges correspondent à des prévisions pessimistes et à un faible niveau de demande d'investissement. Les années illustrées par des points bleus correspondent à des prévisions moyennes et à un niveau moyen de demande d'investissement. Les années marquées par des points verts correspondent à des prévisions optimistes et à un haut niveau de demande d'investissement.

■ Le graphique contient également les courbes de demande d'investissement pour 1989 et 1990. Comparativement à la période 1969-1988, les investissements ont été très élevés en 1989 et on prévoyait qu'ils le resteraient en 1990. La courbe de demande d'investissement s'est beaucoup déplacée sur la droite en 1989, et on prévoyait qu'elle se déplacerait encore plus loin vers la droite en 1990.

■ Les facteurs qui, croyait-on, allaient contribuer à maintenir un niveau d'investissement élevé et en constante croissance étaient les suivants :

- L'Accord de libre-échange entre le Canada et les États-Unis
- L'union économique de l'Europe de l'Ouest
- L'ouverture des marchés en Europe de l'Est
- Les progrès techniques qui permettent une réduction des coûts de production
- L'expansion économique forte et continue en Allemagne, au Japon et dans d'autres pays du Pacifique

Tous ces facteurs étaient sensés justifier le maintien d'une demande d'investissement forte, non seulement au Canada, mais aussi à travers le monde. Or, en 1990 et en 1991, les faits ont déjoué les pronostics. Le niveau de l'investissement brut au Canada, exprimé en dollars constants, a diminué au cours de ces deux années. D'où la difficulté, parfois, pour les économistes à prévoir la situation économique future, même dans un avenir rapproché.

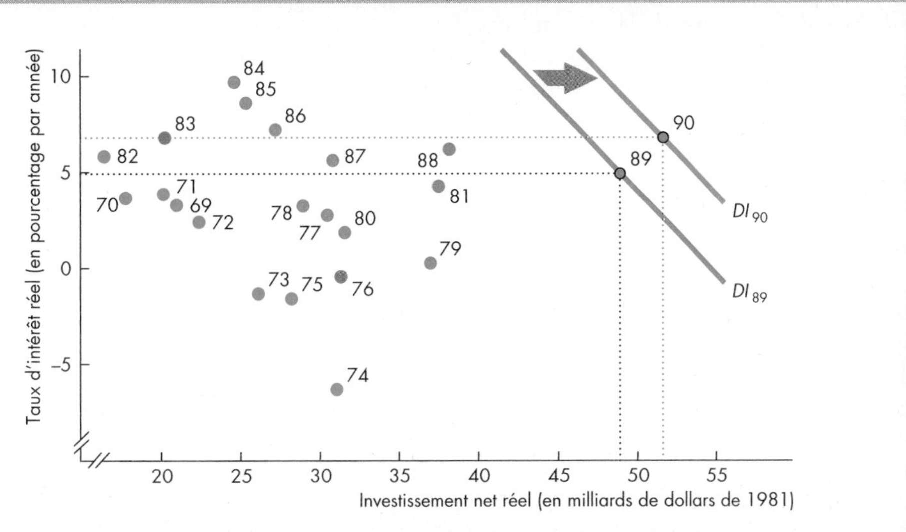

qu'elles soient engendrées par des déplacements de la courbe de demande d'investissement ou par des mouvements le long de la courbe. Certains de ces effets seront étudiés au chapitre 9. Auparavant, nous allons nous attarder sur la dernière composante de la dépense agrégée, les exportations nettes.

Les exportations nettes

Les *exportations nettes* représentent la différence entre les dépenses des étrangers en biens et services produits au Canada et les dépenses des Canadiens en biens et services fabriqués à l'étranger. Ainsi, les exportations nettes correspondent à la valeur des exportations canadiennes, moins celle des importations. Les *exportations* désignent les ventes de biens et services produits au Canada au reste du monde. Les *importations* sont les achats, par des entreprises et des ménages canadiens, de biens et services produits dans le reste du monde.

Les exportations

Les exportations dépendent des décisions prises dans le reste du monde. Quatre facteurs principaux influent sur ces décisions :

- Le PIB dans le reste du monde
- Le niveau de spécialisation internationale
- Les prix des biens fabriqués au Canada comparés aux prix de biens similaires fabriqués à l'étranger
- Le taux de change

Toutes choses étant égales par ailleurs, plus le niveau du PIB réel dans le reste du monde est élevé, plus la demande étrangère de biens et services produits au Canada est forte. Par exemple, une expansion économique au Japon pourrait avoir pour effet d'augmenter la demande japonaise de bois de charpente de la Colombie-Britannique, de blé de l'Alberta ou d'outils de l'Ontario, ce qui susciterait un regain des exportations canadiennes. Inversement, une récession au Japon provoquerait un ralentissement dans la demande de ces biens et ferait chuter, du même coup, les exportations canadiennes.

Aussi, toutes choses étant égales par ailleurs, plus le niveau de spécialisation de l'économie mondiale est élevé, plus le volume des exportations le sera également. Avec le temps, la spécialisation internationale a pris de l'essor. Par exemple, le Canada est devenu un important producteur de bois de charpente, de pulpe, de papier, de blé et d'outillage de pointe. L'industrie mondiale de l'aviation a maintenant beaucoup concentré ses activités aux États-Unis et en Europe de l'Ouest. Un grand nombre de biens et services, notamment ceux de l'industrie de l'électronique, qui étaient pour la plupart fabriqués en Amérique du Nord, proviennent presque exclusivement du Japon, de Hong-kong et d'autres pays de l'Asie.

Tous les autres facteurs demeurant constants par ailleurs, plus les prix des biens produits au Canada comparés aux prix de biens similaires produits à l'étranger sont bas, plus le volume des exportations canadiennes est élevé.

Enfin, et en précisant toujours que tous les autres facteurs sont constants, plus la valeur du dollar canadien est faible, plus le volume des exportations canadiennes est élevé. Par exemple, lorsque la valeur du dollar canadien a chuté par rapport au deutsche mark et au yen en 1987, la demande de ces deux pays concernant les biens produits au Canada a monté en flèche.

Les importations

Les importations dépendent de quatre facteurs importants :

- Le PIB réel du Canada
- Le niveau de spécialisation internationale
- Les prix des biens produits à l'étranger comparés aux prix de biens similaires produits au Canada
- Le taux de change

En tenant pour acquis que tous les autres facteurs sont constants, plus le niveau du PIB réel au Canada est élevé, plus le volume des importations canadiennes est important. Par exemple, la période prolongée de croissance des revenus au Canada entre 1983 et 1987 a eu pour effet d'augmenter considérablement le volume des importations canadiennes.

Aussi, plus le niveau de spécialisation internationale est élevé, plus le volume des importations canadiennes est important, toutes choses étant égales par ailleurs. Par exemple, le niveau de spécialisation internationale relatif à la production de magnétoscopes est très élevé. Par conséquent, tous les magnétoscopes vendus au Canada sont maintenant fabriqués à l'étranger, surtout au Japon et en Corée.

Finalement, et en considérant toujours que tous les autres facteurs demeurent constants, plus les prix des biens et services produits au Canada comparés aux prix des biens et services produits à l'étranger ainsi que la valeur du dollar canadien sont élevés, plus le volume des importations canadiennes est important. Même si la forte croissance du PIB réel canadien en 1985 et en 1986 a provoqué une hausse des importations, celle-ci a été amoindrie par la baisse de la valeur du dollar canadien. La dépréciation du dollar a eu pour effet de rendre les biens produits à l'étranger plus coûteux, ce qui a provoqué un certain ralentissement de la croissance des importations canadiennes.

La fonction d'exportations nettes

La **fonction d'exportations nettes** représente la relation entre les exportations nettes et le PIB réel canadien, si l'on maintient constants le taux de change, les prix et le PIB réel dans le reste du monde. On peut également décrire la fonction d'exportations nettes à l'aide d'un barème d'exportations nettes qui donne le niveau des exportations nettes selon différents niveaux du PIB réel, gardant constants tous les autres facteurs. Le tableau de la figure 8.9 fournit un exemple de barème d'exportations nettes.

Dans le tableau, la valeur des exportations se maintient à 152 milliards de dollars, quel que soit le niveau du PIB réel. Les importations augmentent de 0,34 milliard de dollars pour chaque milliard de dollars d'augmentation du PIB réel. La dernière colonne du tableau représente les exportations nettes, soit la différence entre les exportations et les importations. Lorsque le PIB réel est de 100 milliards de dollars, les exportations nettes se chiffrent à 118 milliards de dollars. Les exportations nettes diminuent lorsque le PIB réel augmente. Pour un PIB réel de 447 milliards de dollars, la valeur des exportations nettes est nulle. Pour des niveaux du PIB réel supérieurs à ce montant, les exportations nettes deviennent de plus en plus négatives (les importations dépassent les exportations).

Le graphique (a) de la figure 8.9 illustre les exportations et les importations, et le graphique (b) de la même figure illustre la fonction d'exportations nettes. En comparant le graphique (a) au graphique (b), on peut constater que les exportations nettes sont positives (il y a un surplus) lorsque les exportations excèdent les

Figure 8.9 Le barème d'exportations nettes et la fonction d'exportations nettes

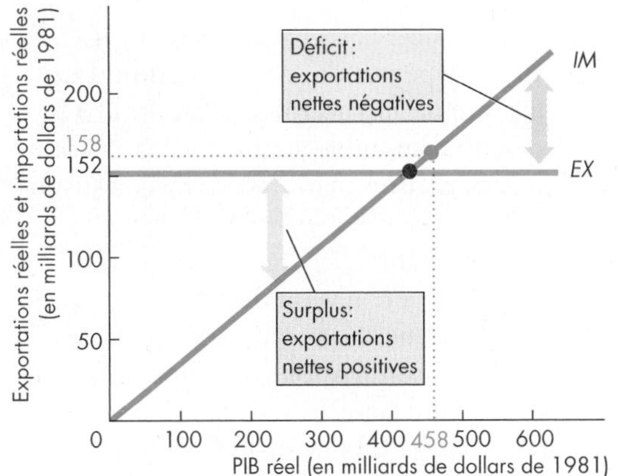

(a) Exportations réelles et importations réelles

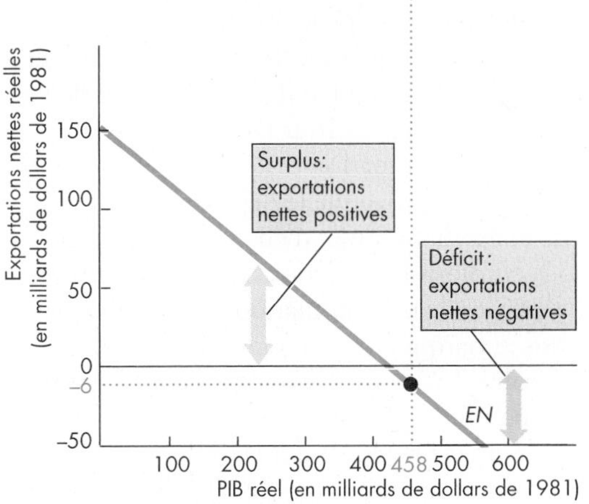

(b) Exportations nettes réelles

PIB réel (*Y*)	Exportations réelles (*EX*)	Importations réelles (*IM*)	Exportations nettes réelles (*EX* - *IM*)
	(en milliards de dollars de 1981)		
0	152	0	152
100	152	34	118
200	152	68	84
300	152	102	50
400	152	136	16
500	152	170	− 18
600	152	204	− 52

Le barème d'exportations nettes du tableau montre la relation entre les exportations nettes réelles et le PIB réel. Les exportations nettes réelles sont égales aux exportations réelles (*EX*) moins les importations réelles (*IM*). Les exportations ne dépendent pas du PIB réel, tandis que les importations augmentent avec le PIB réel. Dans le tableau, les importations comptent pour 34 % du PIB réel. Le volume des exportations nettes diminue lorsque le PIB augmente. Le graphique (a) illustre le barème des exportations et celui des importations. Les exportations étant indépendantes du PIB réel, elles sont représentées par une droite horizontale. Puisque les importations augmentent avec le PIB réel, elles apparaissent comme une droite à pente positive. L'écart vertical, situé entre la courbe des exportations et celle des importations, représente les exportations nettes. Lorsque les exportations excèdent les importations, les exportations nettes sont positives. Inversement, lorsque les importations excèdent les exportations, les exportations nettes sont négatives. Les exportations nettes sont illustrées dans le graphique (b) de la figure. La fonction d'exportations nettes a une pente négative parce que la courbe des importations a une pente positive. Le niveau du PIB réel, auquel la fonction d'exportations nettes coupe l'axe des *x* dans le graphique (b), est le même que celui où se croisent la courbe des importations et celle des exportations dans le graphique (a). Ce niveau du PIB réel est de 447 milliards de dollars. Au-dessous de ce niveau, il y a surplus (les exportations nettes sont positives) et, au-dessus de ce niveau, il y a déficit (les exportations nettes sont négatives).

importations. Lorsque les importations dépassent les exportations, les exportations nettes sont négatives (il y a un déficit). Quand le PIB réel est de 447 milliards de dollars, il y a équilibre entre les exportations et les importations et les exportations nettes sont nulles.

Si le PIB réel se chiffre à 458 milliards de dollars, la valeur des exportations est de 152 milliards de dollars, celle des importations, de 158 milliards de dollars; les exportations nettes totalisent alors -6 milliards de dollars.

La position de la fonction d'exportations nettes dans le graphique dépend de la valeur du PIB réel dans le reste du monde, du niveau de spécialisation internationale et des prix au Canada comparés aux prix en vigueur à l'étranger. Si le PIB réel dans le reste du monde augmente, la fonction d'exportations nettes se déplace vers le haut. Si les prix des biens canadiens baissent comparativement à ceux des biens produits dans le reste du monde, la fonction d'exportations nettes se déplace également vers le haut. Un changement du niveau de spécialisation internationale a un effet incertain sur la position de la fonction d'exportations nettes. Si le Canada se spécialise davantage dans la production de biens pour lesquels il y a une hausse de la demande mondiale, la fonction d'exportations nettes se déplacera vers le haut. Si la demande canadienne relative aux biens qui font l'objet d'une spécialisation dans le reste du monde augmente, la fonction d'exportations nettes se déplacera vers le bas.

■ Dans ce chapitre, nous avons examiné les facteurs qui influent sur les décisions relatives aux dépenses privées, en étudiant séparément chaque composante de la dépense agrégée. Dans le prochain chapitre, nous aborderons les interactions entre les composantes de la dépense agrégée.

RÉSUMÉ

Les composantes de la dépense agrégée

Les composantes de la dépense agrégée sont les suivantes:

- Les dépenses de consommation
- Les dépenses d'investissement
- Les dépenses publiques en biens et services
- Les exportations nettes

Les dépenses de consommation constituent la principale composante de la dépense agrégée. Les dépenses de consommation représentent environ 60 % du PIB; les dépenses d'investissement, entre 15 et 20 %; et les dépenses publiques en biens et services, un peu plus de 20 %. Les exportations nettes, en pourcentage du PIB, ont fluctué autour de zéro.

Les investissements et les exportations nettes sont les composantes les plus variables de la dépense agrégée. (*pp. 191-193*)

Les dépenses de consommation et l'épargne

Cinq facteurs ont une incidence sur les dépenses de consommation:

- Le revenu disponible
- Le revenu anticipé
- L'âge
- La patience
- Les taux d'intérêt

Le revenu disponible constitue le facteur qui influe le plus sur les dépenses de consommation. Les dépenses de consommation s'accroissent au fur et à mesure que le revenu disponible augmente. La relation entre les dépenses de consommation et le revenu disponible s'appelle *fonction de consommation.* Lorsque le revenu disponible augmente, l'épargne s'accroît. La relation entre l'épargne et le revenu disponible s'appelle *fonction d'épargne.* Si le niveau de revenu disponible est bas, les dépenses de consommation sont supérieures au revenu disponible, ce qui signifie que l'épargne est négative (il y a désépargne). Lorsque le revenu disponible augmente, la consommation s'accroît, mais d'un montant inférieur à l'augmentation du revenu. La fraction de chaque dollar additionnel de revenu disponible consommée s'appelle *propension marginale à consommer.* La propension marginale à épargner se dit de la fraction de chaque dollar additionnel de revenu disponible épargnée. Tout facteur ayant une incidence sur la consommation et l'épargne, mis à part le revenu disponible, provoque le déplacement des fonctions de consommation et d'épargne.

Si nous étudions les variations du revenu disponible et des dépenses de consommation pour différentes familles, nous remarquons que les familles à faible revenu dépensent 0,84 $ sur chaque dollar additionnel de revenu disponible en biens et services de consommation. À mesure que le revenu augmente, la propension marginale à consommer diminue; les familles dont le revenu est élevé dépensent, en moyenne, à peine plus de 0,50 $ sur chaque dollar additionnel de revenu disponible.

La relation, dans le temps, entre la dépense de consommation agrégée et le revenu disponible agrégé s'appelle *fonction de consommation sous forme de série chronologique.* La fonction de consommation sous forme de série chronologique illustre la relation entre la consommation agrégée et le revenu disponible d'une année à l'autre. En moyenne, les propensions marginale et moyenne à consommer le revenu disponible sont égales à 0,9. Cependant, d'une famille à l'autre, il existe un écart important par rapport à cette moyenne.

La relation entre les dépenses de consommation réelles et le PIB réel est appelée *fonction de consommation agrégée.* Pour calculer la fonction de consommation agrégée, il faut tenir compte de la différence entre le revenu disponible réel et le PIB réel. Le revenu disponible est égal au PIB plus les paiements de transfert, moins les impôts. La différence entre les paiements de transfert et les impôts représente un pourcentage assez stable du PIB. Puisque la consommation représente un pourcentage assez stable du revenu disponible, elle constitue également un pourcentage relativement stable du PIB. Les impôts nets des paiements de transfert représentent approximativement 40 % du PIB. Le revenu disponible équivaut approximativement à 60 % du PIB. Étant donné que la propension marginale à consommer le revenu disponible est environ de 0,9 et que le revenu disponible constitue 60 % du PIB, la propension marginale à consommer le PIB est d'environ 54 %, en moyenne. (*pp. 194-205*)

Les dépenses d'investissement

Le niveau des investissements dépend des facteurs suivants:

- Les taux d'intérêt
- L'inflation anticipée
- Le profit anticipé
- La dépréciation

Plus le taux d'intérêt est bas ou encore plus le taux d'inflation anticipé est élevé, plus le niveau d'investissement est haut. Plus les profits anticipés sont élevés, plus le volume des investissements est important. Les taux d'intérêt et l'inflation anticipée ont des effets égaux mais opposés sur les investissements. En conséquence, ces deux effets peuvent être combinés en un seul: l'effet du taux d'intérêt réel. Plus le taux d'intérêt réel est élevé, plus le volume des investissements sera faible.

Les variations des prévisions de profit constituent le principal facteur qui influe sur la demande d'investissement. Les prévisions sont parfois optimistes, parfois pessimistes. Les variations des prévisions de profit entraînent des déplacements de la courbe de demande d'investissement. Les variations des profits anticipés sont reliées de près aux fluctuations enregistrées au cours du cycle économique. Lorsque l'économie entre dans une période d'expansion, les prévisions concernant les profits sont optimistes et les investissements sont élevés. Par contre, lorsque l'économie traverse une période de contraction, les prévisions de profit sont pessimistes et les investissements sont faibles. (*pp. 205-214*)

Les exportations nettes

Les exportations nettes représentent la différence entre les exportations et les importations. Les exportations dépendent de décisions qui sont prises à l'étranger. Les principaux facteurs qui influent sur les exportations sont le PIB dans le reste du monde, le niveau de spécialisation internationale, les prix des biens fabriqués au Canada par rapport aux prix de biens similaires fabriqués à l'étranger et le taux de change. Les importations dépendent du PIB réel du Canada, du niveau de spécialisation internationale, des prix des biens produits au Canada par rapport aux prix de biens similaires produits à l'étranger et du taux de change.

La fonction d'exportations nettes représente la relation entre les exportations nettes et le PIB réel canadien, tous les autres facteurs qui ont une incidence sur les exportations et les importations demeurant constants. (*pp. 214-216*)

POINTS DE REPÈRE

Mots clés

Figures et tableaux clés 

QUESTIONS DE RÉVISION

1 Quelles sont les composantes de la dépense agrégée?

2 Quelle est la composante la plus importante de la dépense agrégée?

3 Quelles sont les composantes les plus variables de la dépense agrégée?

4 Qu'est-ce que la fonction de consommation?

5 Quel est le principal facteur qui influe sur la consommation?

6 Quelle est la différence entre le revenu disponible et le PIB?

7 Que signifie l'expression «propension marginale à consommer»? Pourquoi la propension marginale à consommer est-elle inférieure à 1?

8 Qu'est-ce que la fonction d'épargne? Quelle est la relation qui existe entre la fonction de consommation et la fonction d'épargne?

9 Qu'est-ce qui détermine l'investissement? Pourquoi l'investissement augmente-t-il à mesure que le taux d'intérêt réel diminue?

10 Quel est l'effet de chacun des facteurs suivants sur les exportations nettes au Canada?

a) Une augmentation du PIB canadien

b) Une augmentation du PIB japonais

c) Une augmentation du prix des voitures fabriquées au Japon alors que le prix des voitures canadiennes demeure constant

PROBLÈMES

1 Vous possédez les informations suivantes au sujet de la famille Lafortune :

Revenu disponible (en dollars par année)	Dépenses de consommation (en dollars par année)
0	10 000
10 000	15 000
20 000	20 000
30 000	25 000
40 000	30 000

a) Calculez la propension marginale à consommer des Lafortune.

b) Calculez la propension moyenne à consommer à chaque niveau du revenu disponible.

c) Calculez ce que la famille Lafortune parvient à épargner à chaque niveau du revenu disponible.

d) Calculez la propension marginale à épargner.

e) Calculez la propension moyenne à épargner à chaque niveau du revenu disponible.

2 Une entreprise envisage de construire une chaîne de montage d'automobiles au coût de 10 millions de dollars. Sa durée de vie utile est estimée à cinq ans et, à la fin de cette période, sa valeur de récupération est de 1 million de dollars. Le coût de la main-d'œuvre est évalué à 1 million de dollars par année et un autre million devra être consacré à l'achat de carburant. Si l'entreprise construit l'usine, elle pourra fabriquer des voitures qui représenteront une valeur de 5 millions de dollars chaque année. Jugez de la rentabilité du projet d'investissement en considérant chacun des taux d'intérêt suivants :

a) 2 % par année

b) 5 % par année

c) 10 % par année

3 Vous disposez des données suivantes concernant une économie fictive. La propension marginale à consommer le revenu disponible est de 0,8 et les impôts nets représentent un quart du revenu national. Quelle est la propension marginale à consommer le PIB dans cette économie ?

Annexe du chapitre 8

La valeur actualisée nette et l'investissement

Afin de juger de la rentabilité d'un projet d'investissement, nous pouvons en calculer la valeur actualisée nette.

Le calcul de la valeur actualisée nette

La *valeur actualisée nette* correspond à la somme de la valeur actualisée du flux de paiements et de revenus découlant d'un projet d'investissement. La *valeur actualisée* d'une somme d'argent future s'entend de la somme qui, si elle était investie aujourd'hui, permettrait d'accumuler la somme future grâce à des intérêts composés à un taux donné. Si la valeur actualisée nette d'un projet d'investissement est positive, il est rentable d'entreprendre le projet d'investissement. Si la valeur actualisée nette est négative, il est préférable de ne pas investir. À présent, voyons comment on effectue le calcul de la valeur actualisée nette.

Supposons qu'un investissement de 2775 $ doit engendrer un flux de revenu futur de 1000 $ par année, pendant trois ans. Ainsi, un paiement initial de 2775 $ devrait permettre de rapporter un revenu futur de 1000 $ pour chacune des trois années. Évidemment, le revenu excède le montant de l'investissement. Mais nous ne pourrons toucher ce revenu que plus tard. Pour déterminer si le flux de revenu futur est suffisant, il faut calculer la valeur actualisée nette du projet. Ce calcul est effectué à l'aide de la formule suivante, où *r* désigne le taux d'intérêt :

$$\text{VAN} = \frac{1000\ \$}{(1+r)} + \frac{1000\ \$}{(1+r)^2} + \frac{1000\ \$}{(1+r)^3} - 2775\ \$.$$

Plus le taux d'intérêt est élevé, plus la valeur actualisée nette est faible. Les calculs effectués en fonction de trois taux d'intérêt différents sont présentés au tableau A8.1. La partie (a) contient le calcul de la valeur actualisée nette lorsque le taux d'intérêt se situe à 4 % par année. Dans ce cas, la valeur actualisée nette est de zéro. Voyons comment on effectue le calcul de la valeur actualisée nette à partir de la formule. Le coût initial du projet (2775 $) est versé immédiatement, de sorte que sa valeur actualisée est égale au montant de la dépense. La première tranche de 1000 $ de revenu découlant du projet sera reçue un an plus tard. Sa valeur actualisée est de 961 $. En d'autres termes, si un montant de 961 $ était investi aujourd'hui à un taux d'intérêt de 4 % par année, il représenterait un revenu de 1000 $ un an plus tard. La deuxième tranche de 1000 $ sera reçue deux ans plus tard. Sa valeur actualisée est de 925 $. Autrement dit, si un montant de 925 $ était placé aujourd'hui pour une période de deux ans à un taux d'intérêt de 4 % par année, il engendrerait 1000 $ de revenu à la fin de cette période. Finalement, les derniers 1000 $ qui seront reçus trois ans plus tard ont une valeur actualisée de 889 $. Si ce montant était investi aujourd'hui à un taux d'intérêt de 4 % par année, il rapporterait 1000 $ au bout de trois ans. En additionnant ces valeurs actualisées et en soustrayant la valeur actualisée du coût initial du projet, on obtient la valeur actualisée nette du projet qui, à un taux d'intérêt de 4 % par année, est égale à zéro.

Dans la partie (b) du tableau, la valeur actualisée nette est calculée à partir d'un taux d'intérêt inférieur, soit 2 % par année. Dans ce cas, la valeur actualisée nette du projet est positive, s'élevant à 108 $. Dans la partie (c), le taux d'intérêt est maintenant de 6 % par année et la valeur actualisée nette est négative, se chiffrant à - 102 $.

Tableau A8.1 La valeur actualisée nette d'un projet d'investissement

	Dollars payés	Dollars reçus	Valeur actualisée (en dollars)
(a) Taux d'intérêt annuel: 4 %			
Coût initial du projet	2775		− 2775
Revenu dans 1 an		1000	961
Revenu dans 2 ans		1000	925
Revenu dans 3 ans		1000	889
Valeur actualisée nette			0
(b) Taux d'intérêt annuel: 2 %			
Coût initial du projet	2775		− 2775
Revenu dans 1 an		1000	980
Revenu dans 2 ans		1000	961
Revenu dans 3 ans		1000	942
Valeur actualisée nette			108
(c) Taux d'intérêt annuel: 6 %			
Coût initial du projet	2775		− 2775
Revenu dans 1 an		1000	943
Revenu dans 2 ans		1000	890
Revenu dans 3 ans		1000	840
Valeur actualisée nette			− 102

Donc, il est rentable d'entreprendre ce projet d'investissement pour tout taux d'intérêt inférieur à 4 % par année. Par contre, il est préférable de ne pas investir dans ce projet si le taux d'intérêt est supérieur à 4 % par année.

Le coût initial et le flux de revenu varient d'un projet d'investissement à l'autre. Afin de déterminer quels sont les projets rentables à entreprendre, une entreprise doit calculer la valeur actualisée nette de chaque projet en utilisant le taux d'intérêt courant auquel elle peut emprunter. Tous les projets qui ont une valeur actualisée nette positive seront entrepris et ceux qui ont une valeur actualisée négative seront abandonnés. Plus le taux d'intérêt auquel l'entreprise peut emprunter est bas, plus le nombre de projets ayant une valeur actualisée nette positive est élevé. En outre, plus les projets entrepris sont nombreux, plus les investissements de l'entreprise sont importants.

L'inflation anticipée et le taux d'intérêt réel

Le taux d'intérêt réel est le taux d'intérêt que nous prévoyons toucher après avoir tenu compte des variations de la valeur de la monnaie. Si vous prêtez un dollar à un taux d'intérêt annuel de r, vous obtiendrez $1 + r$ dollars à la fin de l'année. Si le taux d'augmentation annuel des prix est égal à π, vous aurez besoin de $1 + \pi$ dollars à la fin de l'année pour acheter ce que un dollar vous permet d'acheter aujourd'hui. Vos $1 + r$ dollars ne vaudront en réalité que $(1 + r)\,(1 + \pi)$ dollars. L'intérêt que vous avez réellement reçu est le montant que vaut réellement votre argent, soit $(1 + r)\,(1 + \pi)$, moins le dollar que vous avez prêté. En d'autres termes, le taux d'intérêt réel peut être représenté par la formule suivante:

$$\text{Taux d'intérêt réel} = \frac{(1 + r)}{(1 + \pi)} - 1.$$

Dans cette formule, r désigne le taux d'intérêt (parfois appelé *taux d'intérêt nominal*) et π représente le taux d'inflation anticipé. Pour mieux comprendre cette formule, prenons l'exemple où le taux d'intérêt et le taux d'inflation anticipé sont égaux. Supposons qu'ils soient de 6 % par année. En utilisant la formule, on obtient un taux d'intérêt réel nul:

$$\text{Taux d'intérêt réel} = \frac{1{,}06}{1{,}06} - 1 = 0.$$

Autrement dit, l'intérêt payé, lorsque le taux d'intérêt annuel se chiffre à 6 %, n'est suffisant que pour compenser la baisse anticipée de la valeur de la monnaie, ce qui signifie qu'il n'y a pas d'intérêt «réel» payé.

Supposons à présent un taux d'intérêt annuel de 6 % et un taux d'inflation annuel anticipé de 1,92 %. Le taux d'intérêt réel est alors égal à 4 % par année. Pour vérifier ce calcul, insérons les valeurs du taux d'intérêt et du taux d'inflation anticipé dans la formule.

$$\text{Taux d'intérêt réel} = \frac{1{,}06}{1{,}0192} - 1 = 0{,}04 \text{ (ou 4 \%)}.$$

Calculons maintenant la valeur actualisée nette à partir de ces données. Le tableau A8.2 comprend l'essentiel de ces calculs. Le projet coûte toujours 2775 $. Le revenu anticipé à la fin de la première année est maintenant plus élevé en raison de l'inflation. Avec un taux d'inflation anticipé de 1,92 % par année, on prévoit que le revenu atteindra 1019 $. La valeur actualisée de

Tableau A8.2 La valeur actualisée nette, l'inflation et le taux d'intérêt réel

Taux d'intérêt annuel : 6 %

Taux d'inflation anticipé : 1,92 % par année

Taux d'intérêt réel : 4 % par année

	Dollars courants	Dollars réels	Valeur actualisée (en dollars)
Coût initial du projet	– 2775	– 2775	– 2775
Revenu anticipé dans 1 an	1019	1000	961
Revenu anticipé dans 2 ans	1039	1000	925
Revenu anticipé dans 3 ans	1059	1000	889
Valeur actualisée nette			0

1019 $ à un taux d'intérêt de 6 % est de 961 $. En d'autres termes, si la somme de 961 $ était investie aujourd'hui à un taux d'intérêt annuel de 6 %, elle vaudrait 1019 $ au bout d'un an. À la fin de la deuxième année, l'entreprise s'attend à recevoir 1039 $. Autrement dit, sur une période de deux ans, on prévoit que les prix augmenteront de 3,9 %. La valeur actualisée de 1039 $ deux ans plus tard est donc de 925 $. Encore une fois, cela revient à dire que, si on plaçait une somme de 925 $ aujourd'hui à un taux d'intérêt annuel de 6 %, elle vaudrait 1039 $ dans deux ans. En supposant un même taux d'inflation au cours de la troisième année, on peut s'attendre à ce que le revenu s'élève à 1059 $. La valeur actualisée des 1059 $ reçus trois ans plus tard, à un taux d'intérêt annuel de 6 %, est de 889 $. Ainsi, si la somme de 889 $ était placée aujourd'hui à un taux d'intérêt de 6 % par année, elle rapporterait 1059 $ trois ans plus tard.

En additionnant la valeur actualisée du flux de revenu et en soustrayant la valeur actualisée du coût du projet, nous obtenons la valeur actualisée nette du projet. Celle-ci est égale à zéro. On peut aussi constater que, lorsque le taux d'intérêt annuel est de 6 % et que le taux d'inflation anticipé est de 1,92 % par année, la valeur actualisée nette est la même que celle que nous avions obtenue au tableau A8.1, avec un taux d'inflation nul et un taux d'intérêt annuel de 4 %. Mais vous pouvez également remarquer que le taux d'intérêt réel au tableau A8.2 correspond à 4 % par année. En comparant les chiffres présentés dans les deux tableaux, on peut constater que la valeur actualisée nette d'un projet d'investissement dépend du taux d'intérêt réel. En d'autres termes, le projet a une valeur actualisée nette de zéro si le taux d'intérêt réel est de 4 % par année. Les résultats sont donc les mêmes que le taux d'intérêt réel découle d'un taux d'intérêt de 4 % par année sans inflation ou d'un taux d'intérêt de 6 % par année avec un taux d'inflation anticipé qui atteint 1,92 %. D'une manière ou d'une autre, la valeur actualisée nette du projet est égale à zéro. Plus le taux d'intérêt réel est faible, plus le nombre de projets ayant une valeur actualisée nette positive est élevé et plus le nombre de projets entrepris sera important.

La demande d'investissement

Le barème de demande d'investissement d'une entreprise est établi en calculant le coût total de tous les projets qui ont une valeur actualisée nette positive pour divers taux d'intérêt. Si le taux d'intérêt baisse, le nombre de projets entrepris augmente et le montant total des investissements s'accroît. Le barème de demande d'investissement indique que le montant des investissements augmente lorsque le taux d'intérêt réel baisse. En faisant la somme des projets d'investissement de toutes les entreprises dans l'économie, nous obtenons le barème de demande d'investissement agrégée.

Le calcul de la valeur actualisée nette d'un projet d'investissement dépend des prévisions de l'entreprise concernant le flux de revenu futur engendré par le projet. Si les entreprises ont des attentes optimistes, un plus grand nombre de projets auront des valeurs actualisées nettes positives pour chaque taux d'intérêt. Si les entreprises ont des attentes de revenu pessimistes, un plus petit nombre de projets auront des valeurs actualisées nettes positives. Ainsi, le nombre de projets qui sont entrepris à chaque taux d'intérêt dépend du degré d'optimisme ou de pessimisme rattaché aux prévisions des entreprises quant à leurs flux de revenu futurs. Les variations du degré d'optimisme ou de pessimisme des entreprises entraînent des modifications dans les barèmes de demande d'investissement.

CHAPITRE 9

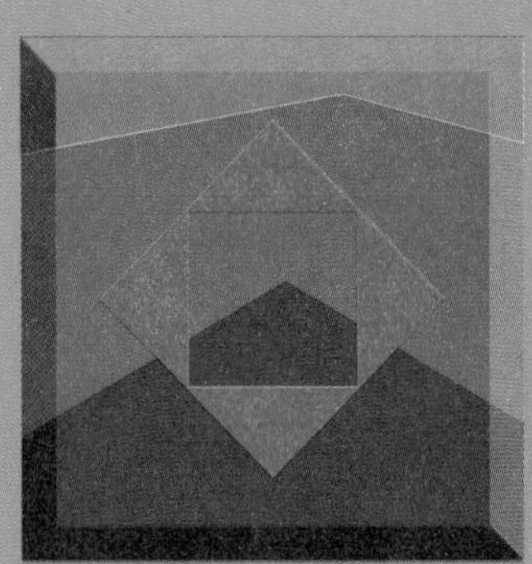

La dépense agrégée et le revenu agrégé

Objectifs du chapitre:

- Engendrer la fonction de dépense agrégée.
- Faire la distinction entre les dépenses autonomes et les dépenses induites.
- Comprendre comment le niveau de la dépense agrégée est déterminé.
- Définir le multiplicateur et le calculer.
- Expliquer pourquoi les variations des investissements et des exportations entraînent des changements dans les dépenses de consommation et ont un effet multiplicateur sur la dépense agrégée.
- Comprendre comment le gouvernement peut stabiliser la dépense agrégée et en quoi les impôts, les taxes et les paiements de transfert servent de stabilisateurs automatiques.
- Expliquer la relation entre la courbe de dépense agrégée et la courbe de demande agrégée.

Amplificateur ou amortisseur économique?

DANS SON MICROPHONE, Mick Jagger émet un murmure à peine perceptible. La grande sensibilité de l'appareil capte le signal électronique, le transmet à une énorme batterie d'amplificateurs pour ensuite l'acheminer dans des haut-parleurs à haute fidélité. Finalement, le son rejoint les quelque 50 000 spectateurs entassés dans le stade olympique. À un moment donné, Jagger hausse la voix et celle-ci, grâce à l'amplification électronique, explose à travers tout le stade, ne laissant entendre aucun autre son. ■ Robert Bourassa, premier ministre du Québec, se rend à une réunion d'affaires. Pour cela, son chauffeur doit emprunter l'une des avenues les plus endommagées de la ville de Québec. Certaines avenues de la ville sont effectivement couvertes de fondrières, surtout après le dégel. Durant le trajet, Robert Bourassa dicte un texte à son secrétaire, qui le transcrit sans gribouillis. Les roues de l'automobile rebondissent sur l'une des pires voies de la capitale mais, grâce aux amortisseurs de l'automobile, les passagers ne ressentent aucune vibration et le secrétaire écrit lisiblement. ■ Les investissements et les exportations fluctuent comme la voix de Mick Jagger ou le pavé d'une rue raboteuse. Comment l'économie réagit-elle à ces fluctuations? Absorbe-t-elle les chocs comme la limousine de Robert Bourassa ou en accentue-t-elle les effets comme les haut-parleurs de Mick Jagger? ■ L'économie est-elle une machine réglée de façon précise et définitive, ou pouvons-nous modifier certains de ses mécanismes pour l'adapter à nos besoins? ■ Nous allons maintenant examiner ces questions. Nous découvrirons que l'économie contient des mécanismes d'amplification importants qui tendent à accentuer les effets des fluctuations des investissements et des exportations. La variation de la dépense agrégée qui en résulte est alors plus grande que la variation initiale des investissements ou des exportations. Nous allons également voir comment les impôts et taxes peuvent jouer le rôle d'amortisseurs qui, tout en n'étant pas ceux d'une Lincoln Continental, n'en sont pas moins plus efficaces que les ressorts d'une diligence.

■ Dans le chapitre 8, nous avons étudié les facteurs qui déterminent les composantes de la dépense agrégée. Nous avons vu que les dépenses de consommation, qui constituent la principale composante de la dépense agrégée, représentent une fraction remarquablement stable du produit intérieur brut. Mais nous avons également vu que l'écart entre le revenu disponible et le PIB influe sur les dépenses de consommation. Nous avons aussi appris que les investissements et les exportations représentent les composantes les plus instables de la dépense agrégée. Dans le présent chapitre, nous chercherons à comprendre comment les variations des investissements, des exportations, des dépenses publiques en biens et services, ainsi que des impôts et taxes influent sur les dépenses de consommation et la dépense agrégée. En d'autres termes, à la différence du chapitre 8 où nous avons analysé chaque composante de la dépense agrégée séparément, nous verrons, dans ce chapitre, comment ces composantes interagissent pour déterminer la dépense agrégée. Commençons par étudier la relation entre la dépense agrégée et le PIB.

La dépense agrégée et le PIB réel

Il existe une relation entre la dépense agrégée planifiée exprimée en termes réels et le PIB réel. Par **dépenses planifiées**, nous entendons les dépenses que les agents économiques (ménages, entreprises, gouvernements et étrangers) envisagent d'effectuer dans des circonstances données. Les dépenses planifiées ne sont pas nécessairement égales aux dépenses effectives. Dans le présent chapitre, nous verrons comment ces deux notions de dépenses – planifiées et effectives – diffèrent l'une de l'autre.

Nous pouvons décrire la relation entre la dépense agrégée planifiée exprimée en termes réels et le PIB réel à l'aide du barème de dépense agrégée ou de la courbe de dépense agrégée. Le **barème de dépense agrégée** rapporte le niveau de la dépense agrégée planifiée à divers niveaux du PIB réel. La **courbe de dépense agrégée** trace le graphique du barème de dépense agrégée.

Le barème de dépense agrégée

Nous avons établi un barème de dépense agrégée au tableau de la figure 9.1. Les données du tableau et du graphique sont purement fictives. Nous examinerons des données extraites de la réalité économique plus loin dans ce chapitre. Ce tableau présente la dépense agrégée planifiée de même que ses composantes, soit les dépenses de consommation (C), les investissements (I), les dépenses gouvernementales en biens et services (G) et les exportations nettes (EN). Pour calculer le niveau de la dépense agrégée planifiée, nous additionnons ses composantes.

La première colonne du tableau nous indique le PIB réel et la deuxième colonne, les dépenses planifiées de consommation selon le niveau du PIB réel. Lorsque le PIB réel atteint 1 milliard de dollars, les dépenses planifiées de consommation se chiffrent également à 1 milliard de dollars. Une augmentation du PIB réel de 1 milliard de dollars entraîne un accroissement des dépenses planifiées de consommation de 0,65 milliard de dollars.

Les deux colonnes suivantes indiquent les investissements planifiés et les dépenses gouvernementales planifiées en biens et services. Souvenez-vous que les intentions d'investissement dépendent du taux d'intérêt réel et des profits prévus. Supposons que ces facteurs soient constants et qu'à un moment donné ils engendrent un niveau d'investissement planifié de 0,5 milliard de dollars. Ce niveau d'investissement planifié est indépendant du niveau du PIB réel et n'est influencé que par le taux d'intérêt réel et les profits prévus, lesquels demeurent constants.

Les dépenses gouvernementales en biens et services résultent de décisions prises par le Conseil des ministres et le Parlement, par les gouvernements provinciaux et leurs assemblées législatives, de même que par les autorités municipales. Ces dépenses planifiées varient d'une année à l'autre mais, en tout temps, leur montant reflète des décisions prises dans le passé. Nous supposerons que cette composante est également constante. En d'autres termes, tout comme les intentions d'investissement, les dépenses gouvernementales planifiées sont fixes en tout temps et ne varient pas avec le niveau du PIB réel. Dans notre exemple, elles ont une valeur de 0,7 milliard de dollars.

Les trois colonnes suivantes contiennent la valeur des exportations, des importations et des exportations nettes. Les exportations dépendent d'événements qui surviennent dans le reste du monde, des prix des biens fabriqués au Canada par rapport aux prix des biens produits à l'étranger, de même que de la valeur de la monnaie canadienne par rapport à la monnaie étrangère. Le niveau du PIB réel n'a pas d'incidence directe sur les exportations. Dans le tableau, les exportations planifiées demeurent fixes à 0,45 milliard de dollars. Par contre, les importations planifiées augmentent avec le PIB réel. Ainsi, une augmentation de 1 milliard de dollars du PIB réel se traduit par un accroissement de 0,15 milliard de dollars des importations planifiées. Par conséquent, les exportations nettes, qui représentent la différence entre les exportations et les importations, varient avec le PIB réel. Les exportations nettes chutent donc de 0,15 milliard de dollars pour chaque augmentation de 1 milliard de dollars du PIB réel.

La dernière colonne du tableau présente la valeur de la dépense agrégée planifiée. Ce montant correspond à la somme des dépenses planifiées de consommation, des investissements planifiés, des dépenses gouvernementales planifiées en biens et services et des exportations nettes planifiées.

Figure 9.1 Le barème de dépense agrégée et la courbe de dépense agrégée

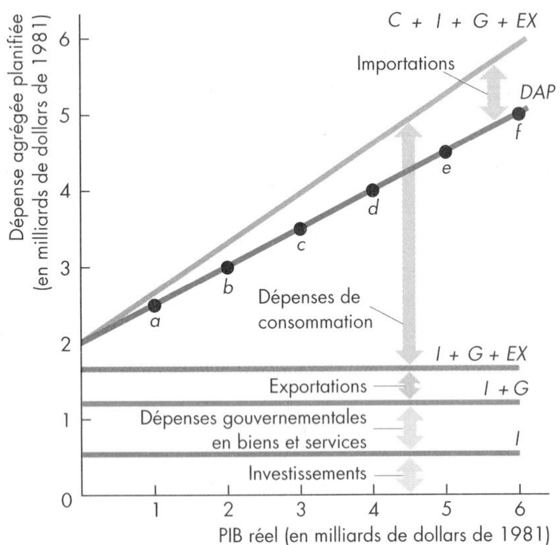

La fonction de dépense agrégée indique la relation entre la dépense agrégée planifiée et le PIB réel. Nous pouvons décrire la fonction de dépense agrégée à l'aide d'un barème (comme nous le montre le tableau) ou d'une courbe (comme le présente la figure). La dépense agrégée planifiée représente la somme des dépenses planifiées de consommation, des investissements planifiés, des dépenses gouvernementales planifiées en biens et services et des exportations nettes planifiées. Par exemple, à la ligne *a* du tableau, si le PIB réel est de 1 milliard de dollars, la consommation agrégée planifiée se chiffre à 1 milliard de dollars, les investissements planifiés, à 0,5 milliard de dollars, les dépenses gouvernementales planifiées en biens et services, à 0,7 milliard de dollars et les exportations nettes planifiées, à 0,3 milliard de dollars. Par conséquent, si le PIB est de 1 milliard de dollars, la dépense agrégée planifiée est de 2,5 milliards de dollars (1 milliard de dollars + 0,5 milliard de dollars + 0,7 milliard de dollars + 0,3 milliard de dollars). La somme des dépenses planifiées est illustrée dans la figure par la courbe de dépense agrégée planifiée *DAP* qui unit les points *a* à *f*.

		Dépense planifiée (en milliards de dollars de 1981)						
	PIB réel (*Y*)	**Dépenses de consommation (*C*)**	**Investissements (*I*)**	**Dépenses gouvernementales (*G*)**	**Exportations (*EX*)**	**Importations (*IM*)**	**Exportations nettes (*EN* = *EX* − *IM*)**	**Dépense agrégée planifiée (*DAP* = *C* + *I* + *G* + *EN*)**
a	1,0	1,00	0,5	0,7	0,45	0,15	0,30	2,5
b	2,0	1,65	0,5	0,7	0,45	0,30	0,15	3,0
c	3,0	2,30	0,5	0,7	0,45	0,45	0	3,5
d	4,0	2,95	0,5	0,7	0,45	0,60	−0,15	4,0
e	5,0	3,60	0,5	0,7	0,45	0,75	−0,30	4,5
f	6,0	4,25	0,5	0,7	0,45	0,90	−0,45	5,0

La courbe de dépense agrégée

La courbe de dépense agrégée est illustrée dans le graphique de la figure 9.1. Le PIB réel est porté en abscisse, et la dépense agrégée planifiée en ordonnée. La courbe de dépense agrégée planifiée correspond à la droite *DAP* (en rouge). Les points *a* à *f* de cette courbe illustrent les données correspondantes du tableau de la figure 9.1. La courbe *DAP* est la représentation graphique de la dépense agrégée planifiée (dernière colonne du tableau) et du PIB réel (première colonne du tableau).

Ce graphique montre également les composantes de la dépense agrégée planifiée. Les droites horizontales du graphique représentent les composantes qui sont constantes – soit les investissements, les dépenses gouvernementales en biens et services et les exportations. Les dépenses de consommation correspondent à la distance verticale entre la droite *C* + *I* + *G* + *EX* et la droite *I* + *G* + *EX*.

Pour tracer la courbe *DAP*, nous devons soustraire les importations de la droite *C* + *I* + *G* + *EX* car elles ne constituent pas des dépenses consacrées à l'achat de produits fabriqués au pays. L'achat d'une nouvelle voiture appartient aux dépenses de consommation. Cependant, s'il s'agit d'une voiture de marque BMW fabriquée en Allemagne, nous devons soustraire cet achat des dépenses de consommation pour connaître le montant des dépenses consacrées à l'achat de produits fabriqués au Canada et donc le montant du PIB canadien. Les sommes versées à BMW pour l'importation de voitures d'Allemagne n'ajoutent rien à la dépense agrégée qui est consacrée à la production canadienne.

Les dépenses autonomes et les dépenses induites

Nous pouvons répartir les composantes de la dépense agrégée planifiée en deux grandes catégories :

- Les dépenses autonomes
- Les dépenses induites

Les **dépenses autonomes** représentent la somme des composantes de la dépense agrégée planifiée qui ne dépendent pas du PIB réel. Ces composantes autonomes sont les investissements, les dépenses publiques en biens et services, les exportations et la part des dépenses de consommation qui est indépendante du PIB réel. Dans l'exemple illustré à la figure 9.1, les dépenses de consommation s'élèvent à 0,35 milliard de dollars même si le PIB réel est nul. Cette composante des dépenses de consommation fait partie des dépenses autonomes.

Les **dépenses induites** représentent la somme des composantes de la dépense agrégée planifiée qui varient avec le niveau du PIB réel. Les composantes induites de la dépense agrégée planifiée sont la part des dépenses de consommation qui varie de pair avec le PIB réel et les importations. Dans l'exemple de la figure 9.1, chaque augmentation de 1 milliard de dollars du PIB réel se traduit par un accroissement des dépenses de consommation de l'ordre de 0,65 milliard de dollars. Il s'agit de la partie induite des dépenses de consommation. Les importations appartiennent également aux dépenses induites puisqu'elles augmentent avec le PIB réel. Mais, souvenez-vous que nous devons *soustraire* les importations du montant total des dépenses pour obtenir la dépense agrégée.

Les dépenses autonomes et les dépenses induites apparaissent à la figure 9.2. Les dépenses autonomes sont constituées des investissements (0,5 milliard de dollars), des dépenses publiques en biens et services (0,7 milliard de dollars), des exportations (0,45 milliard de dollars) et de la composante autonome des dépenses de consommation (0,35 milliard de dollars). La somme de ces composantes est de 2 milliards de dollars. Les dépenses induites augmentent de 0,50 $ pour chaque hausse de 1 $ du PIB réel. Cette augmentation est composée d'une hausse de 0,65 $ des dépenses de consommation, moins la hausse de 0,15 $ des importations. Par exemple, lorsque le PIB réel se chiffre à 4 milliards de dollars, la dépense agrégée s'établit également à 4 milliards de dollars (le point *d* sur la courbe *DAP*), à savoir 2 milliards de dollars de dépenses autonomes et 2 milliards de dollars de dépenses induites. Les dépenses autonomes demeurent à 2 milliards de dollars, quel que soit le niveau du PIB réel. Cependant, la composante induite de la dépense agrégée passe de zéro à 3 milliards de dollars lorsque le PIB réel passe de zéro à 6 milliards de dollars.

Figure 9.2 Les dépenses autonomes et les dépenses induites

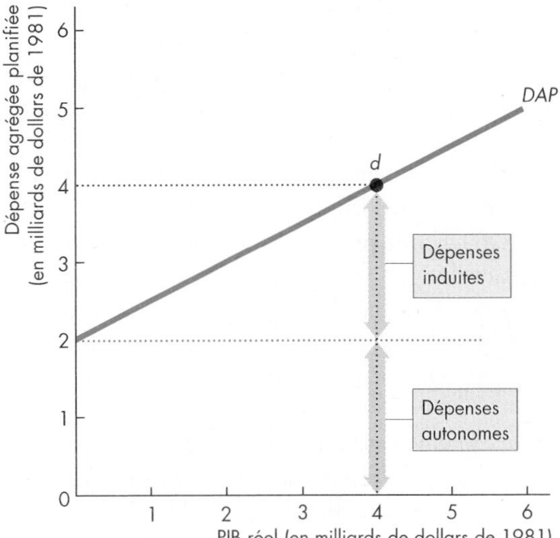

Les dépenses autonomes planifiées, apparaissant au bas de la figure, sont composées des investissements planifiés, des dépenses publiques en biens et services, des exportations et de la partie autonome des dépenses de consommation. Les dépenses induites planifiées sont constituées du reste des dépenses planifiées de consommation, moins les importations. La dépense agrégée est égale à la somme des dépenses autonomes et des dépenses induites. Par exemple, au point *d*, la dépense agrégée est de 4 milliards de dollars, soit 2 milliards de dollars de dépenses autonomes et 2 milliards de dollars de dépenses induites.

La pente de la courbe de dépense agrégée

Quels facteurs déterminent la pente de la courbe de dépense agrégée ? La pente dépend de l'ampleur des dépenses planifiées qui sont induites par une hausse du PIB réel. Comme nous venons de le voir, une augmentation de 1 $ du PIB réel a pour effet d'accroître les dépenses planifiées de consommation de 0,65 $ et les importations planifiées de 0,15 $. La différence entre ces deux composantes, soit 0,50 $, correspond à l'augmentation des dépenses induites.

Souvenez-vous que la fraction du dernier dollar de PIB réel qui est consacrée à la consommation s'appelle la *propension marginale à consommer le PIB.* Dans la figure 9.1, la propension marginale à consommer se chiffre à 0,65. La **propension marginale à importer** désigne la fraction du dernier dollar de PIB réel consacrée aux importations. Dans notre exemple, la propension marginale à importer est de 0,15. La différence entre ces deux propensions marginales s'appelle la **propension marginale à dépenser pour des biens et services produits au pays.** Cette dernière, que nous appelons plus simplement **propension marginale à dépenser**, est la fraction du dernier dollar de PIB réel consacrée à l'achat de biens et services produits au pays. À la figure 9.2, une augmentation de 1 $ du PIB réel provoque une hausse de 0,50 $ de la dépense agrégée. La propension marginale à dépenser est donc égale à 0,5.

Remarquez bien la distinction entre la propension marginale à consommer et la propension marginale à dépenser. La propension marginale à consommer est la fraction du dernier dollar de revenu consacrée à l'achat de biens et services, peu importe l'endroit dans le monde où ceux-ci sont produits. La propension marginale à dépenser désigne la fraction du dernier dollar de revenu consacrée à l'achat de biens et services produits au pays ; elle correspond donc à la propension marginale à consommer, moins la propension marginale à importer.

La propension marginale à dépenser est égale à la pente de la courbe de dépense agrégée. Vous pouvez observer cette relation à la figure 9.2. Si le PIB réel passe de 1 à 2 milliards de dollars, soit une hausse de 1 milliard de dollars, la dépense agrégée planifiée passe de 2,5 à 3 milliards de dollars, soit une augmentation de 0,5 milliard de dollars. La pente de la courbe de dépense agrégée correspond à la hausse de la dépense agrégée planifiée divisée par l'augmentation du PIB réel – soit 0,5 milliard de dollars ÷ 1 milliard de dollars = 0,5.

À RETENIR

La dépense agrégée planifiée est la somme des dépenses de consommation, des investissements, des dépenses publiques en biens et services et des exportations nettes. On peut regrouper la dépense agrégée planifiée en deux catégories : les dépenses autonomes et les dépenses induites. Les investissements, les dépenses publiques en biens et services, les exportations et une partie des dépenses de consommation sont autonomes. L'autre partie des dépenses de consommation moins les importations constituent les dépenses induites. Les dépenses autonomes ne dépendent pas du PIB réel ; les dépenses induites varient avec le PIB réel. Plus le niveau des dépenses autonomes est élevé, plus le niveau de la dépense agrégée l'est aussi. La fraction du dernier dollar de revenu consacrée à l'achat de biens et services produits au pays s'appelle la *propension marginale à dépenser*. La propension marginale à dépenser est égale à la propension marginale à consommer, moins la propension marginale à importer. Plus la propension marginale à dépenser est élevée, plus la pente de la courbe de dépense agrégée est abrupte.

■ ■ ■

Nous venons d'apprendre à calculer le barème et la courbe de dépense agrégée. Nous avons vu que la dépense agrégée planifiée augmente avec le PIB réel. Mais qu'est-ce qui détermine, sur la courbe de dépense agrégée, l'endroit où se trouve l'économie ?

L'équilibre des dépenses

Il y a **équilibre des dépenses** lorsque la dépense agrégée planifiée est égale au PIB réel. À des niveaux du PIB réel inférieurs au niveau d'équilibre, les dépenses planifiées excèdent le PIB réel. À des niveaux du PIB réel supérieurs au niveau d'équilibre, les dépenses planifiées tombent en deçà du PIB réel.

Pour comprendre comment les dépenses d'équilibre sont déterminées, il convient de faire la distinction entre les dépenses effectives et les dépenses planifiées, puis de voir comment les dépenses effectives, les dépenses planifiées et le revenu sont reliés.

Les dépenses effectives, les dépenses planifiées et le revenu

La dépense agrégée effective est toujours égale au revenu agrégé effectif. Les dépenses effectuées par une personne correspondent au revenu d'une autre personne. Ainsi, la dépense agrégée en biens et services finis est équivalente au revenu agrégé des facteurs qui les produisent. En plus d'être égaux, la dépense agrégée en biens et services finis et le revenu agrégé correspondent à la valeur de la production ou PIB réel. Ainsi, la dépense agrégée effective est toujours égale au PIB réel.

Dans la section précédente du chapitre, nous avons vu que le niveau du PIB réel influe sur le niveau de la dépense agrégée *planifiée*. Toutefois, les dépenses planifiées ne sont pas nécessairement égales aux dépenses effectives et, donc, au PIB réel. En quoi les dépenses effectives et les dépenses planifiées peuvent-elles être différentes les unes des autres ? Pourquoi les gens ne peuvent-ils pas réaliser tous leurs plans ? Dans les faits, nous ne réalisons pas tous nos plans ou toutes nos intentions de dépenses, et ce pour bien des raisons. Dans le modèle économique simple que nous étudions, on ne relève qu'une seule raison : les entreprises peuvent faire face à une pénurie ou à un excédent imprévu de leurs stocks. Les gens réalisent leurs plans de dépenses de consommation, le gouvernement effectue les achats de biens et services qui ont été planifiés, et les exportations nettes sont également à leur niveau planifié. Les entreprises exécutent leurs projets d'investissement en bâtiments, en usines et en matériel. La variation des stocks invendus constitue une des composantes de l'investissement. Les stocks varient lorsque la dépense agrégée planifiée n'est pas égale à la production agrégée. Si la production est supérieure à la dépense, les stocks s'accroissent ; si elle est inférieure, les stocks baissent. Lorsque les stocks changent par suite d'un écart imprévu entre la production et les ventes (les dépenses), la dépense agrégée planifiée diffère de la dépense agrégée effective.

Lorsque la dépense agrégée planifiée est égale à la dépense agrégée effective et au PIB réel, il y a équilibre des dépenses dans l'économie. Lorsque la dépense agrégée planifiée et la dépense agrégée effective ne sont pas égales, un mécanisme de convergence vers l'équilibre se met en branle. Examinons maintenant comment l'équilibre des dépenses est atteint.

Lorsque les dépenses planifiées sont égales au PIB réel

Le tableau de la figure 9.3 présente différents niveaux du PIB réel dans notre modèle économique. La deuxième colonne contient la dépense agrégée planifiée correspondant à divers niveaux du PIB réel. Cependant, c'est seulement lorsque le PIB réel s'établit à 4 milliards de dollars que la dépense agrégée planifiée est égale au PIB réel. Ce niveau des dépenses constitue donc l'équilibre des dépenses.

Le graphique (a) de la figure 9.3 illustre cet équilibre. La courbe de dépense agrégée correspond à la droite *DAP*. La dépense agrégée planifiée est mesurée en ordonnée et le PIB réel en abscisse, et ce dans les mêmes unités et sur la même échelle. La droite qui montre tous les points pour lesquels la dépense agrégée planifiée est égale au PIB réel est appelée communément *droite à 45°*. L'équilibre des dépenses est atteint au point *d*, là où la courbe de dépense agrégée croise la droite à 45°.

La convergence vers l'équilibre

Vous comprendrez mieux pourquoi le point *d* représente l'équilibre, en considérant ce qui se produit lorsque l'économie n'est pas au point *d* et qu'elle se situe hors de l'équilibre. Supposons que le PIB réel soit de 2 milliards de dollars. Vous pouvez voir dans la figure 9.3(a) que la dépense agrégée planifiée atteint alors 3 milliards de dollars (point *b*). Ainsi, la dépense agrégée planifiée est supérieure au PIB réel. Si la dépense agrégée se chiffrait dans les faits à 3 milliards de dollars, comme on l'a planifiée, le PIB réel serait lui aussi de 3 milliards de dollars, puisque chaque dollar dépensé par un individu équivaut à un dollar de revenu pour un autre individu. Mais, le PIB réel s'établit à 2 milliards de dollars. Comment le PIB réel peut-il être de 2 milliards de dollars si les gens *projettent* de dépenser 3 milliards de dollars ? C'est parce que les dépenses *effectives* sont inférieures aux dépenses *planifiées*. Si le PIB réel est de 2 milliards de dollars, la valeur de la production correspond également à 2 milliards de dollars. Pour que les gens puissent acheter des biens et services d'une valeur de 3 milliards de dollars lorsque la valeur de la production n'est que de 2 milliards de dollars, les entreprises doivent réduire leurs stocks de 1 milliard de dollars (point *b* de la figure 9.3b). Puisque les variations des stocks constituent une composante de l'investissement, l'investissement effectif est alors inférieur à l'investissement planifié.

Mais, ce n'est pas tout. Puisqu'elles souhaitent conserver un certain niveau de stocks, les entreprises doivent augmenter leur production pour regarnir leurs stocks lorsque ceux-ci baissent sous le niveau désiré. Pour ce faire, les entreprises engagent plus de main-d'œuvre et augmentent leur production. Supposons que, lors de la période suivante, les entreprises accroissent suffisamment leur production pour reconstituer leurs stocks. La production totale augmente de 1 milliard de dollars, passant à 3 milliards de dollars. Mais, cette fois encore, la dépense agrégée planifiée excède le PIB réel. Lorsque le PIB réel atteint 3 milliards de dollars, la dépense agrégée planifiée s'établit à 3,5 milliards de dollars (point *c* de la figure 9.3a). Une fois de plus, les stocks diminueront mais, cette fois, moins qu'auparavant. Avec une production de 3 milliards de dollars et des dépenses planifiées de 3,5 milliards de dollars, les stocks tombent de 0,5 milliard de dollars seulement (point *c* de la figure 9.3b). Encore une fois, les entreprises engagent plus de main-d'œuvre et la production augmente ; le PIB réel augmente davantage.

Ce processus que nous venons de décrire – dépenses planifiées qui excèdent le PIB réel, stocks qui tombent au-dessous de leur niveau désiré et production qui augmente pour reconstituer les stocks – se poursuit jusqu'à ce que le PIB réel ait atteint 4 milliards de dollars. À ce niveau, l'équilibre prévaut. Il n'y a aucune variation imprévue des stocks et les entreprises n'ont pas à modifier leur production.

Maintenant, analysons une situation similaire à celle que nous venons de voir. Cette fois, le niveau du PIB réel sera au départ supérieur au niveau d'équilibre. Supposons que le PIB réel soit de 6 milliards de dollars. À ce niveau de revenu, la dépense agrégée planifiée est de 5 milliards de dollars (point *f* de la figure 9.3a), soit 1 milliard de dollars de moins que le PIB réel. La dépense agrégée planifiée étant inférieure au PIB réel, les stocks s'accroissent de 1 milliard de dollars (point *f* de la figure 9.3b), ce qui donne lieu à de l'investissement non planifié. Étant dans l'incapacité d'écouler leurs stocks, les entreprises freinent la production. Elles congédient des employés et réduisent les salaires. En conséquence, le PIB réel diminue. Si les entreprises diminuent la production du montant de l'augmentation non planifiée des stocks, le PIB réel fléchit à

Figure 9.3 L'équilibre des dépenses et le PIB réel

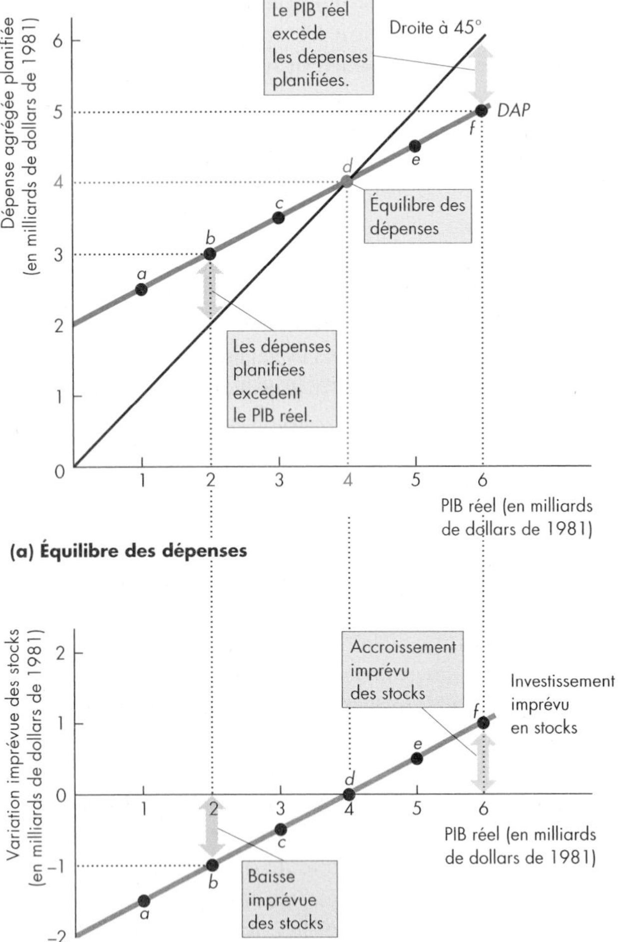

	PIB réel (*Y*)	Dépense agrégée planifiée (*DAP*)	Variation imprévue des stocks (*Y* – *DAP*)
	(en milliards de dollars de 1981)		
a	1,0	2,5	– 1,5
b	2,0	3,0	– 1,0
c	3,0	3,5	– 0,5
d	4,0	4,0	0
e	5,0	4,5	0,5
f	6,0	5,0	1,0

Le tableau présente le barème de dépense agrégée. Lorsque le PIB réel est de 4 milliards de dollars, la dépense agrégée planifiée est égale au PIB réel. À des niveaux du PIB réel inférieurs à 4 milliards de dollars, la dépense agrégée planifiée excède le PIB réel. À des niveaux du PIB réel supérieurs à 4 milliards de dollars, la dépense agrégée planifiée est inférieure au PIB réel. Le graphique (a) illustre l'équilibre des dépenses. En tous points de la droite à 45°, la dépense agrégée planifiée est égale au PIB réel. La courbe de dépense agrégée correspond à la droite *DAP* et la dépense agrégée effective est égale au PIB réel. Il y a équilibre des dépenses lorsque le PIB réel s'élève à 4 milliards de dollars. Ce niveau du PIB réel engendre des dépenses planifiées d'un montant égal au PIB réel, soit 4 milliards de dollars. À des niveaux du PIB réel inférieurs à 4 milliards de dollars, la dépense agrégée planifiée excède le PIB réel et les stocks baissent (par exemple, au point *b*, dans les deux graphiques de la figure). Dans ce cas, les entreprises augmentent leur production pour reconstituer leurs stocks et le PIB réel augmente. À des niveaux du PIB réel supérieurs à 4 milliards de dollars, la dépense agrégée planifiée est inférieure au PIB réel et les stocks s'accumulent (par exemple, au point *d* dans les deux graphiques de la figure). Dans ce cas, les entreprises réduisent leur production pour pouvoir épuiser leurs stocks et le PIB réel baisse. C'est seulement lorsque la courbe de dépense agrégée planifiée croise la droite à 45° que les dépenses planifiées sont égales au PIB réel. Il y a alors équilibre des dépenses. Lorsque l'équilibre des dépenses est atteint, il n'y a aucune variation imprévue des stocks et la production demeure constante.

5 milliards de dollars, soit une diminution de 1 milliard de dollars. Lorsque le PIB réel est à ce niveau, la dépense agrégée planifiée se chiffre à 4,5 milliards de dollars (point *e* de la figure 9.3a). Il se produit à nouveau un accroissement non planifié des stocks mais, cette fois, il est deux fois plus petit que l'augmentation précédente (point *e* de la figure 9.3b). Les entreprises diminueront encore la production et congédieront des employés, ce qui aura pour effet de faire baisser davantage le PIB réel. Le PIB réel continuera de baisser aussi longtemps que les stocks non planifiés augmenteront. Tout comme dans l'exemple précédent, le PIB réel varie jusqu'à ce qu'il atteigne son niveau d'équilibre de 4 milliards de dollars.

Nous avons vu que, lorsque le PIB réel est inférieur à son niveau d'équilibre, la dépense agrégée planifiée excède le PIB réel, les stocks baissent, les entreprises augmentent leur production pour reconstituer leurs stocks et le PIB réel s'accroît. À l'inverse, si le PIB réel est supérieur à son niveau d'équilibre, la dépense agrégée planifiée est plus faible que le PIB réel, l'augmentation non planifiée des stocks oblige les entreprises à réduire leur production et le PIB réel diminue.

C'est seulement lorsque le PIB réel est égal à la demande agrégée planifiée qu'il n'y a aucune variation imprévue des stocks et pas de changement dans les plans de production des entreprises. Le PIB réel est alors constant.

À RETENIR

Il y a équilibre des dépenses lorsque la dépense agrégée planifiée est égale au PIB réel. Si la dépense agrégée planifiée excède le PIB réel, les stocks baissent et les entreprises augmentent leur production pour reconstituer leurs stocks. En conséquence, le PIB réel et les dépenses planifiées augmentent. Si la dépense agrégée planifiée est inférieure au PIB réel, les stocks s'accroissent et les entreprises diminuent leur production pour réduire leurs stocks. Dans ce cas, le PIB réel et la dépense agrégée planifiée baissent. C'est seulement lorsque la dépense agrégée planifiée est égale au PIB réel que les stocks et la production ne varient pas de façon imprévue. Le PIB réel est alors constant.

■ ■ ■

Nous savons maintenant comment déterminer les niveaux d'équilibre du PIB réel et de la dépense agrégée. Nous allons maintenant examiner les causes de *variations* de l'équilibre.

Les fluctuations des dépenses et du PIB réel

Comme nous l'avons vu, l'équilibre des dépenses est atteint lorsque la dépense agrégée planifiée est égale au PIB réel. Pour une courbe *DAP* donnée, il n'y a qu'un seul équilibre. Lorsque la courbe *DAP* se déplace, les dépenses d'équilibre varient. Mais, quels sont les facteurs qui font déplacer la courbe *DAP* ?

Tous les facteurs qui influent sur les dépenses autonomes feront déplacer la courbe *DAP*, sans toutefois en changer la pente. Par contre, tous les facteurs qui modifient la propension marginale à dépenser font varier les dépenses induites et changent la pente de la courbe *DAP*. De tels changements – qu'ils concernent les dépenses autonomes ou la propension marginale à dépenser – entraînent un nouvel équilibre des dépenses. Examinons ces changements en commençant par les variations des dépenses autonomes.

Les variations des dépenses autonomes

Les dépenses autonomes peuvent varier pour plusieurs raisons. Une baisse du taux d'intérêt réel peut inciter les entreprises à augmenter leurs investissements planifiés. Une économie florissante peut inciter à l'optimisme et amener les entreprises à accroître leurs investissements planifiés. La forte concurrence qui règne dans l'industrie automobile en raison des importations européennes et japonaises peut pousser les sociétés GM, Ford et Chrysler à investir davantage dans les chaînes de montage robotisées. Une expansion économique en Europe de l'Ouest et au Japon peut encourager ces pays à augmenter leurs achats de biens produits au Canada, ce qui se répercuterait sur les exportations canadiennes. Un accroissement du nombre de mères de famille détenant un emploi rémunéré peut inciter le gouvernement canadien à augmenter ses subventions aux garderies, et donc ses dépenses en biens et services. Une diminution de la volonté d'économiser peut porter les ménages à réduire leurs épargnes et à augmenter leurs dépenses de consommation. Toutes ces situations font augmenter les dépenses autonomes. Mais quels sont les effets de cette augmentation sur la dépense agrégée planifiée et sur le PIB réel ? Répondons maintenant à cette question.

Le tableau et le graphique de la figure 9.4 illustrent la dépense agrégée planifiée. Au départ, les dépenses autonomes s'établissent à 2 milliards de dollars. La propension marginale à dépenser est de 0,5. Ainsi, pour chaque hausse de 1 milliard de dollars du PIB réel, les dépenses induites augmentent de 0,5 milliard de dollars. En faisant la somme des dépenses induites et des dépenses autonomes, nous obtenons la dépense agrégée planifiée. Au début, l'équilibre des dépenses prévaut lorsque le PIB réel est de 4 milliards de dollars. Cet équilibre se trouve à la ligne *d* du tableau et au point *d* du graphique, là où la courbe de dépense agrégée planifiée DAP_0 croise la droite à 45°.

Supposons maintenant que l'investissement planifié, les dépenses publiques et les exportations augmentent de 0,5 milliard de dollars au total, ce qui a pour effet de porter le montant des dépenses autonomes à 2,5 milliards de dollars. Quel sera le nouvel équilibre des dépenses ? Nous trouverons la réponse dans les deux dernières colonnes du tableau ainsi que dans le graphique. Lorsque nous ajoutons le nouveau niveau des dépenses autonomes aux dépenses induites, la dépense agrégée planifiée s'accroît de 0,5 milliard de dollars à chaque niveau du PIB réel. La courbe de dépense agrégée se déplace vers le haut en DAP_1, parallèlement à la courbe DAP_0. Ainsi, la distance verticale entre DAP_1 et DAP_0 est de 0,5 milliard de dollars à chaque niveau du PIB réel. Le nouvel équilibre, figurant à la ligne e' du tableau, est atteint là où la courbe DAP_1 croise la droite à 45°, soit à 5 milliards de dollars (point *e'*). À ce niveau de revenu, la dépense agrégée planifiée est égale au PIB réel. Les dépenses autonomes et les dépenses induites se chiffrent aussi à 2,5 milliards de dollars respectivement.

Remarquez que l'augmentation des dépenses d'équilibre est supérieure à celle des dépenses autonomes. L'augmentation des dépenses autonomes se répercute sur le PIB réel dont l'augmentation entraîne celle des dépenses induites. La hausse de la dépense agrégée

Figure 9.4 L'augmentation des dépenses autonomes

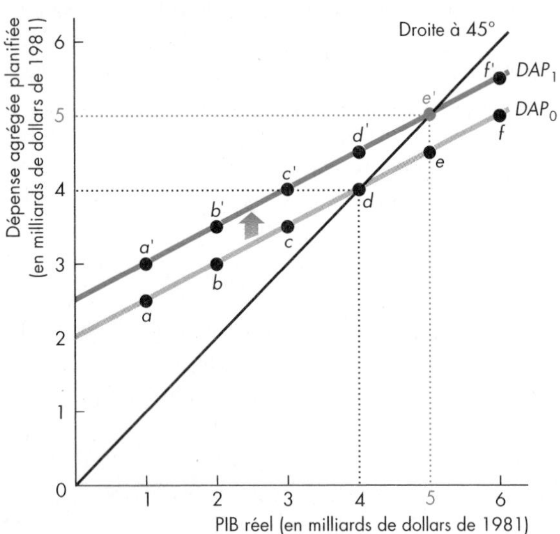

Si les dépenses autonomes passent de 2 milliards à 2,5 milliards de dollars, la dépense agrégée planifiée à chaque niveau du PIB réel augmente également de 0,5 milliard de dollars. Comme le montre le tableau, l'équilibre initial des dépenses de 4 milliards de dollars est rompu. À ce niveau du PIB réel, la dépense agrégée planifiée est maintenant de 4,5 milliards de dollars. Le nouvel équilibre des dépenses s'établit à 5 milliards de dollars, montant auquel la dépense agrégée planifiée est égale au PIB réel. L'augmentation du PIB réel est supérieure à celle des dépenses autonomes. Le graphique illustre les effets de l'augmentation des dépenses autonomes. À chaque niveau du PIB réel, la dépense agrégée planifiée augmente de 0,5 milliard de dollars. La courbe de dépense agrégée planifiée se déplace parallèlement vers le haut, de DAP_0 à DAP_1. La nouvelle courbe DAP_1 croise la droite à 45° au point *e'*, là où le PIB réel est de 5 milliards de dollars. Il s'agit du nouveau point d'équilibre.

			Initiales			Nouvelles	
PIB réel (Y)	**Dépenses induites**		**Dépenses autonomes**	**Dépense agrégée (DAP_0)**		**Dépenses autonomes**	**Dépense agrégée (DAP_1)**
			(en milliards de dollars de 1981)				
1,0	0,5	*a*	2,0	2,5	*a'*	2,5	3,0
2,0	1,0	*b*	2,0	3,0	*b'*	2,5	3,5
3,0	1,5	*c*	2,0	3,5	*c'*	2,5	4,0
4,0	2,0	*d*	2,0	4,0	*d'*	2,5	4,5
5,0	2,5	*e*	2,0	4,5	*e'*	2,5	5,0
6,0	3,0	*f*	2,0	5,0	*f'*	2,5	5,5

est égale à la somme de l'augmentation initiale des dépenses autonomes et de l'accroissement des dépenses induites.

Le paradoxe de l'épargne

Qui dit épargne dit également économies. Plus un ménage est économe, plus il épargne et plus il s'enrichit. En consommant moins que ce qu'il gagne, un ménage peut augmenter ses revenus. Il peut prêter ses épargnes et toucher des intérêts.

Que se produirait-il si nous devenions tous plus économes ? Le revenu agrégé augmenterait-il ? Nous pouvons trouver une réponse à cette question en reprenant l'analyse que nous avons faite précédemment, mais en sens inverse.

Supposons que, au départ, la courbe de dépense agrégée corresponde à la courbe DAP_1 de la figure 9.4. Le PIB réel est de 5 milliards de dollars. Supposons qu'il y ait une volonté accrue d'économiser qui se traduit par une diminution des dépenses autonomes de 0,5 milliard de dollars. La courbe de dépense agrégée se déplace vers le bas, de DAP_1 à DAP_0. Les dépenses et le PIB réel d'équilibre chutent à 4 milliards de dollars.

Une augmentation de la volonté d'économiser se traduit par une diminution du PIB réel. Cette relation négative constitue le **paradoxe de l'épargne**. Il s'agit d'un paradoxe parce que l'augmentation de la volonté d'économiser fait augmenter le revenu d'une personne mais diminuer le revenu dans l'ensemble de l'économie. Le paradoxe découle du fait que la hausse de l'épargne n'est pas accompagnée d'une augmentation de l'investissement. Même si les gens épargnent davantage, ils n'achètent pas pour autant plus de biens d'équipement.

Si l'épargne et l'investissement augmentaient simultanément, il n'y aurait pas de baisse du revenu. La hausse de l'épargne exercerait une pression vers le bas sur la courbe *DAP*, tandis que la hausse de l'investissement exercerait une pression vers le haut. Si l'épargne et l'investissement variaient du même montant, les déplacements vers le haut et vers le bas de la courbe *DAP* se neutraliseraient et la courbe *DAP* ne bougerait pas. Il n'y aurait alors aucune variation du PIB réel. Le paradoxe de l'épargne n'est pas si paradoxal après tout! Il se produit lorsqu'il y a augmentation de l'épargne, sans qu'il y ait variation de l'investissement.

Un changement de la propension marginale à dépenser

Trois facteurs influent particulièrement sur la propension marginale à dépenser. Ce sont :

- La propension marginale à consommer
- La propension marginale à importer
- Le taux d'imposition marginal

La propension marginale à consommer Certains changements dans les intentions de consommation des ménages peuvent faire varier la propension marginale à consommer. Nous avons vu dans les chapitres précédents que le revenu influe sur les dépenses de consommation de deux façons. Premièrement, une augmentation du revenu disponible de la période courante fait augmenter les dépenses de consommation. Deuxièmement, une augmentation du revenu anticipé a également pour effet d'augmenter les dépenses de consommation. Parfois, nous prévoyons qu'une augmentation du revenu observée lors de la période courante sera permanente. Dans ce cas, le revenu courant et le revenu anticipé augmentent tous les deux. Par contre, nous nous attendons parfois à ce que l'augmentation du revenu courant ne soit que temporaire. Dans ce cas, le revenu courant s'accroît, mais pas le revenu anticipé. L'effet sur la consommation d'une augmentation du revenu que l'on croit permanente sera plus grand que l'effet d'une augmentation que l'on croit temporaire. C'est pourquoi la fraction du dernier dollar de revenu consacrée à la consommation de biens et services varie. Elle varie en relation avec le cycle économique.

Lorsque l'économie, à la suite d'une récession, entre dans une période d'expansion, les gens perçoivent d'abord la hausse du revenu comme permanente. La consommation s'accroît, et une part importante de la hausse du revenu est consacrée à la consommation de biens et services. Conséquemment, la propension marginale à consommer est élevée. Toutefois, plus l'expansion dure et plus les gens se mettent à craindre que l'expansion ne ralentisse, voire que l'économie s'engage dans une période de contraction. Ils ont donc l'impression que la hausse du revenu courant n'est que temporaire. Dans ce cas, la part du revenu additionnel qui va à la consommation baisse, et la propension marginale à consommer diminue. Puis, lorsque l'économie entre réellement en récession et que le revenu baisse, les gens ont l'impression que la diminution du revenu ne sera que temporaire. Cependant, le pourcentage de la baisse de consommation n'est pas aussi élevé que celui de la baisse de revenu. Dans ce cas, la propension marginale à consommer est faible : une diminution de 1 $ du revenu disponible a pour effet de réduire légèrement les dépenses de consommation.

Lorsque la propension marginale à consommer connaît des variations – qui, pour certaines, sont reliées au cycle économique – la pente de la courbe de dépense agrégée varie. Plus la propension marginale à consommer est élevée, plus la propension marginale à dépenser l'est aussi et plus la pente de la courbe *DAP* est abrupte.

La propension marginale à importer Les importations, en pourcentage du PIB, ont augmenté de façon constante au cours des vingt dernières années. Cependant, cela ne veut pas dire nécessairement qu'il y a eu augmentation de la propension marginale à importer. Il est possible que, avec le temps, la courbe des importations se soit déplacée vers le haut sans que la propension marginale à importer ait changé, et donc sans que la pente de la courbe des importations ait varié. Mais il se peut que la propension marginale à importer ait elle-même augmenté au cours des années. La hausse régulière des importations, par rapport au PIB, découle en partie des changements qu'ont subis les prix relatifs sur le plan international, ce qui revient à dire que la fabrication de nombreux produits coûte moins cher à l'étranger qu'au Canada. Cette hausse résulte aussi de l'augmentation régulière du degré de spécialisation internationale de la production de biens et services. En d'autres termes, nous nous sommes de plus en plus spécialisés, ce qui nous a permis d'augmenter nos exportations, c'est-à-dire nos ventes aux pays étrangers, et ces derniers ont également amélioré leur degré de spécialisation, ce qui leur a permis d'exporter davantage vers le Canada. Tous ces facteurs ont contribué à accroître l'importance des importations par rapport au PIB.

Dans la mesure où ces facteurs ont fait augmenter la propension marginale à importer et accentuer la pente de la courbe des importations, ils ont aussi fait diminuer la propension marginale à dépenser, aplanissant du même coup la courbe *DAP*.

Le taux d'imposition marginal Le **taux d'imposition marginal** désigne la fraction du dernier dollar de revenu payée au gouvernement en impôts. Pour les contribuables, le taux d'imposition marginal dépend du niveau de revenu. Les personnes dont les revenus sont très faibles ne paient pas d'impôts (recevant même un revenu de soutien du gouvernement). Plus le revenu d'un individu est élevé, plus le taux d'imposition marginal l'est aussi. Pour l'économie dans son ensemble, le taux d'imposition marginal est calculé, en moyenne, en divisant la variation des recettes fiscales que le secteur public perçoit par la variation du PIB. Toutes choses étant égales par ailleurs, plus le taux d'imposition marginal est élevé et plus le revenu disponible est faible. Pour une augmentation donnée du PIB, plus le taux d'imposition marginal est élevé et moins le revenu disponible augmente. Ainsi, une réduction du taux d'imposition marginal fait augmenter la propension marginale à dépenser, ce qui rend la pente de la courbe *DAP* plus abrupte.

Nous pouvons analyser les effets des changements de la propension marginale à consommer, de la propension marginale à importer et du taux d'imposition marginal sur la propension marginale à dépenser. Nous pourrons ensuite comprendre, pour un niveau donné des dépenses autonomes, l'effet d'une variation de la propension marginale à dépenser sur les dépenses d'équilibre et le PIB réel.

Les effets d'un changement de la propension marginale à dépenser

Quels sont les effets prévus d'une réduction du taux d'imposition marginal sur les dépenses d'équilibre et le PIB réel ?

Supposons qu'une diminution du taux d'imposition marginal ait pour effet d'augmenter la propension marginale à dépenser, la faisant passer de 0,5 à 0,6. Le tableau de la figure 9.5 présente les effets de ce changement sur les dépenses induites et sur la dépense agrégée planifiée à chaque niveau du PIB réel. Remarquez que le nouveau montant des dépenses induites est égal à 0,6 fois le PIB réel, tandis que les dépenses induites

Figure 9.5 L'augmentation de la propension marginale à dépenser

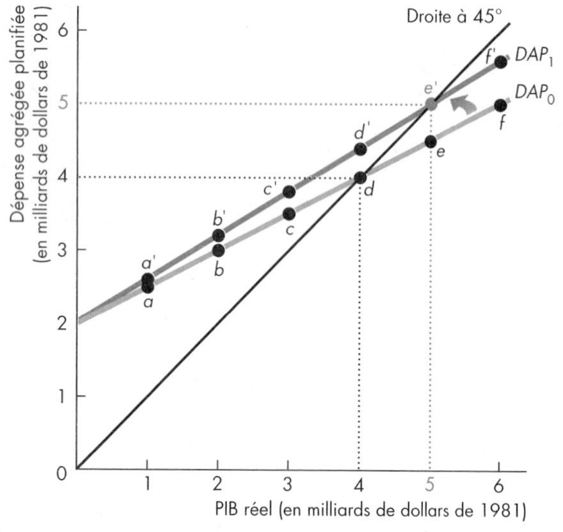

Une réduction du taux d'imposition marginal aura pour effet de faire passer la propension marginale à dépenser de 0,5 à 0,6. Les dépenses autonomes demeurent constantes à 2 milliards de dollars, mais les dépenses induites augmentent. Par exemple, lorsque le PIB réel se chiffre à 2 milliards de dollars (ligne *b* du tableau), les dépenses induites passent de 1 à 1,2 milliard de dollars. Dans le graphique, la courbe de dépense agrégée pivote et passe de DAP_0 à DAP_1. La pente de la courbe devient plus abrupte parce que la propension marginale à dépenser augmente. Le nouvel équilibre prévaut lorsque la dépense agrégée planifiée est égale au PIB réel, soit la ligne *e'* du tableau. Dans le graphique, le point d'intersection de la courbe DAP_1 et de la droite à 45° détermine l'équilibre des dépenses, soit 5 milliards de dollars (point *e'*). Dans le cas contraire, une augmentation de la propension marginale à épargner fera pivoter la courbe de dépense agrégée, qui passera de DAP_1 à DAP_0; il en résultera une baisse du PIB réel et une diminution des dépenses d'équilibre.

			Initiales			Nouvelles	
PIB réel (*Y*)	**Dépenses autonomes**		**Dépenses induites**	**Dépense agrégée (DAP_0)**		**Dépenses induites**	**Dépense agrégée (DAP_1)**
				(en milliards de dollars de 1981)			
1,0	2,0	*a*	0,5	2,5	*a'*	0,6	2,6
2,0	2,0	*b*	1,0	3,0	*b'*	1,2	3,2
3,0	2,0	*c*	1,5	3,5	*c'*	1,8	3,8
4,0	2,0	*d*	2,0	4,0	*d'*	2,4	4,4
5,0	2,0	*e*	2,5	4,5	*e'*	3,0	5,0
6,0	2,0	*f*	3,0	5,0	*f'*	3,6	5,6

initiales correspondaient à 0,5 fois le PIB réel. La dépense agrégée planifiée, quant à elle, est égale aux dépenses induites plus le montant fixe de 2 milliards de dollars des dépenses autonomes.

La courbe DAP_1 de la figure 9.5 illustre les effets de l'augmentation de la propension marginale à dépenser sur la dépense agrégée. Puisque les dépenses autonomes n'ont pas changé, la courbe de dépense agrégée planifiée rencontre l'axe des *y* au même point que la courbe initiale DAP_0. Cependant, la courbe *DAP* pivote ; elle ne se déplace pas en parallèle. Sa pente devient plus abrupte car, à des niveaux supérieurs du PIB réel, l'augmentation des dépenses induites est plus grande.

La valeur initiale du PIB réel d'équilibre est de 4 milliards de dollars et le nouveau PIB réel d'équilibre est de 5 milliards de dollars. Au niveau initial, l'augmentation de la propension marginale à dépenser a pour effet d'augmenter la dépense agrégée, l'amenant à 4,4 milliards de dollars (voir la ligne *d'* du tableau). Cependant, la dépense agrégée est maintenant supérieure au PIB réel, de sorte qu'il augmente (suivant le processus décrit à la figure 9.3). Le PIB réel continue d'augmenter jusqu'à ce qu'un nouvel équilibre soit atteint. Les dépenses induites s'accroissent davantage au fur et à mesure. C'est seulement lorsque le PIB réel est égal à 5 milliards de dollars et que la dépense agrégée planifiée s'ajuste à ce niveau qu'un nouvel équilibre des dépenses est atteint. On peut le voir facilement puisque la dépense agrégée planifiée est, elle aussi, égale à 5 milliards de dollars. La dépense agrégée planifiée de 5 milliards de dollars est égale à la somme des dépenses induites de 3 milliards de dollars (soit le PIB réel de 5 milliards de dollars multiplié par 0,6) et des dépenses autonomes de 2 milliards de dollars.

Nous avons vu que les variations des dépenses autonomes font déplacer la courbe de dépense agrégée et que celles de la propension marginale à dépenser la font pivoter. Dans les deux cas, le PIB réel d'équilibre change. Mais, quelle est l'importance de ces changements ? Quels facteurs déterminent l'ampleur des variations des dépenses d'équilibre qu'engendrent les variations des dépenses autonomes ?

Le multiplicateur

Supposons que l'économie semble s'acheminer vers une récession. Les perspectives de profits sont plutôt sombres et les entreprises réduisent leurs investissements. Le gouvernement fédéral, soucieux d'éviter la récession, envisage de prendre des mesures pour empêcher la baisse de la dépense agrégée. Le gouvernement sait qu'une réduction des taux d'intérêt peut encourager les entreprises à investir davantage et qu'une diminution des impôts ou une hausse des dépenses publiques en biens et services peut faire croître le niveau de la dépense agrégée. Cependant, afin de prendre de bonnes décisions, le gouvernement doit aller plus loin que le simple fait de savoir s'il faut hausser ou baisser les taux d'intérêt, les impôts et les dépenses publiques. Il doit également savoir de combien il lui faut faire augmenter les dépenses pour éviter la récession. Il est difficile de répondre à cette question. Il convient à cette fin d'établir le lien entre les variations des dépenses autonomes et de la dépense agrégée d'équilibre. Comme nous l'avons vu, lorsqu'il y a augmentation des dépenses autonomes, les dépenses d'équilibre et le PIB réel s'accroissent dans une plus grande proportion. Mais, quelle est la relation quantitative qui existe entre les variations des dépenses autonomes et celles du PIB réel d'équilibre ?

Le **multiplicateur des dépenses autonomes** (qu'on appelle plus simplement le *multiplicateur*) désigne le nombre par lequel on doit multiplier la variation des dépenses autonomes pour calculer la variation des dépenses d'équilibre ou du PIB réel qu'elle engendre. Pour obtenir la valeur du multiplicateur, il faut diviser la variation du PIB réel d'équilibre par la variation des dépenses autonomes qui l'a causée. Servons-nous maintenant de l'exemple contenu dans la figure 9.4 pour calculer le multiplicateur. Les dépenses autonomes passent de 2 à 2,5 milliards de dollars et le PIB réel d'équilibre de 4 à 5 milliards de dollars, soit une hausse de 1 milliard de dollars. Ainsi,

- Les dépenses autonomes augmentent de 0,5 milliard de dollars.
- Le PIB réel d'équilibre augmente de 1 milliard de dollars.

Nous calculons donc le multiplicateur comme suit :

$$\text{Multiplicateur} = \frac{\text{Variation du PIB réel}}{\text{Variation des dépenses autonomes}}$$

$$= \frac{\text{1 milliard de dollars}}{\text{0,5 milliard de dollars}}$$

$$= 2.$$

Ainsi, une augmentation des dépenses autonomes de 0,5 milliard de dollars entraîne une hausse du PIB réel d'équilibre de 1 milliard de dollars, soit une augmentation deux fois supérieure à celle des dépenses autonomes. En d'autres termes, un changement des dépenses autonomes provoque, tout comme le système de sonorisation de Mick Jagger, une variation amplifiée des dépenses d'équilibre et du PIB réel.

Il existe une relation intéressante entre la valeur du multiplicateur et la propension marginale à dépenser. Étudions cette relation.

Le multiplicateur et la propension marginale à dépenser

Au tableau 9.1, nous montrons comment calculer le multiplicateur. Le multiplicateur (k) est représenté par la formule suivante:

$$k = \frac{\Delta Y}{\Delta A},$$

et sa valeur est:

$$k = \frac{1}{(1 - \varepsilon)}.$$

Le symbole ΔA désigne la variation des dépenses autonomes et la lettre ε, la propension marginale à dépenser. La propension marginale à dépenser est une fraction dont la valeur se situe entre 0 et 1, de sorte que le rapport $1/(1 - \varepsilon)$ a une valeur supérieure à 1. Plus la propension marginale à dépenser est élevée, plus le multiplicateur l'est également.

Tableau 9.1 Le calcul du multiplicateur

	Symboles et formules	Données numériques
1. Définitions		
Variation du PIB réel	ΔY	
Variation des dépenses autonomes	ΔA	500
Propension marginale à dépenser	ε	$^2/_3$
Variation des dépenses induites	$\Delta N = \varepsilon \Delta Y$	$\Delta N = (^2/_3)\Delta Y$
Variation de la dépense agrégée planifiée	$\Delta DAP = \Delta A + \Delta N$	
Multiplicateur	$k = \Delta Y/\Delta A$	
Effet multiplicateur	$\Delta Y = k\,\Delta A$	
2. Calculs		
Dépense agrégée planifiée	$DAP = A + \varepsilon Y$	
Variation de la dépense agrégée planifiée	$\Delta DAP = \Delta A + \varepsilon \Delta Y$	$\Delta DAP = 500 + (^2/_3)\,\Delta Y$
Variation des dépenses d'équilibre	$\Delta DAP = \Delta Y$	
Remplacement de ΔDAP par ΔY	$\Delta Y = \Delta A + \varepsilon \Delta Y$	$\Delta Y = 500 + (^2/_3)\,\Delta Y$
Soustraction de $\varepsilon \Delta Y$ ou de $(^2/_3)\Delta Y$	$\Delta Y - \varepsilon \Delta Y = \Delta A$	$\Delta Y - (^2/_3)\Delta Y = 500$
Mise en facteur de ΔY	$\Delta Y(1 - \varepsilon) = \Delta A$	$\Delta Y(1 - ^2/_3) = 500$
Division des deux membres par $(1 - \varepsilon)$ ou $(1 - ^2/_3)$	$\Delta Y = \frac{1}{1 - \varepsilon}\Delta A$	$\Delta Y = \frac{1}{1 - ^2/_3}500$
		ou $\Delta Y = \frac{1}{^1/_3}500$
		ou $\Delta Y = 1500$
La division des deux membres par ΔA ou par 500 donne le multiplicateur.	$\frac{\Delta Y}{\Delta A} = \frac{1}{1 - \varepsilon}$	$\frac{\Delta Y}{\Delta A} = \frac{1500}{500} = 3$

Le multiplicateur des dépenses autonomes, ou multiplicateur, est la variation du PIB réel divisée par la variation des dépenses autonomes. L'effet multiplicateur est la variation du PIB réel qu'engendre un changement donné des dépenses autonomes, soit le changement des dépenses autonomes multiplié par k. Le tableau indique comment calculer le multiplicateur. La formule du multiplicateur que nous obtenons est:

$$\frac{\Delta Y}{\Delta A} = \frac{1}{1 - \varepsilon}.$$

Lorsque la propension marginale à dépenser est égale à 0 ($\varepsilon = 0$), il n'y a pas de dépenses induites. Dans ce cas, le multiplicateur est égal à 1. Il est facile de comprendre pourquoi. En effet, une variation de 1 $ des dépenses autonomes modifie le PIB réel de 1 $, sans changer la valeur des dépenses induites.

Si la propension marginale à dépenser (ε) correspond à ½, une addition au revenu de 1 $ fera augmenter les dépenses de 0,50 $. Le multiplicateur est donc égal à 2. Cette situation est illustrée à la figure 9.6(a). Une augmentation des dépenses autonomes de 1 milliard de dollars provoque un déplacement de la courbe *DAP* vers le haut, de DAP_0 à DAP_1, ce qui fait passer le PIB réel d'équilibre de 3 à 5 milliards de dollars. Une augmentation des dépenses autonomes de 1 milliard de dollars entraîne une hausse de 2 milliards de dollars du PIB réel, de sorte que la valeur du multiplicateur est égale à 2.

Lorsque la propension marginale à dépenser (ε) est égale à ⅔, la valeur du multiplicateur est de 3. La figure 9.6(b) illustre ce cas. Une augmentation de 1 milliard de dollars des dépenses autonomes provoque un déplacement de la courbe *DAP* vers le haut, de DAP_0 à DAP_1, ce qui fait passer le PIB réel d'équilibre de 3 à 6 milliards de dollars.

Pourquoi la valeur du multiplicateur est-elle supérieure à 1 ?

La valeur du multiplicateur est supérieure à 1 en raison des dépenses induites : une augmentation des dépenses autonomes provoque une hausse des dépenses de consommation. Lorsque la société GM dépense 10 millions de dollars pour construire une nouvelle chaîne de montage, la dépense agrégée et le PIB réel augmentent immédiatement de 10 millions de dollars. Mais ça ne s'arrête pas là. Les ingénieurs et les travailleurs de la construction ont maintenant un revenu plus élevé et dépensent une partie de ce revenu supplémentaire pour s'offrir des voitures, des fours à micro-ondes, des vacances et de nombreux autres biens et services. Le PIB réel augmente donc de 10 millions de dollars de même que du montant de la hausse des dépenses de consommation induite par l'augmentation des revenus qui était de 10 millions de dollars. Les fabricants de voitures, de fours à micro-ondes et d'autres biens

Figure 9.6 Le multiplicateur et la propension marginale à dépenser

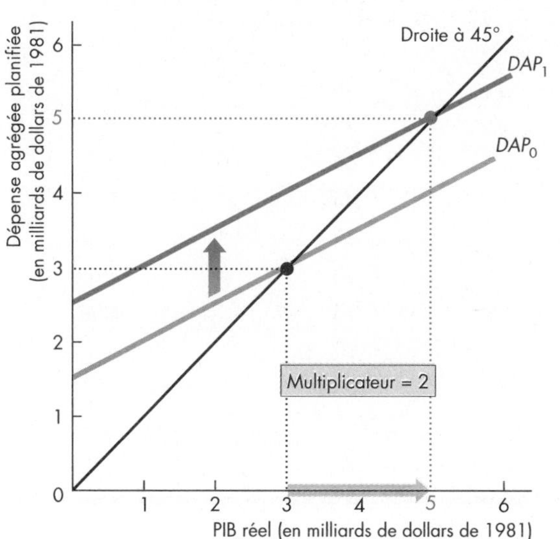

(a) Le multiplicateur est égal à 2.

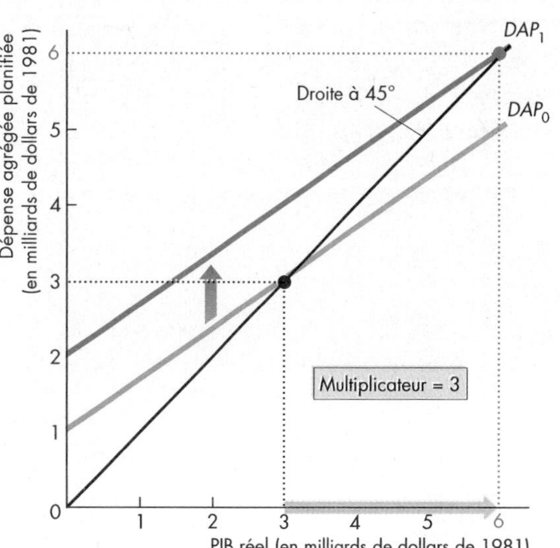

(b) Le multiplicateur est égal à 3.

La valeur du multiplicateur dépend de la propension marginale à dépenser. La formule du multiplicateur, $k = 1/(1 - \varepsilon)$, représente la relation qui existe entre les deux. Lorsque la propension marginale à dépenser (ε) est égale à $1/2$, le multiplicateur est égal à 2. Dans ce cas, une hausse des dépenses autonomes de 1 milliard de dollars fait déplacer la courbe *DAP* vers le haut, de DAP_0 à DAP_1 dans le graphique (a). Le PIB réel passe de 3 à 5 milliards de dollars. Lorsque ε est égale à $2/3$, le multiplicateur est égal à 3. Dans ce cas, une augmentation des dépenses autonomes de 1 milliard de dollars provoque un déplacement de la courbe de dépense agrégée vers le haut, de DAP_0 à DAP_1 dans le graphique (b). Le PIB réel passe de 3 à 6 milliards de dollars, soit trois fois la valeur de l'augmentation des dépenses autonomes.

enregistrent une hausse de leur revenu, ce qui leur permet, à leur tour, de dépenser une partie de ce revenu supplémentaire en biens et services de consommation. L'augmentation du revenu provoque une hausse des dépenses qui, à son tour, engendre un revenu encore plus élevé.

Le processus du multiplicateur est illustré à la figure 9.7. Dans cet exemple, la propension marginale à dépenser (ε) est égale à ⅔, comme à la figure 9.6(b). À l'étape 1, les dépenses autonomes augmentent de 500 millions de dollars; les dépenses induites n'ont pas changé, de sorte que les dépenses totales augmentent de 500 millions de dollars. À l'étape 2, l'augmentation du revenu fait monter les dépenses de consommation. Puisque la propension marginale à dépenser est égale à ⅔, une hausse du revenu de 500 millions de dollars provoque un accroissement des dépenses de 333 millions de dollars. Cette variation des dépenses induites, ajoutée au changement initial des dépenses autonomes, entraîne une augmentation des dépenses totales de 833 millions de dollars. L'augmentation du revenu à l'étape 2 entraîne une hausse des dépenses à l'étape 3. Ce processus se poursuit pendant plusieurs étapes. Chaque augmentation du revenu représente les deux tiers de la hausse précédente. L'augmentation cumulative du revenu qui en résulte finira par atteindre 1500 millions de dollars au bout de plusieurs étapes.

À mesure que le processus du multiplicateur décrit à la figure 9.7 se produit, les stocks et la production s'ajustent tel que nous l'avons expliqué à la figure 9.3. Cependant, n'en déduisez pas que chaque étape décrite à la figure 9.7 représente une période d'une

Figure 9.7 Le processus du multiplicateur

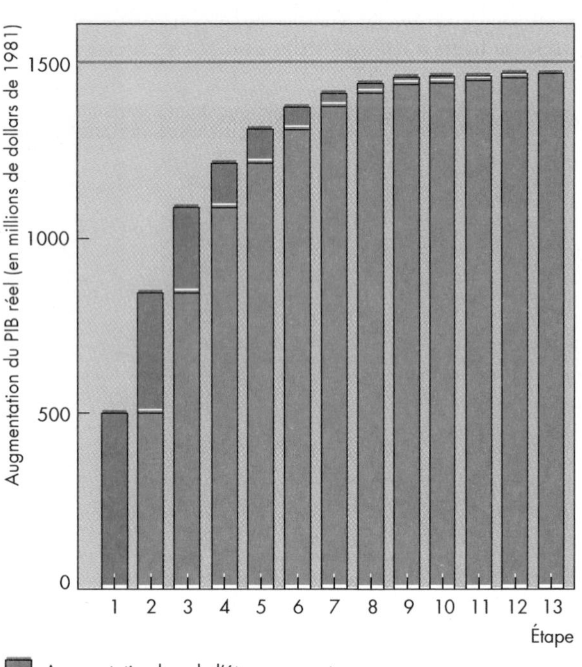

Étape	Augmentation des dépenses (en millions de dollars)	Augmentation cumulative du PIB réel (en millions de dollars)
1	500	500
2	333	833
3	222	1055
4	148	1203
5	99	1302
6	66	1368
7	44	1412
8	29	1441
9	20	1461
10	13	1474
.	.	.
.	.	.
.	.	.
Toutes les autres	26	1500

Les dépenses autonomes augmentent de 500 millions de dollars à l'étape 1. Le PIB réel s'accroît du même montant. À l'étape 2, l'augmentation du PIB réel enregistrée lors de l'étape 1 provoque une hausse des dépenses de 333 millions de dollars. À la fin de l'étape 2, le PIB réel a augmenté de 833 millions de dollars. Les 333 millions de dollars additionnels du PIB réel créés lors de l'étape 2 entraînent une autre augmentation des dépenses de 222 millions de dollars à l'étape 3. Le PIB réel augmente maintenant de 1055 millions de dollars. Ce processus se poursuit jusqu'à ce que le PIB réel finisse par atteindre la valeur de 1500 millions de dollars. Les calculs s'arrêtent à la dixième étape parce que les additions aux dépenses deviennent très petites. Peut-être désirez-vous poursuivre le processus à l'aide de votre calculatrice. Le graphique nous indique à quelle vitesse l'effet multiplicateur se fait sentir. Ici, le multiplicateur est égal à 3 parce que la propension marginale à dépenser est de 2/3 (voir le tableau 9.1). Plus la propension marginale à dépenser est grande, plus le multiplicateur est élevé.

durée bien établie. La durée de ces étapes est cependant une donnée significative, tout comme le fait que le processus traduit les forces qui maintiennent l'économie en équilibre.

À RETENIR

Les variations des dépenses autonomes ou de la propension marginale à dépenser modifient les dépenses d'équilibre et le PIB réel. L'ampleur de l'effet d'une variation des dépenses autonomes sur les dépenses d'équilibre est déterminée par le multiplicateur. Le multiplicateur, de son côté, est déterminé par la valeur de la propension marginale à dépenser: plus elle est élevée, plus le multiplicateur l'est également. Le multiplicateur joue un rôle d'amplificateur. Les fluctuations des dépenses autonomes – comme les variations des investissements et des exportations – modifient le PIB réel en provoquant un changement induit des dépenses de consommation et en ayant des effets amplifiés sur la dépense agrégée d'équilibre.

■ ■ ■

Les effets des fluctuations des investissements et des exportations ne sont pas les seuls à être amplifiés; ceux des variations des dépenses publiques en biens et services peuvent l'être également. C'est pourquoi le gouvernement peut chercher à tirer parti du multiplicateur afin d'atténuer les fluctuations de la dépense agrégée. Nous allons voir comment.

Les multiplicateurs de la politique budgétaire

Par sa **politique budgétaire**, le gouvernement choisit le montant des dépenses publiques, des paiements de transfert et des impôts en vue d'atténuer les fluctuations de la dépense agrégée. Si le gouvernement prévoit une baisse des investissements ou des exportations, il peut essayer de contrebalancer la baisse des dépenses autonomes que cela occasionnera en augmentant ses propres dépenses en biens et services ou ses paiements de transfert, ou en diminuant les impôts. Par contre, le gouvernement doit déterminer la valeur de l'augmentation de ses dépenses ou de ses transferts, ou encore celle de la baisse d'impôts afin d'atteindre ses objectifs. Pour faire ce calcul, le gouvernement doit connaître l'ampleur des effets multiplicateurs qui découlent de ses actions. Nous allons maintenant étudier les effets multiplicateurs des variations des dépenses publiques, des paiements de transfert et des impôts.

Le multiplicateur des dépenses publiques

Le **multiplicateur des dépenses publiques** est le nombre qui multiplie la variation des dépenses publiques afin d'obtenir la variation des dépenses d'équilibre qu'elle engendre. Les dépenses publiques en biens et services constituent l'une des composantes des dépenses autonomes. Une variation des dépenses publiques a le même effet sur la dépense agrégée qu'une variation de n'importe quelle autre composante des dépenses autonomes. Cette variation entraîne le même effet multiplicateur que les investissements et les exportations. Ainsi,

$$\text{Multiplicateur des dépenses publiques} = \frac{1}{(1-\varepsilon)}.$$

En faisant varier les dépenses publiques afin de contrebalancer les changements des exportations ou des investissements, le gouvernement cherche à maintenir les dépenses autonomes constantes (ou d'assurer leur croissance à un taux régulier). Puisque le multiplicateur des dépenses publiques a la même valeur que le multiplicateur des exportations et celui des investissements, les dépenses autonomes peuvent être stabilisées en augmentant les dépenses publiques d'un montant égal à la diminution des dépenses autonomes due aux autres composantes.

En pratique, il est difficile d'utiliser les dépenses publiques pour stabiliser la dépense agrégée en raison de la lenteur du processus de décision politique. En conséquence, il n'est pas toujours possible de prévoir les variations des dépenses privées assez longtemps à l'avance pour pouvoir faire des dépenses publiques un outil efficace de stabilisation macroéconomique.

Pour stabiliser la dépense agrégée, le gouvernement peut aussi faire varier les paiements de transfert. Nous allons maintenant étudier le fonctionnement de ce type de politique.

Le multiplicateur des paiements de transfert

Le **multiplicateur des paiements de transfert** est le nombre qui multiplie la variation des paiements de transfert afin d'obtenir la variation des dépenses d'équilibre qu'elle engendre. Le changement des paiements de transfert a une incidence sur la dépense agrégée parce qu'il entraîne une variation du revenu disponible, ce qui provoque une modification des dépenses de consommation et des importations. La valeur de la variation de la dépense agrégée dépend de la propension marginale à dépenser (ε). Autrement dit, une augmentation de 1 $ des paiements de transfert provoque une hausse des dépenses de consommation dont la valeur dépend de la propension marginale à dépenser. La dépense agrégée en biens et services augmente alors de ε $. Par exemple, si la propension marginale à dépenser est de 0,5, une augmentation des paiements de transfert de 1 $ fait monter les dépenses autonomes de 0,50 $. Cette augmentation initiale des dépenses donne lieu à un processus du multiplicateur semblable à celui que nous avons étudié précédemment dans ce chapitre. Cependant, l'injection initiale de dépenses résultant d'une augmentation de 1 $ des paiements de transfert équivaut à ε $, ou encore à 0,50 $, comme dans l'exemple. Ainsi,

$$\text{Multiplicateur des paiements de transfert} = \frac{\varepsilon}{(1-\varepsilon)}.$$

Étant donné que la propension marginale à dépenser est une fraction, le multiplicateur des paiements de transfert est inférieur au multiplicateur des dépenses publiques. En conséquence, pour provoquer un changement donné de la dépense agrégée, la variation des paiements de transfert doit être plus forte que celle des dépenses publiques. L'utilisation des paiements de transfert comme outil de stabilisation présente les mêmes problèmes que celle des dépenses publiques en biens et services. En effet, le processus politique peut ne pas être assez rapide pour permettre de modifier les paiements de transfert de manière à contrebalancer l'effet d'autres composantes des dépenses autonomes.

Le multiplicateur des impôts

La variation des impôts constitue un troisième type de politique budgétaire. Les effets d'une variation des impôts diffèrent suivant que les impôts sont autonomes ou induits. Les impôts sont dits **autonomes** s'ils ne changent pas avec le PIB réel ; les cotisations au régime d'assurance sociale et les impôts fonciers en sont des exemples. Les impôts sont dits **induits** lorsqu'ils varient de pair avec le PIB réel ; l'impôt sur le revenu des particuliers et les taxes sur les ventes en sont des exemples. L'échelle des impôts induits détermine le taux d'imposition marginal. En d'autres termes, le taux d'imposition marginal représente la valeur de la variation des impôts induits divisée par la valeur du changement du PIB réel. Nous étudierons les effets des impôts induits plus loin dans ce chapitre. Pour le moment, attardons-nous sur le multiplicateur des impôts autonomes.

Le multiplicateur des impôts autonomes Le **multiplicateur des impôts autonomes** est le nombre qui multiplie la variation des impôts autonomes afin d'obtenir la variation des dépenses d'équilibre qu'elle engendre. Les effets d'une variation des impôts autonomes se font sentir de la même manière que ceux d'un changement des dépenses autonomes, mais en sens inverse. En effet, en provoquant une hausse du revenu disponible, une *diminution* des impôts entraîne une *augmentation* des dépenses. Puisqu'une *augmentation* des impôts entraîne une *diminution* des dépenses, le multiplicateur des impôts est *négatif.* Tout comme dans le cas d'un changement des paiements de transfert, une variation des impôts a pour conséquence de faire varier le revenu disponible. Cependant, une hausse de 1 $ du revenu disponible ne se traduit pas par une augmentation de 1 $ des dépenses. L'augmentation des dépenses est plutôt égale à 1 $ multiplié par la propension marginale à dépenser. Par exemple, si la propension marginale à dépenser est de 0,5, une augmentation de 1 $ du revenu disponible entraîne une hausse des dépenses autonomes de 0,50 $. Le multiplicateur des impôts autonomes équivaut donc à la valeur négative du multiplicateur des paiements de transfert. Ainsi,

$$\text{Multiplicateur des impôts autonomes} = \frac{-\varepsilon}{(1-\varepsilon)}.$$

Le multiplicateur du budget équilibré

Le **multiplicateur du budget équilibré** est le nombre qui multiplie des variations égales d'impôts et de dépenses publiques en biens et services afin d'obtenir la variation des dépenses d'équilibre qu'elles engendrent. Quel est l'effet multiplicateur d'une telle politique ?

Pour trouver la réponse à cette question, nous devons combiner les deux multiplicateurs que nous venons d'étudier. Nous avons vu que, pris séparément, ces deux multiplicateurs se calculent comme suit :

$$\text{Multiplicateur des dépenses publiques} = \frac{1}{(1-\varepsilon)}.$$

$$\text{Multiplicateur des impôts autonomes} = \frac{-\varepsilon}{(1-\varepsilon)}.$$

En additionnant ces deux multiplicateurs, nous obtenons le multiplicateur du budget équilibré qui correspond à :

$$\text{Multiplicateur du budget équilibré} = \frac{(1-\varepsilon)}{(1-\varepsilon)} = 1.$$

Donc, même si le gouvernement augmente à la fois ses dépenses en biens et services (changement à la hausse des dépenses) et les impôts (changement à la baisse des dépenses), ces mesures se traduiront par un accroissement de la dépense agrégée. En conséquence, et c'est là un fait important, il n'est pas nécessaire pour le gouvernement de connaître un déficit pour stimuler la dépense agrégée. Par contre, puisque le multiplicateur du budget équilibré est inférieur aux multiplicateurs des dépenses publiques et des impôts autonomes, la valeur de la variation du budget équilibré devrait être plus grande pour produire un effet donné sur la dépense agrégée.

Étant donné la lenteur de sa mise en œuvre, la politique budgétaire ne peut avoir qu'une utilité limitée pour stabiliser l'économie. Cependant, l'une des caractéristiques du système des impôts et des paiements de transfert peut aider à stabiliser l'économie en jouant un rôle de stabilisateur automatique.

Les stabilisateurs automatiques

Les impôts et les paiements de transfert agissent comme des stabilisateurs automatiques. Un **stabilisateur automatique** est un mécanisme qui atténue les fluctuations de la dépense *agrégée*, lesquelles sont provoquées par les variations de certaines de ses *composantes*. Les impôts et les paiements de transfert jouent alors un rôle d'amortisseurs économiques, en atténuant les effets des variations des investissements et des exportations sur la dépense agrégée.

Pour voir comment les impôts et les paiements de transfert agissent comme des amortisseurs économiques, nous allons examiner comment la variation des investissements ou des exportations modifie les dépenses d'équilibre dans deux situations économiques différentes : dans la première, nous allons supposer que les impôts induits et les paiements de transfert n'existent pas.

Une économie sans impôts induits ni paiements de transfert

Dans une économie où les impôts induits et les paiements de transfert sont inexistants, l'écart entre le PIB et le revenu disponible est constant ; il ne dépend pas du niveau du PIB. Dans ce cas, la propension marginale à consommer est la même, qu'elle soit évaluée par rapport au revenu disponible ou par rapport au PIB. Supposons qu'elle soit égale à 0,9. Ainsi, un dollar supplémentaire de PIB correspond à un dollar supplémentaire de revenu disponible et crée 0,90 $ de plus de dépenses de consommation. Supposons qu'il n'y ait pas d'importations et que la propension marginale à consommer ainsi que la propension marginale à dépenser soient alors toutes les deux égales à 0,9.

Quelle est la valeur du multiplicateur si la propension marginale à dépenser est égale à 0,9 ? Nous pouvons répondre à cette question à l'aide de la formule :

$$k = \frac{1}{(1-\varepsilon)}.$$

En remplaçant ε par 0,9, le multiplicateur est égal à 10. Dans cette économie, une variation des dépenses autonomes de l'ordre de 1 million de dollars engendre un changement de 10 millions de dollars des dépenses d'équilibre. L'amplificateur, dans cette économie, est très puissant.

Comparons cette économie à une autre où il y a des impôts induits et des paiements de transfert.

Une économie avec impôts induits et paiements de transfert

Pour faciliter nos calculs, considérons une économie où la structure des impôts et des paiements de transfert est la suivante.

Premièrement, pour chaque dollar au-dessus d'un certain niveau de revenu, les gens payent des impôts selon un taux marginal constant de 0,3. Cela signifie que chaque dollar au-dessus d'un certain niveau de revenu engendre un impôt de 0,30 $ pour le gouvernement et un revenu disponible de 0,70 $. Deuxièmement, pour chaque dollar au-dessous de ce niveau de revenu, le gouvernement verse 0,30 $ en paiements de transfert. Chaque dollar supplémentaire de PIB réel crée 0,70 $ de revenu disponible.

Si la propension marginale à consommer est égale à 0,9 (soit la même valeur que dans l'exemple précédent), une augmentation de 1 $ du PIB entraîne une hausse du revenu disponible de 0,70 $ et une augmentation des dépenses de consommation de 0,63 $ ($0,9 \times 0,7 = 0,63$). Dans cette économie, la propension marginale à dépenser est de 0,63. En remplaçant ε par 0,63 dans la formule, on obtient un multiplicateur de 2,7. Cette économie amplifie toujours les effets des variations des exportations et des investissements mais, cette fois, dans une proportion moindre que l'économie où il n'y avait ni impôts induits ni paiements de transfert. Par conséquent, les impôts induits et les paiements de transfert amortissent les effets des variations des dépenses autonomes. Plus le taux d'imposition marginal (et le taux de paiements de transfert) est élevé, plus les impôts et les paiements de transfert atténuent les effets des variations des dépenses autonomes.

Les impôts et les paiements de transfert, qui varient de pair avec le PIB, aident à stabiliser l'économie. Ils n'amortissent pas les chocs aussi bien que la suspension d'une Lincoln Continental, mais ils sont certainement plus efficaces que les ressorts d'une diligence. À mesure que l'économie fluctue, le gouvernement révise son budget de manière à atténuer les effets des chocs, modifiant les impôts et les paiements de transfert afin de mitiger les variations du revenu disponible et des dépenses.

À RETENIR

Le multiplicateur des dépenses publiques est égal au multiplicateur des dépenses autonomes. En faisant varier ses dépenses en biens et services, le gouvernement peut essayer d'atténuer les effets des fluctuations des investissements et des exportations. Cependant, en raison des délais engendrés par le processus législatif, de telles mesures sont difficiles à mettre en œuvre.

Le multiplicateur des paiements de transfert est égal à la propension marginale à dépenser, multipliée par le multiplicateur des dépenses publiques. Toute variation des paiements de transfert se répercute sur le revenu disponible. Une part de l'augmentation du revenu disponible est dépensée pour l'achat des biens et services et l'autre est épargnée. Seule la part qui est dépensée – laquelle est déterminée par la propension marginale à dépenser – a un effet multiplicateur.

Le multiplicateur des impôts autonomes est négatif, mais il a la même ampleur que le multiplicateur des paiements de transfert ; une augmentation des impôts entraîne une diminution des dépenses d'équilibre. Les impôts et les paiements de transfert qui varient directement avec le PIB servent de stabilisateurs automatiques. Ces impôts et paiements de transfert diminuent la valeur du multiplicateur en abaissant la propension marginale à dépenser. Plus le taux d'imposition marginal (et le taux de paiements de transfert) est élevé, plus la variation du revenu disponible découlant d'un changement de 1 $ du PIB est faible et, conséquemment, plus le changement des dépenses induites sera faible et la stabilisation automatique importante.

■ ■ ■

Nous avons vu les facteurs qui déterminent la valeur du multiplicateur des dépenses autonomes. Nous savons que le gouvernement peut se servir du multiplicateur pour influer sur la dépense agrégée planifiée en modifiant les dépenses publiques, les paiements de transfert ou les impôts. Nous savons aussi que, en choisissant un taux d'imposition marginal (et le taux de paiements de transfert), le gouvernement peut modifier l'ampleur du multiplicateur des dépenses autonomes. Cependant, nous n'avons appliqué ces notions qu'à des modèles économiques fondés sur des données fictives. À présent, examinons la réalité. Quelle est la valeur de la propension marginale à dépenser au Canada ? Quelle est l'importance du multiplicateur dans l'économie canadienne ?

Le multiplicateur au Canada

Dans le modèle économique que nous avons étudié précédemment et qui est illustré aux figures 9.1 à 9.4, nous avons supposé que la propension marginale à dépenser était de 0,5 ; chaque dollar additionnel de revenu produisait 0,50 $ de dépenses supplémentaires. Le multiplicateur était donc égal à 2.

En réalité, la propension marginale à dépenser au Canada et le multiplicateur qui en découle sont inférieurs à ceux du modèle économique. Cependant, la valeur précise de la propension marginale à dépenser n'est pas connue. Il existe plusieurs estimations possibles que nous allons maintenant étudier.

Le multiplicateur canadien en 1991

En 1991, au Canada, la propension marginale à consommer le revenu disponible était d'environ 0,9. La même année, chaque dollar additionnel de PIB créait à peu près 0,60 $ de revenu disponible, ce qui représente une fraction égale à 0,6. En réunissant ces deux informations, nous pouvons calculer que la propension marginale à consommer était de 0,54 (soit 0,9 × 0,6 = 0,54). Les importations représentaient 31 % du PIB. En nous servant de ce pourcentage comme d'une estimation de la propension marginale à importer, nous obtenons une fraction égale à 0,31. Chaque dollar additionnel de PIB produit 0,31 $ d'importations. En soustrayant la propension marginale à importer de la propension marginale à consommer, nous obtenons une propension marginale à dépenser pour des biens et services fabriqués au pays de 0,2 (soit 0,54 – 0,31 = 0,23). La propension marginale à dépenser étant de 0,23, le multiplicateur vaut 1,30. En effet,

$$k = \frac{1}{1 - 0{,}23} = \frac{1}{0{,}77} = 1{,}30.$$

Donc, selon ces estimations, le multiplicateur canadien en 1991 était légèrement supérieur à 1.

Les modèles économétriques et le multiplicateur

Un **modèle économétrique** est un modèle de l'économie qui fait appel à des valeurs numériques de la propension marginale à consommer et de la propension marginale à importer (et à d'autres paramètres économiques). Ces valeurs numériques sont engendrées à partir de données tirées de l'économie réelle et auxquelles sont appliquées des méthodes statistiques d'estimation qui tiennent compte de tous les facteurs pouvant avoir une incidence sur les dépenses de consommation et les importations. De nos jours, il existe plusieurs de ces modèles dont l'objet est de prévoir l'évolution de l'économie. La plupart de ces modèles constituent des outils commerciaux ; ils sont utilisés pour faire des prévisions qui sont ensuite vendues par des consultants en économie. Cependant, les prototypes des modèles commerciaux ont été conçus par des économistes qui font de la recherche dans des universités, à la Banque du Canada et au Conseil économique du Canada. Il existe, au Canada, quatre modèles principaux ; ils sont présentés au tableau 9.2 avec leurs estimations respectives.

Comme nous pouvons le voir, les quatre modèles donnent des valeurs très différentes du multiplicateur canadien. La plus forte estimation (1,87) est celle du

Tableau 9.2 Estimations du multiplicateur canadien d'après quatre modèles économétriques

Modèle		Multiplicateur
CANDIDE	Conseil économique du Canada	1,70
QFM	Modèle de prévisions trimestrielles de l'université de Toronto	1,37
RDX2	Banque du Canada	0,96
TRACE	Institut d'analyse des politiques de l'université de Toronto	1,87

Ces quatre modèles économétriques produisent des estimations du multiplicateur canadien qui varient entre 0,96 et 1,87. Les différences proviennent du fait que chaque modèle repose sur des hypothèses différentes quant à la structure de l'économie.

Source: John F. Helliwell, T. Maxwell et H. E. L. Waslander. «Comparing the Dynamics of Canadian Macro Models», *Canadian Journal of Economics*, XII, 2, mai 1979, pp. 181-194.

modèle TRACE et la plus petite (0,96) celle du modèle RDX2. L'estimation que nous avons obtenue dans la section précédente se situe entre ces valeurs. Les estimations du multiplicateur diffèrent d'un modèle à l'autre parce que chacun d'eux repose sur des hypothèses différentes quant aux facteurs qui influent sur les dépenses de consommation et les autres composantes de la dépense agrégée. En conséquence, les modèles produisent des estimations différentes de la propension marginale à consommer et, donc, des valeurs différentes du multiplicateur. Les estimations se situent en gros entre 1 et 2.

Le multiplicateur en période de récession et en période de reprise

Nous avons vu que le multiplicateur de l'économie canadienne se situe entre 1 et 2 et que, en 1991, il s'établissait à 1,30 environ. Le multiplicateur représente-t-il un chiffre constant auquel nous pouvons nous fier? Malgré sa valeur incertaine, le multiplicateur reste-t-il constant lorsque l'économie entre dans une récession et lorsqu'elle en sort, ou bien varie-t-il? Et s'il varie, est-ce d'une manière systématique? Il est important de trouver réponse à ces questions afin de définir des principes qui permettront de stabiliser le niveau de la dépense agrégée. De combien devons-nous augmenter les dépenses publiques ou alléger les impôts pour éviter la récession? De combien devons-nous réduire les dépenses publiques ou hausser les impôts pour éviter de surchauffer l'économie?

La valeur du multiplicateur a tendance à être plus élevée en période d'expansion qu'en période de contraction. Par exemple, en 1982, lors de la récession, le multiplicateur était plus faible que pendant les années d'expansion, de 1983 à 1986. Pourquoi le multiplicateur est-il plus petit lorsque l'économie entre dans une récession que lorsqu'elle en sort? La réponse réside dans le fait que la propension marginale à consommer connaît des cycles. Au début d'une reprise, on peut prévoir que l'augmentation des revenus sera permanente et la propension marginale à consommer est alors élevée. Cependant, lorsque nous approchons du sommet du cycle et au cours d'une récession, les variations de revenus peuvent être perçues comme temporaires et la propension marginale à consommer est alors faible. Lorsque la croissance du revenu a presque cessé en 1974 et 1975 et à nouveau en 1981 et 1982, alors que l'économie sombrait dans une période de récession, les ménages ont cru que leur perte de revenu était temporaire. Ils n'ont donc pas réduit leurs dépenses de consommation. Au contraire, les dépenses de consommation ont augmenté, mais moins que s'il n'y avait pas eu de récession. L'augmentation des dépenses de consommation constituait une réponse rationnelle à des événements perçus comme une halte dans une période de croissance et d'expansion économiques. Parce que les dépenses de consommation n'ont pas baissé, la récession a été moins grave. Le multiplicateur était faible et les dépenses de consommation ont joué, dans une certaine mesure, un rôle d'amortisseur de chocs.

Lorsqu'il y a reprise économique et que les revenus se mettent à augmenter, les gens peuvent penser qu'une grande part de cette augmentation des revenus sera permanente. En conséquence, les dépenses de consommation peuvent augmenter (la propension marginale à consommer augmente), ce qui vient renforcer l'effet de la hausse des dépenses autonomes, et le multiplicateur augmente.

La baisse du multiplicateur canadien

Il semble que le multiplicateur ait été plutôt faible au Canada au cours des années 80. Pourquoi? L'explication réside dans l'évolution des importations. Entre 1980 et 1991, le rapport de la variation des importations à la variation du PIB réel a été de 0,58. Donc, la propension marginale à importer, pendant cette période, était de 0,58. Pour chaque dollar additionnel de PIB, nos importations augmentaient de 0,58 $. La valeur très élevée de la propension marginale à importer a contribué à maintenir le multiplicateur à une valeur faible, même au cours de la reprise qui a eu lieu de 1983 à 1987. Le revenu additionnel dépensé pour l'achat de biens fabriqués à l'étranger représente une fuite du flux circulaire des revenus et diminue donc l'effet multiplicateur d'une variation des dépenses autonomes.

À RETENIR

Selon les estimations économétriques, la valeur du multiplicateur au Canada se situe entre 1 et 2. Le multiplicateur est plus élevé en période de reprise qu'en période de récession. Puisque depuis le début des années 80 la propension marginale à importer a été relativement forte, le multiplicateur a été relativement faible au Canada.

■ ■ ■

Dans ce chapitre, nous avons étudié la courbe de dépense agrégée de même que la détermination de l'équilibre de la dépense agrégée et du PIB réel. Dans le chapitre 7, nous avons étudié la courbe de demande agrégée ainsi que la détermination de l'équilibre macroéconomique. Quel est le lien entre la courbe de demande agrégée et la courbe de dépense agrégée ? Et, quel est le rapport entre l'équilibre des dépenses et l'équilibre macroéconomique ?

La dépense et la demande agrégées

La courbe de demande agrégée illustre la relation entre la quantité agrégée de biens et services demandée et le niveau des prix. En d'autres termes, la courbe de demande agrégée montre la quantité de PIB réel demandée à chaque niveau des prix. La courbe de dépense agrégée, quant à elle, montre comment la dépense agrégée planifiée varie avec le PIB réel. La quantité de biens et services demandée est reliée à la dépense agrégée planifiée. De plus, il existe un lien entre l'équilibre des dépenses et la courbe de demande agrégée. Examinons le lien entre ces notions.

La dépense agrégée planifiée et le niveau des prix

Lors de notre étude de la dépense agrégée planifiée, nous avons fait la distinction entre les dépenses autonomes et les dépenses induites. Les dépenses induites varient en fonction du PIB réel, contrairement aux dépenses autonomes. Mais, les dépenses autonomes ne sont pas nécessairement constantes; nous avons d'ailleurs analysé les effets de leurs variations précédemment dans le chapitre. Les dépenses autonomes, même si elles ne varient pas avec le PIB réel, peuvent dépendre d'autres variables économiques. Par exemple, une variation des taux d'intérêt peut se répercuter sur les dépenses autonomes d'investissement; une variation du taux de change peut avoir des effets sur les dépenses autonomes d'exportations; le niveau des prix peut également influer sur les dépenses autonomes.

Pour un niveau donné des prix, il existe un niveau donné des dépenses autonomes et un niveau donné de la dépense agrégée planifiée. Cependant, si le niveau des prix varie, les dépenses autonomes fluctuent également. Une augmentation du niveau des prix provoque une diminution des dépenses autonomes par le biais des trois effets décrits au chapitre 7: l'effet d'encaisses réelles, l'effet de substitution intertemporelle et l'effet de substitution internationale.

La figure 9.8 illustre l'effet d'une variation du niveau des prix sur la dépense agrégée planifiée. Elle montre également la relation qui existe entre l'équilibre des dépenses et la courbe de demande agrégée. Dans cette figure et dans le reste de cette section, nous utilisons l'exemple du début du chapitre. Lorsque le niveau des prix est de 100, la courbe de dépense agrégée correspond à DAP_0 dans le graphique (a). La courbe DAP_0 croise la droite à 45° au point *b*, là où l'équilibre des dépenses s'établit à 4 milliards de dollars. Nous avons ainsi obtenu un premier point sur la courbe de demande agrégée: lorsque le niveau des prix est de 100, la quantité agrégée de biens et services demandée se chiffre à 4 milliards de dollars, soit le point *b* sur la courbe de demande agrégée (*DA*) du graphique (b).

À présent, supposons que le niveau des prix passe à 150. La courbe de dépense agrégée planifiée (*DAP*) se déplace alors vers le bas. Supposons que la courbe de dépense agrégée se déplace en DAP_1 à la figure 9.8(a). La courbe DAP_1 croise la droite à 45° au point *a*, et l'équilibre des dépenses s'établit à 2 milliards de dollars. Par conséquent, lorsque le niveau des prix est de 150, la quantité agrégée de biens et services demandée se chiffre à 2 milliards de dollars, ce qui correspond au point *a* sur la courbe de demande agrégée de la figure 9.8(b). Une augmentation du niveau des prix provoque un déplacement vers le bas de la courbe *DAP* et engendre un autre point sur la courbe de demande agrégée dans le graphique (b).

Puis, supposons que le niveau des prix chute à 50. Une baisse du niveau des prix entraîne une augmentation de la dépense agrégée planifiée. Supposons que la courbe de dépense agrégée se déplace en DAP_2. La courbe DAP_2 coupe la droite à 45° au point *c* et l'équilibre des dépenses s'établit à 6 milliards de dollars. Ainsi, alors que le niveau des prix est de 50, la quantité agrégée de biens et services demandée atteint 6 milliards de dollars, ce qui correspond au point *c* sur la courbe de demande agrégée de la figure 9.8(b). Une baisse du niveau des prix provoque un déplacement de la courbe *DAP* vers le haut, ce qui donne un autre point sur la courbe *DA*. En joignant les points *a*, *b* et *c* par une ligne droite, nous obtenons la courbe de demande agrégée.

Nous pouvons résumer le lien qui existe entre les dépenses d'équilibre à chaque niveau des prix et la

Figure 9.8 La dépense agrégée planifiée et la demande agrégée

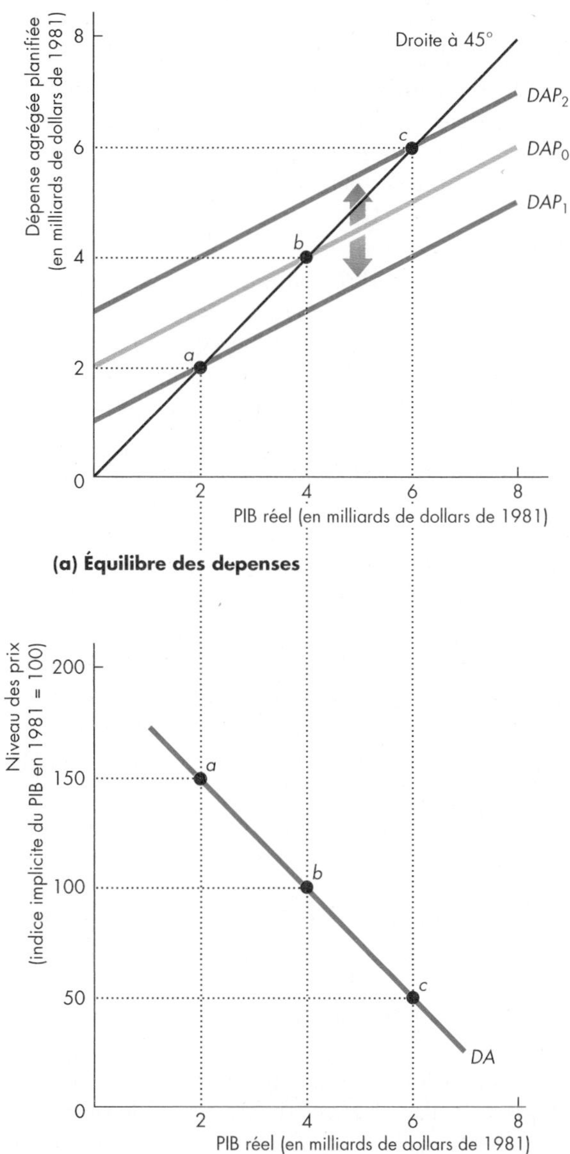

La position de la courbe de dépense agrégée dépend du niveau des prix. Une augmentation du niveau des prix provoque un déplacement vers le bas de la courbe *DAP* par suite de l'effet d'encaisses réelles, de l'effet de substitution intertemporelle et de l'effet de substitution internationale. Supposons que, à un niveau des prix égal à 100, la courbe de dépense agrégée corresponde à DAP_0, comme le montre le graphique (a). L'équilibre prévaut lorsque la courbe DAP_0 croise la droite à 45°, au point *b*. Le niveau du PIB réel demandé se situe à 4 milliards de dollars. Dans le graphique (b), le point *b* se trouve sur la courbe de demande agrégée. À un niveau des prix de 100, la quantité agrégée de biens et services demandée est de 4 milliards de dollars. Si le niveau des prix augmente et passe à 150, la courbe de dépense agrégée se déplace vers le bas en DAP_1. Dans le graphique (a), l'équilibre prévaut au point *a*, où la quantité agrégée de biens et services demandée se chiffre à 2 milliards de dollars. Ainsi, losque le niveau des prix est de 150 et la quantité agrégée de biens et services demandée de 2 milliards de dollars, le point *a* se situe sur la courbe de demande agrégée, dans le graphique (b). Si le niveau des prix chute à 50, la courbe *DAP* se déplace vers le haut en DAP_2, et l'équilibre est atteint au point *c*, où la courbe DAP_2 croise la droite à 45°. Le point *c* dans le graphique (b) se trouve également sur la courbe de demande agrégée. Une variation du niveau des prix provoque un déplacement de la courbe de dépense agrégée et un mouvement le long de la courbe de demande agrégée.

courbe *DA* de la façon suivante : une augmentation du niveau des prix provoque un déplacement de la courbe *DAP* vers le bas, ce qui se traduit par une diminution des dépenses d'équilibre et un mouvement le long de la courbe de demande agrégée.

La courbe de demande agrégée et les dépenses autonomes

La courbe de dépense agrégée planifiée se déplace lorsque le niveau des prix varie. Elle peut aussi se déplacer pour de nombreuses autres raisons. Nous avons examiné certaines de ces raisons au début du chapitre ; par exemple, un changement dans les prévisions de profit fait déplacer la courbe de demande d'investissement ou, encore, une augmentation du PIB réel japonais fait augmenter la demande japonaise de produits canadiens. Tout facteur, autre que le niveau des prix, qui provoque un déplacement de la courbe de dépense agrégée fait également déplacer la courbe de demande agrégée. La figure 9.9 illustre ces déplacements.

Au départ, la courbe de dépense agrégée planifiée correspond à la courbe DAP_0 du graphique (a) et la

Figure 9.9 Les variations des dépenses autonomes et de la demande agrégée

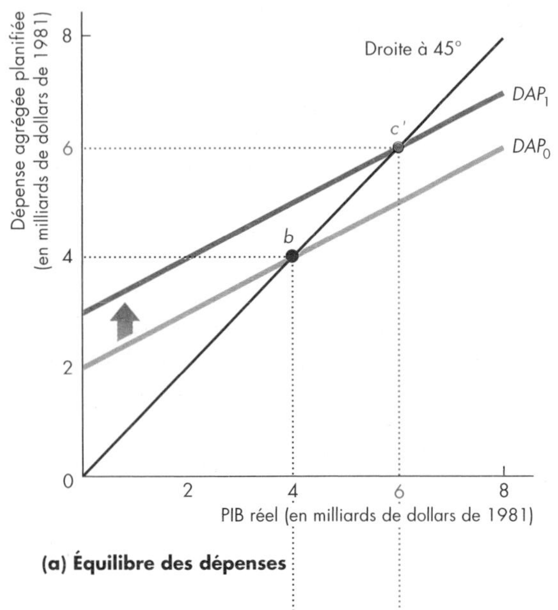

(a) Équilibre des dépenses

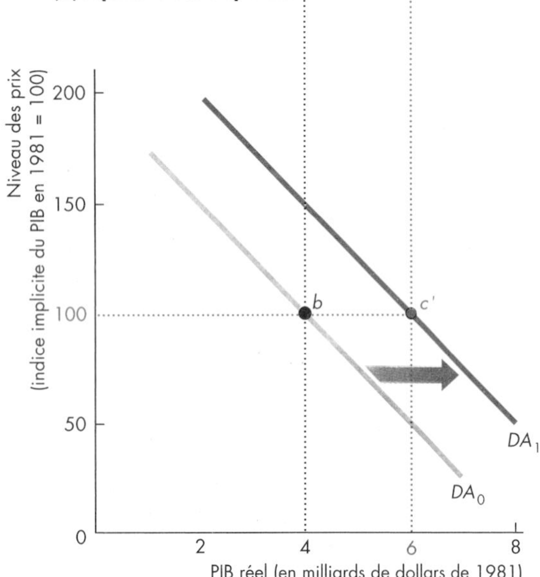

(b) Demande agrégée

Le niveau des prix est égal à 100. Lorsque la courbe de dépense agrégée correspond à la droite DAP_0 du graphique (a), la courbe de demande agrégée correspond à la droite DA_0 du graphique (b). Une augmentation des dépenses autonomes provoque un déplacement de la courbe de dépense agrégée vers le haut, en DAP_1. Le nouvel équilibre prévaut lorsque la courbe DAP_1 croise la droite à 45° et que le PIB réel s'établit à 6 milliards de dollars. La courbe de demande agrégée se déplace vers la droite, en DA_1. La variation des dépenses autonomes et la valeur du multiplicateur déterminent l'ampleur du déplacement vers la droite de la courbe de demande agrégée.

courbe de demande agrégée est représentée par la courbe DA_0 du graphique (b). Le niveau des prix est de 100. Maintenant, supposons qu'une hausse des prévisions de profit entraîne un accroissement des investissements. Les dépenses autonomes s'élèvent. Si le niveau des prix demeure à 100, la courbe de dépense agrégée se déplace vers le haut en DAP_1. Cette nouvelle courbe de dépense agrégée croise la droite à 45° en un point où l'équilibre des dépenses est maintenant égal à 6 milliards de dollars. Ce montant correspond à la quantité agrégée de biens et services demandée pour un niveau des prix de 100, comme l'indique le point *c'* du graphique (a). Le point *c'* se situe également sur une nouvelle courbe de demande agrégée. La courbe de demande agrégée s'est déplacée vers la droite en DA_1.

L'importance du déplacement vers la droite de la courbe de demande agrégée dépend du multiplicateur. Plus le multiplicateur est élevé, plus le déplacement de la courbe *DA* en réponse à une variation donnée des dépenses autonomes est important. Dans le présent exemple, une augmentation des dépenses autonomes de 1 milliard de dollars provoque une hausse de 2 milliards de dollars de la quantité agrégée de biens et services demandée à chaque niveau des prix. Le multiplicateur est alors égal à 2 : une augmentation des dépenses autonomes de 1 milliard de dollars fait déplacer la courbe de demande agrégée vers la droite, de 2 milliards de dollars.

Lorsque les dépenses autonomes diminuent, la courbe *DAP* se déplace vers le bas et la courbe de demande agrégée se déplace vers la gauche. Supposons que l'économie se trouve initialement sur la courbe de dépense agrégée DAP_1 et sur la courbe de demande agrégée DA_1. Supposons maintenant qu'il y ait une diminution des dépenses autonomes et que la courbe de dépense agrégée planifiée se déplace en DAP_0. La quantité agrégée de biens et services demandée tombe à 4 milliards de dollars et la courbe de demande agrégée se déplace vers la gauche, en DA_0.

Nous pouvons résumer les notions que nous venons d'étudier ainsi : une augmentation des dépenses autonomes, provenant d'une autre source que la variation du niveau des prix, fait déplacer la courbe *DAP* vers le haut et la courbe *DA* vers la droite. L'importance du déplacement de la courbe de demande agrégée dépend de l'ampleur de la variation des dépenses autonomes et de la valeur du multiplicateur.

Le PIB réel d'équilibre et le niveau des prix

Au chapitre 7, nous avons étudié comment déterminer le PIB réel et le niveau des prix d'équilibre à partir de l'intersection des courbes de demande et d'offre agrégées à court terme. Dans le présent chapitre, nous avons approfondi la notion de demande agrégée et avons étudié ses déterminants principaux, ainsi que les facteurs qui font déplacer la courbe de demande agrégée. Nous avons vu que la courbe de demande agrégée se déplace lorsque les dépenses autonomes varient et que l'importance du déplacement dépend de la valeur du multiplicateur. Le fait que cette variation des dépenses autonomes se traduise surtout par un changement du PIB réel, un changement du niveau des prix ou les deux dépend de la pente de la courbe d'offre agrégée à court terme. En d'autres termes, tout ce que nous avons appris au chapitre 7 concernant la détermination du PIB réel par l'intersection des courbes de demande et d'offre agrégées demeure valable. Nos connaissances sur la demande agrégée se sont tout simplement enrichies.

Vous pouvez saisir l'importance du rôle que joue l'offre agrégée dans la détermination du PIB réel et du niveau des prix en considérant deux cas extrêmes : dans le premier cas, la courbe d'offre agrégée à court terme est horizontale au point d'équilibre et, dans l'autre, elle est verticale. D'abord, supposons que la courbe d'offre agrégée à court terme soit horizontale à un niveau des prix égal à 100. Ce cas, qui peut représenter la situation d'une économie en récession profonde, comme l'a été l'économie canadienne au début des années 30, est illustré à la figure 9.10(a). La courbe d'offre agrégée à court terme correspond à la courbe $OACT_h$. Une augmentation des dépenses autonomes de 0,5 milliard de dollars fait déplacer la courbe de dépense agrégée vers le haut, de DAP_0 à DAP_1. La courbe de demande agrégée se déplace également de DA_0 à DA_1. Le PIB réel passe de 2 milliards à 3 milliards de dollars, laissant le niveau des prix inchangé à 100.

À présent, supposons que la capacité maximale de production de l'économie soit de 4 milliards de dollars et que nous ne puissions pas produire davantage. La courbe d'offre agrégée est verticale à un niveau du PIB réel de 4 milliards de dollars. Supposons également que, au départ, la courbe DA_0 croise la courbe d'offre agrégée à court terme le long de sa portion verticale. Ce cas, qui pourrait s'appliquer à l'économie canadienne lorsqu'elle dépasse le niveau de plein emploi, est illustré

Figure 9.10 Les variations des dépenses autonomes, de la demande agrégée et du niveau des prix

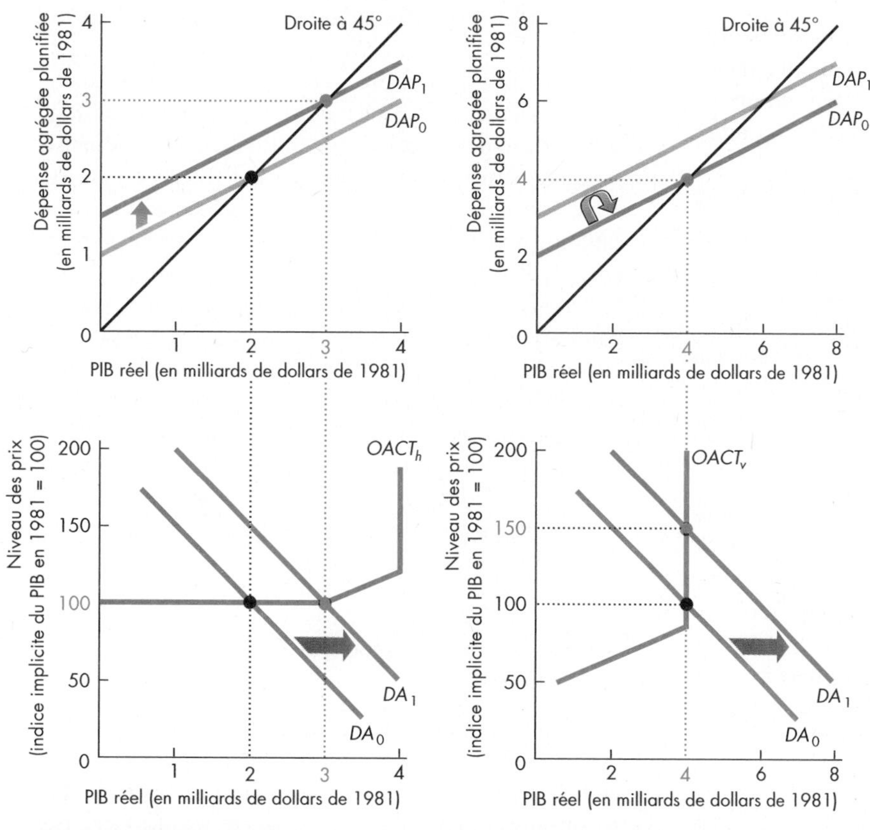

(a) Niveau des prix constants

(b) Hausse du niveau des prix

Une augmentation des dépenses autonomes provoque un déplacement de la courbe de dépense agrégée vers le haut, de DAP_0 à DAP_1, et de la courbe de demande agrégée vers la droite, de DA_0 à DA_1. L'effet de la hausse des dépenses autonomes sur le niveau des prix et le PIB réel dépend de la pente de la courbe d'offre agrégée à court terme au point d'équilibre. Si la courbe d'offre agrégée à court terme est horizontale, comme la courbe $OACT_h$ dans le graphique (a), le PIB réel augmente et le niveau des prix demeure constant. Si elle est verticale, comme la courbe $OACT_v$ dans le graphique (b), le niveau des prix augmente et le PIB réel demeure constant. Dans ce cas, l'accroissement du niveau des prix entraîne une diminution des dépenses planifiées, ce qui ramène la courbe de dépense agrégée en DAP_0. En général, la courbe d'offre agrégée à court terme n'est ni horizontale ni verticale, mais elle a une pente positive. Par conséquent, une augmentation des dépenses autonomes fait déplacer la courbe de demande agrégée en DA_1, le niveau des prix augmente dans une certaine mesure, ce qui ramène la courbe de dépense agrégée vers le bas, mais dans une proportion moindre que le déplacement initial.

à la figure 9.10(b). La courbe d'offre agrégée correspond à la courbe $OACT_v$. Supposons que les dépenses autonomes augmentent de 1 milliard de dollars. Cette hausse des dépenses autonomes fait déplacer la courbe de dépense agrégée vers le haut en DAP_1 et la courbe de demande agrégée vers la droite en DA_1. Cependant, le déplacement de la courbe de demande agrégée fait passer le niveau des prix de 100 à 150, mais laisse le PIB réel inchangé. Le niveau des prix, maintenant plus élevé, fait diminuer la dépense agrégée planifiée et la courbe *DAP* revient en DAP_0. La variation initiale des dépenses autonomes a été annulée par un changement en sens opposé induit par un niveau des prix plus élevé. Sans variation des dépenses autonomes, il n'y a pas de déplacement de la courbe de dépense agrégée et aucun changement dans la quantité de biens et services demandée en situation d'équilibre.

Les deux cas que nous venons d'étudier représentent des situations extrêmes. En général, une augmentation des dépenses autonomes fait déplacer la courbe *DAP* en DAP_1 et la courbe *DA* en DA_1. La pente de la courbe d'offre agrégée à court terme est positive – ni horizontale ni verticale – de sorte que le niveau des prix et le PIB réel augmentent. Le niveau des prix plus élevé provoque un déplacement vers le bas de la courbe *DAP* jusqu'en DAP_1. La nouvelle courbe *DAP* croise la droite à 45° au même niveau du PIB réel que celui où la courbe de demande agrégée DA_1 coupe la courbe d'offre agrégée à court terme.

■ Nous connaissons maintenant les forces qui influent sur les composantes de la dépense agrégée et la façon dont ces composantes interagissent pour déterminer la dépense agrégée et la position de la courbe de demande agrégée. Les fluctuations de la courbe de dépense agrégée et de la courbe de demande agrégée sont provoquées par les variations des dépenses autonomes. Les investissements constituent une part importante des dépenses autonomes. Les taux d'intérêt, entre autres, influent sur les investissements. Mais, quels sont les facteurs qui déterminent les taux d'intérêt? Nous répondons à cette question au chapitre suivant.

RÉSUMÉ

La dépense agrégée et le PIB réel

La dépense agrégée planifiée est la somme des dépenses planifiées de consommation, des investissements planifiés, des dépenses planifiées du gouvernement en biens et services et des exportations nettes planifiées. La relation entre la dépense agrégée planifiée et le PIB réel peut être représentée par un barème de dépense agrégée et une courbe de dépense agrégée. La dépense agrégée est divisée en deux composantes : les dépenses autonomes et les dépenses induites. Les dépenses autonomes comprennent la portion des dépenses de consommation qui ne varie pas avec le PIB réel, en plus des investissements, des dépenses publiques en biens et services et des exportations. Les dépenses induites sont constituées de la part des dépenses de consommation qui varie avec le PIB réel, moins les importations.

La fraction du dernier dollar de PIB réel dépensée pour acquérir des biens et services fabriqués au pays s'appelle la *propension marginale à dépenser*. La propension marginale à dépenser est égale à la propension marginale à consommer, moins la propension marginale à importer. La propension marginale à dépenser détermine la pente de la courbe de dépense agrégée. (*pp. 225-228*)

L'équilibre des dépenses

Il y a équilibre des dépenses lorsque la dépense agrégée planifiée est égale au PIB réel. À des niveaux du PIB réel supérieurs aux dépenses d'équilibre, la dépense agrégée planifiée est inférieure au PIB réel ; le PIB réel finit par baisser. À des niveaux du PIB réel inférieurs aux dépenses d'équilibre, la dépense agrégée planifiée est supérieure au PIB réel, et le PIB réel finit par augmenter. Ce n'est que lorsque le PIB réel et la dépense agrégée planifiée sont égaux que le PIB réel est constant et en équilibre. L'ajustement des stocks des entreprises est le principal facteur qui finit par assurer l'égalité entre le PIB réel et la dépense agrégée planifiée. Lorsque la dépense agrégée planifiée excède le PIB réel, les stocks baissent. Afin de reconstituer leurs stocks, les entreprises doivent accroître leur production, et conséquemment le PIB réel augmente. Si la dépense planifiée est inférieure au PIB réel, les stocks s'accumulent et les entreprises doivent réduire leur production. Le PIB réel baisse. La production et le PIB réel demeurent constants seulement s'il n'y a pas de variation imprévue des stocks. (*pp. 228-231*)

Les fluctuations des dépenses et du PIB réel

Les dépenses autonomes et la propension marginale à dépenser déterminent les dépenses d'équilibre. Tout facteur qui provoque une augmentation des dépenses autonomes – hausse des investissements, des dépenses publiques ou des exportations – fait augmenter les dépenses d'équilibre. Les dépenses d'équilibre et le PIB réel augmentent davantage que les dépenses autonomes. Une hausse de l'épargne se traduit par une diminution des dépenses et par une baisse du PIB réel. Cet effet s'appelle le *paradoxe de l'épargne.*

Tout facteur qui entraîne une augmentation de la propension marginale à dépenser accroît également les dépenses d'équilibre. La propension marginale à consommer le revenu disponible, la propension marginale à importer et le taux d'imposition marginal influent sur la propension marginale à dépenser. Une augmentation de la propension marginale à consommer, une diminution de la propension marginale à importer ou une baisse du taux d'imposition marginal font tous augmenter la propension marginale à dépenser. (*pp. 231-235*)

Le multiplicateur

Le multiplicateur des dépenses autonomes est le nombre qui multiplie la variation des dépenses autonomes afin d'obtenir la variation des dépenses d'équilibre qu'elle engendre. La valeur du multiplicateur dépend de la propension marginale à dépenser : plus la propension marginale à dépenser est élevée, plus le multiplicateur l'est aussi. (*pp. 235-239*)

Les multiplicateurs de la politique budgétaire

Pour un gouvernement, la politique budgétaire consiste à essayer d'atténuer les fluctuations de la dépense agrégée au moyen de ses dépenses en biens et services, des paiements de transfert et des impôts. Le multiplicateur des dépenses publiques est égal au multiplicateur des dépenses autonomes. Le multiplicateur des paiements de transfert correspond à la propension marginale à dépenser multipliée par le multiplicateur des dépenses autonomes. Le multiplicateur des impôts autonomes est égal au multiplicateur des paiements de transfert, mais affecté d'un signe négatif. Le multiplicateur du budget équilibré se chiffre à 1.

Les impôts et les paiements de transfert jouent un rôle de stabilisateurs automatiques : ils atténuent les fluctuations des dépenses de consommation, et conséquemment de la dépense agrégée, qui résultent d'un changement donné des dépenses autonomes. (*pp. 239-242*)

Le multiplicateur au Canada

Selon les estimations économétriques, le multiplicateur canadien se situe entre 1 et 2. Sa valeur fluctue au cours du cycle économique et, en raison d'une augmentation progressive des importations, il était plutôt faible au cours des années 80. En 1991, il se chiffrait à environ 1,30. (*pp. 242-244*)

La dépense et la demande agrégées

La courbe de demande agrégée représente la relation entre la quantité agrégée de biens et services demandée et le niveau des prix. La courbe de dépense agrégée est la relation entre la dépense agrégée planifiée et le PIB réel. Pour un niveau des prix donné, il existe un niveau donné de la dépense agrégée planifiée et une courbe de dépense agrégée donnée. Un changement du niveau des prix fait varier les dépenses autonomes et provoque un déplacement de la courbe de dépense agrégée. Par conséquent, un mouvement sur la courbe de demande agrégée va de pair avec un déplacement de la courbe de dépense agrégée.

Toute variation des dépenses autonomes, qui n'est pas causée par une variation du niveau des prix, fera déplacer la courbe de dépense agrégée et la courbe de demande agrégée. L'importance du déplacement de la courbe de demande agrégée dépendra de la valeur du multiplicateur et de la variation des dépenses autonomes.

La demande et l'offre agrégées déterminent le PIB réel et le niveau des prix. Si, au point d'équilibre, la courbe d'offre agrégée à court terme est horizontale, comme elle pourrait l'être en période de dépression, une augmentation des dépenses autonomes, qui entraîne un déplacement des courbes de dépense et de demande agrégées, fera augmenter le PIB réel ; cependant, le niveau des prix demeurera constant. Mais si, au point d'équilibre, la courbe d'offre agrégée à court terme est verticale, comme elle pourrait l'être lorsque l'économie fonctionne à pleine vapeur, une augmentation des dépenses autonomes entraînera un déplacement de la courbe de dépense agrégée vers le haut et un déplacement de la courbe de demande agrégée vers la droite. Le niveau des prix s'accroît alors et le PIB réel demeure constant. Le niveau des prix plus élevé fait alors diminuer la valeur des dépenses autonomes, et la courbe de dépense agrégée revient à sa position initiale. (*pp. 244-248*)

POINTS DE REPÈRE

Mots clés

Barème de dépense agrégée, 225
Courbe de dépense agrégée, 225
Dépenses autonomes, 227
Dépenses induites, 227
Dépenses planifiées, 225
Équilibre des dépenses, 228
Impôts autonomes, 240
Impôts induits, 240
Modèle économétrique, 242
Multiplicateur des dépenses autonomes, 235
Multiplicateur des dépenses publiques, 239
Multiplicateur des impôts autonomes, 240
Multiplicateur des paiements de transfert, 239
Multiplicateur du budget équilibré, 240
Paradoxe de l'épargne, 232
Politique budgétaire, 239
Propension marginale à dépenser, 228
Propension marginale à dépenser pour des biens et services fabriqués au pays, 227
Propension marginale à importer, 227
Stabilisateur automatique, 241
Taux d'imposition marginal, 233

Figures et tableau clés

Figure 9.1	Le barème de dépense agrégée et la courbe de dépense agrégée, 226
Figure 9.2	Les dépenses autonomes et les dépenses induites, 227
Figure 9.6	Le multiplicateur et la propension marginale à dépenser, 237
Figure 9.7	Le processus du multiplicateur, 238
Tableau 9.1	Le calcul du multiplicateur, 236

QUESTIONS DE RÉVISION

1 Qu'est-ce que la fonction de dépense agrégée?

2 Expliquez la différence entre les dépenses autonomes et les dépenses induites.

3 Définissez la propension marginale à dépenser.

4 Qu'est-ce que la pente de la courbe de dépense agrégée?

5 Comment les dépenses d'équilibre sont-elles déterminées? Que se produit-il si la dépense agrégée planifiée est supérieure au PIB réel?

6 Qu'est-ce que le multiplicateur?

7 Quelle est la relation entre le multiplicateur et la propension marginale à dépenser?

8 Pourquoi le multiplicateur est-il supérieur à 1?

9 Qu'est-ce que le multiplicateur des dépenses publiques?

10 Comparez le multiplicateur des dépenses publiques au multiplicateur des dépenses autonomes.

11 Qu'est-ce que le multiplicateur des impôts autonomes?

12 Comparez le multiplicateur des impôts autonomes au multiplicateur des dépenses autonomes.

13 Quelle est la valeur du multiplicateur des paiements de transfert? Comparez-la avec la valeur du multiplicateur des impôts autonomes.

14 Quelle est la valeur du multiplicateur du budget équilibré?

15 Expliquez en quoi les impôts induits et les paiements de transfert jouent un rôle de stabilisateurs automatiques.

16 Quelle est la valeur du multiplicateur au Canada?

17 Quelle est la relation entre la courbe de dépense agrégée et la courbe de demande agrégée?

18 Quel sera l'effet sur la courbe de dépense agrégée et la courbe de demande agrégée d'un changement du niveau des prix sachant que tous les autres facteurs demeurent constants?

19 Supposons une variation des dépenses autonomes qui ne soit pas causée par un changement du niveau des prix. Qu'arrivera-t-il à la courbe de dépense agrégée et à la courbe de demande agrégée?

PROBLÈMES

1 Supposons l'information suivante sur le modèle d'une économie fictive. La partie autonome des dépenses de consommation se chiffre à 100 millions de dollars. La propension marginale à consommer le revenu disponible est de 0,8. L'investissement s'établit à 460 millions de dollars. Les dépenses publiques en biens et services sont de 400 millions de dollars. Les impôts sont constants à 400 millions de dollars et ne varient pas avec le revenu. Enfin, les importations et les exportations sont nulles.

a) Calculez les niveaux d'équilibre du PIB et de la consommation.

b) De combien le PIB et la consommation changeront-ils si les dépenses publiques sont réduites à 300 millions de dollars?

c) Quelle est la valeur du multiplicateur des dépenses publiques?

2 Supposons que la législation fiscale soit modifiée. Plutôt que d'être constants à 400 millions de dollars comme c'était le cas dans le problème précédent, supposons que les impôts correspondent à ⅛ du PIB.

a) Si tous les autres facteurs demeurent constants, calculez les niveaux d'équilibre du PIB et de la consommation.

b) Si les dépenses publiques sont réduites à 300 millions de dollars, de combien le PIB et la consommation changeront-ils?

c) Quelle est la valeur du multiplicateur?

3 Supposons que l'économie décrite au problème 1 ait une capacité maximale de production égale à 3200 millions de dollars. À ce niveau de production, la courbe d'offre agrégée est verticale.

a) Si le gouvernement augmente ses dépenses en biens et services, qu'adviendra-t-il des courbes de demande et de dépense agrégées?

b) Qu'arrivera-t-il au niveau des prix?

4 Vous possédez les renseignements suivants sur le multiplicateur d'une économie donnée. Sa valeur moyenne est égale à 2; au cours de l'année A, elle se chiffre à ½ et pendant l'année B à 3 ½.

a) Prédisez la situation de cette économie pour l'année A et l'année B.

b) L'année A était-elle une année de reprise ou de récession? Expliquez.

c) L'année B était-elle une année de reprise ou de récession? Expliquez.

4e PARTIE

La monnaie, l'intérêt et le dollar

ENTREVUE

GERALD BOUEY

Gerald Bouey, reçu bachelier de l'université Queen's en 1948, a remporté, cette même année, la médaille d'économique. De 1973 à 1987, il a été gouverneur de la Banque du Canada. Pendant cette période, la politique du taux de change fixe a été abandonnée à l'échelle internationale, l'OPEP a augmenté le prix du pétrole à plusieurs reprises et l'inflation au Canada s'est maintenue à un taux supérieur à 10 %. Nous avons discuté avec Gerald Bouey de son mandat à la Banque du Canada de même que du rôle que joue la Banque dans la stabilisation de l'économie canadienne.

«Je reviens toujours à la loi de l'offre et de la demande.»

M. Bouey, comment êtes-vous arrivé à l'économique et à la gestion d'une banque centrale?

J'ai grandi dans le sud de la Saskatchewan dans les années 30. À cette époque, les jeunes gens avaient très peu d'espoir de trouver un emploi stable. Aucun de mes amis n'étudiait à l'université car elle était située à Saskatoon et c'était trop loin de chez nous. J'ai eu la chance d'obtenir un emploi dans une banque et, pourtant, le jour où je suis allé poser ma candidature, c'était la première fois que je mettais les pieds dans un tel lieu! Puis, il y a eu la guerre. J'étais dans l'armée de l'air, et la plupart de mes compagnons étaient des jeunes hommes qui n'avaient pas réussi à trouver d'emploi. Cette situation déplorable a éveillé mon intérêt pour l'économique. Après avoir obtenu mon diplôme à Queen's, j'ai travaillé au département des Recherches de la Banque du Canada. C'est là où j'ai vraiment appris l'économique.

Quels principes et notions économiques vous ont été des plus utiles pendant votre carrière?

Je reviens toujours à la loi de l'offre et de la demande. En effet, lorsque la demande exerce une pression trop forte sur l'économie, il risque d'y avoir des conséquences fâcheuses : on ne peut espérer éviter l'inflation si on laisse la masse monétaire croître trop rapidement.

Un autre principe m'a beaucoup servi ; je l'ai appris quand j'ai commencé à travailler au département des Recherches de la Banque du Canada. Un jour, le chef du département m'a dit : «Tu dois apprendre à faire des analyses économiques mais, avant tout, assure-toi que tu as tous les faits en mains. Lorsque tu auras tous les faits, tu constateras souvent que l'analyse n'est pas nécessaire.» J'ai donc toujours accordé beaucoup d'importance au côté empirique de l'économique.

Le gouvernement fédéral accuse un lourd déficit depuis le milieu des années 70, et il ne semble pas pouvoir le résorber. En quoi ce déficit a-t-il influé sur le mandat de la Banque du Canada?

Pour lutter contre l'inflation, le gouvernement s'est tourné vers la politique monétaire. En conséquence, nous avons dû subir les répercussions causées par des taux d'intérêt trop élevés et, récemment, le contrecoup s'est manifesté par un taux de change plus haut et un déficit du compte courant plus considérable. Si nous avions fait jouer un rôle plus important à la politique budgétaire, nous aurions pu atténuer ces répercussions. Il est vrai que nous avons maîtrisé l'inflation, et c'était essentiel, mais nous avons en même temps semer les germes de problèmes futurs.

Quels moyens devons-nous utiliser pour réduire le déficit? Devons-nous tout simplement nous serrer la ceinture et augmenter les impôts et les taxes?

Je crois que nous devrons augmenter les impôts et les taxes en raison de l'importance du transfert qu'occasionnent les taux d'intérêt. Je pense aussi qu'il y a une limite à ce que nous pouvons faire sur le plan de la réduction des dépenses pour contrebalancer le fardeau sans cesse croissant qu'imposent les taux d'intérêt. De plus, certaines dépenses sont incompressibles, par exemple celles qui sont destinées au système de transport, aux soins de santé, à l'éducation et aussi au système judiciaire ; après tout, les gens attendent parfois deux ans avant de passer en jugement. Nous vivons dans une société d'abondance, et nous pouvons faire mieux.

Quels courants ont influencé votre attitude à l'égard de la politique monétaire? Découlent-ils de la Crise?

Certainement. Je pense que j'ai toujours su qu'une économie ne pouvait fonctionner normalement en période d'inflation. Cependant, je me suis toujours soucié du chômage. Les dirigeants des banques centrales se préoccupent du taux de chômage, même si ce n'est pas toujours manifeste. Il n'y a rien de plus angoissant que de voir un grand nombre de personnes sans emploi. Donc, lorsque nous avons constaté que nous allions devoir faire face à un sérieux problème d'inflation pendant les années 70, j'étais fortement en faveur de l'adoption d'une politique monétaire qui allait lutter contre l'inflation d'une manière graduelle, sans trop aggraver le chômage. Lorsque j'ai été nommé gouverneur, j'étais d'avis que nous devions maintenir un taux de chômage de 5 % ou moins. Mais, nous n'avons pas réussi à le maintenir aussi bas. De plus, au cours des années 70, nous n'avons pas entièrement saisi l'importance des répercussions qu'avaient entraînées certains changements provoqués par l'assurance-chômage et par les facteurs démographiques. Je crois que le gouvernement aussi n'en était pas conscient car, chaque fois que le taux de chômage augmentait légèrement, il relâchait sa politique budgétaire. À la suite de l'expérience des années 70, j'ai adopté un tout autre point de vue à l'égard de la question. Je considère maintenant que nous devons combattre l'inflation aussitôt que possible. À long terme, tout le monde en profitera.

Ce changement de point de vue explique-t-il pourquoi la Banque du Canada a adopté une politique centrée sur le choix de cibles monétaires au cours des années 70 pour ensuite l'abandonner au début des années 80?

Nous avons eu raison la deuxième fois! Par contre, nous avions de bonnes raisons de faire ce que nous faisions dans les deux cas. Tout gouverneur de banque centrale souhaiterait qu'il existe un agrégat monétaire dont la relation avec le produit intérieur brut serait systématique et fiable. Aucune mesure n'était pleinement satisfaisante. Toutefois, nous avions choisi M1 parce que cet agrégat nous semblait plus fiable. Nous avions cependant à l'esprit une fourchette assez large du taux de croissance visé. Vers la fin des années 70, en raison des taux d'intérêt élevés et de l'informatisation de la gestion des avoirs monétaires, la relation entre le produit intérieur brut et M1 s'est effondrée.

La grave récession de 1982 a-t-elle été le prix à payer pour réduire l'inflation à un taux inférieur à 10 %?

Je ne suis pas d'accord avec ceux qui parlent des coûts de la déflation. Il s'agit plutôt de coûts imposés par l'inflation parce que, d'une manière ou d'une autre, nous devons contenir l'inflation.

Que pensez-vous des relations entre la Banque du Canada et le gouvernement fédéral? Sont-elles bonnes?

Oui, elles le sont. J'ai entretenu des relations pendant quatorze ans avec sept ministres des Finances et je pense que tout s'est bien déroulé. Nous avons établi dans les années 60 des liens qui ont été officiellement définis dans la Loi sur la Banque du Canada, en 1967. Cette loi stipule que le gouverneur et le ministre des Finances doivent se consulter régulièrement. Elle prévoit également que, si un désaccord sérieux naît

«Je ne suis pas d'accord avec ceux qui parlent des coûts de la déflation. Il s'agit plutôt de coûts imposés par l'inflation.»

«Les gens ont craint surtout que, si la banque n'était pas autonome, le gouvernement ne soit tenté d'obliger la Banque à émettre plus de monnaie pour financer son déficit.»

entre les deux parties, le gouvernement peut, après consultation, transmettre à la Banque une directive concernant la politique à suivre. Si le gouvernement n'use pas de son pouvoir pour imposer une politique, c'est à la Banque du Canada qu'incombe alors le choix de la politique monétaire. C'est là un des avantages de la loi. La population peut donc reprocher au gouvernement de n'avoir pas transmis de directive à la Banque malgré son désaccord avec elle.

Le gouvernement n'a jamais été directif. Pourquoi?

Le gouvernement transmet rarement des directives. En effet, la Banque et le gouvernement entretiennent des relations très étroites. En plus de rencontres entre le gouverneur et le ministre, des employés de la Banque et du ministère des Finances appartenant à différents niveaux ont des contacts réguliers. Essentiellement, de chaque côté, on dispose des mêmes données et on fait le même genre d'analyses économiques.

Alors, pourquoi la Banque doit-elle être autonome?

Je crois que, sans cette autonomie, la politique monétaire risquerait d'être trop semblable à la politique budgétaire parce que certaines décisions seraient prises au regard d'intérêts politiques plutôt qu'économiques, particulièrement en période pré-électorale. En fait, par le passé, les gens ont craint surtout que, si la banque n'était pas autonome, le gouvernement ne soit tenté d'obliger la Banque du Canada à émettre plus de monnaie pour financer son déficit. Rien de semblable ne s'est jamais produit. Ce qui me dérange le plus, c'est que, avant de se résigner à restreindre ses dépenses, le gouvernement – ici comme ailleurs – accepte de payer des intérêts année après année pour financer son déficit.

Étant donné que les gens n'apprécient guère les taux d'intérêt élevés, pourquoi la Banque du Canada ne peut-elle pas émettre plus de monnaie, diminuer les taux d'intérêt et laisser le dollar se déprécier?

Nous pourrions essayer mais, dans une période où on prévoit un taux d'inflation élevé, comment les marchés financiers réagiraient-ils? Pour une courte période, une hausse rapide de la masse monétaire se traduirait par une baisse des taux d'intérêt à court terme. De plus, le dollar s'affaiblirait considérablement, ce qui ferait grimper le niveau des prix. En conséquence, sur les marchés financiers, on ne croirait pas que l'inflation puisse être maîtrisée, et les taux d'intérêt à plus long terme auraient tendance à s'accroître plutôt qu'à baisser. Si la banque centrale maintenait cette politique, l'inflation deviendrait beaucoup plus vive et, par conséquent, il faudrait que les taux d'intérêt augmentent encore plus. Cependant, en d'autres circonstances, soit lorsque les pressions inflationnistes sont plus faibles, une augmentation de la masse monétaire peut être accompagnée d'une baisse générale des taux d'intérêt et d'une réduction modérée de la valeur du dollar canadien.

Quels conseils donneriez-vous à un étudiant qui veut travailler comme économiste dans le domaine financier?

Il faut d'abord posséder une bonne formation, bien meilleure que la mienne. Je ne crois pas que, aujourd'hui, je pourrais travailler pour la Banque du Canada avec le niveau de scolarité que j'avais à l'époque. Si vous voulez vraiment être économiste, il est préférable de faire vos études de doctorat. Je dirais aussi qu'il faut être patient et réaliste parce que notre monde est très imprévisible. Vous aurez à vivre vraisemblablement des périodes de frustration de temps à autre.

CHAPITRE 10

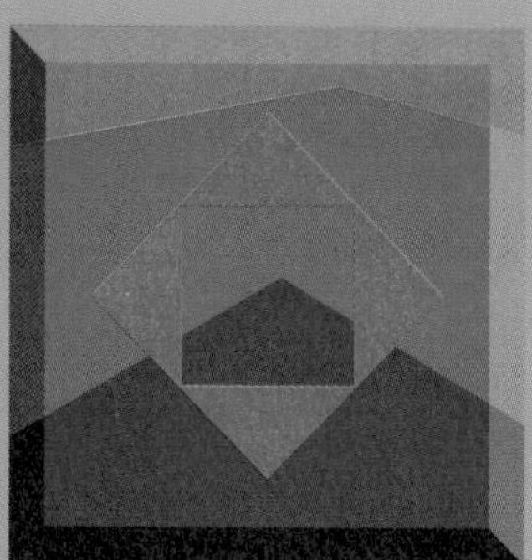

La monnaie, les banques et les prix

Objectifs du chapitre:

- Définir la monnaie et décrire les différentes formes qu'elle peut prendre.
- Expliquer ce qu'est le bilan des principaux intermédiaires financiers.
- Décrire le rôle des banques à charte et des autres intermédiaires financiers.
- Expliquer comment les banques créent de la monnaie.
- Expliquer pourquoi la quantité de monnaie est une variable économique importante.
- Expliquer la théorie quantitative de la monnaie.
- Décrire la relation qui existe entre la masse monétaire et le niveau des prix au cours du temps et d'un pays à un autre.

L'argent mène le monde!

LA MONNAIE, TOUT COMME LE FEU et la roue, existe depuis fort longtemps. Or, nous ne savons pas très bien comment et quand elle est apparue. Un nombre étonnant d'objets ont tenu lieu de monnaie: le wampum, petit tube ou cylindre constitué de coquillages, était utilisé par les Amérindiens; dans le Haut-Canada, les peaux de rat musqué servaient de monnaie au 18e siècle et au début du 19e; les cauris, coquillages aux couleurs vives, tenaient lieu de monnaie en Inde; les dents de baleines servaient de monnaie dans les îles Fiji. Le tabac a également servi d'instrument d'échange aux premiers colons américains; de larges roues de pierre étaient utilisées à Yap, une île du Pacifique; les cigarettes et certaines boissons alcoolisées ont servi de monnaie plus récemment, et des blocs de sel ont tenu lieu de monnaie en Éthiopie, en Afrique et au Tibet. On payait les soldats romains avec du sel; cette rémunération s'appelait *salarium* et est à l'origine du mot «salaire». Qu'est-ce que la monnaie exactement? Pourquoi tous ces objets ont-ils servi de monnaie? ■ De nos jours, lorsque nous désirons faire un achat, nous pouvons utiliser les pièces de monnaie ou les billets de banque, émettre un chèque ou présenter une carte de crédit. Est-ce que toutes ces méthodes de paiement constituent de la monnaie? ■ Lorsque nous déposons des billets dans une banque ou dans une société de fiducie, s'agit-il toujours de monnaie? Que se passe-t-il lorsque la banque ou la société de fiducie prête l'argent que nous avons déposé à d'autres personnes? Pouvons-nous récupérer notre argent une fois qu'il a été prêté? Les prêts des banques et des sociétés de fiducie créent-ils de la monnaie comme par magie? ■ Dans les années 80, les banques et les autres établissements financiers créaient de nouveaux types de comptes. Dix ans auparavant, nous pouvions ouvrir un compte d'épargne et un compte chèques. Les comptes d'épargne rapportaient de l'intérêt, contrairement aux comptes chèques. De nos jours, une grande variété de comptes nous sont proposés. Ceux-ci combinent les avantages d'un compte chèques avec les revenus d'un compte d'épargne. Pourquoi ces nouveaux types de comptes ont-ils été créés? ■ L'achat d'une maison est, en général, la plus importante transaction que nous pouvons effectuer. Nous possédons rarement les fonds nécessaires pour payer une maison en un seul paiement, c'est pourquoi nous devons emprunter. Notre principale source de financement lors de l'achat d'une maison provient d'une banque ou d'une société de fiducie. Les ressources financières des banques et des sociétés de fiducie proviennent des milliers de déposants qui, pour leur part, peuvent retirer leurs dépôts à tout moment. Cependant, ces sociétés prêtent de l'argent à long terme, sur une période de 1 à 5 ans, et même plus. Lorsqu'un prêteur consent des prêts à long terme à un faible taux d'intérêt et que les taux d'intérêt sur les dépôts s'accroissent, l'organisme prêteur a des ennuis. L'Alberta s'est trouvée dans cette situation en 1986, lorsque la Canadian Commercial Bank et la Northland Bank ont fait faillite. Une situation semblable, mais encore plus grave, s'est produite aux États-Unis en 1989, lorsque les sociétés d'épargne et de prêts (l'équivalent américain de nos sociétés de fiducie et de prêt hypothécaire) ont subi de lourdes pertes. Le gouvernement américain est venu à leur rescousse et a effectué le plus important renflouement de l'histoire des États-Unis. Auparavant, les gens craignaient que ces sociétés, qui finançaient les achats de maison depuis 60 ans, ne soient sur le point de disparaître. Si les sociétés de prêt hypothécaire avaient fermé leurs portes, l'argent des déposants aurait-il été perdu ? ■ Dans l'histoire du Canada, il est arrivé à quelques reprises que la quantité de monnaie en circulation augmente rapidement. Dans d'autres pays et à certaines époques – la Chine dans les années 40, Israël au début des années 80 et certains pays d'Amérique latine de nos jours –, la quantité de monnaie s'est également accrue à un rythme excessivement rapide. Sommes-nous touchés par le rythme de croissance de la quantité de monnaie? Quels sont les effets d'une hausse continue de la quantité de monnaie sur l'économie?

■ Dans ce chapitre, nous allons étudier cette invention utile qu'est la monnaie. Nous en examinerons les fonctions et les formes et nous étudierons la façon dont elle est définie et mesurée au Canada, de nos jours. Nous verrons également quel est le rôle des banques à charte et des autres établissements financiers, et nous apprendrons comment les banques créent de la monnaie. Finalement, nous découvrirons la relation qui existe entre le taux de croissance de la quantité de monnaie et le rythme auquel les prix augmentent, c'est-à-dire le taux d'inflation. Que nous analysions les données historiques du Canada ou la conjoncture économique récente des principaux pays du monde, nous remarquons qu'il existe une relation évidente entre le taux de croissance de la quantité de monnaie et le taux d'inflation.

Qu'est-ce que la monnaie?

Nous avons déjà effleuré le sujet de la monnaie aux chapitres 3 et 7. Commençons par revoir la définition de la monnaie.

La définition de la monnaie

La **monnaie** est un instrument d'échange. Par **instrument d'échange**, on entend tout ce qui est généralement accepté en contrepartie de biens et services. Sans instrument d'échange, nous serions obligés d'échanger directement des biens contre d'autres biens; ce processus est connu sous le nom de *troc*. Le **troc** est l'échange direct d'un bien contre un autre. Par exemple, si vous vouliez vous procurer un sandwich, vous pourriez offrir en échange le roman en édition de poche que vous venez de lire, ou encore une demi-heure de travail en cuisine. Le troc ne peut s'effectuer que s'il y a double coïncidence des besoins. La **double coïncidence des besoins** se produit lorsqu'une personne A désire acheter ce qu'une personne B vend et que B désire acheter ce que A vend. Ainsi, pour obtenir un sandwich, il vous faudrait trouver quelqu'un qui non seulement désire en vendre, mais qui désire en plus l'échanger contre un roman ou un coup de main en cuisine. On comprend facilement qu'il est rare qu'une telle coïncidence des besoins se produise. Le troc ne permet donc pas d'obtenir tous les gains pouvant découler de l'échange et de la spécialisation de chacun. Nos activités économiques, qui consistent à tirer le maximum de nos ressources limitées, ont fait évoluer le système d'échange fondé sur la monnaie. Nous allons étudier comment les institutions financières se sont développées au sein de l'économie canadienne. Mais, avant, voyons les fonctions de la monnaie.

Les fonctions de la monnaie

La monnaie a quatre fonctions:

- Instrument d'échange
- Unité de compte
- Moyen de paiement différé
- Réservoir de valeur

L'instrument d'échange Tout bien qui sert d'instrument d'échange et qui est généralement accepté comme tel tient lieu de monnaie. La monnaie assure la double coïncidence des besoins. Elle sert de contrepartie pour l'échange des biens que les gens ont à vendre et qu'ils veulent acheter. La monnaie joue un rôle semblable au lubrifiant; elle permet au mécanisme d'échange d'être «bien huilé» ou de fonctionner efficacement.

L'unité de compte Une mesure reconnue pour évaluer les prix des biens et services est une **unité de compte**. Pour tirer le maximum de nos revenus, nous devons nous demander, entre autres choses, si l'achat d'une place de cinéma additionnelle vaut le nombre de crèmes glacées, de sandwiches et de cafés auxquels nous devons renoncer. Il est plus simple d'effectuer un tel calcul si le prix des biens est exprimé en dollars et en cents (voir le tableau 10.1). Par exemple, si un film vaut 6 $ et un sandwich 3 $, un film coûtera 2 sandwiches. Si un

Tableau 10.1 La fonction d'unité de compte de la monnaie simplifie les comparaisons entre les prix

Bien	Prix en unités monétaires	Prix en unités d'autres biens
Film	6 $ l'unité	2 sandwiches
Sandwiches	3 $ l'unité	2 cornets de crème glacée
Crème glacée	1,50 $ le cornet	3 paquets de bonbons
Bonbons	0,50 $ le paquet	2 tasses de café
Café	0,25 $ la tasse	1 appel téléphonique urbain

La monnaie en tant qu'unité de compte
Un film coûte 6 $ et un café 0,25 $, de sorte qu'un film vaut 24 tasses de café (6 $ ÷ 0,25 $ = 24).

Sans unité de compte
Vous allez au cinéma et vous apprenez que le prix d'un film est de 2 sandwiches. Vous vous rendez dans une confiserie et découvrez qu'un paquet de bonbons vaut 2 tasses de café. Combien de tasses de café coûte un film? Pour pouvoir répondre à cette question, vous devez aller au restaurant pour apprendre qu'un sandwich coûte 2 cornets de crème glacée. Maintenant, vous devez vous rendre au magasin de crème glacée, où l'on vous dit qu'un cornet coûte 3 paquets de bonbons. Prenez maintenant votre calculatrice: 1 film coûte 2 sandwiches ou 4 cornets de crème glacée ou 12 paquets de bonbons ou 24 tasses de café!

paquet de bonbons vaut 0,50 $, 1 film correspondra à 12 paquets de bonbons. Un seul calcul suffit pour obtenir le coût d'opportunité de toute paire de biens ou services.

Imaginez par contre le casse-tête qu'occasionnerait le calcul du prix des places de cinéma en nombre de sandwiches ou, encore, si le restaurant donnait le prix de ses sandwiches en quantité de cornets de crème glacée, si le bar laitier demandait 3 paquets de bonbons pour un cornet et si la confiserie exigeait 2 tasses de café en échange d'un paquet de bonbons! Il faut recueillir plus de renseignements et effectuer d'autres calculs pour déterminer le prix d'un film en nombre de sandwiches, ou en quantité de crème glacée, de bonbons ou de cafés. Pour connaître la valeur des sandwiches, nous n'avons qu'à regarder les affiches à l'extérieur du cinéma. Cependant, pour tous les autres biens, nous devons nous promener dans les magasins pour connaître la valeur d'un bien en fonction d'un autre. Ensuite, nous devons convertir ces valeurs en unités qui permettront à chacun de prendre la meilleure décision possible. Dans le tableau 10.1, cachez la colonne «Prix en unités monétaires» et constatez à quel point il est difficile de calculer la valeur d'un film en nombre d'appels téléphoniques. Ce calcul est suffisamment compliqué pour ne plus nous donner envie d'aller voir un film! Il est beaucoup plus simple d'exprimer les prix en dollars et en cents.

Le moyen de paiement différé On appelle **moyen de paiement différé** une mesure reconnue qui permet d'établir des contrats stipulant des montants futurs à payer ou à recevoir. Lorsque vous empruntez de l'argent pour payer vos études, les sommes que vous vous engagez à rembourser sont exprimées en dollars et en cents. La monnaie représente le moyen de différer votre paiement. Imaginez combien notre monde serait complexe si la monnaie ne constituait pas le moyen de différer un paiement. Plutôt que de promettre de rembourser votre prêt étudiant en monnaie, il vous faudrait en arriver à une entente avec le prêteur. Vous pourriez décider de rembourser votre prêt par une quantité convenue de bœuf de première qualité. Le cas échéant, le prêteur et vous prendriez le risque que le prix du bœuf varie dans le futur. Si le prix du bœuf augmentait par rapport aux prix des autres biens, vous feriez une mauvaise affaire et le prêteur en tirerait profit. Si le prix du bœuf baissait par rapport aux prix des autres biens, vous feriez un profit et le prêteur subirait une perte. Puisque les prix des biens fluctuent grandement et que nous ne pouvons pas toujours les déterminer avec précision, du moins pas assez longtemps à l'avance, les risques encourus par les emprunteurs et les prêteurs seraient alors élevés. Par contre, avec la monnaie comme moyen de différer un paiement, les prêteurs et les emprunteurs réduisent leurs risques. Cependant, comme nous l'avons vu au chapitre 5, la monnaie utilisée comme moyen de différer un paiement comporte certains risques. En effet, l'inflation entraîne des variations imprévisibles de la valeur de la monnaie. Par contre, étant donné que les emprunteurs et les prêteurs peuvent prévoir l'inflation, le taux d'inflation est compris dans le taux d'intérêt. En effet, les prêteurs se protègent en demandant un taux d'intérêt plus élevé et les emprunteurs, qui anticipent l'inflation, consentent à payer ce taux plus élevé.

Le réservoir de valeur Toute marchandise qui peut être conservée dans le but d'être vendue ultérieurement est un **réservoir de valeur**. La plupart des biens matériels constituent des réservoirs de valeur. Tous les actifs financiers et les titres, comme les bons du Trésor et les comptes bancaires, sont des réservoirs de valeur. Par contre, les services n'en sont pas. Aussitôt rendu, le service n'existe plus.

Aucun réservoir de valeur n'est parfaitement fiable et prévisible. La valeur d'un bien matériel, comme une maison, une voiture ou une œuvre d'art, ainsi que la valeur des titres et même de la monnaie fluctuent dans le temps. Plus une marchandise a une valeur stable et prévisible, plus elle est apte à jouer le rôle de réservoir de valeur. Donc, plus le taux d'inflation est élevé et imprévisible, moins la monnaie est utile comme réservoir de valeur. La monnaie doit être un réservoir de valeur, sinon elle ne pourrait pas être un instrument d'échange accepté.

La monnaie comme instrument d'échange

La monnaie peut prendre quatre formes différentes :

- La monnaie-marchandise
- Le papier-monnaie convertible
- La monnaie fiduciaire
- La dette monétaire privée

La monnaie-marchandise La **monnaie-marchandise** est un bien matériel évalué à sa valeur propre et utilisé comme instrument d'échange. Un ensemble étonnant d'articles ont servi de monnaie-marchandise à différentes époques et en différents lieux. Nous en avons mentionné quelques-uns au début de ce chapitre. Les pièces faites de métaux comme l'or, l'argent et le cuivre constituent la forme de monnaie-marchandise la plus connue. Les premières pièces ont été fabriquées en Lydie, un État d'Asie Mineure, au début du 7e siècle av. J.-C. Ces pièces étaient constituées d'électrum, un alliage naturel d'or et d'argent.

La monnaie-marchandise a tenu lieu de première monnaie avant la création de la Confédération canadienne. Une partie de cette monnaie était composée de pièces d'or britanniques, françaises, espagnoles et mexicaines. On se servait également de formes plus exotiques de monnaie-marchandise, comme les peaux de rat musqué.

La monnaie-marchandise comporte de nombreux avantages et quelques inconvénients. Nous allons maintenant les passer en revue.

Les avantages de la monnaie-marchandise La monnaie-marchandise possède une valeur intrinsèque, c'est là son principal avantage. Elle peut donc avoir d'autres usages que celui d'instrument d'échange, ce qui lui assure sa valeur en tant que monnaie. Par exemple, nous pouvons utiliser l'or pour obturer des dents ou pour créer des bijoux ; l'argent, pour fabriquer de la vaisselle ; et les perles, pour les porter. Parmi les marchandises qui présentent certains des avantages de la monnaie, citons les métaux précieux comme l'or et l'argent. Dans le passé, ces marchandises étaient idéales car les riches s'en servaient comme ornements ou bijoux. La demande de ces métaux était donc forte. De plus, leur qualité se vérifiait aisément et on pouvait les diviser en petites unités, ce qui en facilitait l'échange.

Les inconvénients de la monnaie-marchandise La monnaie-marchandise comporte deux inconvénients majeurs. Premièrement, bon nombre de personnes sont tentées de fausser la valeur de la monnaie-marchandise. Les fraudeurs se servent généralement de deux méthodes de falsification : l'altération du poids ou l'altération du titre. L'*altération du poids* consiste à retrancher une quantité imperceptible de la pièce, ce qui en réduit le contenu métallique. L'*altération du titre* s'effectue en remplaçant une partie du contenu d'or ou d'argent d'une pièce par un métal de moindre valeur.

Le caractère aisément falsifiable de la monnaie-marchandise a entraîné un phénomène connu sous le nom de *loi de Gresham*, du nom du financier britannique du 16e siècle, Sir Thomas Gresham. Selon la **loi de Gresham**, lorsque dans un pays circulent deux monnaies, la mauvaise a tendance à éclipser la bonne. La mauvaise monnaie est une monnaie qui a été dépréciée ; la bonne est celle qui ne l'a pas été. Il est simple de comprendre pourquoi la loi de Gresham se vérifie. Supposons qu'une personne reçoive deux pièces, l'une est dépréciée et l'autre pas. Chaque pièce possède la même valeur pour ce qui est des biens qu'elle permet d'acquérir. Cependant, l'une des pièces, celle qui n'a pas été dépréciée, a une valeur intrinsèque supérieure à sa valeur d'échange. Elle ne sera donc pas utilisée comme monnaie. Seule la pièce dépréciée tiendra lieu de monnaie. C'est en ce sens que la mauvaise monnaie chasse la bonne.

Étant donné qu'elle possède une valeur intrinsèque, la monnaie-marchandise peut donc être utilisée autrement qu'en tant qu'instrument d'échange. Et c'est là son deuxième inconvénient. Dans ce cas, elle possède un coût d'opportunité. Elle peut servir à d'autres usages. Ce coût incite à chercher d'autres instruments d'échange, ce qui réduit la fiabilité d'une monnaie-marchandise particulière. L'un de ces instruments est le papier-monnaie permettant de réclamer une monnaie-marchandise.

Le papier-monnaie convertible Un papier qui permet de réclamer un bien et qui circule en tant qu'instrument d'échange s'appelle **papier-monnaie convertible.** Le premier exemple connu de papier-monnaie provient de la Chine, à l'époque de la dynastie des Ming. Cette forme de monnaie était déjà largement utilisée en Europe au Moyen Âge.

C'est l'esprit inventif des orfèvres et de leurs clients qui a contribué à l'essor du papier-monnaie convertible. Puisque l'or avait une grande valeur, les orfèvres possédaient des coffres-forts bien gardés dans lesquels ils conservaient leur or. Ils louaient également une partie de l'espace de leurs coffres aux artisans et à tous ceux qui désiraient déposer leur or dans un endroit sûr. L'orfèvre émettait un reçu en vertu duquel le propriétaire de l'or pouvait retirer son «dépôt» sur demande. Ces reçus ressemblaient aux jetons de vestiaire qu'on nous remet au théâtre ou au musée.

Supposons qu'Isabelle détenait un reçu confirmant qu'elle a déposé 100 onces d'or chez Julien Doré. Puis, elle a décidé d'acheter un terrain qui appartenait à Henri et qui valait 100 onces d'or. Isabelle pouvait effectuer sa transaction de deux manières. Elle pouvait d'abord se rendre chez M. Doré, lui remettre son reçu et retirer son or, le transporter chez Henri et l'échanger contre le titre de propriété. Henri, lui, pouvait retourner chez M. Doré déposer l'or dans le coffre-fort et s'en retourner avec son propre reçu. Ou encore, Isabelle pouvait tout simplement remettre le reçu de son dépôt en or à Henri. Elle effectuait donc sa transaction à l'aide du reçu, qui tenait lieu de monnaie. Évidemment, il est beaucoup plus simple de conclure la transaction de la deuxième manière, pourvu qu'Henri puisse faire confiance à M. Doré!

Le reçu d'or circulant comme instrument d'échange sert donc de monnaie. L'or que détenait Julien Doré *garantissait* la valeur du papier-monnaie. De plus, le papier-monnaie était convertible en un bien.

La garantie partielle Une fois que le système de papier-monnaie convertible a été bien implanté et que les gens ont pris l'habitude d'utiliser leurs reçus plutôt que l'or comme instrument d'échange, les orfèvres se sont rendu compte qu'ils entreposaient dans leurs coffres-forts une grande quantité d'or qui n'était jamais retirée. Ils ont alors eu une idée de génie. Pourquoi ne pas prêter à certaines personnes des reçus d'or? Les orfèvres pourraient toucher un intérêt sur le prêt et celui-ci serait garanti par une simple signature sur un bout de papier. Dans la mesure où la valeur des reçus prêtés n'excéderait pas trop celle des stocks d'or détenus dans le coffre-fort, l'orfèvre ne risquerait pas de faillir à sa promesse de convertir le reçu en or, sur demande. C'est de cette manière qu'on a créé le papier-monnaie *partiellement garanti.*

La garantie partielle au Canada Le papier-monnaie partiellement garanti a été beaucoup utilisé dans l'histoire du Canada au début de la colonisation, de même que dans la période suivant la création de la Confédération. Vers la fin du 17e siècle, en Nouvelle-France, on a introduit les cartes à jouer comme papier-monnaie partiellement garanti. Les cartes à jouer tenaient officiellement lieu de monnaie; à chaque carte correspondait une valeur. Les cartes à jouer circulaient en même temps que les pièces d'or et pouvaient être échangées contre de l'or au Québec, lorsqu'il en arrivait de France.

Au Canada, les premiers billets de banque partiellement garantis ont été émis en 1817 lorsque la Banque de Montréal a obtenu l'autorisation de créer des billets garantis par de l'or ou de l'argent, ou des obligations d'État représentant jusqu'à trois fois la valeur de son capital. Au 19e siècle, plus le nombre de banques se dotant d'une charte augmentait, plus la quantité de billets de banques privées en circulation s'accroissait. Puis, en 1870, on a adopté la Loi sur les billets de Banque du Dominion. Cette loi autorisait le gouvernement à émettre des billets de banque. La quantité de billets de banque du gouvernement s'est accrue beaucoup plus rapidement que celle des banques à charte. Au début du siècle, les billets du gouvernement constituaient le type dominant de monnaie en circulation au Canada.

Au Canada, on s'est servi du papier-monnaie convertible partiellement garanti jusqu'en 1914. À compter de cette année-là, la Loi sur les finances n'obligeait plus le gouvernement canadien à garantir par de l'or la monnaie qu'il émettait. Les banques à charte n'étaient plus tenues d'honorer leurs reçus en or sur demande, bien qu'il y eût un retour temporaire à ce système entre 1926 et 1929.

Le Canada, tout comme de nombreux autres pays, n'a pas sans raison abandonné le papier-monnaie partiellement garanti. Même si la valeur que représente le papier-monnaie émis peut excéder de beaucoup celle du volume des biens qui le garantit, le processus d'échange immobilise des biens de valeur qui pourraient servir à d'autres activités productives. C'est la raison pour laquelle il devint souhaitable qu'un instrument d'échange plus efficace permît de libérer les biens garantissant le papier-monnaie. Cet instrument s'appelle la *monnaie fiduciaire.*

La monnaie fiduciaire La **monnaie fiduciaire** a une valeur intrinsèque nulle ou presque. Il peut s'agir d'une marchandise sans valeur intrinsèque qui sert les mêmes fonctions que la monnaie. L'une des premières monnaies fiduciaires en Amérique du Nord a été la monnaie continentale émise sous la révolution américaine. Les assignats, émis sous la Révolution française, constituent également une des premières formes de monnaie fiduciaire.

Les premières expériences avec la monnaie fiduciaire se sont soldées par une inflation rapide parce que la quantité de monnaie créée pouvait augmenter à un rythme rapide, ce qui entraînait une perte de valeur. Cependant, lorsqu'on limite l'augmentation de la quantité de monnaie fiduciaire, la valeur de la monnaie demeure relativement stable par rapport aux biens et services qu'elle permet d'acheter. Les gens sont prêts à accepter de la monnaie fiduciaire en échange de biens et services parce qu'ils savent que cette monnaie sera acceptée lorsque, à leur tour, ils achèteront des biens et services.

La monnaie fiduciaire au Canada Les billets de banque et les pièces métalliques qui sont actuellement en circulation au Canada, connus sous le nom de **numéraire**, sont des exemples de monnaie fiduciaire. Depuis la création de la monnaie fiduciaire, nous nous servons comme instrument d'échange de morceaux de papier portant un filigrane particulier et imprimés en couleur. Ces morceaux de papier ont une valeur marchande de quelques cents seulement, mais peuvent par exemple valoir 20 $ en biens et services. Le métal de la petite pièce d'alliage que nous appelons *vingt-cinq cents* ne vaut presque rien, mais permet de payer un appel téléphonique ou d'autres biens et services de petite valeur. Le remplacement de la monnaie-marchandise par la monnaie fiduciaire a permis d'augmenter la productivité des biens que nous utilisons. Cependant, ces espèces ont un coût d'opportunité, et des décisions importantes doivent être prises lors de la fabrication des billets de banque et des pièces métalliques (se reporter à l'article de la rubrique *Entre les lignes*, pages 264-265).

La monnaie fiduciaire au Canada est apparue à la suite de la promulgation de la Loi sur les finances de 1914. Cette loi dégageait les banques à charte de l'obligation d'échanger sur demande leurs billets contre de l'or et elle habilitait le ministre des Finances à émettre des billets du Dominion aux banques. Les banques pouvaient en contrepartie de titres obtenir des billets du Dominion, lesquels pouvaient garantir leurs propres billets. En d'autres termes, une banque à charte pouvait effectuer un prêt à une compagnie canadienne privée et échanger la créance de ce prêt contre des billets du Dominion avec lesquels elle pouvait émettre une plus grande quantité de ses propres billets. Lors de la constitution de la Banque du Canada en 1934, le système de monnaie fiduciaire canadien s'est officialisé. Cette même année, on adoptait la Loi sur la Banque du Canada et le pouvoir des banques à charte d'émettre des billets était révoqué. La Banque du Canada devenait donc la seule à pouvoir émettre des billets de banque. Ces billets étaient garantis par les intérêts sur la dette publique détenus par la Banque du Canada de même que par une petite quantité d'or et de devises étrangères.

La dette monétaire privée À notre époque, il existe un quatrième type de monnaie : la dette monétaire privée. La **dette monétaire privée** est constituée des prêts que les emprunteurs promettent de rembourser en monnaie sur demande. En transférant les titres de remboursement d'une personne à l'autre, on utilise ces prêts comme s'il s'agissait de monnaie. Par exemple, si vous remettez à quelqu'un une reconnaissance de dette d'une valeur de 10 $, cette personne peut la donner à un libraire en échange d'une biographie d'Adam Smith. Vous devez 10 $ au détenteur de la reconnaissance de dette sauf que, maintenant, il s'agit du libraire.

Les dépôts transférables par chèque constituent le principal exemple de dette monétaire privée. Un **dépôt transférable par chèque** est un prêt consenti par un particulier à une banque ; le droit de propriété sur ce dépôt peut être transféré d'une personne à une autre par une autorisation écrite (un chèque) remise à la banque, qui doit alors modifier ses livres. Nous reviendrons un peu plus loin sur ce type de monnaie. Tout d'abord, nous allons étudier les différentes formes de monnaie qui ont cours au Canada de nos jours, et leur importance relative.

La monnaie au Canada de nos jours

Il existe actuellement quatre façons officielles de mesurer la monnaie : M1, M2, M3 et M2+. Le tableau 10.2 présente une définition de ces mesures ainsi que leur valeur en 1991 ; les termes employés pour décrire ces mesures apparaissent dans le tableau 10.3.

Tableau 10.2 Les quatre définitions officielles de la monnaie – 1991

	(en milliards de dollars)
M1	
• Monnaie hors banques	19,8
• Dépôts à vue dans les banques à charte	22,3
• Ajustements à M1	−2,2
Total M1	39,9
M2	
• M1	39,9
• Dépôts d'épargne des particuliers dans les banques à charte	209,0
• Dépôts à préavis autres que ceux des particuliers dans les banques à charte	23,0
• Ajustements à M2	1,1
Total M2	273,0
M3	
• M2	273,0
• Dépôts à terme autres que ceux des particuliers dans les banques à charte et dépôts en devises étrangères comptabilisés au Canada dans les banques à charte au nom des résidents	53,7
• Ajustements à M3	−3,4
Total M3	323,3
M2+	
• M2	273,0
• Dépôts dans les sociétés de fiducie ou de prêt hypothécaire	120,8
• Dépôts et parts sociales dans les caisses populaires et autres caisses de crédit	65,9
• Rentes individuelles des compagnies d'assurance-vie, fonds mutuels du marché monétaire et dépôts des particuliers aux institutions financières gouvernementales	57,1
• Ajustements à M2+	−1,9
Total M2+	514,9

La monnaie

De la petite monnaie

Il y a 20 ans, aux États-Unis, on pouvait acheter avec 25 ¢ ce qu'aujourd'hui on arrive à peine à se procurer avec 1 $ (US). Pourtant, alors que d'autres pays ont adapté leur devise à la réalité inflationniste (voir le tableau), les Américains se cramponnent à leur monnaie dévaluée, utilisant des liasses de billets pour tout achat dont la valeur est supérieure à celle d'un journal. La pièce de 25 ¢, qui est la pièce de monnaie la plus utilisée par les Américains, vaut un septième de sa correspondante britannique, la livre sterling; le billet de 1 $ vaut à peine un neuvième d'un billet de 5 £, soit la plus petite coupure utilisée en Grande-Bretagne.

Aux États-Unis, deux membres du Congrès ont redéposé le projet de loi demandant l'émission de la pièce de 1 $ et l'élimination graduelle des billets de même valeur. En 1987, une proposition semblable n'avait donné aucun résultat. En dépit des tentatives répétées depuis l'introduction du premier dollar en argent en 1794, la pièce de 1 $ n'a jamais gagné la faveur du public. En 1979, le Trésor américain émettait le dollar «Susan B. Anthony» (sur lequel apparaissait la fameuse suffragette), mais ce dernier a presque aussitôt été retiré de la circulation. On se plaignait que, en raison de sa taille et de sa forme, on pouvait facilement le confondre avec une pièce de 25 ¢. Lors du dernier compte, il y avait 456 millions de dollars Anthony à l'état neuf en stock dans les banques centrales à travers les États-Unis.

Par ailleurs, en 1983, le gouvernement britannique émettait une pièce d'une livre pour remplacer le billet. Cette mesure a été acceptée en dépit de plaintes sur sa similitude avec la pièce de 5 p (pence).

Pour leur part, les défenseurs des pièces de 1 $ affirment que le Trésor des États-Unis épargnerait environ 125 millions de dollars par année. En effet, les pièces, même si leur production est plus coûteuse, durent des années, alors que le papier-monnaie se détériore en peu de temps. Les entreprises qui se servent de distributeurs automatiques pour vendre des aliments ou des tickets seraient également avantagées. Puisque le prix des biens est généralement supérieur à 1 $, ils doivent installer des distributeurs de monnaie au coût de 2400 $ chacun.

Même les aveugles pourraient en bénéficier. «Les malvoyants pourraient effectuer de petits achats sans craindre de se départir par mégarde d'une grosse coupure ou d'être volé en recevant leur monnaie», explique M. James Benfield de Washington, ardent défenseur de la pièce de 1 $. Les aveugles, et les gens distraits, sont lésés par le fait que les billets américains de différentes valeurs sont tous de la même grandeur et de la même couleur – un défaut que personne ne tente de corriger.

Les défenseurs des pièces américaines existantes nous font tout de même remarquer que, leur volume étant aussi modeste que leur valeur, elles ne déchirent pas les poches. Certaines pièces britanniques de peu de valeur sont aussi encombrantes que des prises électriques. En fait, la corrélation entre le poids et la valeur est faible dans les deux pays.

Une salade composée: petites et grandes devises

	Pièce ayant la valeur la plus élevée (valeur en $US)	Billet ayant la valeur la moins élevée (valeur en $US)
Australie	2 $A (1,76 $)	5 $A (4,40 $)
Grande-Bretagne	1 £ (1,77 $)	5 £ (8,85 $)
Canada	1 $CAN (0,85 $)	2 $CAN (1,70 $)
Allemagne	5 DM (2,70 $)	10 DM (5,41 $)
Japon	500 Y (3,92 $)	1000 Y (7,80 $)
États-Unis*	25 ¢ (0,25 $)	1 $ (1,00 $)

*L'hôtel de la Monnaie des États-Unis produit encore la pièce de 50 ¢ mais en petite quantité. Au cours de 1988, par exemple, l'hôtel a émis 20 millions de pièces de 50 ¢, comparativement à 843 millions de pièces de 25 ¢.

	États-Unis		Grande-Bretagne	
	25 ¢	5 ¢	1 £	20 p
Taille et poids				
Surface en centimètres carrés*	4,62	3,53	3,98	3,60
Valeur par centimètre carré (cents)	5,41	1,42	44,48	9,84
Poids en grammes*	5,67	5,00	9,50	5,00
Valeur par gramme (cents)	4,41	1,00	18,64	7,08

*Approximatif
Source: Trésor des États-Unis; Hôtel de la monnaie.

The Economist
25 février 1989

Les faits en bref

- À l'heure actuelle, un billet de 1 $ nous permet d'acheter environ la même quantité de biens et services que nous le permettait, il y a 20 ans, une pièce de 25 ¢.
- Aux États-Unis, deux membres du Congrès tentent de remplacer le billet de 1 $ par une pièce.
- C'est en 1794 que la pièce de 1 $ a été mise en circulation aux États-Unis.
- La plus récente pièce de 1 $ est le dollar Susan B. Anthony, émis en 1979.
- Les Américains préfèrent le billet de 1 $ et la plupart des pièces de 1 $ ne circulent pas à titre de monnaie.
- En Grande-Bretagne, le billet de 1 £ a été remplacé sans grand succès par une pièce.
- Les défenseurs de la pièce affirment qu'elle a les avantages suivants par rapport au billet de 1 $: elle est plus durable, elle est plus facile à utiliser dans les distributeurs automatiques (les distributeurs de monnaie sont coûteux), elle est plus pratique pour les malvoyants.
- Les pièces américaines existantes sont petites et plus faciles à utiliser que celles d'autres pays, notamment la Grande-Bretagne.

Analyse

- En 1989, pour acheter des biens et services valant 1 $, il aurait suffi dans les années précédentes de payer les sommes suivantes:

1979	59 ¢
1969	30 ¢
1959	24 ¢
1949	19 ¢

- Les pièces sont plus coûteuses à produire que les billets. Pour que l'utilisation en soit économique, il faut qu'elles durent plus longtemps que les billets.
- La durée de vie d'un billet est grandement liée à la fréquence à laquelle il change de mains.
- Les billets qui restent beaucoup de temps dans des portefeuilles durent plus longtemps.
- Les billets qui changent de mains plusieurs fois par jour durent peu de temps.
- Plus un billet (une pièce) est de faible valeur, plus il (elle) change de mains souvent car il sert de petite monnaie.
- Les billets de 1 $ changent de mains souvent et ont une durée de vie de moins de deux ans.
- S'il était économique en 1959 d'utiliser une pièce plutôt qu'un billet pour une transaction de 25 ¢, il est donc profitable d'utiliser une pièce de 1 $ aujourd'hui.
- Un grand nombre de pays ont adopté une pièce même pour des valeurs excédant 1 $ (voir le tableau).
- Les pièces américaines sont parmi les plus petites et les plus pratiques à utiliser au monde.
- Les opposants à la pièce de 1 $ déplorent le caractère encombrant des pièces plus lourdes et plus grosses que la pièce de 25 ¢.
- Une des solutions proposées (et l'article n'en fait pas mention) consiste à retirer la pièce de 1 ¢ de la circulation et à introduire une pièce de 1 $ de la taille de la pièce de 1 ¢ mais de couleur or ou argent.
- L'élimination de la pièce de 1 ¢ se justifie pour les mêmes raisons que la mise hors circulation des billets de 1 $.
- Pour acheter des biens et services qui coûtent 1 ¢ en 1989, une pièce valant un quart de la pièce de 1 ¢ aurait été nécessaire en 1959. Nous nous en sommes sortis sans cette pièce en 1959, il est donc possible de se passer de la pièce de 1 ¢ aujourd'hui.
- Les épargnes que nous ferons en éliminant les billets compenseront sans doute les frais de production de la pièce de 1 $.

Conclusion

- La monnaie fiduciaire est plus efficace que la monnaie-marchandise, mais la conception des pièces que nous utilisons dans notre système de monnaie fiduciaire influe considérablement sur les coûts, les avantages et l'utilité de ce système.

Tableau 10.3 Glossaire des principales composantes de la monnaie

Monnaie hors banques	Billets émis par la Banque du Canada et pièces métalliques frappées par la Monnaie royale à Winnipeg et émises par le gouvernement du Canada.
Dépôt à vue	Dépôt dans une banque à charte qui peut être retiré sur demande.
Dépôt à préavis	Dépôt dans une banque à charte, une caisse de crédit, une société de fiducie ou de prêt hypothécaire requérant un préavis (en pratique, la plupart des dépôts à préavis peuvent être retirés sur demande).
Dépôt à terme	Dépôt dans une banque à charte, une caisse de crédit, une société de fiducie ou de prêt hypothécaire qui peut être retiré à une date ultérieure prévue d'avance.
Dépôt transférable par chèque	Dépôt qui peut être retiré par l'émission d'un chèque.
Dépôt non transférable par chèque	Dépôt qui ne peut pas être retiré par l'émission d'un chèque.
Dépôt à vue privé dans une banque à charte	Dépôt à vue transférable par chèque détenu dans une banque à charte par un ménage, une entreprise ou toute autre institution financière.
Dépôt d'épargne des particuliers dans une banque à charte	Dépôt à préavis ou dépôt à terme transférable ou non par chèque, détenu par un ménage dans une banque à charte.
Dépôt à préavis autre que celui du particulier dans une banque à charte	Dépôt à préavis détenu par une entreprise ou toute autre institution financière dans une banque à charte.
Dépôt à terme fixe d'un résident comptabilisé au Canada	Dépôt à terme d'un résident, peu importe la devise, détenu dans une banque à charte du Canada.
Dépôt dans une société de fiducie ou de prêt hypothécaire	Tout type de dépôt (à vue, à préavis ou à terme) détenu dans une société de fiducie ou de prêt hypothécaire.
Part sociale ou dépôt détenu dans une caisse populaire ou autre caisse de crédit	Tout type de dépôt (à vue, à préavis ou à terme) détenu dans une caisse populaire ou toute autre caisse de crédit.

Les mesures de la monnaie tiennent-elles réellement lieu de monnaie? Nous avons défini la monnaie en tant qu'instrument d'échange. Les composantes qui forment M1 correspondent assez bien à cette définition. La **monnaie hors banques,** appelée aussi *numéraire hors banques* (les pièces métalliques et les billets de banque de valeurs diverses), est universellement acceptée en échange de biens et services; les dépôts à vue le sont également. Par contre, d'autres éléments d'actif que nous utilisons comme instruments d'échange ne figurent pas dans M1, mais s'intègrent à M2; c'est le cas, par exemple, des dépôts d'épargne des particuliers dans les banques à charte sur lesquels on peut tirer un chèque. Cependant, toutes les composantes de M2 ne servent pas d'instruments d'échange; c'est le cas, par exemple, des dépôts à préavis non personnels et des dépôts d'épargne des particuliers non transférables par chèque. D'autres types d'instruments d'échange ne sont ni compris dans M1 ni dans M2. Il s'agit des dépôts transférables par chèque détenus dans une société de fiducie ou de prêt hypothécaire, dans une caisse populaire ou encore dans une caisse de crédit. Ils s'ajoutent à la composition de M2+, mais les dépôts de M2+ ne tiennent pas tous lieu d'instruments d'échange; c'est le cas, par exemple, des dépôts à terme et des dépôts à préavis non transférables par chèque dans les sociétés de fiducie ou de prêt hypothécaire, les caisses populaires ou autres caisses de crédit.

De plus, une grande part des dépôts compris dans le calcul de M3 ne sont pas en dollars canadiens. Il s'agit des dépôts en devises américaines et étrangères. Certains de ces dépôts servent (habituellement) à effectuer des transactions internationales et non des transactions nationales.

Les mesures officielles de l'offre de monnaie au Canada ont un fondement institutionnel plutôt qu'économique. Le rôle économique d'un dépôt reste le même qu'il soit détenu dans une banque à charte ou dans une société de fiducie. Ce fait est pris en compte dans la définition de M2+. Cependant, M2+ comprend un grand nombre de composantes qui ne sont pas des instruments d'échange. C'est le cas notamment des dépôts à terme qui ne peuvent être retirés avant une date future qui a été déterminée d'avance.

Afin de mesurer l'offre de monnaie, il nous faut faire la distinction entre trois types de dépôts bancaires :

- Les dépôts à vue
- Les dépôts à préavis
- Les dépôts à terme

Le tableau 10.3 présente la définition de ces trois types de dépôts. La monnaie hors banque de même que les dépôts à vue constituent les instruments d'échange et les moyens de paiement. Ils sont ce que nous appelons la *monnaie.*

Les dépôts à préavis et à terme qui s'intègrent à une définition élargie de la monnaie ne constituent pourtant pas de la monnaie, mais ils offrent un degré de liquidité élevé. La **liquidité** représente le degré de facilité avec laquelle un élément d'actif peut être converti instantanément en un instrument d'échange à un prix connu. Les éléments d'actif possèdent un degré variable de liquidité. Certains ne sont pas parfaitement liquides dans la mesure où un préavis minimal est requis avant toute conversion en instrument d'échange. D'autres le sont très peu parce qu'ils sont échangés sur des marchés et que leurs prix fluctuent, ce qui entraîne une incertitude quant à leur valeur en tant qu'instrument d'échange. Par ailleurs, les dépôts d'épargne, à préavis et à terme qui composent M2, M3 et M2+ peuvent facilement être convertis en instrument d'échange. Ils sont très liquides ; en fait, ils sont presque de la monnaie.

Cependant, puisque les définitions officielles de la monnaie au Canada sont fondées sur des distinctions institutionnelles qui ont un caractère artificiel plutôt que sur des distinctions économiques, il faut reclassifier les divers dépôts détenus dans les banques et les autres établissements financiers pour obtenir une mesure économique de la monnaie sous ses diverses formes. Les chèques que les agents économiques émettent ne sont pas inclus dans le calcul de la masse monétaire. Le tableau 10.4 présente trois définitions économiques (non officielles) de la masse monétaire.

Dans notre définition de l'offre de monnaie, nous avons inclus, avec la monnaie hors banques, les dépôts transférables par chèque dans les banques et les autres établissements financiers. Nous n'y avons cependant pas ajouté les chèques que libellent les agents économiques. Il est important de comprendre pourquoi les dépôts sont de la monnaie et pourquoi les chèques qui servent à effectuer des paiements n'en sont pas.

Tableau 10.4 Les trois définitions économiques de la monnaie

M1E
- La monnaie hors banques
- Les dépôts à vue dans les banques à charte et les autres établissements financiers

M2E
- M1E
- Tous les dépôts à préavis dans les banques à charte et les autres établissements financiers

M3E
- M2E
- Tous les dépôts à terme fixe dans les banques à charte et les autres établissements financiers

Les dépôts transférables par chèque sont de la monnaie mais les chèques n'en sont pas. Pour comprendre pourquoi les dépôts transférables par chèque constituent de la monnaie alors que les chèques n'en constituent pas, observons ce qui se produit lorsque nous payons par chèque pour acheter un bien. Supposons que Barbara achète une bicyclette d'une valeur de 200 $ chez Cycloton. Au moment où elle se présente au magasin le 11 juin, elle possède 500 $ de dépôts à vue à la banque Laser. Par hasard, Cycloton possède 1000 $ de dépôts à vue dans la même banque. Ensemble, ces dépôts à vue représentent une valeur totale de 1500 $. Lorsque Barbara achète sa bicyclette, elle émet un chèque de 200 $, que le propriétaire de Cycloton dépose tout de suite à la banque Laser. Le solde du compte du magasin passe de 1000 $ à 1200 $. La banque Laser ne se contente pas de créditer le compte du magasin de 200 $, elle débite également le compte de Barbara de 200 $. Ainsi, le solde du compte de Barbara passe de 500 $ à 300 $. Vous constatez que le total des dépôts à vue de Barbara et du magasin correspond toujours à 1500 $. Le magasin possède 200 $ de plus et Barbara 200 $ de moins qu'avant. Le tableau 10.5 résume ces divers échanges.

L'opération commerciale que nous venons de décrire n'a pas modifié la quantité de monnaie disponible. Il y a tout simplement eu transfert de fonds

Tableau 10.5 Un paiement par chèque

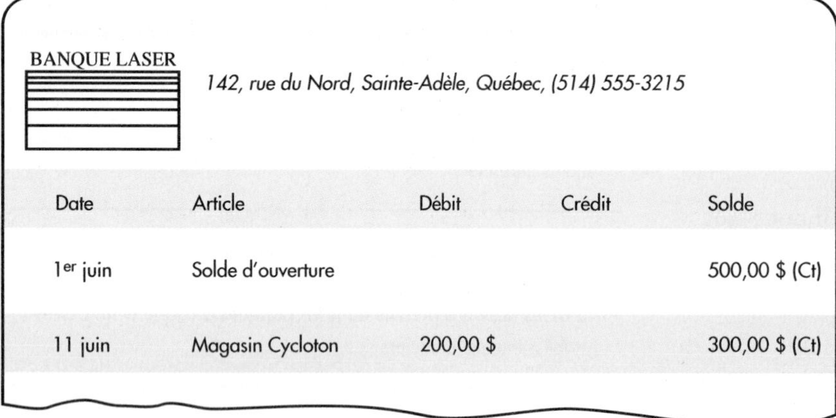

BANQUE LASER

142, rue du Nord, Sainte-Adèle, Québec, (514) 555-3215

Date	Article	Débit	Crédit	Solde
1er juin	Solde d'ouverture			500,00 $ (Ct)
11 juin	Magasin Cycloton	200,00 $		300,00 $ (Ct)

Le compte de dépôt à vue de Barbara

BANQUE LASER

142, rue du Nord, Sainte-Adèle, Québec, (514) 555-3215

Date	Article	Débit	Crédit	Solde
1er juin	Solde d'ouverture			1000,00 $ (Ct)
11 juin	Achat d'une bicyclette par Barbara		200,00 $	1200,00 $ (Ct)

Le compte de dépôt à vue du magasin Cycloton

d'une personne à une autre. Le chèque, en soi, n'était pas de la monnaie. En d'autres termes, une fois le chèque en circulation, les 200 $ ne constituaient pas une quantité supplémentaire de monnaie. Le chèque était simplement une directive écrite à la banque visant à virer une somme donnée du compte de Barbara au compte du magasin Cycloton.

Dans notre exemple, Barbara et le magasin faisaient affaire avec la même banque. En fait, il se serait passé la même chose, avec quelques étapes en plus, si Barbara et le propriétaire du magasin avaient eu des comptes dans des banques différentes. La banque aurait accepté de créditer le chèque au compte du magasin et aurait ensuite fait parvenir le chèque à la chambre de compensation. La banque de Barbara aurait alors versé 200 $ à la banque du magasin et aurait débité ce montant du compte de Barbara. Toutes ces étapes peuvent prendre quelques jours, mais le principe reste le même.

Donc, les chèques ne sont pas de l'argent. Qu'en est-il des cartes de crédit? En quoi le paiement par carte de crédit diffère-t-il du paiement en espèces? Pourquoi les cartes de crédit n'entrent-elles pas dans le calcul de l'offre de monnaie?

Les cartes de crédit ne sont pas de la monnaie. Lorsque nous payons par chèque, nous devons souvent prouver notre identité à l'aide de notre permis de conduire. Vous n'imagineriez jamais que votre permis de conduire puisse être de la monnaie. Votre permis de conduire n'est qu'une pièce d'identité.

Une carte de crédit est également une pièce d'identité; elle vous permet d'emprunter une somme d'argent au moment d'un achat en promettant de la rembourser ultérieurement. Lorsque vous achetez des biens, vous devez signer un bordereau attestant le fait que vous contractez une dette envers l'émetteur de la carte. En fait, vous signifiez que vous acceptez de payer ces biens lorsque la société de crédit vous les facturera. Lorsque vous recevez votre relevé de compte, vous devez effectuer un paiement minimal. Pour faire ce paiement, vous avez besoin de monnaie et devez donc posséder les fonds nécessaires dans votre compte de banque transférable par chèque pour émettre un chèque de remboursement à la société de crédit.

À RETENIR

La monnaie a quatre fonctions : elle peut servir d'instrument d'échange, d'unité de compte, de moyen de paiement différé et de réservoir de valeur. Toute marchandise durable peut servir de monnaie, mais les sociétés modernes utilisent la monnaie fiduciaire et la dette monétaire privée plutôt que la monnaie-marchandise. À l'heure actuelle au Canada, les dépôts transférables par chèque dans les banques et dans les autres établissements financiers constituent les principales composantes de l'offre de monnaie. Les chèques et les cartes de crédit ne sont pas de la monnaie. Un chèque est un écrit par lequel une personne donne l'ordre à une banque de virer de la monnaie d'un compte à un autre. La monnaie correspond au solde du compte lui-même. Une carte de crédit est une pièce d'identité qui nous permet d'emprunter, au moment d'un achat, en promettant de rembourser ultérieurement. Lorsque nous effectuons un remboursement, nous utilisons de la monnaie (monnaie fiduciaire ou dépôt transférable par chèque).

■ ■ ■

Comme nous l'avons vu, au Canada, les dépôts dans les banques et dans les autres établissements financiers représentent les principales composantes de la masse monétaire. À présent, étudions le système bancaire et financier de plus près.

Les intermédiaires financiers

Nous allons étudier le système bancaire et financier du Canada en commençant par décrire les divers intermédiaires financiers qui existent. Puis, nous analyserons les transactions effectuées dans les banques et les autres établissements financiers. Après avoir défini les principales caractéristiques des intermédiaires financiers, nous examinerons leurs fonctions économiques, en nous demandant quels services ils offrent et comment ils font leurs profits. Finalement, nous expliquerons comment on crée de la monnaie.

Un **intermédiaire financier** est une entreprise dont l'activité principale consiste à utiliser les dépôts des ménages et des entreprises pour octroyer des prêts à d'autres ménages ou entreprises. Il existe trois principaux types d'intermédiaires financiers dont les dépôts entrent dans le calcul de la monnaie. Ce sont :

- Les banques à charte
- Les sociétés de fiducie et de prêt hypothécaire
- Les caisses de crédit et les caisses populaires

Le tableau 10.6 présente un court glossaire de ces intermédiaires financiers.

Commençons par étudier les banques à charte.

Les banques à charte

Une **banque à charte** est une entreprise privée ayant, en vertu de la Loi sur les banques, obtenu une charte qui l'autorise à recevoir des dépôts et à accorder des prêts. En 1986, l'État avait accordé une charte à 10 banques canadiennes et à 55 banques étrangères. Ces banques exploitent plus de 7000 succursales au Canada, y compris 168 bureaux de filiales d'établissements bancaires étrangers. Nous pouvons prendre connaissance de l'ampleur et de la portée des opérations des banques à charte en examinant le bilan total des banques à charte.

Un **bilan** dresse la liste des éléments d'actif et de passif d'une entreprise. L'**actif** se dit des choses de

Tableau 10.6 Glossaire des principaux intermédiaires financiers 

Intermédiaire financier	Activité principale
Banque à charte	Entreprise privée ayant obtenu une charte en vertu de la Loi sur les banques, qui l'autorise à encaisser des dépôts et à accorder des prêts.
Société de fiducie et de prêt hypothécaire	Entreprise privée exploitée en vertu de la Loi sur les sociétés de prêts et de la Loi sur les sociétés de fiducie ou bien en vertu de lois provinciales équivalentes. Elle offre le même type de services que la banque à charte et agit comme fiduciaire pour les caisses de retraite ou d'autres fonds et comme administrateur de successions.
Caisse de crédit ou caisse populaire	Établissement coopératif exploité en vertu des lois provinciales, qui encaisse des dépôts et accorde des prêts.

valeur que possède une entreprise. Le **passif** est constitué des dettes de l'entreprise envers les ménages ou d'autres entreprises. Le tableau 10.7 montre un exemple de bilan total des banques à charte. La partie de gauche – l'actif – présente la liste de ce que les banques *possèdent*. La partie de droite – le passif – fournit la liste de ce que les banques *doivent* aux autres.

Nous pouvons tout de suite remarquer que, dans le bilan d'une banque à charte, les éléments d'actif et de passif sont divisés en deux groupes, l'un exprimé en dollars canadiens et l'autre en devises étrangères. En ce qui concerne ce dernier groupe, précisons que les éléments d'actif comprennent les prêts et les titres détenus en devises étrangères ; quant aux éléments de passif, ils se composent des dépôts remboursables en devises étrangères. De nombreuses opérations bancaires sont effectuées en devises américaines et étrangères non seulement en raison des contacts étroits que le Canada entretient avec les marchés monétaires et financiers d'Amérique du Nord, mais aussi en raison de l'énorme volume des importations et des exportations effectuées par les Canadiens. Comme nous pouvons le voir au tableau 10.7, près du tiers des éléments d'actif et de passif des banques à charte sont détenus en devises étrangères.

Les affaires conclues en dollars canadiens constituent la majeure partie du travail des banques à charte. Au mois de juin 1989, les éléments de passif en dollars canadiens des banques à charte se chiffraient à 350,8 milliards de dollars, les dépôts représentant de loin l'élément le plus important. Un dépôt à la banque est pour vous un élément d'actif, mais il s'agit d'un élément de passif pour la banque. La banque doit vous remettre votre dépôt (incluant parfois les intérêts qu'il a produits), lorsque vous le demandez.

Les nombreuses définitions de la monnaie, que nous avons vues antérieurement, vous ont permis de vous familiariser avec les divers types de dépôts qui entrent dans le calcul du passif des banques. Il y a les dépôts d'épargne des particuliers (transférables ou non par chèque et à terme fixe), les dépôts non personnels à terme, les dépôts à préavis, les dépôts à vue et, finalement, les dépôts du gouvernement du Canada auprès des banques à charte.

Pourquoi les banques à charte s'engagent-elles à vous remettre avec intérêt l'argent que vous avez

Tableau 10.7 Bilan de toutes les banques à charte pour le mois de juin 1989

Actif (en milliards de dollars)		**Passif (en milliards de dollars)**		
Actif en dollars canadiens		***Passif en dollars canadiens***		
Créances sur la Banque du Canada (dépôts et billets)	5,2	Dépôts d'épargne des particuliers :		
Liquidités	22,7	Transférables par chèque	32,3	
Titres	16,6	Non transférables par chèque	66,2	
Prêts	255,0	À terme fixe	72,8	
Autres éléments d'actif	62,2			171,3
		Dépôts à terme autres que ceux des particuliers et dépôts à préavis		60,9
		Dépôts à vue		23,7
		Dépôts du gouvernement du Canada		1,1
		Dépôts totaux		257,0
		Autres éléments de passif		93,8
Ensemble des avoirs en dollars canadiens	361,7	Total du passif en dollars canadiens		350,8
Ensemble des avoirs en devises étrangères	169,6	***Passif en devises étrangères***		180,5
Total de l'actif	**531,3**	**Total du passif**		**531,3**

Source: Revue de la Banque du Canada, décembre 1989, tableau C3.

déposé ? Parce qu'elles désirent se servir de votre argent pour faire des profits. La partie du bilan formée des éléments d'actif montre les activités entreprises par les banques avec les 531 milliards de dollars de ressources empruntés en juin 1989.

Premièrement, les banques ont conservé certains de leurs éléments d'actif en numéraire dans leur coffre-fort et d'autres sous forme de dépôts auprès de la Banque du Canada. La somme du numéraire qu'une banque détient et de ses dépôts à la Banque du Canada constitue les **réserves** de la banque. Vous pouvez comparer le dépôt d'une banque à charte auprès de la Banque du Canada à un dépôt que vous feriez à votre propre banque. Les banques à charte utilisent ces dépôts de la même manière que vous utilisez votre compte bancaire. Une banque à charte dépose ou retire de l'argent de son compte à la Banque du Canada et émet des chèques pour rembourser des dettes contractées auprès d'autres banques. (Le chapitre 11 sera consacré à l'étude de la Banque du Canada.)

Si les banques conservaient tous leurs éléments d'actif sous forme de numéraire et de dépôts à la Banque du Canada, elles n'enregistreraient aucun profit. Par contre, si elles n'en gardaient pas une *partie* sous cette forme, elles ne pourraient satisfaire les demandes de numéraire de leurs clients. De plus, elles ne pourraient faire en sorte que les guichets automatiques contiennent de l'argent lorsque vous et vos amis en avez besoin pour satisfaire votre désir de finir une soirée en mangeant une pizza !

La plus grande part des emprunts d'une banque sont mis à profit sous forme de prêts. Certains de ces prêts peuvent être instantanément convertis en numéraire et ne comportent pratiquement aucun risque. Il s'agit des liquidités. Les **liquidités**, qui tirent leur nom de la notion de liquidité que nous avons vue précédemment, sont des éléments d'actif qui peuvent être instantanément convertis en un instrument d'échange avec un minimum d'incertitude quant au prix auquel ils peuvent être convertis. Comme exemple de liquidités, il y a les bons du Trésor que nous pouvons vendre sans préavis à un prix presque garanti.

Dans l'actif d'une banque, on compte également les titres. Un **titre** est un élément d'actif financier négociable, vendu par une banque à un prix qui peut varier. Les obligations à long terme du gouvernement du Canada en constituent un exemple. Ces obligations peuvent être vendues sans préavis mais leurs prix fluctuent sur le marché obligataire. Les banques touchent un taux d'intérêt plus élevé sur leurs titres que sur leurs liquidités, mais les titres comportent un risque plus élevé.

Pour la plupart des banques, l'actif est constitué des prêts qu'elles ont contractés. Un **prêt** est un engagement au sujet d'un montant d'argent fixe pour une période donnée. Les banques consentent la majorité de leurs prêts à des entreprises, lesquelles investissent leurs emprunts dans l'achat de biens d'équipement et de stocks. Les banques prêtent également aux ménages ; il s'agit alors de prêts personnels. Les consommateurs peuvent, par exemple, utiliser ces prêts pour acheter des biens de consommation durables, comme une voiture ou un bateau. Le solde impayé d'une carte de crédit représente également un prêt bancaire.

Les banques font des profits lorsque les intérêts sur les prêts, les titres d'investissement et les liquidités sont supérieurs à ceux qu'elles doivent payer sur les dépôts et autres éléments de passif. De plus, les banques reçoivent des revenus en exigeant des frais pour la gestion des comptes.

Une grande partie de l'offre de monnaie est composée des divers éléments de passif des banques. Les dépôts d'épargne des particuliers et les dépôts à vue sont les deux principales composantes de M2. Les dépôts dans les banques à charte représentent une composante importante de M3. Cependant, les éléments de passif des banques sous forme de dépôts ne sont pas les seules composantes de l'offre de monnaie du pays. D'autres établissements financiers acceptent également des dépôts qui forment une part croissante de la monnaie du pays. Étudions-les maintenant.

Les autres établissements financiers

Au Canada, la loi établit une distinction très nette entre les banques et les autres établissements financiers qui acceptent des dépôts, comme les sociétés de fiducie et de prêt hypothécaire, les caisses de crédit (caisses populaires), etc. Or, les fonctions économiques des autres intermédiaires financiers sont maintenant très semblables à celles des banques. De nos jours, les éléments de passif qui servent de monnaie ont presque la même ampleur dans ces établissements que dans les banques à charte. Par exemple, la définition de la monnaie M2+ comprend les éléments de passif sous forme de dépôts des intermédiaires financiers. Ces dépôts représentaient 31 % de M2+ en 1970 et correspondent maintenant à plus de 40 %. À présent, voyons les fonctions économiques des intermédiaires financiers.

Les fonctions économiques des intermédiaires financiers

Tous les intermédiaires financiers enregistrent des profits grâce à la différence entre le taux d'intérêt qu'ils paient sur les dépôts et celui qu'ils touchent sur les prêts qu'ils consentent. Pourquoi les intermédiaires financiers peuvent-ils emprunter à un taux d'intérêt inférieur à celui auquel ils prêtent ? Quels services offrent-ils pour que les déposants soient prêts à recevoir moins d'intérêt et pour que les emprunteurs acceptent d'en payer davantage ?

Les intermédiaires financiers ont quatre fonctions principales:

- Réduire au minimum le coût des emprunts
- Réduire au minimum le coût de surveillance des emprunteurs
- Mettre les risques en commun
- Créer des liquidités

Réduire au minimum le coût des emprunts Il peut être très coûteux de trouver quelqu'un à qui emprunter. Tentez d'imaginer tous les ennuis que nous aurions si les intermédiaires financiers n'existaient pas. Une entreprise qui aurait besoin d'un million de dollars pour acheter une nouvelle usine serait probablement obligée de trouver une dizaine de personnes à qui emprunter afin de recueillir les fonds nécessaires pour financer son projet d'investissement. Les intermédiaires financiers diminuent le coût des emprunts. L'entreprise qui a besoin d'un million de dollars peut tout simplement s'adresser à un établissement financier. Celui-ci empruntera à un grand nombre de personnes, mais il ne le fera pas uniquement pour satisfaire les seuls besoins financiers de cette entreprise. L'établissement financier peut s'organiser de manière à répartir le coût de mobilisation des capitaux sur un très grand nombre de déposants.

Réduire au minimum le coût de surveillance des emprunteurs Prêter de l'argent comporte des risques. En effet, il est possible que l'emprunteur ne puisse rembourser son prêt. La majorité des prêts sont consentis à des entreprises qui désirent investir dans des projets qui leur rapporteront un profit. Mais, parfois, les projets ne sont pas rentables. Pour faire en sorte que l'emprunteur prennent les meilleures décisions possible afin de faire des profits et d'éviter les pertes, on doit effectuer une vérification de ses activités, ce qui entraîne des coûts considérables. Imaginez combien il serait coûteux pour chaque ménage qui prête à une entreprise de prendre directement à sa charge les frais de surveillance de l'entreprise. En déposant son capital auprès d'un intermédiaire financier, un ménage se décharge de ces coûts. L'intermédiaire financier effectue les activités de vérification à un coût beaucoup plus bas que les ménages ne pourraient le faire.

Mettre les risques en commun Comme nous venons de l'expliquer, prêter de la monnaie comporte des risques. En effet, l'emprunteur peut ne pas rembourser son prêt et manquer à ses engagements. Il est possible de réduire ce type de risque en prêtant à un grand nombre d'individus. Dans ce cas, si une personne manque à ses engagements, c'est ennuyeux mais ce n'est pas catastrophique. À l'inverse, si une seule personne emprunte et qu'elle manque à ses engagements, le prêt en entier se révèle une perte sèche. Les intermédiaires financiers permettent aux déposants de mettre leurs risques en commun d'une manière efficace. Des milliers de personnes prêtent à un seul intermédiaire financier qui, en retour, prête à des centaines, même à des milliers d'entreprises. Si l'une de ces entreprises ne paie pas, la perte monétaire sera répartie sur tous les déposants. L'existence d'un intermédiaire fait donc en sorte qu'un seul déposant n'ait pas à encourir tout le risque.

Créer des liquidités Les intermédiaires financiers créent des liquidités, c'est-à-dire des éléments d'actif immédiatement convertibles en instruments d'échange. Les éléments de passif de certains intermédiaires financiers sont en eux-mêmes des instruments d'échange; d'autres, par ailleurs, se convertissent facilement en instruments d'échange et sont donc très liquides.

Les intermédiaires financiers créent des liquidités en empruntant à court terme et en prêtant à long terme. En contractant un emprunt à court terme, l'établissement financier s'engage à prendre des dépôts et à les rembourser dans les plus brefs délais, et même sans préavis dans le cas des dépôts à vue. En octroyant un prêt à long terme, l'établissement promet de prêter une somme d'argent pour un délai déterminé et parfois assez long. Par exemple, lorsqu'une personne effectue un dépôt auprès d'une société de prêt hypothécaire, elle peut le retirer sur demande. La société de prêt hypothécaire, cependant, s'engage à prêter de l'argent pour un délai de 10 ans, par exemple, à une personne désirant faire l'achat d'une maison.

L'innovation financière

Guidés par leur recherche de profit, les intermédiaires financiers s'efforcent continuellement de trouver les meilleurs moyens pour diminuer les coûts d'emprunt et de surveillance des emprunteurs, mettre les risques en commun et créer des liquidités. Ils sont également à la recherche de moyens pour éviter les coûts que leur impose la réglementation financière. La création de nouveaux services financiers ainsi que de méthodes nouvelles d'emprunt et de prêt constitue ce qu'on appelle l'**innovation financière**.

Les innovations financières ont été remarquables au cours des années 80. Certaines innovations ont permis de réduire les risques au minimum. Pensons, notamment, à la création de prêts hypothécaires à taux d'intérêt variable. Autrefois, l'achat d'une maison était financé par des prêts hypothécaires à un taux d'intérêt garanti. La hausse des taux d'intérêt provoquait l'augmentation des coûts d'emprunt pour les banques et les sociétés de fiducie. Puisque celles-ci consentaient des prêts hypothécaires à un taux fixe, elles devaient subir des pertes considérables. La création des prêts hypothécaires à taux d'intérêt variable permet de réduire les risques qu'occasionnent les prêts à long terme consentis pour l'achat d'une maison.

Les progrès techniques ont donné lieu à d'autres innovations financières, souvent liées à une plus grande utilisation des ordinateurs et à la baisse des frais de communications interurbaines. Les progrès techniques ont favorisé, entre autres, l'usage des cartes de crédit et l'expansion des marchés de capitaux internationaux, celui des eurodollars par exemple.

À RETENIR

La majeure partie de l'offre de monnaie du pays est constituée des dépôts auprès des intermédiaires financiers comme les banques à charte, les sociétés de fiducie et de prêt hypothécaire et les caisses de crédit (dont les caisses populaires). Au cours des années 70 et 80, le passif sous forme de dépôts des établissements financiers, autres que les banques à charte, prenait de plus en plus d'importance.

En réduisant au minimum les coûts d'emprunt et de surveillance des emprunteurs, en mettant les risques en commun et en créant des liquidités, les intermédiaires financiers cherchent à créer de nouveaux moyens pour maximiser leurs bénéfices et réduire les effets de la réglementation sur leurs activités.

■ ■ ■

Étant donné que les banques et autres intermédiaires financiers peuvent créer des liquidités ainsi que des éléments d'actif qui tiennent lieu d'instruments d'échange – de monnaie –, ils jouent un rôle unique dans notre économie et influent sur la quantité de monnaie disponible. Voyons, à présent, comment se crée la monnaie.

La création de monnaie par les banques

La monnaie se crée par les activités entreprises par tout établissement dont les dépôts circulent comme instrument d'échange. Dans les paragraphes qui suivent, nous employons le terme «banque» pour désigner tout établissement financier qui accepte des dépôts.

Comme nous l'avons vu au tableau 10.7, les banques ne possèdent pas 100 $ en numéraire pour chaque dépôt de 100 $. En fait, une banque dispose, en moyenne, de 1 $ en numéraire ou sous forme de dépôt auprès de la Banque du Canada par 100 $ reçus. Mais il n'y a aucune raison de s'affoler! Les banques savent par expérience que le niveau de leurs réserves suffit au volume de leurs opérations quotidiennes. Le pourcentage des dépôts totaux qu'une banque détient sous forme de réserves s'appelle le **coefficient de réserve**. La valeur du coefficient de réserve dépend des opérations effectuées par les déposants de la banque. Lorsque les déposants retirent leur argent, le coefficient de réserve diminue. Inversement, lorsqu'ils déposent leur argent, le coefficient augmente.

Toutes les banques visent une certaine valeur du coefficient de réserve. On appelle **coefficient de réserve désiré** la fraction de leurs dépôts que les banques jugent nécessaire de conserver afin d'être en mesure de fournir les services à leur clientèle. Le coefficient de réserve désiré est déterminé en partie par la réglementation (comme nous le verrons au chapitre 11) et, en partie, par ce que les banques considèrent comme le niveau minimal de réserves qu'elles doivent garder. La différence entre les réserves effectives d'une banque et ses réserves désirées s'appelle les **réserves excédentaires**.

Chaque fois qu'une banque possède des réserves excédentaires, elle peut créer de la monnaie. Bien sûr, cela ne veut pas dire que les banques engagent des faux-monnayeurs qui s'activent fébrilement dans des arrière-salles enfumées. Souvenez-vous, la partie la plus importante de la monnaie est formée de dépôts et non de monnaie hors banques. Or, les banques créent des dépôts, et ce en allouant des prêts. Pour mieux comprendre comment les banques créent de la monnaie, étudions un modèle du système bancaire.

Supposons que les banques aient un coefficient de réserve désiré de 25 %. Ainsi, pour chaque dollar déposé, elles désirent garder 0,25 $ en réserve. Luc, un des clients de la banque de la Pépite d'or, décide de déposer 100 $ dans son compte. La banque de la Pépite d'or possède donc 100 $ de plus en dépôt, soit 100 $ de réserves additionnelles. Cependant, la banque ne veut pas conserver 100 $ de réserves additionnelles. Elle a déjà une réserve excédentaire. Son coefficient de réserve désiré étant de 25 %, elle prévoit donc prêter 75 $ des 100 $ supplémentaires à un autre client. Anne, une autre cliente de la banque de la Pépite d'or, emprunte 75 $. Résumons-nous: la banque de la Pépite d'or dispose d'un nouveau dépôt de 100 $, consent un nouveau prêt de 75 $ et possède une nouvelle réserve de 25 $.

Aucune monnaie n'a été créée. Luc a réduit de 100 $ la valeur du numéraire qu'il détenait en augmentant son compte bancaire du même montant, mais le montant total de monnaie est demeuré le même. En ce qui concerne la banque de la Pépite d'or, son rôle est terminé. Cependant, ce n'est pas le cas pour l'ensemble du système bancaire à qui il incombe d'effectuer de nombreuses autres opérations. Quelles sont-elles?

Anne se sert du prêt de 75 $ pour acheter la veste de Barbara. Pour conclure cet échange, Anne émet un chèque à prélever sur le crédit de son compte à la banque de la Pépite d'or, et Barbara dépose ce chèque à la banque Laser. Cette banque dispose maintenant d'un nouveau dépôt de 75 $ et d'une réserve supplémentaire de 75 $. La quantité de monnaie s'est maintenant accrue de 75 $.

La banque Laser n'a pas besoin de garder les 75 $ qu'elle vient de recevoir en réserves : elle n'a besoin de conserver que le quart de ce montant, soit 18,75 $. La banque Laser prête les 56,25 $ qui restent à Robert, et Robert se sert de cet emprunt pour acheter une chaîne stéréophonique d'occasion auprès de Charles. Robert émet à l'ordre de Charles un chèque à prélever sur le crédit de son compte à la banque Laser ; Charles dépose le chèque dans son compte à la banque Apollo. La banque Apollo possède un nouveau dépôt d'une valeur de 56,25 $. La quantité de monnaie a donc augmenté au total de 131,25 $ (les 75 $ prêtés à Anne et versés à Barbara, plus les 56,25 $ prêtés à Robert puis versés à Charles).

Le tableau 10.8 résume les échanges que nous venons de décrire. Vous pouvez constater que le tout ne s'arrête pas là. Le processus se poursuit entre les autres banques, leurs déposants et leurs emprunteurs jusqu'à la fin de la liste figurant au tableau. À chaque étape, les nouveaux dépôts apparaissent dans la première colonne du tableau. Au bas de la liste, on note que René paie 5,63 $ pour une boîte de disquettes ; la banque des Pirates détient donc un nouveau dépôt de 5,63 $ et une réserve additionnelle du même montant. Étant donné qu'elle n'a besoin que de 1,41 $ de réserve additionnelle, la banque consent un prêt de 4,22 $ à Louis qui dépense cet argent. À cette étape, la quantité de monnaie a augmenté de 283,11 $.

Le processus se poursuit encore, mais les montants ajoutés deviennent si petits qu'il n'est pas nécessaire d'en tenir compte. Les étapes suivantes produisent le chiffre apparaissant à l'avant-dernière ligne du tableau. Le compte final figure dans le total à la dernière ligne du tableau. Les dépôts ont augmenté de 400 $, les prêts de 300 $ et les réserves de 100 $. Les banques ont donc créé de la monnaie en accordant des prêts. La quantité de monnaie créée correspond à 300 $, soit un montant équivalent à la valeur des prêts octroyés. Les dépôts ont effectivement augmenté de 400 $; cependant, le dépôt initial de Luc, soit 100 $, est compris dans cette augmentation. Les espèces déposées par Luc constituaient déjà de la monnaie, aussi ne contribuent-elles pas à augmenter la quantité de monnaie. Seuls les nouveaux dépôts créés par les prêts bancaires provoquent une augmentation de la quantité de monnaie.

Tableau 10.8 La création de la monnaie par l'octroi de prêts : plusieurs banques

Banque	Déposant	Emprunteur	Nouveaux dépôts	Nouveaux prêts	Nouvelles réserves	Augmentation de la quantité de monnaie	Hausse cumulative de la monnaie
Pépite d'or	Luc	Anne	100,00	75,00	25,00	0	0
Laser	Barbara	Robert	75,00	56,25	18,75	75,00	75,00
Apollo	Charles	Caroline	56,25	42,19	14,06	56,25	131,25
Galacie	Diane	Daniel	42,19	31,64	10,55	42,19	173,44
Platon	Émile	Ève	31,64	23,73	7,91	31,64	205,08
Mustang	François	Aline	23,73	17,80	5,93	23,73	228,81
Épée	Gustave	Valérie	17,80	13,35	4,45	17,80	246,61
Rodéo	Aurore	Yves	13,35	10,01	3,34	13,35	259,96
Olympe	José	Jeanne	10,01	7,51	2,50	10,01	269,97
Expo	Kim	René	7,51	5,63	1,88	7,51	277,48
Pirates	Lise	Louis	5,63	4,22	1,41	5,63	283,11
			.	.	.	.	.
			.	.	.	.	.
			.	.	.	.	.
Tous les autres			16,89	12,67	4,22	16,89	.
Total pour le système bancaire			400,00	300,00	100,00	300,00	300,00

La capacité des banques à créer de la monnaie est limitée. La quantité de monnaie qu'elles peuvent créer dépend du montant de leurs réserves et de leur coefficient de réserve désiré. Dans notre exemple, le coefficient de réserve désiré est de 25 % et le montant des dépôts bancaires a quadruplé par rapport à celui des réserves. Il existe donc un lien important entre la variation des réserves et celle des dépôts.

Le calcul du multiplicateur simple de la monnaie

Le **multiplicateur simple de la monnaie** est le nombre qui représente le rapport entre la variation des dépôts bancaires et la variation des réserves des banques. Le multiplicateur simple de la monnaie est exprimé par la formule suivante :

$$\text{Multiplicateur simple de la monnaie} = \frac{\text{Variation des dépôts bancaires}}{\text{Variation des réserves des banques}}.$$

Dans l'exemple que nous venons de voir, le multiplicateur simple de la monnaie est égal à 4 ; une augmentation de 100 $ des réserves des banques a donc provoqué une hausse des dépôts bancaires de 400 $.

Il existe une relation entre le multiplicateur simple de la monnaie et le coefficient de réserve désiré. Dans l'exemple précédent, ce coefficient est de ¼ (ou 25 %). En conséquence :

$$\text{Réserves désirées} = (\tfrac{1}{4}) \text{ des dépôts.}$$

Lorsque les réserves désirées sont supérieures aux réserves effectives (les réserves excédentaires ayant alors une valeur négative), les banques diminuent la quantité de prêts qu'elles accordent. Lorsque les réserves désirées sont inférieures aux réserves effectives (les réserves excédentaires ayant alors une valeur positive), les banques augmentent la quantité de leurs prêts. En modifiant la quantité de prêts qu'elles accordent, les banques équilibrent le montant de leurs réserves effectives par rapport au montant de leurs réserves désirées, ce qui a pour effet d'éliminer les réserves excédentaires. Or, lorsque les banques font varier la quantité de prêts qu'elles octroient et le montant de leurs réserves afin que leurs réserves effectives soient égales aux réserves désirées, nous obtenons :

$$\text{Réserves effectives} = (\tfrac{1}{4}) \text{ des dépôts.}$$

En divisant les deux membres de l'équation par ¼, nous obtenons :

$$\text{Dépôts} = [1/(\tfrac{1}{4})] \text{ des réserves effectives.}$$

Si les réserves varient alors que les réserves désirées et effectives sont égales, le montant des dépôts bancaires doit changer pour que l'égalité ci-dessus tienne toujours. Soit :

$$\text{Variation des dépôts} = [1/(\tfrac{1}{4})] \text{ variation des réserves.}$$

Cependant, 1/(¼) représente le multiplicateur simple de la monnaie. Il s'agit du montant par lequel la variation des réserves est multipliée pour obtenir la variation des dépôts. Dans notre exemple, ce multiplicateur est égal à 4. La relation entre le multiplicateur simple de la monnaie et le coefficient de réserve désiré est la suivante :

$$\text{Multiplicateur simple de la monnaie} = \frac{1}{\text{Coefficient de réserve désiré}}.$$

Les multiplicateurs monétaires dans la réalité

Dans la réalité, le multiplicateur monétaire diffère du multiplicateur simple de la monnaie que nous venons de calculer pour deux raisons. Tout d'abord, le coefficient de réserve désiré des banques est en réalité de beaucoup inférieur à 25 %, soit la valeur que nous avons employée dans notre exemple. Ensuite, tous les prêts que les banques accordent ne leur reviennent pas sous forme de réserves. Une part des prêts consentis demeure à l'extérieur des banques sous forme de monnaie hors banques. Lorsque les fonds prêtés par les banques et les autres établissements financiers circulent à l'extérieur du système bancaire, entre les mains du public, il y a **drainage monétaire**. Ces différences entre le multiplicateur dans la pratique et le multiplicateur simple de la monnaie entraînent des effets opposés. Dans la réalité, plus le coefficient de réserve désiré des banques est faible, plus le multiplicateur véritable est supérieur à la valeur numérique que nous avons calculée dans notre exemple. Toutefois, dans la réalité, le drainage monétaire exerce un effet à la baisse sur le multiplicateur. Nous étudierons les valeurs réelles des multiplicateurs dans le prochain chapitre.

La panique bancaire et la faillite

Étant donné que les banques prêtent la plupart des dépôts de leurs clients, elles ne pourraient les rembourser tous si la demande leur en était faite. En général, si une banque est à court de réserves, elle peut facilement remédier à la situation en empruntant auprès d'une autre banque. Mais, supposons que l'ensemble du système bancaire manque de réserves. Le cas échéant, les banques ne pourront honorer les demandes de retraits de leurs clients. Les déposants, pour leur part, s'inquiéteront de la sûreté de leurs dépôts et essaieront de retirer encore plus d'argent des banques. Lorsque la quantité d'argent que les déposants tentent de retirer dépasse la quantité d'argent que les banques détiennent, il y a panique bancaire et les banques font faillite.

La dernière grande panique bancaire s'est produite aux États-Unis durant la Grande Dépression des années 30. Avant cette période, les paniques bancaires et les faillites étaient très fréquentes aux États-Unis et se produisaient environ tous les 10 ans. Par contre, au Canada, les faillites bancaires ont toujours été très rares. Pourquoi les banques américaines ont-elles connu plus de faillites que les banques canadiennes?

Les banques à succursales et les banques individuelles

Le système bancaire canadien est différent du système américain à bien des égards, notamment en ce qui concerne la solvabilité des banques. La réglementation bancaire aux États-Unis empêche l'ouverture, à grande échelle, de succursales à travers tout le pays. Au contraire, au Canada, la loi autorise les banques à exploiter un grand nombre de succursales dans toutes les régions du pays. En raison de cette différence entre les deux systèmes bancaires, les banques canadiennes peuvent répartir leurs risques beaucoup plus efficacement que les banques américaines. On peut compenser les pertes subies dans une région par les profits faits dans une autre; exceptionnellement, un drainage monétaire important dans une région peut être contrebalancé par une hausse des dépôts dans une autre.

L'assurance-dépôts permet également de réduire au minimum les risques de faillite du système financier. La Société d'assurance-dépôts du Canada a été fondée en 1967 pour fournir une assurance contre la perte des dépôts bancaires. Grâce à cette assurance, le danger de pertes personnelles est grandement réduit même si les déposants croient que les banques et les autres établissements financiers risquent de faire faillite. Il est donc peu probable qu'un grand nombre de déposants retirent en même temps leur argent des banques et des autres établissements financiers.

Cependant, la plus importante source de stabilité et de sûreté du système financier canadien provient de l'existence de la Banque du Canada. Cet organisme surveille et régularise les marchés financiers et bancaires tout en cherchant à maintenir des conditions relativement stables et prévisibles sur le marché monétaire et le marché des actifs financiers. Nous étudierons cet aspect du fonctionnement du système financier au chapitre 11.

Pour le moment, examinons les effets de la monnaie sur l'économie et, plus particulièrement, la relation qui existe entre la quantité de monnaie et le niveau des prix.

La monnaie et le niveau des prix

Nous savons maintenant ce qu'est la monnaie. Nous savons également que, dans un système économique moderne, comme celui du Canada à l'heure actuelle, les dépôts dans les banques et les autres établissements financiers constituent la plus importante part de l'offre de monnaie. Nous avons vu que ces établissements peuvent effectivement créer de la monnaie, en octroyant des prêts. Quels sont les effets de la création de monnaie par le système bancaire et financier? Importe-t-il que la quantité de monnaie augmente rapidement ou lentement?

Pour répondre à ces questions, nous passerons d'abord en revue le modèle de la demande et de l'offre agrégées (*DA - OA*) en nous rappelant de l'incidence de la monnaie sur le PIB réel et le niveau des prix. Ensuite, nous étudierons une théorie particulière de la monnaie et des prix: la théorie quantitative de la monnaie. Finalement, nous examinerons des faits historiques et internationaux se rapportant à la relation entre la monnaie et les prix.

La monnaie dans le modèle *DA - OA*

Au chapitre 7, nous avons élaboré un modèle de la demande et de l'offre agrégées dans lequel la monnaie avait un effet important sur la courbe de demande agrégée. Nous avons illustré ce modèle à la figure 10.1. La courbe d'offre agrégée à long terme est représentée par la droite verticale *OALT*. Au départ, la courbe DA_0 représente la demande agrégée et la courbe $OACT_0$ l'offre agrégée à court terme. L'équilibre prévaut lorsque la courbe de demande agrégée croise la courbe d'offre agrégée à court terme. À l'équilibre initial, le niveau des prix est égal à 120 et le PIB réel se chiffre à 4,5 milliards de dollars. Ce point d'équilibre se situe également sur la courbe d'offre agrégée à long terme et l'économie est au plein emploi.

Supposons que la quantité de monnaie augmente. Pour les raisons que nous avons expliquées au chapitre 7, cet accroissement de la quantité de monnaie entraîne une hausse de la demande agrégée. La courbe de demande agrégée se déplace vers la droite, en DA_1. Le nouvel équilibre correspond au point d'intersection des courbes DA_1 et $OACT_0$. Le niveau des prix passe à 132 et le PIB réel à 5 milliards de dollars. Ce n'est là que l'effet à court terme d'une hausse de la quantité de monnaie. Avec le temps, les prix des facteurs de production s'élèvent, entraînant un déplacement vers le haut de la courbe d'offre agrégée à court terme. Ce déplacement vers le haut de la courbe d'offre engendre une nouvelle hausse du niveau des prix, mais abaisse la valeur du PIB réel. L'effet à long terme d'une

Figure 10.1 La demande agrégée, l'offre agrégée et la quantité de monnaie

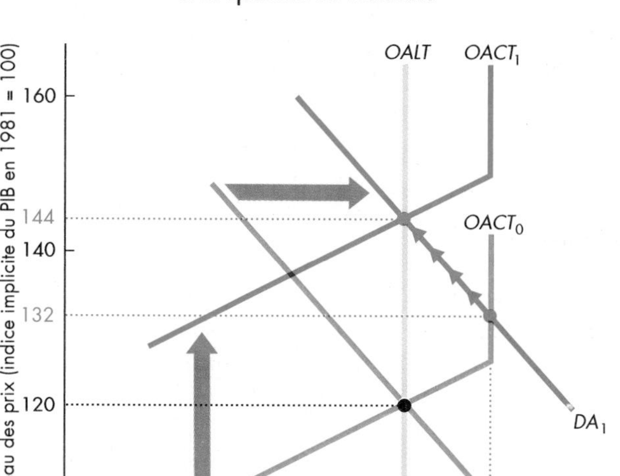

La courbe d'offre agrégée à long terme correspond à la droite verticale *OALT*. Initialement, la courbe d'offre agrégée à court terme correspond à la courbe $OACT_0$ et la courbe de demande à la courbe DA_0. Le niveau des prix est de 120 et le PIB réel de 4,5 milliards de dollars. Une augmentation de la masse monétaire entraîne un déplacement de la courbe de demande agrégée en DA_1. Le niveau des prix est maintenant de 132 et le PIB réel passe à 5 milliards de dollars. L'équilibre atteint est supérieur au plein emploi. Les salaires et les prix des autres facteurs de production commencent à augmenter, et la courbe d'offre agrégée à court terme se déplace vers le haut en $OACT_1$. Alors, le PIB réel revient à son niveau initial et le niveau des prix augmente, passant à 144.

augmentation de la quantité de monnaie se traduit par un déplacement de la courbe d'offre agrégée à court terme en $OACT_1$, laquelle croise la courbe de demande agrégée (DA_1) en un point de la courbe d'offre agrégée à long terme (*OALT*). Cet équilibre correspond à un niveau des prix de 144 et à un PIB réel égal à sa valeur initiale de 4,5 milliards de dollars.

L'augmentation de la quantité de monnaie a d'abord provoqué une hausse du PIB réel et du niveau des prix. Par la suite, elle a entraîné une hausse accrue du niveau des prix et un retour du PIB réel à son niveau initial de plein emploi. Ainsi, à court terme, une hausse de la quantité de monnaie a pour effet d'augmenter le PIB réel et le niveau des prix, alors que, à long terme, elle provoque seulement une augmentation du niveau des prix, le PIB réel étant égal à sa valeur initiale.

C'est la relation à long terme entre l'offre de monnaie et le niveau des prix qui constitue l'essence de la théorie quantitative de la monnaie.

La théorie quantitative de la monnaie

Selon la **théorie quantitative de la monnaie**, une hausse de la quantité de monnaie engendre une augmentation proportionnelle du niveau des prix. Le fondement original de la théorie quantitative de la monnaie n'est pas le modèle *DA* – *OA* mais l'équation d'échange. L'**équation d'échange** s'énonce comme suit :

$$\text{Quantité de monnaie} \times \text{Vitesse de circulation} = \text{Niveau des prix} \times \text{PIB réel}.$$

Pour bien comprendre l'équation d'échange, commençons par étudier la partie droite de l'équation, où le niveau des prix est multiplié par le PIB réel. Souvenez-vous que cette valeur correspond au PIB nominal. En d'autres termes, il s'agit simplement des dépenses totales en biens et services finis évaluées en dollars courants. L'autre membre de l'équation pourrait, en quelque sorte, représenter la définition de la vitesse de circulation. La **vitesse de circulation** correspond au nombre moyen de fois, au cours d'une année, qu'un dollar est utilisé pour acheter les biens et services qui entrent dans le calcul du PIB.

Par définition, l'équation d'échange est toujours vraie. Cette équation ne peut donc faire l'objet d'aucune validation empirique. La vitesse de circulation correspond plutôt au chiffre qui fera en sorte que l'équation tienne.

L'équation d'échange devient la théorie quantitative de la monnaie grâce à deux propositions :

- La vitesse de circulation est constante.
- La quantité de monnaie n'a pas d'effet sur le PIB réel.

Nous pouvons interpréter la théorie quantitative de la monnaie à l'aide du modèle de l'offre et de la demande agrégées. La première proposition, selon laquelle la vitesse de circulation est constante, suppose qu'une variation de la quantité de monnaie provoque un déplacement de la courbe de demande agrégée d'une ampleur précise. Lorsque la quantité de monnaie augmente, la courbe de demande agrégée se déplace, et nous pouvons mesurer verticalement l'ampleur du déplacement par la variation en pourcentage de la quantité de monnaie. Par exemple, dans la figure 10.1, la courbe de demande agrégée se déplace de DA_0 à DA_1. Ce déplacement, mesuré par la distance verticale entre les deux courbes de demande, représente 20 %. Selon la théorie quantitative de la monnaie, une augmentation de 20 % de la quantité de monnaie provoque un déplacement vers le haut de la courbe de demande agrégée de 20 %.

Nous pouvons interpréter la deuxième proposition de la théorie quantitative de la monnaie, selon laquelle la quantité de monnaie n'a pas d'effet sur le

PIB réel, comme un énoncé relatif à l'équilibre de plein emploi. Comme nous pouvons le voir à la figure 10.1, si la quantité de monnaie s'accroît de 20 % et fait passer la courbe de demande agrégée de DA_0 à DA_1 – alors que l'économie est en situation d'*équilibre de plein emploi* –, le niveau des prix augmente également de 20 % (l'écart entre 120 et 144 représentant en effet une hausse de 20 %).

En réalité, à cause de l'incidence de certains facteurs, la vitesse de circulation n'est pas constante. Nous étudierons ces facteurs au prochain chapitre. De plus, étant donné que les effets à court terme et à long terme de la variation de la quantité de monnaie sont différents, la relation entre la quantité de monnaie et le niveau des prix ne sera pas aussi précise que le prédit la théorie quantitative de la monnaie. Néanmoins, il est intéressant de se demander dans quelle mesure la théorie quantitative de la monnaie peut prédire la relation entre la quantité de monnaie et le niveau des prix. À présent, examinons cette relation au cours du temps et d'un pays à l'autre.

Données historiques et théorie quantitative de la monnaie

Nous pouvons tester la théorie quantitative de la monnaie à l'aide de données historiques canadiennes en analysant la relation entre le taux de croissance de la quantité de monnaie et le taux d'inflation. La figure 10.2 illustre cette relation pour les 78 années qui se sont écoulées entre 1913 et 1991. Le taux de croissance de la quantité de monnaie y est représenté par le taux de croissance de l'agrégat monétaire M2.

La figure nous fait découvrir quatre caractéristiques importantes de la relation entre le taux de croissance de la quantité de monnaie et le taux d'inflation :

1 En moyenne, le taux de croissance de l'offre de monnaie excède le taux d'inflation.

2 Les variations du taux de croissance de l'offre de monnaie sont corrélées avec les variations du taux d'inflation.

3 Durant la Seconde Guerre mondiale et après, il y a eu une brisure dans la relation entre le taux de croissance de l'offre de monnaie et l'inflation.

4 Depuis les années 50, l'inflation a été moins variable que le taux de croissance de l'offre de monnaie.

1. Le taux de croissance moyen de l'offre de monnaie et l'inflation. En observant les deux échelles verticales de la figure 10.2, vous pouvez remarquer que, en moyenne, le taux de croissance de l'offre de monnaie est supérieur au taux d'inflation. Le taux de croissance de l'offre de monnaie, mesuré sur l'échelle de gauche, est de 5 % supérieur à la valeur correspondante du taux d'inflation, mesuré sur l'échelle de droite. Cette différence s'explique par le fait que, en moyenne, l'économie a connu une expansion et qu'il y a eu croissance du PIB réel. Le taux de croissance de l'offre de monnaie n'engendre pas d'inflation lorsqu'il est égal au taux de croissance du PIB réel.

2. La corrélation entre le taux de croissance de l'offre de monnaie et l'inflation. La corrélation entre le taux de croissance de l'offre de monnaie et l'inflation est particulièrement apparente entre 1913 et 1940. Par exemple, l'inflation galopante des années 20 a été accompagnée d'une augmentation importante du taux de croissance de la quantité de monnaie, alors que la baisse des prix durant la Crise de 1929 a été associée à une diminution de la quantité de monnaie. Même si ce lien était moins fort durant l'après-guerre, nous pouvons remarquer que la croissance continue de l'offre de monnaie dans les années 60 et 70 a entraîné une inflation croissante pendant ces décennies.

3. Les effets des guerres. Durant la Seconde Guerre mondiale, il y a eu une forte augmentation de l'offre de monnaie sans qu'il y ait un accroissement correspondant du taux d'inflation. Des mesures strictes de contrôle des prix et le rationnement nous ont permis de contenir l'inflation pendant cette période. Lorsqu'on a aboli ces mesures à la fin de la guerre, l'inflation a explosé, même si le taux de croissance de l'offre de monnaie était modéré à ce moment-là. Pendant la guerre de Corée au début des années 50, on a enregistré une autre poussée inflationniste sans que la croissance de la monnaie ait été pour autant plus rapide.

4. La variabilité relative de la croissance de l'offre de monnaie et de l'inflation. En étudiant ces données historiques, il importe de ne pas oublier que la théorie quantitative de la monnaie concerne les effets à long terme de la croissance de la monnaie sur l'inflation. Nous ne pouvons observer (du moins sans faire d'effort) de relation à long terme à partir des données recueillies d'année en année ; nous pouvons cependant constater un enchaînement d'effets à court terme. À court terme, les variations de la vitesse de circulation et du taux de croissance du PIB réel viennent briser la relation entre l'inflation et la croissance de l'offre de

Figure 10.2 La croissance de la monnaie et l'inflation au Canada

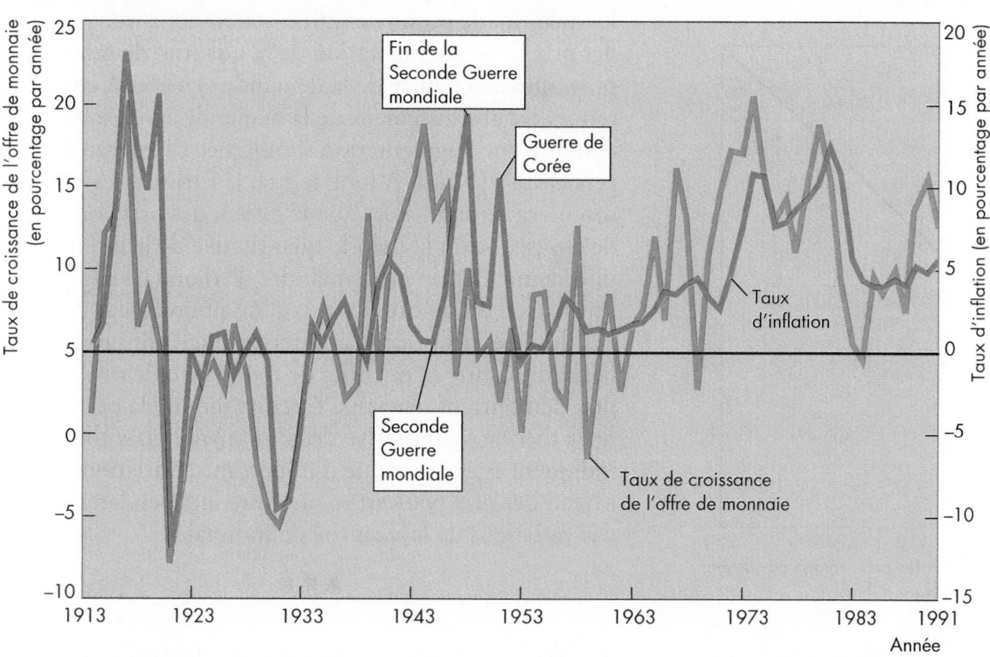

Le graphique illustre le taux de croissance de l'offre de monnaie (mesuré sur l'échelle de gauche), le taux d'inflation (mesuré sur l'échelle de droite) pour la période s'échelonnant entre 1913 et 1991. La figure nous apprend que : (1) en moyenne, le taux de croissance de l'offre de monnaie dépasse le taux d'inflation; (2) les variations du taux de croissance de l'offre de monnaie sont corrélées avec les variations du taux d'inflation; (3) pendant la Seconde Guerre mondiale et par la suite, il y a eu brisure de la relation entre la croissance de l'offre de monnaie et l'inflation ; et (4) depuis les années 50, l'inflation varie moins que la croissance de l'offre de monnaie.

Sources: de 1913 à 1945 — F.H. Leacy, ed., *Historical Statistics of Canada*, 2e éd. (Ottawa: Statistique Canada et Fédération canadienne des sciences sociales, 1983) Série J9; de 1946 à 1969 — *Historical Statistics*, série J26; de 1970 à 1991 — *Revue de la Banque du Canada* (numéros divers), CANSIM, série B2031, M2.

monnaie. Par contre, à long terme, c'est le taux d'inflation, et non la vitesse de circulation ou la croissance du PIB réel, qui est touché par la croissance de la monnaie. L'importance de ces effets à court terme a été particulièrement apparente à partir des années 50. Cependant, il est également possible de dégager la relation à long terme à partir de l'observation des données.

Que nous apprennent les faits internationaux au juste ?

Données internationales et théorie quantitative de la monnaie

La figure 10.3 présente un résumé des données internationales à l'appui de la théorie quantitative de la monnaie. Cette figure illustre le taux d'inflation et le taux de croissance de la monnaie dans 60 pays. Il semble qu'une croissance élevée de la monnaie aille de pair avec une inflation élevée.

Tout comme les preuves que fournissent les données historiques du Canada, celles que fournissent les données internationales nous révèlent que la croissance de l'offre de monnaie n'est pas l'unique cause d'inflation. Certains pays connaissent un taux d'inflation qui dépasse le taux de croissance de l'offre de monnaie, alors que d'autres enregistrent un taux d'inflation inférieur au taux de croissance de l'offre de monnaie.

Figure 10.3 La croissance de la monnaie et l'inflation dans l'économie mondiale

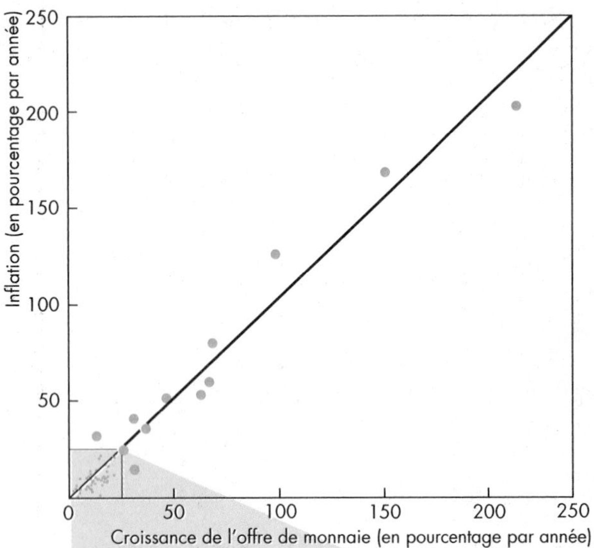

(a) Tous les pays

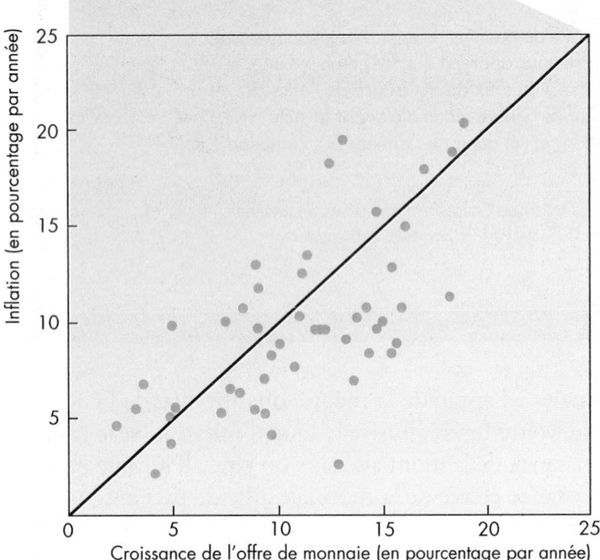

(b) Pays où l'inflation est faible

L'inflation et la croissance de la monnaie dans 60 pays (graphique a) et dans les pays où l'inflation est faible (graphique b) nous indiquent que la croissance de la quantité de monnaie est un facteur important, mais non le seul, qui influe sur l'inflation.

Source: Federal Reserve Bank of St. Louis, *Review*, mai et juin 1988, 15.

À RETENIR

La quantité de monnaie influe nettement sur le niveau des prix. Une augmentation de la quantité de monnaie provoque une hausse de la demande agrégée. À court terme, cet accroissement de la demande agrégée entraîne une augmentation simultanée du niveau des prix et du PIB réel. À long terme, le PIB réel revient à son niveau initial, alors que le niveau des prix continue de croître. Selon la théorie quantitative de la monnaie, une augmentation de la quantité de monnaie engendre une hausse du niveau des prix d'un pourcentage égal. Les données historiques et internationales qui touchent la relation entre la quantité de monnaie et le niveau des prix démontrent dans une certaine mesure la pertinence de la théorie quantitative de la monnaie, mais elles nous indiquent également que d'importantes variations du niveau des prix peuvent se produire indépendamment des variations de la quantité de monnaie.

■ ■ ■

■ Dans ce chapitre, nous avons étudié les divers types d'établissements qui constituent notre système bancaire et financier. Nous avons vu comment les dépôts au passif des banques à charte et des autres établissements financiers tiennent lieu d'instrument d'échange, de monnaie. Les banques et les autres établissements financiers créent de la monnaie en accordant des prêts. La quantité de monnaie a d'importants effets sur l'économie et, en particulier, sur le niveau des prix.

Dans le prochain chapitre, nous allons découvrir comment la Banque du Canada régularise la quantité de monnaie dans l'économie. Nous verrons également comment la Banque du Canada, grâce à l'effet qu'elle exerce sur l'offre de monnaie, peut agir sur les taux d'intérêt et, par conséquent, modifier le niveau de la demande agrégée. Grâce à ses effets sur l'offre de monnaie et les taux d'intérêt, la Banque du Canada peut modifier le cours de l'économie.

RÉSUMÉ

Qu'est-ce que la monnaie?

La monnaie a quatre fonctions. Elle sert d'instrument d'échange, d'unité de compte, de moyen de paiement différé et de réservoir de valeur. La monnaie-marchandise représente la plus ancienne forme de monnaie. Dans le monde moderne, nous nous servons d'un système de monnaie fiduciaire. La dette monétaire privée constitue la principale composante de la monnaie.

Au Canada, à l'heure actuelle, il existe quatre mesures officielles de la monnaie : M1, M2, M3 de même que M2+. La monnaie hors banques et les dépôts dans les banques à charte figurent dans M1, M2 et M3 ; les dépôts dans d'autres établissements financiers – comme les sociétés de fiducie, les caisses populaires et les caisses de crédit –, les rentes individuelles des compagnies d'assurance-vie et les fonds mutuels du marché monétaire figurent dans M2+.(*pp. 259 - 269*)

Les intermédiaires financiers

Les banques à charte, les sociétés de fiducie et de prêt hypothécaire de même que les caisses de crédit (les caisses populaires comprises) dont les éléments de passif tiennent lieu de monnaie représentent les principaux intermédiaires financiers. Ces établissements acceptent des dépôts, détiennent des réserves pour pouvoir répondre aux demandes de numéraire de leurs déposants, possèdent des titres et consentent des prêts. Les intermédiaires financiers font des profits en empruntant à un taux d'intérêt inférieur à celui qu'ils appliquent aux prêts qu'ils octroient. Les quatre fonctions principales des intermédiaires financiers consistent à : réduire au minimum les coûts d'emprunt ; réduire au minimum les coûts de surveillance des emprunteurs ; mettre les risques en commun ; créer des liquidités. Guidés par leur recherche de profit, les intermédiaires financiers se lancent dans des innovations financières, comme la création de nouveaux types de dépôts et de prêts. (*pp. 269 - 273*)

La création de monnaie par les banques

Les banques et les autres établissements financiers créent de la monnaie en accordant des prêts. Lorsqu'une personne se voit octroyer un prêt et qu'elle dépense ensuite le montant de ce prêt, une part du montant dépensé se retrouve bien souvent dans le compte bancaire d'une autre personne. Le multiplicateur simple de la monnaie est le rapport entre la variation des dépôts et la variation des réserves. Il est égal à 1 divisé par le coefficient de réserve désiré. (*pp. 273 - 276*)

La monnaie et le niveau des prix

La quantité de monnaie a une incidence sur la demande agrégée. Une augmentation de la quantité de monnaie provoque une hausse de la demande agrégée. À court terme, cet accroissement de la demande agrégée entraîne une hausse du niveau des prix et du PIB réel. Cependant, à long terme, le niveau des prix continue à croître mais le PIB réel revient à sa valeur initiale. Selon la théorie quantitative de la monnaie, une hausse de l'offre de monnaie provoque une augmentation proportionnelle du niveau des prix. L'examen des données historiques et internationales confirme dans une certaine mesure la théorie quantitative de la monnaie. Bien que la quantité de monnaie exerce un effet important sur le niveau des prix, d'autres facteurs ont également une incidence. Néanmoins, toutes choses étant égales par ailleurs, plus le taux de croissance de la quantité de monnaie est fort, plus le taux d'inflation est élevé. (*pp. 276 - 280*)

POINTS DE REPÈRE

Mots clés

Actif, 269
Banque à charte, 269
Bilan, 269
Coefficient de réserve, 273
Coefficient de réserve désiré, 273
Dépôt transférable par chèque, 263
Dette monétaire privée, 263
Double coïncidence des besoins, 259
Drainage monétaire, 275
Équation d'échange, 277
Innovation financière, 272
Instrument d'échange, 259
Intermédiaire financier, 269
Liquidité, 267
Liquidités, 271
Loi de Gresham, 261
M1, 263
M2, 263
M2+, 263
M3, 263
Monnaie, 259
Monnaie fiduciaire, 262
Monnaie hors banques, 263
Monnaie-marchandise, 261
Moyen de paiement différé, 260
Multiplicateur simple de la monnaie, 275
Numéraire, 263
Papier-monnaie convertible, 261
Passif, 270
Prêt, 271
Réserves, 271
Réserves excédentaires, 273
Réservoir de valeur, 260
Théorie quantitative de la monnaie, 277
Titre, 271
Troc, 259
Unité de compte, 259
Vitesse de circulation, 277

Figure et tableaux clés 

Figure 10.1 La demande agrégée, l'offre agrégée et la quantité de monnaie, 277

Tableau 10.2 Les quatre définitions officielles de la monnaie – 1991, 263

Tableau 10.3 Glossaire des principales composantes de la monnaie, 266

Tableau 10.6 Glossaire des principaux intermédiaires financiers, 269

QUESTIONS DE RÉVISION

1 Qu'est-ce que la monnaie?

2 Quelles sont les fonctions de la monnaie?

3 Quelles sont les quatre mesures officielles de la monnaie au Canada de nos jours?

4 Les chèques et les cartes de crédit sont-ils de la monnaie? Expliquez.

5 Qu'est-ce qu'une banque à charte? Comment fait-elle des profits?

6 Quels sont les éléments principaux du bilan d'une banque à charte?

7 Quels sont les principaux organismes, autres que les banques à charte, qui acceptent des dépôts?

8 Comment les banques créent-elles de la monnaie?

9 Définissez le multiplicateur simple de la monnaie.

10 Quelles prédictions le modèle de la demande et de l'offre agrégées nous permet-il de faire quant aux effets d'une variation de la quantité de monnaie sur le niveau des prix et le PIB réel?

11 Expliquez la théorie quantitative de la monnaie.

12 Quelles prédictions la théorie quantitative de la monnaie nous permet-elle de faire sur la relation entre le niveau des prix et la quantité de monnaie?

13 Les données historiques démontrent-elles la pertinence de la théorie quantitative de la monnaie?

14 Les données internationales démontrent-elles la pertinence de la théorie quantitative de la monnaie?

PROBLÈMES

1 Vous disposez des données suivantes sur une économie fictive. Les banques à charte possèdent, au passif, des dépôts de 300 milliards de dollars. Leurs réserves s'établissent à 15 milliards de dollars.

a) À l'aide du tableau 10.7, établissez le bilan des banques à charte. Fournissez tous les chiffres manquants, sachant que l'actif total est égal au passif total.

b) Quelle est la quantité de monnaie dans cette économie si les ménages et les entreprises détiennent dix fois plus de monnaie sous forme de dépôts que de numéraire ?

c) Quel est le multiplicateur simple de la monnaie de cette économie ?

2 Un immigrant s'installe en Nouvelle-Acadie avec 1000 $ qu'il place dans un dépôt bancaire. En Nouvelle-Acadie, le coefficient de réserve désiré de toutes les banques est de 10 %.

a) Quelle est l'augmentation initiale de la quantité de monnaie en Nouvelle-Acadie ?

b) Quelle est l'augmentation initiale des dépôts bancaires ?

c) Quel est le montant des prêts octroyés par la banque de cet immigrant ?

d) À partir d'un tableau semblable au tableau 10.8, calculez le montant des prêts et la valeur des dépôts créés à chaque étape, en supposant que tous les fonds prêtés retournent dans le système bancaire sous forme de dépôts.

e) De combien la quantité de monnaie a-t-elle augmenté après 20 étapes ?

f) Quelle est l'augmentation totale de la quantité de monnaie, de prêts bancaires et de dépôts bancaires ?

3 Une économie a une quantité de monnaie égale à 1000 $ et un PIB nominal correspondant à 4000 $. Quelle est la vitesse de circulation de la monnaie ?

4 Vous possédez les données suivantes sur l'offre de monnaie et le niveau des prix de Théoriquanti, le jardin tropical d'un économiste :

Année	Offre de monnaie (en millions de dollars)	Niveau des prix (indice en 1980 = 100)
1990	550 000	150
1991	605 000	165
1992	678 000	185
1993	678 000	192
1994	732 000	200
1995	805 000	210
1996	886 000	220
1997	930 000	220
1998	977 000	220

a) Calculez le taux d'inflation et le taux de croissance de l'offre de monnaie à Théoriquanti pour toutes les années indiquées dans le tableau.

b) La théorie quantitative de la monnaie décrit-elle la relation entre l'offre de monnaie et le niveau des prix à Théoriquanti ?

c) La théorie quantitative s'applique-t-elle à toutes les années ? Indiquez celles où elle s'applique et celles où elle ne s'applique pas.

d) Quelles sont vos prédictions sur le taux de croissance du PIB réel à Théoriquanti ?

e) Quels facteurs, autres que les variations de l'offre de monnaie, peuvent avoir une incidence sur le niveau des prix à Théoriquanti ?

CHAPITRE 11

La Banque du Canada, la monnaie et les taux d'intérêt

Objectifs du chapitre:

- Définir le rôle de la Banque du Canada.
- Décrire les outils dont se sert la Banque du Canada pour modifier la masse monétaire et les taux d'intérêt.
- Définir ce qu'est une opération sur le marché libre.
- Expliquer comment est menée une opération sur le marché libre.
- Expliquer en quoi une opération sur le marché libre peut modifier la masse monétaire.
- Faire la distinction entre le stock nominal de monnaie et le stock réel de monnaie.
- Expliquer quels sont les facteurs qui déterminent la demande de monnaie.
- Expliquer quels sont les effets des innovations financières sur la demande de monnaie.
- Expliquer comment les taux d'intérêt sont déterminés.
- Expliquer comment la Banque du Canada modifie les taux d'intérêt.

Qui tire les ficelles?

EN 1960, UN COUPLE DE JEUNES MARIÉS désirant faire l'achat d'une première maison trouve la demeure idéale. Ils ont de la chance, ils peuvent obtenir un prêt hypothécaire à un taux d'intérêt inférieur à 6 % par année. Vingt-deux ans plus tard, la fille de ce couple veut, elle aussi, acheter sa première maison. Elle trouve la demeure parfaite, mais les taux d'intérêt des prêts hypothécaires atteignent maintenant plus de 20 % par année. Plutôt frustrée, elle retarde l'achat de sa maison jusqu'à ce que les taux d'intérêt baissent et que les prêts hypothécaires soient plus abordables. Pourquoi les taux d'intérêt fluctuent-ils? Qu'est-ce qui détermine les taux d'intérêt? Sont-ils fixés par les forces de la nature? Ou, quelqu'un tire-t-il les ficelles? ■ Vous vous doutez que quelqu'un tire les ficelles. En effet, vous avez lu dans les journaux que «la Banque du Canada se prépare à augmenter les taux d'intérêt afin de contenir l'inflation». Il y a quelques mois, votre journal vous informait que «la Banque du Canada n'avait pas l'intention d'abaisser les taux d'intérêt davantage à moins que l'économie ne ralentisse encore». Qu'est-ce que la «Banque du Canada»? Pourquoi la Banque du Canada veut-elle modifier les taux d'intérêt? Comment y parvient-elle? ■ Il y a suffisamment de monnaie (numéraire) hors banques (pièces métalliques et billets de la Banque du Canada) pour que chaque individu possède en moyenne 690 $ en argent comptant. Il y a assez de dépôts transférables par chèque dans les banques et autres établissements financiers pour que chacun détienne 2600 $ en moyenne dans de tels comptes. Le nombre de comptes d'épargne est suffisant pour que chacun de nous y ait en moyenne 6000 $. Évidemment, peu de gens détiennent de tels montants en espèces, en dépôts transférables par chèque et en dépôts d'épargne. Il s'agit là de *moyennes.* Or, si les montants que détiennent la plupart des gens ne sont pas aussi élevés, certaines personnes doivent alors détenir des montants beaucoup plus élevés que les moyennes mentionnées précédemment. Quels facteurs déterminent la quantité de monnaie que nous détenons? Quels facteurs déterminent la composition de la monnaie détenue? ■ Dans les années 80, les secteurs bancaire et financier ont connu des innovations importantes. Au début de cette décennie, la plupart des banques et autres établissements financiers n'offraient que deux types de dépôts: les dépôts à vue et les dépôts d'épargne. On pouvait émettre des chèques sur des dépôts à vue mais ceux-ci ne produisaient pas d'intérêt; les dépôts d'épargne produisaient de l'intérêt, mais ne pouvaient être utilisés pour émettre des chèques. À l'heure actuelle, nous avons le choix entre plusieurs types de comptes bancaires: les comptes chèques rapportent des intérêts à un taux qui peut dépendre de la valeur moyenne des encaisses quotidiennes. En quoi la création de ces nouveaux comptes bancaires a-t-elle modifié la quantité de monnaie que nous détenons? ■ Les cartes de crédit existent depuis fort longtemps. En effet, la première carte a été mise sur le marché par le Diners' Club peu après la Seconde Guerre mondiale. Toutefois, ce n'est que durant les années 80 que leur utilisation s'est réellement généralisée. Certaines personnes ne paient jamais l'essence, un souper au restaurant ou de nombreux autres produits avec de l'argent comptant. Cependant, nous ne pouvons pas tout acheter avec une carte de crédit. Par exemple, vous avez une fringale de minuit mais votre restaurant préféré n'accepte pas les cartes de crédit et vous n'avez plus d'argent comptant. Ce n'est pas grave, car vous n'avez qu'à vous rendre au guichet automatique le plus près et à retirer l'argent nécessaire pour ce soir et les jours qui suivront. En repartant, vous vous demandez combien d'argent vous devriez avoir sur vous si les guichets automatiques n'existaient pas. Comment les gens se procuraient-ils de l'argent pour leurs fringales de minuit avant que ces guichets n'existent? En quoi les cartes de crédit et les ordinateurs ont-ils influé sur la quantité de monnaie que nous détenons?

■ Au chapitre précédent, nous avons vu que la monnaie correspond à la monnaie hors banques (billets de banques et pièces métalliques) plus les dépôts dans les banques et autres établissements financiers. Nous avons également appris que les banques et les autres intermédiaires financiers créent de la monnaie en octroyant des prêts. Finalement, nous avons vu que la quantité de monnaie influe de façon significative sur le niveau des prix : une augmentation de la quantité de monnaie entraîne une hausse des prix. Mais, nous avons aussi vu qu'il n'existe pas de relation précise entre la quantité de monnaie et le niveau des prix, mais plutôt une tendance générale à ce qu'ils soient tous les deux corrélés. ■ Les variations de la *vitesse de circulation* de la monnaie justifient l'absence d'une relation précise entre la quantité de monnaie et le niveau des prix. Dans ce chapitre, nous étudierons les facteurs qui influent sur la vitesse de circulation de la monnaie, notamment la demande de monnaie. Nous apprendrons aussi que l'interaction entre la demande et l'offre de monnaie détermine les taux d'intérêt sur le marché monétaire. ■ Tout d'abord, nous allons étudier le fonctionnement de la Banque du Canada et voir comment elle peut modifier la quantité de monnaie afin de faire varier les taux d'intérêt et, plus généralement, le niveau de la demande agrégée et l'inflation. À la fin du présent chapitre, nous nous attarderons de nouveau sur la Banque du Canada et nous verrons comment ses activités à la fin des années 70 et au début des années 80 ont entraîné d'importantes fluctuations des taux d'intérêt, et comment, avec l'aide de la banque centrale des États-Unis (le Federal Reserve System), elle est parvenue à maîtriser l'inflation.

La Banque du Canada

La **Banque du Canada** est la banque centrale du Canada. Une **banque centrale** est une autorité publique chargée de réglementer et de contrôler les institutions et les marchés monétaire et financier d'un pays. La Banque du Canada est également responsable de la politique monétaire du pays. La **politique monétaire** est un ensemble de mesures visant à contenir l'inflation, le taux de change ou la valeur de la devise, et à atténuer les fluctuations économiques en modifiant la quantité de monnaie en circulation et les taux d'intérêt. À présent, analysons les outils dont dispose la Banque du Canada pour appliquer sa politique monétaire. Nous verrons, plus loin dans ce chapitre, comment les mesures prises par la Banque agissent sur les taux d'intérêt. D'abord, examinons l'origine et la structure de la Banque du Canada.

La naissance de la Banque du Canada

La Banque du Canada a été constituée en 1934 en vertu de la Loi sur la Banque du Canada. Pendant les 68 premières années de son histoire, le Canada ne possédait aucune banque centrale officielle. Au cours de cette période, la banque la plus importante était la Banque de Montréal; elle agissait en quelque sorte en tant que banquier de l'État. Par contre, elle ne jouait pas le rôle d'une banque centrale tel que nous l'entendons aujourd'hui. En effet, c'est le ministre fédéral des Finances qui dirigeait la politique monétaire du pays. Cependant, cette politique monétaire était rudimentaire et peu adaptée aux besoins de l'époque. Avant la création de la Banque du Canada, la politique monétaire du pays ne disposait pas des outils sophistiqués que nous étudierons dans le présent chapitre.

Lorsque la Banque du Canada a été constituée, la plupart des autres pays possédaient déjà une banque centrale. Les États-Unis avaient établi le Federal Reserve System (appelé aussi Réserve fédérale ou «Fed») en 1913. Dès le 17e siècle, la Suède et l'Angleterre s'étaient dotées d'une banque centrale. Les origines de ces banques sont cependant différentes de celles de la Banque du Canada. En effet, les premières banques centrales étaient des banques privées, qui avaient été fondées dans le but précis de résoudre les ennuis financiers des monarques. Ces banques ont progressivement évolué pour donner lieu aux banques centrales actuelles; elles sont finalement devenues des sociétés d'État.

La structure de la Banque du Canada

Les trois principaux éléments de la structure de la Banque du Canada sont les suivants:

- Le gouverneur
- Le conseil d'administration
- Les cadres supérieurs

Le gouverneur Le gouverneur de la Banque du Canada est nommé par le gouvernement canadien pour une période de sept ans. Jusqu'à ce jour, six gouverneurs ont dirigé la Banque:

- De 1935 à 1954, Graham Towers
- De 1955 à 1961, James Coyne
- De 1961 à 1973, Louis Rasminsky
- De 1973 à 1987, Gerald Bouey
- De 1987 à 1994, John Crow
- Depuis 1994, Gordon Thiessen

Le gouverneur de la Banque du Canada, assisté des cadres supérieurs de la Banque, met au point la politique monétaire du pays et en surveille la mise en application. Dans ses activités, le gouverneur doit consulter régulièrement le ministre des Finances. Il est, par ailleurs, entouré d'un conseil d'administration et de cadres supérieurs.

Le conseil d'administration Le conseil d'administration de la Banque est composé du gouverneur, du premier sous-gouverneur, du sous-ministre des Finances, de même que de onze personnes représentant divers groupes commerciaux, juridiques ou financiers. Le conseil se réunit à peu près une fois par mois. Le compte rendu de ces réunions est résumé dans la *Revue de la Banque du Canada* publiée mensuellement. Les réunions du conseil d'administration prennent la forme d'un échange entre le gouverneur et les membres du conseil. Le gouverneur donne un compte rendu de la situation économique, décrit et explique les mesures courantes et récentes prises par la Banque. Les membres du conseil sont autorisés à faire des commentaires sur la politique de la Banque au nom des intérêts très divers des groupes qu'ils représentent.

Les cadres supérieurs Les cadres supérieurs de la Banque du Canada sont les principaux intervenants dans l'élaboration de la politique monétaire de la Banque. Ce sont des économistes et des banquiers qui possèdent une vaste expérience des affaires financières et monétaires tant à l'échelon national qu'à l'échelon international. Ces personnes surveillent l'évolution de l'économie canadienne et de l'économie mondiale au jour le jour et parfois même d'heure en heure. Ils notent les fluctuations de l'activité économique, les hausses et les baisses des taux d'intérêt, des taux de change, de l'inflation, du chômage et du produit intérieur brut (PIB). À l'aide de modèles macroéconomiques semblables à ceux que nous étudions dans ce manuel, ils ébauchent des prévisions sur l'économie canadienne et sur l'économie des principaux pays du monde. Ils évaluent les conséquences que pourraient avoir les diverses mesures que la Banque envisage de mettre en œuvre.

La Banque du Canada et le gouvernement fédéral Les relations entre la banque centrale et le gouvernement du pays peuvent suivre deux modèles:

- L'indépendance
- La dépendance

Une banque centrale indépendante Une banque centrale indépendante est une banque qui possède une autonomie totale dans le choix de la politique monétaire du pays. Les fonctionnaires du gouvernement et les personnes élues peuvent commenter la politique monétaire de la banque, mais le gouverneur de la banque centrale n'est pas obligé de tenir compte de leurs commentaires.

L'indépendance de la banque centrale, selon les partisans de ce modèle, est particulièrement intéressante dans la mesure où elle permet de formuler une politique monétaire qui vise des objectifs à long terme, comme la stabilité des prix. Elle permet également d'éviter que l'on utilise l'outil monétaire pour satisfaire des ambitions politiques à court terme.

Lors de sa constitution en 1934, la Banque du Canada était établie à titre de banque centrale indépendante. Les gouverneurs Towers et Coyne ont profité d'une autonomie presque totale par rapport au gouvernement du Canada tant en ce qui concerne la formulation de la politique monétaire que son application. Cependant, en 1961, James Coyne, gouverneur de la Banque du Canada, pratiquait une politique monétaire anti-inflationniste très serrée. Un vif désaccord l'a opposé alors au premier ministre John Diefenbaker, qui voulait avoir la haute main sur la politique monétaire du pays. À la suite de ce désaccord, Coyne devait remettre sa démission. Pendant un certain temps, on ne pouvait affirmer si la Banque du Canada était pleinement autonome, conformément à la loi en vertu de laquelle elle avait été établie, ou si elle était dorénavant dirigée par le gouvernement. Cependant, le problème a été résolu grâce à un amendement apporté à la Loi sur la Banque du Canada en 1967. Cet amendement redéfinissait la relation entre la Banque du Canada et le gouvernement, et donnait au gouvernement l'ultime responsabilité de la politique monétaire (se reporter à la rubrique *Entrevue*, pp. 253-256).

Une banque centrale dépendante La plupart des banques centrales dépendent du gouvernement. C'est le cas de la Banque du Canada depuis 1967. Lorsqu'il y a un désaccord entre la banque centrale et le gouvernement, c'est ce dernier qui tranche. Le gouverneur de la banque centrale doit alors remettre sa démission étant donné son refus de mettre en application les mesures dictées par le gouvernement.

Selon les défenseurs de la supervision gouvernementale, la gestion de l'outil monétaire aurait principalement des effets politiques. Par conséquent, la politique monétaire, tout comme la politique budgétaire et les autres politiques du gouvernement, doit être soumise au contrôle démocratique.

Au Canada, même si le ministre des Finances est l'ultime responsable de la politique monétaire, le gouverneur de la Banque du Canada n'est pas pour autant sans pouvoir. En raison de ses compétences, de son autorité et des conseils que lui prodiguent les économistes et les cadres supérieurs de la Banque, le gouverneur a beaucoup de poids dans les discussions publiques et privées sur la politique monétaire. Il faudrait de très graves divergences d'opinions sur des sujets d'importance majeure pour que le gouvernement prenne le risque de pousser le gouverneur à démissionner. De plus, il arrive parfois qu'un gouvernement veuille poursuivre une politique monétaire impopulaire ; il est alors très utile que les personnes démocratiquement élues se réfugient derrière l'autorité d'un organisme monétaire relativement indépendant comme la Banque du Canada.

La Banque du Canada est également en position de force par rapport au gouvernement du Canada parce qu'elle en est le principal banquier et agent financier. Lorsque le gouvernement accuse un déficit, la Banque du Canada est tenue de l'aider à combler ce déficit soit en créant de la monnaie, soit en vendant des titres du gouvernement. Si elle adopte une position ferme et refuse de créer de la monnaie pour couvrir le déficit, la Banque peut forcer le gouvernement à devoir faire face aux taux d'intérêt plus élevés qu'il a lui-même provoqués en dépensant plus que ses recettes fiscales ne lui permettaient de le faire.

Les contraintes internationales et la Banque du Canada

L'économie canadienne en général de même que son système financier et monétaire sont étroitement intégrés au reste du monde. L'intégration de l'économie canadienne est un fait qui remonte bien avant la création de la Confédération. Étant donné la taille et l'importance des marchés financier et monétaire newyorkais, il était essentiel que les institutions financières canadiennes cherchent à conclure des affaires rentables non seulement ici au Canada, mais aussi à l'étranger.

Ayant pour voisin un géant, certains pays cherchent à ériger des barrières pour limiter l'accès de ce géant à leur économie et pour restreindre les activités internationales de leurs citoyens. Le Canada n'est pas l'un de ces pays. Nous sommes libres de voyager entre le Canada et les États-Unis, et jouissons d'une grande liberté économique. Ni le gouvernement du Canada ni la Banque du Canada n'imposent de restrictions sur la circulation des biens (sauf pour les marchandises illégales) ou sur les emprunts et les prêts. Évidemment, nous devons payer les tarifs douaniers et les taxes, s'il y a lieu, mais les capitaux peuvent circuler librement entre le Canada et le reste du monde. Les étrangers sont libres d'effectuer des dépôts dans les banques canadiennes et les Canadiens, quant à eux, peuvent avoir tout à loisir des dépôts dans les banques étrangères. Les banques peuvent librement octroyer des prêts à des étrangers ou à des Canadiens. De plus, ces prêts et ces dépôts peuvent être faits en monnaie canadienne ou en devises étrangères. Comme nous l'avons vu au chapitre 10, une part importante des dépôts et des prêts des banques à charte sont faits en devises étrangères (principalement en dollars américains).

La situation financière canadienne est telle que le champ d'action de la Banque du Canada s'en trouve limité. Elle ne peut, par exemple, ignorer sciemment les pressions sur les taux d'intérêt exercés par les Américains. De plus, elle doit adopter une position définie en ce qui a trait à la valeur du dollar canadien. Cette valeur est déterminée sur le marché mondial des changes.

Les régimes de taux de change L'un des choix fondamentaux qui s'offrent au gouvernement canadien et à la Banque du Canada a des conséquences importantes sur la politique monétaire canadienne. Il s'agit du choix entre trois types possibles de régime de taux de change.

- Le taux de change fixe
- Le taux de change flexible
- Le taux de change géré

Un **taux de change fixe** est un taux de change maintenu à une certaine valeur par la banque centrale. La Banque du Canada peut, par exemple, adopter le régime de la fixité du taux de change, en décidant que le dollar canadien doit valoir un dollar américain (ou n'importe quelle autre valeur). Pour qu'il soit possible de maintenir ce taux de change, la Banque du Canada doit être prête à acheter des dollars américains ou à vendre des dollars canadiens à ce taux fixe choisi à l'avance. Elle doit donc détenir des réserves de dollars américains suffisamment importantes pour pouvoir le faire.

Un **taux de change flexible** est un taux de change dont la valeur est déterminée par les forces du marché en l'absence de toute intervention de la part de la banque centrale. Un **taux de change géré** est un taux de change dont la valeur dépend dans une certaine mesure de l'intervention de la banque centrale sur le marché des changes. En régime de taux de change géré, l'intervention de la banque centrale n'a pas pour but de maintenir le taux de change fixe à une valeur choisie à l'avance, mais d'atténuer les fluctuations trop prononcées du taux de change.

Entre 1962 et 1970, on avait adopté au Canada un régime de taux de change fixe. Avant 1962 et après 1970, la valeur du dollar canadien a fluctué par rapport à la valeur des autres devises. Lorsqu'un pays adopte le régime de la fixité du taux de change, sa banque centrale perd la marge de manœuvre qui lui permet de déterminer une politique monétaire nationale qui soit indépendante. Pour qu'un régime de taux de change fixe fonctionne, la banque centrale doit être prête à offrir autant, ou aussi peu, de devises nationales que les gens désirent en détenir. La banque centrale ne peut alors exercer un contrôle sur la masse monétaire du pays.

Nous pouvons comparer la banque centrale à un monopoleur qui vend de l'eau de source. Le monopoleur peut choisir le prix auquel il désire vendre son eau et laisser au marché le soin de déterminer la quantité qui sera achetée à ce prix. Le monopoleur peut aussi choisir son niveau de production et laisser le marché établir le prix auquel cette quantité d'eau sera vendue. Le monopoleur ne peut choisir à la fois le prix et la quantité. Pour ce qui est de l'offre de dollars canadiens, la Banque du Canada joue le rôle du monopoleur. Elle peut choisir la quantité offerte, sans toutefois pouvoir fixer le prix auquel les dollars canadiens seront échangés contre des devises étrangères (ou contre des biens et services étrangers). Inversement, la Banque du Canada peut fixer le prix auquel le dollar canadien sera échangé contre d'autres devises (le dollar américain, par exemple) mais, par le fait même, elle cesse d'exercer un contrôle sur la quantité de dollars canadiens en circulation.

En laissant la valeur du dollar canadien fluctuer, la Banque du Canada conserve le contrôle sur la politique monétaire du pays; elle peut donc faire varier la masse monétaire et les taux d'intérêt. Nous examinerons de quelle façon la Banque du Canada exerce ce contrôle dans le reste du chapitre. Nous nous attarderons, au chapitre 18, sur la manière dont la valeur du dollar canadien est déterminée sur le marché des changes. Nous verrons aussi quels sont les effets de la politique des taux d'intérêt de la Banque sur le dollar. Voyons maintenant les outils qu'utilise la Banque pour élaborer sa politique monétaire.

Les outils de la politique monétaire

La Banque du Canada assume de nombreuses responsabilités, mais nous n'examinerons que la plus importante: la gestion de la quantité de monnaie en circulation au Canada et la détermination des taux d'intérêt. Comment la Banque du Canada parvient-elle à contrôler la masse monétaire? Elle y parvient en rajustant les réserves du système bancaire. C'est également grâce à ces rajustements et en acceptant d'accorder des prêts aux autres banques que la Banque du Canada réussit à empêcher les paniques financières et les faillites bancaires.

La Banque du Canada se sert principalement de trois outils pour atteindre les objectifs qu'elle se fixe:

- Les réserves obligatoires
- Le taux d'escompte
- Les opérations sur le marché libre

Les réserves obligatoires Toutes les banques à charte du Canada (et les autres établissements financiers) doivent détenir des réserves égales ou supérieures à celles qui leur sont imposées par la loi. Le montant minimal de réserves qu'une banque est autorisée à détenir s'appelle les **réserves obligatoires**. Celles-ci représentent un pourcentage minimal de divers types de dépôts.

Le taux d'escompte Le **taux d'escompte** est le taux d'intérêt auquel la Banque du Canada prête des réserves aux banques à charte. La Banque révise le taux d'escompte chaque jeudi et le calcule à partir d'une formule qui établit le rapport entre le taux d'escompte et les variations du taux d'intérêt sur les bons du Trésor à trois mois du gouvernement du Canada. Le taux d'escompte se situe habituellement un quart de point de pourcentage au-dessus du taux de rendement des bons du Trésor. En pratique, les banques à charte n'empruntent pas beaucoup à la Banque du Canada. Le taux d'escompte n'a donc pas d'effet concret sur les profits des banques à charte. Il sert plutôt de baromètre, indiquant l'attitude de la Banque du Canada vis-à-vis des taux d'intérêt à court terme. Une hausse du taux d'escompte peut indiquer que la Banque du Canada cherche à resserrer les conditions monétaires. Certains taux d'intérêt varient en réponse au signal donné par le changement du taux d'escompte. La variation de ces taux d'intérêt n'est cependant pas la conséquence directe de la hausse du coût des réserves que les banques empruntent.

Ces deux outils de la politique monétaire ont relativement peu d'importance comparativement au troisième: les opérations sur le marché libre.

Les opérations sur le marché libre L'achat et la vente de titres du gouvernement – bons du Trésor et obligations – par la Banque du Canada sont des **opérations sur le marché libre**. Lorsque la Banque du Canada vend des titres, ceux-ci sont payés grâce aux dépôts et aux réserves bancaires, ce qui a pour effet de resserrer les conditions monétaires et les conditions de crédit. Lorsque les réserves sont faibles, les banques accordent moins de prêts et les taux d'intérêt augmentent. En achetant des titres du gouvernement, la Banque du Canada crée plus de réserves pour les banques, ce qui rend les conditions de crédit plus faciles. Lorsque leurs réserves augmentent, les banques octroient plus de prêts et les taux d'intérêt baissent. Pour bien comprendre les opérations de la Banque du Canada sur le marché libre, nous devons d'abord examiner la structure du bilan de la Banque du Canada.

Le bilan de la Banque du Canada

Le bilan de la Banque du Canada pour le mois de décembre 1991 apparaît au tableau 11.1. L'actif, du côté gauche, représente les avoirs de la Banque, et le passif, du côté droit, représente ses dettes. Parmi les éléments d'actif de la Banque du Canada, on relève en majorité des titres du gouvernement du Canada. L'aspect le plus important du bilan de la Banque se trouve du côté du passif.

Les billets de la Banque du Canada en circulation constituent l'essentiel du passif de la Banque du Canada. Il s'agit des billets de banque que nous utilisons pour effectuer nos opérations quotidiennes. Nous gardons certains de ces billets dans nos poches, dans nos portefeuilles, dans les caisses et les coffres des banques et des autres établissements financiers.

Vous vous demandez sans doute pourquoi les billets de la Banque du Canada constituent un élément de son passif. Au chapitre 10, nous avons vu que, lorsque les consommateurs ont commencé à utiliser les billets, ils pouvaient réclamer l'équivalent en or à la banque qui avait émis le billet. Ces billets étaient appelés *papier-monnaie convertible* parce que nous pouvions les échanger contre de l'or (ou une autre marchandise comme l'argent) sur demande et à un prix garanti. Ainsi, lorsqu'une banque émettait un billet, elle s'engageait à l'échanger contre une certaine marchandise. De nos jours, les billets de banque ne sont pas convertibles. Un **billet non convertible** est un billet de banque qui n'est pas échangé contre une marchandise donnée et dont la valeur est fixée par un décret gouvernemental, d'où l'expression *monnaie fiduciaire*. Ces billets constituent le passif légal de la banque qui les émet. Ils ne sont pas garantis par des réserves de marchandises, mais par les titres et les prêts qui sont détenus. Les billets de la Banque du Canada sont garantis par les titres du gouvernement du Canada qu'elle détient.

Les dépôts détenus par les banques à charte à la Banque du Canada constituent le second élément d'importance du passif de la Banque du Canada. Au chapitre 10, nous avons vu que ces dépôts étaient un des éléments d'actif du bilan des banques à charte. Les autres éléments de passif de la Banque du Canada sont les dépôts du gouvernement du Canada (les comptes bancaires du gouvernement à la Banque du Canada) et les comptes détenus par des banques étrangères (telles que la Bank of England et le Federal Reserve System des États-Unis).

Les deux principaux éléments de passif du bilan de la Banque du Canada constituent la quasi-totalité de la base monétaire. La **base monétaire** est la somme des billets de banque et des pièces métalliques en circulation et des dépôts des banques à charte à la Banque du Canada. Les pièces métalliques ne sont pas émises par la Banque du Canada, mais par le gouvernement du Canada. Elles ne sont donc pas comptées parmi les éléments de passif de la Banque du Canada.

En vendant ou en achetant des titres du gouvernement, la Banque du Canada peut influer directement

Tableau 11.1 Le bilan de la banque du Canada, décembre 91

Actif (en milliards de dollars)		**Passif (en milliards de dollars)**		
Titres du gouvernement du Canada	22,0	Billets de la Banque du Canada en circulation	24,4	
Autres éléments d'actif	5,0	Dépôts des banques à charte	1,6	
		Base monétaire (créances)		26,0
		Autres éléments de passif		1,0
Total	27,0	Total		27,0

Source : *Revue de la Banque du Canada*, mars 1992, tableau B1.

sur son passif et exercer un effet considérable sur la base monétaire. L'achat et la vente de titres du gouvernement représentent ce qu'on appelle les *opérations de la Banque du Canada sur le marché libre.* Nous allons maintenant voir comment ces opérations sur le marché libre sont réalisées.

Le fonctionnement des opérations sur le marché libre

Lorsque la Banque du Canada dirige une opération sur le marché libre, en achetant des titres du gouvernement, elle augmente les réserves du système bancaire. Lorsqu'elle vend des titres du gouvernement, elle diminue les réserves du système bancaire. Étudions les effets d'une opération sur le marché libre, en observant ce qui se produit lorsque la Banque du Canada achète des titres du gouvernement du Canada pour une valeur de 100 millions de dollars. Les opérations sur le marché libre influent sur le bilan de la Banque du Canada, celui des autres banques et du reste de l'économie. Le tableau 11.2 illustre ces changements dans la valeur des bilans.

Lorsque la Banque du Canada veut acheter des titres, il y a deux vendeurs possibles : les banques et les autres agents dans l'économie. Dans la partie (a) du tableau, nous pouvons observer ce qui se passe lorsque ce sont les banques qui vendent des titres à la Banque

Tableau 11.2 Une opération sur le marché libre

(a) Les banques vendent des titres.

Effets sur le bilan de la Banque du Canada

Variation des éléments d'actif (en millions de dollars)		Variation des éléments de passif (en millions de dollars)	
Titres du gouvernement du Canada	+100	Dépôts des banques (réserves)	+100

Effets sur le bilan des banques

Variation des éléments d'actif (en millions de dollars)		Variation des éléments de passif (en millions de dollars)	
Dépôts des banques (réserves)	+100		
Titres du gouvernement du Canada	−100		

(b) Les banques ne vendent pas de titres.

Effets sur le bilan de la Banque du Canada

Variation des éléments d'actif (en millions de dollars)		Variation des éléments de passif (en millions de dollars)	
Titres du gouvernement du Canada	+100	Dépôts des banques (réserves)	+100

Effets sur le bilan des banques

Variation des éléments d'actif (en millions de dollars)		Variation des éléments de passif (en millions de dollars)	
Dépôts des banques (réserves)	+100	Dépôts	+100

Effets sur le bilan des autres agents

Variation des éléments d'actif (en millions de dollars)		Variation des éléments de passif (en millions de dollars)	
Dépôts	+100		
Titres du gouvernement du Canada	−100		

du Canada. La Banque du Canada paie les titres qu'elle achète en créditant les comptes de dépôt que les banques détiennent à la Banque du Canada. L'actif de la Banque du Canada augmente de 100 millions de dollars (achat de titres additionnels du gouvernement du Canada). Le passif de la Banque du Canada augmente également de 100 millions de dollars (les dépôts bancaires additionnels). Le bilan des banques est aussi modifié, mais leur actif total reste constant. Leurs dépôts auprès de la Banque du Canada s'accroissent de 100 millions de dollars, mais la valeur des titres qu'elles détiennent diminue de 100 millions de dollars.

Dans la partie (b) du tableau, nous voyons ce qui se produit si la Banque du Canada achète des titres auprès d'agents autres que les banques. La valeur des titres détenus par la Banque du Canada augmente de 100 millions de dollars tandis que celle des titres que détiennent les autres agents diminue du même montant. La Banque du Canada paie les titres en émettant des chèques à l'ordre des vendeurs. Les vendeurs déposent ensuite ces chèques dans les banques. Les dépôts bancaires augmentent de 100 millions de dollars. Les banques déposent ensuite ces chèques à la Banque du Canada, qui crédite les comptes des banques de la valeur des chèques. Les dépôts bancaires de la Banque du Canada – c'est-à-dire les réserves – augmentent de 100 millions de dollars.

En achetant des titres sur le marché libre, et ce quel que soit le vendeur, la Banque du Canada augmente les dépôts des banques chez elle et, par la même occasion, les réserves des banques.

Lorsque la Banque du Canada effectue une *vente* de titres sur le marché libre, les effets que nous venons de voir se produisent à l'inverse. En effet, l'actif et le passif de la Banque du Canada diminuent, de même que les réserves des banques.

Comme nous pouvons le constater au tableau 11.2, les opérations sur le marché libre ont des répercussions sur le bilan de la Banque du Canada et sur celui des banques. Mais cela va plus loin encore car, en disposant de réserves plus considérables, les banques peuvent accorder plus de prêts, comme nous l'avons vu au chapitre 10, lorsque Luc avait augmenté la valeur de ses dépôts à la banque de la Pépite d'or. Cette augmentation de la valeur des prêts a un effet important sur la quantité de monnaie en circulation parce que, toujours comme nous l'avons vu au chapitre 10, en octroyant des prêts, les banques créent elles-mêmes de la monnaie. Nous allons maintenant voir comment cette multiplication de la monnaie se produit.

L'effet multiplicateur d'une opération sur le marché libre

Le **multiplicateur monétaire** est le nombre qui multiplie un changement de la valeur de la base monétaire afin d'obtenir le changement induit de la quantité de monnaie.[1] Nous allons étudier l'effet multiplicateur d'une opération sur le marché libre à l'aide d'un exemple dans lequel la Banque du Canada achète des titres auprès des banques. Même si cette opération sur le marché libre entraîne une hausse des réserves des banques, elle n'a pas d'effets immédiats sur la quantité de monnaie en circulation. Les banques détiennent simplement plus de réserves et moins de titres du gouvernement du Canada. Cependant, les banques possèdent maintenant des réserves excédentaires. Lorsque les banques ont des réserves excédentaires, il se produit une série d'événements, illustrés à la figure 11.1, et énumérés ci-dessous.

- Les banques prêtent leurs réserves excédentaires.
- On utilise les nouveaux prêts pour effectuer des paiements.
- Les ménages et les entreprises reçoivent des paiements grâce à ces nouveaux prêts.
- Une partie de ces revenus est détenue sous forme de monnaie hors banques ; il se produit donc un *drainage monétaire.*
- Une partie de ces revenus est déposée dans les banques.
- Les réserves des banques s'accroissent (d'un montant égal à l'augmentation des dépôts).
- Les réserves désirées augmentent (d'une fraction du montant de l'augmentation des dépôts, soit le coefficient de réserve désiré).
- Les réserves excédentaires diminuent mais restent positives.
- La masse monétaire s'accroît d'un montant égal à la valeur du drainage monétaire et à l'augmentation des dépôts bancaires.

La suite d'événements que nous venons d'énumérer se compare à celle que nous avions étudiée au chapitre 10 où, cependant, nous n'avions pas tenu compte du drainage monétaire. La série d'événements se répète plusieurs fois mais avec, chaque fois, une quantité plus faible de réserves excédentaires. Le processus se poursuit jusqu'à épuisement des réserves excédentaires.

---

1 Au chapitre 10, nous avons utilisé le multiplicateur *simple* de la monnaie, qui est défini comme le nombre qui multiplie un changement dans les réserves bancaires afin d'obtenir la variation induite dans les dépôts totaux des banques. Le *multiplicateur monétaire* et le *multiplicateur simple de la monnaie* sont reliés, mais représentent des notions différentes. Il ne faut donc pas les confondre.

Figure 11.1 Le processus du multiplicateur à la suite d'une opération sur le marché libre

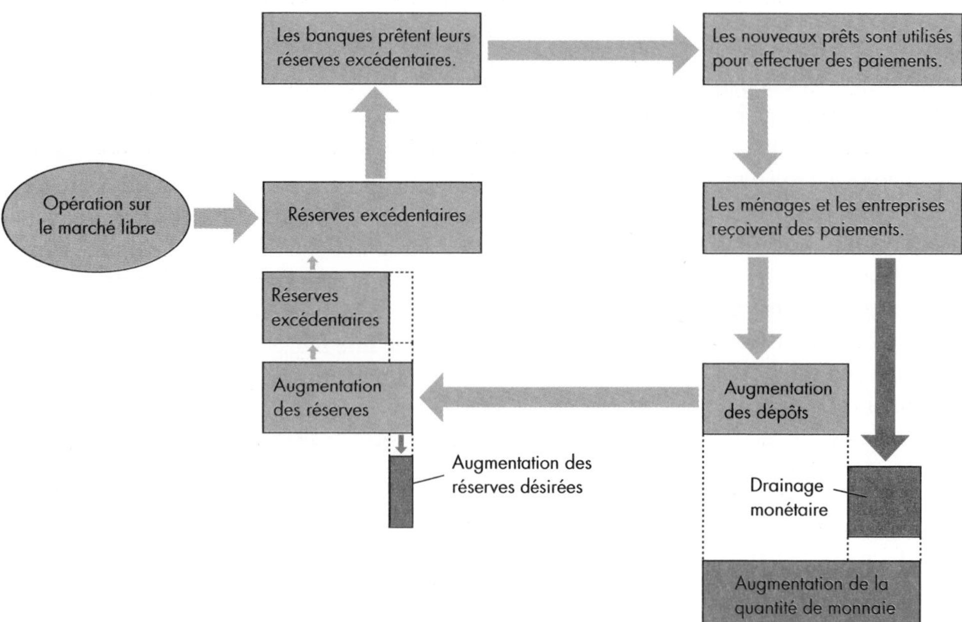

L'achat de titres du gouvernement canadien sur le marché libre a pour effet d'augmenter les réserves des banques et de créer des réserves excédentaires. Les banques prêtent leurs réserves excédentaires et ces nouveaux prêts servent à effectuer des paiements. Les ménages et les entreprises qui reçoivent ces paiements en conservent une partie sous forme de monnaie hors banques – ce qu'on appelle *drainage monétaire* – et déposent le reste dans les banques. L'augmentation des dépôts a pour effet de gonfler les réserves des banques de même que leurs réserves désirées. Puisque l'augmentation des réserves désirées est moindre que celle des réserves effectives, les banques disposent toujours de réserves excédentaires, mais en moins grande quantité qu'auparavant. Le processus se répète jusqu'à épuisement des réserves excédentaires. Les deux composantes de l'augmentation de la masse monétaire sont le drainage monétaire et la hausse des dépôts.

Le tableau 11.3 présente les montants des nouveaux prêts, du drainage monétaire, de l'augmentation des dépôts et des réserves, de la hausse des réserves désirées, de même que de la variation des réserves excédentaires à chaque étape du processus du multiplicateur. L'opération initiale sur le marché libre a entraîné un accroissement des réserves bancaires mais, puisque la valeur des dépôts n'a pas changé, le montant des réserves désirées n'a pas varié. Les banques disposent de réserves excédentaires d'une valeur de 100 millions de dollars. Elles prêtent ces réserves. Lorsque l'argent emprunté aux banques est dépensé, une partie de cet argent retourne aux banques sous forme de dépôts additionnels et une autre partie est drainée sous forme de monnaie hors banques. Dans le tableau, nous supposons que les deux tiers des sommes prêtées par les banques deviennent des dépôts et que l'autre tiers est drainé et gardé sous forme de numéraire par les ménages et les entreprises. Ainsi, lorsque les banques prêtent le montant initial de 100 millions de dollars de réserves excédentaires, 66,67 millions de dollars leur reviennent sous forme de dépôts et 33,33 millions de dollars sont drainés hors des banques et détenus sous forme de numéraire. La quantité de monnaie a donc augmenté de 100 millions de dollars, soit du montant de la hausse des dépôts et du numéraire détenu.

La hausse des dépôts bancaires entraîne à son tour une augmentation des réserves désirées des banques. Nous supposons que le coefficient de réserve désiré est de 3 %. Donc, une augmentation des dépôts de 66,67 millions de dollars provoque un accroissement des réserves désirées de 2 millions de dollars. Cependant, les réserves effectives ont augmenté du même montant que les dépôts, soit de 66,67 millions de dollars. Par conséquent, les banques disposent maintenant de réserves excédentaires d'une valeur de 64,67 millions de dollars.

À présent, nous avons terminé la première étape. Nous avons suivi le cheminement des événements apparaissant à la figure 11.1. Les banques ont encore

Tableau 11.3 L'effet multiplicateur d'une opération sur le marché libre

Étape	Réserves excédentaires au début de l'étape	Nouveaux prêts	Variation des dépôts	Drainage monétaire	Variation des réserves	Variation des réserves désirées	Réserves excédentaires à la fin de l'étape	Variation de la quantité de monnaie
				(en millions de dollars)				
1	100,00	100,00	66,67	33,33	66,67	2,00	64,67	100,00
2	64,67	64,67	43,11	21,56	43,11	1,29	41,82	64,67
3	41,82	41,82	27,88	13,94	27,88	0,84	27,04	41,82
4	27,04	27,04	18,03	9,01	18,03	0,54	17,49	27,04
5	17,49	17,49	11,66	5,83	11,66	0,35	11,31	17,49
6	11,31	11,31	7,54	3,77	7,54	0,23	7,31	11,31
7	7,31	7,31	4,87	2,44	4,87	0,15	4,72	7,31
8	4,72	4,72	3,15	1,57	3,15	0,09	3,06	4,72
9	3,06	3,06	2,04	1,02	2,04	0,06	1,98	3,06
10	1,98	1,98	1,32	0,66	1,32	0,04	1,28	1,98
	.	.	.	.	.	.	.	.
	.	.	.	.	.	.	.	.
	.	.	.	.	.	.	.	.
	.	.	.	.	.	.	.	.
Toutes les autres		3,62	2,41	1,21		0,07		3,62
Total		283,02	188,68	94,34		5,66		283,02

des réserves excédentaires, mais celles-ci sont passées au cours de cette étape de 100 millions de dollars au début à 64,67 millions de dollars à la fin. La deuxième étape s'amorce alors.

Lorsque les banques prêtent leurs réserves excédentaires (64,67 millions de dollars) et que nous dépensons l'argent provenant de ces prêts, les deux tiers du montant prêté (43,11 millions de dollars) retournent aux banques sous forme de dépôts et le tiers (21,56 millions de dollars) est détenu en monnaie hors banques. La quantité de monnaie a maintenant augmenté de 64,67 millions de dollars, pour atteindre le total de 164,67 millions de dollars. Et la roue continue de tourner. Le tableau 11.3 présente les dix premières étapes du processus et regroupe toutes les autres étapes dans l'avant-dernière ligne du tableau. À la fin du processus, la hausse de la quantité de monnaie dépasse légèrement les 283 millions de dollars.

La figure 11.2 illustre l'augmentation totale des dépôts, de la monnaie hors banques et de la quantité de monnaie. Comme nous pouvons le voir, lorsque l'opération sur le marché libre se met en marche (représentée par OML dans la figure), il n'y a pas de changement immédiat de la masse monétaire et de ses composantes. Puis, après la première étape de prêts bancaires, la masse monétaire augmente de 100 millions de dollars, soit la valeur de l'opération sur le marché libre. Au cours des étapes suivantes, la masse monétaire et ses composantes continuent de croître mais de moins en moins. Au bout de dix étapes, les ajustements de la monnaie hors banques, des dépôts et de la masse monétaire sont presque terminés.

Quels facteurs déterminent la valeur du multiplicateur monétaire et quelle est-elle au Canada?

Le multiplicateur monétaire du Canada

Le multiplicateur monétaire s'obtient en calculant le rapport entre la quantité de monnaie et la base monétaire.

$$\text{Multiplicateur monétaire} = \frac{\text{Quantité de monnaie}}{\text{Base monétaire}}.$$

La valeur du multiplicateur monétaire dépend de la définition de l'agrégat monétaire retenu. Le

Figure 11.2 L'effet multiplicateur d'une opération sur le marché libre

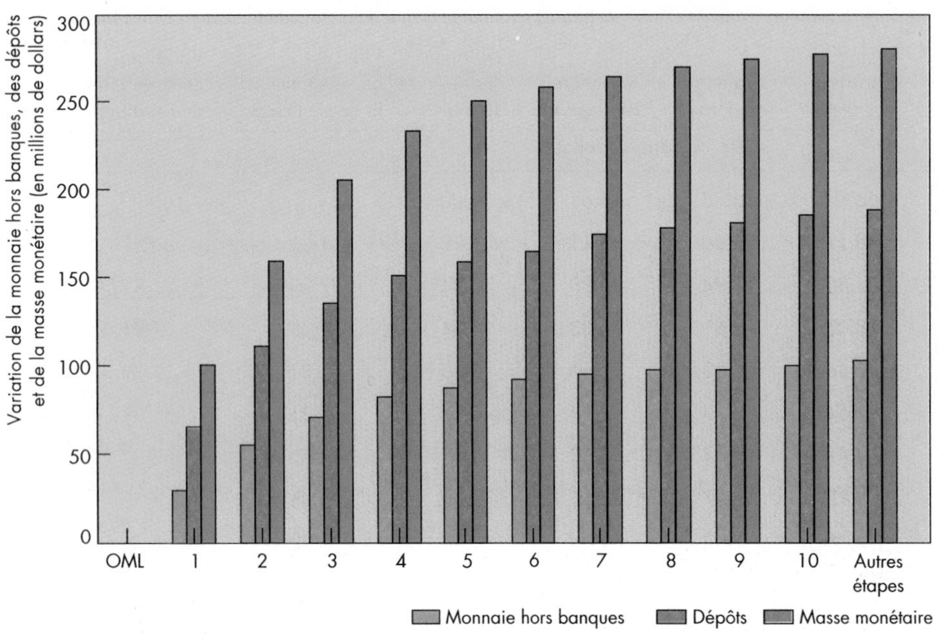

Une opération sur le marché libre (OML) par laquelle les banques vendent des titres du gouvernement n'a aucun effet direct sur l'offre de monnaie, mais crée des réserves excédentaires dans le système bancaire. Lorsque les banques octroient des prêts avec ces réserves et que nous utilisons ces prêts pour acheter des biens et services, les dépôts des banques et la monnaie hors banques augmentent. Chaque fois que nous dépensons l'argent provenant des nouveaux prêts, une part retourne au système bancaire sous forme de réserves et de dépôts additionnels. Les banques continuent d'augmenter leurs prêts jusqu'à épuisement de leurs réserves excédentaires. Le multiplicateur monétaire détermine l'ampleur de l'augmentation de l'offre de monnaie qui s'ensuit.

tableau 11.4 présente les valeurs des multiplicateurs de M1, M2, M3 et M2+ pour le Canada entre 1988 et 1991. Comme vous pouvez le voir, le multiplicateur de M1 se situe entre 2,0 et 2,2; le multiplicateur de M2, entre 12,0 et 13,8; le multiplicateur de M3, entre 14,7 et 16,3; et le multiplicateur de M2+, entre 20,4 et 26,0. Ces valeurs nous indiquent que, si la base monétaire varie de 1 million de dollars, M1 variera de 2 millions de dollars environ; M2, de près de 14 millions de dollars; M3, de plus de 16 millions de dollars; et M2+, de 26 millions de dollars environ.

Nous pouvons comparer la base monétaire à la base d'une pyramide monétaire renversée. La base monétaire se divise en monnaie hors banques et en réserves. Chaque dollar de monnaie hors banques ajoute un dollar à la masse monétaire. Chaque dollar de réserves engendre un multiple de lui-même à la masse monétaire et, plus le multiple est grand, plus la définition de la masse monétaire s'élargit. En modifiant la base monétaire, la Banque du Canada fait varier les réserves. La variation des réserves a un effet multiplicateur sur la quantité de monnaie en circulation.

Tableau 11.4 Le multiplicateur monétaire

Année	Base monétaire (*BM*)	(M1)	(M2)	(M3)	(M2+)	M1 multiplicateur monétaire (M1/*BM*)	M2 multiplicateur monétaire (M2/*BM*)	M3 multiplicateur monétaire (M3/*BM*)	M2+ multiplicateur monétaire (M2+/*BM*)
1988	16,7	37,6	200,9	245,2	341,4	2,2	12,0	14,7	20,4
1989	17,9	39,4	229,4	274,9	422,3	2,2	12,8	15,4	23,6
1990	18,8	38,6	253,8	301,9	473,7	2,1	13,5	16,1	25,2
1991	19,8	39,9	273,0	323,3	515,0	2,0	13,8	16,3	26,0

Source : Revue de la Banque du Canada, mars 1992, tableaux A1 et E1.

Pourquoi les multiplicateurs monétaires sont-ils relativement stables? Ils sont stables parce que leurs valeurs dépendent de deux fractions qui ne varient pas beaucoup:

- Le montant du numéraire détenu par les ménages et les entreprises divisé par la valeur totale des dépôts
- Le montant des réserves détenues par les banques divisé par la valeur totale des dépôts

Le tableau 11.5 démontre le rapport existant entre le multiplicateur monétaire et ces deux fractions. Il présente également des données qui illustrent la façon de calculer le multiplicateur de M1. Le montant du numéraire détenu par les ménages et les entreprises est à peu près égal à 0,8 fois les dépôts transférables par chèque compris dans M1. De la même manière, la monnaie hors banques forme 44 % de M1; et les dépôts, 56 %. Les réserves représentent environ 10 % (0,1) des dépôts contenus dans M1. Nous avons utilisé cette valeur comme coefficient de réserve désiré. En utilisant ces données dans la formule développée dans le tableau, nous obtenons un multiplicateur de M1 égal à 2.

Tableau 11.5 Calcul du multiplicateur monétaire

	En général	Données de M1
1. Variables		
Monnaie hors banques	H	
Réserves des banques	R	
Base monétaire	BM	
Dépôts dans les banques	D	
Offre de monnaie	M	
Multiplicateur monétaire	mm	
2. Définitions		
La base monétaire (la somme de la monnaie hors banques et des réserves des banques)	$BM = H + R$	
L'offre de monnaie (la somme des dépôts et de la monnaie hors banques)	$M = D + H$	
Le multiplicateur monétaire (le rapport entre l'offre de monnaie et la base monétaire)	$mm = M/BM$	
3. Rapports		
Monnaie hors banques et dépôts	H/D	0,8
Réserves et dépôts	R/D	0,1
4. Calculs		
Commencez par la définition	$mm = M/BM$	
Utilisez les définitions de M et de BM pour obtenir	$mm = \dfrac{D+H}{H+R}$	
Divisez le numérateur et le dénominateur par D.	$mm = \dfrac{1 + H/D}{H/D + R/D}$	$\dfrac{1+0{,}8}{0{,}8+0{,}1}$
		$= \dfrac{1{,}8}{0{,}9}$
		$= 2{,}0$

À RETENIR

La Banque du Canada est la banque centrale du pays. C'est elle qui agit sur la quantité de monnaie en circulation en faisant varier les réserves excédentaires du système bancaire. La Banque dispose de trois outils de gestion: les réserves obligatoires, le taux d'escompte et les opérations sur le marché libre. Les opérations sur le marché libre modifient la valeur des réserves excédentaires du système bancaire et provoquent un effet multiplicateur. Lorsque les banques prêtent leurs réserves excédentaires, une part de l'argent prêté est drainée hors du système bancaire, tandis qu'une autre revient sous forme de dépôts additionnels. Les banques accordent des prêts jusqu'à ce que le drainage monétaire et l'augmentation des réserves désirées aient épuisé les réserves excédentaires. L'effet multiplicateur d'une opération sur le marché libre est fonction de l'ampleur du drainage monétaire et de la valeur du coefficient de réserve désiré des banques.

■ ■ ■

En effectuant une opération sur le marché libre ou en prenant d'autres mesures qui modifient la quantité de monnaie en circulation, la Banque du Canada ne cherche pas seulement à modifier la masse monétaire. Elle désire aussi influer sur le cours de l'économie, particulièrement sur le niveau de la production, l'emploi et les prix. Cependant, les effets de ses mesures sont indirects. À court terme, la Banque du Canada cherche à faire varier les taux d'intérêt. Pour mieux comprendre pourquoi les mesures de la Banque du Canada ont une incidence sur les taux d'intérêt, nous devons étudier la relation qui existe entre les taux d'intérêt et la quantité de monnaie. D'abord, attardons-nous sur la demande de monnaie.

La demande de monnaie

La quantité de monnaie que nous *recevons* chaque semaine en échange de notre travail constitue un revenu – il s'agit d'un *flux*. La quantité de monnaie que nous *gardons* dans nos portefeuilles ou dans nos comptes bancaires représente un *stock*. Le montant de revenu, ou flux, que nous aimerions recevoir chaque semaine est illimité. Cependant, il y a une limite au stock de monnaie que chacun de nous désirerait en moyenne détenir.

Pourquoi détenir de la monnaie?

Pourquoi détenons-nous de la monnaie? Pourquoi avons-nous des billets de banque et des pièces de monnaie dans nos poches et nos portefeuilles et pourquoi conservons-nous de la monnaie dans un compte à la banque de notre quartier?

Nous détenons de la monnaie pour trois raisons:

- Pour effectuer des transactions
- Par précaution
- Pour spéculer

Les transactions Nous détenons de la monnaie principalement pour pouvoir effectuer des transactions et pour réduire le coût de celles-ci. En ayant en main des espèces, nous pouvons financer de petites transactions comme l'achat d'un repas à la cafétéria de l'université. Si nous ne conservions pas d'espèces, nous devrions nous rendre à la banque tous les midis et retirer l'argent nécessaire pour payer notre repas. Le coût d'opportunité de ces transactions, compte tenu de la perte de temps qui pourrait autrement être consacré aux études ou aux loisirs, serait considérable. Nous nous épargnons ce coût d'opportunité en gardant assez d'argent pour effectuer nos achats habituels au cours d'une période donnée, souvent une semaine.

Nous conservons également de la monnaie sous forme de dépôts bancaires pour effectuer des transactions comme le paiement du loyer ou d'autres factures tel le compte de téléphone ou d'électricité. Plutôt que de garder de l'argent sous forme de dépôts à la banque pour effectuer nos paiements, nous pourrions investir tous nos avoirs à la Bourse ou sur le marché des obligations en achetant des actions de la société Labatt ou des obligations du gouvernement du Canada. Ce faisant, nous serions obligés d'appeler notre courtier et de vendre quelques actions ou obligations chaque fois que nous aurions à payer notre propriétaire, Bell Canada ou Hydro-Québec. À nouveau, ces transactions engendreraient des coûts d'opportunité. En détenant de la monnaie dans des comptes bancaires, nous pouvons éliminer ces coûts.

La quantité de monnaie que nous détenons individuellement pour financer nos transactions varie au cours de la semaine ou du mois. Par contre, les encaisses totales de monnaie détenues pour financer l'ensemble des transactions fluctuent assez peu dans la mesure où une personne reçoit toujours ce qu'une autre dépense.

Avant de payer les salaires de leurs employés, les entreprises détiennent une quantité maximale de monnaie. Les ménages détiennent un maximum de monnaie juste après avoir été payés. À mesure que les ménages dépensent leurs revenus, la quantité de monnaie qu'ils détiennent fléchit et celle des entreprises augmente. Les entreprises détiennent en fait une quantité élevée de monnaie, et c'est ce qui explique que la quantité moyenne de monnaie détenue est si élevée. La quantité moyenne de monnaie détenue par les ménages est nettement inférieure aux moyennes que nous avons données au début de ce chapitre pour l'ensemble de l'économie.

Par précaution Nous détenons également de la monnaie afin de faire face aux événements imprévisibles qui entraînent des dépenses imprévues. Par exemple, lors d'un voyage à l'extérieur de la ville, vous pourriez avoir sur vous plus d'argent au cas où votre voiture tomberait en panne et que vous deviez la faire réparer. Ou encore, quand vous allez magasiner pour profiter des soldes du mois de janvier, vous apportez plus d'argent au cas où vous trouveriez une aubaine que vous ne pourriez laisser passer.

La spéculation Finalement, nous détenons de la monnaie pour éviter d'avoir à subir des pertes sur des actions ou des obligations dont la valeur est appelée à se déprécier. Supposons, par exemple, que vous ayez prévu le krach d'octobre 1987 une semaine à l'avance. Le vendredi après-midi, avant la fermeture des marchés, vous auriez vendu toutes vos actions afin de placer temporairement votre argent dans un compte bancaire pour la fin de semaine. Vous auriez ensuite attendu que le prix des actions baisse à son plus bas niveau prévu. Ce n'est qu'à ce moment-là que vous auriez diminué vos dépôts bancaires et racheté des actions.

Les facteurs ayant une incidence sur la quantité de monnaie détenue

Quels facteurs ont une incidence sur la quantité de monnaie que les ménages et les entreprises décident de détenir? Il existe trois facteurs importants:

- Les prix
- Les dépenses réelles
- Le coût d'opportunité lié à la détention de la monnaie

Plus le niveau des prix est élevé, toutes choses étant égales par ailleurs, plus nous souhaitons détenir de la monnaie. Il en est de même lorsque le niveau des dépenses réelles est élevé. Par contre, plus le coût d'opportunité lié à la détention de la monnaie est important, moins nous désirons détenir de monnaie.

Ces trois facteurs, qui ont une incidence sur la quantité de monnaie que nous choisissons de détenir à titre individuel, se traduisent par trois variables macroéconomiques qui influent sur la quantité agrégée de monnaie demandée:

- Le niveau des prix
- Le PIB réel
- Le taux d'intérêt

Le niveau des prix et la quantité de monnaie demandée

La quantité de monnaie évaluée en dollars courants s'appelle la **quantité de monnaie nominale**. La quantité de monnaie nominale demandée est proportionnelle au niveau des prix. Ainsi, toutes choses étant égales par ailleurs, si le niveau des prix (indice implicite du PIB) augmente de 10 %, nous désirerons détenir 10 % de plus de monnaie nominale qu'auparavant. Cependant, ce qui importe vraiment, ce n'est pas la quantité d'argent que nous détenons mais son pouvoir d'achat. Supposons que, pour vos dépenses hebdomadaires en cinéma et en boissons gazeuses, vous conserviez en moyenne 20 $ dans votre portefeuille. Si votre revenu de même que le prix des films et des boissons gazeuses augmentaient de 10 %, la quantité d'argent que vous détenez en moyenne passerait à 22 $, soit une hausse de 10 %.

La quantité de monnaie mesurée en dollars constants (par exemple, en dollars de 1981) est appelée *monnaie réelle*. La quantité de monnaie réelle est égale à la quantité de monnaie nominale divisée par le niveau des prix. La quantité de monnaie réelle demandée ne dépend pas du niveau des prix. Si le niveau des prix, mesuré par l'indice implicite du PIB, s'établit à 200, nous désirons détenir, en moyenne, la même quantité de monnaie réelle que si l'indice implicite du PIB était de 100. Lorsque le niveau des prix double, la quantité de monnaie nominale demandée double, mais la quantité de monnaie réelle demandée reste la même.

Le PIB réel et la quantité de monnaie réelle demandée

Le niveau du revenu réel, soit le PIB réel pour l'ensemble de l'économie, constitue un facteur important dont dépend la quantité de monnaie réelle demandée. Comme vous le savez, le PIB réel et la dépense réelle agrégée représentent les deux côtés d'une même transaction. La quantité de monnaie demandée par les ménages et les entreprises dépend de la somme des dépenses qu'ils désirent effectuer. Plus les dépenses sont élevées – plus le revenu est important –, plus la quantité de monnaie demandée est grande. Encore une fois, supposons que vous déteniez, en moyenne, 20 $ pour financer vos achats hebdomadaires de films et de boissons gazeuses. À présent, imaginez que les prix de ces biens et de tous les autres biens demeurent constants mais que votre revenu augmente. En conséquence, vous dépensez davantage et gardez sous la main une plus grande quantité d'argent pour financer vos dépenses plus élevées.

Le taux d'intérêt et la quantité de monnaie demandée

Toutes choses étant égales par ailleurs, plus les taux d'intérêt sont élevés, plus la quantité de monnaie réelle demandée est faible. De la même manière, plus les taux d'intérêt sont élevés, plus la vitesse de circulation de la monnaie est élevée. La vitesse de circulation est le rapport entre le PIB réel et la quantité de monnaie réelle demandée.[2] Elle permet de mesurer ce que peut faire une quantité de monnaie donnée. Si la vitesse de circulation est élevée, cela signifie que la monnaie circule rapidement, donc que chaque dollar de monnaie hors banques et chaque dollar de dépôts transférables par chèque peuvent faire beaucoup. Si la vitesse de circulation est faible, cela signifie que la monnaie hors banques et les dépôts circulent lentement.

Même s'il existe des limites physiques à la rapidité de circulation de la monnaie, la vitesse de circulation peut varier énormément. Supposons, par exemple, que quatre personnes possèdent une seule pièce de 1 $ pour tout le groupe. Au lever du soleil, Anne est en possession de la pièce et les trois autres personnes n'ont pas un sou. Anne utilise la pièce à 9 h pour acheter deux tasses de café chez Robert. Robert se sert de la même pièce à midi pour acheter un sandwich chez Charles. Charles dépense la pièce dans l'après-midi pour acheter un cornet de crème glacée chez Denise qui, à son tour, utilise la pièce pour louer un film vidéo chez Anne. Anne conserve la pièce pendant la nuit et les mêmes transactions recommencent le lendemain.

Dans cet exemple, une seule pièce de 1 $ a donné lieu, en une seule journée, à une série de transactions se chiffrant au total à 4 $. Ces transactions comportaient l'achat de deux cafés, d'un sandwich, d'un cornet de

---

[2] Au chapitre 10, nous avons défini la vitesse de circulation en utilisant l'équation d'échange:

$$MV = PY,$$

où M est la quantité de monnaie nominale, V est la vitesse de circulation, P est le niveau des prix et Y est le PIB réel.
Si nous divisons les deux membres de cette équation par P, nous obtenons

$$(M/P)V = Y.$$

Ensuite, si nous divisons les deux membres de la nouvelle équation par la quantité de monnaie réelle (M/P), nous obtenons

$$V = Y/(M/P).$$

Ainsi, la vitesse de circulation est égale au rapport entre le PIB réel et le stock de monnaie réelle.

crème glacée et la location d'un film vidéo. La pièce a circulé rapidement. Avec une faible somme d'argent, on a pu effectuer de nombreuses transactions grâce à une vitesse de circulation élevée.

Ces transactions auraient pu s'effectuer à une vitesse de circulation plus lente, mais avec une plus grande quantité de monnaie. Par exemple, chaque membre du groupe aurait pu commencer et terminer la journée avec 1 $, tout en s'échangeant les mêmes biens. Dans le premier exemple, la vitesse de circulation est égale à 4 : une pièce de 1 $ a servi à financer des transactions d'une valeur de 4 $. Dans le deuxième exemple, la vitesse de circulation est égale à 1 : 4 $ de monnaie ont financé des transactions d'une valeur de 4 $.

La vitesse de circulation a-t-elle des conséquences pratiques ? Nous soucions-nous de la vitesse à laquelle nous utilisons la monnaie ? Eh bien, oui. Une vitesse de circulation élevée entraîne des avantages et des coûts.

Les coûts d'une vitesse de circulation élevée La fréquence des transactions constitue le principal coût d'une vitesse de circulation élevée. En effet, plus la monnaie circule rapidement, plus nous effectuons de transactions, et même parfois à des moments qui nous conviennent peu. Il en résulte des pertes de temps. Dans l'exemple que nous venons de voir, le groupe ne dispose que d'une seule pièce de 1 $. Or, une seule personne à la fois a cette pièce entre les mains. Aucun des autres ne peut faire d'achat avant qu'il n'ait pu vendre un bien. Denise ne pourra pas louer un film vidéo tant qu'elle n'aura pas vendu de crème glacée. Charles ne pourra pas acheter de crème glacée avant d'avoir vendu un sandwich, et ainsi de suite. Par contre, dans l'exemple où chacun possède 1 $, toutes les transactions peuvent s'effectuer à n'importe quel moment de la journée. Par exemple, il pourrait être plus avantageux pour Denise de louer un film chez Anne en se rendant à son travail le matin, plutôt que de s'y rendre en fin d'après-midi. Il pourrait être encore plus pratique pour Denise de louer trois films à la fois et de les garder pendant trois jours. Ainsi, elle n'aurait à se rendre au magasin d'Anne que deux fois par semaine au lieu d'y aller tous les jours. Cependant, pour ce faire, Denise doit disposer de suffisamment d'argent pour pouvoir payer les trois films. Pour effectuer moins de transactions, nous devons posséder plus de monnaie. L'augmentation des coûts des transactions représente le principal inconvénient d'une vitesse de circulation élevée.

Les avantages d'une vitesse de circulation élevée Quels sont les avantages d'une vitesse de circulation élevée ? Si la vitesse de circulation est élevée, la quantité de monnaie détenue est faible par rapport au montant des dépenses effectuées. Moins nous détenons de monnaie, plus nous pouvons posséder d'autres éléments d'actif. Les espèces que nous gardons dans nos poches ne produisent aucun intérêt. Certains dépôts bancaires rapportent de l'intérêt, mais à des taux inférieurs à ceux d'autres éléments d'actif tels que les obligations et les actions. En détenant moins de monnaie et plus d'éléments d'actif dont les taux d'intérêt sont supérieurs à ceux des dépôts bancaires, nous pouvons augmenter nos revenus. Un revenu plus élevé en raison des intérêts représente le principal avantage d'une grande vitesse de circulation.

Le taux d'intérêt et le coût d'opportunité Vous connaissez déjà le principe fondamental selon lequel plus le coût d'opportunité d'un bien augmente, plus les consommateurs tentent de trouver un substitut à ce bien. La monnaie ne constitue pas une exception à cette règle. Le coût d'opportunité lié à la détention de la monnaie correspond aux intérêts que pourraient rapporter d'autres éléments d'actif. Plus le taux d'intérêt est élevé, plus le coût d'opportunité lié à la détention de la monnaie l'est également, et plus les gens s'efforceront de trouver des substituts à la monnaie et de réduire la quantité de monnaie qu'ils détiennent. Les transactions plus nombreuses tiennent lieu de principal substitut à la monnaie détenue. En effectuant un plus grand nombre de transactions en plus petites quantités, les gens peuvent soutenir un niveau donné d'activité économique avec une plus faible quantité de monnaie réelle. Plus le coût d'opportunité lié à la détention de la monnaie est élevé, plus la quantité de monnaie demandée est faible et plus les transactions sont fréquentes. En d'autres termes, plus le taux d'intérêt est élevé, plus la vitesse de circulation est grande.

À RETENIR

La quantité de monnaie demandée dépend du niveau des prix, du PIB réel et du taux d'intérêt. La quantité de monnaie nominale demandée est proportionnelle au niveau des prix. La quantité de monnaie réelle équivaut à la quantité de monnaie nominale divisée par le niveau des prix. La quantité de monnaie réelle demandée augmente avec le PIB réel. Le coût d'opportunité lié à la détention de la monnaie correspond au taux d'intérêt. Le fait de détenir de la monnaie permet de limiter le nombre des transactions. Plus le coût d'opportunité lié à la détention de la monnaie est élevé (plus le taux d'intérêt est élevé), plus la quantité de monnaie réelle demandée est faible et plus la vitesse de circulation est grande.

■ ■ ■

La demande de monnaie réelle

La **demande de monnaie réelle** est la relation entre la quantité de monnaie réelle demandée et le taux d'intérêt, toutes choses étant égales par ailleurs. Pour mieux saisir la notion de demande de monnaie réelle, considérons l'exemple suivant. Nous pouvons représenter la demande de monnaie réelle d'une personne à l'aide d'un barème de demande. Ce barème présente la quantité de monnaie réelle qu'une personne désire détenir à un niveau donné de son revenu réel, mais pour différentes valeurs du taux d'intérêt.

La figure 11.3 nous donne le barème de la famille Tremblay. Le revenu réel de la famille Tremblay est de 20 000 $ par année. Le niveau des prix étant, par hypothèse, de 1 (l'indice implicite du PIB est égal à 100), la quantité de monnaie sera la même, qu'elle soit mesurée en termes nominaux ou réels. Le tableau nous indique comment la quantité de monnaie réelle demandée par la famille Tremblay varie en fonction du taux d'intérêt. Par exemple, à la ligne *a*, le taux d'intérêt est de 7 % par année et la famille Tremblay détient 2400 $ en moyenne. Par ailleurs, lorsque le taux d'intérêt annuel est de 5 %, elle détient 3000 $; quand ce taux tombe à 3 % par année, la quantité de monnaie réelle détenue passe à 4000 $. Le graphique illustre également la courbe de demande de monnaie réelle (*DM*) de la famille Tremblay.

La courbe de demande de monnaie réelle a une pente négative. Il existe une relation entre la quantité de monnaie réelle détenue et le taux d'intérêt dans la mesure où le coût d'opportunité lié à la détention de la monnaie baisse en même temps que le taux d'intérêt. À un taux d'intérêt de 3 %, le coût d'opportunité lié à la détention de la monnaie est faible, et la famille Tremblay conserve en moyenne une quantité élevée de monnaie réelle. Par contre, à un taux de 7 %, le coût d'opportunité lié à la détention de la monnaie est élevé, et la famille Tremblay détient en moyenne une plus petite quantité de monnaie réelle.

Figure 11.3 La demande de monnaie réelle de la famille Tremblay

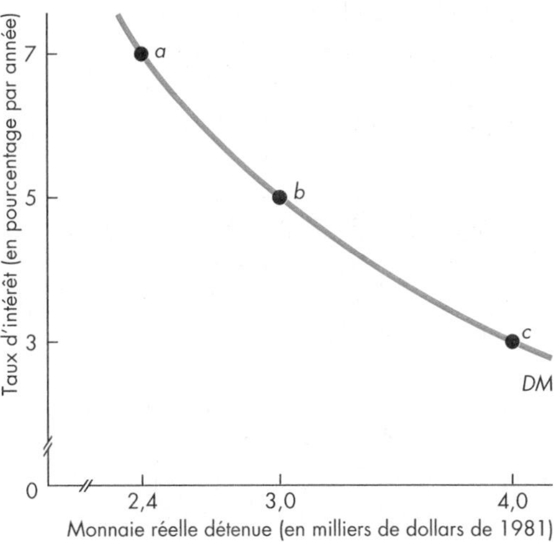

Revenu réel de la famille Tremblay : 20 000 $ – Niveau des prix : 1

	Taux d'intérêt (en pourcentage par année)	Monnaie réelle détenue (en milliers de dollars de 1981)
a	7	2,4
b	5	3,0
c	3	4,0

Le tableau présente le barème de demande de monnaie réelle de la famille Tremblay. Plus le taux d'intérêt est bas, plus la quantité de monnaie réelle que la famille Tremblay a l'intention de détenir est élevée. Le graphique illustre la courbe de demande de monnaie réelle (*DM*) de la famille Tremblay. Les points *a*, *b* et *c* de la courbe correspondent aux données du tableau. Un changement du taux d'intérêt provoque un mouvement sur la courbe de demande. La courbe de demande de monnaie réelle a une pente négative parce que le taux d'intérêt correspond au coût d'opportunité lié à la détention de la monnaie. Plus le taux d'intérêt est élevé, plus l'intérêt auquel on renonce en ne détenant pas un autre élément d'actif l'est aussi.

Les déplacements de la courbe de demande de monnaie réelle

La courbe de demande de monnaie réelle se déplace :

- si le revenu réel varie.
- s'il y a innovation financière.

Les variations du revenu réel Lorsque le revenu réel augmente, la courbe de demande de monnaie réelle se déplace vers la droite et, lorsqu'il diminue, elle se déplace vers la gauche. La figure 11.4 illustre l'incidence du revenu réel sur la courbe de demande de monnaie réelle. Le tableau contenu dans cette figure présente les effets d'une variation du revenu réel sur la quantité de monnaie réelle demandée lorsque le taux d'intérêt est constant à 5 %. Regardons d'abord la ligne *b* du tableau. Nous pouvons y lire que, lorsque le taux d'intérêt est de 5 % et le revenu réel de 20 000 $, la quantité de monnaie réelle demandée par la famille Tremblay est de 3000 $. Cette ligne représente le point *b* de la courbe de demande de monnaie réelle DM_0. Si le taux d'intérêt demeure constant et que le revenu réel tombe à 12 000 $, la quantité de monnaie réelle détenue baisse, passant à 2400 $. Ainsi, comme nous pouvons le voir sur le graphique, la courbe de demande de monnaie réelle se déplace de DM_0 à DM_1. Lorsque le revenu réel de la famille Tremblay atteint

Figure 11.4 Les changements de la demande de monnaie réelle de la famille Tremblay

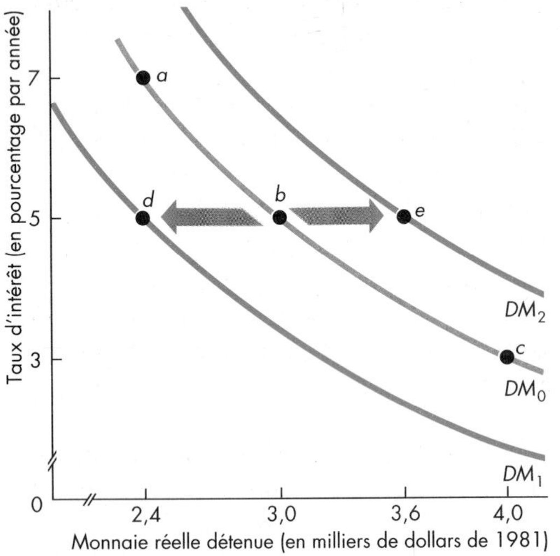

Taux d'intérêt : 5 % – Niveau des prix : 1

	Revenu réel (en milliers de dollars de 1981)	**Monnaie réelle détenue (en milliers de dollars de 1981)**
d	12	2,4
b	20	3,0
e	28	3,6

Lorsque le revenu réel change, la demande de monnaie réelle change aussi. Le tableau montre la quantité de monnaie réelle détenue par la famille Tremblay pour trois différents niveaux du revenu réel, lorsque le taux d'intérêt est constant à 5 %. Le graphique illustre les effets d'un changement du revenu réel sur la courbe de demande de monnaie réelle. Lorsque le revenu réel est de 20 000 \$ et que le taux d'intérêt est de 5 %, la demande de la famille se situe au point *b* de la courbe de demande de monnaie réelle DM_0. Lorsque le revenu réel chute à 12 000 \$, la courbe de demande est représentée par la courbe DM_1; avec un taux d'intérêt de 5 %, la demande de la famille se situe au point *d*. Lorsque le revenu réel s'élève à 28 000 \$, la courbe de demande se déplace en DM_2; avec un taux d'intérêt de 5 %, la demande de la famille se trouve au point *e*.

28 000 \$, la quantité de monnaie détenue augmente, passant à 3600 \$. Dans ce cas, la courbe de demande se déplace vers la droite, de DM_0 à DM_2.

Les innovations financières Les innovations financières entraînent également un changement dans la demande de monnaie réelle et un déplacement de la courbe de demande de monnaie réelle. Au cours des dernières années, la principale innovation faite par les banques et les autres établissements financiers a été la création de comptes chèques à intérêt quotidien. La disponibilité de ressources informatiques peu coûteuses a favorisé cette innovation. Les ordinateurs ont joué un rôle de premier plan dans l'histoire des innovations financières parce qu'ils ont considérablement diminué les coûts des calculs et des mises à jour. Même s'il est techniquement possible de calculer manuellement les intérêts sur les comptes chèques à intérêt quotidien, on ne le fait pas car les coûts en seraient prohibitifs. Puisque les banques ont maintenant accès à de nombreuses ressources informatiques peu coûteuses, elles peuvent offrir un grand choix de facilités de dépôts permettant de convertir des dépôts qui ne sont pas des instruments d'échange en dépôts qui le sont. L'avènement de ces facilités a entraîné une diminution de la demande de monnaie.

La disponibilité de ressources informatiques peu coûteuses dans le secteur financier a également provoqué, en très grande partie, l'utilisation massive des cartes de crédit. Encore une fois, il est possible, mais beaucoup trop coûteux, de faire à la main les mises à jour ainsi que les divers calculs – intérêts et comptes en souffrance – nécessaires au bon fonctionnement d'un système de cartes de crédit. Si tous les calculs devaient être effectués manuellement (ou même à l'aide de calculatrices mécaniques), très peu d'entreprises trouveraient qu'il vaut la peine d'utiliser des cartes de plastique, de manipuler des reçus de vente et de mettre les comptes à jour. Or, l'utilisation massive des cartes de crédit, rendue possible par les ressources informatiques peu coûteuses, a également fait diminuer la demande de monnaie. En effet, grâce à la carte de crédit, il n'est pas nécessaire d'avoir sur soi beaucoup d'argent en espèces pour effectuer ses achats. Plutôt que de détenir de l'argent en espèces pendant tout le mois pour faire nos transactions, nous pouvons conclure nos achats à l'aide d'une carte de crédit et payer la facture le jour de paie, ou quelques jours plus tard. Ainsi, la quantité moyenne de monnaie que nous détenons pendant le mois est beaucoup moindre.

Les innovations financières que nous venons de mentionner ont une incidence sur la demande de monnaie. D'autres innovations financières ont modifié notre mode de détention de la monnaie sans pour autant changer le montant global de ce que nous détenons. Le guichet automatique en est un exemple. Grâce à cette innovation, il nous est possible d'effectuer nos transactions en détenant moins d'argent en espèces parce que nous pouvons en obtenir facilement à peu près n'importe où. Même si l'implantation du guichet automatique a entraîné une diminution de la demande de monnaie hors banques et une augmentation de la demande de dépôts, elle n'a probablement pas eu d'effets sur la demande de monnaie réelle dans son ensemble.

À RETENIR

Nous pouvons illustrer la demande de monnaie par une courbe de demande de monnaie réelle. Cette courbe montre comment la quantité de monnaie réelle demandée varie en fonction du taux d'intérêt. Lorsque le taux d'intérêt varie, il se produit un mouvement le long de la courbe. De la même manière, la vitesse de circulation de la monnaie change. D'autres facteurs ont une incidence sur la quantité de monnaie réelle demandée et entraînent un déplacement de la courbe. Ainsi, une augmentation du revenu réel provoque un déplacement de la courbe de demande vers la droite, tandis que les innovations financières, qui entraînent la création de moyens plus efficaces pour effectuer des transactions et détenir la richesse, provoquent un déplacement de la courbe vers la gauche.

■ ■ ■

Nous venons d'étudier la théorie de la demande de monnaie réelle. À présent, analysons les données sur la monnaie détenue au Canada et voyons en quoi ces données sont liées au revenu réel et au taux d'intérêt.

La demande de monnaie au Canada

Nous venons de voir que la courbe de demande de monnaie réelle, qui nous indique comment la quantité de monnaie réelle demandée varie en fonction du taux d'intérêt, se déplace lorsque le PIB réel varie ou lorsqu'une innovation financière influe sur la monnaie que nous détenons. Étant donné que ces facteurs, qui font déplacer la courbe de demande de monnaie réelle, varient continuellement dans la réalité, il est difficile de «tracer» la courbe de demande de monnaie réelle relative à l'économie réelle.

Nous désirons examiner la courbe de demande de monnaie réelle pour découvrir comment cette courbe se déplace à la suite de variations du revenu et d'autres facteurs qui influent sur elle. Pour y arriver, nous pouvons par exemple étudier la demande de monnaie exprimée en pourcentage du PIB plutôt qu'en dollars. Nous savons que la demande de monnaie varie avec le PIB. En exprimant la quantité de monnaie détenue en pourcentage du PIB, nous pouvons isoler les effets du taux d'intérêt, des innovations financières et des autres facteurs sur la demande de monnaie. De plus, la quantité de monnaie exprimée en pourcentage du PIB est liée à la vitesse de circulation de la monnaie. Nous avons appris que les variations de la vitesse de circulation équivalent à des mouvements le long de la courbe de demande de monnaie réelle. Lorsque la vitesse de circulation est élevée, la quantité de monnaie détenue en pourcentage du PIB est faible. L'une est la figure inverse de l'autre. En étudiant la quantité de monnaie détenue en pourcentage du PIB et en comparant ce pourcentage aux variations du taux d'intérêt, nous pouvons vérifier si la théorie de la demande de monnaie nous fournit une bonne description des changements qui touchent la quantité de monnaie demandée au Canada.

À la figure 11.5, nous avons illustré la relation entre le taux d'intérêt et les quantités demandées de M1 et de M2 (toutes les deux exprimées en pourcentage du PIB). Le graphique (a) a trait à M1 et le graphique (b) à M2. Chaque point des deux graphiques représente la combinaison du taux d'intérêt et de la quantité de monnaie détenue pour une année donnée. Comme on le voit, il n'existe pas une courbe unique et simple de demande de monnaie réelle. La courbe de demande semble plutôt se déplacer.

Dans le cas de M1, il semble y avoir une courbe de demande assez nette pour les années 70, comme l'indique le graphique (a). À mesure que le taux d'intérêt augmente, la quantité demandée de M1 (en pourcentage du PIB) diminue. À la fin des années 70, la courbe de demande de M1 s'est déplacée vers la gauche. En d'autres termes, la demande de M1 a diminué. Cette relation négative entre le taux d'intérêt et la quantité demandée de M1 s'est maintenue jusque dans les années 80, mais pour un montant d'encaisses moindre que celui des années 70.

Le cas de M2 est illustré dans le graphique (b). Tout comme la courbe de demande de M1, celle de M2 s'est déplacée entre les années 70 et 80; cependant, la courbe de demande de M2 s'est déplacée vers la droite. En d'autres termes, il y a eu une augmentation de la demande de M2. Pendant les années 70, à mesure que le taux d'intérêt augmentait, la quantité demandée de M2 diminuait. Ensuite, vers la fin des années 70 et au début des années 80, le taux d'intérêt et la quantité demandée de M2 se sont tous les deux accrus. La relation entre la quantité demandée de M2 et le taux d'intérêt est beaucoup moins précise que la relation existant entre la quantité demandée de M1 et le taux d'intérêt.

Pourquoi, dans les années 80, la demande de M1 a-t-elle diminué alors que la demande de M2 a augmenté? La réponse à cette question réside, en grande partie, dans le fait que les innovations financières et les taux d'intérêt des comptes chèques et des comptes d'épargne ont encouragé les gens à substituer aux comptes d'épargne (composante de M2) les dépôts à vue (composante de M1). De telles substitutions ont été importantes au milieu des années 80, car les comptes d'épargne transférables par chèque rapportaient des intérêts assez élevés. Pendant ces années, la quantité de monnaie détenue sous forme de dépôts à vue a fléchi, tandis que celle qui était détenue sous forme de dépôts d'épargne transférables par chèque s'est accrue à un rythme étonnant. Ce sont ces innovations

Figure 11.5 La demande de monnaie au Canada

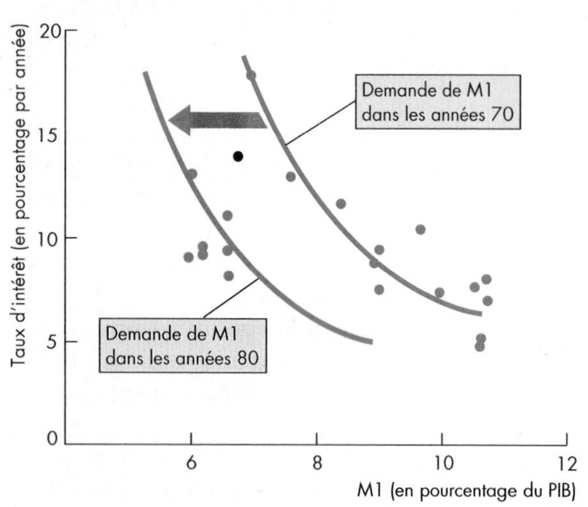

(a) Demande de M1

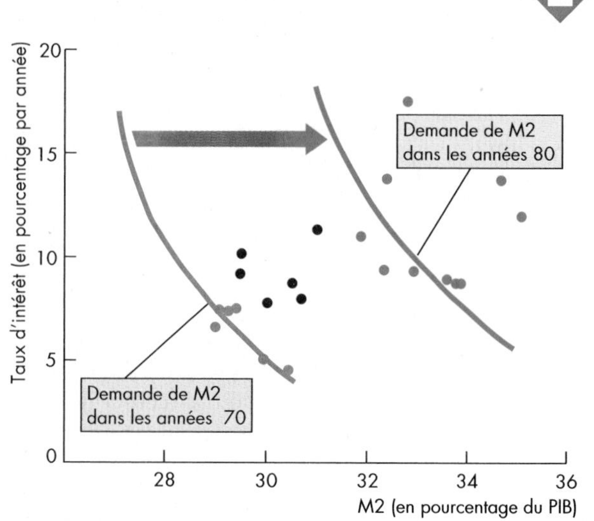

(b) Demande de M2

Le graphique (a) met en relation la quantité de M1, exprimée en pourcentage du PIB, et le taux d'intérêt (le taux d'intérêt des bons du Trésor à trois mois). Dans les années 70, il existait une relation négative très nette entre ces deux variables. La courbe illustrant cette relation s'est déplacée vers la gauche dans les années 80, ce qui a eu pour effet de faire chuter la demande de M1. La baisse s'est produite en raison des innovations financières et des taux d'intérêt particulièrement élevés portant sur les comptes d'épargne transférables par chèque.

Le graphique (b) illustre la demande de M2. Il met en relation la quantité de monnaie M2 détenue (exprimée en pourcentage du PIB) et le taux d'intérêt. La relation entre la quantité demandée de M2 et le taux d'intérêt est moins précise que la relation entre la quantité demandée de M1 et le taux d'intérêt. Néanmoins, la quantité de M2 détenue a tendance à baisser lorsque le taux d'intérêt augmente, tous les autres facteurs demeurant constants par ailleurs. Pendant les années 80, la courbe de demande de M2 s'est déplacée dans le sens opposé de la courbe de demande de M1. La quantité de M2 détenue a augmenté à chaque taux d'intérêt. Cette augmentation est principalement due au fait que les dépôts dans les comptes d'épargne rapportent des intérêts et que les taux d'intérêt se sont accrus durant les années 80.

Source : Taux d'intérêt (Taux d'intérêt des bons du Trésor à trois mois) : CANSIM, série B14007. M1 : CANSIM, série B1627. M2 : CANSIM, série B1630. *Revue de la Banque du Canada.*

financières qui ont entraîné les déplacements des courbes de demande de M1 et de M2 illustrées à la figure 11.5.

Nous pouvons analyser les données résumées à la figure 11.5 d'une autre manière. Le taux d'intérêt, mesuré sur l'axe vertical, représente le coût d'opportunité lié à la détention de la monnaie uniquement dans le cas d'éléments d'actif monétaires qui ne rapportent pas eux-mêmes d'intérêt. La monnaie hors banques et les dépôts à vue sans intérêt font partie de cette catégorie. Donc, M1 constitue essentiellement une forme de monnaie qui ne rapporte pas d'intérêt. Les variations du taux d'intérêt entraînent un changement du coût d'opportunité lié à la détention de ce type de monnaie. Plus le taux d'intérêt est élevé, moins il est avantageux de posséder de la monnaie qui compose M1.

Par contre, tous les autres types de dépôts qui sont inclus dans M2, et non dans M1, rapportent leurs propres intérêts. Les variations des taux d'intérêt provoquent des changements de la demande de M2 qui sont assez indépendants de ceux qu'engendrent les variations des taux d'intérêt dans leur ensemble. En fait, si la différence entre les taux d'intérêt des comptes d'épargne et des autres éléments d'actif était toujours constante, le coût d'opportunité lié à la détention de la monnaie serait également constant. En pratique, les taux d'intérêt des comptes d'épargne varient par rapport aux autres taux d'intérêt. Par conséquent, le coût d'opportunité lié à la détention de comptes d'épargne varie dans le temps. Lorsque les comptes d'épargne produisent des intérêts élevés, il n'y a pas d'avantage à transférer les fonds dans d'autres éléments d'actif (par exemple, les obligations d'épargne du Canada). Lorsque les comptes d'épargne produisent des intérêts relativement faibles, il est avantageux d'en réduire le solde et de transférer des fonds dans des éléments d'actif plus rentables. Ainsi, les fluctuations des taux d'intérêt des dépôts d'épargne entraînent des déplacements de la courbe de demande de M2.

Les variations des taux d'intérêt des comptes d'épargne entraînent également des déplacements de la courbe de demande de M1. Ces déplacements se produisent parce que les comptes chèques et les comptes d'épargne peuvent être substitués l'un à l'autre. Lorsque les taux d'intérêt des comptes d'épargne (un substitut aux dépôts à vue) augmentent, le coût d'opportunité lié à la détention de dépôts à vue s'élève. Il sera donc profitable de réduire la quantité de monnaie détenue sous forme de dépôts à vue et d'augmenter le montant conservé dans les dépôts d'épargne. Les fluctuations des taux d'intérêt relatifs provoquent donc des déplacements des courbes de demande de M1 et de M2.

Nous venons d'étudier les facteurs qui déterminent la demande de monnaie réelle et nous avons vu que, toutes choses étant égales par ailleurs, la quantité de monnaie réelle demandée diminue lorsque le taux d'intérêt augmente. Nous avons également vu que la Banque du Canada pouvait modifier la quantité de monnaie offerte. Nous allons maintenant combiner les notions de demande et d'offre sur le marché monétaire et nous apprendrons comment se détermine le niveau moyen des taux d'intérêt.

La détermination du taux d'intérêt

Un taux d'intérêt est le rendement, exprimé en pourcentage, d'un titre financier, comme une obligation ou une action. Il existe une relation importante entre le taux d'intérêt et le prix d'un élément d'actif financier. Nous allons tout d'abord étudier cette relation avant d'analyser les forces qui jouent sur les taux d'intérêt.

Les taux d'intérêt et les prix des éléments d'actif

Une obligation constitue une promesse d'effectuer une série de paiements. Cette série peut prendre diverses formes mais la plus simple, pour notre exemple, est celle d'une obligation appelée *rente perpétuelle.* Une **rente perpétuelle** est une obligation qui garantit un montant d'argent annuel fixe à perpétuité. L'émetteur ne rachètera (ni ne remboursera) jamais l'obligation; l'obligation continuera toujours de rapporter un montant fixe en dollars chaque année. Le montant fixe en dollars est appelé *coupon.* Étant donné que le coupon correspond à un montant fixe en dollars, le taux d'intérêt de l'obligation varie avec le prix de l'obligation. Le tableau 11.6 illustre la relation caractérisant ces deux éléments.

Premièrement, le tableau nous donne la formule à utiliser pour calculer le taux d'intérêt d'une obligation. Le taux d'intérêt (*r*) correspond au montant figurant sur le coupon (*c*) divisé par le prix de l'obligation (*p*), le tout multiplié par 100 pour obtenir un pourcentage. Le tableau présente également des exemples numériques concernant une obligation dont le coupon vaut 10 $ par année. Si l'obligation coûte 100 $ (ligne *b*), le taux d'intérêt se chiffre à 10 % par année. En d'autres termes, le détenteur d'une obligation valant 100 $ reçoit 10 $ par année.

Les lignes *a* et *c* du tableau 11.6 illustrent deux autres cas. À la ligne *a*, le prix de l'obligation est de 50 $. Puisque le coupon vaut 10 $, le taux d'intérêt est donc de 20 %, soit 10 $ de revenu sur une obligation d'une valeur de 50 $. À la ligne *c*, l'obligation coûte 200 $ et produit un taux d'intérêt de 5 %, soit 10 $ sur une obligation qui vaut 200 $.

Remarquez que la relation qui existe entre le prix d'une obligation et le taux d'intérêt de l'obligation est négative. À mesure que le prix de l'obligation augmente, le taux d'intérêt de l'obligation fléchit. En comprenant bien cette relation, vous pourrez mieux saisir le processus par lequel le taux d'intérêt est déterminé. Étudions maintenant ce processus.

L'équilibre sur le marché monétaire

Le taux d'intérêt est déterminé à chaque instant par l'équilibre des marchés des actifs financiers. Nous pouvons analyser cet équilibre sur le marché monétaire. Nous avons déjà étudié l'offre et la demande de

Tableau 11.6 Le taux d'intérêt et le prix d'une obligation

Formule du taux d'intérêt

r = taux d'intérêt, c = coupon, p = prix de l'obligation

$$r = \frac{c}{p} \times 100$$

Exemples

	Prix de l'obligation (en dollars)	Coupon (en dollars)	Taux d'intérêt (en pourcentage par année)
a	50	10	20
b	100	10	10
c	200	10	5

monnaie. Nous avons également vu que la monnaie constitue un stock. Lorsque le stock de monnaie offert est égal au stock de monnaie demandé, l'équilibre prévaut sur le marché monétaire. L'*équilibre de stock* sur le marché monétaire contraste avec l'*équilibre de flux* sur le marché des biens et services. Un **équilibre de stock** se produit lorsque tout le stock d'un élément d'actif est détenu de façon volontaire. En d'autres termes, quel que soit le stock qui est disponible, les conditions sont telles que les gens désirent détenir ce stock, ni plus, ni moins. Un **équilibre de flux** se produit lorsque la quantité de biens et services offerte au cours d'une période donnée est égale à la quantité demandée pour la même période. Les dépenses d'équilibre que nous avons étudiées au chapitre 9, de même que l'égalité entre la demande et l'offre de PIB réel, représentent des exemples d'équilibre de flux. À présent, étudions l'équilibre de stock et le marché monétaire tout en découvrant comment ils influent sur le niveau des taux d'intérêt.

La quantité de monnaie nominale offerte est déterminée par la politique de la Banque du Canada et par les prêts des banques et des autres intermédiaires financiers. La quantité de monnaie réelle offerte est égale à la quantité de monnaie nominale offerte divisée par le niveau des prix. À un moment donné, il existe un niveau de prix fixe, de sorte que la quantité de monnaie réelle offerte est elle-même fixe.

La courbe de demande de monnaie réelle dépend du niveau du PIB réel. Chaque jour durant une année, le niveau du PIB réel peut être considéré comme fixe. Cependant, le taux d'intérêt, lui, n'est pas fixe. Le taux d'intérêt s'ajuste pour qu'il y ait un équilibre de stock sur le marché monétaire. Si le taux d'intérêt est trop élevé, les gens tentent de détenir moins de monnaie que la quantité disponible; si le taux d'intérêt est trop bas, ils essaient d'en détenir plus. Lorsque le taux d'intérêt est tel que la quantité de monnaie que les gens désirent détenir est égale à la quantité disponible, il y a équilibre de stock.

La figure 11.6 illustre un équilibre sur le marché monétaire. La quantité de monnaie réelle offerte est de 3 milliards de dollars. Le tableau précise la quantité de monnaie réelle demandée, correspondant à trois taux d'intérêt différents, lorsque le PIB réel est constant à 4 milliards de dollars et que le niveau des prix est égal à 1 (l'indice des prix étant égal à 100) et demeure constant.

À un taux d'intérêt de 5 %, la quantité de monnaie réelle demandée s'établit à 3 milliards de dollars, ce qui équivaut à la quantité de monnaie réelle offerte. Le taux d'intérêt d'équilibre est de 5 %. Lorsque le taux d'intérêt est supérieur à 5 %, les gens désirent détenir moins de monnaie que la quantité disponible; lorsqu'il est inférieur à 5 %, les gens désirent en détenir plus. À un taux d'intérêt de 5 %, la quantité totale de monnaie disponible est détenue volontairement.

Comment l'équilibre sur le marché monétaire est-il atteint? Pour répondre à cette question, appuyons-nous sur l'exemple suivant. Premièrement, supposons que le taux d'intérêt soit temporairement égal à 7 %. Dans cette situation, les gens ne souhaiteront détenir que 2 milliards de dollars de monnaie réelle bien que la quantité de monnaie réelle disponible soit de 3 milliards de dollars. Mais, puisqu'il existe 3 milliards de dollars, les gens doivent détenir ce montant. Les gens détiendront plus de monnaie qu'ils ne le veulent. Dans ce cas, ils essaieront de se départir d'une certaine quantité de monnaie. Chacun tentera de réviser ses décisions afin de réduire la quantité de monnaie détenue et de profiter autant que possible du taux d'intérêt de 7 % en achetant plus d'éléments d'actif financiers. Cependant, tous essaieront d'acheter plus d'éléments d'actif et personne ne voudra en vendre. Il y aura alors demande excédentaire d'éléments d'actif financiers comme les obligations. En situation de demande excédentaire, les prix augmentent. Donc, en présence d'une demande excédentaire d'éléments d'actif financiers, les prix des éléments d'actif financiers augmenteront. Comme nous l'avons vu précédemment, il existe une relation inverse entre le prix d'un élément d'actif financier et son taux d'intérêt. À mesure que le prix d'un élément d'actif financier grimpe, son taux d'intérêt baisse.

Si une personne détient plus de monnaie que la quantité demandée, elle voudra se départir d'une certaine quantité de monnaie en achetant plus d'éléments d'actif financiers. Les prix de ces derniers continueront de monter; et les taux d'intérêt, de baisser. C'est seulement lorsque le taux d'intérêt aura atteint 5 % que la quantité totale de monnaie en circulation sera détenue volontairement. Autrement dit, les efforts faits par les gens pour se défaire de la monnaie excédentaire non voulue ne réduisent pas la quantité de monnaie détenue globalement. Ces efforts entraînent plutôt un ajustement du taux d'intérêt à sa valeur d'équilibre.

Le processus que nous venons de décrire peut être renversé en supposant que le taux d'intérêt soit de 3 %. Dans ce cas, les gens désirent détenir 4 milliards de dollars, même si le montant disponible n'est que de 3 milliards. Pour acquérir plus de monnaie, les gens vendront des éléments d'actif financiers. Il y aura une offre excédentaire d'éléments d'actif financiers et les prix baisseront. À mesure que les prix des éléments d'actif fléchiront, leur taux de rendement, ou taux d'intérêt, augmentera. Les gens continueront de vendre des éléments d'actif financiers et tenteront d'acquérir de la monnaie jusqu'à ce que le taux d'intérêt ait atteint 5 %. À ce niveau, la quantité de monnaie disponible est égale à la quantité qu'ils désirent détenir.

Figure 11.6 L'équilibre sur le marché monétaire

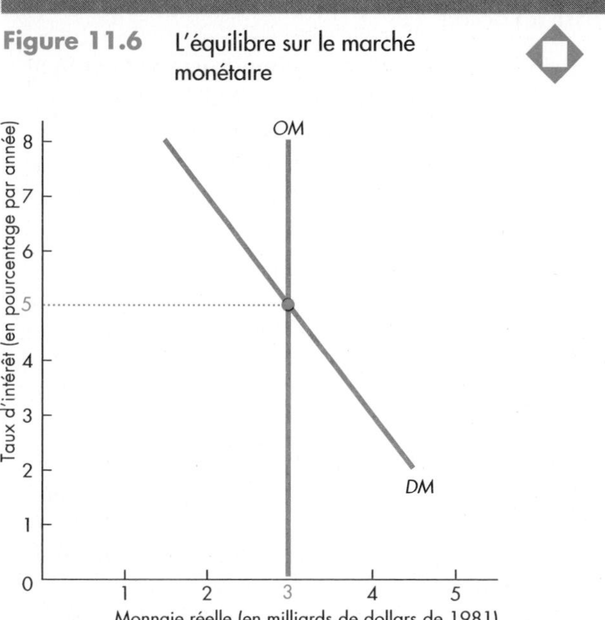

PIB réel : 4 milliards de dollars – Niveau des prix : 1

Taux d'intérêt (en pourcentage par année)	Quantité de monnaie réelle demandée (en milliards de dollars de 1981)	Quantité de monnaie réelle offerte (en milliards de dollars de 1981)
7	2	3
5	3	3
3	4	3

Les ajustements du taux d'intérêt permettent d'atteindre l'équilibre sur le marché monétaire. Si le PIB réel est de 4 milliards de dollars, la courbe de demande de monnaie réelle est représentée par *DM*. Si l'offre de monnaie réelle est de 3 milliards de dollars (courbe *OM*), le taux d'intérêt d'équilibre est de 5 %. À des taux d'intérêt supérieurs à 5 %, la quantité de monnaie réelle demandée est inférieure à la quantité offerte, ce qui a pour effet de faire chuter les taux d'intérêt. À des taux d'intérêt inférieurs à 5 %, la quantité de monnaie réelle demandée excède la quantité offerte et les taux d'intérêt augmentent. Ce n'est que lorsque le taux d'intérêt est de 5 % que la quantité de monnaie réelle en circulation est détenue volontairement.

Le graphique de la figure 11.6 illustre la détermination du taux d'intérêt d'équilibre. La droite verticale *OM*, à 3 milliards de dollars, représente l'offre de monnaie réelle. La courbe de demande de monnaie réelle *DM* croise la courbe d'offre *OM* à un taux d'intérêt de 5 %. À des taux supérieurs à 5 %, la quantité de monnaie réelle offerte excède la quantité de monnaie réelle demandée. À des taux inférieurs à 5 %, la quantité de monnaie réelle demandée excède la quantité de monnaie réelle offerte. Ce n'est que lorsque le taux d'intérêt est égal à 5 % que la demande et l'offre de monnaie réelle sont égales.

Les changements du taux d'intérêt

Supposons que l'économie s'enlise et que la Banque du Canada désire stimuler la demande agrégée et les dépenses. À cette fin, la Banque a l'intention de baisser les taux d'intérêt pour encourager les emprunts et les investissements. Que fait-elle? Comment parvient-elle à réduire les taux d'intérêt?

La Banque du Canada effectue une opération sur le marché libre en achetant des titres du gouvernement auprès des banques, des ménages et des entreprises. En conséquence, la base monétaire augmente et les banques commencent à accorder plus de prêts. L'offre de monnaie s'accroît.

Supposons que l'opération sur le marché libre entreprise par la Banque du Canada soit d'une ampleur suffisante pour que la masse monétaire passe de 3 à 4 milliards de dollars. Cette augmentation, illustrée dans le graphique (a) de la figure 11.7, entraîne un déplacement de la courbe d'offre vers la droite, de OM_0 à OM_1. Le taux d'intérêt baisse à mesure que les gens tentent de réduire la quantité de monnaie qu'ils détiennent en achetant plus d'éléments d'actif financiers. Lorsque le taux a diminué pour atteindre 3 %, les gens détiennent volontairement le stock de monnaie réelle de 4 milliards de dollars que la Banque du Canada et le système bancaire ont maintenant créé.

Inversement, supposons que l'économie croisse trop rapidement et que la Banque du Canada craigne une montée de l'inflation. La Banque décide alors de prendre les mesures nécessaires pour restreindre les dépenses et réduire l'offre de monnaie. Elle effectue alors une opération de vente de titres sur le marché libre. Ce faisant, elle force les banques à puiser dans leurs réserves et à réduire la quantité de leurs prêts. Les banques accordent chaque jour moins de prêts, jusqu'à ce que le stock de prêts tombe à un niveau qui soit compatible avec le niveau plus faible des réserves. Supposons que la Banque du Canada effectue sur le marché libre une opération de vente de titres assez importante pour comprimer l'offre de monnaie réelle et l'amener à 2 milliards de dollars. Maintenant, comme nous pouvons le voir dans le graphique (b) de la figure 11.7, la courbe d'offre de monnaie réelle se déplace vers la gauche, de OM_0 à OM_2. Puisqu'il y a moins de monnaie disponible, les gens tentent d'acquérir plus de monnaie en vendant des éléments d'actif qui rapportent de l'intérêt. Par conséquent, les prix des éléments d'actif diminuent et les taux d'intérêt augmentent. L'équilibre se produit lorsque le taux d'intérêt a atteint 7 %, taux auquel le nouveau stock de monnaie réelle de 2 milliards de dollars est volontairement détenu.

Figure 11.7 La Banque du Canada modifie le taux d'intérêt

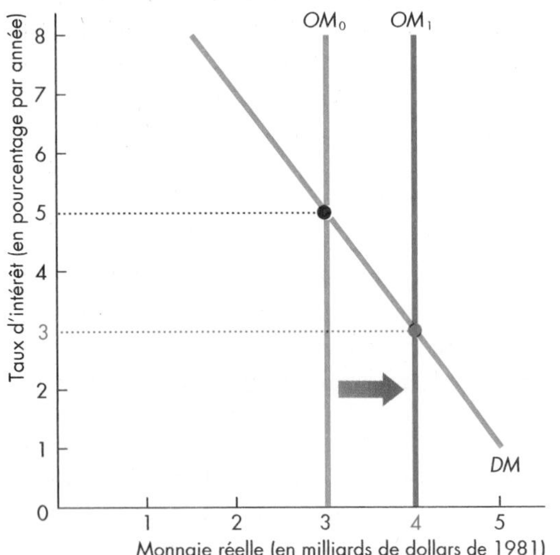

(a) Augmentation de l'offre de monnaie

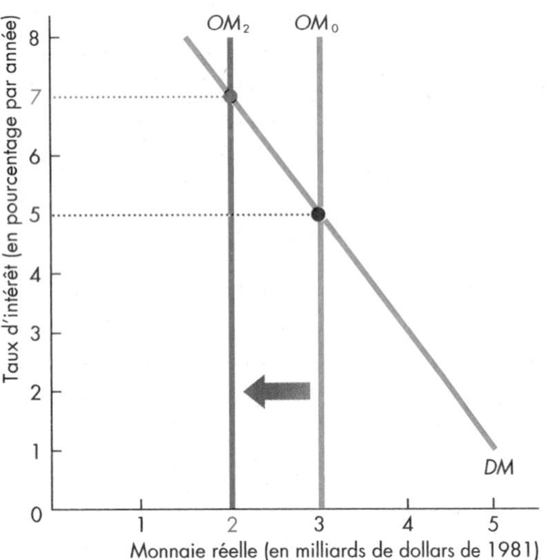

(b) Diminution de l'offre de monnaie

Dans le graphique (a), la Banque du Canada effectue un achat de titres sur le marché libre, ce qui a pour effet de porter l'offre de monnaie à 4 milliards de dollars. La courbe d'offre de monnaie réelle se déplace vers la droite. Le nouveau taux d'intérêt d'équilibre est de 3 %. Dans le graphique (b), la Banque du Canada effectue une vente de titres sur le marché libre, ce qui a pour conséquence de diminuer l'offre de monnaie réelle et de l'amener à 2 milliards de dollars. La courbe d'offre de monnaie se déplace vers la gauche et le taux d'intérêt s'élève à 7 %. En modifiant l'offre de monnaie, à un PIB réel et à un niveau de prix donnés, la Banque du Canada peut rajuster les taux d'intérêt chaque jour ou chaque semaine.

La Banque du Canada passe à l'action

En théorie, tout semble bien simple mais, en pratique, en est-il ainsi? Analysons deux épisodes de l'histoire de la Banque du Canada: l'un tiré d'une période agitée – le début des années 80 – et l'autre de la période qui a suivi le krach boursier de 1987.

La lutte de Gerald Bouey contre l'inflation Au début des années 80, le Canada était pris dans l'engrenage d'une inflation de plus de 10 %. Le gouverneur de la Banque du Canada, Gerald Bouey, suivant la politique de Paul Volcker de la banque centrale des États-Unis (la «Fed»), parvient à contenir l'inflation, et ce en suscitant une forte hausse des taux d'intérêt au début des années 80. Cette escalade des taux d'intérêt a été provoquée par les opérations de la Banque du Canada (et de la «Fed») sur le marché libre. Ces opérations ont entraîné l'amenuisement des réserves des banques et, par conséquent, l'affaiblissement de la croissance de l'offre de prêts et de l'offre de monnaie par rapport à la croissance de leur demande respective. Les taux d'intérêt ont beaucoup augmenté. À présent, revivons cet épisode à l'aide de certaines analyses économiques.

Comme nous l'avons vu à la figure 11.7(b), pour relever les taux d'intérêt, la Banque du Canada doit réduire l'offre de monnaie réelle. Dans la réalité, puisque l'économie croît et que les prix augmentent, un ralentissement de la croissance de l'offre de monnaie nominale est suffisant pour entraîner une hausse des taux d'intérêt. Dans les faits, il n'est pas nécessaire de réduire le niveau du stock nominal de monnaie.

En 1982, le taux de croissance de l'offre de monnaie a été considérablement réduit, comme nous pouvons le voir au tableau 11.7. Ce ralentissement de la croissance monétaire a alors entraîné une hausse vertigineuse des taux d'intérêt. Le taux des bons du Trésor – soit le taux auquel le gouvernement emprunte sur une base de trois mois – s'est accru de 6 %, pour atteindre 18 % ou presque. Le taux d'intérêt hypothécaire – soit le taux auquel les gens empruntent pour acheter une maison – a monté à plus de 20 %. L'économie est entrée dans une récession. Le ralentissement de la croissance de la masse monétaire et l'escalade des taux d'intérêt ont restreint la croissance de la demande agrégée. Le PIB réel a baissé et le taux d'inflation a ralenti.

La Banque et John Crow John Crow est devenu gouverneur de la Banque du Canada au mois de janvier 1987. Au cours des années qui ont précédé sa nomination, le taux de croissance de la masse monétaire a été assez stable et il en a été de même de l'inflation. John Crow, tout comme son prédécesseur, entend mener un combat acharné contre l'inflation et a la ferme intention de contenir le taux de croissance de la masse monétaire.

Tableau 11.7 Les taux de croissance de l'offre de monnaie en 1981 et 1982

Agrégat monétaire	Taux de croissance (en pourcentage par année) 1981	1982
M1	3,3	− 0,1
M2	15,1	9,4
M3	13,2	4,3
M2+	14,2	7,8

Source : *Revue de la Banque du Canada*, mars 1992, tableau A1.

Cependant, en octobre 1987, moins d'un an après avoir été nommé, il devait affronter l'une des plus graves crises qu'un gouverneur de banque centrale puisse connaître: un krach boursier. La Banque du Canada de même que d'autres banques centrales à travers le monde ont craint que ce krach n'entraîne une récession. Afin d'éviter tout signal d'un resserrement financier qui aurait eu pour effet d'amplifier le danger d'une récession, la Banque du Canada a laissé la masse monétaire croître rapidement, de sorte que les taux d'intérêt à court terme ont diminué légèrement.

À mesure que les mois se sont écoulés, il est devenu de plus en plus clair que le krach d'octobre 1987 n'annonçait pas une récession. En effet, le chômage a continué à baisser, le PIB réel à croître, et la crainte d'une recrudescence de l'inflation a remplacé celle d'une récession.

Voulant à tout prix éviter une hausse de l'inflation, la Banque du Canada a de nouveau ralenti la croissance de la masse monétaire, tout comme Gerald Bouey l'avait fait huit ans auparavant, poussant ainsi les taux d'intérêt à la hausse. Les opérations sur le marché libre visaient à créer une pénurie de réserves dans le système bancaire afin de ralentir le taux de croissance de la masse monétaire. En conséquence, pendant l'année 1988, les taux de croissance de tous les agrégats monétaires ont été inférieurs à ce qu'ils avaient été en 1987.

Prévoir la politique de la Banque du Canada: une activité rentable

La Banque du Canada peut en tout temps effectuer des opérations sur le marché libre afin de modifier les taux d'intérêt et la masse monétaire. En augmentant la masse monétaire, elle peut faire baisser les taux d'intérêt; en réduisant la masse monétaire, elle peut les faire augmenter. Les détenteurs d'éléments d'actif financiers connaissent les effets des mesures prises par la Banque du Canada. Ils savent également qu'il existe un lien entre les taux d'intérêt et le prix d'une obligation: plus le taux d'intérêt est élevé, plus le prix d'une obligation est faible. Par conséquent, ils savent qu'en prévoyant les changements de la politique monétaire ils peuvent prévoir les taux d'intérêt futurs, de même que les prix futurs des obligations. La prévision des prix futurs des obligations peut s'avérer une activité très profitable. Prévoir une baisse des taux d'intérêt revient à prévoir une hausse des prix des obligations; il sera donc avantageux de faire l'achat d'obligations. Inversement, prévoir une hausse des taux d'intérêt revient à prévoir une baisse des prix des obligations; il sera donc rentable de vendre des obligations.

Puisqu'il peut être rentable de prévoir la politique de la Banque du Canada, bien des énergies sont investies dans cette activité. Cependant, *si* les gens prévoient correctement les changements que la Banque du Canada apportera à sa politique monétaire, les prix des obligations et les taux d'intérêt varieront à l'avance, dès que les mesures de la Banque du Canada auront été prévues. Lorsque la Banque du Canada appliquera effectivement ses mesures, celles-ci n'auront plus d'effet sur les taux d'intérêt. Seules les variations non anticipées de la masse monétaire modifieront les taux d'intérêt au moment où la Banque du Canada mettra effectivement ses mesures en application.

À tout moment, l'offre et la demande de monnaie déterminent le taux d'intérêt. Le taux d'intérêt s'ajuste de manière à ce que la quantité de monnaie demandée soit égale à la quantité de monnaie offerte. Les changements de la masse monétaire provoquent des variations des taux d'intérêt. Si nous ne pouvons prévoir les changements de la masse monétaire, les taux d'intérêt varieront en même temps que se produiront les variations de la masse monétaire; par contre, si les changements de la masse monétaire sont anticipés suffisamment à l'avance, les taux d'intérêt varieront avant qu'ils se produisent.

■ Dans ce chapitre, nous avons vu comment les taux d'intérêt sont déterminés et comment la Banque du Canada «tire les ficelles» pour modifier les taux d'intérêt, de même que la quantité de monnaie et le volume des prêts bancaires. Dans les prochains chapitres, nous étudierons d'importantes questions macroéconomiques. En particulier, nous verrons quels sont les facteurs qui engendrent les fluctuations de la demande et de l'offre agrégées lesquelles provoquent, à leur tour, des variations de l'inflation et du chômage ainsi que des périodes d'expansion et de récession.

RÉSUMÉ

La Banque du Canada

La Banque du Canada est la banque centrale du Canada. Elle est dirigée par un gouverneur, qui doit consulter régulièrement les cadres supérieurs de même que le conseil d'administration. Les opérations sur le marché libre constituent un outil important de régulation de l'économie pour la Banque. En achetant des titres du gouvernement sur le marché (un achat sur le marché libre), la Banque du Canada peut augmenter la base monétaire et les réserves des banques. Par conséquent, le nombre des prêts octroyés par les banques s'accroît et les taux d'intérêt baissent. En vendant des titres du gouvernement, la Banque est en mesure de réduire la base monétaire, de même que les réserves des banques et des autres intermédiaires financiers, ce qui entraîne une diminution du nombre des prêts consentis et une hausse des taux d'intérêt. Le multiplicateur monétaire détermine l'effet global d'un changement de la base monétaire sur l'offre de monnaie. Le multiplicateur monétaire est fonction du rapport entre la monnaie hors banques et les dépôts détenus par les ménages et les entreprises, ainsi que du rapport entre les réserves et les dépôts détenus par les banques et les autres établissements financiers. (*pp. 287-297*)

La demande de monnaie

La quantité de monnaie demandée est le montant de la monnaie hors banques, des dépôts à vue et des autres comptes transférables par chèque que détiennent les gens en général. La quantité de monnaie demandée est proportionnelle au niveau des prix, tandis que la quantité de monnaie réelle demandée est fonction du taux d'intérêt et du PIB réel. Plus le niveau du PIB réel est élevé, plus la quantité de monnaie réelle demandée est forte. Plus le taux d'intérêt est élevé, plus la quantité de monnaie réelle demandée est faible. Les variations du rapport entre le PIB réel et la monnaie réelle (la vitesse de circulation) sont corrélées avec les variations du taux d'intérêt. Les innovations dans le secteur financier ont également entraîné une diminution de la demande de monnaie au fil des ans. (*pp. 298-305*)

La détermination du taux d'intérêt

Les variations des taux d'intérêt permettent qu'un équilibre de stock soit atteint sur les marchés de la monnaie et des éléments d'actif financiers. Il existe une relation inverse entre le taux d'intérêt et le prix d'un élément d'actif financier : plus le taux d'intérêt est élevé, plus le prix d'un élément d'actif financier est bas. Lorsque le marché monétaire est en situation d'équilibre, le taux d'intérêt incite les gens à détenir volontairement la quantité de monnaie réelle en circulation. Si les mesures prises par la Banque du Canada provoquent une augmentation de la quantité de monnaie réelle, le taux d'intérêt diminue et les prix des éléments d'actif financiers augmentent.

Les gens tentent de faire des profits en prévoyant les mesures que la Banque du Canada adoptera. Si les gens réussissent à prévoir les mesures en question, les taux d'intérêt et les prix des éléments d'actif financiers varieront en fonction de l'anticipation de ces mesures plutôt qu'en réponse à la mise en application de celles-ci. Par conséquent, lorsque la Banque du Canada passe à l'action et modifie la masse monétaire, les taux d'intérêt varieront dans la mesure où ce changement n'aura pas été prévu par les gens. Les changements anticipés de l'offre de monnaie entraînent des variations du taux d'intérêt avant même qu'ils se produisent. (*pp. 305-309*)

POINTS DE REPÈRE

Mots clés

Banque centrale, 287
Banque du Canada, 287
Base monétaire, 291
Billet non convertible, 291
Demande de monnaie réelle, 301
Équilibre de flux, 306
Équilibre de stock, 306
Multiplicateur monétaire, 293
Opérations sur le marché libre, 290
Politique monétaire, 287
Quantité de monnaie nominale, 299
Rente perpétuelle, 305
Réserves obligatoires, 290
Taux de change fixe, 289
Taux de change flexible, 289
Taux de change géré, 289
Taux d'escompte, 290

Figures et tableaux clés 

QUESTIONS DE RÉVISION

1 Quels sont les trois principaux éléments de la structure de la Banque du Canada?

2 Quels sont les trois types de régime de taux de change?

3 Quel régime de taux de change dispense la banque centrale de toute intervention?

4 Quels sont les trois outils de la politique monétaire de la Banque du Canada? Lequel est l'outil principal?

5 Si la Banque du Canada désire réduire la quantité de monnaie en circulation, doit-elle acheter ou vendre des titres du gouvernement du Canada sur le marché libre?

6 Décrivez les événements qui se produisent lorsque les banques ont des réserves excédentaires.

7 Qu'est-ce que le multiplicateur monétaire?

8 Pourquoi le multiplicateur monétaire est-il demeuré assez constant au cours des dernières années?

9 Faites la distinction entre la quantité de monnaie nominale et la quantité de monnaie réelle.

10 Qu'entend-on par demande de monnaie?

11 Quels facteurs déterminent la demande de monnaie réelle?

12 Quel est le coût d'opportunité lié à la détention de la monnaie?

13 Qu'arrive-t-il au taux d'intérêt d'une obligation si le prix de celle-ci augmente?

14 Comment l'équilibre sur le marché monétaire est-il atteint?

15 Qu'arrive-t-il au taux d'intérêt si le PIB réel et le niveau des prix sont constants et qu'il y a une augmentation de la masse monétaire?

16 Expliquez pourquoi il peut être profitable d'essayer de prévoir les mesures que prendra la Banque du Canada.

PROBLÈMES

1 Vous disposez des données suivantes concernant une économie fictive. Les banques possèdent des dépôts d'une valeur de 300 millions de dollars. Leurs réserves sont de 15 millions de dollars, dont les deux tiers constituent des dépôts à la banque centrale. La base monétaire est de 40 millions de dollars. Les pièces métalliques n'existent pas dans cette économie.

   a) Établissez le bilan des banques à charte. Fournissez les données manquantes, sachant que l'actif est égal au passif.

   b) Quelle est la quantité de monnaie en circulation ?

   c) Quelle est la valeur de la masse monétaire ?

   d) Quelle est la valeur du multiplicateur monétaire ?

2 Supposons que la banque centrale de l'économie décrite au problème 1 achète des titres sur le marché libre pour une valeur de 1 million de dollars. Qu'arrive-t-il à la masse monétaire ? Expliquez pourquoi la masse monétaire varie plus que la base monétaire.

3 Vous possédez les données suivantes concernant une autre économie fictive. Pour chaque dollar d'augmentation du PIB réel, la demande de monnaie réelle s'accroît du tiers d'un dollar, toutes choses étant égales par ailleurs. De plus, si le taux d'intérêt augmente de 1 %, par exemple s'il passe de 4 à 5 %, la quantité de monnaie réelle demandée baisse de 40 \$. Si le niveau des prix est de 1, le PIB réel de 1000 \$ et la masse monétaire de 133 \$, quel est le taux d'intérêt qui prévaut dans cette économie ?

4 Supposons que la banque centrale de l'économie décrite au problème 3 désire faire passer le taux d'intérêt à 4 %. De combien devra-t-elle modifier la masse monétaire réelle pour atteindre son objectif ?

5e PARTIE

Les problèmes macroéconomiques

ENTREVUE

ROBERT E. LUCAS FILS

Robert E. Lucas fils a participé de très près à l'élaboration de l'hypothèse des anticipations rationnelles en macroéconomie. Professeur d'économique à l'université de Chicago, il a d'abord appliqué l'idée des anticipations rationnelles à la courbe de Phillips. Il nous a accordé une entrevue, qui a porté sur l'utilisation des anticipations rationnelles, sur son évaluation d'autres approches en économique, de même que sur son point de vue au sujet de la politique économique.

«Les décisions que prendront aujourd'hui les gens face à une mesure monétaire restrictive seront différentes de celles qu'ils auraient prises par le passé.»

Vous avez appliqué l'hypothèse des anticipations rationnelles à la macroéconomie et aux anticipations de l'inflation. En quoi cette hypothèse a-t-elle changé notre point de vue sur certaines questions?

Cette hypothèse vient combler une lacune qui n'aurait jamais dû exister en macroéconomie. Un certain nombre de décisions économiques importantes qui doivent être prises au présent dépendent de facteurs futurs. Les prévisions que font les gens jouent donc un rôle important. Les anticipations rationnelles représentent en fait une hypothèse sur la façon dont s'y prennent les gens pour prévoir l'avenir.

Selon vous, quelles sont les principales critiques formulées à l'endroit de l'hypothèse des anticipations rationnelles?

Voici, je pense, la critique principale que font les gens à l'endroit de cette hypothèse. Personne ne peut, dans la réalité, formuler des prévisions au sens exact de la définition des anticipations rationnelles. L'hypothèse des anticipations rationnelles, telle qu'elle est utilisée en macroéconomie, sous-entend un comportement beaucoup plus sophistiqué de la part des individus que celui qu'ils adoptent en réalité. Elle ne décrit pas vraiment la façon dont les gens formulent leurs prévisions. Les gens ont plutôt tendance à adapter progressivement le processus par lequel ils formulent leurs prévisions. Ils essaient une certaine façon. Si elle ne produit pas de bons résultats, ils en essaient une autre, et ainsi de suite. Leurs prévisions se rapprochent, avec le temps, des anticipations rationnelles.

Pouvez-vous nous donner un exemple?

L'économique tente d'expliquer des événements qui se produisent de façon systématique et qui ont une certaine importance. Les lois régissant le fonctionnement d'une économie capitaliste sont à peu près les mêmes depuis 200 ans. Les gens finissent par comprendre ces lois et, au fil du temps, ajustent leur comportement en conséquence. Par exemple, les décisions que prendront aujourd'hui les gens face à une mesure monétaire restrictive seront différentes de celles qu'ils auraient prises par le passé. Je crois que les gens apprennent à tirer profit d'événements qui ont tendance à se répéter. Cette compréhension accrue de la réalité économique qui les entoure a un effet sur la façon dont ils formulent leurs prévisions.

Que pensez-vous maintenant du premier modèle d'anticipations rationnelles que vous avez proposé?

L'hypothèse des anticipations rationnelles peut être combinée avec de nombreuses autres hypothèses dans le cadre de modèles très différents de celui que j'avais d'abord élaboré. Au cours des années 70, Tom Sargent et moi même, entre autres, avions mis au point des modèles du cycle économique qui avaient été très controversés. Pour ma part, j'accordais alors beaucoup d'importance au fait que les gens possédaient une information incomplète sur la politique monétaire en cours, et je crois que bon nombre d'économistes sont aujourd'hui convaincus que ce n'est pas le cas en pratique. Par exemple, il n'est pas difficile d'obtenir des données précises sur la quantité de monnaie disponible aux États-Unis, puisqu'elles sont publiées tous les vendredis. Toutefois, cette critique s'applique à un modèle bien particulier, pas à l'hypothèse des anticipations rationnelles.

La théorie du cycle économique d'origine réelle représente l'un des courants les plus importants des années 80. Que pensez-vous de cette approche?

La théorie du cycle économique d'origine réelle nous dit quelle serait l'évolution du PIB ou de l'emploi si la politique macroéconomique était optimale. Les premiers tenants de cette approche se sont demandé quel pourcentage de la variation du PIB pouvait être expliqué par les fluctuations du taux de changement technique. Selon eux, la réponse était 100 %. La théorie macroéconomique traditionnelle n'avait plus rien à expliquer. Je ne crois pas que cela soit vrai.

Pourquoi cela n'est-il pas possible?

Parce que nous ne pouvons pas expliquer des événements comme ceux des années 1929 à 1933, au cours desquelles la production avait chuté de 25 % en quatre ans, en affirmant que cela résultait du fait que la technologie tombait de plus en plus vite en désuétude. La Crise ne s'est pas produite en raison de la détérioration des techniques de production. La théorie du cycle économique d'origine réelle nous révèle que les facteurs réels sont beaucoup plus importants que nous ne l'avions d'abord cru et que les questions auxquelles la macroéconomie traditionnelle tentait de répondre n'étaient pas aussi importantes qu'on le pensait. Voilà le message.

Comment pouvons-nous introduire des facteurs monétaires dans un modèle macroéconomique qui accorde une attention sérieuse aux facteur réels, un modèle qui permet d'expliquer les variations des prix et de la production?

Je crois qu'il s'agit là d'un problème essentiel que personne n'a encore résolu. D'ailleurs, l'article sur les anticipations rationnelles, que j'ai rédigé en 1972 et dont nous avons discuté auparavant, abordait ce problème, mais du point de vue de l'information incomplète que possèdent les gens.

Il y a aussi les approches de John Taylor et de Stanley Fischer qui s'appuient sur les contrats de salaire. J'ai plus de sympathie pour cette ligne de pensée aujourd'hui qu'il y a 10 ans. Pourquoi les gens s'engagent-ils à acheter et à vendre à des prix nominaux fixes dans une économie où la valeur du dollar fluctue constamment? Pourquoi fonder ses décisions économiques futures sur un certain numéraire alors qu'il est impossible de prévoir ce qu'il représentera dans l'avenir? Voilà une très bonne question à laquelle personne ne peut encore répondre.

Selon certains économistes, on parle de la rigidité des salaires, mais on pourrait aussi parler de la rigidité des prix des biens et services. Pour expliquer la rigidité des prix, ils invoquent l'existence de coûts de catalogue. On sait que l'inscription des prix, que ce soit dans des catalogues, sur les rayons ou sur les articles eux-mêmes, est une opération coûteuse. Il ne serait donc pas judicieux de changer fréquemment les prix. Que pensez-vous de cette approche?

Je crois qu'elle renferme quelque vérité. Mais elle est très critiquée ; son fondement me semble assez peu solide. On pourrait se demander : «Êtes-vous en train de me dire que la Grande Dépression s'est produite parce qu'il était trop coûteux de demander aux commis des supermarchés d'afficher de nouveaux prix ?» De toute évidence, ce point de vue a une certaine valeur. Reste à savoir jusqu'à quel point il est concluant. Je crois que nous saisissons mal les détails du processus de la détermination des prix individuels. Alors, lorsque certaines personnes prônent la rigidité des prix, je crois que l'on ne doit pas les mésestimer.

«On ne doit pas mésestimer les gens qui prônent la rigidité des prix.»

Vous avez eu pour professeur Milton Friedman, l'architecte de la pensée monétariste. Quelles distinctions faites-vous entre

«Nous ne souhaitons pas nous occuper de la gestion de l'économie américaine et nous ne croyons pas que quelqu'un d'autre devrait le faire.»

cette approche et votre propre pensée macroéconomique?

Je ne fais pas de grandes distinctions. Je suis moi-même monétariste. Cependant, ce terme englobe beaucoup de choses. Pour certains, le monétarisme se résume à mettre l'accent sur la quantité d'un quelconque agrégat monétaire en tant que facteur déterminant les prix et l'activité économique. À certains égards, je crois que la révolution engendrée par le monétarisme a été couronnée de succès, au point où nous ne parlons plus d'une révolution. De nos jours, personne ne parle du niveau des prix, du taux de change ou des taux d'intérêt sans parler de la quantité de monnaie. En ce sens, nous sommes tous monétaristes. Pour d'autres personnes, le monétarisme évoque l'hostilité envers la gestion continuelle de l'économie par le gouvernement. Le rôle du gouvernement, dans une perspective monétariste, est d'adopter un comportement en matière de politique budgétaire ou monétaire qui soit simple et prévisible pour laisser ensuite le système fonctionner sans chercher à le stabiliser de façon active. Selon moi, cette opinion est très juste.

Au cours des dernières annnées, nous avons connu le plus important déficit budgétaire jamais enregistré en temps de paix. Comment avez-vous perçu le déficit au fil des ans?

Il s'agit là d'une question embarrassante pour moi, car le déficit n'a pas eu les conséquences déplaisantes que j'avais prévues. Voici ce que je pense du déficit. Imaginez une économie qui se trouve en quelque sorte dans un état stationnaire et qui accuse un déficit d'année en année. Cela signifie que le déficit devra vraisemblablement être financé par création de monnaie. Alors, pour moi, les lourds déficits enregistrés régulièrement constituent des signes annonciateurs d'inflation. C'est pour cela que je n'aime pas les déficits. On ne peut pas dire, par ailleurs, qu'un déficit entraînera automatiquement de l'inflation la même année. En effet, il est toujours possible, à court terme, de financer le déficit en émettant des obligations, ce qui laisse cependant présager une future augmentation des impôts ou la création de monnaie. Effectivement, tôt ou tard, il faudra combler l'écart entre les dépenses publiques et les recettes fiscales en créant de la monnaie.

Au début de l'administration Reagan, Tom Sargent et moi-même avions écrit des articles de journaux dans lesquels nous affirmions que le déficit serait inflationniste. Cela ne s'est pas produit. Je suis actuellement en train de réévaluer ma façon de voir les déficits. Je comprends d'une certaine façon les économistes qui, comme Larry Kotlikoff, soupçonnent le déficit de n'être qu'une illusion causée par une mauvaise façon de le calculer. Le déficit ne mesurerait rien parce que les obligations liées à la sécurité sociale future sont arbitrairement omises ou prises en compte.

Quel est le contexte entourant votre débat avec James Tobin?

Selon James Tobin, le rôle de la macroéconomie consiste à fournir des principes qui permettront que la politique monétaire et la politique budgétaire puissent maintenir l'économie aussi près que possible du plein emploi. Sinon, pense-t-il, nous pourrions traverser une autre Grande Dépression. Certains économistes, – Tom Sargent, Milton Friedman et moi-même notamment – s'opposent à cette argumentation en disant: «Écoutez, les principes sur lesquels vous vous appuyez pour gérer l'économie sont inutiles.» Nos antagonistes dans ce débat ont tenté de discréditer notre point de vue en demandant: «Confieriez-vous la gestion de l'économie américaine à Lucas?» Ce n'est pas ce que nous demandons. Nous ne souhaitons pas qu'on nous confie ce travail et nous ne croyons pas davantage que quelqu'un d'autre devrait le faire.

CHA

La gestion de la demande agrégée

Objectifs du chapitre :

- Expliquer en quoi le taux d'intérêt constitue un canal de transmission de la politique monétaire.
- Décrire les autres canaux de transmission de la politique monétaire, soit les encaisses réelles, la richesse et le taux de change.
- Expliquer les effets échelonnés de la politique monétaire.
- Définir et expliquer l'effet d'éviction.
- Expliquer pourquoi l'effet d'éviction réduit l'influence de la politique budgétaire sur la demande agrégée.
- Expliquer les effets de la politique budgétaire sur le taux de change et les exportations nettes.
- Expliquer les effets échelonnés de la politique budgétaire.
- Comprendre la controverse entre les keynésiens et les monétaristes au sujet de la demande agrégée.
- Expliquer comment on est parvenu à résoudre la controverse entre keynésiens et monétaristes au sujet de la demande agrégée.

CHAPITRE 12

Ottawa met le feu aux poudres !

CHAQUE ANNÉE, les parlements fédéral et provinciaux votent des budgets qui déterminent le niveau des dépenses publiques en biens et services. En 1991, le budget total dépassait les 155 milliards de dollars, soit plus d'un cinquième du produit intérieur brut (PIB). Ces assemblées législatives doivent également décider de l'importance des programmes sociaux, de la somme des paiements de transfert, de même que des lois régissant les impôts que nous devons payer. Les dépenses publiques, les impôts et les paiements de transfert constituent les leviers de la politique budgétaire. Comment ces leviers influent-ils sur l'économie et, plus particulièrement, sur la demande agrégée ? Comment modifient-ils d'autres variables comme les taux d'intérêt et le taux de change qui ont, elles aussi, un effet sur la demande agrégée ? ■ À proximité du parlement d'Ottawa, rue Sparks, se trouve le siège social de la Banque du Canada. C'est à cet endroit que la Banque manœuvre les leviers de la politique monétaire du pays. Parfois, comme en 1981 et en 1990, elle utilise ces leviers pour ralentir l'économie, en haussant les taux d'intérêt et en ralentissant la croissance de la masse monétaire ainsi que celle de la demande agrégée. À d'autres moments, comme au milieu des années 80, elle utilise ses leviers de façon à accélérer l'activité économique, en abaissant les taux d'intérêt et en accélérant la croissance de la masse monétaire de même que celle de la demande agrégée. Nous avons vu comment les leviers de la politique de la Banque du Canada influent sur les taux d'intérêt et le taux de change. Mais comment les effets des mesures prises par la Banque du Canada sur les taux d'intérêt et le taux de change sont-ils transmis au reste de l'économie ? Comment influent-ils sur la demande agrégée ? ■ Placé entre le Parlement et la Banque du Canada, il y a le ministère des Finances, qui est dirigé par le ministre des Finances. Selon notre régime politique actuel, le cabinet est, en définitive, responsable de la politique budgétaire et de la politique monétaire. Le ministre des Finances joue un rôle clé dans les délibérations du cabinet quant aux politiques à adopter. Parfois, la politique monétaire que poursuit la Banque du Canada et la politique budgétaire adoptée par le gouvernement et le Parlement s'harmonisent bien. Par contre, à d'autres moments, elles sont en conflit, causant tout un émoi rue Sparks. Les conflits sont plus vifs lorsque le gouvernement accuse un déficit considérable (comme ce fut le cas au cours des dix dernières années ou plus) et que la Banque du Canada cherche à atténuer les pressions inflationnistes poussant les taux d'intérêt à la hausse, comme elle l'a fait en 1990.

■ Puisque les mesures budgétaires du Parlement et les mesures monétaires de la Banque du Canada peuvent faire varier la demande agrégée, s'agit-il là de méthodes équivalentes pour changer la demande agrégée? Pour éviter une récession, vaut-il mieux que la Banque relâche sa politique monétaire ou que le Parlement réduise les impôts? Les variations des impôts et des dépenses publiques et celles de la masse monétaire doivent-elles se renforcer les unes les autres ou doivent-elles s'annuler? Par exemple, lorsqu'en 1990 la Banque du Canada, dirigée par John Crow, a ralenti la croissance de la masse monétaire et augmenté les taux d'intérêt en vue de freiner l'inflation, le Parlement aurait-il pu neutraliser l'effet des mesures prises par la Banque en mettant de l'avant ses propres mesures, soit en allégeant les impôts ou en augmentant les dépenses publiques? Inversement, si le Parlement réduit les dépenses publiques, soulevant ainsi les craintes d'une possible récession, la Banque peut-elle hausser la masse monétaire de manière à maintenir le niveau du PIB élevé, de façon à éviter la récession?

■ L'étude de ce chapitre permettra de répondre à ces questions importantes. Vous savez déjà que les effets des politiques monétaire et budgétaire sont déterminés par l'interaction entre la demande et l'offre agrégées. Vous avez d'ailleurs pu vous familiariser avec ces deux notions. Cependant, le présent chapitre permettra d'approfondir la notion de demande agrégée et de mieux comprendre comment les mesures monétaires de la Banque du Canada et les mesures budgétaires du gouvernement fédéral influent sur la demande agrégée.

■ Quoique nous traitions dans ce chapitre de questions de politique, l'accent ne sera pas mis sur la *conduite effective* de la politique, mais bien sur la *théorie* de la politique. Il est important que vous saisissiez bien les fondements théoriques avant d'analyser la mise en œuvre de la politique, sujet que nous examinerons aux chapitres 16 et 17[1].

[1] On pourrait étudier la politique de stabilisation aux chapitres 16 et 17 sans avoir examiné préalablement le présent chapitre. Toutefois, les notions à l'étude dans le présent chapitre permettront de mieux comprendre la discussion sur les questions de politique dans les chapitres suivants.

La monnaie, le taux d'intérêt et la demande agrégée

Avant d'entreprendre l'étude de l'incidence de la politique monétaire et de la politique budgétaire sur la demande agrégée, il est important de rappeler la place qu'occupe la demande agrégée dans un modèle macroéconomique plus complet.

La demande agrégée et l'offre agrégée

Ce chapitre est consacré principalement aux effets des mesures monétaires et budgétaires sur le niveau de la *demande agrégée*. Bien sûr, en dernière analyse, c'est du PIB réel, de l'inflation et du chômage dont nous nous soucions, et non de la demande agrégée. Nous cherchons à savoir comment les décisions d'ordre budgétaire et monétaire peuvent influer sur ces variables. Comme il a été dit, le PIB réel et le niveau des prix sont déterminés par l'interaction entre la *demande* et l'*offre agrégées*. Nous avons vu comment ces forces opèrent au chapitre 7. En mettant à présent l'accent sur la demande agrégée, nous ne nions pas l'importance de l'offre agrégée. Nous ne faisons qu'isoler la demande agrégée pour pouvoir en faire une étude approfondie.

Puisque notre analyse porte sur la demande agrégée, nous ne tenons pas compte de l'effet des changements du niveau des prix. Nous étudions plutôt les effets de la politique monétaire et de la politique budgétaire sur la position de la courbe de demande agrégée. Nous cherchons à déceler l'orientation et l'ampleur des déplacements de la courbe de demande agrégée pour un niveau des prix donné. En adoptant cette façon de procéder, nous ne voulons pas laisser croire que le niveau des prix est constant dans la réalité. Au contraire, il est déterminé de la manière indiquée au chapitre 7. Chaque point sur la courbe de demande agrégée représente un équilibre des dépenses, soit un point où la courbe de dépense agrégée et la droite à 45° se croisent (voir la figure 9.8, page 245). En raison de ce lien qui existe entre la demande agrégée et la dépense agrégée, nous pouvons étudier en détail les effets des politiques monétaire et budgétaire sur la demande agrégée à l'aide du modèle de la dépense agrégée. C'est ce que nous ferons maintenant.

Les décisions relatives aux dépenses, l'intérêt et la monnaie

Nous avons appris au chapitre 9 que l'équilibre des dépenses dépend du niveau des dépenses autonomes. Nous avons également vu que l'une des composantes des dépenses autonomes, l'investissement, varie de pair

Figure 12.1 Le taux d'intérêt et le PIB réel d'équilibre

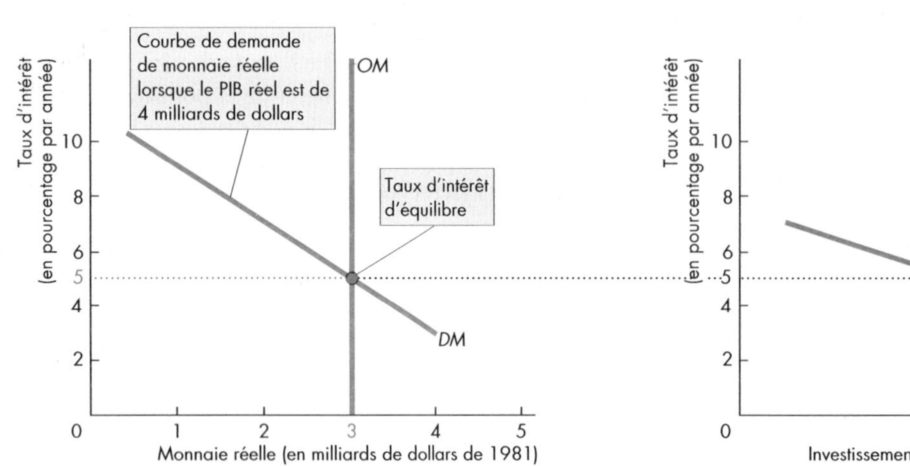

(a) Monnaie réelle et taux d'intérêt

(b) Investissement et taux d'intérêt

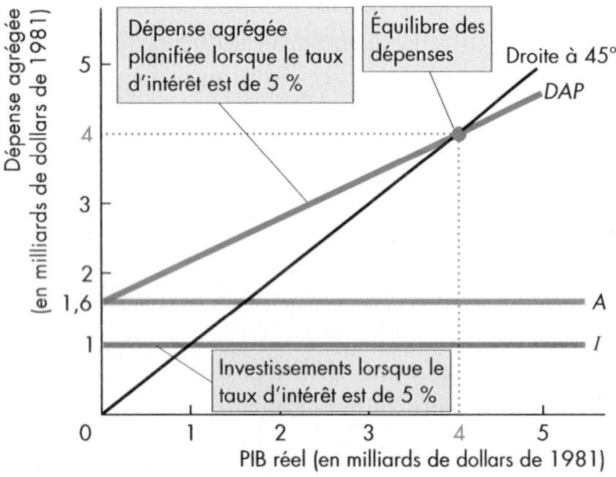

(c) Dépense agrégée et PIB réel

L'équilibre sur le marché monétaire, illustré dans le graphique (a), permet de déterminer le taux d'intérêt. La courbe d'offre de monnaie réelle est représentée par les lettres *OM*. La courbe de demande de monnaie réelle est représentée par les lettres *DM*. La position de la courbe de demande de monnaie réelle est déterminée par le PIB réel. La courbe de demande de monnaie réelle correspond à la courbe *DM* lorsque le PIB réel est de 4 milliards de dollars. La courbe de demande d'investissement (*DI*) du graphique (b) permet de déterminer les investissements au taux d'intérêt d'équilibre sur le marché monétaire. Les investissements sont une composante des dépenses autonomes et leur niveau détermine la position de la courbe de dépense agrégée (*DAP*) illustrée dans le graphique (c). Les dépenses d'équilibre et le PIB réel sont établis au point d'intersection de la courbe de dépense agrégée et de la droite à 45°. Il y a équilibre lorsque le PIB réel et le taux d'intérêt sont tels que la quantité de monnaie réelle demandée est égale à la quantité de monnaie réelle offerte. De plus, la dépense agrégée planifiée est égale au PIB réel.

avec le taux d'intérêt. Toutes choses étant égales par ailleurs, plus le taux d'intérêt est élevé, plus l'investissement est faible, et plus les dépenses autonomes et les dépenses d'équilibre sont faibles également. Au chapitre 11, nous avons appris que le taux d'intérêt est déterminé par l'équilibre sur le marché monétaire. En augmentant la quantité de monnaie, la Banque du Canada peut réduire les taux d'intérêt.

Nous allons maintenant combiner ces deux explications et voir comment les mesures prises par la Banque du Canada influent sur la demande agrégée.

Le taux d'intérêt – Canal de transmission de la politique monétaire

Pour comprendre en quoi le taux d'intérêt constitue un canal de transmission de la politique monétaire, nous devons relier le marché monétaire, à partir duquel le taux d'intérêt est déterminé, et le marché des biens et services, à partir duquel l'équilibre des dépenses est déterminé. Nous étudierons d'abord l'économie à un moment donné, et nous verrons la façon de déterminer l'équilibre des dépenses et les taux d'intérêt. Nous perturberons ensuite cet équilibre en modifiant la masse monétaire et nous étudierons les effets de ce changement.

L'équilibre des dépenses et le taux d'intérêt La figure 12.1 montre la façon de déterminer l'équilibre des dépenses et le taux d'intérêt. La figure comporte trois parties : le graphique (a) illustre le marché monétaire, le graphique (b) présente la demande d'investissement et le graphique (c) montre la dépense agrégée planifiée, de même que la façon de déterminer l'équilibre des dépenses. Commençons par examiner le graphique (a).

La courbe marquée *DM* représente la courbe de demande de monnaie réelle. La position de cette courbe dépend du niveau du PIB réel. Pour un niveau donné du PIB réel, il existe une courbe de demande de monnaie réelle correspondante. La courbe de demande qui apparaît dans la figure a été tracée pour un niveau du PIB réel de 4 milliards de dollars. Si le PIB réel est supérieur à 4 milliards de dollars, la courbe de demande de monnaie réelle se situera à droite de celle qui est illustrée; s'il est inférieur à 4 milliards de dollars, elle se situera à gauche.

La courbe appelée *OM* représente la courbe d'offre de monnaie réelle. La position de cette courbe dépend des mesures monétaires prises par la Banque du Canada, de l'ajustement du système bancaire et du niveau des prix. À un moment donné, la combinaison de ces facteurs a pour effet de déterminer une quantité de monnaie offerte qui est indépendante du taux d'intérêt. Par conséquent, la courbe d'offre de monnaie réelle est verticale.

Le taux d'intérêt d'équilibre se situe au point d'intersection des courbes de demande et d'offre de monnaie réelle. Dans le graphique (a) de la figure 12.1, le taux d'intérêt est de 5 %.

À présent, observons le graphique (b), dans lequel le montant d'investissement est déterminé. La courbe de demande d'investissement correspond à la droite *DI*. La position de la courbe de demande d'investissement dépend des profits anticipés. Une variation des profits anticipés entraîne un déplacement de la courbe de demande d'investissement. Cette courbe indique le niveau des investissements planifiés selon le taux d'intérêt. Nous connaissons déjà le taux d'intérêt d'équilibre. Ainsi, lorsque la courbe de demande d'investissement correspond à la droite *DI* et que le taux d'intérêt se chiffre à 5 %, le niveau des investissements planifiés est de 1 milliard de dollars.

Le graphique (c) montre de quelle façon l'équilibre des dépenses est atteint. Il est semblable à celui qui est présenté à la figure 9.4 (page 232). La courbe *DAP* illustre la dépense agrégée planifiée pour chaque niveau du PIB réel. La dépense agrégée planifiée est composée des dépenses autonomes et des dépenses induites. Les investissements font partie des dépenses autonomes. Dans cet exemple, les dépenses autonomes s'établissent au total à 1,6 milliard de dollars. Autrement dit, les investissements se chiffrent à 1 milliard de dollars et les autres composantes des dépenses autonomes à 0,6 milliard de dollars. Les droites horizontales du graphique (c) illustrent les montants des investissements et des dépenses autonomes. Les investissements sont désignés par la lettre *I* et les dépenses autonomes totales par la lettre *A*. Dans cet exemple, les dépenses induites, soit la partie induite des dépenses de consommation moins les importations, sont égales à 0,6 multiplié par le PIB réel. En d'autres termes, la propension marginale à dépenser le PIB réel est de 0,6.

L'équilibre des dépenses se situe au point d'intersection de la courbe *DAP* et de la droite à 45°. Il y a équilibre lorsque la dépense agrégée planifiée et le PIB réel se chiffrent, tous les deux, à 4 milliards de dollars. Autrement dit, le niveau de la demande agrégée est de 4 milliards de dollars.

De nouveau le marché monétaire Il faut se rappeler que la courbe de demande de monnaie réelle *DM*, tracée dans le graphique (a) de la figure 12.1, correspond à un niveau du PIB réel de 4 milliards de dollars. Nous avons établi, dans le graphique (c), que le PIB réel correspond également à 4 milliards de dollars lorsque l'équilibre des dépenses est atteint. Que se produit-il si le niveau du PIB réel auquel on arrive dans le graphique (c) diffère de celui qui a servi à tracer la courbe de demande de monnaie réelle dans le graphique (a)? Tentons de répondre à cette question en utilisant l'exemple suivant.

Supposons, en traçant la courbe de demande de monnaie réelle, que le PIB réel se chiffre à 3 milliards de dollars. Le cas échéant, la courbe de demande de monnaie réelle se situerait à gauche de la courbe *DM* du graphique (a). Le taux d'intérêt serait inférieur à 5 %. Dans ce cas, les investissements ne s'établiraient pas à 1 milliard de dollars, comme il est précisé dans le graphique (b), mais à un montant supérieur. Si les investissements dépassaient le milliard de dollars, le montant des dépenses autonomes serait plus élevé et la courbe de dépense agrégée planifiée se situerait au-dessus de celle qui est illustrée dans le graphique (c). Dans ce cas, les dépenses d'équilibre et le PIB réel dépasseraient les 4 milliards de dollars. Ainsi, si nous tracions une courbe de demande de monnaie réelle pour un niveau du PIB réel inférieur à 4 milliards de dollars, il y aurait équilibre des dépenses à un niveau du PIB réel se chiffrant à plus de 4 milliards de dollars. Il y aurait donc une incohérence. Le niveau du PIB réel qui a servi à tracer la courbe de demande de monnaie réelle serait trop bas.

Maintenant, reprenons l'exemple, mais en sens inverse. Supposons un niveau du PIB réel de 5 milliards de dollars. Dans ce cas, la courbe de demande de monnaie réelle se situerait à droite de la courbe *DM* du graphique (a) de la figure 12.1. Le taux d'intérêt serait supérieur à 5 %. Dans ce cas, les investissements seraient inférieurs à 1 milliard de dollars et la courbe *DAP* se situerait au-dessous de celle qui est illustrée dans le graphique (c). Le cas échéant, il y aurait équilibre des dépenses à un niveau du PIB réel inférieur à 4 milliards de dollars. De nouveau, il y aurait une incohérence. Donc, en supposant un niveau du PIB réel supérieur à 4 milliards de dollars pour déterminer la position de la courbe de demande de monnaie réelle, il y aurait équilibre des dépenses à un niveau du PIB réel

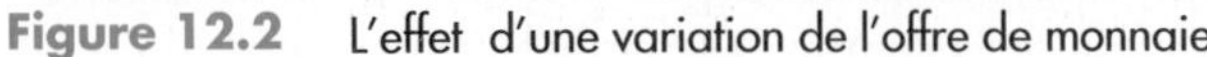

Figure 12.2 L'effet d'une variation de l'offre de monnaie

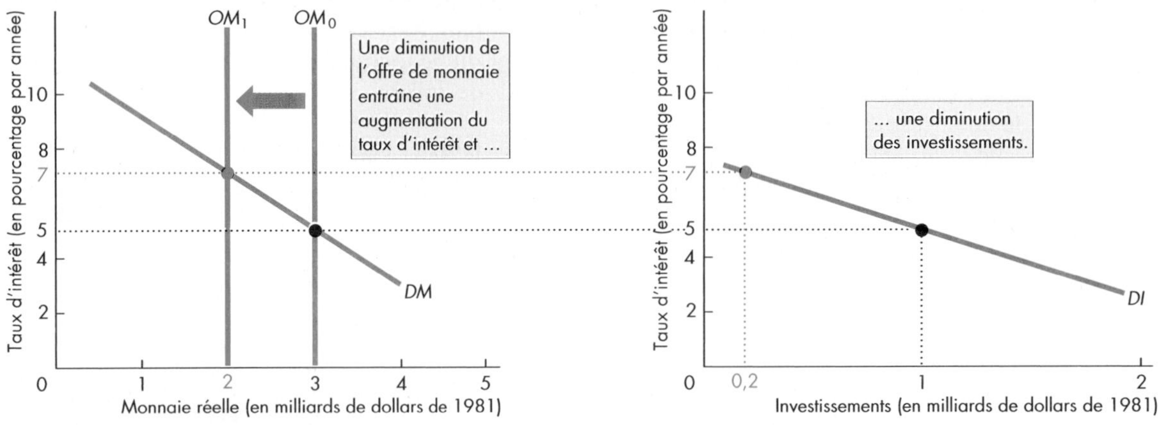

(a) Variation de l'offre de monnaie **(b) Variation des investissements**

Une diminution de l'offre de monnaie entraîne un déplacement de la courbe d'offre de monnaie réelle de OM_0 à OM_1 (graphique a). Il y a équilibre sur le marché monétaire grâce à une hausse du taux d'intérêt de 5 à 7 %. Le taux d'intérêt étant plus élevé, les investissements diminuent (graphique b).

inférieur à 4 milliards de dollars.

C'est seulement lorsque le niveau du PIB réel est égal à 4 milliards de dollars qu'il y a cohérence entre les résultats des trois graphiques de la figure. Si la courbe de demande de monnaie réelle est tracée pour un niveau du PIB réel de 4 milliards de dollars, le taux d'intérêt s'établit à 5 % et le montant des investissements à 1 milliard de dollars. Ces investissements, à leur tour, produisent un équilibre des dépenses qui correspond au niveau du PIB réel, qui nous a permis de déterminer la position de la courbe de demande de monnaie réelle. La situation décrite à la figure 12.1 a trait à un équilibre de stock et à un équilibre de flux. Il y a équilibre de stock sur le marché monétaire et équilibre de flux sur le marché des biens et services.

Les effets d'une variation de l'offre de monnaie Supposons que l'économie soit dans une situation semblable à celle qui est illustrée à la figure 12.1. Le taux d'intérêt est de 5 %, les investissements de 1 milliard de dollars et le PIB réel de 4 milliards de dollars. Supposons aussi que la Banque du Canada trouve que l'économie fonctionne à pleine vapeur au point où il y a risque d'une poussée inflationniste. Afin de ralentir l'économie, la Banque décide de restreindre la demande agrégée, en effectuant une opération sur le marché libre. Elle vend des titres du gouvernement, ce qui a pour effet de réduire les réserves du système bancaire et l'offre de monnaie.

Supposons que la Banque du Canada réduise l'offre de monnaie réelle de 3 à 2 milliards de dollars. Dans le graphique (a) de la figure 12.2, la courbe d'offre de monnaie réelle se déplace vers la gauche, de OM_0 à OM_1. Cette mesure qui influe sur le marché monétaire a pour effet immédiat de faire passer le taux d'intérêt de 5 à 7 %. Le taux d'intérêt plus élevé provoque une baisse des investissements, qui passent de 1 à 0,2 milliard de dollars, comme on peut le constater dans le graphique (b) de la même figure.

La baisse des investissements occasionne une compression des dépenses autonomes et, par conséquent, une réduction de la dépense agrégée planifiée. La diminution de la dépense agrégée planifiée entraîne, à son tour, une réduction des dépenses d'équilibre et du PIB réel. La chute du PIB réel a pour effet de restreindre la demande de monnaie réelle. La diminution de la demande de monnaie réelle a, elle aussi, un effet sur le taux d'intérêt. Pour mieux comprendre cette suite d'événements, nous l'étudierons en deux parties. Nous verrons d'abord comment réagissent les dépenses d'équilibre et le PIB réel lorsque le taux d'intérêt se maintient à son nouveau niveau de 7 %. Nous étudierons ensuite le processus d'ajustement lorsque le taux d'intérêt et le PIB réel réagissent à la diminution de l'offre de monnaie.

L'équilibre des dépenses à un taux d'intérêt fixe Rappelons d'abord que l'offre de monnaie réelle est passée de 3 à 2 milliards de dollars et que la courbe d'offre de monnaie réelle s'est déplacée vers la gauche, de OM_0 à OM_1 (voir le graphique (a) de la figure 12.2). Le taux d'intérêt a augmenté de 2 %, de sorte qu'il se chiffre à présent à 7 %. Cette hausse du taux d'intérêt a provoqué une diminution des investissements, qui se chiffrent maintenant à 0,2 milliard de dollars, comme on a pu le constater dans le graphique (b). Voyons comment réagissent les dépenses d'équilibre et le PIB réel lorsque le taux d'intérêt demeure au taux plus élevé de 7 %. Les investissements chutent à 0,2 milliard de dollars. Les dépenses autonomes ainsi que la dépense agrégée planifiée diminuent du même montant que les investissements. La figure 12.3 illustre le déplacement vers le bas de la courbe de dépense agrégée, de DAP_0 à DAP_1. Autrement dit, la courbe *DAP* se déplace vers le bas d'un montant égal à 0,8 milliard de dollars, soit du montant de la diminution des investissements. Lorsque la courbe de dépense agrégée correspond à la droite DAP_1, l'équilibre des dépenses et le PIB réel s'établissent à 2 milliards de dollars.

Dans la réalité, un PIB réel d'équilibre ne passe pas instantanément de 4 milliards de dollars à 2 milliards de dollars. Dans la figure 12.3, on voit que le PIB réel d'équilibre est passé de 4 à 2 milliards de dollars et que l'économie se dirige graduellement vers ce nouvel équilibre. Au cours de ce processus d'ajustement, il survient d'autres changements qui influent sur le PIB réel d'équilibre, de sorte que l'économie n'atteint jamais réellement le point paraissant à la figure 12.3. Nous allons maintenant nous attarder sur ces autres facteurs de changement et voir comment l'économie évolue réellement.

Figure 12.3 L'effet d'une variation de l'offre de monnaie

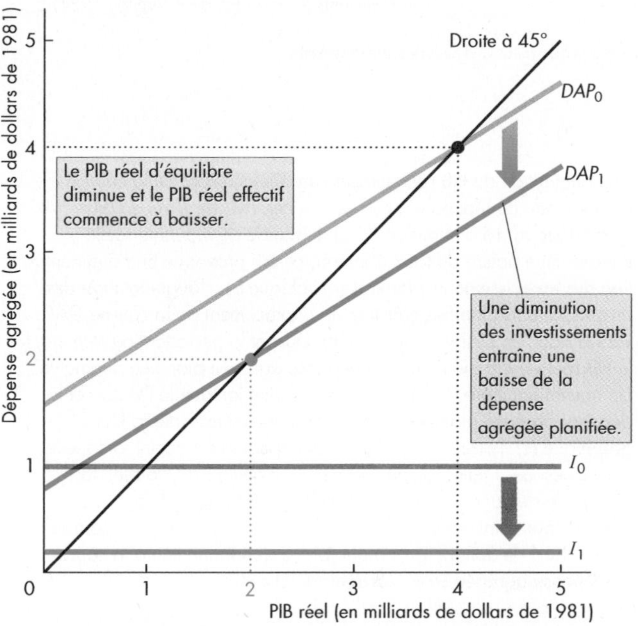

Une diminution de l'offre de monnaie entraîne une hausse du taux d'intérêt, une réduction des investissements et une diminution de la dépense agrégée planifiée. La courbe de dépense agrégée planifiée se déplace vers le bas, de DAP_0 à DAP_1. Le PIB réel d'équilibre passe de 4 à 2 milliards de dollars. Le PIB réel effectif commence à diminuer.

Le processus d'ajustement

Lorsque les investissements baissent, la diminution de la dépense agrégée planifiée qui en résulte déclenche un effet multiplicateur qui a pour effet de réduire progressivement le niveau des dépenses effectives et le PIB réel. Nous avons décrit ce processus au chapitre 9.

Quand la dépense agrégée planifiée diminue, elle chute au-dessous du niveau du PIB réel. Les dépenses effectives, quant à elles, demeurent égales au PIB réel. Il y a donc un écart qui se crée entre les dépenses effectives et les dépenses planifiées. Cet écart est comblé par des dépenses non planifiées qui prennent la forme d'une hausse des stocks des entreprises. Or, les stocks sont une composante des investissements. Par conséquent, même si les investissements planifiés ont diminué, comme on a pu le constater dans le graphique (b) de la figure 12.2, les investissements effectifs ne baissent pas au départ du même montant à cause de la hausse non planifiée des stocks.

Lorsqu'il y a un accroissement non planifié des stocks, les entreprises s'empressent de rétablir leurs stocks à leurs niveaux désirés. À cette fin, elles ralentissent leur production, ce qui entraîne une chute du PIB réel.

Nous avons jusqu'ici analysé deux effets de la politique monétaire qui se traduisent par une hausse des taux d'intérêt. Le premier de ces effets est une diminution des dépenses d'équilibre et du PIB réel, illustrée à la figure 12.3. Le deuxième effet, que nous venons de décrire, est l'augmentation non planifiée des stocks qui annonce une réduction progressive de la dépense agrégée *effective* et du PIB réel. Pour comprendre ce qui se produit par la suite, nous devons faire la distinction entre le PIB réel effectif et le PIB réel d'équilibre. Le PIB réel effectif est déterminé par les dépenses effectives, soit la somme des dépenses planifiées et non planifiées. Le PIB réel d'équilibre, quant à lui, est déterminé seulement par les dépenses planifiées ou par la courbe *DAP*. À mesure que l'économie s'ajuste à une diminution de l'offre de monnaie, le PIB réel effectif continue de baisser tandis que le PIB réel d'équilibre augmente. Le PIB réel effectif et le PIB réel d'équilibre convergent de cette façon vers un nouvel équilibre que nous allons découvrir sous peu.

La baisse du PIB réel effectif entraîne une diminution de la demande de monnaie réelle. Par conséquent, il y a déplacement de la courbe de demande de monnaie réelle vers la gauche et le taux d'intérêt baisse. Un taux d'intérêt plus faible engendre des investissements planifiés plus élevés et la courbe *DAP* commence à se déplacer vers le haut. Ce déplacement se traduit par une augmentation des dépenses d'équilibre et du PIB réel d'équilibre. À présent, voyons comment les changements du taux d'intérêt induits par la baisse du PIB réel entraînent un nouvel équilibre.

Les variations induites du taux d'intérêt Supposons que la Banque du Canada ait diminué l'offre de monnaie. Le taux d'intérêt est de 7 %, les investissements planifiés ont baissé, mais les stocks non planifiés s'accumulent. Le PIB réel d'équilibre a diminué, s'établissant à présent à 2 milliards de dollars, et le PIB réel effectif qui se chiffrait au départ à 4 milliards de dollars est également en baisse. La figure 12.4 illustre la phase finale de ce processus. Commençons par examiner le

Figure 12.4 La convergence vers un nouvel équilibre des dépenses

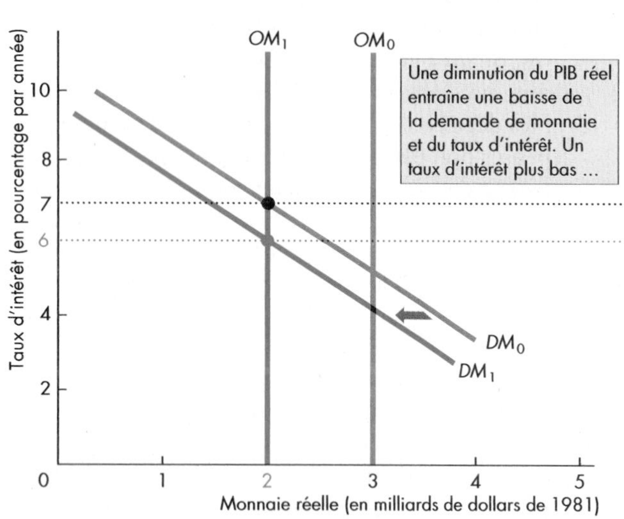

(a) Diminution de la demande de monnaie

(b) Augmentation des investissements

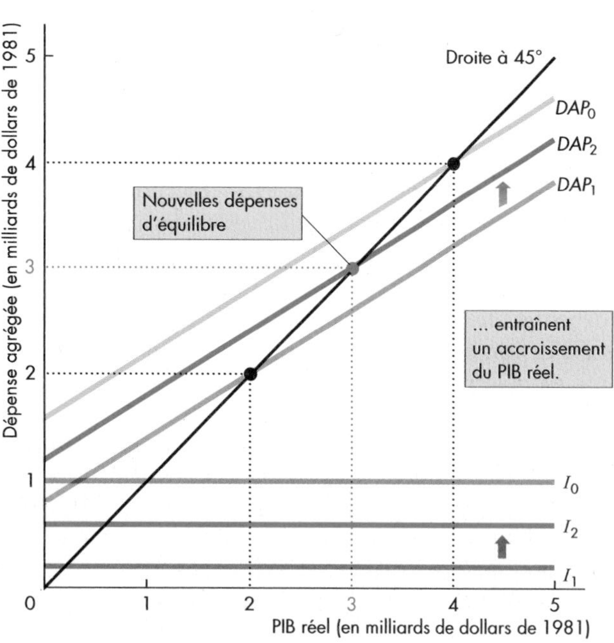

(c) Nouveau PIB réel d'équilibre

Une diminution du PIB réel entraîne un déplacement de la courbe de demande de monnaie réelle vers la gauche, de DM_0 à DM_1 (graphique a). La diminution de la demande de monnaie réelle entraîne une baisse du taux d'intérêt, ce qui provoque une augmentation des investissements planifiés (graphique b). L'augmentation des investissements planifiés entraîne un déplacement de la courbe *DAP* vers le haut, en DAP_2 (graphique c). Durant la période d'ajustement, le PIB réel effectif diminue et la dépense agrégée planifiée augmente. Un nouvel équilibre des dépenses se produit lorsque le PIB réel et la dépense agrégée planifiée tendent vers une même valeur. Dans le graphique (c), le nouvel équilibre des dépenses est atteint lorsque le PIB réel est de 3 milliards de dollars. À ce niveau du PIB réel, la courbe de demande de monnaie réelle est DM_1 (graphique a), avec un taux d'intérêt de 6 %. À ce taux, les investissements sont de 0,6 milliard de dollars (graphique b), ce qui donne lieu à la courbe de dépense agrégée DAP_2 (graphique c).

graphique (a) qui présente l'équilibre sur le marché monétaire.

Le PIB réel effectif commence à baisser. Cette diminution du PIB réel entraîne un déplacement de la courbe de demande de monnaie réelle, qui se situera désormais à la gauche de la courbe DM_0. Supposons que le PIB ait baissé à 3 milliards de dollars et que la courbe de demande de monnaie réelle qui correspond à ce niveau du PIB réel soit DM_1. Le taux d'intérêt d'équilibre qui se situe au point d'intersection de la courbe de demande DM_1 et de la courbe d'offre OM_1 s'établit alors à 6 %.

Lorsque le taux d'intérêt est de 6 %, les investissements se chiffrent à 0,6 milliard de dollars, comme on peut le constater dans le graphique (b). Par conséquent, la baisse du taux d'intérêt de 7 à 6 % provoque une augmentation des investissements planifiés, qui passent de 0,2 à 0,6 milliard de dollars.

Le graphique (c) montre que la hausse des investissements planifiés entraîne un déplacement de la courbe *DAP* vers le haut, de DAP_1 à DAP_2. Quand la courbe de dépense agrégée correspond à la courbe DAP_2, les dépenses d'équilibre et le PIB réel d'équilibre se situent à 3 milliards de dollars. Or, c'est à ce niveau du PIB réel que la courbe de demande de monnaie réelle est représentée par la droite DM_1. Lorsque le PIB réel effectif a diminué de façon à s'établir à 3 milliards de dollars, la courbe de demande de monnaie réelle s'est déplacée en DM_1 et le taux d'intérêt est passé de 7 à 6 %. Les investissements ont augmenté de 0,4 milliard de dollars, pour s'établir à 0,6 milliard de dollars (I_2), et la dépense agrégée planifiée s'est accrue, de sorte que l'équilibre des dépenses et le PIB réel d'équilibre se chiffrent également à 3 milliards de dollars. Dans ce cas, il existe un nouvel équilibre de stock et de flux. Le niveau de la demande agrégée est de 3 milliards de dollars.

Voyons maintenant ce qui se serait produit si, dans l'exemple illustré à la figure 12.4, nous n'avions pas choisi dès le départ le nouveau niveau du PIB réel d'équilibre. Pour ce faire, nous reviendrons sur le processus que nous venons d'analyser, mais en mettant l'accent sur certaines étapes seulement.

Commençons par la diminution initiale de l'offre de monnaie et analysons la situation lorsque le PIB réel n'a diminué que de 0,5 milliard de dollars et qu'il s'établit à 3,5 milliards de dollars. Il n'y a pas eu de déplacement suffisamment prononcé de la courbe de demande de monnaie réelle vers la gauche pour atteindre DM_1, et le taux d'intérêt n'a pas encore baissé à 6 %. Il se situe entre 6 et 7 %. Les investissements planifiés augmentent, mais ils n'ont pas encore atteint 0,6 milliard de dollars; ils se situent en effet entre 0,2 et 0,6 milliard de dollars. Il y a déplacement de la courbe de dépense agrégée vers le haut, mais elle se situe entre les courbes DAP_1 et DAP_2. Les dépenses planifiées sont inférieures aux dépenses effectives et au PIB réel, ce qui a pour effet de faire baisser le PIB réel.

Mais, si le PIB réel baisse, il y aura déplacement de la courbe de demande de monnaie réelle vers la gauche, diminution des taux d'intérêt, augmentation des investissements planifiés et déplacement vers le haut de la courbe *DAP*. Le PIB réel d'équilibre augmentera. Les stocks des entreprises s'accumuleront et le PIB réel effectif fléchira. À un moment donné au cours de ce processus, le PIB réel d'équilibre et le PIB réel effectif seront égaux.

À RETENIR

Pour diminuer la demande agrégée, la Banque du Canada effectue une opération sur le marché libre. Elle vend des titres du gouvernement du Canada. Cette mesure a pour effet de déclencher une série d'événements:

- La quantité de monnaie diminue et il y a déplacement de la courbe d'offre de monnaie vers la gauche.
- Le taux d'intérêt augmente.
- Les investissements planifiés baissent.
- La dépense agrégée planifiée diminue.
- Les dépenses d'équilibre et le PIB réel d'équilibre baissent.
- Les stocks non planifiés des entreprises s'accumulent.
- Le PIB réel effectif commence à baisser.
- La baisse du PIB réel provoque un déplacement de la courbe de demande de monnaie réelle vers la gauche.
- Ce déplacement de la courbe de demande de monnaie réelle fait diminuer le taux d'intérêt.
- La baisse du taux d'intérêt fait augmenter les investissements planifiés.
- L'augmentation des investissements planifiés entraîne une hausse des dépenses d'équilibre et du PIB réel d'équilibre.
- La baisse du PIB réel effectif et la hausse du PIB réel d'équilibre assurent une convergence vers un nouvel équilibre de stock et de flux.
- Lorsque cet équilibre est atteint, le PIB réel et le taux d'intérêt qui assurent l'égalité entre la quantité de monnaie réelle demandée et la quantité offerte font également en sorte que la dépense agrégée planifiée soit égale au PIB réel.

■ ■ ■

Nous venons de voir comment une variation de l'offre de monnaie déclenche une série d'événements qui font varier les investissements et les autres composantes de la dépense agrégée. Dans l'exemple que nous avons étudié, la variation de la dépense agrégée et celle de l'offre de monnaie étaient égales; une variation de 1 milliard de dollars de l'offre de monnaie a entraîné une variation de 1 milliard de dollars de la demande agrégée. Ce résultat n'est pas habituel : il provient des données fictives que nous avons utilisées. L'effet véritable d'un changement de l'offre de monnaie sur la demande agrégée pourrait être beaucoup plus ou beaucoup moins considérable. Quels facteurs déterminent l'importance de l'effet d'une variation de l'offre de monnaie ?

L'effet de la politique monétaire est-il important?

L'importance de l'effet de la politique monétaire dépend de deux facteurs clés :

- La sensibilité de la demande de monnaie réelle au taux d'intérêt
- La sensibilité de la demande d'investissement au taux d'intérêt

Nous allons maintenant comparer deux situations. Dans la première, un changement de l'offre de monnaie a un effet considérable sur la demande agrégée (la politique monétaire est efficace) et, dans la seconde, l'effet est négligeable (la politique monétaire est inefficace). La figure 12.5 illustre ces deux situations. Observons d'abord les deux graphiques de la partie (a). La courbe de demande de monnaie réelle correspond à la courbe DM_A et la courbe de demande d'investissement est représentée par la courbe DI_A. Au départ, la courbe d'offre de monnaie correspond à la courbe OM_0 et le taux d'intérêt d'équilibre se chiffre à 5 %. À ce taux d'intérêt, les investissements s'élèvent à 1 milliard de dollars. Une augmentation de la quantité de monnaie provoque un déplacement de la courbe d'offre de monnaie réelle vers la droite, de OM_0 à OM_1. Le taux d'intérêt passe de 5 à 3 %. Avec un taux d'intérêt plus faible, il y a mouvement vers la droite le long de la courbe de demande d'investissement et les investissements s'accroissent de 0,8 milliard de dollars, pour s'établir à 1,8 milliard de dollars. Cette augmentation des investissements gonfle le montant des dépenses d'équilibre et la demande agrégée.

À présent, examinons les deux graphiques de la partie (b). La courbe de demande de monnaie réelle correspond à la courbe DM_B et la courbe de demande d'investissement à la courbe DI_B. La situation initiale est la même qu'auparavant. La courbe d'offre de monnaie réelle est représentée par la courbe OM_0, le taux d'intérêt est de 5 % et, à ce taux, les investissements se chiffrent à 1 milliard de dollars. L'offre de monnaie augmente, ce qui entraîne un déplacement de la courbe d'offre de monnaie réelle vers la droite, de OM_0 à OM_1, comme dans la partie (a). Cependant, cette fois, le taux d'intérêt varie à peine, pour s'établir à 4,9 %. Cette faible diminution du taux d'intérêt a un effet encore moins prononcé sur les investissements; ceux-ci n'augmentent que de 0,005 milliard de dollars, soit de 5 millions de dollars. Avec une variation aussi faible des investissements, les dépenses d'équilibre et la demande agrégée varient peu également.

Pourquoi les investissements s'accroissent-ils de 0,8 milliard de dollars dans la partie (a) et d'un montant presque nul dans la partie (b)? Les deux facteurs clés que nous venons de mentionner expliquent cette différence. Premièrement, dans la partie (a), la demande de monnaie réelle est moins sensible au taux d'intérêt qu'elle ne l'est dans la partie (b). Autrement dit, pour un changement donné de la quantité de monnaie réelle, le taux d'intérêt doit varier davantage dans la partie (a) que dans la partie (b), en vue d'accroître suffisamment la quantité de monnaie réelle demandée pour rétablir l'équilibre sur le marché monétaire. Deuxièmement, la demande d'investissement est plus sensible au taux d'intérêt dans la partie (a) que dans la partie (b). Par conséquent, pour une baisse donnée du taux d'intérêt, les investissements augmentent davantage dans la partie (a) que dans la partie (b).

Moins la demande de monnaie réelle est sensible au taux d'intérêt et plus la demande d'investissement est sensible au taux d'intérêt, plus l'effet d'un changement de la quantité de monnaie sur le montant des dépenses d'équilibre et sur la demande agrégée sera considérable.

Quels facteurs influent sur la sensibilité de la demande de monnaie réelle et de la demande d'investissement aux variations du taux d'intérêt ? Ces facteurs sont le degré de substitution entre la monnaie et les autres actifs financiers, de même que le synchronisme des décisions d'investissement et des variations du taux d'intérêt. Puisque la monnaie remplit une fonction unique comparativement aux autres actifs financiers en facilitant l'échange des biens et services, ces autres actifs constituent des substituts imparfaits à la monnaie. En raison de cela, nous détenons de la monnaie en dépit de son coût d'opportunité. Cependant, la quantité de monnaie que nous détenons diminue avec la hausse du coût d'opportunité ou du taux d'intérêt. L'ampleur de la baisse de la quantité de monnaie réelle détenue qu'engendre une variation du taux d'intérêt dépend du degré de substitution entre la monnaie et les autres actifs qui ne représentent pas directement un instrument d'échange.

La sensibilité des investissements aux variations du taux d'intérêt est fonction de la rapidité ou de la lenteur avec laquelle les gens prennent ou révisent leurs décisions d'investissement. Certains projets peuvent être reportés ou avancés sans coûts considérables additionels, d'autres non. Moins les gens tiennent aux dates qu'ils ont fixées, plus les investissements sont sensibles

Figure 12.5 L'importance de la politique monétaire

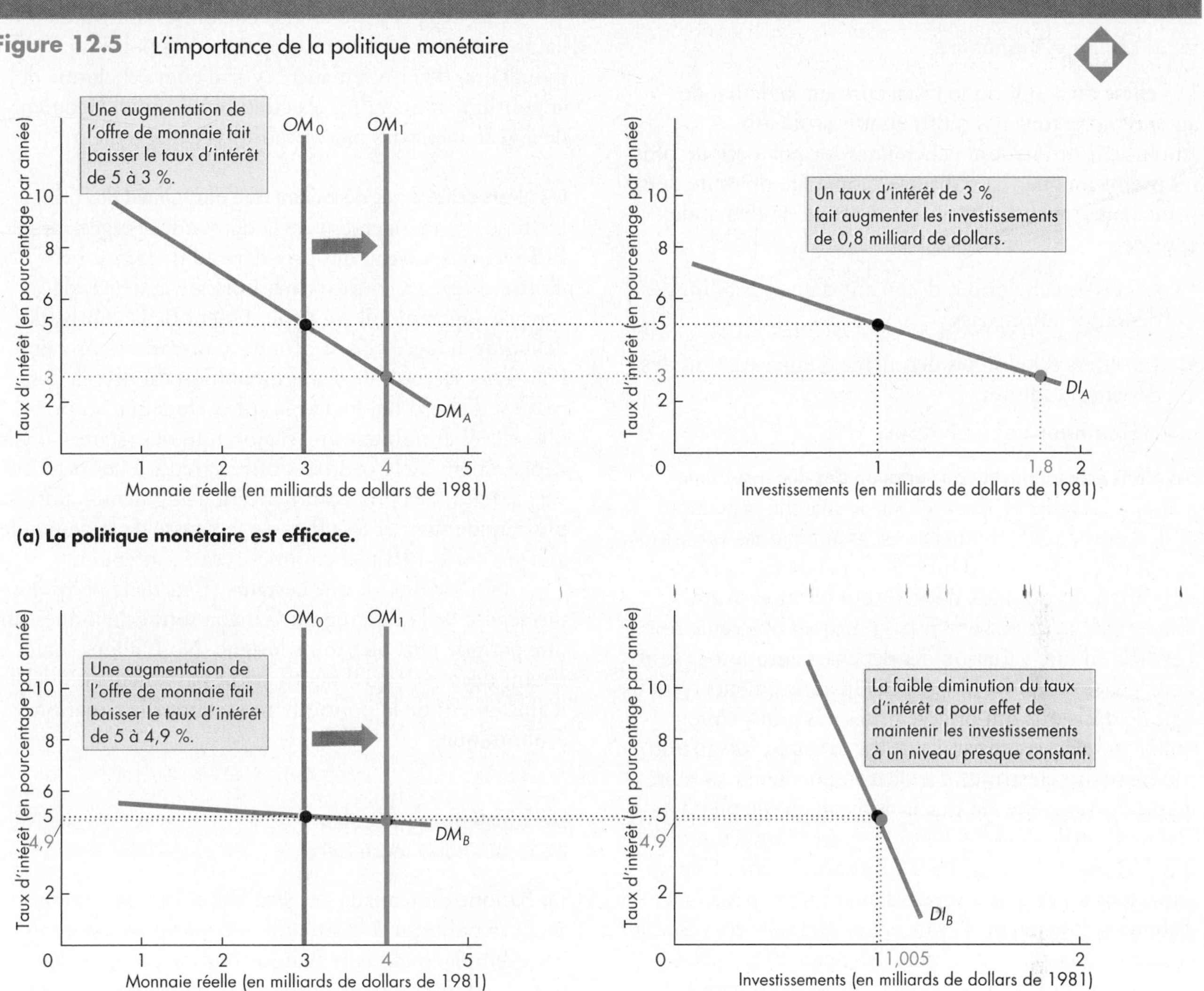

La politique monétaire est efficace lorsqu'une variation de l'offre de monnaie entraîne une variation du taux d'intérêt et que celle-ci influe sur les investissements, comme nous pouvons le constater dans la partie (a). La politique monétaire est inefficace lorsqu'une variation de l'offre de monnaie n'a pratiquement pas d'effet sur le taux d'intérêt ou lorsque la variation du taux d'intérêt n'a presque pas d'incidence sur les investissements (ou les deux), comme on peut le constater dans la partie (b). Plus la pente de la courbe de demande de monnaie réelle est abrupte et plus la courbe de demande d'investissement est plane, plus l'effet d'une variation de l'offre de monnaie sur le niveau de la dépense agrégée planifiée est important.

aux variations du taux d'intérêt. Par contre, plus ils tiennent à leurs dates, moins les investissements sont sensibles aux variations du taux d'intérêt.

Dans les deux situations illustrées à la figure 12.5, la variation de l'offre de monnaie a des répercussions sur les investissements. Dans la partie (b), l'effet est faible mais n'est pas nul. Cependant, dans certains cas, la politique monétaire n'a aucune incidence sur l'investissement. C'est ce qui se produit lorsque la courbe de demande de monnaie réelle est horizontale ou lorsque la courbe de demande d'investissement est verticale. Quand la courbe de demande de monnaie réelle est horizontale, une variation de la quantité de monnaie n'a aucun effet sur le taux d'intérêt. Quand la courbe de demande d'investissement est verticale, un changement du taux d'intérêt n'a aucune incidence sur l'investissement et, par conséquent, n'influe pas sur la dépense agrégée. Ces cas sont extrêmes et hypothétiques, mais ils servent à illustrer la proposition suivante : plus la demande de monnaie réelle est sensible aux variations du taux d'intérêt et moins la demande d'investissement dépend de ces variations, plus l'effet d'une variation de l'offre de monnaie sur les dépenses d'équilibre et, par conséquent sur la demande agrégée, est faible.

Les effets échelonnés de la politique monétaire

Les effets de la politique monétaire sur la demande agrégée ne se font pas sentir en une seule fois. Autrement dit, ils sont échelonnés sur une période plus ou moins longue. La politique monétaire présente deux principaux types d'effets échelonnés sur la demande agrégée:

- Les effets échelonnés découlant d'une variation des dépenses autonomes
- Les effets échelonnés découlant d'une variation des dépenses induites

Examinons chacun d'eux.

Les effets échelonnés d'une variation des dépenses autonomes L'équilibre de stock sur le marché monétaire et des autres actifs financiers est assuré par les variations continuelles des taux d'intérêt. Cependant, les effets des variations des taux d'intérêt sur les intentions d'investissement ne se font pas sentir en une seule fois. Les effets d'une variation des dépenses autonomes sont donc échelonnés. La plupart des investissements résultent de décisions qui ont été prises des mois, voire même des années auparavant. Par exemple, lorsqu'une société hydro-électrique décide d'augmenter sa capacité de production, elle sait que la décision qu'elle prend à l'heure actuelle donnera lieu à une série d'investissements qui s'échelonneront sur les 5 à 7 années à venir. Cependant, tous les projets d'investissement n'ont pas à être élaborés si longtemps d'avance. Les décisions concernant l'achat de biens qui sont immédiatement disponibles, comme les automobiles, les biens de consommation durables, une grande variété de machines-outils, les ordinateurs, de même qu'une foule d'autres biens d'équipement, peuvent se prendre très rapidement.

Les effets échelonnés d'une variation des dépenses induites Une diminution des investissements provoque une baisse des dépenses de consommation et des dépenses d'équilibre. L'effet multiplicateur, que nous avons étudié au chapitre 9, représente ce changement induit. Cependant, l'effet de ce changement induit est échelonné. Nous en avons décrit les diverses étapes au chapitre 9 (voir la figure 9.7, page 238). Revoyons-les brièvement. La série d'événements débute par une variation des stocks des entreprises. C'est seulement lorsque les entreprises ajustent leur production de manière à rétablir leurs stocks à leurs niveaux désirés que le PIB réel varie. De plus, ce n'est que lorsqu'il y a eu changement du PIB réel qu'il y a variation des dépenses induites. Ce changement des dépenses induites fait varier le PIB réel encore davantage. L'effet multiplicateur prend fin lorsque la dépense agrégée planifiée est de nouveau égale au PIB réel.

Ces deux types d'effets échelonnés ont trait à l'ajustement de la demande agrégée à la politique monétaire. Il existe un autre type d'effet échelonné de la politique monétaire: les effets échelonnés découlant de l'ajustement des prix. Étudions-le brièvement.

Les effets échelonnés découlant de l'ajustement des prix L'effet d'un changement de la demande agrégée sur le PIB réel et le niveau des prix dépend de la courbe d'offre agrégée à court terme. Lorsque la demande agrégée augmente, il y a déplacement de la courbe de demande agrégée vers la droite; le niveau des prix et le PIB réel s'accroîssent. L'augmentation du niveau des prix est d'abord faible. Par la suite, alors que les prix plus élevés entraînent une majoration des salaires, il y a déplacement de la courbe d'offre agrégée à court terme vers le haut. Les prix commencent à augmenter alors plus rapidement et les effets de la hausse de la demande agrégée sur le PIB réel commencent à s'atténuer.

Nous avons vu que certains effets de la politique monétaire de la Banque du Canada sont échelonnés sur une période plus ou moins longue. Nous allons maintenant découvrir qu'il peut y avoir par ailleurs un délai d'ajustement de la politique monétaire à la situation économique.

Les ajustements décalés de la politique monétaire

La Banque du Canada ne peut pas ajuster instantanément sa politique à la situation économique courante. Par exemple, lorsque la Banque constate la recrudescence de l'inflation, elle durcit sa politique monétaire, en réduisant le taux de croissance de la masse monétaire et en faisant varier les taux d'intérêt à la hausse. Lorsqu'elle voit une récession poindre à l'horizon, la Banque peut chercher à stimuler la demande agrégée, en haussant la masse monétaire et en abaissant les taux d'intérêt. Par contre, la Banque du Canada ne peut prendre ses décisions instantanément en se basant sur la situation économique présente. Elle doit bien jauger la situation économique récente et parvenir à un consensus quant à son évolution future. Elle doit aussi parvenir à un accord sur les objectifs à atteindre et sur les mesures à prendre.

De plus, puisque les effets des mesures prises par la Banque du Canada s'échelonnent sur une assez longue période, la Banque doit prévoir la situation économique qui prévaudra au moment où tous les effets de sa politique actuelle se seront fait sentir. Autrement dit, la Banque du Canada doit se comporter comme le fait la société hydro-électrique dont nous parlions plus tôt. En effet, une société hydro-électrique sait que, pour répondre à la demande d'électricité en 1997, elle doit dès maintenant mettre en branle certains projets destinés à augmenter la capacité de production devant servir cette année-là. Si la Banque du Canada prévoit un délai de deux ans avant que les effets d'une opération sur le marché libre se fassent sentir sur le taux d'inflation, les mesures mises de l'avant par la Banque en 1992 devront être prises en fonction des meilleures prévisions possible quant à la situation économique en 1994. Autrement dit la Banque doit dès aujourd'hui adopter des mesures qui produiront, non pas maintenant mais dans deux ans, le niveau de demande agrégée qui assurera des prix stables.

Jusqu'à maintenant, dans notre analyse, nous nous sommes limités à l'étude d'un seul canal de transmission de l'effet de la politique monétaire, celui du taux d'intérêt. Nous allons maintenant élargir notre champ d'analyse et examiner d'autres canaux de transmission de l'effet de la politique monétaire.

D'autres canaux de transmission

Il existe trois autres canaux de transmission de la politique monétaire: les encaisses réelles, la richesse et le taux de change. Les effets de ces canaux sont respectivement :

- L'effet d'encaisses réelles
- L'effet de richesse
- L'effet du taux de change

Analysons chacun d'eux.

L'effet d'encaisses réelles L'**effet d'encaisses réelles** désigne l'effet d'un changement de la quantité de monnaie réelle sur la quantité demandée du PIB réel. Nous avons brièvement étudié cet effet au chapitre 7. À présent, nous allons l'analyser plus en profondeur.

Pour un niveau des prix donné, une hausse de la quantité de monnaie provoque une augmentation de la quantité de monnaie réelle dans l'économie. Puisqu'il y a une plus grande quantité de monnaie réelle détenue, les entreprises et les ménages veulent modifier la répartition des divers actifs qu'ils détiennent. Ils cherchent à réduire la quantité de monnaie réelle détenue et à accroître la quantité d'autres actifs qu'ils possèdent. Une partie de ces autres actifs sont des actifs réels, soit des biens d'équipement. Lorsque les ménages convertissent la monnaie réelle additionnelle qu'ils possèdent en actifs réels, il y a augmentation des investissements. Cette hausse des investissements diffère de celle provoquée par la baisse des taux d'intérêt. En général, lorsque les encaisses réelles sont plus élevées, les gens répartissent différemment leurs actifs, et ce même si les taux d'intérêt ne varient pas. Cette nouvelle répartition donne lieu à des dépenses additionnelles en biens et services.

Par exemple, la Banque du Canada peut acheter pour 100 millions de dollars d'obligations du gouvernement de Pétro-Canada. Il s'agit alors d'une opération sur le marché libre qui augmente la base monétaire, de même que la quantité de monnaie réelle détenue par Pétro-Canada. Supposons, pour simplifier les choses, que le taux d'intérêt n'ait pas encore varié. Pétro-Canada ne conservera pas les 100 millions de dollars additionnels très longtemps sans faire fructifier ce montant. Elle utilisera ses ressources financières en acquérant des actifs rentables. Une part de ce montant pourra servir au rachat d'autres entreprises et une autre part pourra être affectée à l'achat de nouvelles stations-service. Les investissements augmenteront donc immédiatement selon l'importance des achats de Pétro-Canada en biens d'équipement nouveaux. Si Pétro-Canada rachète d'autres entreprises, celles-ci disposeront d'une plus grande quantité de monnaie réelle et pourront, elles aussi, augmenter leurs investissements. Les investissements s'accroissent au fur et à mesure que les entreprises dépensent les encaisses réelles additionnelles qui résultent de l'opération effectuée sur le marché libre.

L'effet de richesse On appelle **effet de richesse** l'effet d'un changement de la richesse réelle sur la dépense agrégée planifiée. Une augmentation de la masse monétaire peut faire croître la richesse, principalement en raison de son effet sur le prix des actions. Pour illustrer cet effet, reprenons l'exemple précédent. Supposons que Pétro-Canada, à la suite de la vente de titres du gouvernement à la Banque du Canada, affecte les 100 millions de dollars reçus à l'achat d'actions d'autres sociétés. La demande d'actions s'accroît de sorte que la courbe de demande d'actions se déplace vers la droite, faisant ainsi hausser le prix des actions. Lorsque le prix des actions est plus élevé, les actionnaires sont plus riches. Les actifs qu'ils possèdent peuvent être vendus plus cher qu'avant. Étant plus riches, certains actionnaires vendront certaines de leurs actions et achèteront des biens de consommation durables additionnels. Dans la mesure où la richesse stimule les dépenses de consommation, elle contribue aussi à faire augmenter la demande agrégée.

En étudiant les années 80 on voit très bien que l'augmentation du prix des actions peut engendrer une hausse des dépenses de consommation. À l'inverse, le krach de 1987 montre comment les gens peuvent rapidement réduire leurs dépenses lorsque, subitement, ils ne sont plus aussi riches qu'ils croyaient l'être. Comme exemples du fonctionnement de ce canal de transmission, on peut citer l'accroissement régulier de la demande de BMW et de Jaguar pendant une forte expansion du marché boursier et, à l'inverse, la diminution d'une telle demande à la suite d'un effondrement des cours de la Bourse.

L'effet du taux de change Une augmentation de la masse monétaire peut entraîner une dépréciation du dollar et un accroissement des exportations nettes. Puisque les exportations nettes constituent une composante de la dépense agrégée, cet **effet du taux de change** représente un autre canal par lequel la politique monétaire peut influer sur la demande agrégée. Ce canal joue un rôle essentiel dans une économie comportant un important secteur extérieur, comme l'économie canadienne. Voici comment cet effet s'exerce.

Une augmentation de la masse monétaire provoque une diminution des taux d'intérêt. Lorsque les taux d'intérêt sont plus bas, le flux des investissements internationaux a tendance à être plus élevé. Si les taux d'intérêt diminuent au Canada, mais qu'ils ne baissent pas au Japon et en Europe de l'Ouest, les investisseurs internationaux vendront leurs actifs en dollars canadiens à rendement plus faible et achèteront des actifs en devises étrangères à rendement plus élevé. Avec ces opérations, la demande d'actifs en dollars canadiens s'affaiblit et la demande d'actifs en devises étrangères s'intensifie. Par conséquent, la valeur du dollar canadien faiblit par rapport aux devises étrangères. Ces notions seront étudiées en détail au chapitre 18.

La valeur du dollar canadien étant plus faible, les étrangers peuvent maintenant acheter des biens fabriqués au Canada à des prix plus bas, alors que les Canadiens doivent payer un prix plus élevé pour acquérir des biens fabriqués à l'étranger. En conséquence, la demande de biens fabriqués au Canada enregistre une augmentation nette parce que les Canadiens achètent moins d'importations coûteuses et davantage de biens moins chers qui sont produits au Canada. De plus, les étrangers acquièrent une moins grande quantité de biens coûteux fabriqués dans leurs propres pays et se tournent davantage vers les importations canadiennes bon marché.

Ce processus se déroule dans l'ordre inverse si la Banque du Canada adopte une politique monétaire qui a pour effet de diminuer la masse monétaire et de hausser les taux d'intérêt.

Les effets échelonnés encore à l'œuvre Tout comme pour les taux d'intérêt, les effets qu'exerce la politique monétaire sur la demande agrégée au moyen de ces canaux ne se produisent pas en une seule fois; ils sont échelonnés. Les facteurs d'échelonnement que nous avons examinés dans le cas de la transmission par les taux d'intérêt sont les mêmes pour les autres canaux de transmission de la politique monétaire.

Les effets de la politique monétaire sur le taux d'intérêt et sur le taux de change que nous venons de décrire ne constituent que les effets initiaux d'une variation définitive de la masse monétaire. Une variation persistante du taux de changement de la masse monétaire influe, comme nous le verrons au chapitre 18, sur l'inflation et les taux d'intérêt, sans toutefois modifier les taux d'intérêt réels, le taux de change réel et la demande agrégée.

À RETENIR

Une variation de la masse monétaire (offre de monnaie) a une incidence sur la demande agrégée en modifiant les taux d'intérêt, les encaisses réelles, la richesse et le taux de change. Un accroissement de la masse monétaire entraîne une augmentation de la demande agrégée, alors qu'une diminution de la masse monétaire provoque un fléchissement de la demande agrégée. L'importance de l'effet d'un changement de la masse monétaire dépend surtout de deux facteurs : la sensibilité de la demande de monnaie réelle aux variations du taux d'intérêt et la sensibilité de la demande d'investissement aux variations du taux d'intérêt. Toutes choses étant égales par ailleurs, moins la demande de monnaie réelle est sensible aux variations du taux d'intérêt et plus la demande d'investissement y est sensible, plus l'effet d'un changement de la masse monétaire sur les dépenses d'équilibre et la demande agrégée sera considérable. Les effets de la politique monétaire sont échelonnés. Les taux d'intérêt varient assez rapidement, mais le changement des investissements et la variation induite des dépenses de consommation se produisent plus lentement. La Banque du Canada réagit en fonction de la situation économique. Par conséquent, la demande agrégée dépend de mesures monétaires qui sont elles-mêmes influencées par la situation économique.

■ ■ ■

Examinons maintenant les effets de la politique budgétaire sur la demande agrégée.

La politique budgétaire et la demande agrégée

Au chapitre 9, nous avons étudié les effets de la politique budgétaire sur la dépense agrégée planifiée et la demande agrégée. Mais, dans le modèle économique que nous avons utilisé dans ce chapitre, le taux d'intérêt était fixe. Dans le modèle que nous allons étudier maintenant, le taux d'intérêt est déterminé par l'équilibre sur le marché monétaire. Une variation des dépenses publiques en biens et services ou des impôts influera non seulement sur la dépense agrégée planifiée et le PIB réel, mais aussi sur les taux d'intérêt. En tenant compte de ces effets, nous constaterons que les multiplicateurs, calculés au chapitre 9,

Figure 12.6 La politique budgétaire et l'effet d'éviction

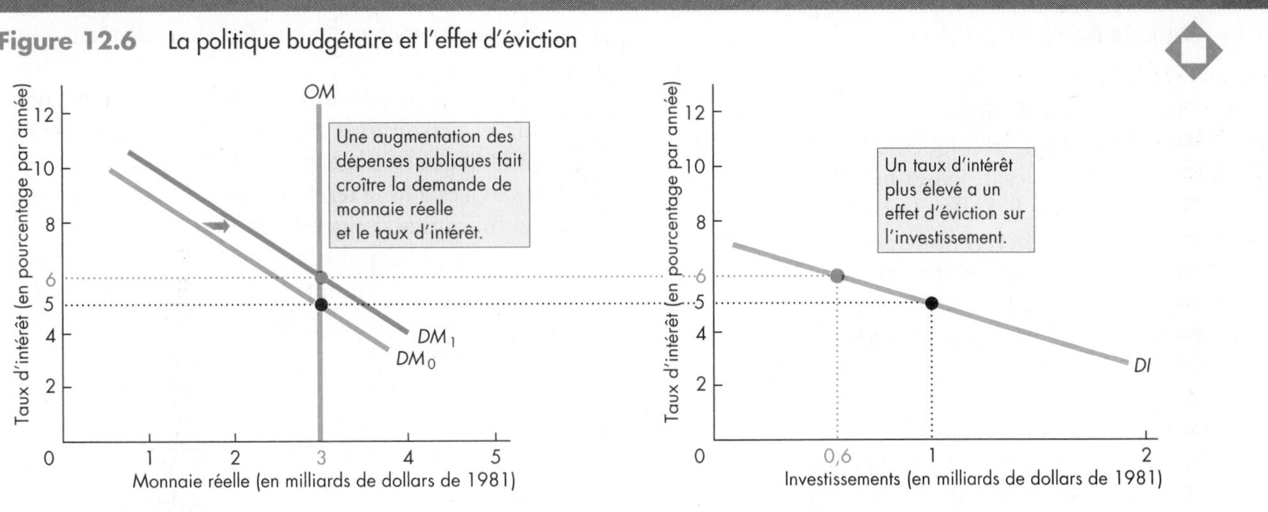

(a) Politique budgétaire et taux d'intérêt

(b) Effet d'éviction

Une augmentation des dépenses publiques en biens et services ou une diminution des impôts entraîne une hausse de la dépense agrégée planifiée et du PIB réel. Cette augmentation du PIB réel provoque une hausse de la demande de monnaie réelle, ce qui entraîne un déplacement de la courbe de demande de monnaie réelle de DM_0 à DM_1. Le taux d'intérêt augmente. Un taux d'intérêt plus élevé entraîne une diminution des investissements (graphique b). Cette diminution annule en partie l'augmentation initiale des dépenses publiques. Plus la pente de la courbe de demande de monnaie réelle est abrupte et plus la courbe de demande d'investissement est plane, plus l'effet d'éviction est prononcé.

surestimaient la valeur de la variation des dépenses d'équilibre et du PIB réel provoquée par la politique budgétaire. Nous allons voir pourquoi.

L'effet d'éviction

Lorsque le gouvernement augmente ses dépenses en biens et services, l'accroissement des dépenses autonomes et des dépenses d'équilibre, entraîné par le processus du multiplicateur, a pour effet de hausser le PIB réel. Cette augmentation du PIB réel fait croître la demande de monnaie réelle. La figure 12.6 illustre les effets d'une augmentation de la demande de monnaie réelle. Dans le graphique (a), avec une offre de monnaie constante à 3 milliards de dollars, la variation du revenu réel entraîne un déplacement de la courbe de demande de monnaie réelle de DM_0 à DM_1, et une augmentation du taux d'intérêt, qui passe de 5 à 6 %.

On peut constater, en observant le graphique (b), qu'une augmentation du taux d'intérêt provoque une diminution des investissements. Puisque les investissements sont une composante des dépenses autonomes, une augmentation du taux d'intérêt amène une réduction des dépenses autonomes. Mais il faut se rappeler que l'accroissement des dépenses publiques en biens et services a fait augmenter les dépenses autonomes. Nous venons donc de découvrir qu'une hausse des dépenses publiques en biens et services provoque une augmentation des dépenses autonomes, mais aussi une diminution des investissements, laquelle réduit les dépenses autonomes. Ce phénomène s'appelle *effet d'éviction.* Lorsqu'une augmentation des dépenses publiques en biens et services fait monter les taux d'intérêt, ce qui entraîne une réduction des dépenses d'investissement, il y a **effet d'éviction.** La hausse des dépenses publiques en biens et services a pour conséquence de réduire les investissements.

La réduction peut être partielle ou complète. La réduction partielle se produit lorsque la diminution des investissements est inférieure à la hausse des dépenses publiques en biens et services. C'est ce qui se produit habituellement. L'augmentation des dépenses publiques en biens et services entraîne une hausse du PIB réel qui, à son tour, fait croître la demande de monnaie réelle, et donc le taux d'intérêt. Avec des taux d'intérêt plus élevés, les investissements sont plus faibles. Cependant, l'effet sur les investissements est faible comparativement à la variation initiale des dépenses publiques.

La réduction complète se produit si la diminution des investissements est égale à l'augmentation initiale des dépenses publiques. Pour qu'une réduction complète ait lieu, une faible variation de la demande de monnaie réelle doit entraîner un changement considérable du taux d'intérêt, et ce changement doit provoquer une variation importante des investissements. Bien que, en pratique, la réduction complète ne se produise jamais, cette situation extrême nous permet de souligner l'importance de l'interaction entre la politique budgétaire et la politique monétaire.

Les facteurs influant sur la composition de la demande agrégée

Il y a plusieurs méthodes pour faire hausser la demande agrégée. Il est possible d'augmenter l'offre de monnaie ou encore d'adopter une politique budgétaire expansionniste (en haussant les dépenses publiques ou en diminuant les impôts). Si l'offre de monnaie augmente, la baisse des taux d'intérêt, comme nous l'avons vu, entraîne une hausse de la demande agrégée. Des taux d'intérêt plus bas engendrent des investissements plus élevés. Par contre, si la demande agrégée est stimulée par la politique budgétaire, l'augmentation de la demande agrégée s'accompagne d'une hausse des taux d'intérêt. Les taux d'intérêt plus élevés font diminuer les investissements. Par conséquent, la méthode employée pour stimuler la demande agrégée a un effet important sur sa *composition.*

Une hausse de la demande agrégée, provoquée par une augmentation de l'offre de monnaie, entraîne un accroissement des investissements et des dépenses de consommation, alors que les dépenses publiques en biens et services ne varient pas. Par contre, si la demande agrégée s'accroît en raison d'une hausse des dépenses publiques en biens et services, les dépenses de consommation augmentent également, mais les investissements baissent. Si c'est par une baisse des impôts que la demande agrégée en vient à augmenter, les dépenses de consommation s'élèvent, les investissements diminuent et les dépenses publiques demeurent constantes.

La politique budgétaire, la politique monétaire et les choix politiques

Puisque les politiques budgétaire et monétaire influent de diverses façons sur la *composition* de la dépense agrégée, chacune a des effets différents sur la croissance économique à long terme. On peut donc s'attendre à ce que le choix de la combinaison des deux politiques engendre des controverses et des tensions entre la Banque du Canada et les gouvernements fédéral et provinciaux. En temps normal, ces derniers ne veulent pas que la Banque du Canada resserre sa politique monétaire, pour faire hausser les taux d'intérêt. Ils souhaitent plutôt que la Banque du Canada augmente la masse monétaire de façon régulière, en vue de maintenir les taux d'intérêt au plus bas niveau possible.

La Banque, par ailleurs, insiste souvent sur l'importance du contrôle des dépenses publiques en biens et services, ainsi que sur le maintien des impôts à une valeur suffisamment élevée pour pouvoir payer ces biens et services. Elle soutient que, à moins que le gouvernement du Canada n'augmente les impôts ou ne réduise ses dépenses, elle ne pourra mener une politique monétaire plus expansionniste. La rubrique *Entre les lignes* des pages 334 et 335 donne un aperçu des questions actuellement débattues.

Le choix de la politique budgétaire ou monétaire influe sur les perspectives de croissance à long terme de l'économie, parce que la capacité de production de biens et services à long terme dépend du taux d'accumulation du capital, lequel dépend du niveau des investissements. Une politique budgétaire expansionniste provoque une diminution des investissements de même qu'un ralentissement de la croissance de l'économie à long terme.

Jusqu'à présent, nous avons centré notre analyse sur l'étude d'un canal par lequel la politique budgétaire modifie le niveau de la demande agrégée et sa composition. Il existe un autre canal important, le taux de change.

La politique budgétaire et le taux de change

Nous savons qu'une augmentation des dépenses publiques ou une réduction des impôts se traduit par une hausse des taux d'intérêt. Nous verrons plus loin (chapitre 18) qu'une variation des taux d'intérêt influe sur le taux de change. Lorsque les taux d'intérêt sont plus élevés, la valeur du dollar canadien en devises étrangères augmente. Lorsque les taux d'intérêt sont plus élevés au Canada que dans le reste du monde, il y a entrée de fonds au Canada et les étrangers demandent une plus grande quantité d'actifs en dollars canadiens. Avec la hausse de la valeur du dollar, les biens et services produits au Canada sont plus coûteux pour les étrangers, et les importations coûtent moins cher aux Canadiens. Ainsi, les exportations baissent et les importations augmentent. Ces changements qui se produisent au niveau des exportations nettes annulent, dans une certaine mesure, l'augmentation initiale des dépenses provoquée par la politique budgétaire expansionniste.

Par contraste, cet effet se produit dans le sens inverse si la demande agrégée augmente en raison d'un accroissement de la masse monétaire. Plus la masse monétaire est élevée, plus le taux d'intérêt est bas. Lorsque le taux d'intérêt est faible, le dollar se déprécie. Lorsque le dollar est plus faible, le prix de nos exportations fléchit et celui des importations monte. Les exportations augmentent et les importations diminuent. Nous avons étudié les effets du taux de change au chapitre 7 et nous le ferons de nouveau au chapitre 18.

Les effets de la politique budgétaire sur le niveau de la demande agrégée et sur sa composition ne se produisent pas en une seule fois. Comme pour la politique monétaire, les effets de la politique budgétaire sont échelonnés.

Les effets échelonnés de la politique budgétaire

Certaines mesures budgétaires ont des effets immédiats sur la demande agrégée. Par exemple, une augmentation des dépenses publiques en biens et services a des répercussions immédiates sur les marchés où le gouvernement achète des biens et services. Une réduction des impôts a également un effet immédiat sur le revenu disponible, mais elle a un effet progressif sur les dépenses de consommation. Certains effets de la politique budgétaire peuvent donc être échelonnés. Par exemple, une augmentation des revenus provoque une hausse de la demande de monnaie réelle et des taux d'intérêt. Les taux d'intérêt plus élevés font diminuer les investissements, ce qui entraîne des effets échelonnés semblables à ceux que nous avons vus dans le cas de la politique monétaire.

Il existe toutefois une différence importante entre les effets échelonnés de la politique budgétaire et ceux de la politique monétaire. La politique budgétaire a un effet immédiat sur la dépense agrégée, lequel est suivi d'un effet prolongé en raison de la variation des taux d'intérêt et de l'ajustement des autres composantes de la dépense agrégée à cette variation. Par contre, la politique monétaire n'a aucun effet immédiat sur la demande agrégée. L'effet se fait sentir graduellement, à mesure que les entreprises et les ménages réagissent aux changements des taux d'intérêt et des autres facteurs sur le marché monétaire et financier.

Il est plus long d'élaborer et d'adopter la politique budgétaire que la politique monétaire. Une modification des impôts ou des dépenses publiques en biens et services doit être soumise au processus législatif, au cours duquel interviennent le Parlement et le Conseil des ministres, de même que bon nombre de comités, d'associations et de groupes de pression. Or, en raison de la lenteur de ce processus, il est presque impossible que la politique budgétaire puisse être ajustée pour stabiliser la situation économique courante. Néanmoins, la politique budgétaire a des effets importants à long terme, surtout sur la composition de la demande agrégée, comme nous l'avons vu précédemment.

À RETENIR

On peut augmenter la demande agrégée soit en haussant les dépenses publiques en biens et services, soit en réduisant les impôts. De telles mesures entraînent la série d'événements suivants :

- Les dépenses autonomes s'accroissent.
- Les dépenses plus élevées entraînent une hausse du revenu disponible et des dépenses de consommation.
- L'effet multiplicateur fait croître les dépenses d'équilibre et le PIB réel.
- Un PIB réel plus élevé fait augmenter la demande de monnaie réelle.
- Une augmentation de la demande de monnaie réelle provoque une hausse des taux d'intérêt.
- Les taux d'intérêt plus élevés entraînent une baisse des investissements et annulent partiellement les effets initiaux de la hausse des dépenses autonomes résultant de la mesure budgétaire.
- La valeur du dollar canadien en devises étrangères augmente.
- Les exportations diminuent et les importations s'accroissent.
- Les variations des flux du commerce international annulent partiellement l'augmentation initiale des dépenses autonomes qui découle de la mesure budgétaire.
- L'effet net de la stimulation de la demande agrégée par la politique budgétaire dépend de l'importance relative des effets initiaux de l'augmentation des dépenses autonomes, par rapport aux effets découlant des taux d'intérêt et du taux de change plus élevés.

Les effets échelonnés de la politique budgétaire diffèrent de ceux de la politique monétaire. Un changement apporté à la politique budgétaire a un effet initial important sur la demande agrégée ; cependant, les effets échelonnés qu'engendrent les taux d'intérêt et un taux de change plus élevés viennent annuler dans une certaine mesure l'effet initial. De plus, les délais ayant trait à l'élaboration et à la mise en œuvre de la politique budgétaire sont plus longs que ceux de la politique monétaire.

■ ■ ■

Au cours des années 50 et 60, l'analyse des effets des politiques monétaire et budgétaire sur la demande agrégée, que nous avons présentée dans le présent chapitre, a été au cœur d'un important débat : celui qui oppose keynésiens et monétaristes. De nos jours, les divergences entre keynésiens et monétaristes diffèrent de celles qui avaient cours dans les années 50 et 60. La controverse concerne le fonctionnement du marché du travail, que nous étudierons au chapitre 13. Les divergences initiales entre keynésiens et monétaristes constituent un chapitre important et intéressant du développement de la macroéconomie moderne. Analysons brièvement les questions essentielles du débat et voyons comment elles ont pu être tranchées.

Le conflit entre la politique monétaire et la politique budgétaire

La hausse des taux d'intérêt contredit les prévisions des conservateurs au sujet du déficit

La hausse subite des taux d'intérêt va totalement à l'encontre des prévisions budgétaires que le ministre des Finances, Michael Wilson, a déposées il y a à peine deux mois. Selon certains économistes, cette hausse des taux d'intérêt accroîtra le déficit budgétaire de 2 à 4 milliards de dollars cette année.

S'il n'y a pas d'autres réductions des dépenses et d'autres augmentations des taxes et impôts, la hausse des frais sur la dette fédérale engloutira les réductions de dépenses prévues dans le budget de février, ce qui amènera le déficit à près de 31,5 milliards de dollars au lieu des 28,5 milliards prévus, ajoutent ces économistes.

Le taux d'escompte de la Banque du Canada a augmenté hier, passant de 13,61 à 13,77 %. Depuis janvier, ce taux s'est accru de 1,33 %.

Selon les courtiers, la Banque du Canada a mis en circulation une plus grande quantité de monnaie avant et après la vente de titres d'hier, afin d'essayer de ralentir la hausse des taux d'intérêt.

Les économistes, qui avaient d'abord trouvé les prévisions du budget Wilson raisonnables, pensent désormais que ce budget a peu de chances d'atteindre l'objectif fixé.

Les taux d'intérêt à court terme dépassent maintenant de 2,5 points le taux de 11,1 % sur lequel M. Wilson comptait. De plus, les taux à long terme ont augmenté de presque 2 points par rapport au taux de 10,5 % qui était prévu.

«Je crois qu'il y a peu de chances que les prévisions budgétaires se concrétisent à moins qu'un revirement subit ne se produise dans le comportement des marchés financiers», affirme l'économiste en chef de la Banque de Montréal, Lloyd Atkinson.

Avec un taux à trois mois sur le papier commercial atteignant presque 13 % cette année, il faudrait, selon M. Atkinson, que les taux chutent brutalement et qu'ils se maintiennent à ce niveau plus faible pour obtenir une moyenne de 11,1 %.

«Je pense que l'économie sera finalement plus faible que M. Wilson ne l'aurait voulu. Les taux d'intérêt à court terme étant, en moyenne, plus élevés de 150 à 200 points de base, le déficit budgétaire dépassera de 3 ou 4 milliards de dollars les prévisions qui étaient de 28,5 milliards.» [...]

Hier, à Toronto, le ministre continuait de défendre ses prévisions budgétaires.

«L'exercice financier est commencé depuis seulement trois semaines, il ne faut pas sauter aux conclusions», a-t-il déclaré.

Le ministre a également affirmé que la politique des taux d'intérêt de la Banque du Canada était essentielle à la réduction de l'inflation.

«Évidemment, il est important que nous réglions maintenant le problème de l'inflation si nous ne voulons pas connaître les mêmes ennuis qu'en 1982», a-t-il ajouté.

Mais [...] un haut fonctionnaire [du ministère des Finances] a indiqué que les taux d'intérêt sont demeurés élevés parce que l'économie est plus forte qu'on ne l'avait prévu.

The Financial Post
20 avril 1990
Par Greg Ip (Recherche: Geoffrey Scotton)

Les faits en bref

- Au printemps 1990, les taux d'intérêt canadiens ont considérablement augmenté et, au mois d'avril, les courtiers ont dit que la Banque du Canada avait mis plus de monnaie en circulation pour tenter de ralentir la hausse des taux d'intérêt.
- En avril 1990, les taux étaient de 2 à 2,5 points de pourcentage plus élevés que ceux que le ministre des Finances, Michael Wilson, avait prévus dans son budget. De plus, des économistes ont prédit que le déficit budgétaire fédéral augmenterait de 2 à 4 milliards de dollars en 1990.
- Le ministre des Finances a déclaré que ses prévisions budgétaires étaient réalistes et a défendu la politique des taux d'intérêt élevés de la Banque du Canada en déclarant qu'elle était essentielle à la réduction de l'inflation.
- L'économiste en chef de la Banque de Montréal, Lloyd Atkinson, a prédit que l'économie serait plus faible que ne le prévoyait le ministre des Finances.
- Un haut fonctionnaire du ministère des Finances a déclaré que les taux d'intérêt sont restés élevés parce que l'économie était plus forte qu'on ne l'avait prévu.

Analyse

- Les données de l'article contiennent deux interprétations contradictoires de la hausse des taux d'intérêt du printemps 1990 :
  - L'application par la Banque du Canada d'une politique anti-inflationniste serrée
  - L'action modératrice de la Banque du Canada face à une économie forte
- La première interprétation est illustrée au graphique (a). La Banque du Canada a réduit l'offre de monnaie de OM_0 à OM_1 et les taux d'intérêt sont passés de 11 à 13 %.
- La deuxième interprétation est illustrée au graphique (b). Un accroissement du PIB réel a entraîné une hausse de la demande de monnaie de DM_0 à DM_1 et les taux d'intérêt sont passés de 11 à 13 %.
- Le tableau ci-dessous fournit les données concernant le taux de croissance de l'offre de monnaie réelle, c'est-à-dire le taux de croissance de la quantité de monnaie *moins* le taux d'inflation.
- Les deux interprétations ne sont pas inconciliables. Chaque facteur pourrait avoir contribué à la hausse des taux d'intérêt et l'importance de chaque facteur pourrait changer chaque mois. Pour déterminer quel est le facteur à l'œuvre, nous devons étudier la croissance de l'offre de monnaie réelle et la croissance du PIB réel pendant la première partie de 1990.
- La croissance du PIB réel pendant le premier trimestre de 1990 se situait à un taux annuel de 2 %, soit un taux de croissance inférieur au taux de croissance moyen du PIB réel, ce qui n'est pas le signe d'une économie forte.

Conclusion

- Pendant le premier trimestre de 1990, les taux d'intérêt élevés et croissants provenaient principalement des mesures prises par la Banque du Canada. En mars 1990, notamment, la Banque a adopté une politique monétaire très restrictive, semblable à celle qui est illustrée au graphique (a).
- La Banque a permis une croissance monétaire plus rapide en avril 1990 et il est possible que la hausse des emprunts et des dépenses d'investissement pendant le mois ait entraîné une augmentation de la demande de monnaie semblable à celle qui est illustrée au graphique (b). Cette possibilité concorde avec les conclusions du sondage sur les intentions d'investissement, publié par Statistique Canada en avril 1990. (Voir la rubrique *Entre les lignes*, pages 212 et 213.)
- L'article contient deux assertions contradictoires à propos des effets sur le déficit budgétaire de 1990 d'une augmentation des taux d'intérêt. Des taux d'intérêt élevés, dans une économie faible, devraient accroître le déficit. Des taux d'intérêt élevés, dans une économie forte, ne devraient pas aggraver le déficit, dans la mesure où la croissance de l'économie est suffisante pour augmenter les recettes fiscales d'un montant supérieur à l'alourdissement du fardeau des intérêts.

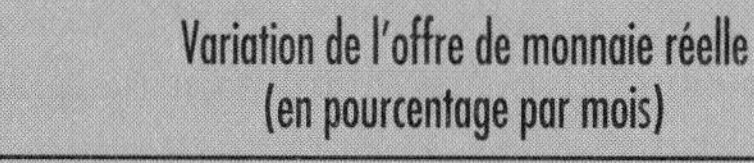

Variation de l'offre de monnaie réelle (en pourcentage par mois)

Mois	M 1	M 2	M 3
Janvier 1990	–1,1	0,1	0,1
Février 1990	1,2	0,7	0,1
Mars 1990	–4,8	–0,5	–0,6
Avril 1990	1,7	0,6	0,6

Source: Revue de la Banque du Canada

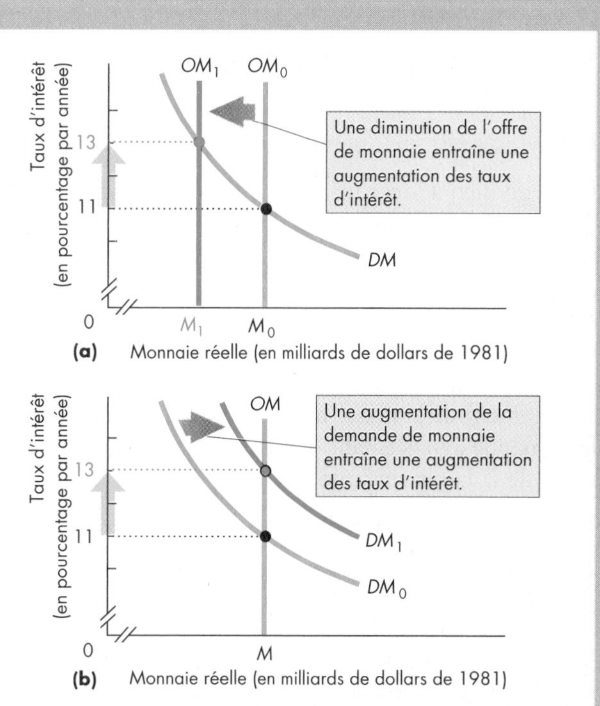

(a) Monnaie réelle (en milliards de dollars de 1981)

(b) Monnaie réelle (en milliards de dollars de 1981)

La controverse entre keynésiens et monétaristes

La controverse entre keynésiens et monétaristes est le reflet d'un débat continuel que se livrent deux groupes d'économistes. Les **keynésiens** sont des macroéconomistes dont les travaux sur le fonctionnement de l'économie s'inscrivent dans la foulée des théories élaborées par John Maynard Keynes dans son livre intitulé *La théorie générale*. Pour un keynésien, l'économie est intrinsèquement instable. Une intervention active du gouvernement est nécessaire pour en assurer la stabilité. Pendant longtemps les keynésiens ont privilégié la politique budgétaire au détriment de la politique monétaire. Les **monétaristes**, quant à eux, sont des macroéconomistes pour qui les variations de la quantité de monnaie constituent le déterminant principal de la demande agrégée. Ils considèrent que l'économie est stable de façon inhérente. Milton Friedman est le fondateur du monétarisme moderne. Des propos concernant Keynes et Friedman sont rapportés à la rubrique *L'évolution de nos connaissances*, pages 202 à 204.

La nature du débat entre keynésiens et monétaristes a changé au fil des ans. Au cours des années 50 et 60, le débat portait principalement sur l'efficacité relative des politiques budgétaire et monétaire pour changer la demande agrégée.

Sans s'attarder sur les questions d'importance secondaire, nous pouvons résumer l'essence de la controverse en distinguant trois points de vue principaux :

- Le keynésianisme extrême
- Le monétarisme extrême
- Le point de vue intermédiaire

Le keynésianisme extrême

Un keynésien adopte un point de vue extrême lorsqu'il déclare que les changements de la masse monétaire n'ont aucun effet sur le niveau de la demande agrégée et que les variations des dépenses publiques en biens et services ou des impôts ont des répercussions importantes et prévisibles sur la demande agrégée.

Nous avons vu, dans le présent chapitre, qu'un changement de la masse monétaire n'a aucun effet sur la demande agrégée dans deux cas exprimés graphiquement de la façon suivante :

- La courbe de demande d'investissement est verticale.
- La courbe de demande de monnaie réelle est horizontale.

Si la courbe de demande d'investissement est verticale, les investissements sont insensibles aux variations des taux d'intérêt. Le cas échéant, même si la politique monétaire influe sur les taux d'intérêt, ces changements ne font pas varier la dépense agrégée planifiée, rendant ainsi la politique monétaire inefficace. Lorsque la courbe de demande de monnaie réelle est horizontale à un taux d'intérêt donné, les gens sont prêts à détenir de la monnaie à ce taux, qu'importe la quantité : c'est ce qu'on appelle un **piège de liquidité**. Dans un piège de liquidité, un changement de la masse monétaire ne fait que modifier la quantité de monnaie détenue. Il ne fait pas varier les taux d'intérêt. Ainsi, même si les investissements réagissent aux variations des taux d'intérêt, la politique monétaire demeure inefficace parce qu'elle ne peut faire varier les taux d'intérêt de façon à modifier les investissements et la dépense agrégée planifiée.

Bien que l'une ou l'autre de ces possibilités puisse suffire, les keynésiens extrémistes supposent que les deux existent réellement.

Le monétarisme extrême

Un monétariste adopte un point de vue extrême lorsqu'il déclare qu'une modification apportée aux impôts ou aux dépenses publiques en biens et services n'a aucun effet sur la demande agrégée, alors qu'un changement de la masse monétaire a un effet important et prévisible sur la demande agrégée. Il y a deux cas où cela peut se produire. Graphiquement, ce sont les suivants :

- La courbe de demande d'investissement est horizontale.
- La courbe de demande de monnaie réelle est verticale.

Ces conditions engendrent un effet d'éviction complet. Si une augmentation des dépenses publiques en biens et services provoque une hausse des taux d'intérêt suffisamment importante pour réduire les investissements du même montant que l'augmentation initiale des dépenses publiques, la politique budgétaire n'aura alors aucun effet sur la demande agrégée. Pour obtenir ce résultat, la courbe de demande de monnaie réelle doit être verticale – un montant fixe de monnaie étant alors détenu quel que soit le taux d'intérêt – ou la courbe de demande d'investissement doit être horizontale – tout niveau d'investissement étant réalisable à un taux d'intérêt donné.

Le point de vue intermédiaire

Selon les tenants du point de vue intermédiaire, les politiques budgétaire et monétaire influent toutes les deux sur la demande agrégée. L'effet d'éviction étant incomplet, la politique budgétaire a donc une incidence sur la demande agrégée. Il n'existe aucun piège de liquidité et les investissements sont sensibles aux taux d'intérêt, de sorte que la politique monétaire a aussi des répercussions sur la demande agrégée. À l'heure actuelle, ce point de vue semble juste. Voyons maintenant comment les économistes en sont arrivés à cette conclusion.

La résolution des questions controversées

Le débat entre monétaristes, keynésiens et tenants du point de vue intermédiaire comporte deux éléments. Le premier a trait à la divergence de vues concernant l'importance des deux paramètres économiques suivants :

- La sensibilité de la demande d'investissement aux variations du taux d'intérêt
- La sensibilité de la demande de monnaie réelle aux variations du taux d'intérêt

Le second a trait à la divergence de vues quant à savoir si l'économie est stable ou instable de façon inhérente.

Attardons-nous d'abord sur la divergence concernant l'importance des deux paramètres économiques. Si la demande d'investissement réagit fortement au taux d'intérêt et que la demande de monnaie réelle y est peu sensible, la politique monétaire a alors une forte incidence et la politique budgétaire est relativement inefficace. Par conséquent, l'économie fonctionne selon le point de vue exprimé par les monétaristes extrémistes. Si la demande de monnaie réelle réagit fortement aux variations du taux d'intérêt et que la demande d'investissement y est peu sensible, la politique budgétaire exerce alors un fort effet et la politique monétaire est relativement inefficace. Dans ce cas, l'économie fonctionne selon le point de vue mis de l'avant par les keynésiens extrémistes.

Les économistes ont pu trancher les questions entourant ce débat en étudiant la demande de monnaie réelle et la demande d'investissement à l'aide de méthodes statistiques appliquées à des données portant sur un grand nombre de pays et de périodes. Les études empiriques ont démontré l'inexactitude des points de vue extrêmes. Le point de vue intermédiaire s'est révélé le plus juste.

Cependant, ce n'est pas toujours le point de vue intermédiaire qui l'emporte dans le domaine scientifique. En effet, les progrès scientifiques sont souvent plus rapides lorsque nous démontrons, par des procédés empiriques, que certaines situations logiquement possibles ne se produisent pas en pratique. Dans le cas présent, les études empiriques ont démontré que la courbe de demande de monnaie réelle et la courbe de demande d'investissement ont toutes deux une pente négative. Aucune de ces courbes n'est verticale ni horizontale. Ce résultat a permis d'écarter les points de vue des monétaristes et des keynésiens extrémistes.

Cette controverse particulière est maintenant chose du passé, mais il existe encore aujourd'hui bon nombre d'autres divergences de vues en macroéconomie. L'une d'elles a trait à l'importance relative des effets multiplicateurs des politiques budgétaire et monétaire. L'autre concerne les retards dynamiques de ces politiques où ces effets se font sentir. Cependant, la principale controverse entre keynésiens et monétaristes modernes consiste à savoir si l'économie est intrinsèquement stable ou instable. Ce débat est essentiellement centré sur les divergences de vues quant au fonctionnement du marché du travail. Nous étudierons cette controverse dans le chapitre suivant.

■ Nous venons d'analyser de quelle façon la demande agrégée est déterminée et les moyens dont disposent le gouvernement et la Banque du Canada pour atténuer les fluctuations de la demande agrégée. Notre prochaine tâche consistera à examiner l'offre agrégée dans l'économie et à étudier les facteurs qui permettent de déterminer l'offre agrégée à court et à long terme, l'emploi et le chômage.

Au besoin, une étude plus exhaustive des questions que nous venons d'analyser dans le présent chapitre vous est fournie en annexe.

RÉSUMÉ

La monnaie, le taux d'intérêt et la demande agrégée

Le taux d'intérêt constitue le principal canal par lequel l'effet d'une variation de l'offre de monnaie est transmis à la demande agrégée. Une diminution de la masse monétaire entraîne une hausse des taux d'intérêt. Avec des taux d'intérêt plus élevés, les investissements baissent, ce qui a pour effet de réduire la dépense agrégée planifiée. Une diminution de la dépense agrégée planifiée provoque à son tour une baisse du PIB réel. Cette baisse du PIB réel entraîne un fléchissement de la demande de monnaie réelle. La courbe de demande de monnaie réelle se déplace vers la gauche et les taux d'intérêt baissent. La diminution des taux d'intérêt provoque alors une augmentation des investissements et la dépense agrégée planifiée commence à s'accroître. Le PIB réel baisse et la dépense agrégée planifiée augmente jusqu'à ce qu'un nouvel équilibre de stock et de flux soit atteint. Lorsqu'un tel équilibre existe, les valeurs que prennent le PIB réel et le taux d'intérêt font que la quantité de monnaie réelle demandée est égale à la quantité offerte, et que la dépense agrégée planifiée est égale au PIB réel.

Les effets d'un changement de la masse monétaire sur la demande agrégée dépendent de deux facteurs : la sensibilité de la demande de monnaie réelle aux variations du taux d'intérêt et la sensibilité de la demande d'investissement aux variations du taux d'intérêt. Moins la demande de monnaie réelle est sensible et plus la demande d'investissement réagit aux variations du taux d'intérêt, plus l'effet d'un changement de la masse monétaire sur la demande agrégée est considérable.

Les effets de la politique monétaire sont échelonnés. Une modification de la masse monétaire a un effet immédiat sur les taux d'intérêt, mais son effet sur les dépenses est plus progressif. Lorsque les dépenses se mettent à changer, les dépenses induites se mettent également à varier, donnant ainsi lieu à un effet multiplicateur. La dépense agrégée et le PIB réel étant plus élevés, les prix montent plus rapidement. Les ajustements de la politique monétaire à la situation économique sont décalés.

Les autres canaux de transmission de la politique monétaire sont les encaisses réelles, la richesse et le taux de change. Une modification de la quantité de monnaie réelle a un effet direct sur la dépense agrégée. Un changement de la richesse a également une incidence directe sur la dépense agrégée. Une modification du taux de change fait varier la demande canadienne de biens et services produits à l'étranger et la demande étrangère des biens et services produits au Canada. (*pp. 319-330*)

La politique budgétaire et la demande agrégée

Une variation des dépenses publiques en biens et services influe directement sur la demande agrégée. Un changement du montant des impôts a également un effet sur la demande agrégée, étant donné son incidence sur le revenu disponible. Cependant, la politique budgétaire influe sur le PIB réel et les taux d'intérêt. Par conséquent, elle a un effet indirect sur les investissements. Une augmentation des dépenses publiques en biens et services qui provoque une hausse de la dépense agrégée planifiée fait croître le PIB réel. La hausse du PIB réel fait augmenter la demande de monnaie réelle, de sorte que la courbe de demande de monnaie réelle se déplace vers la droite. Une hausse de la demande de monnaie réelle entraîne à son tour une hausse des taux d'intérêt. Lorsque les taux d'intérêt sont plus élevés, les investissements diminuent. La baisse des investissements, qui résulte de l'augmentation des dépenses publiques, annule en partie l'effet expansionniste découlant de la mesure budgétaire initiale. En situation extrême, l'effet pourrait être complètement annulé. Autrement dit, la diminution des investissements pourrait être suffisante pour annuler complètement l'augmentation des dépenses publiques. En pratique, il n'y a jamais d'effet d'éviction complet.

La combinaison des politiques budgétaire et monétaire influe sur la composition de la demande agrégée. Si la demande agrégée augmente en raison d'un accroissement de la masse monétaire, les taux d'intérêt baissent et les investissements grimpent. Si une hausse des dépenses publiques en biens et services contribue à faire croître la demande agrégée, les taux d'intérêt montent et les investissements baissent. Les différents effets des politiques budgétaire et monétaire sur la demande agrégée engendrent des tensions politiques. Pour exercer un contrôle sur la demande agrégée et assurer des taux d'intérêt modérés, le niveau des impôts doit être suffisamment élevé par rapport à celui des dépenses publiques.

La politique budgétaire influe aussi sur la demande agrégée par l'intermédiaire du taux de change. Une augmentation des dépenses publiques en biens et services provoque une augmentation des taux d'intérêt et une appréciation du dollar. Lorsque le dollar prend de la valeur, les Canadiens achètent plus d'importations et les étrangers achètent une moins grande quantité de biens fabriqués au Canada. Par conséquent, les exportations canadiennes baissent. Les effets de la politique budgétaire sont échelonnés. Toutefois, les effets échelonnés de la politique budgétaire diffèrent de ceux de la politique monétaire. En général, la politique budgétaire a un effet immédiat plus considérable que la politique monétaire, bien qu'elle ait aussi des effets qui prennent un certain temps à se faire sentir. En outre, il est plus long d'élaborer et d'adopter la politique budgétaire que la politique monétaire. (*pp. 330-334*)

La controverse entre keynésiens et monétaristes

La controverse entre keynésiens et monétaristes porte sur l'efficacité relative des mesures budgétaires et monétaires à pouvoir influer sur le niveau de la demande agrégée. Selon les keynésiens extrémistes, seule la politique budgétaire peut modifier la demande agrégée, alors que la politique monétaire est inefficace. Les défenseurs du point de vue monétariste extrême soutiennent que seuls les changements de la masse monétaire modifient la demande agrégée, alors que la politique budgétaire est inefficace. Cette controverse a été au cœur du débat en macroéconomie au cours des années 50 et 60. Les études empiriques ont permis de découvrir que les points de vue extrêmes sont inexacts et que les politiques budgétaire et monétaire influent, toutes deux, sur la demande agrégée. La question de l'efficacité relative des deux types de politique de même que celle de la synchronisation de leurs effets demeurent très controversées de nos jours. (*pp. 336-337*)

POINTS DE REPÈRE

Mots clés

Effet d'éviction, 331
Effet de richesse, 329
Effet d'encaisses réelles, 329
Effet du taux de change, 330
Keynésiens, 336
Monétaristes, 336
Piège de liquidité, 336

Figures clés 

Figure 12.1	Le taux d'intérêt et le PIB réel d'équilibre, 320
Figure 12.4	La convergence vers un nouvel équilibre des dépenses, 324
Figure 12.5	L'importance de la politique monétaire, 326
Figure 12.6	La politique budgétaire et l'effet d'éviction, 331

QUESTIONS DE RÉVISION

1 Dressez la liste des canaux de transmission par lesquels un changement de la masse monétaire entraîne une variation du PIB réel.

2 Analysez les principales étapes de la transmission de la politique monétaire par les taux d'intérêt.

3 Expliquez pourquoi une variation de la masse monétaire a un effet considérable sur la demande agrégée lorsque les investissements réagissent fortement aux variations des taux d'intérêt.

4 Expliquez pourquoi la politique monétaire a un effet peu marqué sur la demande agrégée si la demande de monnaie réelle réagit fortement aux variations des taux d'intérêt.

5 Expliquez comment une modification de la masse monétaire provoque un changement du prix des actions.

6 Décrivez les effet échelonnés de la politique monétaire.

7 Qu'est-ce que l'effet d'éviction ?

8 Pourquoi une augmentation des dépenses publiques en biens et services entraîne-t-elle une hausse des taux d'intérêt ?

9 Qu'est-ce qu'un keynésien ?

10 Qu'est-ce qu'un monétariste ?

11 Quels étaient les principaux éléments soulevés lors de la controverse entre keynésiens et monétaristes quant à l'efficacité relative des politiques budgétaire et monétaire sur la demande agrégée ?

PROBLÈMES

1 Dans le modèle économique illustré à la figure 12.1, supposez que la masse monétaire ait augmenté de 1 milliard de dollars.

a) Déterminez les effets immédiats de ce changement sur le taux d'intérêt.

b) Quel en est l'effet sur les investissements?

c) Quel en est l'effet immédiat sur la dépense agrégée planifiée?

d) Quel en est l'effet immédiat sur le PIB réel d'équilibre?

e) Comment l'accumulation des stocks est-elle touchée?

f) Quel sera le taux d'intérêt et le PIB réel au nouvel équilibre de stock et de flux?

2 Deux économies sont identiques, sauf en ce qui a trait au point suivant: dans l'économie A, une variation du taux d'intérêt de 1 % (par exemple, de 5 à 6 %) provoque une modification de 100 millions de dollars de la quantité de monnaie réelle demandée; dans l'économie B, la même variation du taux d'intérêt entraîne une modification de 1 milliard de dollars de la quantité de monnaie réelle demandée.

a) Dans quelle économie une modification de la quantité de monnaie réelle a-t-elle l'effet le plus considérable sur le PIB réel d'équilibre?

b) Dans quelle économie une augmentation des dépenses publiques en biens et services a-t-elle l'effet le plus considérable sur le PIB réel?

c) Dans quelle économie l'effet d'éviction est-il le plus faible?

3 Le gouvernement fédéral veut augmenter la demande agrégée, favoriser les exportations et accroître les investissements. Selon vous, le gouvernement devrait-il chercher à atteindre cet objectif en augmentant les dépenses publiques en biens et services, en réduisant les impôts ou en accroissant la masse monétaire? Expliquez les mécanismes qui sous-tendent les diverses politiques envisageables. Fixez votre choix sur l'une de ces politiques et justifiez-le. Quels retards sont susceptibles de nuire à l'efficacité des diverses politiques envisageables?

Annexe du chapitre 12

Le modèle *IE - LM* de la demande agrégée

Nous illustrons dans cette annexe le modèle *IE-LM* de la demande agrégée. Ce modèle permet d'expliquer clairement les déplacements de la courbe de demande agrégée et les effets des politiques monétaire et budgétaire sur la demande agrégée.

Comme notre étude porte sur la détermination de la *demande agrégée*, nous ne tenons pas compte de l'offre agrégée et de son interaction avec la demande agrégée dans la détermination du niveau des prix et du PIB réel. Nous nous concentrons sur un point de la courbe de demande agrégée pour un niveau donné des prix, ce qui ne veut pas dire que le niveau des prix soit constant dans la réalité. Nous désirons simplement que notre analyse soit valable quel que soit le niveau des prix.

Cette étude n'est pas difficile en soi, mais son niveau de difficulté est supérieur au reste du chapitre. Toutefois, l'étude de cette annexe permettra de comprendre plus clairement et de façon plus approfondie la demande agrégée et les effets qu'ont sur elle les politiques monétaire et budgétaire.

Les chapitres 8, 9 et 11 fournissent tous les éléments du modèle *IE-LM*. Tout d'abord, nous allons revoir les notions de dépenses et de PIB réel d'équilibre. Nous étudierons ensuite l'équilibre sur le marché monétaire. Finalement, nous combinerons ces deux éléments.

Les dépenses d'équilibre et le PIB réel

La dépense agrégée planifiée dépend du PIB réel parce que la consommation, qui constitue la plus importante composante de la dépense agrégée, augmente à mesure que le PIB réel s'accroît. Nous sommes en présence de flux d'équilibre de la dépense agrégée planifiée et du PIB réel lorsque la dépense agrégée planifiée est égale au PIB réel. Toutefois, la dépense agrégée planifiée dépend également du taux d'intérêt. Plus le taux d'intérêt est élevé, plus les investissements planifiés sont faibles. Ainsi, la dépense agrégée planifiée diminue à mesure que le taux d'intérêt augmente.

Ces notions, analysées en détail aux chapitres 8 et 9, sont résumées à la figure A12.1. Nous allons maintenant étudier les parties de cette figure attentivement en commençant par le tableau.

Débutons avec les colonnes intitulées «Taux d'intérêt» et «Dépenses autonomes». Souvenez-vous que les investissements font partie des dépenses autonomes et qu'ils diminuent à mesure que le taux d'intérêt augmente. Le tableau nous montre de quelle manière les dépenses autonomes varient en fonction des taux d'intérêt. Par exemple, lorsque le taux d'intérêt est de

Figure A12.1 La dépense agrégée planifiée, l'équilibre de flux et la courbe *IE*

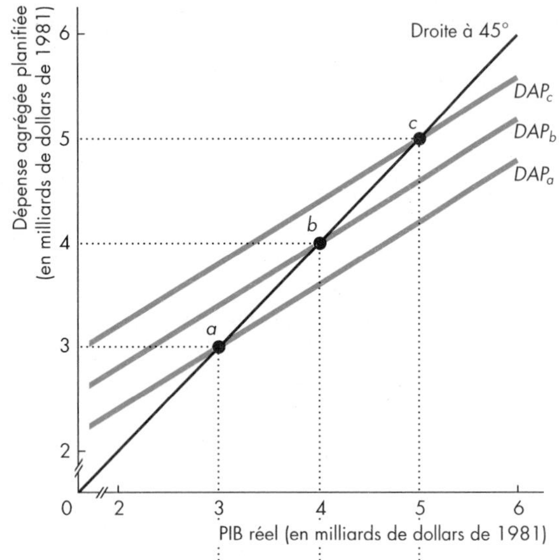

(a) Dépense agrégée planifiée et PIB réel

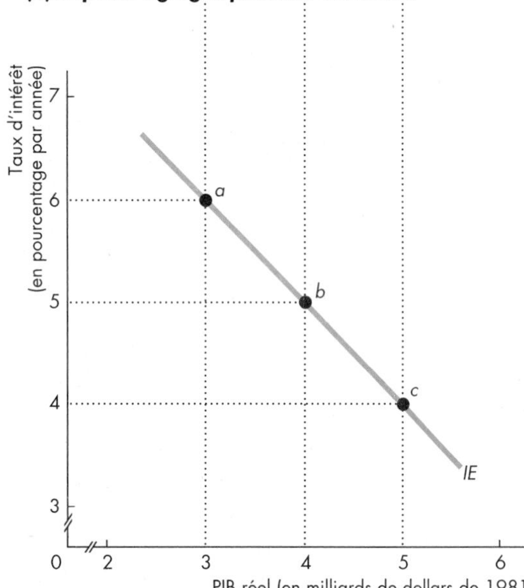

(b) Courbe *IE*

Le tableau indique la dépense agrégée planifiée, soit la somme des dépenses autonomes et des dépenses induites, selon différentes valeurs combinées du taux d'intérêt et du PIB réel. Par exemple, lorsque le taux d'intérêt est de 6 % et le PIB réel de 5 milliards de dollars, la dépense agrégée planifiée est de 4,2 milliards de dollars (coin supérieur droit). L'équilibre de flux, c'est-à-dire lorsque la dépense agrégée planifiée et le PIB réel sont égaux, est illustré par les carrés verts. Les lignes *a, b* et *c* représentent des barèmes de dépense agrégée qui sont représentés dans le graphique (a) par les courbes de dépense agrégée DAP_a, DAP_b et DAP_c respectivement. Les points d'équilibre des dépenses figurent dans le graphique (a), là où les courbes *DAP* croisent la droite à 45°; ils sont indiqués par les lettres *a, b* et *c*. Le graphique (b) contient les mêmes points en mettant en évidence les valeurs combinées du taux d'intérêt et du PIB réel qui assurent l'équilibre. La droite qui relie ces points est appelée *courbe IE*.

	Taux d'intérêt (en pourcentage par année)	**Dépenses autonomes (en milliards de dollars de 1981)**	**Dépense agrégée planifiée (en milliards de dollars de 1981)**		
a	6	1,2	3,0	3,6	4,2
b	5	1,6	3,4	4,0	4,6
c	4	2,0	3,8	4,4	5,0
Dépenses induites			1,8	2,4	3,0
PIB réel (en milliards de dollars de 1981)			3,0	4,0	5,0

6 %, les dépenses autonomes sont de 1,2 milliard de dollars. Lorsque le taux passe de 6 à 5 %, les dépenses autonomes se chiffrent à 1,6 milliard de dollars.

Observons maintenant le bas du tableau où figurent les titres «Dépenses induites» et «PIB réel». Il faut se rappeler que les dépenses induites sont celles qui dépendent du PIB réel. C'est la partie des dépenses de consommation qui dépend de la différence entre le PIB réel et les importations. Les données du tableau montrent de quelle manière les dépenses induites varient en fonction du PIB réel. Par exemple, lorsque le PIB réel est de 3 milliards de dollars, les dépenses induites atteignent 1,8 milliard de dollars. Lorsque le PIB réel se chiffre à 4 milliards de dollars, elles s'élèvent à 2,4 milliards de dollars.

Finalement, analysons la section du tableau intitulée «Dépense agrégée planifiée». Chaque chiffre de cette section représente la valeur de la dépense agrégée planifiée selon un taux d'intérêt et un niveau du PIB réel donnés. Par exemple, la ligne *b* montre que, lorsque le taux d'intérêt est de 5 % et que le PIB réel est de 3 milliards de dollars, la dépense agrégée planifiée est égale à 3,4 milliards de dollars, soit la somme des dépenses autonomes (1,6 milliard de dollars) et des dépenses induites (1,8 milliard de dollars). Les autres chiffres, dans le coin supérieur droit, sont calculés de la même manière. Vous pouvez les vérifier en répétant l'opération avec les autres taux d'intérêt et niveaux du PIB réel.

Les carrés verts du tableau représentent les points d'équilibre des dépenses. Reprenons, à titre d'exemple, la ligne *b*. Elle indique que les dépenses d'équilibre sont égales à 4 milliards de dollars lorsque le taux d'intérêt est de 5 %. À ce taux, les dépenses autonomes sont de 1,6 milliard de dollars. Lorsque le PIB réel est de 4 milliards de dollars, les dépenses induites se chiffrent à 2,4 milliards de dollars. Donc, la dépense agrégée planifiée est de 4 milliards de dollars, ce qui correspond à la valeur du PIB réel. Il s'agit d'un équilibre des dépenses. Lorsque la dépense agrégée planifiée dépasse le PIB réel, celui-ci augmente. À un taux d'intérêt de 5 %, si le PIB réel est de 3 milliards de dollars, la dépense agrégée planifiée est de 3,4 milliards de dollars, ce qui contribue à faire augmenter le PIB réel. Lorsque la dépense agrégée planifiée est inférieure au PIB réel, celui-ci diminue. À un taux d'intérêt de 5 %, si le PIB réel est de 5 milliards de dollars, la dépense agrégée planifiée atteint 4,6 milliards de dollars, ce qui entraîne une baisse du PIB réel. À un taux d'intérêt de 5 %, la dépense agrégée planifiée est égale au PIB réel uniquement lorsque le PIB réel s'établit à 4 milliards de dollars. Les deux autres carrés verts représentent les dépenses d'équilibre lorsque les taux d'intérêt se situent à 6 et à 4 % respectivement.

La courbe *IE*

La courbe *IE* représente les valeurs combinées du PIB réel et du taux d'intérêt qui assurent l'égalité entre la dépense agrégée planifiée et le PIB réel. C'est le créateur de la courbe, le célèbre économiste John Hicks, qui a proposé le nom de *courbe IE*. La lettre *I* représente les investissements et la lettre *E* l'épargne. Lorsque Hicks a créé la courbe *IE*, il a utilisé un modèle économique qui n'incluait ni le gouvernement ni le secteur extérieur. Donc, l'équilibre de flux se produisait lorsque les investissements avaient la même valeur que l'épargne. La mention *IE* indique que, le long de la courbe *IE*, les investissements planifiés sont égaux à l'épargne dans ce type d'économie. Par contre, dans un système économique où il existe un gouvernement et un secteur extérieur, les points situés sur la courbe *IE* indiquent que les injections planifiées dans le flux circulaire des dépenses et des revenus sont égales aux fuites planifiées hors du flux circulaire.

À la figure A12.1, nous pouvons voir comment la courbe *IE* est engendrée. Le graphique (a) de la figure a une allure familière. Il est semblable au graphique de la figure 9.4 (page 232). La droite à 45° indique tous les points pour lesquels la dépense agrégée planifiée est égale au PIB réel. Les courbes DAP_a, DAP_b et DAP_c sont des courbes de dépense agrégée planifiée. La courbe DAP_a est la courbe de dépense agrégée planifiée qui correspond à un taux d'intérêt de 6 % (ligne *a* du tableau). La courbe DAP_b montre la demande agrégée planifiée lorsque le taux d'intérêt est de 5 % (ligne *b*), et la courbe DAP_c est celle qui correspond à un taux d'intérêt égal à 4 % (ligne *c*).

Il n'existe qu'un seul équilibre des dépenses pour chacune des trois courbes de dépense agrégée planifiée qui sont présentées dans le graphique (a). Sur la courbe DAP_a, l'équilibre des dépenses se situe au point *a* où le PIB réel se chiffre à 3 milliards de dollars. L'équilibre des dépenses sur la courbe DAP_b s'établit au point *b*, où le PIB réel se chiffre à 4 milliards de dollars. Sur la courbe DAP_c, l'équilibre se produit au point *c*, où le PIB réel est de 5 milliards de dollars.

Dans le graphique (b) de la figure A12.1, nous avons illustré de nouveau chaque point d'équilibre des dépenses, tout en mettant en évidence la relation qui existe entre le taux d'intérêt et le PIB réel au point d'équilibre des dépenses. L'axe des *x* du graphique (b), tout comme celui du graphique (a), mesure le PIB réel. L'axe des *y*, pour sa part, représente la valeur du taux d'intérêt. Le point *a* du graphique (b) correspond à l'équilibre des dépenses représenté par le point *a* du graphique (a) de la figure (ou de la ligne *a* du tableau). Nous constatons qu'il y a équilibre des dépenses lorsque le taux d'intérêt est de 6 % et que la valeur du PIB réel est de 3 milliards de dollars. Les points *b* et *c* du graphique (b) correspondent aux dépenses d'équilibre des points *b* et *c* du graphique (a). La droite qui relie ces points est appelée *courbe IE*.

Il est parfois utile d'envisager le lien qui existe entre deux variables comme une relation de «cause à effet». Par exemple, la courbe de demande d'investissement indique le niveau des investissements (l'effet) en fonction d'un taux d'intérêt donné (la cause). Cependant, la courbe *IE* ne représente *pas* une relation de «cause à effet». C'est plutôt une relation qui peut être perçue de deux manières. La courbe *IE* montre que, lorsque le taux d'intérêt est de 6 % par exemple, la dépense agrégée planifiée est égale au PIB réel seulement si celui-ci atteint 3 milliards de dollars. Par contre, nous pouvons aborder le problème sous un autre angle : lorsque le PIB réel est de 3 milliards de dollars, le taux d'intérêt doit être égal à 6 % pour que la dépense agrégée planifiée soit égale au PIB réel.

La courbe *IE* représente les valeurs combinées du taux d'intérêt et du PIB réel pour lesquelles il se produit un équilibre des dépenses. Afin de déterminer le taux d'intérêt et le PIB réel, nous avons besoin d'établir un autre lien entre ces deux variables. Ce lien découle de l'équilibre sur le marché monétaire.

Figure A12.2 Le marché monétaire, l'équilibre de stock et la courbe *LM*

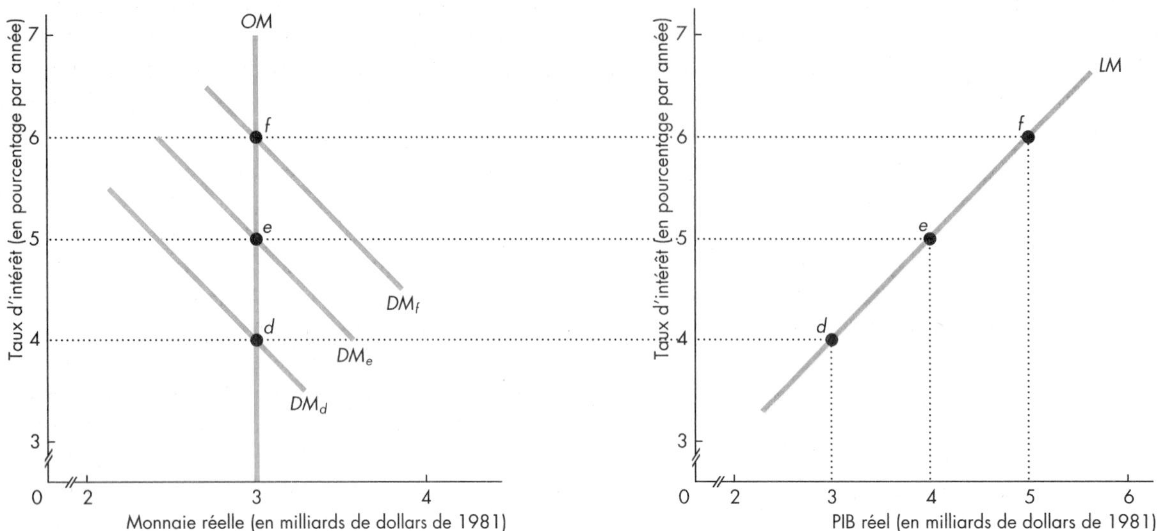

(a) Équilibre sur le marché monétaire

(b) Courbe *LM*

Le tableau contient les quantités de monnaie réelle demandées selon différentes valeurs combinées du taux d'intérêt et du PIB réel. Par exemple, lorsque le taux d'intérêt est de 6 % et le PIB réel de 3 milliards de dollars, la quantité de monnaie réelle demandée est de 2 milliards de dollars (coin supérieur gauche). L'équilibre de stock, soit l'égalité entre les quantités de monnaie réelle demandée et offerte, est indiqué par les carrés verts. Les colonnes *d, e* et *f* représentent des barèmes de demande de monnaie réelle qui sont illustrés dans le graphique (a) par les courbes de demande de monnaie réelle DM_d, DM_e et DM_f respectivement. Les points d'équilibre sur le marché monétaire sont donnés dans le graphique (a), là où les courbes *DM* croisent la courbe d'offre de monnaie réelle *OM*. Ces points sont représentés par les lettres *d, e* et *f*. Le graphique (b) contient les mêmes points, de même que les valeurs combinées du taux d'intérêt et du PIB réel qui assurent l'équilibre. La droite qui relie ces points est appelée *courbe LM*.

Taux d'intérêt (en pourcentage par année)	**Quantité de monnaie réelle demandée (en milliards de dollars de 1981)**		
6	2,0	2,5	3,0
5	2,5	3,0	3,5
4	3,0	3,5	4,0
PIB réel	3,0	4,0	5,0
Offre de monnaie réelle (en milliards de dollars de 1981)	3,0 *d*	3,0 *e*	3,0 *f*

L'équilibre sur le marché monétaire

La quantité de monnaie demandée dépend du niveau des prix, du PIB réel et du taux d'intérêt. La quantité de monnaie demandée est proportionnelle au niveau des prix. Lorsque le niveau des prix double, la quantité de monnaie demandée double également. On obtient la quantité de monnaie réelle en divisant la quantité de monnaie par le niveau des prix. La quantité de monnaie réelle demandée augmente à mesure que le PIB réel s'accroît et diminue lorsque le taux d'intérêt augmente.

Les mesures prises par la Banque du Canada, les banques et les autres intermédiaires financiers permettent de déterminer la masse monétaire. Pour un ensemble donné de mesures et un niveau donné de prix, la quantité de monnaie réelle existante est fixe. Il y a équilibre sur le marché monétaire lorsque la quantité de monnaie réelle offerte est égale à la quantité demandée. L'équilibre sur le marché monétaire correspond à un équilibre de stock. À la figure A12.2, des données sont fournies en vue d'étudier l'équilibre sur le marché monétaire. Supposons que la quantité de monnaie offerte soit de 3 milliards de dollars et que l'indice implicite du PIB soit égal à 100 (ou 1,0). La quantité de monnaie réelle offerte atteint alors 3 milliards de dollars. L'offre de monnaie réelle figure au bas du tableau. Il y a équilibre sur le marché monétaire lorsque la quantité de monnaie réelle demandée est égale à la quantité offerte, soit 3 milliards de dollars. La quantité de monnaie réelle demandée dépend du PIB réel et du taux d'intérêt. Le tableau donne des précisions sur la demande de monnaie réelle. Chaque ligne indique la quantité de monnaie réelle demandée en fonction du PIB réel pour un taux d'intérêt donné. Par contre, chaque colonne montre la quantité de monnaie réelle demandée en fonction du taux d'intérêt pour un niveau donné du PIB réel. Par exemple, lorsque le taux d'intérêt se situe à 6 % et que le PIB réel est de 3 milliards de dollars, la quantité de monnaie réelle demandée est de 2 milliards de dollars. De la même façon, si le taux d'intérêt est de 5 % et le PIB réel de 4 milliards de dollars, la quantité de monnaie réelle demandée atteint 3 milliards de dollars. Les autres données du tableau peuvent être analysées de la même manière. L'équilibre sur le marché monétaire est atteint lorsque la quantité de monnaie réelle demandée est égale à la quantité offerte, soit 3 milliards de dollars. Les carrés verts du tableau représentent les valeurs combinées du taux d'intérêt et du PIB réel pour lesquelles le marché monétaire est en équilibre. Lorsque le PIB réel atteint 3 milliards de dollars, la quantité de monnaie réelle demandée est de 3 milliards de dollars si le taux d'intérêt se chiffre à 4 %. Ainsi, le marché monétaire est en équilibre lorsque le PIB réel est de 3 milliards de dollars et le taux d'intérêt de 4 %. Les deux autres carrés verts indiquent les valeurs que prendra le taux d'intérêt quand la quantité de monnaie réelle demandée est de 3 milliards de dollars et que le PIB réel est égal à 4 et à 5 milliards de dollars respectivement. En d'autres termes, il s'agit des taux d'intérêt qui assurent l'équilibre sur le marché monétaire.

La courbe *LM*

La *courbe LM* illustre les valeurs combinées du PIB réel et du taux d'intérêt pour lesquelles la quantité de monnaie réelle demandée est égale à la quantité offerte. Comme dans le cas de la courbe *IE*, le nom de *courbe LM* a été donné par John Hicks. La quantité de monnaie demandée était appelée auparavant *préférence pour la liquidité* (*liquidity preference*). À l'origine, la mention *LM* signifiait que la préférence pour la liquidité (*L*) était égale à la quantité de monnaie offerte (*M*).

À la figure A12.2, nous avons montré de quelle façon la courbe *LM* est engendrée. Le graphique (a) comprend les courbes de demande et d'offre de monnaie réelle. La quantité offerte est fixe à 3 milliards de dollars, de sorte que la courbe d'offre *OM* est verticale. Chaque colonne du tableau marquée respectivement des lettres *d*, *e* et *f* est un barème de demande de monnaie réelle, soit un barème qui indique dans quelle mesure la quantité de monnaie réelle demandée augmente lorsque le taux d'intérêt diminue. Il existe un barème différent pour divers niveaux du PIB réel. Ces trois barèmes de demande de monnaie réelle sont illustrés par les courbes de demande de monnaie réelle DM_d, DM_e et DM_f du graphique (a) de la figure. Par exemple, lorsque le PIB réel atteint 3 milliards de dollars, la courbe de demande de monnaie réelle correspond à la courbe DM_d. L'équilibre sur le marché monétaire est atteint aux points d'intersection de la courbe d'offre et des diverses courbes de demande de monnaie réelle, aux points *d*, *e* et *f* du graphique (a).

Dans le graphique (b), nous avons de nouveau illustré l'équilibre sur le marché monétaire, mais en mettant cette fois en évidence la relation qui existe entre le taux d'intérêt et le PIB réel lorsque l'équilibre est atteint. Les points *d*, *e* et *f* illustrent l'équilibre sur le marché monétaire représenté par les carrés verts du tableau, de même que par les points représentés par les mêmes lettres dans le graphique (a). La droite qui relie ces points est appelée *courbe LM*. La courbe *LM* est tracée à partir des valeurs combinées du taux d'intérêt et du PIB réel qui assurent l'équilibre sur le marché monétaire lorsque l'offre de monnaie réelle est de 3 milliards de dollars.

Tout comme la courbe *IE*, la courbe *LM* ne représente pas une relation de cause à effet. La courbe *LM* du graphique (b) permet de constater que, lorsque la quantité de monnaie réelle offerte et le PIB réel sont égaux à 3 milliards de dollars, le taux d'intérêt doit être de 4 % pour qu'il y ait équilibre sur le marché monétaire. Nous constatons également que, lorsque la quantité de monnaie réelle offerte atteint 3 milliards de dollars et que le taux d'intérêt se chiffre à 4 %, le PIB réel est de 3 milliards de dollars au point d'équilibre sur le marché monétaire. Ainsi, la courbe *LM* représente les valeurs combinées du taux d'intérêt et du PIB réel qui assurent l'équilibre sur le marché monétaire.

Le taux d'intérêt et le PIB réel d'équilibre

Nous avons établi deux relations entre le taux d'intérêt et le PIB réel. La première, la courbe *IE*, représente la relation entre ces deux variables lorsque la dépense agrégée planifiée est égale au PIB réel. La seconde, la courbe *LM*, indique la relation qui existe entre le PIB réel et le taux d'intérêt lorsque la quantité de monnaie réelle demandée est égale à la quantité offerte. Aucune de ces relations, prise séparément, ne permet de déterminer le taux d'intérêt ou le PIB réel. Cependant, lorsqu'elles sont réunies, ces relations permettent de

Figure A12.3 L'équilibre *IE* - *LM*

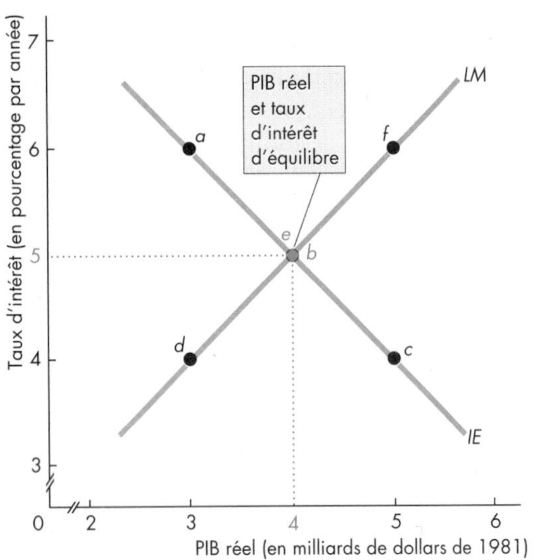

Pour tous les points situés sur la courbe *IE*, la dépense agrégée planifiée est égale au PIB réel. Pour tous les points situés sur la courbe *LM*, la quantité de monnaie réelle demandée est égale à la quantité de monnaie réelle offerte. Le point d'intersection des courbes *IE* et *LM* détermine le taux d'intérêt et le PIB réel d'équilibre, soit 5 % et 4 milliards de dollars. À ce taux d'intérêt et à ce niveau du PIB réel, il y a à la fois équilibre de flux sur le marché des biens et services et équilibre de stock sur le marché monétaire.

déterminer à la fois le PIB réel et le taux d'intérêt pour un niveau des prix donné. Nous allons maintenant voir comment. À la figure A12.3, nous avons réuni la courbe *IE* et la courbe *LM* afin de déterminer le PIB réel et le taux d'intérêt d'équilibre. Cet équilibre est représenté au point d'intersection des courbes *IE* et *LM*. Le point *b* sur la courbe *IE* indique l'équilibre des dépenses. Les valeurs du taux d'intérêt et du PIB réel assurent l'équilibre de la dépense agrégée planifiée et du PIB réel. Le point *e* sur la courbe *LM* est un des points où il y a équilibre sur le marché monétaire. Les valeurs du taux d'intérêt et du PIB réel assurent que la quantité de monnaie réelle demandée est égale à la quantité de monnaie réelle offerte. À ce point d'intersection, il y a à la fois équilibre de flux sur le marché des biens et services et équilibre de stock sur le marché monétaire. Le taux d'intérêt d'équilibre est de 5 % et le PIB réel de 4 milliards de dollars.

En ce qui a trait aux autres points, il y a soit absence d'un équilibre des dépenses, soit absence d'un équilibre sur le marché monétaire, ou les deux. Par exemple, au point *a*, l'économie se trouve sur la courbe *IE* mais pas sur la courbe *LM*. Le taux d'intérêt est trop élevé (6 %) ou le niveau du PIB réel est trop bas (3 millions de dollars) pour que l'équilibre soit atteint sur le marché monétaire. Les taux d'intérêt s'ajustent rapidement et pourraient baisser à 4 % de manière à ce qu'il y ait équilibre sur le marché monétaire. En pareil cas, l'économie se retrouverait au point *d* sur la courbe *LM*. Cependant, le point *d* ne se situerait pas sur la courbe *IE*. Au point *d*, le taux d'intérêt est de 4 % et le PIB réel de 3 milliards de dollars. La dépense agrégée planifiée dépasse donc le PIB réel. Si nous nous reportons au tableau de la figure A12.1, nous constatons que la dépense agrégée planifiée est de 3,8 milliards de dollars, dépassant ainsi le PIB réel qui est de 3 milliards de dollars. Lorsque la dépense agrégée planifiée est supérieure au PIB réel, celui-ci augmente. Mais, à mesure que le PIB réel s'accroît, la demande de monnaie réelle et les taux d'intérêt font de même. Le PIB réel et le taux d'intérêt continueraient à augmenter jusqu'à ce que le point d'intersection des courbes *IE* et *LM* soit atteint.

Les propos que nous venons de tenir sur ce qui *se passerait* si l'économie se trouvait au point *a* ou *d* nous permettent de découvrir que l'économie ne peut pas se maintenir à ces points. Les forces en action dans ces situations seraient tellement fortes qu'elles pousseraient toujours l'économie vers le point d'intersection des courbes *IE* et *LM*.

La courbe de demande agrégée

La *courbe de demande agrégée* illustre la relation qui existe entre la quantité du PIB réel demandée et le niveau des prix (l'indice implicite du PIB), toutes choses étant égales par ailleurs. Nous allons voir comment nous pouvons engendrer la courbe de demande agrégée à l'aide du modèle *IE-LM*. Pour engendrer la courbe de demande agrégée, nous faisons varier le niveau des prix et nous étudions comment le PIB réel d'équilibre change en réponse à cette variation.

Le niveau des prix s'intègre au modèle *IE-LM* de façon à nous permettre de déterminer la quantité de monnaie réelle offerte. La Banque du Canada détermine la masse monétaire en dollars courants. Plus le niveau des prix est élevé, plus la valeur réelle de ces dollars est faible. Étant donné que le niveau des prix a un effet sur la quantité de monnaie réelle offerte, il a aussi une incidence sur la courbe *LM*[1]. Voyons de quelle manière.

1 Dans une version plus générale du modèle *IE-LM*, le niveau des prix a également une incidence sur la courbe *IE*. Cet effet est le résultat de l'effet d'encaisses réelles sur les dépenses et de l'effet de substitution internationale. Dans cette annexe, nous n'allons pas tenir compte de ces effets. Dans la réalité, cependant, ces effets consolident ceux que nous allons étudier.

Les effets d'une variation du niveau des prix sur la courbe *LM*

Nous allons commencer par nous demander ce qui se produit si le niveau des prix est de 120 plutôt que de 100, soit une augmentation de 20 %. L'offre de monnaie atteint 3 milliards de dollars. Lorsque l'indice implicite du PIB est de 100 (ou 1,0), l'offre de monnaie réelle est de 3 milliards de dollars. Par contre, si l'indice implicite du PIB augmente de 20 %, l'offre de monnaie réelle est inférieure de 20 %, se chiffrant à 2,5 milliards de dollars. L'offre de monnaie réelle correspond à 3 milliards de dollars divisés par 1,2, ce qui donne 2,5 milliards de dollars. Dans le tableau de la figure A12.2, nous pouvons voir que la quantité de monnaie réelle demandée est de 2,5 milliards de dollars lorsque le PIB est de 4 milliards de dollars et que le taux d'intérêt est de 6 %. Ainsi, lorsque l'indice implicite du PIB est de 120, le taux d'intérêt de 6 % et le PIB réel de 4 milliards de dollars, nous avons un point sur la courbe *LM*. Ce point correspond au point *g* du graphique (a) de la figure A12.4.

Maintenant, supposons que l'indice implicite du PIB soit inférieur à sa valeur de départ, soit 86 plutôt que 100. L'offre de monnaie réelle s'élève alors à 3,5 milliards de dollars (l'offre de monnaie réelle correspond à 3 milliards de dollars divisés par 0,86, ce qui donne 3,5 milliards de dollars). Nous pouvons consulter le tableau de la figure A12.2 afin de connaître le taux d'intérêt qui correspond au PIB réel de 4 milliards de dollars pour atteindre l'équilibre sur le marché monétaire. Lorsque l'indice implicite du PIB est de 86, le taux d'intérêt se chiffre à 4 % de manière à faire augmenter la quantité de monnaie réelle demandée, qui s'élève à 3,5 milliards de dollars, et à la rendre égale à l'offre de monnaie réelle. Ainsi, lorsque l'indice implicite du PIB est de 86, le taux d'intérêt de 4 % et le PIB réel de 4 milliards de dollars, nous obtenons un point sur la courbe *LM* qui correspond au point *h* du graphique (a) de la figure A12.4.

Le déplacement de la courbe *LM* L'exemple précédent montre qu'il existe une courbe *LM* différente pour chaque niveau des prix. Dans le graphique (a) de la figure A12.4, nous avons tracé les courbes *LM* correspondant à trois niveaux des prix différents. La courbe *LM* de départ correspond à un indice implicite du PIB égal à 100. Cette courbe correspond à la courbe LM_0 du graphique (a). Lorsque l'indice implicite du PIB a une valeur de 120 et que le PIB réel est de 4 milliards de dollars, le taux d'intérêt qui permet d'atteindre l'équilibre sur le marché monétaire est de 6 %. Ce point d'équilibre est représenté par le point *g* sur la courbe LM_1. Il y a alors déplacement de la courbe *LM* vers la gauche en LM_1 de manière à ce qu'elle passe par le point *g*. Lorsque l'indice implicite du PIB est de 86 et que le PIB réel est de 4 milliards de dollars, le taux d'intérêt qui permet d'atteindre l'équilibre sur le marché monétaire est de 4 %. Cet équilibre est représenté par le point *h* sur la courbe LM_2. La courbe *LM* se déplace alors vers la droite en LM_2, de manière à ce qu'elle passe par le point *h*.

Puisque nous avons étudié les effets d'une variation du niveau des prix sur la position de la courbe *LM*, nous pouvons maintenant engendrer la courbe de demande agrégée.

La courbe de demande agrégée dérivée

La courbe de demande agrégée illustre de quelle manière la dépense agrégée varie en fonction du niveau des prix. Nous pouvons engendrer la courbe de demande agrégée à partir du modèle *IE-LM*. L'équilibre du modèle *IE-LM* nous permet de déterminer le PIB réel qui, à un niveau des prix donné, assure l'équilibre sur le marché monétaire et l'équilibre des dépenses. Puisqu'il y a équilibre des dépenses, le PIB réel d'équilibre déterminé par le modèle *IE-LM* représente également la dépense agrégée. Nous pouvons donc engendrer la courbe de demande agrégée en déterminant le PIB réel d'équilibre dans le modèle *IE-LM* pour différents niveaux des prix. Nous analysons maintenant comment la courbe de demande agrégée est obtenue.

Dans le graphique (a) de la figure A12.4, nous avons tracé la courbe *IE* et les trois courbes *LM* correspondant aux trois différents niveaux des prix (valeurs de l'indice implicite du PIB de 86, 100 et 120). Lorsque l'indice implicite du PIB est de 100, la courbe *LM* correspond à la courbe LM_0. L'équilibre se situe au point *e*, là où le PIB réel est de 4 milliards de dollars et le taux d'intérêt d'équilibre de 5 %. Lorsque l'indice implicite du PIB se chiffre à 120, la courbe *LM* correspond à la courbe LM_1. Le point d'équilibre est *j*, là où le PIB réel correspond à 3,5 milliards de dollars et le taux d'intérêt à 5,5 %. Lorsque l'indice implicite du PIB est de 86, la courbe *LM* correspond à la courbe LM_2. Le point d'équilibre est *k*, et à ce point la valeur du PIB réel est de 4,5 milliards de dollars et le taux d'intérêt se chiffre à 4,5 %. Pour chaque niveau des prix, il existe un PIB réel et un taux d'intérêt d'équilibre différents.

Dans le graphique (b), nous avons tracé la courbe de demande agrégée. Le niveau des prix est indiqué sur l'axe des *y* et le PIB réel sur l'axe des *x*. Lorsque l'indice implicite du PIB est de 100, le PIB réel d'équilibre atteint 4 milliards de dollars (le point *e*). Lorsque l'indice implicite du PIB est de 120, le PIB réel d'équilibre est de 3,5 milliards de dollars (le point *j*). Lorsque l'indice implicite du PIB est de 86, le PIB réel demandé se chiffre à 4,5 milliards de dollars (le point *k*). Ces points correspondent à ceux du graphique (a). La

Figure A12.4 La courbe de demande agrégée

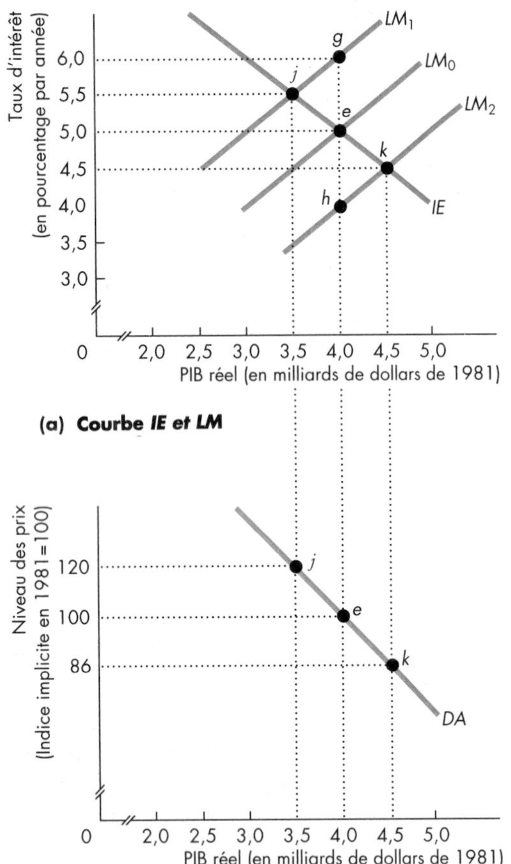

La position de la courbe *LM* dépend du niveau des prix. Dans le graphique (a), lorsque l'indice implicite du PIB est de 100, la courbe *LM* correspond à la courbe LM_0. Lorsque l'indice implicite est de 120, il y a déplacement de la courbe *LM* vers la gauche en LM_1. Le taux d'intérêt doit être plus élevé pour chaque niveau du PIB réel afin qu'il y ait équilibre sur le marché monétaire lorsque l'offre de monnaie réelle est plus faible. Par exemple, lorsque le PIB réel est de 4 milliards de dollars, le taux d'intérêt doit passer de 5 à 6 % (point *g*). Lorsque le niveau des prix baisse, l'offre de monnaie réelle augmente et il y a déplacement de la courbe *LM* vers la droite en LM_2. Lorsque le PIB réel est de 4 milliards de dollars, le taux d'intérêt s'établit à 4 % (point *h*), afin de maintenir l'équilibre sur le marché monétaire.

Quand l'indice implicite du PIB est de 100, les courbes *IE* et *LM* se croisent au point *e*, à un taux d'intérêt de 5 % et à un PIB réel d'équilibre de 4 milliards de dollars. Cet équilibre est représenté de nouveau dans le graphique (b) par un point sur la courbe de demande agrégée, le point *e*. Ce point indique que, lorsque l'indice implicite du PIB est de 100, la quantité de PIB réel demandée atteint 4 milliards de dollars. Lorsque l'indice implicite du PIB est de 120, la courbe *LM* correspond à la courbe LM_1. Le taux d'intérêt d'équilibre au point *j* est de 5,5 % et le PIB réel, de 3,5 milliards de dollars. Il s'agit d'un autre point sur la courbe de demande agrégée dans le graphique (b). Il y a un autre point sur la courbe de demande agrégée qui est représenté par la lettre *k*. Lorsque l'indice implicite du PIB est de 86, la courbe *LM* correspond à la courbe LM_2, le taux d'intérêt se chiffre à 4,5 % et le PIB réel atteint 4,5 milliards de dollars. En reliant les points *j*, *e* et *k*, nous obtenons la courbe de demande agrégée.

droite qui relie ces points dans le graphique (b) représente la courbe de demande agrégée.

Nous avons obtenu la courbe de demande agrégée et vu de quelle manière elle dépend de l'équilibre de flux sur le marché des biens et services et de l'équilibre de stock sur le marché monétaire. Nous pouvons maintenant étudier les effets qu'exercent les variations des dépenses publiques en biens et services, des impôts et de la masse monétaire sur la demande agrégée. Aux fins de cette analyse, nous devons revoir ce qui se produit pour un niveau des prix donné. Nous allons commencer par étudier les effets de la politique budgétaire sur la demande agrégée.

La politique budgétaire et la demande agrégée

Une variation des dépenses publiques ou des impôts entraîne un déplacement de la courbe *IE* et de la courbe de demande agrégée. Au chapitre 9, nous avons étudié l'ampleur des changements de la dépense agrégée planifiée provoqués par une variation des dépenses publiques ou des impôts lorsque le taux d'intérêt est constant. Dans le modèle *IE-LM*, ces effets multiplicateurs indiquent jusqu'où la courbe *IE* va se déplacer. Par contre, un changement de la dépense agrégée planifiée en fonction d'un taux d'intérêt donné est différent d'un changement de la demande agrégée. Lorsque la dépense agrégée planifiée varie, le taux d'intérêt change habituellement lui aussi, ce qui entraîne d'autres effets sur les dépenses planifiées.

La figure A12.5 illustre trois types d'effet qu'entraîne un changement de la politique budgétaire. Ces trois types d'effet, illustrés par les trois graphiques de la figure, découlent d'une même mesure budgétaire. Une augmentation des dépenses publiques ou une baisse des impôts autonomes entraîne un déplacement de la courbe *IE*, de IE_0 à IE_1. Dans le graphique (a), qui illustre une situation normale, la courbe *LM* a une pente positive (LM_N). Lorsqu'il y a déplacement de la

Figure A12.5 La politique budgétaire et la demande agrégée

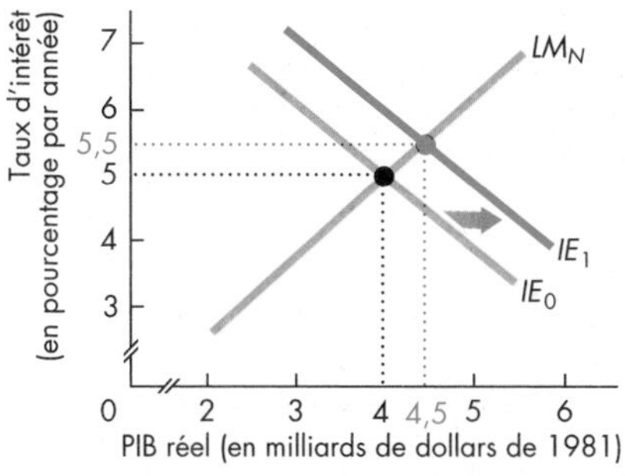

(a) Politique budgétaire : situation normale

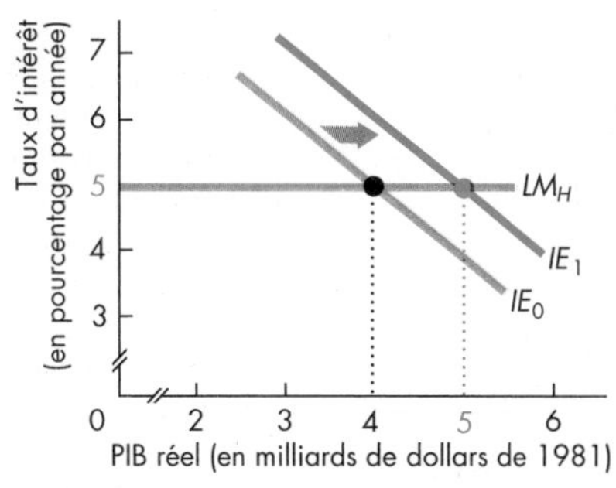

(b) Politique budgétaire : effet maximal sur le PIB

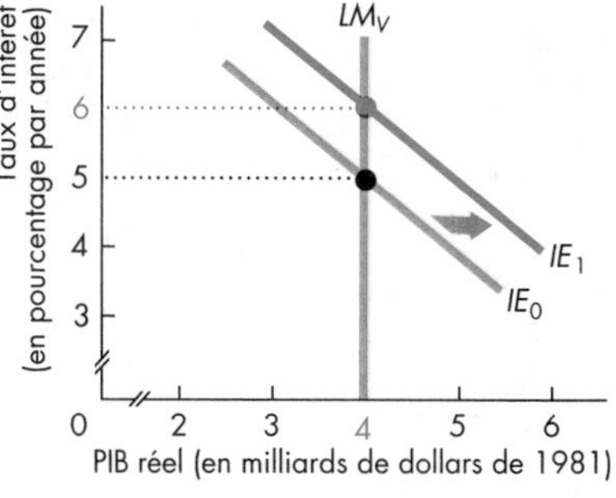

(c) Politique budgétaire : aucun effet sur le PIB

Une augmentation des dépenses publiques ou une diminution des impôts autonomes entraîne un déplacement de la courbe *IE* vers la droite. Les effets de la politique budgétaire sur le PIB réel et le taux d'intérêt dépendent de la pente de la courbe *LM*. En situation normale (graphique a), le taux d'intérêt et le PIB réel augmentent. Lorsqu'il y a un piège de liquidité, la courbe *LM* est horizontale (graphique b) et le PIB réel s'accroît, alors que le taux d'intérêt demeure constant. Lorsque la demande de monnaie est insensible aux variations du taux d'intérêt, la courbe *LM* est verticale (graphique c) et le taux d'intérêt s'élève alors que le PIB réel reste constant. Dans ce cas, il se produit un effet d'éviction complet. Un taux d'intérêt plus élevé entraîne une diminution des investissements qui annule complètement l'effet initial de la politique budgétaire.

courbe *IE*, le taux d'intérêt et le PIB réel augmentent. L'augmentation du PIB réel est cependant moindre que l'ampleur du déplacement vers la droite de la courbe *IE*. Cet écart résulte du fait que l'augmentation du taux d'intérêt entraîne une diminution des investissements, et cette baisse des investissements annule partiellement l'augmentation initiale des dépenses provoquée par l'application de la mesure budgétaire.

Dans le graphique (b) de la figure A12.5, la courbe *LM* est horizontale (LM_H). Cette courbe est horizontale seulement s'il y a un piège de liquidité, c'est-à-dire lorsque les gens sont prêts à détenir de la monnaie, peu importe la quantité, à un taux d'intérêt donné. Lorsqu'il y a déplacement de la courbe *IE* vers la droite, le PIB réel augmente d'un montant égal à l'ampleur du déplacement de la courbe. Le taux d'intérêt reste constant. L'effet multiplicateur, que nous avons vu au chapitre 9, s'exerce encore.

Dans le graphique (c), la courbe *LM* est verticale (LM_V). Même si le déplacement de la courbe *IE* est le même que dans les graphiques (a) et (b), le PIB réel demeure constant. Cependant, le taux d'intérêt augmente. Cette hausse entraîne une baisse des investissements qui annule complètement l'augmentation initiale des dépenses découlant de l'application de la mesure budgétaire. Il y a un effet d'éviction complet. Cet effet se produit lorsque la demande de monnaie réelle ne réagit pas aux variations du taux d'intérêt. Peu importe le taux d'intérêt, la quantité de monnaie réelle demandée correspond à une part constante du PIB réel.

On peut souligner en terminant que le graphique (b) de la figure A12.5 représente le point de vue keynésien extrême, le graphique (c) le point de vue monétariste extrême et le graphique (a) le point de vue intermédiaire.

Nous allons maintenant étudier les effets de la politique monétaire.

La politique monétaire et la demande agrégée

Nous avons vu précédemment dans cette annexe que, lorsqu'il y a déplacement de la courbe *LM* en raison d'un changement du niveau des prix, le PIB réel d'équilibre varie et nous observons un mouvement le long de la courbe de demande agrégée. Toutefois, un changement de l'offre de monnaie entraîne également un déplacement de la courbe *LM*. Si ce déplacement résulte d'une variation de l'offre de monnaie nominale, il y aura aussi déplacement de la courbe de demande agrégée. L'ampleur du changement de la demande agrégée, représenté par le déplacement de la courbe de demande agrégée, dépend de deux facteurs : l'ampleur du déplacement de la courbe *LM* et la pente de la courbe *IE*. La figure A12.6 illustre trois cas possibles. Pour chacun, l'ampleur du déplacement de la courbe *LM* vers la droite, soit de LM_0 à LM_1, est la même. Dans le graphique (a), qui illustre une situation normale, la courbe *IE* a une pente négative (IE_N). Lorsque l'offre de monnaie augmente, le taux d'intérêt diminue

Figure A12.6 La politique monétaire et la demande agrégée

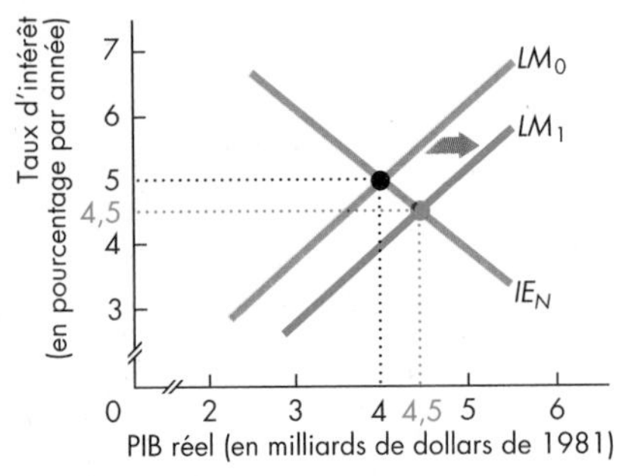

(a) Politique monétaire : situation normale

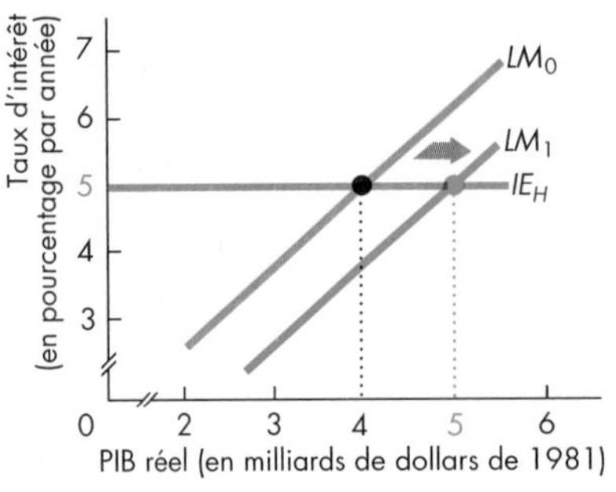

(b) Politique monétaire : effet maximal sur le PIB

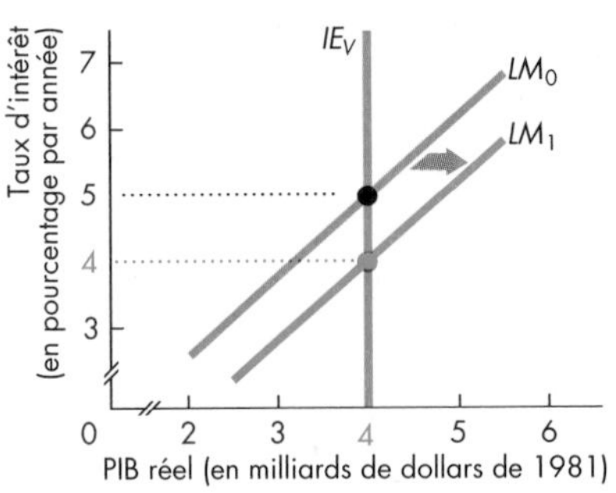

(c) Politique monétaire : aucun effet sur le PIB

Une hausse de l'offre de monnaie provoque un déplacement de la courbe *LM* vers la droite. L'effet de la politique monétaire sur le taux d'intérêt et le PIB réel dépend de la pente de la courbe *IE*. En situation normale (graphique a), le taux d'intérêt diminue et le PIB réel augmente. Le taux d'intérêt plus faible fait augmenter l'investissement. Dans la première des deux situations spéciales (graphique b), la courbe *IE* est horizontale. Les gens sont prêts à entreprendre tout investissement à un taux d'intérêt de 5 %. La variation de l'offre de monnaie fait changer le PIB réel alors que le taux d'intérêt demeure constant. Dans l'autre situation spéciale (graphique c), l'investissement est complètement insensible aux variations du taux d'intérêt. La courbe *IE* est verticale. Une hausse de l'offre de monnaie entraîne une diminution du taux d'intérêt alors que le PIB réel reste constant. Dans ce cas, le taux d'intérêt plus faible n'a aucun effet sur l'investissement.

et le PIB réel s'accroît. La hausse du PIB réel découle de l'augmentation de l'investissement induit par la baisse du taux d'intérêt.

Dans le graphique (b), la courbe *IE* est horizontale (IE_H). Tout niveau d'investissement est compatible avec un taux d'intérêt de 5 %. Dans ce cas, une variation de l'offre de monnaie entraîne un déplacement de la courbe *LM* et augmente le PIB réel, tout en laissant le taux d'intérêt inchangé.

Dans le graphique (c), la courbe *IE* est verticale (IE_V). Cette situation se produit lorsque les taux d'intérêt n'influent pas sur les investissements. Les gens décident d'investir un montant donné, peu importe le taux d'intérêt. Dans ce cas, lorsqu'il y a déplacement de la courbe *LM*, les taux d'intérêt baissent mais les dépenses ne sont pas touchées, de sorte que le PIB réel demeure constant.

Pour terminer, soulignons que le graphique (c) de la figure A12.6 correspond au point de vue keynésien extrême selon lequel une variation de l'offre de monnaie n'a pas d'effet sur le PIB réel. Le graphique (b) représente le point de vue monétariste extrême selon lequel un changement de l'offre de monnaie a un effet considérable sur le PIB réel. Finalement, le graphique (a) représente le point de vue intermédiaire.

CHAPITRE 13

Le chômage et l'offre agrégée

Objectifs du chapitre:

- Expliquer pourquoi le PIB réel et le taux de chômage fluctuent de pair.
- Expliquer comment les entreprises décident de la quantité de travail à employer.
- Comprendre comment les ménages décident de la quantité de travail à offrir.
- Décrire comment les salaires, l'emploi et le chômage sont déterminés lorsque les salaires sont flexibles.
- Décrire comment les salaires, l'emploi et le chômage sont déterminés lorsque les salaires sont rigides.
- Montrer comment obtenir les courbes d'offre agrégée à court terme et à long terme.
- Expliquer de quelle façon certains facteurs font déplacer les courbes d'offre agrégée.

Les emplois et les revenus

À MESURE QUE NOTRE ÉCONOMIE traverse les différentes phases du cycle économique, les fluctuations de l'emploi et du chômage suivent d'assez près celles du produit intérieur brut (PIB) réel. À certains moments, l'économie canadienne se trouve en période de récession profonde ; le PIB réel est à la baisse et le taux de chômage est élevé. C'est la situation qui prévalait durant l'hiver 1982. En effet, plus de 12 % de la population active était sans emploi. De plus, même si le tiers des chômeurs ne se cherchaient un emploi que depuis quatre semaines, un autre tiers était en chômage depuis un à trois mois et un sixième des chômeurs depuis plus de six mois. En 1989, l'économie avait connu six ans d'expansion et le taux de chômage avait baissé à 7,5 %. Pourtant, en 1990, l'économie devait s'engager dans une récession. Le taux de chômage passait à 8,1 % en 1990 et à 10,3 % en 1991. Pourquoi y a-t-il chômage ? Pourquoi, à certains moments, plus d'une personne en âge de travailler sur huit recherche-t-elle sans succès un emploi ? Quels facteurs font monter et baisser le taux de chômage ? ■ Il y a quelques années, la société Massey-Ferguson annonçait la fermeture de son usine d'équipement agricole installée à Brantford, en Ontario. Les travailleurs, de même que le maire de la ville, étaient furieux. Plutôt que de mettre à pied les travailleurs, pourquoi les administrateurs de Massey-Ferguson n'ont-ils pas réduit les heures de travail de chaque employé et tenté de négocier une réduction salariale afin que l'usine demeure en activité ? ■ Le chômage et le travail supplémentaire apparaissent comme deux notions opposées. De nombreuses entreprises demandent à leurs travailleurs de faire des heures supplémentaires, surtout lorsque l'économie est en pleine expansion. Pourtant, même lorsque certaines entreprises paient des heures de travail supplémentaires, d'autres personnes restent sans emploi. Pourquoi en est-il ainsi ? Pourquoi les chômeurs n'obtiennent-ils pas un emploi et les travailleurs ne suivent-ils pas leur horaire de travail normal au salaire de base ?

■ Dans le présent chapitre, nous étudierons le marché du travail canadien en détail. Nous tenterons de découvrir pourquoi le taux de chômage est parfois anormalement élevé et de déterminer les facteurs qui peuvent le faire baisser. Notre étude du marché du travail nous entraînera au cœur de la controverse actuelle entre macroéconomistes : l'économie est-elle fondamentalement stable ou instable ? Les économistes ne s'entendent pas sur le degré de flexibilité du marché du travail et sur sa capacité à engendrer des variations de salaire qui maintiendraient l'égalité entre la quantité de travail offerte et la quantité demandée. Certains économistes considèrent que le marché du travail est hautement flexible et qu'il est en mesure d'assurer un équilibre continuel entre les quantités de travail demandée et offerte. Selon ces économistes, le chômage est principalement frictionnel dans la mesure où il découle surtout du fait qu'il faut un certain temps aux travailleurs pour changer d'orientation professionnelle, de région et parfois même de pays. En d'autres termes, ces économistes considèrent que les fluctuations du chômage résultent surtout des variations du taux de chômage naturel. ■ Un autre groupe d'économistes croient que les salaires ne s'ajustent pas assez rapidement pour maintenir l'égalité entre la quantité de travail offerte et la quantité demandée. Parfois, ces économistes prétendent que les salaires sont «trop élevés» et qu'ils entraînent un excédent de la quantité de travail offerte sur la quantité demandée, et, de là, un taux de chômage supérieur au taux naturel. ■ Cette controverse est comparable à celle qui divisait les keynésiens et les monétaristes, controverse dont nous avons discutée au chapitre précédent. Les monétaristes ont tendance à endosser le point de vue selon lequel les salaires sont flexibles et le chômage frictionnel ou «naturel». Pour leur part, les keynésiens considèrent que les salaires s'ajustent lentement et que le manque de flexibilité des salaires provoque, en partie, le chômage. Contrairement à la vieille controverse entre keynésiens et monétaristes, la controverse actuelle n'est pas réglée. Nous ne disposons pas encore de preuves empiriques qui permettent de trancher les différends actuels de façon décisive. Étant donné l'état de nos connaissances, tout ce que nous pouvons faire est de présenter ces différents points de vue et d'en étudier les conséquences. C'est d'ailleurs ce que nous ferons dans le présent chapitre. ■ Notre étude du marché du travail constituera une autre pièce du casse-tête macroéconomique, la pièce de l'offre agrégée. Nous allons revoir les courbes d'offre agrégée à court terme et à long terme du chapitre 7 et nous découvrirons de quelle manière ces courbes se rattachent au marché du travail. Nous apprendrons que, le long de la courbe d'offre agrégée à long terme, la quantité de travail demandée est égale à la quantité offerte. De plus, nous verrons comment les niveaux d'emploi et de chômage varient à mesure que l'économie se déplace le long de la courbe d'offre agrégée à court terme. Si nous voulons bien comprendre ces liens, nous devons d'abord étudier la relation qui existe entre l'emploi et le PIB réel.

La fonction de production agrégée à court terme

Les **fonctions de production** montrent la relation entre la quantité de biens et services produite et la quantité de facteurs de production utilisée. La **fonction de production à court terme** représente la relation entre la quantité de biens et services produite et la quantité de travail utilisée, la quantité de capital et le degré d'avancement de la technologie étant maintenus constants. Même s'il existe une fonction de production pour tous les types d'activité économique comme la construction de barrages, la cuisson de gâteaux, la présentation de spectacles, etc., la fonction de production que nous étudierons dans ce chapitre est la fonction de production *agrégée.* La **fonction de production agrégée à court terme** montre comment le PIB réel varie lorsque la quantité de travail utilisée change, le stock de capital et le degré d'avancement de la technologie demeurant constants.

Le tableau de la figure 13.1 présente une partie de la fonction de production agrégée à court terme d'une économie fictive. Nous étudierons la fonction de production de l'économie canadienne un peu plus loin. Dans le tableau, nous avons indiqué la quantité de travail agrégée, mesurée en millions d'heures par année. Le nombre d'heures de travail se situe entre 100 et 200 millions. Suivant ces valeurs, le PIB réel (mesuré en dollars de 1981) varie entre 3,7 et 4,1 milliards de dollars par année. La fonction de production agrégée à court terme est illustrée par la courbe de la figure 13.1. La quantité de travail est mesurée en abscisse et le PIB réel en ordonnée. La fonction de production à court terme (*FP*) a une pente positive, ce qui indique qu'une augmentation de la quantité de travail entraîne une augmentation du PIB réel.

Le produit marginal du travail

Le **produit marginal du travail** est l'augmentation du PIB réel qui résulte de l'addition d'une heure de travail, la quantité des autres facteurs de production et le degré d'avancement de la technologie étant maintenus constants. Nous calculons le produit marginal du travail en divisant la variation du PIB réel par la variation de la quantité de travail utilisée. Faisons ce calcul à l'aide des données de la figure 13.1.

Lorsque la quantité de travail utilisée augmente de 25 millions d'heures, soit quand elle passe de 100 à 125 millions d'heures, le PIB réel s'accroît de 0,2 milliard de dollars, passant de 3,7 à 3,9 milliards de dollars. Le produit marginal du travail est alors de 8 $ l'heure (0,2 milliard de dollars ÷ 25 millions d'heures). Ensuite, étudions ce qu'il advient lorsque la quantité de travail utilisée est encore plus élevée. Supposons que celle-ci

Figure 13.1 La fonction de production agrégée à court terme

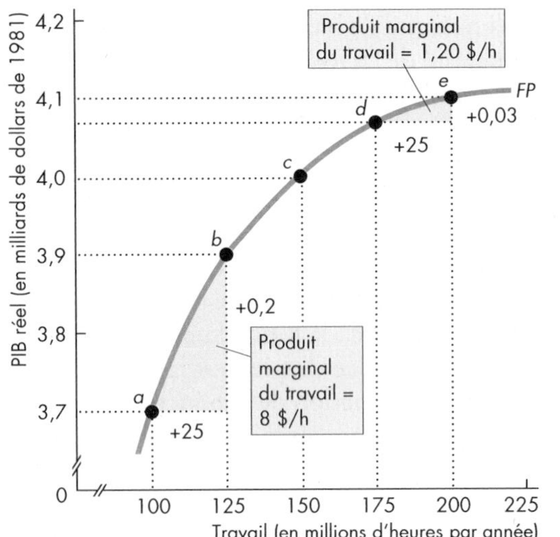

	Travail (en millions d'heures par année)	PIB réel (en milliards de dollars de 1981 par année)
a	100	3,70
b	125	3,90
c	150	4,00
d	175	4,07
e	200	4,10

La fonction de production agrégée à court terme nous indique le niveau du PIB réel selon la quantité de travail utilisée, le stock de biens d'équipement et le degré d'avancement de la technologie demeurant constants. Le tableau contient cinq points qui se trouvent sur la fonction de production agrégée à court terme. Chaque ligne nous donne la quantité de PIB réel qui peut être produite par une certaine quantité de travail utilisée. Les points *a* à *e* de la courbe correspondent aux lignes du tableau. La courbe qui relie ces points représente la fonction de production agrégée à court terme de l'économie. Le produit marginal du travail est mis en évidence dans le graphique. À mesure que la quantité de travail utilisée augmente, le PIB réel s'accroît, mais en quantité de plus en plus faible. Par exemple, une hausse de 25 millions d'heures de travail, soit de 100 à 125 millions d'heures, provoque une augmentation du PIB réel de 0,2 milliard de dollars, ce qui correspond à un produit marginal de travail de 8 $ l'heure. Cependant, une hausse de 25 millions d'heures de travail, soit de 175 à 200 millions d'heures, fait croître le PIB réel de seulement 0,03 milliard de dollars, ce qui représente un produit marginal du travail de 1,20 $ l'heure.

s'accroît encore de 25 millions d'heures, cette fois de 175 à 200 millions d'heures. Le PIB réel augmente, mais beaucoup moins que dans le cas précédent, soit de 0,03 milliard de dollars seulement. Le produit marginal du travail n'est plus alors que de 1,20 $ l'heure (0,03 milliard de dollars ÷ 25 millions d'heures).

Comme nous pouvons le voir à partir des calculs que nous venons de faire et comme l'illustre la figure, le produit marginal du travail diminue à mesure que la quantité de travail utilisée augmente. On appelle ce phénomène *produit marginal du travail décroissant.* Le **produit marginal du travail décroissant** représente la tendance à la baisse du produit marginal du travail lorsque la quantité de travail utilisée augmente, toutes choses étant égales par ailleurs. Le produit marginal du travail décroissant caractérise, en général, tous les processus de production. Ce phénomène est attribuable au fait que nous utilisons une fonction de production à *court terme.* Nous faisons varier la quantité de travail utilisée tout en maintenant les autres facteurs de production constants. Ainsi, même si une quantité supplémentaire de travail permet de produire davantage, il n'en demeure pas moins que la main-d'œuvre supplémentaire utilise le même stock de biens d'équipement (machines et outillage). À mesure que le nombre de travailleurs embauchés augmente, les biens d'équipement fonctionnent de plus en plus près de la limite de leur capacité, de sorte que la production ne peut pas s'accroître proportionnellement à la hausse de la quantité de travail utilisée. Cette caractéristique, présente dans la plupart des processus de production, marque également la relation entre l'emploi agrégé et la production agrégée ou PIB réel.

La diminution du produit marginal du travail a une forte incidence sur la demande de travail, comme nous le verrons bientôt. D'abord, étudions certains facteurs qui entraînent un déplacement de la fonction de production.

La croissance économique et le progrès technique

La croissance économique est l'expansion de la capacité de production de l'économie. Chaque année, certaines ressources de l'économie servent à mettre au point des techniques nouvelles qui nous permettront de produire davantage en utilisant une quantité de travail donnée. De plus, d'autres ressources sont consacrées à la production de nouveaux biens d'équipement qui permettront d'exploiter les techniques les plus productives. Étant donné que le capital s'accumule et que la technologie évolue, la fonction de production agrégée à court terme se déplace vers le haut au fil du temps. La figure 13.2 illustre ce déplacement. La courbe FP_{1991} représente la fonction de production de la figure 13.1. Durant l'année 1991, le capital s'est accumulé et de

Figure 13.2 La croissance du PIB réel

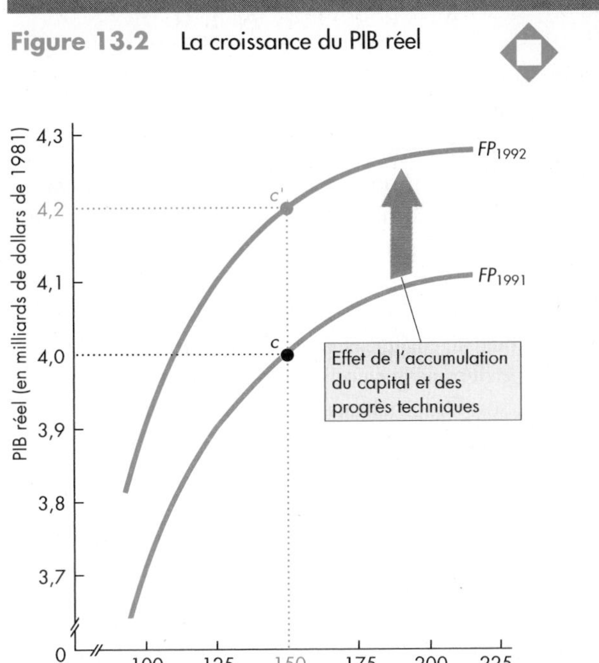

Le PIB réel croît dans le temps. L'accumulation du capital et la mise en œuvre de techniques de production plus efficaces permettent d'obtenir un niveau du PIB réel supérieur pour une quantité de travail donnée. Par exemple, de 1991 à 1992, la fonction de production s'est déplacée vers le haut, de FP_{1991} à FP_{1992}. Une quantité de travail égale à 150 millions d'heures a produit un PIB réel de 4 milliards de dollars en 1991 (point c) et de 4,2 milliards de dollars en 1992 (point c').

nouvelles techniques ont servi à la fabrication de biens d'équipement plus productifs. Certains biens d'équipement moins productifs sont alors tombés en désuétude. L'effet net de ces changements a été d'accroître la productivité de l'économie, ce qui a entraîné un déplacement vers le haut de la fonction de production agrégée à court terme, en FP_{1992}. Lorsque 150 millions d'heures sont consacrées au travail en 1991, le PIB réel peut atteindre 4 milliards de dollars (point *c*). En 1992, la même quantité de travail peut produire un PIB réel de 4,2 milliards de dollars (point *c'*). Une quantité de travail donnée permet de produire davantage en 1992 qu'en 1991.

Les taux de croissance variables

L'accumulation du capital et les changements techniques ne se produisent pas à un rythme constant. En effet, il existe des périodes fécondes en inventions et d'autres périodes moins fécondes. De plus, certaines découvertes ne servent pas toujours tout de suite à améliorer les techniques de production.

Même si la fonction de production agrégée à court terme se déplace généralement vers le haut au fil du temps, elle se déplace aussi occasionnellement vers le bas, ce qui réduit la capacité de production de l'économie. À titre d'exemples de facteurs ou de chocs qui ont une incidence négative et qui font déplacer la fonction de production agrégée à court terme vers le bas, mentionnons les sécheresses, les perturbations importantes du commerce international, les guerres, l'agitation civile, etc. Le commerce international a connu des perturbations importantes en 1974, lorsque l'Organisation des pays exportateurs de pétrole (OPEP) a mis un embargo sur les exportations de pétrole. Cet embargo a eu pour effet de priver le monde industrialisé de l'une des ressources naturelles essentielles à la production. Les entreprises ne pouvaient pas obtenir tout le pétrole dont elles avaient besoin et, en conséquence, la main-d'œuvre ne pouvait pas produire autant qu'avant. En raison de cet embargo, la fonction de production agrégée à court terme s'est déplacée vers le bas en 1974.

Examinons maintenant de plus près la fonction de production agrégée à court terme au Canada.

La fonction de production agrégée à court terme au Canada

Nous pouvons étudier la fonction de production agrégée à court terme au Canada en observant la relation entre le PIB réel et l'emploi agrégé.

Dans la figure 13.3, le PIB réel est mesuré en ordonnée et la quantité de travail en abscisse. Les valeurs de ces deux variables sont indiquées pour les années s'échelonnant de 1975 à 1990. Par exemple, en 1975, le nombre d'heures de travail se chiffrait à 17,4 milliards et le PIB réel à 283 milliards de dollars; en 1990, le nombre d'heures de travail atteignait 23 milliards et le PIB réel passait à 459 milliards de dollars. Ces deux points, de même que les autres qui se trouvent sur la figure, ne se situent pas sur la même fonction de production agrégée à court terme. Chacun de ces points figure plutôt sur une fonction de production agrégée à court terme qui lui est propre. Chaque année, le stock de biens d'équipement et le degré d'avancement de la technologie varient; la capacité de production de l'économie est donc généralement plus élevée que l'année précédente. Les fonctions de production de 1975 et de 1990 sont appelées respectivement FP_{1975} et FP_{1990}.

La fonction de production agrégée à court terme de 1990 est 32 % plus élevée que celle de 1975, ce qui signifie que, si l'emploi avait été le même en 1990 qu'en 1975, le PIB réel n'aurait été que d'environ 400 milliards de dollars en 1990 au lieu de 459 milliards. De façon équivalente, si l'emploi avait été le même en 1975 qu'en 1990, le PIB réel en 1975 aurait été d'environ 335 milliards de dollars au lieu de 283 milliards.

Figure 13.3 La fonction de production agrégée à court terme au Canada

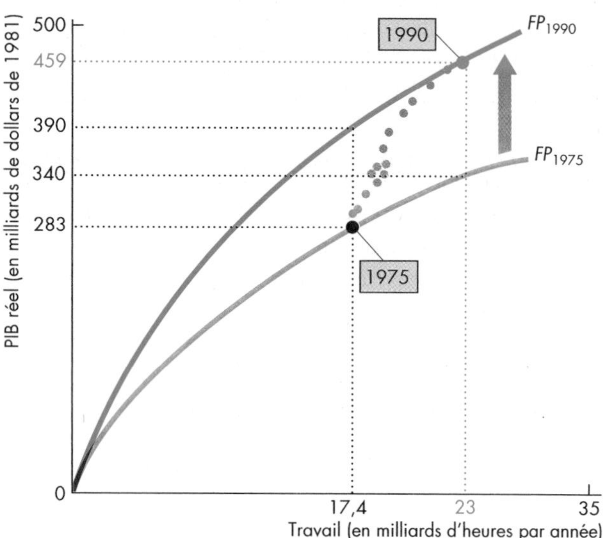

Les points de cette figure nous montrent le PIB réel et la quantité totale d'heures de travail utilisée au Canada pour chaque année entre 1975 et 1990. En 1975, la quantité de travail utilisée correspondait à 17,4 milliards d'heures et le PIB réel atteignait 283 milliards de dollars. En 1990, la quantité de travail utilisée se chiffrait à 23 milliards d'heures et le PIB réel à 459 milliards de dollars. Les points ne se situent pas sur une seule fonction de production agrégée à court terme. Celle-ci se déplace plutôt d'année en année à mesure que le capital s'accumule et que la technologie progresse. La figure présente les fonctions de production agrégée à court terme pour les années 1975 et 1990, marquées FP_{1975} et FP_{1990}. La fonction de production de 1990 est 32 % plus élevée que celle de 1975. Par exemple, les 17,4 milliards d'heures de travail qui ont produit un PIB réel d'une valeur de 283 milliards de dollars en 1975 auraient rapporté un PIB réel d'environ 400 milliards de dollars en 1990. De plus, les 23 milliards d'heures de travail qui ont servi à produire un PIB réel de 459 milliards de dollars en 1990 auraient engendré un PIB réel de seulement 335 milliards de dollars environ en 1975.

Sources: PIB réel : se reporter à la figure 5.5 (page 113). Heures de travail : le nombre d'heures effectives travaillées par semaine, multiplié par le nombre de personnes employées (moyennes annuelles), Statistique Canada, *La population active*, (71-529).

La différence entre le PIB réel en 1990 et en 1975 dépend, en partie, de l'augmentation du stock de capital et des progrès techniques — qui ont fait déplacer la fonction de production agrégée à court terme vers le haut — et, en partie, de l'augmentation des heures de travail qui sont passées de 17,4 milliards d'heures à 23 milliards d'heures — ce qui produit un mouvement le long de la nouvelle fonction de production agrégée à court terme.

À RETENIR

Une fonction de production indique comment la production varie avec les changements de la quantité de facteurs de production utilisée. Une fonction de production à court terme montre comment la production varie à mesure que la quantité de travail utilisée change, toutes choses étant égales par ailleurs. La fonction de production agrégée à court terme illustre comment le PIB réel fluctue à mesure que le nombre total d'heures de travail varie, le stock de capital et le degré d'avancement de la technologie demeurant constants. Le produit marginal du travail, soit l'augmentation du PIB réel engendrée par une hausse d'une heure de la quantité de travail utilisée, diminue lorsque la quantité de travail s'accroît.

La fonction de production agrégée à court terme se déplace en général vers le haut d'année en année, mais il peut arriver aussi qu'elle se déplace vers le bas. L'accumulation du capital et les progrès techniques font déplacer la fonction de production agrégée à court terme vers le haut. Des chocs, comme les sécheresses, les perturbations du commerce international, l'agitation politique et civile, etc., font déplacer la fonction de production vers le bas. Au Canada, la fonction de production agrégée à court terme s'est déplacée vers le haut de 32 % entre 1975 et 1990.

■ ■ ■

Nous venons de voir que le niveau de la production au cours d'une année quelconque dépend de la position de la fonction de production agrégée à court terme et de la quantité de travail utilisée. Même si la fonction de production se déplace vers le haut, il est possible que la production fléchisse en raison d'une baisse de l'emploi. Par exemple, en 1982, l'emploi a baissé de presque 1 milliard d'heures de travail par rapport à son niveau de 1981, et le PIB réel a diminué de 11 milliards de dollars. Pour déterminer le niveau de la production, nous devons comprendre non seulement les facteurs qui ont une incidence sur la fonction de production agrégée à court terme, mais aussi ceux qui influent sur le niveau d'emploi. Pour comprendre comment le niveau d'emploi est déterminé, nous devons étudier l'offre et la demande de travail, et découvrir comment le marché du travail se charge d'apparier main-d'œuvre et emplois. Mais, d'abord, attardons-nous sur la demande de travail.

La demande de travail

La **quantité de travail demandée** est le nombre d'heures consacrées au travail dans toutes les entreprises de l'économie. La **demande de travail** prend la forme d'un barème ou d'une courbe montrant la quantité de travail demandée à divers taux de salaire réels. Le **taux de salaire réel** désigne le taux de salaire horaire mesuré en *dollars constants*, comme le salaire horaire exprimé en dollars de 1981. Le taux de salaire exprimé en *dollars courants* est appelé **taux de salaire nominal**. Le taux de salaire réel est le taux de salaire nominal divisé par l'indice implicite du PIB, le tout multiplié par 100. Le taux de salaire réel exprimé en dollars de 1981 indique la quantité de biens et services que le salaire nominal permettrait d'acheter si les prix étaient ceux de 1981. Par exemple, si le taux de salaire nominal actuel est de 13,50 $ et l'indice implicite du PIB de 141, le taux de salaire réel se chiffre à 9,57 $ (13,50 $ ÷ 141 × 100).

Un exemple de barème de demande de travail apparaît dans le tableau de la figure 13.4. La ligne *a* indique que, à un taux de salaire réel de 9 $ l'heure, 100 millions d'heures de travail sont demandées (par année) par les entreprises. Les autres lignes du tableau se lisent de la même façon. La courbe de demande de travail (*DT*) illustre le barème de demande de travail. Chaque point de la courbe correspond à la ligne marquée de la même lettre dans le tableau.

Pourquoi le taux de salaire *réel* a-t-il une incidence sur la quantité de travail demandée? Pourquoi n'est-ce pas plutôt le taux de salaire *nominal* qui influe sur la quantité de travail demandée? Qui plus est, pourquoi la quantité de travail demandée augmente-t-elle à mesure que le taux de salaire réel baisse? Pourquoi la courbe de demande de travail affiche-t-elle donc une pente négative? Nous allons maintenant répondre à ces questions.

Le produit marginal décroissant et la demande de travail

Les entreprises se lancent dans les affaires afin de maximiser leurs profits. Pour une entreprise, chaque travailleur embauché contribue à faire augmenter ses coûts et sa production. Jusqu'à un certain niveau, la valeur de la production d'un travailleur supplémentaire excède le salaire que l'entreprise doit lui verser. Cependant, chaque heure de travail qu'ajoute l'entreprise rapporte moins en production que la précédente; le produit marginal du travail diminue. En effet, si la quantité de travail utilisée augmente et que la quantité de biens d'équipement reste la même, les travailleurs qui sont maintenant plus nombreux devront se servir du même équipement, ce qui rapprochera l'usine de la limite de sa capacité physique. La production s'accroît, mais pas dans la même proportion que sa quantité de travail. En engageant plus de travailleurs, l'entreprise finit par atteindre un point où le revenu qu'elle tire de la vente de la production créée par une heure de travail additionnelle est égal au taux de salaire horaire. Si l'entreprise — une fois ce point atteint — ajoute une seule heure de travail, les coûts supplémentaires excéderont le revenu de la vente de la production additionnelle. L'entreprise n'ajoutera donc pas cette heure de travail. Elle s'arrêtera au point où le revenu créé par la dernière heure de travail est égal au taux de salaire.

Pour comprendre pourquoi le taux de salaire réel, plutôt que le taux de salaire nominal, a une incidence sur la quantité de travail demandée, nous allons analyser

Figure 13.4 La demande de travail

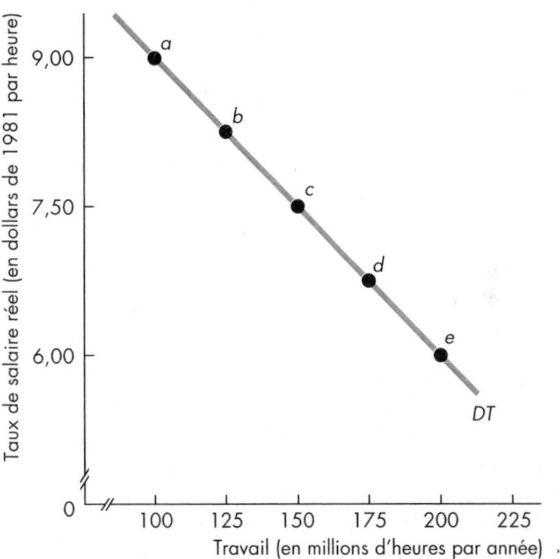

	Taux de salaire réel (en dollars de 1981 par heure)	Quantité de travail demandée (en millions d'heures par année)
a	9,00	100
b	8,25	125
c	7,50	150
d	6,75	175
e	6,00	200

La quantité de travail demandée augmente à mesure que le taux de salaire réel diminue, comme le montrent le barème de demande de travail de même que la courbe de demande de travail (*DT*). Chaque ligne du tableau indique la quantité de travail demandée pour un taux de salaire réel donné et correspond à un point sur la courbe de demande de travail. Par exemple, lorsque le taux de salaire réel horaire est de 7,50 $, la quantité de travail demandée est de 150 millions d'heures par année (point *c*). La courbe de demande de travail affiche une pente négative parce qu'il est rentable pour une entreprise d'engager des travailleurs tant que le produit marginal du travail est plus élevé ou égal au salaire réel. Plus le taux de salaire réel est faible, plus le nombre de travailleurs dont le produit marginal dépasse le salaire réel est élevé.

un exemple. Une usine de fabrication de boissons gazeuses utilise 400 heures de travail. La production additionnelle découlant de la dernière heure de travail effectuée est de 11 bouteilles de boisson gazeuse. En d'autres termes, le produit marginal du travail atteint 11 bouteilles de boisson gazeuse l'heure. Les boissons gazeuses se vendent 0,50 $ la bouteille, de sorte que le revenu découlant de la vente de ces 11 bouteilles se chiffre à 5,50 $. Supposons que le taux de salaire nominal soit également de 5,50 $ l'heure. La dernière heure de travail effectuée rapporte autant de revenu que le salaire versé; l'entreprise fait donc ses frais. L'entreprise paie un taux de salaire réel égal au produit marginal du travail, soit l'équivalent de 11 bouteilles de boisson gazeuse. Ainsi, le taux de salaire réel est égal au taux de salaire nominal de 5,50 $ l'heure divisé par le prix des boissons gazeuses, qui est de 0,50 $.

Pour comprendre pourquoi le taux de salaire nominal n'a pas d'effet sur la quantité de travail demandée, supposons que le taux de salaire nominal de même que tous les prix doublent. Le taux de salaire nominal passe à 11 $ l'heure et le prix d'une bouteille de boisson gazeuse s'élève à 1 $. L'usine est dans la même situation qu'auparavant. Elle verse 11 $ pour la dernière heure de travail effectuée et vend 11 $ la production découlant de cette heure de travail. Le taux de salaire nominal a doublé, passant de 5,50 $ à 11 $, mais rien n'a *réellement* changé. Le taux de salaire réel équivaut toujours à la valeur de 11 bouteilles de boisson gazeuse. En ce qui concerne l'entreprise, elle continue d'embaucher des personnes qui travailleront l'équivalent de 400 heures. Le taux de salaire nominal a changé, mais le taux de salaire réel et la quantité de travail demandée sont demeurés les mêmes.

Afin de saisir pourquoi le taux de salaire réel a un effet sur la quantité de travail demandée, nous allons examiner ce qui se produit si le taux de salaire nominal passe à 11 $ l'heure alors que le prix d'une bouteille de boisson gazeuse demeure constant à 0,50 $. Le taux de salaire réel augmente alors, de façon à s'établir à 22 bouteilles de boisson gazeuse (le taux de salaire nominal de 11 $ l'heure ÷ 0,50 $, soit le prix d'une bouteille de boisson gazeuse). La dernière heure de travail qu'utilise l'entreprise coûte maintenant 11 $, mais elle ne rapporte que 5,50 $ de revenu supplémentaire. L'entreprise ne tire aucun profit de cette heure de travail additionnelle. L'entreprise doit réduire l'emploi jusqu'à ce que son produit marginal rapporte 11 $ de revenu. C'est ce qui se passe lorsque le produit marginal du travail vaut 22 bouteilles l'heure (22 bouteilles × 0,50 $ la bouteille = 11 $). Le produit marginal est encore une fois égal au taux de salaire réel. Cependant, pour que le produit marginal du travail soit égal au taux de salaire réel, l'entreprise doit diminuer la quantité de travail qu'elle utilise. Ainsi, lorsque le taux de salaire réel augmente, la quantité de travail demandée fléchit.

Dans l'exemple que nous venons de voir, le salaire réel augmente parce que le salaire nominal a monté alors que le prix des bouteilles de boisson gazeuse n'a pas changé. Mais on obtiendrait le même résultat si le salaire nominal demeurait constant et que le prix du produit baissait. Par exemple, si le taux de salaire nominal reste constant à 5,50 $ l'heure et que le prix des boissons gazeuses chute à 0,25 $ la bouteille, le taux de salaire réel équivaudra à 22 bouteilles de boisson gazeuse. L'usine où les boissons gazeuses sont embouteillées emploie une quantité de travail pour laquelle le produit marginal du travail est égal à 22 bouteilles l'heure.

La quantité de travail demandée dépend donc du salaire réel et non pas du salaire nominal; plus le salaire réel est élevé, plus la quantité de travail demandée est faible.

Nous savons maintenant pourquoi la quantité de travail demandée dépend du salaire réel et pourquoi la courbe de demande de travail affiche une pente négative. Mais, quels sont les facteurs qui provoquent le déplacement de la courbe de demande de travail?

Les déplacements de la courbe de demande de travail

Lorsque le produit marginal de chaque heure de travail varie, la courbe de demande de travail se déplace. L'accumulation du capital et les progrès techniques font continuellement augmenter le produit marginal de chaque heure de travail. Nous avons déjà vu aussi qu'ils font déplacer la fonction de production agrégée à court terme vers le haut (figure 13.2). Mais ces variations rendent aussi la fonction de production agrégée à court terme plus abrupte. Or, tous les facteurs qui rendent la fonction de production agrégée à court terme plus raide entraînent également une hausse du produit marginal associé à chaque heure de travail, ce qui accroît la production supplémentaire engendrée par une heure de travail additionnelle. À un taux de salaire réel donné, les entreprises augmentent la quantité de travail qu'elles utilisent jusqu'à ce que le revenu qu'elles retirent de la vente de la production de la dernière heure de travail soit égal au salaire horaire. Par conséquent, à mesure que la fonction de production agrégée à court terme se déplace vers le haut, la courbe de demande de travail se déplace également vers la droite.

La courbe de demande de travail a tendance à se déplacer vers la droite au fil du temps. La fréquence des déplacements de la courbe de demande de travail correspond à celle des déplacements de la fonction de production agrégée à court terme. Les fluctuations de la fonction de production entraînent des variations de la demande de travail qui, à leur tour, provoquent des changements de l'emploi, du PIB réel et du taux de salaire réel.

Examinons maintenant la demande de travail au Canada et étudions quelles ont été ses variations depuis 1975.

La demande de travail au Canada

La figure 13.5 présente le taux de salaire réel et la quantité de travail utilisée pour chaque année de la période s'échelonnant de 1975 à 1990. Par exemple, en 1990, le taux de salaire réel se chiffrait à 10,42 $ l'heure (en dollars de 1981) et la quantité de travail utilisée atteignait 23 milliards d'heures. La figure contient également deux courbes de demande de travail, une pour l'année 1975 et l'autre pour l'année 1990. Entre 1975 et 1990, la fonction de production s'est déplacée vers le haut et le produit marginal du travail a augmenté.

Figure 13.5 La demande de travail au Canada

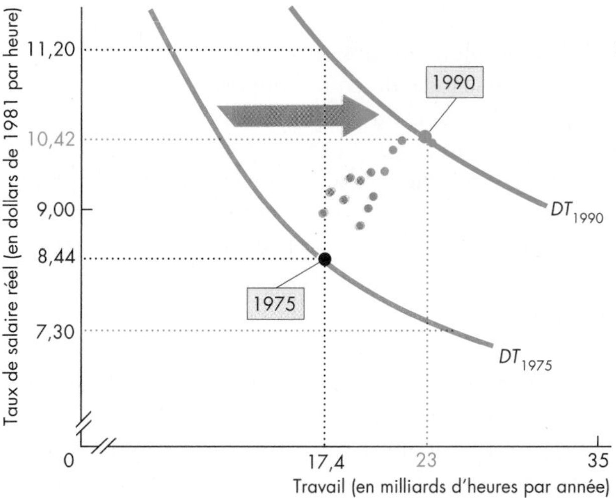

Cette figure montre la quantité de travail utilisée et le salaire réel au Canada de 1975 à 1990. Par exemple, en 1975, le salaire réel était de 8,44 $ l'heure et la quantité de travail utilisée se chiffrait à 17,4 milliards d'heures. En 1990, le salaire réel atteignait 10,42 $ l'heure et la quantité de travail utilisée, 23 milliards d'heures. Ces deux points (et ceux des années intermédiaires) ne se situent pas sur une seule courbe de demande de travail. La courbe de demande de travail s'est déplacée à la suite des déplacements de la fonction de production agrégée à court terme. La figure présente les courbes de demande de travail pour les années 1975 et 1990, soit DT_{1975} et DT_{1990}. La courbe de demande de travail s'est déplacée vers la droite dans le temps.

Sources: Heures de travail: se reporter à la figure 13.3. Taux de salaire réel: salaires, traitements et revenu supplémentaire du travail (série CANSIM D20002) divisés par l'indice implicite du PIB (série CANSIM D20337), le tout divisé à nouveau par les heures de travail.

À RETENIR

La quantité de travail demandée par les entreprises dépend du taux de salaire réel. Pour chaque entreprise, le taux de salaire réel correspond au taux de salaire nominal versé à un travailleur, divisé par le prix de vente de la production de l'entreprise. Pour l'économie dans son ensemble, le taux de salaire réel est représenté par le taux de salaire nominal divisé par le niveau des prix. Plus le taux de salaire réel est bas, plus la quantité de travail demandée est élevée. La courbe de demande de travail a une pente négative.

La courbe de demande de travail se déplace en raison des déplacements de la fonction de production agrégée à court terme. L'augmentation du stock de capital ou les progrès techniques intégrés au stock de capital font déplacer la fonction de production agrégée à court terme vers le haut, ce qui augmente le produit marginal du travail. La courbe de demande de travail se déplace vers la droite, mais à une fréquence irrégulière.

■ ■ ■

Nous allons maintenant passer à l'étude de l'autre aspect du fonctionnement du marché du travail et voir comment se détermine l'offre de travail.

L'offre de travail

La **quantité de travail offerte** correspond au nombre d'heures de travail que les ménages sont prêts à offrir aux entreprises. L'**offre de travail** est un barème ou une courbe montrant la relation qui existe entre la quantité de travail offerte et le taux de salaire réel.

Le tableau de la figure 13.6 contient un barème d'offre de travail. La ligne *a* montre que, à un taux de salaire réel de 6 $ l'heure, la quantité de travail offerte (par année) est de 100 millions d'heures. Nous pouvons lire les autres lignes du tableau de la même manière. La courbe d'offre de travail (*OT*) du graphique illustre le barème d'offre de travail. Chaque point sur la courbe *OT* correspond à la ligne marquée de la même lettre dans le tableau. À mesure que le salaire réel augmente, la quantité de travail offerte s'accroît. La courbe d'offre de travail a une pente positive.

Mais pourquoi la quantité de travail offerte s'accroît-elle lorsque le salaire réel augmente? Il y a deux raisons:

- Le nombre d'heures par travailleur augmente.
- Le taux d'activité de la main-d'œuvre s'accroît.

Figure 13.6 L'offre de travail

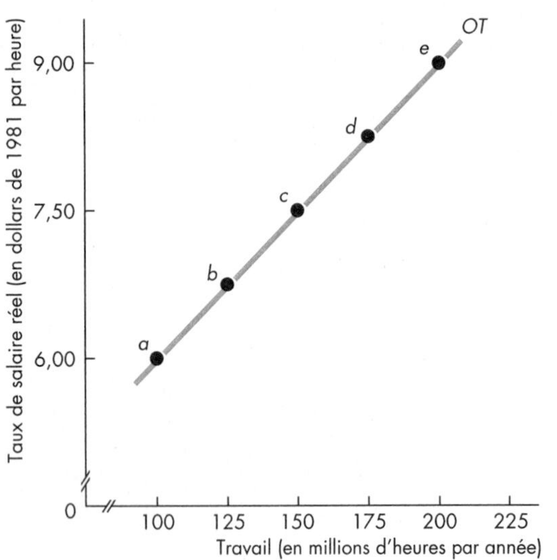

	Taux de salaire réel (en dollars de 1981 par heure)	Quantité de travail offerte (en millions d'heures par année)
a	6,00	100
b	6,75	125
c	7,50	150
d	8,25	175
e	9,00	200

La quantité de travail offerte augmente à mesure que le taux de salaire réel s'accroît, comme nous l'avons illustré à l'aide du barème d'offre de travail et de la courbe d'offre de travail *OT*. Chaque ligne du tableau indique la quantité de travail offerte pour un taux de salaire réel donné et correspond à un point sur la courbe d'offre de travail. Par exemple, lorsque le taux de salaire réel horaire est de 7,50 $, la quantité de travail offerte atteint 150 millions d'heures par année (point *c*). La courbe d'offre de travail a une pente positive parce que les ménages travaillent plus d'heures, en moyenne, à un salaire plus élevé et parce qu'un plus grand nombre de ménages se joignent à la population active. Ces réponses sont amplifiées par la substitution intertemporelle, ou réaménagement dans le temps des activités de travail, afin de profiter des salaires qui sont temporairement plus élevés.

La détermination du nombre d'heures par travailleur

En choisissant le nombre d'heures qu'elle désire travailler, une personne doit décider du nombre d'heures à consacrer au travail par rapport à ses autres activités. Lorsqu'une personne décide de ne pas travailler pendant une heure, elle n'est pas rémunérée pour cette heure. Le taux horaire de salaire réel auquel une personne renonce correspond au coût d'opportunité d'une heure passée sans travailler. Les biens et services qu'une personne pourrait se procurer avec son salaire nominal horaire représentent réellement ce à quoi elle renonce en ne travaillant pas. Donc, le coût d'opportunité d'une heure passée sans travailler correspond au taux de salaire horaire réel.

Qu'advient-il du désir qu'ont les gens de travailler lorsque le taux de salaire réel s'accroît ? Désirent-ils travailler davantage ou moins ? Une modification du salaire réel a deux effets opposés :

- Un effet de substitution
- Un effet de revenu

L'effet de substitution L'effet de substitution d'une variation du taux de salaire réel fonctionne exactement de la même manière que l'effet d'une modification du prix des cassettes sur la quantité de cassettes demandée. Tout comme les cassettes, le temps a un prix. Nous venons de voir que le taux horaire de salaire réel correspond au coût d'opportunité d'une heure passée à ne pas travailler. Une augmentation du taux de salaire réel entraîne une hausse du coût d'opportunité du temps, et donc de la valeur du temps. Lorsque le coût d'opportunité associé au fait de ne pas travailler augmente, les travailleurs ont tendance à réduire le nombre d'heures pendant lesquelles ils ne travaillent pas et donc à travailler davantage. Ainsi, lorsque le taux de salaire réel augmente, le nombre d'heures de travail offert augmente aussi.

L'effet de revenu Une augmentation du taux de salaire réel a aussi pour effet d'augmenter le revenu des ménages. Comme nous le savons, plus le revenu d'une personne est élevé, plus elle achètera des biens et services. Les loisirs, soit le temps consacré à des activités qui ne rapportent pas de revenu, constituent l'un de ces biens. Avec un taux de salaire réel supérieur, les gens sont portés à augmenter leurs heures de loisir et à réduire leurs heures de travail.

La prépondérance de l'un ou l'autre de ces effets dépend du taux de salaire réel et de l'attitude de chaque personne à l'égard du travail. Même si les attitudes à l'égard du travail varient d'une personne à l'autre, elles ne changent pas beaucoup en moyenne dans le temps. Toutefois, le taux de salaire réel change, ce qui entraîne des variations de la quantité de travail offerte. Lorsque le taux de salaire réel est très bas, l'effet de substitution est plus important que l'effet de revenu. Autrement dit, l'incitation à substituer du temps de loisir au temps de travail l'emporte sur l'incitation à dépenser une part d'un revenu plus élevé pour profiter de plus d'heures de loisir. En conséquence, à mesure que le taux de salaire réel augmente, la quantité de travail offerte s'accroît également.

À un taux de salaire réel suffisamment élevé, l'effet de revenu l'emporte sur l'effet de substitution. L'incitation à consacrer une plus grande part du revenu additionnel aux loisirs est plus forte que l'incitation à économiser du temps de loisir, le coût d'opportunité des loisirs ayant augmenté.

Certaines personnes bénéficient déjà d'un salaire réel si élevé, qu'une hausse du salaire réel réduirait leurs heures de travail. Mais, pour la plupart d'entre nous, une augmentation du salaire réel nous incite à travailler plus. Ainsi, en moyenne, plus le taux de salaire réel est élevé, plus le nombre d'heures que chaque personne consacre au travail est élevé.

Le taux d'activité de la main-d'œuvre

Le **taux d'activité de la main-d'œuvre** désigne la proportion de la population en âge de travailler qui est employée ou en chômage (mais à la recherche d'un emploi). Pour de nombreuses raisons, la volonté de travailler varie d'une personne à l'autre. Certaines personnes ont la possibilité d'être plus productives à la maison ; elles ont donc besoin d'une incitation plus forte pour abandonner leurs activités et aller travailler pour quelqu'un d'autre. D'autres personnes accordent beaucoup d'importance aux loisirs ; il leur faut donc un salaire réel élevé pour les inciter à travailler. Ces considérations nous portent à croire qu'il existe un salaire de réserve pour chaque individu. Le **salaire de réserve** correspond au salaire le plus faible auquel une personne est prête à offrir du travail. Au-dessous du salaire de réserve, une personne ne travaillera pas.

Les gens dont le salaire de réserve est inférieur ou égal au salaire réel effectif feront partie de la population active, et ceux dont le salaire de réserve est supérieur au salaire réel effectif n'en feront pas partie. Plus le taux de salaire réel est élevé, plus les personnes ayant un salaire de réserve inférieur au taux de salaire réel sont nombreuses. Par conséquent, plus le taux de salaire réel est élevé, plus le taux de participation de la main-d'œuvre l'est aussi.

La substitution intertemporelle

Les personnes doivent décider non seulement si elles veulent travailler, mais *quand* elles travailleront. Cette décision se fonde non seulement sur le salaire réel courant, mais aussi sur l'évaluation relative du taux de salaire réel courant par rapport au taux de salaire réel anticipé. Supposons que le taux de salaire soit supérieur aujourd'hui à celui que nous prévoyons. De quelle manière cette information influe-t-elle sur la décision d'offre de travail d'une personne ? Elle incite une personne à travailler davantage dans le présent et moins dans le futur. Ainsi, plus le salaire réel courant est élevé en comparaison avec le taux de salaire réel qui est anticipé (toutes choses étant égales par ailleurs), plus la quantité de travail offerte sera élevée dans le présent.

Un taux de salaire réel temporairement élevé équivaut à un haut taux de rendement. En effet, lorsque les salaires sont temporairement élevés, les gens peuvent obtenir un taux de rendement plus élevé sur leur effort de travail en réduisant le temps qu'ils consacrent aux loisirs et en offrant plus de travail. En travaillant davantage maintenant afin de profiter de plus de périodes de loisir dans l'avenir, ils peuvent bénéficier dans l'ensemble d'un niveau supérieur de consommation tant en ce qui concerne les biens et services que les loisirs.

Nous comprenons maintenant pourquoi la quantité de travail offerte augmente à mesure que le salaire réel s'accroît et pourquoi la pente de la courbe d'offre de travail est positive. Nous allons réunir la demande et l'offre de travail, et étudier la détermination des salaires et de l'emploi.

Les salaires et l'emploi

Nous avons découvert qu'à mesure que le taux de salaire réel augmente la quantité de travail demandée baisse et la quantité de travail offerte s'accroît. Nous voulons maintenant examiner de quelle façon le salaire réel, l'emploi et le chômage sont déterminés par l'interaction entre la demande et l'offre de travail.

Les économistes ne s'entendent pas sur l'explication du fonctionnement du marché du travail. En fait, ce désaccord constitue la source principale de la controverse actuelle en macroéconomie. Il y a deux théories dominantes du fonctionnement du marché du travail :

- La théorie des salaires flexibles
- La théorie des salaires rigides

La théorie des salaires flexibles est fondée sur l'hypothèse selon laquelle le travail s'échange sur le marché de façon semblable aux biens et services : le salaire réel s'ajuste librement et de façon continue de sorte que la quantité de travail demandée est égale à la quantité offerte. Par contre, selon la théorie des salaires rigides, l'accord ou contrat salarial, qui stipule un taux de salaire nominal fixe pour une période donnée (d'où l'idée de «salaires rigides»), constitue la principale forme d'échange sur le marché du travail. Lorsque les salaires nominaux sont fixes, ou rigides, les salaires réels ne s'ajustent pas continuellement pour maintenir l'égalité entre la quantité de travail demandée et la quantité offerte. Analysons ces deux théories, en commençant par la plus simple, la théorie des salaires flexibles.

La théorie des salaires flexibles

Selon la théorie des salaires flexibles sur le marché du travail, il semblerait que les salaires s'ajustent librement afin de maintenir un équilibre continuel entre la quantité de travail offerte et la quantité de travail demandée. La figure 13.7 illustre cette théorie. La courbe de demande de travail est appelée *DT* et la courbe d'offre, *OT*. Les forces du marché déterminent un taux de salaire réel d'équilibre de 7,50 $ l'heure et une quantité de travail utilisée de 150 millions d'heures. Lorsque le taux de salaire réel se situe sous ce niveau d'équilibre de 7,50 $ l'heure, la quantité de travail demandée dépasse la quantité offerte. Dans ce cas, les salaires augmentent, étant donné que les entreprises désirent offrir des salaires de plus en plus élevés afin de combler leur pénurie de main-d'œuvre. Le taux de salaire réel continue donc de s'accroître jusqu'à ce qu'il atteigne une valeur de 7,50 $ l'heure, valeur à laquelle il n'y a plus de pénurie de main-d'œuvre.

Lorsque le salaire réel est supérieur à 7,50 $ l'heure, la quantité de travail offerte est supérieure à la quantité demandée. Le cas échéant, les travailleurs ne parviennent pas à obtenir la quantité de travail qu'ils désirent et les entreprises ont de la facilité à engager de la main-d'œuvre. Les entreprises sont portées à réduire les salaires, et les travailleurs sont prêts à accepter un salaire plus faible afin d'obtenir un emploi. Le taux de salaire réel chutera jusqu'à atteindre une valeur de 7,50 $ l'heure. À ce niveau de salaire, tous les travailleurs sont satisfaits de la quantité de travail qu'ils offrent.

Figure 13.7 L'équilibre avec salaires flexibles

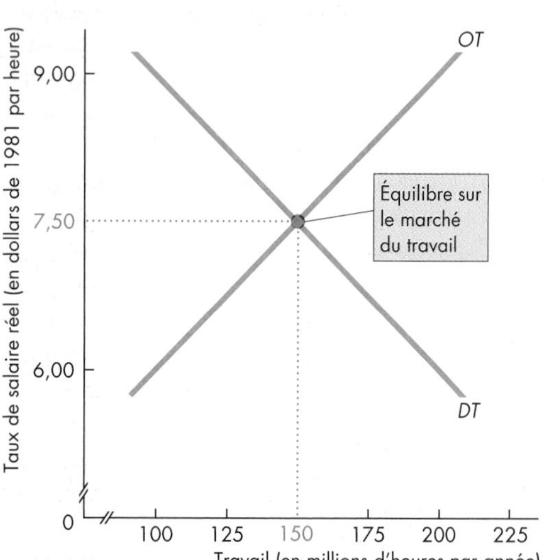

L'équilibre prévaut lorsque le salaire réel est tel que la quantité de travail demandée égale la quantité offerte. Cet équilibre se produit lorsque le salaire réel est de 7,50 $ l'heure. À ce taux, 150 millions d'heures de travail sont utilisées. Lorsque le taux de salaire réel est inférieur à 7,50 $ l'heure, la quantité de travail demandée dépasse la quantité offerte et le taux de salaire réel augmente. Lorsque le taux de salaire réel est supérieur à 7,50 $ l'heure, la quantité de travail offerte excède la quantité demandée et le taux de salaire réel baisse.

Les variations des salaires et de l'emploi Les prédictions de la théorie des salaires flexibles au sujet de l'évolution des salaires et de l'emploi sont identiques aux prédictions du modèle de l'offre et de la demande étudié au chapitre 4. Une hausse de la demande de travail entraîne un déplacement de la courbe de demande de travail vers la droite, ce qui a pour effet de faire augmenter le taux de salaire réel et la quantité de travail utilisée. Un accroissement de l'offre de travail provoque un déplacement de la courbe d'offre de travail vers la droite, ce qui fait diminuer le taux de salaire réel et augmenter l'emploi.

La demande de travail s'accroît dans le temps en raison de l'accumulation du capital et des progrès techniques qui augmentent le produit marginal du travail. L'offre de travail s'intensifie dans le temps parce que la population en âge de travailler croît régulièrement. Les déplacements vers la droite de la courbe de demande de travail sont généralement plus importants que ceux de la courbe d'offre de travail ; la quantité de travail utilisée de même que le taux de salaire réel augmentent donc dans le temps. Les salaires réels ne croissent cependant pas régulièrement chaque année. En effet, il existe des exemples de périodes prolongées, comme ce fut le cas au cours des années 80, pendant lesquelles les salaires réels sont demeurés stables ou ont même baissé à l'occasion.

L'offre agrégée et les salaires flexibles Au chapitre 7, nous avons étudié la notion d'offre agrégée de même que les courbes d'offre agrégée à court et à long terme. Que nous apprend la théorie des salaires flexibles à propos de l'offre agrégée ?

Revoyons les définitions des courbes d'offre agrégée à court et à long terme. La courbe d'offre agrégée à court terme indique la relation entre la quantité de PIB réel offerte et le niveau des prix, les prix des facteurs de production étant constants par ailleurs. La courbe d'offre agrégée à long terme montre de quelle manière le PIB réel varie lorsque le niveau des prix change et que les prix de tous les facteurs de production ont été ajustés du même pourcentage que le niveau des prix.

Selon la théorie des salaires flexibles sur le marché du travail, le taux de salaire nominal s'ajuste de telle façon que le taux de salaire réel assure l'égalité entre la quantité de travail demandée et la quantité offerte. Si les prix de tous les autres facteurs de production s'ajustent de la même manière, l'équilibre sur les divers marchés des facteurs de production sera préservé. La courbe d'offre agrégée engendrée par le modèle avec salaires flexibles sur le marché du travail est identique à la courbe d'offre agrégée à long terme : elle est verticale. Nous allons voir pourquoi.

La figure 13.8 illustre comment la courbe d'offre agrégée à long terme est obtenue. Le graphique (a) montre le marché du travail agrégé. Les courbes de demande et d'offre illustrées sont exactement les mêmes que celles de la figure 13.7. L'équilibre est atteint lorsque le salaire réel est de 7,50 $ l'heure et le niveau d'emploi de 150 millions d'heures. (Il est le même que celui que nous avions dans la figure 13.7.)

Le graphique (b) présente la fonction de production agrégée à court terme. (Cette fonction est exactement la même que celle de la figure 13.1.) Sachant que 150 millions d'heures de travail sont utilisées, on voit que le PIB réel atteint 4 milliards de dollars.

Le graphique (c) contient la courbe d'offre agrégée à long terme. Cette courbe indique que le PIB réel se chiffre à 4 milliards de dollars, peu importe le niveau des prix. Nous allons observer la courbe d'offre agrégée de plus près pour nous assurer qu'elle est bien verticale.

Figure 13.8 L'offre agrégée avec salaires flexibles

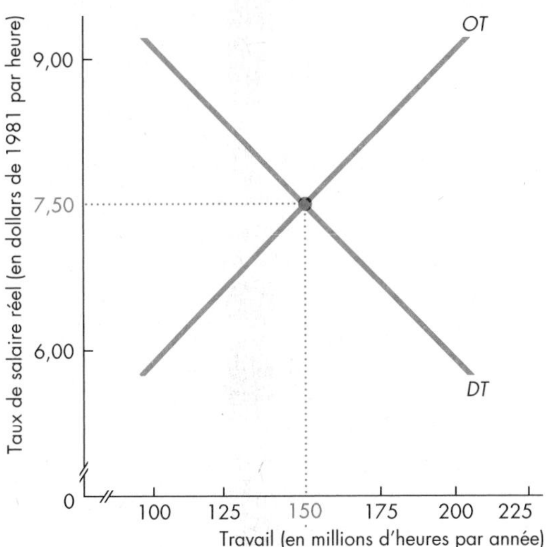

(a) Marché du travail

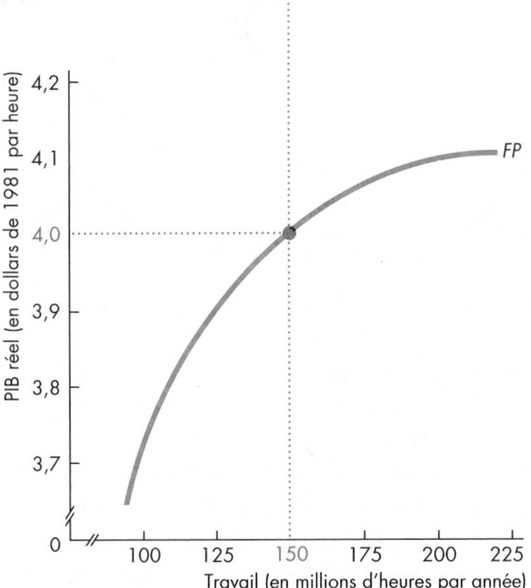

(b) Fonction de production agrégée à court terme

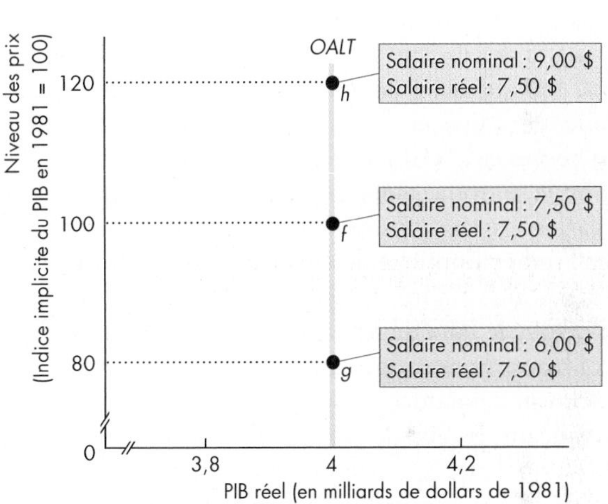

(c) Courbe d'offre agrégée à long terme

L'équilibre sur le marché du travail détermine le salaire réel et l'emploi. La courbe de demande de travail (*DT*) croise la courbe d'offre de travail (*OT*) à un taux horaire de salaire réel de 7,50 $ et à un niveau d'emploi de 150 millions d'heures de travail (graphique a). La fonction de production agrégée à court terme (*FP*) et l'emploi de 150 millions d'heures engendrent un PIB réel de 4 milliards de dollars (graphique b). La quantité de PIB réel offerte correspond à 4 milliards de dollars, peu importe le niveau des prix. La courbe d'offre agrégée à long terme est représentée par la droite verticale (*OALT*) du graphique (c). Lorsque l'indice implicite du PIB est égal à 100, l'économie se trouve au point *f*. Lorsque l'indice implicite du PIB est de 120, le salaire nominal augmente de façon à maintenir le salaire réel constant à 7,50 $ l'heure; l'emploi demeure à 150 millions d'heures et le PIB réel se chiffre à 4 milliards de dollars. L'économie se situe au point *h*. Lorsque l'indice implicite du PIB est de 80, le salaire nominal baisse afin de maintenir le salaire réel constant à 7,50 $ l'heure; l'emploi reste à 150 millions d'heures et le PIB réel atteint 4 milliards de dollars. L'économie se trouve alors au point *g*.

Supposons que le niveau des prix, mesuré à partir de l'indice implicite du PIB, soit de 100. Le cas échéant, l'économie se trouve au point *f* sur la courbe *OALT* du graphique (c). Ainsi, l'indice implicite du PIB est de 100 et le PIB réel atteint 4 milliards de dollars. Nous avons déterminé, au graphique (a), que le taux de salaire réel se chiffre à 7,50 $ l'heure. Lorsque l'indice implicite du PIB est de 100, le salaire nominal (le salaire en dollars courants) est aussi de 7,50 $.

Nous allons maintenant voir ce qu'il advient du PIB réel pour deux niveaux des prix différents, l'un élevé, l'autre bas. D'abord, supposons que l'indice implicite du PIB ait une valeur non pas de 100 mais de 80. Si le taux de salaire nominal se maintient à son niveau initial de 7,50 $, le taux de salaire réel augmente et la quantité de travail offerte dépasse alors la quantité demandée. En pareille situation, le taux de salaire nominal baissera. En fait, il baissera à 6 $ l'heure. Avec un salaire nominal de 6 $ et un indice implicite du PIB de 80, le salaire réel est encore de 7,50 $ (6 $ ÷ 80 × 100). Avec un taux de salaire nominal plus bas, mais un taux de salaire réel constant, l'emploi se maintient à 150 millions d'heures et le PIB réel à 4 milliards de dollars. L'économie se trouve alors au point *g* du graphique (c).

Ensuite, observons ce qu'il advient du PIB réel lorsque l'indice implicite du PIB n'est pas de 100 mais de 120, soit une augmentation de 20 % du niveau des prix. Lorsque le taux de salaire nominal se maintient à 7,50 $ l'heure, le taux de salaire réel chute et la quantité de travail demandée dépasse la quantité offerte. Le cas échéant, le taux de salaire nominal monte, jusqu'à ce qu'il atteigne une valeur de 9 $ l'heure. À ce taux de salaire nominal, le salaire réel est de 7,50 $ (9 $ ÷ 120 × 100) et la quantité de travail demandée est égale à la quantité offerte. L'emploi demeure à 150 millions d'heures; le PIB réel reste donc à 4 milliards de dollars, ce qui signifie que l'économie se situe au point *h* du graphique (c).

Les points *f*, *g* et *h* se trouvent tous sur la courbe d'offre agrégée à long terme. Nous avons considéré seulement trois niveaux des prix. Nous aurions pu choisir n'importe quel niveau des prix et arriver à la même conclusion: une variation du niveau des prix entraîne un changement proportionnel du taux de salaire nominal, tout en ne modifiant pas le taux de salaire réel. L'emploi et le PIB réel demeurent également inchangés. La courbe d'offre agrégée à long terme est verticale.

Les fluctuations du PIB réel Selon la théorie des salaires flexibles sur le marché du travail, les fluctuations du PIB réel se produisent en raison des déplacements de la courbe d'offre agrégée à long terme. Les progrès techniques et l'accumulation du capital entraînent un déplacement vers le haut de la fonction de production agrégée à court terme et un déplacement vers la droite de la courbe de demande de travail. La croissance de la population provoque un déplacement vers la droite de la courbe d'offre de travail. Ces changements modifient l'équilibre entre l'emploi et le PIB réel, tout en faisant déplacer la courbe d'offre agrégée à long terme. La plupart du temps, ces modifications entraînent un déplacement vers la droite de la courbe d'offre agrégée à long terme, ce qui fait augmenter le PIB réel. Cependant, le rythme auquel la courbe d'offre agrégée à long terme se déplace vers la droite varie, ce qui engendre des fluctuations dans le taux de croissance du PIB réel. Parfois, la fonction de production agrégée à court terme se déplace vers le bas. Lorsque c'est le cas, la courbe de demande de travail se déplace vers la gauche, l'emploi baisse et la courbe d'offre agrégée à long terme se déplace vers la gauche, ce qui provoque un ralentissement économique, voire une récession.

À RETENIR

Selon la théorie des salaires flexibles sur le marché du travail, le taux de salaire réel s'ajuste librement et continuellement afin de maintenir l'équilibre entre la quantité de travail offerte et la quantité demandée. Dans ce type d'économie, il n'existe qu'une seule courbe d'offre agrégée, la courbe d'offre agrégée à long terme qui est verticale. Les fluctuations de l'emploi, des salaires nominaux et du PIB réel se produisent en raison de fluctuations de l'offre de travail et de la fonction de production agrégée à court terme qui, à son tour, entraîne des variations de la demande de travail. Les causes les plus importantes de fluctuations sont le rythme irrégulier des progrès techniques de même que certains autres facteurs ayant une incidence négative sur la fonction de production agrégée à court terme.

■ ■ ■

L'analyse du marché du travail que nous venons de faire ne tient pas compte d'une caractéristique du marché du travail que certains économistes considèrent comme importante: les taux de salaire nominal sont souvent fixés par des contrats de salaire et ne s'ajustent pas continuellement. Dans la réalité, ces contrats prennent la forme d'ententes légales (conventions collectives) ou verbales, entre les employeurs et les travailleurs; ils stipulent le taux de salaire nominal pour une période donnée. Nous allons maintenant examiner de quelle manière le marché du travail fonctionne lorsque les salaires nominaux sont rigides.

La théorie des salaires rigides

La théorie des salaires rigides sur le marché du travail met l'accent sur le fait que les taux de salaire nominal sont fixés par des contrats, de sorte qu'ils ne s'ajustent pas librement à chaque instant pour que le salaire réel puisse maintenir l'équilibre entre la quantité agrégée de travail demandée et la quantité agrégée de travail offerte. Les tenants de la théorie des salaires flexibles avancent que les salaires nominaux, même lorsqu'ils sont fixés par des contrats, peuvent s'ajuster à la hausse comme à la baisse de diverses façons, et ce assez rapidement pour maintenir l'équilibre du marché du travail. Les primes, de même que l'ensemble du travail payé au tarif normal et au tarif des heures supplémentaires (les heures supplémentaires étant payées à un taux de salaire supérieur), rendent les salaires flexibles. Cependant, même s'ils reconnaissent que les primes et les heures supplémentaires entraînent une certaine flexibilité des salaires, la plupart des économistes croient néanmoins que cette flexibilité ne suffit pas à maintenir égales la quantité de travail offerte et la quantité demandée. Ils soulignent que les taux de salaire nominal de base s'ajustent rarement plus d'une fois par année. Les salaires nominaux sont donc relativement rigides. Les taux de salaire réel varient plus fréquemment que les taux de salaire nominal à cause des variations du niveau des prix, mais sans qu'ils soient suffisamment flexibles pour que le plein emploi soit continuellement assuré.

Une explication de la détermination du taux de salaire nominal, le salaire «rigide», constitue le point de départ d'une théorie des salaires rigides sur le marché du travail.

La détermination du salaire nominal Les entreprises désirent évidemment payer le salaire le plus bas possible. Les travailleurs, quant à eux, désirent un salaire qui soit le plus élevé possible. Les travailleurs désirent toutefois obtenir un emploi et les entreprises veulent pouvoir embaucher des travailleurs. Les entreprises savent que, si elles offrent des salaires trop bas, elles devront faire face à une pénurie de main-d'œuvre. Par ailleurs, les travailleurs sont conscients du fait que, s'ils tentent d'obtenir un salaire trop élevé, il y aura une pénurie d'emplois, c'est-à-dire un chômage excessif. Le salaire qui permet de jauger ces forces adverses est le salaire d'équilibre, celui auquel la quantité de travail demandée est égale à la quantité offerte. Cependant, si les salaires nominaux sont fixés un an ou plus à l'avance, il est impossible de maintenir un équilibre continuel entre la quantité de travail demandée et la quantité de travail offerte. En pareilles circonstances, comment le salaire est-il déterminé? Il est possible qu'il soit établi à un niveau qui, prévoit-on, devrait assurer l'égalité entre la quantité de travail demandée et la quantité offerte pendant la durée du contrat de travail. Nous allons découvrir ce qu'est ce taux de salaire nominal.

Si les courbes d'offre et de demande de travail étaient les mêmes que celles de la figure 13.7, le salaire réel d'équilibre serait de 7,50 $, comme nous pouvons le constater à la figure 13.9. La valeur du salaire nominal dépendrait alors du niveau des prix. Si l'indice implicite du PIB est de 100 et que le salaire réel est de 7,50 $, le salaire nominal est alors égal à 7,50 $ (le point *c* de la figure). Lorsque les entreprises et les travailleurs ont à s'entendre par contrat sur un taux de salaire nominal futur, ils ne savent pas quel sera le niveau des prix dans le futur. Il leur faut alors prévoir le niveau des prix futurs. Supposons que les prévisions des entreprises et des travailleurs soient les mêmes et que tous *prévoient* que l'indice implicite du PIB sera égal à 100 au cours de la prochaine année. Le cas échéant, les entreprises et les travailleurs sont prêts à s'entendre sur un taux de salaire nominal de 7,50 $ l'heure.

La détermination du salaire réel La valeur réalisée du taux de salaire réel dépend du niveau *effectif* des prix.

Figure 13.9 Les salaires nominaux rigides et le marché du travail

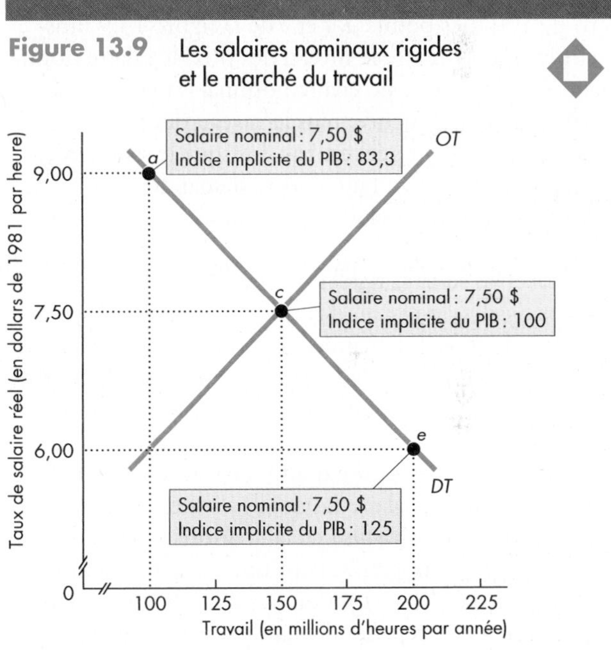

La courbe de demande de travail correspond à la courbe *DT* et la courbe d'offre de travail à la courbe *OT*. Le salaire nominal est fixé à l'avance, de manière à ce que la quantité de travail demandée qui est prévue soit égale à la quantité de travail offerte qui est prévue. Si l'on prévoit que l'indice implicite du PIB sera égal à 100, le taux de salaire nominal sera établi à 7,50 $ l'heure. On s'attend alors à ce que le marché du travail se trouve au point *c*. La quantité de travail utilisée est déterminée sur la courbe de demande de travail. Si l'indice implicite du PIB est réellement de 100 comme prévu, le salaire réel sera égal à 7,50 $ et l'économie se situera au point *c*; il y aura 150 millions d'heures de travail utilisées. Mais, si l'indice implicite du PIB est de 83,3, le salaire réel sera de 9 $ l'heure et la quantité de travail demandée baissera à 100 millions d'heures. L'économie se trouvera au point *a*. Enfin, si l'indice implicite du PIB atteint 125, le salaire réel se chiffrera à 6 $ l'heure et l'emploi à 200 millions d'heures; l'économie se situera alors au point *e*.

Si l'indice implicite du PIB est effectivement de 100, comme il a été prévu, alors le taux de salaire réel sera de 7,50 $. Dans ce cas, l'emploi correspondra à 150 millions d'heures de travail, soit la quantité d'équilibre sur le marché du travail. Il y a toutefois plusieurs autres possibilités. Nous allons en considérer deux, l'une où le niveau des prix est supérieur aux prévisions et l'autre où il est inférieur aux prévisions.

D'abord, supposons que l'indice implicite du PIB s'élève à 125 au lieu de 100, comme il avait été prévu. Dans ce cas, le salaire réel est de 6 $. Le salaire nominal étant de 7,50 $ et l'indice implicite du PIB de 125, il est possible d'acheter autant de biens que le permettrait un salaire nominal de 6 $ lorsque l'indice implicite du PIB est de 100. Supposons maintenant que l'indice implicite du PIB se chiffre plutôt à 83,3 au lieu de 100. Le cas échéant, le salaire réel est de 9 $. Un salaire nominal de 7,50 $ combiné avec un indice implicite du PIB de 83,3 permet d'acheter autant de biens qu'un salaire réel de 9 $ avec un indice implicite du PIB de 100. Les points *a*, *c* et *e* de la figure 13.9 illustrent la relation entre le niveau des prix, le salaire nominal et le salaire réel. Le salaire nominal est constant à 7,50 $. En conséquence, plus le niveau des prix est élevé, plus le salaire réel est bas. Lorsque le salaire réel n'est pas de 7,50 $, il faut alors se demander de quelle façon le niveau d'emploi est déterminé.

L'emploi et les salaires rigides Selon la théorie des salaires rigides, le niveau d'emploi est déterminé par la quantité de travail demandée. Les travailleurs acceptent de fournir la quantité de travail demandée par les entreprises, peu importe la quantité, à condition toutefois que celles-ci paient les salaires stipulés dans le contrat. Par conséquent, la courbe d'offre de travail *OT* sert à calculer le taux de salaire nominal, mais ne joue aucun rôle dans la détermination de la quantité de travail utilisée par les entreprises. Pour un salaire nominal de 7,50 $, les travailleurs sont prêts à offrir la quantité de travail que les entreprises demanderont pendant la durée du contrat salarial. Puisque la quantité de travail demandée au salaire réel effectif détermine l'emploi, la courbe de demande de travail de la figure 13.9 détermine l'emploi effectif. Ainsi, lorsque le salaire nominal est de 7,50 $ et que l'indice implicite du PIB se chiffre à 83,3, le salaire réel atteint 9 $ et la quantité de travail demandée ainsi que l'emploi représentent 100 millions d'heures (le point *a* de la figure). Lorsque le salaire nominal atteint 7,50 $ et que l'indice implicite du PIB est de 125, le salaire réel se chiffre à 6 $ et la quantité de travail demandée de même que l'emploi s'établissent à 200 millions d'heures (le point *e* de la figure).

L'offre agrégée à court terme et les salaires rigides Lorsque les salaires nominaux sont rigides, la courbe d'offre agrégée à court terme, comme celle que nous avons vue au chapitre 7, a une pente positive. La figure 13.10 permet d'expliquer pourquoi il en est ainsi. D'abord, analysons le tableau de la figure. La première colonne contient trois valeurs de l'indice implicite du PIB, celles que nous venons de supposer. À un salaire nominal fixe de 7,50 $, la colonne suivante montre le salaire réel correspondant aux trois niveaux des prix. La troisième colonne contient la quantité de travail qui sera utilisée pour chaque taux de salaire réel. Finalement, la dernière colonne indique la quantité de PIB réel que chaque niveau d'emploi permet de produire. Les données de ce tableau sont tirées de la fonction de production agrégée à court terme de la figure 13.1.

Étudions d'abord la ligne *c*, lorsque l'indice implicite du PIB est de 100. Souvenons-nous qu'il s'agissait de la valeur prévue de l'indice implicite du PIB lorsque le taux de salaire nominal était fixé à 7,50 $. Dans ce cas, le salaire réel atteignait 7,50 $ et la quantité de travail demandée était égale à la quantité offerte, soit 150 millions d'heures. Le PIB réel était alors de 4 milliards de dollars. Cette situation est illustrée au point *c* du graphique. Si le taux de salaire nominal s'ajustait continuellement afin de maintenir le salaire réel constant à 7,50 $ l'heure, le PIB réel demeurerait toujours à 4 milliards de dollars. L'économie se situerait alors toujours sur la courbe d'offre agrégée à long terme, laquelle est représentée dans le graphique par la courbe *OALT*. Il s'agit là de la courbe d'offre agrégée engendrée par le modèle avec salaires flexibles.

Passons maintenant à la ligne *a* du tableau. Ici, l'indice implicite du PIB a une valeur inférieure à celle qui a été prévue et le salaire réel se chiffre à 9 $ l'heure. À ce salaire réel, la quantité de travail demandée n'est que de 100 millions d'heures et le PIB réel atteint 3,7 milliards de dollars, ce qui correspond au point *a* du graphique. Observons finalement la ligne *e*. Dans ce cas, l'indice implicite du PIB est supérieur au niveau prévu et le taux de salaire réel est alors inférieur au taux prévu. L'emploi atteint 200 millions d'heures et le PIB réel 4,1 milliards de dollars (le point *e* de la figure). Les points *a*, *c* et *e* se trouvent sur la courbe d'offre agrégée à court terme (*OACT*).

La courbe d'offre agrégée à court terme croise la courbe d'offre agrégée à long terme au niveau des prix prévu, là où l'indice implicite du PIB est égal à 100. À un niveau des prix supérieur au niveau prévu, la quantité de PIB réel offerte dépasse son niveau à long terme. Lorsque l'indice implicite du PIB est inférieur au niveau prévu, la quantité de PIB réel offerte est inférieure à son niveau à long terme.

Nous avons vu plus tôt dans le chapitre que certains facteurs entraînent des fluctuations de l'offre agrégée à long terme. Cette analyse s'applique toujours dans le cas de la courbe d'offre agrégée à long terme de

Figure 13.10 L'offre agrégée avec salaires rigides

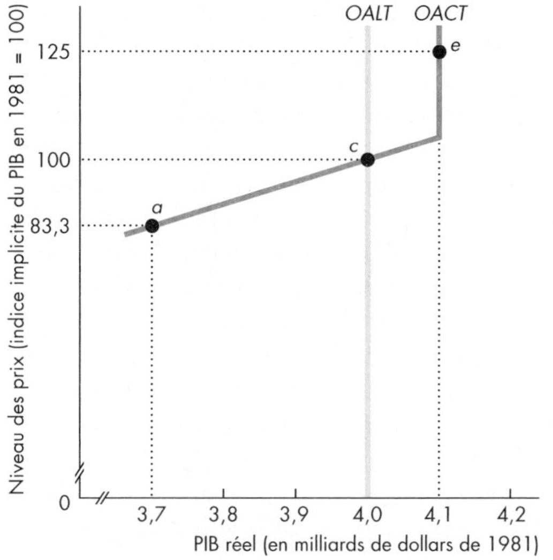

	Niveau des prix (indice implicite du PIB)	Taux de salaire réel (en dollars de 1981 par heure)	Travail (en millions d'heures par année)	PIB réel (en milliards de dollars de 1981 par année)
a	83,3	9,00	100	3,70
c	100,0	7,50	150	4,00
e	125,0	6,00	200	4,10

Le tableau montre les effets des variations du niveau des prix sur le PIB réel offert lorsque la valeur prévue de l'indice implicite du PIB est de 100 et que le salaire nominal est fixé par contrat à 7,50 $ l'heure. Si l'indice implicite du PIB est de 100, le salaire réel se chiffre également à 7,50 $ l'heure. L'emploi s'élève alors à 150 millions d'heures de travail et le PIB réel à 4 milliards de dollars. L'économie se trouve au point *c* sur la courbe d'offre agrégée à long terme (*OALT*). À un niveau des prix inférieur (ligne *a*), le taux de salaire réel monte, l'emploi diminue et le PIB réel chute. L'économie se situe au point *a* de la courbe d'offre agrégée à court terme. À un niveau des prix supérieur (ligne *e*), le taux de salaire réel baisse, l'emploi s'accroît de même que le PIB réel. L'économie se situe au point *e* de la courbe d'offre agrégée à court terme, lequel correspond à la ligne *e* du tableau. La courbe d'offre agrégée à court terme (*OACT*) relie les points *a*, *c* et *e*.

la théorie des salaires rigides. En outre, l'emploi et le PIB réel peuvent fluctuer en raison de mouvements le long de la courbe d'offre agrégée à court terme. Ceux-ci se produisent par suite de variations du salaire réel. Les salaires réels peuvent varier, selon la théorie des salaires rigides, parce que le niveau des prix fluctue alors que le taux de salaire nominal fixé par contrat demeure constant.

À RETENIR

La théorie des salaires rigides accorde une grande importance aux contrats qui fixent le taux de salaire nominal sur le marché du travail et rendent ce taux insensible aux variations du niveau des prix à court terme. Le salaire nominal est établi en fonction des prévisions du niveau des prix au cours de la durée du contrat salarial. Si le niveau des prix est égal à celui qui avait été prévu, le salaire réel sera le même que si les salaires avaient été flexibles. Par contre, si le niveau des prix est inférieur au niveau prévu, le salaire réel sera plus élevé que si les salaires avaient été flexibles. Si le niveau des prix est supérieur au niveau prévu, le salaire réel sera plus bas que dans le cas où il y aurait eu flexibilité des salaires.

La demande de travail détermine le niveau d'emploi. Lorsque le salaire réel est plus élevé que celui qui avait été prévu, l'emploi diminue; lorsqu'il est inférieur, l'emploi s'accroît. Ces changements du niveau d'emploi provoquent des variations du niveau du PIB réel, lesquelles sont représentées par des mouvements le long de la courbe d'offre agrégée à court terme. Un niveau des prix supérieur à celui qui avait été prévu entraîne une diminution du salaire réel, un accroissement de l'emploi et une augmentation du PIB réel. En revanche, un niveau des prix inférieur aux prévisions provoque un accroissement du salaire réel, une baisse de l'emploi et une diminution du PIB réel.

■ ■ ■

Jusqu'à maintenant, nous avons examiné des modèles du marché du travail et nous avons utilisé ces modèles pour déterminer le niveau d'emploi et les salaires. Cependant, nous n'avons pas parlé de chômage. Comment le chômage survient-il?

Le chômage

Dans les modèles de marché du travail que nous venons d'étudier, nous avons vu comment sont déterminés le taux de salaire réel de même que les heures agrégées de travail utilisées. Cependant, nous n'avons pas fait mention des *personnes* qui fournissent ces heures de travail. Il y a chômage lorsqu'une part de la population active ne travaille pas. Ces personnes en chômage cherchent un emploi, mais n'en trouvent pas. Pourquoi le chômage existe-t-il? Pourquoi le taux de chômage varie-t-il?

Des personnes se retrouvent en chômage pour quatre raisons principales:

- Il est rentable pour les entreprises de modifier le nombre de travailleurs engagés plutôt que le nombre d'heures de travail effectuées par personne lorsqu'elles cherchent à faire varier l'emploi.
- L'information que possèdent les entreprises concernant les personnes à la recherche de travail est incomplète.
- Les travailleurs ne disposent pas d'une information complète sur les emplois disponibles.
- Les contrats de travail ne permettent pas aux entreprises d'ajuster les salaires de façon à maintenir l'égalité entre la quantité de travail demandée et la quantité offerte.

La théorie des salaires flexibles met l'accent sur les trois premières causes. La théorie des salaires rigides reconnaît également l'importance des trois premières causes mais insiste surtout sur la quatrième. D'abord, examinons les causes du chômage pour lesquelles il y a unanimité, que les salaires soient flexibles ou rigides. Nous verrons ensuite comment la rigidité des salaires engendre encore plus de chômage.

Le travail indivisible

Si les entreprises croyaient que c'est là une chose rentable, elles varieraient la quantité de travail qu'elles utilisent en modifiant le nombre d'heures de travail par personne. Par exemple, supposons qu'une entreprise utilise 400 heures de travail par semaine et qu'elle compte 10 employés, chacun travaillant 40 heures par semaine. Si l'entreprise décide de ralentir sa production et de réduire le nombre d'heures de travail à 360, elle peut soit mettre à pied un travailleur, soit diminuer le nombre d'heures de travail de chacun de ses 10 employés à 36 heures par semaine. Pour la plupart des entreprises, il est plus rentable de mettre à pied un employé et de maintenir constant le nombre d'heures de travail par employé. Il existe un nombre optimal d'heures de travail par employé. Lorsque le nombre d'heures de travail excède ce nombre optimal, il y a diminution de la quantité produite à l'heure à mesure que les employés se fatiguent. Par ailleurs, l'embauche d'un grand nombre d'employés, travaillant chacun un petit nombre d'heures, réduit également la production horaire puisque les travailleurs prennent un certain temps à se mettre au travail et que les arrivées et départs fréquents des travailleurs perturbent les activités de production. Pour ces raisons, le travail est un facteur de production qui est, dans une certaine mesure, indivisible. Autrement dit, en tenant compte de la quantité produite à l'heure, il est rentable pour une entreprise d'engager des travailleurs en groupes indivisibles. Par conséquent, lorsque la demande de travail varie, c'est le nombre de personnes employées qui fluctue et non le nombre d'heures de travail par personne.

Les mises à pied qui en résultent n'auraient aucune importance si les travailleurs pouvaient trouver des emplois équivalents immédiatement. Cependant, la recherche d'emploi prend du temps et exige des efforts; elle a un coût d'opportunité. Les entreprises ne possèdent pas une information complète sur les travailleurs disponibles et ces derniers ne disposent pas non plus d'une information complète sur les emplois potentiels. Les entreprises et les travailleurs doivent donc chercher la combinaison «emplois-travailleurs» qui soit rentable. À présent, examinons cette source de chômage.

La recherche d'emploi et le chômage

Puisque les travailleurs ne bénéficient pas d'une information complète sur les emplois disponibles, ils trouvent qu'il est profitable de consacrer des ressources à la recherche du meilleur emploi possible. Le chômage englobe le temps passé à la recherche d'un emploi. Étudions cette source particulière de chômage, en analysant les décisions que prennent les gens sur le marché du travail et les flux qui résultent de ces décisions. La figure 13.11 présente un résumé schématique de cette analyse.

Les décisions et les flux sur le marché du travail La population en âge de travailler se répartit en deux grandes catégories: les personnes qui appartiennent à la population active et celles qui n'en font pas partie. Les personnes qui ne font pas partie de la population active sont les étudiants à temps plein, les personnes qui travaillent au foyer et les retraités. La population active se divise en deux catégories: les personnes qui ont un emploi et les chômeurs.

Les décisions prises par ceux et celles qui demandent et offrent du travail donnent lieu à neuf types de flux qui viennent modifier le nombre de personnes employées et en chômage. Les flèches que l'on peut voir dans la figure illustrent ces flux. Examinons chacune de

Figure 13.11 Les flux sur le marché du travail — décembre 1991

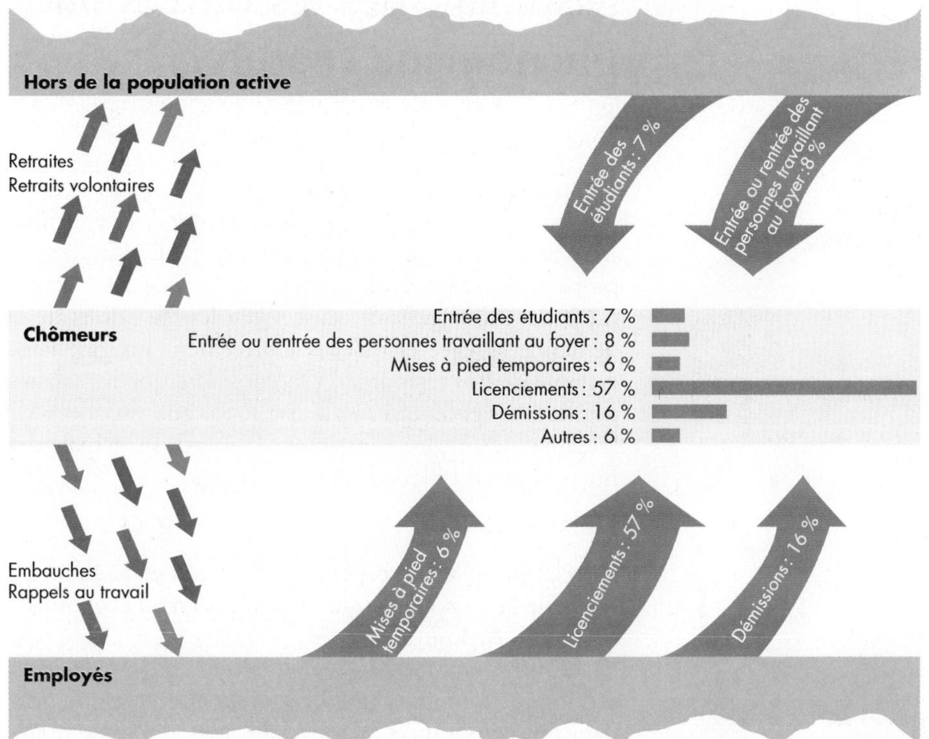

La population en âge de travailler est divisée en deux groupes: les personnes qui appartiennent à la population active et celles qui n'en font pas partie. La population active, à son tour, se compose des chômeurs et de ceux qui ont un emploi. La figure présente les flux entre la population active et le reste de la population, de même qu'entre les chômeurs et les personnes qui ont un emploi. Les nouveaux venus qui viennent de quitter l'école s'ajoutent au groupe des chômeurs. À mesure que ces nouveaux venus sont employés, ils quittent la catégorie des chômeurs. Les flux vers la catégorie des chômeurs du groupe de personnes qui ont un emploi résultent des licenciements, des démissions et des mises à pied temporaires. Les flux en sens opposé résultent des embauches et des rappels au travail. Les travailleurs se retirent parfois temporairement de la population active pour travailler au foyer ou pour retourner aux études. D'autres travailleurs prennent leur retraite. Les personnes qui se sont temporairement retirées de la population active peuvent s'y joindre de nouveau et chercher un emploi. Entre temps, ils s'ajoutent à la catégorie des chômeurs. La quantité de chômeurs dépend de l'ampleur des flux et de la durée pendant laquelle les gens demeurent dans la catégorie des chômeurs. Plus le flux d'entrées de même que les taux de licenciement, de démission et de mise à pied temporaire sont élevés, plus le taux de chômage moyen est élevé.

Source: Statistique Canada, *La population active*, décembre 1991 (71-001).

ces décisions et voyons comment le flux qui en résulte influe sur le chômage et l'emploi.

Une personne qui ne fait pas partie de la population active peut devenir chômeuse de deux façons. Les étudiants à temps plein peuvent décider de quitter l'école, de se joindre à la population active et de se mettre à la recherche d'un emploi. Les personnes qui travaillent au foyer peuvent modifier leurs activités, en se joignant pour la première fois ou de nouveau à la population active et en se mettant en quête d'un emploi. Lorsque de telles personnes se joignent à la population active, elles sont, au départ, chômeuses.

Les personnes employées peuvent se retrouver en chômage de trois façons : un employeur peut mettre temporairement à pied des travailleurs, un employeur peut licencier des travailleurs, et les travailleurs peuvent décider de quitter leur emploi actuel pour en trouver un meilleur. Chacune de ces décisions provoque une baisse de l'emploi et un accroissement du chômage.

Les gens peuvent mettre fin à une situation de chômage de quatre façons. Ils peuvent décider de se retirer de la population active temporairement, pour élever des enfants, rester à la maison ou retourner à l'école. Ils peuvent quitter leur emploi et prendre leur retraite. Ils peuvent être rappelés au travail après une mise à pied temporaire ou se trouver un nouvel emploi.

Le chômage : gaspillage des ressources ou phénomène «naturel» ?

Arthur Okun

Depuis la Grande Dépression et la publication de la *Théorie générale* de Keynes (se reporter à la rubrique *L'évolution de nos connaissances* des pages 202 à 204), la plupart des macroéconomistes croient que les fluctuations du chômage sont causées par les variations de la demande agrégée et qu'elles représentent un gaspillage évitable de nos ressources. On considère que les salaires nominaux rigides qui ne s'ajustent pas aux variations de la demande agrégée constituent la source principale des fluctuations du PIB réel et du chômage.

La loi d'Okun

La relation quantitative entre le PIB réel et le chômage s'appelle la *loi d'Okun*, qui doit son nom à l'économiste américain Arthur Okun.

Arthur Okun (1929-1980) a fait ses études en science économique à l'université Columbia et a enseigné pendant plusieurs années à l'université Yale. Il a passé toutefois la plus grande partie de sa carrière à Washington. En 1964, il est devenu membre du Council of Economic Advisors (CEA) du président John F. Kennedy. Par la suite, en 1968, il a occupé le poste de directeur du CEA et est ainsi devenu le principal conseiller économique du président Lyndon B. Johnson. Après avoir quitté le CEA, il a poursuivi le reste de sa carrière d'économiste à la Brookings Institution. Arthur Okun était un tenant fervent et lucide de la macroéconomie keynésienne.

La relation illustrée dans la figure ci-dessous a intrigué Arthur Okun.

Edward Prescott

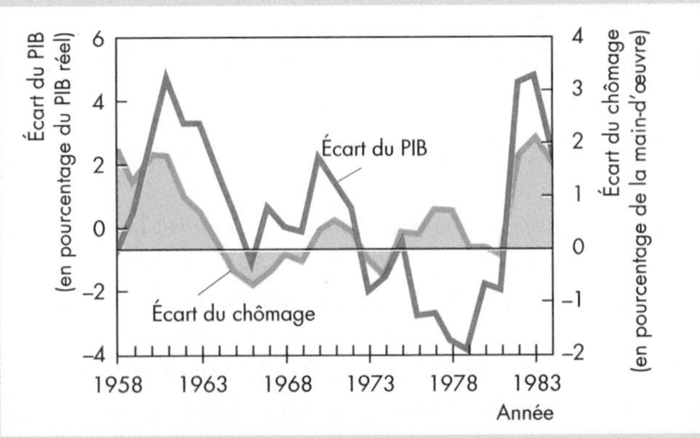

La différence entre le PIB réel et sa tendance représente l'écart du PIB mesuré sur l'échelle de gauche. Le calcul du taux de chômage «naturel» s'appuie sur les hypothèses faites au chapitre 5 (se reporter à la figure 5.4, page 112). Le taux de chômage effectif, moins le taux naturel, correspond à l'écart du chômage, mesuré sur l'échelle de droite. Les deux écarts se suivent de près. Cette constatation a mené Okun et d'autres économistes à conclure que les changements de la demande agrégée provoquent des variations du PIB réel qui, à leur tour, engendrent des fluctuations du chômage. Cette relation de cause à effet représente la loi d'Okun.

Les tenants de la théorie du cycle d'origine réelle et les économistes qui considèrent les chocs sectoriels comme la source principale du chômage cyclique ont remis en question ce consensus au cours des dernières années.

La théorie du cycle d'origine réelle

La théorie du cycle d'origine réelle constitue une nouvelle façon d'aborder la macroéconomie. Elle a été élaborée par Edward Prescott de l'université du Minnesota, Finn Kydland de l'université Carnegie-Mellon, de même que par John Long et Charles Plosser de l'université de Rochester. Selon la théorie du cycle d'origine réelle, les fluctuations agrégées résultent des variations de la vitesse des progrès techniques, et les fluctuations de l'emploi et du PIB réel représentent des réponses optimales aux changements réels qui surviennent dans l'économie.

Richard Rogerson de l'université du Minnesota a incorporé la notion de travail indivisible, dont nous avons discuté dans ce chapitre, aux théories du cycle d'origine réelle. Gary Hansen, de l'université de la Californie à Los Angeles, a montré qu'il était possible, en intégrant cette notion dans un modèle d'une économie fictive simulé par ordinateur, d'engendrer des fluctuations du PIB réel, de l'emploi et du chômage semblables à celles qui sont effectivement observées dans l'économie américaine.

Les chocs sectoriels

David Lilien, de l'université Southern California, a souligné l'importance possible des chocs sectoriels en tant que source du chômage. Lucie Samson, de l'université Laval, a appliqué l'hypothèse de David Lilien à l'économie canadienne. Elle a calculé l'ampleur des déplacements intersectoriels des travailleurs en mesurant le roulement de la main-d'œuvre entre les principaux secteurs de l'économie canadienne. Elle a découvert qu'il y avait une forte corrélation entre le taux de chômage et la variable qui mesure le roulement de la main-d'œuvre, et que cette dernière pouvait expliquer, en grande partie, la hausse du chômage survenue au cours des années 70. La figure ci-dessous illustre les résultats obtenus par Lucie Samson pour la période s'échelonnant de 1958 à 1983.

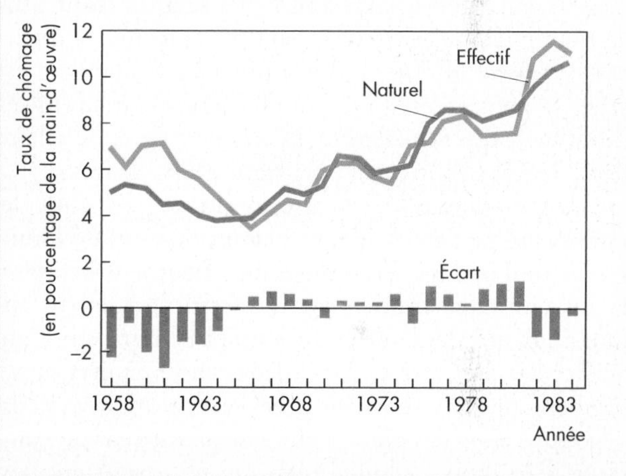

L'une des courbes trace l'évolution du taux de chômage effectif et l'autre celle du taux de chômage naturel provoqué par les variations du mouvement de la main-d'œuvre entre les secteurs de l'économie, tel qu'il a été calculé par Lucie Samson. L'écart entre les deux taux, pouvant résulter des fluctuations de la demande agrégée, est également illustré dans la figure.

Les résultats obtenus par Lucie Samson pour le Canada sont semblables à ceux qu'a obtenus David Lilien pour l'économie américaine. Cependant, les résultats obtenus par ce dernier ainsi que leur interprétation ont été contestés par Katharine Abraham (de la Brookings Institution et de l'université du Maryland) et par Lawrence Katz (de l'université Harvard). Ceux-ci ont démontré qu'il existait une forte corrélation entre les déplacements intersectoriels et la demande agrégée. Ils soutiennent que la conclusion initiale d'Arthur Okun, selon laquelle le chômage est principalement causé par les fluctuations de la demande agrégée, est, dans l'ensemble, juste.

L'ÉVOLUTION DE NOS CONNAISSANCES

La renaissance de la macroéconomie keynésienne

Au cours des dernières années, on note un regain d'intérêt pour la recherche visant à fournir des fondements théoriques à l'idée keynésienne, selon laquelle le chômage constitue un gaspillage de ressources. Carl Shapiro de l'université de la Californie à Berkeley et Joseph Stiglitz de l'université Stanford ont avancé l'hypothèse du salaire d'efficience. Selon cette hypothèse, les entreprises peuvent obtenir un plus grand effort de la part de leurs employés en versant des salaires plus élevés. Cependant, les salaires étant plus élevés, du chômage est créé : on note alors que la quantité de travail offerte excède la quantité demandée. En effet, la menace et la crainte du chômage incitent les travailleurs qui reçoivent un salaire plus élevé (le salaire d'efficience) à fournir un plus grand effort de travail.

Assar Lindbeck (voir l'entrevue des pages 1 à 4), de l'université de Stockholm, et Dennis Snower, de l'université de London, ont élaboré une théorie de l'emploi et du chômage fondée sur la distinction entre les individus qui détiennent un emploi et ceux qui n'en détiennent pas[1]. Selon cette théorie, les premiers ne se soucient pas des seconds ; avec leurs employeurs, ils négocient alors des salaires qui leur permettent de conserver leur propre emploi, mais qui ne permettent pas à ceux qui n'en ont pas d'en obtenir un.

Peter Diamond, du MIT, de même que Peter Howitt, de l'université Western Ontario, et Preston McAfee, de l'université du Texas à Austin, ont avancé l'idée que la recherche d'emploi, du type de celle que nous avons étudiée dans le présent chapitre, peut créer de «multiples niveaux d'équilibre» du chômage. Si un grand nombre d'entreprises cherchent à engager un grand nombre de travailleurs, les possibilités de satisfaire les deux parties sont fortes et le chômage est faible. Par contre, lorsqu'une petite quantité d'entreprises souhaitent embaucher un petit nombre de travailleurs, les possibilités de satisfaire les uns et les autres sont beaucoup plus faibles et le chômage est élevé. On s'est servi des idées de Peter Diamond pour expliquer la différence entre le chômage en Europe (persistant et élevé) et le chômage aux États-Unis (à la baisse au cours des années 80).

Le débat entre économistes quant aux causes du chômage ne revêt pas seulement un intérêt sur le plan théorique. Il est également essentiel à l'élaboration et à la mise en œuvre de mesures de stabilisation macroéconomiques. Si les salaires réels sont suffisamment flexibles pour que le taux de chômage effectif soit à peu près toujours égal au taux de chômage naturel, et que les fluctuations du taux de chômage effectif correspondent aux variations du taux de chômage naturel, la politique de demande agrégée n'a aucun rôle à jouer. Il n'existe qu'une seule courbe d'offre agrégée : c'est la courbe verticale d'offre agrégée à long terme. Les fluctuations du PIB réel, de l'emploi et du chômage sont toutes reliées aux déplacements de cette courbe. Les politiques monétaire et budgétaire peuvent influer sur la demande agrégée et provoquer le déplacement de la courbe de demande agrégée. Mais ces déplacements n'auront aucune incidence sur le PIB réel, l'emploi et le chômage. Ils n'influeront que sur le niveau des prix et le taux d'inflation.

Par ailleurs, si les salaires ne sont pas suffisamment flexibles et si une partie du chômage est causée par les salaires rigides, la courbe d'offre agrégée à court terme est à pente positive et il est possible, au moyen de directives particulières, de moduler la demande agrégée pour atteindre le niveau de plein emploi. Une baisse de la demande agrégée peut alors entraîner une diminution du PIB réel et une augmentation du chômage. Cependant, un accroissement approprié de la masse monétaire, des dépenses publiques en biens et services ou une réduction des impôts peut, en principe du moins, amoindrir le fléchissement de la demande agrégée.

Reste, toutefois, que les économistes sont bien loin de s'entendre sur les causes du chômage et sur les raisons expliquant son taux parfois élevé et ses constantes fluctuations.

[1] Distinction entre les *insiders* et les *outsiders* en anglais.

À tout moment, il existe un stock d'emplois et de chômeurs ; au cours d'une période donnée, il existe des flux entre la population active et le reste de la population, de même qu'entre l'emploi et le chômage. En décembre 1991, par exemple, la population active atteignait 13,5 millions de personnes, soit 64,7 % de la population âgée de 15 ans et plus. De ce nombre, 1,4 million de personnes, soit 10,2 % de la population active, étaient en chômage et 12,1 millions de personnes, soit 89,8 % de la population active, avaient un emploi. De ces 1,4 million de personnes en chômage, 57 % avaient été licenciées et 16 % avaient quitté leur emploi. Environ 8 % des personnes s'étaient jointes à la population active après une période de travail au foyer. Le reste des chômeurs se répartissait entre les trois autres catégories : les nouveaux venus (7 %), les personnes mises à pied temporairement (6 %) et les autres, comme les nouveaux immigrants (6 %).

Le chômage et les salaires flexibles

Lorsque les salaires réels sont flexibles, le chômage est entièrement attribuable aux sources que nous venons d'étudier. De plus, les fluctuations du chômage sont causées par les variations des flux sur le marché du travail. Par exemple, une hausse du taux de natalité, comme cela s'est produit au cours des années 50, mène, après un certain temps, à une augmentation du nombre de nouveaux venus dans la population active. Une telle augmentation s'est également produite au cours des années 70. L'augmentation des nouveaux venus a fait hausser le chômage.

Les cycles du chômage découlent du fait que l'ampleur des variations de l'embauche, des licenciements et des démissions varie de pair avec les fluctuations du PIB réel, ou avec le cycle économique. Les flux sur le marché du travail et le chômage qui en résulte sont également fortement influencés par le rythme des progrès techniques de même que par les variations des prix dans le reste du monde. Lorsque certains secteurs de l'économie se développent rapidement alors que d'autres s'atrophient, le taux de roulement de la main-d'œuvre s'accroît et, par conséquent, les flux entre le chômage et l'emploi sont importants. Le nombre de personnes temporairement en chômage augmente donc.

L'histoire macroéconomique canadienne récente comprend de tels exemples. Ainsi, de 1973 à 1975, les augmentations considérables du prix mondial du pétrole ont provoqué une expansion économique dans les provinces productrices de pétrole de l'ouest du Canada et un marasme économique dans les provinces consommatrices de pétrole du centre du Canada. Lorsque le prix du pétrole s'est effondré en 1982, la situation inverse s'est produite. Par ailleurs, l'expansion des secteurs industriels au cours des années 80 a entraîné un ralentissement économique dans les provinces de l'ouest du Canada et dans les provinces maritimes. En revanche, les provinces du centre du Canada ont alors connu une expansion économique rapide. Les flux de main-d'œuvre et les fluctuations du chômage et de l'emploi au cours des années 70 et 80 ont été fortement influencés par ces événements.

Selon le modèle des salaires flexibles sur le marché du travail, le taux de chômage est toujours égal au taux de chômage naturel. Il existe un équilibre entre la quantité de travail demandée et la quantité offerte. Cependant, la quantité de travail offerte représente le nombre d'heures de travail disponibles à un moment donné, sans qu'il y ait recherche d'emploi. Par ailleurs, la quantité de travail demandée correspond au nombre d'heures de travail que les entreprises souhaitent utiliser à un moment donné, compte tenu de l'information qu'elles ont sur les compétences et les capacités des travailleurs disponibles. En plus de fournir des heures de travail, les travailleurs doivent également consacrer du temps à la recherche d'emploi. Ceux qui ne consacrent pas de temps au travail et qui sont à la recherche d'un emploi font partie de la catégorie des chômeurs.

Selon le modèle des salaires rigides sur le marché du travail, il existe une autre source de chômage en plus du taux de chômage naturel qui survient lorsque les salaires sont flexibles. Voyons quelle est cette source.

Le chômage et les salaires rigides

Nous avons étudié une économie dans laquelle les salaires nominaux étaient rigides et avons vu comment le niveau d'emploi et le PIB réel étaient déterminés. Dans une telle économie, il peut y avoir chômage au-delà ou en deçà de celui qui découle des frictions que nous venons de considérer. Si le niveau des prix est plus bas que prévu, le salaire réel est supérieur à son niveau d'équilibre et la quantité de travail utilisée est inférieure à la quantité offerte. Le taux de chômage s'élève au-dessus du taux de chômage naturel. La figure 13.12 nous montre pourquoi.

Supposons un indice implicite du PIB prévu de 100 et des salaires nominaux fixés à 7,50 $ l'heure. On prévoit que l'équilibre sur le marché du travail sera atteint à 150 millions d'heures de travail. À présent, supposons que le niveau des prix soit plus bas qu'on ne le prévoyait et, en particulier, que l'indice implicite du PIB se chiffre à 83,3. Comme nous l'avons vu à la figure 13.9 (page 365), le salaire réel se situe alors à 9 $ l'heure. À ce salaire réel, la quantité de travail demandée est nettement inférieure à la quantité de travail offerte. L'écart entre ces deux valeurs représente le chômage qui vient s'ajouter à celui que nous avions dans le modèle avec salaires flexibles ; le taux de chômage se situe au-delà du taux de chômage naturel. Dans la situation illustrée à la figure 13.12, l'économie s'est déplacée vers le bas sur sa courbe d'offre agrégée à court

Figure 13.12 Le chômage et les salaires nominaux rigides

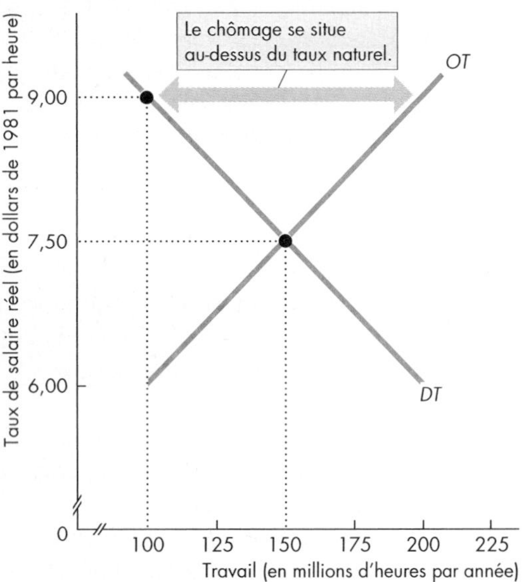

Le salaire nominal est établi à 7,50 $ l'heure parce qu'on prévoit que l'indice implicite du PIB sera égal à 100. l'indice implicite est toutefois de 83,3, de sorte que le salaire réel correspond à 9 $ l'heure. À ce taux de salaire réel plus élevé, la quantité de travail demandée est inférieure à la quantité de travail offerte. L'écart horizontal entre la courbe de demande de travail (*DT*) et la courbe d'offre de travail (*OT*) représente le chômage qui vient s'ajouter au taux naturel. En raison des salaires nominaux rigides, les fluctuations du niveau des prix entraînent des variations du niveau du chômage.

terme et se trouve à la position indiquée par la lettre *a* aux figures 13.9 (page 365) et 13.10 (page 367).

Si le niveau des prix est plus élevé que prévu, le salaire réel tombe au-dessous de 7,50 $. Le cas échéant, la quantité de travail demandée excède la quantité offerte. Cependant, les travailleurs se sont engagés à travailler le nombre d'heures que l'entreprise demande au salaire nominal convenu. Le niveau d'emploi augmente et le taux de chômage chute au-dessous du taux de chômage naturel. En pareille situation, l'économie s'est déplacée vers le haut sur sa courbe d'offre agrégée à court terme et elle se trouve au point *e* sur le graphique de la figure 13.10.

Selon la théorie des salaires rigides, les fluctuations du chômage découlent principalement du mécanisme que nous venons de décrire. Les changements du taux de salaire réel, provoqués par le fait que les salaires nominaux sont fixes et que le niveau des prix varie, entraînent des mouvements sur la courbe de demande de travail et le long de la courbe d'offre agrégée à court terme.

Les économistes qui mettent l'accent sur le rôle des salaires rigides pour expliquer les fluctuations du chômage considèrent que le taux de chômage naturel est constant ou varie lentement. Les fluctuations du taux de chômage effectif représentent des écarts par rapport au taux de chômage naturel. Remarquez que cette interprétation des fluctuations du chômage se distingue nettement de celle de la théorie des salaires flexibles. Selon le modèle avec salaires flexibles, les variations du chômage représentent entièrement des changements du taux de chômage naturel.

Si une grande partie des fluctuations du chômage découlent du fait que les salaires sont rigides, la gestion de la demande agrégée peut nous permettre d'atténuer l'ampleur des fluctuations du chômage. En stabilisant la demande agrégée pour que le niveau des prix corresponde, plus ou moins, au niveau prévu, l'économie peut se rapprocher du niveau de plein emploi.

La controverse sur le chômage de même qu'un aperçu de certaines études récentes effectuées en vue de mieux saisir ce phénomène vous sont présentés sous la rubrique *L'évolution de nos connaissances*, des pages 370 à 372.

■ Nous venons d'étudier le marché du travail et d'analyser comment sont déterminés l'offre agrégée à long terme et à court terme, l'emploi, les salaires et le chômage. Notre prochaine tâche consiste à joindre la demande et l'offre agrégées de l'économie afin de voir comment elles interagissent pour déterminer l'inflation et les cycles économiques. C'est ce que nous ferons dans les deux prochains chapitres.

RÉSUMÉ

La fonction de production agrégée à court terme

La fonction de production agrégée à court terme indique de combien le PIB réel varie lorsque la quantité de travail agrégée qui est utilisée change, le stock de biens d'équipement et le degré d'avancement de la technologie étant maintenus constants. Lorsque la quantité de travail utilisée augmente, le produit marginal du travail diminue. La fonction de production agrégée à court terme se déplace en raison de l'accumulation du capital et des progrès techniques. Ces facteurs font déplacer la fonction de production agrégée à court terme vers le haut au fil du temps. Par moments, la fonction de production se déplace vers le bas à cause de certaines influences négatives, comme les restrictions imposées au commerce international et les sécheresses. Au Canada, la fonction de production agrégée à court terme s'est déplacée vers le haut dans une proportion de 32 % entre 1975 et 1990. (*pp. 353-356*)

La demande de travail

Les entreprises déterminent la quantité de travail à demander. Plus le salaire réel est bas, plus la quantité d'heures de travail demandée est élevée. En choisissant le nombre de travailleurs à engager, les entreprises cherchent à maximiser leurs profits. Elles atteignent leur objectif en faisant en sorte que le revenu engendré par une heure de travail additionnelle corresponde au taux de salaire horaire. Plus le nombre d'heures de travail qu'utilise l'entreprise est élevé, plus les revenus engendrés lors de la dernière heure de travail sont faibles. On peut inciter les entreprises à augmenter la quantité d'heures de travail demandée de deux façons: soit en diminuant le coût de la main-d'œuvre, c'est-à-dire en comprimant les salaires, soit en augmentant les revenus réalisés, c'est-à-dire en haussant le prix de vente des biens produits. Une diminution des salaires combinée avec une augmentation des prix provoquent une baisse des salaires réels. Or, plus le salaire réel est bas, plus la quantité de travail demandée est élevée.

La courbe de demande de travail, dont la pente est négative, résume la relation entre le salaire réel et la quantité de travail demandée. La courbe de demande de travail se déplace en raison des déplacements de la fonction de production agrégée à court terme. (*pp. 356-359*)

L'offre de travail

Les travailleurs déterminent la quantité de travail qu'ils désirent offrir. Ils décident également du moment où ils veulent offrir leurs services. Plus le taux de salaire réel est élevé, plus le nombre d'heures de travail qu'offre chaque personne est élevé jusqu'à ce qu'un certain maximum soit atteint. Plus le taux de participation est élevé, plus la quantité de travail offerte est importante. Étant donné les effets de ces facteurs, plus le taux de salaire réel est élevé, plus la quantité de travail offerte est considérable. (*pp. 359-361*)

Les salaires et l'emploi

Les économistes proposent deux théories du fonctionnement du marché du travail: l'une s'appuie sur l'hypothèse selon laquelle les salaires sont flexibles et l'autre sur l'hypothèse selon laquelle les salaires sont rigides. Selon la théorie des salaires flexibles, le taux de salaire réel s'ajuste librement et continuellement pour que la quantité de travail offerte et la quantité de travail demandée soient égales.

Lorsque les salaires sont flexibles, la courbe d'offre agrégée est verticale; il s'agit de la courbe d'offre agrégée à long terme. Dans ce cas, la quantité de PIB réel offerte ne dépend pas du niveau des prix. La courbe d'offre agrégée à long terme se déplace en raison des déplacements de la courbe d'offre de travail et de ceux de la fonction de production agrégée à court terme lesquels, à leur tour, font déplacer la courbe de demande de travail.

Lorsque les salaires nominaux sont rigides, les salaires réels ne s'ajustent pas pour qu'il y ait équilibre entre la quantité de travail offerte et la quantité demandée. Les salaires nominaux peuvent être choisis de telle façon que les quantités prévues de travail demandé et de travail offert soient égales. Le salaire réel dépend du salaire nominal convenu par contrat et du niveau des prix. La demande de travail détermine le niveau d'emploi puisque les travailleurs sont disposés à offrir leurs services en quantité égale à quantité de travail demandée. Les fluctuations du niveau des prix par rapport aux prévisions provoquent des variations de la quantité de travail demandée, de l'emploi et du PIB réel. Plus le niveau des prix est élevé comparativement au niveau prévu, plus le salaire réel est bas, et plus la quantité de travail demandée, le niveau d'emploi et le PIB réel sont élevés.

Lorsque les salaires nominaux sont rigides, la courbe d'offre agrégée à court terme a une pente positive. Plus le niveau des prix est élevé, plus la quantité de PIB réel qui est offerte est grande. (*pp. 361-367*)

Le chômage

Le marché du travail change continuellement : il y a un roulement de la main-d'œuvre. Or, le roulement de la main-d'œuvre a pour effet de créer du chômage. Les nouveaux venus dans la population active et les personnes qui y reviennent après avoir travaillé à la maison pendant une certaine période prennent un certain temps avant de se trouver un emploi. Des personnes quittent leur emploi pour en trouver un meilleur. D'autres sont mises à pied temporairement alors que certaines le sont de façon permanente et doivent se trouver un nouvel emploi. Le taux de roulement de la main-d'œuvre varie. Lorsque des progrès techniques entraînent l'expansion d'un secteur et l'affaiblissement d'un autre, le roulement de la main-d'œuvre augmente. La recherche d'emploi et les déplacements intersectoriels des travailleurs prennent du temps. Durant la période d'ajustement, l'entreprise œuvrant dans un secteur en expansion aura peut-être des postes à combler et devra demander à ses employés de faire des heures supplémentaires, tandis que, dans un secteur en contraction, il y aura du chômage.

Même si les salaires sont flexibles, il y a du chômage, et celui-ci résulte du roulement de la main-d'œuvre. Le taux de chômage ainsi engendré est appelé le *taux de chômage naturel.* Lorsque les salaires sont flexibles sur le marché du travail, les fluctuations du taux de chômage représentent entièrement des variations du taux naturel, lesquelles découlent des changements du taux de roulement de la main-d'œuvre.

Si les salaires sont rigides, le chômage est provoqué par les mêmes causes. Cependant, il y a une cause additionnelle. Avec des salaires rigides, le salaire réel ne peut s'ajuster assez rapidement pour préserver l'égalité entre la quantité de travail demandée et la quantité offerte. En pareille situation, si le taux de salaire réel est «trop élevé», le niveau d'emploi se trouvera au-dessous du niveau de plein emploi et le taux de chômage augmentera au-dessus du taux de chômage naturel. Si le taux de salaire réel est «trop bas», la quantité de travail demandée et l'emploi augmenteront ; par conséquent, le taux de chômage baissera au-dessous du taux naturel. (*pp. 368-374*)

POINTS DE REPÈRE

Mots clés

Figures clés

QUESTIONS DE RÉVISION

1 Quelle est la relation à court terme entre le PIB réel et la quantité de travail utilisée ? Pourquoi le produit marginal du travail décroît-il ?

2 Si la fonction de production agrégée à court terme se déplace de 1991 à 1992 comme nous l'avons illustré à la figure 13.2, qu'advient-il du produit marginal du travail entre ces années ?

3 Expliquez pourquoi la courbe de demande de travail a une pente négative.

4 En vous basant sur la réponse que vous avez donnée à la question 2, la courbe de demande de travail s'est-elle déplacée entre 1991 et 1992 ? Si oui, dans quelle direction et de combien ?

5 Pourquoi le taux de participation de la main-d'œuvre croît-il au fur et à mesure que le taux de salaire réel augmente ?

6 Comment la quantité de travail offerte dans le présent est-elle influencée par l'écart entre le salaire courant et le salaire anticipé ?

7 Expliquez ce qui se produit sur le marché du travail lorsque les salaires sont flexibles et que le produit marginal du travail pour chaque unité de travail utilisée augmente.

8 Par rapport à la situation décrite à la question 7, expliquez ce qu'il advient de la courbe d'offre agrégée à long terme.

9 Qu'entend-on par salaires *rigides*?

10 Expliquez ce qu'il advient du marché du travail lorsque les salaires sont rigides et que le produit marginal du travail augmente pour chaque unité de travail employée.

11 Par rapport à la situation décrite à la question 10, expliquez ce qu'il advient de la courbe d'offre agrégée à court terme.

12 Expliquez comment le chômage peut augmenter si les salaires sont flexibles.

13 Expliquez comment le taux de chômage peut s'élever au-delà du taux de chômage naturel.

PROBLÈMES

1 Vous disposez des données suivantes concernant l'économie de Titeville:

Nombre d'heures de travail	PIB réel
1	10
2	19
3	27
4	34
5	40
6	45
7	49
8	52

a) Tracez le graphique de la fonction de production agrégée à court terme de Titeville.

b) Calculez, pour chaque niveau d'emploi, le produit marginal du travail.

c) Tracez la courbe de demande de travail.

d) Calculez le niveau d'emploi (nombre d'heures) si le taux de salaire réel horaire est de 6 $.

2 La croissance économique de Titeville provoque un déplacement de la fonction de production agrégée à court terme. Les nouvelles données sont les suivantes:

Nombre d'heures de travail	PIB réel
1	20
2	38
3	54
4	68
5	80
6	90
7	98
8	104

Les barèmes de demande et d'offre de travail sont les suivants:

Taux de salaire réel	Heures de travail demandées	Heures de travail offertes
6	8	2
8	7	3
10	6	4
12	5	5
14	4	6
16	3	7
18	2	8
20	1	9

a) Si les salaires réels sont flexibles, quelle est la quantité de travail utilisée et quel est le taux de salaire réel?

b) Si l'indice implicite du PIB est de 120, quel est le taux de salaire nominal?

c) Si les salaires réels sont flexibles, quelle est la courbe d'offre agrégée de cette économie?

d) Si les salaires nominaux sont fixes et si on prévoit que l'indice implicite du PIB atteindra 100, quel est le taux de salaire nominal de cette économie?

e) Trouvez trois points sur la courbe d'offre agrégée à court terme de cette économie.

f) Calculez le taux de salaire réel pour chacun des trois points que vous avez trouvés dans votre réponse à la question *e*.

3 Supposons deux économies, chacune ayant un taux de chômage constant, mais un taux de roulement de la main-d'œuvre élevé. Dans l'économie A, les changements techniques sont très rapides. Chaque année, 20 % de la population active est licenciée ou quitte son emploi et 20 % est embauchée. Dans l'économie B, seulement 5 % de la population

active est licenciée ou quitte son emploi et 5 % est engagée. Quelle économie enregistre le taux de chômage le plus élevé? Pourquoi?

4 Supposons deux économies, Flexiville et Rigideville. Ces économies sont identiques en tous points sauf que, dans Flexiville, les salaires sont flexibles et assurent l'égalité entre la quantité de travail demandée et la quantité de travail offerte. Dans Rigideville, les salaires nominaux sont rigides, mais ils sont *déterminés* à l'avance de façon que, en moyenne, les quantités prévues de travail demandé et de travail offert soient égales.

a) Quelle économie a le plus haut taux de chômage et pourquoi?

b) Quelle économie connaît les fluctuations du chômage les plus grandes et pourquoi?

CHAPITRE 14

Les anticipations et l'inflation

Objectifs du chapitre :

- Décrire les caractéristiques de l'équilibre macroéconomique.
- Expliquer les coûts engendrés par les erreurs de prévision du taux d'inflation.
- Expliquer de quelle manière les anticipations du taux d'inflation ont une incidence sur l'inflation présente.
- Définir la notion d'anticipation rationnelle en macroéconomie.
- Calculer l'anticipation rationnelle du niveau des prix.
- Expliquer comment l'inflation est déterminée.
- Expliquer comment les anticipations du taux d'inflation ont un effet sur les taux d'intérêt.

Qui peut connaître l'avenir?

MÊME SI LES ENTREPRISES ET les syndicats débattaient des salaires en 1973, ils étaient tous d'accord pour dire que l'inflation atteindrait environ 7 % en 1974. L'accord salarial est intervenu à 11 %. En d'autres termes, en déduisant l'inflation, les travailleurs prévoyaient une augmentation de salaire de 4 %. Mais un événement inattendu s'est produit : en 1974, l'inflation a grimpé à 11 %, ce qui égalait l'augmentation moyenne des salaires. Les salaires réels sont donc demeurés constants. L'inflation imprévue a durement frappé les travailleurs en annulant leur augmentation de salaire. ■ Quelles sont les causes de l'inflation ? Comment les gens arrivent-ils à prévoir l'inflation ? De quelle manière ces anticipations influent-elles sur l'économie ? ■ Supposons que, à force d'efforts, vous étiez parvenus à économiser 100 $ pour vos vieux jours. Le 1er janvier 1988, vous avez acheté 100 $ d'obligations d'épargne du Canada, échéant dans 30 ans, qui rapportent un rendement annuel de 13,75 %. Si vous réinvestissez vos revenus d'intérêt chaque année, vous aurez 4770 $ à dépenser le 1er janvier 2020. Avez-vous fait une bonne affaire ? Tout dépend de ce que vous pourrez acheter avec 4770 $ en 2020. S'il n'y a pas d'inflation, vos 100 $ auront suffisamment fructifié pour vous permettre d'acheter une voiture d'occasion ou un équipement audiovidéo haut de gamme. Cependant, si le taux d'inflation se chiffre à près de 13 %, vous pourrez acheter avec 4770 $, en 2020, les mêmes biens qu'avec 100 $ en 1990. Finalement, si l'inflation se situe aux alentours de 20 %, une pizza qui vaut aujourd'hui 20 $ vous coûtera 4770 $ en 2020. Peu importe à quel point vous aimez la pizza, vous ne feriez pas une bonne affaire en réduisant la valeur de 100 $, sur une période de 30 ans, à un montant équivalant à 20 $ aujourd'hui. Quel effet ont les anticipations de l'inflation sur les taux d'intérêt ? Les détenteurs d'obligations font-ils de meilleures prévisions que les syndicats en matière d'inflation ?

■ Dans ce manuel, nous ne vous dirons pas si les obligations d'épargne du Canada constituent une bonne affaire. Pour ce faire, nous aurions besoin de connaître l'avenir. Le présent chapitre vous aidera toutefois à comprendre comment les gens prennent leurs décisions, même s'ils ne connaissent pas l'avenir. Nous découvrirons que le niveau du PIB réel, l'indice implicite du PIB et les taux d'intérêt dépendent tous des anticipations du taux d'inflation. Nous apprendrons également que, lorsque les anticipations sont erronées (et elles le sont presque toujours), les erreurs de prévision peuvent avoir une incidence considérable sur le PIB réel, l'emploi, le chômage et l'inflation.

L'équilibre macroéconomique

Deux méthodes permettent de décrire une économie en situation d'équilibre macroéconomique. La première utilise les courbes d'offre et de demande que nous avons étudiées dans les chapitres précédents. La seconde se fonde sur le comportement de chaque individu. Nous allons d'abord décrire l'équilibre macroéconomique en utilisant l'analyse qui a été faite dans les chapitres précédents sur le marché des biens et services, le marché monétaire et le marché du travail.

L'équilibre sur le marché des biens et services, le marché monétaire et le marché du travail

Pour qu'il y ait *équilibre macroéconomique* de l'économie, quatre conditions doivent être remplies:

- Le PIB réel demandé doit être égal au PIB réel offert.
- La dépense agrégée planifiée doit être égale au PIB réel.
- La demande de monnaie réelle doit être égale à l'offre de monnaie réelle.
- La quantité de travail demandée doit être égale à la quantité de travail offerte.

Pour remplir la première condition de l'équilibre macroéconomique, le niveau des prix doit être tel que la courbe de demande agrégée croise la courbe d'offre agrégée à court terme. En pareille situation, le PIB réel demandé est égal au PIB réel offert (voir le chapitre 7). Pour que la deuxième condition soit satisfaite, il faut que le niveau du PIB se situe au niveau où la courbe de dépense agrégée croise la droite à 45° (voir le chapitre 9). Pour que la troisième condition soit remplie, il faut que le taux d'intérêt assure l'égalité entre la quantité de monnaie demandée et la quantité de monnaie offerte (voir le chapitre 11). Pour que la dernière condition soit satisfaite, la quantité de travail utilisée doit être déterminée par la courbe de demande de travail, les ménages doivent offrir la quantité de travail qu'ils désirent en fonction des salaires en vigueur, de l'information qu'ils possèdent sur les emplois disponibles, de même que des contrats de salaire et d'emploi qu'ils ont entérinés (voir le chapitre 13).

L'équilibre macroéconomique n'entraîne pas nécessairement le plein emploi. L'*équilibre de plein emploi* – situation où le taux de chômage effectif est égal au *taux de chômage naturel* – constitue l'un des équilibres macroéconomiques possibles. Lorsqu'on parvient à cet équilibre, l'économie a atteint sa capacité optimale de production. Par contre, l'équilibre macroéconomique peut survenir lorsque le PIB réel dépasse son niveau à long terme (le taux de chômage est alors inférieur au taux naturel) ou lorsqu'il est en deçà de celui-ci (le taux de chômage est alors supérieur au taux naturel).

Nous allons approfondir nos connaissances de l'équilibre macroéconomique en décrivant le comportement des individus dans l'économie.

Les individus en situation d'équilibre macroéconomique

En situation d'équilibre macroéconomique, personne ne désire modifier son comportement ou ses actions, compte tenu de l'information disponible et des choix possibles. Étant donné les conditions existantes et les contrats en vigueur, chaque individu considère que les niveaux de consommation et d'investissement, la quantité de monnaie détenue de même que la quantité de travail utilisée sont les meilleurs possible. En pareille situation, tous les individus ne sont pas nécessairement satisfaits. Certaines personnes peuvent être déçues ou même se sentir trompées. La plus importante source de déception est le taux d'inflation; celui-ci se révèle parfois différent du taux qui avait été prévu lors de la ratification des contrats. Les travailleurs et les prêteurs se sentent trompés lorsque le taux d'inflation est plus élevé que prévu. Les employeurs et les emprunteurs se sentent dupés lorsque le taux d'inflation est plus faible que le taux qui avait été prévu. Cependant, aucun de ces groupes ne peut faire mieux, dans les circonstances, que ce qu'il fait déjà.

Cette description de l'équilibre macroéconomique vu sous l'angle des comportements individuels rejoint la définition plus formelle de l'équilibre. Lorsque l'équilibre macroéconomique est atteint et qu'une personne modifie son comportement, le niveau des prix, le taux d'intérêt, les salaires et le revenu ne pourront plus assurer l'équilibre entre les quantités demandées et offertes dans l'économie.

Notre principal but, dans le présent chapitre, est de découvrir comment le niveau des prix, les taux d'intérêt, l'inflation et les anticipations du taux d'inflation sont déterminés. Nous allons atteindre ce but en étudiant un modèle économique dans lequel l'équilibre macroéconomique prévaut. Nous allons apprendre de quelle manière les anticipations de l'inflation ont un effet sur le taux d'inflation présent et comment les erreurs de prévision du taux d'inflation influent sur le PIB réel. Nous verrons ensuite comment les prévisions théoriques que nous pouvons faire à partir de ce modèle nous permettent de comprendre les forces qui, de nos jours, provoquent l'inflation au Canada.

Les effets des anticipations du niveau des prix

Commençons par étudier l'économie la plus simple possible : une économie dans laquelle aucune inflation n'est prévue et qui ne connaît effectivement pas d'inflation. Une telle économie est schématisée à la figure 14.1. La courbe d'offre agrégée à long terme (*OALT*) nous indique que le PIB réel à long terme se chiffre à 4 milliards de dollars. Sans inflation anticipée, on prévoit que l'indice implicite du PIB sera de 100. La courbe d'offre agrégée à court terme correspond à la courbe *OACT*. Nous avons appris, au chapitre 13, que la courbe d'offre agrégée à court terme croise la courbe d'offre agrégée à long terme au niveau des prix prévu. La courbe d'offre agrégée à court terme, à la figure 14.1, croise la courbe *OALT* au niveau des prix prévu qui est de 100, soit au point *a*. Comme l'économie ne connaît pas d'inflation, la courbe de demande agrégée correspond à la courbe *DA*. Cette courbe croise la courbe d'offre agrégée à court terme au point *a*, là où l'indice implicite du PIB se chiffre à 100 et le PIB réel à 4 milliards de dollars. Alors, l'équilibre macroéconomique est un équilibre de plein emploi. Le PIB réel est égal à son niveau à long terme. On prévoit que l'indice implicite du PIB sera de 100, et c'est ce qui se produit effectivement.

Figure 14.1 L'équilibre pour une anticipation donnée du niveau des prix

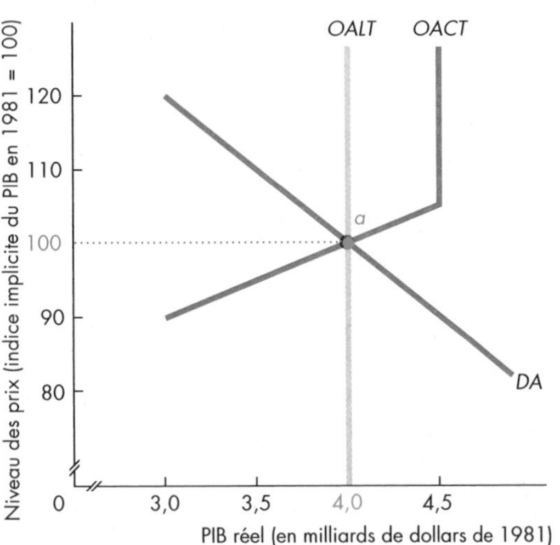

La courbe d'offre agrégée à long terme (*OALT*) et la courbe d'offre agrégée à court terme (*OACT*) se croisent au niveau des prix prévu de 100. Lorsque la demande agrégée correspond à la courbe *DA*, l'équilibre s'établit au point *a*. Le niveau des prix est égal au niveau des prix prévu, l'indice implicite du PIB atteint 100 et le PIB réel est égal à son niveau à long terme, soit 4 milliards de dollars.

Que se passe-t-il, dans cette économie, si les individus s'attendent à devoir faire face à un taux d'inflation positif? L'économie connaîtra une certaine inflation, mais pas aussi forte que prévu. En d'autres termes, les anticipations de l'inflation provoqueront, en partie, l'inflation. Pour comprendre pourquoi, nous allons examiner comment l'équilibre, illustré à la figure 14.1, est perturbé lorsqu'on prévoit de l'inflation.

Supposons que le taux d'inflation anticipé soit de 15 %, ce qui signifie que l'indice implicite du PIB devrait augmenter et passer à 115. À la figure 14.2 (a), nous avons illustré les effets de cette anticipation. La courbe d'offre agrégée à court terme se déplace alors vers le haut en $OACT_1$. Notez l'ampleur de ce déplacement. La distance verticale entre $OACT_0$ et $OACT_1$ représente l'augmentation en pourcentage du niveau des prix que les gens avaient prévue. La nouvelle courbe d'offre agrégée à court terme ($OACT_1$) croise la courbe *OALT* au niveau des prix prévu de 115.

Le nouvel équilibre s'établit au point *b*, là où la courbe $OACT_1$ croise la courbe *DA*. Le PIB réel se chiffre alors à 3,5 milliards de dollars et l'indice implicite du PIB est de 110. L'augmentation effective du niveau des prix est inférieure à sa hausse anticipée. Le taux d'inflation anticipé était de 15 %, mais le taux d'inflation effectif est de 10 %. Le PIB réel chute au-dessous de son niveau à long terme et l'économie connaît une période de récession.

Vous comprendrez peut-être mieux ces résultats en prenant comme exemple une petite partie de l'économie. Examinons donc les effets d'une hausse du taux d'inflation anticipé sur une usine de fabrication de boissons gazeuses, établie à Québec. L'entreprise et les travailleurs conviennent d'un taux d'inflation anticipé de 15 % pour l'année à venir et se mettent donc d'accord sur une augmentation de salaire de 15 %. Avec les salaires plus élevés, les coûts de l'entreprise augmentent et la courbe d'offre de boissons gazeuses se déplace vers la gauche. En acceptant de payer des salaires plus élevés, l'entreprise prévoit pouvoir vendre sa production à un prix supérieur de 15 %.

Afin d'isoler les effets du changement de l'inflation anticipée, tous les autres facteurs doivent demeurer constants. En particulier, la demande doit être maintenue constante. La demande agrégée et la demande de boissons gazeuses n'ont pas changé. La courbe d'offre de boissons gazeuses de l'entreprise s'est déplacée vers la gauche, mais la courbe de demande de boissons gazeuses est restée la même. En conséquence, le prix des boissons gazeuses augmente et la quantité de boissons vendue baisse. L'usine réduit son niveau d'emploi, mettant à pied certains de ses travailleurs. Pour le producteur de boissons gazeuses, la hausse prévue du niveau des prix provoque une augmentation du coût de la main-d'œuvre d'un pourcentage égal à la hausse anticipée des prix. Toutefois, les prix augmentent

Figure 14.2 Les effets des anticipations du niveau des prix

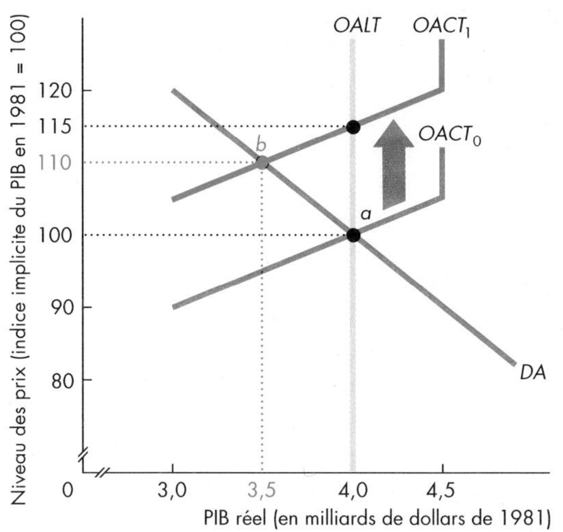

(a) Prévision d'une hausse de 15 % du niveau des prix

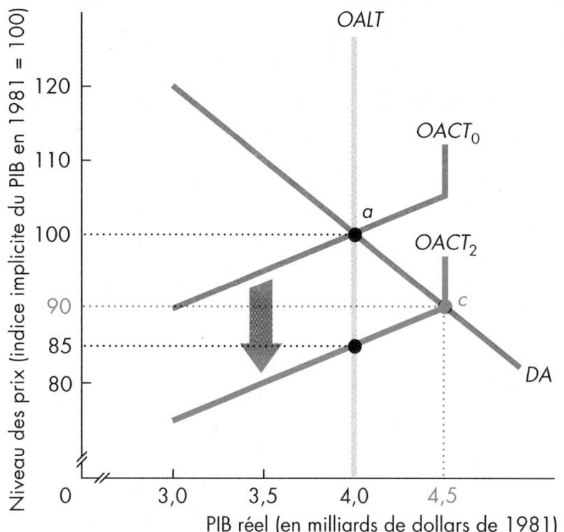

(b) Prévision d'une baisse de 15 % du niveau des prix

L'offre agrégée à long terme correspond à la courbe *OALT* et la demande agrégée à la courbe *DA*. Examinons ce qui se passe en présence de trois niveaux différents des prix prévus. Premièrement, comme à la figure 14.1, le niveau des prix prévu est de 100, la courbe d'offre agrégée à court terme correspond à la courbe $OACT_0$ et le niveau des prix effectif est égal au niveau des prix prévu. L'équilibre macroéconomique se situe donc au point *a* dans les deux graphiques. Deuxièmement, lorsque le niveau des prix prévu est de 115, la courbe d'offre agrégée à court terme correspond à la courbe $OACT_1$ du graphique (a). Le niveau des prix effectif passe à 110 et le PIB réel à 3,5 milliards de dollars; l'équilibre macroéconomique se trouve au point *b* du graphique (a). Troisièmement, lorsque le niveau des prix prévu se chiffre à 85, la courbe d'offre agrégée à court terme se déplace en $OACT_2$ dans le graphique (b). Le niveau des prix effectif passe à 90 et le PIB réel s'élève à 4,5 milliards de dollars; l'équilibre macroéconomique se situe alors au point *c* du graphique (b). Une variation du niveau des prix prévu, lorsque la demande agrégée ne change pas, entraîne une modification du niveau des prix effectif, et ce changement va dans le même sens que la variation du niveau des prix prévu. Cependant, la variation du niveau des prix effectif est moindre que celle du niveau des prix prévu.

effectivement moins que ce qui avait été prévu, de sorte que la production et l'emploi chutent.

Maintenant, examinons ce qui se produit si l'on prévoit une baisse du niveau des prix de 15 %, soit une diminution de l'indice implicite du PIB qui passerait de 100 à 85. Nous pouvons voir les effets de cette anticipation à la figure 14.2 (b). À un niveau des prix prévu de 85, la courbe d'offre agrégée à court terme correspond à la courbe $OACT_2$. Cette courbe croise la courbe d'offre agrégée à long terme au niveau des prix prévu. Le nouvel équilibre se trouve au point où la courbe *DA* croise la courbe $OACT_2$, soit au point *c*; le PIB réel se chiffre alors à 4,5 milliards de dollars et l'indice implicite du PIB est de 90. À ce point d'équilibre, le PIB réel se situe au-dessus de son niveau à long terme. Le niveau des prix baisse moins que ce qui avait été prévu. Une baisse prévue de 15 % du niveau des prix s'est soldée par une chute effective de 10 % du niveau des prix et par une hausse du PIB réel. L'économie connaît une expansion.

Reprenons l'exemple de l'usine de fabrication de boissons gazeuses. Puisqu'une baisse du niveau des prix est prévue, l'entreprise et les travailleurs s'entendent pour diminuer les salaires. Encore une fois, nous allons isoler les effets d'une variation des prix anticipés, en supposant que la demande agrégée et la demande de boissons gazeuses ne changent pas. Des salaires inférieurs entraînent des coûts plus bas; la courbe d'offre de boissons gazeuses de l'entreprise se déplace donc vers la droite. Le prix des boissons gazeuses diminue, et la quantité vendue s'accroît. L'entreprise doit engager plus de main-d'œuvre et demander à ses travailleurs de faire des heures supplémentaires. Pour produire davantage, l'entreprise doit faire face à des coûts supplémentaires; le prix des boissons gazeuses chute donc, mais dans une proportion moindre que ce qui avait été prévu.

Vous savez maintenant comment les variations prévues du niveau des prix se répercutent sur l'économie. Plus le niveau des prix prévu est élevé, toutes choses étant égales par ailleurs, plus le niveau des prix effectif le sera également et plus le PIB réel sera faible. Par contre, une hausse du niveau des prix prévu entraîne un accroissement moindre du niveau des prix effectif. Ce n'est que lorsque le niveau des prix effectif est égal au niveau des prix prévu que le PIB réel est égal à son niveau à long terme. Lorsque les anticipations du niveau des prix sont erronées, le PIB réel se situe soit au-dessus, soit au-dessous de son niveau à long terme. Si le niveau des prix anticipé est supérieur au niveau des prix effectif, le PIB réel se trouve en deçà de son niveau à long terme; si le niveau des prix anticipé est inférieur au niveau effectif, le PIB réel se situe au-dessus de son niveau à long terme.

Les coûts associés aux prévisions erronées

Notre incapacité de connaître l'avenir jointe à la nécessité de faire des prévisions nous forcent à assumer des coûts. Plus nos erreurs de prévision du niveau des prix sont importantes, plus nous devons assumer des coûts élevés. Pour comprendre pourquoi les erreurs de prévision du niveau des prix sont coûteuses, reprenons l'exemple de l'usine de fabrication de boissons gazeuses.

Les salaires Dans le premier cas que nous avons étudié, l'entreprise et les travailleurs avaient prévu un taux d'inflation (15 %) plus élevé que le taux effectif (10 %). Cette situation entraîne des coûts auxquels l'entreprise et les travailleurs doivent faire face. Les salaires augmentent d'un pourcentage supérieur à celui des prix. Le coût réel de sa main-d'œuvre étant plus élevé, l'entreprise réduit l'emploi. Des travailleurs sont mis à pied ou se voient proposer du travail à temps partiel. Avec un salaire réel plus élevé, les employés aimeraient travailler plus, mais ils ne le peuvent pas. La production de l'entreprise étant plus faible et ses coûts ayant augmenté d'un pourcentage supérieur à celui des prix, les profits de l'entreprise fléchissent.

Dans le second cas, l'entreprise et les travailleurs avaient prévu une baisse des prix de 15 %. Ils étaient encore une fois dans l'erreur. Les prix ont plutôt baissé de 10 %. Dans ce cas, les salaires réels diminuent et l'entreprise accroît sa production. À cette fin, l'usine doit fonctionner à un niveau supérieur à sa capacité optimale de production, ce qui entraîne des coûts importants rattachés aux heures de travail supplémentaires et d'autres coûts reliés à l'exploitation de l'usine qui se trouve alors à la limite de sa capacité physique. Dans cette situation, les travailleurs se sentent trompés. Ils ont fait des heures supplémentaires pour produire davantage mais, quand arrive le temps de dépenser leur salaire, ils se rendent compte que les prix n'ont pas baissé autant que prévu, ce qui limite la quantité de biens et services qu'ils peuvent acheter. Leur salaire réel a baissé.

Les taux d'intérêt Tout comme les entreprises et les travailleurs, les emprunteurs et les prêteurs doivent assumer des coûts résultant de leurs prévisions erronées du niveau des prix. Les taux d'intérêt sont établis en fonction d'une certaine prévision de la valeur future de la monnaie, prévision qui dépend de l'évolution future du niveau des prix. Si l'inflation est beaucoup plus élevée que celle qui avait été anticipée, les emprunteurs feront des gains et les prêteurs subiront des pertes. Mais les gains des emprunteurs sont inférieurs aux pertes des prêteurs. Les deux groupes auraient préféré que le montant des emprunts et des prêts soit différent. Les emprunteurs auraient voulu emprunter davantage et les prêteurs auraient souhaité octroyer moins de prêts. La situation est symétrique. Lorsque l'inflation est inférieure à l'inflation anticipée, les prêteurs font des gains et les emprunteurs subissent des pertes. Encore une fois, les deux groupes auraient préféré que le montant des prêts et des emprunts soit différent. Dans ce cas, les prêteurs auraient voulu prêter davantage et les emprunteurs auraient aimé emprunter moins. Toutefois, les gains des prêteurs sont inférieurs aux pertes des emprunteurs.

Que les erreurs de prévision du niveau des prix soient positives ou négatives, elles engendrent des coûts qui doivent être assumés à la fois par les entreprises et les ménages. Plus les erreurs de prévision sont importantes, plus les coûts sont élevés. Les coûts associés aux prévisions erronées, au même titre que les autres coûts, doivent être réduits au minimum. Tout comme les autres coûts, ces coûts sont entraînés par la rareté: ici, ce sont les prévisions justes qui sont rares. Cependant, même si les coûts associés aux prévisions erronées ne peuvent être entièrement évités, il est possible, du moins, de les réduire au minimum.

La minimisation des pertes résultant de prévisions erronées

Personne ne peut prévoir correctement l'avenir. Mais nous pouvons utiliser toute l'information disponible afin de réduire au minimum nos erreurs de prévision. Autrement dit, nous pouvons formuler une anticipation rationnelle. Une **anticipation rationnelle** est la meilleure prévision possible faite à partir de toute l'information qui est à la fois disponible et pertinente. Une anticipation est dite rationnelle lorsque l'erreur de prévision anticipée est nulle et que la marge d'erreur est aussi faible que possible. Une anticipation rationnelle a deux caractéristiques. Premièrement, la marge d'erreur que comporte la prévision est réduite au minimum. Toute information pouvant contribuer à réduire la marge d'erreur a été prise en compte. Étant donné l'état de nos connaissances, la marge d'erreur ne peut être plus petite. Deuxièmement, une anticipation rationnelle s'avère juste, *en moyenne*, ce qui ne signifie pas qu'elle soit toujours exacte, ni même qu'elle soit précise. Cela signifie plutôt que, avec le temps, les erreurs de prévision positives et négatives s'annulent. En commettant volontairement des erreurs de prévision dans un sens, les gens chercheraient systématiquement à éviter de commettre une erreur de prévision dans l'autre sens. Cependant, cette pratique n'aurait pour effet que de nous enliser de plus en plus dans la voie de l'erreur dans un sens. Puisque nous avons vu que les erreurs de prévision engendrent des coûts, peu importe qu'elles soient positives ou négatives, la meilleure prévision que nous puissions faire est celle qui a autant de chances d'être positive que négative.

Abordons maintenant la détermination de l'anticipation rationnelle du niveau des prix.

L'anticipation rationnelle du niveau des prix

Comment les gens font-ils pour prévoir le niveau des prix? Plus particulièrement, comment parviennent-ils à concevoir une anticipation rationnelle?

Comment les gens conçoivent-ils leurs anticipations dans la réalité?

Chaque personne consacre une partie de son temps et de ses efforts à concevoir des anticipations. Certaines personnes se spécialisent dans cette activité et gagnent même leur vie en vendant leurs anticipations. Par exemple, les conseillers en investissement font des prévisions sur les prix des actions et des obligations. Les banques, les courtiers, les organismes gouvernementaux et les entreprises privées de prévision établissent des prévisions macroéconomiques du taux d'inflation.

Ceux qui gagnent leur vie en faisant des prévisions risquent de subir des pertes importantes s'ils font de mauvaises prévisions. Ils sont donc fortement incités à faire des prévisions aussi justes que possible, en réduisant au minimum la marge d'erreur et en formulant des prévisions qui, en moyenne, s'avèrent exactes. De plus, les organismes qui risquent de perdre beaucoup en s'appuyant sur de mauvaises anticipations s'appliquent à vérifier les prévisions des spécialistes. Par exemple, les grandes banques, les principaux syndicats, les organismes gouvernementaux et la plupart des gros producteurs du secteur privé s'appliquent non seulement à concevoir leurs prévisions, mais également à comparer avec celles des autres. Cependant, la plupart des gens passent peu de temps et dépensent peu d'énergie à faire des prévisions. Ils les achètent plutôt à des spécialistes ou tentent d'imiter ceux qui semblent avoir du succès dans ce domaine.

Comment les économistes prévoient-ils les anticipations des gens?

La science économique est parfois appelée *science des choix*. En effet, elle tente de prédire les choix que feront les gens face à la rareté. Toutefois, si les anticipations de phénomènes comme l'inflation constituent un facteur qui influe sur les choix des gens, alors, pour prédire ces choix, les économistes doivent prévoir les anticipations des gens en matière d'inflation. Comment les économistes s'y prennent-ils?

Les économistes supposent que les gens sont aussi rationnels dans leur manière d'utiliser l'information et de faire des prévisions qu'ils le sont dans leurs autres activités économiques. Cette idée a amené les économistes à adopter l'hypothèse des anticipations rationnelles, dont l'origine est discutée dans la rubrique *L'évolution de nos connaissances* de la page 387. Selon l'**hypothèse des anticipations rationnelles**, les prévisions des individus, quelle que soit la façon dont elles ont été formulées, correspondent en moyenne aux prévisions d'un économiste qui utiliserait la théorie économique pertinente et la totalité de l'information disponible. Par exemple, pour prévoir les anticipations des gens au sujet du prix du jus d'orange, les économistes utilisent le modèle économique de l'offre et de la demande, de même que toute l'information disponible concernant les positions des courbes d'offre et de demande de jus d'orange.

Pour prévoir les anticipations des gens concernant le niveau des prix et l'inflation, les économistes doivent se servir du modèle économique de l'offre et de la demande agrégées. Voyons comment nous pouvons utiliser ce modèle pour arriver à formuler l'anticipation rationnelle du niveau des prix.

Calcul de l'anticipation rationnelle du niveau des prix

Pour calculer l'anticipation rationnelle du niveau des prix, nous utilisons le modèle de l'offre et de la demande agrégées: cela nous permet de prévoir la situation économique future un peu comme les météorologues se servent d'un modèle de l'atmosphère pour prévoir la température qu'il fera. Il existe toutefois une différence importante entre le modèle du météorologue et celui de l'économiste.

Les prévisions météorologiques ne modifieront pas la température qu'il fera demain. Que nous prévoyions une journée de pluie ou de soleil pour demain, le temps qu'il fera ne dépend pas de cette prévision. Mais une prévision du niveau des prix a un effet sur le niveau des prix effectif. Si l'on prévoit que le niveau des prix va augmenter, le niveau des prix effectif sera plus élevé qu'il ne l'aurait été autrement. Nous devons tenir compte de ce fait lorsque nous concevons une anticipation rationnelle du niveau des prix.

Calculons maintenant une anticipation rationnelle du niveau des prix. Nous utiliserons la figure 14.3 pour fonder notre analyse. Le modèle de l'offre et de la demande agrégées nous permet de prévoir que le niveau des prix se trouvera au point d'intersection des courbes d'offre agrégée à court terme et de demande agrégée. Pour anticiper le niveau des prix, il nous faut donc prévoir la position de ces courbes.

Commençons par la demande agrégée. Supposons que nous ayons fait des prévisions au sujet de tous les facteurs qui influent sur la demande agrégée. Nous pouvons donc prévoir la position de la courbe de demande agrégée. Cette prévision correspond à la courbe de demande agrégée prévue, soit à la courbe *DA**.

À présent, nous devons prévoir la position de la courbe d'offre agrégée à court terme, ce qui pose un problème. Nous savons que deux facteurs déterminent la position de la courbe d'offre agrégée à court terme. Ce sont les suivants:

- L'offre agrégée à long terme
- Le niveau des prix prévu

La courbe d'offre agrégée à court terme croise la courbe d'offre agrégée à long terme au niveau des prix prévu. Pouvez-vous cerner le problème? Nous essayons de prévoir le niveau des prix. Or, le niveau des prix est déterminé au point d'intersection de la courbe d'offre agrégée à court terme et de la courbe de demande agrégée. Mais, on ne peut prévoir la position de la courbe d'offre agrégée à court terme à moins de connaître le niveau des prix prévu.

Nous pouvons résoudre ce problème en concevant une prévision du niveau des prix, de telle sorte que la courbe de demande agrégée prévue et la courbe d'offre agrégée à court terme prévue se croiseront au niveau des prix prévu. La prochaine étape du processus consiste donc à prévoir l'offre agrégée à long terme.

Supposons que nous ayons fait la meilleure prévision possible du PIB réel à long terme et que nous prévoyions que l'offre agrégée à long terme atteindra 4 milliards de dollars. Ainsi, nous prévoyons que la courbe d'offre agrégée à long terme correspondra à la courbe *OALT** de la figure 14.3. Nous sommes maintenant prêts à anticiper le niveau des prix et à prévoir la position de la courbe d'offre agrégée à court terme. Nous prévoyons que le niveau des prix sera de 100 et que la courbe d'offre agrégée à court terme correspondra à la courbe *OACT**.

Figure 14.3 L'anticipation rationnelle du niveau des prix

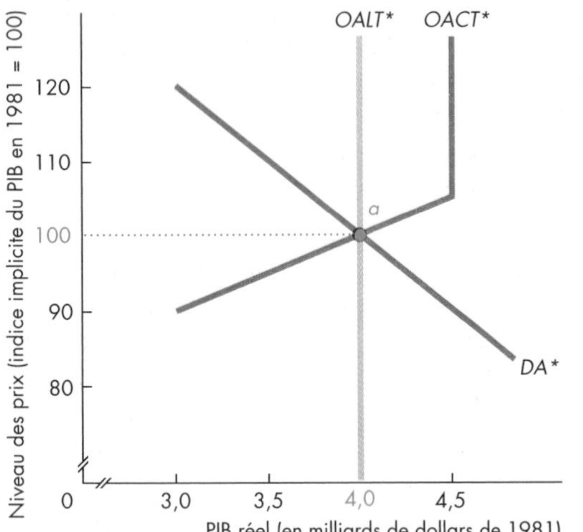

L'anticipation rationnelle du niveau des prix correspond à la meilleure prévision possible. Cette anticipation a été conçue en faisant des prévisions concernant la courbe d'offre agrégée à long terme (*OALT**) et la courbe de demande agrégée (*DA**). L'anticipation rationnelle du niveau des prix correspond au point d'intersection des courbes *DA** et *OALT**. La courbe d'offre agrégée à court terme prévue (*OACT**) passe aussi par le point d'intersection des courbes *OALT** et *DA**.

À RETENIR

Nous calculons une anticipation rationnelle du niveau des prix à l'aide des deux éléments suivants:

- La courbe de demande agrégée prévue (*DA**)
- La courbe d'offre agrégée à long terme prévue (*OALT**)

Le point d'intersection de la courbe de demande agrégée à court terme prévue et de la courbe d'offre agrégée à long terme prévue détermine l'anticipation rationnelle du niveau des prix. La courbe d'offre agrégée à court terme prévue (*OACT**) passe par le point d'intersection de la courbe de demande agrégée prévue et de la courbe d'offre agrégée à long terme prévue.

■ ■ ■

La théorie et la pratique

L'analyse que nous venons de faire nous amène à nous demander si les gens conçoivent leurs anticipations du niveau des prix de la manière que nous venons de décrire. Il est probable que le spécialiste en science économique se livre à ce genre d'exercice, mais surement pas le prophane. Cette objection rend-elle caduque l'idée des anticipations rationnelles?

Bien sûr que non! Pour effectuer nos calculs, nous avons dû élaborer un modèle économique. Ce modèle

Les anticipations

Ce n'est qu'au cours des vingt dernières années que les économistes ont trouvé une manière satisfaisante d'incorporer les anticipations aux modèles économiques.

Auparavant, on se servait de trois hypothèses sur les anticipations :

- Les prévisions parfaites
- Les anticipations statiques
- Les anticipations adaptatives

Selon l'hypothèse des prévisions parfaites, les individus, dans un modèle économique, ont une connaissance complète de l'avenir. En s'appuyant sur cette hypothèse, les économistes prédisent ce qui se produirait si les prévisions étaient toujours exactes. De telles prédictions peuvent servir à prévoir les tendances à très long terme.

Selon l'hypothèse des anticipations adaptatives, dans un modèle économique donné, les ménages modifient leurs prévisions en proportion de l'erreur de prévision précédente. Supposons, par exemple, que nous prévoyions un taux d'inflation de 2 % et que celui-ci s'établit en fait à 5 %. Nous avons commis une erreur de prévision de 3 points de pourcentage. Supposons que nous ajustions toujours notre prévision d'un montant égal à la moitié de l'erreur. Nous prévoirons alors que le taux d'inflation atteindra 3,5 %. Cependant, l'inflation s'établit de nouveau à 5 %. L'erreur de prévision est maintenant égale à 1,5 %. Nous révisons notre prévision et le taux d'inflation prévu est maintenant de 4,25 %. Si l'inflation continue à se maintenir à 5 %, notre prévision se rapprochera de 5 %. Les anticipations adaptatives font appel à l'intuition et ont, par conséquent, un certain attrait. Cependant, elles supposent implicitement que les gens n'utilisent pas toute l'information disponible. Ils fondent leurs prévisions essentiellement sur le niveau de l'inflation courante et sur leurs anticipations précédentes. Ils ne tiennent pas compte de la connaissance des mécanismes qui provoquent l'inflation.

La théorie moderne des anticipations, soit la théorie des anticipations rationnelles, a d'abord été élaborée en 1961 par John F. Muth[1], alors étudiant au doctorat à l'université Carnegie-Mellon, à Pittsburgh. Selon Muth, les ménages ont une connaissance du modèle de l'économie et utilisent cette connaissance pour faire leurs prévisions. Cette idée, qui était révolutionnaire, a été mise de côté pendant presque dix ans. Puis, au début des années 70, Robert E. Lucas fils a commencé à appliquer l'idée de Muth à la macroéconomie et, ce faisant, a révolutionné le domaine. Le travail de Lucas a incité des chercheurs, tels Thomas Sargent et Robert Barro, à entreprendre des études empiriques sur les déterminants des fluctuations agrégées, en utilisant l'hypothèse des anticipations rationnelles. La plupart des macroéconomistes se servent maintenant de l'hypothèse des anticipations rationnelles.

ECONOMETRICA

JOURNAL OF THE ECONOMETRIC SOCIETY

An International Society for the Advancement of Economic Theory in its Relation to Statistics and Mathematics

CONTENTS

VOL. 29, NO. 3—July, 1961

[1] John F. Muth, «Rational Expectations and the Theory of Price Movements», *Econometrica*, 1961, vol. 29, pp. 315-335.

n'a pas été conçu pour décrire le cheminement de la pensée des individus. Il a plutôt pour objectif de prévoir le *comportement* des individus, non leur activité mentale. Selon l'*hypothèse des anticipations rationnelles*, les prévisions des individus, peu importe la façon dont ils s'y prennent pour les formuler, sont les mêmes, en moyenne, que celles d'un économiste qui utiliserait la théorie économique pertinente et la totalité de l'information disponible. En utilisant l'hypothèse des anticipations rationnelles, les économistes ne nient pas que, en fait, les gens arrivent à des décisions en prenant des chemins parfois très détournés, qu'ils n'arrivent pas eux-mêmes toujours à expliquer. Pour prévoir leur comportement, les économistes supposent que les gens sont rationnels et qu'ils cherchent à tirer le meilleur parti de leurs ressources limitées. En élaborant des modèles qui respectent cette prémisse et en faisant des prédictions théoriques à partir de ces modèles, les économistes tentent de comprendre et de prévoir le comportement réel des individus. Le fait de supposer que les anticipations des gens sont rationnelles n'est qu'une autre facette du thème central de l'économique : si les anticipations sont rationnelles, elles ne peuvent être améliorées sans qu'il en coûte quelque chose. Le cas échéant, les coûts associés à la conception d'une meilleure prévision doivent être contrebalancés par les bénéfices.

Nous venons de définir les anticipations rationnelles en macroéconomie. Nous avons également appris à calculer les anticipations rationnelles du niveau des prix et de la production. Reste maintenant à découvrir comment le PIB réel et le niveau des prix effectif sont déterminés et à les comparer à leurs anticipations rationnelles.

L'équilibre d'anticipations rationnelles

Jusqu'à maintenant, nous avons appris, d'une part, comment les variations du niveau des prix prévu modifient l'équilibre macroéconomique et, d'autre part, comment concevoir une anticipation rationnelle du niveau des prix. Nous allons maintenant mettre à profit ces nouvelles connaissances afin d'établir ce qu'est l'équilibre macroéconomique lorsque le niveau des prix prévu correspond à une anticipation rationnelle, autrement dit lorsque la prévision du niveau des prix est la meilleure possible.

Nous avons illustré et synthétisé notre analyse à la figure 14.4. Cette figure contient trois graphiques. Le graphique (a) présente les prévisions des gens concernant l'économie, alors que les graphiques (b) et (c) montrent deux situations où la réalité diffère des prévisions. Dans le graphique (a), les prévisions sont identiques à celles que nous avions à la figure 14.3. Le niveau des prix prévu s'établit à 100. Dans le graphique (b), nous montrons ce qui se produit lorsque la demande agrégée effective diffère de celle qui avait été prévue.

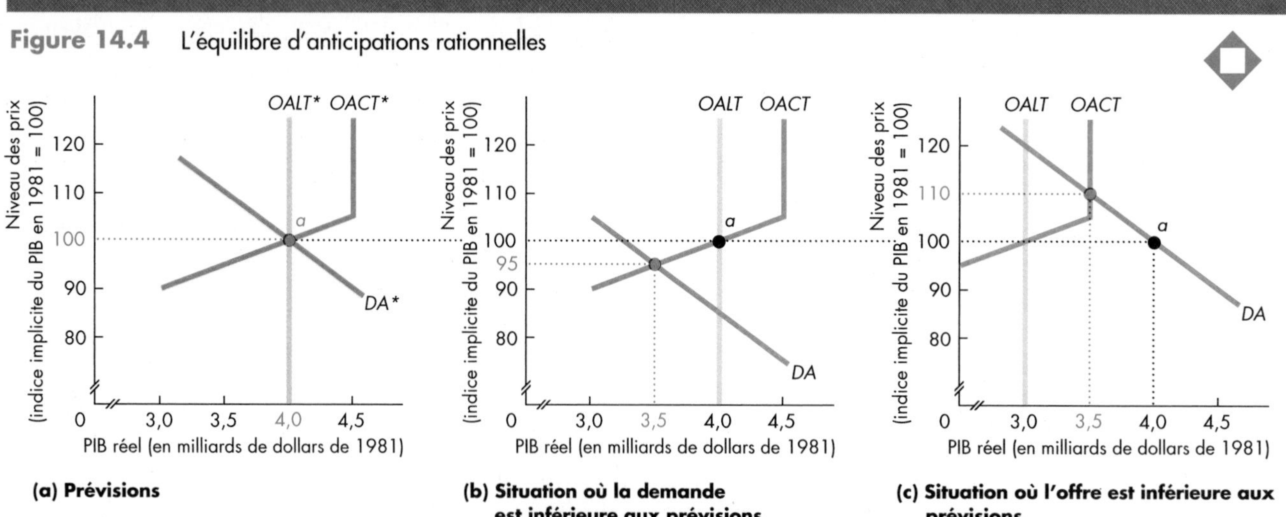

L'anticipation rationnelle du niveau des prix est calculée dans le graphique (a). Elle correspond au point d'intersection des courbes *DA** et *OALT** (point *a*). Si l'offre agrégée à long terme est conforme aux prévisions, mais que la demande agrégée est inférieure à celle qui avait été prévue, comme dans le graphique (b), le PIB réel chute sous son niveau à long terme et le niveau des prix baisse en deçà du niveau prévu. Par contre, si la demande agrégée est conforme aux prévisions mais que l'offre agrégée est inférieure à celle qui avait été prévue, comme dans le graphique (c), le niveau des prix s'élève au-dessus de son niveau prévu et le PIB réel chute.

La courbe d'offre agrégée à long terme (*OALT*) et la courbe d'offre agrégée à court terme (*OACT*) du graphique (b) sont identiques à la courbe d'offre agrégée à long terme prévue (*OALT**) et à la courbe d'offre agrégée à court terme prévue (*OACT**) du graphique (a). Le point d'intersection de ces courbes, soit le point *a*, est le même dans chaque graphique de la figure. À ce point, l'indice implicite du PIB se chiffre à 100 et le PIB réel à 4 milliards de dollars.

Le graphique (b) montre ce qui se produit lorsque la demande agrégée effective est inférieure à celle qui avait été prévue. Une telle situation peut, par exemple, résulter d'un ralentissement *imprévu* du taux auquel la Banque du Canada crée de la monnaie, d'une baisse *imprévue* de la demande étrangère pour les exportations canadiennes, d'une hausse *imprévue* des impôts, ou encore d'une réduction *imprévue* des dépenses publiques en biens et services. La courbe de demande agrégée effective correspond à la courbe *DA*. L'équilibre est atteint au point où la courbe de demande agrégée effective croise la courbe d'offre agrégée à court terme. l'indice implicite du PIB atteint 95 et le PIB réel se chiffre à 3,5 milliards de dollars. Puisque la demande agrégée effective est inférieure à celle qui avait été prévue, le niveau des prix effectif se situe au-dessous de son niveau prévu et le PIB réel effectif est inférieur au PIB réel à long terme.

Dans le graphique (c), nous avons illustré ce qui se produit lorsque l'offre agrégée est inférieure à celle qui avait été prévue alors que la demande agrégée correspond aux prévisions. La courbe de demande agrégée effective (*DA*) du graphique (c) est identique à la courbe de demande agrégée prévue du graphique (a). Cependant, les courbes d'offre agrégée se trouvent plus à gauche dans le graphique (c) que dans le graphique (a). Une telle situation pourrait survenir en raison d'un ralentissement *imprévu* de la croissance de la capacité optimale de production, qui pourrait être attribuable à un ralentissement imprévu des progrès techniques ou de l'accumulation du capital. Encore une fois, l'équilibre s'établit au point d'intersection de la courbe de demande agrégée et de la courbe d'offre agrégée à court terme. Dans ce cas, le point d'équilibre correspond à un indice implicite du PIB de 110 et à un PIB réel de 3,5 milliards de dollars. Le niveau des prix effectif est plus élevé que ce qui avait été prévu parce que l'offre agrégée à court terme est plus faible que ce qui avait été prévu. Avec un niveau des prix supérieur au niveau prévu, le PIB réel excède son niveau à long terme. Dans ce cas, le niveau du PIB réel à long terme a diminué comparativement au niveau prévu; le PIB réel effectif a également chuté, mais d'un montant inférieur à celui de la baisse du PIB réel à long terme.

Les deux équilibres, illustrés dans les graphiques (b) et (c), constituent des exemples d'équilibre d'anticipations rationnelles. Un **équilibre d'anticipations rationnelles** est un équilibre macroéconomique qui s'appuie sur les meilleures prévisions possible. Lorsqu'il y a équilibre d'anticipations rationnelles, les valeurs effectives du PIB réel et de l'indice implicite du PIB ne correspondent pas toujours à celles que nous avions prévues mais dépendent cependant des prévisions que nous avions faites. Par exemple, à la figure 14.4 (b), l'indice implicite du PIB et le PIB réel sont inférieurs aux prévisions. Cette situation se produit lorsque la demande agrégée est inférieure à celle qui avait été prévue. À la figure 14.4 (c), l'indice implicite du PIB est supérieur à celui qui avait été prévu et le PIB réel est plus faible que le PIB réel prévu. C'est ce qui se produit lorsque l'offre agrégée est inférieure à celle qui avait été prévue. Dans les deux cas, le résultat dépend aussi bien des niveaux effectifs que des niveaux prévus de la demande et de l'offre agrégées. Si le niveau des prix prévu avait été plus bas, le PIB réel aurait été plus élevé et le niveau des prix effectif (le taux d'inflation) plus bas. Si le niveau des prix prévu avait été plus élevé, le PIB réel aurait été inférieur et le niveau des prix effectif (le taux d'inflation) plus élevé.

Après que les événements que nous venons de décrire se seront produits et une fois que les gens auront eu le temps de faire le point sur la situation économique, ils seront en mesure de s'apercevoir que leurs anticipations étaient fausses. Mais il sera trop tard pour changer quoi que ce soit. Le temps s'est écoulé et les gens doivent déjà concevoir de nouvelles anticipations.

D'autres équilibres d'anticipations rationnelles sont possibles, soit ceux qui surviennent lorsque l'offre agrégée est égale ou supérieure à l'offre prévue, ou lorsque la demande agrégée est égale ou supérieure à la demande prévue. Par exemple, si l'offre agrégée à long terme est plus élevée que prévu, le PIB réel le sera aussi et le niveau des prix ainsi que l'inflation seront inférieurs aux prévisions. Si la demande agrégée est plus élevée que la demande prévue, le PIB réel, le niveau des prix et l'inflation seront tous plus élevés que prévu. En fait, il existe au total neuf combinaisons possibles. La demande agrégée et l'offre agrégée peuvent être égales, inférieures ou supérieures aux prévisions.

Les individus et l'équilibre d'anticipations rationnelles

La caractéristique principale de tout équilibre économique est qu'aucun individu dans l'économie, vu les circonstances, ne peut faire une utilisation supérieure de ses ressources.

Chaque ménage ou chaque entreprise se considère comme une infime partie de l'économie. Les entreprises et les ménages capables d'exercer un effet sur les prix du marché retirent déjà un avantage maximal. Mais la plupart des ménages et des entreprises n'exercent pas un effet significatif sur les prix. Chaque ménage, chaque entreprise fait de son mieux pour prévoir les prix qui concernent ses propres activités.

À l'aide de ses meilleures prévisions, c'est-à-dire de ses anticipations rationnelles, chaque ménage décide de la quantité de poulets, du nombre de fours à micro-ondes ou d'habits à acheter, du montant à dépenser pour l'achat d'une voiture ou pour les services du plombier, de même que du montant qu'elle laissera à la banque et du nombre d'heures qu'elle consacrera au travail au cours d'une semaine. Ces décisions ne sont pas exprimées en quantités fixes, mais prennent plutôt la forme de barèmes d'offre et de demande. De l'autre côté du marché, les entreprises, également pourvues de leurs anticipations rationnelles, décident de la quantité de biens d'équipement nouveaux à installer (l'investissement), de la quantité de produits à offrir ainsi que de la quantité de travail à demander. Tout comme les ménages, les entreprises n'expriment pas leurs décisions en quantités fixes. Elles les expriment plutôt sous la forme de barèmes de demande de facteurs de production et de barèmes d'offre de produits.

Les prix, les salaires et les taux d'intérêt sont déterminés sur le marché des biens et services, sur le marché du travail et sur le marché monétaire respectivement à des niveaux qui assureront la concordance des plans des ménages et des entreprises qui négocient sur ces marchés. Sur chaque marché, les quantités offertes et demandées sont égales.

En situation d'équilibre d'anticipations rationnelles, chaque personne sait que, au moment où elle a pris sa décision, elle a fait de son mieux. Mais un tel équilibre n'est pas statique. L'économie évolue constamment. Nous tentons de comprendre la situation économique à chaque instant en nous concentrant sur cet instant, comme si nous arrêtions l'image d'un magnétoscope : sur l'image, les courbes d'offre et de demande sur les divers marchés se croisent, ce qui permet de déterminer les prix et les quantités à ce moment-là sur chaque marché. Les économistes tentent de comprendre ce qui se produit lorsque le magnétoscope est arrêté et qu'ils regardent la situation économique de plus près.

L'inflation

Nous allons maintenant utiliser notre modèle macroéconomique de l'offre et de la demande agrégées pour étudier les causes de l'inflation. Il faut se rappeler d'abord que le taux d'inflation représente l'augmentation en pourcentage du niveau des prix. Ainsi,

$$\text{Taux d'inflation} = \frac{\text{Niveau des prix de l'année courante} - \text{Niveau des prix de l'année dernière}}{\text{Niveau des prix de l'année dernière}} \times 100 .$$

Insérons des symboles dans cette équation. Dénotons par le symbole P_1 le niveau des prix de l'année courante et utilisons le symbole P_0 pour désigner le niveau des prix de l'année dernière. Donc,

$$\text{Taux d'inflation} = \frac{P_1 - P_0}{P_0} \times 100 .$$

Cette équation nous montre qu'il existe un lien entre le taux d'inflation et le niveau des prix. Étant donné le niveau des prix de l'année dernière, plus le taux d'inflation est élevé, plus le niveau des prix de l'année courante est élevé. Commençons notre analyse des causes de l'inflation en étudiant l'inflation anticipée.

L'inflation anticipée

Supposons que, l'année dernière, l'indice implicite du PIB atteignait 100 et le PIB réel 4 milliards de dollars. Supposons également que la capacité optimale de production de l'économie, l'année dernière, se chiffrait à 4 milliards de dollars ; l'économie avait donc atteint son niveau de plein emploi. La figure 14.5 illustre la situation économique de l'année dernière. La courbe DA_0 représente la courbe de demande agrégée de l'année dernière, la courbe $OACT_0$ correspond à la courbe d'offre agrégée à court terme de l'année dernière et la courbe d'offre agrégée à long terme est représentée par la verticale *OALT*. Puisque l'économie était en équilibre au niveau du PIB réel à long terme, le niveau des prix effectif était égal au niveau des prix prévu.

Pour simplifier notre analyse, supposons que, à la fin de l'année dernière, on ne prévoyait aucun changement du PIB réel à long terme ; cette année, l'offre agrégée à long terme prévue est donc la même que l'année dernière. Supposons également qu'on prévoyait que la demande agrégée allait augmenter ; la courbe de demande agrégée prévue pour cette année correspond donc à la courbe $DA_1{}^*$. Nous pouvons maintenant calculer l'anticipation rationnelle du niveau des prix pour l'année courante. Elle correspond à l'indice implicite du PIB qui est égal à 110, soit le niveau des prix auquel la nouvelle courbe de demande agrégée prévue croise la courbe d'offre agrégée à long terme prévue. À la suite de la hausse du niveau des prix prévu, les salaires augmentent et la courbe d'offre agrégée à court terme se déplace vers le haut. Plus précisément, étant donné que le niveau des prix prévu a augmenté de 10 %, la courbe d'offre agrégée à court terme pour l'année courante ($OACT_1$) se déplace vers le haut du même pourcentage et croise la courbe d'offre agrégée à long terme (*OALT*) au niveau des prix prévu.

Si la demande agrégée augmente effectivement autant que prévu, alors la courbe de demande agrégée effective DA_1 sera identique à la courbe $DA_1{}^*$. Le point

Figure 14.5 L'inflation anticipée

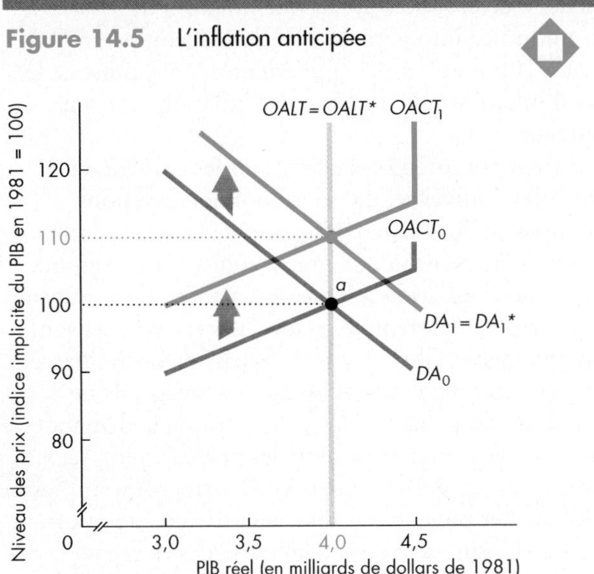

Les courbes d'offre agrégée à long terme prévue et effective correspondent toutes deux au PIB réel de 4 milliards de dollars. L'année dernière, la demande agrégée correspondait à la courbe DA_0 et la courbe d'offre agrégée à court terme à la courbe $OACT_0$. Le niveau des prix effectif était égal au niveau prévu, alors que l'indice implicite du PIB était de 100. Cette année, on prévoit que la demande agrégée passera en DA_1^*. L'anticipation rationnelle de l'indice implicite du PIB passe de 100 à 110. En conséquence, la courbe d'offre agrégée à court terme se déplace vers le haut en $OACT_1$. L'inflation anticipée est de 10 %. Si la demande agrégée augmente conformément aux prévisions, la courbe de demande agrégée effective DA_1 sera la même que la courbe de demande agrégée prévue DA_1^*. L'équilibre se produit à un niveau du PIB réel de 4 milliards de dollars et à un indice implicite du PIB de 110. L'inflation atteint 10 %, conformément aux prévisions.

d'intersection des courbes DA_1 et $OACT_1$ détermine le niveau des prix effectif; l'indice implicite du PIB est de 110. Entre l'année dernière et cette année, l'indice implicite du PIB a augmenté, passant de 100 à 110 ou, ce qui revient au même, le taux d'inflation a été de 10 %. Le PIB réel n'a pas changé.

Dans cet exemple, l'inflation était anticipée. Nous avions prévu que le niveau des prix allait passer de 100 à 110, ce qui correspondait à un taux d'inflation prévu de 10 %. Le niveau des prix a augmenté, et cette augmentation s'est avérée conforme aux prévisions; le taux d'inflation effectif a donc été de 10 %.

Qu'est-ce qui a provoqué l'inflation? On peut répondre sans hésiter que la hausse anticipée et la hausse effective de la demande agrégée en sont la cause. Puisqu'on prévoyait que la courbe de demande agrégée passerait de DA_0 à DA_1^*, la courbe d'offre agrégée à court terme s'est déplacée vers le haut de $OACT_0$ à $OACT_1$. La demande agrégée ayant effectivement augmenté comme prévu, la courbe de demande agrégée s'est déplacée vers le haut de DA_0 à DA_1. Si la hausse du niveau des prix a été prévue avec justesse, c'est parce que le déplacement effectif de la courbe de demande agrégée l'a été également.

Pour que les prix continuent d'augmenter d'année en année, et donc que l'inflation soit un phénomène continuel, il faut qu'un facteur entraîne, année après année, le déplacement vers le haut de la courbe de demande agrégée. Quel est ce facteur? Il s'agit des variations de la quantité de monnaie. La croissance de la masse monétaire provoque le déplacement vers le haut de la courbe de demande agrégée. Une hausse prévue de la masse monétaire entraîne un déplacement vers le haut de la courbe de demande agrégée, ce qui fait augmenter le niveau des prix prévu. À son tour, la courbe d'offre agrégée à court terme se déplace vers le haut, ce qui entraîne une hausse du niveau des prix tout en laissant le niveau du PIB réel inchangé. Ainsi, pour que la croissance de la masse monétaire cause l'inflation anticipée, elle doit elle-même être anticipée. C'est seulement dans ce cas que l'économie suivra le cours que nous avons décrit à la figure 14.5. Si le taux de croissance anticipé de la masse monétaire diffère du taux de croissance effectif, de sorte que le déplacement de la courbe de demande agrégée prévue diffère de celui de la courbe de demande agrégée effective, le taux d'inflation effectif sera différent du taux prévu et nous connaîtrons, dans une certaine mesure, une inflation imprévue.

L'inflation imprévue

Les événements décrits à la figure 14.5 supposent que l'augmentation de la demande agrégée soit égale à celle qui avait été prévue, ce qui occasionne une inflation entièrement prévue. Mais il est plutôt rare qu'on puisse anticiper pleinement l'inflation. Certaines années, les erreurs de prévision du taux d'inflation sont très importantes. Par exemple, en 1969 et en 1970, l'inflation s'est accélérée d'une manière totalement inattendue. Pendant ces années, l'économie a connu une forte expansion et le PIB réel s'est accru au-dessus de son niveau à long terme. En revanche, en 1982 et en 1983, le taux d'inflation a chuté de façon imprévue. Ces années-là, l'économie est entrée dans une récession profonde. Étudions de plus près les variations imprévues des prix, en commençant par le cas où l'inflation est plus élevée que prévu.

La situation, au départ, sera la même que dans la figure 14.5. L'année dernière, l'indice implicite du PIB atteignait 100 et le PIB réel 4 milliards de dollars. Le PIB réel à long terme était aussi égal à 4 milliards de dollars. À la figure 14.6, l'économie se trouve sur sa courbe d'offre agrégée à long terme (*OALT*), soit au point d'intersection de la courbe de demande agrégée DA_0 et de la courbe d'offre agrégée à court terme *OACT*. Supposons maintenant que, cette année, les gens prévoient que la demande agrégée sera la même que l'année dernière. En d'autres termes, la courbe de demande agrégée prévue correspond à la courbe DA_0; souvenez-vous que la courbe de demande agrégée DA_0 est ici la même que la courbe DA_1*. Puisque que nous ne prévoyons aucun changement de la demande agrégée, le niveau des prix prévu ne change pas et la courbe d'offre agrégée à court terme reste la même.

Même si les gens ne prévoient aucun changement de la demande agrégée, supposons qu'en fait elle se déplace en DA_1. Une telle situation pourrait, par exemple, se produire si la Banque du Canada devait poursuivre pendant plusieurs années une politique monétaire restrictive dans le but de maintenir le niveau des prix constant, et que soudainement elle décidait de laisser la masse monétaire croître rapidement. Le point où la courbe de demande agrégée DA_1 croise la courbe d'offre agrégée à court terme (*OACT*) détermine le niveau des prix et le PIB réel. l'indice implicite du PIB est passé à 110 et le PIB réel a augmenté, se chiffrant maintenant à 4,5 milliards de dollars. L'économie connaît une inflation de 10 %, soit un indice implicite du PIB de 110 comparativement à 100 pour l'année précédente. Mais, puisque le taux d'inflation prévu était nul, l'inflation est donc imprévue.

Figure 14.6 Une augmentation imprévue du niveau des prix

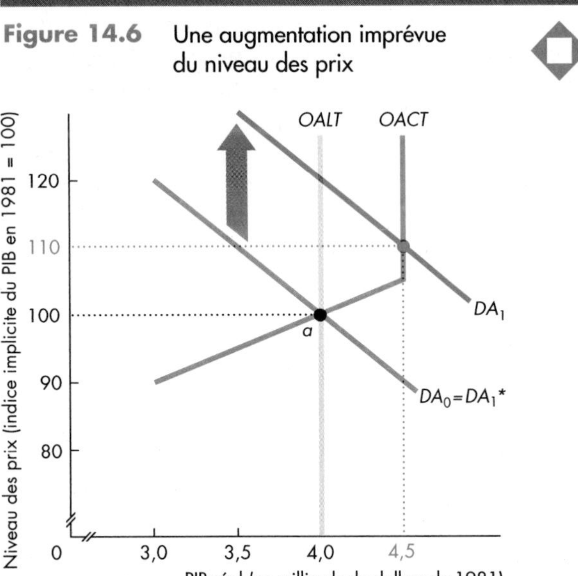

L'offre agrégée à long terme correspond à *la courbe OALT*. L'année dernière, la courbe de demande agrégée correspondait à la courbe DA_0, soit le niveau de la demande agrégée qui avait été prévu, et la courbe d'offre agrégée à court terme correspondait à la courbe *OACT*. Le niveau des prix effectif était égal au niveau prévu, soit un indice implicite du PIB de 100. Cette année, on ne prévoit aucun changement de la demande agrégée; la demande agrégée prévue correspond donc à la courbe DA_1*, qui est identique à la courbe DA_0. L'indice implicite du PIB prévu se maintient à 100; la courbe d'offre agrégée à court terme reste donc en *OACT*. Il n'y a aucune inflation prévue. Cependant, la demande agrégée augmente en DA_1; le niveau des prix passe donc à 110 et le PIB réel à 4,5 milliards de dollars. La hausse de 10 % du niveau des prix est imprévue.

Pour comprendre quelles sont les conséquences sur le plan individuel dans l'économie, reprenons l'exemple de l'usine de fabrication de boissons gazeuses. Dans la situation que nous venons d'analyser, où il n'y a pas d'inflation prévue, les salaires et les coûts de l'entreprise demeurent constants. Les travailleurs sont satisfaits même s'il n'y a pas de hausse de salaire parce que, tout comme l'entreprise qui les engage, ils ne prévoient pas de hausse des prix. Lorsque la demande se met à augmenter et qu'alors les prix s'élèvent, les salaires réels se mettent à baisser. L'entreprise s'empresse d'embaucher plus de travailleurs et d'accroître sa production. L'usine se trouve à la limite de ses capacités physiques.

La situation de l'économie canadienne à la fin des années 60 est un bon exemple du processus que nous venons de décrire. En 1969 et en 1970, la demande agrégée a augmenté plus rapidement que prévu. En conséquence, l'inflation s'est accrue et le PIB réel a dépassé son niveau à long terme.

Étudions maintenant le cas où l'inflation est plus faible que prévu. Nous commencerons avec les mêmes valeurs, soit un indice implicite du PIB de 100 et un PIB réel de 4 milliards de dollars. L'équilibre initial est illustré à la figure 14.7, au point d'intersection de la courbe de demande agrégée DA_0 et de la courbe d'offre agrégée à court terme $OACT_0$.

On prévoit que la demande agrégée se déplacera de DA_0 à DA_1*. En conséquence, le niveau des prix devrait passer de 100 à 115. La courbe d'offre agrégée à court terme se déplace donc vers le haut de $OACT_0$ à $OACT_1$.

Supposons maintenant que, contrairement à ce qui a été prévu, la courbe de demande agrégée demeure à sa position initiale, en DA_0. Une telle situation pourrait se produire si la Banque du Canada avait fait croître la masse monétaire rapidement pendant plusieurs années pour soudainement décider de la maintenir constante. La courbe de demande agrégée DA_1 est la même que la courbe DA_0 de l'année précédente. Le point d'intersection de la courbe de demande agrégée et de la courbe d'offre agrégée à court terme détermine le PIB réel et le niveau des prix. L'indice implicite du PIB s'accroît et passe de 100 à 110, soit un taux d'inflation de 10 %. On avait prévu que l'indice implicite du PIB passerait de 100 à 115, soit un taux d'inflation prévu de 15 %. Le taux d'inflation effectif est donc inférieur au taux prévu. Le PIB réel se chiffre à 3,5 milliards de dollars, ce qui est inférieur à son niveau à long terme. Ainsi, lorsque nous prévoyons que la demande agrégée augmentera et que

Figure 14.7 Une baisse imprévue de l'inflation

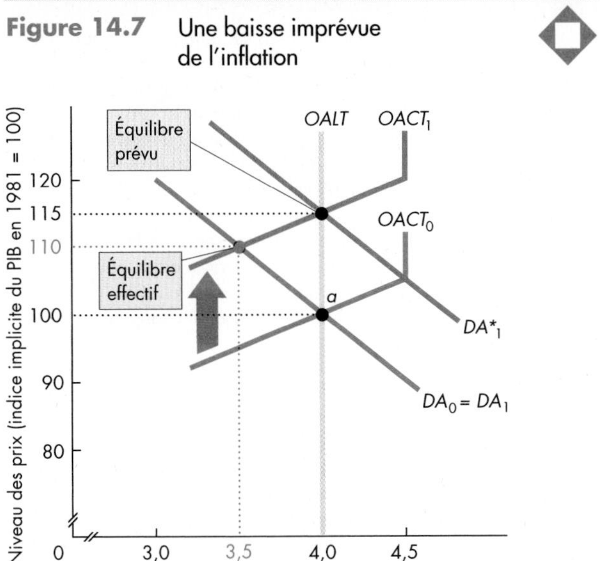

Au départ, la valeur prévue et la valeur effective de l'indice implicite du PIB se chiffrent toutes deux à 100 et le PIB réel à 4 milliards de dollars, soit au point d'intersection des courbes DA_0, *OALT* et $OACT_0$. On prévoit que la demande agrégée se déplacera vers le haut en DA_1^*. Selon l'anticipation rationnelle, l'indice implicite du PIB augmentera de 15 % pour se chiffrer à 115. La courbe d'offre agrégée à court terme se déplace vers le haut en $OACT_1$. La demande agrégée effective n'augmente pas; elle demeure à sa position initiale, en DA_0. Ainsi, la courbe DA_1 est identique à la courbe DA_0. Le nouvel équilibre se produit au point d'intersection des courbes DA_1 et $OACT_1$. L'indice implicite du PIB passe à 110 et le PIB réel fléchit à 3,5 milliards de dollars. On prévoyait un taux d'inflation de 15 %, mais il est en fait de 10 %. Le PIB réel a baissé sous son niveau à long terme.

cela ne se produit pas, le taux d'inflation effectif est plus faible que ce qui avait été prévu et le PIB réel effectif se situe au-dessous de son niveau à long terme.

La situation que nous venons de décrire est semblable à celle qui est survenue en 1982 et en 1983. Pendant ces années-là, après plusieurs années de croissance rapide de la masse monétaire, la Banque du Canada a resserré considérablement l'étau monétaire, provoquant ainsi un ralentissement du taux de croissance de la demande agrégée. En conséquence, le taux d'inflation a ralenti plus rapidement que prévu, et le PIB réel est descendu sous son niveau à long terme.

Nous nous sommes attardés sur la relation qui existe entre l'inflation imprévue et le PIB réel. Nous savons cependant que le chômage varie de pair avec le PIB réel. Il existe donc également une relation entre l'inflation imprévue et le chômage. Cette relation s'intègre à la théorie de la courbe de Phillips (voir la rubrique *L'évolution de nos connaissances* aux pages 398 à 400).

La théorie quantitative de la monnaie

Lorsque nous avons étudié la relation entre le taux de croissance de la masse monétaire et le taux d'inflation, au chapitre 10, nous avons découvert, à travers notre histoire et celles de nombreux autres pays, l'existence d'une corrélation entre l'inflation et le taux de croissance de la masse monétaire. Cependant, nous avons également appris que cette corrélation n'est pas parfaite. Il y a d'importants écarts entre le taux de croissance de la masse monétaire et le taux d'inflation.

L'analyse que nous avons menée dans ce chapitre permet d'expliquer ces écarts. Pour qu'une augmentation de la masse monétaire entraîne une hausse du niveau des prix sans changer le PIB réel, l'augmentation doit être pleinement anticipée. Une augmentation imprévue de la masse monétaire entraîne une hausse du niveau des prix et du PIB réel. Un ralentissement imprévu du taux de croissance de la masse monétaire fait diminuer l'inflation et le PIB réel. Dans la réalité, c'est parce que le taux de croissance de la masse monétaire est en partie prévu et en partie imprévu que la corrélation entre l'inflation et la croissance de la monnaie est imparfaite.

De plus, comme nous l'avons vu dans le présent chapitre, les variations de l'offre agrégée ont également un effet sur le niveau des prix, et ce indépendamment des variations de la masse monétaire. Il s'agit là d'une autre raison pour laquelle la corrélation entre l'inflation et la croissance de la masse monétaire est imparfaite. Étudions la véritable relation qui existe entre l'inflation et le taux de croissance de la monnaie au Canada depuis 1969.

L'inflation et le taux de croissance de la monnaie au Canada depuis 1969

À la figure 14.8, nous étudions la relation entre l'inflation et la croissance de la masse monétaire au Canada entre 1969 et 1991. Le taux de croissance de la monnaie illustré ici est celui de M2, soit l'agrégat monétaire auquel la Banque du Canada accorde le plus d'attention. En observant cette figure, vous êtes à même de constater pourquoi la Banque du Canada attache une importance particulière au taux de croissance de M2: les fluctuations du taux de croissance de M2 et les variations du taux d'inflation se suivent de près. Il y a cependant des années ou des périodes au cours desquelles cette relation est moins forte. Examinons de plus près deux périodes pendant lesquelles l'inflation et la croissance monétaire ont évolué de façon différente.

Premièrement, étudions la période du début des années 80. L'inflation et la croissance monétaire chutaient. La baisse du taux de croissance de la masse monétaire avait précédé la chute de l'inflation. Selon la théorie des anticipations rationnelles, cette succession

Figure 14.8 L'inflation et le taux de croissance de la monnaie

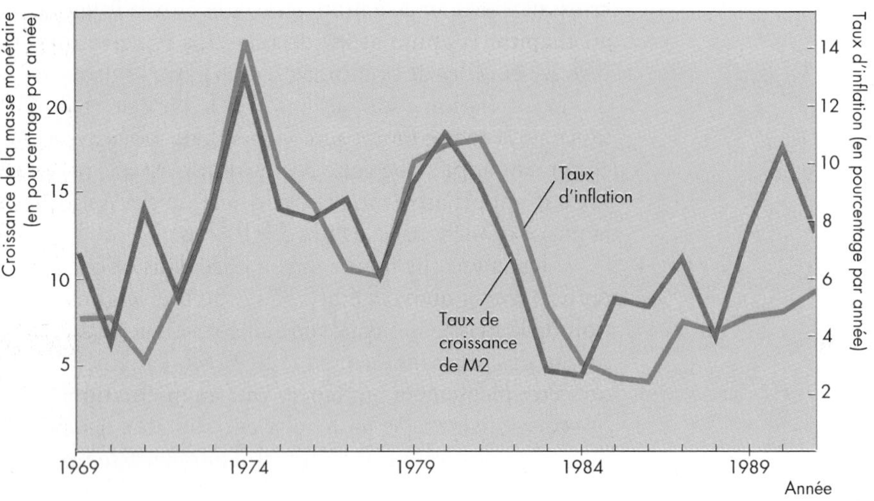

Source: L'inflation: chapitre 5. Le taux de croissance de la masse monétaire: *Revue de la Banque du Canada*, CANSIM série B1630.

Les données sur le taux d'inflation et sur le taux de croissance de la masse monétaire sont mises en relation pour la période s'échelonnant de 1969 à 1991. La masse monétaire est représentée par l'agrégat M2. Les fluctuations du taux d'inflation suivent de près celles du taux de croissance de M2. Les changements du taux de croissance de M2 ont tendance à devancer quelque peu les variations du taux d'inflation, particulièrement lorsqu'un changement important se produit, comme ce fut le cas au début des années 80. Ce phénomène se produit lorsqu'on prévoit que le ralentissement de la croissance de la masse monétaire ne se maintiendra pas. Dans une telle situation, les salaires continuent d'augmenter au même taux qu'avant, et la courbe d'offre agrégée à court terme se déplace vers le haut plus rapidement que la courbe de demande agrégée. Le PIB réel fléchit à mesure que le taux d'inflation baisse. À d'autres moments, lorsque l'économie croît rapidement, le taux de croissance de la masse monétaire peut augmenter sans entraîner une hausse de l'inflation. Un tel phénomène s'est produit durant la deuxième moitié des années 80.

d'événements s'est produite parce qu'on ne prévoyait pas que le ralentissement de la croissance de la masse monétaire se poursuivrait. On n'a donc pas tenu compte de ce ralentissement lors des négociations de salaires. La courbe d'offre agrégée à court terme a continué de se déplacer vers le haut à un rythme régulier, malgré le fait que la courbe de demande agrégée se soit déplacée vers le haut plus lentement. Le PIB réel a chuté sous son niveau à long terme et l'inflation a commencé à fléchir mais pas aussi rapidement, au début, que la baisse du taux de croissance de la masse monétaire.

Deuxièmement, étudions la période couvrant la deuxième moitié des années 80. Durant cette période, le taux d'inflation est demeuré relativement stable, mais le taux de croissance de la masse monétaire s'est quelque peu accéléré. Cette période a été marquée par une accumulation rapide du capital et par une forte croissance de l'offre agrégée à long terme, qui ont fait augmenter la capacité optimale de production à un taux presque égal à celui auquel la demande agrégée s'accroissait par suite de la croissance plus rapide de la masse monétaire. En conséquence, malgré la croissance plus rapide de la masse monétaire, l'inflation devait rester stable. Vous pouvez voir, cependant, les effets différés de la croissance plus rapide de la masse monétaire sous la forme d'une inflation légèrement supérieure de 1987 à 1989. Au cours des deux dernières années, le taux de croissance de la masse monétaire a diminué. Cette baisse devait également avoir un effet différé sur le taux d'inflation.

Malgré les nombreux autres facteurs qui peuvent avoir une incidence sur l'inflation, on constate que la croissance de la masse monétaire mène généralement à l'inflation et que la plupart des hausses et des baisses du taux d'inflation semblent aller de pair avec les fluctuations du taux de croissance de la masse monétaire. Sous la rubrique *Entre les lignes* des pages 396 et 397, on présente une analyse de la controverse qui a animé le début des années 90. La Banque du Canada avait alors l'intention de réduire le taux de croissance de la masse monétaire dans le but de diminuer l'inflation et de maintenir son objectif cible: un taux d'inflation nul.

À RETENIR

Si la demande agrégée augmente, et que cette augmentation est conforme aux prévisions, on est en présence d'une inflation prévue. Si la demande agrégée s'accroît d'une manière imprévue, le niveau des prix s'élève: il en découle une inflation imprévue. Si la demande agrégée n'augmente pas autant que prévu, les prix s'élèvent, mais pas autant que prévu; l'inflation est donc inférieure au taux prévu.

Tout facteur qui provoque un déplacement de la courbe de demande agrégée change le niveau des prix. Les changements imprévus de la demande agrégée produisent des variations imprévues du niveau des prix. Les changements anticipés de la demande agrégée entraînent des variations prévues du niveau des prix. Les hausses successives de la masse monétaire constituent la source principale des hausses persistantes de la demande agrégée. Une hausse prévue de la masse monétaire entraîne une augmentation du niveau des prix sans modifier le PIB réel. Une augmentation imprévue de la masse monétaire a des effets à la fois sur le niveau des prix et sur le PIB réel. Puisque les changements de la masse monétaire sont en fait partiellement prévus et partiellement imprévus, il existe une corrélation imparfaite entre l'inflation et la croissance de la masse monétaire.

■ ■ ■

Jusqu'à présent, nous avons étudié les causes de l'inflation anticipée et de l'inflation non anticipée. Nous allons maintenant analyser la relation entre l'inflation et les taux d'intérêt.

Les taux d'intérêt et l'inflation

Au Canada, au cours des dernières années, les taux d'intérêt ont fluctué de façon considérable. Au début des années 60, les entreprises pouvaient augmenter leurs capitaux à long terme à un taux d'intérêt de 5 % par année. Vers la fin des années 60, les taux d'intérêt avaient presque doublé, pour atteindre 8 % par année. Au cours des années 70, les taux d'intérêt que devaient payer les entreprises sur leurs emprunts à long terme fluctuaient entre 8 et 11 %. Au début des années 80, les taux d'intérêt ont avoisiné les 20 %. Pourquoi les taux d'intérêt ont-ils tant varié? Pourquoi étaient-ils si élevés vers la fin des années 70 et au début des années 80?

Pour répondre à ces questions, nous devons faire la distinction entre les taux d'intérêt nominaux et les taux d'intérêt réels. Les **taux d'intérêt nominaux** sont les taux d'intérêt payés et reçus sur le marché. Les *taux d'intérêt réels* sont ceux qui sont obtenus lorsque les taux d'intérêt nominaux ont été ajustés pour tenir compte des effets de l'inflation. Si le taux d'intérêt nominal est de 15 % par année et que les prix augmentent de 10 % par année, le taux d'intérêt réel s'établit à 5 % par année seulement. Si vous contractez, pour une durée d'un an, un emprunt de 100 $ le 1er janvier 1992, vous aurez en effet 115 $ à dépenser le 1er janvier 1993. Cependant, vous avez besoin de 110 $ pour acheter la même quantité de biens que vous pouviez vous procurer avec 100 $ un an plus tôt. En fait, votre gain n'est que de 5 $, soit la différence entre les 110 $ qui vous sont nécessaires pour acheter l'équivalent de 100 $ de biens et les 115 $ que vous détenez.

Au chapitre 11, lors de notre étude de la détermination des taux d'intérêt, nous avons analysé le cas d'une économie sans inflation. Dans une telle économie, il n'y a pas de différence entre les taux d'intérêt nominaux et les taux d'intérêt réels. Il n'y a qu'un seul taux d'intérêt qui assure l'égalité entre la quantité de monnaie demandée et la quantité offerte. Mais nous savons que, dans le monde réel, le niveau des prix est rarement constant et qu'en général il augmente. Quels sont les effets sur les taux d'intérêt d'un niveau des prix croissant et de l'anticipation que le niveau des prix continuera d'augmenter ? Voilà les questions auxquelles nous tenterons maintenant de répondre.

Les anticipations de l'inflation et les taux d'intérêt

Commençons notre analyse de la relation qui existe entre les anticipations de l'inflation et les taux d'intérêt en prenant le cas de deux économies fictives qui sont identiques, sauf sur un point: une des économies ne connaît pas d'inflation alors que l'autre connaît un taux d'inflation de 10 %. Dans chaque cas, les gens prévoient correctement l'évolution du niveau des prix. Autrement dit, dans la première économie, on ne prévoit aucune inflation et c'est ce qui se produit; dans la seconde économie, on prévoit un taux d'inflation de 10 % et c'est ce qui se produit effectivement. Quelle est la différence entre les taux d'intérêt dans ces deux économies?

Supposons que, dans l'économie où l'inflation est nulle, le taux d'intérêt annuel soit de 5 %. Qu'adviendra-t-il du taux d'intérêt dans la seconde économie? Il atteindra 15,5 % par année. Pourquoi?

D'abord, observons la situation du point de vue des prêteurs. Les gens qui accordent des prêts savent que la valeur de la monnaie qu'ils ont prêtée baisse à un taux de 10 % par année. Chaque année, le pouvoir d'achat de la monnaie baisse de 10 % par rapport à l'année précédente. Les prêteurs veulent se protéger contre cette dépréciation de la valeur de la monnaie; ils exigent alors un taux d'intérêt plus élevé sur les prêts qu'ils accordent.

À présent, analysons la situation du point de vue des emprunteurs. Les gens qui empruntent savent, puisque l'économie connaît un taux d'inflation annuel de 10 %, que la monnaie qui servira à rembourser leurs emprunts vaudra 10 % de moins chaque année par rapport à l'année précédente. De plus, ils savent que les prêteurs doivent se protéger contre la dépréciation de la valeur de la monnaie; ils sont donc prêts à payer un taux d'intérêt plus élevé.

Une stratégie anti-inflationniste

La bataille perdue de John Crow : recherche de solutions de rechange

[...] Deux ans après que John Crow, gouverneur de la Banque du Canada, eut annoncé qu'il s'engageait dans une lutte visant à atteindre un taux d'inflation zéro [...], l'inflation s'est accélérée [...]

Alors que la plupart des économistes appuient John Crow, certains se demandent si les bénéfices associés à la réduction de l'inflation vaudront les coûts engendrés par l'effritement du marché des exportations et l'aggravation permanente du chômage dans le futur [...]

De plus, l'efficacité de la politique monétaire est difficile à évaluer puisqu'il faut déterminer l'incidence réelle qu'a eue cette politique sur le taux d'inflation.

Selon David Laidler, spécialiste de la théorie monétaire et chercheur rattaché à l'Institut C.D. Howe: «On ne peut comparer la même année la politique monétaire et le taux d'inflation; il faut attendre quelques années avant que les effets de la politique monétaire sur le taux d'inflation se fassent pleinement sentir.»

«L'inflation que nous avons connue l'an dernier a été le résultat des mesures prises par la Banque du Canada en 1987. On craignait alors une récession. C'est pourquoi on imprimait de la monnaie.»

David Laidler poursuit en précisant que John Crow a dû contrebalancer l'adoucissement de sa politique en 1987 par une politique monétaire restrictive, afin d'empêcher l'inflation de croître en 1991 et au cours des années suivantes. Et, contrairement à ce que pensent un grand nombre de pessimistes, dont John Crow lui-même, David Laidler soutient, avec un optimisme prudent, que la politique monétaire est suffisamment resserrée pour

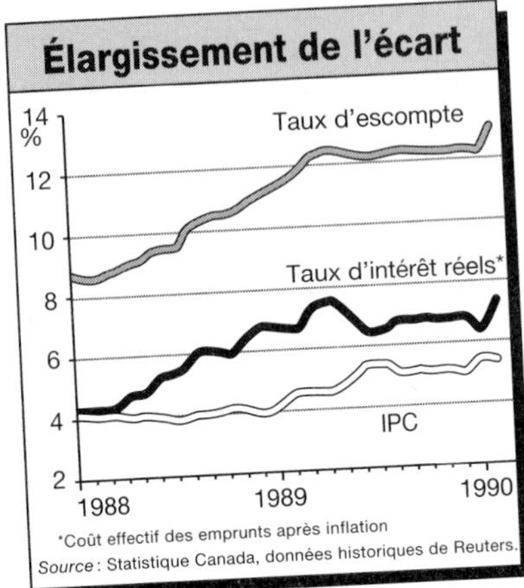

qu'elle permette d'atteindre, si elle était maintenue indéfiniment, une inflation se situant entre 0 et 2 %.

«Cela ne signifie pas pour autant que la politique monétaire restrictive soit en place pour toujours» a-t-il ajouté, en précisant que l'on finira par relâcher le frein monétaire et que les taux d'intérêt chuteront si l'inflation baisse à ce niveau.

Toutefois, bon nombre d'économistes soutiennent toujours que la solution monétariste est trop coûteuse.

Pour sa part, Pierre Fortin, professeur d'économique à l'Université du Québec à Montréal, affirme que, «au cours des 30 dernières années, la politique monétaire n'a été efficace qu'après avoir provoqué des crises financières» [...]

Même s'il est «ambivalent» quant à l'application de contrôles de prix et de salaires, M. Fortin croit qu'ils sont tout de même plus efficaces pour combattre l'inflation que les taux d'intérêt élevés.

Selon M. Fortin, une coopération accrue entre le gouvernement, les entreprises et les travailleurs faciliterait assurément la lutte contre l'inflation.

The Financial Post
9 avril 1990
Par Greg Ip

Les faits en bref

- Deux ans après l'annonce par John Crow, gouverneur de la Banque du Canada, d'un objectif d'inflation zéro, le taux d'inflation a augmenté.
- La plupart des économistes appuient l'objectif de John Crow, mais certains croient que les coûts engendrés par la lutte contre l'inflation sont trop élevés.
- Pierre Fortin, professeur d'économique à l'Université du Québec à Montréal, affirme que :
  - La politique monétaire finit par ralentir l'inflation seulement après avoir provoqué des crises financières.
  - Nous devrions chercher à combattre l'inflation en favorisant la coopération entre le gouvernement, les entreprises et les travailleurs.
- David Laidler, de l'Institut C.D. Howe (et professeur à l'Université Western Ontario) affirme de son côté que :
  - L'évaluation du succès d'une politique monétaire est complexe : on doit attendre deux ans avant que les effets d'un changement de la politique monétaire sur l'inflation se fassent vraiment sentir.
  - Il y aura adoucissement de la politique monétaire et les taux d'intérêt chuteront avec l'inflation.

Analyse

- Le graphique (a) illustre le point de vue de David Laidler : l'inflation ne réagit pas immédiatement à un changement du taux de croissance de l'offre de monnaie. L'inflation et la croissance de l'offre de monnaie ont affiché une tendance à la hausse en 1988 et en 1989, mais l'augmentation de l'inflation s'est produite après la hausse du taux de croissance de l'offre de monnaie.

- Le graphique illustre également la rigueur avec laquelle la Banque du Canada a freiné la croissance monétaire au cours du premier trimestre de 1990.

- Le graphique (b) nous permet de combiner les points de vue exprimés par David Laidler et Pierre Fortin avec divers scénarios qu'il était alors possible d'envisager pour la politique monétaire.

- Nous supposons que, au milieu de l'année 1990, la courbe d'offre agrégée à long terme correspondait à la courbe *OALT*, la courbe d'offre agrégée à court terme, à la courbe $OACT_0$ et la courbe de demande agrégée à la courbe DA_0. L'indice implicite du PIB se chiffrait à 150 et le PIB réel à 470 milliards de dollars (en dollars de 1981).

- Supposons aussi que le taux de croissance du PIB réel était nul (une hypothèse qui nous permet de simplifier l'analyse) et que la courbe d'offre agrégée à long terme en 1990 et en 1991 était représentée par la courbe *OALT*.

- Supposons enfin que les salaires augmentaient de 5 % par année et que la courbe d'offre agrégée à court terme en 1991 était $OACT_1$.

- Le graphique (b) illustre trois scénarios qu'il était alors possible d'envisager pour 1991 :

1. La Banque pouvait relâcher le frein monétaire et permettre à l'offre de monnaie de croître plus rapidement. Dans ce cas, la demande agrégée aurait augmenté et la courbe de demande agrégée se serait déplacée en DA_1. Le niveau des prix se serait élevé à 157,5 — soit un taux d'inflation de 5 % par année — et le PIB réel serait demeuré constant.

2. La Banque du Canada pouvait maintenir sa politique monétaire restrictive. Dans ce cas, la courbe de demande agrégée devait correspondre à la courbe DA_0. Le niveau des prix serait passé à 155 — soit un taux d'inflation annuel d'un peu plus de 3 % — et le PIB réel serait tombé à 460 milliards de dollars environ. Il y aurait eu ralentissement de l'économie et l'inflation aurait chuté. Lorsque le taux d'inflation plus bas aurait influé sur les salaires, la courbe d'offre agrégée à court terme se serait déplacée vers le haut moins rapidement, l'inflation aurait fléchi davantage et le PIB réel serait revenu graduellement à son niveau de plein emploi. Cependant, ce processus aurait pris du temps. Ce scénario peut être considéré comme celui de David Laidler.

3. La Banque du Canada pouvait maintenir sa politique monétaire restrictive, de sorte que la courbe de demande agrégée aurait été la courbe DA_0. Cependant, il eut été possible que le gouvernement réussisse à réduire le taux d'inflation en persuadant les agents économiques de limiter les augmentations de salaires et de prix. Les salaires n'auraient pas augmenté et la courbe d'offre agrégée à court terme aurait été la courbe $OACT_0$. On aurait réussi à enrayer l'inflation et il n'y aurait pas eu de récession. Ce scénario pourrait ressembler à celui de Pierre Fortin.

- Lequel des scénarios s'est réalisé en 1991? Aucun d'entre eux! Les prévisions des uns et des autres ont été déjouées. Le PIB réel a diminué de 1990 à 1991, passant de 459 à 453 milliards de dollars. Le taux d'inflation, quant à lui, s'est accru, passant de 4,8 % à 5,6 %. Il semble donc que, de 1990 à 1991, la courbe de demande agrégée s'est déplacée vers la gauche alors que la courbe d'offre agrégée à court terme s'est déplacée encore davantage vers le haut.

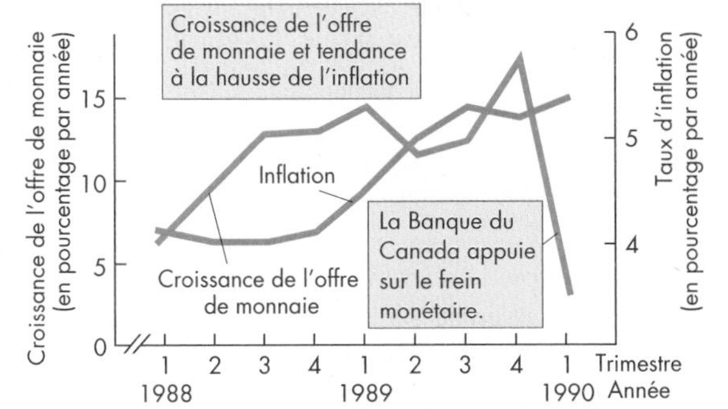

(a) Données récentes sur la croissance de l'offre de monnaie et l'inflation

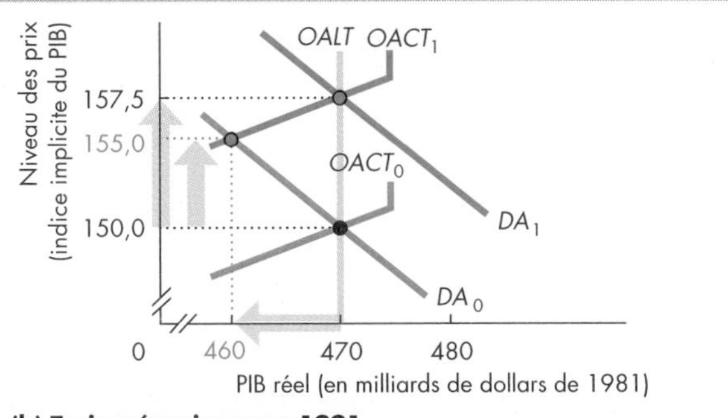

(b) Trois scénarios pour 1991

L'ÉVOLUTION DE NOS CONNAISSANCES

La courbe de Phillips

A. W. Phillips

En 1958, A. W. (Bill) Phillips (1914-1975), ingénieur en électricité devenu économiste, s'est fait connaître dans le monde de l'économie. Cette année-là, ce Néo-Zélandais de naissance, qui travaillait alors à la London School of Economics, publie un article dans lequel il explique ce que nous appelons maintenant la *courbe de Phillips*, soit une courbe qui illustre la relation négative entre le taux de chômage et le taux d'inflation[1]. Curieusement cette relation, qui avait prévalu, en moyenne, pendant près d'un siècle, pouvait expliquer les événements des années 50 de façon remarquable. Ce qui est sans doute tout aussi étonnant, c'est que Bill Phillips n'a pas été le premier à découvrir la relation qui porte maintenant son nom. Lawrence R. Klein[2] (de l'université de la Pennsylvanie) avait proposé une relation semblable dix ans plus tôt, Irving Fisher[3] vingt-cinq ans plus tôt et, finalement, Karl Marx[4] soixante ans auparavant. Par conséquent, la courbe de Phillips pourrait peut-être tout aussi bien porter le nom de courbe de Marx !

La théorie de la courbe de Phillips

La théorie de la courbe de Phillips repose essentiellement sur la proposition suivante : toutes choses étant égales par ailleurs, plus le taux de chômage est élevé, plus le taux d'inflation est faible. Le graphique ci-contre illustre la courbe de Phillips, appelée *CP*. Le long de la courbe de Phillips, plus le taux de chômage est élevé, plus le taux d'inflation est faible. Au point *a*, le taux de chômage est de 6 % et le taux d'inflation de 10 % par année.

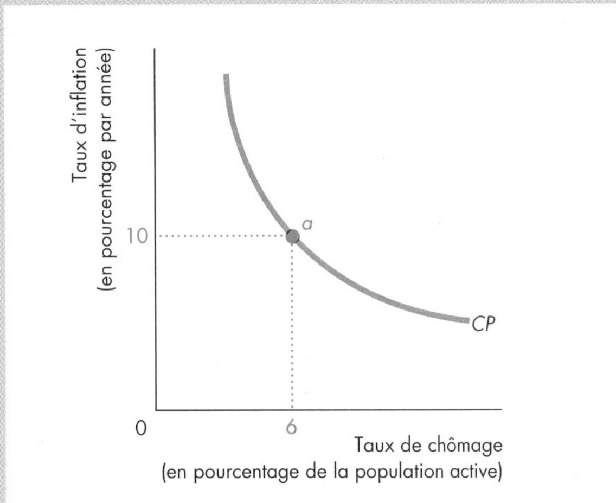

Selon Phillips, le taux de chômage est un indicateur de la pression exercée par la demande sur l'économie. Lorsque le taux de chômage est faible, le PIB réel excède son niveau à long terme, la congestion augmente et l'inflation s'accélère. Lorsque le taux de chômage est élevé, le PIB réel se trouve en deçà de son niveau à long terme et l'inflation diminue.

Au début des années 60, la courbe de Phillips est devenue un élément important de la macroéconomie. À cette époque, la plupart des économistes travaillaient à partir du modèle suivant :

- La dépense agrégée détermine le PIB réel, au point où la courbe *DAP* croise la droite à 45°, comme nous le montre la figure 9.3 (a) de la page 230.
- À un niveau donné du PIB réel, le chômage est déterminé par la loi d'Okun, présentée à la page 370.

- À un taux de chômage donné, l'inflation est déterminée par la courbe de Phillips.

La courbe de Phillips était sensée représenter les choix possibles en matière de chômage et d'inflation, c'est-à-dire la liste des possibilités qui s'offraient aux responsables de la politique économique. Ces derniers pouvaient opter pour un taux de chômage faible au prix, cependant, d'une inflation élevée, ou encore pour une inflation faible moyennant un chômage élevé.

L'hypothèse du taux naturel

L'hypothèse du taux naturel a été élaborée de façon indépendante, au milieu des années 60, par Edmund Phelps (actuellement professeur à l'université Columbia, mais qui était à l'époque professeur à l'université de la Pennsylvanie) et Milton Friedman.

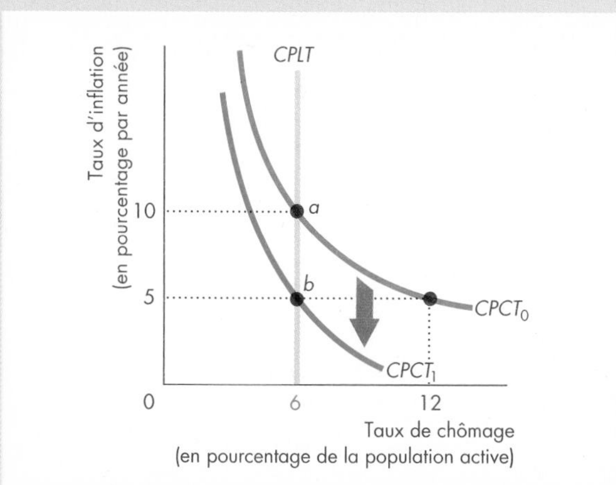

L'hypothèse du taux naturel de Phelps et Friedman contient les propositions suivantes:

- Pour un taux donné d'inflation anticipée, plus le taux de chômage est élevé, plus le taux d'inflation est faible; il s'agit en quelque sorte d'une courbe de Phillips à court terme.
- Lorsque le taux d'inflation effectif est égal au taux d'inflation anticipé, il existe un taux de chômage unique, le taux de chômage naturel; il s'agit alors de la courbe de Phillips à long terme.

La figure ci-dessus illustre les courbes de Phillips à long terme et à court terme. Si le taux d'inflation prévu est de 10 % par année, la courbe de Phillips à court terme correspond à la courbe $CPCT_0$. Si le taux d'inflation prévu chute à 5 %, la courbe de Phillips à court terme se déplace vers le bas en $CPCT_1$. Aux points *a* et *b*, le taux d'inflation effectif est égal au taux anticipé, et le taux de chômage effectif est égal au taux de chômage naturel. L'ampleur du déplacement vers le bas de la courbe de Phillips à court terme est égale à la valeur du changement à la baisse du taux d'inflation anticipé. Les points *a* et *b* se trouvent sur la courbe de Phillips à long terme (*CPLT*). Cette courbe indique que, au taux de chômage naturel, le taux d'inflation peut prendre diverses valeurs, pourvu qu'il soit correctement prévu.

Les théories élaborées par Phelps et Friedman les ont amenés à conclure que la courbe de Phillips ne pouvait représenter une relation qui refléterait les choix qui s'offrent aux responsables de la politique économique. Ils ont prédit que les hausses du taux d'inflation prévu à la fin des années 60 allaient pousser la courbe de Phillips vers le haut.

Le taux de chômage naturel variable

Avant les années 70, on croyait que le taux de chômage naturel était constant. Récemment, cependant, il est devenu évident que le taux de chômage naturel varie. Certaines de ces variations sont provoquées par des changements du taux de roulement de la main-d'œuvre résultant de progrès techniques et entraînant des déplacements d'un secteur à un autre et d'une région à une autre. Un changement du taux de chômage naturel fait déplacer les courbes de Phillips à court et à long terme (voir la figure ci-dessous). Si le taux de chômage naturel augmente, passant de 6 à 8 %, la courbe de Phillips à

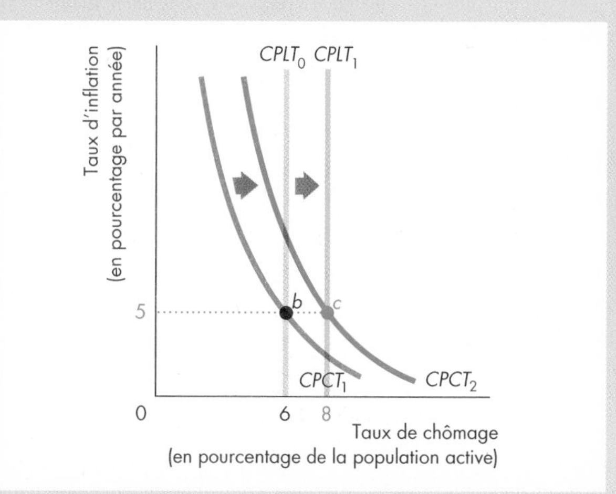

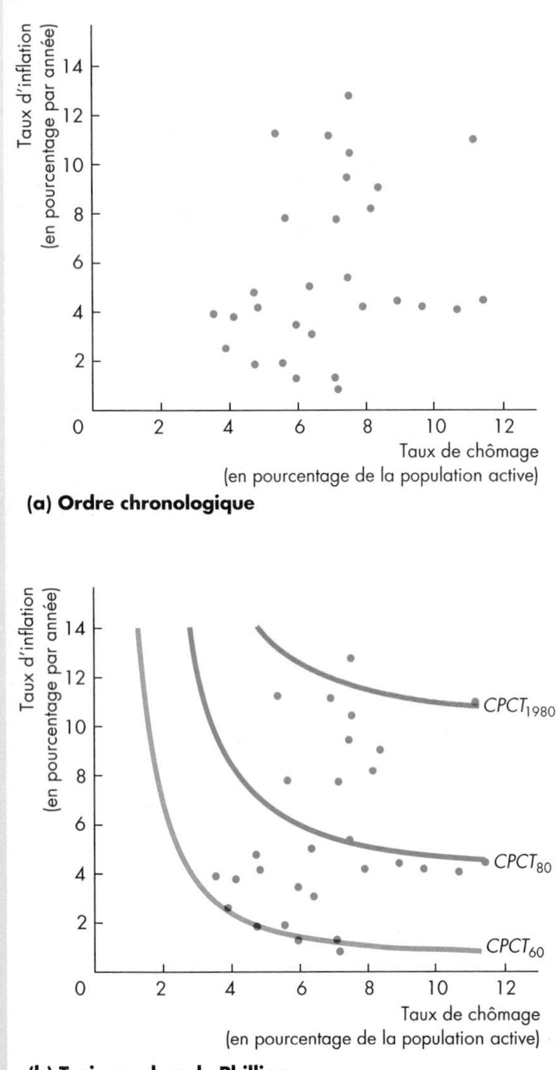

(a) Ordre chronologique

(b) Trois courbes de Phillips

long terme se déplace de $CPLT_0$ à $CPLT_1$; de plus, si le taux d'inflation anticipé demeure constant à 5 % par année, la courbe de Phillips à court terme passe de $CPCT_1$ à $CPCT_2$. Puisque le taux d'inflation anticipé est constant, la courbe de Phillips à court terme $CPCT_1$ croise la courbe de Phillips à long terme $CPLT_0$ au point *b*, ce qui engendre le même taux d'inflation que lorsque la courbe de Phillips à court terme $CPCT_2$ croise la courbe de Phillips à long terme $CPLT_1$ au point *c*.

La courbe de Phillips au Canada

Examinons la relation entre l'inflation et le chômage au Canada afin de pouvoir l'interpréter en ayant à l'esprit la théorie de la courbe de Phillips. Commençons par analyser le graphique (a) de gauche. Il s'agit d'un diagramme de dispersion qui illustre l'évolution du chômage et de l'inflation depuis 1960. Chaque point de la figure représente la combinaison du taux d'inflation et du taux de chômage enregistrés pour une année donnée. Comme vous pouvez le constater, il ne semble pas y avoir une relation précise entre l'inflation et le chômage. Il est impossible de distinguer dans ce graphique une courbe de Phillips semblable à celle qui est présentée dans le graphique de la page 398.

Cependant, nous pouvons tenter d'expliquer l'évolution des données au moyen d'une courbe de Phillips à court terme qui se déplace. Le graphique (b) nous fournit une telle explication. Nous pouvons voir trois courbes de Phillips à court terme. La première courbe, $CPCT_{60}$, représente celle des années 60. La hausse du taux d'inflation anticipé et celle du taux de chômage naturel ont provoqué le déplacement de la courbe de Phillips à court terme vers le haut et vers la droite. Elle a atteint sa position la plus éloignée en 1980, ce qui correspond à la courbe $CPCT_{1980}$. Depuis 1980, l'inflation prévue a diminué considérablement, et il est probable que le taux de chômage naturel ait également baissé quelque peu. Vers la fin des années 80, la courbe de Phillips s'était déplacée en $CPCT_{80}$.

---

1 A. W. Phillips, «The Relation Between Unemployment and the Rate of Change of Money Wages in the United Kingdom, 1861-1957», *Economica*, vol. 25, novembre 1958, pp. 283-299.

2 *Economic Fluctuations in the United States: 1921-1941*, New York, John Wiley and Sons, Cowles Commission Monograph 11, 1950.

3 «A Statistical Relation Between Unemployment and Price Changes», d'abord publié dans l'*International Labor Review*, et que l'on peut trouver sous le nom de «I Discovered the Phillips Curve», dans le *Journal of Political Economy*, vol. 81 (2), partie 1, mars et avril 1973, pp. 496-502.

4 Selon Ronald Bodkin (de l'université d'Ottawa), qui cite Paolo Sylos-Labini, célèbre spécialiste italien de macroéconomie de l'université de Rome, Marx aurait proposé une courbe semblable à la courbe de Phillips dans *Das Kapital*, d'abord publié en 1867.

Mais à combien se chiffrera le montant à ajouter au taux d'intérêt ? Premièrement, les emprunteurs et les prêteurs s'entendent au départ sur 10 points de pourcentage parce qu'ils prévoient que la valeur de la monnaie empruntée et prêtée chutera à un taux annuel de 10 %. Deuxièmement, ils savent aussi que le pouvoir d'achat des paiements d'intérêt sera moindre à la fin de l'année qu'au début de l'année. Pour compenser cette perte, ils ajoutent 10 % au taux d'intérêt. Puisque le taux d'intérêt est de 5 % lorsque l'inflation est nulle, le fait d'ajouter 10 % au taux d'intérêt revient à ajouter un demi-point de pourcentage. Le montant total qu'ils conviennent d'ajouter est donc égal à 10,5 points de pourcentage, soit 10 + 0,5. Lorsqu'ils ajoutent ce montant au taux d'intérêt réel de 5 %, le taux d'intérêt s'élève à 15,5 % (10,5 + 5). Le taux d'intérêt nominal est alors égal au taux d'intérêt réel, plus une compensation pour le taux d'inflation anticipé, compensation qui est légèrement supérieure au taux d'inflation anticipé. Plus le taux d'inflation anticipé est élevé, plus le taux d'intérêt nominal l'est également. Lorsque l'inflation et les taux d'intérêt sont faibles, le taux d'intérêt nominal est à peu près égal à la somme du taux d'intérêt réel et du taux d'inflation anticipé.

En observant le comportement des prêteurs et des emprunteurs, vous pouvez comprendre pourquoi la hausse des taux d'intérêt nominaux est supérieure à celle des taux d'intérêt réels dans une proportion dépassant légèrement le taux d'inflation anticipé. Cependant, lorsque nous avons étudié la détermination des taux d'intérêt au chapitre 11, nous avons découvert que la demande de monnaie réelle et l'offre de monnaie réelle déterminaient les taux d'intérêt. Mais, entre le taux d'intérêt nominal et le taux d'intérêt réel, lequel assure l'égalité entre la quantité de monnaie réelle demandée et la quantité offerte ? Au chapitre 11, ces deux taux d'intérêt étaient les mêmes parce que l'inflation était nulle.

Pour répondre à cette question, nous devons connaître le coût d'opportunité lié à la détention de la monnaie. Ce coût comporte deux composantes. La première est la dépréciation de la valeur de la monnaie qui résulte de l'inflation. La seconde représente l'intérêt réel qui aurait pu être encaissé en réduisant la quantité de monnaie détenue pour faire des prêts ou investir dans du capital réel, comme des usines et de l'équipement. Par conséquent, nous pouvons écrire l'égalité suivante :

Coût d'opportunité lié à la détention de la monnaie	=	Taux d'inflation anticipé	+	Taux d'intérêt. réel

Cependant, nous savons aussi que le taux d'intérêt nominal est à peu près égal à la somme du taux d'inflation prévu et du taux d'intérêt réel. Nous avons donc découvert que le coût d'opportunité lié à la détention de la monnaie correspond au taux d'intérêt nominal. C'est le taux d'intérêt nominal qui s'ajuste sur le marché monétaire pour que la quantité de monnaie demandée soit égale à la quantité offerte. Plus le taux d'inflation anticipé est élevé, plus le coût d'opportunité lié à la détention de la monnaie est important et plus la quantité de monnaie que les gens désirent conserver est faible.

L'inflation et les taux d'intérêt au Canada

Quelle est la relation véritable entre l'inflation et les taux d'intérêt au Canada ? La figure 14.9 illustre cette relation. Le taux d'intérêt, mesuré en ordonnée, est celui qui est payé par le gouvernement du Canada sur ses emprunts à échéance de trois mois, soit le taux sur les bons du Trésor à trois mois. Chaque point du graphique représente une année de l'histoire macroéconomique canadienne entre 1969 et 1991. La droite à pente positive montre la relation qui aurait existé entre le taux d'intérêt et le taux d'inflation si le taux d'intérêt réel avait toujours été égal à sa valeur moyenne pour la période allant de 1969 à 1991. Comme vous pouvez le constater, il existe une corrélation entre le taux d'inflation et le taux d'intérêt. Cette corrélation s'appuie sur la relation que nous venons d'étudier.

Figure 14.9 L'inflation et le taux d'intérêt

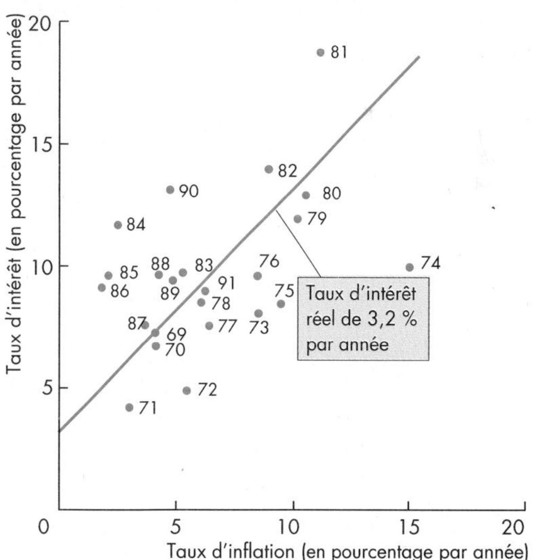

Toutes choses étant égales par ailleurs, plus le taux d'inflation anticipé est élevé, plus le taux d'intérêt l'est également. Un graphique illustrant la relation entre les taux d'intérêt et les taux d'inflation effectifs nous révèle que l'effet de l'inflation sur les taux d'intérêt est considérable. Il s'agit ici du taux d'intérêt payé par le gouvernement du Canada sur ses emprunts à échéance de trois mois, soit le taux sur les bons du Trésor à trois mois. Chaque point représente une année de l'histoire macroéconomique du Canada entre 1969 et 1991.

Sources: Le taux d'inflation: figure 5.1. Le taux d'intérêt: *Revue de la Banque du Canada*, CANSIM série B14007.

Plus le taux d'inflation anticipé est élevé, plus les taux d'intérêt le sont également.

Au cours des années 60, les taux d'inflation anticipés et effectifs étaient modérés. Il en allait de même des taux d'intérêt. Au début des années 70, le taux d'inflation a commencé à augmenter, mais on ne s'attendait pas à ce qu'il s'accroisse beaucoup et encore moins à ce que cette hausse soit persistante. Par conséquent, à l'époque, les taux d'intérêt n'ont pas beaucoup monté. Vers le milieu des années 70, cependant, l'économie a connu une forte poussée inflationniste qui n'avait pas été anticipée. Les taux d'intérêt ont alors augmenté, mais plus faiblement que l'inflation. Vers la fin des années 70 et au début des années 80, on prévoyait une inflation persistante de près de 10 % par année. Par conséquent, les taux d'intérêt ont augmenté pour atteindre 15 % environ par année. Puis, en 1984 et en 1985, le taux d'inflation a baissé, sans qu'on l'ait prévu. Les taux d'intérêt ont alors commencé à baisser mais pas aussi rapidement que le taux d'inflation. Les taux d'intérêt à court terme ont baissé plus rapidement que les taux d'intérêt à long terme parce que, à l'époque, on s'attendait à ce que l'inflation soit plus faible à court terme qu'à long terme.

La situation internationale illustre, de façon plus spectaculaire encore, la relation entre l'inflation et les taux d'intérêt. Par exemple, récemment au Chili, le taux d'inflation annuel a grimpé à environ 30 % et les taux d'intérêt à environ 40 %. Le Brésil a enregistré des taux d'inflation de plus de 200 % par année et des taux d'intérêt annuel supérieurs à 200 %. À l'autre extrême, des pays comme le Japon et la Belgique ont connu des taux d'inflation et des taux d'intérêt nominaux très bas.

L'offre de monnaie et les taux d'intérêt : récapitulation

Comme nous l'avons vu, les taux d'intérêt nominaux élevés accompagnent les taux d'inflation anticipés élevés. Nous avons également découvert que, lorsque le taux de croissance anticipé de la masse monétaire était élevé, l'inflation prévue était forte. Un taux de croissance anticipé de la masse monétaire qui est élevé engendre donc un taux d'inflation prévu et des taux d'intérêt qui sont élevés également.

Au chapitre 11, nous avons étudié les effets des mesures prises par la Banque du Canada sur les taux d'intérêt. Nous avons conclu qu'une augmentation de la masse monétaire faisait diminuer les taux d'intérêt. Comment ces deux conclusions peuvent-elles être justes en même temps ? Comment une augmentation prévue du taux de croissance de la masse monétaire peut-elle provoquer une hausse des taux d'intérêt alors qu'une hausse effective de la masse monétaire les fait diminuer ?

Pour répondre à cette question, il faut tenir des délais d'ajustement des taux d'intérêt à la suite d'un changement de l'offre de monnaie. Si la Banque du Canada prend une mesure imprévue qui a pour effet de faire augmenter la masse monétaire, cette mesure aura comme résultat immédiat de faire baisser les taux d'intérêt. Les taux d'intérêt devront alors être plus bas de façon qu'il y ait égalité entre la quantité de monnaie demandée et la quantité offerte. Cependant, si la Banque du Canada continue de faire croître la masse monétaire d'année en année à un taux supérieur au taux de croissance du PIB réel, les gens prévoiront la hausse de la masse monétaire et l'inflation qui en résulte. Dans de telles circonstances, ils ne seront pas prêts à octroyer des prêts à moins qu'ils n'obtiennent un rendement suffisamment élevé sur leurs prêts pour compenser la dépréciation de la valeur de la monnaie provoquée par l'inflation.

Par conséquent, c'est lorsqu'il y a une augmentation imprévue de l'offre de monnaie que les taux d'intérêt se mettent à baisser. Lorsqu'on prévoit une augmentation continue de l'offre de monnaie, les taux d'intérêt montent. La diminution des taux d'intérêt, par suite d'une hausse de l'offre de monnaie, est un effet immédiat mais temporaire. La hausse des taux d'intérêt liée à la hausse du taux de croissance de l'offre de monnaie est un effet à long terme.

■ Nous venons de terminer notre étude de l'inflation et de la relation qui existe entre le taux d'inflation et le taux d'intérêt. Il nous reste maintenant à voir comment le modèle de l'offre et de la demande agrégées, que nous avons utilisé pour étudier l'inflation, peut aussi nous aider à analyser et à comprendre les fluctuations du PIB réel, de même qu'à expliquer les récessions et les dépressions. C'est ce que nous ferons au chapitre 15.

RÉSUMÉ

L'équilibre macroéconomique

Lorsqu'une économie est en situation d'équilibre macroéconomique, les quatre conditions suivantes sont remplies :

- Le PIB réel demandé est égal au PIB réel offert.
- La dépense agrégée planifiée est égale au PIB réel.
- La quantité de monnaie réelle demandée est égale à la quantité de monnaie réelle offerte.
- La quantité de travail demandée est égale à la quantité de travail offerte.

Autrement dit, l'équilibre macroéconomique est une situation où personne ne désire modifier son comportement étant donné les circonstances, l'information disponible et les choix possibles. L'équilibre macroéconomique n'est pas nécessairement un équilibre de plein emploi. En outre, plus le niveau de la demande agrégée est élevé, plus le PIB réel et le niveau des prix le seront également. Plus le niveau des prix prévu est élevé, plus le PIB réel sera faible et plus le niveau des prix sera élevé. Lorsque le niveau des prix effectif est égal au niveau prévu, le PIB réel atteint son niveau à long terme. Si le niveau des prix est plus élevé que prévu, le PIB réel excède son niveau à long terme. Si le niveau des prix est plus bas que le niveau prévu, le PIB réel se situe au-dessous de son niveau à long terme. Les anticipations erronées du niveau des prix sont coûteuses. On peut réduire au minimum les pertes qui résultent d'anticipations erronées en restreignant au minimum les erreurs de prévision. Les anticipations qui réduisent les erreurs de prévision au minimum sont appelées *anticipations rationnelles. (pp. 381-385)*

L'anticipation rationnelle du niveau des prix

L'importance accordée à la conception des prévisions varie d'une personne à l'autre. Certaines personnes se spécialisent dans cette activité, alors que d'autres se fient simplement aux prévisions des spécialistes. Nous pouvons calculer l'anticipation rationnelle du niveau des prix à l'aide de la théorie de l'offre et de la demande agrégées. En pratique cependant, les gens n'ont pas recours à la théorie de l'offre et de la demande agrégées pour concevoir leurs prévisions du niveau des prix. Il existe un grand nombre de méthodes pour faire des prévisions. Selon l'hypothèse des anticipations rationnelles, les prévisions des individus, peu importe la façon dont elles sont conçues, correspondent, en moyenne, aux prévisions que ferait un économiste qui utiliserait la théorie économique pertinente et la totalité de l'information disponible. *(pp. 385-388)*

L'équilibre d'anticipations rationnelles

L'équilibre d'anticipations rationnelles est un équilibre macroéconomique qui s'appuie sur les meilleures prévisions possible. L'équilibre d'anticipations rationnelles s'établit au point d'intersection des courbes de demande agrégée et d'offre agrégée à court terme. L'équilibre d'anticipations rationnelles peut correspondre à un équilibre de plein emploi, mais il peut aussi en être autrement. La demande agrégée et l'offre agrégée peuvent être plus fortes ou plus faibles que prévu. Le PIB réel peut donc être plus élevé ou plus faible que son niveau à long terme et le niveau des prix plus élevé ou plus bas que prévu. Peu importe la situation, lorsque l'équilibre d'anticipations rationnelles prévaut, personne ne souhaiterait agir autrement, étant donné les circonstances qui prévalaient au moment où les gens ont fait leurs choix. *(pp. 388-390)*

L'inflation

L'inflation est la hausse, en pourcentage, du niveau des prix d'une année à l'autre. Lorsque nous prévoyons correctement les changements de la demande et de l'offre agrégées, il y a inflation anticipée. Tout changement imprévu de la demande agrégée ou de l'offre agrégée provoque une inflation imprévue. Une hausse imprévue de la demande agrégée entraîne une augmentation imprévue du taux d'inflation et fait augmenter le PIB réel au-delà de son niveau à long terme. Si la demande agrégée augmente moins que prévu, il y a baisse imprévue du taux d'inflation et le PIB réel descend alors au-dessous de son niveau à long terme. Le taux d'inflation dépend de tous les facteurs qui influent sur la demande et sur l'offre agrégées. Cependant, l'un de ces facteurs influe particulièrement sur l'évolution du niveau des prix. Il s'agit de l'offre de monnaie. La croissance de la masse monétaire et la hausse du niveau des prix sont liées d'assez près. Cependant, les autres facteurs qui influent sur la demande et l'offre agrégées ont également des effets sur le niveau des prix ; l'analyse de l'évolution des taux de croissance annuels de la masse monétaire et des taux d'inflation permet de conclure que la corrélation entre l'inflation et la croissance de l'offre de monnaie est imparfaite. *(pp. 390-395)*

Les taux d'intérêt et l'inflation

Les anticipations de l'inflation influent sur les taux d'intérêt nominaux. Plus le taux d'inflation prévu est élevé, plus les taux d'intérêt nominaux le sont aussi. Les emprunteurs seront prêts à payer davantage et les prêteurs pourront obtenir davantage si le taux d'inflation anticipé grimpe. Les ajustements apportés au taux d'intérêt réel, soit la différence entre le taux d'intérêt nominal et le taux d'inflation anticipé, harmonisent les intentions d'emprunt, de prêt et de détention d'actifs des individus. *(pp. 395-402)*

POINTS DE REPÈRE

Mots clés

Figures clés

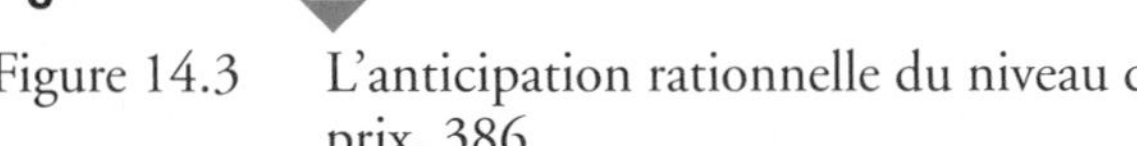

QUESTIONS DE RÉVISION

1 Quelles conditions sont nécessaires pour atteindre un équilibre macroéconomique ?

2 Décrivez et illustrez le calcul d'une anticipation rationnelle du niveau des prix.

3 Pourquoi les anticipations erronées du niveau des prix sont-elles coûteuses ? Énumérez quelques-uns des coûts que devra subir un individu sur le marché du travail, de même que sur le marché des actifs, à la suite de transactions faites à partir d'anticipations incorrectes du niveau des prix.

4 Pour une anticipation donnée du niveau des prix, analysez les effets des changements suivants sur le PIB réel et sur le niveau des prix :

- a) Une augmentation de l'offre de monnaie
- b) Une augmentation des dépenses publiques en biens et services
- c) Une hausse des impôts
- d) Une augmentation de la demande d'investissement
- e) Une baisse de l'offre agrégée à long terme
- f) Une hausse du niveau des prix prévu

5 Tracez un diagramme qui illustre un équilibre d'anticipations rationnelles où le PIB réel se situe au-dessous de son niveau à long terme.

6 Comment détermine-t-on l'inflation anticipée ?

7 Quel est le facteur principal, à l'origine de changements de la demande agrégée, qui entraîne des hausses persistantes du niveau des prix ?

8 Analysez la relation qui existe entre l'inflation et le taux de croissance de l'offre de monnaie au Canada depuis 1969 en répondant aux questions suivantes :

- a) À quel moment l'inflation était-elle particulièrement élevée par rapport à la croissance de l'offre de monnaie ? Énumérez les années et expliquez pourquoi.
- b) À quel moment l'inflation était-elle particulièrement faible comparativement à la croissance de l'offre de monnaie ? Énumérez les années et expliquez pourquoi.

9 Quel lien y a-t-il entre le taux d'inflation anticipé et les taux d'intérêt ?

PROBLÈMES

1 Voici les valeurs que prennent la demande agrégée et l'offre agrégée à court terme d'une économie donnée :

Niveau des prix (indice implicite du PIB)	PIB réel demandé	PIB réel offert
	(en milliards de dollars de 1981)	
80	4	1
100	3	3
120	2	5
140	1	5

Le niveau des prix prévu est de 100.

a) Quelle est la valeur du PIB réel à long terme ?

b) Quelle est la valeur du PIB réel effectif?

c) Quelle est la valeur du niveau des prix ?

2 Dans l'économie décrite au problème 1, le niveau des prix prévu passe de 100 à 120.

a) Quel est le nouveau barème d'offre agrégée à court terme ?

b) Quel est le niveau du PIB réel ?

c) Quel est le niveau des prix ?

d) Le PIB réel se situe-t-il au-dessous ou au-dessus de son niveau à long terme ?

3 En 1991, la demande agrégée qui était prévue pour 1992 était la suivante :

Niveau des prix (indice implicite du PIB)	Prévision du PIB réel demandé (en milliards de dollars de 1981)
120	4,0
121	3,9
122	3,8
123	3,7
124	3,6

En 1991, le niveau du PIB réel à long terme qui était prévu pour 1991 était de 3,8 milliards de dollars. Calculez l'anticipation rationnelle du niveau des prix pour 1992.

4 L'économie décrite au problème 3 comporte le barème d'offre agrégée à court terme suivant :

Niveau des prix (indice implicite du PIB)	PIB réel offert (en milliards de dollars de 1981)
120	3,2
121	3,5
122	3,8
123	4,1
124	4,4

a) Expliquez pourquoi ce barème d'offre agrégée à court terme concorde avec votre réponse au problème 3.

b) Calculez le taux d'inflation anticipé et le taux d'inflation effectif si l'on prévoit que la courbe de demande agrégée se déplacera vers le haut de 10 % et que cette prévision s'avère juste.

CHAPITRE 15

Les récessions et les dépressions

Objectifs du chapitre :

- Indiquer les causes de la récession mondiale des années 80.
- Décrire l'évolution de la monnaie, des taux d'intérêt et des dépenses en période de ralentissement économique.
- Décrire l'état du marché du travail en temps de récession.
- Comparer la théorie des salaires flexibles et la théorie des salaires rigides, en temps de récession.
- Décrire l'évolution de l'économie au cours de la crise des années 1929 à 1933.
- Comparer la situation économique des années 30 à celle des années 80 et évaluer la possibilité d'une autre crise.

Tel qui rit vendredi, dimanche pleurera!

LES ANNÉES 20 ont été des années de prospérité sans précédent, pour les Canadiens comme pour les citoyens de la plupart des pays industrialisés. Après les horreurs de la Première Guerre mondiale, l'économie s'était rétablie et produisait des merveilles techniques, telles que les automobiles, les téléphones, les aspirateurs, etc. On construisait des maisons et des logements à une vitesse fulgurante. Et voici qu'en octobre 1929, sans préavis, les marchés boursiers se sont effondrés. En l'espace d'une nuit, la valeur des actions et des titres négociés aux Bourses de New York, de Toronto, de Londres, de Paris et de Berlin a chuté de 30 %. Au cours des quatre années qui ont suivi, on a enregistré la pire contraction économique de l'histoire. En 1933, la production mondiale avait considérablement décliné, se chiffrant aux deux tiers seulement de son niveau de 1929. Au Canada, le produit intérieur brut (PIB) réel avait baissé de 30 %, le chômage touchait un cinquième de la population active, et les prix avaient chuté de 22 %. On ne pourra jamais évaluer le coût de la crise de 1929 sur le plan des souffrances qui ont accablé les gens à l'époque. Il excède de beaucoup les épreuves qu'ont dû surmonter les chômeurs. Des familles entières n'avaient plus ni vêtements, ni pain, ni abri. Les tensions sociales et la criminalité montaient. Alors ont pris forme des tendances politiques qui allaient dominer pendant quarante ans l'histoire canadienne. Quelles ont été les causes de la crise de 1929? ■ En octobre 1987, les marchés boursiers, au Canada et dans le reste du monde, se sont de nouveau effondrés. Le krach a été si abrupt et si étendu que certains l'ont comparé à une débâcle, d'autres aux tragédies de Three Mile Island et de Chernobyl. Des commentateurs ont établi un parallèle entre les événements de 1987 et ceux qui, en 1929, avaient ouvert la voie à la plus grave crise économique de l'histoire. Au Canada et dans le reste du monde, y a-t-il aujourd'hui des forces économiques capables d'entraîner la répétition de la crise de 1929? ■ La récession de 1982, même si elle n'était pas comparable à la crise de 1929, a été fort grave. Cette année-là, le PIB réel a chuté de 3,2 %, et le chômage a dépassé 12 %. Quelles étaient les causes de cette récession? Toutes les récessions ont-elles les mêmes causes?

■ Dans le présent chapitre, nous utiliserons les outils macroéconomiques étudiés au cours des chapitres précédents, pour interpréter les événements dramatiques que nous venons de passer en revue. Nous essaierons d'élucider certains mystères liés aux récessions et aux dépressions, puis nous évaluerons les possibilités qu'une dépression aussi grave que celle des années 30 se produise de nouveau. Commençons par analyser une des dernières récessions de notre histoire.

La récession de 1982

L'économie canadienne a subi une grave récession en 1982. Nous étudierons les mécanismes qui étaient à l'œuvre au cours de cet épisode de l'histoire macroéconomique du Canada. Nous examinerons en particulier la situation du marché du travail, de même que les divergences de vues des économistes quant au fonctionnement de ce marché en période de contraction.

Les origines de la récession

Nous commencerons par examiner les forces qui ont déclenché la récession de 1982. Puis, nous étudierons les mécanismes par lesquels ces forces se sont manifestées.

En 1981, l'économie canadienne était relativement prospère. Le taux de croissance du PIB réel s'élevait à près de 4 %, et le chômage demeurait stable à 7,5 %. Cependant, un sombre nuage pointait à l'horizon de l'économie nord-américaine : l'inflation menaçait de se maintenir à plus de 10 % par année. La Réserve fédérale des États-Unis (la «Fed», comme on l'appelle familièrement) et la Banque du Canada ont adopté cette année-là des mesures vigoureuses pour conjurer l'inflation. Toutefois, celle-ci avait déjà des racines si profondes que peu de gens croyaient au succès de la lutte qui s'engageait contre elle.

Voyons ce qui s'est produit en 1982, lorsque les mesures anti-inflationnistes de Gerald Bouey, gouverneur de la Banque du Canada, et celles de Paul Volcker, président de la «Fed», se sont heurtées aux attentes inflationnistes, profondément enracinées dans les économies canadienne et américaine.

L'économie américaine, plus large que celle du Canada, exerce sur cette dernière une grande influence. C'est pourquoi nous passerons d'abord en revue les événements qui se sont déroulés aux États-Unis.

La récession aux États-Unis Les années 1979 à 1981 n'ont pas été très bonnes pour l'économie américaine. Cette dernière subissait dès 1979 une nouvelle série d'augmentations des prix du pétrole : le prix du baril de pétrole brut passait de 15 $ en avril à 19 $ en juin, pour atteindre 26 $ à la fin de l'année. Il a continué de grimper en 1980 et en 1981 ; en octobre 1981, le baril coûtait 37 $. Ces hausses considérables et continuelles des prix du pétrole ont exercé une forte pression sur l'économie américaine. Les secteurs qui consommaient beaucoup d'énergie ont décliné, et de vastes efforts ont été consacrés à la recherche de méthodes de production, de moyens de transport et de systèmes de chauffage moins énergivores.

Parallèlement à cette crise énergétique, le secteur de l'électronique connaissait une véritable révolution. Les microprocesseurs de tous types devenaient de moins en moins coûteux, et l'usage des ordinateurs bon marché se répandait.

La combinaison de ces deux éléments – soit la hausse continuelle des prix de l'énergie et le développement de l'informatique appliquée – a entraîné une vaste redistribution des ressources au sein de l'économie américaine. Des secteurs traditionnellement forts ont commencé à croître plus lentement et même à décliner, tandis que de nouveaux secteurs émergeaient et se développaient à un rythme rapide.

Des régions jusque-là très actives dans la production et la transformation de l'acier, comme la vallée de l'Ohio et les Grands Lacs, ont connu un déclin relatif. Pendant ce temps, d'autres régions, comme le Texas et les États du Sud-Ouest ou la Silicon Valley en Californie, spécialisées dans les composantes électroniques et les produits connexes, étaient en pleine croissance.

De 1979 à 1981, les États-Unis ont été aux prises avec une inflation élevée. Le niveau des prix grimpait de près de 10 % chaque année. On croyait généralement l'inflation enracinée et l'on n'entrevoyait pas le jour où elle ralentirait. C'est dans ce contexte que s'est amorcée la récession de 1982.

La figure 15.1 illustre les sources et l'ampleur de cette récession.[1] La demande agrégée et l'offre agrégée à court terme pour 1980 sont représentées par les courbes DA_{80} et $OACT_{80}$. Le PIB réel se chiffrait à 3,2 billions de dollars, et l'indice implicite du PIB était de 85. Au cours des années 1980 et 1981, on prévoyait que la demande agrégée allait continuer d'augmenter au même rythme qu'à la fin des années 70. La courbe de demande agrégée prévue pour 1982 correspondait à DA_{82}^*. Si ces prévisions s'étaient avérées justes, l'économie se serait déplacée au point *a*, le PIB réel aurait continué de croître au même rythme que sa tendance, et l'inflation serait demeurée à environ 10 % par année.

---

[1] Dans la figure 15.1, de même que dans les figures 15.2 et 15.6, nous utilisons le modèle de la demande et de l'offre agrégées pour déterminer le PIB réel et le niveau des prix d'équilibre. Ces figures ne tiennent pas compte de la courbe d'offre agrégée à long terme, et cela pour deux raisons. Premièrement, c'est le point d'intersection de la courbe d'offre agrégée à court terme et de la courbe de demande agrégée qui détermine le PIB réel et le niveau des prix effectif. La courbe d'offre agrégée à long terme n'est nécessaire que pour déterminer si l'économie fonctionne au-delà ou en-deçà de sa capacité optimale de production. Le présent chapitre étant consacré aux récessions, l'économie est toujours, jusqu'à un certain point, au-dessous de sa capacité optimale de production. Cependant, nous ne savons pas avec exactitude de combien le PIB est inférieur à son niveau à long terme. Autrement dit, on ne s'entend pas sur la position exacte de la courbe d'offre agrégée à long terme.

Figure 15.1 La récession aux États-Unis

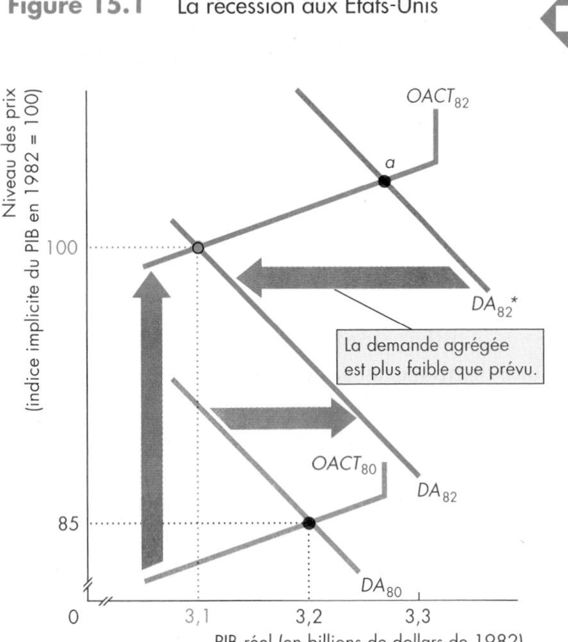

En 1980, l'économie des États-Unis se trouvait sur sa courbe de demande agrégée (DA_{80}) et sur sa courbe d'offre agrégée à court terme ($OACT_{80}$). Le PIB réel se chiffrait à 3,2 billions de dollars, et l'indice implicite du PIB était de 85. L'inflation faisait rage; les salaires et les prix des autres facteurs de production augmentaient à un taux rapide, reflet de prévisions fortement inflationnistes. La courbe d'offre agrégée à court terme s'est déplacée vers le haut; en 1982, elle se trouvait en $OACT_{82}$. Si la demande agrégée avait continué de croître au même rythme qu'à la fin des années 70, comme on le prévoyait, la courbe de demande agrégée se serait déplacée en DA_{82}*, et l'économie se serait trouvée au point *a* ; cela aurait provoqué une augmentation régulière du PIB réel et le maintien de l'inflation à environ 10 % par année. Cependant, 1982 n'a pas été une année ordinaire. La «Fed» a ralenti la croissance monétaire et poussé les taux d'intérêt à la hausse. La courbe de demande agrégée s'est déplacée en DA_{82}. Les prévisions d'une inflation élevée ont déplacé la courbe *OACT* vers le haut. La décélération de la croissance de la demande agrégée a entraîné une récession. En conséquence, le PIB réel a fléchi et l'inflation a été plus modérée.

Comme presque tout le monde prévoyait le maintien de l'inflation à 10 % par année, les salaires et les prix des autres facteurs de production ont augmenté, provoquant le déplacement de la courbe d'offre agrégée à court terme vers le haut, en $OACT_{82}$.

Mais les choses ne se sont pas passées comme on le prévoyait. Plutôt que de laisser la demande agrégée poursuivre sa croissance, la «Fed», sous la direction de Paul Volcker, a imposé des mesures monétaires très restrictives. Elle a laissé augmenter les taux d'intérêt, afin de ralentir le rythme des investissements. Plutôt que de se déplacer en DA_{82}* comme on le prévoyait, la courbe de demande agrégée est passée en DA_{82}.

En ralentissant la croissance de la demande agrégée, la «Fed» a plongé l'économie dans une récession. Le PIB réel a chuté à 3,1 billions de dollars, et le taux d'inflation a commencé à fléchir.

La récession au Canada Au Canada, les événements ont suivi le même cours, comme le montre la figure 15.2. Mais revenons à 1981. Pour cette année-là, la courbe de demande agrégée est représentée par DA_{81}, et la courbe d'offre agrégée à court terme par $OACT_{81}$. Le PIB réel atteignait alors 356 milliards de dollars, et le niveau des prix était de 100. (Rappelons que 1981 sert d'année de référence pour le calcul du PIB réel canadien, comme nous l'avons vu au chapitre 6.)

Comme on croyait ferme que l'inflation allait se maintenir au-dessus de 10 %, on s'attendait à ce que la demande agrégée atteigne, en 1982, DA_{82}*. Avec un taux d'inflation prévu supérieur à 10 % par année, les salaires ont augmenté au même rythme. Par conséquent, la courbe d'offre agrégée à court terme s'est déplacée vers le haut, en $OACT_{82}$. Si toutes les prévisions s'étaient révélées justes, l'équilibre macroéconomique se serait établi, pour 1982, au point où la courbe de demande agrégée prévue (DA_{82}*) croise la courbe d'offre agrégée à court terme ($OACT_{82}$). Le PIB réel se serait accru de 3 %, et l'inflation se serait maintenue à environ 11 %.

Toutefois, les événements ne se sont pas déroulés comme on avait prévu. La politique restrictive pratiquée aux États-Unis a fait diminuer la demande américaine de produits canadiens, ce qui a réduit la croissance de la demande agrégée au Canada à un taux plus faible que prévu. La politique monétaire restrictive pratiquée par la Banque du Canada est venue renforcer ces effets. La demande agrégée s'est accrue, mais pas autant qu'on ne l'avait prévu. La courbe de demande agrégée s'est déplacée de DA_{81} à DA_{82}. La différence entre les courbes DA_{82}* et DA_{81} est attribuable au choc négatif imprévu que la demande agrégée a subi par suite des politiques restrictives pratiquées aux États-Unis et au Canada. En 1982, l'économie a atteint son équilibre à l'intersection des courbes DA_{82} et $OACT_{82}$. Le niveau des prix a augmenté de 8,7 %, et le PIB réel a diminué, passant de 356 à 345 milliards de dollars.

Remarquez la similitude de comportement entre l'économie des États-Unis et celle du Canada, au cours de cette période. Dans les deux cas, la courbe d'offre agrégée à court terme s'est déplacée vers le haut, parce qu'on prévoyait que l'inflation allait continuer à un taux supérieur à 10 %. Quant à la courbe de demande agrégée, elle s'est déplacée vers la droite, mais beaucoup moins que prévu. Par conséquent, l'inflation a été plus lente que prévu, et le PIB réel a chuté.

Analysons maintenant le mécanisme de la récession.

Figure 15.2 La récession au Canada

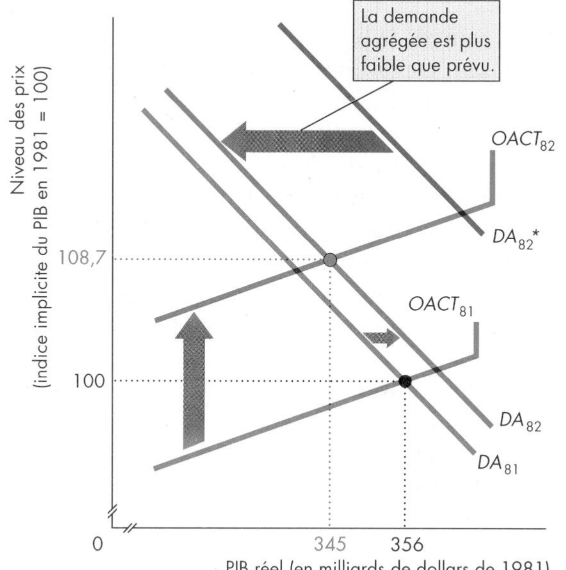

En 1981, le PIB réel atteignait 356 milliards de dollars, et l'indice des prix était de 100, au point d'intersection des courbes DA_{81} et $OACT_{81}$. Les prévisions d'une inflation continue portaient à croire qu'en 1982 la demande agrégée allait se déplacer vers la droite, en DA_{82}^*. Les augmentations de salaire, allant de pair avec ces prévisions, ont déplacé vers le haut la courbe d'offre agrégée à court terme, en $OACT_{82}$. Mais un ralentissement du taux de croissance de l'offre de monnaie, aux États-Unis et au Canada, a fait croître la demande agrégée d'un montant inférieur à celui qu'on avait prévu. La courbe de demande agrégée s'est donc déplacée en DA_{82}. L'économie s'est déplacée au point d'intersection des courbes DA_{82} et $OACT_{82}$, entraînant une hausse du niveau des prix et une baisse du PIB réel.

Le mécanisme de la récession

Pour analyser le mécanisme de la récession, nous nous concentrerons sur l'économie canadienne. Mais, en réalité, les États-Unis ont connu de semblables événements.

Les marchés sur lesquels ces événements se produisent en premier lieu et le plus rapidement sont le marché monétaire et le marché des actifs financiers. Nous commencerons notre analyse des mécanismes de la récession par l'étude du marché monétaire.

La monnaie et les taux d'intérêt D'une façon générale, avant une récession et au stade initial de celle-ci, les taux d'intérêt augmentent. Mais, une fois la récession engagée, les taux d'intérêt se mettent à diminuer. Lorsque le PIB réel atteint son niveau le plus bas (creux), les taux d'intérêt ont déjà chuté, parfois au-dessous de leur niveau du début de la récession. Pourquoi les taux d'intérêt évoluent-ils de cette façon? Pour répondre à cette question, examinons le fonctionnement du marché monétaire au début des années 80 en observant la figure 15.3.

En 1980, l'offre de monnaie réelle (c'est-à-dire l'agrégat M2, évalué en dollars constants de 1981) se chiffrait à environ 122 milliards de dollars. Ainsi, dans la figure 15.3, la courbe d'offre de monnaie réelle correspond à *OM*, et la courbe de demande de monnaie réelle correspond à DM_{80}. Les taux d'intérêt sont déterminés par le point d'intersection des courbes DM_{80} et *OM*, soit à environ 13 % par année.

En 1981, l'indice implicite du PIB a augmenté de 11 % environ. La Banque du Canada a laissé l'agrégat M2 croître à peu près au même taux. Ainsi, la quantité réelle de l'agrégat M2 est demeurée inchangée. Cette même année 1981, la courbe d'offre de monnaie réelle était *OM*, soit la même qu'en 1980.

Deux forces, cependant, ont provoqué en 1981 le déplacement de la courbe de demande de monnaie réelle. Ce sont les suivantes:

- La croissance du PIB réel
- L'augmentation des taux d'intérêt sur les dépôts d'épargne

Le PIB réel augmentait, et la concurrence poussait les établissements financiers à offrir de meilleures conditions relativement aux comptes d'épargne. En conséquence, la courbe de demande de monnaie réelle s'est déplacée vers la droite en 1981[2], de DM_{80} à DM_{81}. Comme la demande de monnaie réelle était plus élevée

---

2 Pourquoi une hausse des taux d'intérêt sur les comptes d'épargne entraîne-t-elle un déplacement de la courbe de demande de l'agrégat M2? Les changements des taux d'intérêt ne provoquent-ils pas un mouvement sur la courbe de demande de monnaie? Pour répondre à ces questions, rappelez-vous que la courbe de demande de monnaie réelle est tracée par rapport au taux d'intérêt sur les actifs non monétaires qu'on peut posséder à la place de la monnaie. Par exemple, si le taux d'intérêt sur les obligations d'épargne du Canada ou sur les bons du Trésor du gouvernement canadien varie, il en va de même pour le coût d'opportunité lié à la détention de la monnaie. En pareille situation, les gens modifient la quantité de monnaie qu'ils possèdent, et il se produit un mouvement sur la courbe de demande de monnaie. Par contre, si l'on tient pour constants les taux d'intérêt sur les autres actifs non monétaires, tout autre facteur ayant une incidence sur la quantité de monnaie détenue provoque effectivement un déplacement de la courbe de demande de monnaie. L'un de ces facteurs est le niveau des taux d'intérêt sur les actifs monétaires eux-mêmes. Or, une variation des taux d'intérêt sur les dépôts d'épargne, alors que les taux d'intérêt sur les actifs non monétaires demeurent constants, entraîne un déplacement de la courbe de demande de monnaie. Rappelez-vous que la courbe de demande de monnaie réelle n'est pas tracée par rapport aux taux d'intérêt sur les dépôts bancaires et sur les autres actifs qui composent l'offre de monnaie; les autres actifs porteurs d'intérêt constituent eux aussi des moyens de posséder de la richesse.

Figure 15.3 Les taux d'intérêt et la monnaie durant la récession de 1982

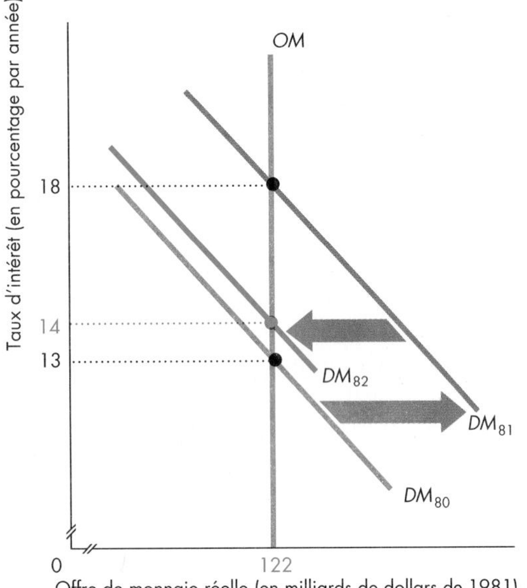

Lorsque, en 1982, l'économie est entrée en récession, les taux d'intérêt ont augmenté ; mais, à mesure que la récession s'est aggravée, les taux d'intérêt ont commencé à chuter. De 1980 à 1982, la Banque du Canada a maintenu l'offre de monnaie réelle (selon la définition de l'agrégat M2) presque constante à 122 milliards de dollars. La courbe d'offre de monnaie réelle correspondait à *OM*. En 1980, la courbe de demande de monnaie réelle correspondait à la droite DM_{80}. Le taux d'intérêt, déterminé au point d'intersection de DM_{80} et *de OM*, se chiffrait à 13 % par année. En 1981, les augmentations du PIB réel et du taux d'intérêt sur les comptes d'épargne ont fait déplacer la courbe de demande de monnaie réelle vers la droite, en DM_{81}. Le taux d'intérêt a augmenté, pour atteindre 18 % par année. Cette hausse du taux d'intérêt a entraîné une réduction des dépenses, et l'économie est entrée en récession. La baisse du PIB réel a provoqué une diminution de la demande de monnaie réelle, et la courbe de demande s'est déplacée en DM_{82}. Le taux d'intérêt a baissé à 14 % par année.

et que l'offre de monnaie réelle était restée la même, le taux d'intérêt d'équilibre a grimpé brusquement jusqu'à 18 % par année.

C'est, entre autres, en poussant les taux d'intérêt à la hausse que la politique monétaire restrictive de la Banque du Canada a obtenu une réduction des dépenses en 1982. Des taux d'intérêt annuels de 18 %, combinés avec une inflation d'environ 10 % par année, ont entraîné des taux d'intérêt réels de 8 % par année. De tels taux d'intérêt réels ont incité les ménages à comprimer leurs dépenses en biens de consommation durables, et les entreprises à réduire leurs achats d'immeubles, d'usines et de machinerie. Les dépenses ont commencé à diminuer et, avec elles, le PIB réel d'équilibre.

Nous pouvons observer les effets de la récession sur le marché monétaire en poursuivant l'analyse des événements résumés dans la figure 15.3. En 1982, la courbe de demande de monnaie réelle s'est déplacée de DM_{81} à DM_{82}. La demande de monnaie réelle s'est affaiblie par suite de la baisse du PIB réel. Alors que le PIB réel chutait, la politique monétaire de la Banque du Canada consistait à maintenir le taux de croissance de l'agrégat M2 très près du taux d'inflation. En d'autres termes, la Banque cherchait à garder constant l'agrégat exprimé en termes réels. Donc, pour une année de plus, la courbe d'offre de monnaie réelle est demeurée à la même position, soit en *OM*. L'offre de monnaie réelle demeurant constante et la demande de monnaie réelle diminuant, les taux d'intérêt ont fléchi jusqu'à 14 % par année.

Remarquez l'évolution du marché monétaire, juste avant que ne débute la récession et une fois que celle-ci est amorcée. Au départ, les taux d'intérêt augmentent parce que l'accroissement de la demande de monnaie réelle n'est accompagné d'aucune hausse de l'offre de monnaie réelle. Une fois la récession enclenchée, les taux d'intérêt se mettent à baisser, parce que la diminution du PIB réel entraîne une baisse de la demande de monnaie réelle. Au Canada, les taux d'intérêt ont baissé pendant la récession, mais pas au-dessous de leur niveau initial – ce qui aurait pu survenir si la récession avait été encore plus grave.

Comme nous venons de le mentionner, ce sont les variations des taux d'intérêt qui entraînent la chute de la dépense agrégée. Voyons de plus près comment la dépense agrégée a varié pendant la récession de 1982.

Les variations des dépenses Lorsque l'économie est en récession, le PIB réel diminue, de même que la dépense agrégée exprimée en termes réels. Rappelons que le PIB réel et la dépense agrégée exprimée en termes réels sont égaux entre eux. Cependant, de toutes les composantes de la dépense agrégée, c'est surtout l'investissement qui fléchit, comme le montre le tableau 15.1. L'investissement diminue pour deux raisons. Premièrement, une augmentation des taux d'intérêt réels – c'est-à-dire les taux d'intérêt relatifs au taux d'inflation anticipé – fait croître le coût d'opportunité lié à l'achat de nouveaux biens d'équipement. Deuxièmement, la prévision d'une récession entraîne une révision à la baisse des profits prévus, ce qui contribue à réduire l'investissement. Au cours de la récession de 1982, l'investissement (évalué en dollars de 1981) a chuté au Canada, passant de 78 milliards de dollars en 1981 à 58 milliards de dollars en 1982.

La baisse de l'investissement produit deux effets. En premier lieu, elle réduit la dépense et la demande agrégées. En deuxième lieu, elle ralentit le taux de croissance du stock de capital et, par le fait même, le rythme des innovations techniques. Ce dernier effet de la baisse

Tableau 15.1 Les dépenses durant la phase de contraction de 1982

	PIB réel		Composantes de la dépense agrégée (en milliards de dollars de 1981)								
	Y	=	C	+	I	+	G	+	EX	−	IM
1981	356	=	196	+	78	+	78	+	97	−	93
1982	345	=	191	+	58	+	80	+	95	−	79
Différence	−11	=	−5	+	−20	+	2	+	−2	−	−14
Différence en pourcentage	−3		−3		−26		3		−2		-15

Source : Statistique Canada, *Comptes nationaux des revenus et dépenses, 1989,* n° de catalogue 13-001.

de l'investissement ralentit également la croissance de l'offre agrégée. Cependant, c'est l'effet de la diminution de l'investissement sur la demande agrégée qui prédomine.

Comme vous pouvez le constater à partir du tableau 15.1, la baisse des autres composantes de la dépense agrégée a été beaucoup plus faible que la baisse de l'investissement. En particulier, le fléchissement des exportations a été très faible : 2 % seulement. Le changement le plus notable, après la baisse de l'investissement, a été la diminution des dépenses d'importations, qui ont chuté de 15 %. Il existe un lien entre la baisse des importations et celle de l'investissement. En effet, une grande part de l'investissement canadien se compose d'équipement spécialisé fabriqué dans d'autres pays. Lorsque l'investissement fléchit, on voit décliner, par exemple, la demande d'avions gros porteurs et d'engins de terrassement fabriqués aux États-Unis, d'instruments de pointe importés d'Allemagne et de composants électroniques venus du Japon.

Le fait que nos exportations n'aient pas beaucoup diminué ne signifie pas que la récession canadienne n'a pas été fortement influencée par les événements survenus dans le reste du monde. Le climat de pessimisme que crée une récession mondiale influe sur l'investissement, indépendamment de ses effets directs sur les exportations du pays. Les perspectives commerciales ont, sur les dépenses d'investissement des entreprises, plus d'effet que n'en a la situation économique du moment.

Nous avons passé en revue le déroulement de la récession de 1982, sous deux angles différents : d'une part, en fonction du modèle de la demande et de l'offre agrégées ; d'autre part, selon l'évolution du marché monétaire et les composantes de la dépense agrégée. Analysons maintenant le marché du travail.

Les récessions engendrent un taux de chômage élevé. C'est notamment pour cette raison qu'on les redoute. Que se produit-il sur le marché du travail pendant une récession ? Pourquoi le chômage augmente-t-il alors ? Étudions de plus près ces questions.

Le marché du travail en temps de récession

La figure 15.4 constitue un résumé et une analyse du déroulement de la récession en fonction du marché du travail. La courbe de demande de travail est la même en 1981 et en 1982, soit DT ; autrement dit, la demande de travail n'a pas varié entre 1981 et 1982. Souvenez-vous qu'on obtient la courbe de demande de travail à partir de la fonction de production agrégée à court terme de l'économie. Cette fonction indique le niveau du PIB réel qu'on peut atteindre avec une quantité donnée de travail. Au Canada, la fonction de production agrégée à court terme ne s'est pas déplacée entre 1981 et 1982, alors que, au cours d'une année normale, elle se déplace vers le haut. Mais, en 1982, les forces qui contribuent normalement à déplacer vers le haut la fonction de production – soit l'accumulation du capital et le progrès technique – ont été contrecarrées par d'autres forces. On ne sait pas très bien en quoi consistent ces autres forces. Mais elles comprennent probablement des changements considérables dans la composition de la production, suscités en partie par des changements des prix relatifs, et plus particulièrement du prix relatif de l'énergie.

Figure 15.4 Le marché du travail et la récession : théorie des salaires rigides

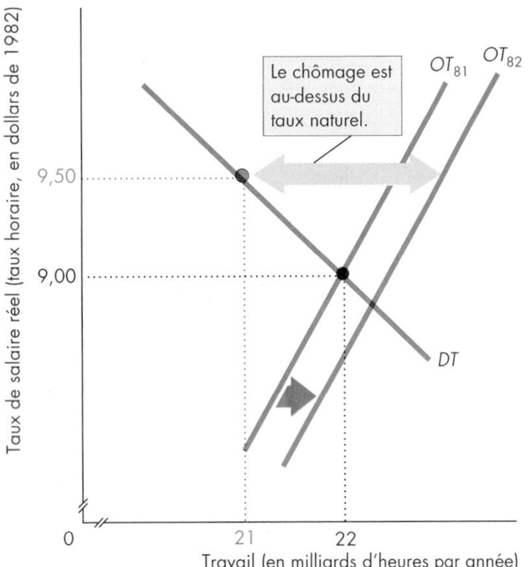

La courbe de demande de travail pour 1981 et 1982 correspond à *DT*. La courbe d'offre de travail pour 1981 correspond à OT_{81} ; en 1982, elle s'est déplacée en OT_{82}. En 1981, les salaires et l'emploi se trouvaient à l'intersection des courbes *DT* et OT_{81} ; le taux de salaire réel était de 9 $ l'heure; la demande de travail et l'offre de travail s'établissaient à 22 milliards d'heures. En 1982, les salaires nominaux plus élevés, combinés avec une inflation plus faible que prévu, ont fait grimper le taux de salaire réel à 9,50 $ l'heure; l'emploi a chuté à 21 milliards d'heures. La différence entre la quantité de travail demandée et la quantité de travail offerte constitue l'écart de chômage, c'est-à-dire l'excédent du chômage sur le taux naturel.

Quelles qu'en soient les causes sous-jacentes, la stabilité de la fonction de production agrégée à court terme au Canada en 1982 signifie que la courbe de demande de travail est elle aussi demeurée stable.

La courbe d'offre de travail, cependant, s'est déplacée vers la droite. L'offre de travail a connu une augmentation d'environ 1,5 %, en raison de la hausse de la population âgée de quinze ans ou plus. La courbe d'offre de travail s'est donc déplacée du même pourcentage vers la droite, ce qui constitue une hausse, si modeste soit-elle.

On ne s'entend pas sur le fonctionnement du marché du travail, ni sur sa capacité d'agir comme mécanisme de coordination pour assurer l'égalité entre la quantité de travail demandée et la quantité offerte. Voyons comment nous pouvons utiliser la théorie des salaires rigides et celle des salaires flexibles pour interpréter les événements qui se sont produits en 1982 sur le marché canadien du travail. Par la même occasion, nous verrons pourquoi les économistes ne parviennent toujours pas à s'entendre sur le fonctionnement du marché du travail.

La théorie des salaires rigides La figure 15.4 illustre la théorie du marché du travail avec salaires rigides. En 1981, le marché du travail se trouvait au point d'intersection des courbes *DT* et OT_{81}. La quantité de travail demandée et la quantité de travail offerte étaient toutes deux de 22 milliards d'heures, à un taux salarial de 9 $ l'heure. Il y avait du chômage, mais il s'agissait de chômage frictionnel et son taux était égal au taux naturel.

Au cours de 1981, le taux d'augmentation des salaires nominaux correspondait à un taux d'inflation prévu d'environ 10 % par année. En réalité, l'inflation a ralenti, de sorte que les salaires réels ont augmenté de façon imprévue et ont atteint environ 9,50 $ l'heure. Les salaires réels étant plus élevés, la quantité de travail demandée a chuté; il y a eu mouvement sur la courbe de demande de travail. Cette augmentation des salaires réels a également fait augmenter la quantité de travail offerte; il y a eu mouvement sur la courbe d'offre de travail. La différence entre la quantité de travail offerte et la quantité demandée au taux de salaire réel plus élevé représente l'excédent du chômage effectif sur le taux de chômage naturel. En outre, pour qu'on atteigne l'équilibre de plein emploi en 1982, il aurait fallu que le taux de salaire réel baisse puisque, dans les faits, l'offre de travail avait augmenté.

Cette interprétation du marché du travail est probablement celle à laquelle adhèrent la plupart des économistes.

La théorie des salaires flexibles Bien que la plupart des économistes acceptent la théorie du marché du travail avec salaires rigides, de plus en plus nombreux sont ceux qui remettent en question cette explication du marché du travail en temps de récession. Plusieurs modèles du marché du travail mettent l'accent sur les salaires flexibles. Celui que nous examinerons n'est qu'un exemple; mais cet exemple colle d'assez près aux principaux événements de la récession de 1982.

Le modèle économique qui apparaît dans la figure 15.5 illustre la théorie du marché du travail avec salaires flexibles. La population active se divise en deux catégories : les travailleurs qualifiés et les travailleurs non qualifiés. Le marché des travailleurs qualifiés est représenté dans le graphique (a) et celui des travailleurs non qualifiés dans le graphique (b). Examinons d'abord les courbes d'offre de travail. La courbe d'offre de travail de la main-d'œuvre qualifiée correspond à OT_Q, et celle de la main-d'œuvre non qualifiée à OT_N. Remarquez la différence entre ces deux courbes d'offre. La courbe d'offre de la main-d'œuvre qualifiée se trouve au-dessus de la courbe d'offre de la main-d'œuvre non qualifiée; autrement dit, pour une quantité fixe de travail offerte, on doit verser à la main-d'œuvre

Figure 15.5 Le marché du travail et la récession : théorie des salaires flexibles

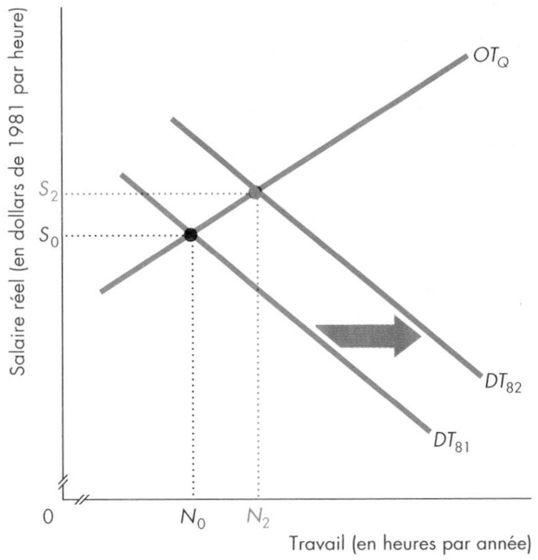

(a) Travailleurs qualifiés

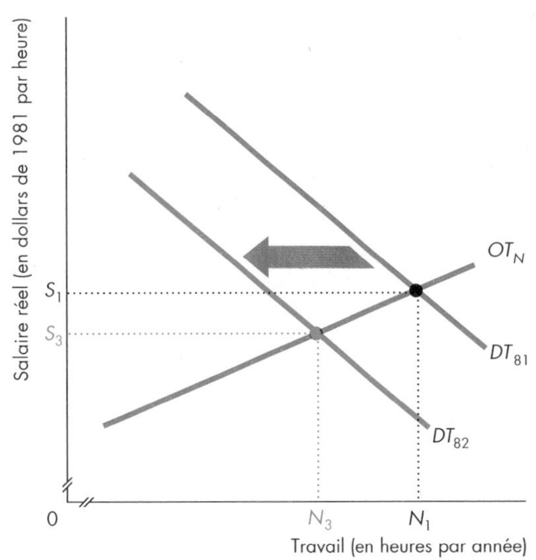

(b) Travailleurs non qualifiés

Les travailleurs actifs sur le marché du travail se divisent en deux catégories: les travailleurs qualifiés et les travailleurs non qualifiés. Dans le graphique (a), la courbe d'offre de travail des travailleurs qualifiés correspond à OT_Q; dans le graphique (b), la courbe d'offre de travail des travailleurs non qualifiés correspond à OT_N. En 1981, la courbe de demande de travail des travailleurs qualifiés et celle des travailleurs non qualifiés correspondent toutes deux à DT_{81}. En 1981, le salaire des travailleurs qualifiés était de S_0, et leur niveau d'emploi de N_0; le salaire des travailleurs non qualifiés était de S_1, et leur niveau d'emploi de N_1. En 1982, la demande de travailleurs qualifiés a augmenté, et la demande de travailleurs non qualifiés a diminué. L'emploi des travailleurs qualifiés s'est accru (N_2), et leur salaire a augmenté (S_2). L'emploi des travailleurs non qualifiés a baissé (N_3), et leur salaire a diminué (S_3). L'emploi agrégé représente la somme de l'emploi des travailleurs qualifiés et des travailleurs non qualifiés. La valeur de cet agrégat baisse, puisque la diminution de l'emploi des travailleurs non qualifiés excède l'augmentation de l'emploi des travailleurs qualifiés. Le taux de salaire moyen constitue la moyenne pondérée des taux de salaire des deux catégories de travailleurs. Ce taux de salaire moyen s'accroît, parce que le taux de salaire des travailleurs qualifiés augmente et que ces travailleurs constituent une part croissante des emplois.

qualifiée un salaire horaire plus élevé. La différence entre le taux de salaire qu'exigent les travailleurs qualifiés et celui que demandent les travailleurs non qualifiés représente le prix à payer pour acquérir la qualification professionnelle, c'est-à-dire la formation et l'expérience. Dans ce modèle économique, nous supposerons que l'offre de travail demeure constante.

Les courbes de demande de travail sont représentées par DT_{81} et DT_{82}, dans les deux graphiques de la figure 15.5. Examinons d'abord la situation qui prévalait en 1981. Sur le marché de la main-d'œuvre qualifiée, le taux salarial est représenté par S_0 et le niveau d'emploi par N_0; les deux sont déterminés au point d'intersection des courbes OT_Q et DT_{81}. Sur le marché de la main-d'œuvre non qualifiée, le taux salarial est de S_1 et le niveau d'emploi de N_1; ils sont déterminés au point d'intersection des courbes DT_{81} et OT_N. Le nombre de travailleurs non qualifiés dépasse celui des travailleurs qualifiés, mais la masse salariale des travailleurs non qualifiés est inférieure à celle des travailleurs qualifiés. Le niveau d'emploi agrégé est la somme du niveau d'emploi des travailleurs qualifiés et du niveau d'emploi des travailleurs non qualifiés. Le salaire moyen représente la valeur moyenne du taux de salaire des travailleurs qualifiés (S_0) et du taux de salaire des travailleurs non qualifiés (S_1), moyenne pondérée selon l'importance relative de ces deux catégories de main-d'œuvre.

Observons maintenant ce qui s'est produit en 1982. Il y a eu hausse de la demande de travailleurs qualifiés et diminution de la demande de travailleurs non qualifiés. Les salaires des travailleurs qualifiés ont augmenté jusqu'en S_2, et leur niveau d'emploi est passé à N_2; les salaires des travailleurs non qualifiés sont tombés à S_3, et leur niveau d'emploi est devenu N_3. Le niveau d'emploi agrégé a baissé, parce que la diminution de l'emploi des travailleurs non qualifiés a excédé la hausse de l'emploi des travailleurs qualifiés. Le taux de salaire moyen a monté, parce que le taux de salaire des travailleurs qualifiés a augmenté et que la proportion des travailleurs payés au salaire de la main-d'œuvre qualifiée a augmenté elle aussi. Le chômage a augmenté puisque les travailleurs non qualifiés, pour qui la demande de travail a faibli, sont devenus chômeurs ou se sont mis en quête de meilleurs emplois. Cependant, le changement de l'emploi s'est traduit par une variation du taux de chômage naturel. Il n'y avait pas d'écart entre la quantité de travail offerte et la quantité demandée. L'équilibre était atteint sur le marché du travail, et les intentions de ceux qui demandaient du travail concordaient tout à fait avec les intentions de ceux qui fournissaient du travail.

Entre les deux théories, laquelle est juste? Sur quoi exactement les économistes ne parviennent-ils pas à s'entendre quant au fonctionnement du marché du travail, et pourquoi? Les figures 15.4 et 15.5 résument les éléments essentiels de ce débat. Premièrement, tous conviennent des faits. En 1981, le salaire réel s'est chiffré à 9 $ l'heure en moyenne; en 1982, il a atteint 9,50 $ l'heure en moyenne. L'emploi, qui s'élevait à 22 milliards d'heures de travail en 1981, a chuté à 21 milliards d'heures en 1982.

Deuxièmement, il n'y a pas vraiment de désaccord sur la demande de travail. La plupart des économistes s'entendent également pour dire que la quantité de travail effectivement employée est déterminée par l'objectif que poursuit toute entreprise: maximiser son profit. La quantité de travail employée dépend du salaire réel. Autrement dit, la combinaison du niveau d'emploi et du salaire réel, pour une année donnée, représente un point sur la courbe de demande de travail. À partir de cette convention, on peut essayer d'expliquer ce qui détermine la position de cette courbe et ce qui provoque son déplacement. Ainsi donc, il y a peu de désaccord entre les économistes sur la pente de la courbe de demande de travail et sur la position de cette courbe.

Par contre, les économistes ne s'entendent pas sur l'offre de travail et sur les forces qui déterminent l'équilibre du marché du travail. On constate qu'une grande quantité de travail est offerte, alors même que les conditions de travail sont régies par des contrats qui fixent pour un temps déterminé les salaires et autres conditions de travail; la plupart des économistes en concluent que les ménages ne fonctionnent pas comme s'ils se trouvaient sur leur courbe d'offre de travail. On constate par ailleurs de grandes variations dans les heures de travail et les salaires; c'est pourquoi la plupart des économistes croient que la quantité de travail offerte est peu sensible aux variations du salaire réel. Ils soutiennent que la courbe d'offre de travail est relativement inélastique, comme à la figure 15.4.

D'autres encore estiment que la combinaison du taux de salaire réel et du niveau d'emploi représente non seulement un point sur la courbe de demande de travail, mais aussi un point sur la courbe d'offre de travail. Toutefois, pour expliquer l'évolution des données agrégées, nous devons étudier un modèle économique qui fasse la distinction entre les différentes catégories de main-d'œuvre. Les économistes qui tiennent pour juste le modèle où les salaires sont flexibles n'insistent pas seulement sur son aptitude à expliquer les faits reliés aux salaires moyens et à l'emploi agrégé; ils soutiennent également que ce modèle concorde avec d'autres observations sur la structure du marché du travail.

Par exemple, en 1982, le taux d'emploi des hommes âgés de 15 à 24 ans a chuté de 13 %, alors que celui des femmes du même groupe d'âge baissait de 7,5 %. La même année, le taux d'emploi des hommes âgés de 25 ans ou plus n'a fléchi que de 2 %, tandis que celui des femmes du même groupe d'âge progressait de 1 %. Grâce à leur expérience et à leur formation plus poussée, les travailleurs plus âgés sont généralement plus qualifiés et, par conséquent, plus productifs que les jeunes travailleurs. Nous pouvons donc considérer que les travailleurs qualifiés dont il est question dans la figure 15.5 (a) sont âgés de 25 ans ou plus, et que les travailleurs non qualifiés de la figure 15.5 (b) sont âgés de 15 à 25 ans. Dans les secteurs économiques qui, pendant la récession, n'ont connu qu'un léger recul ou se sont même développés, la productivité des travailleurs plus âgés et plus qualifiés s'est accrue. Il s'agit du secteur public, du secteur de la construction, du secteur des services et du secteur de l'agriculture. Dans les secteurs qui ont enregistré un ralentissement plus marqué, la productivité des travailleurs moins qualifiés a décliné davantage que celle des travailleurs qualifiés. Il s'agit des secteurs suivants: exploitation forestière, sylviculture, foresterie, fabrication de biens durables, commerce de détail et transport.

Certes, ces données sur les changements survenus dans la composition de la production et de l'emploi ne prouvent pas que la théorie du travail avec salaires flexibles est la bonne, mais elles ne la contredisent pas non plus.

Le problème fondamental se pose toujours. Personne n'a encore mis au point un test qui permettrait de trancher la question et sur lequel les économistes s'entendraient. Dans un autre domaine, la controverse entre keynésiens et monétaristes sur la demande agrégée s'est finalement réglée lorsque les économistes ont pu convenir d'un test pour mesurer les effets que les taux d'intérêt exercent sur la demande de monnaie réelle et sur la dépense agrégée. De même, le débat qui oppose encore les keynésiens, les monétaristes et les tenants de la théorie du cycle d'origine réelle prendra fin lorsque les économistes conviendront de tests qui, par exemple, permettront de trancher entre les diverses explications de l'ajustement de la quantité de travail offerte, face à un changement du taux de salaire réel. Une fois ce test mis au point, nous pourrons oublier cette controverse. Mais, d'ici là, économistes et étudiants en économique doivent s'accommoder d'un débat qui, au centre de la macroéconomie, laisse sans réponse un grand nombre de questions.

Le choix entre ces deux théories n'est pas sans portée pratique puisque la théorie choisie servira à élaborer une politique antirécessionniste. Nous avons découvert au chapitre 13 que, si la théorie du marché du travail avec salaires flexibles est vraie, la courbe d'offre agrégée est verticale. Si tel est le cas, toute tentative visant à surmonter une récession en accroissant la demande agrégée (soit par la réduction des taux d'intérêt, soit par l'augmentation de l'offre de monnaie, soit encore par l'adoption de mesures budgétaires) est vouée à l'échec. De telles tentatives ne pourraient que susciter une augmentation des prix et, par conséquent, une accélération de l'inflation. Inversement, si l'on tient pour bonne la théorie du marché du travail avec salaires rigides, le marché du travail fonctionne comme le montre la figure 15.4 ; la courbe d'offre agrégée à court terme ressemble alors à celles des figures 15.1 et 15.2. Dans ce cas, une augmentation de la demande agrégée, même si elle entraîne une certaine hausse du niveau des prix, accroîtra également le PIB réel et aidera l'économie à sortir de la récession.

Peut-il survenir une autre grande crise ?

Après la récession de 1982, l'économie canadienne a connu une période de reprise soutenue. En fait, cette reprise a été l'une des plus longues et des plus fortes jamais enregistrées. Elle a pris sa source autant dans l'offre que dans la demande. Du côté de l'offre, l'accumulation régulière du capital et le constant progrès technique, combinés avec la croissance de la population, ont fait augmenter d'environ 33 % le PIB réel à long terme, entre 1982 et 1989. Au début de cette période, l'économie fonctionnait au-dessous de sa capacité optimale de production ; mais, en 1989, le PIB réel atteignait son niveau à long terme – et l'avait même quelque peu dépassé. Une fois la reprise amorcée, l'inflation a fléchi. On n'avait pas prévu cette chute de l'inflation, et c'est ce qui a provoqué la récession de 1982. Les taux de salaire étaient trop élevés par rapport aux prix. On a cependant fini par prévoir une inflation plus basse et, quand cela s'est produit, le PIB réel s'est rapproché de son niveau à long terme. Tout au long de la reprise, les taux d'intérêt ont baissé, ce qui a contribué à stimuler l'investissement.

En 1987, malgré la poursuite de la reprise, on s'est mis à craindre que le vent ne tourne, du moins pour un certain temps. Ces craintes se sont confirmées en octobre de cette année-là : l'économie canadienne et l'économie mondiale ont alors été frappées par le plus important krach boursier jamais enregistré depuis celui qui, en 1929, avait amorcé la fameuse crise. À Wall Street, l'effondrement de 1987 rejoignait presque, par son ampleur, celui de 1929. Les ressemblances entre les deux événements étaient à ce point frappantes que bon nombre d'observateurs en ont conclu que la fin des années 80 et le début des années 90 nous feraient revivre la crise du début des années 30. Un livre, qui en d'autres circonstances serait probablement passé inaperçu, a alimenté ces craintes et est vite devenu un best-seller.[3]

Y aura-t-il un jour une autre crise ? Personne ne le sait, bien sûr. Nous pouvons cependant tenter d'en évaluer la possibilité. Commençons par nous poser certaines questions. À quoi la crise de 1929 ressemblait-elle ? À quel point la situation s'est-elle gâtée au début des années 30 ? Dans quel état serait l'économie canadienne des années 90 si ces événements devaient se reproduire ? En disséquant la crise de 1929, nous découvrirons pourquoi elle a eu lieu et nous mesurerons mieux la possibilité de la voir se répéter.

La crise de 1929

Au début de 1929, l'économie canadienne avait atteint sa capacité optimale de production, et le chômage ne touchait que 2,9 % de la population active. Mais, à mesure que se déroulait cette année fertile en rebondissements, l'économie donnait des signes d'essoufflement. Les événements les plus graves se sont produits en octobre lorsque le marché boursier s'est effondré, perdant en seulement deux semaines plus du tiers de sa valeur. Pendant les quatre années qui ont suivi, l'économie a été plongée dans une dépression si profonde qu'on lui a donné le nom de *Grande Dépression* ou *Crise*.

L'ampleur de la Crise apparaît dans la figure 15.6. Cette figure illustre la situation qui prévalait en 1929, à la veille de la Grande Dépression ; l'économie se trouvait sur la courbe de demande agrégée DA_{29} et sur la courbe d'offre agrégée à court terme $OACT_{29}$. Le PIB réel se chiffrait à 42 milliards de dollars, et l'indice implicite du PIB était de 15. (À la fin des années 80, le PIB réel atteignait environ 11 fois son niveau de 1929 et l'indice implicite du PIB 10 fois son niveau de 1929.)

En 1930, la plupart des gens prévoyaient une chute des prix, ce qui a fait baisser les salaires. Les

[3] Ravi Batra, *The Great Depression of 1990*, New York, Simon and Schuster, 1987.

Figure 15.6 La Grande Dépression

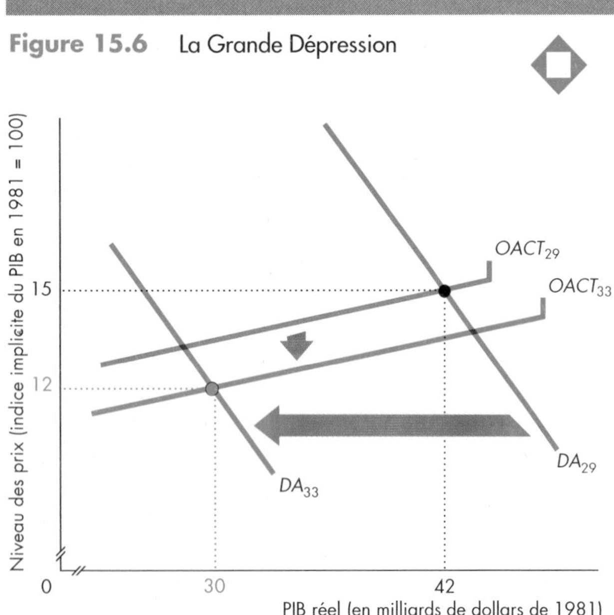

En 1929, le PIB réel atteignait 42 milliards de dollars, et l'indice implicite du PIB se chiffrait à 15. Ces données correspondent au point d'intersection des courbes DA_{29} et $OACT_{29}$. En 1930, le climat d'incertitude et de pessimisme a fait chuter l'investissement ainsi que la demande de biens durables, ce qui a provoqué une baisse de la demande agrégée. Pendant les trois années qui ont suivi, la demande a continué de baisser. En 1933, la demande agrégée s'est déplacée en DA_{33}. Cette baisse ayant été prévue jusqu'à un certain point, les salaires ont diminué et la courbe d'offre agrégée à court terme s'est déplacée vers le bas, en $OACT_{33}$. En 1933, le PIB réel avait chuté à 30 milliards de dollars (soit environ 70 % de son niveau de 1929), et l'indice implicite du PIB était de 12 (soit 80 % de son niveau de 1929).

salaires étant plus faibles, la courbe d'offre agrégée à court terme s'est déplacée vers le bas, plus qu'il n'était prévu. La même année, l'économie sombrait dans la dépression. Le PIB réel et le niveau des prix chutèrent d'environ 7 %. Les baisses des prix n'avaient rien d'inhabituel à cette époque. Lorsque le niveau des prix diminue, l'économie connaît la *déflation.*

Si tout s'était déroulé normalement en 1930, l'économie aurait probablement traversé plusieurs mois difficiles, puis aurait amorcé une reprise. Mais 1930 n'a pas été une année normale. Pendant cette année-là et les trois qui l'ont suivie, la demande a subi d'énormes chocs, dont nous étudierons les sources un peu plus loin. La courbe de demande agrégée s'est déplacée vers la gauche, jusqu'en DA_{33}. Devant la dépression, on s'attendait à une chute du niveau des prix ; les salaires ont baissé en réponse à ces prévisions. Les salaires nominaux ont diminué, ce qui a déplacé vers le bas la courbe d'offre agrégée à court terme, de $OACT_{29}$ à $OACT_{33}$. Toutefois, ce déplacement de la courbe d'offre agrégée à court terme était nettement moins considérable que la chute de la demande agrégée. En conséquence, au point d'intersection de ces deux courbes, le PIB réel se chiffrait en 1933 à 30 milliards de dollars et l'indice implicite du PIB à 12. De 1929 à 1933, le PIB réel avait chuté de presque 30 %, et le niveau des prix avait baissé de 20 %.

Même si la Crise a causé beaucoup de souffrances et de privations, celles-ci étaient très inégalement réparties dans la population. Un cinquième de la population active était en chômage. Or, il n'existait à cette époque aucun programme de sécurité sociale ou d'assurance-chômage ; de nombreuses familles étaient donc privées de tout revenu. Par contre, 80 % des personnes appartenant à la population active ont à peine ressenti les effets de la Crise. Certes, leur salaire diminuait, mais en même temps les prix diminuaient encore plus. Par conséquent, les travailleurs qui avaient gardé leur emploi voyaient augmenter leurs salaires réels, même durant les années de contraction.

Vous pourrez évaluer l'ampleur de la crise des années 30 en comparant celle-ci à la récession de 1982. De 1981 à 1982, le PIB réel a baissé de 3 %, alors qu'il avait diminué de près de 30 % entre 1929 et 1933. Une crise de la même ampleur qui se produirait au cours des années 90 réduirait le PIB à son niveau du milieu des années 70.

Les causes de la Crise

La fin des années 20 a été une période d'expansion économique. Le secteur de la construction résidentielle n'avait jamais été aussi actif. On créait de nouvelles entreprises, et le stock de capital du pays s'accroissait. Mais on sentait aussi monter l'incertitude. Celle-ci venait surtout de la situation internationale. L'économie mondiale traversait une période tumultueuse. L'équilibre du commerce international se modifiait. La Grande-Bretagne, pilier traditionnel de l'économie mondiale, amorçait une période de déclin. On voyait émerger de nouvelles puissances économiques comme l'Allemagne, le Japon et le Canada. Les fluctuations des devises internationales et l'instauration de politiques commerciales restrictives par de nombreux pays alimentaient l'incertitude des entreprises. Au Canada même, on s'inquiétait devant la forte expansion des années précédentes, particulièrement dans le secteur immobilier et dans celui des biens d'équipement. Personne ne croyait que cette expansion pût se poursuivre, mais personne ne savait à quel moment elle prendrait fin, ni dans quel sens la demande allait évoluer.

Ce climat d'incertitude a ralenti les dépenses de consommation, en particulier l'achat de maisons neuves et d'équipement ménager. À la fin de 1929, l'incertitude a atteint un seuil critique et contribué à l'effondrement des cours de la Bourse. Le krach boursier a accentué la peur des consommateurs face à l'avenir économique. Cette peur étant contagieuse, l'investissement s'est effondré lui aussi. L'industrie de la construction, qui fonctionnait à pleine vapeur deux ans plus tôt, est devenue stagnante. Cette baisse de l'investissement, jointe à la baisse des dépenses en biens durables, a déclenché la chute de la demande agrégée.

L'aggravation de la Crise À ce stade, ce qui allait devenir la Grande Dépression ne paraissait pas plus grave que bien des récessions passées. Ce sont les événements des années 1930 à 1933 qui ont fait la différence. Même aujourd'hui, les économistes ne s'entendent pas sur l'explication de ces événements. Selon Peter Temin,[4] les dépenses ont continué de chuter pour diverses raisons, dont la constante aggravation du pessimisme et de l'incertitude. Il pense, par ailleurs, que ce sont la diminution de la demande d'investissement et la réduction des dépenses autonomes qui ont plongé l'économie dans une phase de contraction prolongée. Milton Friedman et Anna J. Schwartz ont, pour leur part, affirmé que cette contraction persistante résultait presque entièrement d'une détérioration des conditions monétaires et financières.[5] Selon ces derniers, c'est l'importante réduction de la masse monétaire qui a fait chuter la demande agrégée ; la contraction s'est alors prolongée et la Crise s'est aggravée.

Même s'il subsiste un désaccord quant aux causes de la phase de contraction, ce désaccord ne porte pas sur les forces qui étaient à l'œuvre, mais plutôt sur l'importance de chacune d'elles. Tout le monde s'entend pour dire que le pessimisme et l'incertitude croissants ont fait baisser la demande d'investissement et qu'il y a eu réduction massive de l'offre de monnaie réelle. Peter Temin et ceux qui pensent comme lui accordent plus d'importance à la diminution des dépenses autonomes qu'à la baisse de la masse monétaire. D'autres, comme Milton Friedman et Anne J. Schwartz, soutiennent que la baisse de l'offre monétaire en est la cause et accordent peu d'importance aux autres facteurs.

Les composantes de la dépense agrégée Étudions d'un peu plus près de quelle façon s'est effectuée la contraction de la demande agrégée. Le tableau 15.2 énumère les composantes clés de la dépense agrégée. Comme on peut le voir, la chute des dépenses durant la Crise résultait principalement de la baisse de l'investissement, tout comme cela s'est produit durant la récession de 1982.

Pendant la Crise, l'investissement a subi un effondrement quasi total, soit une chute de 90 %. C'est sur ce facteur que Peter Temin met l'accent pour expliquer la Grande Dépression. Mais les mesures monétaires ont eu aussi leur importance. Examinons-les, en commençant par les forces monétaires à l'œuvre aux États-Unis.

Les forces monétaires à l'œuvre aux États-Unis Aux États-Unis, entre 1930 et 1933, on a assisté à une réduction de 20 % de l'offre de monnaie nominale. Cette réduction n'a pas été provoquée directement par les mesures de la «Fed». En fait, la base monétaire n'a presque pas baissé. Toutefois, on a vu s'effondrer les dépôts bancaires, qui constituent l'une des composantes de l'offre de monnaie. Or, cet effondrement était surtout dû aux nombreuses faillites bancaires qui se produisaient. La principale cause de ces faillites résidait dans des prêts peu judicieux consentis par les banques pendant l'expansion qui avait précédé la Crise. En effet, encouragées par la hausse des prix des actions et par la forte activité économique, les banques avaient élargi leurs prêts. Après le krach boursier et le revirement de la situation économique, de nombreux emprunteurs se sont trouvés dans une situation précaire : ils ne pouvaient plus ni payer l'intérêt sur leurs emprunts ni rembourser ceux-ci dans les délais convenus. Les dépôts des banques dépassaient la valeur des prêts consentis. Lorsque les déposants ont réclamé leur argent aux banques, celles-ci ont perdu des réserves, et plusieurs d'entre elles ont même été incapables de restituer les dépôts.

Les faillites bancaires accentuaient l'inquiétude générale, qui à son tour provoquait d'autres faillites. Pour se protéger contre ces faillites, les gens retiraient des banques l'argent qu'ils leur avaient confié. Telle était la situation en 1930. La quantité de billets et de pièces en circulation augmentait, tandis que le volume des dépôts bancaires diminuait. Mais le seul fait que les individus retiraient leur dépôt pour se protéger aggravait encore plus le processus des faillites bancaires. Les banques, manquant de plus en plus d'argent liquide, ne pouvaient plus honorer leurs obligations.

Les faillites bancaires et la contraction massive de l'offre de monnaie ont eu deux effets sur l'économie. Premièrement, les faillites bancaires ont alourdi le fardeau financier de nombreux producteurs, ce qui a fait augmenter le nombre de faillites commerciales. En même temps, une brusque réduction de l'offre de monnaie a maintenu les taux d'intérêt à un haut niveau. Non seulement les taux d'intérêt nominaux sont-ils restés élevés, mais les taux d'intérêt réels ont eux-mêmes considérablement augmenté. Le taux d'intérêt réel correspond à peu près à la différence entre le taux d'intérêt nominal et le taux d'inflation prévu. Pendant la Crise, l'inflation était négative car le niveau des prix baissait. Ainsi, le taux d'intérêt réel était égal

[4] Peter Temin, *Did Monetary Forces Cause the Great Depression ?* New York, W. W. Norton, 1976.

[5] Milton Friedman et Anna J. Schwartz, *A Monetary History of the United States 1867-1960*, Princeton, Princeton University Press, 1963, chapitre 7.

Tableau 15.2 La dépense agrégée durant la phase de contraction de la Crise

	PIB réel		Composantes de la dépense agrégée (en milliards de dollars de 1981)								
	Y	=	*C*	+	*I*	+	*G*	+	*EX*	–	*IM*
1929	42	=	27	+	10	+	7	+	9	–	11
1933	29	=	22	+	1	+	6	+	7	–	7
Différence	–13	=	–5	+	–9	+	–1	+	–2	–	–4
Différence en pourcentage	–31		–19		–90		–14		–22		-36

Source : F.H. Leacy, *Statistiques historiques du Canada*, 2e édition, Ottawa, Statistique Canada et Fédération canadienne des sciences sociales, 1982.

au taux d'intérêt nominal plus le taux de déflation prévu. Les taux d'intérêt réels étant élevés, l'investissement était faible.

Les forces monétaires à l'œuvre au Canada La contraction monétaire s'est également produite au Canada, mais son ampleur a été beaucoup moindre qu'aux États-Unis. Certes, au cours de la Crise, la masse monétaire a baissé au Canada chaque année, mais cette baisse n'a été que de 5 % par année contre 20 % aux États-Unis. De plus, aucune banque à charte n'a fait faillite au Canada, alors qu'aux États-Unis les faillites bancaires ont constitué un grave problème.

Le krach du marché boursier Quel rôle l'effondrement des cours de la Bourse a-t-il joué dans la Crise ? De toute évidence, ce krach a créé un climat de panique ; il a probablement contribué à accentuer l'incertitude qui a fait chuter les dépenses d'investissement. L'effondrement boursier a également réduit l'avoir des actionnaires et incité ceux-ci à réduire leurs dépenses de consommation. Toutefois, l'effet du krach boursier sur les dépenses de consommation, même s'il a contribué à la Crise, n'a pas été la cause principale de la chute de la demande agrégée. Ce qui a provoqué en 1930 la chute de la demande agrégée, c'est avant tout la baisse de l'investissement, suscitée par le climat d'incertitude.

Cependant, le krach annonçait une grave récession. Il reflétait les appréhensions des actionnaires au sujet des profits à venir. À mesure que les prévisions s'assombrissaient, les prix des actions chutaient. En d'autres mots, le comportement du marché boursier dépendait des profits qu'on pouvait prévoir, et ces prévisions étaient à la baisse en raison de l'incertitude croissante.

Une telle crise pourrait-elle se reproduire?

N'ayant, même aujourd'hui, qu'une compréhension incomplète des causes de la Crise, nous ne pouvons ni prévoir la répétition d'un tel événement, ni affirmer qu'il ne se reproduira pas. Toutefois, certaines différences entre l'économie des années 90 et celle des années 30 rendent une telle dépression nettement moins probable de nos jours qu'il y a soixante ans. Certains facteurs réduisent pour l'économie canadienne contemporaine le risque d'une crise aussi profonde que celles des années 30. Ces facteurs sont les suivants :

- Les impôts, les taxes et les dépenses publiques
- L'assurance sur les dépôts bancaires
- Le rôle de la Banque du Canada en tant que prêteur de dernier recours
- Les familles à revenus multiples

Étudions un à un ces différents facteurs.

Les impôts, les taxes et les dépenses publiques En 1929, le secteur public occupait dans l'économie canadienne une place beaucoup moins importante que de nos jours. À la veille de la Crise, les dépenses publiques en biens et services constituaient 15 % du PIB, alors qu'elles en représentent aujourd'hui plus de 20 %. Les paiements de transfert constituaient environ 5 % du PIB en 1929; ils s'élèvent maintenant à 20 % du PIB.

Plus le niveau des dépenses publiques est élevé, plus la demande agrégée restera stable, dans l'ensemble, s'il y a récession. Ce sont toutefois les paiements de transfert du gouvernement qui jouent principalement le rôle de stabilisateur économique. En temps de dépression ou de récession, on voit s'accroître le nombre de bénéficiaires de l'assurance-chômage et de l'assistance sociale. Ces programmes freinent l'érosion du revenu disponible. Quant aux dépenses de consommation, elles ne chutent pas autant qu'elles le feraient en l'absence de ces programmes. Cette baisse modérée des dépenses de consommation contribue elle aussi à limiter la diminution de la dépense agrégée, ce qui atténue l'ampleur de la récession.

L'assurance sur les dépôts bancaires En 1967, le gouvernement canadien a créé la Société d'assurance-dépôts du Canada (SADC). La SADC assure les dépôts bancaires jusqu'à concurrence de 60 000 $ par dépôt, si bien que la plupart des déposants n'ont pas à craindre les conséquences d'une éventuelle faillite de leur banque. Si une banque faisait faillite, la SADC rembourserait les déposants. Un système semblable a été mis en place aux États-Unis, où les dépôts sont assurés jusqu'à concurrence de 100 000 $ par la Federal Deposit Insurance Corporation. Le gouvernement américain assurant désormais les dépôts bancaires, on pourrait difficilement voir se reproduire aux États-Unis l'un des événements qui, en 1929, a contribué à transformer une simple récession en une crise profonde. C'est en effet la crainte des faillites bancaires qui a alors poussé les gens à retirer leurs dépôts. L'effet conjugué de toutes ces décisions individuelles a, en fait, provoqué les faillites bancaires que les gens craignaient tant. Avec l'assurance-dépôts, au contraire, la plupart des déposants ne perdraient rien si leur banque faisait faillite; ils n'ont donc aucune raison de prendre des décisions susceptibles d'entraîner cette faillite.

Au Canada, les faillites bancaires n'ont certes pas représenté un grave problème durant la Crise. Mais, aux États-Unis, elles ont été de toute évidence un facteur déterminant dans la détérioration de la situation. Sans compter que la gravité de la récession aux États-Unis a eu un effet certain sur l'économie canadienne et sur l'économie mondiale.

Le prêteur de dernier recours Dans l'économie canadienne, la Banque du Canada constitue le prêteur de dernier recours. Toute banque canadienne qui devient à court de réserves peut emprunter auprès des autres banques canadiennes. Mais, si c'est le système bancaire tout entier qui vient à manquer de réserves, les banques peuvent emprunter à la Banque du Canada. En offrant des réserves à un taux d'intérêt raisonnable, la Banque du Canada peut faire en sorte que la quantité de réserves du système bancaire s'ajuste de façon flexible à la demande de réserves. On évite dès lors les faillites en série, comme celles qui se sont produites durant la Crise. On limite les faillites bancaires aux seuls cas de mauvaise gestion.

Il est intéressant de remarquer que, durant les semaines qui ont suivi le krach d'octobre 1987, Alan Greenspan, président de la «Fed» américaine, et John Crow, gouverneur de la Banque du Canada, ont maintes fois rappelé aux milieux financiers et bancaires que les deux banques centrales avaient le pouvoir et la volonté d'assurer la stabilité des conditions financières dans leur pays respectif.

Les familles à revenus multiples À l'époque de la Crise, les familles qui comptaient plus d'un salarié étaient beaucoup plus rares que de nos jours. Le taux de participation de la main-d'œuvre se chiffrait en 1929 à environ 55 %, alors que de nos jours il est de 67 %. Donc, même si le taux de chômage atteignait aujourd'hui 20 %, il resterait encore au travail 54 % de la population adulte; durant la Crise, seulement 44 % de cette population avait du travail. La famille à revenus multiples jouit d'une plus grande sécurité financière que la famille à revenu unique. En effet, elle risque moins de voir tous ses membres perdre en même temps leur emploi qu'une famille à revenu unique ne risque de perdre son seul gagne-pain. Une famille qui bénéficie d'une meilleure sécurité financière risque moins d'être touchée, dans sa consommation, par les fluctuations temporaires du revenu familial; une chute de la demande agrégée n'entraîne pas nécessairement pour elle une baisse de consommation. Pendant la récession de 1982 par exemple, les dépenses de consommation n'ont baissé que de 2 % alors que le PIB réel fléchissait de 3 %.

Pour les quatre raisons que nous venons d'analyser, l'économie semble mieux préparée aujourd'hui à absorber d'importantes perturbations qu'elle ne l'était dans les années 20 et 30. Même si une baisse marquée de la confiance devait faire chuter l'investissement, il est probable que les mécanismes actuellement en place empêcheraient une baisse forte et prolongée du PIB réel et une très forte poussée du chômage, phénomènes qu'on a observés il y a soixante ans.

Dans cette économie, mieux protégée contre une grave récession qu'elle ne l'était au début des années 30, un effondrement boursier comme celui d'octobre 1987 n'aura eu, malgré son ampleur, que peu d'effet sur la dépense agrégée. Le krach de 1929 avait pratiquement anéanti l'investissement (surtout dans le secteur immobilier) ainsi que les achats de biens de consommation durables. Après le krach de 1987, au contraire, les

Assisterons-nous à une répétition des événements de 1981-1982?

Selon les analystes, une récession comme celle de 1981-1982 ne nous menace pas...

Le nombre de faillites augmente, les consommateurs sont endettés comme ils ne l'ont jamais été et les taux d'intérêt ont grimpé à des niveaux qui n'avaient pas été enregistrés depuis la récession de 1981-1982 [...]

On peut facilement observer les signes d'une récession ; cependant, annoncent-ils une récession aussi grave que celle de 1982 ? [...]

Même si un grand nombre d'économistes s'entendent pour dire que l'économie s'affaiblit — certains allant même jusqu'à prévoir une récession — la plupart d'entre eux croient que la situation a suffisamment changé depuis 1981 que des événements aussi désastreux que ceux qui arrivèrent alors ne se reproduisent pas.

La catastrophe de 1981-1982 a profondément marqué de nombreux individus et entreprises. Après tout, il s'agissait de la plus grave récession depuis la Grande Dépression.

En vue de juguler l'inflation qui dépassait alors les 12 %, la Banque du Canada a suivi l'exemple de la banque centrale des États-Unis. Au printemps 1981, la Banque du Canada a laissé monter les taux d'intérêt à des niveaux records. Pendant ce temps, des milliers d'entreprises ont fait faillite, d'autres ont procédé à des licenciements, le marché immobilier s'est effondré et le chômage est passé de 7 à 13 %. Le nombre de chômeurs a presque doublé, atteignant 1,5 million, et les emplois ont baissé.

Huit ans plus tard, les consommateurs et les entreprises observent avec angoisse la nouvelle montée des taux d'intérêt. Les taux d'intérêt ont de nouveau commencé à grimper. Les taux d'intérêt réels, soit la différence entre les taux d'intérêt nominaux et l'inflation, se situent, à l'heure actuelle, au niveau le plus élevé qu'ils avaient atteint en 1981 [...]

En dépit de tous ces mauvais signes, le fait que les économistes ne prévoient pas une récession profonde peut sembler quelque peu rassurant. Il faut toutefois se rappeler qu'ils n'avaient pas prévu la dernière récession. Alors que la récession s'amorçait, ils étaient nombreux à prévoir, pour 1982, un taux de croissance du PIB réel de 3 %. (En fait, cette année-là le PIB réel a chuté de 3,4 %.)

Selon les économistes, la différence, cette fois, c'est l'inflation. Même si l'inflation augmente, nous la maîtrisons, ce qui n'était pas le cas il y a neuf ans. En conséquence, il ne sera sans doute pas nécessaire d'avoir recours à des taux d'intérêt aussi élevés.

«Je crois que personne ne s'attend à ce que les événements de 1981-1982 se répètent», explique Paul Darby, directeur adjoint des prévisions au Conference Board du Canada [...] «Les taux d'intérêt réels sont à nouveau aussi élevés qu'en 1981, ce qui va, certes, nuire aux investissements de même qu'aux marchés de l'automobile et de l'immobilier», ajoute Darby. Mais, selon lui, ce sont les taux d'intérêt nominaux élevés qui ont entraîné, en 1981 et 1982, la faillite d'un très grand nombre d'entreprises ainsi que l'effritement du marché immobilier [...]

Contrairement à l'année 1981-1982, les taux d'intérêt réels élevés au Canada ne suivent pas les taux d'intérêt réels en vigueur aux États-Unis, nous explique John Clinkard, économiste à la Banque Canadienne Impériale de Commerce. «C'est là une différence importante. Bien que le maintien des taux d'intérêt à leur niveau actuel aura des conséquences douloureuses, en 1981, les deux pays éprouvaient des difficultés, précise-t-il. Il s'agit en fait de l'élément clé. Nous n'avons jamais connu une récession au Canada sans qu'il y en ait une aussi aux États-Unis.»

The Financial Post
12 mars 1990
Par Greg Ip

Les faits en bref

- En 1981 et 1982, le Canada a connu une grave récession — le PIB réel a chuté de 3,4 % — chute causée par des taux d'intérêt records.
- Au printemps 1990, les taux d'intérêt réels — soit la différence entre les taux d'intérêt nominaux et le taux d'inflation — étaient presque aussi élevés qu'en 1981. Devait-on prévoir une récession de l'ampleur de celle de 1981-1982 ?
- Les économistes croient peu probable qu'une récession comme celle de 1981-1982 puisse à nouveau frapper.
- Selon Paul Darby, directeur adjoint des prévisions et analyses, au Conference Board du Canada, ce sont les taux d'intérêt nominaux élevés qui ont engendré la récession de 1981-1982.
- John Clinkard, économiste principal à la Banque Canadienne Impériale de Commerce, affirme qu'il n'y a jamais eu de récession au Canada sans qu'il y en ait une aux États-Unis et qu'il est peu probable qu'une récession survienne en 1990 aux États-Unis.
- Les économistes n'ont pas prévu la récession de 1982; ils s'attendaient en fait à ce que le taux de croissance du PIB réel, pour 1982, soit de 3 %.

Analyse

Les taux d'intérêt au Canada et aux États-Unis : 1981 et 1990

	Canada		États-Unis	
	1981	1990	1981	1990
Taux d'intérêt préférentiel	21,3*	14,8**	20,5*	10,0**
Taux d'inflation	12,5#	4,9##	10,4#	5,7##
Taux d'intérêt réel	8,8	9,9	10,1	4,3

* Sommet au troisième trimestre. ** Juin 1990.
\# Moyenne annuelle. ## Trimestre prenant fin en mai 1990 (taux annuel).

Sources : Canada, *Revue de la Banque du Canada.*
États-Unis, *Economic Report of the President.*

- Ce tableau présente les taux d'intérêt au Canada et aux États-Unis pour 1981 et 1990.
- En 1981, le taux d'intérêt réel annuel, dans les deux pays, approchait les 10 %.
- En 1990, au Canada, le taux d'intérêt réel semblait être de 5 points plus élevé qu'aux États-Unis.
- On expliquait la différence évidente entre les taux d'intérêt réels des deux pays pouvait s'expliquer par le fait qu'on s'attendait à ce que le dollar canadien chute d'environ 5 % par rapport au dollar américain vers le milieu des années 90. (Voir le chapitre 18.)
- Puisqu'on s'attendait à ce que la valeur de la devise canadienne diminue de 5 % au milieu des années 90, le taux d'intérêt réel au Canada était en fait le même qu'aux États-Unis, — et il représentait environ la moitié de ce qu'il était en 1981.
- Les récessions proviennent habituellement de deux sources :
  - Une chute abrupte de l'offre agrégée
  - Une chute abrupte de la demande agrégée
- En 1981, au Canada, les investissements et la demande agrégée étaient particulièrement sensibles aux facteurs suivants :
  - Une politique monétaire restrictive au Canada
  - Une politique monétaire restrictive aux États-Unis
  - Un climat de pessimisme élevé quant aux perspectives de profit découlant de nouveaux investissements.
- Ces trois facteurs conjugués ont entraîné une importante diminution de la demande agrégée puis, la récession.
- En 1990, au Canada, les investissements et la demande agrégée semblaient particulièrement sensibles aux facteurs suivants :
  - Une politique monétaire restrictive au Canada
  - Un certain optimisme, quant aux profits prévus sur les investissements, engendré par une économie mondiale vigoureuse (voir la rubrique *Entre les lignes*, pages 576 et 577)
- Selon John Clinkard, économiste principal à la Banque Canadienne Impériale de Commerce, la politique monétaire restrictive canadienne était, semblait-il, le seul facteur négatif pouvant avoir un effet préjudiciable sur l'investissement, et ses conséquences ne devaient pas être aussi graves qu'en 1981. Ce facteur négatif devait être contré par les perspectives positives de profit, ce qui devait empêcher l'économie de s'enliser dans une récession en 1991.
- Paul Darby, directeur adjoint des prévisions et analyses au Conference Board du Canada, a affirmé que c'était les taux d'intérêt *nominaux* élevés qui avaient entraîné la récession de 1982.
- Des taux d'intérêt nominaux élevés ne peuvent pas, à eux seuls, causer une récession. Tant et aussi longtemps que le taux d'inflation anticipé correspond aux taux d'intérêt nominaux, les entreprises et les ménages contracteront des emprunts et consentiront des prêts, indépendamment du niveau des taux d'intérêt nominaux.
- Certains pays n'ont pas eu à faire face à une récession, même si leurs taux d'intérêt nominaux étaient beaucoup plus élevés que ceux du Canada en 1981.
- Ces exemples nous indiquent que c'est le niveau du taux d'intérêt réel, non celui du taux d'intérêt nominal, qui influe sur l'investissement et sur la demande agrégée.
- La prévision selon laquelle 1991 ne serait pas comme 1982 semblait raisonnable. Toutefois, même si d'un point de vue technique, il n'y a pas eu de récession en 1991, le PIB réel n'ayant pas chuté au cours de deux trimestres consécutifs, il y a eu un très fort ralentissement économique et le taux de chômage a augmenté considérablement.

Pays	Taux d'intérêt	Taux de croissance du PIB réel
Brésil, 1984	215 %	4,5 %
Israël, 1984	823 %	1,7 %

investissements et les dépenses en biens durables ont à peine changé.

Cela ne veut pas dire que les années 90 sont à l'abri d'une grave dépression. Mais il faudrait un choc très puissant pour la déclencher. De plus, au début des années 90, les économistes s'accordaient généralement pour affirmer qu'il n'y aurait pas de récession de l'ampleur de celle de 1981-1982. (Lire à ce sujet la rubrique *Entre les lignes* des pages 422 et 423.) Pourtant, 1990 a été marquée par une récession et 1991 par une très forte contraction.

■ Notre étude de la macroéconomie est maintenant terminée. Nous avons examiné le modèle macroéconomique de l'offre et de la demande agrégées et nous avons exploré les mécanismes des divers marchés : marché des biens et services, marché du travail, marché monétaire et marché des éléments d'actif financiers. Nous avons mis à profit nos connaissances pour expliquer et comprendre le chômage, l'inflation et les fluctuations économiques.

Dans la prochaine partie du manuel, nous étudierons plus en détail les questions liées à la politique macroéconomique.

RÉSUMÉ

La récession de 1982

Un ralentissement de la croissance de la demande agrégée, provoqué par les politiques monétaires de la Réserve fédérale des États-Unis et de la Banque du Canada, a été à l'origine de la récession de 1982. En tentant de freiner l'inflation, ces deux banques centrales ont suscité un ralentissement imprévu de la croissance de la demande agrégée. Les salaires ont augmenté en fonction d'un taux d'inflation prévu de l'ordre de 10 % par année. Ces hausses salariales ont déplacé vers le haut la courbe d'offre agrégée à court terme. Le déplacement de la courbe d'offre agrégée à court terme a été beaucoup plus important que celui de la courbe de demande agrégée. En conséquence, le PIB réel a chuté. L'inflation, cependant, est restée modérée. Avant la récession, les taux d'intérêt réels avaient augmenté, mais ils ont fléchi à mesure que la récession s'intensifiait. Le fonctionnement du marché du travail en période de récession demeure un sujet de controverse. Selon la théorie du marché du travail avec salaires rigides, les salaires réels ne s'ajustent pas pour maintenir l'égalité entre la quantité de travail demandée et la quantité de travail offerte. Lorsque l'économie entre en récession, la quantité de travail offerte dépasse la quantité demandée, et le taux de chômage effectif est supérieur au taux naturel. D'après la théorie du marché du travail avec salaires flexibles, au contraire, les salaires réels s'ajustent de façon que la quantité de travail offerte soit continuellement égale à la quantité demandée. Les variations de la demande de divers types de travailleurs suscitent un changement dans la composition de l'emploi et une modification du taux de salaire moyen. Ce sont surtout les travailleurs non qualifiés qui perdent leur emploi. La hausse du chômage qui se produit en période de récession résulte de l'augmentation des activités de recherche d'emploi, conséquence d'un fort taux de roulement de la main-d'œuvre. À son tour, ce roulement accéléré de la main-d'œuvre a pour cause un changement de la productivité relative entre travailleurs qualifiés et travailleurs non qualifiés. Les économistes n'ont pas encore mis au point de test qui permettrait de trancher entre ces deux théories du marché du travail. *(pp. 409-417)*

Peut-il survenir une autre grande crise?

La crise économique amorcée en 1929 a été la plus longue et la plus grave de toutes. On a d'abord vu se développer un climat d'incertitude et de pessimisme, qui a fait chuter l'investissement (particulièrement dans le secteur immobilier) ainsi que les achats de biens durables. Ce climat a également provoqué l'effondrement du marché boursier. Le krach, en intensifiant le pessimisme, a accentué encore plus la réduction de la dépense agrégée. Aux États-Unis, le système financier s'est presque écroulé : des banques ont fait faillite, et la diminution de l'offre de monnaie a provoqué une baisse prolongée de la demande agrégée. Le système financier canadien a mieux tenu le coup, mais le chaos économique dans lequel ont été plongés les États-Unis a eu des répercussions au nord de la frontière et dans le monde entier. La baisse prévue des prix a entraîné une réduction des salaires, même si la diminution de la demande agrégée a continué de dépasser les prévisions et que le PIB réel a poursuivi sa chute.

La Crise elle-même a suscité un ensemble de réformes qui rendent moins probable la répétition d'une telle dépression. Le rôle de prêteur de dernier recours confié à la Banque du Canada et l'instauration d'un régime d'assurance sur les dépôts bancaires ont réduit les risques de faillite bancaire et d'effondrement financier. Grâce à l'augmentation des impôts et taxes ainsi que des dépenses publiques, l'économie est mieux en mesure de faire face aux dépressions. L'augmentation du taux de participation de la main-d'œuvre, enfin, ajoute une protection supplémentaire, particulièrement pour les familles à revenus multiples. Pour ces raisons, une variation importante de la demande agrégée ou de l'offre agrégée risque beaucoup moins aujourd'hui de déboucher sur une véritable crise. C'est ainsi que le krach boursier d'octobre 1987, malgré son ampleur, n'a pas provoqué l'effondrement de la demande agrégée. *(pp. 417-424)*

POINTS DE REPÈRE

Figures clés 

QUESTIONS DE RÉVISION

1 Quels sont les facteurs qui ont déclenché la récession de 1982?

2 Comment les taux d'intérêt ont-ils évolué lorsque, en 1982, l'économie s'est engagée dans la récession?

3 Peut-on expliquer la récession de 1982 par la théorie du marché du travail avec salaires flexibles? Justifiez votre réponse.

4 Décrivez les variations du chômage et des salaires réels pendant la récession de 1982. À quelle théorie du marché du travail ces variations semblent-elles correspondre le mieux?

5 Décrivez les variations du PIB réel, du chômage, de l'emploi et du niveau des prix, qui se sont produites pendant la crise de 1929-1933.

6 Quels ont été les principales causes de la crise de 1929?

7 Quels événements survenus en 1931 et en 1933 ont prolongé et aggravé la baisse du PIB réel et la hausse du chômage?

8 Énumérez les quatre caractéristiques qui protègent aujourd'hui notre économie contre des dépressions graves comme celle de 1929.

PROBLÈMES

1 Analysez l'évolution des taux d'intérêt au cours de la récession de 1982. Tracez pour cela un diagramme du marché monétaire, montrant les déplacements des courbes de demande et d'offre de monnaie réelle. Quelles mesures économiques auraient pu empêcher la hausse des taux d'intérêt? Quels auraient été les effets de ces mesures sur le PIB réel et sur le niveau des prix?

2 Pendant la récession de 1982, les salaires réels et le chômage ont diminué. Comment expliquer cela par la théorie du marché du travail avec salaires rigides? Par la théorie du marché du travail avec salaires flexibles?

3 Comparez les événements de 1929-1933 à ceux de 1982.

4 Énumérez les caractéristiques de l'économie canadienne qui, en 1990 et en 1991, semblent de mauvais augure pour les années 90.

5 Énumérez les caractéristiques de l'économie canadienne qui, en 1990 et en 1991, semblent de bon augure pour les années 90.

6 Comment, d'après vous, l'économie canadienne va-t-elle évoluer au cours des deux prochaines années? Expliquez vos prévisions, à l'aide des facteurs négatifs et des facteurs positifs que vous avez dégagés en réponse aux problèmes 4 et 5, et à la lumière des connaissances que vous avez acquises en macroéconomie.

6e PARTIE

La politique macroéconomique

Pierre Fortin est professeur au département de science économique de l'Université du Québec à Montréal depuis 1988. Par le passé, il a enseigné à l'Université de Montréal et à l'Université Laval et dirigé le Centre de recherche sur les politiques économiques de l'UQAM ainsi que la revue *L'actualité économique*. Il a par ailleurs été président de la Société canadienne de science économique et a agi à titre de conseiller du ministre fédéral des Finances et du Premier ministre du Québec. La majeure partie des travaux de recherche du professeur Pierre Fortin ont porté sur le chômage et l'inflation au Canada et au Québec. Nous nous entretenons avec lui de la politique macroéconomique au Canada et de l'évolution de la macroéconomie en général.

ENTREVUE
PIERRE FORTIN

Professeur Fortin, l'économie canadienne a traversé deux années difficiles en 1990 et en 1991. Comment expliquez-vous la récession qui l'a frappée?

Les fluctuations de l'activité économique au Canada dépendent en gros de cinq facteurs principaux : la croissance économique à l'étranger, tout particulièrement aux États-Unis ; les prix mondiaux des ressources naturelles que nous exportons ; notre efficacité comparative à contenir la hausse de nos coûts unitaires de production, c'est-à-dire notre compétitivité ; les budgets d'Ottawa et des provinces ; et enfin la gestion des taux d'intérêt et du taux de change du dollar canadien par la Banque du Canada.

«Notre banque centrale peut établir les taux d'intérêt canadiens à court terme à peu près au niveau où elle le désire, au-dessous ou au-dessus des taux américains correspondants.»

Or, de 1989 à 1992, ces cinq facteurs se sont conjugués pour produire ce qui, en rétrospective, aura constitué la récession la plus grave que le Canada ait connue depuis la Grande Dépression des années 30. (Notons que la récession de 1981-1982 fut plus profonde, mais qu'elle dura moins longtemps.) Quatre événements ont nui à nos exportations et gonflé nos importations. Il y a d'abord eu la récession de 1990-1991 aux États-Unis, moins prononcée que la nôtre, mais bien réelle tout de même; ensuite, la dépression marquée des cours mondiaux de nos ressources naturelles, qui s'est traduite par une chute de 30 % de 1989 à 1991 de la production de blé, des pâtes et papiers, et des métaux et minéraux; puis, la poussée de nos coûts unitaires, qui fut plus forte d'environ 15 % qu'aux États-Unis entre 1986 et 1991; et enfin une appréciation de 20 % du dollar canadien de 1986 à 1991. De plus, les compressions dans les programmes de dépenses gouvernementales ont affaibli la demande intérieure. La hausse continuelle des taux de taxation a comprimé le pouvoir d'achat des consommateurs et des entreprises. Enfin, les taux d'intérêt réels au Canada ont été les plus élevés du monde industriel. Ils ont ainsi rendu prohibitifs le financement des nouveaux achats d'automobiles, d'ameublements, de machines et de matériel ainsi que la construction de maisons, d'usines et d'immeubles neufs. C'est mathématique : quand *C*, *I*, *G* et *EX-IM* dégringolent tous en même temps, leur somme, *Y*, baisse elle aussi !

Croyez-vous que nos gouvernements auraient pu faire quelque chose pour que la situation économique soit meilleure?

Il va de soi que nos gouvernements auraient pu dépenser plus et taxer moins et que la banque centrale aurait pu établir les taux d'intérêt et le taux de change du dollar canadien à des niveaux plus bas de 1989 à 1991. Cela aurait atténué, plutôt qu'amplifié, la récession. Notre taux de chômage n'aurait pas grimpé à 11 %. Mais, à défaut d'un changement profond de nos mentalités, de nos pratiques et de nos institutions, il y aurait eu un prix à payer : notre secteur public se serait endetté encore plus et notre taux d'inflation n'aurait pas diminué, de 5 à 2 %, comme il l'a fait. Nos gouvernants ont donc fait un choix. Bien évidemment, selon les valeurs et la vision de l'économie qu'on défend, on peut raisonnablement diverger d'opinion sur la justesse de ce choix.

Mais la Banque du Canada dispose-t-elle vraiment d'une marge de manœuvre qui lui permette de démarquer sa politique monétaire de la politique monétaire américaine suffisamment pour répondre aux besoins de stabilisation propres à l'économie canadienne?

Tout à fait. L'expérience canadienne des vingt dernières années montre que, par sa gestion des réserves-encaisse des banques à charte, notre banque centrale peut établir les taux d'intérêt canadiens à court terme à peu près au niveau où elle le désire, au-dessous ou au-dessus des taux américains correspondants. Cependant, quelle que soit sa décision, elle doit être prête à en assumer les conséquences pour le taux de change du dollar canadien.

Par exemple, lorsqu'elle cherche à ralentir la croissance de la demande globale afin de combattre l'inflation, la Banque du Canada doit prévoir non seulement que son resserrement monétaire décourage la consommation et l'investissement des entreprises ($C+I$) par la hausse des taux d'intérêt qu'il impose, mais qu'il affaiblit aussi nos exportations nettes de biens et services (EX - IM) par l'appréciation du dollar canadien qu'amènent les taux d'intérêt plus élevés.

Il est clair que l'existence d'une marge de manœuvre canadienne sur le plan monétaire est conditionnée par la possibilité que la valeur du dollar canadien change au gré de la Banque du Canada et du marché. Elle disparaîtrait complètement en régime de taux de change fixe, comme ce fut le cas dans les années 60. La politique monétaire canadienne serait alors à toutes fins utiles formulée et mise en œuvre à Washington. Certains y verraient un inconvénient ; d'autres, un avantage.

Depuis quelque temps, la Banque du Canada a entrepris une lutte à finir contre l'inflation. Elle vise à établir le taux d'inflation au niveau zéro, puis à l'y maintenir. Quels sont, à votre avis, les avantages et les inconvénients d'un tel objectif?

Mieux vaut, à coup sûr, un taux d'inflation bas et stable qu'élevé et instable. Dans l'histoire moderne, les pays qui ont dû traverser des périodes d'hyperinflation (Allemagne, Chine, Hongrie, Amérique du Sud, etc.) ont subi une dislocation économique et financière particulièrement éprouvante. Mais l'importance réelle des coûts des taux d'inflation modérés, disons de 2 à 15 %, qui ont marqué les cinq dernières décennies dans les pays industriels avancés, est une question difficile et controversée qui ne fait pas l'unanimité.

La fiscalité, les hypothèques, les pensions, etc., et nos pratiques comptables sont fondées sur l'hypothèse que la valeur de la monnaie est stable. Elles s'accommodent mal de l'inflation. Les marchés décentralisés fonctionnent moins bien lorsque l'inflation introduit des distorsions dans les rapports de prix entre les divers biens et services. Les hausses ou les baisses imprévues du taux d'inflation attisent les conflits sociaux. Elles changent de manière arbitraire la répartition de la richesse entre riches et moins riches, patrons et employés, créanciers et débiteurs, propriétaires et locataires, jeunes et aînés. Elles découragent le recours au marché de l'emprunt à long terme et nuisent à l'investissement des entreprises.

Mais personne n'a réussi à chiffrer ces coûts avec quelque assurance. Au cours des trente dernières années, par exemple, la corrélation entre taux d'inflation moyen et taux de croissance économique moyen parmi les dix-sept grands pays industriels avancés est à peu près nulle. Cela ne veut pas dire que les coûts de l'inflation sont négligeables, mais que nous en ignorons l'importance véritable.

Les inconvénients d'un taux d'inflation bas et stable ne proviennent pas de l'objectif en lui-même, mais des récessions, des faillites et du chômage que, dans le cadre de nos institutions actuelles, la banque centrale doit imposer à l'économie pour la faire passer d'un taux d'inflation élevé à un taux d'inflation faible, et ensuite l'y maintenir. La Banque du Canada est en campagne anti-inflationniste depuis 1975, notre taux d'inflation ayant touché les 12 %, et notre taux de chômage, les 5 %, en 1974. Le succès de la Banque est maintenant évident : notre inflation annuelle n'est plus que de 2 %. Mais elle a dû, pour cela, faire subir à notre pays, en 1981-1982 et en 1990-1991, ses deux plus profondes récessions depuis cinquante ans et amener son taux de chômage à un niveau qui est actuellement (en 1992) le plus élevé des dix-sept grands pays industriels avancés. Il y a des économistes qui nient encore l'existence d'une relation inverse entre inflation et chômage, mais je ne suis pas sûr qu'ils parlent de la même planète que la nôtre!

La méthode récessionniste employée par le Canada pour abattre l'inflation est humainement dévastatrice pour les victimes innocentes qu'elle attaque et elle est astronomiquement coûteuse pour l'économie. Naturellement, les

«Il y a des économistes qui nient encore l'existence d'une relation inverse entre inflation et chômage, mais je ne suis pas sûr qu'ils parlent de la même planète que la nôtre!»

«Ce qui nous manque, c'est un mécanisme efficace de coordination sociale pour atteindre certains objectifs macroéconomiques.»

estimations les plus bénignes des coûts financiers de la désinflation proviennent de l'organisme qui est avant tout responsable de cette politique, la Banque du Canada. Le personnel de la Banque les envisage plutôt comme «modestes et passagers»: une perte de 2 % du PIB annuel canadien, ou 14 milliards en dollars de 1992, serait nécessaire pour chaque unité de réduction du taux d'inflation. Dans cette optique, la baisse de 10 unités (de 12 à 2 %) de l'inflation au Canada entre 1975 et 1992 aurait occasionné une perte de 140 milliards (10 fois 14 milliards) «seulement» pour les Canadiens.

D'après mon appréciation des faits, le personnel de la Banque sous-estime de plusieurs fois le coût des «cratères» que les deux récessions de 1981-1982 et de 1990-1991 auront laissé dans le paysage économique canadien sous la forme d'une augmentation importante et durable du chômage, de la pauvreté et de la dépendance sociale. Beaucoup d'économistes européens, qui ont vu le taux de chômage moyen sur leur continent croître de façon extraordinaire entre 1974 et 1985 et persister à un très haut niveau depuis, seraient d'accord avec moi là-dessus.

Mais alors, sommes-nous irrémédiablement condamnés à choisir ou bien une inflation basse et un chômage élevé, ou bien une inflation élevée et un chômage bas?

J'ai bien peur que ce soit le cas dans le cadre de nos institutions actuelles. Il faut dès maintenant s'appliquer à réformer ces institutions afin de réussir, comme certains autres pays, le tour de force de réaliser à la fois la stabilité des prix et le plein emploi, de «battre» la courbe de Phillips.

Dans notre économie de marché décentralisée, les contrats de prix et de salaire se négocient par émulation d'un secteur industriel à l'autre ou d'un métier à l'autre. Toute contraction monétaire importante prend du temps à se propager. Elle rencontre beaucoup d'inertie, non seulement à cause des contrats déjà en vigueur, qui ne sont pas facilement rouverts, mais aussi à cause des contrats en négociation, qui tendent souvent à imiter les premiers. Cette rigidité contractuelle entraîne une phase d'ajustement pénible qui est remplie de dislocations économiques: taux d'intérêt exorbitants, dollar surévalué, profits anémiques, faillites nombreuses, déficits budgétaires accrus, chômage croissant. C'est pourquoi il est extrêmement coûteux de passer d'une situation où les prix augmentent de 12 % et les salaires de 14 % annuellement à une autre où les prix croissent de 2 % et les salaires de 4 %, et cela même si tous, entreprises, syndicats et gouvernements, s'accordent pour dire que la seconde situation est nettement préférable à la première.

Bref, notre économie décentralisée, qui est un gros «plus» sur le plan *micro*économique, comporte de graves lacunes sur le plan *macro*économique. Ce qui nous manque, c'est un mécanisme efficace de coordination sociale pour atteindre certains objectifs macroéconomiques. Un tel mécanisme aurait pour objet d'établir, par entente à l'amiable entre entreprises, syndicats et gouvernements, des normes annuelles d'inflation qui guideraient leurs choix décentralisés et permettraient la poursuite de la stabilité monétaire sans récession, sans faillites inutiles et sans chômage. Les trois pays industriels les plus performants du double point de vue des prix et de l'emploi depuis trente ans — la Suisse, le Japon et l'Autriche — ont tous réussi à faire preuve de la cohésion sociale nécessaire à cette fin, chacun avec des moyens spécifiques à sa culture propre. Au contraire, l'exemple des trois pays qui occupent la «cave» du classement — le

Canada, l'Angleterre et l'Italie — montre que la discorde sociale chronique conduit à la médiocrité économique.

Une conversion à la discipline économique et à un certain sens du bien commun est indispensable au succès de la réforme envisagée. Cela ne se réalisera pas du jour au lendemain. Mais ce sera beaucoup plus facile si on a, au départ, une vision claire de la tâche à accomplir : harmoniser chez nous les forces de compétition microéconomique et de coopération macroéconomique afin de réussir à abattre *les deux* fléaux que sont l'inflation et le chômage, plutôt que de supprimer l'un en aggravant l'autre.

Des chercheurs éminents, tel le professeur Robert Lucas, de l'université de Chicago, estiment que c'est peine perdue d'essayer de régler le fonctionnement de l'économie avec la précision d'une horloge et que la politique macroéconomique doit s'appliquer surtout à établir le climat stable et prévisible dont le secteur privé a besoin pour accomplir efficacement sa tâche. Comment jugez-vous cette position de principe?

Exprimée de cette manière, la position de Lucas au sujet des fins à poursuivre est irréfutable. Mais, sur le plan des moyens, la patinoire est grande entre l'activisme excessif qui viserait un chimérique réglage de précision de l'économie et la stratégie proposée par Lucas, qui mettrait la banque centrale sur le pilote automatique en imposant à tel ou tel agrégat monétaire une règle de croissance simpliste et aveugle.

Trois présomptions sous-tendent la règle monétariste de Lucas, que Milton Friedman avait aussi proposée avant lui. Selon la première présomption, un taux de croissance constant d'un agrégat monétaire donné devrait produire éventuellement un taux d'inflation stable et prévisible (préférablement nul). Or, pour que cela soit vrai, il faudrait que les taux de croissance du PIB réel tendanciel et de la vélocité de la monnaie soient eux aussi stables et prévisibles, ce que les années 70 et 80 ont magistralement contredit.

Selon la deuxième présomption, les perturbations réelles (comme le sursaut de l'épargne privée dans les années 80, l'Accord de libre-échange canado-américain de 1989 ou l'introduction de la TPS en 1990), les perturbations financières (comme les innovations dans la gestion des encaisses depuis quinze ans ou le krach de 1987), ou encore les perturbations relatives aux matières premières (comme les chocs pétroliers de 1973 et de 1979 ou l'effondrement des cours du blé, des métaux et du papier depuis 1989) n'auraient que des effets bénins, passagers et rapidement digérés par l'économie réelle, et ne nécessiteraient pas d'intervention stabilisatrice, même sommaire. Or, cette fois encore, l'expérience vécue dans les vingt dernières années montre, au contraire, que l'économie a souffert beaucoup et longtemps de certaines de ces perturbations lorsque les autorités n'ont pas cherché à en amortir le choc. Le cas du krach de 1987 est un heureux contre-exemple.

Selon la troisième présomption, l'introduction d'une règle monétaire, pour peu qu'elle soit bien comprise par tous et qu'elle soit appliquée de manière crédible par la banque centrale, devrait avoir raison de l'inflation sans provoquer de récession ni de chômage. Or, de 1987 à 1990, plus de trente discours du gouverneur de la Banque du Canada ont expliqué à répétition la stratégie monétaire qu'il suivait depuis 1987. Ils furent confirmés par la mise en œuvre explicite de cette stratégie. Cela n'a toutefois pas empêché le Canada de tomber en 1990 dans l'une des récessions les plus profondes et les plus longues qu'il ait connues

«La patinoire est grande entre l'activisme excessif [...] et la stratégie proposée par Lucas, qui mettrait la banque centrale sur le pilote automatique [...] »

«Aucun gouvernement national, même d'un pays avancé, ne peut impunément laisser ses finances "perdre les pédales".»

au 20e siècle. On ne sait pas encore quand le pays finira par retrouver le taux de chômage moyen de 7 % qu'il a connu dans la décennie 70.

Une règle de croissance monétaire fixe ou toute autre règle inflexible est dangereuse pour l'économie parce qu'elle prive la banque centrale de la flexibilité nécessaire pour affronter les perturbations majeures et pour tenir compte des nouvelles connaissances qui s'accumulent sans cesse sur le fonctionnement de l'économie. Dans le monde incertain qui est le nôtre, la flexibilité et la prudence de la banque centrale peuvent, bien plus efficacement que la rigidité ou l'activisme téméraires, procurer à l'économie privée le cadre stable et prévisible dont elle a besoin.

Je commence en fait à trouver que ce débat sur l'extension du pouvoir discrétionnaire de la banque centrale a fait long feu. Il est, à mon sens, bien plus important maintenant de savoir quel objectif la société lui demandera de poursuivre (minimiser l'inflation sans se préoccuper du chômage, ou réaliser un certain arbitrage entre les deux), quel degré d'indépendance elle lui accordera à cette fin, et comment elle évaluera et sanctionnera sa performance dans le cadre des institutions démocratiques.

Mais vous passez sous silence le rôle stabilisateur du budget de l'État. Est-ce à dire que le problème du déficit budgétaire et de l'endettement du secteur public compromet cette mission traditionnelle?

L'endettement public au Canada est un problème sérieux. Du point de vue de la stabilisation, cela signifie que, pour un temps, on devra employer le budget surtout aux fins de restriction et non d'expansion.

L'accumulation des déficits budgétaires fédéraux a fait tripler la dette fédérale en proportion du revenu national. Selon la comptabilité nationale, elle est passée de 15 % du PIB en 1981 à 45 % en 1991. Les déficits ont augmenté en raison des récessions de 1981-1982 et de 1990-1991, des fortes hausses des dépenses et des baisses d'impôt décrétées de 1982 à 1984 pour relancer l'économie, et des taux d'intérêt qui ont largement dépassé le taux de croissance de l'économie et ont ainsi lancé la dette sur une trajectoire explosive. Cela a entraîné le Canada dans un naufrage politique et financier sans précédent.

L'espace croissant occupé par le service de la dette a amené le gouvernement fédéral à décréter de sévères compressions dans ses programmes de dépenses et de fortes augmentations d'impôts dans le seul but de ralentir la croissance de son endettement et de la ramener au rythme de la hausse du revenu national. Il y est presque parvenu, mais lui-même et toutes les institutions fédérales en ont payé un prix politique énorme. Ce n'est pas tout. Pendant les années 80, un gonflement inattendu de l'épargne privée au Canada a permis d'absorber les déficits budgétaires fédéraux sans que le gouvernement fédéral ait à emprunter aux étrangers. Mais cette «bulle» d'épargne est disparue et l'endettement extérieur du Canada a maintenant commencé à augmenter plus vite que la richesse collective. Le fardeau réel de l'endettement fédéral a été caché pendant un temps, mais il ne l'est plus. Parallèlement, l'endettement des provinces et des municipalités a commencé à monter de façon inquiétante.

Aucun gouvernement national, même d'un pays avancé, ne peut impunément laisser ses finances «perdre les pédales». Les mesures correctrices appliquées par l'administration Mulroney de 1985 à 1992 ont été très pénibles, mais elles étaient absolument nécessaires. L'inaction n'aurait fait que reporter la solution d'un problème qui serait, dans l'intervalle, devenu dix fois plus grave. Or, l'histoire enseigne que de telles situations ont habituellement conduit à l'hyperinflation ou à la répudiation de la dette, ou aux deux à la fois.

Sur le plan de la stabilisation économique, cela signifie qu'il faut inverser l'agencement des politiques. Nous avons longtemps poursuivi l'expansion budgétaire et la restriction monétaire. Il faut maintenant appuyer plutôt sur la restriction budgétaire et l'expansion monétaire. La réduction des taux d'intérêt et du chômage qui découlera de cet agencement fera un grand bien au budget et à la croissance.

Vous êtes un chercheur universitaire, mais vous avez pourtant beaucoup participé aux débats de politique économique et vous avez travaillé auprès des gouvernants. Pourquoi n'avez-vous pas cessé de circuler entre la réflexion, la persuasion et l'action?

C'est que je suis franchement incapable de supporter les chercheurs déconnectés de la réalité et les décideurs-apprentis-sorciers. Comme toute science humaine ou naturelle, l'économique a pour objet 1°) la génération d'idées nouvelles pour expliquer les phénomènes réels, 2°) le développement de ces idées par la logique et la mathématique, 3°) leur vérification statistique par l'observation des faits et, enfin, 4°) leur application à la résolution des problèmes de la vie économique.

Il y a de la place pour toutes sortes d'intérêts, d'habiletés et de spécialisations dans cette maison. Mais mon idéal personnel de l'économiste complet a toujours été celui qui peut toucher avec bonheur à ces quatre étapes à la fois, par exemple J.M. Keynes en Angleterre, M. Allais en France, J. Tinbergen en Hollande, G. Myrdal en Suède, L. Kantorovitch en Russie, J. Kornai en Hongrie, M. Friedman ou J. Tobin aux États-Unis, R. Mundell au Canada (qui vit maintenant à New York). Au Québec, la science économique est encore trop jeune pour avoir produit de tels phénomènes, mais cela viendra un jour.

Il importe que chaque génération amène son contingent de chercheurs qui participent aux débats de politique économique. Une science qui ne fait pas régulièrement la preuve concrète de son utilité pour le bien commun est condamnée à végéter. Les gouvernements prennent en effet tous les jours des décisions qui influent sur le sort de l'ensemble de la société. Il vaut mieux que les détenteurs de connaissances s'engagent dans le débat, par la persuasion ou même l'action directe, que de laisser monopoliser le débat par les charlatans de tout acabit et les groupes d'intérêts corporatistes.

Pour être efficace dans ce type d'engagement, il faut en avoir le goût, être d'une compétence accomplie, être capable de bien communiquer, demeurer franc sur ce qu'on sait et ce qu'on ne sait pas, conserver son indépendance d'esprit et s'appliquer à marier ce qui est économiquement souhaitable à ce qui est politiquement acceptable. Ce qu'on donne nous est alors bien rendu, car le monde de l'action constitue lui-même un réservoir extraordinaire d'idées nouvelles aptes à nourrir à leur tour le progrès de la science.

«Je suis franchement incapable de supporter les chercheurs déconnectés de la réalité et les décideurs-apprentis-sorciers.»

Quel jugement d'ensemble portez-vous sur l'évolution récente de la macroéconomie?

Il existe, dans la recherche en macroéconomie, une tension constante entre deux approches: la classique et la keynésienne. La première insiste pour conserver la pureté méthodologique de la clairvoyance parfaite et de l'équilibrage continuel des offres et des demandes sur des marchés globalement concurrentiels. Elle penche vers l'idéologie conservatrice selon

«Je préfère, quant à moi, le point de vue keynésien parce qu'il me paraît moins idéologique, plus pragmatique et généralement plus compatible avec l'intuition et les données de l'expérience.»

laquelle tout ce qui existe doit être optimal du simple fait que ça existe. Dans son optique, toute augmentation du chômage découle purement d'un choix libre des travailleurs d'investir plus de temps dans la recherche d'un meilleur emploi. Elle juge par conséquent que l'action stabilisatrice de l'État est inutile, inefficace et nuisible.

Selon la vision keynésienne, au contraire, l'exercice de la rationalité des agents économiques est soumis à de sévères contraintes, la concurrence est imparfaite, l'équilibrage des marchés ne se réalise que lentement, les fluctuations économiques et le chômage sont pour une bonne part des pathologies sociales et, bien que toujours perfectible, l'action éclairée de l'État peut aider à les corriger. Je préfère, quant à moi, le point de vue keynésien parce qu'il me paraît moins idéologique, plus pragmatique et généralement plus compatible avec l'intuition et les données de l'expérience. La vision classique n'a d'ailleurs guère eu de succès auprès des décideurs.

La tension entre les deux approches a cependant produit dans le passé des confrontations scientifiques utiles. Les vingt dernières années ont ainsi été marquées par la «descente aux enfers» du keynésianisme (1970-1975) issu de la stagflation de l'époque, par la montée subséquente de la pensée classique (1975-1985) avec ses théories d'équilibre général des cycles économiques basées sur l'information imparfaite, les chocs sectoriels, ou les «cycles réels», et enfin par la résurrection keynésienne des dernières années, associée aux théories du déséquilibre, de la concurrence imparfaite et des équilibres multiples, et motivée par l'incapacité perçue de la théorie classique d'expliquer des phénomènes importants, comme la dépression européenne et la persistance du chômage.

A posteriori, bien des keynésiens jugent que les classiques leur ont fait perdre trop de temps à démontrer des vérités de La Palice, par exemple que l'information imparfaite, proposée par Lucas, ou les chocs technologiques, proposés par Kydland et Prescott, ne constituent pas des explications suffisantes des cycles économiques, que la capacité des gens de comprendre, de prévoir et de calculer est limitée, que la restriction monétaire, même bien prévue, peut conduire à la récession, ou encore que le chômage involontaire est un problème sérieux. Malgré tout, beaucoup d'idées utiles sont nées des controverses macroéconomiques récentes, notamment sur le rôle joué par les perceptions de l'avenir, sur les causes et les conséquences des rigidités de prix et de salaire, sur la genèse et la persistance du chômage et sur les difficultés pratiques de la politique macroéconomique. Somme toute, le bilan net est, selon moi, très positif.

Quelle question mériterait qu'on lui consacre maintenant le plus de recherche?

La plus grande partie de l'humanité vit dans la pauvreté, le chômage et la dépendance. Cette question a toujours été à mon sens la plus importante — celle que se doit de résoudre la science économique — et je crois bien qu'elle le restera dans l'avenir prévisible.

CHAPITRE 16

La stabilisation économique

Objectifs du chapitre:

- Décrire les objectifs de la politique de stabilisation économique.
- Désigner les responsables dont les décisions ont des répercussions sur la stabilité économique.
- Expliquer en quoi la situation économique peut influer sur la popularité d'un gouvernement.
- Préciser de quelle manière le gouvernement et la Banque du Canada peuvent agir sur l'économie.
- Faire la distinction entre les règles fixes et les règles de rétroaction relatives à la politique de stabilisation.
- Commenter le débat qui existe entre les économistes sur les règles fixes et les règles de rétroaction.
- Examiner les succès et les échecs récents de la politique de stabilisation, ainsi que les difficultés qu'elle doit surmonter actuellement ou qu'elle risque de rencontrer plus tard.

Qui est chargé de prendre les décisions?

BEAUCOUP DE GENS SONT PRIS DE PANIQUE LORSQUE l'économie se détériore. Ils se tournent alors vers leurs dirigeants politiques qui se doivent de les rassurer et de prendre les mesures nécessaires. C'est ce qui s'est produit lors de la Grande Dépression. Nos grands-parents se sont alors tournés vers le gouvernement conservateur de l'époque, dirigé par Richard Bennett, afin qu'il les délivre de ce fléau et qu'il rétablisse un ordre économique qui empêcherait la répétition de telles horreurs. En 1935, il y a eu revirement d'opinion de la part des électeurs: insatisfaits du programme du gouvernement conservateur, ces derniers portaient au pouvoir les libéraux de Mackenzie King. Près de cinquante ans plus tard, au moment où les conservateurs de Brian Mulroney forment le gouvernement à Ottawa, ils se donnent comme mission de favoriser la libre concurrence, et ce, disaient-ils, dans le but de laisser les citoyens eux-mêmes parvenir à leur propre prospérité économique sur les marchés libres. Toutefois, par un beau lundi d'octobre de l'année 1987, au moment où les marchés boursiers du Canada, des États-Unis et du reste du monde se sont écroulés après cinq années d'expansion économique continue, on s'est de nouveau écrié: «Qui est chargé de prendre les décisions ici?» Qui est *responsable* de l'économie canadienne? Lorsque le marché boursier s'effondre, que peut faire le gouvernement pour remédier à la situation et que fait-il effectivement? Comment le gouvernement traite-t-il les problèmes macroéconomiques moins catastrophiques, comme l'inflation élevée, le chômage élevé et la croissance lente et irrégulière du PIB réel? ■ En 1979, alors que le taux de chômage était supérieur à 8 % depuis deux ans et que l'inflation avait atteint des niveaux records, l'électorat a tourné le dos au gouvernement libéral de Pierre Elliott Trudeau, qui dirigeait le pays depuis plus de dix ans. C'est Joe Clark, un progressiste conservateur, qui lui a succédé. Moins d'un an plus tard, le chômage n'ayant pas baissé et l'inflation grimpant toujours, Joe Clark a été démis de ses fonctions et Pierre Elliott Trudeau a été réélu en tant que chef du gouvernement. En 1984, le taux de chômage était encore plus élevé mais l'inflation avait considérablement diminué. Toutefois, les libéraux, alors dirigés par John Turner, ne devaient pas obtenir la faveur des électeurs, et les conservateurs de Brian Mulroney ont été portés au pouvoir par une majorité écrasante. La situation économique a-t-elle eu une incidence sur le résultat de ces élections? Quels sont les aspects de l'économie qui touchent particulièrement les électeurs? Se préoccupent-ils surtout du chômage et assez peu de l'inflation? Ou encore, est-ce l'inflation qui est la source de leurs cauchemars et non pas le chômage?

■ Même si nous recherchons tous la sécurité – stabilité de l'emploi, garantie de ne pas perdre nos épargnes –, jusqu'à quel point le gouvernement peut-il nous garantir cette sécurité? Dans quelle mesure notre système politique lui-même et la politique de stabilisation du gouvernement peuvent-ils être sources d'insécurité?
■ Au cours de la deuxième moitié des années 80, l'économie a connu une période de grande prospérité et de stabilité économique. Comment cette prospérité et cette stabilité ont-elles été possibles? Quel a été le prix à payer pour les obtenir ? Quelles sont les difficultés que le Canada devra surmonter afin de stabiliser son économie au cours de la décennie 90?

■ Dans le présent chapitre, nous discuterons des mesures qui peuvent être prises en vue de juguler l'inflation, de combattre le chômage élevé et d'atténuer les fluctuations du PIB réel. Après avoir étudié ce chapitre, vous comprendrez mieux les problèmes de politique macroéconomique que doit affronter le Canada à l'heure actuelle et les débats politiques qui les entourent.

Le problème de la stabilisation

La stabilisation pose un problème dans la mesure où il est difficile de trouver un moyen d'atteindre une performance macroéconomique élevée qui soit aussi régulière et prévisible que possible. Pour résoudre ce problème, nous devons définir les cibles ou objectifs à atteindre ainsi que les mesures pour y arriver.

Les cibles de la politique macroéconomique

Toute politique de stabilisation doit attribuer aux variables macroéconomiques des valeurs précises à atteindre. Les cinq principales variables macroéconomiques sont les suivantes:

- Le chômage
- La croissance du PIB réel
- L'inflation
- Le taux de change
- La balance du commerce international

Le chômage L'un des objectifs de la politique macroéconomique est de maintenir le taux de chômage aussi près que possible du *taux naturel.* Ce faisant, nous évitons les coûts associés au chômage trop élevé ou trop bas. Lorsque le chômage se situe au-dessus du taux naturel, il y a perte de production et ralentissement dans l'accumulation du capital humain. De plus, si une situation de chômage élevé se prolonge, les travailleurs sans emploi et leurs familles peuvent éventuellement souffrir de problèmes psychologiques et sociaux. Par contre, si le chômage est inférieur au taux naturel, le niveau de la production dans l'économie dépasse la capacité optimale de production, ce qui engendre des coûts.

La croissance du PIB réel La deuxième cible de la politique macroéconomique est le maintien de la croissance du PIB réel. C'est la tendance à la hausse du PIB réel qui fait que notre niveau de vie s'améliore continuellement. Un taux de croissance du PIB réel qui est trop faible se traduit par une plus petite quantité de biens et services disponibles sur le marché. Il peut également signifier que la croissance de la demande de travail sera moindre que celle de l'offre de travail, et que le chômage s'élèvera au-dessus du taux naturel. Ainsi, cette cible est jusqu'à un certain point liée à la première. Toutefois, un taux de croissance du PIB réel qui est trop élevé peut entraîner des problèmes: il peut provoquer des effets de congestion, la pollution, l'encombrement du processus de production, de même que les goulets d'étranglement qui mènent à l'inflation.

L'inflation La troisième cible de la politique macroéconomique est le maintien d'un taux d'inflation bas et prévisible. Lorsque le taux d'inflation demeure faible et prévisible, l'utilité de la monnaie s'accroît grandement. Elle devient un instrument de mesure plus efficace pour effectuer des transactions, particulièrement celles qui sont étalées dans le temps, comme les prêts, les emprunts et les contrats salariaux.

Le taux de change La quatrième cible de la politique macroéconomique est le maintien d'un taux de change stable entre le dollar canadien et les devises étrangères. C'est un objectif non seulement de la politique de stabilisation canadienne, mais aussi de la politique de stabilisation mondiale. Lorsque le taux de change est stable et prévisible, la monnaie devient un instrument d'échange plus efficace à la fois pour les transactions réalisées au pays et pour les transactions internationales.

La balance du commerce international La cinquième cible de la politique macroéconomique est une cible internationale. On tente d'atteindre un équilibre du commerce international. Lorsque nous connaissons un déficit commercial, nous devons emprunter et payer des intérêts sur nos emprunts; de plus, des pressions politiques visent alors à introduire des mesures qui auront pour effet de réduire nos importations. Lorsque nous connaissons un surplus commercial, d'autres pays enregistrent des déficits et les pressions politiques dans ces pays visent à réduire nos exportations. Lorsque nous réussissons à maintenir un équilibre du commerce international pendant une assez longue période, nous évitons ces pressions et nous créons un environnement propice au commerce international.

Les liens entre les cibles

Les cinq cibles de la politique de stabilisation macroéconomique ne sont pas indépendantes les unes des autres. Nous avons vu au chapitre 5 que le chômage et le PIB réel fluctuent de pair : toutes choses étant égales par ailleurs, plus le PIB réel croît rapidement, plus le taux de chômage est faible. L'inflation et le taux de change varient également ensemble. Toutefois, comme nous le verrons au chapitre 18, les mouvements de ces deux variables ne sont pas aussi nettement liés que ceux du PIB réel et du chômage. Nous verrons néanmoins que, toutes choses étant égales par ailleurs, si le taux d'inflation augmente de 1 point de pourcentage, le dollar perd 1 % de sa valeur par rapport aux autres devises. Finalement, la balance du commerce international fluctue selon la situation économique qui a cours au pays, bien que ses variations dépendent d'un grand nombre d'autres facteurs, comme la situation économique mondiale.

Il est utile, pour de nombreuses raisons, de diviser en deux groupes les cibles de la politique macroéconomique, soit :

- Les cibles réelles
- Les cibles nominales

Les **cibles réelles** de la politique macroéconomique sont constituées du taux de chômage naturel, d'une croissance régulière du PIB réel et de l'équilibre du commerce international. Les **cibles nominales** de la politique macroéconomique sont une inflation faible et prévisible de même que des taux de change stables.

Les indices de performance macroéconomique

On peut résumer la performance macroéconomique de différentes façons. Celles que nous allons étudier reposent sur l'utilisation d'indices qui combinent, d'une certaine manière, les cibles réelles avec les cibles nominales de la politique macroéconomique. Tous ces indices peuvent être exprimés comme une combinaison du chômage (cible réelle) et de l'inflation (cible nominale). Les divers indices accordent une pondération différente à ces deux variables. Commençons par étudier l'un des indices des plus connus, même s'il n'a aucun fondement scientifique, soit l'indice d'appauvrissement (également connu sous le nom d'*indice d'inconfort*).

L'indice d'appauvrissement L'**indice d'appauvrissement** (IA) est un indice de performance macroéconomique qui est égal à la somme du taux de chômage et du taux d'inflation. Ainsi,

$$\text{IA} = \text{Taux d'inflation} + \text{Taux de chômage.}$$

Une augmentation de la valeur de l'indice d'appauvrissement est considérée comme une «chose qui n'est pas souhaitable», tandis qu'une diminution de la valeur de cet indice est considérée comme une «chose souhaitable». Cet indice accorde une importance égale à l'inflation et au chômage. En d'autres termes, une hausse du taux d'inflation de 1 % est tout aussi mauvaise qu'un accroissement du taux de chômage de 1 %. Ce sont les démocrates américains en 1975, pendant que Gerald Ford était au pouvoir, qui ont conçu l'indice d'appauvrissement et l'ont utilisé comme slogan politique. Par la suite, les républicains devaient à leur tour s'en servir contre le président Jimmy Carter. Depuis lors, cet indice fait partie des indicateurs de base qui permettent d'évaluer la performance économique ; il a même été cité à quelques reprises dans la revue *The Economist*.

En fait, l'indice d'appauvrissement est sensé révéler dans quelle mesure les cibles réelles et nominales n'ont pas été atteintes. Plus le taux d'inflation est élevé, moins on est parvenu à atteindre une inflation faible et prévisible de même qu'une valeur stable du dollar. Plus le taux de chômage est élevé, moins on a réussi à maintenir le chômage près du taux naturel et à maintenir une croissance régulière du PIB réel.

Le deuxième indice de performance macroéconomique, qui cette fois a un certain fondement scientifique, s'appuie sur le comportement des électeurs.

Le comportement des électeurs Les effets de la performance économique sur le comportement des électeurs ont principalement été étudiés par Ray Fair, de l'université Yale, qui a utilisé les données sur les élections présidentielles aux États-Unis. En analysant les résultats de toutes les élections présidentielles ayant eu lieu entre 1916 et 1984, Fair a pu en arriver aux constatations suivantes :

- Pour chaque augmentation de 1 point de pourcentage du taux de croissance du PIB réel, le parti au pouvoir voit sa part des votes hausser de 1 point de pourcentage.
- Pour une hausse de 3 points de pourcentage du taux d'inflation, le parti au pouvoir voit sa part des votes diminuer de 1 point de pourcentage.

Ainsi, l'effet de la croissance du PIB réel sur les votes des électeurs est trois fois plus important que celui de l'inflation.

Au Canada, aucune étude portant sur le lien entre le comportement des électeurs et la situation économique n'a permis de tirer des conclusions aussi claires que celles formulées par Fair au sujet des électeurs américains. Les effets de la situation économique sur les élections canadiennes semblent plus imprévisibles que les effets de la situation économique américaine sur les élections présidentielles aux États-Unis. Néanmoins, il est évident que la situation économique influe sur la popularité du gouvernement. Nous pouvons nous servir des liens qui existent entre la situation économique et le comportement des électeurs pour élaborer un indice d'impopularité (IIM). À titre d'exemple, nous utilisons les données de Fair. L'indice d'impopularité est :

$$\text{IIM} = \text{Taux d'inflation} - \left(3 \times \begin{array}{c}\text{Taux de croissance}\\ \text{du PIB réel}\end{array}\right).$$

Les politiciens tentent de faire en sorte que la valeur de cet indice soit aussi faible que possible afin de ne pas être impopulaires. L'indice d'impopularité est conçu de manière à atteindre à peu près les mêmes objectifs que l'indice d'appauvrissement. Il réunit les cibles réelles et nominales de la performance macroéconomique en un seul indice qui indique si la performance s'améliore ou se détériore, selon l'effet qu'elle exerce sur le comportement des électeurs. Plus le taux d'inflation est élevé et moins le taux de croissance du PIB réel est fort, plus le gouvernement perd de la popularité. La croissance du PIB réel influe trois fois plus sur le comportement des électeurs que l'inflation.

Afin de comparer l'indice d'impopularité à l'indice d'appauvrissement, nous devons établir un lien entre le chômage et la croissance du PIB réel. Nous avons déjà étudié ce lien sous la rubrique *L'évolution de nos connaissances* des pages 370 à 372, dans laquelle nous avons examiné la loi d'Okun. Selon cette loi, le taux de chômage s'élève de 1 point de pourcentage chaque fois qu'il y a baisse de 3 % du PIB réel en dessous de sa tendance, toutes choses étant égales par ailleurs. En combinant la loi d'Okun avec les résultats de Fair sur le comportement des électeurs, l'indice d'impopularité devient :

$$\text{IIM} = \text{Taux d'inflation} + (9 \times \text{Taux de chômage}).$$

Cette équation indique que, en moyenne, les électeurs se soucient neuf fois plus du taux de chômage que du taux d'inflation, toutes choses étant égales par ailleurs. Ce qui signifie que, si le taux de chômage augmente de 1 %, un gouvernement qui désire maintenir sa popularité doit trouver le moyen de faire baisser le taux d'inflation de 9 points de pourcentage. Le chômage agit donc vivement sur la popularité d'un gouvernement en temps d'élections. Si l'inflation s'élève de 1 %, le gouvernement doit trouver le moyen de faire baisser le chômage de un neuvième de point de pourcentage afin de maintenir sa popularité.

Il existe un troisième indice de performance macroéconomique qui, lui, s'appuie sur le PIB nominal.

Le PIB nominal en tant que cible James Tobin, de l'université Yale, et John Taylor, de l'université Stanford, ont proposé de gérer la politique macroéconomique en tentant de maintenir le taux de croissance du PIB nominal constant. De nombreux économistes canadiens soutiennent qu'il s'agit là d'un objectif pratique et efficace. Le PIB nominal correspond à la valeur en dollars courants des biens et services finis que nous produisons. Ainsi, le PIB nominal s'accroît lorsque le PIB réel ou les prix augmentent. L'équation suivante est simple et indique le lien qui existe entre la croissance du PIB nominal, la croissance du PIB réel et l'inflation :

$$\begin{array}{c}\text{Taux de croissance}\\ \text{du PIB nominal}\end{array} = \begin{array}{c}\text{Taux de croissance}\\ \text{du PIB réel}\end{array} + \begin{array}{c}\text{Taux}\\ \text{d'inflation.}\end{array}$$

Si le taux d'inflation augmente de 1 %, le taux de croissance du PIB nominal demeurera constant seulement si le taux de croissance du PIB réel chute de 1 %. Ainsi, l'objectif qui consiste à maintenir le taux de croissance du PIB nominal constant accorde une importance égale à l'inflation et au taux de croissance du PIB réel. Cette cible est quelque peu semblable à l'indice d'impopularité de Fair, sauf que l'importance qui est accordée à la croissance du PIB réel n'est pas trois fois supérieure à celle qui est accordée à l'inflation, mais elle est égale. Nous pouvons utiliser la loi d'Okun pour comparer la cible du PIB nominal à l'indice d'appauvrissement. En combinant la loi d'Okun avec la cible du PIB nominal, nous obtenons l'indice de politique de stabilisation (IPS):

$$\text{IPS} = \text{Taux d'inflation} + (3 \times \text{Taux de chômage}).$$

En comparant les équations qui servent à calculer l'IPS et l'IA, on constate que l'IPS accorde deux fois plus d'importance au chômage que l'IA. Mais, dans les deux cas, des valeurs plus élevées de l'IA et de l'IPS sont des indications que la performance économique se détériore.

Les indices de performance macroéconomique de 1960 à 1990 La performance macroéconomique du Canada de 1960 à 1990, mesurée à partir des trois indices que nous venons de voir, est résumée à la figure 16.1. Tous les indices ont été calculés selon une échelle qui donne à chacun des indices une même valeur moyenne. Comme vous pouvez le constater, les trois indices livrent de façon générale le même message. La performance macroéconomique s'est améliorée entre 1961

Figure 16.1 Les indices de performance macroéconomique

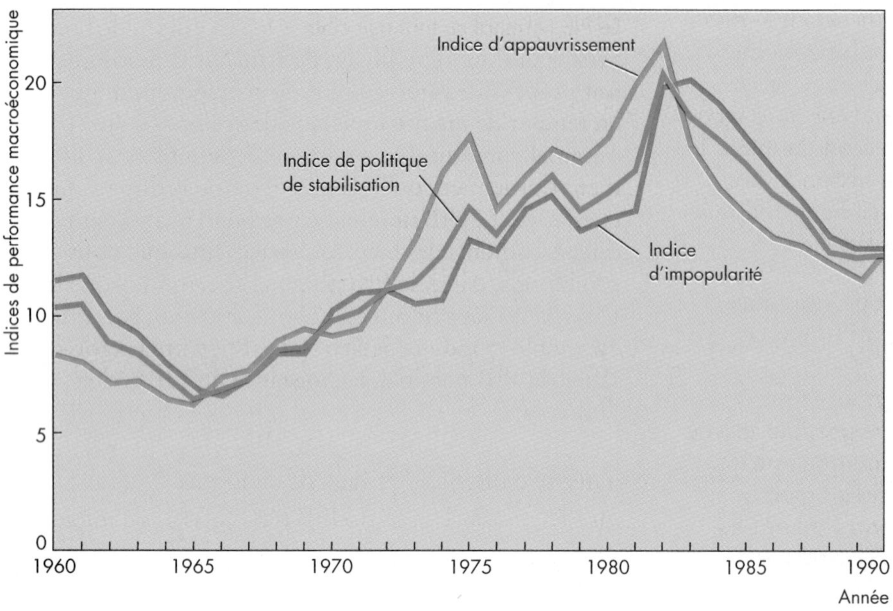

La popularité d'un gouvernement auprès de ses électeurs dépend en partie de la performance macroéconomique. Plus l'économie croît fortement et plus le taux d'inflation est bas, plus le gouvernement est apprécié. Trois indices de performance sont illustrés ici. L'indice d'appauvrissement, conçu à des fins politiques, correspond tout simplement à la somme du taux d'inflation et du taux de chômage. L'indice d'impopularité, qui s'appuie sur les résultats des élections, mesure l'impopularité d'un gouvernement. L'indice de politique de stabilisation évalue dans quelle mesure des cibles de croissance du PIB nominal ont été atteintes.

et 1966, puis a commencé à se détériorer jusqu'en 1975. En 1976, elle a connu une brève période d'amélioration qui a toutefois été suivie par une forte détérioration jusqu'en 1982. Par la suite, la performance macroéconomique du Canada s'est améliorée de façon significative.

Évidemment, les indices que nous venons d'étudier ont une portée limitée. Ils ne nous apprennent rien sur la répartition de la pauvreté et la prospérité économique. De plus, ils ne tiennent pas compte des variations du taux de chômage naturel. À certains moments, le chômage est plus élevé en raison d'une grande réaffectation des ressources (humaines ou autres) entre les secteurs de l'économie ou entre les régions du pays. C'est alors qu'un plus grand nombre de travailleurs changent volontairement de travail pour obtenir un meilleur emploi. Ces indices ne tiennent pas compte non plus de l'inflation prévue ou de l'inflation non prévue. Comme nous l'avons vu, cette distinction influe sensiblement sur les coûts de l'inflation et revêt une grande importance pour les gens qui doivent supporter ces coûts.

À RETENIR

Les cinq principales cibles de la politique macroéconomique se répartissent en deux groupes :

1. Les cibles réelles :
   - Un chômage avoisinant le taux naturel
   - Un taux de croissance régulier du PIB réel
   - Un équilibre du commerce international
2. Les cibles nominales :
   - Un taux d'inflation bas et prévisible
   - Un taux de change stable

Les cibles sont liées dans une bonne mesure. Toutes choses étant égales par ailleurs, plus le PIB réel croît rapidement, plus le taux de chômage est faible, et plus le déficit du commerce est important. De plus, si tous les autres facteurs demeurent constants, plus le taux d'inflation est élevé, plus le dollar perd de sa valeur par rapport aux autres devises. On peut résumer la performance macroéconomique à l'aide de divers indices qui combinent les cibles de la politique macroéconomique en attribuant des pondérations différentes aux variables nominales et réelles.

■ ■ ■

Nous venons d'examiner les cibles de la politique macroéconomique et avons vu comment il est possible de résumer la performance macroéconomique à l'aide de divers indices. Même si les indices que nous avons étudiés sont sommaires, ils mènent tous au même constat. La situation économique, mesurée à partir de ces indices, a un effet important sur les décisions des responsables de la politique économique.

Mais, qui sont ces responsables ?

Les principaux responsables

Les deux principaux responsables de l'élaboration et de la mise en œuvre de la politique de stabilisation macroéconomique sont:

- La Banque du Canada
- Le gouvernement canadien

La Banque du Canada

La *Banque du Canada* est la banque centrale du pays. Les principales caractéristiques de la Banque du Canada ont été décrites au chapitre 11. La Banque agit sur l'économie car elle effectue des opérations sur des marchés où elle est l'un des principaux participants. Les deux marchés les plus importants sont ceux de la dette publique et des devises étrangères. Les décisions de la Banque d'acheter ou de vendre sur ces marchés ont des effets sur les taux d'intérêt, sur la valeur du dollar exprimée en devises étrangères et sur la quantité de monnaie en circulation. Ces variables, à leur tour, influent sur les conditions qui prévalent au moment où des millions d'entreprises et de ménages prennent leurs décisions. Toutefois, la Banque du Canada doit elle-même fonctionner en respectant des contraintes assez strictes qui découlent des décisions prises par le gouvernement du Canada en matière de dépense et d'imposition.

Le gouvernement du Canada

C'est le gouvernement du Canada qui met en œuvre la politique budgétaire du pays. La politique budgétaire comprend trois éléments:

- Les projets de dépense
- Les lois sur l'impôt
- Le déficit du budget fédéral (ou le surplus)

Ces trois éléments se trouvent dans le budget fédéral. Le **budget fédéral** est un énoncé du plan financier du gouvernement fédéral dans lequel on énumère les divers programmes et leurs coûts respectifs, les revenus ainsi que le déficit ou le surplus qui est prévu. La composante «dépenses du budget» contient la liste des programmes, les montants que le gouvernement projette d'engager dans chacun d'eux et une estimation du montant total des dépenses publiques. Certains éléments de cette partie du budget fédéral sont gérés directement par les divers ministères. D'autres découlent de décisions relatives au financement de programmes particuliers dont le coût total dépend de facteurs que le gouvernement peut prévoir sans toutefois pouvoir en fixer la valeur avec précision. Par exemple, les dépenses qui se rapportent à l'aide sociale dépendent de la situation économique et du nombre de personnes qui satisfont aux conditions pour recevoir des prestations. L'aide financière apportée aux fermiers (subventions) dépend des frais d'exploitation des fermes et des prix du marché.

Le Parlement prend des décisions relatives aux recettes publiques, en promulguant des lois sur les impôts et les taxes. Comme c'est le cas pour certains éléments importants des dépenses publiques, le gouvernement ne peut connaître avec précision le montant des recettes fiscales qu'il recevra. Le Parlement adopte les lois sur l'impôt, mais le montant total des impôts perçus dépend des décisions que prennent des millions d'individus et d'entreprises concernant le nombre d'heures qu'ils consacreront au travail, de même que les montants qu'ils décideront de dépenser ou d'épargner.

La différence entre les dépenses consacrées aux programmes gouvernementaux et les impôts et taxes perçus constitue le déficit (ou le surplus) budgétaire. Chaque année, depuis 1975, les dépenses du gouvernement fédéral ont excédé ses revenus; au début des années 80, un écart considérable s'est creusé entre les dépenses et les revenus. Nous discuterons plus longuement des déficits enregistrés au cours des années 80 au chapitre 17.

On peut équilibrer le budget fédéral en augmentant les recettes publiques. Toutefois, on ne s'entend pas sur la manière d'atteindre cet objectif. Deux points de vue s'affrontent. Le premier, formulé dans l'esprit des mesures mises de l'avant par l'ancien président des États-Unis Ronald Reagan, met l'accent sur l'offre agrégée. On soutient qu'une réforme fiscale et des taux d'imposition plus faibles devraient faire augmenter les revenus du gouvernement en stimulant l'activité économique. En fait, cela veut dire que les revenus à partir desquels les impôts et les taxes sont perçus devraient augmenter suffisamment pour que des taux d'imposition plus faibles joints à des revenus plus élevés contribuent à faire augmenter les revenus du gouvernement. D'après le second point de vue, on ne pourrait accroître les revenus du gouvernement qu'en haussant les taux d'imposition et en créant de nouveaux impôts ou de nouvelles taxes.

Nous venons d'examiner les effets de la performance macroéconomique sur la popularité d'un gouvernement ; nous avons également désigné les responsables de la politique économique. Nous allons maintenant examiner les méthodes utilisées pour stabiliser l'économie.

Divers moyens de stabiliser l'économie

Évidemment, il existe de nombreuses politiques budgétaires et monétaires. Pour comprendre les politiques qui *sont* effectivement adoptées, il est utile de classer l'ensemble des politiques possibles en deux grandes catégories :

- Les règles fixes
- Les règles de rétroaction

Les règles fixes et les règles de rétroaction

Une **règle fixe** est une ligne de conduite appliquée à une action qui doit être entreprise indépendamment de la situation économique. Il existe plusieurs exemples de règles fixes dans la vie quotidienne. L'obligation de conduire notre automobile à droite sur une route où les voitures circulent en sens opposé constitue l'une des plus connues. La règle fixe la plus connue en matière de politique de stabilisation économique a été préconisée par Milton Friedman il y a longtemps. Il a proposé le maintien de la croissance de la masse monétaire à un taux fixe année après année, peu importe la situation économique. Comme nous l'avons vu, l'inflation se fait persistante parce que l'augmentation continuelle de la masse monétaire entraîne une hausse de la demande agrégée. Milton Friedman a suggéré de permettre à la masse monétaire de croître à un taux qui assurerait un taux d'inflation nul en *moyenne.*

Une **règle de rétroaction** est une ligne de conduite appliquée à une action qui doit être ajustée à la situation économique. Dans notre vie quotidienne, nous appliquons aussi des règles de rétroaction. La façon dont nous arrivons à choisir nos vêtements ou encore la décision d'emporter ou non un parapluie lors d'une journée donnée constituent des exemples de règles de rétroaction. Nous fondons ces décisions sur les prévisions météorologiques de la journée. Si la règle était fixe, vous emporteriez toujours votre parapluie ou vous ne l'emporteriez jamais. Une règle de rétroaction, qui détermine la politique de stabilisation à suivre, fait varier la valeur des outils de politique, comme la masse monétaire, les taux d'intérêt ou même les impôts et les taxes, en fonction de l'évolution de la situation économique. On pourrait dire que la Banque du Canada obéit à une règle de rétroaction si, par exemple, une hausse du chômage la poussait à entreprendre une opération sur le marché libre dans le but d'accroître le taux de croissance de la masse monétaire et d'abaisser les taux d'intérêt. La Banque obéirait également à une règle de rétroaction si une hausse du taux d'inflation l'incitait à effectuer une opération sur le marché libre en vue de réduire la croissance de la masse monétaire et d'augmenter les taux d'intérêt.

En somme, lorsqu'on parle de règle fixe, la valeur des outils de politique est établie quelle que soit la situation économique ; par contre, lorsqu'on parle de règle de rétroaction, la valeur des outils de politique varie en fonction de la situation économique. C'est là la principale différence entre les deux types de règles.

Les anticipations et les règles de politique

Nous avons vu au chapitre 14 que les anticipations inflationnistes jouent un rôle important dans la détermination du taux d'inflation et du niveau du PIB réel. Les anticipations inflationnistes, pour leur part, dépendent en partie des prévisions relatives aux variations de la demande agrégée. Ces prévisions, à leur tour, dépendent des anticipations à l'égard de la politique de stabilisation. Mais ces dernières sont elles-mêmes établies en fonction des règles de politique qui sont adoptées. Si la Banque du Canada obéit à une règle fixe, comme la règle du taux de croissance constant de la masse monétaire de Friedman, les gens prévoiront que la Banque maintiendra le taux de croissance de la demande agrégée à ce taux, en moyenne. Ils peuvent toujours prévoir que d'autres facteurs accéléreront ou ralentiront la croissance de la demande agrégée, mais ils n'envisageront pas que les mesures de la Banque du Canada puissent avoir elles-mêmes cet effet. D'un autre côté, si la Banque diminue les taux d'intérêt et accélère la croissance de la demande agrégée lorsque le taux de chômage augmente pour atteindre un certain niveau critique, et qu'elle prend des mesures contraires lorsque le taux d'inflation s'accroît jusqu'à un certain seuil critique, alors les prévisions relatives à la croissance future de la demande agrégée incluront les effets des changements prévus des mesures monétaires adoptées par la Banque.

Étudions maintenant les effets de l'adoption d'une règle fixe et d'une règle de rétroaction. Pour y arriver, nous examinerons comment le PIB réel (ainsi que l'emploi et le chômage, qui varient de pair avec le PIB réel) et le niveau des prix évoluent, selon que l'une ou l'autre de ces règles est adoptée.

Comparaison des deux règles

Nous allons étudier un modèle d'une économie où il y a, au départ, un équilibre de plein emploi et une inflation nulle. La figure 16.2 illustre cette situation. L'économie se trouve sur la courbe de demande agrégée DA_0, et la courbe d'offre agrégée à court terme correspond à la courbe *OACT*. Le point d'intersection de ces deux courbes se trouve aussi sur la courbe d'offre agrégée à long terme (*OALT*). L'indice implicite du PIB se chiffre à 100 et le PIB réel à 4 milliards de dollars. Voyons ce qui se passe si la demande agrégée varie.

Supposons qu'il y ait une baisse imprévue et temporaire de la demande agrégée en raison, peut-être, d'une vague de pessimisme quant à la situation économique future, laquelle entraîne une chute de la demande d'investissement, ou en raison d'une récession qui sévit dans le reste du monde et qui provoque une baisse des exportations. Peu importe la cause, la courbe de demande agrégée se déplace vers la gauche, en DA_1. Puisque la baisse de la demande agrégée est imprévue, la demande agrégée prévue demeure en DA_0; l'indice implicite du PIB prévu reste donc à 100. La courbe d'offre agrégée à court terme se maintient en *OACT*. Au point d'intersection de la courbe de demande agrégée DA_1 et de la courbe d'offre agrégée à court terme *OACT*, l'indice implicite du PIB est de 90 et le PIB réel se chiffre à 3 milliards de dollars. L'économie ralentit. Le PIB réel est au-dessous de son niveau à long terme et le chômage se situe au-dessus du taux de chômage naturel.

Dans notre exemple, la baisse de la demande agrégée, qui s'est traduite par le déplacement de la courbe de demande agrégée de DA_0 à DA_1, n'est pas permanente. Toutefois, nous supposons qu'elle n'est pas purement temporaire; la demande agrégée revient donc graduellement à son niveau initial, soit DA_0. C'est ce qui se produit à mesure que les gens reprennent confiance en l'avenir et que les entreprises investissent davantage, ou que la reprise économique dans le reste du monde se met à faire augmenter les exportations. La courbe de demande agrégée revient alors progressivement en DA_0.

Nous allons maintenant voir comment réagit l'économie durant la période où la demande agrégée, après s'être déplacée vers la gauche, revient graduellement à son niveau initial. Nous analyserons comment l'économie s'ajuste selon que l'une ou l'autre des deux politiques monétaires suivantes est appliquée : une politique fondée sur une règle fixe stipulant que la masse monétaire est constante, et une politique qui s'appuie sur une règle de rétroaction stipulant que la demande agrégée est stimulée par une hausse de la masse monétaire. La figure 16.3 illustre cette analyse.

Étudions d'abord la politique fondée sur une règle fixe.

Figure 16.2 Une baisse de la demande agrégée

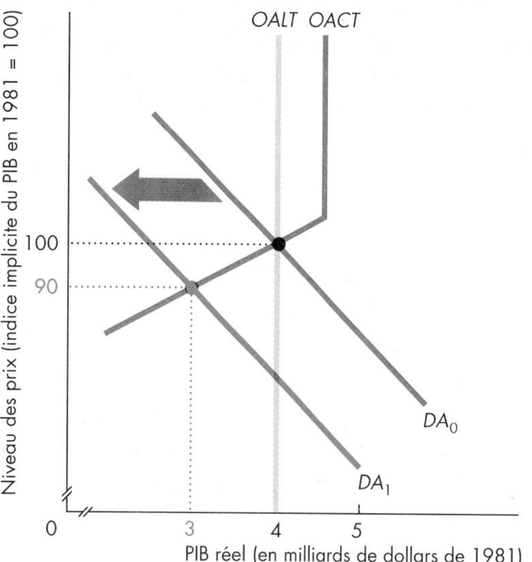

Au départ, l'économie se trouve au plein emploi sur la courbe de demande agrégée DA_0 et sur la courbe d'offre agrégée à court terme *OACT*. Le point d'intersection des deux courbes se trouve sur la courbe d'offre agrégée à long terme *OALT*. Le PIB réel se chiffre à 4 milliards de dollars et l'indice implicite du PIB à 100. Une baisse de la demande agrégée, provoquée par une vague de pessimisme quant aux profits futurs, par exemple, provoque un déplacement imprévu de la courbe de demande agrégée en DA_1. Le PIB réel passe à 3 milliards de dollars et l'indice implicite du PIB à 90. La situation économique se détériore.

Une règle fixe Lorsque la demande agrégée chute en DA_1, le taux de croissance de la masse monétaire est maintenu constant. Il demeure constant parce que, dans notre exemple, le taux de croissance de l'offre de monnaie est nul. Aucune mesure n'est prise pour ramener l'économie à son niveau de plein emploi. Rappelons, toutefois, que nous supposons que la demande agrégée augmente graduellement en raison d'autres facteurs, et qu'elle finit par revenir en DA_0. Au cours de cette période d'ajustement, le PIB réel et l'indice implicite du PIB augmentent graduellement. L'indice implicite du PIB revient progressivement à sa valeur initiale de 100 et le PIB réel à son niveau à long terme de 4 milliards de dollars, comme l'indique la figure 16.3 (a). Le chômage reste donc supérieur au taux naturel tant que la courbe de demande agrégée n'est pas retournée à sa position initiale, soit DA_0.

Comparons cet ajustement à celui qui se produit si la politique monétaire obéit plutôt à une règle de rétroaction.

Une règle de rétroaction D'après la règle de rétroaction que nous utilisons dans notre exemple, la masse

Figure 16.3 Deux politiques monétaires

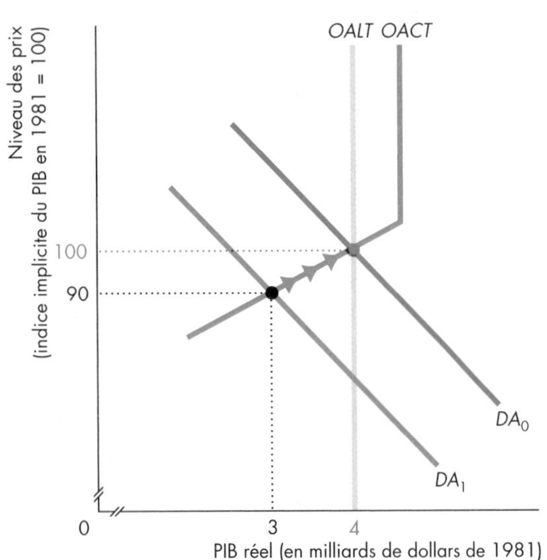

(a) Règle fixe

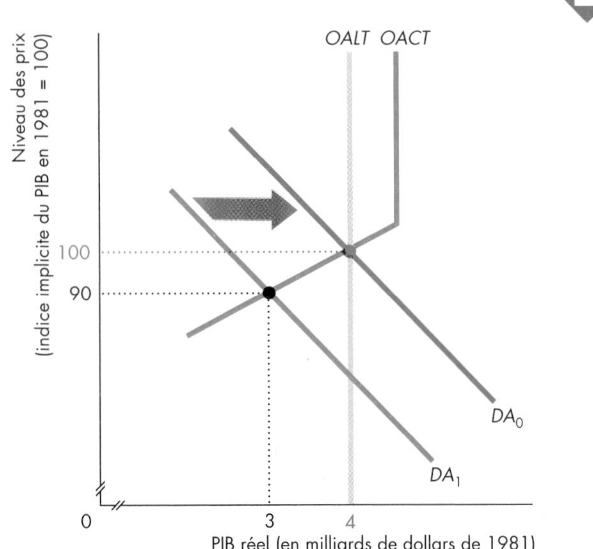

(b) Règle de rétroaction

La situation économique n'est pas très bonne lorsque l'indice implicite du PIB est de 90 et que le PIB réel se chiffre à 3 milliards de dollars. La courbe d'offre agrégée à court terme correspond à la courbe *OACT*. Une règle fixe (graphique a) laisse d'abord la courbe de demande à sa position initiale, en DA_1; l'indice implicite du PIB reste donc à 90 et le PIB réel à 3 milliards de dollars. À mesure que les autres facteurs font augmenter graduellement la demande agrégée, la courbe de demande agrégée revient progressivement en DA_0. Ce faisant, le PIB réel augmente jusqu'à atteindre de nouveau 4 milliards de dollars et l'indice implicite du PIB remonte à 100. Une règle de rétroaction (graphique b) fait augmenter l'offre de monnaie, ce qui fait déplacer la courbe de demande agrégée instantanément de DA_1 à DA_0. Le PIB réel est de nouveau égal à 4 milliards de dollars et l'indice implicite du PIB est de 100. L'offre de monnaie diminue alors peu à peu à mesure que les autres facteurs qui influent sur la demande agrégée la font augmenter. En conséquence, la courbe de demande agrégée est maintenue en DA_0, et le PIB réel demeure à 4 milliards de dollars.

monétaire s'accroît lorsque la demande agrégée diminue et baisse lorsque la demande agrégée augmente. Lorsque la demande agrégée passe en DA_1, la Banque du Canada hausse l'offre de monnaie afin que la courbe de demande agrégée revienne en DA_0, comme nous pouvons le voir à la figure 16.3 (b). À mesure que les autres facteurs qui font augmenter la demande agrégée entrent en jeu, la Banque du Canada réduit peu à peu la masse monétaire, afin de maintenir la courbe de demande agrégée en DA_0. Le PIB réel revient à son niveau de plein emploi et l'indice implicite du PIB s'établit de nouveau à 100.

Selon la politique fondée sur une règle fixe, l'économie entre en récession et y demeure jusqu'à ce que la courbe de demande agrégée soit revenue par elle-même à sa position initiale. Selon la politique fondée sur une règle de rétroaction, l'économie sort rapidement de la récession grâce à l'effet des mesures monétaires. Les variations du niveau des prix et du PIB réel sont les mêmes dans les deux cas. Toutefois, le PIB réel se maintient au-dessous de son niveau à long terme plus longtemps en présence de la règle fixe qu'en présence de la règle de rétroaction.

Les règles de rétroaction sont-elles donc plus efficaces?

Peut-on conclure de cette analyse qu'une règle de rétroaction est plus efficace qu'une règle fixe ? La Banque du Canada ne peut-elle pas se servir d'une règle de rétroaction pour maintenir l'économie près de son niveau de plein emploi avec un niveau des prix stable? Évidemment, des changements imprévus, comme la baisse de la demande agrégée dans notre exemple, peuvent toujours se produire. Mais, la Banque du Canada ne peut-elle pas intervenir en modifiant la quantité de monnaie en circulation afin de réduire les effets indésirables d'un tel choc ? La plupart des économistes le pensent.

Malgré l'apparente supériorité d'une règle de rétroaction, certains économistes considèrent qu'une règle fixe produit de meilleurs résultats. Ils invoquent les raisons suivantes:

- Les règles de rétroaction requièrent une connaissance du fonctionnement de l'économie meilleure que celle que nous avons.
- Les règles de rétroaction entraînent des événements imprévisibles.
- Les règles de rétroaction provoquent des fluctuations plus fortes de la demande agrégée.
- Ce sont les chocs d'offre agrégée, et non les chocs de demande agrégée, qui engendrent la plus grande partie des fluctuations économiques.

Nous allons examiner brièvement les trois premières affirmations. Puis, dans la partie suivante, nous analyserons plus longuement la quatrième.

La connaissance de l'économie Même si le modèle de l'offre et de la demande agrégées constitue un outil utile pour expliquer et prévoir les fluctuations agrégées, il n'est toutefois pas un outil précis. Il est possible de prévoir dans quelle direction évoluera l'économie à la suite d'un changement de l'un des facteurs qui ont une incidence sur la demande agrégée ou sur l'offre agrégée. Par contre, nous ne pouvons prévoir avec certitude si la variation de ce facteur sera forte ou faible, ni le moment précis où elle se produira. Les effets multiplicateurs des mesures budgétaires et monétaires se font sentir sur une assez longue période et dépendent d'un trop grand nombre de facteurs pour que nous puissions tenir compte de chacun d'eux. De plus, notre connaissance du fonctionnement du marché du travail est limitée. Le degré de flexibilité des salaires, la capacité optimale de production de l'économie et le taux de chômage naturel sont des variables dont la valeur ne peut être qu'estimée. Par ailleurs, la façon de mesurer ces variables est incertaine et soulève des controverses.

Parce que notre modèle de l'économie ne nous permet pas de faire des prévisions exactes sur les effets des mesures de politique économique et des autres facteurs exogènes, nous ne pouvons pas élaborer des règles de rétroaction qui atténueront à coup sûr les fluctuations économiques. Il est même possible que les règles conçues amplifient les fluctuations. Par exemple, supposons que, lorsque le taux d'inflation augmente, on diminue le taux de croissance de la masse monétaire. S'il faut un ou deux ans avant que les effets de la variation de la masse monétaire sur le PIB réel et sur le niveau des prix se fassent pleinement sentir, il est possible qu'au cours de cette période l'économie se soit déjà engagée dans une phase de contraction. Le cas échéant, le ralentissement de la croissance de la masse monétaire pourrait accentuer la contraction, ce qui ne ferait qu'aggraver la récession.

Le second problème relatif aux règles de rétroaction est qu'elles accentuent l'imprévisibilité. Voyons pourquoi.

La prévisibilité des règles de rétroaction Pour prendre des décisions concernant les contrats de travail à long terme (les contrats de salaire) de même que les prêts et les emprunts, les gens doivent prévoir l'évolution future des prix, soit le taux d'inflation futur. Pour prévoir l'inflation, il est nécessaire d'anticiper la demande agrégée. Supposons que nous ayons prévu que l'augmentation de la demande agrégée soit moins forte l'année prochaine. Compte tenu de cette prévision, les entreprises et les travailleurs s'entendent sur une augmentation de salaire plus faible. La courbe d'offre agrégée à court terme se déplace vers le haut mais moins que cette année, parce que nous avons prévu une croissance plus faible de la demande agrégée. Si la demande agrégée ralentit effectivement, comme nous l'avions prévu, l'inflation fléchira également, mais les entreprises continueront de produire à leur capacité optimale et le plein emploi prévaudra. Un ralentissement de la croissance de la demande agrégée qui a été correctement prévu entraîne une baisse de l'inflation, mais n'a aucune incidence sur la croissance de la production ou sur le chômage.

Comparons ce cas avec celui où le ralentissement de la demande agrégée est imprévu. On a prévu que la demande agrégée continuerait de s'accroître à son rythme actuel mais, en fait, elle ralentit. À partir de leurs prévisions, les entreprises et les travailleurs décident de maintenir l'augmentation des salaires au taux actuel. En conséquence, la courbe d'offre agrégée à court terme se déplace vers le haut plus qu'elle ne le ferait si les prévisions étaient exactes. La demande agrégée n'augmentant pas comme il était prévu, le PIB réel chute sous son niveau à long terme, le chômage s'élève au-dessus du taux naturel et l'inflation ralentit. L'économie entre en récession parce que les salaires sont trop élevés par rapport au niveau effectif de la demande agrégée.

Pourquoi la croissance de la demande agrégée connaît-elle des ralentissements imprévus ? L'une des raisons est qu'il peut arriver que la Banque du Canada en vienne à ralentir la croissance de la masse monétaire de façon imprévue, ce qui exerce une pression à la hausse sur les taux d'intérêt et fait diminuer les investissements. Une telle mesure ralentit l'inflation, mais fait également diminuer le PIB réel au-dessous de son niveau à long terme et augmenter le chômage. Mais, si la Banque du Canada s'en tient à une règle fixe pour accroître la masse monétaire, alors elle ne pourra provoquer de variations imprévues de la demande agrégée. Dans la mesure où ses actions sont relativement imprévisibles, la Banque du Canada peut engendrer des variations imprévues de la demande agrégée. Ces variations, à leur tour, provoquent des fluctuations du PIB réel, du chômage et de l'emploi.

Le risque d'imprévisibilité relatif aux mesures prises par la Banque du Canada est plus élevé lorsque la

Banque obéit à une règle de rétroaction plutôt qu'à une règle fixe. En effet, si la Banque adopte une politique fondée sur une règle de rétroaction, il faut également prévoir les valeurs futures des variables auxquelles la Banque veut réagir. En conséquence, une règle de rétroaction peut entraîner des fluctuations de la demande agrégée plus imprévisibles que ne le ferait une règle fixe. Certains économistes se demandent si l'adoption de règles de rétroaction a effectivement des effets stabilisateurs. Aucune méthode susceptible de régler ce désaccord n'a encore été mise au point. Néanmoins, l'imprévisibilité des mesures prises par la Banque constitue une facette importante de la vie économique.

Il n'est pas étonnant que la Banque du Canada cherche à camoufler certaines de ses initiatives. Premièrement, la Banque cherche à conserver la plus grande marge de manœuvre possible ; elle ne veut donc pas annoncer trop précisément les règles qu'elle entend suivre selon les circonstances. Deuxièmement, la Banque du Canada n'est pas à l'abri des influences politiques ; après tout, elle est responsable de l'élaboration de la politique monétaire. Ces deux raisons sont suffisantes pour que la Banque du Canada ne désire pas formuler des règles de rétroaction aussi précises que celle que nous venons d'étudier dans ce chapitre. C'est pourquoi la Banque du Canada ne peut pas garantir une performance économique aussi stable que celle qu'il a été possible d'atteindre dans notre modèle économique.

S'il est difficile pour la Banque du Canada de suivre une politique de stabilisation fondée sur l'utilisation d'une règle de rétroaction qui soit prévisible, cela devient presque impossible pour le gouvernement. Étant donné qu'une politique de stabilisation prend la forme de programmes de dépense et de lois sur les taxes et impôts, et puisque ces programmes et lois sont le résultat d'un processus politique, il ne peut y avoir de moyens efficaces pour un gouvernement d'adhérer à une politique budgétaire qui s'appuierait sur une règle de rétroaction et qui serait prévisible.

La variabilité de la demande agrégée avec les règles de rétroaction Certains économistes affirment qu'une règle de rétroaction a pour effet non seulement de rendre la demande agrégée plus imprévisible, mais aussi de l'amener à fluctuer davantage. Cette affirmation laisse entendre que les mesures de stabilisation exercent leurs effets sur la demande agrégée avec un retard qui peut être assez long et impossible à prévoir. En conséquence, une mesure mise en œuvre aujourd'hui pourrait ne pas avoir les effets désirés lorsque, dans le futur, ils se feront sentir.

Par exemple, lorsque la Banque du Canada appuie sur le frein monétaire, l'effet premier de cette mesure est de faire hausser les taux d'intérêt. Un peu plus tard, ces taux d'intérêt plus élevés entraîneront un ralentissement des investissements et une baisse des dépenses en biens de consommation durables. Plus tard encore, cette baisse des dépenses provoquera une diminution des revenus, laquelle, à son tour, entraînera une baisse des dépenses de consommation. L'effet de cette baisse des dépenses varie d'un secteur à l'autre et il s'exerce différemment sur l'emploi dans ces secteurs. Les effets de cette mesure monétaire sur l'emploi, sur le PIB réel et sur le taux d'inflation peuvent prendre entre neuf mois et deux ans avant de se faire sentir. Ainsi, pour atténuer les fluctuations de la demande agrégée, la Banque doit prendre dans le présent des mesures qui s'appuient sur des prévisions de ce qui surviendra sur une période de plus d'un an dans le futur. Si la Banque attend, il sera trop tard. Quel que soit le moment où elle décide d'agir, il faudra compter une ou deux années avant que l'effet de son action se fasse pleinement sentir.

Si la Banque du Canada pouvait formuler des prévisions exactes et appuyer sa politique sur ces prévisions, elle pourrait sans doute réussir à atténuer les variations de la demande agrégée, comme nous l'avons montré un peu plus tôt dans ce chapitre. Toutefois, si la Banque doit fonder sa politique sur la situation économique présente étant donné son pouvoir de prévision limité, alors ses mesures se révéleront souvent inadéquates. Lorsque le chômage est élevé et que la Banque appuie sur l'accélérateur, elle favorise un retour plus rapide de l'économie au plein emploi. Cependant, elle ne parvient pas à relâcher l'accélérateur aisément et à freiner en douceur pour maintenir l'économie au plein emploi. Il se peut qu'elle garde le pied sur l'accélérateur et que des pénuries et des pressions inflationnistes finissent par apparaître. Éventuellement, lorsque l'inflation augmente et que le chômage se met à baisser sous le taux naturel, la Banque freine brusquement afin de ramener l'économie au plein emploi. Les mesures prises par la Banque en réaction à la situation économique présente deviennent l'une des principales sources de fluctuation de la demande agrégée et le facteur le plus important que les gens doivent prévoir pour faire leurs propres choix économiques.

Précédemment dans le chapitre, nous avons mentionné une quatrième raison pour expliquer le désaccord entre les économistes au sujet du rôle de la politique monétaire : ils ne s'entendent pas sur l'origine des fluctuations agrégées. Les partisans des règles de rétroaction croient que la plupart des fluctuations résultent des variations de la demande agrégée. Ceux qui défendent les règles fixes considèrent que ce sont les variations de l'offre agrégée qui causent les fluctuations. Analysons maintenant comment les variations de l'offre agrégée influent sur l'économie en présence d'une règle de rétroaction et d'une règle fixe. Nous verrons également pourquoi les économistes, qui croient que les fluctuations de l'offre agrégée dominent, favorisent l'adoption d'une règle fixe plutôt que d'une règle de rétroaction.

La politique de stabilisation et l'offre agrégée

Il existe deux raisons pour lesquelles les variations de l'offre agrégée peuvent causer des problèmes en présence d'une règle de rétroaction. Ce sont les suivantes:

- L'inflation par les coûts
- Le ralentissement de la croissance de la capacité optimale de production

Dans les deux cas, l'économie connaît une période de stagflation. La **stagflation** est une situation qui prévaut lorsque le PIB réel cesse de croître et peut même se mettre à diminuer, et que l'inflation augmente. Étudions comment deux types de règle peuvent nous permettre de faire face à ce problème.

L'inflation par les coûts

L'**inflation par les coûts** est une inflation qui est causée par des hausses de coûts de production. Les deux principales causes d'inflation par les coûts sont les hausses de salaire et l'augmentation du prix des matières premières, comme les hausses du prix du pétrole survenues au cours des années 70 et au début des années 80. Pour se poursuivre, une inflation par les coûts doit être soutenue par une hausse de la masse monétaire laquelle, à son tour, fait augmenter la demande agrégée. Une règle de rétroaction rend possible l'inflation par les coûts. Une règle fixe empêche ce type d'inflation de survenir. Nous allons voir pourquoi.

Prenons comme exemple l'économie illustrée à la figure 16.4. La demande agrégée correspond à la courbe DA_0, l'offre agrégée à court terme à la courbe $OACT_0$ et l'offre agrégée à long terme à la courbe *OALT*. Le PIB réel est à son niveau à long terme de 4 milliards de dollars et l'indice implicite du PIB est égal à 100.

Supposons que certains groupes de travailleurs ou de producteurs d'une matière première importante comme le pétrole tentent de tirer un avantage temporaire en faisant hausser le salaire ou le prix de la matière première. Pour rendre notre exemple plus intéressant encore, supposons que ces groupes accaparent une part importante de l'économie. Dans ce cas, quand ils augmentent le taux de salaire ou le prix du pétrole, la courbe d'offre agrégée à court terme se déplace vers le haut, de $OACT_0$ à $OACT_1$.

Une règle fixe La figure 16.4 (a) illustre ce qui se produit si la Banque du Canada obéit à une règle fixe. Avec une règle fixe, la Banque ne tient pas compte du fait qu'il y a eu hausse du salaire ou du prix de la matière première. Le taux de croissance de la masse monétaire ne varie pas. Dans notre exemple, un taux de croissance nul de la masse monétaire signifie que l'offre de monnaie est constante. La courbe d'offre agrégée à court terme s'est déplacée vers le haut en $OACT_1$, et la courbe de demande agrégée reste en DA_0. Le niveau des prix s'élève à 120 et le PIB réel diminue, passant ainsi à 3 milliards de dollars. L'économie connaît la stagflation. Elle ralentit tant que les responsables de la hausse du salaire ou de l'augmentation du prix de la matière première ne reviennent sur leurs décisions et n'abaissent leurs prix. Cette diminution du salaire ou du prix de la matière première peut toutefois prendre un certain temps avant d'avoir lieu. Cependant, le faible niveau du PIB réel, accompagné d'un taux de chômage élevé, entraînera éventuellement une baisse des salaires, ces mêmes salaires qui ont causé le problème au départ. La courbe d'offre agrégée à court terme finira par revenir en $OACT_0$. L'indice implicite du PIB baissera à 100 et le PIB réel s'élèvera à nouveau à 4 milliards de dollars.

Une règle de rétroaction La figure 16.4 (b) illustre ce qui se produit si la Banque du Canada obéit à une règle de rétroaction. Le point de départ est le même: l'économie se trouve au point d'intersection des courbes $OACT_0$ et DA_0, là où l'indice implicite du PIB est de 100 et le PIB réel est de 4 milliards de dollars. Les salaires augmentent et la courbe d'offre agrégée à court terme se déplace vers le haut, en $OACT_1$. L'économie entre en récession, le PIB réel chutant à 3 milliards de dollars et le niveau des prix s'élevant à 120. D'après la règle de rétroaction de la Banque, il faut augmenter le taux de croissance de la masse monétaire et la demande agrégée chaque fois que le PIB réel est au-dessous de son niveau à long terme. Avec un PIB réel de 3 milliards de dollars, la Banque hausse le taux de croissance de la masse monétaire et fait déplacer la courbe de demande agrégée en DA_1. Le niveau des prix s'élève alors à 125 et le PIB réel est de nouveau égal à 4 milliards de dollars. L'économie revient à son niveau de plein emploi, mais cette fois avec un niveau des prix plus élevé. Les groupes de travailleurs ou de producteurs de matières premières, qui avaient vu un avantage à hausser leurs salaires ou leurs prix, voudront bénéficier de nouveau du même avantage. La courbe d'offre agrégée à court terme se déplacera encore une fois vers le haut, et la Banque du Canada réagira en faisant hausser la demande agrégée. L'économie connaîtra alors une inflation galopante.

Figure 16.4 La politique monétaire et l'offre agrégée : une hausse des salaires

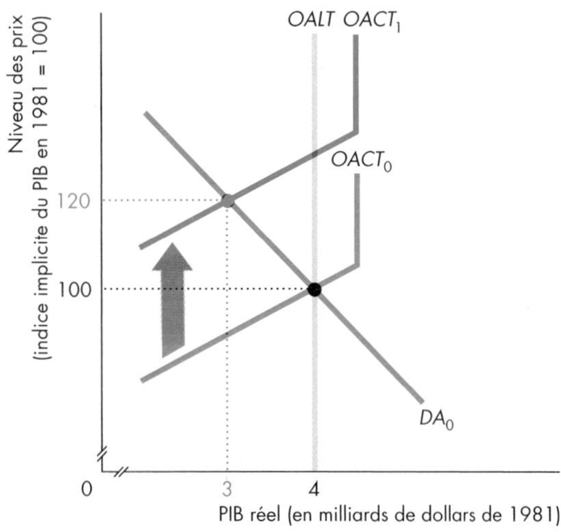

(a) Règle fixe

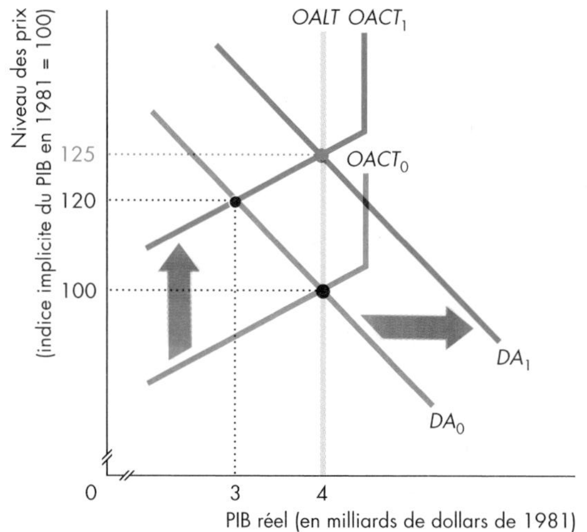

(b) Règle de rétroaction

Au départ, l'économie se situe sur les courbes DA_0 et $OACT_0$; l'indice implicite du PIB se chiffre à 100 et le PIB réel à 4 milliards de dollars. Des groupes de travailleurs (ou les principaux producteurs d'une matière première très importante) exercent des pressions de manière à faire augmenter le salaire (ou le prix de la matière première), ce qui fait déplacer la courbe d'offre agrégée à court terme en $OACT_1$. Le PIB réel chute à 3 milliards de dollars et l'indice implicite du PIB s'élève à 120. En présence d'une règle fixe (graphique a), la Banque du Canada n'influe d'aucune façon sur la demande agrégée. Le ralentissement de l'économie persiste jusqu'à ce que le salaire (ou le prix de la matière première) chute de nouveau; l'économie retourne alors à sa position de départ. En présence d'une règle de rétroaction (graphique b), la Banque augmente la quantité de monnaie en circulation, ce qui fait déplacer la courbe de demande agrégée en DA_1. Le PIB réel est de nouveau égal à 4 milliards de dollars (le plein emploi), mais l'indice implicite du PIB s'élève à 125. L'économie est appelée à connaître, encore une fois, une inflation par les coûts.

Les incitations à augmenter les coûts Nous venons de voir que, lorsque la Banque du Canada adopte une règle de rétroaction, l'incitation à augmenter les coûts est plus forte. Si un groupe envisage de tirer un avantage temporaire en haussant le prix auquel il offre ses ressources, et si la Banque du Canada ratifie cette hausse de prix en augmentant la masse monétaire de manière à prévenir le chômage et le ralentissement de l'activité économique, alors il sera difficile de freiner la hausse des coûts. Mais si la Banque du Canada adopte une règle fixe, l'incitation à tirer un avantage temporaire en haussant les salaires ou les prix est beaucoup plus faible. Chaque groupe doit tenir compte du coût qui résulterait d'un chômage plus élevé et d'une production plus faible.

Ainsi, une règle fixe peut mener à un taux d'inflation stable (ou même nul), tandis qu'une règle de rétroaction, devant les pressions à la hausse exercées sur les coûts, n'empêchera pas l'inflation d'augmenter lorsqu'un groupe de personnes croit pouvoir tirer un avantage temporaire en faisant augmenter les salaires ou les prix.

Un ralentissement de la croissance de la capacité optimale de production

Certains économistes croient que les fluctuations du PIB réel (de même que de l'emploi et du chômage) ne sont pas causées par les variations de la demande agrégée mais plutôt par les variations du taux de croissance de l'offre agrégée à long terme. Ces économistes ont élaboré une nouvelle théorie pour expliquer les fluctuations agrégées, qu'on appelle maintenant *théorie du cycle d'origine réelle* (voir la rubrique *L'évolution de nos connaissances*, aux pages 370 à 372). La **théorie du cycle d'origine réelle** est une théorie qui s'appuie sur l'hypothèse de la parfaite flexibilité des prix et des salaires, et sur l'idée que les fluctuations agrégées sont provoquées principalement par des chocs aléatoires qui font déplacer la fonction de production agrégée de l'économie. L'expression *origine réelle* est utilisée pour préciser que ce sont les facteurs influant sur les possibilités réelles de production de l'économie qui constituent les causes principales des fluctuations agrégées et non pas les facteurs nominaux comme l'offre de monnaie et son taux de croissance.

Selon la théorie du cycle d'origine réelle, il n'y a pas de véritable différence entre la courbe d'offre agrégée à long terme et la courbe d'offre agrégée à court terme. Les salaires étant parfaitement flexibles, le marché du travail est toujours en équilibre et le taux de chômage est toujours égal au taux naturel. La courbe (verticale) d'offre agrégée à long terme est la même que la courbe d'offre agrégée à court terme. Les fluctuations du PIB réel se produisent en raison des déplacements de la courbe d'offre agrégée à long terme. Habituellement, la courbe d'offre agrégée à long terme se déplace vers la droite : l'économie croît. Mais le rythme auquel cette courbe se déplace vers la droite est variable. De plus, la courbe d'offre agrégée à long terme se déplace parfois vers la gauche, ce qui entraîne une diminution de l'offre agrégée et du PIB réel.

Une politique économique qui influe sur la courbe de demande agrégée n'a aucun effet sur le PIB réel. Elle joue toutefois sur le niveau des prix. Cependant, si la théorie du cycle d'origine réelle était exacte et qu'une règle de rétroaction était utilisée afin d'augmenter la demande agrégée chaque fois que le PIB réel diminue, cette politique engendrerait des fluctuations du niveau des prix plus prononcées que si elle n'avait pas été adoptée. Pour comprendre pourquoi, reportons-nous à la figure 16.5.

Imaginons que, au départ, l'économie se situe au point d'intersection de la courbe de demande agrégée DA_0 et de la courbe d'offre agrégée à long terme $OALT_0$, là où l'indice implicite du PIB est de 100 et le PIB réel de 4 milliards de dollars. Supposons maintenant que la courbe d'offre agrégée à long terme se déplace en $OALT_1$. Ce déplacement vers la gauche de la courbe d'offre agrégée à long terme pourrait se produire à la suite d'une grave sécheresse ou d'une autre catastrophe naturelle ou, encore, d'une perturbation du commerce international, comme celle qui a été provoquée par l'embargo décrété par les pays de l'OPEP dans les années 70.

Une règle fixe Si l'offre de monnaie est déterminée par une règle fixe, la baisse de l'offre agrégée à long terme n'a aucun effet sur la politique de la Banque du Canada ni sur la demande agrégée. La courbe de demande agrégée demeure alors en DA_0. Le PIB réel diminue et passe à 3 milliards de dollars, et l'indice implicite du PIB s'élève à 120.

Une règle de rétroaction Supposons maintenant que la Banque du Canada adopte une règle de rétroaction. Supposons plus précisément que, lorsque le PIB réel diminue, la Banque du Canada accroît l'offre de monnaie et, par conséquent, la demande agrégée. Dans notre exemple, la Banque accroît l'offre de monnaie et fait déplacer la courbe de demande agrégée en DA_1. L'objectif de la Banque est de ramener le PIB réel à 4 milliards de dollars. Toutefois, la courbe d'offre agrégée à long terme s'est déplacée ; le PIB réel à long terme a donc baissé et se chiffre à 3 milliards de dollars. La hausse de la demande agrégée ne peut pas provoquer un accroissement du PIB réel si la capacité optimale de production de l'économie ne permet pas d'atteindre un niveau plus élevé. Le PIB réel reste donc à 3 milliards de dollars, mais le niveau des prix s'élève encore ; l'indice implicite du PIB passe à 140.

Figure 16.5 La politique monétaire et l'offre agrégée: une diminution de la capacité optimale de production

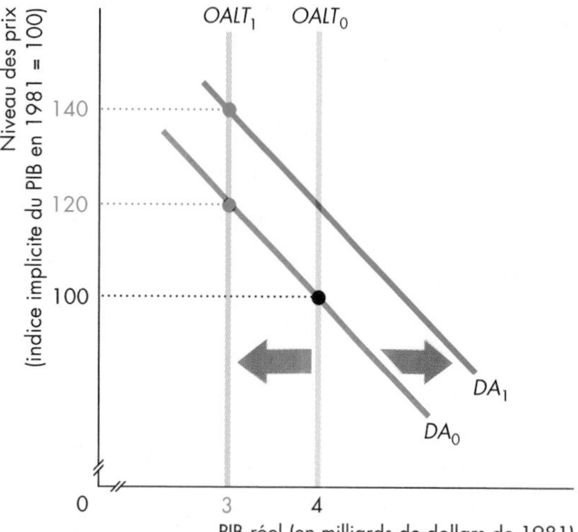

Une baisse de la capacité de production fait déplacer la courbe d'offre agrégée à long terme de $OALT_0$ à $OALT_1$. Le PIB réel chute à 3 milliards de dollars et l'indice implicite du PIB s'élève à 120. Avec une règle fixe, la demande agrégée reste en DA_0, et il ne se produit plus rien. Avec une règle de rétroaction, la Banque du Canada accroît l'offre de monnaie afin d'augmenter le PIB réel. La courbe de demande agrégée se déplace en DA_1, ce qui se traduit par une hausse du niveau des prix – l'indice implicite du PIB s'élevant à 140 – alors que le PIB réel demeure inchangé.

Vous pouvez constater que, dans ce cas, les mesures visant à stabiliser le PIB réel à l'aide d'une règle de rétroaction n'ont aucun effet sur le PIB réel, mais qu'elles provoquent, en revanche, une hausse significative du niveau des prix.

Nous venons d'analyser certains inconvénients liés à l'utilisation d'une règle de rétroaction. Certains économistes croient que ces inconvénients sont graves et ils demandent à la Banque de mettre en œuvre une règle fixe. D'autres considèrent que les avantages découlant de l'utilisation d'une règle de rétroaction sont plus importants que les coûts qui lui sont associés. Ils insistent alors pour que la Banque continue d'appliquer ce type de règle.

L'ÉVOLUTION DE NOS CONNAISSANCES

La théorie quantitative et le monétarisme

David Hume

L'histoire de l'élaboration de la théorie quantitative de la monnaie s'est échelonnée sur une longue période et a connu des hauts et des bas. Au 16e siècle, le philosophe français Jean Bodin (1530-1596) a d'abord énoncé qu'une variation de la quantité de monnaie devait entraîner un changement proportionnel du niveau des prix. C'est David Hume qui, le premier, en a fait une formulation claire en langue anglaise. David Hume était un philosophe et un économiste remarquable. Il a vécu à Édimbourg, en Écosse, de 1711 à 1776. Il est mort l'année où l'on a publié *La Richesse des nations* d'Adam Smith. David Hume était un ami intime d'Adam Smith et avait beaucoup d'influence sur lui.

La contribution de Henry Thornton, économiste de la monnaie et législateur anglais qui vécut à Londres de 1760 à 1815, a été l'un des faits marquants dans l'élaboration de la théorie quantitative de la monnaie. Alors membre du Parlement britannique, Henry Thornton a écrit le monumental ouvrage *An Enquiry into the Nature and Effects of the Paper Credit of Great Britain.* Dans ce livre, il a élaboré les notions de quantité de monnaie et de vitesse de circulation, les deux principaux éléments de la version moderne de la théorie quantitative de la monnaie.

Irving Fisher (voir la rubrique *L'évolution de nos connaissances*, pages 202 à 204) a été le premier Américain à contribuer de façon importante à l'élaboration de la théorie quantitative de la monnaie. Né en 1867, Irving Fisher a étudié à l'université Yale pour y passer ensuite toute sa carrière. Son ouvrage, *The Purchasing Power of Money*, publié en 1911, a fourni des preuves sur la relation proportionnelle à long terme qui existe entre la quantité de monnaie et le niveau général des prix.

La théorie quantitative de la monnaie n'a jamais fait l'unanimité. Parmi ses opposants se trouvait John Maynard Keynes (voir la rubrique *L'évolution de nos connaissances*, pages 202 à 204). Selon J.M. Keynes, la relation entre la quantité de monnaie et le niveau des prix est extrêmement faible, ce qui lui a fait citer le proverbe suivant: «Il y a loin de la coupe aux lèvres» pour illustrer son affirmation. J.M. Keynes a exprimé son point de vue avec tant de force qu'il a pu s'attirer de nombreux partisans. Ses idées ont dominé au cours des années 50 et au début des années 60.

Au cours des années d'après-guerre, Milton Friedman, de l'université de Chicago (voir la rubrique *L'évolution de nos connaissances*, pages 202 à 204), travaillait discrètement à l'élaboration de sa propre version de la théorie quantitative de la monnaie. Dans un ouvrage imposant écrit en collaboration avec Anna J. Schwartz, *A Monetary History of the United States 1867-1960*, publié en 1963, il a défendu le rôle et fondé l'importance de la monnaie dans l'explication des fluctuations de l'économie américaine. Puis, en 1967, Milton Friedman a publié un article intitulé «The Quantity Theory of Money: A Restatement», qui allait marquer la théorie macroéconomique. Dans cet ouvrage, Milton Friedman soutenait que la théorie quantitative de la monnaie, dans sa version moderne, est en fait une théorie de la demande de monnaie. Selon ses propos, la courbe de demande de monnaie réelle est stable et la demande de monnaie réelle dépend du taux d'intérêt (le coût d'opportunité lié à la détention de la monnaie) et du revenu réel. Les variations de l'offre de monnaie nominale peuvent provoquer des variations à court terme du PIB réel et des taux d'intérêt mais, à long terme, elles n'influent que sur le niveau des prix.

À partir de son point de vue sur l'importance de l'influence de la monnaie sur la dépense agrégée, M. Friedman a formulé une règle qui est devenue célèbre: la *règle du pourcentage k*. Selon M. Friedman, il suffit de choisir un pourcentage *k* égal au taux de croissance moyen du PIB réel et de laisser croître l'offre de monnaie à ce taux année après année. En moyenne, l'inflation sera nulle. L'économie connaîtra des fluctuations, mais celles-ci seront aussi faibles que possible et plus faibles que celles qui auraient résulté d'efforts en vue de stabiliser la demande agrégée. Karl Brunner, partisan de la version de la théorie quantitative de la monnaie de Milton Friedman et autre défenseur de règles de croissance régulière de l'offre de monnaie, a donné le nom de *monétarisme* à l'ensemble des points de vue exprimés par M. Friedman.

Aujourd'hui, le monétarisme trouve de nombreux partisans chez les économistes qui travaillent dans les banques centrales et qui conseillent les gouvernements du Canada, des États-Unis et du reste du monde.

En revanche, la théorie quantitative de la monnaie a toujours eu des opposants. Parmi les critiques modernes de la théorie quantitative de la monnaie, on compte Thomas Sargent de la Hoover Institution de l'université Stanford, Bruce Smith de l'université Cornell, et Neil Wallace de l'université du Minnesota. Ces chercheurs soutiennent que la quantité de monnaie n'est pas la variable qui joue le rôle le plus important dans la détermination du niveau général des prix, sauf dans certaines circonstances. La quantité de monnaie n'aurait d'importance qu'en raison du fait que la monnaie a cours légal et que la loi impose des contraintes sur les réserves que peuvent détenir les banques. De façon plus générale, ils affirment que c'est la valeur totale de la dette publique qui représente la principale variable nominale pouvant influer sur le niveau général des prix. La façon de tester ces idées demeure un sujet controversé, et beaucoup de travail reste à faire avant qu'on puisse dire que les fondements de la théorie quantitative de la monnaie doivent être abandonnés.

La politique de stabilisation et ses contraintes

La chute du dollar limite la portée de la politique économique d'Ottawa

Les économistes s'accordent à penser que les deux responsables de la politique économique du Canada – le ministre des Finances, Michael Wilson, et le gouverneur de la Banque du Canada, John Crow – se trouvent dans une situation qui est presque sans issue. Les mesures qu'ils peuvent maintenant prendre vont de draconiennes à très draconiennes...

«Je pense que notre marge de manœuvre est extrêmement réduite», a déclaré Sylvia Ostry, présidente du Centre d'études internationales de l'université de Toronto et ex-conseillère au gouvernement fédéral.

Selon les économistes experts, les événements nationaux et internationaux ont entravé la conduite de la politique budgétaire et de la politique monétaire au Canada.

Au pays, l'ampleur du déficit budgétaire a réduit la capacité du gouvernement d'Ottawa à utiliser ses dépenses et ses impôts pour influer sur l'économie. Le déficit pourrait forcer M. Wilson à réduire les dépenses gouvernementales dans son budget du mois prochain même si l'économie connaît actuellement un ralentissement.

À l'échelle internationale, la Banque du Canada est impuissante face aux fluctuations des marchés financiers qu'entraînent les entrées et sorties massives de fonds. Ces flux monétaires transfrontaliers peuvent changer de direction aussitôt qu'apparaissent de nouvelles données à l'écran d'un cambiste.

Ce mois-ci, lorsque John Crow a tenté de réduire les taux d'intérêt d'un quart de point de pourcentage seulement, les entrées de devises qui, jusque-là poussaient le dollar à la hausse, ont brusquement pris la direction opposée. En deux semaines, le dollar canadien a perdu la valeur qu'il avait gagnée durant les sept derniers mois...

Au cours des deux dernières semaines, nous nous sommes surtout souciés des limitations de la politique monétaire, mais maintenant, à mesure que la date de présentation du budget approche, nous allons focaliser notre attention sur le budget Wilson.

Avec la récession qui menace, la marge de manœuvre du gouvernement semble très mince.

«Je crois que le budget ne pourra rien apporter de positif à l'économie», a indiqué Douglas Peters, économiste en chef à la Banque Toronto-Dominion.

Il y a un an, Ottawa amorçait sa réforme fiscale par une réduction des impôts afin d'injecter plus d'argent dans l'économie. À l'heure actuelle, le gouvernement fédéral resserre sa politique budgétaire.

«La dernière hausse de taxes indirectes, le 1er janvier, permettra à Ottawa de recueillir 9 milliards de dollars (en monnaie canadienne) de recettes fiscales, ou 1,5 % du produit intérieur brut cette année», déclarait Michael Manford, économiste en chef chez Scotia McLeod de Toronto.

De plus, Ernest Stokes, économiste en chef du Groupe WEFA, de Toronto, une entreprise spécialisée dans les prévisions économiques, a fait remarquer qu'un resserrement de la politique budgétaire de M. Wilson «aggraverait la situation».

Pour sa part, Lloyd Atkinson, économiste en chef à la Banque de Montréal, a déclaré qu'un budget serré permettrait d'affermir la confiance, de renforcer le dollar et ouvrirait la porte à une réduction des taux d'intérêt...

The Globe and Mail
27 janvier 1990
Par James Rusk

Les faits en bref

- Les économistes s'entendent pour dire que les choix du gouvernement en ce qui concerne les politiques budgétaire et monétaire sont très limités.
- Compte tenu de son déficit budgétaire, le gouvernement fédéral ne peut pas utiliser la politique budgétaire pour influer sur l'économie.
- La forte mobilité internationale des capitaux restreint l'utilisation de la politique monétaire pour influer sur l'économie.
- Une différence marquée entre les taux d'intérêt au Canada et les taux d'intérêt aux États-Unis a contribué à renforcer la valeur du dollar.
- Les opinions divergent largement quant à ce que la politique budgétaire peut accomplir à l'heure actuelle :
  - Douglas Peters, économiste en chef à la Banque Toronto-Dominion, et Ernest Stokes, économiste en chef d'une société torontoise spécialisée dans les prévisions économiques, croient qu'aucune mesure budgétaire ne pourra redresser l'économie.
  - Lloyd Atkinson, économiste en chef à la Banque de Montréal, prétend qu'un budget serré pourrait raffermir le dollar et réduire les taux d'intérêt.

Analyse

- Cet article a été écrit en janvier 1990, soit avant la présentation du budget cette année-là. À cette époque, l'inflation était en hausse et on redoutait de plus en plus l'imminence d'une récession.

La politique budgétaire

- Quels étaient les choix qui s'offraient au ministre des Finances en matière de politique budgétaire ?

- Trois choix s'offraient principalement à lui :

  - *Une politique expansionniste*: réduction des taxes et des impôts ou augmentation des dépenses et du déficit, ou les deux.

  - *Une politique restrictive*: augmentation des taxes et des impôts ou réduction des dépenses et du déficit, ou les deux.

  - *Une politique neutre*: maintien des taxes, des impôts, des dépenses et du déficit.

- Une politique budgétaire *expansionniste*:

  - ferait augmenter la demande agrégée ;

  - ferait augmenter la demande de monnaie et exercerait une pression à la hausse sur les taux d'intérêt ;

  - renforcerait la valeur du dollar sur le marché des changes.

- Une politique budgétaire *restrictive*:

  - ferait diminuer la demande agrégée ;

  - ferait diminuer la demande de monnaie et exercerait une pression à la baisse sur les taux d'intérêt ;

  - affaiblirait la valeur du dollar sur le marché des changes.

- La crainte de taux d'intérêt élevés et d'une appréciation du dollar (qui découlerait d'une politique budgétaire expansionniste) et la menace d'une récession (qu'entraînerait une politique budgétaire restrictive) rendaient ces deux possibilités peu intéressantes.

- Cependant, les variations des taux d'intérêt et la valeur du dollar dépendent également de la politique monétaire qui accompagne la politique budgétaire.

La politique monétaire

- Les forces du marché, qui engendrent la *parité des taux d'intérêt* (voir le chapitre 18), limitent les effets de la politique monétaire de la Banque du Canada.

- Il y a *parité des taux d'intérêt* lorsque les taux d'intérêt entre les pays sont égaux une fois qu'on a tenu compte des variations prévues du taux de change et des différences de risque.

- Supposons que les taux d'intérêt annuels des bons du Trésor soient respectivement de 10 % aux États-Unis et de 15 % au Canada, et que les risques soient égaux dans les deux pays.

- La question : Pourquoi voudrait-on investir dans des bons du Trésor américains alors que les bons canadiens rapportent 5 % d'intérêt de plus ?

- La réponse : Parce qu'on prévoit que le dollar canadien se dépréciera de 5 % par année. Les forces du marché permettent d'atteindre la parité des taux d'intérêt.

- Si la politique de la Banque du Canada vise à maintenir un taux de change fixe avec le dollar américain, le Canada doit accepter que les taux d'intérêt et le taux d'inflation soient déterminés par les forces économiques américaines.

- Si la Banque du Canada poursuit une politique visant à maintenir un taux d'inflation plus bas au Canada qu'aux États-Unis, le dollar canadien *s'appréciera* par rapport au dollar américain et nos taux d'intérêt seront plus bas qu'aux États-Unis.

- Si la Banque du Canada poursuit une politique qui engendre un taux d'inflation plus élevé au Canada qu'aux États-Unis, le dollar canadien *se dépréciera* par rapport au dollar américain et nos taux d'intérêt seront plus élevés qu'aux États-Unis.

- Si la Banque du Canada poursuit une politique visant à réduire *temporairement* le taux d'inflation au Canada par rapport au taux d'inflation aux États-Unis, le dollar canadien *s'appréciera temporairement* par rapport au dollar américain, mais *devrait se déprécier* dans le futur et les taux d'intérêt seront plus élevés qu'aux États-Unis. C'est la situation qui prévalait au cours des deux premiers trimestres de 1990.

- Afin de réduire les taux d'intérêt au Canada, la Banque du Canada devra convaincre les gens que son engagement à viser un taux «d'inflation zéro» est permanent.

- De nombreux économistes, et surtout un grand nombre de spécialistes des marchés financiers, croient qu'un tel engagement n'est possible que si le déficit budgétaire diminue. C'est ce qu'affirme Lloyd Atkinson de la Banque de Montréal.

Juguler l'inflation en annonçant la politique monétaire à l'avance

Les partisans des règles de rétroaction affirment que la Banque du Canada ne devrait pas seulement chercher à varier ses mesures en fonction de la situation économique qui a cours. Elle devrait tenter également de réduire au minimum les effets négatifs possibles en annonçant clairement à l'avance les mesures qu'elle entend suivre. Cet argument est particulièrement pertinent lorsque le but poursuivi est de réduire l'inflation. En fait, lorsque la Banque a mené une lutte à l'inflation en 1982, nous l'avons tous payé très cher. À ce moment, les mesures adoptées par la Banque ont été totalement imprévues. En conséquence, les salaires ont été fixés à un niveau trop élevé par rapport à la croissance de la demande agrégée qu'allait permettre la politique monétaire de la Banque. L'économie a donc connu un taux de chômage élevé.

La Banque n'aurait-elle pas pu diminuer l'inflation sans causer autant de chômage, en annonçant assez longtemps à l'avance qu'elle avait l'intention de réduire la croissance de la demande agrégée ? Les salaires n'auraient-ils pas augmenté alors moins rapidement, ce qui aurait permis de réduire l'inflation sans avoir à subir une hausse du chômage aussi élevée ? La Banque n'aurait-elle pas pu, en annonçant clairement ses intentions, inciter les gens à prévoir, par anticipation rationnelle, un ralentissement de l'inflation ? Ce faisant, la courbe d'offre agrégée à court terme aurait pu se déplacer vers le haut dans une proportion équivalente au déplacement vers le haut de la courbe de demande agrégée provoqué par la Banque. Les deux courbes auraient alors pu se croiser sur la courbe d'offre agrégée à long terme. La Banque du Canada a adopté cette façon de faire au cours des années 70. Dans la section suivante, nous allons voir comment fonctionne une telle politique.

À RETENIR

On peut tenter de stabiliser l'économie au moyen de règles fixes ou de règles de rétroaction. Lorsqu'on applique une règle fixe, on établit la valeur des outils de politique sans tenir compte de la situation économique. Par contre, lorsqu'on applique une règle de rétroaction, on se fonde sur la situation économique pour établir la valeur de ces outils. Le type de règle adoptée influe sur les prévisions des individus. Les économistes ne s'entendent pas sur l'efficacité des deux types de règle. L'adoption d'une règle de rétroaction suppose une plus grande connaissance du fonctionnement de l'économie qu'une règle fixe et une identification plus précise des causes des fluctuations économiques – selon qu'elles tirent surtout leur origine des changements de la demande agrégée ou de l'offre agrégée. Si les perturbations les plus importantes sont des chocs négatifs qui touchent l'offre agrégée, alors une règle de rétroaction mènera à l'inflation. Si les chocs les plus importants touchent la demande agrégée, alors une règle de rétroaction pourra en atténuer les effets sur le chômage et les fluctuations du PIB réel. On ne peut pas intervenir sur les anticipations des individus en annonçant une politique qui est sans rapport avec la politique menée précédemment.

■ ■ ■

Examinons maintenant les mesures prises par la Banque du Canada en vue de stabiliser l'économie canadienne au cours des années 70 et 80.

La stabilisation de l'économie canadienne

Jusqu'à présent, nous avons étudié la politique de stabilisation du point de vue théorique. Passons maintenant à l'analyse de la mise en œuvre de la politique de stabilisation. Nous commencerons par analyser la politique des cibles monétaires qu'a suivie la Banque du Canada au cours des années 70 et au début des années 80.

La politique des cibles monétaires de la Banque du Canada

De 1975 à 1982, la Banque du Canada a poursuivi une politique qui consistait à annoncer une année à l'avance la fourchette à l'intérieur de laquelle allait se trouver le taux de croissance de l'offre de monnaie, mesuré par le taux de croissance de l'agrégat M1. Lorsque la Banque du Canada a adopté cette politique, l'inflation se chiffrait à plus de 10 % par année. La Banque avait l'intention de réduire l'inflation progressivement en ralentissant peu à peu le taux de croissance de la masse monétaire. Presque chaque année, une nouvelle fourchette était annoncée avec pour objectif un taux de croissance moyen de la masse monétaire plus bas.

La figure 16.6 illustre les fourchettes du taux de croissance de M1 que la Banque avait fixées de 1975 à 1982. Comme vous pouvez le voir, au cours de la première année qui a suivi la mise en œuvre de cette politique, la Banque prévoyait que la masse monétaire allait croître à un taux de 10 à 15 %. Au moment où cette politique a été abandonnée en 1982, la cible visée pour le taux de croissance de M1 se situait entre 4 et 8 % par année.

Le taux de croissance effectif de M1 apparaît également à la figure 16.6. Comme vous pouvez le

Figure 16.6 Les cibles monétaires: la croissance de M1

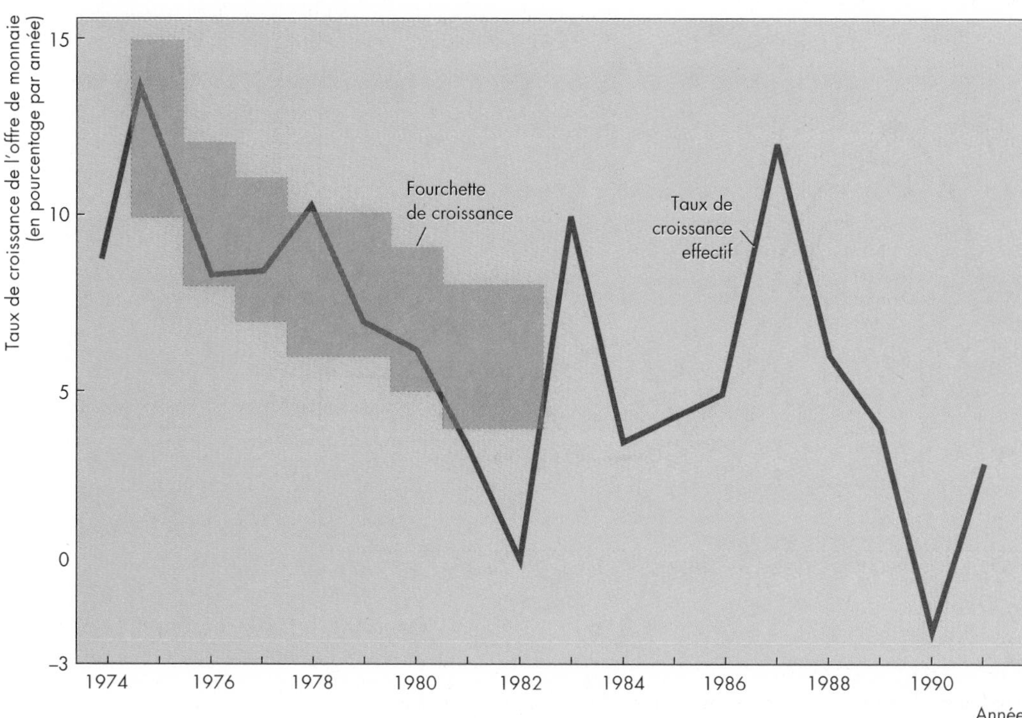

De 1975 à 1982, la Banque du Canada annonçait qu'elle projetait de fixer le taux de croissance de l'agrégat monétaire M1 à l'intérieur de fourchettes de croissance. La figure illustre ces fourchettes. Le taux de croissance effectif de M1 est demeuré à l'intérieur des fourchettes visées, sauf en 1978 (légèrement) et en 1982 (par beaucoup). En 1982, la Banque a adopté une politique monétaire plus restrictive. Depuis que la Banque a abandonné cette politique en 1982, la croissance de M1 a été très variable.

constater, le taux de croissance effectif de M1 est demeuré à l'intérieur des fourchettes jusqu'en 1982, sauf une exception mineure en 1978. En 1982, le taux de croissance de l'offre de monnaie a chuté de façon spectaculaire. Depuis 1982, il y a eu plusieurs variations importantes du taux de croissance de M1.

De 1975 à 1982, la Banque du Canada a poursuivi une politique anti-inflationniste serrée, non seulement en annonçant à l'avance qu'elle allait ralentir la croissance de l'offre de monnaie, mais aussi en agissant comme elle l'avait annoncé. Dans ce cas, pourquoi les prévisions de l'inflation n'ont-elles pas été plus modestes et le taux d'inflation effectif n'a-t-il pas été plus faible ? Nous pourrons répondre à ces questions en examinant l'évolution du taux de croissance d'autres agrégats monétaires.

La croissance de M2 Le taux de croissance de M2 – l'agrégat monétaire qui comprend les comptes d'épargne personnels – a augmenté rapidement au cours de la période durant laquelle le taux de croissance de M1 diminuait. La Banque du Canada réduisait le taux de croissance de M1 en poussant les taux d'intérêt à la hausse. Alors que la croissance de M1 déclinait, une plus grande part de l'offre de monnaie a pris la forme de dépôts transférables par chèque, et le taux de croissance effectif de l'offre de monnaie s'est mis à augmenter. La figure 16.7 illustre ce qui s'est produit. Entre 1975 et 1978, le taux de croissance de M2, tout comme celui de M1, était en baisse. Le taux d'inflation diminuait aussi. Ainsi, pour la période de trois ans durant laquelle la Banque du Canada suivait une politique qui consistait à annoncer à l'avance qu'elle allait ralentir le taux de croissance de l'offre de monnaie, ce qu'elle faisait par la suite, le taux d'inflation a effectivement diminué. De plus, cette baisse du taux d'inflation n'a été accompagnée que d'une légère hausse du taux de chômage et d'un ralentissement assez faible du taux de croissance du PIB réel.

De 1978 à 1981, la Banque a continué à se fixer des cibles pour le taux de croissance de M1, cibles qu'elle a atteintes par la suite. Cependant, elle a relâché quelque peu sa politique et a permis aux agrégats monétaires plus larges de croître à un taux plus rapide. Le

Figure 16.7 La croissance de M2 et l'inflation

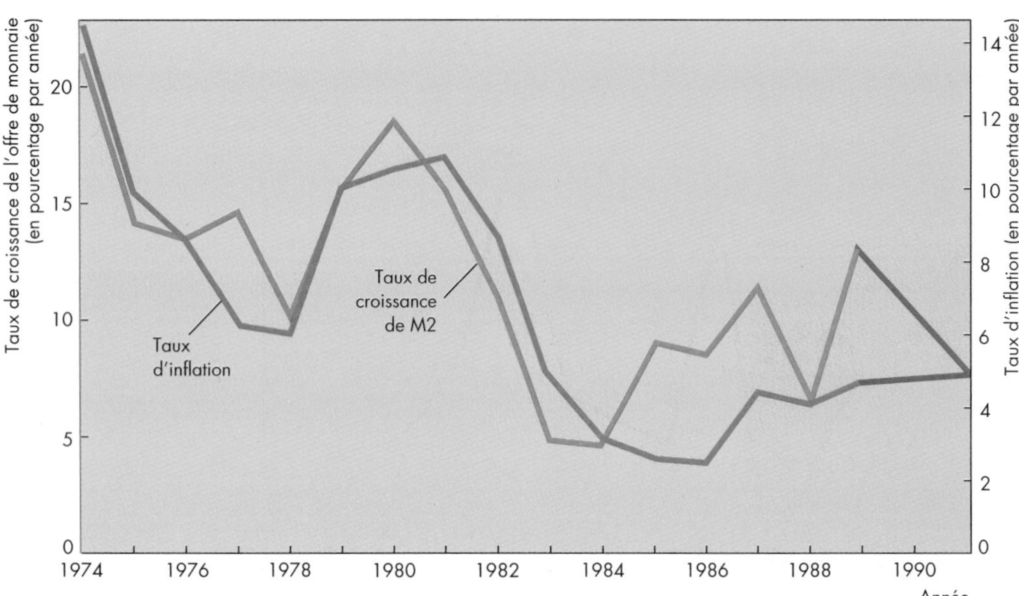

De 1975 à 1978, les taux de croissance de tous les agrégats monétaires ont chuté. Il en a été de même du taux d'inflation. De 1978 à 1981, le taux de croissance de M1 a baissé (voir la figure 16.6), mais le taux de croissance de M2 de même que ceux des autres agrégats monétaires plus larges ont augmenté. Ce fut la même chose pour le taux d'inflation. On est finalement arrivé à maîtriser l'inflation lorsqu'on est parvenu à contenir le taux de croissance de M2 au début des années 80.

taux de croissance de M2 a augmenté, passant de 10 à 16 % en 1979 et à 18,5 % en 1980. Cette croissance rapide de M2 a provoqué une brusque augmentation de la demande agrégée et a amorcé une hausse du taux d'inflation. Dans une certaine mesure, l'ampleur de l'augmentation de la demande agrégée était imprévue; le taux de croissance du PIB réel a alors augmenté et le taux de chômage a diminué.

La déflation non anticipée Au début des années 80, le Canada devait régler un problème essentiel: juguler une inflation de plus de 10 %, laquelle semblait devenir une caractéristique permanente de la situation économique.

En 1981, inquiète de la persistance d'une inflation de plus de 10 %, la Banque du Canada continuait d'annoncer à l'avance le taux de croissance de M1 qu'elle désirait atteindre. Elle devait toutefois abandonner cette politique et adopter à la place une politique monétaire restrictive. Dans sa lutte implacable contre l'inflation, la Banque a poussé les taux d'intérêt à plus de 20 % et a ramené le taux de croissance de l'offre de monnaie à zéro. Examinons cet épisode de plus près.

Désastre ou heure de gloire?

Au début de 1981, la situation économique au Canada n'était pas très bonne. Bien que l'économie croissait à un rythme satisfaisant, les taux d'intérêt et l'inflation étaient élevés. Mais le pire, c'est que les consommateurs s'étaient résignés à subir une hausse continue des prix de 10 % par année.

Cependant, à l'automne 1980, la banque centrale des États-Unis (la «Réserve fédérale» ou la «Fed») avait déjà vigoureusement freiné la croissance monétaire, poussant les taux d'intérêt à plus de 20 % par année. Vers le mois de décembre 1980, la Banque du Canada emboîtait le pas, haussant son taux d'escompte de 4 points, pour qu'il atteigne 17 ¼ %. De janvier à avril 1981, la banque centrale américaine relâchait sa politique. La Banque du Canada en faisait autant, mais plus doucement. Puis, en mai 1981, les deux banques centrales appuyaient de nouveau sur le frein monétaire. C'est à ce moment qu'une guerre à l'inflation a été déclarée. Paul Volcker, président de la «Fed», était l'homme qui devait jouer le plus grand rôle dans cette décision. La «Fed» devait freiner l'économie américaine en maintenant le taux de croissance de l'offre de monnaie au-dessous du taux de croissance de la demande de monnaie. La Banque du Canada alignait le taux de croissance de l'offre de monnaie sur le taux d'inflation, mais il était toutefois inférieur au taux de croissance de la demande de monnaie canadienne. Puisque l'offre de monnaie était inférieure à la demande, les taux d'intérêt ont augmenté considérablement dans les deux économies et ils sont demeurés extrêmement élevés pendant plus de six mois. En conséquence, les gens ont réduit leurs dépenses. Puisque tous s'attendaient à ce que les injections de monnaie et l'inflation se poursuivent, cette mesure très restrictive a déplu à plusieurs.

Les deux économies ont alors sombré dans une récession. Tandis que les industries en souffraient et que beaucoup de personnes perdaient leur emploi, les observateurs commençaient à comparer cette récession à la Grande Dépression. Aux États-Unis, la Maison-Blanche et le Congrès faisaient pression sur la banque centrale, sur Paul Volcker en particulier, pour qu'elle relâche sa politique. Volcker, par contre, ne faisait qu'insister sur l'importance de lutter contre l'inflation. Au Canada, les politiciens et autres observateurs admonestaient le gouverneur de la Banque du Canada, Gerald Bouey, lui reprochant d'avoir suivi les politiques restrictives de la «Fed» et d'avoir laissé s'installer des taux d'intérêt très élevés au Canada.

L'énorme choc provoqué par la Banque du Canada et la «Fed» a réduit de façon considérable l'inflation et les prévisions inflationnistes dans les deux économies (voir le chapitre 15). Par la suite, les deux banques centrales ont à nouveau appuyé sur l'accélérateur, permettant à l'offre de monnaie de croître assez rapidement pour faire chuter les taux d'intérêt et faire croître l'économie. De 1982 à 1989, les économies américaine et canadienne ont pu jouir d'une forte reprise de même que d'une inflation étonnamment faible. Les deux économies allaient s'engager dans la plus longue période d'expansion en temps de paix.

Aux yeux de certains, la Banque du Canada et la «Fed» ont mal agi. Mais, pour un bon nombre d'autres personnes, elles ont pris la bonne décision.

Plusieurs économistes croient maintenant que la Banque du Canada a atteint ses objectifs. Cependant, alors que certains affirment que les méthodes brutales de Bouey étaient nécessaires, d'autres considèrent que la Banque a fait subir à l'économie un tort qui pouvait être évité. Les critiques déclarent que la Banque du Canada, qui disposait pourtant d'une panoplie d'instruments monétaires, a préféré la hache au scalpel.

Quoi qu'il en soit, la politique monétaire a effectivement fait baisser le taux d'inflation au début des années 80, et l'économie a enregistré sa plus longue période de reprise en temps de paix. Le principal objectif des années 90 consiste à continuer sur cette lancée sans qu'il y ait une recrudescence de l'inflation. Attardons-nous maintenant sur cet objectif.

La Banque du Canada sur un fil de fer

Même si elle ne fait pas partie d'un cirque, la Banque du Canada doit apprendre à fonctionner à la manière d'un funambule. Incapable de prédire l'avenir, elle est comparable à un funambule qui a les yeux bandés. Ne pouvant agir indépendamment de la politique budgétaire du gouvernement fédéral et des contraintes internationales, elle doit marcher, les mains attachées derrière le dos! (Voir l'article à la rubrique *Entre les lignes* aux pages 452 et 453). Jetons un coup d'œil au jeu d'équilibre de la Banque du Canada au cours des années de reprise de la dernière décennie.

Pendant cette période, la Banque tentait de promouvoir les deux grands objectifs de politique économique que sont la croissance régulière et soutenue du PIB réel et une inflation faible. Après avoir eu à traverser une récession brutale pour juguler l'inflation au début des années 80, la Banque ne voulait pas que les prix montent en flèche par la suite. Cependant, pour contenir l'inflation, elle devait restreindre la croissance de la demande agrégée, ce qui pouvait avoir pour conséquence de freiner la reprise économique.

Donc, pendant les années de reprise de la dernière décennie, la Banque du Canada devait essayer de rester sur le fil de fer en maintenant la croissance de la demande agrégée à un rythme suffisant pour assurer la croissance de l'économie tout en évitant une recrudescence de l'inflation. Si l'offre de monnaie croissait trop lentement, la reprise s'essoufflerait; si elle croissait trop rapidement, l'inflation s'accélérerait.

Pour demeurer sur le fil de fer, la Banque du Canada a d'abord penché d'un côté, puis de l'autre. Au cours des premières années de reprise, de 1982 à 1987, la Banque a d'abord penché du côté qui consistait à laisser augmenter l'offre de monnaie et la demande agrégée suffisamment pour relancer l'économie. Cependant, tout au long de cette période, elle a maintenu une croissance monétaire stable. En d'autres termes, l'offre de monnaie s'est accrue, mais modérément.

À l'automne 1987, lorsque la Bourse s'est effondrée, la Banque du Canada, craignant de voir l'économie s'enfoncer dans une récession, était prête à relâcher son contrôle de la croissance de l'offre de monnaie. Toutefois, les mois passaient et la récession tant redoutée ne se produisait pas. Les craintes de la Banque ont alors porté sur l'inflation. Puisque le chômage continuait à baisser et que l'inflation semblait vouloir s'accélérer, la Banque devenait de plus en plus persuadée qu'elle était sur le point de perdre l'équilibre et de s'enfoncer dans l'inflation. Elle a donc commencé à pencher doucement de l'autre côté. Elle préférait prendre le risque de perdre l'équilibre en tombant dans une récession plutôt que dans l'inflation.

Au printemps 1990, la Banque était plus que jamais convaincue que le danger se trouvait du côté inflationniste du fil de fer. En tentant de ralentir la croissance de la demande agrégée et de contenir l'inflation, elle a poussé les taux d'intérêt à la hausse, provoquant un écart de 4 points de pourcentage entre les taux d'intérêt à court terme au Canada et aux États-Unis. Le dollar continuait de se raffermir.

La Banque du Canada ne parviendra probablement jamais à avoir l'assurance du funambule. Le fil de fer sur lequel la Banque du Canada doit maintenir son équilibre change constamment : sans avertissement, le fil devient plus tendu et le vent qui souffle le fait balancer dans une direction, puis dans l'autre. Bien qu'on ne puisse être sûr de rien en économique, un fait est certain : il y aura encore bien d'autres périodes de récession et de poussée inflationniste. La Banque, de temps à autre, perdra l'équilibre et tombera du fil de fer.

■ Nous venons d'analyser les principales questions touchant la politique de stabilisation. Nous avons vu comment les règles fixes et les règles de rétroaction entrent en jeu en présence d'hypothèses différentes sur le fonctionnement de l'économie. Nous avons également vu pourquoi les économistes ne s'entendent pas sur l'efficacité de ces règles. Finalement, nous avons étudié une politique récente de stabilisation.

Dans le chapitre suivant, nous analyserons ce qu'un grand nombre de personnes considèrent comme notre plus grave problème, soit le déficit budgétaire.

R É S U M É

Le problème de la stabilisation

Les objectifs ou cibles de la politique macroéconomique se divisent en deux catégories : les cibles réelles et les cibles nominales. Les cibles réelles sont le maintien du chômage au taux naturel, l'atteinte d'une croissance stable et soutenue du PIB réel et le maintien de l'équilibre du commerce international. Les cibles nominales sont le maintien d'une inflation faible et prévisible, et le maintien de taux de change stables entre le dollar canadien et les devises étrangères. Certains indices de performance macroéconomique combinent les cibles réelles et nominales en une seule mesure. Ces mesures sont l'indice d'appauvrissement, l'indice d'impopularité établi à partir du comportement des électeurs et l'indice de politique de stabilisation, qui s'appuie sur une cible de croissance du PIB nominal. Ces trois indices transmettent le même message : l'économie canadienne a connu une progression continue jusqu'en 1965 ; celle-ci a été suivie d'une détérioration continue de la situation économique jusqu'en 1975, pour faire place à une légère amélioration en 1976 ; puis la situation a continué à se détériorer jusqu'en 1982, pour connaître une nette amélioration après 1983. (*pp. 437-441*)

Les principaux responsables

La Banque du Canada et le gouvernement du Canada sont les responsables de l'élaboration et de la mise en œuvre de la politique macroéconomique au Canada. La Banque du Canada manœuvre les leviers de la politique monétaire du pays. Le gouvernement du Canada s'occupe de la politique budgétaire. (*pp. 441-442*)

Divers moyens de stabiliser l'économie

Il existe deux principaux types de règle de stabilisation : les règles fixes et les règles de rétroaction. Puisque les prévisions de la demande agrégée influent sur les salaires et les autres coûts, ce qui a pour conséquence de modifier l'offre agrégée à court terme, les prévisions de la politique future, de même que les mesures effectives, ont une incidence sur le cours de l'économie.

Une politique qui s'appuie sur une règle fixe permet à la courbe de demande agrégée de fluctuer à cause de tous les autres facteurs qui influent sur la demande. Par conséquent, le PIB réel et le niveau des prix fluctuent. Une politique qui s'appuie sur une règle de rétroaction ajuste l'offre de monnaie de manière à atténuer les effets qu'exercent les autres facteurs sur la demande agrégée. Une règle de rétroaction idéale permettrait de maintenir l'économie au plein emploi et les prix stables.

Certains économistes soutiennent que les règles de rétroaction supposent une connaissance plus poussée de l'économie, qu'elles accentuent l'imprévisibilité, qu'elles provoquent de plus grandes fluctuations de la demande agrégée et qu'elles sont inefficaces devant les chocs qui frappent l'offre agrégée. Les règles de rétroaction peuvent avoir des effets imprévisibles, parce que ni la Banque du Canada ni le gouvernement fédéral ne peuvent déterminer à l'avance avec précision comment leurs politiques agiront sur la situation économique. Les règles de rétroaction engendrent une plus grande variabilité de la demande agrégée parce que les mesures qui sont prises dépendent de la situation économique présente ; leurs effets ne se feront sentir que plusieurs mois plus tard, lorsque la situation économique aura changé. (*pp. 442-447*)

La politique de stabilisation et l'offre agrégée

Il y a deux types de chocs touchant l'offre agrégée qui entraînent des problèmes de stabilisation. Il s'agit de chocs qui provoquent une inflation par les coûts et des variations du PIB réel à long terme. Une règle fixe diminue les risques d'une inflation par les coûts et les problèmes qui pourraient s'ensuivre. Une règle de rétroaction ratifie l'inflation par les coûts et laisse le niveau des prix et le taux d'inflation continuer sur leur lancée. Toutefois, elle permet d'accroître le PIB réel. Si le niveau du PIB réel à long terme chute (ou si son taux de croissance ralentit), une règle fixe entraîne une production plus faible (et un plus fort taux de chômage) et un niveau des prix plus élevé. Une règle de rétroaction qui augmente l'offre de monnaie afin de stimuler la demande agrégée provoque un niveau des prix et une inflation encore plus élevés. Toutefois, dans ce cas, la production (et le chômage) suit le même cours qu'avec une règle fixe. (*pp. 447-454*)

La stabilisation de l'économie canadienne

Au cours de la période s'échelonnant de 1975 à 1982, la Banque du Canada a adopté une politique qui consistait à annoncer à l'avance le taux de croissance de l'offre de monnaie qu'elle cherchait à atteindre. Elle devait viser un taux de croissance plus faible, de manière à éliminer l'inflation graduellement sans causer de chômage ou de récession grave. Au départ, la politique a été efficace et les taux de croissance de tous les agrégats monétaires étaient alignés les uns sur les autres. Toutefois, vers la fin des années 70, la politique a été inefficace alors que la Banque portait une attention exclusive au taux de croissance de M1, permettant à M2 de croître plus rapidement.

En 1980, l'objectif principal de la politique de stabilisation était d'éliminer l'inflation élevée. Pour ralentir l'inflation, la Banque du Canada a poussé à la hausse les taux d'intérêt, entraînant un important ralentissement du taux de croissance de la demande agrégée. Cette mesure a causé une chute imprévue de la demande agrégée et une grave récession. Au début des années 90, l'objectif était de maintenir une inflation modérée de même qu'une croissance économique soutenue. (*pp. 454-458*)

POINTS DE REPÈRE

Mots clés

Budget fédéral, 441
Cibles nominales, 438
Cibles réelles, 438
Indice d'appauvrissement, 438
Inflation par les coûts, 447
Règle de rétroaction, 442
Règle fixe, 442
Stagflation, 447
Théorie du cycle d'origine réelle, 448

Figures clés 

Figure 16.3 Deux politiques monétaires, 444

Figure 16.4 La politique monétaire et l'offre agrégée : une hausse des salaires, 448

Figure 16.5 La politique monétaire et l'offre agrégée : une diminution de la capacité optimale de production, 449

QUESTIONS DE RÉVISION

1 Quels sont les buts d'une politique de stabilisation macroéconomique ?

2 Décrivez trois façons de mesurer la performance macroéconomique.

3 Quelles sont les principales institutions qui élaborent et mettent en œuvre la politique macroéconomique au Canada ?

4 Faites la distinction entre une règle fixe et une règle de rétroaction.

5 Analysez les effets d'une diminution temporaire de la demande agrégée si l'offre de monnaie est déterminée par une règle fixe.

6 Analysez l'évolution du PIB réel et du niveau des prix en réponse à une diminution permanente de la demande agrégée en présence d'une règle fixe et d'une règle de rétroaction.

7 Pourquoi les économistes ne s'entendent-ils pas sur l'efficacité des règles fixes et des règles de rétroaction ?

8 Analysez les effets d'une hausse des prix du pétrole sur le PIB réel et sur le niveau des prix si la Banque du Canada adopte une règle fixe.

9 Qu'est-ce que la stagflation ? Expliquez comment elle survient.

PROBLÈMES

1 L'économie enregistre un taux d'inflation de 10 % et un taux de chômage de 7 %. Élaborez les politiques qui devraient permettre à la Banque du Canada et au gouvernement fédéral de réduire l'inflation et le chômage. Expliquez comment et pourquoi les politiques proposées devraient être efficaces.

2 L'économie connaît une période d'expansion et l'inflation commence à grimper. Cependant, on s'entend pour dire qu'une grave récession est sur le point de survenir. Comparez les avantages aux inconvénients associés à l'adoption, par la Banque du Canada, d'une règle fixe et d'une règle de rétroaction.

3 Vous avez été engagé par le premier ministre pour élaborer une stratégie qui maximisera ses chances d'être réélu.

a) Quels éléments de politique de stabilisation macroéconomique votre stratégie contient-elle?

b) Quelle devrait être la situation économique au cours de cette année d'élection?

c) À quel point importe-t-il de juguler l'inflation?

d) À quel point est-il important d'empêcher une hausse du chômage?

e) Quelles mesures concrètes permettront d'atteindre les objectifs du premier ministre ? (En répondant aux questions, n'oubliez pas de tenir compte des effets de la politique proposée sur les prévisions et des effets de ces prévisions sur le rendement effectif de l'économie.)

4 L'économie de Miniterre comporte les barèmes suivants de demande et d'offre agrégées :

Demande agrégée Niveau des prix (indice implicite du PIB)	PIB réel demandé (en milliards de dollars de 1981)
120	3,0
110	3,5
100	4,0
90	4,5
80	5,0

Offre agrégée à court terme Niveau des prix (indice implicite du PIB)	PIB réel offert (en milliards de dollars de 1981)
90	3,0
95	3,5
100	4,0
105	4,5
110	4,5

L'offre agrégée à long terme est égale à 4 milliards de dollars.

a) Trouvez les valeurs d'équilibre du PIB réel et du niveau des prix (indice implicite du PIB).

b) Calculez l'écart du PIB réel par rapport à son niveau à long terme.

5 Une récession mondiale provoque une diminution de la demande agrégée à Miniterre. Comparativement à la situation décrite au problème 4, la quantité du PIB réel demandée diminue de 1,5 milliard de dollars à chaque niveau des prix.

a) Calculez le nouveau PIB réel.

b) Calculez le nouveau niveau des prix.

c) Calculez de combien le PIB réel se trouve au-dessous de son niveau à long terme.

6 Supposez que le gouverneur de la Minibanque (la banque centrale de Miniterre) soit Milton Friedman et que Miniterre se trouve dans la situation que décrivent vos réponses au problème 5. Quelle devrait être la politique monétaire adoptée par la Minibanque et quels devraient être ses effets?

7 Si la Minibanque adopte une règle de rétroaction conçue pour maintenir l'économie au plein emploi, et si Miniterre se trouve dans la situation que décrivent vos réponses au problème 5, quelles mesures devrait prendre la banque centrale ? Si la banque augmente la demande agrégée d'un montant égal à la baisse engendrée par la récession mondiale, si la récession mondiale persiste et si aucun autre facteur ne fait varier la demande et l'offre agrégées, qu'adviendra-t-il du niveau des prix et du PIB réel à Miniterre ?

8 Si la Minibanque fait croître la demande agrégée d'un montant égal à la baisse engendrée par la récession mondiale (décrite au problème 5), si la récession mondiale prend fin et si aucun autre facteur n'influe sur la demande et l'offre agrégées, qu'adviendra-t-il du niveau des prix et du PIB réel à Miniterre ?

9 Miniterre se trouve dans la situation décrite par les barèmes de demande et d'offre agrégées à court terme présentés au problème 4. Un groupe de travailleurs font pression et obtiennent une hausse des salaires qui a pour conséquence de faire augmenter le barème d'offre agrégée à court terme de 33 ⅓ %.

a) Quel sera l'effet de cette mesure sur le PIB réel et le niveau des prix si c'est Milton Friedman qui est gouverneur de la Minibanque ?

b) Quel sera l'effet de cette mesure sur le PIB réel et le niveau des prix si la Minibanque mène avec succès une politique qui lui permet de changer la demande agrégée pour maintenir le plein emploi ?

CHAPITRE 17

Le déficit budgétaire

Objectifs du chapitre:

- Expliquer pourquoi le gouvernement du Canada dépense plus qu'il ne perçoit de revenus annuellement depuis 1975.
- Faire la distinction entre la dette nationale et le déficit budgétaire.
- Faire la différence entre le déficit *nominal* et le déficit *réel.*
- Dire pourquoi le déficit budgétaire semble plus important qu'il ne l'est en réalité.
- Décrire les façons possibles de financer le déficit budgétaire.
- Expliquer pourquoi le déficit budgétaire ne facilite pas le travail de la Banque du Canada.
- Expliquer pourquoi le déficit budgétaire peut mener à l'inflation.
- Expliquer en quoi le déficit budgétaire peut représenter un fardeau pour les générations à venir.
- Décrire les mesures qui peuvent être prises pour éliminer le déficit budgétaire.

Ottawa jette son argent par les fenêtres

CHAQUE ANNÉE, DEPUIS 1975, le gouvernement du Canada dépense plus qu'il ne perçoit de recettes fiscales. L'écart s'accentue parfois au point d'atteindre plus de 30 milliards de dollars. Cet écart énorme entre les dépenses publiques et les recettes fiscales constitue ce qu'on appelle le *déficit budgétaire*; il représente à l'heure actuelle une fraction considérable de l'économie canadienne, fraction qui n'a été dépassée qu'en temps de guerre. Pourquoi le gouvernement fédéral doit-il faire face à un déficit? Pourquoi ce déficit est-il *si* lourd? ■ En fait, le déficit est tellement important que la dette totale du gouvernement fédéral au cours des 15 dernières années a dépassé celle qui a été enregistrée depuis le début de la Confédération. Mais le déficit est-il *réellement* si important? Comment pouvons-nous évaluer l'ampleur du déficit lorsque l'inflation est si élevée? Quelle est la valeur du déficit lorsque celui-ci est ajusté pour tenir compte des changements de la valeur de la monnaie? ■ Certains pays, comme la Bolivie, le Chili, le Brésil et Israël, ont connu des déficits budgétaires énormes et une inflation galopante. Après la Première Guerre mondiale, l'Allemagne a dû faire face à un déficit budgétaire colossal, en raison d'une compensation financière versée à la France pour les torts causés pendant la guerre. Ce déficit a mené à une hyperinflation, soit à une inflation de plus de 50 % par mois. Le fait que les déficits aient, à d'autres époques et en d'autres lieux, engendré une inflation très forte nous amène à poser les questions suivantes: Le déficit budgétaire du Canada peut-il provoquer pareille poussée inflationniste? Empêche-t-il la Banque du Canada de faire varier la masse monétaire de manière à freiner l'inflation? ■ Lorsque nous contractons une dette personnelle, nous devons la rembourser. En d'autres termes, nous devons supporter le fardeau qui consiste à payer la dette et les intérêts qui en découlent. De la même façon, la dette que notre pays contracte en raison du déficit budgétaire peut soulever des inquiétudes. On peut s'inquiéter du fait qu'elle devienne un fardeau non seulement pour nous, mais aussi pour nos enfants et nos petits-enfants. Le déficit budgétaire représente-t-il donc un fardeau pour les générations futures? ■ Il existe deux manières d'aborder un problème: on peut ne pas tenir compte de son existence ou tenter d'en cerner la nature pour le résoudre. Comment allons-nous aborder le problème du déficit budgétaire? Pratiquerons-nous la politique de l'autruche ou prendrons-nous des mesures concrètes pour éliminer le déficit dans un délai raisonnablement court? Comment peut-on prévoir ce qu'il adviendra du déficit?

Le déficit budgétaire constitue peut-être le sujet d'économique le plus controversé des années 80. Nous allons l'étudier dans le présent chapitre. Nous allons tout d'abord examiner les sources du déficit budgétaire, puis nous évaluerons son ampleur. Nous allons également expliquer pourquoi l'on entretient des craintes à l'égard du déficit et pourquoi il risque d'engendrer des problèmes. Nous verrons également quelques-unes des mesures qui sont prises pour l'éliminer. Les vives discussions suscitées par le déficit ont probablement jeté plus d'ombre que de lumière sur la question. Dans ce chapitre, nous tenterons d'élucider cette délicate question.

Les sources du déficit

Qu'entend-on exactement par «déficit»? Le **surplus budgétaire** ou le **déficit budgétaire** du gouvernement fédéral représente la différence entre ses recettes fiscales et ses dépenses totales au cours d'une période donnée, habituellement une année. Les dépenses totales du gouvernement fédéral correspondent à la somme de ses achats de biens et services, des paiements de transfert, des subventions et des intérêts sur la dette publique. Si ses recettes fiscales excèdent ses dépenses, le gouvernement fédéral fait face à un surplus; si ses dépenses sont supérieures à ses revenus, il fait face à un déficit. Nous pouvons donc définir le surplus ou le déficit budgétaires de la manière suivante:

Surplus ou déficit = Recettes – Dépenses.

S'il n'y a ni surplus ni déficit, en d'autres termes si les recettes et les dépenses sont égales, on dit que le gouvernement a un **budget équilibré**.

La **dette nationale**, appelée aussi *dette publique*, représente le montant total des emprunts du gouvernement de même que le montant total de ce qu'il est tenu de verser aux ménages, aux entreprises et aux étrangers. Le dette nationale constitue un *stock*. Elle représente la somme des soldes budgétaires passés. Le déficit constitue quant à lui un *flux*, qui s'ajoute au stock de la dette impayée. Ainsi, lorsque le gouvernement fédéral fait face à un déficit, sa dette augmente. Par contre, s'il fait face à un surplus, sa dette diminue. Si le budget du gouvernement fédéral est équilibré, sa dette demeure constante.

Le budget fédéral de 1969 à 1990

L'évolution du déficit budgétaire du gouvernement fédéral est illustrée à la figure 17.1 pour la période s'échelonnant de 1969 à 1990. Le déficit est exprimé en pourcentage du PIB plutôt qu'en milliards de dollars, de façon que l'on puisse évaluer son importance par rapport au reste de l'économie.

Comme on peut le constater en observant la figure, c'est en 1974 que, pour la dernière fois, le budget du gouvernement fédéral s'est soldé par un surplus. Depuis ce temps, le gouvernement fédéral fait face à un déficit budgétaire. Le déficit a grimpé pour s'établir à 4,5 % du PIB en 1978 et il a ensuite baissé jusqu'en 1981. Il

Figure 17.1 Les recettes, les dépenses et le déficit

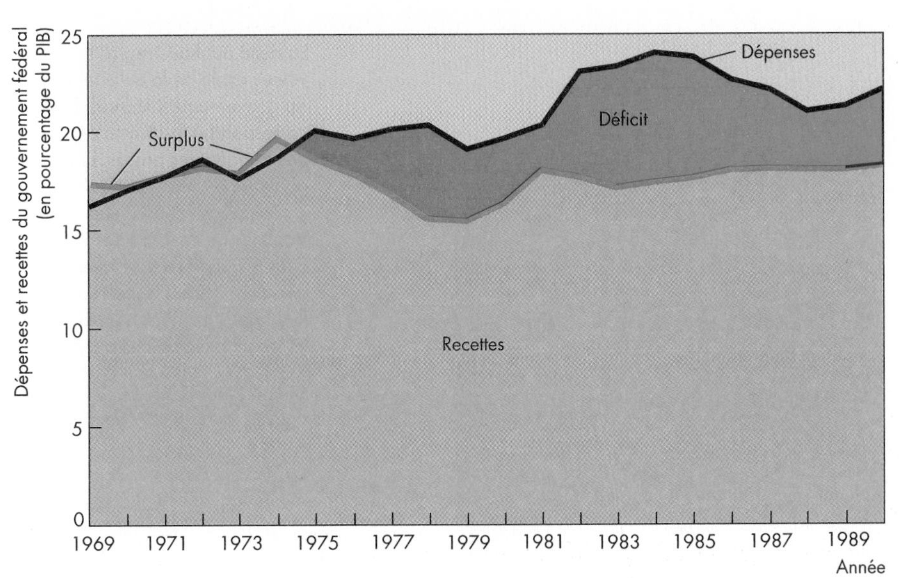

On peut observer dans cette figure, pour la période allant de 1969 à 1990, les recettes du gouvernement fédéral (la surface en bleu), les dépenses (la ligne noire) et le déficit (la surface en rouge). Le budget du gouvernement fédéral s'est soldé par un déficit en 1975, et cette situation persiste.

Source: *Revue de la Banque du Canada*, mars 1992, tableau G1.

s'est accru de nouveau jusqu'à atteindre un sommet de 6,8 % du PIB en 1984. Le déficit a diminué de 1984 à 1988, pour remonter quelque peu par la suite. En 1990, il représentait 3,7 % du PIB.

La figure 17.2 illustre l'incidence du déficit sur la dette publique. On peut observer que la dette du gouvernement fédéral, exprimée en pourcentage du PIB, a chuté jusqu'en 1976, année durant laquelle elle a atteint son niveau le plus bas depuis la Seconde Guerre mondiale. Elle est ensuite demeurée à peu près constante jusqu'en 1981. Pendant la récession de 1982 puis entre 1983 et 1985, la dette publique s'est accrue de façon constante. De 1986 à 1990, elle a représenté un pourcentage relativement stable du PIB, soit environ 45 %. Ce pourcentage n'est pas exceptionnellement élevé en soi et, comme vous pouvez le constater, il est à peu près égal à celui qui prévalait en 1972, soit avant que le gouvernement fédéral connaisse un déficit budgétaire.

Pourquoi le gouvernement fédéral fait-il face à un déficit ? Quelles sont les causes du déficit ? On peut trouver un élément de réponse en observant de nouveau la figure 17.1. D'après la figure, il semble que la cause principale du déficit qu'a connu le gouvernement au cours de la seconde moitié des années 70 ait été la baisse prolongée des recettes fiscales. Les dépenses ont augmenté, mais très légèrement. Durant les années 80, l'augmentation du déficit devait surtout résulter d'un accroissement des dépenses, les revenus du gouvernement étant à peu près constants.

Pourquoi les recettes fiscales ont-elles fléchi au cours des années 70 ? Quelles sont les composantes des dépenses publiques qui ont augmenté le plus durant les années 80 ? Pourquoi l'écart entre les dépenses et les recettes du gouvernement s'est-il creusé ? Nous allons répondre à ces questions en analysant en détail les revenus et les dépenses du gouvernement fédéral.

Les revenus du gouvernement fédéral

Les revenus du gouvernement fédéral peuvent être divisés en trois catégories :

- Les revenus de placements
- Les impôts indirects
- Les impôts sur les revenus

Ces trois catégories sont illustrées à la figure 17.3. Nous les étudierons séparément.

Les revenus de placements Les revenus de placements correspondent aux sommes perçues par le gouvernement fédéral auprès des sociétés d'État. Certaines sociétés d'État subissent des pertes mais d'autres, comme Pétro-Canada et Air Canada, qui appartiennent en partie à des intérêts privés, font des profits. Cette source de revenu n'est pas très importante mais elle est régulière.

Les impôts indirects Les impôts indirects sont les taxes que nous payons sur les biens et services que nous achetons. La taxe sur les produits et services (TPS) ainsi que les droits de douane que nous devons débourser lorsque nous importons des biens en sont des exemples.

Figure 17.2 La dette publique

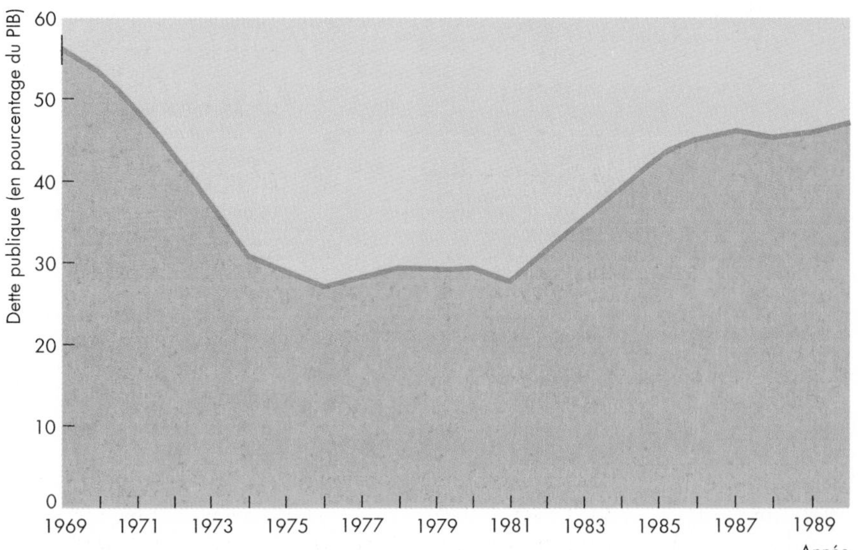

La dette publique représente la valeur totale de la dette impayée du gouvernement fédéral. Elle correspond à la somme des soldes budgétaires passés. La dette publique a diminué jusqu'en 1976. Elle est restée relativement stable jusqu'en 1981 et elle a ensuite augmenté brusquement jusqu'en 1985. Elle est redevenue relativement stable pendant la seconde moitié des années 80.

Source : Revue de la Banque du Canada, mars 1992, tableau G4.

Figure 17.3 Les revenus du gouvernement fédéral

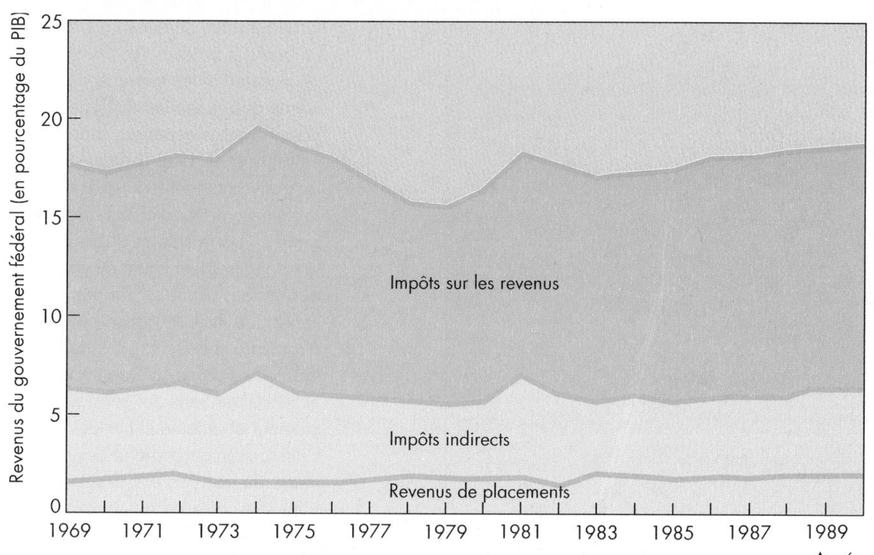

Les revenus du gouvernement du Canada sont de trois types: les revenus de placements, les impôts indirects et les impôts sur les revenus. Les revenus de placements représentent une part constante du PIB. Les impôts indirects varient légèrement et ont augmenté temporairement en 1974 et en 1981. Les impôts sur les revenus représentent la composante la plus importante des recettes fiscales mais aussi la plus variable. Il n'y a pas de tendance particulière dans l'évolution des revenus du gouvernement. Ceux-ci représentent entre 16 et 20 % du PIB.

Source: Revue de la Banque du Canada, mars 1992, tableau G1.

Les revenus du gouvernement fédéral obtenus à partir des impôts indirects ont représenté un pourcentage assez stable du PIB au cours des années. Toutefois, de fortes hausses d'impôts ont fait augmenter temporairement l'importance de cette source de revenu en 1974 et en 1981. L'entrée en vigueur de la TPS en 1990 n'a pas fait croître les revenus gouvernementaux découlant des impôts indirects. Les revenus engendrés par la TPS ont simplement remplacé les recettes provenant de l'ancienne taxe de vente sur les produits manufacturiers. Cependant, étant donné que la TPS est moins élevée que la précédente taxe de vente, il est fort possible (et selon certains très probable) qu'elle augmente. Les revenus ainsi engendrés seront d'autant plus élevés que la TPS touche une gamme plus importante de produits que l'ancienne taxe.

Les impôts sur les revenus Les impôts sur les revenus frappent les revenus de travail et de capital des particuliers, les bénéfices des sociétés et les revenus des étrangers gagnés au Canada. Ces impôts ont varié beaucoup plus que les autres composantes des recettes fiscales. La chute régulière des impôts sur les revenus entre 1976 et 1979 a été la cause directe du déficit budgétaire du gouvernement fédéral au cours de ces années. Les impôts ont chuté parce que les déductions personnelles sur le revenu imposable ont augmenté avec la hausse de l'inflation. De plus, on a fait augmenter les niveaux de revenus auxquels étaient appliqués des taux plus élevés.

La hausse des taux d'imposition au début des années 80 a fait croître les recettes que le gouvernement a pu tirer de l'impôt sur les revenus. De plus, l'augmentation soutenue des taux d'imposition pendant les années 80 a entraîné une hausse légère, mais régulière, des recettes fiscales, exprimées en pourcentage du PIB.

Les recettes totales Si l'on additionne les trois sources de revenu du gouvernement fédéral, on voit que les recettes totales ont représenté entre 16 et 20 % du PIB. De plus, l'évolution de celles-ci n'est marquée par aucune tendance particulière.

Attardons-nous maintenant sur les dépenses publiques.

Les dépenses du gouvernement fédéral

Nous allons analyser les dépenses du gouvernement fédéral en les divisant en trois catégories:

- Les dépenses courantes en biens et services
- Les paiements de transfert et les subventions
- Le service de la dette nationale (ou publique)

L'évolution de ces trois composantes pour la période s'échelonnant de 1969 à 1990 est illustrée à la figure 17.4. Comme pour les revenus du gouvernement fédéral, nous les étudierons séparément.

Les dépenses courantes en biens et services Les dépenses courantes en biens et services couvrent les coûts liés à l'administration fédérale, c'est-à-dire aux ministères fédéraux, incluant la défense nationale et la protection de l'environnement. Les dépenses consacrées à ces activités ont augmenté substantiellement au cours des

Figure 17.4 Les dépenses publiques

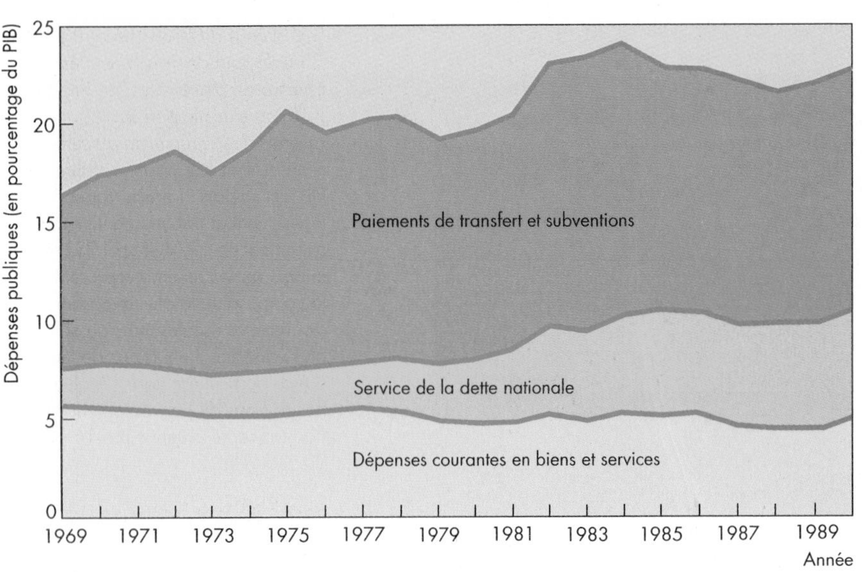

Il existe trois types de dépenses publiques: les dépenses courantes en biens et services, les paiements de transfert et les subventions, de même que le service de la dette nationale. Les dépenses courantes en biens et services (administration du gouvernement fédéral, incluant la défense nationale) ont représenté un pourcentage stable du PIB, qui a légèrement chuté au cours des années 80. C'est surtout le service de la dette nationale qui a augmenté et qui a fait croître le déficit. Les paiements de transfert et les subventions ont considérablement augmenté et fluctué. L'accroissement soutenu des paiements de transfert et des subventions ainsi que la hausse rapide du service de la dette nationale sont la cause de l'augmentation des dépenses publiques.

Source: *Revue de la Banque du Canada*, mars 1992, tableau G1.

années mais, exprimées en pourcentage du PIB, elles sont demeurées très stables. Elles ont même fléchi quelque peu au cours des années 80. Cette composante des dépenses du gouvernement fédéral n'est certainement pas la cause du déficit actuel.

Les paiements de transfert et les subventions Les paiements de transfert comprennent les sommes versées au titre de la sécurité sociale (allocations familiales, prestations d'assurance-chômage, pensions de vieillesse, etc.). Les subventions représentent les sommes accordées aux agriculteurs et à d'autres producteurs en fonction de divers programmes de protection du revenu et de soutien des prix. Il s'agit de la plus importante composante des dépenses publiques et celle dont la croissance a été la plus forte pendant la période étudiée. Les paiements de transfert et les subventions se sont accrus rapidement au début des années 80. Toutefois, on a pu noter une tendance générale à la hausse au cours des 21 dernières années.

Le service de la dette nationale Le service de la dette est la plus petite composante des dépenses publiques. Par contre, c'est cette composante qui a le plus augmenté, particulièrement au cours des dernières années. L'importance des paiements d'intérêt sur la dette publique dépend de deux facteurs: le niveau des taux d'intérêt et le montant des emprunts du gouvernement. Puisque le gouvernement fait face à un déficit, ses emprunts augmentent graduellement. La hausse continuelle des emprunts est la cause de la tendance à la hausse des paiements d'intérêt sur la dette publique. Cette source d'augmentation des dépenses fait que le déficit s'alimente par lui-même: un déficit plus important entraîne une dette plus élevée qui, à son tour, engendre des paiements d'intérêt accrus qui, à leur tour, viennent s'ajouter au déficit.

Les dépenses totales On peut noter une tendance à la hausse des dépenses totales du gouvernement, exprimées en pourcentage du PIB, au cours de la période étudiée. Cette tendance a été très marquée au cours de la première moitié des années 70, puis, à nouveau, au cours de la première moitié des années 80. Après 1984, il y a eu une baisse graduelle des dépenses du gouvernement en pourcentage du PIB.

L'histoire du déficit

L'histoire du déficit peut être racontée de façon simple. Jusqu'en 1975, le gouvernement fédéral percevait des recettes fiscales qui équivalaient à peu près à la somme des dépenses courantes en biens et services, des paiements de transfert, des subventions et du service de la dette publique. En 1975, il y a eu une brusque hausse des paiements de transfert et des subventions, accompagnée d'une baisse des recettes fiscales. Un déficit est alors apparu.

Mais pourquoi, cette année-là, les recettes fiscales ont-elles diminué, alors que les paiements de transfert et les subventions ont augmenté? Quel événement a provoqué ces changements? Cet événement, c'est la crise énergétique, que le Canada et le reste du monde ont dû affronter au milieu des années 70. Le gouvernement canadien n'a pas laissé les prix de l'énergie au Canada suivre les prix mondiaux, lesquels avaient augmenté de façon considérable. Le gouvernement a plutôt réduit ses taxes sur l'énergie et augmenté les subventions accordées aux entreprises qui dépendaient beaucoup de l'énergie. Lorsque le déficit s'est installé, la diminution graduelle des impôts sur les revenus, causée principalement par l'indexation de l'impôt sur le revenu des particuliers, a fait en sorte que le déficit a continué d'augmenter. Il a connu une autre poussée en 1982 à la suite de l'augmentation considérable des paiements de transfert (surtout des prestations d'assurance-chômage). Le déficit grandissant a entraîné une hausse de la dette publique, ce qui a provoqué une augmentation des paiements d'intérêt et donc du déficit budgétaire. C'est l'histoire du déficit depuis le milieu des années 70.

Une comparaison Il est possible de mieux comprendre pourquoi le déficit s'accroît de lui-même si on le compare à la situation financière d'un particulier. Supposons que chaque année vous dépensiez plus que vous ne gagniez et que vous ne changiez pas votre comportement. Votre dette à la banque augmente chaque année, en raison de la hausse des intérêts sur la dette impayée qui, elle, va en s'accroissant. Le gouvernement se trouve dans la même situation. Mais ce dernier n'emprunte pas seulement aux banques : il emprunte à tous ceux qui achètent les obligations qu'il émet, c'est-à-dire aux ménages, aux entreprises, aux banques à charte, aux sociétés de fiducie, à la Banque du Canada et aux étrangers. Le gouvernement a connu un déficit chaque année depuis 1975, de sorte que sa dette impayée a augmenté, de même que les paiements d'intérêt sur cette dette.

Le déficit et le cycle économique

Il existe un lien important entre la taille du déficit et la phase du cycle que traverse l'économie. Au chapitre 5, nous avons défini le cycle économique comme les variations de l'écart en pourcentage du PIB réel par rapport à sa tendance. Nous avons également appris que les fluctuations de l'écart du PIB réel par rapport à sa tendance suivaient de près les fluctuations de l'écart entre le chômage et le taux naturel.

Pour établir le lien qui existe entre le déficit et le cycle économique, examinons la figure 17.5. Cette figure permet de comparer l'évolution du déficit budgétaire (exprimé en pourcentage du PIB) avec celle du taux de chômage pour la période s'échelonnant de 1969 à 1990. On peut constater qu'il existe un lien assez étroit entre l'évolution de ces deux variables. Lorsque le taux de chômage augmente, le déficit s'alourdit ; lorsque le taux de chômage diminue, il en va de même du déficit. Une variation du taux de chômage de 1 % a pour effet de modifier le déficit d'un montant légèrement supérieur à 1 % du PIB.

Pourquoi le déficit augmente-t-il lorsque le taux de chômage s'élève et que l'économie se trouve dans une récession ? Pourquoi le déficit diminue-t-il lorsque le chômage diminue et que l'économie traverse une période de reprise ? Une partie de la réponse à ces questions est liée aux dépenses gouvernementales, et l'autre, aux recettes fiscales.

Les dépenses et les recettes fiscales du gouvernement varient en fonction de la situation économique. Les lois fiscales permettent de déterminer les *taux* d'imposition, non les montants d'argent qui doivent être versés en impôts et taxes. Les impôts que le gouvernement perçoit dépendent donc du niveau des revenus des contribuables. En conséquence, si l'économie traverse une période de reprise, les recettes fiscales augmenteront ; si l'économie est en période de récession, les recettes fiscales diminueront.

Les dépenses associées aux programmes gouvernementaux dépendent également de la phase du cycle dans laquelle se trouve l'économie. Par exemple, lorsque l'économie est en récession, le chômage est élevé, les problèmes de pauvreté s'accroissent et un plus grand nombre d'entreprises et de fermes éprouvent des difficultés financières. Les paiements de transfert et les subventions augmentent à mesure que le gouvernement réagit à la situation économique difficile. Lorsque l'économie est en période d'expansion, les dépenses consacrées aux programmes visant à alléger les difficultés économiques des individus et des entreprises diminuent. À la lumière de ces faits, nous constatons que le déficit augmente lorsque l'économie traverse une période de récession et qu'il diminue lorsque l'économie connaît une période d'expansion.

Le déficit en période de reprise

De 1983 à 1989, l'économie a connu une expansion vigoureuse et soutenue. Étant donné le regain de l'activité économique et la diminution du chômage, on prévoyait une baisse du déficit. Or, celui-ci n'a pas diminué autant que l'importance de la reprise le laissait présager. La persistance d'un déficit élevé malgré la reprise fait redouter les répercussions du déficit sur la santé de l'économie à long terme. En 1989, le déficit représentait 3,5 % du PIB et l'économie était en plein essor. La récession qui a frappé le Canada en 1990 a fait augmenter le déficit qui est passé à 3,7 % du PIB. Nous ne possédons pas pour le moment les chiffres permettant d'établir ce pourcentage en 1991. Toutefois, nous savons que, si le taux de chômage augmente de 1 %, le déficit s'accroît de 1,25 % du PIB, toutes choses étant égales par ailleurs. Le taux de chômage étant passé de 8,1 % en 1990 à 10,3 % en 1991, soit une hausse

Figure 17.5 Le chômage et le déficit budgétaire

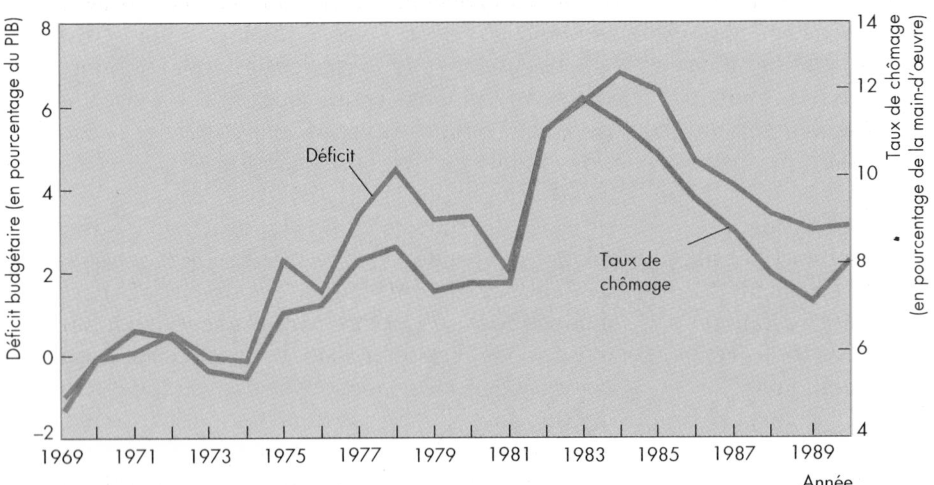

Une récession entraîne une augmentation du taux de chômage, et une expansion, une diminution. Il semble exister un lien étroit entre le cycle économique et le déficit: lorsque le taux de chômage augmente, le déficit s'alourdit; lorsque le taux de chômage diminue, le déficit diminue aussi.

Source: Figures 5.3 et 17.1.

de 2,2 %, le déficit devrait se chiffrer à environ 6,5 % du PIB. Il pourrait même augmenter par la suite.

À RETENIR

Le gouvernement fédéral a fait face à un déficit en 1975 parce que la crise du pétrole a entraîné une diminution des recettes fiscales. Le déficit s'est maintenu car les recettes ont continué à baisser et les dépenses ont augmenté légèrement. Le déficit a encore augmenté au début des années 80 à la suite du fort accroissement des dépenses publiques. Le déficit se nourrit lui-même. En effet, une hausse du déficit entraîne une hausse des emprunts qui, à leur tour, font croître les paiements d'intérêt et donc gonfler le déficit.

Le déficit semble évoluer de pair avec le cycle économique. Tous les autres facteurs étant constants, plus l'économie est forte, plus le déficit est faible. Pendant la période de reprise économique des années 80, le lien entre la situation économique et le déficit semble s'être rompu. Le déficit est resté élevé même si l'économie traversait une période d'expansion vigoureuse. Étant donné la récession de 1990 et le très fort ralentissement économique en 1991, le déficit devrait grimper jusqu'à 6,5 % du PIB et peut-être plus, par la suite.

■ ■ ■

Nous connaissons maintenant les causes du déficit et sa façon d'évoluer par rapport au cycle économique. Nous avons également vu que le déficit est lourd et qu'il est demeuré élevé malgré une reprise forte et prolongée. Mais le déficit est-il aussi important qu'il en a l'air? Est-il vrai que, en huit ans, la dette du gouvernement fédéral a augmenté plus que durant tout le reste de l'histoire du Canada? Nous allons nous attarder sur ces questions importantes.

Le déficit réel

L'inflation a pour effet de fausser le sens de beaucoup de facteurs, dont l'un des plus importants est le déficit. Afin d'éliminer les distorsions causées par l'inflation sur l'ampleur du déficit, nous devons faire appel à la notion de déficit réel. Le **déficit réel** représente la variation de la valeur réelle de la dette du gouvernement au cours d'une année. La valeur réelle de la dette du gouvernement est égale à la valeur de la dette sur le marché divisée par le niveau des prix. Nous allons maintenant voir comment il est possible de calculer le déficit réel et de quelle façon ce calcul peut changer notre perception quant à l'ampleur du déficit gouvernemental. Mais, avant tout, nous allons aiguiser notre intuition en examinant le cas du déficit réel d'un ménage.

Le déficit budgétaire réel d'un ménage

En 1960, un jeune couple (peut-être vos parents) venant d'acheter une maison faisait face à un déficit budgétaire. Ce déficit devait prendre la forme d'un prêt hypothécaire. Le montant emprunté pour couvrir le déficit, soit la différence entre le prix de la maison et ce que la famille pouvait verser comme acompte, se chiffrait à 30 000 $. Supposons qu'aujourd'hui les enfants de ce couple achètent leur première maison et doivent eux aussi faire face à un déficit. Par contre, le montant qu'ils doivent emprunter pour payer leur maison est de 120 000 $. Le déficit (prêt hypothécaire) de 120 000 $ est-il réellement quatre fois plus élevé que celui auquel on devait faire face en 1960 ? Exprimé en dollars, l'emprunt contracté en 1992 est, de fait, quatre fois plus important que celui de 1960. Mais, s'il est calculé en fonction de la valeur marchande de la monnaie, ces deux dettes s'équivalent. L'inflation, entre 1960 et 1992, a fait augmenter les prix de la majorité des biens d'environ 400 %. Ainsi, un prêt hypothécaire de 120 000 $ en 1992 équivaut à un prêt hypothécaire de 30 000 $ en 1960 si l'on tient compte de l'inflation.

Lorsqu'une famille achète une maison et qu'elle finance son achat à l'aide d'un prêt hypothécaire, elle se retrouve avec un déficit l'année de l'achat de la maison. Mais, pour toutes les années qui suivront, et ce jusqu'à ce que l'emprunt soit remboursé, la famille bénéficiera d'un surplus. En d'autres termes, chaque année, la famille rembourse au prêteur un certain montant d'argent — dont une partie couvre l'intérêt sur la dette impayée et une autre permet de *réduire* la dette elle-même —, et c'est la réduction de la dette impayée qui constitue le surplus de la famille. L'inflation a un autre effet important. En raison de la hausse des prix, la valeur *réelle* de la dette impayée est donc plus basse. Ainsi, la valeur réelle du prêt hypothécaire diminue du montant versé chaque année et du montant effacé par l'inflation. Tous les autres facteurs étant constants, plus le taux d'inflation est élevé, plus le remboursement du montant réel du prêt hypothécaire est rapide et plus le montant réel du surplus budgétaire de la famille est important.

Le déficit budgétaire réel du gouvernement fédéral

Le raisonnement que nous venons de faire s'applique de la même manière au déficit du budget fédéral. En raison de l'inflation, le déficit budgétaire du gouvernement n'est pas *aussi* important qu'il en a l'air. Pour vérifier ce fait, nous pouvons évaluer le déficit en le corrigeant des distorsions causées par l'inflation. Nous utiliserons pour ce faire un exemple réel. Prenons le cas A du tableau 17.1, qui illustre une situation dans laquelle il n'y a pas d'inflation. Les dépenses publiques, le service de la dette publique mis à part, atteignent 17 milliards de dollars et les recettes fiscales se chiffrent à 20 milliards de dollars. Donc, si le gouvernement n'avait pas d'intérêt à payer, il bénéficierait d'un surplus budgétaire de 3 milliards de dollars. Toutefois, il a une dette de 50 milliards de dollars et le taux d'intérêt est de 4 % par année. Ainsi, le gouvernement doit payer 2 milliards de dollars d'intérêts sur la dette (4 % de 50 milliards de dollars).

Lorsque nous ajoutons ces 2 milliards de dollars aux autres dépenses du gouvernement, nous remarquons que les dépenses publiques totales se chiffrent à 19 milliards de dollars, de sorte que le gouvernement possède en fait un surplus de 1 milliard de dollars. La dette publique passe donc de 50 à 49 milliards de dollars, soit les 50 milliards de dollars du début de l'année, moins le surplus de 1 milliard de dollars.

Maintenant, reprenons les calculs en supposant que le taux d'inflation est de 10 % par année, situation qui est illustrée par le cas B du tableau 17.1. Lorsque l'inflation atteint 10 %, le taux d'intérêt sur le marché n'est plus de 4 %, mais plutôt de 14 %. Cette hausse

Tableau 17.1 Les distorsions du déficit causées par l'inflation

	Cas A	Cas B
Dépenses publiques (excluant le service de la dette publique)	17 milliards	17 milliards
Recettes fiscales	20 milliards	20 milliards
Dette publique	50 milliards	50 milliards
Taux d'intérêt du marché	4 % par année	14 % par année
Taux d'inflation	0 % par année	10 % par année
Taux d'intérêt réel	4 % par année	4 % par année
Intérêt sur la dette payé	2 milliards	7 milliards
Surplus (+) ou déficit (-)	+1 milliard	-4 milliards
Dette publique à la fin de l'année	49 milliards	54 milliards
Dette publique réelle à la fin de l'année	49 milliards	49 milliards
Surplus (+) ou déficit (-) réel	+1 milliard	+1 milliard

L'inflation a pour effet de fausser le sens du déficit en créant une distorsion dans la valeur des paiements d'intérêt sur la dette effectués par le gouvernement. Dans cet exemple, le taux d'intérêt réel se chiffre à 4 % par année et la dette publique atteint 50 milliards de dollars, de sorte que l'intérêt réel sur la dette s'élève à 2 milliards de dollars. Lorsque le taux d'inflation est nul, ce qui correspond au cas A, les paiements d'intérêt sur la dette effective se chiffrent également à 2 milliards de dollars. Si le taux d'inflation est de 10 % par année, ce qui correspond au cas B, le taux d'intérêt s'élève à 14 % par année, de manière à maintenir un taux d'intérêt réel de 4 % par année, et l'intérêt sur la dette passe de 2 à 7 milliards de dollars. Le déficit s'accroît de 5 milliards de dollars, passant d'un surplus de 1 milliard de dollars à un déficit de 4 milliards de dollars. Ce déficit n'est qu'apparent. Avec un taux d'inflation de 10 %, la valeur réelle de la dette publique chute de 5 milliards de dollars, ce qui annule le déficit de 4 milliards de dollars et entraîne un surplus de 1 milliard de dollars.

de 10 % découle de la chute de 10 % par année de la valeur réelle de la dette publique.

Les prêteurs, c'est-à-dire les ménages, les entreprises et les étrangers qui contribuent à payer la dette du gouvernement, savent que l'argent qu'ils recevront en remboursement des prêts qu'ils ont consentis au gouvernement aura une valeur moindre que l'argent qu'ils ont prêté. Le gouvernement reconnaît également que l'argent qui servira à rembourser sa dette vaudra moins que l'argent qu'il a emprunté. Donc, le gouvernement et ses prêteurs se mettent d'accord sur un taux d'intérêt plus élevé afin de compenser les variations prévues de la valeur de la monnaie. Ainsi, avec un taux d'intérêt de 14 %, le gouvernement doit payer 7 milliards de dollars d'intérêts sur sa dette (14 % de 50 milliards de dollars). Lorsque nous ajoutons ces 7 milliards de dollars aux autres dépenses du gouvernement, les dépenses totales se chiffrent à 24 milliards de dollars, soit 4 milliards de dollars de plus que les recettes fiscales. Le gouvernement fait donc face à un déficit de 4 milliards de dollars. À la fin de l'année, la dette publique passera de 50 à 54 milliards de dollars.

La seule différence entre les deux situations que nous venons de décrire est le taux d'inflation de 10 %. Les dépenses et les recettes du gouvernement sont les mêmes dans les deux cas, tout comme le taux d'intérêt réel. À la fin de l'année, la dette publique s'est élevée à 54 milliards de dollars dans le cas B et elle est descendue à 49 milliards de dollars dans le cas A. Toutefois, la valeur réelle de la dette est la même dans les deux cas. Cela peut être vérifié en gardant à l'esprit que, même si la dette publique a augmenté de façon à s'établir à 54 milliards de dollars dans le cas B, les prix de tous les biens ont monté de 10 %. Si nous exprimons la dette publique du cas B en dollars constants plutôt qu'en dollars courants, nous constatons que la valeur réelle de la dette se chiffre, en fait, à 49 milliards de dollars (54 milliards de dollars divisé par 1,1 — 1 plus le taux d'inflation — égale 49 milliards de dollars). Ainsi, même dans le cas B, la situation réelle aboutit à un surplus de 1 milliard de dollars. L'inflation crée l'illusion qu'il y a un déficit de 4 milliards de dollars alors qu'en fait il y a un surplus de 1 milliard de dollars.

Les données du tableau 17.1 sont, évidemment, hypothétiques. Elles représentent deux situations fictives. Toutefois, les calculs que nous venons de faire permettent de comprendre la façon d'ajuster le déficit budgétaire du gouvernement en vue d'éliminer les effets de l'inflation et de calculer la valeur réelle du déficit. Quelle est l'importance de ces ajustements? C'est ce que nous verrons maintenant.

Les déficits réel et nominal du budget fédéral

Les données de la figure 17.6 permettent de répondre à cette question. Le déficit (ou le surplus) réel et le déficit (ou le surplus) nominal du budget fédéral y sont tous deux illustrés. On peut constater que, même si le budget du gouvernement présentait un déficit nominal en 1975, ce n'est qu'en 1977 qu'il a présenté un déficit réel. À ce moment-là, lorsque le déficit nominal a atteint près de 5 % du PIB, le déficit réel ne représentait que 3 % du PIB. En 1981, le gouvernement fédéral a encore une fois connu un surplus budgétaire réel, mais pendant très peu de temps. Pendant les années 80, les déficits nominal et réel ont tous les deux augmenté

Figure 17.6 Le déficit réel et le déficit nominal

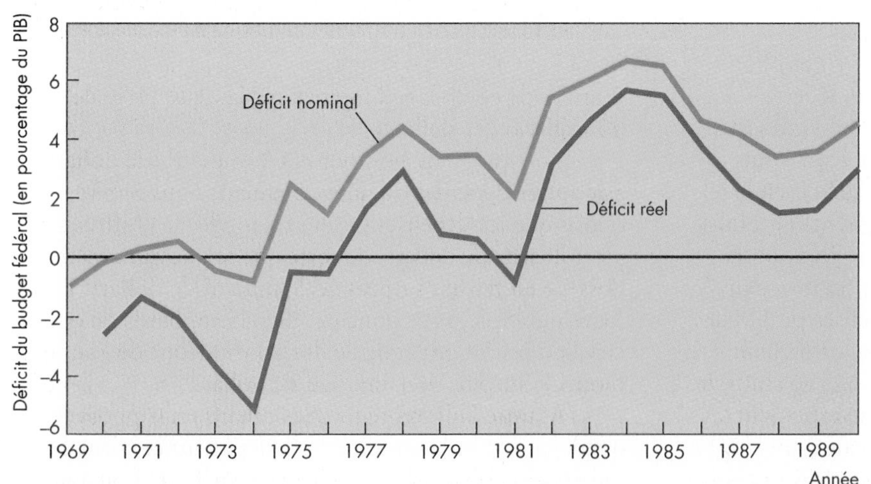

Nous obtenons le déficit réel en supprimant les effets de l'inflation sur les taux d'intérêt et sur la valeur de la dette publique. Le déficit réel et le déficit nominal ont une évolution semblable, mais le déficit réel est inférieur au déficit nominal (le surplus réel est supérieur au surplus nominal). C'est seulement lorsque les taux d'intérêt réels ont augmenté, dans les années 80, qu'un déficit élevé et persistant s'est installé.

jusqu'en 1984 pour ensuite diminuer jusqu'en 1988. Ils devaient augmenter tous les deux en 1989 et 1990.

L'ampleur des déficits nominaux à la fin des années 70 est attribuable non pas aux déficits réels mais à l'inflation très élevée. C'est seulement lorsque l'inflation a diminué au milieu des années 80, alors que les taux d'intérêt demeuraient élevés, qu'un déficit réel élevé et persistant s'est installé.

La distinction entre déficit nominal et déficit réel est très importante en pratique. Le fait de tenir compte de cette distinction modifie complètement notre perception concernant l'ampleur et la gravité du déficit actuel au Canada. Toutefois, le déficit continue de soulever des inquiétudes. Si nous regardons le déficit réel, nous constatons que l'émergence d'un déficit représente un phénomène relativement récent. Il s'agit toutefois d'un phénomène important. De 1982 à 1990, le déficit réel constituait, en moyenne, 3 % du PIB.

Nous allons maintenant étudier certains des effets du déficit budgétaire.

Les déficits budgétaires et l'inflation

Nombre de personnes craignent les déficits du budget fédéral parce qu'elles croient que les déficits budgétaires engendrent l'inflation. Les déficits mènent-ils à l'inflation ? Tout dépend des moyens que le gouvernement utilise pour financer le déficit de son budget.

Le financement du déficit budgétaire

Pour financer le déficit de son budget, le gouvernement fédéral vend des obligations. Les effets de cette vente dépendent toutefois de l'identité des acheteurs. En effet, si c'est la Banque du Canada qui achète les obligations émises, la masse monétaire augmente. Par contre, si c'est quelqu'un d'autre qui les achète, la masse monétaire reste inchangée. Lorsque la Banque achète des obligations, elle paie en créant de la monnaie (voir le chapitre 11). C'est ce que nous appelons le *financement du déficit par création de monnaie.* Le **financement par création de monnaie** est une politique qui vise à financer le déficit budgétaire par la vente d'obligations à la Banque du Canada, ce qui entraîne la création de monnaie qui vient s'ajouter au stock existant. Tous les autres moyens de combler le déficit budgétaire sont regroupés sous l'expression *financement de la dette par emprunt.* Le **financement par emprunt** est le financement du déficit budgétaire par la vente d'obligations à tout acheteur (ménages, entreprises ou étrangers) autre que la Banque du Canada.

Abordons maintenant les effets qu'entraînent ces deux façons de financer le déficit.

Le financement par emprunt Supposons d'abord que le gouvernement fédéral emprunte en vendant des obligations aux ménages et aux entreprises. Pour réussir à vendre une obligation, le gouvernement doit convaincre l'acheteur potentiel qu'il s'agit d'une affaire avantageuse. En d'autres termes, le gouvernement doit offrir un taux de rendement suffisamment élevé pour convaincre les gens de prêter leur argent.

Supposons aussi que le taux d'intérêt courant soit de 10 % par année. Pour vendre une obligation d'une valeur de 100 $ et combler son déficit de 100 $, le gouvernement doit garantir le remboursement à la fin de l'année non seulement des 100 $ mais aussi des 10 $ qui représentent l'intérêt accumulé sur la dette. Donc, pour combler un déficit se chiffrant à 100 $ aujourd'hui, le gouvernement doit payer 110 $ dans un an. À ce moment-là, pour maintenir son déficit budgétaire constant, le gouvernement doit emprunter 110 $ pour rembourser (intérêts compris) l'obligation vendue l'année précédente. Dans deux ans, le gouvernement devra rembourser 121 $, soit les 110 $ empruntés plus l'intérêt de 10 % (11 $) sur ce montant. Ce processus continue, le montant total de la dette et les paiements d'intérêt totaux se multipliant année après année.

Le financement par création de monnaie Regardons à présent ce qui se produirait si, au lieu de vendre des obligations aux ménages, aux entreprises et aux étrangers, le gouvernement les vendait à la Banque du Canada. Il existe deux différences essentielles entre ce mode de financement et le précédent. Premièrement, le gouvernement ne paie pas d'intérêt sur ses obligations ; deuxièmement, il y a création de monnaie.

Le gouvernement ne paie pas d'intérêt sur les obligations qui sont vendues à la Banque du Canada parce que celle-ci, bien qu'elle soit un organisme indépendant, verse ses profits résiduels au gouvernement. Donc, tous les autres facteurs demeurant constants, lorsqu'elle reçoit 1 million de dollars du gouvernement en paiements d'intérêt sur les obligations qu'elle détient, la Banque du Canada voit ses profits augmenter de ce même montant, qu'elle retourne ensuite au gouvernement. De plus, lorsqu'elle achète des obligations du gouvernement, elle utilise la monnaie nouvellement créée pour payer. Cette monnaie nouvelle retourne dans le système bancaire sous la forme d'une augmentation de la base monétaire, ce qui permet aux banques de créer encore plus de monnaie en octroyant davantage de prêts (voir les chapitres 10 et 11).

Comme nous l'avons vu aux chapitres 7 et 14, une augmentation de la masse monétaire fait croître la demande agrégée laquelle entraîne, à son tour, une hausse du niveau des prix. Si on finance continuellement la dette par création de monnaie, la demande agrégée et l'inflation connaîtront des hausses continuelles.

Le financement de la dette: par emprunt ou par création de monnaie

Quels sont les avantages et les inconvénients des deux modes de financement du déficit?

En comparant les deux modes de financement du déficit, nous constatons que le financement de la dette par emprunt oblige le gouvernement à payer des intérêts. Cette obligation croît chaque année si le gouvernement continue de créer des déficits. Lorsque le gouvernement utilise le mode de financement par création de monnaie, il paie des intérêts à la Banque du Canada, mais celle-ci verse ses profits au gouvernement. Il existe donc un avantage évident pour le gouvernement à combler son déficit par la création de monnaie plutôt que par l'emprunt. Malheureusement, cette solution mène à l'inflation.

Toutefois, le financement de la dette par emprunt n'est pas dépourvu de tout problème. En effet, la vente d'obligations aux ménages, aux entreprises et aux étrangers, par exemple, provoque un accroissement continuel de la dette et une hausse persistante des paiements d'intérêt. Plus la dette et les paiements d'intérêt prennent de l'ampleur, plus le problème du déficit est important, et plus forte est la tentation de mettre fin au processus de financement de la dette par emprunt et de recourir au financement par création de monnaie en vendant des obligations à la Banque du Canada. Cette tentation est toujours présente et de nombreuses personnes craignent de ce fait que les déficits ne soient inflationnistes, même lorsqu'ils ne sont pas immédiatement financés par création de monnaie. On a soutenu récemment que le financement de la dette par emprunt était plus inflationniste que le financement par création de monnaie. Nous examinerons maintenant ce point de vue plus attentivement.

Une arithmétique déplaisante

Pour étudier les effets de ces deux moyens de financement, supposons que le gouvernement doive faire face à un déficit d'une certaine ampleur et qu'il ait l'intention de le maintenir. Au départ, le gouvernement comble le déficit en créant de la monnaie, mesure qui a pour conséquence de mener à l'inflation. Le taux d'inflation dépend de la taille du déficit. Plus le déficit est important, plus la quantité de monnaie qui doit être créée pour le financer est grande et plus la demande agrégée s'accroît. Toutes choses étant égales par ailleurs, plus la demande agrégée augmente rapidement, plus le taux d'inflation est élevé.

Supposons que l'économie soit aux prises avec une inflation continue à cause du déficit financé par création de monnaie, et que le gouvernement tente, d'une part, de réduire l'inflation en ralentissant le taux de croissance de la masse monétaire et, d'autre part, de combler le déficit par la vente d'obligations au public. Le gouvernement ne modifie pas ses dépenses ni ses impôts, de sorte que le déficit, excluant le service de la dette publique, reste constant. Par contre, le déficit, incluant le service de la dette publique, commence à s'accroître. De plus, nous supposons que tous comprennent ce fait. Les gens, à qui le gouvernement désire vendre des obligations, se rendent compte que, si le déficit est financé par la vente d'obligations, les emprunts du gouvernement devront augmenter afin de couvrir les paiements d'intérêt supplémentaires résultant de l'accroissement de la dette publique. Ils peuvent également comprendre qu'à un certain moment l'ampleur de la dette publique sera telle que le fardeau de l'intérêt sur cette dette sera plus considérable que ce que le gouvernement est prêt à payer. Ils penseront ensuite que c'est à ce moment que le gouvernement optera pour le financement de son déficit par création de monnaie. Mais, cette fois, le gouvernement peut s'en tenir à financer le déficit par création de monnaie, excluant le service de la dette publique. Plus le gouvernement utilise le mode de financement par emprunt sur une longue période, plus le déficit (le déficit initial plus le fardeau supplémentaire que constitue l'intérêt) qui devra être financé par création de monnaie sera important.

Ainsi, les gens seront en mesure d'en déduire que, à un certain moment, le gouvernement fédéral recommencera à créer de la monnaie et l'inflation croîtra rapidement. Les obligations du gouvernement achetées aujourd'hui perdront de leur valeur tellement vite qu'elles ne vaudront presque plus rien en peu de temps. Donc, pour que les gens achètent des obligations du gouvernement maintenant, le taux d'intérêt doit être suffisamment élevé pour compenser les pertes que ces derniers devront subir en raison de l'inflation qui sévira. De plus, en prévision d'une baisse de la valeur de la monnaie, les gens réduiront la quantité de monnaie qu'ils avaient l'intention de détenir. Cette réduction de la demande de monnaie entraînera une hausse de la demande de biens et services, ce qui fera augmenter les prix.

Thomas Sargent, de la Hoover Institution de l'université Stanford, et Neil Wallace, de l'université du Minnesota, ont été les premiers à avancer cette hypothèse. Ils ont qualifié leurs calculs d'*arithmétique monétariste déplaisante* car, en reportant le moment où il se tournera vers la création de monnaie, le gouvernement contribue à aviver l'inflation qui s'ensuivra. Il s'agit d'une arithmétique *monétariste* déplaisante parce qu'elle attaque directement la proposition centrale du monétarisme selon laquelle le taux de croissance de la masse monétaire cause l'inflation. Si la croissance de la masse monétaire est restreinte, il ne devrait pas y avoir d'inflation. D'après les calculs de l'arithmétique monétariste déplaisante, le déficit doit être suffisamment bas pour que les gens aient confiance dans la capacité et la volonté du gouvernement et de la Banque du Canada de faire croître la masse monétaire à un taux qui n'est pas trop élevé par rapport à la capacité de production de l'économie. Un déficit trop important laisse entrevoir une situation inflationniste.

Mais, pour que le déficit engendre les problèmes qu'évoquent Thomas Sargent et Neil Wallace, il doit réellement être un phénomène durable. Un déficit d'envergure qui persiste pendant une dizaine d'années ne mène pas inévitablement à l'inflation. Si les gens continuent de croire que le déficit sera réduit dans un avenir rapproché, l'arithmétique déplaisante, bien qu'elle soit correcte, ne s'appliquera pas.

Nous venons d'examiner le lien qui existe entre les déficits et l'inflation. Les déficits ne sont pas toujours inflationnistes. Mais, plus le déficit est important et plus il persiste, plus l'incitation à combler le déficit en créant de la monnaie devient forte, ce qui engendre l'inflation.

On entend souvent dire que le déficit représente un fardeau pour les générations à venir. Nous allons maintenant analyser ce point de vue.

Un fardeau pour les générations à venir ?

« Pour le bien-être de nos enfants, nous devons maîtriser le déficit», voilà des propos que nous entendons régulièrement. Est-ce que ce point de vue est vrai? En quoi un déficit peut-il représenter un fardeau pour les générations à venir?

Nous avons déjà examiné en quoi le déficit peut constituer un fardeau pour les générations à venir par le biais de l'inflation. Mais, généralement, les gens font référence à autre chose que le fardeau qu'engendre l'inflation.

Par exemple, il faut que quelqu'un paie l'intérêt sur la dette énorme que le gouvernement fédéral a contractée pour financer le déficit budgétaire. Le gouvernement paie l'intérêt avec l'argent qu'il perçoit sous forme d'impôts et de taxes. Les impôts et les taxes devront être augmentés. Cette augmentation ne représente-t-elle pas un fardeau pour les générations à venir?

Il ne faut pas tirer de conclusions hâtives. Les gens qui paient les impôts et les taxes ne reçoivent-ils pas également des intérêts? Si c'est le cas, en quoi le déficit peut-il représenter un fardeau pour les générations à venir? Il peut être un fardeau pour certaines personnes, mais un bienfait pour d'autres, de sorte que, dans l'ensemble, il peut ne pas avoir d'effet.

Même si, généralement, les intérêts payés correspondent aux impôts et aux taxes perçus, il peut y avoir d'importants effets de redistribution. Notre déficit budgétaire actuel se caractérise notamment par le fait qu'une partie de notre dette est financée non pas par des Canadiens mais par des investisseurs japonais et européens. Un jour, une tranche importante des impôts des Canadiens devra être affectée au paiement des intérêts sur la dette publique détenue par les étrangers, ce qui représente une partie du fardeau du déficit courant.

De plus, le déficit courant peut appauvrir la population dans un avenir rapproché en ralentissant le rythme actuel des investissements et en réduisant le stock de biens d'équipement disponible pour les générations à venir. Ce phénomène est appelé *effet d'éviction.*

L'effet d'éviction

Il y a *effet d'éviction* lorsqu'une augmentation des dépenses publiques en biens et services entraîne une réduction des investissements (voir le chapitre 12). S'il y a effet d'éviction et si les dépenses publiques en biens et services sont financées par la dette du gouvernement, le gouvernement est alors aux prises avec une dette plus importante et le stock de capital réel dans l'économie est moins élevé. Une dette publique improductive remplace le capital réel productif.

On se demande si l'effet d'éviction se produit ou non en pratique. Quoique controversée, la question n'en est pas moins importante. Pour que l'effet d'éviction se produise, le déficit doit entraîner une diminution des investissements, de sorte que les générations à venir posséderont un stock de capital réel moindre. Cette baisse des investissements a pour effet de réduire les revenus et, d'une certaine manière, elle représente un fardeau. Les générations futures seront plus riches que la nôtre, mais elles l'auraient été davantage si le stock de machines productives n'avait pas été réduit. Nous allons examiner maintenant en quoi le déficit peut représenter un fardeau pour les générations futures par le biais d'une baisse des investissements courants.

Comme nous l'avons vu au chapitre 8, la valeur des investissements dépend de leur coût d'opportunité. Ce coût correspond au taux d'intérêt réel. Toutes choses étant égales par ailleurs, plus le taux d'intérêt réel est élevé, moins les entreprises désirent investir dans des biens-fonds. Pour que le déficit budgétaire du gouvernement entraîne un effet d'éviction, il faut qu'il pousse les taux d'intérêt à la hausse. Certaines personnes croient que le déficit fait augmenter les taux d'intérêt parce que les emprunts du gouvernement

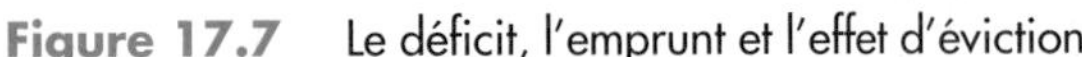

Figure 17.7 Le déficit, l'emprunt et l'effet d'éviction

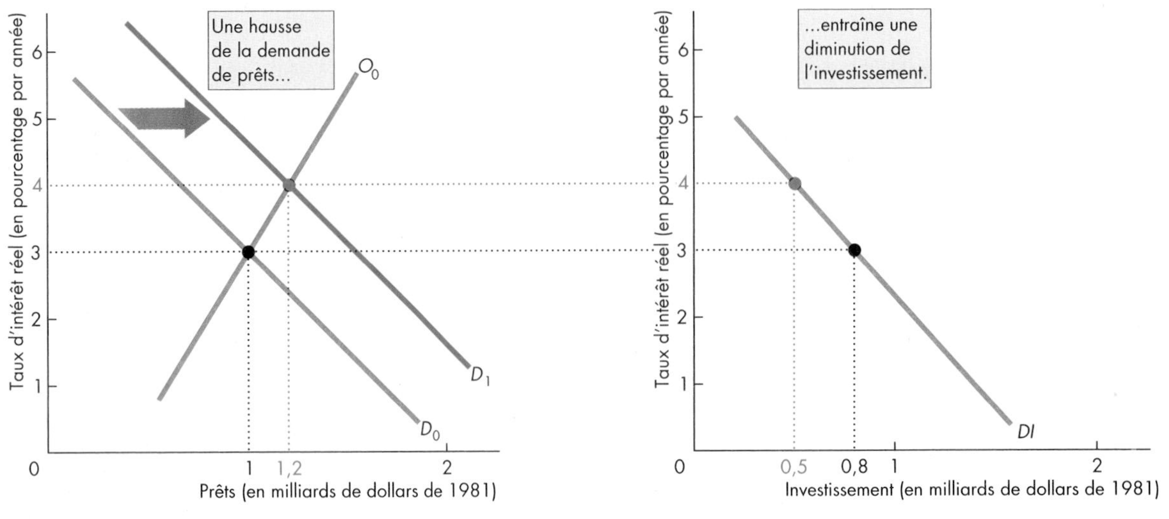

(a) Marché des prêts

(b) Investissement

Le graphique (a) illustre le marché des prêts. La demande de prêts est représentée par la courbe D_0 et l'offre de prêts par la courbe O_0. La quantité de prêts impayés est de 1 milliard de dollars et le taux d'intérêt réel se chiffre à 3 %. Le graphique (b) montre l'investissement. Quand le taux d'intérêt réel est de 3 %, l'investissement est de 0,8 milliard de dollars. Le gouvernement fait face à un déficit qu'il finance par l'emprunt. L'augmentation de la demande de prêts par le gouvernement entraîne un déplacement de la courbe de demande en D_1. Au nouveau point d'équilibre, le taux d'intérêt s'élève alors à 4 % et la quantité de prêts se chiffre à 1,2 milliard de dollars. L'augmentation du taux d'intérêt provoque une diminution des investissements dans le graphique (b). Le déficit budgétaire du gouvernement entraîne un effet d'éviction sur l'accumulation du capital.

haussent la demande de prêts sans qu'il y ait augmentation de l'offre de prêts. La figure 17.7 illustre ce qui se produit dans ce cas. Le graphique (a) contient les courbes d'offre et de demande de prêts. Au départ, la demande de prêts est représentée par la courbe D_0 et l'offre de prêts par la courbe O_0. Le taux d'intérêt réel se chiffre à 3 % et la quantité de prêts impayés s'élève à 1 milliard de dollars. Le graphique (b) montre les investissements. Lorsque le taux d'intérêt réel se chiffre à 3 %, les investissements atteignent 0,8 milliard de dollars.

Supposons maintenant que le gouvernement fait face à un déficit. Pour combler ce déficit, le gouvernement contracte des emprunts, ce qui entraîne une hausse de la demande de prêts. La courbe de demande de prêts passe alors de D_0 à D_1. L'offre de prêts ne change pas, de sorte que le taux d'intérêt passe de 3 à 4 % et que la quantité de prêts s'élève à 1,2 milliard de dollars. On peut remarquer que l'augmentation des prêts à l'équilibre est inférieure à la hausse de la demande de prêts. En d'autres termes, il y a déplacement de la courbe de demande vers la droite d'une valeur supérieure à l'augmentation effective des prêts. Le taux d'intérêt plus élevé entraîne une diminution des investissements et une baisse du stock de capital. Donc, la hausse du stock de la dette publique a pour résultat une réduction du capital productif.

Un déficit a-t-il pour effet d'augmenter les taux d'intérêt réels, comme on peut le constater à la figure 17.7 ? De nombreux économistes le pensent et avancent des arguments à l'appui de leur affirmation. Les taux d'intérêt réels au Canada au cours des années 80, soit celles où nous avons fait face à un déficit important, ont été les plus élevés de toute notre histoire. En outre, il semble que les taux d'intérêt réels et le déficit réel aient tendance à varier dans le même sens.

C'est ce lien, que les données semblent révéler, qui a incité certains économistes à avancer l'idée qu'une augmentation du déficit réel entraîne une hausse des taux d'intérêt réels ainsi qu'une baisse des investissements et de l'accumulation du capital. En raison de leurs effets sur les taux d'intérêt réels, le déficit réel et l'accroissement de la dette monétaire produisent un effet d'éviction sur l'accumulation des biens d'équipement productifs. En conséquence, la production future sera inférieure à ce qu'elle aurait été autrement, et c'est ce qui explique que le déficit représente un fardeau pour les générations à venir.

L'équivalence ricardienne

Certains économistes ne croient pas que les déficits provoquent un effet d'éviction. Ils pensent, au contraire, que le financement de la dette par emprunt est équivalent au financement des dépenses publiques par les impôts et les taxes. Le niveau des dépenses en biens et services est important, mais pas le moyen utilisé pour financer ces dépenses.

Cette notion est désignée par l'expression *équivalence ricardienne*, qui doit son nom au célèbre économiste anglais David Ricardo (voir la rubrique *L'évolution de nos connaissances* aux pages 480 et 481). Récemment, Robert Barro, de l'université Harvard, a repris cette notion et lui a redonné un second souffle. L'argument de Robert Barro est le suivant : si le gouvernement augmente ses dépenses en biens et services sans hausser les taxes et les impôts — ce qui augmente le déficit budgétaire —, il faut s'attendre à ce qu'il y ait plus tard une augmentation des impôts afin de financer ces dépenses et les paiements d'intérêt sur la dette. Or, les consommateurs sont assez intelligents pour le savoir. En sachant qu'ils auront à payer des impôts plus élevés, les consommateurs réduisent leur consommation courante ; ils augmentent du même coup leur épargne afin de pouvoir faire face, le moment venu, aux impôts plus élevés sans avoir à réduire davantage leur consommation. L'augmentation de l'épargne est alors égale à la hausse du déficit.

La figure 17.8 illustre ce cas. Au départ, la demande de prêts est représentée par la courbe D_0 et l'offre de prêts par la courbe O_0. Le taux d'intérêt réel se chiffre à 3 % et la quantité de prêts impayés atteint 1 milliard de dollars. Le gouvernement fait face à un déficit qu'il finance par emprunt. Il y a alors déplacement de la courbe de demande de prêts vers la droite en D_1. En même temps, si l'on se fie au raisonnement de David Ricardo et de Robert Barro, il y a réduction de la consommation et hausse de l'offre de prêts, ce qui entraîne un déplacement de la courbe d'offre vers la droite en O_1. La quantité de prêts passe alors de 1 à 1,3 milliard de dollars, mais le taux d'intérêt réel demeure à 3 %. Puisque le taux d'intérêt réel ne change pas, il n'y a pas d'effet d'éviction sur les investissements.

Certains économistes croient que l'équivalence ricardienne ne s'applique pas dans la réalité parce que les consommateurs tiennent compte seulement de leurs propres obligations fiscales futures non de celles de leurs enfants et de leurs petits-enfants. Les tenants de l'équivalence ricardienne soutiennent, quant à eux, qu'il importe peu que les obligations fiscales futures soient assumées par la génération d'aujourd'hui ou par leur descendance. Si ce sont les générations à venir qui paient les impôts, la population actuelle en tiendra compte et ajustera sa consommation de manière à léguer assez d'argent à ses descendants pour qu'ils puissent payer ces impôts.

Figure 17.8 L'équivalence ricardienne

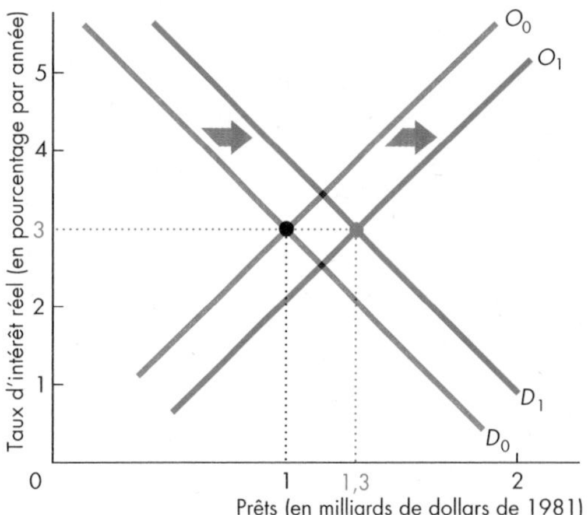

Au départ, la demande de prêts est représentée par la courbe D_0 et l'offre de prêts par la courbe O_0. Au point d'équilibre, la quantité de prêts est de 1 milliard de dollars et le taux d'intérêt réel se chiffre à 3 %. Une augmentation du déficit budgétaire, financée par emprunt, fait croître la demande de prêts, ce qui entraîne un déplacement de la courbe de demande en D_1. Les ménages, conscients que cette hausse du déficit budgétaire provoquera un accroissement des impôts futurs pour honorer les paiements d'intérêt qui viendront s'ajouter, réduisent leur consommation et augmentent leur épargne. Il y a déplacement de la courbe d'offre de prêts vers la droite en O_1. Au nouveau point d'équilibre, la quantité de prêts passe de 1 à 1,3 milliard de dollars, mais le taux d'intérêt réel reste constant à 3 %. Il n'y a pas d'effet d'éviction sur l'investissement.

Étant donné les hypothèses sur lesquelles elle repose, beaucoup d'économistes considèrent l'équivalence ricardienne comme peu pertinente en pratique. Il semble malgré tout qu'il existe un assez grand nombre de preuves empiriques en sa faveur. Afin d'interpréter correctement ces éléments de preuve, rappelons-nous que l'équivalence ricardienne ne suppose *pas* que les taux d'intérêt réels sont indépendants du niveau des dépenses publiques en biens et services. Toutes choses étant égales par ailleurs, plus le niveau des dépenses publiques est élevé, plus le taux d'intérêt réel l'est aussi. D'après l'équivalence ricardienne, les taux d'intérêt réels ne dépendent pas de la méthode utilisée par le gouvernement pour financer ses achats. Cette nuance est cruciale. En effet, que les dépenses publiques soient financées par impôt ou par emprunt, les taux d'intérêt réels ne changent pas.

Nous ne savons pas vraiment si le déficit a une incidence sur les taux d'intérêt réels. Si les gens prennent en considération le fardeau fiscal à venir (pas seulement le leur mais également celui de leurs enfants et de leurs petits-enfants), alors l'épargne s'ajustera de manière à annuler le déficit. Dans ce cas, le déficit aura peu ou pas d'effets sur les taux d'intérêt réels et sur l'accumulation du capital. Toutefois, si les gens ne tiennent pas compte des conséquences éventuelles du déficit sur leurs propres possibilités de consommation futures et sur celles de leurs enfants et petits-enfants, le déficit provoquera effectivement une hausse des taux d'intérêt réels. Il s'agit là d'une question qui demeure en suspens.

L'avenir du déficit

L'avenir du déficit dépend de l'évolution future des dépenses publiques et des recettes fiscales. Pour éliminer un déficit, on peut recourir à l'une ou l'autre des méthodes suivantes:

- Réduire les dépenses
- Augmenter les recettes fiscales

La réduction des dépenses

À travers l'histoire moderne, les dépenses du gouvernement ont eu tendance à augmenter non seulement au total mais aussi en pourcentage du PIB. Certains prétendent que le gouvernement canadien a assez bien réussi à contenir la croissance de ses dépenses. Dans certains pays d'Europe, les gouvernements dépensent près de 50 % de leur PIB. Le gouvernement des Pays-Bas a même consacré 53 % de son PIB aux dépenses publiques en 1983.

De nombreuses composantes des dépenses publiques augmentent automatiquement. Les services d'éducation et de santé en sont deux exemples. Les personnes qui ont un revenu élevé consacrent une part plus importante de leur revenu à ces deux composantes que les personnes qui ont un faible revenu. Si le gouvernement assume une large part de responsabilité dans ces deux domaines, les dépenses publiques et les paiements de transfert (exprimés en pourcentage du PIB) augmenteront inévitablement peu à peu. Le gouvernement ne pourra réduire la part du PIB qu'il consacre aux dépenses qu'en étant dégagé de certaines de ses responsabilités. Par conséquent, de nombreux gouvernements européens se déchargent du financement de certains services. Récemment, en Grande-Bretagne, alors que Margaret Thatcher était au pouvoir, le gouvernement qu'elle dirigeait avait même essayé de déléguer ses responsabilités en matière de services de santé ou, du moins, de limiter son engagement. Il est moins probable que le Canada en vienne un jour à privatiser les soins de santé.

Puisqu'il est difficile de réduire les dépenses publiques de façon significative, de nombreuses personnes pensent que seule l'augmentation des recettes fiscales permettrait de résorber le déficit. Étudions cette possibilité.

L'augmentation des recettes fiscales

Deux méthodes ont été proposées pour augmenter les recettes fiscales:

- Une hausse des taux d'imposition
- Une baisse des taux d'imposition

N'est-ce pas contradictoire? Non, surtout si l'on se souvient que le but du gouvernement est d'augmenter ses *recettes* fiscales. Les **recettes fiscales** sont le produit du taux d'imposition et de l'assiette fiscale. Le **taux d'imposition** est le pourcentage d'impôt prélevé sur une activité particulière. L'**assiette fiscale** constitue le fruit de l'activité assujettie à l'impôt. Par exemple, l'assiette fiscale dans le cas de l'impôt sur le revenu des particuliers correspond au revenu total moins certaines indemnités.

La hausse des taux d'imposition entraîne-t-elle une augmentation ou une diminution des recettes fiscales? Les réponses à cette question divergent quelque peu. Ces divergences peuvent être analysées en examinant la courbe de Laffer. La **courbe de Laffer**, qui doit son nom à Arthur Laffer, est une courbe qui relie les recettes fiscales au taux d'imposition. La figure 17.9 montre une courbe de Laffer hypothétique. Le taux d'imposition, représenté en ordonnée, varie entre 0 et 100. Les recettes fiscales, mesurées en milliards de dollars, sont données en abscisse. Si le taux d'imposition est nul, alors aucune recette n'est perçue. C'est pourquoi la courbe part de l'origine. À mesure que le taux d'imposition augmente, les recettes fiscales s'élèvent également mais jusqu'à un point maximal, soit le point *m* sur la courbe. Dans cet exemple, lorsque le taux d'imposition atteint 40 %, les recettes fiscales se trouvent à leur point maximal. S'il s'élève au-dessus de 40 %, les recettes fiscales se mettent à diminuer. Pourquoi en est-il ainsi?

Les recettes chutent parce qu'il se produit une baisse du niveau de l'activité assujettie à l'impôt. Prenons comme exemple l'essence. Si l'essence n'était pas taxée, de nombreuses personnes utiliseraient des voitures qui consomment beaucoup d'essence. Cependant, l'essence étant taxée, son prix augmente et la quantité achetée diminue. Au début, la baisse en pourcentage de la quantité achetée est moins importante que la hausse des taxes, de sorte que les recettes fiscales s'accroissent. Mais, à un certain point, le pourcentage de la baisse de la quantité demandée est plus fort que celui de l'augmentation des taxes. À ce point, les recettes fiscales commencent à diminuer. Les gens

Figure 17.9 La courbe de Laffer

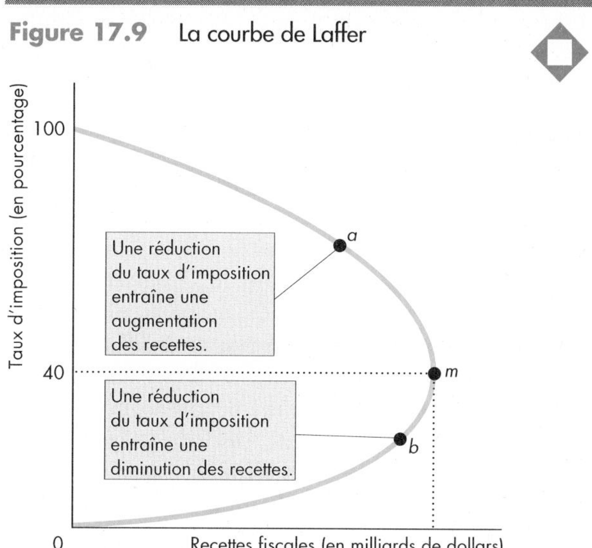

La courbe de Laffer permet d'établir la relation qui existe entre le taux d'imposition et les recettes fiscales. Si le taux d'imposition est nul, le gouvernement ne tire aucun revenu fiscal. Lorsque le taux d'imposition augmente, les recettes fiscales s'accroissent également, jusqu'à atteindre un niveau maximal (le point *m* sur la courbe). Dans l'exemple, le taux d'imposition est alors de 40 %. Si le taux d'imposition dépasse 40 %, les recettes fiscales se mettent à diminuer. Le gouvernement ne perçoit aucun revenu lorsque le taux d'imposition est de 100 %. Les augmentations de taxes ont un effet dissuasif. Plus une activité est taxée, moins on s'engagera dans cette activité. Lorsque la baisse en pourcentage de l'activité est inférieure à l'augmentation en pourcentage du taux d'imposition, ce qui correspond sensiblement au point *b* sur la courbe, les recettes fiscales augmentent. Lorsque la baisse en pourcentage de l'activité est supérieure à l'augmentation en pourcentage du taux d'imposition, ce qui correspond sensiblement au point *a* sur la courbe, les recettes fiscales diminuent.

remplacent alors leurs voitures par des modèles plus économiques, font du covoiturage et utilisent les transports en commun. Le taux d'imposition augmente, mais l'assiette fiscale diminue et les recettes fiscales chutent.

Vous voyez maintenant qu'une réduction du *taux d'imposition* a pour effet d'augmenter ou de diminuer les *recettes fiscales* en fonction de la position occupée sur la courbe de Laffer. Au point *a* de la courbe, une diminution du taux d'imposition entraîne une augmentation des recettes fiscales. Par contre, au point *b*, une baisse du taux d'imposition provoquera une diminution des recettes fiscales. Pour augmenter les recettes fiscales à partir du point *b*, il faut accroître le taux d'imposition.

On ne sait pas exactement où on se situe sur la courbe de Laffer, et ce peu importe le type d'impôt ou de taxe. Certaines personnes pensent que, pour les marchandises fortement taxées comme l'essence, les produits du tabac et l'alcool, nous nous situons sur la portion de la courbe qui est à pente négative. Dans ce cas, une hausse du taux d'imposition a pour effet de diminuer les recettes fiscales. Toutefois, peu de gens croient que cela s'applique aux impôts qui produisent des recettes élevées, comme l'impôt sur le revenu des particuliers et les taxes de vente. Il est alors beaucoup plus probable qu'une hausse des taux d'imposition entraîne une augmentation des recettes fiscales.

La seconde méthode pour augmenter les recettes est la réforme fiscale. Cette méthode consiste à réduire les taux d'imposition marginaux élevés et, peut-être, à créer de nouvelles taxes dont les taux plus faibles s'appliqueraient à des activités qui n'étaient pas taxées auparavant. La TPS en est un exemple; elle provient effectivement d'un changement dans la structure des taxes. En remplaçant la taxe de vente du manufacturier — une taxe à taux plus élevé imposée sur un nombre limité de produits — par la taxe sur les produits et services — une taxe à taux plus faible qui touche presque tous les biens et services —, le gouvernement entend percevoir des recettes fiscales d'un montant total équivalent, tout en réduisant le fardeau fiscal dans son ensemble et les distorsions dans l'économie. Cependant, après avoir imposé cette nouvelle taxe, les gouvernements seront fortement tentés d'accroître leurs recettes en haussant le taux d'imposition de la TPS.

Le gouvernement cherche constamment à modifier la fiscalité de façon à augmenter ses recettes fiscales, et ce qu'il y ait déficit ou non. Toutefois, lorsque le budget est déficitaire, le besoin de réforme se fait plus pressant.

Nous avons maintenant terminé l'étude de la macroéconomie, de ses enjeux et de ses problèmes. Tout au long de cette étude, nous avons principalement mis l'accent sur l'économie canadienne, en tenant compte des liens qui existent entre le Canada et le reste du monde. Toutefois, nous n'avons pas traité à fond des relations économiques entre les pays. Dans les derniers chapitres, nous porterons notre attention sur les principaux problèmes économiques mondiaux. Au chapitre 18, nous allons aborder la question des finances internationales et celle de la détermination des taux de change. Nous étudierons ensuite, au chapitre 19, les questions relatives à la balance des paiements et au dollar. Puis, au chapitre 20, nous verrons les problèmes que doivent surmonter les pays en voie de développement. Enfin, au chapitre 21, nous comparerons les divers systèmes économiques, et nous analyserons les événements capitaux qui se déroulent en Europe de l'Est.

David Ricardo et le déficit budgétaire

David Ricardo

À la fin du 18e siècle, l'économie de l'Angleterre connut des changements profonds et particulièrement intéressants : abandon de l'étalon-or en 1797, augmentation rapide du prix de l'or dès 1799 et baisse de la valeur du papier-monnaie. La même année, un courtier en valeurs mobilières, âgé de 27 ans, trouva par hasard, au cours d'une visite à Bath, un exemplaire de *La richesse des nations* (voir la rubrique *L'évolution de nos connaissances*, pages 22 et 23), œuvre qui le passionna. Ce jeune homme s'appelait David Ricardo ; il fut probablement l'économiste le plus célèbre de son époque.

Né à Londres en 1772 dans une famille juive très pratiquante, David Ricardo commença sa carrière à l'âge de 14 ans en travaillant pour son père, alors propriétaire d'une maison de courtage prospère. Il se maria à l'âge de 21 ans avec une quakeresse, ce qui déplut excessivement à son père qui le répudia et le déshérita. Il décida alors de s'établir à son compte et prouva son savoir-faire en amassant une fortune de 775 000 £, soit l'équivalent de 46 millions de dollars de nos jours.

David Ricardo a apporté une contribution importante à de nombreuses questions économiques se rapportant notamment à la valeur de la monnaie, à la théorie de la valeur, à l'échange et au commerce international, ainsi qu'aux fondements de la théorie de la finance publique. Son œuvre fondamentale, *Principes de l'économie politique et de l'impôt*, a été publiée en 1817. Bien que David Ricardo soit considéré comme un homme pratique, son livre, de même que la plupart de ses écrits, traite de notions théoriques abstraites et complexes, qui ont été controversées et qui le sont encore aujourd'hui parmi les historiens de la pensée économique.

Même s'ils ont surtout un caractère théorique, les travaux de David Ricardo ont une portée pratique. De nos jours, l'une de ses contributions les plus utiles porte sur la dette publique et est connue sous le nom d'*équivalence ricardienne*. L'équivalence ricardienne a d'abord été énoncée dans un court article intitulé «Funding System» et publié dans l'œuvre peu connue *Supplement*

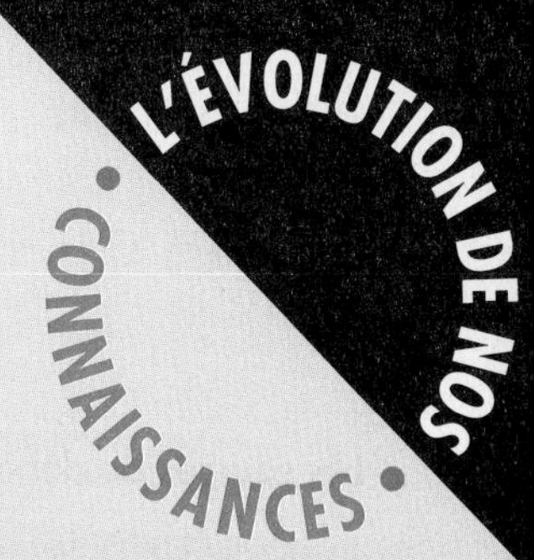

to the Fourth, Fifth, and Sixth Editions of the Encyclopaedia Britannica.

C'est l'imposant déficit budgétaire auquel a eu à faire face la Grande-Bretagne en raison des guerres napoléoniennes qui se sont terminées en 1815 qui a suscité l'intérêt de David Ricardo pour la dette publique et les déficits budgétaires des gouvernements. À son sommet en 1815, le déficit budgétaire du gouvernement britannique atteignait 35 millions de livres sterling, ce qui représentait près de 50 % de ses recettes fiscales. C'est lors d'une discussion portant sur le meilleur moyen de financer une guerre que David Ricardo a exprimé son point de vue concernant la dette et les impôts. Même si ses textes peuvent être interprétés de diverses manières, on sait que David Ricardo a toujours soutenu que, si les gens tiennent pleinement compte du fardeau fiscal qui devra être imposé dans l'avenir pour payer l'intérêt sur la dette publique, le financement des dépenses publiques par les impôts courants équivaudra au financement par emprunt avec paiement d'intérêt perpétuel. Toutefois, David Ricardo croyait également que les gens ne font pas de calculs aussi rationnels lorsqu'ils ont à décider de leur consommation et de leur épargne.[1] En conséquence, le financement des dépenses publiques à l'aide des impôts entraîne une baisse de la consommation privée et des taux d'intérêt plus importante que le financement par emprunt.

Au milieu des années 70, Robert Barro[2] de l'université Harvard a ravivé l'intérêt pour les travaux de David Ricardo. En utilisant un modèle économique dans lequel chaque génération tient compte des effets de ses actions sur les possibilités de consommation de la génération suivante, Robert Barro a indiqué les conditions qui doivent être satisfaites pour que le théorème d'équivalence de David Ricardo tienne. Comme Robert Barro l'a fait remarquer, presque toutes les théories utilisées à cette époque supposaient que le financement par emprunt et le financement par impôt n'étaient pas équivalents.

La question de l'équivalence ricardienne est devenue très pratique lorsque, au début des années 80, le président Reagan, devant faire face à un déficit déjà imposant, a proposé de réduire les impôts. Certains économistes ont affirmé que l'équivalence ricardienne s'appliquait à l'économie américaine et qu'une réduction des impôts contribuant à augmenter le déficit n'aurait pas d'effets indésirables. Les taux d'intérêt *n'*augmenteraient *pas* et l'épargne privée s'élèverait de façon à financer la hausse de la dette publique impayée. D'autres économistes (en majorité) ont soutenu que l'équivalence ricardienne était une idée abstraite qui présentait peu ou pas d'intérêt pratique. Selon eux, une réduction des impôts aurait pour effet de stimuler la demande agrégée, ce qui provoquerait un déficit, lequel engendrerait une dette qui représenterait un fardeau pour les générations à venir. Martin Feldstein, président du Council of Economic Advisors du président Reagan, et James Buchanan, ancien lauréat du prix Nobel, étaient parmi les opposants au point de vue de Robert Barro.

Un grand nombre d'études portant sur cette question ont été réalisées au cours des années 80. Elles n'ont cependant pas été concluantes et le débat reste ouvert.

---

1 Gerald P. O'Driscoll, Jr., «The Ricardian Nonequivalence Theorem», *Journal of Political Economy 85*, 1977, pp. 207-210.

2 Robert J. Barro, «Are Government Bonds Net Wealth?», *Journal of Political Economy 82*, vol. 6, 1974, pp. 1095-1117.

RÉSUMÉ

Les sources du déficit

Jusqu'en 1975, les recettes fiscales et les dépenses du gouvernement fédéral s'équivalaient. En 1975, par suite d'une forte augmentation des paiements de transfert et d'une diminution des recettes fiscales, le gouvernement devait faire face à un déficit budgétaire. C'est la crise énergétique du milieu des années 70 qui a entraîné des modifications dans le budget du gouvernement. Une importante hausse des prix mondiaux de l'énergie a incité le gouvernement du Canada à réduire les taxes sur l'énergie et à accroître les subventions aux secteurs qui dépendaient le plus de l'énergie. Le déficit s'est aggravé en raison d'une diminution des recettes fiscales causée par l'indexation de l'impôt sur le revenu des particuliers au cours des années 70 et par l'augmentation des paiements de transfert (principalement des prestations d'assurance-chômage) au début des années 80. Le déficit a fait monter la dette du gouvernement fédéral et a fait croître les paiements d'intérêt, ce qui a contribué à nourrir le déficit.

Le déficit suit les fluctuations du cycle économique. Lorsque l'économie est en période d'expansion, les impôts et taxes augmentent et les paiements de transfert diminuent, en pourcentage du PIB. Par conséquent, le déficit baisse. Lorsque l'économie traverse une période de récession, les impôts et taxes diminuent et les paiements de transfert augmentent, en pourcentage du PIB, de sorte que le déficit s'accroît.

Récemment, un déficit important s'est maintenu même si l'économie a connu une reprise prolongée et vigoureuse. C'est pourquoi l'on considère que le déficit actuel pose un sérieux problème. (*pp. 465-470*)

Le déficit réel

L'inflation fausse le sens du déficit en exagérant le fardeau des intérêts assumés par le gouvernement. En ajustant le déficit pour qu'il tienne compte de ce fait, nous obtenons une mesure du déficit réel. On découvre alors que c'est seulement en 1981 que le déficit réel est devenu un problème persistant. Les variations cycliques du déficit sont les mêmes, que le déficit soit mesuré en dollars courants ou en termes réels. (*pp. 470-473*)

Les déficits budgétaires et l'inflation

Si le déficit est financé par création de monnaie, il cause l'inflation. Si le déficit est financé par emprunt, son effet sur l'inflation varie selon sa durée : un déficit temporaire n'a pas d'effet inflationniste, contrairement à un déficit persistant. L'accumulation de la dette provoque effectivement une augmentation des paiements d'intérêt et donc un déficit encore plus élevé. Le déficit devra en fin de compte être financé par création de monnaie. À ce moment, plus le déficit persiste et plus la dette du gouvernement s'élève, plus la quantité de monnaie créée sera grande. Craignant une inflation future plus élevée, les gens réduisent la quantité de monnaie qu'ils détiennent. Cette baisse de la demande de monnaie entraîne une hausse de la demande de biens et services. En conséquence, les taux d'intérêt et l'inflation augmentent en prévision d'une hausse future (peut-être lointaine) de la quantité de monnaie pour financer le déficit. (*pp. 473-475*)

Un fardeau pour les générations à venir?

Le déficit représente-t-il un fardeau pour les générations à venir ? C'est là une question particulièrement controversée. Selon certains économistes, le déficit entraîne une hausse des taux d'intérêt, ce qui fait chuter les investissements et la quantité de capital accumulée. En conséquence, notre production future sera inférieure à ce qu'elle aurait été autrement et les générations à venir assumeront le fardeau du déficit.

D'autres économistes affirment que les dépenses publiques ont un effet sur les taux d'intérêt, mais que la manière de financer ces dépenses n'en a pas. Ils soutiennent que, si les dépenses publiques sont financées par emprunt, les gens se rendront compte que les taxes et les impôts devront augmenter afin de couvrir les dépenses et les paiements d'intérêt accumulés sur la dette. Prévoyant des impôts et taxes plus élevés dans l'avenir, les gens augmenteront leur épargne courante et la consommation actuelle diminuera. Ainsi, le fardeau d'un accroissement des dépenses du gouvernement, non pas celui du déficit, est assumé par plusieurs générations. (*pp. 475-478*)

L'avenir du déficit

L'évolution du déficit dépend de la façon dont les dépenses publiques et les recettes fiscales évolueront. Une hausse des recettes fiscales pourrait provenir soit d'une augmentation des taux d'imposition (si l'on se situe sur la portion de la courbe de Laffer qui est à pente positive), soit d'une réduction des taux d'imposition (si l'on se trouve sur la portion de la courbe de Laffer qui est à pente négative). (*pp. 478-481*)

POINTS DE REPÈRE

Mots clés

Assiette fiscale, 478
Budget équilibré, 465
Courbe de Laffer, 478
Déficit budgétaire, 465
Déficit réel, 470
Dette nationale, 465
Financement par emprunt, 473
Financement par création de monnaie, 473
Recettes fiscales, 478
Surplus budgétaire, 465
Taux d'imposition, 478

Figures clés 

Figure 17.1	Les recettes, les dépenses et le déficit, 465
Figure 17.5	Le chômage et le déficit budgétaire, 470
Figure 17.6	Le déficit réel et le déficit nominal, 472
Figure 17.9	La courbe de Laffer, 479

QUESTIONS DE RÉVISION

1 Parmi les principaux changements apportés aux taxes, aux impôts et aux dépenses publiques, lesquels ont contribué au déficit budgétaire du gouvernement fédéral ?

2 À partir de l'année 1980, énumérez les événements qui ont provoqué une hausse continuelle du déficit budgétaire du gouvernement fédéral.

3 Faites la distinction entre déficit réel et déficit nominal.

4 Vous devez calculer le déficit réel. Parmi les calculs suivants, lesquels convient-il de faire ?

a) Évaluer les paiements d'intérêt en termes réels et tenir compte des changements de la valeur réelle de la dette publique.

b) Calculer les paiements d'intérêt en termes nominaux et prendre en considération les variations de la valeur réelle de la dette publique.

c) Calculer les paiements d'intérêt en termes réels sans tenir compte des changements de la valeur réelle de la dette publique.

5 Pourquoi le financement de la dette par emprunt entraîne-t-il des paiements d'intérêt qui vont en augmentant ?

6 Expliquez comment, dans un système financier moderne comme celui du Canada, le gouvernement peut financer son déficit en créant de la monnaie.

7 Énumérez les raisons pour lesquelles le déficit peut représenter un fardeau pour les générations à venir.

8 Pourquoi certains économistes croient-ils que les impôts et la dette publique s'équivalent, et qu'ainsi le déficit est sans importance ?

9 Pourquoi certains économistes pensent-ils que les recettes fiscales du gouvernement peuvent être augmentées grâce à une réduction des taux d'imposition ?

PROBLÈMES

1 Vous disposez des renseignements qui suivent concernant une économie donnée. Lorsque le chômage est égal au taux naturel (5,5 %), les dépenses et les recettes publiques représentent toutes deux 20 % du PIB. Il n'y a pas d'inflation. Pour chaque augmentation de 1 % du taux de chômage, les dépenses publiques augmentent de 1 % par rapport au PIB et les taxes et impôts baissent de 1 %. Supposons que cette économie traverse un cycle au cours duquel le taux de chômage prend les valeurs suivantes :

Année	Taux de chômage
1	5
2	6
3	7
4	6
5	5
6	4
7	5

a) Calculez le déficit (en pourcentage du PIB) pour chaque année.

b) L'évolution du déficit suit-elle le cycle économique?

2 Les dépenses publiques, excluant le service de la dette publique, d'une économie donnée se chiffrent à 8,5 milliards de dollars. Les recettes atteignent 10 milliards de dollars. La dette publique s'élève à 25 milliards de dollars. Les taux d'intérêt sont de 24 % par année et le taux d'inflation atteint 20 %. Calculez les valeurs suivantes:

a) L'intérêt sur la dette que le gouvernement doit payer

b) Le déficit budgétaire ou le surplus budgétaire

c) La valeur de la dette publique à la fin de l'année

d) Le déficit budgétaire réel du gouvernement

e) La valeur réelle de la dette publique à la fin de l'année

3 Au pays de Laffer, seul le revenu du travail est imposé. Le taux de salaire (avant impôts) est de 10 $ l'heure. La quantité de main-d'œuvre engagée dépend du taux d'imposition. En effet, plus le taux d'imposition est élevé, moins il y a de main-d'œuvre engagée. La relation qui existe entre ces deux variables est illustrée dans le tableau suivant:

Taux d'imposition (en pourcentage)	Quantité de main-d'œuvre engagée
0	5000
10	4500
20	4000
30	3500
40	3000
50	2500
60	2000
70	1500
80	1000
90	500
100	0

a) Tracez la courbe de Laffer.

b) À combien se chiffre le taux d'imposition lorsque les recettes fiscales atteignent leur niveau maximal?

c) Quelle est la valeur maximale des recettes fiscales que le gouvernement du pays de Laffer peut percevoir?

d) Si le taux d'imposition est de 70 % et que le gouvernement désire augmenter ses recettes fiscales, doit-il hausser ou réduire son taux d'imposition?

e) Si le taux d'imposition est de 30 % et que le gouvernement veut accroître ses recettes, doit-il augmenter ou diminuer le taux d'imposition?

4 En Ricardie, les habitants se soucient autant de leur propre bien-être que de celui de leurs enfants. Le gouvernement de la Ricardie augmente ses impôts, diminue ses emprunts et maintient le niveau de ses dépenses en biens et services constant. Qu'advient-il des taux d'intérêt, de l'épargne et des investissements en Ricardie?

7e PARTIE

L'économie mondiale

ENTREVUE

JUDITH MAXWELL

Judith Maxwell a obtenu un baccalauréat en administration de l'université Dalhousie ; elle a poursuivi ensuite des études supérieures au London School of Economics. Elle a connu une carrière remarquable en journalisme (pour le *Financial Times of Canada*) et en recherche. À partir de 1985, elle a dirigé le Conseil Économique du Canada. Nous avons discuté avec Judith Maxwell de sa carrière et des obstacles que le Canada aura à surmonter dans l'économie mondiale des années 90.

«Les femmes ont beaucoup de choses à apporter à l'économique [...] Il est étonnant de constater que la plupart des femmes ne sont pas plus attirées par l'économique.»

Madame Maxwell, à quel moment avez-vous décidé de devenir économiste?

Lorsque je me suis inscrite à l'université, je ne voulais pas étudier en sciences naturelles parce que cela représentait des journées entières debout dans un laboratoire et je ne voulais pas non plus choisir les lettres car je n'aimais pas tellement l'écriture. J'ai donc décidé de faire un baccalauréat en administration. C'est par hasard que j'ai dû suivre des cours d'économique pour obtenir un diplôme. Mais, le sujet m'a vivement intéressée. Puis, j'ai poursuivi mon apprentissage en faisant du journalisme. Étant donné que je devais écrire, chaque semaine, des articles concernant l'état de l'économie, par exemple sur les causes de l'aggravation du chômage ou sur les raisons de la stabilité du taux d'inflation, j'ai appris autant à partir de l'observation qu'à partir des livres.

Pourquoi y a-t-il aussi peu de femmes économistes?

Je ne sais pas. Les femmes ont beaucoup de choses à apporter à l'économique. Puisqu'elles s'intéressent tant aux autres sciences sociales, il est étonnant de constater que la plupart des femmes ne sont pas plus attirées par l'économique. En fait, il y a quelques femmes, dont Caroline Pestieau, Wendy Dobson, Maureen Farrow, Gail Cook et Sylvia Ostry, qui occupent l'avant-plan du débat sur les questions de politique économique. Par contre, il y a trop peu d'autres femmes derrière elles. Ce n'est pas la pyramide habituelle.

Qu'est-ce qui vous fascine le plus en économique?

Pour moi, l'économique se préoccupe du bien-être des gens. Je me sens toujours plus à l'aise lorsque je parviens à relier l'analyse économique aux décisions politiques qui ont une incidence sur la distribution des revenus ou sur la qualité de vie des individus de la société.

Comment percevez-vous l'économie mondiale des années 90 et où y situez-vous le Canada?

Trois grands blocs commerciaux sont en train de se former : l'Amérique du Nord, la région du Pacifique et l'Europe. Le Canada apparaît dans cette économie globale comme une puissance de taille moyenne, à l'économie très développée mais dont la croissance est lente. Au cours de la prochaine décennie, le Canada devra s'adapter à une concurrence nouvelle, de sources diverses, et on peut véritablement parler à cet égard d'un défi pour l'économie canadienne.

Que pensez-vous de la première année d'application de l'Accord de libre-échange entre le Canada et les États-Unis?

Au Conseil, on avait prévu que le libre-échange amènerait une hausse légère, mais significative, du niveau de vie des Canadiens. Il est cependant difficile d'évaluer ce qui s'est passé l'an dernier parce qu'on a eu non seulement le libre-échange mais aussi un taux de change et des taux d'intérêt élevés. Il est évident que d'importants investissements et de nombreuses restructurations ont lieu. Cependant, on ne sait tout simplement pas quelle part attribuer à l'Accord de libre-échange.

Quelles seraient les conséquences pour le Canada d'un accord de libre-échange avec les États-Unis et le Mexique? Le Canada devrait-il participer aux négociations?

Ensemble, les États-Unis et le Canada ne formeront ni le plus vaste ni le plus diversifié des trois blocs commerciaux. On doit donc se tourner vers l'Amérique latine pour élargir notre bloc commercial. Il n'est toutefois pas facile de mettre en place une zone de libre-échange à partir de pays si différents. L'Accord de libre-échange entre le Canada et les États-Unis constitue le parachèvement de relations économiques qui ont évolué pendant plus de cinquante ans. Pour ce qui est du Mexique, je crois qu'il s'agit plutôt d'une tentative de mise en place de relations plus étroites entre les trois pays. Je ne pense pas que le Canada devrait laisser l'entière responsabilité des négociations aux États-Unis. Il existe de nombreux liens potentiels entre le Mexique et le Canada. On doit donc négocier avec le Mexique, soit seul, soit en collaboration avec les États-Unis.

Qu'en est-il du reste de notre hémisphère?

Pensez à ce qui nous arriverait si le Brésil ou le Mexique décollaient économiquement. Ces deux pays avaient un avenir prometteur dans les années 70. Le fardeau de leur dette a nui à leur croissance dans les années 80, mais ils disposent d'un potentiel impressionnant. Le Mexique a remis de l'ordre dans son économie. Le Brésil, pour sa part, a pris d'importantes initiatives qui pourraient éventuellement lui permettre de jouer un rôle économique important sur la scène internationale.

Quelles conséquences l'unification de l'Europe en 1992 aura-t-elle sur le Canada?

En Europe, les systèmes de production sont en voie d'intégration grâce à une vague sans précédent de fusions et d'acquisitions. Des entreprises plus importantes sont mises sur pied et des liens se tissent entre les pays. Pour faire face à la concurrence, le Canada aura besoin de prendre pied dans de nombreuses industries européennes. Le processus d'intégration stimulera la croissance des marchés, ce qui créera plus de débouchés pour les Canadiens. Les Européens se retrouveront donc avec des entreprises beaucoup plus solides. Quand les Européens tenteront de trouver des débouchés en Amérique du Nord, certaines de nos industries connaîtront une forte concurrence.

Que pensez-vous de la situation en Europe de l'Est?

Ce qui est particulièrement intéressant, c'est de savoir si la consolidation du marché commun européen en 1992 sera compatible avec une plus grande ouverture de ce marché par rapport aux pays d'Europe de l'Est. Certaines personnes croient que l'ouverture de l'Europe de l'Est accélérera l'intégration en Europe de l'Ouest. Mais, d'autres affirment que l'unification des deux Allemagne et la création de liens entre l'Est et l'Ouest entraîneront un détournement des flux commerciaux qui déstabilisera l'Europe à court terme. L'économie européenne fonctionne à pleine capacité, de sorte qu'une réorientation des ressources vers l'Europe de l'Est ne pourra se faire sans sacrifices importants. Il est difficile de savoir si cette réorientation peut se faire sans avoir de conséquences inflationnistes ou sans déstabiliser le système monétaire européen.

Comment ces événements toucheront-ils le Canada?

Tout d'abord, et ce premier effet nous semble inévitable, la demande mondiale de capital augmentera et les taux d'intérêt mondiaux seront plus élevés dans les années 90 qu'ils ne l'auraient été autrement. En tant que pays débiteur, le Canada devra donc faire face à un coût plus élevé du service de sa dette. Le second effet est lié à la création de nouveaux réseaux d'échanges sur des marchés spécifiques. Par exemple, tous les pays

«Tous les pays d'Europe de l'Est doivent moderniser leur système téléphonique [...] C'est une occasion d'affaires importante pour nous.»

«Faire des études sérieuses en économique, posséder de bonnes connaissances pratiques en informatique et de bonnes aptitudes en rédaction.»

d'Europe de l'Est doivent moderniser leur système téléphonique. Le Canada possède un système de télécommunication très avancé et Northern Telecom est, dans le domaine, l'une de nos sociétés qui exporte le mieux. C'est une occasion d'affaires importante pour nous. Par contre, d'autres événements pourront avoir des conséquences défavorables. L'Union soviétique exporte des céréales, du pétrole et du gaz naturel qui sont deux de nos produits clés. Donc, l'arrivée de ce pays sur le marché mondial sera certainement désavantageuse pour le Canada.

Abordons maintenant la région du Pacifique. La croissance économique du Japon depuis la guerre a été remarquable. Quelles leçons pouvons-nous en tirer?

Le Canada ne peut pas adopter tel quel les institutions japonaises, mais il peut tenter d'en copier la capacité de coopération et de fonctionnement consensuel. Depuis des dizaines d'années, ces domaines ont été notre pierre d'achoppement. Étant donné les frictions que l'ont voit tous les jours dans les relations fédérales-provinciales et celles que l'on retrouve dans les relations de travail, les Canadiens devraient créer des institutions plus fortes pour résoudre les conflits et établir des consensus permettant d'éviter que d'autres conflits n'apparaissent.

Vous avez eu une carrière remarquable d'économiste et de communicatrice auprès du grand public, et sur le plan de l'élaboration des politiques. De nombreux étudiants aimeraient avoir une carrière comme la vôtre. Quels conseils leur donneriez-vous?

Faire des études sérieuses en économique, posséder de bonnes connaissances pratiques en informatique et de bonnes aptitudes en rédaction. Le meilleur moyen de se donner cette formation est de travailler en compagnie de chercheurs ou d'économistes. Lorsque vous chercherez un emploi plus tard, vous pourrez montrer que vous avez utilisé certaines notions d'économie dans des projets de recherche, soit pendant l'été ou tout de suite après vos études. J'espère que les économistes possédant bien toutes les techniques seront de plus en plus nombreux. J'espère qu'ils seront également nombreux à considérer l'économique comme un moyen de comprendre nos sociétés, un outil pour améliorer la qualité de vie et le bien-être des individus.

Contrairement à vous, peu d'économistes sont de bons écrivains. Comment un étudiant peut-il parvenir à parfaire ses aptitudes en rédaction, autrement que par l'expérience?

C'est par l'apprentissage que j'ai appris à bien écrire. J'ai obtenu un emploi d'assistante de recherche dans un journal et j'ai commencé à rédiger peu à peu. Je recevais mes textes couverts de corrections. Finalement, je me suis améliorée. Il n'y a rien qui remplace le travail systématique, même s'il est vrai qu'on peut suivre des cours de rédaction. Il faut également reconnaître qu'une personne qui pense clairement écrit clairement.

CHAPITRE 18

Le commerce extérieur et le taux de change

Objectifs du chapitre:

- Expliquer comment la valeur du taux de change du dollar est déterminée.
- Dire pourquoi la valeur du taux de change du dollar a fluctué dans les années 80.
- Montrer les effets des variations du taux de change.
- Définir les facteurs qui déterminent les taux d'intérêt et dire pourquoi ceux-ci varient tellement d'un pays à l'autre.
- Expliquer pourquoi un taux de change fixe lie les taux d'intérêt et les taux d'inflation.
- Dire pourquoi un taux de change flexible permet d'atteindre l'autonomie monétaire.

L'isolant financier du Canada

«LORSQUE L'AMÉRIQUE ÉTERNUE, le reste du monde attrape le rhume.» Ce dicton a été formulé pour la première fois à l'époque de la Crise, au début des années 30. Il nous rappelle que lorsque l'économie américaine connaît une récession, comme celle de 1981, le reste du monde en souffre aussi, jusqu'à un certain point. De plus, lorsque ce pays enregistre une période d'expansion, il stimule l'économie d'un bon nombre de pays, en augmentant leurs exportations. Mais un pays comme le Canada ne peut-il pas se protéger des fluctuations de l'économie américaine? Plus particulièrement, quels effets les politiques monétaires et budgétaires appliquées au pays, de même que la politique monétaire internationale, doivent-elles entraîner pour atténuer l'influence de l'économie américaine et du reste du monde sur l'économie canadienne? ■ La valeur du dollar canadien peut servir d'isolant entre le reste du monde et le Canada. Comment les fluctuations de la valeur du dollar canadien influent-elles sur la vie économique des Canadiens? Ces fluctuations protègent-elles les Canadiens contre les fluctuations économiques enregistrées dans les autres pays? ■ La valeur de notre dollar fluctue en effet considérablement. En 1973, un dollar canadien valait un dollar américain. Au moment où la valeur du dollar était la plus faible, soit en 1986, 1,39 $CAN permettait d'acheter 1 $US (le symbole $US signifie dollar américain, et le symbole $CAN, dollar canadien). Le taux de change a connu ensuite une hausse: à la fin de 1991, 1 $US valait à peu près 1,15 $CAN. La valeur de notre dollar a fluctué non seulement par rapport à la valeur du dollar américain, mais également par rapport à toutes les devises importantes du monde. Par rapport à certaines devises, comme le yen (Y), la valeur du dollar canadien a continuellement fléchi. En 1970, 1 $CAN pouvait acheter 340 Y. À la fin de l'année 1991, notre dollar ne valait plus que 117 Y. ■ Quel est le lien entre la valeur du dollar et le prix des biens que nous achetons, par exemple le prix d'une veste de tweed écossais, d'un magnétoscope coréen, d'une voiture japonaise ou de vacances à l'étranger? Une veste de montagne Eddie Bauer coûte-t-elle le même prix aux États-Unis et au Canada? Pourquoi la valeur de notre dollar varie-t-elle par rapport à celle des autres devises? Pourquoi notre dollar se déprécie-t-il par rapport à certaines devises et au même moment s'apprécie-t-il par rapport à d'autres? Enfin, pourquoi, depuis quelques années, les fluctuations de la valeur du dollar ont-elles été si prononcées? Peut-on stabiliser la valeur du dollar? ■ L'économie mondiale est de plus en plus intégrée. Au mois d'octobre 1987, lorsque le marché boursier américain s'est effondré, les marchés de la Bourse au

Canada, au Japon et en Europe de l'Ouest ont fait de même. Même si les pays du monde se rapprochent, il existe d'importantes différences entre les taux d'intérêt auxquels les gens empruntent et prêtent à travers le monde. Par exemple, à la fin de 1989, le gouvernement canadien payait presque 10 % par année d'intérêt sur ses emprunts à long terme. À la même époque, en Australie et en Espagne, les gouvernements versaient plus de 13 % d'intérêt. En revanche, les États-Unis ne déboursaient que 8 %, l'Allemagne de l'Ouest, 6 % et le Japon, de même que la Suisse, à peine plus de 4 %. Pourquoi les taux d'intérêt à travers le monde sont-ils tellement différents? Pourquoi n'arrête-t-on pas de prêter dans les pays où les taux d'intérêt sont bas, ce qui entraînerait un déplacement de la monnaie vers les pays où les taux d'intérêt sont élevés? Pourquoi les taux d'intérêt ne tendent-ils pas à être égaux à travers le monde? ■ Au cours de notre histoire récente, nous avons parfois cherché à maintenir constante la valeur du dollar canadien par rapport à d'autres devises. C'est au cours des années 60 que nous l'avons fait pour la dernière fois. À d'autres moments, nous avons laissé le dollar canadien atteindre sa valeur d'équilibre sur le marché mondial des changes. Est-il important que le taux de change du dollar canadien soit fixe ou flexible? Comment maintenons-nous un taux de change fixe? Quels sont les facteurs qui déterminent la valeur du taux de change flexible? Le régime de taux de change n'intéresse-t-il que les spécialistes qui œuvrent sur le marché des changes, ou bien a-t-il une incidence sur la vie économique de tous les Canadiens?

■ Pendant les années 80, les Canadiens se sont vivement intéressés aux questions d'économie internationale. Nous allons étudier ces questions dans le présent chapitre. Nous allons voir pourquoi la valeur du dollar canadien fluctue considérablement par rapport à la valeur des autres devises et pourquoi les taux d'intérêt canadiens sont si élevés comparativement aux taux d'intérêt en vigueur aux États-Unis, au Japon, en Suisse et en Allemagne, alors qu'ils sont relativement peu élevés par rapport aux taux en vigueur dans de nombreux autres pays. Nous allons également voir quelles sont les forces du marché qui relient les pays, qui déterminent les valeurs de leurs devises et qui influent sur la transmission internationale des variations des taux d'intérêt et des prix.

Le taux de change

Lorsque les Canadiens achètent des biens étrangers ou lorsqu'ils investissent dans un autre pays, ils doivent obtenir une certaine quantité de devises de ce pays pour effectuer la transaction. Lorsque des étrangers achètent des produits fabriqués au Canada ou qu'ils investissent au Canada, ils doivent se procurer des dollars canadiens. Les Canadiens obtiennent des devises étrangères, et les étrangers, des dollars canadiens, sur le marché des changes.

Le **marché des changes** constitue le marché où la devise d'un pays est échangée contre celle d'un autre. Le marché des changes ne se compare pas à un marché aux puces ni à un marché de fruits et légumes. Des milliers de gens — importateurs, exportateurs, banquiers, spécialistes de la vente et de l'achat de devises étrangères, que nous appelons *cambistes* — travaillent sur le marché des changes. Le marché des changes est en activité jour et nuit. Il ouvre le lundi matin à Tōkyō, alors qu'on est encore dimanche soir à Montréal. À mesure que la journée avance, les marchés de Zurich, de Londres, de Montréal et de New York ouvrent, suivis finalement par les marchés de Vancouver, de Los Angeles et de San Francisco. Avant que les marchés de la côte ouest ne ferment, celui de Tōkyō est déjà sur le point d'entreprendre une nouvelle journée. Les cambistes du monde entier sont en communication constante grâce à des ordinateurs reliés par téléphone. Tous les jours, des milliards de dollars changent de mains.

Le taux auquel la devise d'un pays est échangée contre celle d'un autre s'appelle le **taux de change**. Par exemple, en 1991, 1 $CAN pouvait acheter 117,3 Y. Le taux de change entre le dollar canadien et le yen était de 117,3 Y pour un dollar. Le taux de change peut être exprimé de deux manières. Nous venons d'exprimer le taux de change entre le yen et le dollar canadien en quantité de yens par dollar. Réciproquement, nous pourrions exprimer le taux de change en quantité de dollars par yen. Ce taux de change, en 1991, était de 0,008524 $CAN pour un yen. En d'autres termes, un yen valait un peu moins d'un cent.

Les interventions des cambistes rendent le marché des changes très efficace. Les taux de change sont presque les mêmes partout dans le monde. Si la valeur du dollar canadien était faible sur le marché de Londres et élevée à Tōkyō, en peu de temps quelqu'un effectuerait un achat à Londres et une vente à Tōkyō, ce qui aurait pour effet de faire augmenter la demande à un endroit et l'offre à un autre, et donc de ramener les prix à égalité.

Les régimes de taux de change

Pour des millions de personnes, les taux de change ont beaucoup d'importance: ils jouent sur le coût de nos vacances à l'étranger et sur le prix des voitures étrangères. Ils influent sur la quantité de dollars que nous obtenons en échange des pommes et du blé que nous vendons aux Japonais. C'est pourquoi les gouvernements accordent une grande attention à l'évolution du marché des changes, allant jusqu'à prendre des mesures pour provoquer des variations souhaitables des taux de change. Comme nous l'avons vu au chapitre 11, le gouvernement et la Banque du Canada peuvent intervenir sur le marché des changes sous la forme de trois régimes possibles de taux de change :

- Le régime de taux de change fixe
- Le régime de taux de change flexible
- Le régime de taux de change géré

En régime de fixité du taux de change, la Banque du Canada maintient le dollar à une certaine valeur. En régime de flexibilité du taux de change, la valeur du dollar est déterminée par les forces du marché en l'absence de toute intervention de la part de la Banque du Canada. Finalement, en régime de gestion du taux de change, la Banque du Canada intervient sur le marché des changes pour atténuer les fluctuations de la valeur du dollar sans toutefois chercher à maintenir le dollar à une valeur fixe sur une longue période. De plus, lorsque le taux de change est géré, la Banque du Canada n'annonce pas la valeur à laquelle elle souhaite que le dollar parvienne.

L'histoire récente du taux de change

Vers la fin de la Seconde Guerre mondiale, les plus importants pays du monde ont instauré le Fonds monétaire international (FMI). Le **Fonds monétaire international** est un organisme international qui supervise les activités liées à la balance des paiements et aux taux de change. Le FMI, situé dans la ville de Washington, a commencé ses activités pendant la Seconde Guerre mondiale. En juillet 1944, à Bretton Woods, dans le New Hampshire, 44 pays signaient la convention du FMI. Le point central de cette convention était l'établissement d'un régime mondial de fixité du taux de change entre les devises. L'étalon pour ce régime était l'or. On avait convenu qu'une once d'or valait 35 $US. Toutes les autres devises étaient liées au dollar américain par des taux de change fixes. Par exemple, le taux yen-dollar était fixé à 360 Y par dollar américain ; la livre sterling valait 4,80 $US.

La participation du Canada au régime de fixité du taux de change du FMI a été plus limitée que celle de la plupart des autres pays. En effet, depuis la création du régime, et ce jusqu'en 1962, le Canada est parvenu à maintenir une autonomie relative de son taux de change. Cependant, de 1962 à 1970, le Canada a fonctionné avec un taux de change fixe. Depuis 1970, le Canada permet au taux de change du dollar de fluctuer plus librement. Parfois, les forces du marché ont, presque à elles seules, déterminé les fluctuations du taux de change mais, la plupart du temps, le taux de change canadien a été géré.

Par ailleurs, le Canada n'a pas été le seul pays à connaître des ennuis avec le régime de taux de change fixe du système monétaire international au début des années 70. Même si ce régime a été très efficace durant les années 50 et au début des années 60, il a subi de fortes pressions vers la fin des années 60 ; en 1971, il s'est presque complètement écroulé. Depuis 1971, les pays du monde fonctionnent avec un ensemble de règlements liés à des taux de change flexibles et à des taux de change gérés. Certaines devises ont pris de la valeur et d'autres en ont perdu. Le dollar canadien, tout comme d'autres devises, s'est déprécié. Le yen a connu la hausse la plus spectaculaire.

Le graphique (a) de la figure 18.1 illustre l'évolution du taux de change du dollar canadien exprimé en yens depuis 1970. Comme vous pouvez le constater, la valeur de notre dollar a baissé : le dollar s'est déprécié. La **dépréciation** représente la baisse de la valeur d'une devise par rapport à une autre.

Tout comme la valeur du dollar, exprimée en yens, a baissé, le yen a gagné de la valeur par rapport au dollar canadien : le yen s'est apprécié. L'**appréciation** représente la hausse de la valeur d'une devise par rapport à une autre. Nous pouvons voir l'appréciation du yen et la dépréciation du dollar comme l'image inversée l'une de l'autre dans les graphiques (a) et (b) de la figure 18.1.

Il existe autant de taux de change pour le dollar canadien qu'il existe de devises contre lesquelles il peut être échangé. Le dollar canadien perd de la valeur par rapport à certaines devises, comme dans le cas du yen, et en gagne par rapport à d'autres. Pour évaluer la variation moyenne de la valeur du dollar canadien, la Banque du Canada calcule un indice des cours du dollar canadien par rapport aux devises d'un groupe de pays industrialisés, appelé le *groupe des dix* ou le *G-10*. L'**indice des cours du dollar canadien vis-à-vis des devises du G-10** est un indice qui mesure la valeur du dollar canadien en fonction de sa capacité à acheter un panier de devises des autres pays du groupe des dix. Le poids attaché à chaque devise est lié à l'importance de celle-ci dans le commerce extérieur canadien. Les devises du groupe des dix sont les suivantes :

- Le dollar américain ($US)
- La livre sterling (£)
- Le franc français (FF)
- Le deutsche mark (DM)
- La lire (LIT)
- Le yen (Y)
- Le franc suisse (FS)
- Le florin néerlandais (FL)
- Le franc belge (FB)
- Le dollar canadien ($CAN)

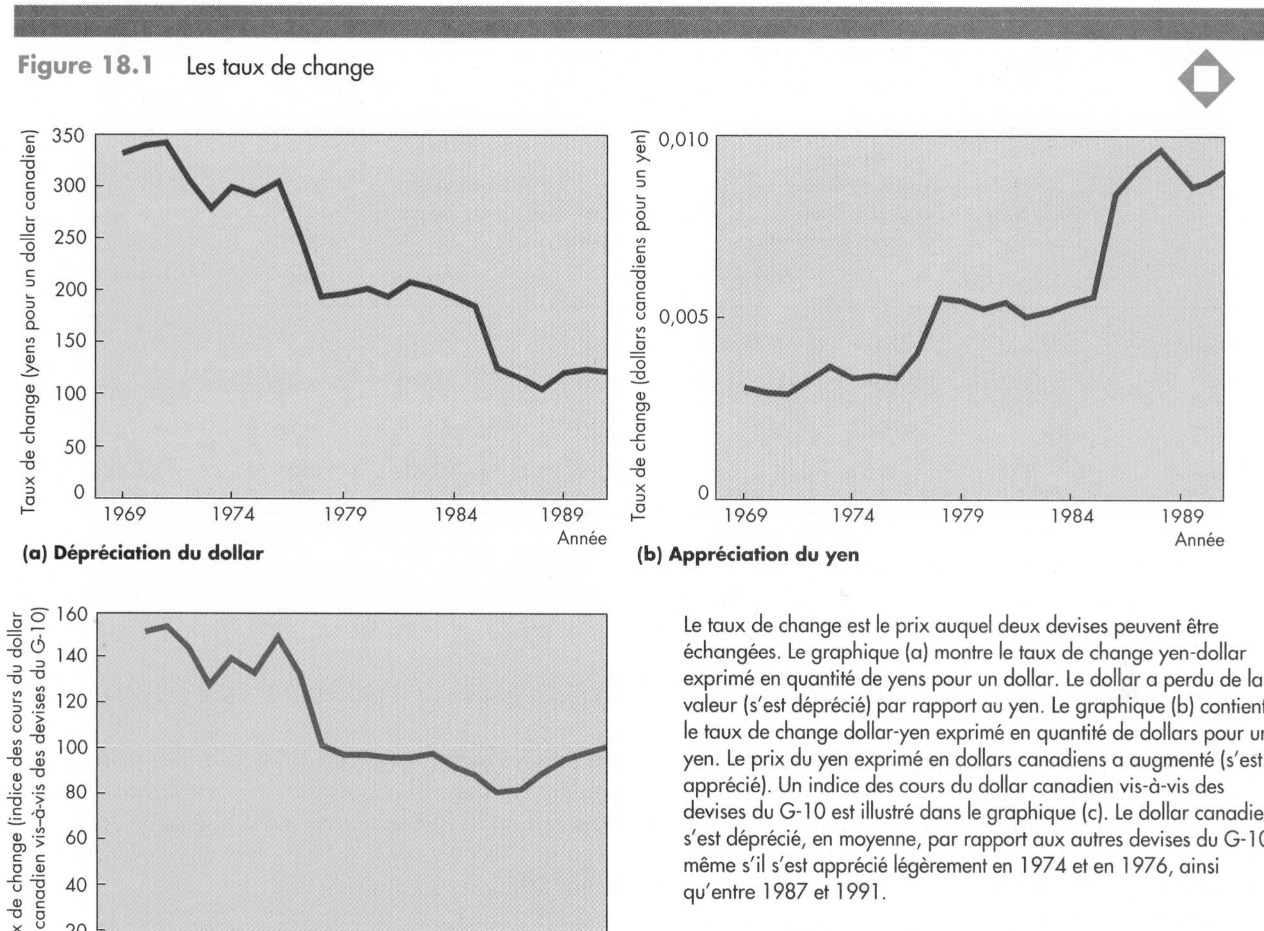

Figure 18.1 Les taux de change

Le taux de change est le prix auquel deux devises peuvent être échangées. Le graphique (a) montre le taux de change yen-dollar exprimé en quantité de yens pour un dollar. Le dollar a perdu de la valeur (s'est déprécié) par rapport au yen. Le graphique (b) contient le taux de change dollar-yen exprimé en quantité de dollars pour un yen. Le prix du yen exprimé en dollars canadiens a augmenté (s'est apprécié). Un indice des cours du dollar canadien vis-à-vis des devises du G-10 est illustré dans le graphique (c). Le dollar canadien s'est déprécié, en moyenne, par rapport aux autres devises du G-10, même s'il s'est apprécié légèrement en 1974 et en 1976, ainsi qu'entre 1987 et 1991.

Source: Revue de la Banque du Canada, CANSIM séries B3407 et B3418.

Le tableau 18.1 présente un exemple de calcul de l'indice du dollar canadien. Dans cet exemple, nous supposons que le Canada effectue des échanges commerciaux avec seulement trois pays: les États-Unis, le Japon et la Grande-Bretagne. Nous supposons également que 50 % des échanges se font avec les États-Unis, 30 % avec le Japon et 20 % avec la Grande-Bretagne. En l'an 1, le dollar canadien vaut 0,75 $US, 100 Y ou 0,50 £.

Imaginons que nous placions ces devises étrangères dans un «panier» valant 100 $CAN; 50 % de la valeur du panier est évaluée en dollars américains, 30 % en yens et 20 % en livres sterling. Le tableau donne la liste du contenu du panier: 37,50 $US, 3000 Y et 10 £. Si l'on convertit les montants des trois devises étrangères en dollars canadiens, au taux de change en vigueur, la valeur du panier de devises correspond à 100 $CAN. Le panier comprend 50 $ en argent américain, 30 $ en yens et 20 $ en livres sterling. En l'an 1, l'indice du panier est 100 par définition.

Supposons qu'en l'an 2 les taux de change varient comme dans le tableau. Le taux de change du dollar américain demeure constant, le yen s'apprécie de façon telle qu'on ne peut acheter que 90 Y avec un dollar canadien et la livre sterling se déprécie, ce qui fait qu'un dollar canadien vaut maintenant 0,55 £. À quoi correspond la variation de la valeur du panier?

La variation est calculée dans la dernière colonne du tableau. Étant donné que le taux de change du dollar américain demeure constant, la valeur, en dollars canadiens, des dollars américains dans le panier reste constante, à 50 $US. En raison de l'appréciation du yen, nous avons maintenant besoin de plus de dollars canadiens pour acheter 3000 Y. Ainsi, la valeur du yen exprimée en dollars canadiens passe à 33,33 $CAN. À cause de la dépréciation de la livre sterling, nous avons besoin de moins de dollars canadiens pour acheter les 10 £ contenues dans le panier. Donc, ces 10 £ valent maintenant 18,18 $CAN. Le nombre total de dollars canadiens nécessaires pour acheter le panier de devises,

Tableau 18.1 Le calcul de l'indice du dollar canadien

Devise	Poids dans l'échange	Taux de change (unités de devise étrangère pour un dollar canadien) An 1	An 2	Contenu du panier	Valeur du panier (en dollars canadiens) An 1	An 2
Dollar américain	0,5	0,75	0,75	37,50 $US	50,00	50,00
Yen	0,3	100,00	90,00	3000 Y	30,00	33,33
Livre sterling	0,2	0,50	0,55	10 £	20,00	18,18
Total	1,0				100,00	101,51

Indice du dollar canadien:

An 1 : 100,00

An 2 : (100 ÷ 101,51) X 100 = 98,51

dont la valeur de départ se chiffrait à 100 $CAN, est maintenant de 101,51 $CAN.

Puisque nous devons avoir plus de dollars canadiens pour acheter le panier de devises, le dollar canadien s'est déprécié. Pour calculer l'indice du dollar canadien, nous prenons la valeur du panier la première année, soit 100 $CAN, et la divisons par la valeur du panier la deuxième année, soit 101,51 $CAN, et nous multiplions le quotient par 100. Ce calcul apparaît au bas du tableau; comme nous pouvons le voir, l'indice en l'an 2 est de 98,51. Ainsi, la valeur du dollar canadien a diminué de 1,5 %, en moyenne, par rapport aux autres devises contenues dans le panier.

Remarquez que la baisse de la valeur du dollar canadien par rapport au yen est de 10 %, soit une diminution de 10 Y pour 100 Y. Vous pouvez également voir que l'augmentation de la valeur du dollar canadien par rapport à la livre sterling est également de 10 %, soit une hausse de 5 pence sur la valeur de départ de 50 pence. Si le dollar canadien perd 10 % de sa valeur par rapport au yen mais qu'il en gagne autant par rapport à la livre sterling, pourquoi sa valeur moyenne a-t-elle diminué? C'est parce que le poids du yen dans le panier est supérieur à celui de la livre sterling. En conséquence, on attribue un poids plus important à la baisse de la valeur du dollar canadien par rapport au yen dans le calcul de l'indice, d'où la baisse de l'indice du dollar canadien.

Pour ces calculs, nous avons utilisé des chiffres hypothétiques. Dans les faits, le dollar canadien a fluctué par rapport aux autres devises de la manière illustrée à la figure 18.1 (c). Comme vous pouvez le constater, les fluctuations du dollar canadien ont été à peu près les mêmes jusqu'en 1976, puis il s'est déprécié pendant trois ans. Il est ensuite demeuré constant par rapport aux devises des autres pays du groupe des dix jusqu'en 1983. De 1983 à 1986, le dollar s'est déprécié; depuis 1986, il s'est apprécié.

La détermination du taux de change

Quels sont les facteurs qui déterminent la valeur du dollar par rapport aux devises étrangères? Pourquoi le dollar s'est-il déprécié par rapport au yen depuis 1970? Pourquoi cette dépréciation a-t-elle été particulièrement spectaculaire après 1985? Pourquoi le dollar s'est-il temporairement apprécié par rapport au yen en 1982?

La valeur du taux de change du dollar constitue un prix et, comme tous les prix, elle est déterminée par l'offre et la demande. Mais que veut-on dire exactement par la demande et l'offre de dollars? En fait, la notion d'offre et de demande de dollars peut avoir trois significations. Toutes les trois ont été incorporées, à divers moments, aux théories de la détermination du taux de change, à savoir:

- La théorie des flux de transactions
- La théorie monétaire
- La théorie de l'équilibre de portefeuille

Voyons ces trois théories à tour de rôle.

La théorie des flux de transactions

Selon la **théorie de la détermination du taux de change par les flux de transactions**, le taux de change s'ajuste afin que le flux d'offre de dollars soit égal au flux de demande de dollars. Le flux d'offre de dollars, à tout moment, dépend de la valeur des importations canadiennes. Les Canadiens offrent des dollars en échange de devises étrangères afin de pouvoir acheter des importations. Le flux de demande de dollars dépend en tout temps de la valeur des biens canadiens que les étrangers ont l'intention d'acheter (les exportations) pendant une certaine période. En plus des flux de demande et d'offre découlant des importations et des exportations, il existe un flux net de demande ou d'offre provoqué par les prêts et les emprunts internationaux. Selon la théorie de la détermination du taux de change par les flux de transactions, le taux de change s'ajuste afin de maintenir le flux de demande d'une devise égal au flux d'offre.

La théorie de la détermination du taux de change par les flux de transactions comporte une faiblesse importante : elle n'explique pas comment sont déterminés les flux nets provenant des prêts et des emprunts internationaux. En fait, ces flux sont provoqués par les décisions que prennent les gens quant au type d'éléments d'actif qu'ils désirent détenir. Ils doivent décider s'ils désirent posséder des éléments d'actif nationaux ou étrangers. Ils doivent également choisir la devise dans laquelle ils détiendront ces éléments d'actif. Mais ces choix concernent les stocks, et non les flux. La décision de *changer* le stock d'actifs qu'ils détiennent entraîne des *flux*, mais *ces flux sont la conséquence des décisions des gens quant aux stocks.* Ainsi, dans l'étude de la détermination du taux de change, même si nous abordons le sujet du point de vue du flux d'offre et de demande d'une devise, nous ne pouvons éviter de concevoir la demande d'une devise comme un stock à détenir, plutôt que comme un flux. L'importance accordée à la demande d'un stock de devises a donné naissance aux deux autres théories du taux de change. Étudions-les maintenant.

La théorie monétaire

Selon la **théorie monétaire de la détermination du taux de change**, le taux de change s'ajuste de manière à ce que le stock de devises demandé et le stock de devises offert soient égaux. Le stock de devises est identique à la *quantité de monnaie.* Au chapitre 11, nous avons vu comment la quantité de monnaie au Canada, ou quantité de monnaie exprimée en dollars canadiens, est déterminée par les décisions du système bancaire et les interventions de la Banque du Canada. La quantité de monnaie au Japon, ou quantité de monnaie en yens, est déterminée par des mesures semblables prises par la Banque du Japon. La quantité de monnaie en dollars américains est déterminée par les mesures adoptées par la «Fed», et ainsi de suite. Selon la théorie monétaire, le taux de change s'ajuste pour que la quantité de monnaie offerte, quelle que soit la devise dans laquelle elle est exprimée, soit égale à la quantité demandée.

La plupart des économistes en finances internationales considèrent que la théorie monétaire de la détermination du taux de change est trop restrictive et ils proposent d'utiliser un agrégat d'actifs plus large. C'est ce qui a donné naissance à la théorie de l'équilibre de portefeuille.

La théorie de l'équilibre de portefeuille

Selon la **théorie de la détermination du taux de change par l'équilibre de portefeuille**, le taux de change s'ajuste afin que le stock d'actifs financiers demandé, détenu dans une certaine devise, soit égal au stock offert. Par exemple, la quantité de dollars canadiens offerte correspond à la quantité d'éléments d'actif détenus en dollars canadiens. Cette somme inclut les titres émis en dollars canadiens par le gouvernement et par les entreprises. Elle comprend également les billets de banque en dollars canadiens émis par la Banque du Canada et les dépôts bancaires en dollars canadiens, c'est-à-dire l'offre de monnaie canadienne. Toutefois, l'offre de monnaie ne représente qu'une partie de la quantité totale d'actifs détenus en dollars canadiens. Le taux de change s'ajuste afin que la quantité demandée totale d'actifs détenus en dollars canadiens soit égale à la quantité offerte.

Dans notre étude des forces qui déterminent le taux de change, nous allons nous servir de cette dernière théorie, la plus globale des trois, soit la théorie de la détermination du taux de change par l'équilibre de portefeuille. Examinons maintenant les forces qui ont une incidence sur les quantités, demandée et offerte, d'actifs détenus en dollars canadiens.

La demande d'éléments d'actif en dollars canadiens

La loi de la demande s'applique aux éléments d'actif en dollars comme à toutes les autres choses de valeur. La quantité demandée d'éléments d'actif en dollars augmente lorsque le prix du dollar baisse par rapport aux devises étrangères et elle chute lorsque le prix du dollar monte par rapport aux devises étrangères. La loi de la demande s'applique aux dollars pour deux raisons distinctes. Premièrement, parce qu'il existe une demande de transactions. Plus la valeur du dollar est faible, plus la demande d'exportations canadiennes est forte et plus la demande d'importations est faible. Ainsi, la valeur des échanges commerciaux effectués en dollars est plus importante. Les étrangers demandent plus de dollars pour acheter des exportations canadiennes et nous demandons plus de dollars et moins de devises étrangères à mesure que nous achetons plus de produits fabriqués au Canada et moins d'importations.

Deuxièmement, il existe une demande provenant de gains en capital prévus. Toutes choses étant égales par ailleurs, plus la valeur du dollar est faible aujourd'hui, plus son taux d'appréciation prévu est élevé ou plus son taux de dépréciation prévu est bas. Donc, le gain prévu engendré par la détention d'éléments d'actif en dollars est plus élevé par rapport au gain prévu lié à la détention de devises étrangères. Supposons que, aujourd'hui, la valeur du dollar soit de 120 Y, mais que vous prévoyiez que le dollar n'en vaudra plus que 110 à la fin de l'année. Ainsi, vous prévoyez une dépréciation du dollar de 10 Y. Toutes choses étant égales par ailleurs, vous ne prévoirez pas détenir des éléments d'actif en dollars dans ce cas. Vous déciderez plutôt de détenir des éléments d'actif en yens. Par contre, si la valeur présente du dollar correspond à 100 Y et si vous aviez prévu qu'elle monterait à 110 Y, vous pensez alors que le dollar connaîtra une appréciation de 10 Y. Dans ce cas, vous voudrez détenir des éléments d'actif en dollars afin de tirer avantage de l'augmentation prévue de la valeur de ces éléments. La détention d'éléments d'actif dans une certaine devise en prévision de la valeur que cette devise prendra à la suite d'une variation du taux de change est un des facteurs qui influent le plus sur la quantité d'éléments d'actif demandée en dollars et en devises étrangères. Plus nous prévoyons qu'une devise prendra de la valeur, plus la quantité d'éléments d'actif que les gens désirent détenir dans cette devise est grande.

La figure 18.2 montre la relation entre le prix du dollar canadien en devises étrangères et la quantité d'éléments d'actif demandée, soit la courbe de demande d'éléments d'actif en dollars. Lorsque le taux de change varie, toutes choses étant égales par ailleurs, il se produit un mouvement sur la courbe de demande.

Une variation de tous les autres facteurs ayant une incidence sur la quantité d'éléments d'actif en dollars que nous désirons détenir provoque un déplacement de la courbe de demande. Alors, la demande augmente ou diminue. Ces autres facteurs qui ont une incidence sur la position de la courbe de demande sont les suivants :

- Le volume des échanges commerciaux effectués en dollars
- Le niveau des prix au Canada
- Les taux d'intérêt des éléments d'actif détenus en dollars
- Les taux d'intérêt des éléments d'actif détenus en devises étrangères
- La valeur prévue du dollar

Figure 18.2 La demande d'éléments d'actif en dollars canadiens

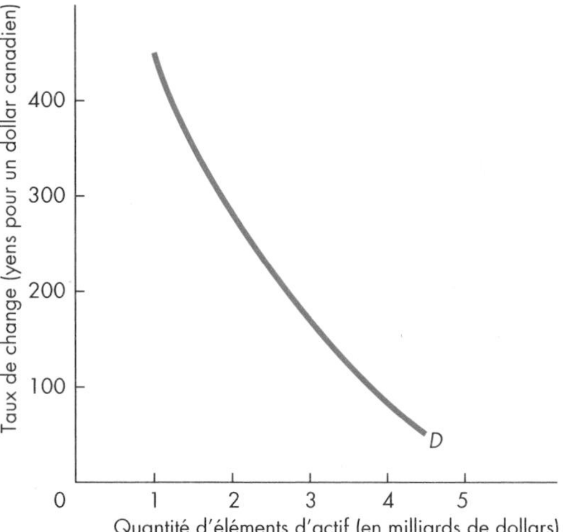

Toutes choses étant égales par ailleurs, la quantité demandée d'éléments d'actif en dollars canadiens dépend du taux de change. Plus le taux de change est bas (plus le nombre de yens pour un dollar est petit), plus la quantité d'éléments d'actif demandée est grande. L'augmentation de la demande se produit en raison d'une hausse du volume des échanges commerciaux effectués en dollars (les Japonais achètent plus de biens fabriqués au Canada et les Canadiens se procurent moins de biens produits au Japon), de même que de la hausse de l'appréciation prévue ou de la baisse de la dépréciation prévue des éléments d'actif en dollars.

1. Le volume des échanges commerciaux effectués en dollars. La demande d'éléments d'actif en dollars dépend du volume des échanges commerciaux effectués en dollars. Le volume des échanges commerciaux correspond au montant effectif du commerce effectué. Tous les autres facteurs demeurant constants, plus le volume des échanges commerciaux effectués en dollars est important, plus la demande d'éléments d'actif en dollars est grande. Le lien entre la demande d'éléments d'actif en dollars et le volume des échanges commerciaux effectués en dollars a la même raison d'être que le lien entre la demande de monnaie et les dépenses réelles expliqué au chapitre 11. En détenant un stock d'éléments d'actif en dollars, il est possible d'épargner sur les coûts de la conversion en dollars d'éléments d'actif exprimés en devises étrangères chaque fois que nous achetons des biens et services.

2. Le niveau des prix au Canada. Lorsque tous les autres facteurs demeurent constants, la demande d'éléments d'actif en dollars est proportionnelle au niveau des prix canadiens puisque la valeur du dollar, quel que soit le volume des transactions, est proportionnelle au niveau des prix. Ainsi, la quantité de monnaie nécessaire pour effectuer une transaction donnée est proportionnelle au niveau des prix observé lors de la transaction. Autrement dit, la demande d'éléments d'actif en dollars correspond à une demande en termes réels, tout comme la demande de monnaie au chapitre 11.

3. Les taux d'intérêt des éléments d'actif détenus en dollars. Lorsque tous les autres facteurs demeurent constants, plus le taux d'intérêt des éléments d'actif en dollars est élevé, plus la quantité détenue de ces éléments est grande. Les Canadiens changeront en dollars leurs éléments d'actif exprimés en devises étrangères et les étrangers changeront en dollars canadiens leurs propres éléments d'actif nationaux.

4. Les taux d'intérêt des éléments d'actif détenus en devises étrangères. L'effet des taux d'intérêt sur les éléments d'actif en devises étrangères est contraire à l'effet des taux d'intérêt sur les éléments d'actif détenus en dollars canadiens. Lorsqu'un taux d'intérêt plus élevé peut être obtenu sur des éléments d'actif en devises étrangères, les Canadiens et les étrangers changeront leurs éléments d'actif en dollars canadiens contre des éléments en devises étrangères.

5. La valeur prévue du dollar. Si nous prévoyons que la valeur du dollar s'appréciera par rapport à d'autres devises, nous détiendrons plus de dollars et moins d'éléments d'actif en devises étrangères, toutes choses étant égales par ailleurs.

Le tableau 18.2 résume les facteurs qui ont une incidence sur la quantité d'éléments d'actif demandée.

Tableau 18.2 La demande d'éléments d'actif en dollars 

La loi de la demande

La quantité demandée d'éléments d'actif en dollars

Augmente si	*Diminue si*
• La valeur du dollar en devises étrangères diminue	• La valeur du dollar en devises étrangères augmente

Les variations de la demande

La demande d'éléments d'actif en dollars

Augmente si	*Diminue si*
• Les échanges commerciaux effectués en dollars s'accroissent	• Les échanges commerciaux effectués en dollars baissent
• Le niveau des prix augmente	• Le niveau des prix diminue
• Les taux d'intérêt des actifs en dollars montent	• Les taux d'intérêt des actifs en dollars baissent
• Les taux d'intérêt des actifs en devises étrangères diminuent	• Les taux d'intérêt des actifs en devises étrangères augmentent
• On prévoit que le dollar s'appréciera	• On prévoit que le dollar se dépréciera

L'offre d'éléments d'actif en dollars canadiens

L'offre d'éléments d'actif en dollars canadiens est principalement déterminée par les mesures prises par la Banque du Canada. Cette offre dépend également beaucoup du régime de taux de change en vigueur. En régime de fixité du taux de change, la courbe d'offre d'éléments d'actif en dollars est horizontale au taux de change fixe. Le gouvernement et la Banque du Canada sont prêts à offrir la quantité demandée d'éléments d'actif en dollars, peu importe la quantité, au taux de change fixe. En régime de taux de change géré, la Banque du Canada atténue les fluctuations du taux de change; la courbe d'offre d'éléments d'actif en dollars est à pente positive. Plus le taux de change est élevé, plus la quantité offerte d'éléments d'actif en dollars est grande. En régime de flexibilité du taux de change, la Banque du Canada n'intervient pas sur le marché des changes; une quantité fixe d'éléments d'actif en dollars est offerte, peu importe leur prix. En conséquence, la courbe d'offre d'éléments d'actif en dollars est verticale.

L'offre d'éléments d'actif en dollars canadiens varie dans le temps à cause des deux éléments suivants:

- Le budget du gouvernement
- La politique monétaire de la Banque du Canada

Le budget du gouvernement Lorsque le gouvernement fait face à un déficit budgétaire, l'offre d'éléments d'actif en dollars canadiens augmente. Par contre, si le gouvernement fait face à un surplus budgétaire, l'offre d'éléments d'actif en dollars canadiens diminue. Il est important de remarquer que l'offre d'éléments d'actif en dollars canadiens augmente lorsque le budget du gouvernement est déficitaire, peu importe la façon dont le gouvernement s'y prend pour combler ce déficit. Il peut le faire en vendant des obligations à la Banque du Canada. Ce moyen de financement entraîne une hausse immédiate de l'offre de monnaie. En pareille situation, l'offre d'éléments d'actif en dollars canadiens s'accroît. Mais même si le gouvernement devait combler le déficit de son budget en vendant des obligations aux ménages, aux entreprises ou aux étrangers, tant que ces obligations sont détenues en dollars canadiens, l'offre totale d'éléments d'actif en dollars canadiens augmente.

Le gouvernement du Canada ou celui d'une province peut couvrir le déficit de son budget en émettant des obligations en devises étrangères. Par exemple, le gouvernement du Canada émet des obligations en dollars américains. Il a même émis des obligations en deutsche marks. Lorsque le gouvernement finance son déficit en vendant des obligations en devises étrangères, l'offre d'éléments d'actif en dollars canadiens n'augmente pas.

La politique monétaire de la Banque du Canada L'offre totale d'éléments d'actif en dollars canadiens peut également s'accroître en raison de la politique monétaire de la Banque du Canada. Si la Banque du Canada achète des devises étrangères ou des éléments d'actif en devises étrangères en utilisant de nouveaux dépôts bancaires en dollars canadiens, l'offre de monnaie canadienne augmentera, de même que la quantité offerte d'éléments d'actif en dollars canadiens. Si la Banque du Canada vend des titres étrangers ou des devises étrangères, elle réduit le montant des dépôts bancaires en dollars canadiens et retire des billets de banque de la circulation; l'offre de monnaie canadienne et l'offre totale d'éléments d'actif en dollars canadiens diminuent.

Le tableau 18.3 présente un résumé des notions que nous venons de voir.

Tableau 18.3 L'offre d'éléments d'actif en dollars

Offre

Régime de taux de change fixe

La courbe d'offre d'éléments d'actif en dollars est horizontale au taux de change fixe.

Régime de taux de change géré

Afin d'atténuer les fluctuations de la valeur du taux de change du dollar, la quantité d'éléments d'actif en dollars offerte par la Banque du Canada s'accroît lorsque la valeur du taux de change du dollar augmente; elle diminue si la valeur du taux de change du dollar chute. La courbe d'offre d'éléments d'actif en dollars a une pente positive.

Régime de taux de change flexible

La courbe d'offre d'éléments d'actif en dollars est verticale.

Les variations de l'offre

L'offre d'éléments d'actif en dollars

Augmente si	*Diminue si*
• Le gouvernement du Canada connaît un déficit budgétaire	• Le gouvernement du Canada connaît un surplus budgétaire
• La Banque du Canada augmente l'offre de monnaie	• La Banque du Canada diminue l'offre de monnaie

Le marché des éléments d'actif en dollars canadiens

Nous allons maintenant réunir l'offre et la demande sur le marché des éléments d'actif en dollars canadiens afin de déterminer le taux de change. La figure 18.3 illustre notre analyse.

Taux de change fixe Premièrement, prenons un régime de taux de change fixe, comme il apparaît dans le graphique (a) de la figure 18.3. La courbe d'offre d'éléments d'actif en dollars canadiens est horizontale à un taux de change fixe de 200 Y pour un dollar. Si la courbe de demande correspond à D_0, la quantité d'éléments d'actif en dollars canadiens est représentée par Q_0. Lorsque la demande passe en D_1, la quantité d'éléments d'actif en dollars canadiens passe de Q_0 à Q_1, mais le prix du dollar en yens ne change pas.

Taux de change flexible Deuxièmement, analysons le graphique (b) de la figure 18.3, où nous avons illustré ce qui se produit en régime de taux de change flexible. Dans ce régime, la quantité offerte d'éléments d'actif en dollars canadiens est fixe à Q_0; la courbe d'offre d'éléments d'actif en dollars est verticale. La courbe de demande de dollars étant la courbe D_0, le taux de change est de 200 Y pour un dollar. Si la demande de dollars passe de D_0 à D_1, le taux de change passe à 300 Y pour un dollar.

Taux de change géré Troisièmement, étudions le régime de taux de change géré, illustré dans le graphique (c) de la figure 18.3. La courbe d'offre est maintenant à pente positive. Lorsque la courbe de demande correspond à D_0, le taux de change atteint 200 Y pour un dollar. Si la demande passe en D_1, la valeur du dollar en yens s'élève, mais seulement à 225 Y pour un dollar. Comparativement au régime de taux de change flexible, une même augmentation de la demande entraîne une hausse plus faible du taux de change lorsque celui-ci est géré. Cette différence s'explique par le fait que, en régime de taux de change géré, la Banque du Canada augmente la quantité offerte de manière à ralentir la hausse du taux de change.

Figure 18.3 Les trois régimes de taux de change

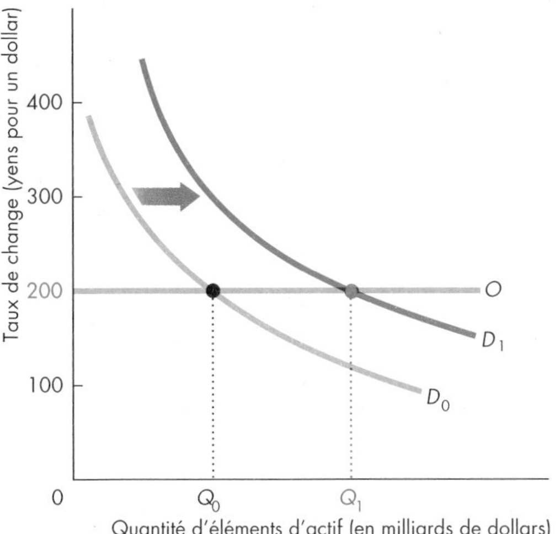

(a) Taux de change fixe

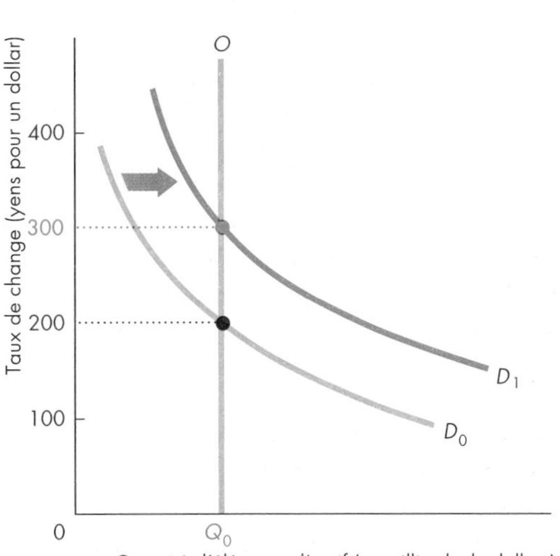

(b) Taux de change flexible

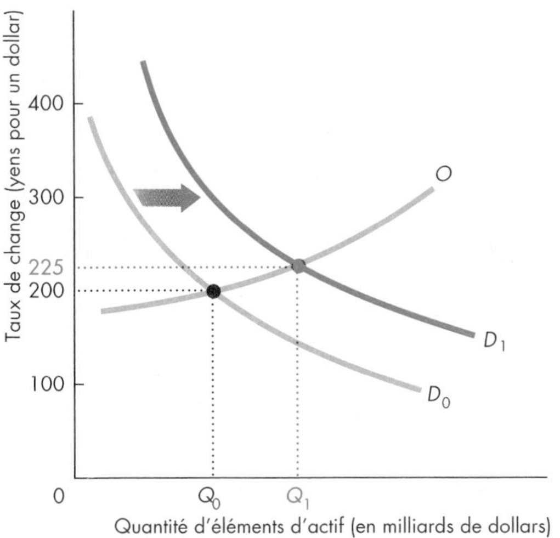

(c) Taux de change géré

En régime de taux de change fixe (graphique a), la Banque du Canada est prête à offrir des éléments d'actif en dollars ou à retirer des éléments d'actif en dollars du marché (en offrant des devises étrangères en échange) au taux de change fixe. La courbe d'offre d'éléments d'actif en dollars est horizontale. Les fluctuations de la demande entraînent des variations de la quantité d'éléments d'actif en dollars en circulation et des variations des avoirs officiels de devises étrangères du pays. Lorsque la demande passe de D_0 à D_1, la quantité d'éléments d'actif en dollars passe de Q_0 à Q_1; le taux de change ne varie pas.

En régime de taux de change flexible (graphique b), la Banque du Canada fixe la quantité d'éléments d'actif en dollars pour que la courbe d'offre d'éléments d'actif en dollars soit verticale. Une hausse de la demande d'éléments d'actif en dollars, qui passe de D_0 à D_1, entraîne seulement une augmentation de la valeur du dollar; le taux de change passe de 200 Y à 300 Y pour un dollar. La quantité d'éléments d'actif en dollars reste constante à Q_0.

En régime de taux de change géré (graphique c), la courbe d'offre d'éléments d'actif en dollars a une pente positive. Ainsi, lorsque la demande s'accroît, passant de D_0 à D_1, le dollar s'apprécie et la quantité offerte d'éléments d'actif en dollars passe de Q_0 à Q_1. La Banque du Canada limite la hausse de la valeur du dollar en augmentant la quantité offerte d'éléments d'actif en dollars, mais elle ne stoppe pas entièrement cette hausse, comme elle le fait lorsque le taux de change est fixe.

Le régime de taux de change et les réserves de devises étrangères

Il existe un lien important entre le régime de taux de change et les réserves de devises étrangères d'un pays, c'est-à-dire les avoirs officiels du pays (du gouvernement et de la Banque du Canada) en devises étrangères.

Si le taux de change est fixe (voir le graphique (a) de la figure 18.3), chaque fois qu'il y a variation de la demande d'éléments d'actif en dollars, la Banque du Canada doit modifier la quantité offerte d'éléments d'actif en dollars pour la faire concorder avec cette variation. La Banque du Canada peut augmenter la quantité offerte d'éléments d'actif en dollars en offrant des éléments d'actif en dollars (des dépôts bancaires) en échange de devises étrangères (des dépôts bancaires à l'étranger). En pareille situation, les avoirs officiels en devises étrangères s'accroissent. Lorsque la demande d'éléments d'actif en dollars diminue, la Banque du Canada doit réduire la quantité offerte d'éléments d'actif en dollars. La Banque du Canada peut racheter des dollars, utilisant ses avoirs en devises étrangères à cette fin. Dans ce cas, les avoirs officiels en devises étrangères diminuent. Ainsi, lorsque le taux de change est fixe, les variations de la demande d'éléments d'actif en dollars se répercutent sur les avoirs officiels en devises étrangères.

Si le taux de change est flexible, la Banque du Canada n'intervient pas sur le marché des changes. Peu importe la demande d'éléments d'actif en dollars, la Banque ne prend aucune mesure pour modifier la quantité offerte d'éléments d'actif en dollars. Les avoirs officiels du pays en devises étrangères demeurent alors inchangés.

Si le taux de change est géré, les avoirs officiels en devises étrangères sont ajustés afin de correspondre aux fluctuations de la demande d'éléments d'actif en dollars, mais d'une manière beaucoup moins forte que si le taux de change est fixe. En conséquence, les variations des avoirs officiels en devises étrangères sont moins importantes en régime de gestion qu'en régime de fixité du taux de change.

Pourquoi le taux de change fluctue-t-il autant?

Nous avons connu des périodes, surtout récemment, pendant lesquelles le taux de change entre le dollar et le yen a beaucoup varié. Dans la plupart des cas, le dollar s'est considérablement déprécié; à quelques occasions, cependant, il s'est fortement apprécié.

Ces importantes fluctuations du taux de change sont principalement dues au fait que les variations de l'offre et de la demande d'éléments d'actif en dollars ne sont pas toujours indépendantes les unes des autres. Parfois, une variation de l'offre se répercute sur la demande, ce qui renforce l'effet de la variation de l'offre. Voyons maintenant à l'aide de deux exemples comment ces effets se produisent.

En 1981 et en 1982 En 1981 et en 1982, le dollar canadien s'est apprécié par rapport au yen, passant de 194 à 201 Y pour un dollar. Le graphique (a) de la figure 18.4 nous montre pourquoi cela s'est produit. En 1981, les courbes d'offre et de demande correspondaient aux courbes O_{81} et D_{81}. La valeur du dollar en devises étrangères se chiffrait à 194 Y, au point d'intersection des courbes d'offre et de demande. En 1982, le Canada connaissait une grave période de récession. C'est, en partie, la Banque du Canada (et la «Fed») qui avait provoqué cette récession, en adoptant une politique monétaire très restrictive. La Banque du Canada a poussé les taux d'intérêt à la hausse, en réduisant l'offre d'éléments d'actif en dollars canadiens, ce qui a d'abord provoqué un déplacement de la courbe d'offre de O_{81} à O_{82}, soit une baisse de l'offre de dollars. Cependant, les taux d'intérêt plus élevés ont entraîné une hausse de la demande d'éléments d'actif en dollars parce que les gens voulaient profiter de la hausse des taux d'intérêt. En conséquence, la courbe de demande s'est déplacée de D_{81} à D_{82}. Ces déplacements se sont renforcés mutuellement, ce qui a eu pour effet de porter le prix du dollar en yens à 201 Y.

En 1985 et en 1986 Le dollar canadien a connu une dépréciation considérable par rapport au yen. En effet, la valeur du dollar est passée de 173 Y en 1985 à 120 Y en 1986. Cette baisse s'est produite de la manière suivante. En 1985, les courbes d'offre et de demande correspondaient aux courbes O_{85} et D_{85} (voir le graphique (b) de la figure 18.4). Le prix du dollar exprimé en yens — soit le taux de change auquel les deux courbes se croisent — se chiffrait à 173 Y pour un dollar. De 1982 à 1985, l'économie canadienne a connu une période de reprise au cours de laquelle, cependant, le déficit budgétaire du gouvernement du Canada s'est maintenu. En raison de cet important déficit, l'offre d'éléments d'actif en dollars canadiens a augmenté. La Banque du Canada a adouci sa politique monétaire, ce qui a permis à l'offre de monnaie de croître assez rapidement pour que la reprise se poursuive. Ces mesures ont suscité une hausse de l'offre d'éléments d'actif en dollars canadiens (de O_{85} à O_{86}). Toutefois, les taux d'intérêt au Canada avaient commencé à baisser et on prévoyait que le dollar allait s'affaiblir. En conséquence, la demande d'éléments d'actif en dollars canadiens est passée de D_{85} à D_{86}. La hausse de l'offre et la baisse de la demande ont provoqué une chute importante de la valeur du dollar à 120 Y.

À RETENIR

Il existe trois régimes de taux de change: fixe, flexible et géré. En régime de fixité du taux de change, la Banque du Canada fixe la valeur du taux de change, et les variations des réserves de devises étrangères en garantissent la stabilité. Pour faire face à une baisse de la demande d'éléments d'actif en dollars canadiens ou à une hausse de la demande d'éléments d'actif en devises étrangères, nous devons réduire les avoirs officiels du Canada en devises étrangères. En régime de flexibilité du taux de change, la Banque du Canada n'intervient pas sur les marchés des changes. Les avoirs officiels du Canada en devises étrangères demeurent constants. Lorsque le taux

Figure 18.4 Pourquoi le taux de change est-il si variable?

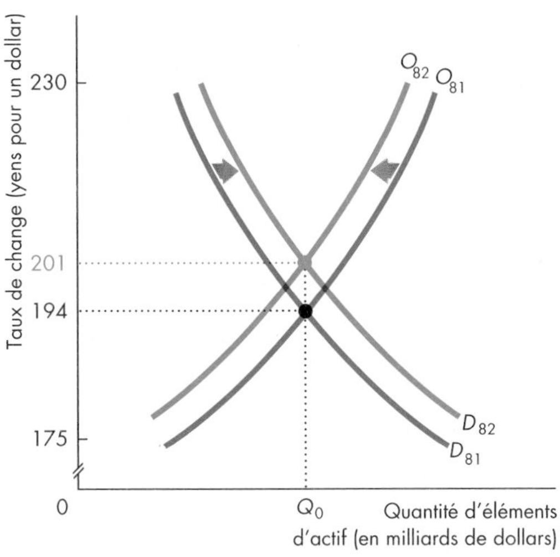

(a) En 1981 et en 1982

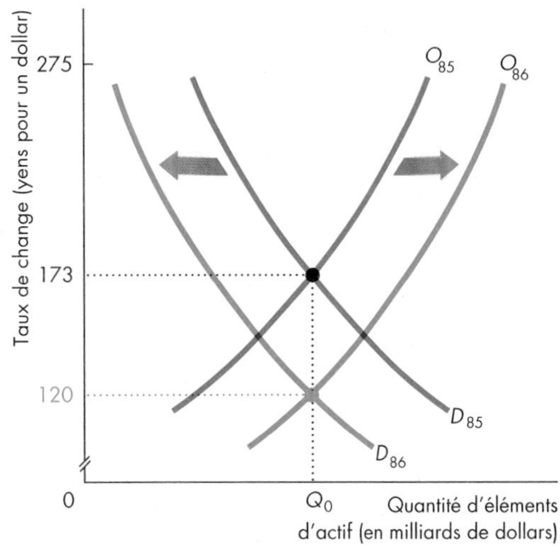

(b) En 1985 et en 1986

Le taux de change est très variable car les déplacements des courbes d'offre et de demande d'éléments d'actif en dollars ne sont pas indépendants les uns des autres. En 1981 et en 1982 (graphique a), le dollar s'est apprécié, passant de 194 Y à 201 Y pour un dollar. Le déplacement vers la gauche de la courbe d'offre d'éléments d'actif en dollars a provoqué cette appréciation. Puis des taux d'intérêt plus élevés ont entraîné une hausse de la demande d'éléments d'actif en dollars, ce qui a fait déplacer la courbe de demande vers la droite. Ainsi, le taux de change du dollar a connu une hausse considérable. En 1985 et en 1986 (graphique b), la Banque du Canada a permis à la quantité d'éléments d'actif en dollars d'augmenter afin de soutenir la reprise économique. La courbe d'offre s'est déplacée vers la droite. En même temps, les taux d'intérêt ont chuté et les prévisions d'une baisse ultérieure de la valeur du dollar ont provoqué le déplacement de la courbe de demande vers la gauche. En conséquence, le taux de change a baissé considérablement, passant de 173 Y à 120 Y pour un dollar.

de change est géré, la Banque du Canada atténue les fluctuations du taux de change, mais dans une mesure moindre qu'en régime de taux de change fixe. En régime de flexibilité ou de gestion du taux de change, la demande et l'offre d'éléments d'actif en dollars déterminent le taux de change. Les fluctuations de l'offre renforcent souvent les fluctuations de la demande, ce qui entraîne des fluctuations considérables du taux de change

■ ■ ■

L'arbitrage, les prix et les taux d'intérêt

L'**arbitrage** est l'action d'acheter à bas prix et de vendre à prix élevé dans le but de tirer profit de l'écart entre les deux prix. L'arbitrage a des effets importants sur les taux de change, les prix et les taux d'intérêt. Une augmentation de la quantité d'achats entraîne une hausse des prix. Une diminution de la quantité des ventes provoque une baisse du prix de vente. Le prix de vente et le prix d'achat varient jusqu'à ce qu'ils soient égaux et jusqu'à ce qu'on ne puisse plus tirer profit de l'arbitrage. La loi du prix unique est une conséquence de l'arbitrage. La **loi du prix unique** stipule qu'une marchandise donnée sera disponible à un seul et même prix.

La loi du prix unique ne tient pas compte des frontières ni des devises nationales. Lorsqu'une marchandise donnée est achetée et vendue sur les deux rives du lac Ontario, il importe peu que l'une de ces transactions soit effectuée au Canada et l'autre aux États-Unis et que, pour l'une, on utilise des dollars canadiens alors que, pour l'autre, on utilise des dollars américains. Les forces de l'arbitrage font qu'il n'y a qu'un seul prix. Voyons comment l'arbitrage fonctionne.

L'arbitrage

Prenons, par exemple, le prix d'une disquette que nous

pouvons acheter aux États-Unis ou au Canada. Afin de simplifier le calcul, nous ne tiendrons pas compte des taxes, des tarifs et des frais de transport, car ces facteurs n'influent pas sur le fond du problème.

Supposons qu'une boîte de disquettes coûte 10 $US aux États-Unis et que la même boîte se vende 15 $CAN au Canada. Serait-il plus avantageux d'acheter cette boîte de disquettes au Canada ou aux États-Unis ? La réponse dépend du taux de change entre le dollar canadien et le dollar américain. Si 1 $US coûte 1,50 $CAN, il est évident que le prix de la boîte de disquettes sera le même dans les deux pays. Les Américains peuvent acheter une boîte de disquettes aux États-Unis pour 10 $US ou ils peuvent acheter 15 $CAN avec 10 $US, puis faire l'achat de la boîte de disquettes au Canada. Le prix est le même d'une façon ou de l'autre. Il en est de même pour les Canadiens. Les Canadiens peuvent utiliser 15 $CAN pour acheter une boîte de disquettes au Canada ou ils peuvent échanger 15 $CAN contre 10 $US, puis se procurer une boîte de disquettes aux États-Unis. Encore une fois, le prix des disquettes n'est pas différent.

Supposons maintenant que la valeur du dollar américain soit inférieure à celle que nous avons supposée dans l'exemple précédent. Plus précisément, supposons que 1 $US coûte 1,40 $CAN. Dans ce cas, il serait avantageux d'acheter les disquettes aux États-Unis. Les Canadiens peuvent acheter 10 $US pour 14 $CAN et ainsi se procurer une boîte de disquettes aux États-Unis pour 14 $CAN, comparativement aux 15 $CAN qu'ils doivent payer au Canada. La même situation vaut pour les Américains. En effet, ils peuvent utiliser 10 $US pour acheter 14 $CAN, mais cette somme ne sera pas suffisante pour acheter des disquettes au Canada, puisqu'une boîte coûte 15 $CAN. Ainsi, il est plus avantageux pour les Américains d'acheter leurs disquettes aux États-Unis.

En pareille situation, il serait avantageux pour les Canadiens d'acheter des disquettes aux États-Unis. Les Canadiens traverseraient la frontière pour acheter des disquettes aux États-Unis et continueraient de le faire jusqu'à ce que le prix au Canada baisse à 14 $CAN. Une fois cette diminution de prix enregistrée, il importerait peu aux Canadiens d'acheter leurs disquettes au Canada ou aux États-Unis. L'arbitrage aurait éliminé les différences de prix entre les deux pays.

Vous croyez sans doute qu'il s'agit d'un exemple peu pertinent puisque nous ne nous précipitons pas aux États-Unis chaque fois que nous voulons acheter une boîte de disquettes. Cependant, le fait qu'il y ait un profit à faire signifie qu'une personne pourrait décider d'importer des disquettes des États-Unis au Canada, ce qui augmenterait le nombre de disquettes disponibles et en réduirait le prix. Une telle incitation subsisterait tant et aussi longtemps que le prix des disquettes au Canada serait plus élevé qu'aux États-Unis.

La parité des pouvoirs d'achat

La **parité des pouvoirs d'achat** se produit lorsque la monnaie a une valeur égale entre les pays. Le terme «parité» signifie *égalité* et l'expression «pouvoir d'achat» désigne la *valeur de la monnaie.* Ainsi, la «parité des pouvoirs d'achat» se traduit littéralement par *l'égalité de la valeur des monnaies.* La parité des pouvoirs d'achat est une conséquence de l'arbitrage et de la loi du prix unique. Dans l'exemple des boîtes de disquettes, lorsque 1 $US vaut 1,40 $CAN, 10 $US suffisent pour acheter la boîte de disquettes qui nous coûte 14 $CAN. La valeur de la monnaie, une fois convertie en prix communs, est la même dans les deux pays. Ainsi, la parité des pouvoirs d'achat prévaut dans ce contexte.

La théorie de la parité des pouvoirs d'achat s'applique à tous les biens et indices des prix, et non pas à un seul bien, comme les disquettes. Autrement dit, si un bien coûte moins cher dans un pays que dans un autre, il est plus avantageux de convertir notre monnaie en devises de ce pays, d'y acheter des biens et de les vendre dans un autre pays. Lorsqu'un tel arbitrage s'effectue, tous les prix finissent par être égaux.

On peut évaluer la théorie de la parité des pouvoirs d'achat de la façon suivante. Il s'agit de calculer le **taux de change réel** entre deux pays, c'est-à-dire le rapport entre l'indice des prix d'un pays et celui d'un autre pays. Les prix des biens du deuxième pays sont convertis en prix du premier, en utilisant le taux de change entre les deux devises. Par exemple, le taux de change réel entre le dollar canadien et le yen, exprimé en unités de biens japonais par unité de biens canadiens, se calcule en utilisant la formule suivante :

$$\text{Taux de change réel entre le dollar canadien et le yen} = \frac{\text{Indice implicite du PIB au Canada} \times \text{Yens pour un dollar}}{\text{Indice implicite du PIB au Japon}}$$

Pour mesurer le taux de change réel entre le dollar canadien et les autres devises, nous calculons un indice qui représente une moyenne pondérée des taux de change réels entre le dollar canadien et les autres devises. Les poids indiquent l'importance qu'ont les autres devises dans le commerce international canadien. Ce calcul est semblable à celui que présente le tableau 18.1, soit le calcul de l'indice du dollar canadien (le taux de change nominal).

Le taux de change réel variant beaucoup, certains économistes en ont conclu que la théorie de la parité des pouvoirs d'achat était fausse. Ils soutiennent que, si la théorie de la parité des pouvoirs d'achat était exacte, l'indice du taux de change réel se maintiendrait toujours près de 100. Toute augmentation de l'indice implicite du PIB au Canada qui ne correspondrait pas à une augmentation égale, en pourcentage, de l'indice implicite du PIB au Japon entraînerait une dépréciation du dollar canadien par rapport au yen. Cela aurait pour effet de faire varier les prix canadiens et les prix japonais du même pourcentage, une fois ces deux prix exprimés en yens. Donc, l'indice du taux de change réel demeurerait à 100.

Ce n'est pas parce que les taux de change réels fluctuent que la théorie de la parité des pouvoirs d'achat est fausse. En effet, si les taux de change réels fluctuent, c'est parce qu'il existe des **biens non échangeables**, c'est-à-dire des biens (ou des services) qui ne peuvent être échangés sur de longues distances. Parfois, il serait techniquement possible d'effectuer ce type d'échange, mais les frais seraient exorbitants. Dans d'autres cas, il serait tout simplement impossible de réaliser ces échanges. Les beignets sont un exemple de biens non échangeables. Supposons que ce soit l'heure du dîner à Montréal et que vous ayez faim. Vous avez envie de beignets. Vous n'avez pas d'autre choix que d'acheter vos beignets à Montréal. Vous ne pouvez profiter du fait que les beignets se vendent moins cher à Vancouver pour entreprendre une opération d'arbitrage. Cette situation signifie-t-elle que la parité des pouvoirs d'achat ne s'applique pas entre les villes de Montréal et de Vancouver ? La réponse est non. Cette situation signifie que les beignets vendus à Montréal représentent des biens différents de ceux qui sont vendus à Vancouver. L'endroit où se trouve les biens non échangeables constitue l'une des caractéristiques de ces biens.

Un grand nombre de biens ne peuvent être échangés entre les pays. La variation des taux de change réels découle de l'existence de ce type de biens et services. Cependant, la parité des pouvoirs d'achat tient toujours. Les services publics sont un exemple particulièrement pertinent de biens non échangeables. Vous ne pouvez pas acheter des services de balayage de rue à prix modique au Viêt-nam et les vendre à profit à Vancouver. Un bon nombre de services locaux particuliers, telle la restauration rapide, s'ajoutent à cette catégorie. Des biens que nous ne pouvons échanger sur de longues distances sont des biens totalement différents. Un beignet frais acheté à Montréal diffère d'un beignet frais vendu à Vancouver.

Grâce à l'arbitrage, les prix de biens identiques peuvent devenir égaux ; ce n'est pas le cas des prix de biens différents. L'arbitrage ne sert pas à égaliser les prix entre biens semblables provenant d'endroits éloignés. Ainsi, les vérifications empiriques de la théorie de la parité des pouvoirs d'achat effectuées à partir des taux de change réels sont fautives. En fait, pour que les taux de change réels demeurent constants chaque fois que les taux de change varient, il faudrait que les prix de tous les biens, y compris des beignets, changent également. Le dollar devrait alors se déprécier par

«Sur le marché des changes aujourd'hui, la valeur du dollar est tombée au-dessous de celle des principales monnaies et de celle du beignet.»

rapport à toutes les autres devises. (Voir l'article de la rubrique *Entre les lignes* aux pages 504 et 505.)

Les taxes et les restrictions au commerce international influent également sur le taux de change réel. Ces facteurs atténuent les forces de l'arbitrage et ne permettent pas aux prix de biens identiques dans différents pays d'atteindre l'égalité.

L'arbitrage s'effectue non seulement sur les marchés des biens et services, mais aussi sur les marchés des éléments d'actif, ce qui entraîne un autre type d'égalité ou de parité, soit la parité des taux d'intérêt.

La parité des taux d'intérêt

La **parité des taux d'intérêt** est l'égalité des taux d'intérêt entre les pays une fois les différences de risque prises en compte. La parité des taux d'intérêt survient lorsqu'il y a arbitrage sur les marchés des éléments d'actif, c'est-à-dire sur les marchés sur lesquels les emprunteurs et les prêteurs se retrouvent.

Au début du présent chapitre, nous avons mentionné quelques faits concernant l'évolution des taux d'intérêt dans différents pays. Ces faits semblent indiquer que les taux d'intérêt sont *différents* entre les pays. Afin de mieux comprendre ce phénomène, prenons un exemple précis. Le 15 novembre 1988, il était possible d'emprunter de l'argent à une banque de Tōkyō à un taux d'intérêt de 3,4 % par année. La même journée, les banques de New York acceptaient des dépôts à trois mois à un taux d'intérêt annuel de 9 %. Ces taux d'intérêt ne sont-ils pas différents ? Une personne ne peut-elle pas emprunter 1 million de dollars américains à Tōkyō à un taux d'intérêt de 3,4 % et déposer cet emprunt auprès d'une banque new-yorkaise offrant un taux d'intérêt de 9 %, afin de tirer profit de la différence de 5,6 points de pourcentage entre ces deux taux d'intérêt ? Cette transaction rapporterait, sur une

Les dollars Big Mac

Le hamburger comme étalon monétaire

Quoique, pour les gourmets, l'affirmation suivante puisse sembler désolante, le hamburger Big Mac de McDonald's pourrait bien compter dans le panier de devises comme étalon monétaire à l'échelle internationale. Après tout, on le vend dans 41 pays, et les modifications apportées à la façon de le préparer sont mineures d'un pays à l'autre. Cette affirmation a un rapport avec la notion de comparaison des prix. On peut voir le hamburger comme un point de référence nous indiquant si les taux de change auxquels les devises s'échangent sont corrects.

On pourrait s'appuyer sur la théorie de la parité des pouvoirs d'achat (PPA) de la monnaie. Selon cette théorie, il y a taux de change d'équilibre entre deux devises (c'est-à-dire PPA) lorsque, grâce au taux de change, les prix d'un panier de biens et services sont égaux dans les deux pays — ou, dans notre exemple, lorsque les hamburgers coûtent le même prix dans chaque pays. La comparaison des taux de change et de la PPA nous permet de savoir si une monnaie est sous-évaluée ou surévaluée.

Nos correspondants internationaux se sont empressés de vérifier la PPA du Big Mac. À Washington, un Big Mac coûte 1,60 $US; à Tōkyō, notre correspondant *Makudonarudo* a dû débourser 370 Y pour un Big Mac, soit 2,40 $US. Si l'on divise le prix du yen par le prix du dollar américain, on obtient une PPA à 1 $ = 231 Y. Mais, le 1er septembre, le taux de change du dollar américain était de 154 Y. La même méthode nous permet d'obtenir une PPA du Big Mac en deutsche marks de 2,66 DM, comparativement à son taux actuel de 2,02 DM. En conclusion, en se basant sur la PPA du Big Mac, on peut affirmer que le dollar est dévalué par rapport au yen et au deutsche mark.

Avec la livre sterling, c'est différent. La PPA du Big Mac est de 1,45 $ la livre sterling (0,69 £ pour un dollar), ce qui se rapproche du taux véritable de 1,49 $ environ.

Le rôle d'étalon monétaire du hamburger fournit aux États-Unis un argument de poids pour appuyer l'affirmation que les pays nouvellement industrialisés de l'Asie devraient réévaluer leurs devises; les devises de ces pays sont plus ou moins rattachées au dollar américain, et leurs taux de change ont très peu changé dans les 18 derniers mois. Un hamburger coûte 64 % plus cher à Washington qu'à Hong-kong. Autrement dit, si l'on se fie à la PPA du Big Mac, le dollar américain est surévalué de 64 % par rapport au dollar de Hong-kong et de 25 % par rapport au dollar de Singapour.

Les dollars Big Mac : le prix des hamburgers à travers le monde

Pays	Prix* en monnaie nationale	Parité** des pouvoirs d'achat du dollar	Taux de change effectif au 1er septembre	Pourcentage de la surévaluation (+) ou de la sous-évaluation (–) par rapport au dollar américain
Australie	1,75 $A	1,09	1,64	+50
Belgique	90 FB	56	42	–25
Grande-Bretagne	1,10 £	0,69	0,67	–3
Canada	1,89 $CAN	1,18	1,39	+18
France	16,4 FF	10,30	6,65	–35
Hong-kong	7,60 $HGK	4,75	7,80	+64
Irlande	1,18 £IR	0,74	0,74	–1
Japon	370 Y	231	154	–33
Pays-Bas	14,35 FL	2,7	22,28	–16
Singapour	2,80 $S	1,75	2,15	+23
Espagne	280 PTA	163	133	–18
Suède	16,5 SEK	10,30	6,87	–33
États-Unis	1,60 $US	—	—	—
Allemagne de l'Ouest	4,25 DM	2,66	2,02	–24

Source : McDonald.
*Les prix peuvent varier légèrement entre les différentes succursales.
**Prix en devises étrangères divisé par le prix en dollars américains.

Mise en garde !

Le rôle d'étalon du hamburger est limité. En effet, si l'on utilise la parité des pouvoirs d'achat pour prévoir les variations des taux de change, on peut obtenir des résultats trompeurs. Par exemple, les taxes, les frais de transport, les coûts de propriété ou les marges excessives de profit à l'étape de la vente au détail appliquées au Japon et en Allemagne de l'Ouest peuvent fausser les écarts de prix entre les pays.

Autre désavantage de la PPA: elle indique seulement la valeur que devraient prendre les taux de change à long terme si les seules différences entre les pays étaient des différences de prix. Donc, même si la PPA nous permet d'évaluer différents niveaux de vie (PIB par personne) par rapport à une devise commune, elle ne constitue pas nécessairement la meilleure façon de juger quelle valeur devrait prendre le taux de change pour qu'il y ait équilibre du compte courant de la balance des paiements. Confus? En effet, certaines notions économiques sont parfois difficiles à digérer...

The Economist
6 septembre 1988

Les faits en bref

- Le Big Mac se vend dans 41 pays, mais son prix varie d'un pays à l'autre, comme le montre le tableau qui accompagne l'article.
- Selon la théorie de la parité des pouvoirs d'achat (PPA), le Big Mac devrait coûter le même prix dans chaque pays si l'on convertit les prix en une devise commune.
- De même, selon la PPA, le rapport des prix en monnaie nationale devrait être égal au taux de change entre les devises.
- Les quotients des prix nationaux et du prix américain apparaissent dans le tableau qui accompagne l'article dans la colonne intitulée «Parité des pouvoirs d'achat du dollar».

  Si la PPA est juste, chaque quotient doit égaler le taux de change effectif de chaque devise.
- Selon les prix pratiqués aux États-Unis, un Big Mac vaut 35 % de plus en France et 64 % de moins à Hong-kong, ce qui signifie que le franc français est sous-évalué de 35 % et que le dollar de Hong-kong est surévalué de 64 %.
- Des différences de coût peuvent expliquer l'écart par rapport aux prédictions de la PPA.
- La PPA est une théorie qui tient à long terme.

Analyse

- Le Big Mac est un bien non échangeable. Même si son contenu alimentaire est presque le même partout, il ne s'agit là que d'une petite partie de l'ensemble du produit.
- Le Big Mac constitue un prêt-à-manger; son prix comprend le prix des aliments, le prix de l'emplacement et les frais de personnel.
- Aux États-Unis, moins d'un quart de la valeur totale d'un Big Mac représente le prix des ingrédients et plus des trois quarts constituent les frais d'emplacement et de personnel.
- Les prix des biens non échangeables varient selon la demande et l'offre nationales. Les prix d'un Big Mac, exprimés en dollars américains, au 1er septembre 1986, apparaissent dans le tableau ci-dessous.
- En France, au Japon et en Suède – les pays où le Big Mac coûte le plus cher –, on ne vend le Big Mac que dans les villes populeuses: les frais d'emplacement et de main-d'œuvre y sont élevés. À Singapour, en Australie et à Hong-kong, le prix de la main-d'œuvre pour la production d'un hamburger de même que le prix du loyer sont plus bas qu'au Canada.
- Même si les ingrédients du Big Mac constituent des denrées potentiellement échangeables, les restrictions internationales au commerce, surtout en ce qui a trait aux produits de la viande, empêchent l'égalisation des prix, même pour cette composante du Big Mac.
- La demande et l'offre d'actifs en devises étrangères déterminent les taux de change.
- Pour évaluer si l'arbitrage engendrera un prix unique, on doit comparer les biens échangeables dont les frais de transport sont négligeables.

Tableau 1

Pays	Prix en monnaie nationale	Taux de change (1er septembre 1986)	Prix nationaux en dollars	Rapport entre le prix national et le prix américain
France	16,4 FF	6,65	2,47	1,54
Japon	370 Y	154	2,40	1,50
Suède	16,5 SEK	6,87	2,40	1,50
Belgique	90 FB	42	2,14	1,34
Allemagne de l'Ouest	4,25 DM	2,02	2,10	1,31
Espagne	260 PTA	133	1,95	1,22
Pays-Bas	14,35 FL	2,28	1,91	1,19
Grande-Bretagne	1,1 £	0,67	1,64	1,03
États-Unis	1,16 $US	1	1,60	1,00
Irlande	1,18 £IR	0,74	1,59	1,00
Canada	1,89 $CAN	1,39	1,36	0,85
Singapour	2,8 $S	2,15	1,30	0,81
Australie	1,75 $A	1,64	1,07	0,67
Hong-kong	7,6 $HGK	7,8	0,97	0,61

Conclusion

- L'utilisation du hamburger à titre d'étalon monétaire aurait pu être utile. Cependant, le bien choisi n'était pas approprié.

période d'un an, un profit de l'ordre de 56 000 $US, ce qui n'est pas négligeable pour quelques minutes de travail! De plus, ce bénéfice violerait apparemment la parité des taux d'intérêt!

En fait, comme vous êtes sur le point de le découvrir, les taux d'intérêt au Japon et aux États-Unis sont pratiquement égaux, du moins assez pour que vous ne puissiez pas profiter de transactions comme celle que nous venons de décrire.

Pour comprendre pourquoi les taux d'intérêt sont égaux, il suffit de penser au fait que, lorsque vous empruntez au Japon, vous empruntez des yens. Vous vous engagez à rembourser un certain nombre de *yens* lorsque le prêt arrive à échéance. Lorsque vous prêtez de l'argent aux États-Unis, en plaçant vos dépôts dans une banque par exemple, vous déposez des *dollars américains* et la banque est tenue de vous rembourser en *dollars américains.* C'est un peu comme si vous empruntiez des pommes et prêtiez des oranges. Si vous empruntez des pommes et prêtez des oranges, vous devez convertir les pommes en oranges. Et quand le prêt arrive à échéance, vous devez reconvertir les oranges en pommes. Les prix auxquels vous effectuez ces transactions influent sur les taux d'intérêt payés et reçus.

Examinons de plus près les transactions reliées au prêt et à l'emprunt de 1 million de dollars que vous auriez pu faire le 15 novembre 1988, et évaluons la somme d'argent que vous auriez pu gagner (ou perdre). Le tableau 18.4 présente un résumé de ces transactions. La partie (a) indique les taux d'intérêt et les taux de change en vigueur au 15 novembre 1988. Les banques de Tōkyō prêtaient de l'argent à un taux d'intérêt de 3,4 % et les banques de New York offraient des dépôts à trois mois à un taux d'intérêt de 9 %. Il s'agit de taux d'intérêt annuels. La même journée, le yen se vendait sur le marché des changes à 122 Y pour un dollar américain. C'est à ce prix que vous pouviez convertir les yens que vous aviez empruntés en dollars américains que vous étiez disposés à prêter. Ce prix est comparable au prix auquel vous pouvez vendre des oranges pour des pommes.

Trois mois plus tard, vous deviez reconvertir les dollars en yens pour rembourser votre prêt bancaire et les intérêts sur ce prêt. Il y avait deux façons d'effectuer cette transaction. D'abord, vous pouviez attendre jusqu'au 15 février 1989 et courir le risque que le taux de change entre le dollar américain et le yen ait changé ce jour-là. Si vous aviez choisi cette option, vous auriez certainement pris certains risques. Si le dollar américain s'était apprécié au cours de ces trois mois, vous auriez fait un gain. Toutefois, si le dollar américain s'était déprécié, vous auriez subi une perte.

Toutefois, vous auriez pu vous procurer les yens nécessaires pour rembourser votre prêt bancaire le 15 février d'une autre façon. Vous pouviez signer un contrat le 15 novembre 1988 à un prix, ce jour-là, qui vous aurait engagé à acheter une certaine quantité de yens qui aurait dû être livrée le 15 février 1989. C'est ce qu'on appelle un *contrat à terme.* Un **contrat à terme** est un contrat par lequel on s'engage à acheter ou à vendre une certaine quantité d'une marchandise quelconque (incluant les devises) à un prix et à une date fixés à l'avance. On échange les contrats à terme sur les marchés, et leurs prix — tout comme ceux de n'importe quelle marchandise — sont déterminés par l'offre et la demande. Il existe des marchés à terme pour la plupart des produits agricoles ou des matières premières, de même que pour les devises, les actions et les obligations. Le taux de change dans un contrat à terme s'appelle le **taux de change à terme**. Le 15 novembre 1988, le taux

Tableau 18.4 Le prêt et l'emprunt internationaux

(a) Données en date du 15 novembre 1988

Taux des prêts bancaires à Tōkyō	3,4 % par année
Taux des dépôts bancaires à trois mois à New York	9,0 % par année
Prix auquel le yen peut être vendu	122 Y pour un dollar américain
Prix auquel le yen peut être acheté pour livraison dans trois mois	120 Y pour un dollar américain

(b) Transactions effectuées le 15 novembre 1988

Emprunt	122	millions de yens à Tōkyō
Vente	122	millions de yens en échange de 1 million de dollars américains
Dépôt	1	million de dollars américains dans un compte de dépôt à trois mois à New York
Achat	123,04	millions de yens pour livraison dans trois mois à 120 Y pour un dollar américain (aucun argent comptant nécessaire pour le moment)

(c) Transactions effectuées le 15 février 1989

Reçu	1,0225	million de dollars américains de la banque – dépôt plus intérêts
Payé	1,0253	million de dollars américains pour contrat à terme en yens
Perte	0,0028	million de dollars américains (2800 $US)

de change auquel le yen pouvait être acheté sur le marché à terme pour livraison trois mois plus tard (soit le 15 février 1989) était de 120 Y pour un dollar américain.

La partie (b) du tableau 18.4 présente les transactions que vous auriez pu effectuer le 15 novembre 1988. Vous pouviez emprunter 122 millions de yens à Tōkyō et vendre ces yens à 122 Y pour un dollar américain afin d'obtenir 1 million de dollars américains. Vous pouviez déposer ce million de dollars dans un compte de dépôt à trois mois auprès d'une banque new-yorkaise. C'est là qu'aurait pris fin votre transaction monétaire de la journée. En même temps, vous vous seriez engagé dans un contrat à terme, achetant suffisamment de yens pour livraison le 15 février 1989 afin de rembourser le prêt bancaire et les intérêts dus sur ce prêt. À un taux d'intérêt annuel de 3,4 %, vous auriez eu besoin de 123,04 millions de yens le 15 février 1989. Alors, vous vous seriez engagé par contrat à acheter ces 123,04 millions de yens à un prix convenu de 120 Y pour un dollar américain.

La partie (c) indique ce qui se serait produit le 15 février 1989. Vous auriez reçu 1 million de dollars américains de la banque avec les intérêts calculés sur trois mois, soit 22 500 $US. Vous auriez disposé, au total, de 1,0225 million de dollars américains. Vous auriez effectué un remboursement en vertu de votre contrat à terme en yens, ce qui vous aurait coûté 1,0253 million de dollars américains. En effet, il vous suffit de diviser les 123,04 millions de yens dont vous auriez eu besoin par 120 Y pour un dollar américain, soit le prix sur lequel vous vous seriez entendu sur le marché à terme en novembre, pour obtenir 1,0253 million de dollars américains. Remarquez que la somme payée aurait été légèrement supérieure à la somme reçue. En fait, cette transaction vous aurait fait perdre 2800 $US, soit un quart de 1 % du montant total en cause.

À présent, supposons que les taux d'intérêt à Tōkyō et à New York, de même que le taux de change et le taux de change à terme le 15 novembre 1988, aient été légèrement différents. Supposons que, au lieu d'entraîner une perte, ces transactions vous aient permis de faire un bénéfice. De combien de temps auriez-vous disposé pour profiter de cette occasion? Vous, de même que des millions de personnes comme vous, auriez emprunté à des banques japonaises, convertissant des yens en dollars américains, et auriez déposé l'argent à New York. Vous vous seriez alors engagé dans des contrats à terme pour rembourser les emprunts en yens à la fin de la période de transaction. Même si vous ne pouviez gagner que quelques milliers de dollars sur un contrat de 1 million de dollars américains, rien n'aurait pu vous empêcher de signer un contrat de 10 ou 100 millions de dollars américains et de faire un profit considérable.

Maintenant, pensez à ce qu'il adviendrait des taux d'intérêt et des taux de change si chacun tentait de tirer un profit. La demande de prêts auprès des banques japonaises étant plus forte, les taux d'intérêt augmenteraient. L'offre de dépôts auprès des banques new-yorkaises étant plus élevée, les taux d'intérêt diminueraient. Plus le nombre de personnes offrant des yens contre des dollars serait grand, plus le taux de change augmenterait; on devrait donc offrir plus de yens pour un dollar américain. Et plus le nombre d'individus qui tenteraient d'acheter des yens sur le marché à terme serait élevé, plus le nombre de yens par dollar américain chuterait sur ce marché. Chacun de ces changements réduirait la possibilité de tirer un profit en empruntant à Tōkyō et en prêtant à New York. D'autre part, ces forces seraient à l'œuvre jusqu'à ce que toute possibilité de profit ait disparu. Elles ne pourraient inverser l'occasion de profit pour faire en sorte qu'il soit profitable d'emprunter à New York pour prêter à Tōkyō. En pareille situation, les forces exerceraient leurs effets en sens inverse, ce qui éliminerait la possibilité de faire des profits en effectuant des emprunts et des prêts internationaux.

Dans les cas que nous venons de décrire, la parité des taux d'intérêt prévaut. Les taux d'intérêt à Tōkyō sont presque les mêmes qu'à New York, lorsque le changement de prix anticipé du yen entre novembre et février est pris en considération. Il en coûte 3,4 % par année pour emprunter des yens à Tōkyō, mais il en coûte 9 % par année pour emprunter des yens, les convertir en dollars américains et les reconvertir en yens à une date ultérieure. C'est de cette façon que les taux d'intérêt sont égaux. Le taux d'intérêt du dollar à Tōkyō est le même que le taux d'intérêt du dollar à New York. Le taux d'intérêt du yen à New York correspond au taux d'intérêt du yen à Tōkyō.

Un marché mondial

L'arbitrage sur les marchés des actifs fonctionne à l'échelle mondiale et permet aux marchés des capitaux internationaux de se fondre en un seul marché global. Ce marché est énorme. Il comprend les emprunts et les prêts par l'entremise des banques sur les marchés des obligations et des actions. Salomon Brothers, une banque d'investissement, a évalué l'ampleur de ce commerce international à plus de 1 million de millions (1 billion) de dollars en 1986. C'est en raison de l'arbitrage international sur les marchés des actifs que les marchés des actions à travers le monde sont liés de très près. Un krach à la Bourse de New York entraîne une baisse du prix des actions vendues sur ce marché, ce qui rend celles-ci plus attrayantes que les actions plus onéreuses vendues dans les Bourses de Montréal, Toronto, Tōkyō, Hong-kong, Zurich, Francfort ou Londres. Par conséquent, les investisseurs projettent de vendre à prix élevés sur ces autres marchés et d'acheter à bas prix à New York. Mais, avant que plusieurs de ces transactions aient été effectuées, les prix sur les autres marchés chutent pour devenir égaux aux prix de New York. Inversement, si le marché de Tōkyō connaît une augmentation rapide des prix et que les prix sur les marchés à travers le monde demeurent constants, les investisseurs chercheront à vendre à prix élevés à Tōkyō et à acheter à bas prix dans le reste du monde. De nouveau, ces intentions d'échange provoqueront des changements de prix sur les autres marchés, ce qui les ramènera à égalité avec ceux du marché de Tōkyō. La vente à prix élevés à Tōkyō y entraînera une baisse des prix ; l'achat à bas prix à Francfort, Londres, New York et Toronto y fera monter les prix.

L'indépendance monétaire

À l'aide des notions que vous venez d'apprendre sur l'arbitrage et ses effets sur les prix et les taux d'intérêt, vous pouvez comprendre pourquoi des taux de change fixes rendent des économies entièrement interdépendantes et pourquoi des taux de change flexibles donnent lieu à une indépendance monétaire et financière. Étudions maintenant ces questions.

L'interdépendance et le taux de change fixe

Supposons que le Canada fixe son taux de change par rapport au dollar américain et que, grâce à des mesures prises par la Banque du Canada sur le marché des changes, il parvienne à maintenir le dollar canadien complètement fixe par rapport au dollar américain. De plus, supposons que la Banque du Canada dispose d'une quantité suffisante de réserves de dollars américains pour pouvoir résister aux pressions qui pourraient s'exercer sur le taux de change.

Les forces de l'arbitrage alignent les prix des biens échangés de chaque côté de la frontière canado-américaine. En l'absence de tarifs ou de barrières commerciales, les prix sont exactement les mêmes, peu importe que le bien soit payé en dollars canadiens ou en dollars américains, comme nous l'a montré l'exemple des disquettes dont nous avons parlé précédemment dans le chapitre. S'il y a une hausse des prix aux États-Unis, les prix canadiens augmentent proportionnellement, toutes choses étant égales par ailleurs. Cependant, les autres facteurs ne sont pas nécessairement constants et il peut y avoir une différence entre les taux d'inflation aux États-Unis et au Canada. Toutefois, une *variation* du taux d'inflation aux États-Unis provoque une *variation* du taux d'inflation au Canada d'un pourcentage à peu près équivalent. Autrement dit,

$$\text{Taux d'inflation au Canada} = \text{Taux d'inflation aux États-Unis} + \text{Autres facteurs.}$$

De même, l'arbitrage sur les marchés des actifs entraîne entre les deux pays l'égalité des taux d'intérêt des actifs comportant des risques et d'autres caractéristiques identiques. Par exemple, une multinationale importante peut emprunter à un taux semblable à la Banque de Montréal en dollars canadiens ou à la First National City Bank de New York en dollars américains. Si les prêts sont moins coûteux à New York qu'à Montréal, la multinationale empruntera à New York, ce qui entraînera une diminution de la demande de prêts à Montréal et une augmentation de la demande de prêts à New York. Les taux d'intérêt monteront à New York et baisseront à Montréal. Il y aura incitation à déplacer la source des emprunts jusqu'à ce que les taux à Montréal et à New York soient égaux.

Pour ce qui est des actifs qui comportent des risques variables, les taux d'intérêt seront différents d'une région à l'autre du Canada et entre le Canada et les États-Unis. Par exemple, lorsqu'une banque octroie un prêt à une multinationale importante, celui-ci comporte moins de risques que le prêt accordé à une petite entreprise qui tente de se tailler une place sur le marché avec un nouveau logiciel informatique. La petite entreprise paiera des taux d'intérêt plus élevés que la multinationale, peu importe qu'elle emprunte en dollars américains ou en dollars canadiens. Mais, l'entreprise de logiciels devra verser les mêmes intérêts, qu'elle emprunte à Montréal ou à New York.

Puisque le risque moyen des prêts au Canada peut être différent de celui des prêts qui sont effectués aux États-Unis, il peut exister une différence entre le taux d'intérêt moyen qui a cours ici et celui qui a cours au sud de la frontière. Cette différence représente l'écart du risque moyen entre les deux pays. Ainsi,

$$\text{Taux d'intérêt au Canada} = \text{Taux d'intérêt aux États-Unis} + \text{Différence de risque.}$$

Étudions maintenant ce qui se produit au Canada si la «Fed» décide d'accroître le taux de création de monnaie. Supposons que la «Fed» adopte des mesures visant à faire passer le taux de croissance de l'offre de monnaie de 5 à 10 % par année. Cette mesure entraînera vraisemblablement aux États-Unis une augmentation de l'inflation de 5 % par année et, par ricochet, une hausse des taux d'intérêt de 5 points de pourcentage. Lorsque les taux d'inflation et les taux d'intérêt augmentent aux États-Unis et que les autres facteurs demeurent constants, les forces que nous venons d'analyser entraînent une augmentation de l'inflation et des taux d'intérêt au Canada. Cependant, il se peut que les autres facteurs changent. Si l'on met de côté ces autres facteurs, la croissance accélérée de la masse monétaire aux États-Unis provoque un accroissement des taux d'intérêt et des taux d'inflation au Canada du même ordre qu'aux États-Unis.

Les taux de change fixes à l'œuvre Comment les régimes de fixité du taux de change fonctionnent-ils en pratique ? Ils fonctionnent exactement comme nous venons de le décrire. Au cours des années 60, la valeur du dollar canadien était fixe par rapport au dollar américain et à d'autres devises. La valeur de la plupart des autres devises était également fixe par rapport au dollar américain. À cette époque, les taux d'inflation et les taux d'intérêt étaient très semblables à travers le monde. Récemment, les principaux pays de l'Europe de l'Ouest, sauf la Grande-Bretagne, se sont joints à ce que l'on appelle le *système monétaire européen* (SME). Le **système monétaire européen** est un régime de taux de change fixe auquel adhèrent la plupart des pays membres de la Communauté économique européenne, notamment l'Allemagne, la France et l'Italie. Depuis que ces pays ont accroché la valeur de leurs devises au fameux «serpent monétaire», ils ont réduit de beaucoup l'écart entre leurs taux d'inflation et leurs taux d'intérêt respectifs.

Nous pouvons considérer les taux d'intérêt et les taux d'inflation *à l'intérieur* d'un pays comme un cas particulier de taux de change fixe. Le dollar de la Colombie-Britannique et celui de Terre-Neuve sont identiques au dollar de l'Ontario et à celui du Québec. Le taux de change d'un dollar contre un autre est fixé à 1. Les facteurs qui influent sur le taux d'inflation en Colombie-Britannique, tous les autres facteurs étant égaux par ailleurs, modifient également le taux d'inflation à Terre-Neuve et en Ontario. De même, les taux d'intérêt à travers le Canada sont reliés par les forces de l'arbitrage que nous venons de décrire.

Nous avons vu comment les taux de change fixes entraînent l'interdépendance financière des pays. Voyons maintenant comment les taux de change flexibles brisent cette interdépendance et permettent à un pays de se protéger contre les chocs financiers émanant du reste du monde.

L'indépendance et le taux de change flexible

Même si le taux de change est flexible, les forces de l'arbitrage international ne deviennent pas pour autant inefficaces. Au contraire, la valeur d'une devise pouvant varier par rapport à celle d'une autre, le taux de change flexible permet à la valeur du dollar (et aux taux d'intérêt) de pouvoir varier dans un pays mais pas dans un autre, tout en respectant les lois et les forces de l'arbitrage. Voyons comment ce phénomène se produit en examinant d'abord de quelle façon un taux de change flexible protège un pays contre l'inflation qui sévit dans un autre pays.

Nous savons que les forces fondamentales de l'arbitrage assurent que :

$$\text{Prix en dollars canadiens} = \text{Prix en dollars américains} \times \text{Taux de change (dollars canadiens pour un dollar américain).}$$

Considérons de nouveau l'exemple des disquettes. Si les disquettes coûtent 10 $ la boîte aux États-Unis et si le taux de change est de 1,25 $CAN pour un dollar américain, alors le prix de cette boîte de disquettes en dollars canadiens est de 12,50 $. À présent, supposons que les prix des biens augmentent de 10 % aux États-Unis. Le prix d'une boîte de disquettes s'élève maintenant à 11 $. Supposons qu'au même moment, pour des raisons que nous verrons sous peu, la valeur du dollar canadien augmente de 10 % par rapport au dollar américain. Le taux de change se chiffre alors à 1,14 $CAN pour un dollar américain. Avec ce nouveau taux de change et ce nouveau prix en dollars américains, quel sera le prix en dollars canadiens de la boîte de disquettes, compte tenu des forces de l'arbitrage ? La réponse est 12,50 $, soit le même prix qu'auparavant.

Cependant, d'autres facteurs que les prix aux États-Unis et le taux de change peuvent entraîner des variations de prix au Canada. Les changements de tarifs ou de taxes et d'autres facteurs non monétaires peuvent influer sur le rapport entre les prix des biens au Canada et aux États-Unis. Néanmoins, tous les autres facteurs étant égaux par ailleurs, une variation du taux d'inflation aux États-Unis ne se traduit pas par un changement du taux d'inflation au Canada, à moins que le dollar canadien ne garde une valeur constante par rapport au dollar américain. En général, puisque le taux de change varie de pair avec le taux d'inflation aux États-Unis, le taux d'inflation au Canada est isolé, jusqu'à un certain point, du taux d'inflation aux États-Unis. Le lien qui caractérise l'inflation dans les deux pays s'exprime par l'équation suivante :

$$\text{Taux d'inflation au Canada} = \text{Taux d'inflation aux États-Unis} - \text{Appréciation en pourcentage du dollar canadien} + \text{Autres facteurs.}$$

Si le taux d'inflation aux États-Unis augmente et que la Banque du Canada cherche à protéger les Canadiens contre l'inflation américaine, elle doit prendre des mesures qui feront en sorte que le dollar canadien s'apprécie afin de contrebalancer l'augmentation de l'inflation aux États-Unis.

Maintenant, considérons les marchés des actifs et la détermination des taux d'intérêt. Comme nous l'avons vu, lorsqu'on s'attend à ce que la valeur d'une devise varie par rapport à une autre, il existe une différence entre le niveau des taux d'intérêt dans les deux pays. Cette différence équivaut au taux de changement anticipé de la valeur de la devise. Si l'on prévoit que le dollar canadien se dépréciera de 1 % par année par rapport au dollar américain, les taux d'intérêt canadiens seront plus élevés que les taux d'intérêt aux États-Unis, et ce du même pourcentage, soit 1 % par année. Ils peuvent même être plus élevés à cause de la différence de risque. En d'autres termes,

Taux d'intérêt anticipé au Canada = Taux d'intérêt aux États-Unis − Appréciation en pourcentage du dollar canadien + Différence de risque.

Si les taux d'intérêt aux États-Unis augmentent et que la Banque du Canada cherche à protéger les Canadiens contre ces taux d'intérêt plus élevés, elle doit prendre des mesures qui provoqueront l'appréciation anticipée du dollar canadien.

Comment la Banque du Canada parvient-elle à assurer la protection financière lorsque le taux de change est flexible? Elle y parvient en faisant en sorte que la politique monétaire canadienne vise à atteindre des objectifs canadiens et qu'elle ne cherche pas à donner suite aux changements de la politique monétaire américaine. Par exemple, supposons que les événements que nous avons analysés dans le cas des taux de change fixes se produisent également dans le cas des taux de change flexibles. La «Fed» augmente le taux de croissance de l'offre de monnaie de 5 %, la faisant passer par exemple de 3 à 8 % par année. L'inflation et les taux d'intérêt augmentent de 5 points de pourcentage aux États-Unis. La Banque du Canada, quant à elle, ne modifie pas sa politique monétaire; elle maintient le taux de croissance de l'offre de monnaie à son niveau antérieur. Sans hausse du taux de croissance de l'offre de monnaie, il ne peut y avoir d'accroissement du taux d'inflation au Canada. Les prix canadiens continuent de grimper au même rythme qu'avant et les taux d'intérêt demeurent constants. Mais, avec une inflation plus élevée aux États-Unis qu'au Canada, le dollar canadien s'apprécie. Il s'apprécie du montant de la différence entre les deux taux d'inflation. De plus, si la différence entre les deux taux d'inflation est bien visible, on peut s'attendre à ce que le dollar canadien continue de s'apprécier. Par conséquent, l'écart entre les taux d'intérêt aux États-Unis et au Canada est égal au taux d'appréciation anticipé du dollar canadien.

Les taux de change flexibles à l'œuvre De nombreuses preuves empiriques montrent que les taux de change flexibles procurent une indépendance financière. Des pays tels que le Japon, l'Allemagne de l'Ouest et la Suisse ont réussi, et ce année après année, à maintenir des taux d'inflation et des taux d'intérêt plus bas que ceux des autres pays. Ils y sont parvenus en gardant le taux de croissance de l'offre de monnaie dans leur pays près du taux de croissance du PIB réel. Par conséquent, ils ont pu maintenir une inflation très faible. Leurs devises se sont appréciées par rapport à d'autres et l'anticipation d'une appréciation continue leur a permis de maintenir leurs taux d'intérêt à un niveau inférieur à celui des autres pays. En revanche, certains pays, comme la Grande-Bretagne, les Pays-Bas, l'Italie et, jusqu'à un certain point, le Canada, ont créé de la monnaie à un rythme rapide, soit à un taux annuel beaucoup plus élevé que le taux de croissance du PIB réel. Dans ces pays, une croissance rapide de l'offre de monnaie a entraîné un taux d'inflation plus élevé que la moyenne et une dépréciation de la devise. L'anticipation d'une dépréciation continue a donné lieu à des taux d'intérêt plus élevés que dans les autres pays.

Un paradoxe? De temps à autre, de nombreuses personnes se plaignent de la sévérité de la politique monétaire de la Banque du Canada qui, selon elles, a pour effet de pousser les taux d'intérêt canadiens à un niveau trop élevé. Selon ces personnes, si la Banque permettait à l'offre de monnaie de croître à un rythme plus rapide, elle pourrait abaisser les taux d'intérêt. Vous savez maintenant que ce raisonnement est faux. Si la Banque du Canada augmente l'offre de monnaie, elle peut effectivement provoquer une baisse temporaire des taux d'intérêt. Cependant, si elle accroît continuellement l'offre de monnaie canadienne et en prévoit correctement le taux de croissance, les taux d'intérêt au Canada s'élèveront et le taux de change du dollar canadien s'abaissera. Une politique monétaire moins restrictive aurait fait monter les taux d'intérêt; elle ne les aurait pas fait baisser. Pour réduire les taux d'intérêt, la Banque du Canada doit ralentir la croissance de l'offre de monnaie canadienne et maintenir un taux de croissance moyen plus bas pendant un certain nombre d'années. Il en résulterait une diminution de l'inflation, une appréciation du dollar et une baisse des taux d'intérêt au Canada par rapport aux autres pays.

S'agit-il d'un paradoxe? Pas vraiment. Une augmentation imprévue, une fois pour toutes, de l'offre de monnaie entraîne une diminution temporaire des taux d'intérêt. Un accroissement continu et anticipé de l'offre de monnaie provoque une hausse des taux d'intérêt et de l'inflation, de même qu'une dépréciation de la devise.

■ Nous venons de découvrir quels sont les facteurs qui déterminent la valeur du taux de change de la devise d'un pays. Cette valeur est déterminée par la demande et l'offre d'éléments d'actif détenus dans cette devise. Elle est également fortement influencée par la politique monétaire. Une augmentation rapide de l'offre d'éléments d'actif détenus dans une devise provoque une dépréciation de la valeur de cette devise par rapport aux autres devises.

Nous avons également appris comment l'arbitrage international lie les prix et les taux d'intérêt dans différents pays. L'arbitrage international ne se produit pas sur les marchés des biens non échangeables. En conséquence, les taux de change réels peuvent varier. Mais, l'arbitrage fonctionne sur les marchés des biens échangeables, et il est particulièrement puissant sur les marchés des actifs, où il permet d'atteindre l'égalité des taux d'intérêt à travers le monde. Les différences entre les taux d'intérêt nationaux résultent des variations prévues des taux de change. Lorsque nous tenons compte des différences de taux de change, il y a égalité des taux d'intérêt entre les pays.

De plus, nous avons vu que les taux de change fixes lient les taux d'inflation et les taux d'intérêt des pays les uns aux autres et que, par opposition, les taux de change flexibles permettent à un pays d'adopter une politique monétaire autonome et le protègent contre les chocs monétaires provenant du reste du monde. Dans le prochain chapitre, nous étudierons les modes de financement du commerce international et verrons les facteurs qui donnent lieu aux emprunts et aux prêts internationaux. Nous découvrirons également les forces qui influent sur la balance des paiements au Canada.

RÉSUMÉ

Le taux de change

Nous obtenons des devises étrangères en contrepartie de devises nationales sur les marchés des changes. Les marchés des changes fonctionnent 24 heures sur 24 à travers le monde. Les banques centrales interviennent fréquemment sur les marchés des changes. Il existe trois régimes de taux de change : fixe, flexible et géré. Lorsque le taux de change est fixe, le gouvernement établit la valeur de la devise et la banque centrale prend des mesures pour assurer le maintien du taux de change. Pour fixer la valeur du taux de change du dollar canadien, la Banque du Canada doit être prête à offrir des éléments d'actif en dollars canadiens et à accepter des éléments d'actif en devises étrangères, ou à retirer des éléments d'actif en dollars canadiens de la circulation en échange d'éléments d'actif en devises étrangères. Les réserves de devises étrangères d'un pays fluctuent afin de maintenir le taux de change fixe.

Lorsque le taux de change est flexible, la banque centrale ne prend aucune mesure pour modifier la valeur de la devise de son pays sur le marché des changes. Les réserves de devises étrangères du pays demeurent constantes et les fluctuations de la demande et de l'offre d'éléments d'actif libellés en devises nationales entraînent des fluctuations du taux de change.

En régime de taux de change géré, la banque centrale prend les mesures nécessaires pour atténuer les fluctuations qui pourraient survenir ; mais ces mesures sont moins rigoureuses qu'elles ne le sont lorsque le taux de change est fixe. (*pp. 491-494*)

La détermination du taux de change

Lorsque le taux de change est flexible ou géré, la demande et l'offre d'éléments d'actif en dollars déterminent le taux de change. La demande d'éléments d'actif en dollars canadiens dépend du volume des échanges commerciaux effectués en dollars canadiens, du niveau des prix au Canada et dans d'autres pays, des taux d'intérêt des actifs en dollars canadiens, des taux d'intérêt des actifs en devises étrangères de même que des variations prévues du taux de change du dollar canadien.

L'offre d'éléments d'actif en dollars canadiens dépend du régime de taux de change. En régime de taux de change fixe, la courbe d'offre est horizontale ; en régime de taux de change flexible, la courbe d'offre est verticale ; en régime de taux de change géré, la courbe d'offre est à pente positive. La position de la courbe d'offre dépend du budget du gouvernement et de la politique monétaire de la Banque du Canada. Plus le déficit budgétaire est important et plus la Banque du Canada permet à l'offre de monnaie de croître rapidement, plus la courbe d'offre se situe à droite. Les fluctuations du taux de change se produisent en raison des variations de la demande et de l'offre d'éléments d'actif en dollars canadiens. Parfois, ces fluctuations sont considérables. Les fluctuations les plus importantes proviennent de variations interdépendantes de la demande et de l'offre. Un déplacement de la courbe d'offre produit fréquemment une variation induite de la courbe de demande, ce qui renforce l'effet sur le taux de change. (*pp. 494-501*)

L'arbitrage, les prix et les taux d'intérêt

L'arbitrage, soit l'achat à bas prix et la vente à prix élevé, permet de maintenir une certaine égalité entre les prix des biens et services échangés à travers le monde. L'arbitrage permet aussi d'aligner les taux d'intérêt d'un pays à l'autre.

Certains biens ne sont pas échangés d'un pays à

l'autre. Il s'agit de biens non échangeables. L'arbitrage international n'entraîne pas l'égalité entre les prix de tels biens. Pour cette raison, il y a variation du taux de change réel d'un pays — c'est-à-dire du pouvoir d'achat du dollar à l'échelle nationale — par rapport à son pouvoir d'achat à l'étranger.

Les taux d'intérêt à travers le monde ne sont pas identiques dans la mesure où les prêts sont contractés dans diverses devises. Pour comparer les taux d'intérêt à travers le monde, nous devons tenir compte des variations de la valeur des devises. Les pays dont les devises s'apprécient ont des taux d'intérêt plus bas; les pays dont les devises se déprécient ont des taux d'intérêt plus élevés. Lorsque nous tenons compte du taux de dépréciation de la devise, les taux d'intérêt sont égaux pour les prêts à risque égal. (*pp. 501-508*)

L'indépendance monétaire

Lorsque le taux de change est fixe, un pays ne peut se servir de la politique monétaire pour contrôler les taux d'inflation et les taux d'intérêt. Tous les autres facteurs étant égaux par ailleurs, une variation de l'inflation dans le reste du monde fait varier l'inflation et les taux d'intérêt dans un pays donné.

Si le taux de change est flexible, un pays peut se protéger contre les chocs provenant du reste du monde qui pourraient avoir des effets sur son taux d'inflation et ses taux d'intérêt. Lorsque le taux d'inflation est plus élevé dans le reste du monde et que la politique monétaire nationale reste inchangée, le taux d'inflation national demeure constant. La devise s'apprécie et les taux d'intérêt de l'économie nationale demeurent inférieurs aux taux qui prévalent dans le reste du monde.

Pour que les taux d'intérêt et d'inflation soient plus bas qu'ailleurs, la Banque du Canada doit maintenir un taux de croissance moyen de l'offre de monnaie canadienne moins élevé que les taux de croissance de l'offre de monnaie dans les autres pays. (*pp. 508-511*)

POINTS DE REPÈRE

Mots clés

Figures et tableaux clés

QUESTIONS DE RÉVISION

1 Faites la distinction entre les trois régimes de taux de change : fixe, flexible et géré.

2 Expliquez les principaux facteurs influant sur la quantité demandée d'éléments d'actif en dollars.

3 Expliquez les facteurs influant sur l'offre d'éléments d'actif en dollars.

4 En quoi la courbe d'offre d'éléments d'actif en dollars diffère-t-elle pour les trois régimes de taux de change ?

5 Pourquoi le taux de change du dollar canadien fluctue-t-il autant ?

6 Qu'est-ce que l'arbitrage ?

7 Comment l'arbitrage entraîne-t-il la parité des pouvoirs d'achat ?

8 Pourquoi les taux de change réels fluctuent-ils ?

9 Qu'est-ce que la parité des taux d'intérêt ?

10 Comment la parité des taux d'intérêt survient-elle ?

11 Pourquoi les taux de change fixes limitent-ils l'autonomie de la politique monétaire ?

12 Comment les taux de change flexibles protègent-ils une économie des variations de l'inflation dans le reste du monde ?

PROBLÈMES

1 Le taux d'intérêt annuel des prêts bancaires à Colonie est de 11 %. Le taux d'intérêt des obligations à Éconoterre est de 4 % par année. La devise de Colonie est le poulet et la devise d'Éconoterre, la dinde. Sur le marché des changes, la dinde vaut 8 poulets. Sur le marché des changes à terme, on peut acheter des dindes dont la livraison se fera dans un an au taux de 9 poulets pour une dinde.

a) Quel sera votre profit ou votre perte si vous empruntez 1 million de poulets et investissez les revenus du prêt en obligations à Éconoterre, puis couvrez votre transaction sur le marché des changes à terme ?

b) Dans quel sens le taux de change des poulets pour une dinde de même que les taux d'intérêt à Éconoterre et à Colonie changeront-ils ?

2 Tous les biens et services achetés et vendus à Colonie sont également achetés et vendus à Éconoterre. De plus, il n'existe pas de biens non échangeables. Il n'y a aucun tarif ni aucune restriction imposés au commerce entre ces deux économies. À Colonie, les prix grimpent de 7 % par année. À l'aide des données du problème 1 portant sur les taux d'intérêt et le taux de change, calculez le taux d'inflation à Éconoterre.

3 Éconoterre et Colonie ont-ils un taux de change fixe ou flexible ? Expliquez pourquoi.

4 Supposez que le taux de change des dindes pour un poulet soit fixe et qu'Éconoterre ne modifie pas sa politique monétaire, mais que Colonie le fasse. Qu'advient-il des taux d'inflation et des taux d'intérêt dans ces deux économies ?

CHAPITRE 19

La balance des paiements et le dollar

Objectifs du chapitre:

- Expliquer de quelle manière le commerce international est financé.
- Décrire les comptes de la balance des paiements d'un pays.
- Donner les facteurs qui permettent de déterminer la valeur des prêts et des emprunts à l'échelle mondiale.
- Expliquer pourquoi le Canada est un emprunteur international.
- Définir le lien qui existe entre le taux de change et la balance des paiements.

L'économie mondiale

POUR LA PLUPART D'ENTRE NOUS, notre vie économique se déroule dans la ville et le pays où nous habitons. Cependant, pour un nombre grandissant de directeurs généraux, de directeurs de la mise en marché, de comptables, d'avocats et de nombreuses autres personnes exerçant des professions libérales, l'économie englobe le monde entier. Il s'agit réellement d'une économie mondiale. ■ Par exemple, les étrangers achètent des éléments d'actif américains à un rythme étonnant. Récemment, une entreprise suisse a acheté la société Carnation, qui produit le lait concentré en boîte, au coût de 3 milliards de dollars. De leur côté, des Allemands ont fait l'acquisition de Doubleday, une maison d'édition, au coût de 0,5 milliard de dollars. Des Canadiens ont décidé d'acheter Allied Stores, qui détient Brooks Brothers, pour la somme de 3,5 milliards de dollars. Smith et Wesson, un important fabricant d'armes américain, a été acheté par une entreprise britannique pour 0,1 milliard de dollars. La British Petroleum a acheté les stations-service Sohio au coût de 7,6 milliards de dollars. Une entreprise britannique et néerlandaise a déboursé 3,1 milliards de dollars pour acquérir Chesebrough-Pond, un fabricant de produits nettoyants et de cure-oreilles. Un Japonais possède le Dunes Hotel and Country Club, l'un des casinos et des centres d'amusement les plus connus de Las Vegas. Des magnats de la finance, comme le Britannique Gordon White, l'Allemand Mark Wossner, l'Australien George Herscu et le Japonais Shigeru Kobayashi, parcourent les États-Unis avec un énorme chariot d'épicerie dans lequel ils entassent tout ce qu'ils peuvent, à partir des édifices de Manhattan jusqu'aux centres commerciaux de Los Angeles. Pourquoi les étrangers envahissent-ils les États-Unis? ■ Il existe de nombreuses multinationales canadiennes d'importance. En effet, le nom Ellis-Don figure sur des immeubles se trouvant dans la ville de Londres, en Angleterre, et dans bien d'autres villes du monde. La société Olympia et York, détenue par les frères Reichmann de Toronto, a mis de l'avant des projets de développement urbain dans de nombreuses régions du monde. Pourquoi les entreprises canadiennes font-elles tant d'affaires dans d'autres pays? ■ Évidemment, les échanges se font dans les deux sens. Les étrangers investissent massivement au Canada. À la fin des années 80, des investissements considérables provenant de l'autre côté du Pacifique, soit de Hong-kong et du Japon, ont entraîné un essor dans le domaine de l'immobilier à Vancouver. De plus, ce sont presque exclusivement les Japonais qui financent les nouvelles usines de fabrication d'automobiles en Ontario. Pourquoi les étrangers investissent-ils tant au Canada? Pourquoi investissons-nous plus à l'étranger que les étrangers investissent chez nous?

■ Une manchette du *Calgary Herald* du mois d'avril 1987 comportait la mention suivante: «Les exportateurs ressentent durement la hausse du dollar.» Un peu plus loin, on pouvait lire ceci: «Alors que les voyageurs, les importateurs, les consommateurs et les sociétés qui ont des dettes en dollars américains profitent de la vigueur du dollar, le dollar plus élevé vide le portefeuille des exportateurs dont 80 % des biens se retrouvent sur le marché américain.» Pourquoi un dollar fort est-il bon pour les voyageurs et les importateurs et mauvais pour les exportateurs? La force de notre dollar a-t-elle un effet sur la balance commerciale?

■ «Le dollar baisse devant la menace d'un déficit commercial.» «La valeur du dollar se raffermit à l'annonce d'un excédent commercial.» Des manchettes comme celles-ci sont monnaie courante. Elles semblent indiquer que la vigueur de notre dollar dépend de notre balance commerciale. Est-ce vrai? N'est-ce pas plutôt la vigueur du dollar qui influe sur la balance commerciale?

■ Dans le présent chapitre, nous allons répondre à ces questions. Nous commencerons par rappeler de quelle manière le commerce international est financé et nous étudierons les comptes dans lesquels nos échanges internationaux sont inscrits, soit les comptes de la balance des paiements. Nous verrons également les forces qui permettent de déterminer la balance de notre commerce international, de même que l'ampleur de nos prêts et de nos emprunts à l'étranger. Nous aborderons aussi les liens qui existent entre la balance commerciale et le taux de change.

Le financement du commerce international

Lorsque les magasins à rayons Eaton importent du Japon des téléviseurs de marque Toshiba, ils ne paient pas ces appareils en dollars canadiens, mais plutôt en yens. Lorsque les boutiques Benetton importent d'Italie des tricots de grands couturiers, elles paient avec des lires. De la même manière, lorsqu'une centrale nucléaire française achète un réacteur CANDU, elle le paie en dollars canadiens. Chaque fois que nous achetons des biens d'un autre pays, nous utilisons la devise en vigueur dans ce pays pour effectuer l'échange. N'importe quel bien peut être échangé. Il peut s'agir d'un bien de consommation, d'un bien d'équipement, d'un service, d'un édifice ou même d'une entreprise.

Nous allons étudier à présent les marchés à partir desquels des échanges sont effectués au moyen de diverses devises. Mais évaluons d'abord l'ampleur du commerce international, des prêts ainsi que des emprunts, et voyons sous quelle forme nous inscrivons ces transactions. Ces registres sont appelés *comptes de la balance des paiements.*

Les comptes de la balance des paiements

Les **comptes de la balance des paiements** d'un pays constituent en quelque sorte le bilan des activités commerciales, des emprunts et des prêts de ce pays sur la scène internationale. Il existe trois comptes de la balance des paiements:

- Le compte courant
- Le compte capital
- Le compte compensatoire

Le compte courant Le **compte courant** contient trois éléments:

- Les exportations nettes
- Les paiements d'intérêt nets
- Les autres transferts nets

Comme nous l'avons déjà vu au chapitre 8, les exportations nettes correspondent à la différence entre la valeur des biens et services exportés à l'étranger et la valeur des biens et services importés de l'étranger. Les **paiements d'intérêt nets** constituent la différence entre les paiements d'intérêt reçus par les Canadiens sur leurs investissements à l'étranger et les paiements d'intérêt versés par les Canadiens aux étrangers sur leurs investissements au Canada. Les autres transferts nets représentent la différence de valeur entre les cadeaux et autres transferts d'argent, comme l'aide étrangère, que nous recevons des étrangers et ceux que nous donnons aux étrangers. Les exportations nettes (ou balance commerciale) constituent, de loin, l'élément le plus important du compte courant. Les paiements d'intérêt, aussi, sont importants. Les autres transferts le sont moins.

Le compte capital Le **compte capital** représente le bilan des transactions d'un pays au chapitre des emprunts et des prêts internationaux. Le solde du compte capital constitue la différence entre le montant qu'un pays prête au reste du monde et celui qu'il emprunte du reste du monde.

Le compte compensatoire Le **compte compensatoire** indique la diminution ou l'augmentation nette des réserves officielles de devises étrangères d'un pays.

Les comptes de la balance des paiements du Canada

Au tableau 19.1, nous présentons les comptes de la balance des paiements du Canada pour l'année 1991. On peut constater que le Canada a enregistré un déficit du compte courant de 27 milliards de dollars en 1991. Ce déficit résulte du fait que les transferts nets effectués à des étrangers — transferts aux étrangers moins transferts étrangers à des Canadiens — et nos exportations nettes affichaient tous les deux une valeur négative. Les exportations nettes, soit la différence entre nos exportations et nos importations de biens et services, étaient déficitaires de 3 milliards de dollars.

Comment comblons-nous le déficit du compte courant? Nous le comblons en empruntant à l'étranger. Le compte capital indique le montant emprunté. En 1991, le montant emprunté au reste du monde se chiffrait à 26,4 milliards de dollars. La différence entre les emprunts nets obtenus de l'étranger et le solde de notre compte courant représente la variation des réserves officielles de devises étrangères du Canada. Les **réserves officielles de devises étrangères** se composent de l'or détenu par le gouvernement fédéral, de même que de son avoir en devises étrangères. En 1991, ces réserves ont diminué de 0,6 milliard de dollars. Ce montant correspond à la différence entre le solde du compte courant et le solde du compte capital.

Tableau 19.1 Les comptes de la balance des paiements du Canada pour l'année 1991

	En milliards de dollars
Compte courant	
Importations de biens et services	-168
Exportations de biens et services	165
Transferts nets	-24
Solde du compte courant	-27
Compte capital	
Investissements étrangers au Canada	
moins Investissements canadiens à l'étranger	26,4
Compte compensatoire	
Variation des réserves officielles de devises étrangères du Canada	- 0,6

Source : Revue de la Banque du Canada, mars 1992, tableau J1.

Les données contenues dans le tableau 19.1 offrent un aperçu des comptes de la balance des paiements pour l'année 1991. Cette année-là, le Canada enregistrait un déficit de sa balance commerciale et de son compte courant, mais un surplus important de son compte capital. Il connaissait également un léger déficit du compte compensatoire. L'année 1991 est-elle représentative de l'économie canadienne?

Nous pouvons répondre à cette question en analysant les données de la figure 19.1, qui portent sur les comptes de la balance des paiements du Canada depuis 1971. On peut constater que, dans le graphique (a), le solde du compte courant est en quelque sorte l'image inverse du solde du compte capital. Les variations de nos réserves de devises étrangères (graphique b) sont habituellement peu prononcées comparativement aux variations des soldes des deux autres comptes.

Nous allons approfondir notre compréhension des comptes de la balance des paiements et de la manière dont ils sont reliés entre eux en étudiant les revenus et les dépenses, les prêts et les emprunts, de même que les comptes de banque personnels.

Exemple d'un particulier, à titre de comparaison Le compte courant d'un particulier décrit les revenus découlant des services des facteurs de production offerts par celui-ci de même que ses dépenses en biens et services. À titre d'exemple, prenons le cas de Jeanne. Elle a gagné, en 1991, un revenu de 25 000 $. Jeanne a effectué un placement d'une valeur de 10 000 $, qui lui a rapporté 1000 $. Le compte courant de Jeanne indique que ses revenus s'élèvent à 26 000 $. Jeanne a consacré 18 000 $ à l'achat de biens et services de consommation. Elle a également acheté une maison au coût de 60 000 $. Donc, les dépenses totales de Jeanne s'élèvent à 78 000 $. La différence entre ses dépenses et ses revenus se chiffre à 52 000 $ (78 000 $ - 26 000 $). Ce montant équivaut en quelque sorte au déficit du compte courant de Jeanne.

Pour couvrir l'excédent de ses dépenses sur ses revenus, Jeanne doit utiliser l'argent qu'elle détient à la banque ou souscrire à un emprunt. En fait, Jeanne a pris une hypothèque de 50 000 $ pour faciliter le paiement de sa maison. Étant le seul emprunt auquel Jeanne a souscrit, l'excédent de son compte capital atteint donc 50 000 $. Avec un déficit du compte courant de 52 000 $ et un excédent du compte capital de 50 000 $, il manque encore 2000 $ à Jeanne. Elle retire 2000 $ de son compte en banque, qui s'en trouve diminué d'autant.

Figure 19.1 La balance des paiements de 1971 à 1991

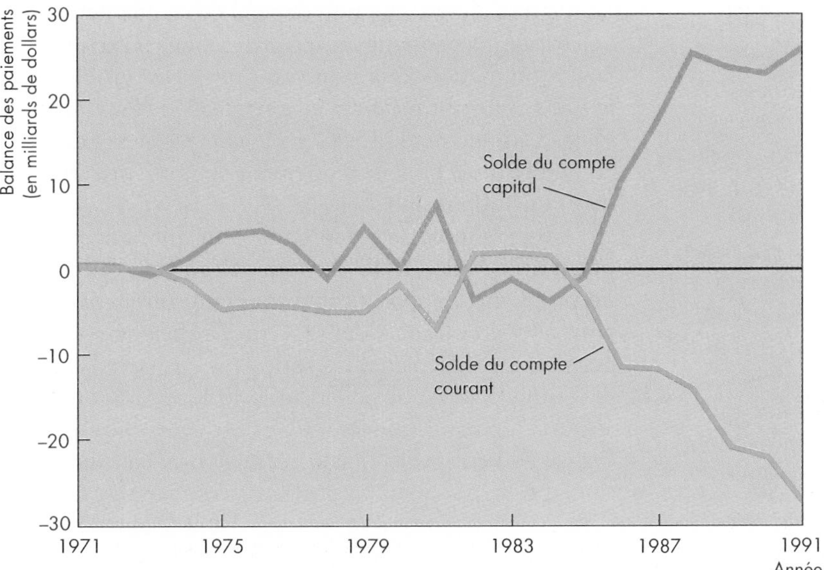

(a) Soldes du compte courant et du compte capital

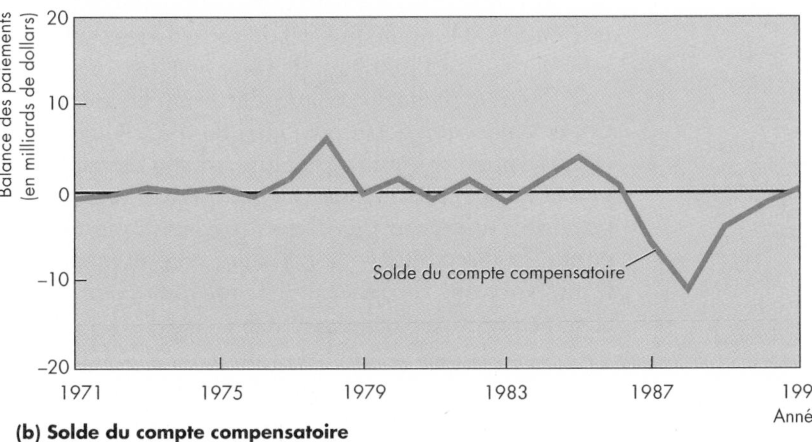

(b) Solde du compte compensatoire

Le graphique (a) illustre les soldes du compte courant et du compte capital. Le solde du compte courant se trouvait légèrement au-dessus de zéro entre 1971 et 1973; les exportations étaient supérieures aux importations. Le solde a une valeur négative entre 1974 et 1984, sauf en 1982. Le solde du compte capital est un peu l'image inverse du solde du compte courant. Lorsque le solde du compte courant est positif, le solde du compte capital est habituellement négatif, ce qui signifie que nous prêtons au reste du monde. Généralement, lorsque le solde du compte courant est négatif, le solde du compte capital est positif, ce qui signifie que nous empruntons au reste du monde. Le graphique (b) indique les changements des réserves officielles de devises étrangères du pays. Les fluctuations de ces réserves sont faibles comparativement aux fluctuations des soldes du compte courant et du compte capital.

Source: *Revue de la Banque du Canada*, mars 1992, tableaux J1 et J2.

Les services des facteurs de production qu'offre Jeanne correspondent en quelque sorte à l'offre d'exportations d'un pays. Ses achats de biens et services, incluant l'achat de sa maison, sont comparables aux importations d'un pays. Son prêt hypothécaire, c'est-à-dire son emprunt, est semblable aux emprunts que fait un pays à l'étranger. L'achat de sa maison représente les investissements d'un pays à l'étranger. Les changements du solde de son compte bancaire sont analogues aux variations des réserves officielles d'un pays.

Quels sont les facteurs qui permettent de déterminer le solde du compte courant d'un pays, de même que la valeur de ses prêts et de ses emprunts à l'échelle internationale?

Les prêts et les emprunts à l'échelle internationale

Le solde du compte courant présent et passé d'un pays de même que ses prêts et ses emprunts permettent de classer ce pays dans l'une des catégories suivantes:

- Emprunteur net
- Prêteur net
- Pays débiteur
- Pays créditeur

Un pays qui est un **emprunteur net** emprunte davantage au reste du monde qu'il ne prête lui-même au reste du monde. Inversement, un pays est un **prêteur net** lorsqu'il prête plus qu'il n'emprunte au reste du monde. Un pays qui est un emprunteur net peut soit s'endetter davantage, soit simplement réduire le montant de ses avoirs nets dans le reste du monde. Par contre, c'est la valeur totale de l'investissement étranger qui permet de déterminer si un pays est créditeur ou débiteur. Un **pays débiteur** est un pays qui, au cours de son histoire, a emprunté davantage au reste du monde qu'il n'a prêté lui-même. Ses dettes envers le reste du monde excèdent ses créances. Un **pays créditeur** est un pays qui, au cours de son histoire, a investi davantage dans le reste du monde que les autres pays ne l'ont fait chez lui. Le Canada est un pays débiteur. En d'autres termes, le Canada est un pays dont le montant net des revenus d'intérêt sur sa dette est négatif; ses paiements d'intérêt sont supérieurs à ses revenus d'intérêt.

Les stocks et les flux Au cœur de la distinction entre pays «prêteur net» et pays «emprunteur net», de même qu'entre «pays débiteur» et «pays créditeur», se trouve la différence entre flux et stocks. Les prêts et les emprunts constituent des flux. Ils correspondent à des montants prêtés ou empruntés sur une période donnée. Les dettes sont des stocks; elles représentent des montants détenus à un moment donné. Le flux des prêts et des emprunts modifie le stock de la dette. Le stock de la dette qui demeure impayé dépend principalement des flux de prêts et d'emprunts passés, et non pas des flux de la période courante. Les flux de la période courante déterminent la *variation* du stock de la dette impayée.

Le Canada n'est pas le seul pays à être classé comme emprunteur net. En effet, des pays plus pauvres, qui se trouvent au stade initial de leur développement économique, comme la Corée du Sud, les Philippines et Singapour, appartiennent aussi à cette catégorie. Tout comme le Canada, ces pays sont à la fois emprunteurs nets et débiteurs. Ainsi, leur stock total d'emprunts effectués auprès du reste du monde dépasse leurs prêts. La dette de ces pays en voie de développement s'est accrue, passant de moins du tiers à plus de la moitié de leur produit intérieur brut pendant les années 80. C'est ce qui nous a amenés à parler de la «crise de la dette dans les pays du tiers monde».

En réalité, la plupart des pays, incluant depuis quelques années les États-Unis, sont des emprunteurs nets. Toutefois, un petit nombre de pays constituent d'importants prêteurs nets, comme l'Arabie Saoudite et le Venezuela, dont la richesse dépend du pétrole, et les pays économiquement très avancés, comme le Japon et l'Allemagne.

L'emprunt: en vue d'investir ou de consommer?

Le Canada doit-il s'inquiéter d'être un emprunteur net? La réponse à cette question dépend de ce que nous faisons avec les sommes empruntées. Si elles servent à la consommation, cela peut occasionner un problème. Si nous empruntons pour investir dans de nouveaux biens d'équipement, il n'y aura aucun problème dans la mesure où le taux de rendement de notre investissement est suffisamment élevé.

Il est simple de comprendre pourquoi un emprunt utilisé aux fins de consommation peut causer un problème. Supposons que vous empruntiez 1000 $ pour aller en vacances dans les Antilles pendant votre dernière année scolaire. Lorsque vous quitterez l'école et commencerez à travailler, vous devrez rembourser les 1000 $, de même que les intérêts sur votre emprunt. Pour y parvenir, vous devrez réduire votre consommation afin de payer vos vacances passées. Supposons que vous décidiez plutôt d'investir ces 1000 $ dans un projet rentable. Un an plus tard, votre investissement vous rapporterait 1000 $ plus un montant additionnel de 200 $. Vous auriez à rembourser votre prêt et les intérêts, mais le montant total de votre dette serait inférieur au profit résultant de votre investissement.

Dans le premier exemple, l'emprunt utilisé aux fins de consommation a pour effet de vous obliger à réduire votre consommation plus tard afin de rembourser l'emprunt et les intérêts. Dans le deuxième exemple, l'emprunt utilisé aux fins d'investissement a plutôt pour effet d'accroître votre niveau de consommation futur, parce que vous avez utilisé votre prêt pour effectuer un investissement rentable.

C'est la même chose pour un pays. Si le Canada emprunte d'importantes sommes au reste du monde pour les engager dans des activités de consommation, incluant certaines dépenses publiques, le pays aura à faire face à des ennuis financiers dans l'avenir qui l'amèneront à devoir réduire son niveau de consommation afin de pouvoir rembourser ses emprunts et payer les intérêts qui s'y rattachent. Par contre, si le Canada utilise les sommes empruntées afin de mettre en valeur ses vastes ressources humaines et physiques, il s'ensuivra alors une croissance économique plus rapide. Les Canadiens, alors plus riches, pourront rembourser leur dette internationale et les intérêts, tout en consommant plus qu'avant.

Les emprunts internationaux du Canada

Le Canada emprunte-t-il pour consommer ou pour investir? Jusqu'en 1981, l'accumulation du capital au Canada dépassait l'épargne privée et les emprunts internationaux. Depuis 1981, c'est le contraire qui se produit. En 1985, le Canada a emprunté près de 25 milliards de dollars pour financer son niveau de consommation publique et privée. Depuis 1985, le recours aux prêts étrangers a diminué et, depuis 1988, le Canada s'est rapproché de la situation qui prévalait avant 1981. Les sommes empruntées ont été principalement consacrées à l'investissement et à l'accumulation d'avoirs en capital rentables.

Nous allons maintenant examiner les facteurs qui permettent de déterminer l'ampleur de nos prêts et de nos emprunts internationaux, de même que la valeur du solde de notre compte courant.

À RETENIR

Pour acheter des biens produits dans d'autres pays ou investir à l'étranger, nous utilisons des devises étrangères. Pour se procurer des biens fabriqués au Canada ou pour investir ici, les étrangers utilisent la monnaie canadienne. Nos échanges internationaux sont inscrits dans les comptes de la balance des paiements. Le compte courant comprend les exportations et les importations de biens et services, les paiements d'intérêt nets et les autres transferts nets. Le compte capital montre le montant net de nos prêts et de nos emprunts à l'étranger. Le compte compensatoire indique la variation des réserves de devises étrangères du pays. Vers la fin des années 80, le compte courant du Canada était largement déficitaire et le compte capital fortement excédentaire; le Canada était un emprunteur net.

■ ■ ■

Le solde du compte courant

Quels sont les facteurs qui permettent de déterminer le solde du compte courant de même que le montant des prêts et des emprunts internationaux d'un pays? Pour répondre à cette question, nous devons d'abord rappeler certaines notions étudiées au chapitre 6 qui portent sur des éléments de comptabilité nationale.

Les soldes des secteurs

Le tableau 19.2, qui sert aussi d'aide-mémoire, contient un résumé des calculs qui sont nécessaires. La partie (a) comprend une liste de variables relatives au revenu national de même que leurs symboles. La partie (b) contient deux équations clés relatives au revenu national.

L'équation (1) rappelle que le produit intérieur brut (PIB) correspond à la somme des dépenses de consommation, des dépenses d'investissement, des dépenses gouvernementales en biens et services et des exportations nettes (soit la différence entre les exportations et les importations). L'équation (2) indique que le revenu agrégé est utilisé de trois façons différentes: pour consommer, pour épargner et pour payer les impôts (nets des paiements de transfert) au gouvernement. L'équation (1) montre de quelle manière les dépenses engendrent les revenus. L'équation (2) indique à quoi servent ces revenus.

La partie (c) du tableau 19.2 présente de nouvelles notions qui portent sur les déficits et les surplus. Nous allons examiner trois types de déficits ou de surplus, soit les exportations nettes, de même que les déficits ou surplus budgétaires du secteur public et du secteur privé. Pour obtenir ces surplus et déficits, nous devons d'abord soustraire l'équation (2) de l'équation (1). Le résultat correspond à l'équation (3). L'équation (3) peut être modifiée en vue d'obtenir une relation qui indique de quels facteurs dépendent les exportations nettes; il s'agit de l'équation (4) du tableau.

On peut constater que les exportations nettes ont deux composantes. La première correspond aux revenus provenant des impôts et taxes moins les dépenses publiques, et la seconde représente la différence entre l'épargne et les investissements. Ces deux composantes forment les surplus ou déficits du secteur public et du secteur privé respectivement.

Le **surplus ou déficit budgétaire du secteur public** est représenté par la différence entre le montant des impôts et taxes (net des paiements de transfert incluant l'intérêt sur la dette) et les dépenses publiques en biens et services. Le secteur public enregistre un surplus si la valeur des impôts et taxes excède ses dépenses. Par contre, si la valeur des dépenses publiques est supérieure à celle des impôts et taxes, le secteur public fait face à un déficit. Remarquez que le déficit budgétaire du secteur public est différent du déficit budgétaire du gouvernement fédéral qui a fait l'objet d'une discussion au chapitre 17. Le secteur public comprend les gouvernements fédéral et provinciaux, de même que les autorités municipales.

Le **surplus ou déficit budgétaire du secteur privé** est constitué de la différence entre l'épargne et l'investissement. Si l'épargne est supérieure à l'investissement, le secteur privé fait face à un surplus et peut donc prêter aux autres secteurs. Si l'investissement est plus élevé que l'épargne, le secteur privé connaît un déficit qui doit être financé en empruntant aux autres secteurs.

Comment établir le lien entre les exportations nettes et le solde du compte courant? Partant des exportations nettes, si nous soustrayons les paiements d'intérêt nets versés par les Canadiens au reste du monde et additionnons les transferts nets reçus du reste du monde, nous obtenons le solde du compte courant, soit le montant qui doit être financé par des emprunts internationaux ou par une variation des réserves de devises étrangères du pays.

Tableau 19.2 La détermination du solde du compte courant et les soldes des secteurs

	Symboles et équations	Canada, 1990 (en milliards de dollars)
(a) Variables		
Produit intérieur brut (PIB)	Y	672
Dépenses de consommation	C	399
Dépenses d'investissement	I	122
Dépenses gouvernementales en biens et services	G	149
Exportations de biens et services	EX	169
Importations de biens et services	IM	167
Épargne	$É$	149
Taxes et impôts moins paiements de transfert	TN	124
(b) Revenus et dépenses		
Dépense agrégée	(1) $Y = C + I + G + EX - IM$	
Utilisation du revenu	(2) $Y = C + É + TN$	
Différence entre (1) et (2)	(3) $0 = I - É + G - TN + EX - IM$	
(c) Surplus et déficits		
Exportations nettes	(4) $EX - IM = (TN - G) + (É - I)$	169 – 167 = 2
Secteur public	$TN - G$	124 – 149 = –25
Secteur privé	$É - I$	149 – 122 = 27

La tenue des livres

Les calculs que nous venons de faire relèvent de la tenue de livres. Nous avons simplement effectué des opérations à partir des comptes du revenu national et de la balance des paiements. Nous avons découvert que le solde du compte courant est égal aux exportations nettes plus les paiements de transfert nets reçus du reste du monde moins les intérêts nets payés à l'étranger. Nous avons également appris que les exportations nettes sont égales à la somme des déficits budgétaires du secteur privé et du secteur public. Mais quels sont les facteurs qui permettent de déterminer ces deux autres déficits? Pourquoi, par exemple, le surplus budgétaire du secteur privé n'est-il pas égal au déficit budgétaire du secteur public, de telle manière que le déficit du compte courant soit nul? Est-ce qu'une augmentation du déficit budgétaire du secteur public entraîne toujours une hausse du déficit du compte courant?

Le déficit budgétaire du secteur public et le compte courant On peut trouver des réponses à ces questions en observant la figure 19.2. Cette figure présente le déficit budgétaire du secteur public, le surplus budgétaire du secteur privé et le solde du compte courant. On constate que, jusqu'en 1976, les courbes représentant le déficit du compte courant et le déficit budgétaire du secteur public ont évolué de façon très semblable: le déficit du compte courant avait une nette tendance à s'aggraver lorsque le déficit budgétaire du secteur public devenait plus important. Cependant, entre 1977 et 1987, les courbes illustrant ces deux variables ont évolué très différemment. Le secteur privé a connu de gros surplus. Pendant quelques années, soit entre 1982 et 1984, le surplus budgétaire du secteur privé a plus que compensé le déficit budgétaire du secteur public, faisant en sorte que le compte courant a enregistré un surplus. Après 1985, le compte courant est devenu déficitaire et ce déficit s'est accru jusqu'en 1990.

Figure 19.2 Les trois déficits

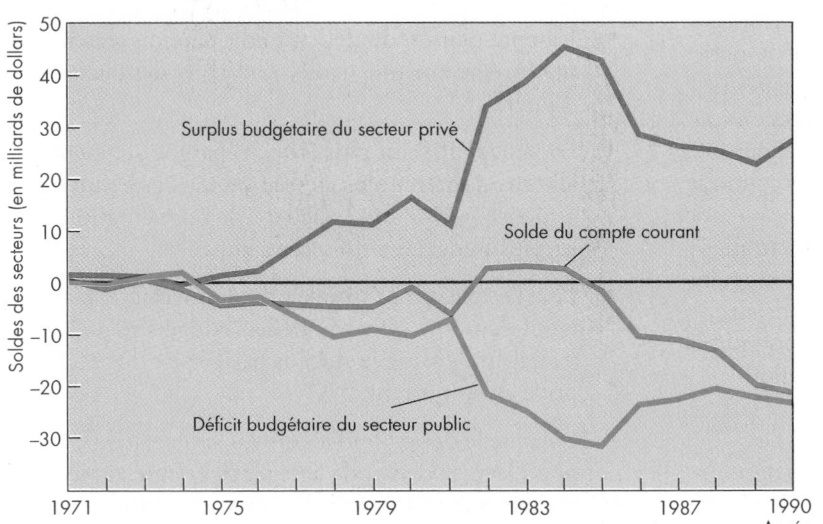

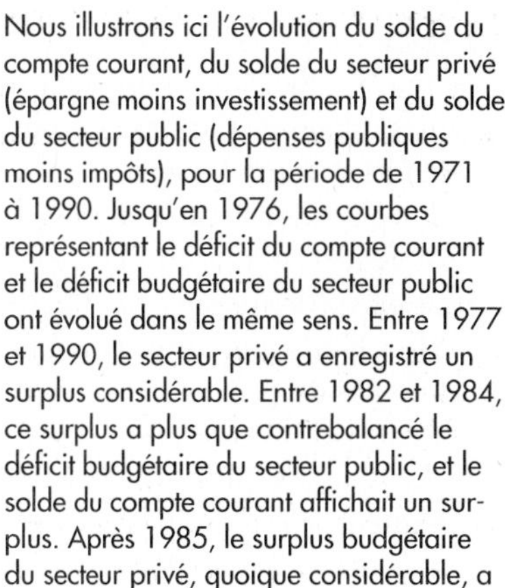

Nous illustrons ici l'évolution du solde du compte courant, du solde du secteur privé (épargne moins investissement) et du solde du secteur public (dépenses publiques moins impôts), pour la période de 1971 à 1990. Jusqu'en 1976, les courbes représentant le déficit du compte courant et le déficit budgétaire du secteur public ont évolué dans le même sens. Entre 1977 et 1990, le secteur privé a enregistré un surplus considérable. Entre 1982 et 1984, ce surplus a plus que contrebalancé le déficit budgétaire du secteur public, et le solde du compte courant affichait un surplus. Après 1985, le surplus budgétaire du secteur privé, quoique considérable, a commencé à baisser et le solde du compte courant était, de nouveau, déficitaire.

Source: Compte courant, CANSIM, série D72002; Déficit budgétaire du secteur public, CANSIM, série D20193; Surplus budgétaire du secteur privé, calculs des auteurs. *Revue de la Banque du Canada*, mars 1992, tableaux J1 et G1.

Quels sont les facteurs qui relient les trois déficits que nous observons à la figure 19.2? Nous tenterons de répondre à cette question en observant d'abord les effets du déficit budgétaire du secteur public sur le surplus budgétaire du secteur privé.

Les effets du déficit budgétaire du secteur public sur le surplus budgétaire du secteur privé Il n'est pas surprenant de constater que le solde du secteur privé connaît des variations. Comme nous venons de le voir, ce solde résulte de l'écart entre l'épargne et l'investissement. D'après ce que nous avons appris au chapitre 8, le revenu disponible constitue l'une des principales variables qui influent sur le niveau de l'épargne. Les facteurs qui provoquent une augmentation du revenu disponible entraînent une hausse de l'épargne et du surplus budgétaire du secteur privé, tous les autres facteurs étant égaux par ailleurs. Dans le même chapitre, nous avons vu que l'investissement dépend du taux d'intérêt et des profits prévus. Toutes choses étant égales par ailleurs, les facteurs qui ont pour effet de faire diminuer les taux d'intérêt ou augmenter le montant des profits prévus entraînent une hausse des investissements et une baisse du surplus budgétaire du secteur privé.

Cependant, les modifications apportées par le gouvernement aux impôts ou à ses dépenses, qui ont pour résultat de faire varier son déficit, influent sur le revenu et les taux d'intérêt, lesquels ont une incidence sur l'épargne et l'investissement du secteur privé, de même que sur le solde du secteur privé. Une augmentation des dépenses publiques en biens et services ou une réduction des impôts, l'une ou l'autre contribuant à aggraver le déficit budgétaire du secteur public, a tendance à faire augmenter le PIB et les taux d'intérêt. Lorsque le PIB est plus élevé, l'épargne est plus grande. Cependant, les taux d'intérêt plus élevés ralentissent les investissements planifiés. Ainsi, jusqu'à un certain point, une augmentation du déficit budgétaire du secteur public entraîne une hausse du surplus budgétaire du secteur privé. Mais le déficit budgétaire du secteur public n'aura cet effet sur le surplus budgétaire du secteur privé que si les mesures prises par le gouvernement font augmenter le revenu et les taux d'intérêt.

Lorsque l'économie fonctionne près de sa capacité optimale de production, un déficit budgétaire du secteur public plus élevé n'entraîne pas un plus haut niveau du PIB réel. De plus, la mobilité internationale des capitaux atténue l'effet d'une hausse des dépenses publiques sur les taux d'intérêt. Ainsi, les deux mécanismes par lesquels une augmentation du déficit budgétaire du secteur public peut accroître le surplus budgétaire du secteur privé peuvent être relativement faibles.

Lorsque l'économie se trouve bien au-dessous de sa capacité optimale de production, comme elle l'a été pendant les années 80, le faible lien entre le déficit budgétaire du secteur public et celui du secteur privé est brisé, et le niveau peu élevé des investissements privés donne lieu à un surplus considérable du secteur privé.

Les effets du déficit budgétaire du secteur public sur le déficit du compte courant Comment un changement du déficit budgétaire du secteur public influe-t-il sur le déficit du compte courant ? La façon la plus facile de voir ce qui se produit est d'utiliser un exemple qui, au départ, illustre une situation de plein emploi. Une augmentation des dépenses publiques en biens et services ou une réduction des impôts entraîne une hausse de la dépense agrégée planifiée et de la demande agrégée. L'économie se trouvant toutefois au plein emploi, il n'existe aucune capacité excédentaire de production qui permettrait au PIB réel d'augmenter. Une partie de l'accroissement de la demande de biens et services doit être satisfaite au moyen de la production étrangère. Les importations augmentent. De plus, une partie de la production intérieure normalement destinée à l'exportation sert maintenant à satisfaire la demande intérieure. Les exportations diminuent. La hausse des importations et la chute des exportations entraînent un accroissement du déficit du compte courant. L'excédent des importations sur les exportations entraîne une augmentation nette des emprunts à l'étranger.

Cependant, l'économie n'est pas toujours au plein emploi. De plus, les taux d'intérêt qui déterminent le flux des capitaux étrangers ne sont pas toujours fixes. Ainsi, le lien qui existe entre le déficit budgétaire du secteur public et le déficit du compte courant n'est pas étroit. Quelques-uns des principaux facteurs qui ont influé récemment sur les plus importantes composantes du solde du compte courant au Canada, soit les importations et les exportations de biens de même que la balance commerciale, sont analysés à la rubrique *Entre les lignes*, aux pages 526 et 527.

Le partage des risques Même si les investisseurs étrangers prêtent au Canada pour financer le déficit budgétaire du secteur public, ils ne font pas qu'acheter des obligations du gouvernement. De plus, même si l'épargne du secteur privé est presque égale aux investissements, nous ne sommes pas les seuls à acheter de nouveaux biens d'équipement au Canada. Les étrangers prêtent au gouvernement, ils achètent des entreprises privées et en créent de nouvelles. Nous nous servons d'une part de nos épargnes pour payer les achats de nouveaux biens d'équipement, mais nous utilisons également nos épargnes pour prêter au gouvernement. Pour ces raisons, le volume des investissements internationaux est considérable, comme nous l'avons vu au début de ce chapitre.

À RETENIR

Le mécanisme par lequel le déficit budgétaire du secteur public influe sur le déficit budgétaire du secteur privé et celui du compte courant est le suivant :

- Une augmentation des dépenses publiques ou une réduction des impôts a pour effet de hausser le déficit budgétaire du secteur public.
- L'augmentation du déficit budgétaire du secteur public entraîne une hausse du PIB et des taux d'intérêt.
- Lorsque le PIB est plus élevé, l'épargne augmente ; les taux d'intérêt plus élevés font baisser les investissements, ce qui donne lieu à une augmentation du surplus budgétaire du secteur privé.
- Plus l'économie se trouve près du niveau de plein emploi, moins l'effet du déficit budgétaire du secteur public sur le surplus budgétaire du secteur privé est important.
- Lorsque le déficit budgétaire du secteur public est plus élevé, la demande agrégée intérieure augmente ; la demande relative aux importations s'accroît et une part des biens normalement destinés à l'exportation sert à satisfaire la demande intérieure.
- Les exportations nettes chutent, ce qui a pour effet d'accroître le déficit du compte courant.

■ ■ ■

Les exportations nettes et le dollar

Les exportateurs n'aiment pas que la valeur du dollar soit trop élevée, et les importateurs n'aiment pas qu'elle soit trop faible. Pourquoi ? La valeur du dollar influe-t-elle sur le volume de nos exportations et de nos importations ? Influe-t-elle aussi sur la balance commerciale, soit nos exportations nettes ? Ou encore, la relation de cause à effet joue-t-elle en sens inverse, la balance commerciale déterminant la valeur du dollar ? Un surplus de la balance commerciale entraîne-t-il une appréciation de la valeur du dollar, et un déficit de la balance commerciale provoque-t-il une dépréciation ? Voilà des questions auxquelles nous tenterons de répondre dans la prochaine partie du présent chapitre. Commençons par étudier le lien qui existe entre les prix, exprimés en dollars canadiens, et le taux de change.

Les prix et le taux de change

Afin de comprendre la relation entre les prix et le taux de change, il faut se rappeler la distinction importante entre *prix relatifs* et *prix nominaux*. Un prix relatif, on se souviendra, représente la quantité d'un bien qu'une unité d'un autre bien permettrait d'acquérir. Dans une économie fictive où il n'y aurait que deux biens, les céréales et les voitures, le prix relatif serait la quantité de boisseaux de céréales qui pourrait être échangée contre une voiture. Le prix nominal d'un bien ou service est la quantité de dollars à débourser pour l'obtenir. Le prix nominal dépend du niveau des prix ou de la valeur de la monnaie. La valeur de la monnaie est, à son tour, déterminée par la quantité de monnaie offerte par rapport à la quantité demandée.

Les prix relatifs sont fixés en fonction de la demande et de l'offre et, dans le cas des biens et services que s'échangent les pays, en fonction de la demande et de l'offre sur le marché mondial, et non pas de la demande et de l'offre sur le marché intérieur d'un pays donné. Les prix nominaux sont déterminés en partie par les prix relatifs et en partie par la valeur de la monnaie du pays. Les prix nominaux de chaque pays dépendent de la valeur de la monnaie du pays.

Utilisons de nouveau l'exemple de l'économie fictive où il n'y a que deux biens : les céréales et les voitures. Supposons qu'on puisse obtenir une voiture en échange de 1000 boisseaux de céréales sur le marché mondial. Il s'agit du prix relatif des voitures et des céréales. Le prix d'une voiture exprimé en céréales est de 1000 boisseaux, et le prix pour obtenir 1000 boisseaux de céréales est de 1 voiture.

Le prix nominal des voitures et des céréales dépendra de la valeur de la monnaie. Si la valeur de la monnaie est fixée de façon que 1 $ permet d'acheter 1 boisseau de céréales, alors le prix nominal qui permet d'obtenir 1 boisseau de céréales est de 1 $. Le prix nominal qui permet d'acheter 1 voiture est alors de 1000 $. Autrement dit, le rapport des deux prix nominaux est égal au prix relatif. Si la valeur de la monnaie est établie de façon que 1 boisseau de céréales coûte 4 $, alors 1 voiture vaut 4000 $.

Les prix nominaux dans deux pays

Les prix nominaux peuvent être différents d'un pays à l'autre en raison des différences dans la valeur de la monnaie. L'exemple présenté au tableau 19.3 montre le lien qui existe entre les prix en vigueur dans deux pays et le taux de change entre les deux devises. Dans cet exemple, nous utilisons encore les céréales et les voitures, et les deux pays dont il est question sont le Canada et les États-Unis. Supposons que les prix relatifs mondiaux des voitures et des céréales soient les mêmes que dans l'exemple précédent : 1 voiture coûte 1000 boisseaux de céréales. Supposons aussi que la valeur de la monnaie aux États-Unis soit fixée de façon que 1 boisseau de céréales coûte 4 $ et 1 voiture vaut 4000 $. Il s'agit des prix sur le marché mondial exprimés en dollars américains. Les prix sur le marché mondial exprimés en dollars canadiens dépendent du taux de change entre le dollar canadien et le dollar américain. Trois exemples sont donnés dans le tableau. Avec un taux de change de 1,75 $CAN pour 1 $US, le boisseau de céréales qui coûte 4 $ aux États-Unis vaut 7 $ au Canada, et la voiture qui se vend 4000 $ aux États-Unis coûte 7000 $ au Canada. Deux autres exemples figurent également au tableau, et ce pour des taux de change de 1,25 $CAN et de 0,75 $CAN pour 1 $US.

Tableau 19.3 Les prix exprimés en dollars canadiens et en dollars américains ainsi que le taux de change

Prix sur le marché mondial en dollars américains

Céréales	4 $ par boisseau
Voitures	4000 $ par unité

Prix sur le marché mondial en dollars canadiens

	Prix en dollars canadiens	
Taux de change	Céréales (par boisseau)	Voitures (par unité)
1,75 $CAN pour 1 $US	7 $	7000 $
1,25 $CAN pour 1 $US	5 $	5000 $
0,75 $CAN pour 1 $US	3 $	3000 $

Ce qu'il faut retenir du tableau 19.3, c'est que les prix au Canada, exprimés en dollars canadiens, dépendent des prix sur le marché mondial de même que de la valeur du dollar canadien par rapport aux autres devises. Plus la valeur d'échange du dollar canadien en devises étrangères est élevée (plus le taux de change est faible), plus le prix d'un bien en dollars canadiens est bas.

Les prix des exportations et des importations

Il est maintenant possible de comprendre pourquoi les exportateurs préfèrent un dollar faible et les importateurs un dollar fort. Lorsque le dollar est faible, le prix obtenu par un exportateur pour une marchandise, exprimé en dollars canadiens, est élevé. Si le dollar est fort, le prix obtenu par un exportateur est bas. Par exemple, supposons que nous exportions des céréales. Si le dollar est fort, à 0,75 $CAN pour 1 $US, l'exportateur de céréales ne reçoit que 3 $ le boisseau. Par contre, s'il est faible, disons à 1,75 $CAN pour 1 $US, l'exportateur obtient 7 $ pour un boisseau. L'importateur souhaite que le dollar soit fort pour les mêmes raisons. Si le dollar est fort, disons à 0,75 $CAN pour 1 $US, une voiture ne coûte que 3000 $CAN. Mais si le dollar est faible, à 1,75 $CAN pour 1 $US, cette même voiture vaut 7000 $CAN.

La balance commerciale et le dollar

En novembre, la balance enregistrait une hausse

La balance commerciale des marchandises (la différence entre les exportations totales et les importations totales) a enregistré une hausse considérable en novembre lorsque les Canadiens ont largement réduit leurs achats de biens et services auprès du reste du monde et que leurs exportations se sont quelque peu accrues.

Selon Statistique Canada, la balance commerciale est passée d'un déficit révisé de 356 millions de dollars, en octobre, à un surplus de 679 millions de dollars, en novembre. Les importations ont chuté de 1 milliard de dollars, se chiffrant à 10,8 milliards de dollars, et les exportations ont augmenté de 58 millions de dollars, passant ainsi à 11,5 milliards de dollars. La valeur du déficit du mois d'octobre a été révisée par rapport à sa valeur précédente qui s'établissait à 421 millions de dollars.

Les économistes ont affirmé que l'importante chute des importations constituait une autre indication que les taux d'intérêt et le dollar élevés entraînaient un ralentissement de la croissance économique et une réduction de la demande des consommateurs. Récemment, de nombreux indicateurs économiques pointaient dans la même direction, incluant les données sur la main-d'œuvre, publiées la semaine dernière, qui indiquaient une baisse de l'emploi et un accroissement du chômage...

Les importations de produits de l'industrie automobile, incluant les voitures, les camions et les pièces, ont chuté à 2,4 milliards de dollars en novembre, comparativement à 2,9 milliards de dollars en octobre. Les importations de biens d'équipement, des composantes importantes des investissements, sont passées de 3,8 à 3,5 milliards de dollars en un mois...

Quant aux exportations, l'augmentation la plus considérable était celle du blé, qui a vu la valeur de ses exportations passer de 203 à 304 millions de dollars en novembre, et ce en raison des abondantes récoltes de l'automne dernier. Selon Statistique Canada, les exportations de blé semblent revenir à leurs niveaux de 1986, après avoir chuté considérablement à la suite de la sécheresse de 1988...

À la lumière des données recueillies sur les 11 premiers mois de 1989, nous savons que les

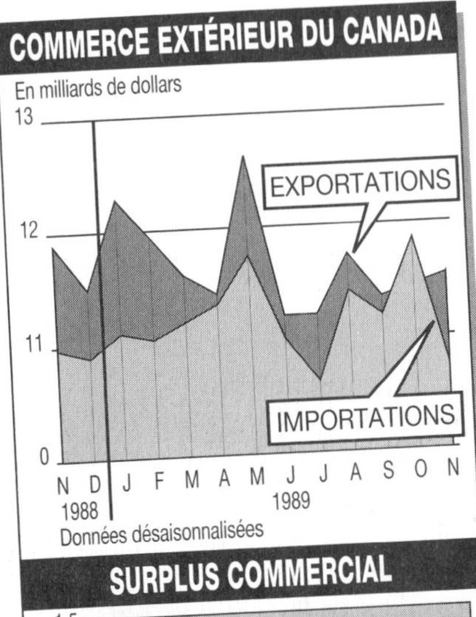

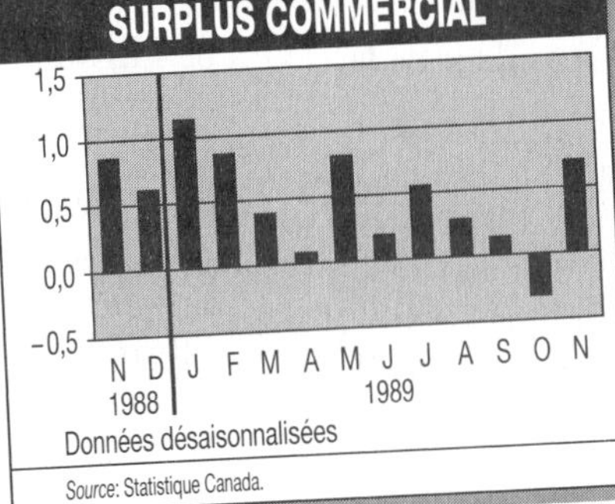

Source: Statistique Canada.

exportations canadiennes se chiffraient à 128 milliards de dollars et les importations à 123,3 milliards de dollars, ce qui représentait un surplus de 4,7 milliards de dollars. Ce chiffre est de beaucoup inférieur au surplus de 9,2 milliards de dollars enregistré pour la même période en 1988.

Les exportateurs insistent pour que la Banque du Canada adoucisse sa politique monétaire et permette aux taux d'intérêt et au dollar de chuter. Nous avons lieu de croire que la banque centrale pourrait adoucir quelque peu sa politique, même si personne ne croit que cela surviendra au cours de la nuit...

The Globe and Mail
18 janvier 1990
par Madelaine Drohan

Les faits en bref

- En 1989, la balance commerciale du Canada est passée d'un déficit de 356 millions de dollars en octobre à un surplus de 679 millions de dollars en novembre. Les importations ont chuté de 1 milliard de dollars et les exportations ont augmenté de 58 millions de dollars.
- Selon les économistes, la chute des importations indique que les taux d'intérêt et le dollar élevés ont ralenti la croissance économique. Les données sur la main-d'œuvre montrent une baisse de l'emploi et un accroissement du chômage.
- Les importations de produits de l'industrie automobile sont passées, d'octobre à novembre, de 2,9 à 2,4 milliards de dollars. Au cours de la même période, les importations de biens d'équipement ont chuté, passant de 3,8 à 3,5 milliards de dollars.
- Par ailleurs, les exportations de blé ont enregistré la hausse la plus importante, passant de 203 à 304 millions de dollars en novembre, en raison d'une récolte abondante.
- Les exportations pour les 11 premiers mois de 1989 se chiffraient à 128 milliards de dollars et les importations à 123,3 milliards de dollars, ce qui représente un surplus total de 4,7 mil-

liards de dollars, par rapport au surplus de 9,2 milliards de dollars enregistré pour la même période en 1988.

- Les exportateurs ont plaidé leur cause afin que la Banque du Canada réduise les taux d'intérêt et laisse le dollar se déprécier.

Analyse

Novembre 1989

- Le graphique (a) couvre les événements de novembre. On peut y voir la fonction d'importations (voir le chapitre 9), les exportations et la balance commerciale.

- Les exportations (droite *EX*) ont été à peu près constantes, d'octobre à novembre, s'établissant à 11,5 milliards de dollars.

- La fonction d'importations illustrée ici repose sur l'hypothèse d'une *propension marginale à importer* (voir le chapitre 8) égale à 0,2. Chaque addition d'un dollar au PIB entraîne une augmentation de 0,20 $ des importations.

- En octobre, la fonction d'importations correspondait à la courbe IM_{Oct}, le PIB se chiffrait à 50 milliards de dollars et les importations s'élevaient à 11,8 milliards de dollars.

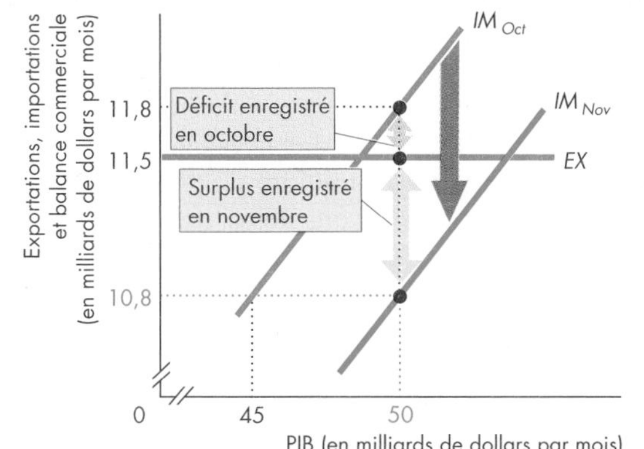

(a) Diminution des importations en novembre 1989

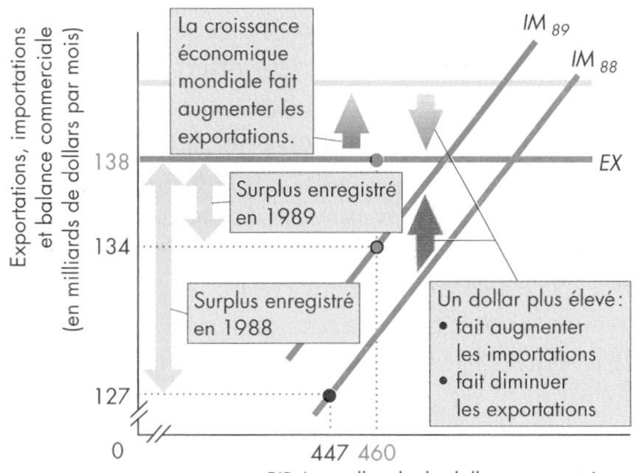

(b) Balance commerciale en 1988 et en 1989

Le déficit atteignait alors 0,3 milliard de dollars.

- En novembre, la fonction d'importations s'est déplacée vers le bas en IM_{Nov}, par suite du ralentissement de la croissance économique au Canada. Le PIB s'est maintenu à peu près à la valeur enregistrée en octobre, et les importations ont chuté à 10,8 milliards de dollars, engendrant un surplus de 0,7 milliard de dollars.

- D'octobre à novembre, divers facteurs aléatoires ont influé sur les importations et les exportations. On ne peut donc pas déterminer avec certitude si le ralentissement de la croissance économique, en novembre 1989, a provoqué la chute des importations. Cette explication semble toutefois peu plausible, car le ralentissement fut très modéré malgré les taux d'intérêt et le dollar élevés.

Comparaison entre les années 1988 et 1989

- En 1988, le surplus de la balance commerciale se chiffrait à 11 milliards de dollars. Dans l'article, les données ne couvraient que les 11 premiers mois de l'année 1989. Ce surplus est tombé à 4 milliards de dollars en 1989. Le graphique (b) nous indique pourquoi.

- L'appréciation régulière du dollar canadien a fait déplacer la fonction d'importations vers le haut et la droite d'exportations vers le bas.

- La croissance économique mondiale a fait augmenter de façon régulière la demande d'exportations canadiennes, ce qui a entraîné un déplacement vers le haut de la droite d'exportations.

- Les effets de ces deux facteurs sur les exportations se sont annulés. Il n'y a donc pas eu de variation des exportations nettes.

- Les importations se sont accrues pour deux raisons : l'augmentation de la valeur du dollar a fait déplacer la fonction d'importations vers le haut et l'augmentation du PIB réel a provoqué un mouvement le long de la fonction d'importations. Par conséquent, le surplus a baissé.

Les autres facteurs

- Bien que très importante, la balance commerciale ne constitue qu'une des composantes de la balance du compte courant.

- D'autres facteurs influent également sur la balance commerciale et la balance du compte courant. Le plus important est le déficit budgétaire du gouvernement fédéral. Ayant peu changé en 1989, il ne peut donc pas être la cause des *variations* de la balance commerciale pour cette année-là.

Le dollar et la balance commerciale

Un lien important entre le dollar et la balance commerciale découle de la relation que nous venons d'étudier entre les prix et la valeur du dollar. La demande et l'offre canadiennes de biens exportés et importés dépendent de leurs prix au Canada. Toutes choses étant égales par ailleurs, plus le prix d'un bien est élevé, plus on produira une grande quantité de ce bien et moins on en consommera. En d'autres termes, plus le prix d'un bien est élevé, plus la quantité offerte sera grande et la quantité demandée sera faible. Étudions maintenant le lien entre les prix, le taux de change et la balance commerciale, en reprenant l'exemple des céréales et des voitures. Supposons que, dans cette économie, on exporte des céréales et on importe des voitures, tout en produisant et en consommant une certaine quantité de chaque bien. La figure 19.3 illustre les marchés où chaque bien est échangé. Concentrons-nous d'abord sur les deux graphiques de la partie (a) de la figure. En ce qui a trait au marché des céréales (graphique de gauche), la courbe d'offre correspond à la courbe O_x et la courbe de demande à la courbe D_x. Pour ce qui est du marché des voitures (graphique de droite), la courbe de demande correspond à la courbe D_m et la courbe d'offre à la courbe O_m. Le prix relatif des voitures et des céréales, déterminé sur le marché mondial, est de 1000 boisseaux de céréales pour 1 voiture, comme dans l'exemple précédent. Supposons que les prix de ces biens dans l'économie mondiale soient de 4 $US pour 1 boisseau de céréales et de 4000 $US pour 1 voiture. Supposons aussi que le taux de change entre le dollar canadien et le dollar américain soit de 1,75 $CAN pour 1 $US, comme dans le premier exemple du tableau 19.3. En pareille situation, le prix des céréales en dollars canadiens est de 7 $; par conséquent, la quantité de céréales demandée au Canada est de 3 millions de boisseaux et la quantité offerte de 8 millions de boisseaux. Nous exportons 5 millions de boisseaux et la valeur totale des exportations se chiffre à 35 millions de dollars (5 millions de boisseaux × 7 $ le boisseau). De plus, le prix d'une voiture en dollars canadiens est de 7000 $; par conséquent, la quantité de voitures demandée est de 5000 et la quantité de voitures offerte de 4000. Le Canada importe 1000 voitures et la valeur totale des importations s'élève à 7 millions de dollars (1000 voitures × 7000 $ la voiture). Dans ce cas, le Canada enregistre un surplus de sa balance commerciale ou des exportations nettes positives.

Observons à présent la partie (b) de la figure 19.3. Cette partie illustre ce qui se produit lorsque le dollar canadien vaut plus que le dollar américain, par exemple si le taux de change est de 0,75 $CAN pour 1 $US. En pareil cas, le prix des céréales en dollars canadiens est de 3 $ le boisseau et celui d'une voiture de 3000 $. Lorsque le boisseau coûte 3 $, la quantité de céréales offerte par les producteurs canadiens est de 6 millions de boisseaux par année et la quantité demandée de 5 millions de boisseaux par année. On exporte alors 1 million de boisseaux par année et la valeur totale des exportations se chiffre à 3 millions de dollars. Lorsqu'une voiture vaut 3000 $, la quantité de voitures demandée au Canada est de 7000 par année et la quantité offerte de 2000 par année. On importe alors 5000 voitures par année au coût de 3000 $ la voiture; la valeur totale des importations se chiffre donc à 15 millions de dollars. Ainsi, le Canada enregistre un déficit de sa balance commerciale ou des exportations nettes négatives.

Nous venons d'établir que, lorsque la valeur du dollar est élevée, nous importons davantage que nous exportons et, lorsque le dollar est faible, nos exportations sont supérieures à nos importations. Il y a cependant un point où les exportations sont égales aux importations. Cette situation est illustrée dans la partie (c) de la figure 19.3. Dans ce cas, 1,25 $CAN est égal à 1 $US, de sorte que les prix en dollars canadiens sont de 5 $ le boisseau de céréales et de 5000 $ la voiture. À ces prix, la quantité de céréales offerte par les Canadiens est de 7000 boisseaux et la quantité demandée de 4000 boisseaux. Le Canada exporte alors 3000 boisseaux de céréales à 5 $ le boisseau; la valeur totale des exportations se chiffre donc à 15 millions de dollars. Si le prix est de 5000 $ la voiture, la quantité de voitures offerte au Canada est de 3000 par année et la quantité de voitures demandée de 6000 par année. Le Canada importe donc 3000 voitures par année au coût de 5000 $ la voiture, ce qui fait que la valeur totale des importations s'établit à 15 millions de dollars. Dans cette situation, les exportations nettes (balance commerciale) sont nulles.

Le taux de change d'équilibre

Comment le taux de change est-il déterminé? Quel est le taux de change d'équilibre? Nous avons répondu à ces questions au chapitre 18, où nous avons étudié les forces qui déterminent le taux de change. Le taux de change est déterminé de façon que la quantité d'éléments d'actif en dollars canadiens offerte soit égale à la quantité demandée. La balance commerciale n'intervient pas. En fait, la relation de cause à effet joue en sens inverse. Le taux de change est déterminé sur le marché des actifs, soit le marché des actifs en dollars canadiens. Une fois qu'on connaît la valeur du taux de change qui est déterminée sur ces marchés, on connaît également les prix en dollars canadiens des biens exportés et importés par le Canada. Et, une fois que ces prix sont connus, il est possible de calculer la balance commerciale.

La balance commerciale doit correspondre à ce que nous avons appris précédemment, à savoir qu'elle

Figure 19.3 Les exportations, les importations et le dollar

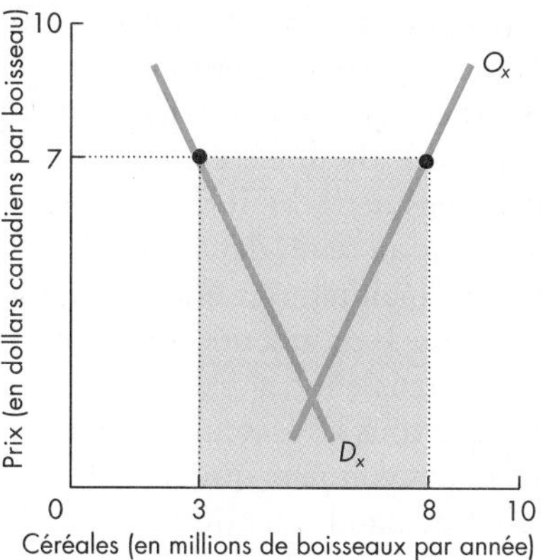

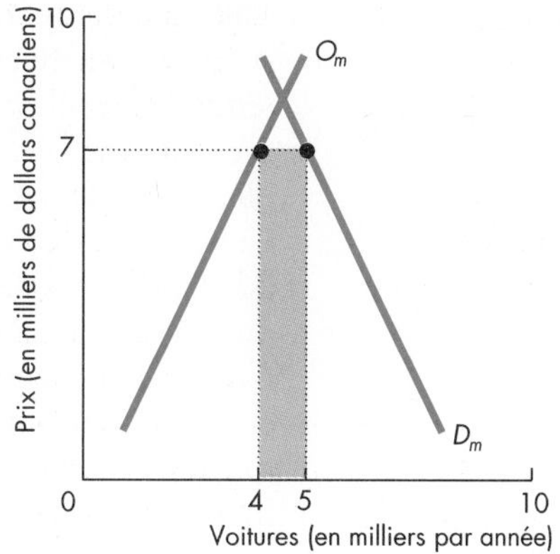

(a) Les exportations sont supérieures aux importations.

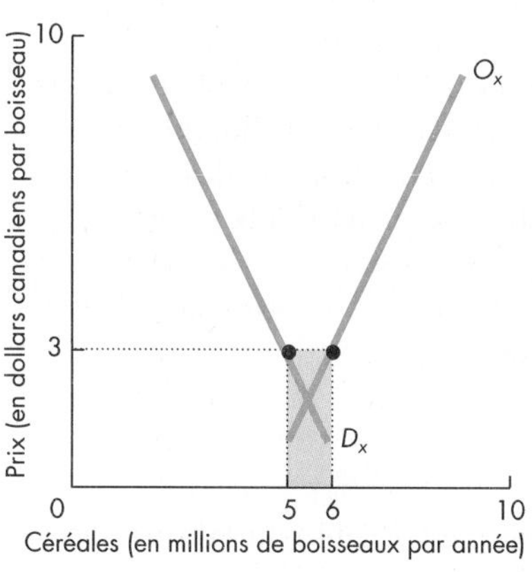

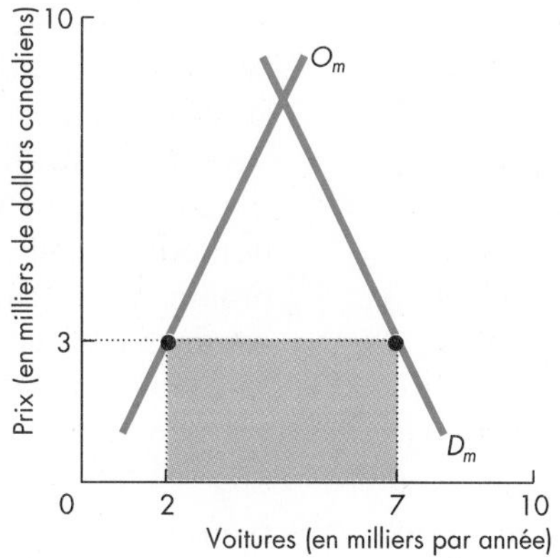

(b) Les importations sont supérieures aux exportations.

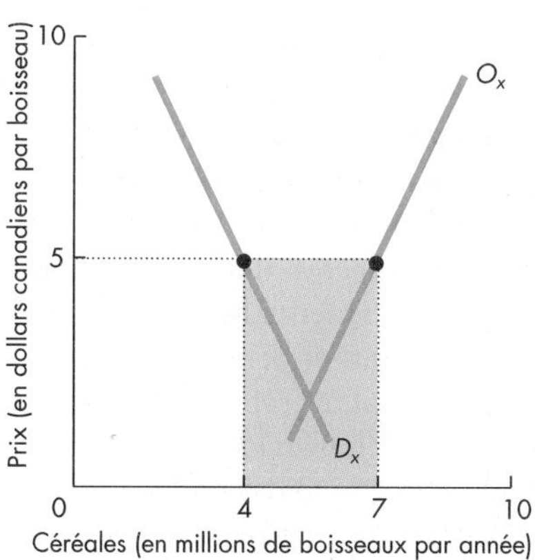

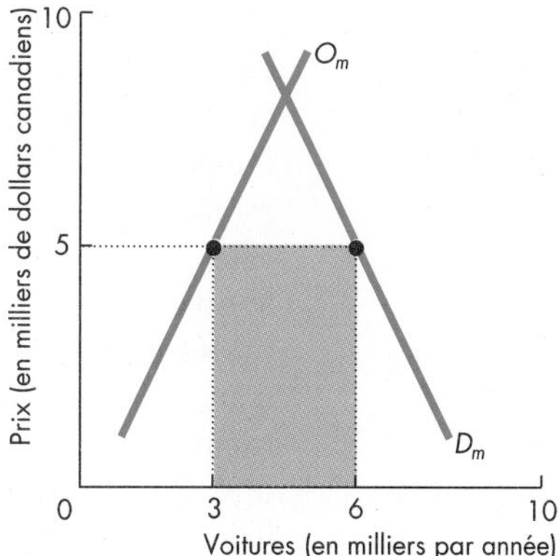

(c) Les exportations sont égales aux importations.

La valeur du dollar canadien en devises étrangères influe sur les prix en dollars canadiens. Toutes choses étant égales par ailleurs, plus le prix d'un bien en dollars canadiens est élevé, plus la quantité demandée de ce bien par les Canadiens est faible, et plus la quantité offerte par les Canadiens est forte. Cette figure illustre les marchés relatifs à deux biens : celui des céréales qui sont exportées, et celui des voitures qui sont importées.

Lorsque le taux de change est de 1,75 $CAN pour 1 $US, le prix des céréales est de 7 $CAN le boisseau et le prix d'une voiture de 7000 $CAN. La courbe de demande de boisseaux correspond à la courbe D_x et la courbe d'offre à la courbe O_x. La courbe de demande de voitures correspond à la courbe D_m et la courbe d'offre à la courbe O_m. À un taux de change de 1,75 $CAN pour 1 $US (partie a), les exportations canadiennes excèdent les importations (comparez les régions ombragées dans les deux graphiques).

Lorsque le taux de change est de 0,75 $CAN pour 1 $US, les prix en dollars canadiens sont de 3 $ le boisseau de céréales et de 3000 $ la voiture. En pareille situation (partie b), les importations sont supérieures aux exportations. Lorsque le taux de change est de 1,25 $CAN pour 1 $US, les prix en dollars canadiens sont de 5 $ le boisseau et de 5000 $ la voiture. Les exportations et les importations sont égales (partie c).

doit être égale à la somme du déficit budgétaire du secteur public et du déficit budgétaire du secteur privé. Cette correspondance est établie grâce à certains liens de dépendance importants entre les courbes de demande et d'offre sur les marchés des biens et services importés et exportés d'une part, et le marché des éléments d'actif en dollars canadiens d'autre part. Examinons maintenant un de ces liens, en étudiant ce qui se produit lorsque le gouvernement réduit les impôts et augmente les paiements de transfert, ce qui a pour effet d'alourdir le déficit budgétaire du secteur public.

Le déficit budgétaire du secteur public, les exportations nettes et le taux de change

Reportons-nous au début des années 70, au moment où le déficit budgétaire du secteur public et les exportations nettes étaient presque nuls. À cette époque, le dollar canadien était à peu près égal au dollar américain. Peu après, la valeur du dollar canadien chutait par rapport au dollar américain, et le secteur public enregistrait un déficit important. Quelle a été la cause de l'affaiblissement du dollar ? De plus, comment le déficit budgétaire du secteur public a-t-il influé sur la balance commerciale et sur la valeur du dollar ?

Commençons par analyser la cause du déficit budgétaire du secteur public et ses effets initiaux. Il y a eu déficit budgétaire du secteur public vers le milieu des années 70 en raison d'une réduction des impôts et d'une augmentation des subsides et des paiements de transfert. Des impôts moins élevés et des paiements de transfert plus importants ont eu pour effet d'accroître le revenu disponible. Avec un revenu disponible plus élevé, les Canadiens ont augmenté leur demande de biens et services : biens et services de consommation, biens d'équipement, biens et services produits au pays qui auraient pu être exportés et biens et services produits dans d'autres pays. Le secteur privé a connu un déficit, tout comme le secteur public. L'offre relative aux exportations a chuté, la demande relative aux importations a augmenté et nous avons enregistré un déficit de la balance commerciale. Les déficits du secteur public et du secteur privé s'étant accrus, il y a eu augmentation de l'offre d'éléments d'actif en dollars canadiens sous forme d'obligations du gouvernement, d'obligations du secteur privé et d'autres titres. La hausse de l'offre d'éléments d'actif en dollars canadiens par rapport à la demande de ces mêmes éléments a fait chuter leur valeur. Le dollar canadien s'est donc déprécié par rapport aux autres devises. Au cours de cette série d'événements, le dollar s'est affaibli, les exportations nettes sont devenues négatives et le Canada a connu un déficit de sa balance commerciale. Ces effets résultent d'un changement initial apporté au solde budgétaire du secteur public. Cependant, ce n'est pas la détérioration de la balance des paiements qui a causé la chute du dollar. C'est un troisième facteur qui a provoqué le déficit de la balance commerciale et la dépréciation de la valeur du dollar canadien.

Peut-on résorber le déficit de la balance commerciale en accentuant la baisse de la valeur du dollar ? À partir de l'analyse de la figure 19.3, on pourrait être tenté d'en venir à une telle conclusion. En effet, nous avons appris que, plus la valeur du dollar était faible, plus la valeur des exportations nettes était élevée. Cependant, une telle conclusion se révélerait fausse parce qu'elle exige que nous maintenions un trop grand nombre de facteurs constants. Il est essentiel de reconnaître que les courbes qui paraissent à la figure 19.3 ont été tracées en supposant que tous les facteurs (autres que les prix des céréales et des voitures) qui ont une incidence sur les quantités demandées et offertes sont constants. Afin d'accentuer la baisse du dollar, la Banque du Canada devrait augmenter l'offre d'éléments d'actif en dollars canadiens à un rythme encore plus rapide, en effectuant des opérations sur le marché libre, ce qui accroîtrait la masse monétaire au Canada. Ce faisant, elle contribuerait non seulement à faire baisser la valeur du dollar mais aussi à faire augmenter les prix des biens et services au Canada. Les prix des exportations et des importations par rapport aux prix des biens non échangeables, aux salaires et aux autres coûts de production ne changeraient pas, de sorte que la balance commerciale ne varierait pas.

La stabilisation du taux de change

Nous venons de voir que, en accentuant la baisse de la valeur du dollar canadien, nous n'aurions pas réussi à résorber le déficit de la balance commerciale survenu vers le milieu des années 70. Cependant, aurait-on pu empêcher la chute du dollar canadien ? La réponse est positive. Pour ce faire, il aurait fallu que la Banque du Canada adopte une politique monétaire plus restrictive, en diminuant l'offre d'éléments d'actif en dollars canadiens afin de stabiliser la valeur du dollar en devises étrangères. Toutefois, pour maintenir constante la valeur du dollar en devises étrangères, il aurait fallu que le niveau des prix au Canada augmente beaucoup moins rapidement qu'il ne l'a fait, et peut-être qu'il n'augmente pas du tout. En limitant rapidement l'augmentation des prix, la Banque du Canada aurait provoqué une récession qui aurait entraîné des coûts que ni le gouvernement ni la Banque du Canada n'auraient accepté de supporter pour stabiliser la valeur du dollar en devises étrangères.

La distinction entre variables nominales et variables réelles

La distinction entre les variables réelles et nominales est cruciale dans l'étude de l'économique. Elle est particulièrement importante en ce qui concerne les notions que nous venons d'étudier. La balance commerciale constitue un phénomène réel. Elle est déterminée par la demande et l'offre relatives aux importations et aux exportations qui, à leur tour, dépendent des facteurs de production, de la technologie et des préférences. La balance commerciale résulte de choix intertemporels et des décisions prises par les secteurs privé et public concernant la consommation et l'épargne. Le taux de change, comme le niveau des prix, constitue une variable nominale dont la valeur est déterminée par l'offre et la demande de facteurs nominaux, comme la monnaie et les éléments d'actif financiers.

Il existe un lien entre le déficit budgétaire du secteur public – une variable réelle –, et l'offre de monnaie et d'éléments d'actif en dollars canadiens – une variable nominale. Ce lien n'en crée pas automatiquement un autre entre la balance des paiements et le dollar. Les liens et les corrélations qu'on a pu observer par le passé ne sont pas les seuls qui soient possibles. Une politique monétaire différente, alliée à la même politique budgétaire, aurait pu produire le même effet sur la balance des paiements et un effet différent sur le taux de change. La même politique monétaire, combinée avec une politique budgétaire différente, aurait pu entraîner le même taux de change, mais un cours différent pour la balance des paiements.

■ Vous connaissez maintenant les facteurs qui permettent de déterminer le solde du compte courant d'un pays. Le facteur qui influe le plus sur le solde du compte courant est le déficit budgétaire du secteur public. Un pays dont les impôts sont inférieurs aux dépenses publiques risque de connaître un déficit commercial.

Dans les deux derniers chapitres, nous allons aborder d'autres questions concernant l'économie mondiale. Au chapitre 20, nous allons examiner les problèmes que les pays en voie de développement doivent surmonter lorsqu'ils cherchent à progresser économiquement. Au chapitre 21, nous étudierons des pays qui fonctionnent selon des systèmes économiques différents du nôtre.

RÉSUMÉ

Le financement du commerce international

Le commerce international, les emprunts et les prêts sont financés au moyen de devises étrangères. Un pays inscrit ses transactions internationales dans ses comptes de la balance des paiements. Le compte courant contient les revenus et les dépenses relatives à la vente et à l'achat de biens et services, les paiements d'intérêt nets et les autres transferts nets. Le compte capital représente le bilan des activités de prêt et d'emprunt à l'échelle internationale. Le compte compensatoire montre l'augmentation ou la diminution des réserves de devises étrangères d'un pays. (*pp. 517-519*)

Les prêts et les emprunts à l'échelle internationale

Un pays qui emprunte davantage au reste du monde qu'il ne lui prête lui-même est un emprunteur net; un pays qui prête plus qu'il n'emprunte constitue un prêteur net. Les prêts et les emprunts sont des flux. Les dettes constituent des stocks. L'emprunt accroît la dette, et un pays débiteur est un pays qui a emprunté davantage au reste du monde qu'il n'a prêté lui-même au cours de son histoire. Un pays créditeur est un pays qui a prêté plus qu'il n'a emprunté durant son histoire. Historiquement, le Canada a toujours été un emprunteur net auprès du reste du monde et un pays débiteur. Le Canada a utilisé ses emprunts internationaux pour développer ses ressources économiques et augmenter son niveau de revenu. (*pp. 519-521*)

Le solde du compte courant

Le solde du compte courant est égal aux exportations nettes moins les intérêts payés à l'étranger plus les autres transferts nets. Les exportations nettes sont égales à la somme du solde du secteur public et du solde du secteur privé. Avant 1977, le solde du compte courant et le déficit budgétaire du secteur public ont évolué dans le même sens. Entre 1982 et 1984, le secteur privé a connu un surplus important qui a plus que contrebalancé le déficit budgétaire du secteur public, faisant en sorte que le compte courant a affiché un surplus. Le surplus budgétaire du secteur privé a chuté après 1985 et le solde du compte courant a de nouveau été déficitaire. (*pp. 521-524*)

Les exportations nettes et le dollar

Plus la valeur du dollar en devises étrangères est élevée, plus les prix, en dollars canadiens, obtenus par les exportateurs et payés par les importateurs sont bas. Toutes choses étant égales par ailleurs, plus la valeur du dollar en devises étrangères est élevée, plus le volume des exportations est faible et celui des importations est fort. Même si la valeur du dollar en devises étrangères a un effet sur les importations, les exportations et la balance commerciale, la balance des paiements n'a qu'une incidence indirecte sur la valeur du dollar elle-même. Celle-ci est plutôt déterminée par la demande et l'offre d'éléments d'actif en dollars canadiens dans l'économie mondiale. Cependant, il existe des liens importants entre l'offre et la demande de dollars canadiens et la balance des paiements. Une augmentation du déficit budgétaire du secteur public entraîne une hausse de l'offre d'éléments d'actif en dollars canadiens et une baisse de la valeur du dollar canadien. Cette augmentation provoque également une hausse de la demande de biens et un accroissement du déficit de la balance commerciale (ou une diminution du surplus de la balance commerciale). (*pp. 524-531*)

POINTS DE REPÈRE

Mots clés

Figures clés

QUESTIONS DE RÉVISION

1 Énumérez les transactions qui sont inscrites dans le compte courant, le compte capital et le compte compensatoire d'un pays.

2 Décrivez la relation qui existe entre les soldes du compte courant et du compte capital, et le compte compensatoire.

3 Faites la distinction entre un pays emprunteur net et un pays prêteur net. Est-ce qu'un pays emprunteur net est toujours un pays créditeur ? Un pays créditeur est-il toujours un pays emprunteur net ?

4 Établissez la relation qui existe entre le solde du compte courant d'un pays, le déficit budgétaire du secteur public et le déficit budgétaire du secteur privé.

5 Expliquez pourquoi les fluctuations du déficit budgétaire du secteur public entraînent des fluctuations du solde du compte courant.

PROBLÈMES

1 Les habitants de Colonie, dont la devise est le poulet, ont effectué les transactions suivantes en 1991:

Variable	**En milliards de poulets**
Importations de biens et services	250
Exportations de biens et services	397
Emprunts obtenus de l'étranger	80
Prêts consentis à l'étranger	20
Augmentation des réserves officielles de devises étrangères	3

a) Établissez le compte courant de Colonie et calculez-en le solde.

b) Établissez le compte capital de Colonie et calculez-en le solde.

c) Colonie fonctionne-t-elle avec un taux de change flexible pour le poulet?

2 Vous obtenez les données suivantes au sujet d'Éconoterre dont la devise est la dinde et le taux de change est flexible:

Variable	**En milliards de dindes**
PIB	50
Dépenses de consommation	30
Dépenses publiques	12
Exportations de biens et services	10
Déficit budgétaire	2
Investissements	11

Effectuez les calculs suivants pour Éconoterre:

a) Importations de biens et services

b) Solde du compte courant

c) Solde du compte capital

d) Impôts (moins les paiements de transfert)

e) Déficit ou surplus budgétaire du secteur privé

8e PARTIE

La croissance, le développement et les divers systèmes économiques

ENTREVUE

JANOS KORNAI

Janos Kornai est professeur d'économique à l'université Harvard et chef de service à l'Institute of Economics et au Hungarian Academy of Sciences. Il partage son temps entre Cambridge et Budapest. Ses livres et autres publications ont été traduits en 17 langues. Il a écrit, entre autres, *Overcentralization in Economic Administration*, *Economics of Shortage* et *Contradictions and Dilemnas*. Nous avons discuté avec le professeur Kornai du fonctionnement d'une économie socialiste et des changements qui se produisent dans le monde socialiste.

«L'état maximal que l'on associe au socialisme classique ne peut pas être atteint.»

Professeur Kornai, pourquoi avez-vous décidé de devenir économiste ?

J'ai commencé très tôt à m'intéresser à l'économique, étant donné mon intérêt pour les questions politiques et sociales. Quand j'étais plus jeune, les idéaux et les buts du socialisme m'ont attiré et mes recherches en témoignent. Depuis ce temps, je suis devenu plus sévère à l'égard de l'économie politique socialiste et je me suis intéressé à d'autres théories économiques ainsi qu'aux types de systèmes économiques appliqués dans les pays de l'Ouest.

Nous avons observé d'importants changements dans des pays socialistes, comme la Hongrie, la Chine, l'Union soviétique et la Pologne, autant du point de vue politique que du point de vue économique. D'après vous, quelle est la raison de ces changements ?

Un événement, comme la mort d'un dirigeant, peut, en apparence, faire naître une volonté de changer le système. Mais, fondamentalement, c'est l'insatisfaction à l'égard du système, du parti et de sa manière de diriger, de même que le mécontentement populaire qui font véritablement naître cette volonté de changement. Les changements ne se produisent pas en une seule nuit. La Yougoslavie, par exemple, s'est éloignée de ce que j'appelle le socialisme classique, soit le socialisme traditionnel que l'on associe à Lénine, à Staline et à Mao, depuis maintenant 40 ans !

Pensez-vous qu'il existe un lien entre ces changements, la déréglementation et la privatisation qui se produisent aux États-Unis et en Europe ?

Ces changements ne sont pas totalement indépendants. Leur évolution se fait en parallèle, en ce sens que ce sont des mouvements qui tendent vers ce que la philosophie politique appelle l'*état minimal*. Mais, évidemment, ils ne partent pas du même point, et cette différence est importante. Les pays socialistes en mutation s'éloignent d'une société très centralisée et bureaucratique, ce que j'appelle l'*état maximal*. Au contraire, en Grande-Bretagne, le gouvernement travailliste était très loin de l'état maximal ; par conséquent, la privatisation effectuée par le gouvernement conservateur en Grande-Bretagne est très différente des réformes pratiquées dans les pays de l'Est.

Selon vous, les économies socialistes pourraient-elles suivre un modèle qui leur permettrait de passer de l'état maximal à l'état minimal à long terme ?

Il est encore trop tôt pour le savoir. Mais je crois que l'état maximal que l'on associe au socialisme classique ne peut pas être atteint, et ce pour de nombreuses raisons. Je n'en citerai que quelques-unes. Il est très coûteux pour une société de surveiller les activités de tout un chacun. Ensuite, la croissance complique les choses, non seulement parce qu'il faut produire plus de biens, mais aussi parce qu'il faut accroître la variété des biens produits. À l'époque de la Chine maoïste, tout le monde portait le même uniforme bleu, de sorte qu'il était facile de planifier la production.

Mais, dans une économie moderne, il existe des milliards de biens et services différents. La centralisation absolue est donc impossible. L'économie s'essouffle et il se produit des pénuries de biens. Je suis d'accord avec les propos de M. Hayek, lorsqu'il affirme qu'on a besoin de l'entreprise privée pour utiliser le savoir humain de façon décentralisée.

Certains économistes de l'Ouest insistent sur le rôle du planificateur central rationnel dans les économies socialistes classiques. Cet idéal existe-t-il dans le monde réel?

Premièrement, on doit se demander si ce planificateur ne représente qu'une seule personne. En fait, il ne s'agit pas d'un seul individu, mais plutôt d'une hiérarchie composée de dirigeants du parti, de fonctionnaires et de directeurs d'entreprises publiques. Cette énorme machine ne forme pas un groupe homogène ayant les mêmes préférences. C'est plutôt un ensemble de gens dont les intérêts sont divergents. Ces conflits sont apparents lors de luttes entre les différents groupes d'intérêts, les groupes de pression et les diverses factions au sein du parti.

Pour ce qui est du terme *rationnel* rattaché à la notion de planificateur central, il faut savoir que la rationalité s'applique à des préférences stables. Mais si l'on prend, par exemple, l'histoire de la Chine socialiste, on se rend immédiatement compte que les buts de la politique de Mao ont changé radicalement à plusieurs reprises. De toute évidence, ses préférences n'étaient *pas* stables. Finalement, en ce qui a trait au terme *planificateur*, je peux en parler étant donné mon expérience personnelle dans l'élaboration de modèles qu'on utilisait pour concevoir des plans.

La théorie de la planification suppose l'utilisation de toute l'information disponible en vue de faire les meilleurs calculs possible.

Cependant, le planificateur est un être humain qui possède des intérêts administratifs et personnels et qui gardera pour lui certaines informations si c'est dans son intérêt de le faire. De plus, il fait partie d'une hiérarchie à échelons multiples et devra peut-être négocier avec un supérieur l'ampleur du plan projeté. Bref, la planification est un procédé social complexe ; ce n'est pas seulement l'affaire de quelques personnes averties dont les objectifs et les préférences sont clairement définis et qui élaborent un plan parfait.

Les pénuries de biens de consommation sont assez fréquentes dans les économies socialistes centralisées. Quels sont les effets de pénuries continuelles sur l'économie?

Il y a des effets immédiats sur la capacité de consommation des gens. Ils ne peuvent dépenser leur revenu selon leurs préférences. Si quelqu'un veut manger du porc et qu'il n'en trouve jamais, il sera obligé d'acheter du hareng à la place. Ce type de substitution forcée entraîne une diminution du bien-être du consommateur. Si vous avez déjà connu un marché de ce genre – au comptoir de vente d'une compagnie d'aviation par exemple – vous savez ce que cela signifie d'être à la merci du vendeur. Pour ce qui est de la production, les gens ne cherchent pas à améliorer la qualité parce qu'il n'y a pas de concurrence pour stimuler les innovations. Les pénuries contribuent donc à réduire considérablement l'efficacité.

La notion de substitution forcée modifie-t-elle la définition pratique de la «demande» dans une économie qui connaît des pénuries?

Oui, en effet. Dans la plupart des manuels scolaires nord-américains, on fait l'hypothèse implicite que le bien qui fait l'objet de la demande est disponible. Mais que se passe-t-il si l'on désire acheter des pommes et qu'il soit impossible d'en trouver dans toute la ville, si ce n'est le lundi?

Tôt ou tard, un consommateur qui grandit dans une économie où

«La planification est un procédé social complexe; ce n'est pas seulement l'affaire de quelques personnes averties, qui élaborent un plan parfait.»

«Il est temps qu'on propose une synthèse plus approfondie de la méthodologie.»

il existe des pénuries s'habitue à ces contraintes qui dépendent de l'offre et il cesse de demander des pommes. On doit tenir compte de ces contraintes et des attentes des consommateurs lorsque l'on tente d'établir la demande de pommes.

Les économies de marché veillent à ce qu'il y ait concordance entre les intentions des acheteurs et des vendeurs, des demandeurs et des offreurs, et ce à travers la détermination des prix. Comment cette concordance est-elle atteinte dans les économies socialistes ?

Le prix demeure un facteur important dans les choix que font les consommateurs. Ces derniers peuvent être limités à l'achat, par le choix des biens offerts, mais les ménages réagissent beaucoup aux prix de la viande ou du lait, par exemple. L'offre de travail des ménages est également très sensible aux écarts de salaire. C'est en ce qui a trait à l'offre de biens que les prix ont l'effet le moins important. Le planificateur central détermine plutôt les types de biens et les quantités qui seront produites. Les autres mécanismes utilisés pour atteindre cette concordance sont le rationnement et la réglementation. Les inventaires et les arriérés de commande sont d'importants signaux de décentralisation. Si vous avez l'habitude d'une liste d'attente de deux ans pour l'achat d'une voiture, par exemple, et qu'elle passe soudainement à quatre ans, alors vous savez que vous avez plus de clients qu'habituellement. Finalement, il y a la notion, présentée par Albert Hirshman, de la *voix*. Dans une économie de marché, si vous n'aimez pas un certain magasin, vous pouvez faire vos achats ailleurs. Mais vous pouvez également vous servir de votre *voix* pour vous plaindre. Cet élément est également important dans les économies socialistes, à moins que votre voix ne soit trop forte.

Vous avez reçu une formation économique marxienne et néo-classique. Quels principes guident votre travail ?

J'ai toujours voulu bien comprendre les réponses aux questions essentielles portant sur le fonctionnement des régimes économiques, et non pas rechercher un compromis. Les économistes marxiens donnent fréquemment les mauvaises réponses aux questions importantes. Les économistes néo-classiques, de leur côté, peuvent vous donner des réponses très claires, mais les questions en soi peuvent ne pas être très importantes. Les jeunes économistes, qui travaillent avec l'ensemble des outils traditionnels néo-classiques, n'obtiennent pas de la théorie sous-jacente un bon guide pour le choix des stratégies de recherche qui sont les plus appropriées. Ils peuvent facilement laisser passer l'essentiel et être tentés de se servir de cet appareil intellectuel puissant pour répondre à des questions non pertinentes. Et ils seront toujours capables d'impressionner leurs collègues. Ils devraient plutôt commencer à se servir des méthodes d'analyse néo-classique seulement *après* avoir cerné le problème, la situation, les motifs de l'acteur économique et les contraintes sociales. Il est temps qu'on propose une synthèse plus approfondie de la méthodologie.

CHAPITRE 20

La croissance et le développement

Objectifs du chapitre :

- Décrire la répartition des revenus entre les pays.
- Expliquer l'importance de la croissance économique.
- Expliquer en quoi l'accumulation du capital et les progrès techniques entraînent un accroissement du revenu par habitant.
- Énumérer les obstacles qui entravent la croissance économique des pays pauvres.
- Expliquer les effets possibles de la régulation des naissances, de l'aide étrangère, du libre-échange et de la stimulation de la demande sur la croissance et le développement économiques.
- Évaluer les mesures destinées à stimuler la croissance et le développement économiques.

Aidons le tiers monde

EN 1984, DANS TOUT LE CANADA, nous avons pu voir à la télévision des images d'enfants éthiopiens souffrant et mourant de faim. Dans une vague de sympathie, nous leur avons versé des millions de dollars, plus particulièrement par l'intermédiaire d'un concert de musique rock appelé *Live Aid* et donné au bénéfice des Éthiopiens. Les habitants de nombreux autres pays ont également fait des dons généreux. Même si cette aide n'a pu éliminer la famine, elle aura permis de sauver des milliers de vies. ■ Est-ce vraiment un succès? Malheureusement, il s'agit seulement d'une réussite à court terme. En effet, trois ans plus tard, l'Éthiopie était toujours aussi pauvre et la famine sévissait toujours. Un citoyen éthiopien moyen gagne un revenu qui correspond à environ 2 $ par semaine. De plus, en Éthiopie, comme dans tous les pays, les revenus sont distribués inégalement, de sorte que les gens les plus pauvres gagnent moins de 2 $ par semaine. Ces personnes, les plus pauvres du monde, n'ont pas d'abri, sont vêtues de haillons et passent la plus grande partie de leur vie à lutter contre la faim. Pourquoi tant de pays, comme l'Éthiopie, souffrent-ils de la pauvreté? Pourquoi existe-t-il des écarts aussi importants entre les revenus des pays riches et ceux des pays pauvres? Pourquoi l'aide étrangère ne permet-elle pas de soulager la pauvreté? ■ À la fin de la Seconde Guerre mondiale, et après s'être libérée de l'occupation japonaise, Hong-kong avait toutes les allures d'une colonie britannique pauvre. Faisant partie d'un groupe d'îles rocailleuses surpeuplées qui disposent de peu de ressources naturelles, Hong-kong est aujourd'hui une ville active, jouissant d'un faible taux de chômage et d'un niveau de vie en constante progression. Ses produits sont vendus partout dans le monde, et la pauvreté y régresse à un rythme étonnant. Singapour a connu une expansion semblable. Quelque deux millions et demi de gens, entassés sur une île qui joue le rôle de métropole et de pays, sont parvenus, grâce à leur dynamisme, à transformer leur économie et à multiplier leur revenu moyen par six depuis 1960. Comment certains pays réussissent-ils à se libérer de la pauvreté? Qu'ont-ils de plus que d'autres pays? Peut-on appliquer leur expérience ailleurs? ■ Les pays riches ne sont pas tous au même niveau. À la fin de la Seconde Guerre mondiale, le revenu par habitant au Japon ne représentait que 17 % du revenu par habitant aux États-Unis, alors que le revenu par habitant en France et en Allemagne en représentait respectivement 47 % et 40 %. Par contre, le revenu par habitant dans ces pays atteint maintenant un niveau comparable à celui des Américains. Comment des pays comme le Canada, les États-Unis, la France et l'Allemagne sont-ils devenus riches? Pourquoi le Japon et certains autres pays d'Europe ont-ils connu une croissance aussi rapide et pourquoi ont-ils rattrapé les États-Unis en quelques décennies? ■ La population mondiale a atteint 5 milliards de personnes. Tous ces gens sont répartis inégalement sur la surface du globe. Plus de 4 milliards de personnes vivent dans les pays pauvres et seulement 1 milliard de personnes se trouvent dans les pays riches et industrialisés. D'après les évaluations, en l'an 2020, la population mondiale dépassera les 8 milliards de personnes, dont presque 7 milliards vivront dans les pays pauvres et seulement 1,4 milliard dans les pays industrialisés. Les gouvernements sont toujours à la recherche de moyens nouveaux et plus efficaces en vue de limiter la croissance démographique, mais sans trop de succès. En 1988, la Chine a révisé ses prévisions de croissance démographique; à la fin du siècle, l'augmentation de sa population sera plus de cinq fois supérieure à la population du Canada. Pourquoi le taux de croissance démographique des pays pauvres est-il si rapide? Quels sont les effets d'une croissance démographique rapide sur l'expansion et le développement économiques? ■ Au milieu des années 80, les pays riches ont versé 85 milliards de dollars sous forme d'aide aux pays en voie de développement. Le Canada est un pays généreux, et les États-Unis ont fourni plus du tiers de la totalité de l'aide étrangère. Le Japon, la France, l'Allemagne, la Grande-Bretagne et la Belgique constituent d'autres donneurs importants. Ce sont les pays pauvres d'Afrique, d'Amérique latine et d'Asie qui ont bénéficié de cette aide. Quels sont les effets de l'aide étrangère sur la croissance et le développement économiques? ■ Certains pays pauvres tentent de stimuler leur activité économique et se ferment au commerce international afin de prévenir l'envahissement de leur marché par la concurrence étrangère. D'autres pays adoptent des mesures visant à ouvrir leur marché, par exemple en participant au libre-échange avec le reste du monde. Quel type de politique à l'égard du commerce international donne aux pays en voie de développement la meilleure chance de connaître une croissance économique rapide et soutenue?

■ Dans le présent chapitre, nous allons répondre à ces questions. Les réponses que nous donnerons englobent tous les aspects d'une question fondamentale qui a été posée au chapitre 1: À quoi faut-il attribuer les différences de niveau de vie entre les pays? Pourquoi certains pays sont-ils riches, alors que d'autres sont pauvres? Nous ne pouvons répondre de façon catégorique à cette question, mais nous comprenons tout de même certains aspects du problème, aspects que nous aborderons dans ce chapitre. Nous analyserons également certaines idées qui ont été suggérées pour aider les pays pauvres à accélérer leur croissance économique. Certaines initiatives peuvent réellement aider les pays pauvres, mais d'autres ont des répercussions économiques et sociales imprévisibles qui peuvent même compromettre le développement d'un pays.

La répartition des revenus entre les pays

Au Canada, les revenus sont inégalement répartis. En 1982, les gens les plus pauvres, soit 20 % de la population, ne gagnaient que 5 % du revenu total alors que les plus riches, représentant eux aussi 20 % de la population, en recevaient 43 %. Comme nous le verrons, de tels écarts de revenu à l'intérieur d'un pays, quoique très prononcés, sont probablement moins importants que les différences entre les pays. Voyons maintenant comment les revenus sont répartis entre les pays du monde.

Les pays les plus pauvres

Les pays les plus pauvres sont souvent appelés *pays sous-développés*. Un **pays sous-développé** est un pays dont le niveau d'industrialisation, la mécanisation du secteur agricole, le stock de capital et le revenu par habitant sont faibles. Dans de nombreux pays sous-développés, un grand nombre de gens ne mangent jamais à leur faim. Ces personnes passent tout leur temps à produire la minime quantité de vêtements et de nourriture dont ils ont besoin pour leur famille. Ils ne possèdent aucun excédent qu'ils pourraient échanger avec les autres ou investir dans de nouveaux outils et biens d'équipement. Parmi les pays pauvres, l'Éthiopie est celui dont nous entendons parler le plus. Dans ce pays, des milliers de personnes errent dans des plaines desséchées à la recherche de leur maigre nourriture.

Jusqu'à quel point les pays pauvres sont-ils réellement pauvres? Nous utiliserons les États-Unis comme point de référence. Les pays dont le revenu par habitant se situe entre 4 et 9 % de celui des États-Unis représentent 27 % de la population mondiale, mais possèdent seulement 6 % du revenu mondial. Les pays les plus pauvres se trouvent principalement en Asie et en Afrique. À titre d'exemples, mentionnons la Birmanie, le Laos, la Somalie, l'Éthiopie et le Ghãna.

Les pays en voie de développement

Un **pays en voie de développement** est un pays pauvre mais qui accumule du capital et a mis en place une base commerciale et industrielle. Les pays en voie de développement ont une population urbaine importante et croissante dont les revenus augmentent régulièrement. Le revenu par habitant dans ces pays représente entre 10 et 30 % de celui des États-Unis. Ces pays sont disséminés dans le monde; ils sont, toutefois, particulièrement nombreux en Asie, au Moyen-Orient et en Amérique centrale. L'Inde, l'Égypte et le Mexique en sont des exemples. Ces pays représentent 17 % de la population mondiale et gagnent 11 % du revenu mondial.

Les pays nouvellement industrialisés

Les **pays nouvellement industrialisés** sont des pays où la base industrielle, assez large par ailleurs, et le revenu par habitant croissent rapidement. Aujourd'hui, le revenu par habitant dans ces pays atteint près de 50 % de celui des États-Unis. L'île de la Trinité, Israël et la Corée du Sud en sont des exemples. Les gens qui vivent dans les pays nouvellement industrialisés représentent 3 % de la population mondiale et gagnent 3 % du revenu mondial.

Les pays industrialisés

Les **pays industrialisés** sont des pays qui possèdent une grande quantité de biens d'équipement et où les gens s'adonnent à des activités très spécialisées qui leur permettent de gagner un revenu par habitant élevé. Parmi ces pays, on compte les pays d'Europe de l'Ouest, le Canada, les États-Unis, le Japon, l'Australie et la Nouvelle-Zélande. Les gens qui y vivent, soit 17 % de la population mondiale, gagnent 49 % du revenu mondial.

Les pays producteurs de pétrole

Un petit nombre de pays producteurs de pétrole ont un revenu par habitant très élevé, même si, sous de nombreux autres aspects, ils s'apparentent aux pays les plus pauvres ou aux pays en voie de développement. Ces pays possèdent très peu d'industries et ont, en fait, très peu d'autres ressources à offrir mis à part le pétrole. Les habitants de ces pays représentent 4 % de la population mondiale et gagnent 4 % du revenu mondial. Toutefois, ce revenu est inégalement réparti à l'intérieur de ces pays. En effet, l'immense majorité des habitants y est aussi pauvre que dans les pays les plus défavorisés tandis qu'une infime minorité compte parmi les plus riches du monde.

Les pays communistes

Jusqu'à très récemment, près de 33 % de la population mondiale vivait dans des pays communistes et gagnait 28 % du revenu mondial. Un **pays communiste** est un pays où la propriété privée des capitaux productifs et des entreprises est limitée, et qui s'appuie assez peu sur le marché pour allouer les ressources. Ce sont plutôt des organismes gouvernementaux qui planifient et dirigent la production et la distribution de la majorité des biens et services. Plusieurs de ces pays connaissent depuis 1989 de profonds bouleversements politiques et constitutionnels. Nous décrirons en détail ce type d'économie et les changements qui s'y produisent au chapitre 21.

Dans ces pays, le revenu par habitant varie énormément. En Chine, il correspond à environ 15 % de celui des États-Unis. La Chine est un pays en voie de développement. Jusqu'à récemment, on comptait parmi les pays communistes industrialisés la Tchécoslovaquie, la Pologne, la Hongrie et l'ex-Union soviétique. Des pays comme la Roumanie, la Yougoslavie et la Bulgarie ont des revenus par habitant semblables à ceux des pays nouvellement industrialisés. Ainsi, on peut constater une variation marquée dans les niveaux de revenu et de développement économique de ces pays.

La courbe mondiale de Lorenz

La **courbe de Lorenz** est une courbe qui permet d'établir la relation entre le pourcentage cumulatif des revenus et celui de la population. Si le revenu est également réparti, la courbe de Lorenz correspond alors à une droite à 45° qui part de l'origine. L'écart entre la courbe de Lorenz et la droite à 45° représente le degré d'inégalité. La figure 20.1 contient deux courbes de Lorenz: la première décrit la répartition des revenus entre les ménages canadiens, et la seconde représente la répartition du revenu moyen par habitant entre les pays.

On peut constater que la répartition des revenus entre les pays est plus inégale que la répartition des revenus entre les ménages canadiens. On a établi que 40 % de la population mondiale vit dans des pays qui reçoivent moins de 10 % du revenu mondial. La population la plus riche, qui représente 20 %, vit dans des pays dont le revenu se chiffre à 55 % du revenu mondial. L'inégalité dans la répartition des revenus est un phénomène plus important en réalité que ne l'indique la figure, parce que la courbe de Lorenz laisse voir seulement l'inégalité des revenus moyens entre les pays; elle ne montre pas les inégalités à l'intérieur des pays.

Ces données ne fournissent qu'une description statistique de l'ampleur du problème de la pauvreté dans le monde. Pour mieux illustrer la gravité du problème, supposons que votre famille reçoive quotidiennement un revenu de 0,30 $ par personne. Ces 0,30 $ doivent vous permettre de payer logement, nourriture, vêtements, transport, et autres biens et services que vous consommez. Plus du quart de la population mondiale doit se contenter de ce budget.

En plus d'un nombre considérable de gens pauvres dans le monde, on compte de nombreuses personnes dont la vie est bouleversée par suite de grands changements. Ces personnes vivent dans des pays où la

Figure 20.1 La courbe mondiale de Lorenz, pour l'année 1980

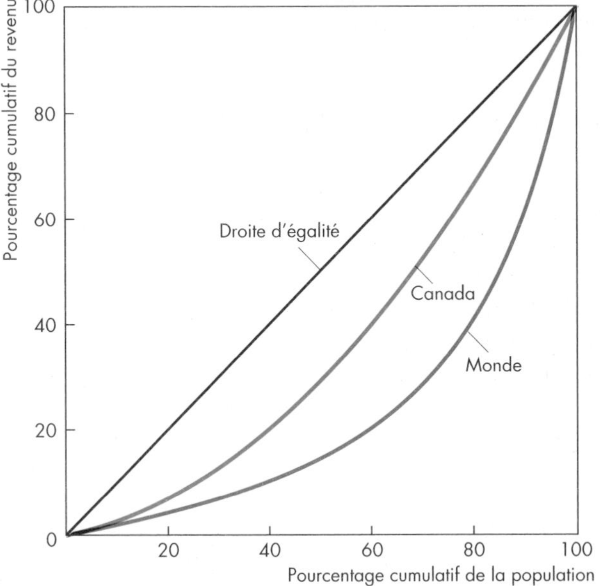

Le pourcentage cumulatif du revenu est représenté graphiquement en fonction du pourcentage cumulatif de la population. Si les revenus étaient répartis également entre les pays, la courbe de Lorenz correspondrait à la droite diagonale. La répartition du revenu par habitant entre les pays est encore plus inégale que la répartition du revenu entre les ménages canadiens.

Source: Robert Summers et Alan Heston, «Improved International Comparison of Real Product and its Composition: 1950-1980», *Review of Income and Wealth*, série 30, n° 2, juin 1984, pp. 207-262.

croissance économique est rapide. À la suite de cette croissance et de ce développement, des millions de gens peuvent profiter d'un niveau de vie qui était inimaginable pour leurs parents et encore moins pour leurs grands-parents. Nous allons étudier maintenant le lien qui existe entre les niveaux de revenu et les taux de croissance économique.

Les taux de croissance et les niveaux de revenu

Des pays pauvres peuvent devenir des pays riches et certains le deviennent effectivement. Ils y parviennent en atteignant un taux de croissance élevé du revenu réel par habitant sur de longues périodes. Tout comme les intérêts composés, une légère augmentation du taux de croissance rapporte beaucoup avec les années. Un ralentissement du taux de croissance qui persiste pendant un certain nombre d'années peut entraîner une énorme perte de revenu réel.

L'importance de la croissance économique et ses effets sur le niveau de revenu peuvent être clairement illustrés à partir de l'expérience canadienne des dernières années. Au début des années 70, le revenu agrégé au Canada, tel qu'il est mesuré à partir du produit intérieur brut (PIB) réel, connaissait une croissance de plus de 5 % par année. Après 1974, la croissance a ralenti. L'évolution du taux de croissance du PIB réel au Canada est illustrée dans le graphique (a) de la figure 20.2. L'évolution qu'aurait connue le Canada si la hausse tendancielle du PIB réel d'avant 1974 s'était maintenue est également illustrée dans ce graphique. En 1991, le PIB réel du Canada était de 453 milliards de dollars, soit 28 % de moins que si la croissance tendancielle d'avant 1974 s'était maintenue.

Lorsque les pays pauvres ont un taux de croissance lent et les pays riches un taux de croissance rapide, l'écart entre les riches et les pauvres s'accentue. Dans le graphique (b) de la même figure, nous avons illustré comment l'écart entre le PIB réel du Canada et celui d'un pays pauvre, comme l'Éthiopie, s'est creusé au fil des ans.

Pour qu'un pays pauvre rattrape un pays riche, son taux de croissance doit dépasser celui du pays riche. Combien de temps faudrait-il à la Chine pour atteindre un niveau de revenu égal à celui des États-Unis? En 1980, le revenu par habitant en Chine correspondait à 14 % de celui des États-Unis. Dans les années 80, le taux de croissance du revenu par habitant aux États-Unis se chiffrait en moyenne à 1,5 % par année. Si ce taux de croissance se maintient et que le revenu par habitant en Chine croît également de 1,5 % par année, la Chine demeurera à 15 % du niveau de revenu des États-Unis, et ce pour toujours. L'écart ne sera pas comblé. Si le taux de croissance du revenu par habitant aux États-Unis était de 1,5 % et que la Chine pouvait maintenir son taux de croissance du revenu par habitant à 3 % par année, soit le double de celui des États-Unis, le revenu par habitant en Chine atteindrait celui des États-Unis au début du 22e siècle, vers l'année 2115. Si la Chine pouvait faire deux fois mieux, en maintenant un taux de croissance du revenu par habitant de 6 % par année, les Chinois auraient un niveau de revenu aussi élevé que celui des États-Unis en une génération, soit vers l'année 2035. Si la Chine pouvait faire des miracles et maintenir un taux de croissance du revenu par habitant de 12 % par année, elle n'aurait besoin que de 20 ans pour atteindre le niveau de revenu des États-Unis.

Des taux de croissance de 10 ou 12 % par année ne sont pas impossibles. En effet, le Japon a connu un taux de croissance de plus de 10 % par année, en moyenne, au cours des 20 années qui ont suivi la

Figure 20.2 Les taux de croissance et les niveaux de revenu

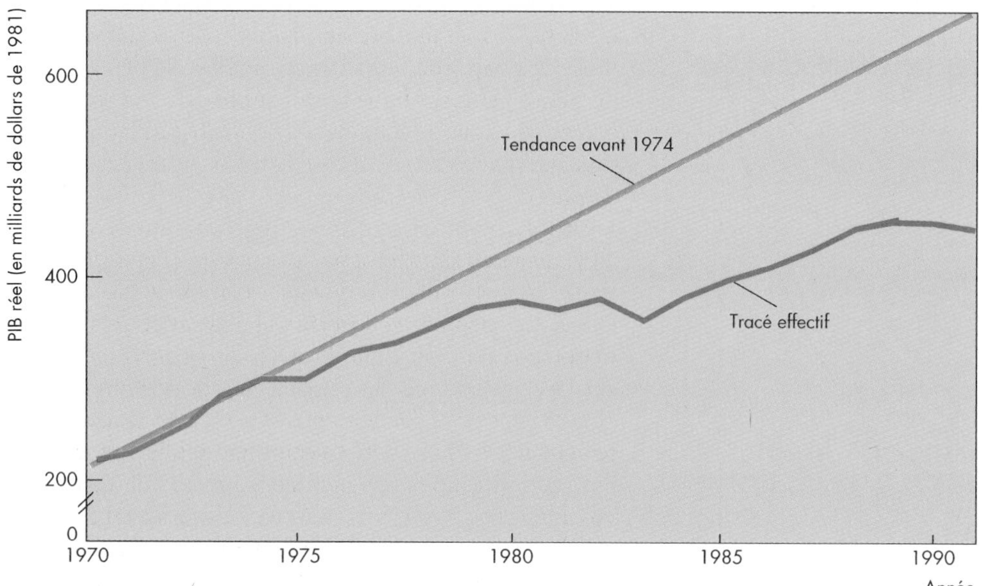

(a) Perte de production canadienne résultant d'un ralentissement de la croissance

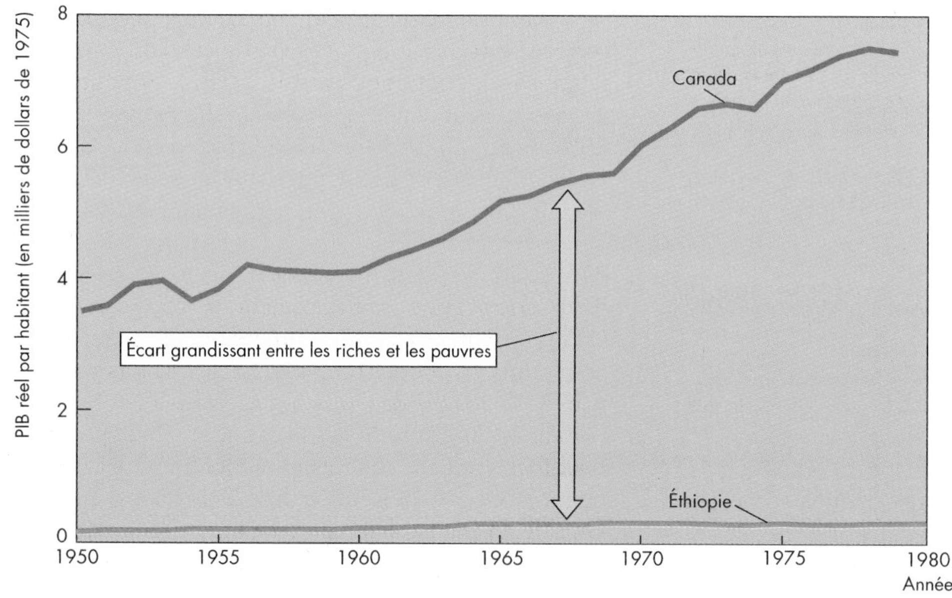

(b) Écart grandissant entre les riches et les pauvres

Une chute du taux de croissance du revenu réel au Canada après 1974 (graphique a) a entraîné une baisse du PIB réel d'environ 28 % par rapport à ce qu'il aurait été si la hausse tendancielle d'avant 1974 s'était maintenue. De petits changements du taux de croissance, sur de longues périodes, entraînent d'importants écarts entre les niveaux de revenu. La croissance soutenue au Canada, comparée à la croissance presque nulle en Éthiopie (graphique b), accentue l'écart qui existe entre ces deux pays.

Sources : Graphique (a) : Statistique Canada, CANSIM série D20031. Graphique (b) : Robert Summers et Alan Heston, «Improved International Comparison of Real Product and its Composition : 1950-1980», *Review of Income and Wealth*, série 30, n° 2, juin 1984, pp. 207-262.

Seconde Guerre mondiale. Récemment, la Chine a effectivement enregistré un taux de croissance du revenu par habitant de 12 % par année. Si ce taux se maintient, le revenu par habitant doublera tous les six ans. Même les pays les plus pauvres du monde, soit les pays dont le revenu par habitant correspond à seulement 4 % de celui des États-Unis, rattraperaient les États-Unis en 30 ou 40 ans s'ils pouvaient atteindre et maintenir un tel taux de croissance.

Donc, la clé pour parvenir à un haut niveau de revenu par habitant est d'atteindre et de maintenir un taux de croissance économique élevé. De nos jours, c'est de cette manière que les pays riches atteignent un niveau de vie élevé. Par contre, les pays pauvres d'aujourd'hui rejoindront les pays riches de demain seulement s'ils peuvent trouver un moyen d'atteindre et de maintenir un taux de croissance rapide.

Il est donc essentiel de connaître les facteurs qui déterminent le taux de croissance d'un pays. Nous allons maintenant aborder cette question.

Les facteurs de production, les progrès techniques et la croissance économique

Le revenu agrégé est égal à la valeur de la production agrégée. Ainsi, pour augmenter son revenu moyen, un pays doit accroître sa production. La production d'un pays dépend de ses ressources ou de ses facteurs de production et des techniques employées pour transformer les facteurs de production en produits. La relation entre la quantité de biens et services produite et la quantité de facteurs de production utilisée est représentée par la *fonction de production.* Il existe trois facteurs de production :

- La terre
- La main-d'œuvre
- Le capital

La *terre* comprend tous les facteurs de production naturels, comme la terre et les minéraux, de même que tous les autres facteurs de production non fabriqués. La quantité de ces facteurs dépend de ce que la nature peut fournir, limitant ainsi les pays aux ressources naturelles dont ils disposent. Les pays ne peuvent pas connaître une croissance économique rapide et soutenue en augmentant leur stock de ressources naturelles. Toutefois, leurs revenus peuvent fluctuer en raison des variations des prix de leurs ressources naturelles. De plus, il y a des moments où les prix de ces ressources augmentent rapidement, amenant ainsi une croissance temporaire de leurs revenus. Vers la fin des années 70, par exemple, les pays producteurs de pétrole ont connu une croissance rapide de leurs revenus à la suite d'une hausse du prix des matières premières. Cependant, pour connaître une croissance économique rapide et soutenue, les pays doivent compter sur autres choses que les ressources naturelles.

La hausse soutenue de la *main-d'œuvre* constitue une autre source d'augmentation de la production. En d'autres termes, un pays peut produire davantage dans le temps parce que sa population de travailleurs augmente. Mais, pour que chaque génération composée d'un plus grand nombre de travailleurs reçoive un revenu par habitant supérieur à la précédente, la production par habitant doit s'accroître. La croissance démographique, à elle seule, n'entraîne pas une production par habitant plus élevée.

Le facteur de production le plus important pour atteindre une croissance économique rapide et soutenue est le *capital.* Il en existe deux types : le capital physique et le capital humain. Le *capital physique* comprend les autoroutes, les chemins de fer, les barrages, les installations d'irrigation, les tracteurs, les charrues, les usines, les camions, les voitures, les édifices, etc. Le *capital humain* représente la somme des connaissances et des aptitudes acquises par la main-d'œuvre. Plus les gens accumulent du capital, plus leur revenu augmente. Lorsqu'un pays augmente sa quantité de capital par travailleur, la productivité et la production par habitant s'élèvent.

Pour étudier l'évolution de la production par habitant, nous utilisons la fonction de production par habitant. La **fonction de production par habitant** est une courbe qui illustre comment, d'après des techniques données, la production par habitant varie lorsque le stock de capital par habitant change. La figure 20.3 illustre la fonction de production par habitant. La production par habitant est indiquée en ordonnée et le stock de capital par habitant en abscisse. La courbe *FP* montre comment la production par habitant varie à mesure que le capital par habitant change. Un pays riche, comme le Canada, possède une grande quantité de capital par habitant et une importante production par habitant. Un pays pauvre, comme l'Éthiopie, qui n'a presque pas de capital, a une très faible production par habitant.

L'accumulation du capital

En accumulant du capital, un pays peut croître, et cette croissance entraîne un mouvement le long de sa courbe de production par habitant. Plus la quantité de capital par habitant est élevée, plus la production par habitant est importante. Mais la *loi des rendements décroissants* s'applique à la fonction de production par habitant. En d'autres termes, à mesure que le capital par habitant s'accroît, la production par habitant augmente également, mais à un rythme décroissant. Il existe donc une limite à la croissance qu'un pays peut connaître en accumulant du capital. En effet, le pays finit par atteindre un point où toute production additionnelle obtenue à partir de capital supplémentaire ne vaut plus l'effort qu'il faut fournir pour accumuler plus de capital. À ce point, il est plus avantageux pour le pays de consommer plutôt que d'accroître son stock de capital.

Aucun pays n'a encore atteint ce point parce que la fonction de production par habitant se déplace continuellement vers le haut par suite de progrès techniques. Nous allons maintenant voir comment ces progrès techniques peuvent avoir une incidence sur la production et la croissance économique.

Figure 20.3 La fonction de production par habitant

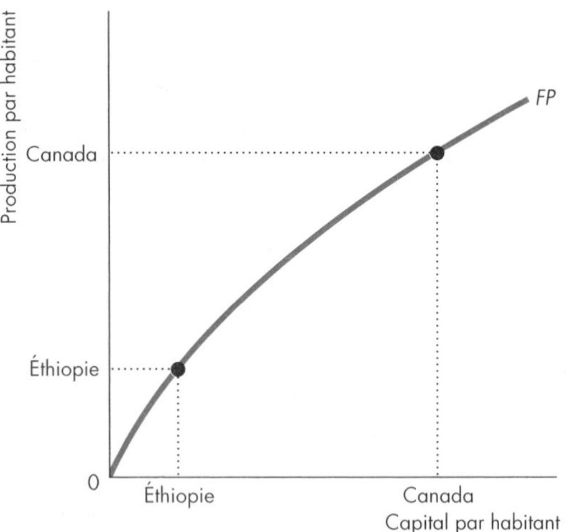

La fonction de production par habitant (*FP*) permet d'illustrer comment la production par habitant varie à mesure que le stock de capital par habitant change. Lorsque deux pays utilisent les mêmes techniques mais que l'un d'eux a un stock de capital plus important, ce pays aura également un niveau de revenu par habitant plus élevé. Par exemple, supposons que l'Éthiopie et le Canada se servent des mêmes techniques de production. L'Éthiopie a un faible stock de capital par habitant et un niveau peu élevé de production par habitant. Le Canada, pour sa part, possède un important stock de capital par habitant et un taux élevé de production par habitant.

Les progrès techniques

Le fait que les pays riches possèdent beaucoup plus de capital par habitant que les pays pauvres ne constitue pas la seule différence qui existe entre eux. Habituellement, les pays riches utilisent des techniques plus productives que les pays pauvres. Ainsi, même si deux pays ont le même revenu par habitant, le pays riche produit plus que le pays pauvre. Par exemple, un agriculteur vivant dans un pays riche peut se servir d'un tracteur d'une puissance de dix chevaux-vapeur, alors que l'agriculteur habitant un pays pauvre utilise dix chevaux au sens littéral. Chacun d'eux possède le même nombre de chevaux, mais le tracteur permet de produire plus que les animaux. Des techniques plus efficaces ajoutées à un stock de capital par habitant plus élevé accentuent encore la différence qui existe entre les pays riches et les pays pauvres.

La figure 20.4 montre les différences qui découlent des progrès techniques. Imaginons la situation suivante : nous sommes en 1867 et deux pays, le Canada et l'Éthiopie, utilisent les mêmes techniques de production et ont exactement la même fonction de production par habitant, soit FP_{1867}. Possédant un stock de capital par habitant plus élevé, le Canada a, en 1867, un niveau de production par habitant plus élevé que celui de l'Éthiopie. En 1992, les progrès techniques survenus au Canada, mais pas en Éthiopie, ont permis au Canada de produire plus en fonction d'une quantité donnée de facteurs de production. La fonction de production par habitant au Canada se déplace donc vers le haut, en FP_{1992}. Au Canada, la production par habitant en 1992 est considérablement plus élevée qu'elle ne l'était en 1867 pour deux raisons. Premièrement, le stock de biens d'équipement par habitant s'est fortement accru ; deuxièmement, les techniques de production se sont améliorées, ce qui a entraîné un déplacement vers le haut de la fonction de production.

Plus les techniques évoluent rapidement, plus la fonction de production se déplacera rapidement vers le haut. Plus le rythme d'accumulation du capital est élevé, plus un pays se déplacera rapidement sur sa fonction de production. Ces deux forces entraînent une hausse de la production par habitant. Un pays pauvre deviendra un pays riche s'il réussit, d'une part, à se déplacer vers le haut sur sa fonction de production et s'il utilise, d'autre part, des techniques de production plus efficaces qui feront déplacer sa fonction de production vers le haut.

L'importance du lien entre l'accumulation du capital et la croissance de la production est illustrée à la figure 20.5. L'accumulation du capital est mesurée en

Figure 20.4 Les progrès techniques

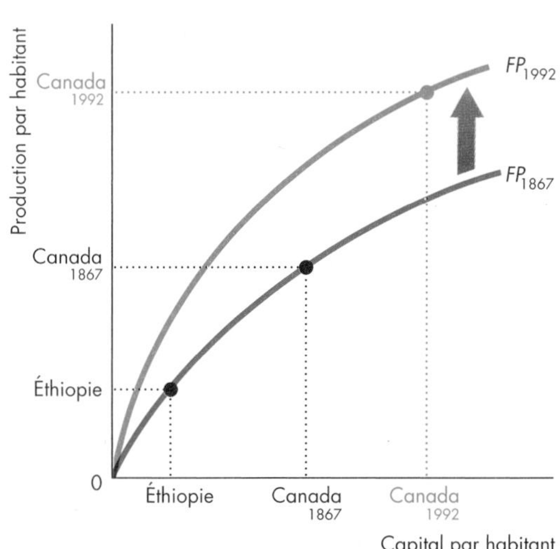

En 1867, le Canada et l'Éthiopie avaient la même fonction de production, soit FP_{1867}. En 1992, les progrès techniques ont fait déplacer la fonction de production vers le haut en FP_{1992} au Canada. Le revenu par habitant au Canada est passé de $Canada_{1867}$ à $Canada_{1992}$, en raison d'une hausse du stock de capital par habitant et de l'augmentation de la productivité découlant des progrès techniques.

Figure 20.5 Les tendances de l'investissement

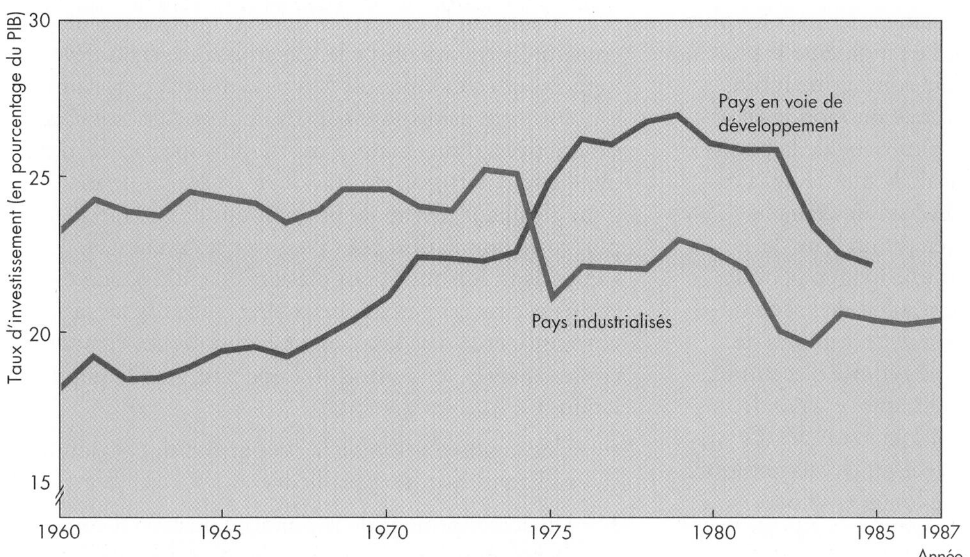

(a) Taux d'investissement des pays en voie de développement et des pays industrialisés

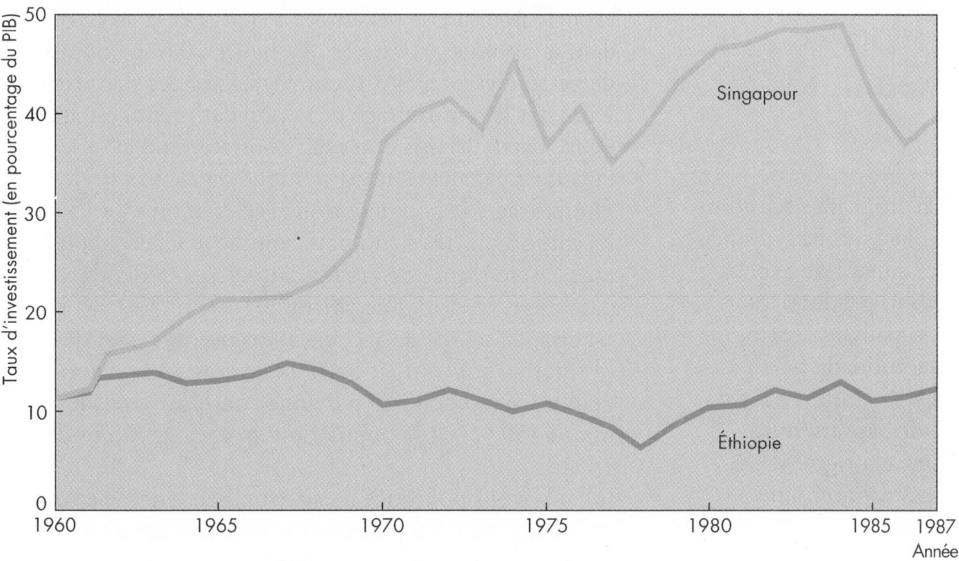

(b) Taux d'investissement en Éthiopie et au Singapour

Le taux d'investissement des pays en voie de développement (incluant les pays nouvellement industrialisés) a augmenté entre 1960 et 1977, et diminué par la suite. Les investissements dans les pays industrialisés se sont maintenus durant les années 60 et au début des années 70, et ils ont chuté après 1974 (graphique a). Les investissements au Singapour ont considérablement augmenté, alors qu'ils ont été presque constants en Éthiopie (graphique b). Les investissements élevés au Singapour ont entraîné une croissance rapide, tandis que le faible niveau des investissements en Éthiopie a provoqué une croissance lente.

Source: Fonds monétaire international, *International Financial Statistics*, 1988.

pourcentage de la production que représentent les investissements. Il faut se rappeler qu'un investissement constitue l'achat de nouveaux biens d'équipement. La figure indique de quelle façon ont évolué les investissements au cours des ans dans les pays en voie de développement (incluant les pays nouvellement industrialisés) et les pays industrialisés (graphique a). Le graphique (b) permet de comparer deux pays en voie de développement qui constituent des cas extrêmes, soit Singapour et l'Éthiopie. On peut constater dans le graphique (a) que les pays en voie de développement ont continuellement augmenté la part de la production qu'ils consacrent à l'investissement tandis que, dans les pays industrialisés, ce pourcentage a chuté légèrement. Singapour, qui a connu une croissance rapide, investit plus de 40 % de sa production. L'Éthiopie, dont la croissance est lente, investit moins de 15 % de sa production.

À RETENIR

Il existe d'énormes inégalités dans le monde. Les gens les plus pauvres qui habitent également les pays les plus défavorisés souffrent de la faim. Le cinquième le plus pauvre de la population mondiale consomme moins du vingtième de la production totale du monde et, à l'autre extrême, le cinquième le plus riche de la population mondiale consomme plus de la moitié de la production totale du monde. Les pays deviennent riches en atteignant et en maintenant un taux de croissance économique élevé sur une longue période. La croissance économique est le résultat de l'accumulation du capital et de l'utilisation de techniques de production perfectionnées. Plus le rythme d'accumulation du capital et des progrès techniques est rapide, plus le taux de croissance économique est élevé. De petits changements des taux de croissance économique, lorsqu'ils sont maintenus sur une longue période, entraînent d'importants changements des niveaux de revenu.

■ ■ ■

Les obstacles à la croissance économique

La recette pour parvenir à la croissance économique semble facile à suivre : les pays pauvres peuvent devenir riches en accumulant du capital et en adoptant les techniques les plus productives. Cependant, puisque le remède à la pauvreté semble si simple, pourquoi un plus grand nombre de pays pauvres ne sont-ils pas devenus riches ? Pourquoi y a-t-il tant de gens pauvres dans le monde aujourd'hui ?

Examinons quelques facteurs à l'origine de la pauvreté et du sous-développement économique.

La croissance démographique rapide

L'un des obstacles au développement économique de même qu'à l'accroissement rapide et soutenu du revenu par habitant est la croissance démographique rapide. Au cours des 20 dernières années, la population mondiale a crû à un taux annuel moyen de 2 %. Un taux de croissance démographique aussi élevé a pour effet de faire doubler la population mondiale tous les 37 ans. La population mondiale se chiffrait à plus de 5 milliards de personnes à la fin de 1988. Cependant, la croissance démographique est inégale à travers le monde. Les pays riches et industrialisés ont des taux de croissance démographique relativement faibles, souvent de moins de 0,5 % par année, alors que les pays pauvres et sous-développés enregistrent des taux de croissance démographique très élevés, excédant parfois 3 % par année.

Pourquoi la croissance démographique rapide constitue-t-elle un obstacle à la croissance et au développement économiques ? Un pays dont la population est plus forte ne dispose-t-il pas de plus de ressources productives, d'une main-d'œuvre plus spécialisée, d'une meilleure répartition du travail et, en conséquence, d'un plus haut niveau de production ? Il est vrai qu'une plus forte population peut procurer ces avantages. Cependant, lorsque la population s'accroît rapidement et qu'un pays est pauvre, deux effets négatifs sur la croissance et le développement économiques viennent contrebalancer les avantages d'une plus grande population. Ce sont les suivants :

- Une augmentation de la proportion des personnes à charge pour les travailleurs
- Un accroissement de la quantité de capital consacrée au soutien de la population plutôt qu'à la production de biens et services

Certaines données relatives à la relation qui existe entre le nombre de personnes à charge et la croissance démographique paraissent à la figure 20.6. Le nombre de personnes à charge, mesuré sur l'axe des y, est représenté par le pourcentage de la population qui est âgée de moins de 15 ans. On peut constater que, plus le taux de croissance démographique est élevé, plus le pourcentage de la population âgée de moins de 15 ans est important. Dans un pays comme le Canada, où le taux de croissance de la population est inférieur à 1 % par année, environ une personne sur cinq (20 %) est âgée de moins de 15 ans. Dans un pays comme l'Éthiopie, qui connaît un taux de croissance démographique rapide (3 % par année ou plus), près de la moitié (50 %) de la population est âgée de moins de 15 ans.

Voyons pourquoi il existe un lien entre le taux de croissance démographique et le pourcentage de jeunes dans une population. Un pays peut avoir une population stable lorsque le taux de natalité et le taux de mortalité sont élevés et égaux. Cependant, la population peut également être stable lorsque les taux de natalité et de mortalité sont faibles. Le taux de croissance de la population augmente lorsque le taux de natalité augmente ou que le taux de mortalité diminue. On a constaté par le passé qu'une chute du taux de mortalité, combinée avec un taux de natalité relativement constant, entraîne des explosions démographiques. La baisse du taux de mortalité est attribuée principalement à la diminution du taux de mortalité infantile. C'est d'ailleurs cette baisse du taux de mortalité infantile qui a donné lieu à une augmentation considérable de la proportion de jeunes dans la population.

Figure 20.6 La croissance démographique et le nombre de personnes à charge

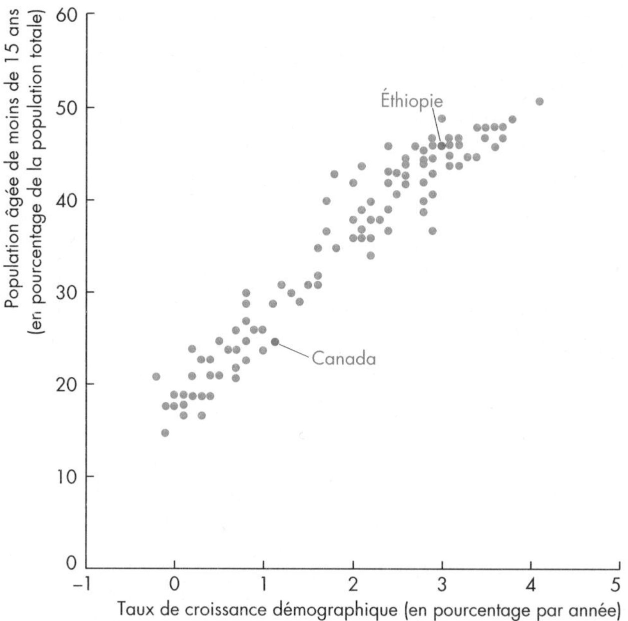

Chaque point paraissant sur le diagramme de dispersion correspond à un pays. Il représente la relation qui existe entre le pourcentage de la population âgée de moins de 15 ans (en ordonnée) et le taux de croissance démographique (en abscisse). Le nombre de jeunes dans la population est fortement influencé par le taux de croissance démographique. Dans les pays où la croissance démographique est lente, comme le Canada, environ 20 % de la population est âgée de moins de 15 ans, alors que dans les pays où elle est rapide, comme l'Éthiopie, plus de 40 % de la population est âgée de moins de 15 ans.

Source: Population Reference Bureau Inc., *World Population Data Sheet*, Washington, D.C., 1988.

Dans un pays où les jeunes sont nombreux, les ressources sont souvent investies dans les écoles, les hôpitaux, les routes et le logement, plutôt que dans des systèmes d'irrigation et des projets d'investissement industriel. Pareille utilisation des ressources rares ne constitue évidemment pas du gaspillage et présente de grands avantages, mais elle n'ajoute pas à la capacité de production de biens et services de l'économie.

Un faible taux d'épargne

Il existe un autre obstacle à la croissance économique rapide et soutenu. Les gens pauvres disposent d'un revenu tellement bas qu'ils le consomment presque entièrement, épargnant ainsi très peu. L'épargne constitue la source de financement de l'accumulation du capital et, comme nous l'avons vu, l'accumulation du capital est, en soi, l'un des principaux moteurs de la croissance économique. Analysons le lien qui existe entre l'accumulation du capital et l'épargne.

Nous avons appris au chapitre 6 que les gens ne peuvent faire que trois choses avec leur revenu : le dépenser, l'épargner et payer des impôts. On peut illustrer ces trois possibilités par l'identité suivante :

Revenu = Consommation + Épargne + Impôts.

Nous y avons également appris que la production agrégée est égale au revenu agrégé. La production d'une économie est composée de biens de consommation, de biens d'équipement, de biens et services achetés par le gouvernement, de même que des exportations nettes (les exportations moins les importations). Les dépenses en biens d'équipement constituent l'investissement. Les dépenses du gouvernement en biens et services sont appelées *dépenses publiques en biens et services.* On peut représenter ces éléments par l'identité suivante :

Revenu = Consommation + Investissement +
Dépenses publiques +
Exportations nettes.

La première identité indique que la différence entre le revenu et la consommation est égale à la somme de l'épargne et des impôts. La seconde indique que la différence entre le revenu et la consommation est égale à la somme de l'investissement, des dépenses publiques et des exportations nettes. En combinant ces deux identités, nous obtenons l'identité suivante :

Épargne + Impôts = Investissement +
Dépenses publiques +
Exportations nettes.

La différence entre les dépenses publiques et les impôts constitue le déficit budgétaire. Nous pouvons reformuler la dernière identité de la façon suivante :

Investissement = Épargne – Exportations nettes –
Déficit budgétaire.

Cette identité indique que le rythme auquel un pays peut accumuler du capital (peut investir) dépend de trois facteurs : l'épargne, le déficit budgétaire et les exportations nettes. Lorsque les exportations nettes sont négatives — c'est-à-dire lorsque les importations excèdent les exportations —, elles sont financées au moyen d'un emprunt contracté auprès des autres pays du monde. Nous pouvons donc reformuler l'identité précédente ainsi :

Investissement = Épargne + Emprunt –
Déficit budgétaire.

Toutes choses étant égales par ailleurs, plus le volume de l'épargne est important, plus le déficit budgétaire est faible (ou plus le surplus budgétaire est élevé), plus les sommes empruntées au reste du monde sont considérables, et plus le rythme d'accumulation du capital sera rapide.

La fraction du revenu épargnée dépend du niveau du revenu. Les gens très pauvres n'épargnent pas. À mesure que le revenu augmente, une fraction du revenu est consacrée à l'épargne. Plus le niveau du revenu est élevé, plus la fraction du revenu épargnée est grande. Ces tendances qui marquent la relation entre le revenu et l'épargne influent considérablement sur le rythme auquel un pays se développe.

L'épargne est de loin la source de financement des investissements la plus importante. Mais, en général, plus l'épargne est considérable, plus le montant des ressources disponibles provenant du reste du monde est élevé (les exportations nettes sont négatives). De plus, le gouvernement d'un pays qui dispose de peu de ressources doit faire face fréquemment à un déficit, ce qui a pour conséquence de réduire davantage le montant disponible pour l'accumulation du capital au moyen des investissements.

Analysons maintenant le troisième obstacle à une croissance économique rapide, soit le fardeau de la dette internationale.

La dette internationale

Les pays pauvres sont souvent aux prises avec un problème d'endettement énorme auprès du reste du monde. Ils doivent rembourser leurs emprunts et verser les intérêts sur les emprunts impayés. Afin de s'acquitter de leurs dettes et des intérêts qui en découlent, les pays pauvres doivent disposer d'un surplus de leurs exportations nettes. Autrement dit, un pays a besoin d'un surplus du compte courant. Cependant, comme nous venons de le voir, lorsque les exportations nettes d'un pays sont négatives, le déficit du compte courant fournit des ressources financières additionnelles pour l'épargne intérieure, ce qui permet au pays d'accumuler du capital à un rythme plus rapide qu'il ne le pourrait autrement. Un pays qui enregistre un surplus du compte courant accumule du capital à un rythme plus lent que ne lui permettent ses épargnes intérieures. Ce pays se sert d'une part de ses épargnes pour accumuler du capital, ce qui lui permet d'augmenter sa productivité, et utilise l'autre part pour payer les intérêts sur ses emprunts ou pour rembourser ses emprunts auprès du reste du monde.

Un pays pauvre qui emprunte de fortes sommes au reste du monde et qui se sert de ses emprunts pour investir dans des capitaux productifs ne se sentira pas accablé par sa dette, pourvu que le taux de croissance de son revenu excède le taux d'intérêt sur sa dette. En pareille situation, l'intérêt sur sa dette peut être payé grâce à son revenu plus élevé, et le pays dispose quand même d'un certain revenu pour la consommation intérieure ou l'accumulation du capital. Les pays qui empruntent au reste du monde et qui consacrent leurs emprunts à la consommation ou à l'investissement dans des projets dont le taux de rendement est faible, soit un taux inférieur au taux d'intérêt sur leur dette, s'endettent de plus en plus lourdement.

Le fardeau de la dette internationale est devenu particulièrement écrasant pour un grand nombre de pays en voie de développement au cours des années 80. Par exemple, les pays d'Amérique latine ont accumulé des dettes internationales se chiffrant à près de 0,5 billion de dollars. Une grande part de ces dettes ont été contractées au cours des années 70 lorsque le prix des matières premières a monté en flèche. De 1973 à 1980, le prix de la plupart des matières premières a augmenté, en moyenne, de près de 20 % par année, soit un taux beaucoup plus élevé que les taux d'intérêt sur la dette internationale accumulée. En pareille situation, les pays producteurs de matières premières, avides de capitaux, ont effectué des emprunts d'envergure. Le taux de rendement semblait suffisamment élevé pour permettre un remboursement rapide. Cependant, au début des années 80, le prix des matières premières a chuté. On ne disposait plus des revenus suffisants pour s'acquitter des dettes internationales considérables. Finalement, les taux d'intérêt ont augmenté énormément au cours des années 80, venant alourdir davantage le fardeau. À l'heure actuelle, en raison de la baisse des prix des matières premières et de la hausse des taux d'intérêt, un grand nombre de pays pauvres doivent faire face à une dette internationale énorme.

Le piège du sous-développement

Les obstacles au développement économique sont si importants que certains économistes ont avancé l'idée que les pays pauvres sont pris dans ce qu'on appelle un *piège de pauvreté* ou *piège de sous-développement.* Lorsqu'un pays est captif d'une situation où le revenu par habitant est faible et que celle-ci s'aggrave par elle-même, on dit que le pays est pris dans le **piège du sous-développement.** Un faible niveau de capital (à la fois le capital physique et le capital humain) par travailleur donne lieu à une faible production par travailleur. Une faible productivité, à son tour, entraîne un revenu par habitant qui est peu élevé. Un faible revenu par habitant se traduit par une épargne qui est faible également. Lorsque l'épargne est peu élevée, le taux d'accumulation du capital est bas. L'accumulation du capital peut à peine permettre de suivre le taux de croissance démographique; par conséquent le stock de capital par travailleur demeure bas, et le cycle se répète.

Surmonter les obstacles au développement économique

En vue d'en arriver à perturber un équilibre, on doit faire intervenir certaines forces extérieures. Pour aider les pays pauvres à rompre l'équilibre du piège du sous-développement, on a suggéré de faire agir diverses forces, qui sont énumérées ci-dessous:

- La régulation des naissances
- L'aide étrangère
- L'abolition des restrictions commerciales
- La stimulation de la demande

Analysons maintenant chacune de ces forces.

La régulation des naissances

Presque tous les pays en voie de développement prônent des méthodes de régulation des naissances afin de sortir du piège du sous-développement. Les programmes de régulation des naissances comportent deux éléments clés: des méthodes de contraception peu coûteuses et des primes visant à encourager les familles à avoir un petit nombre d'enfants. Ces programmes se sont révélés, dans l'ensemble, peu efficaces. L'un des programmes les plus connus, celui de la Chine, en est la preuve. Même si ce pays a adopté des mesures sévères pour dissuader les familles d'avoir plus d'un enfant, sa population n'en a pas pour autant cessé de croître. Les prévisions seront même dépassées: en l'an 2000, la croissance démographique chinoise devrait être égale à cinq fois la population canadienne.

Malgré son importance, la régulation des naissances n'est sans doute pas la méthode qui remportera le plus de succès dans la lutte contre le sous-développement et la pauvreté.

L'aide étrangère

L'idée selon laquelle l'aide étrangère peut contribuer à favoriser la croissance économique résulte d'une simple observation. Si un pays est pauvre parce qu'il dispose de très peu de capital, l'aide étrangère l'aidera à accumuler plus de capital et à atteindre une production par habitant plus élevée. En bénéficiant d'une aide étrangère soutenue année après année, un pays pourra se développer beaucoup plus rapidement que s'il avait à s'en remettre exclusivement à sa seule épargne intérieure. Selon ce raisonnement, plus le flux de l'aide étrangère apportée à un pays est élevé, plus ce pays croît rapidement.

Certains économistes croient que l'aide étrangère ne permet pas nécessairement à un pays de se développer plus rapidement. Ils soutiennent que cette aide consolide le pouvoir de politiciens corrompus et incompétents, et que ces politiciens et leurs politiques représentent deux des principaux obstacles au développement économique. La plupart des gens qui octroient l'aide étrangère ne partagent pas cet avis. Ils affirment que l'aide étrangère contribue effectivement au développement économique. Cependant, on s'entend également pour dire que l'aide étrangère ne constitue pas un facteur majeur qui influe sur le rythme de développement des pays pauvres. L'ampleur de l'aide étrangère est simplement insuffisante pour lui permettre de jouer un rôle décisif.

La politique commerciale internationale est un facteur qui a une incidence prépondérante sur un grand nombre de pays. Analysons maintenant les effets du commerce international sur la croissance et le développement.

L'abolition des restrictions commerciales

Les pays prospères réclament continuellement une protection contre les importations de produits fabriqués par la «main-d'œuvre bon marché» des pays sous-développés. Certaines personnes dénoncent le fait que, en achetant des produits des pays sous-développés, on contribue à l'exploitation de ces travailleurs sous-payés. Par conséquent, les pays imposent des tarifs, des contingents et des restrictions volontaires au commerce. Comment de telles restrictions touchent-elles les pays sous-développés, et comment l'abolition de telles restrictions influe-t-elle sur leur croissance et leur développement? Pour répondre à cette question, prenons l'exemple illustré à la figure 20.7. Imaginons une situation (semblable à celle des années 50) où les États-Unis produisent pratiquement la totalité des automobiles vendues. Le graphique (a) illustre le marché américain de l'automobile. La demande de voitures correspond à la courbe D_{US} et l'offre à la courbe O_{US}. Le prix des voitures est représenté par les lettres P_{US} et la quantité produite et achetée par Q_{US}.

Supposons que Mazda construise une usine de fabrication de voitures au Mexique. La courbe d'offre des voitures produites au Mexique paraît dans le graphique (b) et correspond à la courbe O_M. La situation qui a cours aux États-Unis dépend de la politique adoptée par les États-Unis en matière de commerce international.

Supposons d'abord que les États-Unis restreignent les importations de voitures du Mexique. Afin de clarifier cette notion, supposons que la restriction apportée aux importations soit totale. Dans ce cas, le Mexique n'exportera aucune voiture vers les États-Unis. Le prix

Figure 20.7 Le commerce international et le développement économique

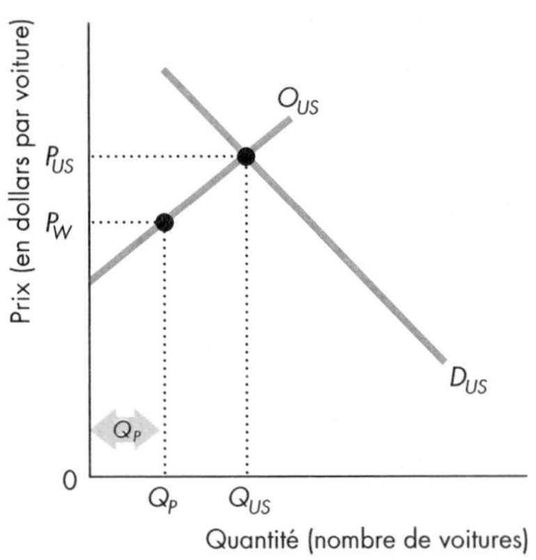

(a) Production et demande américaines

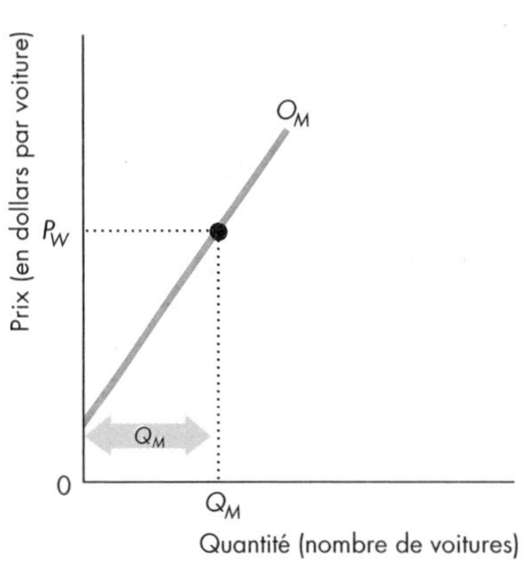

(b) Production mexicaine

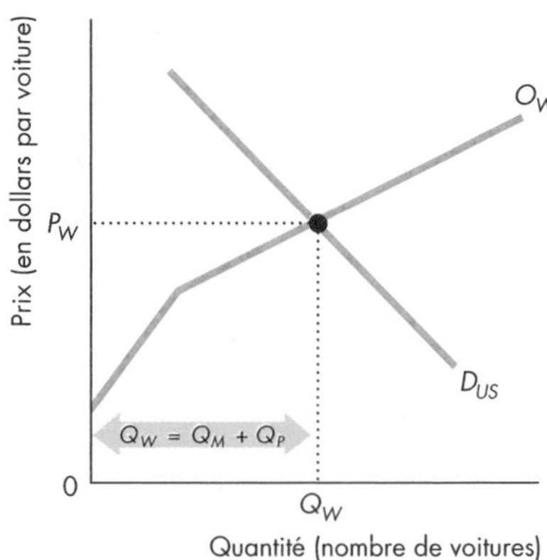

(c) Marché américain des voitures avec un accord de libre-échange

Le marché américain des voitures (graphique a) est représenté par les courbes de demande D_{US} et d'offre O_{US}. Le prix des voitures est représenté par P_{US} et la quantité produite et achetée par Q_{US}. Mazda fait construire une usine de fabrication de voitures au Mexique et la courbe d'offre de voitures fabriquées dans cette usine correspond à la courbe O_M (graphique b). Si les États-Unis interdisent l'importation de voitures du Mexique, le marché américain de l'automobile demeure inchangé et la production mexicaine est nulle. Si les États-Unis signent un accord de libre-échange avec le Mexique, les prix sur le marché américain s'établissent à P_W (graphique c), et la quantité totale de voitures achetées aux États-Unis est de Q_W (la lettre *W* signifie *avec échange*). Les graphiques (a) et (b) indiquent que, à un prix établi à P_W, on produit une quantité Q_W de voitures au Mexique et une quantité Q_P de voitures aux États-Unis (la lettre *P* désigne la *production américaine*). Le libre-échange permet aux pays pauvres de vendre leur production à un prix plus élevé, et aux pays riches d'acheter des biens à des prix plus bas.

des automobiles aux États-Unis demeure à P_{US} et la quantité échangée à Q_{US}.

À l'inverse, voyons ce qui se produit si les États-Unis signent un accord de libre-échange avec le Mexique. Un accord de libre-échange entre le Mexique et les États-Unis a, en effet, été négocié récemment. Le graphique (c) montre comment sont déterminés le prix des voitures et les quantités produites et consommées aux États-Unis, de même que les quantités produites au Mexique qui sont destinées à l'exportation aux États-Unis. La courbe de demande de voitures aux États-Unis demeure à D_{US}, mais la courbe d'offre correspond à la courbe O_W. Cette courbe d'offre se compose de la somme des quantités offertes aux États-Unis et au Mexique pour chaque niveau des prix. L'équilibre est atteint sur le marché américain lorsque le prix s'établit à P_W et que la quantité échangée est de Q_W. Pour comprendre où ces voitures sont produites, observons de nouveau les graphiques (a) et (b) de la figure. Le Mexique produit une quantité Q_M et les États-Unis une quantité Q_P, de sorte que la quantité totale est égale à Q_W.

L'usine mexicaine de Mazda augmente sa production de voitures et ses travailleurs créent des revenus. La production de voitures diminue aux États-Unis. Les pays riches profitent du commerce sans restriction avec les pays sous-développés, parce qu'ils peuvent consommer des biens importés à des prix inférieurs à ceux qui prévaudraient si les seules voitures offertes étaient produites au pays. Les pays en voie de développement en profitent puisqu'ils peuvent vendre leur production à un prix plus élevé qu'ils ne le pourraient autrement, s'ils étaient limités à leur marché intérieur.

Certaines des plus grandes réussites au chapitre du développement et de la croissance ont été possibles en tirant profit d'un commerce international relativement peu restreint. Des pays comme Hong-kong et Singapour ont ouvert leur économie au libre-échange avec le reste du monde et ont considérablement augmenté leur niveau de vie en se spécialisant et en produisant des biens et services pour lesquels ils détiennent un *avantage comparatif*, c'est-à-dire qu'ils peuvent produire à un coût d'opportunité plus bas que les autres pays.

La stimulation de la demande

On a souvent soutenu que la croissance et le développement pouvaient être stimulés en augmentant la demande agrégée. Cette idée revêt deux formes. On considère que, si les pays riches stimulent leur propre demande agrégée, leur économie connaîtra une expansion plus rapide et, par conséquent, le prix des marchandises demeurera élevé. Le prix élevé des marchandises, pense-t-on, devrait aider les pays pauvres et accélérer l'augmentation de leur revenu et leur développement économique. La rubrique *Entre les lignes* présente un exemple récent de ce type de raisonnement. On estime aussi que les pays pauvres peuvent connaître une croissance plus rapide en stimulant leur propre niveau de demande agrégée.

La stimulation de la demande agrégée dans les pays riches peut-elle vraiment aider les pays pauvres? La stimulation de la demande agrégée dans les pays pauvres peut-elle les aider à croître? La réponse à chacune de ces questions est négative, mais voyons pourquoi. Comme nous l'avons appris lors de l'étude de la théorie de la demande agrégée et de l'offre agrégée au chapitre 7, les changements du revenu agrégé peuvent survenir en raison d'une variation de la demande agrégée ou de l'offre agrégée. Cependant, les changements de la demande agrégée influent sur la production et le revenu à court terme seulement. Autrement dit, lorsque les salaires et les prix des autres facteurs de production sont fixes, un changement de la demande agrégée modifie la production et le niveau des prix. Mais, à long terme, un changement de la demande agrégée entraîne un changement des prix des biens et services de même que des facteurs de production. Lorsque les prix des facteurs de production se sont ajustés au changement de la demande agrégée, le revenu revient à son niveau à long terme. Le revenu à long terme par habitant ne peut être modifié qu'en changeant la productivité par habitant laquelle, à son tour, dépend des changements du stock de capital par habitant et des progrès techniques.

Ce modèle macroéconomique de la demande et de l'offre agrégées s'applique à tous les pays, qu'ils soient riches ou pauvres. Si les pays riches stimulent la demande agrégée en lui permettant de façon persistante d'augmenter à un rythme plus rapide que la croissance de la capacité optimale de production, ils connaîtront l'inflation. S'ils maintiennent la croissance de la demande agrégée à un taux égal à celui de la croissance de la capacité optimale de production, les prix seront stables. Récemment, certains pays riches ont connu une inflation rapide et d'autres une inflation modérée. Les années 70 ont été marquées par une inflation rapide. Pendant cette décennie, le prix des marchandises a également augmenté rapidement, permettant à un grand nombre de pays en voie de développement d'accélérer leur rythme d'accumulation du capital et la croissance de leur revenu. Les années 80 ont été marquées par une inflation modérée. Au cours de cette décennie, le prix des matières premières a chuté et les pays en voie de développement ont dû subir le fardeau d'une dette internationale considérable.

Les pays en voie de développement peuvent faire croître la demande agrégée rapidement ou à un rythme modéré. Plus la demande agrégée augmente rapidement par rapport à la croissance de leur capacité optimale de production, plus le taux d'inflation est élevé. Certains pays en voie de développement connaissent une hausse rapide de l'inflation et d'autres une hausse plus lente. Cependant, il n'existe aucun lien entre le rythme de développement de ces pays et l'inflation. Comme on peut l'observer à la figure 20.8, Singapour, qui se développe rapidement et investit plus de 40 % de sa production dans des biens d'équipement chaque année, a connu des taux d'inflation modérés, alors que le Ghāna, dont la croissance est moyenne, connaît le taux d'inflation le plus élevé parmi les pays en voie de développement, soit un taux de plus de 100 % par année. L'Éthiopie, dont le développement est lent, n'investit que 10 % de sa production et connaît un taux d'inflation modéré. Chaque point bleu sur la

Figure 20.8 L'inflation et la croissance économique

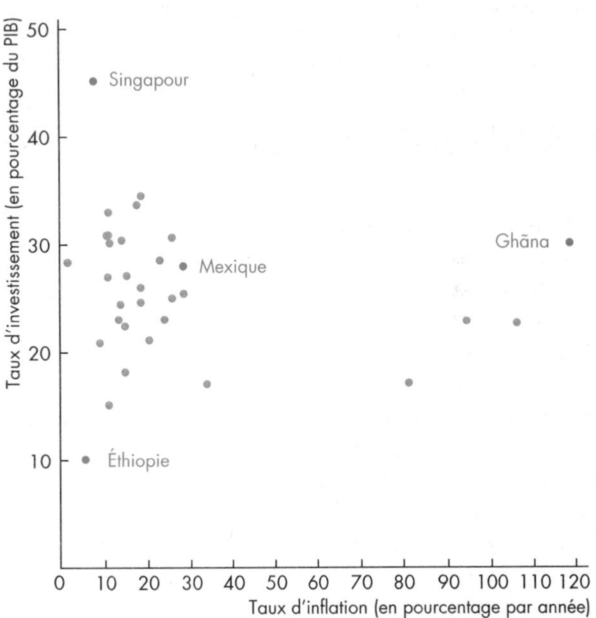

Chaque point sur la figure représente un pays et montre le niveau d'investissement du pays (en pourcentage du PIB) par rapport au taux d'inflation annuel. Les données couvrent la période s'échelonnant de 1960 à 1985. Il n'existe aucun lien net entre le taux d'inflation d'un pays, d'une part, et le taux d'investissement et la croissance économique de ce pays, d'autre part. Singapour, pays dont le développement est rapide, de même que l'Éthiopie, pays dont le développement est lent, ont connu des taux d'inflation faibles. Le Ghāna, pays dont le développement est modéré, a connu le taux d'inflation le plus élevé de tous les pays en voie de développement.

Source: Fonds monétaire international, *International Financial Statistics*, 1988.

La déflation et le développement

Nécessité d'un effort concerté pour accroître le commerce mondial

Selon un rapport publié par l'Organisation des Nations Unies, il est urgent que les pays industrialisés stimulent la croissance économique mondiale en coordonnant, sans tarder, leurs politiques économiques. Toujours selon ce rapport, il semble que la déflation représente la plus grave menace à la prospérité.

«Il est primordial d'enrayer l'inflation», a déclaré Kenneth Dadzie, responsable de la Conférence des Nations Unies sur le commerce et le développement, lors du discours inaugural prononcé à Genève et préparé à partir du rapport annuel sur la situation économique mondiale.

«Toutefois, la déflation qui s'en est suivie menace maintenant la stabilité économique», affirme le représentant du Ghãna aux Nations Unies. Les forces déflationnistes représentent à l'heure actuelle «la menace la plus grave à la prospérité mondiale».

Tout en se réjouissant du fait que les pays industrialisés ont tenté davantage, au cours de la dernière année, de coordonner leurs stratégies économiques, Kenneth Dadzie déplore que tous les pays n'aient pas encore reconnu la nécessité de stimuler la croissance globale et de réduire les taux d'intérêt réels.

L'effondrement récent des prix du pétrole et du fer-blanc constitue la dernière manifestation de la déflation. Mis à part la hausse récente du prix du café, les prix des marchandises autres que le pétrole ont dans l'ensemble chuté à des niveaux jamais atteints depuis la Grande Dépression des années 30.

La déflation «a sapé la vitalité de l'ensemble de l'économie mondiale, touchant surtout les pays en voie de développement. Elle a aussi ébranlé la structure du commerce entre pays et les finances internationales, ce qui a causé chômage, protectionnisme et faillites».

Selon M. Dadzie, il ne faut pas compter sur d'éventuelles réductions du déficit budgétaire américain, ni sur une baisse du prix du pétrole, ni sur la dépréciation de la valeur du dollar américain pour remédier à la situation.

«Il est peu probable que l'effet combiné de ces facteurs augmente le rythme de croissance de l'économie mondiale» a-t-il déclaré. Une baisse du prix du pétrole brut pourrait profiter aux pays qui importent plus qu'ils n'exportent, mais elle constituerait une contrainte importante pour les pays endettés qui dépendent fortement des exportations d'énergie.

«Dans leur ensemble, les pays en voie de développement exportent plus qu'ils n'importent et ils perdront, en 1986, 50 milliards de dollars américains de revenus nets d'exportations.»

Dans le rapport de 171 pages, on prévoit, pour l'année à venir, une croissance de la production de 2,9 % dans les pays dont le marché économique est développé, soit à peine plus qu'en 1986.

Toujours selon ce rapport, le Japon et l'Amérique du Nord devraient être en tête avec un taux de croissance, pour l'année à venir, de 3,5 %. L'Europe de l'Ouest resterait derrière avec un taux de 2,5 %.

On prévoyait que le taux de croissance des pays du tiers monde allait se chiffrer en moyenne à 2,7 %, soit un peu plus qu'en 1986, alors que l'Asie du Sud connaîtrait un taux de croissance de 4,9 % et les pays africains les moins développés un taux de 0,6 %.

Ce sont seulement les pays communistes d'Europe de l'Est qui profiteraient d'un gain significatif de 4,2 %, comparativement au taux de 3,2 % de l'année précédente. La Chine, qui a enregistré un taux de croissance exceptionnellement rapide de 13 % en 1985, reviendrait progressivement à un taux de 7 % en 1987.

M. Dadzie réclame le développement multilatéral des institutions financières pour accroître les prêts nets.

Selon le rapport, les pays du tiers monde ont supporté le poids de la déflation. En effet, la baisse du prix des marchandises a grandement touché leurs revenus d'exportations, leur capacité de payer l'intérêt sur la dette et leur croissance.

The Glode and Mail
12 août 1986

Les faits en bref

- La Conférence des Nations Unies sur le commerce et le développement a publié, en 1986, son rapport annuel sur la situation économique mondiale.
- On prévoyait dans ce rapport que la croissance de la production mondiale, en 1987, serait de 2,9 %.
- On y affirmait aussi que la déflation dans les pays industrialisés avait fait du tort aux pays en voie de développement en réduisant :
  - Les prix des marchandises
  - Les revenus d'exportations
  - La capacité de payer l'intérêt sur la dette
  - La croissance de la production
- On y soutenait par ailleurs qu'il était urgent pour les pays industrialisés de s'engager dans un programme coordonné d'expansion de la demande agrégée.
- Le directeur de la Conférence, Kenneth Dadzie, a déclaré ceci :
  - L'inflation a été maîtrisée.
  - Les prix réels des marchandises ont chuté à de bas niveaux.
  - La déflation a entravé la croissance de la production, ce qui a provoqué une réduction du commerce international et des investissements, et une hausse du taux de chômage, du protectionnisme et des faillites.
- L'effet combiné d'une réduction du déficit budgétaire américain, d'une dépréciation du dollar américain et d'une chute du prix du pétrole ne devrait pas augmenter la croissance de la production mondiale.
- La croissance de la production serait stimulée uniquement si les taux d'intérêt réels chutaient.

Analyse

Les faits

- Dans les années qui ont précédé la rédaction de cet article, l'inflation a considérablement chuté dans les pays industrialisés :

	1980	1984
États-Unis	13,5	4,3
Canada	10,2	4,3
Grande-Bretagne	18,0	5,0
Japon	8,0	2,3

- La plupart des pays en voie de développement ont connu une augmentation du taux d'inflation, sauf certains d'entre eux.

	1980	1984
Afrique	14,2	20,1
Asie	12,5	7,1
Europe	35,5	33,9
Moyen-Orient	17,2	16,2
Amerique latine	55,1	146,3

- Les prix des marchandises ont baissé au début des années 80. En 1984, certains prix, exprimés en pourcentage par rapport à leurs niveaux de 1980, correspondaient à:

Nourriture	73,6
Boissons	98,4
Produits agricoles bruts	88,8
Metaux	73,1
Pétrole	99,3
Toutes les marchandises	82,2

Les affirmations

- La baisse des prix réels des marchandises a désavantagé les pays en voie de développement, en réduisant leurs revenus d'exportations et leur capacité de rembourser leur dette, et en ralentissant la croissance de leur production.

Une affirmation exacte:

- Les marchandises constituent une part importante de la production des pays en voie de développement. En conséquence, une baisse des prix réels des marchandises réduit la valeur de la production de ces pays. De plus, elle fait diminuer le volume du capital et les importations que ces pays peuvent acheter avec un volume donné d'exportations. Une baisse des revenus d'exportations provoque un ralentissement de la croissance et l'intérêt sur la dette devient difficile à payer.
- Les prix réels des marchandises étaient bas en raison de la déflation qui touchait les pays industrialisés. Un surcroît d'effort concerté pour stimuler la demande agrégée ferait augmenter à nouveau les prix réels des marchandises.

Conclusion

Une affirmation probablement fausse:

- La croissance de la production était basse dans les pays industrialisés et le chômage était élevé. Toutefois, la production et l'emploi sont déterminés par la demande et l'offre agrégées. Ce sont seulement les variations imprévues de la demande agrégée qui ont des effets réels sur l'économie. L'essentiel de la situation difficile que connaissent les pays industrialisés est probablement relié à des variations de l'offre agrégée. De toute manière, il n'y a pas une corrélation nette entre les prix réels des marchandises et le cycle économique. Comme on peut le constater dans les graphiques (a) et (b), lorsque les pays industrialisés ont connu une forte croissance dans les années 60 et au début des années 70, les prix réels des marchandises ont chuté. Pendant la récession, au milieu des années 70, les prix des marchandises étaient très élevés. Ce n'est qu'au cours des années 80 que les prix des marchandises ont chuté de pair avec la production des pays riches.

- Les prix réels des marchandises varient en fonction de la demande et de l'offre des marchandises. Les prix de certaines marchandises baissent et d'autres augmentent, même si les prix moyens restent stables. Par exemple, au cours des derniers 25 ans, le prix du zinc (utilisé dans la fabrication de composants électroniques et informatiques) a augmenté régulièrement, tandis que le prix du fer a chuté continuellement. Dans les pays industrialisés, il n'y a pas de relation simple entre les prix réels des marchandises et le niveau de la demande agrégée. En fait, une augmentation de la demande correctement anticipée dans les pays industrialisés ferait augmenter les prix (et l'inflation) dans ces pays et aurait une répercussion faible sur les pays en voie de développement.

- Une expansion coordonnée de la demande agrégée dans les pays riches ferait diminuer les taux d'intérêt réels et stimulerait le développement à travers le monde.

Une affirmation fausse:

- La stimulation de la demande agrégée par la politique budgétaire entraînerait presque à coup sûr une hausse des taux d'intérêt réels. L'expansion de la demande agrégée par la politique monétaire pourrait réduire temporairement les taux d'intérêt réels, mais n'aurait pas d'effet durable sur les taux d'intérêt réels. De plus, si cette expansion était accompagnée d'un taux d'inflation plus élevé, les taux d'intérêt nominaux augmenteraient.

- En 1986, la Conférence des Nations Unies sur le commerce et le développement prônait une politique de stimulation de la demande agrégée. La mise en œuvre d'une telle politique ferait certainement augmenter les prix, mais relancerait sans doute l'inflation dans les pays industrialisés, ce qui soulagerait très peu les pays en voie de développement.

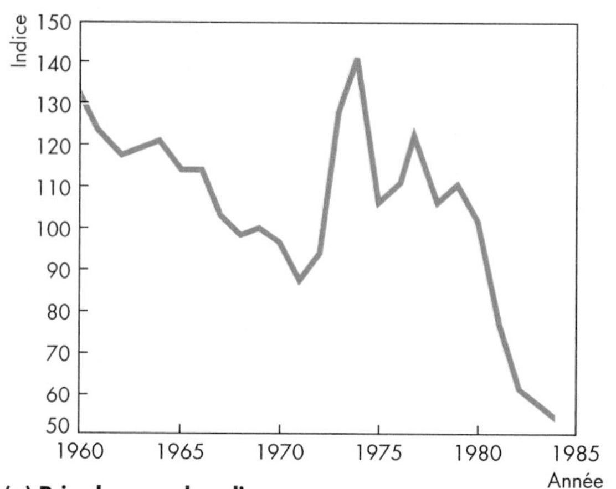

(a) Prix des marchandises

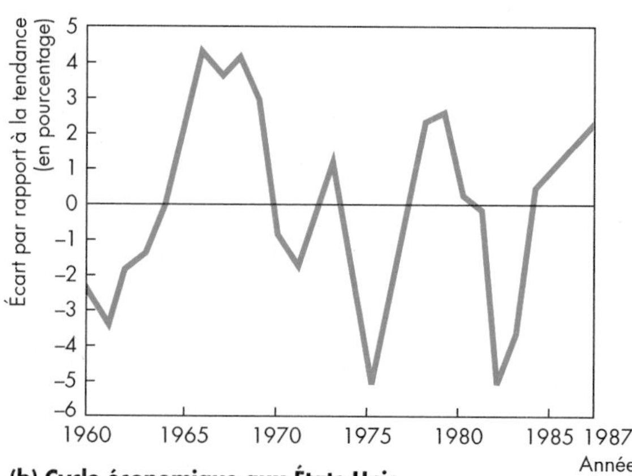

(b) Cycle économique aux États-Unis

figure montre le pourcentage d'investissement par rapport au taux d'inflation dans les pays en voie de développement. On peut constater que les points ne permettent pas de dégager une relation nette entre ces variables. Ainsi, le taux auquel un pays en voie de développement stimule sa demande agrégée, même si cette mesure a une incidence sur le taux d'inflation, n'a pas d'effet important sur le taux de croissance du revenu réel ou le rythme de développement économique.

Nous avons vu que, pour se développer rapidement, un pays doit accumuler du capital à un rythme accéléré. Pour ce faire, il doit atteindre un taux d'épargne très élevé et contracter des emprunts qu'il investira dans des activités à rendement élevé. Les pays en voie de développement qui croissent rapidement ont un haut taux d'accumulation du capital, un rendement élevé sur leur capital et se spécialisent dans la production de biens et services pour lesquels ils détiennent un avantage comparatif.

RÉSUMÉ

La répartition des revenus entre les pays

Il existe d'énormes inégalités dans la répartition des revenus. Le revenu moyen par habitant des pays les plus pauvres représente 4 à 9 % de celui des États-Unis. La moitié de la population mondiale ne gagne que 15 % du revenu mondial et la population la plus riche, qui représente 20 %, reçoit 55 % des revenus. (*pp. 541-543*)

Les taux de croissance et les niveaux de revenu

Les pays pauvres deviennent riches en atteignant et en maintenant des taux élevés de croissance du revenu par habitant sur une longue période. Les pays riches se développent à un rythme annuel de 1,5 % environ. Les pays pauvres qui enregistrent un taux de croissance plus faible continuent de s'appauvrir. Ceux qui atteignent des taux de croissance supérieurs à 1,5 % par année comblent progressivement l'écart qui les sépare des pays riches. Une croissance forte et soutenue peut faire une différence considérable dans un laps de temps relativement court. Si la Chine parvient à maintenir un taux de croissance par habitant de 6 % par année, son revenu par habitant rattrapera celui des États-Unis vers l'année 2035. (*pp. 543-545*)

Les facteurs de production, les progrès techniques et la croissance économique

L'augmentation du revenu par habitant dépend de la croissance du capital par habitant et des progrès techniques. Plus la fraction des revenus investis dans les biens d'équipement nouveaux est grande et plus les progrès techniques sont rapides, plus le taux de croissance économique est élevé. (*pp. 545-548*)

Les obstacles à la croissance économique

Il existe essentiellement trois obstacles à une croissance économique soutenue : une croissance démographique rapide, un taux d'épargne faible et un fardeau de la dette internationale considérable. Une croissance démographique rapide augmente la proportion des jeunes personnes à charge dans une population. Une épargne peu élevée provoque un faible taux d'accumulation du capital. Un fardeau considérable de la dette internationale entraîne l'utilisation d'une part des épargnes pour rembourser les intérêts sur la dette plutôt que pour accumuler du capital et améliorer la productivité.

De faibles revenus se traduisent par une épargne faible laquelle, à son tour, donne lieu à des investissements peu élevés, et donc à une croissance faible des revenus. Un grand nombre de pays pauvres semblent pris dans le piège du sous-développement. (*pp. 548-550*)

Surmonter les obstacles au développement économique

Les principales méthodes pour surmonter les obstacles au développement économique sont la régulation des naissances, l'aide étrangère et l'abolition des restrictions commerciales. Parmi ces méthodes, celle qui a remporté le plus de succès a été l'expansion rapide du commerce international.

La stimulation de la demande agrégée, par les pays pauvres ou riches, ne contribue pas, à long terme, à favoriser la croissance et le développement économiques. Si la demande agrégée s'accroît au même taux que la capacité optimale de production, les prix seront stables ; si la demande agrégée augmente à un taux plus élevé que la capacité optimale de production, les prix monteront et l'inflation sévira. Le taux d'inflation ne semble pas influer beaucoup sur les taux de croissance et le rythme du développement économique. (*pp. 551-557*)

POINTS DE REPÈRE

Mots clés

Figures clés 

QUESTIONS DE RÉVISION

1 Décrivez les principales différences qui existent entre les pays les plus riches et les pays les plus pauvres du monde.

2 Comparez la répartition des revenus entre les familles canadiennes avec la répartition des revenus entre les pays du monde. Quelle distribution est la plus inégale ?

3 Combien de temps faudra-t-il à un pays pauvre comme la Chine pour rattraper un pays riche comme les États-Unis si le revenu par habitant aux États-Unis augmente de 1,5 % par année et si le revenu par habitant en Chine s'accroît en fonction des taux suivants ?

a) 1,5 % par année

b) 3 % par année

c) 6 % par année

d) 12 % par année

4 Quels facteurs déterminent le revenu par habitant d'un pays ? Quels facteurs provoquent un changement du niveau de revenu par habitant ?

5 Citez un pays qui a connu une croissance économique rapide et un pays qui a connu une croissance économique lente. Lequel des deux avait le taux d'investissement le plus élevé ?

6 Énumérez les obstacles à la croissance économique et expliquez-les.

7 Pourquoi la croissance rapide de la population constitue-t-elle un obstacle à la croissance économique ?

8 Décrivez ce qu'est le piège du sous-développement.

9 Quelles sont les principales méthodes utilisées par les pays pauvres pour surmonter leur pauvreté ?

10 Pourquoi le libre-échange devrait-il stimuler la croissance économique ?

11 Pourquoi la stimulation de la demande agrégée n'améliore-t-elle pas le taux de croissance et le développement économique d'un pays ?

PROBLÈMES

1 Un pays pauvre dispose de 10 % du revenu par habitant d'un pays riche. Le pays riche atteint un taux de croissance de 5 % par année et le pays pauvre un taux de croissance annuel de 10 %. Combien faudra-t-il d'années pour que le revenu par habitant du pays pauvre atteigne le même niveau que celui du pays riche ?

2 Siliconia est un pays pauvre qui ne possède aucune ressource naturelle, sauf le sable. Le revenu par habitant atteint 500 $ par année et la totalité de ce revenu est dépensée. Le revenu par habitant est constant ; il n'y a donc aucune croissance économique. Le budget gouvernemental est en équilibre et il n'y a ni exportations ni importations. Soudainement, le prix du silicone augmente et Siliconia peut exporter du sable et faire un profit considérable. Les exportations passent de 0 à 400 $ (par habitant), le revenu par habitant de 500 à 1000 $ par année, et la consommation par habitant s'élève

à 600 $ par année. Il n'y a toujours pas d'importations et Siliconia enregistre un surplus du compte courant de 400 $ par habitant.

a) Qu'advient-il de l'investissement et du taux de croissance de Siliconia?

b) Si Siliconia importe des biens d'équipement qui correspondent à la valeur de ses exportations, quel sera le montant de ses investissements? Quel sera le solde de son compte courant?

c) Si le secteur public de Siliconia enregistre un déficit budgétaire de 100 $ (par habitant), quel sera le montant de ses investissements?

CHAPITRE 21

Les divers systèmes économiques

Objectifs du chapitre:

- Montrer pourquoi le problème de la rareté est commun à tous les systèmes économiques et à tous les régimes politiques.
- Décrire les méthodes utilisées par différents systèmes économiques pour résoudre le problème de la rareté.
- Expliquer la différence entre le capitalisme et le socialisme.
- Décrire les diverses formes que prend le capitalisme en comparant entre eux les États-Unis, le Japon et l'Europe de l'Ouest.
- Décrire les principales caractéristiques du système économique en vigueur en Union soviétique jusqu'à 1991.
- Expliquer comment s'est déroulée la restructuration économique, ou *perestroïka*, que l'Union soviétique a amorcée à la fin des années 80.
- Décrire les réformes qui ont été entreprises en Chine.
- Évaluer l'efficacité des divers systèmes économiques.

Les bouleversements économiques

NOUS VIVONS UNE ÉPOQUE FERTILE en bouleversements économiques. Dans toute l'Europe de l'Est — en Bulgarie, en Tchécoslovaquie, en Allemagne de l'Est, en Hongrie, en Pologne, en Roumanie, en Yougoslavie —, on rejette le communisme et le socialisme, qu'on remplace par diverses formes de capitalisme. Cette transformation des économies d'Europe de l'Est s'est amorcée en douceur à l'été de 1987, au cours d'une réunion du Comité central du Parti communiste de l'Union soviétique. Mikhaïl Gorbatchev y présentait son programme de «restructuration radicale de la gestion économique» en Union soviétique — la *perestroïka*. Avec beaucoup de zèle, il s'est employé à répandre son message auprès des simples citoyens soviétiques, proclamant les vertus d'un travail «un peu plus intense». Dans son livre intitulé *Perestroïka*, qui a connu un grand succès de librairie même en Amérique du Nord et en Europe de l'Ouest, il a décrit les étapes à suivre pour réaliser la «révolution de la perestroïka». ■ Toutefois, le rythme des changements s'est accéléré en 1989 lorsque, un à un, les pays d'Europe de l'Est ont instauré des régimes politiques démocratiques et ouverts. Avec l'avènement de la démocratie, la population a exigé une amélioration de la performance économique. ■ La Chine est le plus grand pays communiste. Même là, et malgré la répression sanglante du mouvement de démocratisation qui s'est manifesté à l'été 1989 sur la place Tiananmen, de vastes réformes économiques sont en cours. Le but que poursuit officiellement Teng Hsiao-ping, architecte de l'économie moderne chinoise, est de faire de la Chine «un pays socialiste avec ses particularités propres». Il veut concilier dans ce pays deux systèmes: le système communiste, développé en Chine et en Union soviétique, et le système capitaliste des États-Unis, de l'Europe de l'Ouest et du Japon. ■ Même s'ils sont moins radicaux, des changements se produisent aussi dans la gestion économique des gouvernements au Canada, aux États-Unis, en Europe de l'Ouest et au Japon. Au Canada, ils ont pris deux formes: d'une part, la déréglementation de certaines activités économiques et, d'autre part, la privatisation de sociétés d'État relevant du gouvernement fédéral ou de gouvernements provinciaux, comme Air Canada, Pétro-Canada et la Saskatchewan Oil and Gas Corporation. En Grande-Bretagne et dans plusieurs autres pays d'Europe de l'Ouest, la déréglementation a été accompagnée de la vente, à des intérêts privés, d'entreprises exploitées par l'État: sociétés de chemins de fer, de télécommunications, de services publics, etc. Aux États-Unis où l'État n'a jamais possédé beaucoup d'entreprises, les changements se sont traduits par un mouvement de déréglementation. Amorcé sous la présidence de Jimmy Carter, ce mouvement a pris toute son ampleur à l'époque du président Reagan. Au Japon, les changements se traduisent par une plus grande libéralisation de l'économie nationale, du commerce international et des relations financières. ■ Quelles sont les principales différences entre le système économique que les pays d'Europe de l'Est et l'Union soviétique sont en train d'abandonner et le système économique du Canada, des États-Unis, de l'Europe de l'Ouest et du Japon? Que sont exactement le capitalisme, le socialisme et le communisme? Pourquoi l'Union soviétique et d'autres pays d'Europe de l'Est entreprennent-ils une telle transformation de leurs méthodes de gestion économique? Pourquoi des pays d'Europe de l'Ouest et le Japon privatisent-ils de grandes parties de leur économie? Quelle est la performance respective du capitalisme et du communisme? Un pays peut-il combiner avec succès ces deux types de fonctionnement économique?

■ Dans le présent chapitre, nous allons décrire certaines des différences essentielles entre les principaux systèmes économiques. Nous comparerons le fonctionnement des économies capitalistes à celui des économies communistes. Nous examinerons certaines différences entre l'économie du Canada, celle des États-Unis, celle du Japon et celles des pays d'Europe de l'Ouest. Nous étudierons comment fonctionnait l'économie soviétique avant les réformes. Nous analyserons les causes de la *perestroïka* et les objectifs qu'elle visait. Nous aborderons les réformes économiques adoptées en Chine et nous évaluerons leurs effets. Finalement, nous comparerons entre elles les performances des deux principaux systèmes économiques: le capitalisme et le socialisme.

Le problème économique fondamental

Tous les problèmes économiques ont pour origine la *rareté*; c'est la première notion qu'on apprend en économie. Pour aborder l'analyse comparée des systèmes économiques, il est donc utile d'approfondir notre compréhension du phénomène de la rareté et de ses conséquences.

La rareté

La rareté découle du fait que nous voulons tous consommer plus de biens et services que ce que nous permettent les ressources et le degré d'avancement de la technologie. La *frontière des possibilités de production* définit les limites de ce qu'on peut produire; elle distingue le réalisable de l'irréalisable (voir le chapitre 3). Nous exploitons au maximum nos possibilités de consommation si nous faisons en sorte que notre économie se situe sur un point de la frontière des possibilités de production. La première étape qui nous conduit vers la solution du problème économique consiste donc à se situer sur cette frontière.

Se situer sur la frontière des possibilités de production

Si l'économie se situe sur un point de la frontière des possibilités de production plutôt qu'à l'intérieur de celle-ci, on produit une plus grande quantité de tous les biens. Toutefois, il ne va pas de soi qu'on se trouve toujours sur cette frontière. On peut gaspiller ses ressources en produisant par exemple, à un moment donné, plus de denrées périssables qu'on ne peut en consommer. Certaines denrées pourrissent, et l'on aurait mieux fait de ne pas les produire; les ressources affectées à cette production sont perdues.

Une autre forme de gaspillage, plus subtile et plus grave encore, consiste à utiliser inadéquatement les ressources productives de telle façon qu'on augmente inutilement les coûts de production. Par exemple, on peut produire l'électricité à l'aide de l'énergie hydraulique, du charbon, du pétrole ou de l'énergie nucléaire. Si cette dernière produit un mégawatt d'électricité au coût le plus bas, le recours à l'énergie hydraulique ou au pétrole constitue un gaspillage de ressources productives. Il ne faut toutefois pas oublier que, en économique, le terme «coût» englobe *tous* les coûts. Dans le cas de la production d'électricité, les coûts comprennent les dommages causés à l'environnement, comme la pollution, les risques d'accident ou de contamination nucléaires et bien d'autres coûts qui ne sont pas nécessairement directement supportés par le producteur.

Chaque système économique se caractérise par un ensemble de méthodes de gestion et de mécanismes dont on espère qu'ils permettront à l'économie d'atteindre un point situé sur la frontière des possibilités de production. Nous étudierons ces méthodes dans la prochaine section du chapitre. Lorsque l'économie se trouve sur la frontière des possibilités de production, on ne peut augmenter la production d'un bien sans réduire celle d'un autre bien. C'est ce fait qui justifie le concept de *coût d'opportunité*. Le coût d'opportunité de la production d'une unité additionnelle d'un bien donné représente la quantité d'un autre bien à laquelle on doit renoncer. Comme la production d'une plus grande quantité d'un bien suppose qu'on produise moins d'un autre bien, la solution du problème économique comporte une deuxième exigence: on doit atteindre le point approprié sur la frontière.

Produire la bonne combinaison de biens et services

Pour déterminer la quantité à produire de chaque bien et de chaque service, il faut tenir compte des préférences des individus quant aux solutions possibles. Par exemple, si les individus accordaient plus d'importance à la qualité de l'air qu'à l'efficacité ou au confort des moyens de transport, nous produirions moins de voitures, construirions moins d'autoroutes et réglementerions de façon plus stricte l'émission des gaz d'échappement. Si les individus préféraient les voyages sur la Lune à tous les autres biens de consommation actuels, nous consacrerions d'énormes ressources à la construction de moyens de transport pour aller vers la Lune et de lieux de villégiature sur cette planète! Si tous devenaient amateurs de fruits et de crème glacée au point de refuser de manger de la viande, les restaurants Burger King et McDonald's déclareraient faillite ou modifieraient radicalement l'éventail de leurs produits — et l'on verrait se multiplier les crémeries.

La manière dont les préférences des individus influent sur les quantités des biens et services à produire varie d'un système économique à un autre. Comme nous le verrons plus loin, notre propre système économique accorde une importance primordiale aux préférences des individus dans la détermination des biens à produire. Dans d'autres systèmes, les préférences des individus jouent un rôle limité; ce sont les plans du gouvernement qui ont prépondérance.

Ainsi, pour résoudre le problème économique de la rareté, on doit, d'une part, atteindre la frontière des possibilités de production et, d'autre part, y choisir le point approprié. Il existe un troisième aspect à ce problème: la répartition du bien-être économique.

La répartition du bien-être économique

Une économie peut se trouver sur un point de la frontière des possibilités de production qui reflète exactement les préférences des consommateurs concernant les quantités produites des divers biens. À ce point, toute augmentation de la production d'un bien et toute diminution de la production d'un autre bien seraient désavantageuses pour certains. De tels points sur la frontière sont nombreux, et chacun d'eux représente une répartition différente du bien-être économique. En un de ces points, les revenus sont également répartis; en un autre point, 90 % de la population du pays vit dans la pauvreté alors que l'autre partie — qui forme 10 % — vit dans le luxe. Autrement dit, ce sont les particularités du système économique qui déterminent ce qu'auront les uns et les autres. Certains systèmes favorisent, du moins en principe, l'égalité dans la répartition des revenus; d'autres prônent l'égalité des chances mais accordent peu d'importance à la répartition qui en découle.

À RETENIR

Pour faire face de façon efficace au problème de la rareté, il faut atteindre la frontière des possibilités de production. Le point qu'on atteint sur cette frontière dépend de deux facteurs: les préférences des individus et la manière dont le système économique répartit les revenus. Aucun système économique ne peut faire disparaître ce problème économique. Au mieux, chaque système peut aider les individus à faire face à la rareté.

■ ■ ■

Voyons maintenant comment les différents systèmes économiques font face au problème économique fondamental.

Les divers systèmes économiques

Les différences entre les systèmes économiques sont nombreuses et parfois subtiles. Elles tournent cependant autour de deux questions principales:

- Qui possède le capital et la terre?
- Comment l'allocation des ressources se fait-elle?

La figure 21.1 résume les diverses possibilités. Le capital et la terre peuvent appartenir à des particuliers, à l'État, ou aux deux. L'allocation des ressources peut être assurée par les marchés, par les organismes centraux de planification, ou par les deux. La zone bleue représente le capitalisme extrême, et la zone rouge, le socialisme extrême.

Le **capitalisme** est un système économique fondé sur la propriété privée des moyens de production (le capital et la terre) et sur l'allocation des ressources par le marché. Le **socialisme** est un système économique fondé sur la propriété étatique des moyens de production et sur une allocation centralisée et planifiée des ressources. La **planification centralisée** constitue un mode d'allocation des ressources: un comité central de planification élabore des plans et les communique ensuite aux divers organismes de production et de distribution; un nombre important de fonctionnaires surveillent l'exécution de ces plans. Le capitalisme et le socialisme à planification centralisée représentent deux modes de gestion économique diamétralement opposés. Aucun pays n'a appliqué de système économique qui corresponde précisément à chacun de ces deux cas extrêmes. Cependant, le Canada, les États-Unis et le Japon se rapprochent du capitalisme, tandis que l'ex-URSS et la Chine se rapprochent du socialisme.

Figure 21.1 Les divers systèmes économiques

Mécanisme d'allocation des ressources	Propriété du capital		
	Les individus	Mixte	L'État
Les marchés	Capitalisme États-Unis Japon Canada		
Mixte	**Capitalisme de l'État-providence** Grande-Bretagne Suède	Hongrie Pologne Yougoslavie	**Socialisme de marché**
La planification		URSS Chine	Socialisme

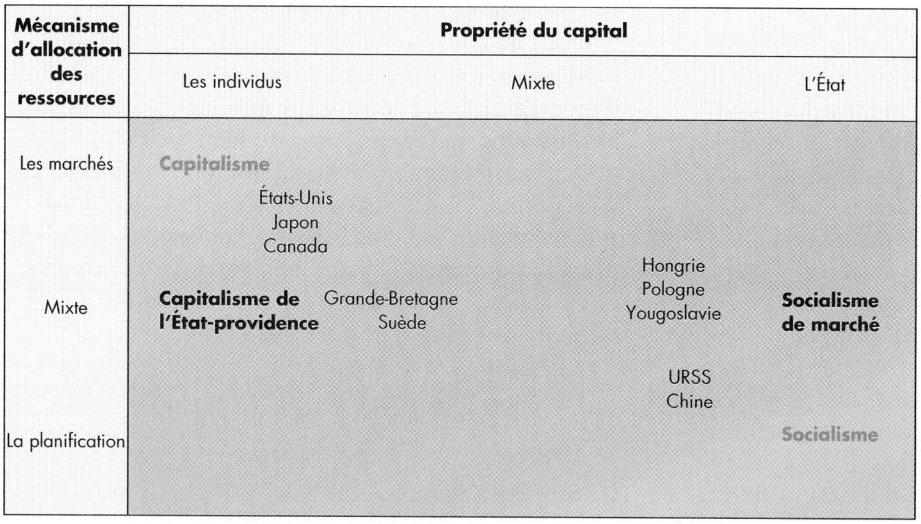

En régime capitaliste, les individus possèdent le capital et la terre, c'est-à-dire les fermes, les manufactures, les usines et le matériel; l'allocation des ressources se fait par les mécanismes du marché. En régime socialiste, l'État possède le capital et la terre, et l'allocation des ressources se fait par un système de planification centralisée. Dans le socialisme de marché, l'État possède le capital et la terre, tandis que l'allocation des ressources se fait en grande partie par le marché. Le capitalisme de l'État-providence combine la propriété privée du capital et de la terre avec un degré élevé d'intervention de l'État dans l'allocation des ressources.

Certains pays combinent la propriété privée avec la propriété d'État, de même que l'allocation des ressources par le marché avec la planification. Le **socialisme de marché**, ou **planification décentralisée**, est un système économique qui combine la propriété étatique des moyens de production, inspirée du socialisme, avec l'allocation des ressources par le marché, inspirée du capitalisme. La Yougoslavie et la Hongrie constituaient jusqu'à récemment des exemples d'économies socialistes de marché. Dans de telles économies, les responsables de la planification fournissent une liste de prix aux organismes de production et de distribution, puis les laissent libres de produire à ces prix les quantités qu'ils désirent. Le **capitalisme de l'État-providence** emprunte lui aussi aux deux systèmes : comme dans le capitalisme, le capital et la terre sont propriété privée ; comme en régime socialiste, l'intervention de l'État joue un rôle important dans l'allocation des ressources. La Suède, la Grande-Bretagne et d'autres pays d'Europe de l'Ouest sont des exemples d'États-providences.

Les vastes restructurations actuellement en cours en Europe de l'Est modifient sans cesse la position que chaque pays occupe dans la figure 21.1. L'ex-Union soviétique et d'autres pays d'Europe de l'Est abandonnent la planification centralisée ; ils adoptent le socialisme de marché et, à un degré moindre, le capitalisme. Les pays capitalistes, quant à eux, s'en remettent de plus en plus à un marché déréglementé pour l'allocation des ressources.

Puisque les systèmes économiques des pays représentés à la figure 21.1 empruntent certains éléments au socialisme et au capitalisme, nous devons étudier d'un peu plus près chacun de ces deux cas extrêmes.

Le capitalisme

Imaginons un pays qui pratiquerait le capitalisme à l'état pur. Sur le plan de la philosophie politique, la caractéristique dominante de ce mode d'organisation est l'importance accordée aux libertés individuelles. Le fondement économique d'un tel système repose sur l'établissement de droits de propriété individuels et sur le maintien d'institutions veillant à ce que ces droits soient respectés. Chaque personne posséderait ce qu'elle a produit ou légitimement acquis. On s'y procurerait de façon légitime les diverses ressources en les achetant auprès de ceux qui les détiennent ou en les recevant sous forme de dons. Ce sont là les deux seuls moyens légaux de transférer des ressources d'un individu à un autre.

Dans un tel régime, le seul rôle réservé à l'État serait d'empêcher les transferts illégaux de ressources. À cette exception près, l'État n'a aucun droit de regard sur les activités économiques entreprises par un individu ou un groupe d'individus. Toutes les personnes seraient libres de former des coalitions ou des groupes, pour l'achat ou la vente des biens ou services, dans les quantités qu'ils désirent.

On peut voir les gouvernements comme des coalitions d'individus qui fournissent certains types de biens et services. Si un gouvernement offre des conditions plus avantageuses que toute autre coalition d'individus et que les gens décident de traiter avec lui plutôt qu'avec un autre groupe, ce gouvernement peut alors de façon légitime se livrer à des activités économiques. Toutefois, le gouvernement ne peut en aucune façon contraindre les individus à agir autrement, sauf évidemment pour les empêcher de violer les droits de propriété d'autres personnes.

Dans les économies capitalistes, l'allocation des ressources est déterminée par les choix individuels exprimés sur les marchés. Les préférences des consommateurs déterminent les biens à produire. Les entreprises, dont le but est de maximiser leur profit, choisissent la façon de produire ces biens. Enfin, les décisions que prennent les individus concernant l'offre des facteurs de production, de même que les prix de marché auxquels s'échangent ces facteurs, déterminent pour qui l'on produit ces biens.

Le socialisme

Le socialisme, en tant que système économique, s'appuie sur la philosophie politique selon laquelle la propriété privée du capital et de la terre permet aux riches (les propriétaires des moyens de production) d'exploiter les pauvres (ceux qui n'en possèdent pas). Pour empêcher cette exploitation, l'État s'approprie le capital et la terre. Les individus ne détiennent que leur *capital humain* et les biens d'équipement utilisés aux fins de consommation, comme les biens de consommation durables. Toutes les autres formes de capital sont entre les mains de l'État qui possède les usines, les fermes, de même que les machines et le matériel nécessaires à leur fonctionnement. La main-d'œuvre est employée par l'État, et c'est celui-ci qui produit et vend tous les biens et services de consommation.

Dans un régime socialiste, certaines personnes sont plus riches que d'autres, mais les écarts importants de richesse découlant de la propriété des grandes entreprises industrielles et commerciales ne sont pas permis. Le principe qui gouverne la répartition des revenus est le suivant: chacun produit selon ses aptitudes, chacun reçoit selon sa contribution. En d'autres termes, le salaire de chaque individu dépend de la valeur attribuée à sa contribution à la production.

Le communisme constitue une variante du socialisme. Le **communisme** est un système économique fondé sur la propriété d'État du capital et de la terre et sur la planification centralisée. La répartition des revenus obéit à la règle suivante: chacun produit selon ses capacités, chacun reçoit selon ses besoins. On utilise habituellement le terme «communisme» pour décrire le type de socialisme pratiqué jusqu'à récemment dans l'ex-Union soviétique et en Europe de l'Est. On confond souvent «communisme» et «socialisme». Toutefois, il est utile de faire la distinction entre les deux termes lorsque nous traitons de systèmes économiques.

Dans les économies socialistes (ou communistes), les ressources ne sont pas distribuées par le libre fonctionnement des marchés, mais par les responsables de la planification centralisée; les préférences et les priorités de ces derniers déterminent les biens à produire, la façon de les produire et pour qui les produire.

Les avantages et les faiblesses du capitalisme

Les avantages du capitalisme Les principaux avantages du capitalisme découlent du fait que le jugement de chaque individu sur son bien-être personnel est primordial dans le choix de ses activités économiques. Chacun décide de la quantité de travail qu'il offrira, pour qui il travaillera, ce qu'il fera de son temps libre et comment il disposera des revenus provenant de la vente de ses ressources. Comme l'a souligné Adam Smith, le moteur de l'activité économique réside donc dans la poursuite par chacun de son intérêt individuel. Chacun est donc fortement incité à contribuer à l'activité économique

> Puisque chaque individu tâche, le plus qu'il peut, d'employer son capital à faire valoir l'industrie nationale et de diriger cette industrie de manière à lui faire produire la plus grande valeur possible, chaque individu travaille nécessairement à rendre aussi grand que possible le revenu annuel de la société. À la vérité, son intention en général n'est pas en cela de servir l'intérêt public, et il ne sait même pas jusqu'à quel point il peut être utile à la société... Il ne pense qu'à son propre gain; en cela, comme dans beaucoup d'autres cas, il est conduit par une main invisible à remplir une fin qui n'entre nullement dans ses intentions.[1]

Adam Smith poursuit en rejetant toute intervention tatillonne de l'État dans la vie économique:

> L'homme d'État qui chercherait à diriger les particuliers dans la route qu'ils ont à tenir pour l'emploi de leurs capitaux, non seulement s'embarrasserait du soin le plus inutile, mais encore il s'arrogerait une autorité qu'il ne serait pas sage de confier, je ne dis pas à un individu, mais à un conseil ou à un sénat, quel qu'il pût être; autorité qui ne pourrait jamais être plus dangereusement placée que dans les mains de l'homme assez insensé et présomptueux pour se croire capable de l'exercer.[2]

---

1 Adam Smith, *La Richesse des Nations*, livre IV, chapitre II, Éditions Gallimard, 1976.

2 *Ibid.*

Les faiblesses du capitalisme Même dans les milieux favorables au capitalisme, on reconnaît qu'une des principales faiblesses de ce système réside dans le fait que, historiquement, la répartition de la richesse a été arbitraire et résulte de transferts illégitimes. Par exemple, les colons européens se sont emparés de terres appartenant aux autochtones d'Amérique du Nord. Le caractère illégitime de ces transferts qui sont survenus dans le passé (qui correspondent à des violations du droit à la propriété privée) invalide la légitimité de la répartition actuelle de la richesse. S'il n'y avait pas de grandes inégalités dans la distribution actuelle de la richesse, ses origines historiques importeraient peu. Mais le fait que la richesse soit répartie très inégalement amène beaucoup de gens à conclure que l'État doit intervenir pour redistribuer les revenus et la richesse.

Un autre inconvénient du capitalisme vient, croit-on, de ce que certains individus, ne sachant ce qui est bon pour eux, feront par eux-mêmes de mauvais choix. On s'entend par exemple pour dire que les enfants ne peuvent pas avoir une entière liberté de choix. La plupart des gens estiment également qu'on doit imposer des restrictions à la liberté de choix de certaines personnes, notamment aux déficients mentaux, aux personnes séniles et à celles qui font usage de stupéfiants. Ceux qui sont favorables au socialisme vont encore plus loin en affirmant que les responsables de la planification peuvent faire de meilleurs choix que les individus ne peuvent faire pour eux-mêmes.

Nous venons de passer en revue certains arguments qui vont à l'encontre du système capitaliste. Le capitalisme pose également un problème plus grave encore : il renferme une contradiction fondamentale.

La contradiction du capitalisme La contradiction inhérente au capitalisme a trait aux rôles de l'État dans la protection des droits de propriété individuels. En effet, on ne peut faire respecter le droit de propriété privée que si l'État est seul à posséder le pouvoir coercitif. Si l'État devait rivaliser avec d'autres instances pour faire respecter les droits de propriété, on verrait les individus recourir aux instances qui les avantagent le plus pour régler le moindre différend les opposant les uns aux autres. Il en découlerait de longs conflits. C'est seulement quand une instance détient l'exclusivité du pouvoir coercitif qu'on peut réussir à faire respecter les droits de propriété privée sans engendrer de violence ouverte ni de conflits. Seul l'État possède le droit de faire usage de la force ; on lui reconnaît ce droit afin qu'il assure le respect du droit de propriété. Mais, une fois l'État investi de ce monopole du pouvoir coercitif, les individus peuvent difficilement l'empêcher d'étendre le champ de ses activités de coercition. Il est également difficile de contrôler réellement les fonctionnaires qui exercent les pouvoirs de l'État et d'empêcher des individus et des groupes d'individus de demander à l'État d'étendre l'utilisation de ses pouvoirs.

Soit en raison des arguments qu'on peut utiliser contre le système capitaliste, soit en raison de cette contradiction fondamentale qu'on vient d'évoquer, le capitalisme pur est un système économique plus hypothétique que réel. Aucun pays ne l'a appliqué ni ne pourra l'appliquer intégralement. Il s'agit plutôt d'un concept servant de point de référence pour comparer entre eux les systèmes existants. Si nous pouvions appliquer le capitalisme à l'état pur en étant assurés de la légitimité de la répartition des droits de propriété, nous pourrions nous flatter d'avoir résolu au mieux le problème économique fondamental. Mais, cette solution n'est pas à notre portée. C'est pourquoi la plupart des économies capitalistes empruntent au socialisme certains éléments comme la propriété d'État et la réglementation de l'activité économique.

Les divers types de capitalisme

Il n'existe pas de modèle unique du capitalisme. Dans ce manuel, nous avons surtout illustré les principes économiques à partir d'exemples empruntés à l'économie capitaliste du Canada et à celle de son voisin, les États-Unis. Mais les économies capitalistes ne suivent pas toutes le modèle nord-américain. Nous aborderons maintenant certaines différences essentielles entre les économies des pays capitalistes et nous étudierons quelques-unes des tendances qui les caractérisent.

Le Japon

Pour qualifier la performance économique du Japon depuis la Seconde Guerre mondiale, on parle souvent de «miracle économique japonais». À l'issue du conflit, le revenu par habitant au Japon représentait moins du cinquième de celui des États-Unis. Mais, depuis lors, le Japon s'est transformé en une superpuissance économique, dont le revenu par habitant se rapproche maintenant de celui de l'Amérique du Nord. La période de croissance la plus spectaculaire du Japon a été celle de 1945 à 1970, au cours de laquelle le revenu par habitant s'est multiplié par huit. De nos jours, le Japon occupe une position de premier plan sur les marchés mondiaux de l'automobile, des ordinateurs, du matériel audiovisuel ainsi que pour une vaste gamme de produits de pointe. On voit maintenant dans les rues de Londres, de Paris et de Rome autant de touristes japonais que de touristes nord-américains. En outre, il y a plus de visiteurs japonais en Amérique du Nord que de touristes nord-américains en visite au Japon. Qu'est-ce qui a transformé le Japon en un des pays les plus puissants et les plus riches du monde ?

L'économie japonaise possède quatre caractéristiques qui semblent avoir été à la source de ce développement économique remarquable:

- Le recours aux méthodes capitalistes de libre marché
- Une organisation de l'entreprise axée sur la coopération entre des travailleurs loyaux et disciplinés
- La taille modeste du gouvernement
- Des interventions gouvernementales en faveur des entreprises

À première vue, le système économique japonais ressemble à celui du Canada. Les individus y sont libres de poursuivre leur intérêt, de posséder des entreprises, d'engager des travailleurs et d'autres facteurs de production, et de vendre leurs produits sur des marchés relativement ouverts.

Le sens du travail et la loyauté font depuis longtemps partie de la tradition japonaise. En conséquence, les travailleurs japonais sont loyaux envers leurs employeurs, et réciproquement. Ce climat de coopération favorise le travail en équipe et a un effet favorable sur la productivité.

Le gouvernement japonais est le plus petit du monde capitaliste. La taille du gouvernement représente moins du cinquième de l'activité économique totale du pays. En d'autres termes, les dépenses publiques et les impôts moyens comptent pour un peu moins du cinquième du produit intérieur brut (PIB), alors qu'au Canada le secteur public constitue plus de 40 % du PIB. La taille relativement modeste de la fonction publique japonaise signifie que les impôts sont faibles et ne freinent ni le travail, ni l'épargne, ni l'accumulation du capital. Le gouvernement intervient peu dans l'économie, ce qui favorise le développement des entreprises.

Le gouvernement intervient principalement par le biais du **ministère du Commerce international et de l'Industrie**, mieux connu par son acronyme anglais MITI. Ce ministère est responsable du développement industriel et du commerce international du Japon. Dans les années qui ont suivi la Seconde Guerre mondiale, le MITI a encouragé la croissance des industries de base, comme le charbon, l'électricité, la construction navale et l'acier. Il a protégé ces industries par l'imposition de tarifs et de quotas, sans compter les subventions directes; il leur a facilité l'accès aux capitaux dont elles avaient besoin. Pendant les années 60, les industries de base étant solidement établies, le MITI a commencé à aider l'industrie chimique et les industries manufacturières plus légères. Dans les années 80, il a aidé l'industrie japonaise à s'implanter dans le marché mondial des ordinateurs.

Toutefois, le MITI ne travaille pas seulement à stimuler la croissance et le développement de certaines industries; il prend également des mesures visant à accélérer le déclin des industries qui ne contribuent pas à la croissance rapide des revenus. Par exemple, au milieu des années 70, les hausses du prix du pétrole ont rendu déficitaire, au Japon, la fusion de la bauxite pour la production d'aluminium. En moins de deux ans, on fermait les alumineries du pays, et le Japon importait d'Australie tout son aluminium. En déterminant les industries susceptibles de croître et celles qui doivent fermer leurs portes, le MITI accélère le processus de réaffectation des ressources, de manière à tirer les plus grands avantages possible des changements techniques et des tendances dans l'évolution des prix.

Le système économique du Japon et les interventions de son gouvernement ont entraîné un taux élevé d'accumulation du capital. On a également enregistré un haut taux d'accumulation de capital humain, particulièrement dans le domaine des sciences appliquées. Parallèlement, le Japon multipliait les progrès techniques et adoptait sans hésitation les meilleures techniques disponibles, quels que soient les pays où elles avaient été mises au point

Le capitalisme de l'État-providence

Le capitalisme d'Europe de l'Ouest est plus fortement teinté de socialisme que celui du Canada, des États-Unis ou du Japon. Il repose sur la notion de l'État-providence. Les pays d'Europe de l'Ouest, dont plusieurs font maintenant partie de la Communauté économique européenne, constituent foncièrement des économies de marché capitalistes au sens où les moyens de production sont la propriété privée de particuliers et que l'allocation des ressources repose avant tout sur les mécanismes de marché. Mais la taille du gouvernement de même que l'importance de ses interventions dans la vie économique sont plus importantes dans ces pays qu'au Canada et, surtout, qu'aux États-Unis ou au Japon.

Dans les pays européens, les dépenses publiques et les impôts représentent entre 40 et 50 % du PIB. De nombreux pays d'Europe de l'Ouest possèdent également un important secteur d'industries nationalisées. Une **industrie nationalisée** est une industrie qui est la propriété d'un organisme public relevant d'un gouvernement et qui est géré par cet organisme. Au Canada, les entreprises nationalisées sont constituées en sociétés d'État. Le transport ferroviaire ou aérien, la distribution du gaz ou de l'électricité, le téléphone, la radiodiffusion ou la télédiffusion, la production du charbon ou de l'acier, les services bancaires financiers et même la construction automobile font partie de la liste des industries qui sont, en tout ou en partie, propriétés de l'État dans certains pays d'Europe. Les industries nationalisées sont souvent gérées selon le principe de la planification plutôt qu'en fonction du marché.

Au cours des dernières années, on a vu de plus en plus souvent des gouvernements européens vendre certaines sociétés d'État, en général parce qu'ils considéraient que ces entreprises étaient moins efficaces que les entreprises privées. La vente d'une société d'État à des intérêts privés s'appelle **privatisation**. Certains pays ont également beaucoup réduit leurs taux d'imposition pour atténuer la désincitation au travail et à l'épargne associée à une fiscalité trop lourde.

Les pays d'Europe constatant le succès économique de pays comme le Japon en ont conclu, à tort ou à raison, que cette réussite était due, au moins en partie, à un plus grand recours au capitalisme. Ce point de vue s'est trouvé renforcé par l'opinion, aujourd'hui répandue, que les méthodes socialistes utilisées en Union soviétique et en Chine n'ont pas bien servi les intérêts de ces pays. Étudions de plus près le socialisme, d'abord dans ce qui était naguère l'Union soviétique, puis en Chine.

Le modèle soviétique

L'URSS, ou Union des républiques socialistes soviétiques, est née de la révolution bolchevique de 1917 dirigée par Vladimir Ilitch Lénine. L'Union soviétique formait un pays très vaste, riche en ressources naturelles, et à la population très diversifiée. Sa superficie représentait 2,5 fois celle du Canada; sa population se chiffrait à près de 300 millions d'habitants. Le territoire offrait d'immenses réserves de bois, de charbon, de pétrole, de gaz naturel, de minerai de fer et de presque toutes les autres ressources minérales. L'URSS constituait aussi une véritable mosaïque d'ethnies, où les Russes ne représentaient que 50 % de la population.

Histoire

Le tableau 21.1 résume l'histoire économique de l'Union soviétique. Même si le pays a été constitué en 1917, son système moderne de gestion économique n'a pas été établi avant les années 30; c'est Joseph Staline qui en fut l'architecte. Lénine étatisa la propriété et le contrôle des secteurs financiers, manufacturiers et du transport. Staline ajouta ensuite l'agriculture à cette liste. Il abolit l'économie de marché, introduisit un mécanisme de planification centralisée basé sur des plans quinquennaux mettant l'accent sur la production de biens d'équipement. La production de biens de consommation se trouvait ainsi reléguée au second plan. L'importance accordée à la production de biens d'équipement a permis à l'économie soviétique de croître rapidement, et ce au détriment des conditions de vie des particuliers.

Tableau 21.1 Les grandes étapes de l'histoire économique de l'Union soviétique

Période	Grands événements économiques ou principales caractéristiques
1917-1921 (Lénine)	• Révolution bolchevique • Nationalisation du système bancaire, des industries et des transports • Réquisition de la production agricole
1921-1924 (Lénine)	• Nouvelle politique économique (NPE) • Mécanismes de marché prépondérants
1928-1953 (Staline)	• Abolition de l'économie de marché • Mise en place de la planification centralisée et des plans quinquennaux • Collectivisation des fermes • Priorité accordée aux biens d'équipement et à la croissance économique • Conditions économiques difficiles
1953-1970 (de Khrouchtchev à Brejnev)	• Croissance soutenue • Importance plus grande accordée à la production de biens de consommation
1970-1985 (de Brejnev à Tchernenko)	• Chute de la productivité agricole et industrielle • Ralentissement de la croissance
1985-1991 (de Gorbatchev à Eltsine)	• La *perestroïka* — réformes basées sur la responsabilisation et la décentralisation, y compris l'instauration de la propriété privée

Après la mort de Staline, en 1953, la croissance économique s'est maintenue, mais l'effort de planification s'est graduellement déplacé de la production de biens d'équipement vers celle de biens de consommation. Dans les années 60, le taux de croissance s'est mis à fléchir et, à la fin des années 70 et au début des années 80, l'économie soviétique devait faire face à de sérieuses difficultés économiques. La productivité était stagnante ou déclinait même, particulièrement dans l'agriculture mais aussi dans certaines industries. La croissance devait ainsi chuter à un taux inférieur à celui des pays capitalistes de l'Ouest, et l'Union soviétique s'est laissée distancer davantage par l'autre superpuissance que constituent les États-Unis. C'est dans cette conjoncture que Mikhaïl Gorbatchev est arrivé au pouvoir. Il fondait ses plans de restructuration économique sur la responsabilisation accrue des individus et sur l'introduction de mécanismes d'incitation plus efficaces.

Les événements politiques de 1991 ont transformé l'URSS en une Communauté d'États indépendants (CEI) dont l'objectif est de rompre avec le modèle communiste. Il est donc difficile de donner une description de l'organisation économique actuelle de ces pays. Il est cependant utile de retracer les grandes lignes du développement passé de l'Union soviétique, en analysant le mode d'organisation économique mis sur pied dans les années 30 par Staline.

Le système de planification centralisée

Il existait deux organisations parallèles dans le système établi par Staline pour la gestion économique de l'Union soviétique : l'État et le Parti communiste. Le Parti communiste était le centre du pouvoir politique et économique. L'organe de décision le plus important était le Politburo ou Bureau politique. Le Bureau était constitué d'un petit nombre de membres du Parti, désignés par le Comité central du Parti communiste, lui-même nommé par le Congrès du Parti, comme le montre la figure 21.2. Le Congrès du Parti, composé de délégués de tous les niveaux du Parti et de toutes les régions du pays, n'exerçait qu'une autorité nominale sur le Comité central et sur le Politburo.

Ces organes du Parti communiste avaient leur pendant dans les institutions de l'État. Le Soviet suprême était le parlement soviétique. Cet organisme, qui se réunissait rarement, élisait un Présidium pour diriger ses activités entre les rencontres. Le Conseil des ministres constituait l'appareil administratif du gouvernement. Il supervisait soixante ministères responsables des divers aspects de la production. La figure 21.2 donne quelques exemples des postes et responsabilités dans ces soixante ministères. Vingt comités relevaient du Conseil des ministres ; deux de ces comités jouaient un rôle central dans la planification et la régulation économiques. Le premier était le Comité d'État pour la planification, désigné par son acronyme russe : GOSPLAN ; le **GOSPLAN** était un comité chargé de l'élaboration et de la mise en œuvre des plans économiques de l'État. Le second comité, le comité d'État pour les prix, avait pour rôle de fixer les prix. Les conseils des ministres des quinze républiques membres étaient également responsables auprès du Conseil des ministres de l'Union soviétique.

L'organigramme de la figure 21.2 ne représente que la pointe de l'iceberg bureaucratique. En effet, chacune des quinze républiques de l'Union soviétique possédait un ensemble d'institutions presque identiques à celles du gouvernement central. Ce schéma d'organisation était également repris à l'échelon régional, puis à l'échelon local. Ainsi, certains ministères et certains organes du Parti étendaient leur influence jusque dans les moindres détails de la vie économique en Union soviétique.

Le Parti communiste de l'Union soviétique exerçait de trois manières principales son pouvoir sur l'État :

- Le GOSPLAN rendait des comptes au Politburo.
- Le Parti approuvait tous les projets importants.
- Le Parti avait la haute main sur toutes les nominations.

Figure 21.2 Organigramme de l'Union soviétique

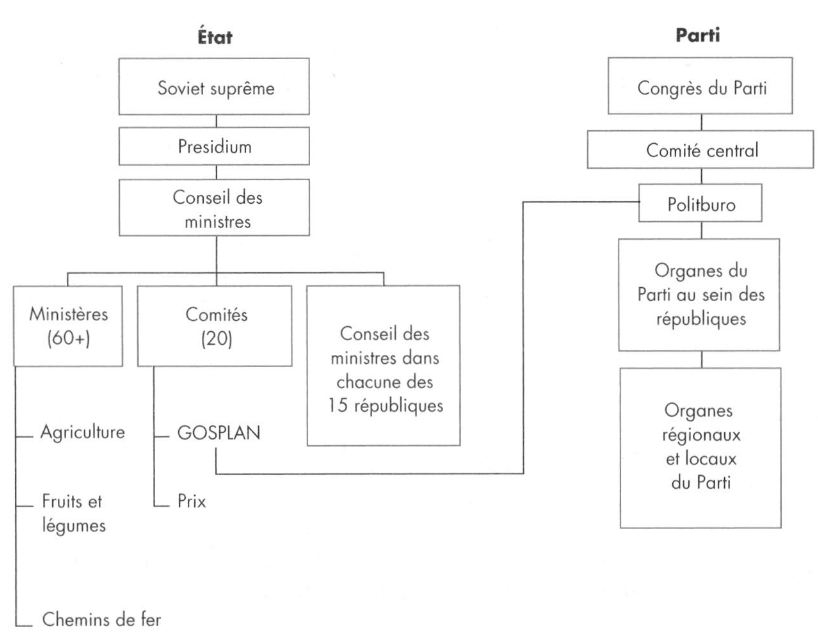

Deux organismes parallèles, l'État et le Parti, géraient l'économie soviétique. Cependant, c'était le Parti qui détenait le plus de pouvoir. Le Comité d'État pour la planification, ou GOSPLAN, entretenait des liens directs avec le Politburo, organe principal du pouvoir du Parti. L'administration des plans économiques était confiée à des ministères, dont chacun supervisait un secteur de l'économie. Les organes régionaux et locaux du Parti supervisaient eux aussi l'exécution des plans. Cet organigramme ne montre que la pointe de l'iceberg bureaucratique. En effet, chacune des quinze républiques de l'Union soviétique possédait une organisation calquée sur celle de l'État central et, à l'intérieur de chaque république, chaque région faisait de même.

Les plans économiques détaillés, que nous examinerons en détail plus loin, étaient élaborés par le GOSPLAN, puis soumis à l'approbation du Politburo. Le Parti exerçait un contrôle quotidien sur les principales activités de production, grâce à ses organes régionaux et locaux. À cette fin, son outil le plus puissant était le filtrage de toutes les nominations importantes au sein de l'administration, de l'industrie et de l'armée.

Les entreprises d'État L'unité de base de la production soviétique était l'**entreprise d'État.** Celle-ci avait à sa tête un directeur nommé par l'État; le directeur était chargé du fonctionnement interne de l'entreprise, mais ses décisions importantes de production devaient être conformes aux instructions du plan économique de l'État. Les entreprises d'État étaient présentes aussi bien dans les secteurs agricoles que dans les secteurs industriels, et les directeurs de ces entreprises jouaient un rôle clé dans la réalisation du plan central. La rémunération des directeurs obéissait à un système complexe de primes basées sur le rendement.

La technique de planification: la méthode des «balances» Le GOSPLAN élaborait deux types de plan: le plan quinquennal et le plan annuel. Le **plan quinquennal** esquissait les objectifs et les orientations économiques générales à suivre pour une période de cinq ans. Le **plan annuel** définissait, mois par mois, les objectifs concernant la production, les prix, les facteurs de production, les investissements, le flux monétaire et le crédit. Le Politburo et le Conseil des ministres approuvaient ces plans et les communiquaient ensuite aux entreprises — fermes et manufactures — chargées de produire les biens et services. Ces entreprises étaient supervisées à la fois par les ministères responsables des diverses industries et par les organes locaux du Parti.

Tout l'exercice de planification était fondé sur la réalisation de l'adéquation entre les quantités disponibles des différents biens (*ressources*) et les utilisations auxquelles ces quantités étaient affectées (*emplois*), compte tenu des objectifs du plan quinquennal. Les ajustements requis étaient obtenus par ce qu'on appelait la *méthode des «balances»*, c'est-à-dire par des tableaux présentant les ressources disponibles et les besoins découlant des objectifs du plan; les deux côtés de la «balance» devaient donc nécessairement être équilibrés à la fin du processus de planification. Comme il est impossible de tout prévoir exactement, les plans annuels devaient faire l'objet d'innombrables réajustements par rapport aux objectifs et aux prévisions des plans quinquennaux. Le plan annuel était centré sur la réalisation des équilibres dans cinq domaines:

1 Les biens de consommation
2 Le travail
3 Le crédit
4 Les biens d'équipement
5 Les matières premières et les produits intermédiaires

1. Les balances des biens de consommation. Il y a équilibre des biens de consommation lorsque la quantité offerte et la quantité demandée, pour chaque type de biens et services de consommation, sont égales. Les planificateurs soviétiques disposaient de trois moyens pour réaliser l'équilibre des biens de consommation: modifier la production, les revenus ou les prix. La figure 21.3 illustre ces trois possibilités. Supposons que la demande d'un bien donné, disons les chaussures, corresponde à D_0; la quantité de chaussures que les responsables de la planification ont l'intention de produire, à Q_0; la courbe d'offre, à O_0; et le coût de production des chaussures, à C. Si les planificateurs établissent le prix des chaussures à C, la quantité demandée dépassera la quantité offerte d'un montant égal à la différence entre Q_1 et Q_0. L'équilibre des biens de consommation sur le marché des chaussures n'aura pas été atteint. La figure nous montre trois façons d'atteindre cet équilibre. Premièrement, les planificateurs peuvent porter la production à Q_1; dans ce cas, la courbe d'offre se déplacera vers la droite en O_1 (graphique a). Deuxièmement, ils peuvent augmenter l'impôt sur le revenu, ce qui aura pour effet de réduire le revenu net et de diminuer la demande de chaussures (graphique b). Ils devront hausser les impôts suffisamment pour que la courbe de demande se déplace vers la gauche, de D_0 à D_1. Au prix C, la quantité de chaussures demandée sera alors égale à la quantité offerte (Q_0).

En pratique, même quand les planificateurs soviétiques pouvaient avoir recours à ces deux méthodes pour atteindre l'équilibre des biens de consommation, ils utilisaient le plus souvent un moyen plus simple: l'ajustement des prix. Les prix de gros étaient généralement fixés à partir du coût de production, en incluant une marge de profit «normal». Les prix de détail (c'est-à-dire les prix que doivent payer les consommateurs) relevaient cependant de la politique de prix de l'État. La différence entre le prix de gros et le prix de détail était constituée par l'**impôt sur le chiffre d'affaires.** Cet impôt avait pour but d'augmenter le prix à la consommation des biens, de façon à assurer l'équilibre entre la quantité demandée et la quantité offerte. Dans le graphique (c) de la figure 21.3, un impôt faisant passer en P le prix de vente assure l'équilibre sur le marché des chaussures. L'impôt sur le chiffre d'affaires était la principale source de revenus de l'État soviétique (l'impôt prélevé sur certains biens permettait également de financer les subventions relatives aux biens dont le prix de détail était inférieur au prix de gros).

2. Les balances du travail. Ces balances sont équilibrées lorsque la quantité de main-d'œuvre disponible et la

Figure 21.3 L'équilibre des biens de consommation

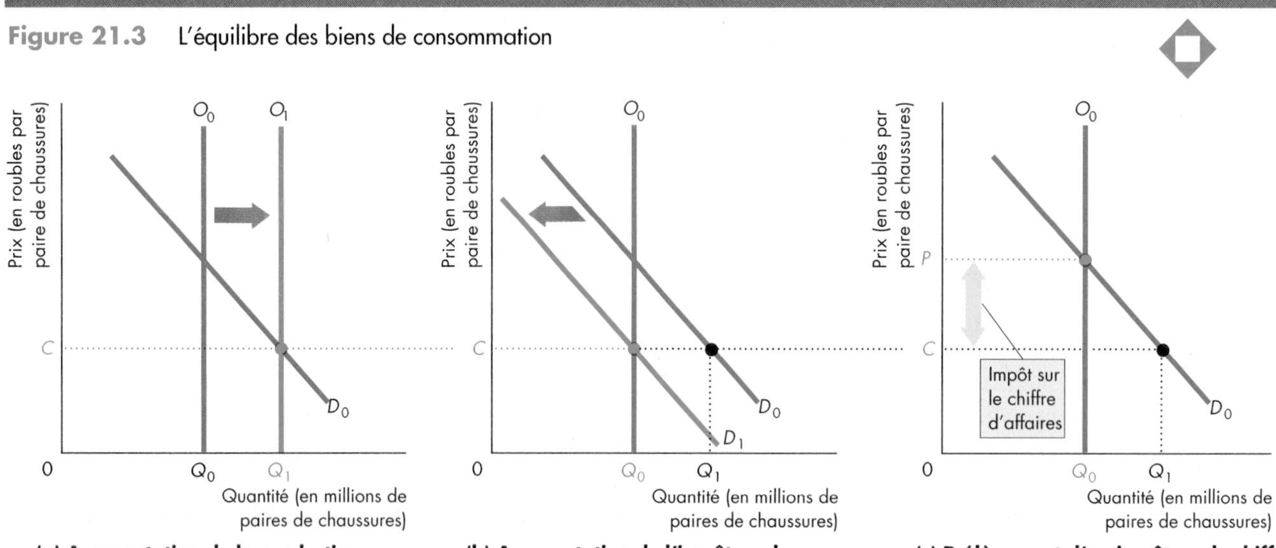

(a) Augmentation de la production

(b) Augmentation de l'impôt sur le revenu, pour réduire la demande

(c) Prélèvement d'un impôt sur le chiffre d'affaires, pour réduire la quantité demandée

Le coût de production des chaussures correspond à C; la demande de chaussures, à D_0; et la quantité produite, à Q_0. Il existe trois moyens d'atteindre l'équilibre des biens de consommation. Dans le graphique (a), la décision d'augmenter la production entraîne un déplacement de la courbe d'offre en O_1. Au prix C, la quantité de chaussures demandée est égale à Q_1, et l'équilibre des biens de consommation est atteint lorsque la production est portée à Q_1. Dans le graphique (b), l'État augmente l'impôt sur le revenu, ce qui diminue le revenu après impôt. La courbe de demande de chaussures se déplace vers la gauche, en D_1. Au prix C, la quantité de chaussures produite et demandée est égale à Q_0. Dans le graphique (c), les planificateurs prélèvent un impôt sur le chiffre d'affaires dans le secteur des chaussures. Cet impôt fait passer à P le prix des chaussures. La quantité demandée chute à Q_0, ce qui permet d'atteindre l'équilibre des biens de consommation. Pour réaliser l'équilibre des biens de consommation, les planificateurs soviétiques recouraient plus souvent à l'impôt sur le chiffre d'affaires qu'aux deux autres méthodes.

quantité de main-d'œuvre requise, pour chaque catégorie de main-d'œuvre, sont égales. À court terme, cet équilibre est atteint grâce à l'ajustement des taux de salaire. D'importants écarts de salaire, plus grands que ceux que l'on connaît au Canada, étaient nécessaires pour réaliser l'équilibre de la main-d'œuvre. À long terme, cet équilibre dépend également de la capacité des planificateurs d'affecter à l'éducation et à la formation de la main-d'œuvre les ressources qui permettront d'acquérir des compétences dans des domaines où elles sont insuffisantes.

3. La balance du crédit. Il y a équilibre du crédit lorsque la quantité de crédit offerte et la quantité de crédit demandée sont égales. En Union soviétique, l'État possédait et contrôlait le système bancaire; l'équilibre du crédit était donc obtenu de façon administrative, en faisant en sorte que le système bancaire fournisse la quantité de crédit que les planificateurs jugeaient nécessaire.

4. Les balances des biens d'équipement. L'équilibre des biens d'équipement est atteint lorsque, pour chaque type de biens d'équipement, il y a égalité entre la quantité offerte et la quantité demandée de ce bien. Les planificateurs centraux décidaient de l'affectation des biens d'équipement disponibles et, par le contrôle du crédit, ils fournissaient aux entreprises de production les fonds nécessaires à l'acquisition des biens d'équipement.

5. Les balances-matières. L'équilibre des balances-matières est réalisé lorsqu'il y a égalité entre les emplois et les ressources des matières premières et des produits intermédiaires. L'atteinte de cet équilibre constituait l'aspect le plus complexe de la planification soviétique. En effet, il existe des millions de matières premières et de biens intermédiaires, de sorte que les plans détaillés portant sur les balances-matières formaient chaque année 70 volumes, représentant quelque 12 000 pages.

Le tableau 21.2 présente un exemple particulièrement simplifié de balances-matières; seuls trois produits sont en effet illustrés, alors que les plans soviétiques pouvaient répertorier plus de 30 000 biens distincts, en ce qui concerne la planification centrale, et 50 000 autres, en ce qui concerne la planification régionale et locale. Tout produit utilisé dans le processus de production pouvait provenir de trois sources : de la production, des stocks ou des importations. Ces biens pouvaient être utilisés de trois façons : ils pouvaient

Tableau 21.2 Les balances-matières

Produits	Ressources			Emplois				
				Biens intermédiaires			Biens finis	
	Production	Stocks	Importations	Charbon	Énergie électrique	Nylon	Demande finale intérieure	Exportations
Charbon (en tonnes)	490	10	0	50	300	50	75	25
Énergie électrique (en kilowattheures)	10 000	0	0	2 000	1 000	1 500	5 500	0
Nylon (en mètres)	20 000	200	2 000	0	0	0	22 200	0

Les produits peuvent provenir de la production, des stocks ou des importations. On les utilise comme produits intermédiaires pour la fabrication d'autres biens, comme biens finis pour la consommation ou l'investissement au pays, ou encore en tant que biens destinés à l'exportation. Les plans visent à assurer l'égalité entre les ressources et les emplois, c'est-à-dire l'équilibre entre les quantités offertes et demandées. Pour atteindre cet équilibre, les planificateurs soviétiques pouvaient augmenter la production, réduire les stocks, accroître les importations, diminuer la quantité demandée à titre de bien intermédiaire, abaisser la demande finale ou encore comprimer les exportations. La réduction de la demande finale intérieure constituait la principale méthode employée pour réaliser l'équilibre des balances-matières.

servir de biens intermédiaires pour la fabrication d'autres biens, de biens finis pour la consommation ou l'investissement au pays, ou encore de biens destinés à l'exportation. Pour chaque bien, les planificateurs soviétiques préparaient un plan détaillé indiquant l'équilibre entre les ressources disponibles et les diverses utilisations qu'on prévoyait faire de ces ressources. Par exemple, la première ligne du tableau 21.2 montre que 490 tonnes de charbon sont produites et que 10 tonnes proviennent des stocks ; les ressources disponibles totalisent donc 500 tonnes. Les emplois sont répartis comme suit : 50 tonnes dans l'industrie du charbon elle-même, 300 tonnes pour produire de l'énergie électrique, 50 tonnes dont on extraira les produits chimiques à convertir en nylon, 75 tonnes pour le chauffage des maisons et 25 tonnes pour l'exportation ; les emplois totaux atteignent eux aussi 500 tonnes. L'équilibre du plan pour le charbon est donc atteint. La deuxième ligne du tableau résume le plan pour l'énergie électrique et la troisième, le plan pour le nylon.

Le tableau 21.2 montre l'équilibre entre les besoins et les ressources pour chaque produit. Supposons que la quantité d'énergie électrique demandée par les ménages dépasse la quantité que l'on prévoyait produire. Que pouvaient faire les planificateurs soviétiques, en pareille situation ? Ils pouvaient envisager de produire plus d'énergie électrique ou encore de produire moins de charbon et moins de nylon, dans le but de réduire la quantité d'électricité requise dans ces secteurs. Ils pouvaient aussi diminuer la quantité d'électricité offerte aux ménages. C'est cette dernière mesure qu'ils adoptaient habituellement. En augmentant la production d'énergie électrique, ils auraient provoqué une augmentation de la demande de charbon de la part du secteur producteur d'électricité. Cette hausse aurait entraîné des besoins additionnels d'électricité dans le secteur du charbon, de sorte qu'il aurait fallu procéder à des ajustements subséquents dans ce secteur. Enfin si, pour satisfaire la demande d'électricité des ménages, on avait réduit la quantité d'électricité disponible dans une autre industrie, cette dernière n'aurait plus été en mesure d'atteindre ses objectifs et on aurait dû là aussi procéder à de nouveaux ajustements.

Le marché Même à l'époque où l'économie soviétique était étroitement planifiée, un nombre considérable d'activités économiques avaient lieu hors de ce cadre. La part du marché était particulièrement importante dans le secteur agricole. On estime que les ménages ruraux cultivaient quelque 35 millions de lotissements privés. Ces lotissements représentaient moins de 3 % des terres arables de l'Union soviétique, mais ils fournissaient presque le quart des produits agricoles et le tiers de la viande et des produits laitiers. Selon certaines évaluations, la productivité des terres privées était quarante fois supérieure à celle des fermes d'État et des fermes collectives.

Les citoyens soviétiques se livraient aussi à d'autres activités économiques hors du système planifié.

Plusieurs d'entre elles étaient parfaitement légales, d'autres moins. Parmi ces dernières, certaines comprenaient l'achat et la vente de biens importés illégalement de l'étranger.

La *perestroïka*

En juin 1987, devant le Comité central du Parti communiste, Mikhaïl Gorbatchev annonçait la première étape de son plan de restructuration, que nous connaissons tous maintenant sous le nom de *perestroïka.* Les éléments clés de ce plan étaient les suivants:

- Une plus grande autonomie des entreprises d'État
- La réforme des méthodes comptables utilisées pour calculer les coûts totaux de production des entreprises, leurs revenus et leurs profits
- L'obligation pour chaque entreprise d'obtenir «en bout de ligne les meilleurs résultats» (le maximum de profits)
- L'établissement d'un lien direct entre le revenu et le rendement
- La réduction du pouvoir des planificateurs centraux qui ne devraient plus intervenir dans la gestion au jour le jour de l'économie
- La réforme de la planification économique et des méthodes de détermination des prix
- Un recours moindre à la gestion centralisée et un rôle accru accordé aux initiatives individuelles

Gorbatchev parlait du besoin de créer un puissant système de stimulants et de motivations, pour «inciter les travailleurs à exploiter pleinement leurs capacités, à travailler avec efficacité et à utiliser au mieux les ressources productives». Chose remarquable, il déclarait «qu'il n'existe qu'un seul critère de justice dans la distribution du revenu: l'a-t-on mérité ou non?»[3] Gorbatchev envisageait même l'abolition de la sécurité d'emploi et la fermeture des entreprises d'État non rentables.

L'Union soviétique et plusieurs autres pays socialistes d'Europe de l'Est (la Hongrie, la Tchécoslovaquie, la Pologne, l'Allemagne de l'Est, la Bulgarie, la Roumanie) ont connu depuis lors des bouleversements politiques qui ont accéléré leur réorganisation économique. Le plus important changement a été sans nul doute la mise sur pied d'entreprises privées en Union soviétique.

Par rapport à l'idéologie dominante de l'Union soviétique, les réformes de Gorbatchev étaient révolutionnaires. Puisqu'elles s'appuyaient sur une redistribution du pouvoir économique, elles se sont heurtées à une forte résistance. Mais, dans la mesure où elles jetaient les bases d'une meilleure performance économique, elles bénéficieraient aussi de nombreux appuis. Depuis le renversement de Gorbatchev, le train des réformes économiques s'est accéléré, mais la montée des nationalismes et l'incertitude entourant l'avenir de la CEI nous empêchent de prévoir ce qu'il adviendra des principes de la *perestroïka.*

Plus loin dans le présent chapitre, nous évaluerons la performance de l'économie soviétique et la comparerons à celle de certaines économies capitalistes. Pour l'instant, analysons l'économie de la Chine, cet autre géant socialiste.

La Chine

La Chine est le pays le plus peuplé du monde; sa population dépasse le milliard d'habitants. La civilisation chinoise est fort ancienne et possède une riche histoire, mais la nation moderne — la République populaire de Chine — ne date que de 1949. Le tableau 21.3 résume les grandes étapes de l'histoire économique de la République populaire de Chine.

La Chine moderne est née à la suite d'un mouvement révolutionnaire communiste, mené par Mao Tsê-tung. Ce dernier a pris le pouvoir, forçant le chef du gouvernement nationaliste, Chiang Kai-shek, à s'exiler sur l'île de Formose (maintenant appelée Taïwan). Comme l'ex-Union soviétique, la Chine est un pays socialiste. Mais, contrairement à l'ex-Union soviétique, elle est très peu industrialisée; il s'agit d'un pays en voie de développement.

Durant les premières années de la République populaire, le pays a appliqué le modèle soviétique de planification centralisée. Dans les villes, l'industrie manufacturière urbaine était prise en charge et exploitée par l'État; les fermes, quant à elles, étaient collectivisées. Suivant le modèle stalinien des années 30, la République a d'abord mis l'accent sur la production de biens d'équipement.

Le Grand Bond en avant

En 1958, Mao Tsê-tung fit prendre à l'économie chinoise un chemin très différent de celui qu'avait emprunté l'Union soviétique: c'est ce qu'on a appelé le *Grand Bond en avant.* Le **Grand Bond en avant** était un plan de réorganisation économique de la Chine post-révolutionnaire, fondé sur la production à petite échelle et à forte proportion de main-d'œuvre. Cette réorganisation ne prévoyait guère de mesures pour récompenser l'effort individuel et misait plutôt sur l'engagement révolutionnaire de tous pour assurer le succès des plans collectifs.

---

3 Mikhaïl Gorbatchev, *Perestroïka: Vue neuve sur notre pays et le monde,* Flammarion, Paris, 1987.

Tableau 21.3 Les grandes étapes de l'histoire économique de la République populaire de Chine

Période	Grands événements économiques ou principales caractéristiques
1949	• Création de la République populaire de Chine par Mao Tsê-tung
1949-1952	• Centralisation de l'économie sous un nouveau gouvernement communiste
	• Priorité accordée à l'industrie lourde et à la «transformation socialiste»
1952-1957	• Premier plan quinquennal
1958-1960	• «Grand Bond en avant», plan de réforme économique basé sur des méthodes de production à forte proportion de main-d'œuvre
	• Échec économique général
1966	• Révolution culturelle, prosélytisme des révolutionnaires
1976	• Décès de Mao Tsê-tung
1978	• Réformes de Teng Hsiao-ping: libéralisation de l'agriculture et recours accru aux stimulants matériels et aux mécanismes de marché
	• Accélération du taux de croissance
1989	• Soulèvement en faveur de la démocratisation, violemment réprimé par le gouvernement

Le Grand Bond en avant devait aboutir à un échec économique. Certes, la productivité a augmenté, mais si lentement que les conditions de vie de la population devaient à peine s'améliorer. Dans le secteur agricole, l'utilisation massive de semences modernes à haut rendement, l'amélioration de l'irrigation et le recours aux engrais chimiques ont été insuffisants pour permettre à la Chine de nourrir sa population. La Chine est devenue le principal importateur mondial de céréales, d'huiles végétales comestibles, et même de coton brut.

En Chine, on a expliqué ce rendement médiocre, surtout sur le plan agricole, par le fait que le pays a exploité au maximum ses terres arables et que l'énorme explosion démographique a forcé les agriculteurs à se tourner vers la culture de terres peu fertiles. Mais, en réalité, il semble que cet échec soit dû au fait que les motivations révolutionnaires et idéologiques du Grand Bond en avant ont assez vite dégénéré, cédant le pas à la «révolution culturelle». Dans leur prosélytisme, les révolutionnaires ont fait le procès des gestionnaires productifs, des ingénieurs, des scientifiques et des universitaires, et les ont contraints à la vie de paysans. On a fermé les écoles et les universités, et l'accumulation du capital humain s'en est trouvée grandement entravée.

Les réformes de 1978

En 1978, soit deux ans après la mort de Mao Tsê-tung, le nouveau dirigeant chinois, Teng Hsiao-ping, proclame des réformes économiques majeures. On supprime la collectivisation de l'agriculture. On distribue les terres arables aux particuliers, en vertu d'un système de baux à long terme toujours en vigueur aujourd'hui. En contrepartie du bail, le particulier s'engage à verser un impôt fixe et à vendre à l'État une partie de sa production. L'agriculteur décide lui-même des cultures à planter, des quantités et des types d'engrais, ainsi que des autres facteurs de production à utiliser; il engage ses propres travailleurs. On libéralise les marchés agricoles privés, et les agriculteurs obtiennent depuis lors un prix plus élevé pour leurs produits. De plus, l'État a augmenté le prix qu'il paye directement aux agriculteurs pour le coton et certains autres produits agricoles.

Les résultats des réformes de Teng Hsiao-ping ont été étonnants. Le taux de croissance annuel de la production de coton et d'oléagineux s'est multiplié par 14. Les récoltes de graines de soja, qui avaient décliné à un taux annuel de 1 % entre 1957 et 1979, ont commencé à croître à un taux annuel de 4 %. Les taux de croissance de la production par hectare ont monté en flèche, si bien qu'en 1984 la Chine, qui six ans plus tôt était le plus grand importateur de produits agricoles, s'est mis à en exporter.

Les réformes n'ont pas seulement entraîné une forte expansion du secteur agricole. La hausse des revenus du secteur agricole a stimulé également l'expansion du secteur industriel rural qui, au milieu des années 80, employait un cinquième de la population des campagnes.

La réforme du secteur manufacturier a motivé les gestionnaires d'entreprises et élargi leur marge de manœuvre pour prendre des décisions en matière de production. Ces réformes, semblables à celles que Gorbatchev allait plus tard proposer en Union soviétique, ont donné lieu à une croissance rapide de la production industrielle. La Chine est même allée plus loin en encourageant les investissements étrangers et les sociétés en participation. Elle fait aussi l'expérience de marchés financiers structurés et possède maintenant un marché boursier.

Motivée en partie par des considérations politiques, la Chine proclame maintenant les vertus d'une gestion économique basée sur la formule «un pays, deux systèmes». L'origine politique de ce mouvement est attribuable à la présence de deux enclaves capitalistes pour lesquelles la Chine a un intérêt particulier, soit Taïwan et Hong-kong. La Chine revendique Taïwan; elle cherche donc à créer un climat favorable à une éventuelle réunification. Quant à Hong-kong, la Grande-Bretagne y détient actuellement un bail, mais celui-ci expirera en 1997. Hong-kong deviendra alors partie intégrante de la Chine qui, désireuse de ne pas nuire à la prospérité économique de Hong-kong, propose que ce territoire continue de fonctionner en tant qu'économie capitaliste. Advenant l'intégration de Hong-kong et de Taïwan au sein de la République populaire de Chine, tout sera prêt pour la création d'autres «îlots» capitalistes dans des villes dynamiques comme Shanghai.

Il est trop tôt pour juger si la Chine a bel et bien donné naissance à un nouveau système économique — «un pays, deux systèmes». Du reste, la violente répression du mouvement démocratique, sur la place Tiananmen à l'été 1989, soulève des questions sur les orientations de la Chine. Cependant, l'expérience du double système économique actuellement en cours en Chine reste fascinante pour les économistes, quelles que soient leurs tendances politiques. Peu importe l'issue, les leçons que nous pourrons en tirer auront une valeur considérable pour les générations à venir.

Capitalisme et socialisme: une analyse comparative

Nous avons défini le capitalisme et le socialisme et nous avons décrit l'organisation économique des principaux pays représentant ces systèmes. Dans la dernière partie du chapitre, nous analyserons le fonctionnement des systèmes capitaliste et socialiste, à l'aide de quelques-uns des modèles économiques que nous avons étudiés dans des chapitres précédents. Nous comparerons aussi le rendement respectif des deux systèmes dans la réalité.

Le recours à des modèles économiques facilitera la comparaison. Dans le modèle de l'économie capitaliste, nous supposerons qu'il y a concurrence parfaite et absence d'effets externes. Puis, nous étudierons la même économie en régime socialiste.

Le capitalisme

En régime capitaliste, chaque ménage décide de son offre des facteurs de production qu'il détient et de sa demande de biens et services. Chaque entreprise cherche à maximiser son profit et à produire au coût le plus bas. La demande d'un bien ou d'un service s'exprime par la courbe de demande de ce bien ou de ce service sur le marché. Cette courbe indique aussi la valeur accordée à chaque unité additionnelle du bien ou du service. De même, l'offre du bien ou du service est représentée par une courbe d'offre. Cette courbe d'offre indique le coût marginal de production associé à chaque unité du bien ou du service. Le prix et la quantité d'équilibre sont déterminés au point d'intersection des courbes d'offre et de demande.

La figure 21.4 illustre un marché — celui de la chaussure — dans une économie capitaliste où la concurrence est parfaite. Au point d'intersection de la courbe de demande de chaussures (D) et de la courbe d'offre de chaussures (O), la quantité d'équilibre est Q_C et le prix d'équilibre P_C. À ce prix et à cette quantité, l'économie capitaliste parfaitement concurrentielle réalise une *allocation efficace des ressources.* La valeur accordée à la dernière paire de chaussures produite (P_C) est égale au coût marginal de production de cette paire de chaussures.

Le socialisme

Supposons maintenant que dans l'économie, dont on a illustré le marché de la chaussure à la figure 21.4, les marchés soient maintenant gérés selon une planification socialiste centralisée. Quelles sont les conséquences de ce mode d'organisation?

Ce sont encore les consommateurs qui déterminent la valeur qu'ils accordent aux biens et services. La demande de chaussures est donc représentée par la

Figure 21.4 Prix et quantités en régime capitaliste

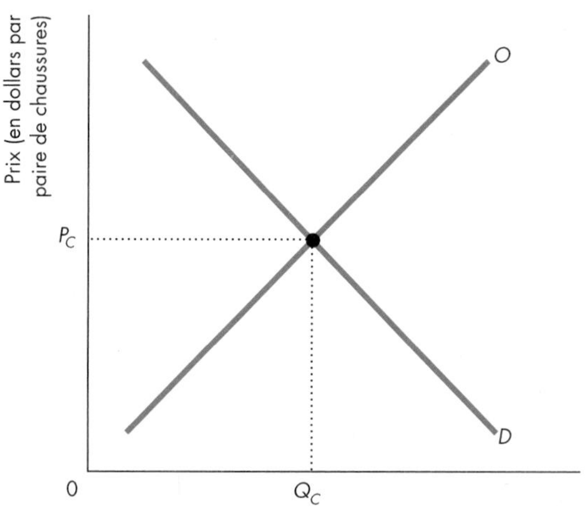

Les préférences et les choix des ménages déterminent la demande de chaussures (courbe D). Les décisions des entreprises visant à maximiser leur profit établissent l'offre de chaussures (courbe O). Un marché capitaliste parfaitement concurrentiel conduit à une quantité Q_C vendue au prix P_C. En l'absence d'effets externes, on obtient ainsi une allocation efficace des ressources.

même courbe de demande. Il y a une différence, par contre, du côté de l'offre. En régime socialiste, les entreprises ne possèdent pas les moyens de production. Les dirigeants des entreprises ne cherchent pas avant tout à maximiser leur profit ni à minimiser leurs coûts. Leur revenu est déterminé par le planificateur central. Ils reçoivent une prime si l'entreprise atteint l'objectif de production, mais rien ne les incite à produire le plus efficacement possible. Ils sont, au contraire, incités à produire de façon inefficace. Pour comprendre pourquoi il en est ainsi, nous devons examiner comment les objectifs détaillés de production sont fixés en régime socialiste.

Le planificateur central fixe les objectifs à atteindre pour la production totale ainsi que ceux des différentes usines de production. Le taux de production fixé pour chaque usine dépend de sa production passée. Ainsi, le gestionnaire local a toujours intérêt à prétendre que la capacité de production de son usine est inférieure à ce qu'elle est dans la réalité. Cela lui permet d'atteindre plus facilement les objectifs de production qu'il se verra imposer et donc d'obtenir les primes accompagnant l'atteinte de ces objectifs. Pour cette raison, la courbe d'offre en régime socialiste se trouve généralement à la gauche de la courbe d'offre en régime capitaliste. Dans la figure 21.5, la droite O_S représente la courbe d'offre de chaussures en régime socialiste ; la courbe d'offre O, reprise de la figure 21.4, représente celle que nous avions en régime capitaliste.

L'écart entre la courbe d'offre en régime capitaliste et la courbe d'offre en régime socialiste résulte de l'inefficacité dans la production. Cet écart est attribuable au fait que le gestionnaire de l'usine socialiste n'est pas incité à produire au coût minimal le volume de production fixé. Il est au contraire fortement tenté de ne pas révéler la capacité potentielle véritable de son usine, pour se voir assigner un objectif plus facile à atteindre.

Une autre différence importante entre le capitalisme et le socialisme concerne la détermination des prix et des quantités. En régime socialiste, la quantité offerte est établie en partie par les objectifs fixés par les planificateurs centraux, et en partie par des décisions prises par les entreprises individuelles. Supposons que le processus de planification fixe une quantité de chaussures à produire égale à Q_S. Pour réaliser l'équilibre entre la quantité demandée et la quantité offerte, les planificateurs socialistes devront introduire une taxe sur les chaussures, ce qui fera passer le prix des chaussures à P_S. À ce prix, l'équilibre s'établit entre la quantité demandée et la quantité offerte.

L'entreprise étatisée, chapeautée par un organisme central de planification, produit moins de chaussures que l'entreprise en régime capitaliste (Q_S au lieu de Q_C), et son prix est plus élevé (P_S au lieu de P_C). Ce rendement inférieur tient à deux facteurs : l'inefficacité

Figure 21.5 Prix et quantités dans un système socialiste à planification centralisée

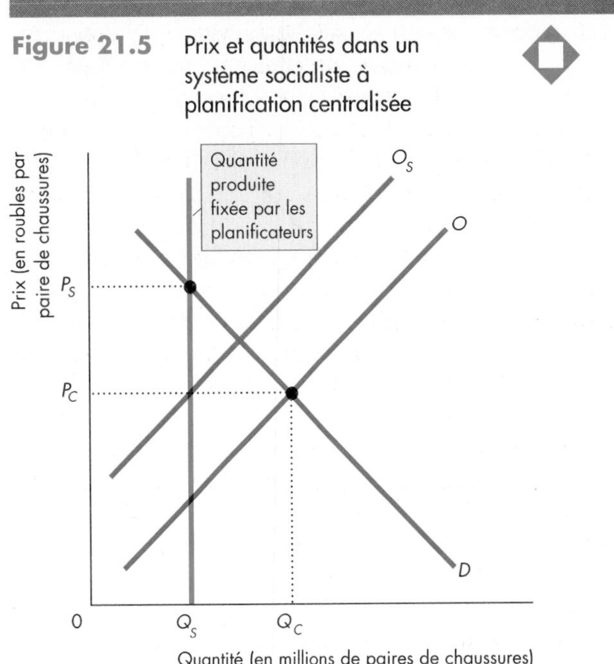

Ce sont les consommateurs qui déterminent la demande de chaussures (courbe D). Les gestionnaires socialistes établissent l'offre de chaussures (courbe O_S). Ils sont moins incités que les directeurs d'entreprises capitalistes à produire les biens au coût le plus bas ; la courbe d'offre O_S se trouve donc à gauche de la courbe d'offre en régime capitaliste. Le processus de planification centralisée établit un objectif (Q_0) pour la production de chaussures. Pour réaliser l'équilibre entre la quantité demandée et la quantité offerte, on impose une taxe destinée à porter en P_S le prix des chaussures. Le socialisme permet de produire moins de chaussures que le capitalisme, et le prix de vente y est supérieur à celui qui est pratiqué en régime capitaliste.

dans la production qui se traduit par un coût moyen plus élevé, et une quantité produite qui se situe sous le niveau de production optimal. Ce problème n'est qu'en partie résolu par le socialisme de marché. Voyons quelle différence apporte l'introduction du socialisme de marché.

Le socialisme de marché

Nous examinerons le fonctionnement de la même économie fictive et de son marché de la chaussure. La demande de chaussures, qui reste inchangée, apparaît dans la figure 21.6. Encore une fois, le gestionnaire socialiste est moins incité que le gestionnaire capitaliste à maximiser son profit et à produire au coût le plus bas. Sa courbe d'offre se situe donc en O_S plutôt qu'en O, là où se trouve la courbe d'offre en régime capitaliste. Mais le prix est maintenant déterminé de façon décentralisée sur le marché de la chaussure. La courbe d'offre O_S et la courbe de demande D se croisent au prix P_{SM} et à la quantité Q_{SM}. Ce prix est plus élevé

Figure 21.6 Prix et quantités dans un système de socialisme de marché

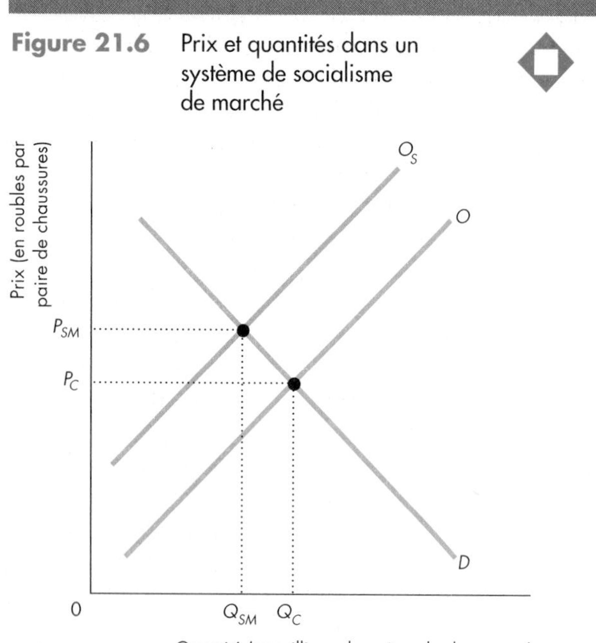

Les courbes de demande et d'offre du socialisme de marché sont les mêmes que celles du socialisme. Le prix des chaussures est déterminé selon un processus décentralisé; la quantité demandée et la quantité offerte sont donc égales. Si le prix est trop bas, le planificateur central l'augmentera graduellement. Si le prix est trop élevé, le planificateur l'abaissera progressivement. À l'équilibre, le prix est égal à P_{SM} et la quantité échangée à Q_{SM}. Dans un régime de socialisme de marché, la quantité de chaussures vendue est inférieure à celle qu'on trouve en régime capitaliste totalement concurrentiel, et le prix de vente est plus élevé. Mais, comparativement à ce qui se produit en régime socialiste «pur», la quantité de chaussures vendue dans un système de socialisme de marché est supérieure et le prix est inférieur.

qu'en régime capitaliste de libre concurrence, et la quantité est plus faible. Cependant, on produit plus de chaussures et on les vend à un prix moins élevé dans un système de socialisme de marché que dans un système de socialisme à planification centralisée. (Comparez la figure 21.6 à la figure 21.5.)

Pour que l'économie produise en régime socialiste de marché la même quantité de chaussures qu'en régime capitaliste et au même prix, on devra mettre en place, dans chaque entreprise, des stimulants visant à encourager les gestionnaires socialistes à produire au coût le plus bas et à être aussi efficaces que les gestionnaires capitalistes.

La *perestroïka*

Essayons d'appliquer à notre modèle économique les principes de la *perestroïka* proposés par Mikhail Gorbatchev. Dirigée selon les méthodes staliniennes de planification, l'économie produit une quantité insuffisante de chaussures, à un prix trop élevé; c'est la situation qu'illustre la figure 21.5. En instaurant une planification décentralisée, comme l'ont fait la Hongrie et la Yougoslavie avec des prix plus bas et une production supérieure, l'économie socialiste peut fonctionner plus efficacement, le prix baissant et la quantité produite augmentant, comme le montre la figure 21.6. Il s'agit là d'un des éléments de la *perestroïka.* Toutefois, l'économie socialiste peut aller encore plus loin dans cette direction, dans la mesure où elle introduit, dans l'entreprise, des mécanismes incitatifs l'amenant à maximiser son profit et à produire le plus efficacement possible. Si elle y parvient, le prix baissera et la quantité produite augmentera au point d'atteindre les niveaux du régime capitaliste de libre concurrence.

Or, un grand nombre d'économistes croient que, pour obtenir le maximum d'efficacité de l'entreprise, il faut absolument instaurer la propriété privée de l'entreprise. Si cela est vrai, les économies socialistes ne sont pas près d'atteindre les niveaux d'efficacité que connaissent les entreprises des pays capitalistes occidentaux.

Les économies socialistes pourraient aussi se heurter à un autre problème, dans leurs efforts pour implanter les méthodes capitalistes de gestion économique. C'est que la *perestroïka* manquait de rigueur et ne constituait pas un système totalement cohérent. Elle préconisait le recours aux mécanismes du marché pour certains secteurs de l'économie, mais pas pour d'autres. Certains mécanismes de planification centrale étaient abolis avant d'être remplacés par un mécanisme de marché décentralisé. Dans la transition, la situation économique du consommateur moyen pouvait se détériorer, avant que les effets bénéfiques de la réforme se fassent sentir. De plus, la rapidité des changements que subissaient les structures politiques du pays rendait encore plus difficile la gestion d'une réforme comme la *perestroïka.*

Les faiblesses du capitalisme

Dans les modèles économiques que nous venons d'analyser, nous n'avons pas tenu compte de certains éléments d'inefficacité du capitalisme. Cela ne veut pas dire qu'ils n'existent pas dans le monde réel. En effet, les économies capitalistes ne fonctionnent pas selon le modèle idéal de la libre concurrence puisqu'il faut tenir compte des effets externes, des situations de monopole, des taxes et des subventions, etc. Cependant, comme ces problèmes existent également dans les économies socialistes, ils n'entrent pas directement dans l'évaluation comparative des deux systèmes. Cependant, il ne conviendrait pas de comparer la performance respective des économies socialiste et capitaliste en prenant pour seule référence un modèle capitaliste fondé sur l'idéal de la concurrence parfaite en l'absence d'effets externes.

Pour être probante, l'évaluation du capitalisme et du socialisme doit s'appuyer sur leur performance réelle, non sur des modèles. Quelle a été la performance des économies socialistes, et comment se compare-t-elle à celle des économies capitalistes ?

La croissance économique et le niveau de vie moyen

On peut comparer la performance de différents systèmes économiques en analysant la croissance économique et le niveau de vie engendrés par chacun d'eux. Le tableau 21.4 présente certaines données qui retracent 140 années de l'histoire des États-Unis, du Japon et de l'Union soviétique. Comme vous pouvez le constater, les États-Unis ont enregistré au cours de cette période une croissance économique régulière et soutenue, avec un taux de croissance annuel se situant entre 3 et 4 %. Ce taux de croissance a permis aux Américains de jouir du plus haut niveau de vie qui soit. Toutefois, la croissance de l'économie japonaise a dépassé celle des États-Unis. Avec un taux de croissance annuel de plus de 10 % pendant plusieurs années après la Seconde Guerre mondiale, le Japon, pourtant dévasté en 1945, est devenu l'un des pays industrialisés les plus riches au monde.

Comparez la performance économique du Japon à celle de l'ex-Union soviétique. La Russie d'avant la révolution de 1917 était un pays capitaliste. C'était cependant un pays très pauvre, dont l'agriculture occupait la plus grande partie de la population. En 1928, soit onze ans après la révolution, l'Union soviétique instituait la planification centralisée et élaborait son premier plan quinquennal. Depuis lors, sa croissance économique a été impressionnante. Comme vous pouvez le voir au tableau 21.4, le taux de croissance de l'économie soviétique a été plus élevé que celui de l'économie américaine, sauf dans les années 80. Par ailleurs, il n'a pas été aussi élevé que celui de l'économie japonaise. Néanmoins, le revenu par habitant en Union soviétique s'établissait à la moitié de celui des États-Unis, vers la fin des années 70.

Si l'Union soviétique a pu atteindre une croissance économique rapide, c'est surtout en resserrant la consommation de façon à consacrer le maximum de ressources à l'accumulation de capital. Aux États-Unis, la consommation et l'investissement se sont accrus à peu près au même rythme à long terme. En Union soviétique, la consommation a progressé deux fois moins vite que l'investissement. Au cours des deux premiers plans quinquennaux (c'est-à-dire durant la période de 1928 à 1937), la consommation n'a augmenté que de 0,7 % annuellement, alors que le revenu augmentait de 5,4 % par année, et l'investissement, de 14,5 % par année. C'est seulement à la fin des années 60 que la consommation et l'investissement ont commencé à augmenter au même rythme. On peut donc dire que le développement rapide de l'Union soviétique a pu se faire moyennant un coût énorme : les planificateurs socialistes ont resserré la consommation à un point que la population des pays capitalistes n'aurait pas toléré.

L'économie soviétique, après avoir connu des périodes de croissance rapide par le passé, avait affiché ces dernières années un faible taux de croissance, et le niveau de revenu moyen qu'elle avait atteint était nettement inférieur à ceux du Canada et des États-Unis. En fait, comme nous le montre la figure 21.7, le revenu moyen en Union soviétique équivalait à celui de pays comme la Grèce et l'Espagne ; il se chiffrait à moins de 50 % du revenu moyen des Canadiens et des Américains.

La croissance de l'économie chinoise fournit également des données intéressantes sur la performance d'une économie socialiste. La figure 21.8 illustre l'augmentation du revenu par habitant depuis 1965. Au cours de la révolution culturelle du milieu des années 60, le revenu par habitant a diminué. Le taux de croissance a augmenté rapidement vers la fin des années 60, puis à un rythme plus modéré jusqu'à l'instauration des réformes de Teng Hsiao-ping, à la fin des années 70. À la suite de ces réformes, le revenu par habitant s'est remis à croître à un taux qui, s'il était maintenu, doublerait le niveau de vie de la population chinoise tous les dix ans. Ainsi, lorsqu'elle s'appuyait

Tableau 21.4 Taux de croissance annuels : États-Unis, Japon et Union soviétique

	Taux de croissance (en pourcentage par année)		
Période	**États-Unis**	**Japon**	**Union soviétique**
1840 – 1885	4,4		
1885 – 1905	3,7	5,7	3,3 (1885 – 1913)
1905 – 1929	3,4	7,4	
1929 – 1950	2,8		5,4 (1928 – 1937)
1950 – 1960	3,2	11,5	5,7 (1940 – 1960)
1960 – 1970	4,0		5,1
1970 – 1979	3,1		3,2
1980 – 1986	3,1		2,0

Sources : Période 1840 – 1950 : Paul R. Gregory et Robert C. Stuart, *Soviet Economic Structure and Performance*, 2e éd., New York, Harper and Row, 1981. Période 1850 – 1986 : U.S. Central Intelligence Agency, *USSR : Measures of Economic Growth and Development, 1950-1980*, U.S. Congress, Joint Economic Committee, Washington, D.C., U.S. Government Printing Office, 1982 ; U.S. Central Intelligence Agency : « Gorbachev's Economic Program », Report to U.S. Congress, Subcommittee on National Security Economics, 13 avril 1988.

Le capitalisme en Allemagne de l'Est

À Berlin-Est, on fait des achats jusqu'à l'indigestion

À quelques jours d'une nouvelle révolution, les Allemands de l'Est ont transformé leur capitale (Berlin-Est) en un gigantesque bazar.

Partout, on vend et on achète dans des marchés improvisés: derrière des camionnettes, sur des cartons retournés, sur les trottoirs [...]

En théorie, l'économie de marché ne devait pas s'installer en Allemagne de l'Est avant lundi (le 2 juillet 1990). C'est le jour où l'appareil de l'économie communiste doit être aboli et où l'Allemagne de l'Est doit être fusionnée avec l'Allemagne de l'Ouest au sein d'une union économique.

Le deutsche mark constituera dorénavant la devise commune et, lundi, plus rien n'empêchera les Allemands de l'Est d'acheter... de tout!

Durant les 40 ans de régime communiste, les Allemands de l'Est avaient à leur porte la formidable et prospère économie de l'Allemagne de l'Ouest [...]

Selon que vous dirigiez l'État ou que l'État vous dirigeait, l'Allemagne de l'Ouest représentait soit un cauchemar capitaliste, soit un rêve inaccessible.

Cependant, la chute du régime communiste et la destruction du mur de Berlin sont venues mettre fin à tout cela. L'Allemagne de l'Ouest se prépare à s'installer à l'Est.

M. Dieter Fuerstenau en est un exemple typique. Depuis 24 ans, il vend des cuisinières et des réfrigérateurs aux Allemands de l'Est dans un commerce très attrayant situé sur la place Karl Liebknecht.

En raison des changements survenus au cours des derniers mois, il a commencé à importer des modèles d'Allemagne de l'Ouest pour offrir plus de choix à ses clients.

Des ajustements de prix très complexes ont été rendus nécessaires, car l'ancien régime d'Allemagne de l'Est subventionnait les cuisinières et faisait des profits sur la vente de réfrigérateurs. On jugeait que les cuisinières constituaient une nécessité, pas les réfrigérateurs.

Dans la même ligne de pensée, les dirigeants de l'Allemagne de l'Est avaient décrété que l'industrie de l'Allemagne de l'Est n'avait pas à se soucier de produire des appareils comme les lave-vaisselle, les fours à micro-ondes et les sécheuses. «Ce sont des biens de luxe», affirmaient-ils.

À l'heure actuelle, on trouve dans la salle de montre de M. Fuerstenau de moins en moins d'appareils fabriqués à l'Est et de plus en plus d'appareils fabriqués à l'Ouest, y compris les fours à micro-ondes, les lave-vaisselle et les sécheuses...

The Globe and Mail
28 juin 1990
Par John Gray

Les faits en bref

- Le lundi 2 juillet 1990, l'économie communiste de l'Allemagne de l'Est, qui était en place depuis plus de 40 ans, a été remplacée par une économie de marché. Le deutsche mark sert maintenant de monnaie commune et les deux Allemagne forment une union économique.
- Quelques jours avant l'unification économique de l'Allemagne, Berlin-Est s'est transformée en un véritable bazar.
- Sous le régime communiste, les cuisinières, que l'on jugeait nécessaires, étaient subventionnées et les réfrigérateurs, que l'on jugeait superflus, étaient fortement taxés. On ne fabriquait ni lave-vaisselle, ni fours à micro-ondes ni sécheuses, car on les considérait comme des biens de luxe.
- En juin 1990, Dieter Fuerstenau, gérant d'un magasin d'appareils ménagers, avait réduit son stock de produits fabriqués en Allemagne de l'Est et commençait à vendre des modèles provenant d'Allemagne de l'Ouest, dont les fours à micro-ondes, les lave-vaisselle et les sécheuses.

Analyse

- Dans l'état socialiste (ou communiste) de l'Allemagne de l'Est, l'État subventionnait bon nombre de biens qu'il considérait comme nécessaires dont les cuisinières, les pommes de terre, le pain, le logement, le transport public et les vêtements pour enfants.
- Les graphiques de la figure (a) illustrent la situation qui prévalait sur le marché de trois biens dits nécessaires. Dans le graphique (a) (i), les préférences des ménages déterminent la courbe de demande de cuisinières, $D_{Cuisinières}$, alors que la technologie et les prix des facteurs déterminent la courbe d'offre, $O_{Cuisinières}$. L'État fixe le prix en fonction de son évaluation de la nécessité du produit et verse une subvention pour assurer que la quantité offerte soit égale à la quantité demandée. Si l'État fixe le prix à un niveau tel que la quantité demandée dépasse la quantité offerte, les files d'attente et les activités sur le marché noir apparaissent.
- L'État estime que certains biens sont superflus et fixe leurs prix à des niveaux élevés, faisant ainsi un profit en imposant une taxe sur ceux-ci. Il s'agit, par exemple, des réfrigérateurs, du café et des téléviseurs couleur.

- Le graphique (a) (ii) illustre ce type d'interventions. L'État fixe le prix des réfrigérateurs au-dessus de ce qu'il en coûte pour les produire, ce qui lui permet alors de faire un profit.

- Certains biens ne sont pas disponibles dans une économie socialiste, sauf s'ils sont vendus sur le marché noir, comme les fours à micro-ondes.

- Le graphique (a) (iii) illustre ce cas. Une quantité Q_N entre illégalement au pays et est vendue sur le marché noir au prix le plus élevé possible — P_N.

- Les graphiques de la figure (b) montrent ce qui se produit sur ces trois types de marché lorsqu'on abandonne l'économie de type socialiste pour la remplacer par une économie de marché. L'offre de biens en Allemagne de l'Est est parfaitement élastique aux prix de l'Allemagne de l'Ouest, *PAO*. Les prix des articles subventionnés augmentent et la quantité échangée diminue. Les prix des articles taxés diminuent et la quantité échangée augmente. Les prix des articles échangés sur le marché noir diminuent considérablement et la quantité achetée de ces articles augmente beaucoup.

- Dans le cas de l'Allemagne de l'Est, il y a une offre parfaitement élastique de produits manufacturés en provenance de l'Allemagne de l'Ouest aux prix prévalant dans cette partie de l'Allemagne. Les prix en Allemagne de l'Est n'augmentent pas tous. Certains prix augmentent et d'autres diminuent au fur et à mesure que certains biens et services deviennent disponibles.

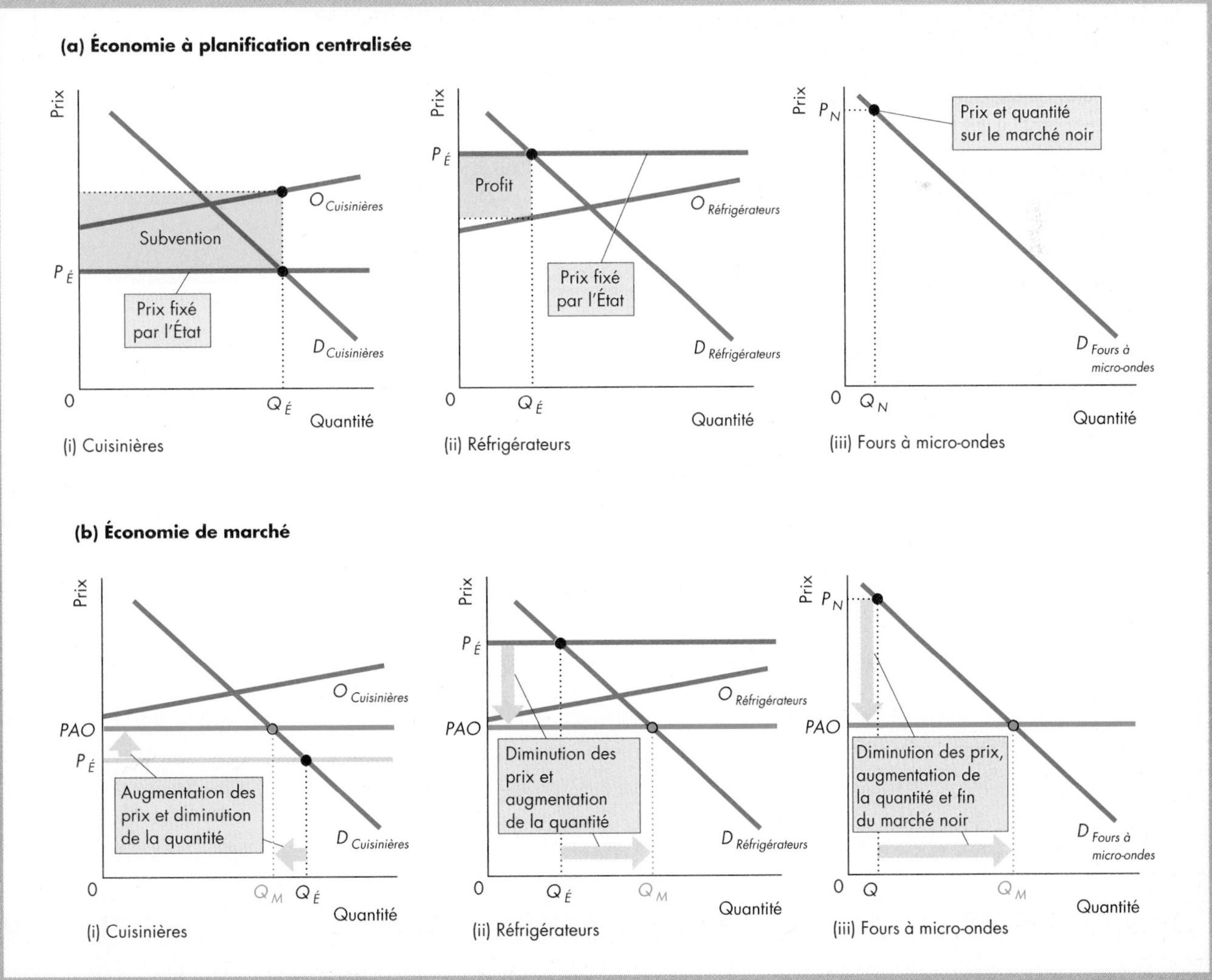

(a) Économie à planification centralisée

(i) Cuisinières (ii) Réfrigérateurs (iii) Fours à micro-ondes

(b) Économie de marché

(i) Cuisinières (ii) Réfrigérateurs (iii) Fours à micro-ondes

Figure 21.7 Revenu par habitant, en 1987, dans dix pays

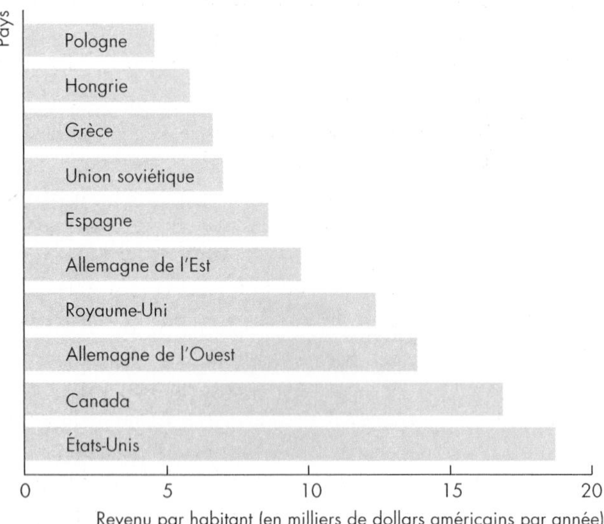

Le revenu par habitant en Union soviétique était à peu près égal à ceux de la Grèce et de l'Espagne. Il était supérieur à ceux de la Pologne et de la Hongrie, mais inférieur à celui de l'Allemagne de l'Est. La Pologne, la Hongrie et l'Allemagne de l'Est étaient autrefois des économies planifiées. La différence entre les niveaux de revenu de l'Allemagne de l'Ouest et de l'Allemagne de l'Est nous donne la meilleure indication quant à la performance respective d'une économie planifiée et d'une économie de marché.

principalement sur des méthodes socialistes, la Chine avait un taux de croissance négatif ou peu élevé; lorsqu'elle a mis l'accent sur des méthodes capitalistes, son taux de croissance a augmenté.

La productivité

Jusqu'à quel point les économies socialistes sont-elles productives? Nous avons constaté qu'en régime socialiste les gestionnaires sont moins incités qu'en régime capitaliste à produire efficacement et au coût le plus bas. D'après les calculs effectués par des experts soviétiques, le revenu agrégé moyen en URSS, par unité de ressources productives, représentait un peu moins de 50 % de celui des États-Unis et 65 % seulement de ceux de la France, de l'Allemagne de l'Ouest et de la Grande-Bretagne.[4]

À partir des données disponibles, il semble qu'on puisse affirmer que le socialisme permet d'atteindre un niveau de vie nettement moins élevé que le capitalisme. Entraîne-t-il, cependant, une plus grande égalité dans la distribution des revenus?

L'inégalité des revenus entre les deux régimes

Il existe des inégalités considérables dans la répartition du revenu et de la richesse au sein de notre propre

[4] Paul R. Gregory et Robert C. Stuart, *Soviet Economic Structure and Performance*, 2e éd., New York, Harper and Row, 1981.

Figure 21.8 La croissance économique en Chine

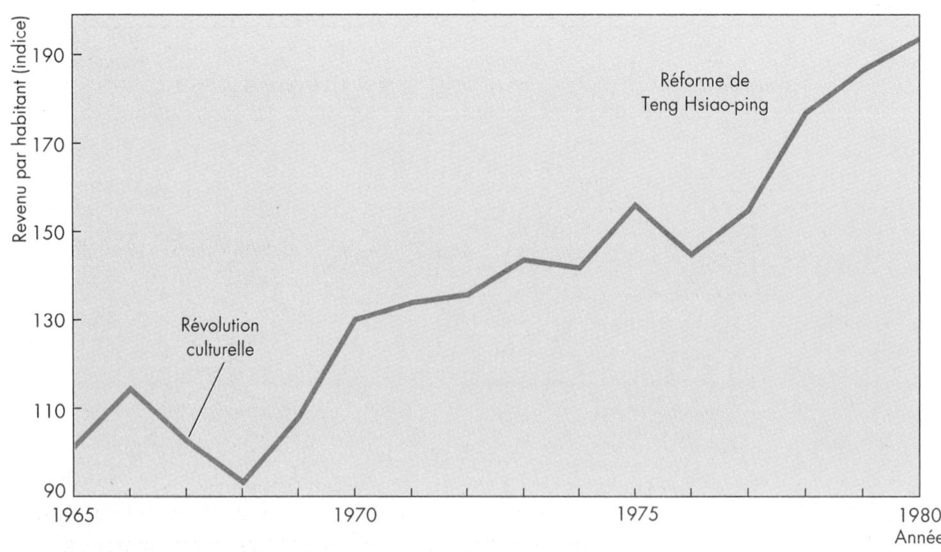

Le système économique de la Chine a considérablement influé sur la croissance du revenu par habitant de ce pays. Pendant la révolution culturelle, le revenu par habitant a chuté. Il a augmenté à un rythme modéré au début des années 70, grâce au système de planification centralisée. Puis, les réformes de 1978 ont instauré des méthodes de production capitalistes en agriculture, faisant ainsi grimper en flèche le revenu par habitant.

Source: Fonds monétaire international, *Statistiques financières mondiales*, 1988.

économie. En est-il de même dans les économies socialistes d'Europe de l'Est et dans ce qui était naguère l'Union soviétique ? Il semble que oui. L'Union soviétique a publié très peu de données sur la répartition personnelle du revenu. Cependant, à partir des données dont nous disposons, il semble que la distribution du revenu salarial ait été à peu près la même que dans les économies capitalistes d'Europe de l'Ouest et d'Amérique du Nord. Mais, la répartition du revenu dans son ensemble dépend aussi de la répartition du revenu engendrée par la propriété du capital. La comparaison de la distribution du revenu dans son ensemble ne peut être qu'approximative, comme le montre la figure 21.9. D'après les études effectuées à ce jour, on peut conclure que, en Union soviétique, la distribution globale du revenu après impôt était semblable à celle des États-providences d'Europe de l'Ouest, comme la Grande-Bretagne, et qu'elle était plus égalitaire que dans certains pays capitalistes, comme les États-Unis.

Figure 21.9 Courbes de Lorenz du capitalisme et du socialisme

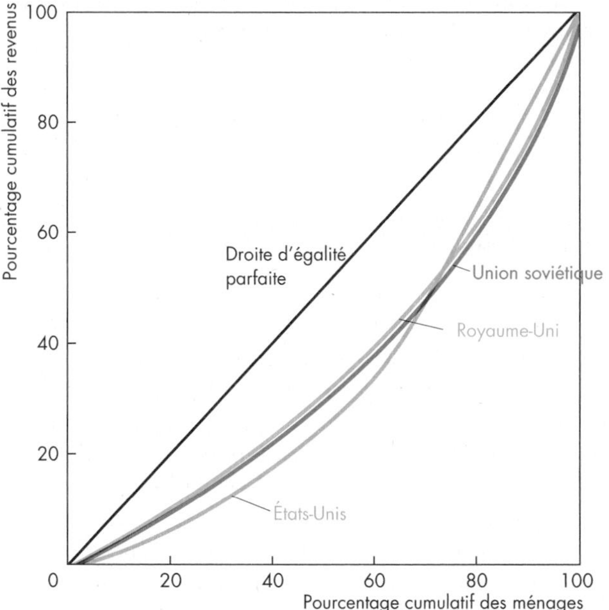

La courbe de Lorenz illustre le degré d'inégalité des revenus. Si un certain pourcentage des ménages reçoit le même pourcentage de revenu, on conclut que les revenus sont distribués également. Plus la courbe de Lorenz s'éloigne de la droite d'égalité parfaite, plus le degré d'inégalité est élevé. Les courbes de Lorenz de l'Union soviétique et du Royaume-Uni montrent que ces deux pays possèdent presque la même distribution des revenus, qui sont d'ailleurs plus également répartis qu'aux États-Unis.

Ceteris paribus

Comparer des pays entre eux, c'est un peu comme comparer des pommes à des oranges. En effet, il y a tellement d'aspects différents entre les pays qu'on n'est jamais sûr d'avoir isolé les facteurs qui causent les écarts de performance. L'histoire, la culture, les traditions d'un pays constituent des différences importantes entre les pays. Idéalement, on aimerait pouvoir comparer la performance économique des pays où ces facteurs seraient identiques. Autrement dit, on aimerait pouvoir considérer comme constants tous ces «autres» facteurs, c'est-à-dire pouvoir appliquer la condition dite *ceteris paribus*, ou «toutes choses étant égales par ailleurs».

Pour comparer entre eux les modèles socialiste et capitaliste, nous disposons de quelques exemples qui satisfont presque au critère *ceteris paribus*: ce sont l'Allemagne de l'Est et l'Allemagne de l'Ouest de même que la Corée du Nord et la Corée du Sud. Vous trouverez dans le présent chapitre, sous la rubrique *Entre les lignes*, un exposé de l'évolution des deux Allemagne, jusqu'à leur récente réunification. À la fin de la Seconde Guerre mondiale, ces deux pays avaient des revenus presque identiques. L'Allemagne de l'Ouest est devenue une économie capitaliste, et l'Allemagne de l'Est, une économie socialiste. À la veille de la réunification, le revenu par habitant en Allemagne de l'Ouest était nettement supérieur à celui de l'Allemagne de l'Est. En 1953, après la Guerre de Corée, la Corée du Nord et la Corée du Sud ont décidé d'emprunter des chemins différents. Le Nord a opté pour le socialisme et le Sud pour le capitalisme. La Corée du Sud disposait alors de moins de ressources que la Corée du Nord mais, à l'heure actuelle, la Corée du Sud enregistre un niveau de revenu par habitant et un niveau de richesse nettement supérieurs à ceux de la Corée du Nord.

Nous avons vu que les économies socialistes peuvent atteindre des taux de croissance rapides ; pour cela, elles choisissent une affectation des ressources qui favorise la production de biens d'équipement et limite la croissance de la production des biens de consommation. Nous avons cependant appris que les économies capitalistes peuvent elles aussi enregistrer une croissance prolongée et soutenue. Elles semblent, de plus, être en mesure d'atteindre une plus grande efficacité économique. En Union soviétique, les inégalités du revenu étaient moins prononcées qu'au Canada et qu'aux États-Unis, mais elles l'étaient tout autant que dans les États-providences d'Europe de l'Ouest.

■ Cette comparaison du rendement respectif des économies socialiste et capitaliste semble favoriser le capitalisme. C'est peut-être une telle comparaison qui a suscité la tendance, qu'on constate actuellement à travers le monde, à s'en remettre davantage à l'entreprise privée et aux mécanismes du marché, et à moins miser sur l'intervention gouvernementale, la réglementation et la planification centralisée. Pour l'instant, on croit de plus en plus, à tort ou à raison, que le capitalisme dépasse en efficacité le socialisme. Les preuves dont nous disposons depuis la Seconde Guerre mondiale semblent corroborer cette opinion. Mais, il incombe aux scientifiques de garder l'esprit à la fois ouvert et critique, même devant ce qui paraît être évident. Avant de conclure à la supériorité d'un système économique sur un autre, un grand nombre de travaux et d'études devront être effectués par des économistes.

RÉSUMÉ

Le problème économique fondamental

Aucun système économique ne peut surmonter complètement le problème économique fondamental de la rareté. Chaque système tente d'amener l'économie sur la frontière des possibilités de production, de choisir un point sur cette frontière et de distribuer les bénéfices de l'activité économique. (*pp. 563-564*)

Les divers systèmes économiques

Les systèmes économiques divergent selon la réponse que chacun apporte aux deux questions suivantes : Qui possède les moyens de distribution ? Comment se fait l'allocation des ressources ? Dans un régime capitaliste, le capital et la terre sont propriété privée, et ce sont les mécanismes du marché qui coordonnent l'allocation des ressources. Dans un régime socialiste, le capital et la terre appartiennent à l'État, et ce sont des organismes centraux de planification qui se chargent de l'allocation des ressources.

Selon la philosophie politique du capitalisme, la liberté individuelle est primordiale. Les préférences des consommateurs guident la production des biens et services. Le socialisme est un système économique fondé sur une philosophie politique selon laquelle la propriété privée du capital et de la terre permet aux riches d'exploiter les pauvres. Les biens et services produits en régime socialiste traduisent les préférences des planificateurs, et non celles des consommateurs.

Le capitalisme de l'État-providence combine à la fois l'intervention étatique avec la propriété privée du capital et de la terre. Dans le socialisme de marché, le capital est propriété de l'État, mais on laisse les mécanismes du marché déterminer les prix.

Tous les pays ont instauré des systèmes économiques qui empruntent certains éléments au capitalisme et d'autres au socialisme. Le Canada, les États-Unis et le Japon sont les exemples les plus proches d'un système capitaliste pur. La Chine et ce qui était autrefois l'Union soviétique d'avant les réformes constituent les meilleurs exemples d'un système socialiste. Les pays d'Europe de l'Ouest appliquent le capitalisme dit de l'État-providence, alors que certains pays d'Europe de l'Est, comme la Hongrie et la Yougoslavie, recourent à un socialisme de marché. (*pp. 564-567*).

Les divers types de capitalisme

L'économie capitaliste dont la performance a été la plus spectaculaire est celle du Japon. Elle doit son succès à plusieurs facteurs : le recours aux mécanismes du marché et aux méthodes capitalistes de production, la taille modeste de l'appareil gouvernemental et le faible niveau des impôts, l'adoption de politiques favorisant les entreprises. Le ministère japonais du Commerce international et de l'Industrie joue un rôle actif à l'égard des entreprises, en protégeant et en subventionnant les secteurs jugés prioritaires, et en favorisant le déphasage des industries inefficaces.

Le capitalisme pratiqué en Europe de l'Ouest incorpore un plus grand nombre d'éléments socialistes que ne le font le Japon, le Canada ou les États-Unis. En Europe de l'Ouest, les dépenses publiques et les impôts sont plus élevés ; un grand nombre d'entreprises appartiennent à l'État. Au cours des dernières années, cependant, on a observé dans ces pays une tendance à la privatisation des sociétés d'État et à la réduction des impôts. (*pp. 567-569*)

Le modèle soviétique

L'Union soviétique, dont la plupart des républiques constituantes se sont récemment regroupées dans la Communauté des États indépendants (CEI), était un vaste pays, très riche en ressources. De 1917 à 1991, elle a constitué le meilleur exemple de système économique socialiste à planification centralisée. La planification soviétique, gérée par le GOSPLAN, s'appuyait sur un ensemble de plans détaillés qui gouvernaient l'allocation des biens de consommation, de la main-d'œuvre, du crédit, des biens d'équipement et des produits intermédiaires. Les planificateurs imposaient des objectifs de production aux entreprises, et un système complexe de stimulants avait pour but d'inciter les entreprises à atteindre ces objectifs. Les entreprises étaient également supervisées par des fonctionnaires locaux du Parti communiste et des ministères d'État. En 1987, l'Union soviétique a amorcé une restructuration économique appelée *perestroïka*. Selon les principes de la *perestroïka*, la planification et la centralisation devaient graduellement faire place à un système plus décentralisé, s'appuyant davantage sur la motivation individuelle et sur les mécanismes du marché. (*pp. 569-574*)

La productivité a grimpé rapidement et le revenu par habitant a nettement augmenté. (*pp. 574-576*)

La Chine

Depuis la fondation de la République populaire de Chine, la gestion économique de ce pays a connu de nombreux bouleversements. À ses débuts, la République populaire a imité le modèle soviétique de planification centralisée. Puis, elle est entrée dans la phase du «Grand Bond en avant» qui, à son tour, a débouché sur la révolution culturelle. En 1978, la Chine a transformé radicalement son mode de gestion économique, en mettant l'accent sur les motivations individuelles liées à la recherche du profit et sur les mécanismes du marché.

Capitalisme et socialisme: une analyse comparative

L'histoire économique moderne nous révèle que le socialisme peut produire un taux de croissance élevé du revenu par habitant. Mais, il y arrive en resserrant la consommation à un point qui serait jugé intolérable dans une économie capitaliste. La productivité est plus élevée dans les économies capitalistes que dans les économies socialistes. Dans les économies socialistes, la distribution du revenu est plus équitable que dans certaines économies capitalistes, mais elle est semblable à celle des États-providences européens. (*pp. 576-584*)

POINTS DE REPÈRE

Mots clés

Capitalisme, 564
Capitalisme de l'État-providence, 565
Communisme, 566
Entreprise d'État, 571
GOSPLAN, 570
Grand Bond en avant, 574
Impôt sur le chiffre d'affaires, 571
Industrie nationalisée, 568
Ministère du Commerce international et de l'Industrie (Japon), 568
Plan annuel, 571
Planification centralisée, 564
Planification décentralisée, 565
Plan quinquennal, 571
Privatisation, 569
Socialisme, 564
Socialisme de marché, 565

Figures et tableaux clés

Figure 21.1	Les divers systèmes économiques, 565
Figure 21.2	Organigramme de l'Union soviétique, 570
Figure 21.3	L'équilibre des biens de consommation, 572
Figure 21.5	Prix et quantités dans un système socialiste à planification centralisée, 577
Figure 21.6	Prix et quantités dans un système de socialisme de marché, 578
Tableau 21.1	Les grandes étapes de l'histoire économique de l'Union soviétique, 569
Tableau 21.3	Les grandes étapes de l'histoire économique de la République populaire de Chine, 575

QUESTIONS DE RÉVISION

1 Quels sont les trois aspects du problème économique que doit affronter tout système économique?

2 Quels sont les principaux systèmes économiques? Établissez les caractéristiques essentielles de chacun d'eux.

3 Comment le capitalisme résout-il le problème économique fondamental? Qu'est-ce qui, en régime capitaliste, détermine la quantité à produire de chaque bien?

4 Comment le socialisme résout-il le problème économique? Qu'est-ce qui, en régime socialiste, détermine la quantité à produire de chaque bien?

5 Comment le socialisme de marché détermine-t-il les prix et les quantités de chaque bien?

6 Pour chacun des grands types de système économique, citez des pays dont l'économie relève du capitalisme, du socialisme, du socialisme de marché et du capitalisme de l'État-providence. (Ne citez pas les pays dont les noms apparaissent dans la figure 21.1.)

7 Décrivez l'économie capitaliste du Japon. À quoi peut-on attribuer son succès?

8 Décrivez le rôle qu'exerce, au Japon, le ministère du Commerce international et de l'Industrie. Comparez le type de capitalisme pratiqué en Europe de l'Ouest à celui qui est pratiqué au Canada et aux États-Unis. Décrivez le système de planification et de dirigisme de l'Union soviétique.

9 Comment le GOSPLAN atteignait-il l'équilibre des biens de consommation?

10 Comment le GOSPLAN atteignait-il l'équilibre des produits intermédiaires?

11 Quels étaient les principaux éléments de la *perestroïka*?

12 Résumez les transformations successives de la gestion économique de la Chine, depuis 1949.

13 Comparez la croissance économique enregistrée aux États-Unis à celles de l'Union soviétique et du Japon. Quelles conclusions peut-on tirer de cette comparaison?

14 Comparez les inégalités de revenu enregistrées en régime socialiste à celles qu'on connaît en régime capitaliste. Pourquoi la distribution du revenu était-elle plus inégale aux États-Unis qu'en Union soviétique?

15 Quelles leçons peut-on tirer de l'expérience chinoise actuellement en cours, qui est fondée sur le principe de «un pays, deux systèmes»?

GLOSSAIRE

Abscisse (*X-coordinate*) Coordonnée horizontale d'un graphique dont la longueur a la valeur marquée sur l'axe des abscisses, ou axe horizontal.

Accumulation de capital (*Capital accumulation*) Augmentation des quantités de biens d'équipement, c'est-à-dire des stocks de moyens de production.

Actif (*Asset*) Ensemble des choses de valeur possédées par une entreprise.

Activité économique (*Economic activity*) Ensemble des actions entreprises pour contrer la rareté.

Anticipation rationnelle (*Rational expectation*) Meilleure prévision possible faite à partir de toute l'information possible et pertinente.

Appréciation (*Currency appreciation*) Hausse de la valeur d'une devise par rapport à une autre.

Arbitrage (*Arbitrage*) Action d'acheter à bas prix et de vendre à prix élevé dans le but de tirer profit de l'écart entre les deux prix.

Assiette fiscale (*Tax base*) Fruit de l'activité assujettie à l'impôt.

Autarcie (*Self-sufficiency*) Situation où chaque individu ne consomme que ce qu'il produit, et se suffit donc à lui-même.

Avantage absolu (*Absolute advantage*) Possibilité pour une personne d'avoir une productivité dépassant celle des autres.

Avantage comparatif (*Comparative advantage*) Possibilité de produire un bien à un coût d'opportunité inférieur à ceux de la concurrence.

Axe des abscisses (*X-axis*) Axe horizontal d'un graphique.

Axe des ordonnées (*Y-axis*) Axe vertical d'un graphique.

Axes (*Axes*) Lignes ou échelles verticale ou horizontale caractérisant un graphique.

Balance du compte courant (*Current account balance*) Différence entre la valeur des biens et services importés et exportés.

Banque à charte (*Chartered bank*) Entreprise privée ayant, en vertu de la Loi sur les banques, obtenu une charte qui l'autorise à recevoir des dépôts et à accorder des prêts.

Banque centrale (*Central bank*) Autorité publique chargée de réglementer et de contrôler les institutions et les marchés monétaires et financiers d'un pays.

Banque du Canada (*Bank of Canada*) Banque centrale du Canada.

Barème d'offre (*Supply schedule*) Liste des quantités offertes selon différents prix, *ceteris paribus.*

Barème d'offre agrégée à court terme (*Short-run aggregate supply schedule*) Énumération des quantités de PIB réel offertes à chaque niveau des prix, *ceteris paribus.*

Barème de demande (*Demand schedule*) Tableau exprimant la quantité demandée en fonction du prix exigé, tous les autres facteurs d'influence étant maintenus constants.

Barème de demande agrégée (*Aggregate demand schedule*) Tableau montrant la quantité de PIB réel demandée pour chaque niveau des prix, en supposant que tous les autres facteurs ayant une incidence sur les intentions d'achat sont constants.

Barème de demande d'investissement (*Investment demand schedule*) Tableau numérique rapportant le montant d'investissement planifié en fonction du niveau du taux d'intérêt réel, *ceteris paribus.*

Barème de dépense agrégée (*Aggregate expenditure schedule*) Tableau rapportant le niveau de la dépense agrégée planifiée à divers niveaux du PIB réel.

Base monétaire (*Monetary base*) Somme des billets de banque et pièces de monnaie en circulation et des dépôts des banques à charte à la Banque du Canada.

Bien complémentaire *Voir* **Complément**

Bien substitut *Voir* **Substitut**

Biens de consommation (*Consumption goods*) Biens qui contribuent directement à notre satisfaction et qui sont donc désirés pour eux-mêmes.

Biens de production (*Capital goods*) Biens qui concourent à la production d'autres biens ou services et qui ne sont donc pas désirés pour eux-mêmes.

Biens et services (*Goods and services*) Tout ce qu'une population produit. Les biens sont d'ordre matériel, les services, au contraire, sont immatériels.

Biens et services finis (*Final goods and services*) Biens et services achetés pour une utilisation finale, et non pour la transformation des biens ou la production d'autres services.

Biens et services intermédiaires (*Intermediate goods and services*) Intrants ou facteurs de production, c'est-à-dire biens et services entrant dans la production d'autres biens ou services.

Biens inférieurs (*Inferior goods*) Biens pour lesquels la demande baisse lorsque le revenu augmente.

Biens non échangeables (*Non traded goods*) Biens (ou services) qui ne peuvent être échangés sur de longues distances.

Biens normaux (*Normal goods*) Biens pour lesquels la demande s'accroît avec le revenu.

Bilan (*Balance sheet*) Liste des éléments d'actif et de passif d'une entreprise.

Billet non convertible (*Nonconvertible note*) Billet de banque qui n'est pas échangé contre une marchandise donnée et dont la valeur est fixée par décret gouvernemental, d'où l'expression *monnaie fiduciaire.*

Budget équilibré (*Balanced budget*) Égalité entre le total des recettes et le total des dépenses.

Budget fédéral (*Federal budget*) Énoncé du plan financier du gouvernement fédéral dans lequel on énumère les divers programmes et leurs coûts respectifs, les revenus ainsi que le déficit ou le surplus anticipé.

Capacité optimale de production (*Capacity output*) Moment où le coût de chaque unité produite est à son niveau le plus bas.

Capital (*Capital*) Ensemble des biens (bâtiments, machines et outillage) destinés à produire de nouveaux biens.

Capital humain (*Human capital*) Ensemble et valeur des connaissances et des savoir-faire accumulés par les êtres humains, à partir de l'instruction et de la formation qu'ils ont reçues.

Capitalisme (*Capitalism*) Système économique fondé sur la propriété privée des moyens de production (le capital et la terre) et sur l'allocation des ressources par le marché.

Capitalisme de l'État-providence (*Welfare state capitalism*) Système économique où, comme dans le capitalisme, le capital et la terre sont propriété privée, et où l'intervention de l'État joue un rôle important dans l'allocation des ressources, comme en régime socialiste.

Ceteris paribus (*Ceteris paribus*) Locution latine signifiant «toutes choses étant égales par ailleurs» ou «tous les autres facteurs étant maintenus constants».

Choix rationnel (*Rational choice*) Prise de la meilleure des décisions pour la meilleure des possibilités, parmi toutes celles qui sont offertes.

Chômage (*Unemployment*) Mesure représentant le nombre de personnes adultes qui ne sont pas employées et qui cherchent un travail.

Chômage frictionnel (*Frictional unemployment*) Phénomène découlant de l'activité de recherche d'un premier emploi et de la mobilité de la main-d'œuvre engendrée par les changements techniques.

Cibles nominales (*Nominal targets*) Cibles de la politique macroéconomique constituées d'une inflation faible et prévisible de même que des taux de change stables.

Cibles réelles (*Real targets*) Cibles de la politique macroéconomique constituées du taux de chômage naturel, d'une croissance régulière du PIB réel et de l'équilibre du commerce international.

Coefficient de réserve (*Reserve ratio*) Pourcentage des dépôts totaux qu'une banque détient sous forme de réserves.

Coefficient de réserve désiré (*Desired reserve ratio*) Fraction de leurs dépôts que les banques jugent nécessaire de conserver pour être en mesure de fournir les services à leur clientèle.

Communisme (*Communism*) Système économique fondé sur la propriété d'État du capital et de la terre, et sur la planification centralisée.

Complément (*Complement*) Bien qui est consommé avec un autre.

Compte capital (*Capital account*) Bilan des transactions d'un pays au chapitre des emprunts et des prêts internationaux.

Compte compensatoire (*Official settlements account*) Compte indiquant la diminution ou l'augmentation nette des réserves officielles de devises étrangères d'un pays.

Compte courant (*Current account*) Bilan des transactions d'un pays au chapitre des exportations nettes, des paiements d'intérêt nets et des autres transferts.

Comptes de la balance des paiements (*Balance of payments accounts*) Bilan des activités commerciales, des emprunts et des prêts d'un pays sur la scène internationale.

Concurrence (*Competition*) Lutte pour l'obtention de la maîtrise de ressources devenues rares.

Consommation (*Consumption*) Utilisation des biens et des services.

Contrat à terme (*Forward contract*) Contrat par lequel on s'engage à acheter ou à vendre une certaine quantité d'une marchandise quelconque (incluant les devises) à un prix et à une date fixés à l'avance.

Contraction (*Contraction*) Ralentissement du rythme de l'activité économique.

Coopération (*Cooperation*) Réalisation d'un travail en commun en vue d'atteindre un même but.

Coordination par directives (*Command mechanism*) Action consistant à confier à une autorité centrale le soin de déterminer la nature et le volume des biens et services à produire, la façon de les produire et la clientèle à qui les offrir.

Coordination par le marché (*Market mechanism*) Mode de coordination «horizontale» où la détermination du *quoi?* du *comment?* et du *pour qui?* repose sur des transactions volontaires entre individus.

Coordonnée horizontale *Voir* **Abscisse**

Coordonnée verticale *Voir* **Ordonnée**

Coordonnées (*Coordinates*) Lignes partant d'un même point et courant perpendiculairement aux axes d'un graphique.

Courbe (*Curve*) Toute ligne dans un graphique, qu'elle soit droite ou incurvée.

Courbe d'offre (*Supply curve*) Graphique montrant la relation entre la quantité offerte d'un bien et le prix de ce bien, *ceteris paribus.*

Courbe d'offre agrégée à court terme (*Short-run aggregate supply curve*) Graphique de la relation entre la quantité de PIB réel offerte et le niveau des prix, *ceteris paribus.*

Courbe d'offre agrégée à long terme (*Long-run aggregate supply curve*) Courbe montrant la relation existant entre la quantité de PIB réel offerte et le niveau des prix, lorsque les prix de tous les facteurs de production se sont ajustés aux changements du niveau des prix, de sorte que les prix *relatifs* des facteurs demeurent inchangés.

Courbe de demande (*Demand curve*) Graphique montrant la relation entre la quantité demandée d'un bien et son prix, tous les autres facteurs d'influence étant maintenus constants.

Courbe de demande agrégée (*Aggregate demand curve*) Courbe représentant la quantité de PIB réel demandée pour chaque niveau des prix, *ceteris paribus.*

Courbe de demande d'investissement (*Investment demand curve*) Courbe illustrant la relation entre le taux d'intérêt réel et le niveau d'investissement planifié, *ceteris paribus.*

Courbe de dépense agrégée (*Aggregate expenditure curve*) Graphique du barème de dépense agrégée.

Courbe de Laffer (*Laffer curve*) Courbe qui relie les recettes fiscales au taux d'imposition.

Courbe des possibilités de production (*Production possibility frontier*) Courbe traçant la frontière entre les niveaux de production qu'on peut atteindre et ceux qui demeurent irréalisables.

Coût d'opportunité (*Opportunity cost*) Prix à payer chaque fois que, face à des ressources limitées, on doit faire un choix. (Syn.: coût d'option, valeur de renonciation)

Coût des facteurs (*Factor cost*) Somme des coûts de tous les facteurs utilisés dans la production d'un bien ou service.

Creux (*Trough*) Point de revirement le plus bas du cycle économique, là où l'économie passe de la contraction à l'expansion.

Croissance économique (*Economic growth*) Expansion soutenue des possibilités de production.

Cycle économique (*Business cycle*) Changements à la hausse et à la baisse de l'activité économique.

Décideur (*Decision maker*) Toute personne ou tout groupe organisé, habilités à effectuer des choix et à prendre des décisions.

Déficit budgétaire (*Budget deficit*) Excédent des dépenses totales sur les recettes fiscales au cours d'une période donnée.

Déficit budgétaire (*Government deficit*) Différence entre la valeur des biens et services vendus et achetés à l'étranger.

Déficit réel (*Real deficit*) Variation de la valeur de la dette du gouvernement au cours d'une année.

Déflation (*Deflation*) Modification à la baisse du niveau moyen des prix.

Demande (*Demand*) Relation globale qui existe entre la quantité demandée d'un bien et son prix.

Demande agrégée (*Aggregate demand*) Relation entre la quantité de PIB réel demandée et le niveau général des prix.

Demande d'investissement (*Investment demand*) Relation entre le niveau d'investissement et le taux d'intérêt réel.

Demande de monnaie réelle (*Demand of real money*) Relation entre la quantité de monnaie réelle demandée et le taux d'intérêt, *ceteris paribus.*

Demande de travail (*Demand for labour*) Barème ou courbe montrant la quantité de travail demandée à divers taux de salaire réel.

Dépenses autonomes (*Autonomous expenditure*) Somme des composantes de la dépense agrégée planifiée qui ne dépendent pas du PIB réel.

Dépenses de consommation (*Consumption expenditure*) Ensemble des dépenses consacrées, par les ménages, aux biens et services de consommation.

Dépenses induites (*Induced expenditure*) Somme des composantes de la dépense agrégée planifiée qui varient avec le niveau du PIB réel.

Dépenses planifiées (*Planned expenditure*) Dépenses que les agents économiques (ménages, entreprises, gouvernements et étrangers) envisagent d'effectuer dans des circonstances données.

Dépôt transférable par chèque (*Chequable deposit*) Prêt consenti par un particulier à une banque.

Dépréciation (*Depreciation*) Diminution de la valeur du stock de capital, due à l'usure et à l'obsolescence.

Dépréciation monétaire (*Currency depreciation*) Baisse de la valeur d'une devise par rapport à une autre.

Dépression (*Depression*) Creux particulièrement profond de l'activité économique. (Syn.: crise)

Désépargne (*Dissaving*) Épargne négative, les dépenses de consommation excèdant le revenu disponible.

Dette monétaire privée (*Private debt money*) Ensemble des prêts que les emprunteurs promettent de rembourser en monnaie sur demande.

Dette nationale (*Federal government debt*) Montant total des emprunts du gouvernement fédéral et des sommes qu'il est tenu de verser aux ménages, aux entreprises et aux étrangers. (Syn.: dette publique)

Diagramme de dispersion (*Scatter diagram*) Graphique montrant les valeurs d'une variable économique associées à celles d'une autre variable.

Dotation (*Endowment*) En économie, ensemble des ressources que les gens possèdent.

Double coïncidence des besoins (*Double coincidence of wants*) Situation où une personne a exactement à vendre ce qu'une autre veut acheter et réciproquement.

Double comptage (*Double counting*) Addition des dépenses portant sur les biens intermédiaires et des dépenses portant sur les biens finis.

Drainage monétaire (*Currency drain*) Phénomène se produisant lorsque les fonds prêtés par les banques et autres institutions financières circulent à l'extérieur du système bancaire, entre les mains du public.

Droit de propriété (*Property rights*) Ensemble de conventions sociales qui régissent la propriété, son utilisation et sa cession.

Écart inflationniste (*Inflationary gap*) Situation où le PIB réel effectif est supérieur à la capacité optimale de production de l'économie.

Écart récessionniste (*Recessionary gap*) Situation où le PIB réel effectif est inférieur à la capacité optimale de production de l'économie.

Échange monétaire (*Monetary exchange*) Système dans lequel une marchandise en particulier, des pièces ou encore des jetons servent d'instrument d'échange.

Économie (*Economy*) Mécanisme qui permet de répartir des ressources rares en vue d'utilisations concurrentes et qui est résumé par ces trois mots : quoi ? comment ? pour qui ?

Économie fermée (*Closed economy*) Économie qui n'entretient de liens avec aucune autre ; exemple limite : l'économie mondiale.

Économie mixte (*Mixed economy*) Économie combinant les mécanismes du marché avec une certaine forme de régulation centrale.

Économie ouverte (*Open economy*) Économie liée avec d'autres.

Économique (*Economics*) Étude de la manière d'utiliser au mieux des ressources limitées pour satisfaire des besoins illimités.

Effet d'encaisses réelles (*Real balance effect*) Effet d'une variation de la quantité de monnaie réelle sur la quantité demandée de PIB réel.

Effet d'éviction (*Crowding out*) Phénomène se produisant lorsqu'une augmentation des dépenses publiques en biens et services fait monter les taux d'intérêt, ce qui entraîne une réduction des dépenses d'investissement.

Effet de richesse (*Wealth effect*) Effet d'un changement de la richesse réelle sur la dépense agrégée planifiée.

Effet du taux de change (*Exchange rate effect*) Canal par lequel la politique monétaire peut influer sur la demande agrégée ; exemple : une augmentation de la masse monétaire peut entraîner une dépréciation du dollar et un accroissement des exportations nettes.

Emploi (*Employment*) Mesure représentant le nombre de personnes adultes qui ont un travail.

Emprunteur net (*Net borrower*) Pays qui emprunte davantage qu'il ne prête lui-même au reste du monde.

Énoncé normatif (*Normative statement*) Énoncé se rapportant à ce qui *devrait* être, c'est-à-dire à des normes établies.

Énoncé positif (*Positive statement*) Énoncé se rapportant à ce qui *est* réellement, c'est-à-dire qui est attesté par les faits.

Entreprise (*Firm*) Organisme qui produit des biens ou des services.

Entreprise d'État (*State enterprise*) Unité de base de la production soviétique.

Épargne (*Saving*) Différence entre revenu disponible et dépenses de consommation.

Équilibre (*Equilibrium*) Situation atteinte quand tous les individus ont optimisé leurs choix et quand les décisions des uns et des autres sont coordonnées et compatibles ; c'est la solution ou le résultat d'un modèle économique.

Équilibre d'anticipations rationnelles (*Rational expectations equilibrium*) Équilibre macroéconomique qui s'appuie sur les meilleures prévisions possible.

Équilibre de chômage (*Unemployment equilibrium*) Situation où le PIB réel est inférieur à la capacité optimale de production de l'économie.

Équilibre de flux (*Flow equilibrium*) Situation où la quantité de biens et services offerte au cours d'une période donnée est égale à la quantité demandée pour la même période.

Équilibre de plein emploi (*Full-employment equilibrium*) Situation où le PIB réel effectif est égal à la capacité optimale de production de l'économie.

Équilibre de stock (*Stock equilibrium*) Situation où tout le stock d'un élément d'actif est détenu de façon volontaire.

Équilibre de suremploi (*Above full employment equilibrium*) Situation où l'équilibre macroéconomique se produit lorsqu'il y a écart inflationniste.

Équilibre des dépenses (*Equilibrium expenditure*) Situation où la dépense agrégée planifiée est égale au PIB réel.

Équilibre macroéconomique (*Macroeconomic equilibrium*) Situation où la quantité de PIB réel demandée est égale à celle qui est offerte.

Expansion (*Expansion*) Accélération du rythme de l'activité économique.

Exportations nettes (*Net exports*) Différence entre exportations et importations de biens et services.

Facteurs de production (*Factors of production*) Ensemble des ressources productives de l'économie.

Financement par emprunt (*Debt financing*) Financement du déficit budgétaire par la vente d'obligations à tout acheteur (ménages, entreprises ou étrangers) autre que la Banque du Canada.

Financement par création de monnaie (*Money financing*) Financement du déficit budgétaire par la vente d'obligations à la Banque du Canada, ce qui entraîne la création de monnaie qui vient s'ajouter au stock existant.

Fonction d'épargne (*Saving function*) Relation entre le revenu et l'épargne.

Fonction d'exportations nettes (*Net export function*) Relation entre les exportations nettes et le PIB réel canadien, si l'on maintient constants le taux de change, les prix et le PIB réel dans le reste du monde.

Fonction de consommation (*Consumption function*) Relation entre les dépenses de consommation et le revenu disponible.

Fonction de consommation agrégée (*Aggregate consumption function*) Relation entre les dépenses de consommation réelles et le PIB réel.

Fonction de consommation sous forme de série chronologique (*Time-series consumption function*) Relation entre les dépenses de consommation réelles et le revenu disponible réel, au cours du temps.

Fonction de production (*Production function*) Relation entre la quantité de biens et services produite et la quantité de facteurs de production utilisée.

Fonction de production à court terme (*Short-run production function*) Relation entre la quantité de biens et services produite et la quantité de travail utilisée, la quantité de capital et le degré d'avancement de la technique étant maintenus constants.

Fonction de production agrégée à court terme (*Short-run aggregate production function*) Relation entre le PIB réel et la quantité de travail utilisée, le stock de capital et le degré d'avancement de la technique demeurant constants.

Fonds monétaire international (*International Monetary Fund*) Organisme international qui supervise les activités liées à la balance des paiements et aux taux de change.

Fuites (*Leakages*) Sommes qui sortent du flux circulaire des revenus et dépenses: taxes et impôts nets, épargne et importations.

GOSPLAN (*GOSPLAN*) Comité chargé de l'élaboration et de la mise en œuvre des plans économiques de l'État.

Gouvernement (*Government*) Organisme devant fournir des biens et des services aux ménages et aux entreprises, et redistribuer des revenus et de la richesse entre les citoyens.

Grand Bond en avant (*Great Leap forward*) Plan de réorganisation économique de la Chine post-révolutionnaire, fondé sur la production à petite échelle et à forte proportion de main-d'œuvre.

Graphique de série chronologique (*Time-series graph*) Graphique mesurant le temps, sur l'axe des abscisses, et la ou les variables à étudier, sur l'axe des ordonnées. (Syn.: chronogramme)

Hypothèse (*Assumption*) Conjecture définissant les relations de cause à effet entre des phénomènes, autorisant ainsi des prédictions, et permettant de faire le partage entre ce qui est important et ce qui l'est moins.

Hypothèse des anticipations rationnelles (*Rational expectations hypothesis*) Hypothèse selon laquelle les prévisions des individus, quelle que soit la façon dont elles ont été formulées, correspondent en moyenne aux prévisions d'un économiste qui utiliserait la théorie économique pertinente et la totalité de l'information disponible.

Implications (*Implications*) Résultat d'un modèle, c'est-à-dire ce que celui-ci produit.

Impôt sur le chiffre d'affaires (*Turnover tax*) Impôt qui était prélevé dans l'ex-URSS et qui représentait la différence entre le prix de gros et le prix de détail.

Impôts autonomes (*Autonomous taxes*) Impôts ne changeant pas avec le PIB réel, par exemple les cotisations au régime d'assurance sociale et les impôts fonciers.

Impôts indirects (*Indirect taxes*) Impôts frappant la production ou la vente d'un bien ou service, généralement compris dans le prix de vente final.

Impôts induits (*Induced taxes*) Impôts variant de pair avec le PIB réel, par exemple les impôts sur le revenu et les taxes sur les ventes.

Indexation (*Indexing*) Technique qui relie au niveau des prix les paiements effectués en vertu d'un contrat.

Indice d'appauvrissement (*Misery index*) Indice de performance macroéconomique égal à la somme du taux de chômage et du taux d'inflation. (Syn.: indice d'inconfort)

Indice des cours du dollar canadien vis-à-vis des devises du G-10 (*Canadian dollar index against the G-10 currencies*) Indice qui mesure la valeur du dollar canadien en fonction de sa capacité à acheter un panier de devises des autres pays du groupe des dix; le poids attaché à chaque devise est lié à l'importance de celle-ci dans le commerce extérieur canadien.

Indice des prix (*Price index*) Moyenne arithmétique exprimant le rapport, en pourcentage, entre le niveau moyen des prix à une période donnée et le niveau moyen des prix à une période antérieure.

Indice des prix à la consommation — IPC (*Consumer price index — CPI*) Mesure du niveau moyen des prix des biens et services consommés *habituellement* par une famille vivant en milieu urbain.

Indice implicite du PIB (*GDP deflator*) Mesure de l'indice moyen des prix de *tous* les biens et services qui entrent dans le calcul du PIB.

Industrie nationalisée (*Nationalized industry*) Industrie qui est la propriété d'un organisme public relevant d'un gouvernement et qui est gérée par cet organisme.

Inflation (*Inflation*) Changement à la hausse du niveau moyen des prix.

Inflation anticipée (*Anticipated inflation*) Part du taux d'inflation correctement prévue.

Inflation non anticipée (*Unanticipated inflation*) Part du taux d'inflation non prévue.

Inflation par les coûts (*Cost-push inflation*) Inflation causée par des hausses de coûts de production.

Injections (*Injections*) Sommes qui entrent dans le flux circulaire des revenus et dépenses: investissements, achats de biens et services, exportations.

Innovation financière (*Financial innovation*) Création de nouveaux services financiers ainsi que de méthodes nouvelles d'emprunt et de prêt.

Instrument d'échange (*Medium of exchange*) Tout ce qui est généralement accepté en contrepartie d'un bien ou d'un service.

Investissement (*Investment*) Sommes consacrées à l'achat de nouveaux biens, ainsi qu'à l'accroissement des stocks.

Investissement brut (*Gross investment*) Montant dépensé pour le remplacement du capital déprécié et pour l'addition nette au stock de capital.

Investissement net (*Net investment*) Différence entre l'investissement brut et la dépréciation.

Keynésiens (*Keynesians*) Macroéconomistes dont les travaux sur le fonctionnement de l'économie s'inscrivent dans la foulée des théories élaborées par J. M. Keynes dans son livre «La théorie générale».

Libre entreprise (*Private entreprise*) Régime qui permet aux individus de décider de leurs propres activités économiques.

Liquidité (*Liquidity*) Degré de facilité avec laquelle un élément d'actif peut être instantanément converti en un instrument d'échange à un prix connu.

Liquidités (*Liquid assets*) Éléments d'actif qui peuvent être instantanément convertis en un instrument d'échange avec un minimum d'incertitude quant au prix auquel ils peuvent être convertis.

Loi de Gresham (*Gresham's law*) Principe selon lequel, lorsque dans un pays circulent deux monnaies, la mauvaise monnaie a tendance à éclipser la bonne.

Loi du prix unique (*Law of one price*) Loi en vertu de laquelle une marchandise donnée sera disponible à un seul et même prix.

M1, M2, M3 et M2+ (*M1, M2, M3 and M2+*) Façons officielles de mesurer la monnaie (voir tableau 10.2, p. 263).

Macroéconomie (*Macroeconomics*) Étude des phénomènes économiques globaux.

Main-d'œuvre *Voir* **Population active**

Marché (*Market*) Ensemble de dispositions prises en vue de faciliter le commerce de biens, de services ou de facteurs de production.

Marché des changes (*Foreign exchange market*) Marché où la devise d'un pays est échangée contre celle d'un autre.

Marché des facteurs (*Factor market*) Marché où s'échangent des facteurs de production — terre, travail ou capital.

Marché des produits (*Goods market*) Marché où s'échangent les biens et les services.

Mécanisme de coordination (*Coordination mechanism*) Processus qui fait en sorte que les choix d'une personne ou d'un groupe de personnes sont compatibles avec les choix des autres.

Ménage (*Household*) Personne vivant seule ou groupe de personnes vivant ensemble, et qui agit comme unité de prise de décision.

Méthode de la production (*Output approach*) Méthode permettant d'évaluer le PIB par l'addition de la valeur que chaque entreprise ajoute à l'économie.

Méthode des dépenses (*Expenditure approach*) Méthode permettant d'évaluer le PIB par l'addition des éléments suivants: les dépenses de consommation, les dépenses d'investissement, les dépenses gouvernementales de biens et services et les exportations nettes.

Méthode des revenus des facteurs (*Factor income approach*) Méthode permettant d'évaluer le PIB par l'addition des revenus payés aux ménages pour les facteurs de production qu'elles engagent: salaires, intérêts, loyers et profits.

Microéconomie (*Microeconomics*) Étude de phénomènes économiques limités (ménages et entreprises) et du fonctionnement des différents marchés, ainsi que des répercussions qu'impôts et réglementations entraînent dans la répartition de la main-d'œuvre et la distribution des biens et services.

Ministère du Commerce international et de l'Industrie (*MITI*) Ministère responsable du développement industriel et du commerce international du Japon.

Modèle économétrique (*Econometric model*) Modèle de l'économie faisant appel à des valeurs numériques de la propension marginale à consommer et de la propension marginale à importer, ainsi qu'à d'autres paramètres.

Modèle économique (*Economic model*) Représentation schématique de l'économie ou d'une partie de celle-ci.

Modification de l'offre (*Change in supply*) Déplacement de la courbe d'offre.

Modification de la demande (*Change in demand*) Déplacement de la courbe de demande.

Monétaristes (*Monetarists*) Macroéconomistes pour qui les variations de la quantité de monnaie constituent le déterminant principal de la demande agrégée.

Monnaie (*Money*) Instrument d'échange par excellence, puisque toujours accepté en contrepartie d'un bien ou d'un service.

Monnaie fiduciaire (*Fiat money*) Monnaie sans valeur intrinsèque ou presque.

Monnaie hors banques (*M1*) Monnaie universellement acceptée en échange de biens et services. (Syn.: numéraire hors banques)

Monnaie-marchandise (*Commodity money*) Bien matériel évalué à sa valeur propre et utilisé comme instrument d'échange.

Monnaie réelle (*Real money*) Mesure de la quantité de biens que la monnaie permet d'acheter.

Moyen de paiement différé (*Standard of differed payment*) Mesure reconnue qui permet d'établir des contrats stipulant des montants futurs à payer ou à recevoir.

Multiplicateur des dépenses autonomes (*Autonomous expenditure multiplier*) Nombre par lequel on doit multiplier la variation des dépenses autonomes afin d'obtenir la variation des dépenses d'équilibre qu'elle engendre. (Syn.: multiplicateur)

Multiplicateur des dépenses publiques (*Government purchases multiplier*) Nombre par lequel on doit multiplier la variation des dépenses publiques afin d'obtenir la variation des dépenses d'équilibre qu'elle engendre.

Multiplicateur des impôts autonomes (*Autonomous taxes multiplier*) Nombre par lequel on doit multiplier la variation des impôts autonomes afin d'obtenir la variation des dépenses d'équilibre qu'elle engendre.

Multiplicateur des paiements de transfert (*Transfer payments multiplier*) Nombre par lequel on doit multiplier la variation des paiements de transfert afin d'obtenir la variation des dépenses d'équilibre qu'elle engendre.

Multiplicateur du budget équilibré (*Balanced budget multiplier*) Nombre par lequel on doit multiplier des variations égales d'impôts et de dépenses publiques en biens et services afin d'obtenir la variation des dépenses d'équilibre qu'elle engendre.

Multiplicateur monétaire (*Money multiplier*) Nombre par lequel on doit multiplier un changement de la valeur de la base monétaire afin d'obtenir le changement induit de la quantité de monnaie.

Multiplicateur simple de la monnaie (*Simple money multiplier*) Nombre représentant le rapport entre la variation des dépôts bancaires et la variation des réserves des banques.

Niveau des prix (*Price level*) Synonyme de niveau moyen des prix; se mesure à l'aide de l'indice des prix.

Numéraire (*Currency*) Billets de banque et pièces métalliques actuellement en circulation au Canada.

Offre agrégée à court terme (*Short-run aggregate supply*) Relation entre le PIB réel et le niveau des prix, lorsque demeurent constants les prix des facteurs de production, et particulièrement les taux de salaire nominal.

Offre agrégée à long terme (*Long-run aggregate supply*) Relation entre la quantité agrégée de biens et services finis offerte (PIB réel) et le niveau des prix (indice implicite du PIB), quand les prix de tous les facteurs de production se sont ajustés aux changements du niveau des prix, de sorte que les prix *relatifs* des facteurs demeurent inchangés.

Offre de travail (*Supply of labour*) Barème ou courbe montrant la relation qui existe entre la quantité de travail offerte et le taux de salaire réel.

Opérations sur le marché libre (*Open market operations*) Achat et vente de titres du gouvernement — bons du Trésor et obligations — par la Banque du Canada.

Optimisation (*Optimizing*) Comparaison des avantages que présente la possession d'une quantité accrue de certains biens et des inconvénients qu'entraîne la diminution d'autres biens, et qui doit être suivie de la décision permettant de tirer le meilleur parti possible des diverses possibilités ainsi offertes.

Ordonnée (*Y-coordinate*) Coordonnée verticale dont la longueur correspond à la valeur indiquée sur l'axe des ordonnées, ou axe vertical, d'un graphique.

Origine (*Origin*) Point zéro commun à deux axes.

Paiements d'intérêt nets (*Net interest payments*) Différence entre les paiements d'intérêt reçus par les Canadiens sur leurs investissements à l'étranger et les paiements d'intérêt versés par les Canadiens aux étrangers sur leurs investissements au Canada.

Paiements de transfert (*Transfer payments*) Sommes versées par les gouvernements aux ménages, sous forme de prestations sociales.

Papier-monnaie convertible (*Convertible paper money*) Papier qui permet de réclamer un bien et qui circule comme instrument d'échange.

Paradoxe de l'épargne (*Paradox of thrift*) Relation négative consistant en une augmentation de la volonté d'économiser qui se traduit par une diminution du PIB réel.

Parité des pouvoirs d'achat (*Purchasing power parity*) Situation qui se produit lorsque la monnaie a une valeur égale entre les pays.

Parité des taux d'intérêt (*Interest rate parity*) Égalité des taux d'intérêt entre les pays une fois les différences de risque prises en compte.

Passif (*Liabilities*) Dettes de l'entreprise envers les ménages ou d'autres entreprises.

Pays créditeur (*Creditor nation*) Pays qui, au cours de son histoire, a investi davantage dans le reste du monde que les autres pays ne l'ont fait chez lui.

Pays débiteur (*Debtor nation*) Pays qui, au cours de son histoire, a emprunté davantage au reste du monde qu'il n'a prêté lui-même.

Pente (*Slope*) Variation de la quantité mesurée sur l'axe vertical, divisée par la quantité mesurée sur l'axe horizontal.

Période de base (*Base period*) Période antérieure à la période donnée dans le calcul de l'indice des prix.

Période de référence *Voir* **Période de base**

PIB nominal (*Nominal GDP*) Valeur de la production des biens et services finis, calculée aux prix courants.

PIB réel (*Real GDP*) Valeur de la production de biens et services finis, calculée aux prix d'une période de référence donnée.

PIB réel tendanciel (*Trend real GDP*) Mesure de la tendance générale à la hausse du PIB réel ne tenant pas compte des fluctuations de celui-ci.

Piège de liquidité (*Liquidity trap*) Phénomène se produisant quand la courbe de demande de monnaie réelle est horizontale à un taux d'intérêt donné et que les gens sont prêts à détenir de la monnaie à ce taux, qu'importe la quantité.

Plan annuel (*Annual plan*) Plan qui définissait, mois par mois, les objectifs concernant la production, les prix, les facteurs de production, les investissements, le flux monétaire et le crédit dans l'ex-URSS.

Plan quinquennal (*Five-year plan*) Plan qui esquissait les objectifs et les orientations économiques générales pour une période de cinq ans dans l'ex-URSS.

Planification centralisée (*Central planning*) Mode dirigé d'allocation des ressources.

Planification décentralisée (*Decentralized planning*) *Voir* **Socialisme de marché**

Plein emploi (*Full employment*) Période où le seul chômage existant est frictionnel.

Politique budgétaire (*Fiscal policy*) Politique gouvernementale décidant des choix du montant des dépenses publiques, des paiements de transfert et des impôts en vue d'atténuer les fluctuations de la dépense agrégée.

Politique monétaire (*Monetary policy*) Ensemble de mesures visant à contenir l'inflation, le taux de change et la valeur de la devise, et à atténuer les fluctuations économiques en modifiant la quantité de monnaie en circulation et les taux d'intérêt.

Population active (*Labour force*) Somme des personnes employées et des personnes en chômage.

Préférences (*Preferences*) Désignation des goûts et aversions des consommateurs.

Prêt (*Loan*) Engagement au sujet d'un montant d'argent fixe pour une période donnée.

Prêteur net (*Net lender*) Pays qui prête plus qu'il n'emprunte au reste du monde.

Principe d'accélération (*Acceleration principle*) Principe selon lequel les variations du niveau du PIB réel font déplacer la courbe de demande d'investissement.

Privatisation (*Privatization*) Vente d'une société d'État à des intérêts privés.

Prix d'équilibre (*Equilibrium price*) Prix auquel la quantité demandée est égale à la quantité offerte.

Prix du marché (*Market price*) Prix payé par les consommateurs pour l'acquisition d'un bien ou service.

Prix relatif (*Relative price*) Rapport entre le prix d'un bien et celui d'un autre.

Production (*Production*) Transformation de la *terre*, du *travail* et du *capital* en biens et services.

Productivité (*Productivity*) Somme de biens qu'une personne produit durant une unité de temps donnée.

Produit intérieur brut – PIB (*Gross domestic product – GDP*) Valeur de tous les biens et services finis produits dans l'économie au cours d'une année.

Produit intérieur net aux prix du marché (*Net domestic product at market prices*) Addition de tous les revenus des facteurs de production et des impôts indirects, moins les subventions.

Produit marginal du travail (*Marginal product of labour*) Augmentation du PIB réel qui résulte de l'addition d'une heure de travail, la quantité des autres facteurs de production et le degré d'avancement de la technique demeurant constants.

Produit marginal du travail décroissant (*Diminishing marginal product of labour*) Tendance à la baisse du produit marginal du travail lorsque la quantité de travail utilisée augmente, *ceteris paribus.*

Progrès technique (*Technological progress*) Mise au point de nouvelles méthodes, plus efficaces, pour la production de biens et services.

Propension marginale à consommer (*Marginal propensity to consume*) Fraction du dernier dollar de revenu disponible consacrée à l'achat de biens et services de consommation.

Propension marginale à dépenser pour des biens et services produits au pays (*Marginal propensity to spend on domestic goods and services*) Différence entre la proportion marginale à consommer et la propension marginale à importer. (Syn.: Propension marginale à dépenser)

Propension marginale à épargner (*Marginal propensity to save*) Fraction du dernier dollar de revenu disponible consacrée à l'épargne.

Propension marginale à importer (*Marginal propensity to import*) Fraction du dernier dollar de PIB réel consacrée aux importations.

Propension moyenne à consommer (*Average propensity to consume*) Rapport entre les dépenses de consommation et le revenu disponible.

Propension moyenne à épargner (*Average propensity to save*) Rapport entre le montant de l'épargne et le revenu disponible.

Propriété (*Property*) Toute valeur possédée par un individu.

Propriété intellectuelle (*Intellectual property*) Produit immatériel de l'activité créatrice.

Quantité agrégée de biens et services demandés (*Aggregate quantity of goods and services demanded*) Somme des biens de consommation, des services que demandent les ménages, des biens et services que commandent le gouvernement, et des exportations nettes demandées par les clients étrangers.

Quantité agrégée de biens et services offerts (*Aggregate quantity of goods and services supplied*) Somme des quantités de tous les biens et services finis que les entreprises produisent dans l'économie.

Quantité de monnaie (*Quantity of money*) Somme des billets de banque et des pièces de monnaie en circulation, augmentée des dépôts confiés par les ménages et les entreprises à diverses institutions financières.

Quantité de monnaie nominale (*Nominal quantity of money*) Quantité de monnaie évaluée en dollars courants.

Quantité de travail demandée (*Quantity of labour demanded*) Nombre d'heures travaillées dans toutes les entreprises de l'économie.

Quantité de travail offerte (*Quantity of labour supplied*) Nombre d'heures de travail que les ménages sont prêts à offrir aux entreprises.

Quantité demandée (*Quantity demanded*) Quantité d'un bien ou d'un service que des consommateurs envisagent d'acheter à un prix déterminé au cours d'une période donnée.

Quantité échangée (*Quantity traded*) Quantité réellement achetée et vendue.

Quantité offerte (*Quantity supplied*) Quantité que les producteurs ont l'intention de vendre au cours d'une certaine période, compte tenu du prix qui prévaut sur le marché.

Rareté (*Scarcity*) Situation où les besoins et désirs dépassent les ressources dont on dispose pour les satisfaire.

Récession (*Recession*) Revirement à la baisse du niveau d'activité économique qui se traduit par une chute du PIB réel au cours de deux trimestres consécutifs.

Recettes fiscales (*Tax revenue*) Produit du taux d'imposition et de l'assiette fiscale.

Règle de rétroaction (*Feedback rule*) Ligne de conduite appliquée à une action qui doit être ajustée à la situation économique.

Règle fixe (*Fixed rule*) Ligne de conduite appliquée à une action qui doit être entreprise indépendamment de la situation économique.

Relation linéaire (*Linear relationship*) Relation représentée par une droite, dont la pente est constante.

Relation négative (*Negative relationship*) Relation entre deux variables qui changent en sens opposé.

Relation positive (*Positive relationship*) Relation entre deux variables qui changent dans le même sens.

Rente perpétuelle (*Perpetuity*) Obligation qui garantit un montant d'argent annuel fixe à perpétuité.

Réserves (*Reserves*) Somme du numéraire qu'une banque détient et de ses dépôts à la Banque du Canada.

Réserves excédentaires (*Excess reserves*) Différence entre les réserves effectives d'une banque et ses réserves désirées.

Réserves obligatoires (*Required reserves*) Montant minimal de réserves qu'une banque est autorisée à détenir.

Réserves officielles de devises étrangères (*Official foreign exchange reserves*) Réserves qui se composent de l'or détenu par le gouvernement fédéral, de même que de son avoir en devises étrangères.

Réservoir de valeur (*Store of value*) Toute marchandise qui peut être conservée pour être vendue ultérieurement.

Revenu (*Income*) Somme d'argent reçue en échange des facteurs de production mis à la disposition d'une entreprise.

Revenu disponible (*Disposable income*) Différence entre le revenu et le montant des taxes et impôts nets.

Revenu intérieur net au coût des facteurs (*Net domestic income at factor cost*) Somme de tous les revenus des facteurs.

Salaire de réserve (*Reservation wage*) Salaire le plus faible auquel une personne est prête à offrir du travail.

Secteur public (*Government sector*) Gouvernements fédéral et provinciaux, et autorités municipales.

Socialisme de marché (*Market socialism*) Système économique combinant la propriété étatique des moyens de production, inspirée du socialisme, avec l'allocation des ressources par le marché, inspirée du capitalisme. (Syn.: planification décentralisée)

Sommet (*Peak*) Point de revirement le plus élevé du cycle économique, là où on passe de l'expansion à la contraction.

Spécialisation (*Specialization*) Concentration d'efforts sur la production d'un ou de plusieurs biens pour en échanger une partie contre d'autres biens.

Stabilisateur automatique (*Automatic stabilizer*) Mécanisme qui atténue les fluctuations de la dépense *agrégée*, lesquelles sont provoquées par les variations de certaines de ses composantes.

Stabilité des prix (*Price stability*) Moment où le niveau moyen des prix n'est ni à la hausse ni à la baisse.

Stagflation (*Stagflation*) Situation qui prévaut lorsque, l'inflation augmentant, le PIB réel cesse de croître et même diminue.

Stock de capital (*Capital stock*) Stocks, usines, matériel, bâtiments (y compris les logements) possédés par une entreprise.

Stocks (*Stock*) Matières premières, produits semi-finis et finis qui sont invendus, donc encore en possession des entreprises.

Substitut (*Substitute*) Bien qui peut être utilisé à la place d'un autre.

Substitution internationale (*International substitution*) Substitution de biens produits au pays par des biens produits à l'étranger, ou vice versa.

Substitution intertemporelle (*Intertemporal substitution*) Substitution de biens à acheter dans le présent en faveur de biens à acheter dans le futur, ou inversement.

Subvention (*Subsidy*) Paiement d'aide à la production versé par un gouvernement à un producteur.

Surplus budgétaire (*Budget surplus*) Excédent des recettes fiscales sur les dépenses totales au cours d'une période.

Surplus ou déficit budgétaire du secteur privé (*Private sector surplus or deficit*) Différence entre l'épargne et l'investissement. Si l'épargne est supérieure à l'investissement, le secteur privé enregistre un surplus. Dans le cas contraire, il connaît un déficit.

Surplus ou déficit budgétaire du secteur public (*Government sector surplus or deficit*) Différence entre le montant des impôts et taxes (net des paiements de transfert incluant l'intérêt sur la dette) et les dépenses publiques en biens et services. Si la valeur des impôts et taxes excède les dépenses publiques, le secteur public enregistre un surplus. Dans le cas contraire, il se retrouve devant un déficit.

Système monétaire européen (*European Monetary System*) Régime de taux de change fixe auquel adhèrent la plupart des pays membres de la Communauté économique européenne.

Taux d'escompte (*Bank rate*) Taux d'intérêt auquel la Banque du Canada prête des réserves aux banques à charte.

Taux d'imposition (*Tax rate*) Pourcentage d'impôt prélevé sur une activité particulière.

Taux d'imposition marginal (*Marginal tax rate*) Fraction du dernier dollar de revenu payée au gouvernement en impôts.

Taux d'inflation (*Inflation rate*) Variation, en pourcentage, du niveau des prix.

Taux d'inflation anticipé (*Expected inflation rate*) Taux d'augmentation du niveau des prix prévu antérieurement.

Taux d'intérêt nominaux (*Nominal interest rates*) Taux d'intérêt payés et reçus du marché.

Taux d'intérêt réel (*Real interest rate*) Différence entre le taux d'intérêt et le taux d'inflation anticipé.

Taux de change (*Foreign exchange rate*) Taux auquel la devise d'un pays est échangée contre celle d'un autre.

Taux de change à terme (*Forward exchange rate*) Taux de change dans un contrat à terme.

Taux de change fixe (*Fixed exchange rate*) Taux maintenu à une certaine valeur par la banque centrale.

Taux de change flexible (*Flexible exchange rate*) Taux dont la valeur est déterminée par les forces du marché en l'absence de toute intervention de la part de la banque centrale.

Taux de change géré (*Managed exchange rate*) Taux dont la valeur dépend dans une certaine mesure de l'intervention de la banque centrale sur le marché des changes.

Taux de change réel (*Real exchange rate*) Rapport entre l'indice des prix d'un pays et celui d'un autre pays.

Taux de chômage (*Unemployment rate*) Pourcentage de chômeurs par rapport à la population active.

Taux de chômage naturel (*Natural rate of unemployment*) Taux de chômage frictionnel en période de plein emploi.

Taux de participation de la main-d'œuvre (*Labour force participation rate*) Proportion de la population en âge de travailler qui est employée ou au chômage (mais en recherche d'emploi).

Taux de salaire nominal (*Money wage rate*) Taux de salaire exprimé en *dollars courants.*

Taux de salaire réel (*Real wage rate*) Taux de salaire exprimé en *dollars constants.*

Taxe sur les produits et services — TPS (*GST*) Taxe sur la valeur ajoutée.

Technologie (*Technology*) Ensemble des méthodes dont les gens disposent pour transformer en biens et en services une dotation.

Tendance (*Trend*) Orientation générale caractérisant l'évolution d'une variable dans le sens d'une hausse ou d'une baisse.

Terre (*Land*) Ensemble des ressources naturelles.

Théorie de la détermination du taux de change par l'équilibre de portefeuille (*Portfolio balance theory of the exchange rate*) Théorie selon laquelle le taux de change s'ajuste afin que le stock d'actifs financiers demandé, détenu dans une certaine devise, soit égal au stock offert.

Théorie de la détermination du taux de change par les flux de transactions (*Flow theory of the exchange rate*) Théorie selon laquelle le taux de change s'ajuste afin que le flux d'offre de dollars soit égal au flux de demande de dollars.

Théorie du cycle d'origine réel (*Real business cycle theory*) Théorie s'appuyant sur l'hypothèse de la parfaite flexibilité des prix et des salaires, et sur l'idée que les fluctuations agrégées sont provoquées principalement par des chocs aléatoires qui font déplacer la fonction de production agrégée de l'économie.

Théorie économique (*Economic theory*) Ensemble d'énoncés positifs qui permet de comprendre et de prévoir les décisions économiques des ménages, des entreprises et des gouvernements.

Théorie monétaire de la détermination du taux de change (*Monetary theory of the exchange rate*) Théorie selon laquelle le taux de change s'ajuste de manière à ce que le stock de devises demandé et le stock de devises offert soient égaux.

Théorie quantitative de la monnaie (*Quantity theory of money*) Hausse de la quantité de monnaie engendrant une augmentation proportionnelle du niveau des prix.

Titre (*Security*) Élément d'actif financier négociable, vendu par une banque à un prix variable.

Travail (*Labour*) Activités intellectuelles et manuelles des êtres humains.

Travail au noir (*Underground economy*) Activités non déclarées aux autorités.

Travailleurs découragés (*Discouraged workers*) Personnes qui ont mis fin à leur recherche d'emploi.

Troc (*Barter*) Échange d'un bien contre un autre.

Unité de compte (*Unit of account*) Mesure reconnue pour évaluer les prix des biens et services.

Valeur ajoutée (*Value added*) Différence entre la valeur de la production d'une entreprise et la valeur des facteurs de production qu'elle achète d'autres entreprises.

Valeur de la monnaie (*Value of money*) Quantité de biens et services qu'on peut acheter avec une quantité donnée de monnaie.

Variation de la quantité demandée (*Change in the quantity demanded*) Mouvement le long de la courbe de demande.

Variation de la quantité offerte (*Change in the quantity supplied*) Mouvement le long de la courbe d'offre.

Vitesse de circulation (*Velocity of circulation*) Nombre moyen de fois, au cours d'une année, qu'un dollar est utilisé pour acheter les biens et services qui entrent dans le calcul du PIB.

INDEX

Les entrées en caractère gras correspondent aux mots clés et aux pages où ils sont définis.

CRÉDITS

Photographies de la rubrique *Évolution de nos connaissances*

Adam Smith (p. 22): Archiv für Kunst und Geschichte. ***Antoine-Augustin Cournot*** (p. 84): Historical Pictures Service, Chicago. ***Alfred Marshall*** (p. 84): Historical Pictures Service, Chicago. ***Jean-Baptiste Say*** (p. 172): Library of Congress. ***Irving Fisher*** (p. 202): Irving Fisher Papers. Manuscripts and Archives Department, Yale University Library. ***John Maynard Keynes*** (p. 202): UPI/Bettmann. ***Franco Modigliani*** (p. 203): The MIT Museum. ***Milton Friedman*** (p. 204): UPI/Bettmann Newsphotos. ***Arthur Okun*** (p. 370): John Neubauer. ***Edward Prescott*** (p. 370): Edward Prescott. Page couverture de la revue ***Econometrica*** (p. 387): The Econometric Society. ***A.W. Phillips*** (p.398): The MIT Museum. ***David Hume*** (p. 450): The Bettmann Archive. ***David Ricardo*** (p. 480): Claire Friedland, University of Chicago, Center for the Study of the Economy and the State, gravure de T. Hodgetts, d'après une peinture de Thomas Phillips.

Photographies de la rubrique *Entrevue*

Assar Lindbeck (pp. 1–4), ***Gerald Bouey*** (pp. 253-256), ***Judith Maxwell*** (pp. 485–488): Robin Bade. ***Paul Volcker*** (pp.185–188), ***Robert E. Lucas fils*** (pp. 313–316), ***James Tobin*** (pp. 97–100), ***Janos Kornai*** (pp. 535-538): Marshall Henrichs. ***Pierre Fortin*** (pp. 427–434): Rolland Renaud.